中国战略性新兴产业发展研究

——中国工业经济学会2011年年会论文集

主 编/汪海粟 胡立君

副主编/高 粮 石军伟

经济管理出版社

ECONOMY & MANAGEMENT PUBLISHING HOUSE

目 录

产业经济学理论前沿

— 1 —

产业政策与战略性新兴产业发展

战略性新兴产业发展的理论研究

技术创新与战略性新兴产业发展

产业经济学理论前沿

新经济地理学视角下金融服务业集聚对FDI 流入的影响
——基于中国城市的面板数据分析

孙浦阳　靳舒晶　张伯伟[*]

一、引　言

自 Marshall 在 20 世纪初从空间外部性的角度对产业集聚的概念进行剖析和深化至今，产业集聚已经成为外商直接投资在东道国选址过程中一个不可忽视的决策因素。外商投资之所以会考虑区域的产业集聚情况，是因为在投资决策过程中投资者会面临巨大的信息成本。外商投资决策过程中将遇到来自内部和外部的双重不确定性，内部的不确定性是源于投资者自身对于东道国市场环境和政策法规等因素的信息不对称，而外部的不确定性则是由东道国本身经济运行的波动性带来的（Anderson and Gatignon，1986）。面对这种信息不对称的局面，外国投资者一般从两条渠道来尽可能地获得信息，即公开的信息渠道和潜在的信息渠道，而外国投资者和本国投资者获取这两种信息的难易程度差别较大（Jiang，2002）。公开信息对于所有投资者都是同等的，但是潜在信息对于不了解东道国市场情况的外商则不是那么显而易见。但是，随着中国日趋理性的招商战略的形成，盲目追求外资，只重量而不重质的引资行为已经逐渐减少甚至消失，中国在很多时候已经可以对不适合的外商投资说"不"。所以，潜在信息的重要性日渐凸显，它也成为了外商投资决策过程中最大的信息成本来源。

本文认为，生产性服务业的集聚尤其是金融服务业集聚是揭示潜在信息的一个非常主要的途径。生产性服务业[①]（亦称作生产者服务，Producer Services）是指其他商品和服务的生产者作为中间投入的服务（薛丽敏，1993）。生产性服务业作为中间投入兼备生产和服务的双重特性。金融服务业作为生产性服务业的重要组成部分，在外商的投资决策过程中占据很重要的地位，这是因为金融服务业及其集聚现象本身具有以下几个与其他服务业不同的特点。金融服务业集聚是信息成本降低的有力佐证，因为它对于市场中的信息极为敏感，而且金融服务业一旦在区域内形成集聚，就说明该地区具有较为充足的融资支持以及高效的资源配置能力，而且也是金融风险较低的积极信号。这些在外商的投资决策过程中都是举足轻重的。而且，不同于其他行业的集聚，金融的集

---

* 孙浦阳，1982 年生，男，北京人，英国伯明翰大学博士，南开大学经济学院国际贸易系副教授；靳舒晶，1985 年生，女，天津人，南开大学经济学院博士研究生；张伯伟，1969 年生，男，云南大理人，南开大学经济学博士，南开大学国际经济与贸易系主任、教授、博士生导师。

① 美国经济学家 H.Greenfield 在 1966 年研究服务业及其分类时，最早提出了生产性服务业（Producer Services）的概念，它指的是市场化的中间投入服务，即可用于商品和服务的进一步生产的非最终消费服务。

聚具有较为明显的"中心",这个中心对于其他金融中介是一种有益的吸引作用,这意味着集聚在该区域内除了竞争之外,更多的是一种安全性、必要性和盈利性的保证。例如在解放前,中国银行和中国交通银行的总部都曾经设立在上海市,这无疑为日后上海市成为中国金融服务业最为集中也最为发达的地区奠定了良好的基础。总的来看,生产性服务业尤其是金融服务业集聚是降低信息成本,吸引外商直接投资的重要因素之一。

虽然金融服务业集聚是本文研究的重点对象,但是其他生产性服务业对于外商直接投资的决策影响也是我们不能忽视的,同时,对于产业集聚影响性的传统分析中所涉及的其他重要因素也将会包含在我们的分析框架之内,例如制造业集聚和本地已有外资公司的集聚等,以求对于外资选址决策的分析更为准确和全面。另外,已有的许多文献对于外商投资选址决策都是基于空间独立性的假设基础之上的,认为其他区域对于本地的外资选址没有影响(Sun,Tong,& Yu,2002)。但是,从新经济地理学的角度考虑,距离较近的区域尤其是紧邻区域的影响是可能存在的。已有的研究也从多个侧面证实了这种相邻影响的存在性和重要性,如 Head,Ries and Swenson(1995)揭示了州际之间的集聚影响,Coughlin and Segev(2000)建立了一个空间模型,来量化相邻影响对于外商投资选址决策的作用,Chen(2009)也从相邻影响的角度证明了外商投资决策过程中的确会将邻近区域的情况纳入考虑范围。因此,本文将区域内的产业集聚和区域间的相邻影响因素都综合在分析框架之内,以求能够更为全面准确地反映问题的实际情况。

大部分已有的文献都采用省级面板数据来分析中国的产业集聚和外商直接投资的问题,而本文使用的是更为微观层面上的 288 个城市级数据,[①] 这样可以更为准确和切实地反映问题的本质,主要是有以下几个原因:

(1)外商直接投资在省内的分布是极为不均匀的,省级数据可能会掩盖同省内不同发达程度的城市之间对于吸引外资的不同表现,而这种同省内城市之间的经济发展水平的差异在中国是极为明显和重要的(Cole & Elliot,2010)。

(2)由于我们已经将相邻影响的重要因素纳入了分析框架,那么相邻城市之间的影响较相邻省的影响就大得多了,外商投资在实际中也会更多的考虑附近城市的情况而不是邻省。

(3)外商投资的决策是以城市为单位,而不是以省为单位。也就是说,考虑投资的目的地是某一个具体的城市而不是只考虑在某省投资。除了选取城市数据,我们将样本的时间范围固定在 2003~2008 年,这不仅是因为中国经济在该期间经历了飞速和迅猛的发展,同时,中央和各级地方政府在该期间也都经历了对于外商直接投资从盲目到理性的转变过程,在甄别和选择外商直接投资的项目上有了更多在环境、能源和产业结构等层面上更为全面和理性的考量。这也说明,中国对于外商直接投资的门槛在逐渐提高,这也为我们分析产业集聚通过降低信息成本来吸引 FDI 的机制提供了一个良好的样本区间,排除了许多由于盲目性等集聚吸引之外的因素对于外商投资决策的影响。而且中国在 2003 年对行业分类重新进行了调整,服务业即第三产业从原来的 11 个调整为 14 个。考虑到这一变化调整,我们将样本时间固定在 2003~2008 年也是十分必要的。

综上所述,本文将采取 2003~2008 年微观城市级数据库,分析产业集聚对于外商直接投资决策的影响。其中,我们既考虑了生产性服务业集聚,也纳入了制造业集聚和本地已有外资企业集聚等传统分析因素,而且我们还将生产性服务业这一兼具生产和服务两大特性的产业进行了更为深入和细致的剖析,从而进一步探索金融服务业集聚作为最有效的降低信息成本的途径究竟在外商投资决策中起多大的作用。

---

① 包括中国主要的直辖市、副省级城市、地级市以及部分自治州和与地级市平级的州和盟行政单位。

二、概念界定与事实描述

(一) 集聚的概念界定

集聚是影响外商直接投资选址决策的一个重要因素，所以在进行所有分析和研究之前，我们首先明确本文关于集聚的概念界定。在之前的许多文献中，对于集聚的测量和概念界定都比较模糊，这方面的缺陷和不足对相关问题的研究产生了比较大的阻碍（Head 等，1995）。以往在研究产业集聚问题时，经常用到 E-G 系数、空间基尼系数和 Hoover 指数等来衡量集聚程度。但是这些指标着重反映的是具体行业的集聚程度，本文主要关注的是具体地区内某种行业的集聚水平，所以以上指标均不适用。因此在本文中，我们采用区位熵的计算方法来表示集聚的程度。区位熵（Location Quotient），又称区域规模优势指数或专门化率，是评价区域优势产业的基本分析方法，由皮特·哈盖特（Haggett，1965）在 "Locational Analysis in Human Geography" 中首次提出并运用于区位分析中。它是用来衡量某一产业的产出、就业等情况在某一特定区域内的相对集中度，能够反映出该地区某行业的规模在全国的位置。在本文中，我们选取行业的就业人数作为主要的对象来对区域内的集聚度进行计算，具体方法如下：

$$LQ_{ij} = \dfrac{E_{ij} \Big/ \sum_i E_{ij}}{\sum_j E_{ij} \Big/ \sum_i \sum_j E_{ij}} \tag{1}$$

式中，E_{ij} 是城市 i 中行业 j 的就业人数。我们用区位熵的计算方法重点考虑三种集聚，即生产性服务业集聚、[①] 制造业集聚和外资企业集聚。

(二) 事实描述

由于本文采用了城市级别的行业集聚数据，我们可以通过空间区位图示来直观地显示行业集聚对外商直接投资决策的影响在城市之间的差异。如图 1 所示，图中点的大小和深浅分别代表了集聚程度的高低，深色的大点代表相关指标全国排名前 30 的城市，而浅色的小点则表示排名 31~100 的城市分布。图 1 分别显示了外资流入最多的城市、金融集聚程度最高的城市、制造业集聚程度最高的城市和外资企业集聚程度最高的城市。通过对比我们可以发现，外资流入最多的城市分布图与金融集聚度高的城市分布图最为接近，也就是说这两者之间的相关性是非常高的。从图 1 可以看出，2003~2008 年，外商直接投资主要流入四川、江苏、安徽和长江三角洲等区域，而这些区域正是金融服务业最为集中的地区。这种一致性反映了外商直接投资流入的主要评估因素可能是金融服务业。城市中的金融服务业集中代表了金融服务的水平较高，因为本文的集聚是以从业人员数量作为主要衡量依据的，所以集聚程度高表示从业人员相对数量多，金融机构多，这必然带来业内的竞争激烈，而竞争带来效率的提高。因此金融服务业集聚是金融高效的反映，也就是说该地融资便利，资源配置效率高，金融风险较低。而制造业和外资企业的集聚则表现出不同

---

① 生产性服务业包括交通运输、仓储和邮政业，信息传输、计算机服务业和软件业，金融业，房地产，租赁和商务服务业，科学研究、技术服务和地质勘查业，居民服务和其他服务业，教育共八个大类，但是交通运输、仓储和邮政业数据缺失较为严重，因此不在后文的实证研究之列。

的分布特征。制造业主要集中在山东、河北、天津以及福建沿海城市，已有外资企业则主要集中在山东、河南、安徽和山西等地，它们与外资主要的流入地和金融服务业的主要集聚地都存在一些差异。这说明外资流入的过程中并不是主要根据从业人员和金融机构这两个集聚因素进行决策的，外商投资也没有表现出对制造业和其他外资的跟随和依赖。外商直接投资的流入之所以会表现出不同于过去的新特点和新趋势，我们认为，除了中国自身的产业政策调整使其不再盲目追逐外商投资，而是更趋于理性对待的指导思想之外，外资在近年来对华投资的目的改变也起到了一定的作用。这是因为外商在华投资从开始的以市场为目的或者利用廉价劳动力进行加工制造等生产环节为目的逐渐发生转变，外商在华投资的附加值提高，技术和人力资本的密集度也有所提高，这就对中国市场提出了更高的要求，除了基本的生产要素以外，外资更要考虑生产过程中的配套服务业和东道国市场的金融支持等因素，而内涵丰富且被作为要素投入的生产性服务业是至关重要的。正是由于生产性服务业涵盖广、作用大，所以我们将在下文中对其进行更为深入和细致的剖析。尤其是为外资提供良好金融支持和保障的金融服务业，其对于外资流入的吸引作用更是不容小觑，这在以上的事实分析中已经可见一斑，我们将在后文中进一步对其进行分析和检验。

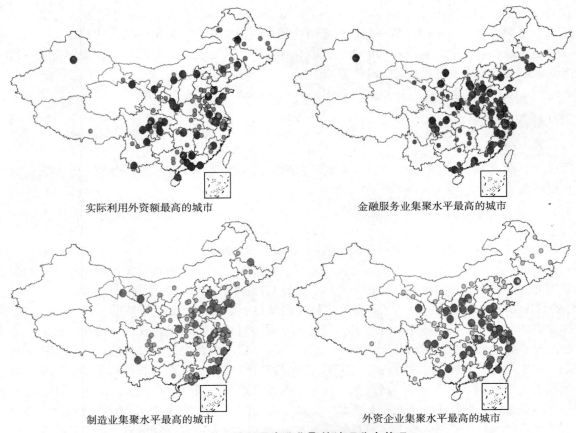

图 1　FDI 及不同产业集聚的地理分布状况

　　通过对现实情况的观察和分析，我们提出本文的核心假说：首先，在新的历史时期中，传统的集聚影响例如制造业和外资企业的集聚对外商直接投资流入的吸引已经极其微小甚至不复存在，真正能够吸引外资的主要因素是生产性服务业的集聚。其次，在七种生产性服务业中，金融服务业的集聚对外资的吸引作用最显著。因为金融服务业集聚代表了竞争所带来的高效，在一定程度上象征着区域内的金融服务水平，是外商投资过程中信息成本降低的利好信号，因此这一因素是新时期外商在华直接投资的一个重要的考察点。而传统的集聚吸引因素，如制造业和其他外资企业对外资流入的影响力有下降的趋势。当然这一假设还需要在后文中进行更为科学和严密的论证。最后，相邻因素的考虑在本文的分析中是必不可少的，相邻城市集聚对本地区会有较强的竞争作用，因而使得本地区的集聚对于外资的影响力下降。

三、实证检验

（一）数据说明

本文的数据库包含了中国大陆 288 个地级市的主要数据信息，分别根据 2003~2008 年的 《中国统计年鉴》、《中国城市统计年鉴》、《中国劳动统计年鉴》和《中国人口统计年鉴》等整理而来。为了说明和验证生产性服务业尤其是金融服务业在外商直接投资流入过程中的作用，我们选取了全国 288 个城市的实际利用外资额 （$FDI_{i,t}$） 作为被解释变量。根据前面提到的区位熵的计算方法，我们用每个城市金融从业人员在本市所占的比重除以全国金融从业人员在全国的比重作为衡量金融服务业集聚的指标，同理得到每个城市所有生产性服务业 （$ServiceAgg_{i,t}$）、制造业 （$ManuAgg_{i,t}$） 和外资企业 （$FfAgg_{i,t}$） 的区位熵作为集聚程度指标，这是本文的主要解释变量。另外，为了使实证更为准确和全面，我们还调整了城市的人口变化率 （$gpop_{i,t}$）、城市的生产总值 （$cGDP_{i,t}$）、城市人均用电量 （$pelec_{i,t}$） 和人均电话拥有数量 （$ptel_{i,t}$）。

如前所述，本文选取了 288 个城市的微观数据而没有沿袭以往研究中的省级数据，这是因为省级数据会掩盖许多外商直接投资流入过程中的重要问题。城市数据避免了在研究中对于省内外资流入不均匀的问题，合理地考虑了同省城市经济发展水平和生产性集聚以及生产型服务业集聚的差异。而且外商直接投资是以城市为单位进行决策的，这也说明了省级数据的不合理性。同时，由于相邻因素的重要性，采用城市数据更为准确。因为较之相邻省份的集聚情况对于本省外资流入的影响，相邻城市的影响作用更为明显也更为合理。因此，关于集聚对外资流入的影响分析过程中采用微观的城市数据是必要的，也是更为准确和合理的。根据以上分析，本文主要的分析变量如下：

（1）$FDI_{i,t}$ 代表城市 i 在 t 年的实际利用外资额。为了避免异方差问题，在回归的过程中选取了对数的实际利用外资额作为被解释变量。表 1 显示了 2008 年中国实际利用外资额最高的 20 座城市，可以发现，在吸引外资最多的城市中有大量的中西部城市，中西部城市吸引外资的能力在大幅提升。

（2）$ServiceAgg_{i,t}$ 代表生产性服务业的区位熵，这是生产性服务业集聚的度量指标。生产性服务业一共包括八个大类，但是交通运输、仓储和邮政业由于数据缺失严重，不在实证检验的范围之内。其余七个生产性服务业包括信息传输、计算机服务业和软件业，金融业，房地产，租赁和商务服务业，科学研究、技术服务和地质勘查业，居民服务和其他服务业，教育都会在实证中一一进行研究和检验。之所以选取区位熵计算方法来代表生产性服务业集聚是由于本文的研究重点并不是具体行业的集聚，而是将制造业、服务业和外资企业总体作为研究对象，所以，以往研究产业集聚问题常用的 E-G 系数、空间基尼系数以及 Hoover 系数等着重反映行业集聚程度的指标不适用于本样本。对于服务业集聚的核算，采用总产值比重来衡量地区服务业集聚也不科学，原因在于中国服务业存在被严重低估的现象 （陈建军、陈国亮、黄洁，2009）。而考虑到我们需要分析不同城市的地区产业集聚，本文采用各个城市不同产业的区位熵指标来衡量其不同产业的集聚程度。表 2 显示了 2008 年中国部分城市金融业集聚状况，我们发现，中部和西部地区的城市的金融业集聚水平正在快速提升。

表 1　中国 2008 年实际利用外资最高 20 城市

城市	2008 年实际使用外资金额（万元）	城市	2008 年实际使用外资金额 （万元）
商洛	7003626.4	渭南	2199172.9
思茅	5648185.9	南充	2039845.3
泰安	5153111.4	中卫	1895408.1
蚌埠	4223815.4	青岛	1835555.2
绍兴	4168018.4	芜湖	1787238.1
重庆	3477258.8	南平	1762590
韶关	2799000.3	绵阳	1647398.6
赣州	2516050	朝阳	1559320.8
海口	2299897.6	日照	1418488.1
达州	2240280.9	常德	1416814.3

资料来源：根据《中国城市统计年鉴》（2009）城市就业数据计算整理得出。

表 2　2008 年中国部分城市金融服务业集聚状况

金融业集聚度最高城市	金融业区位熵	金融业集聚度最低城市	金融业区位熵
汕头	7.8553	惠州	1.7205
衢州	7.7064	常州	1.7145
酒泉	7.6735	乐山	1.7101
承德	7.0140	新余	1.6893
安康	6.6168	定西	1.6621
秦皇岛	6.5343	厦门	1.6533
亳州	6.5302	云浮	1.6339
聊城	6.4727	开封	1.5652
益阳	6.3448	来宾	1.5592
张掖	6.3297	鹤岗	1.5316
忻州	6.3296	池州	1.4801
银川	6.2301	泉州	1.4293
石家庄	6.2277	孝感	1.4111
商洛	6.2109	淮北	1.3560
长治	5.8195	揭阳	1.2438

资料来源：根据《中国城市统计年鉴》（2009），城市就业数据计算整理得出。

（3）$ManuAgg_{i,t}$ 代表制造业的集聚度，其计算方法也采用区位熵的计算公式。国内外很多学者用工业总产值比重来衡量各个地区制造业集聚水平（Wen, 2004；金煜, 2006），由于制造业产品是有形的，在统计口径上都已经较为完善，采用这样的指标有一定的合理性，但是考虑到制造业行业内部各个产业之间存在巨大差异，单纯的产值比重并不能代表制造业在某个城市经济中集聚，原因在于部分城市可能存在少量巨型企业或者垄断性企业，这些企业可以创造巨大的产值，但是却并不一定吸纳很多劳动力，所以在城市经济中并不占主导地位。因此，本文用制造业的从业人数来计算区位熵，以此代表制造业集聚度。

（4）$FfAgg_{i,t}$ 是原有外资企业集聚度。主要用以与生产性服务业进行对比，以观察不同的集聚对于外商直接投资的吸引作用是否相同，并最终通过比较得出对于外商直接投资吸引力最大的集聚因素。

（5）其他控制变量，$gpop_{i,t}$ 表示城市人口增长率，一个城市的人口增长率代表着该城市的经济潜力，并反映了该城市的市场规模，对 FDI 的流入有重要影响。$cGDP_{i,t}$ 表示城市 GDP。市场规模是吸引 FDI 流入的另一个重要因素，它直接影响了投资的回报率，之前的许多研究发现市场规模对 FDI 存在正向影响，仿照 Broadman、Coughlin and Segev（2000），Yanjing Chen（2009）以及 Hilber（2010），我们采用城市 GDP（万元）来代表市场规模。$ptel_{i,t}$ 表示城市人均电话拥有数量，之前有学者研究指出，通信能力也显著地影响城市对 FDI 的吸引力（Gong，1995；He，2002），我们采用城市人均电话拥有数量来代表城市的通信能力。$pelec_{i,t}$ 表示城市人均用电量。

（二）实证模型和预期结果

考虑到本文设定的回归方程中有可能存在一定的内生性问题，处理面板数据时常用的 Pooled 和 Fix Effect 的回归方法不能较好地对本模型进行准确的估计。因此，我们采用 System GMM 的计量方法，在一定程度上克服可能存在的内生性问题，来验证集聚尤其是生产性服务业集聚对于外商直接投资的吸引作用。我们采取了如下的估计方程：

$$FDI_{i,t} = \gamma_i + \theta_i + \alpha_1^K \sum_K A_{i,t}^K + \alpha_2^J S_{i,t}^J + \beta^L \sum_L X_{i,t}^L - \varepsilon_{i,t} \tag{2}$$

式中，下标 i，t 表示城市 i 在 t 年的数值，$A_{i,t}$ 代表各个城市的集聚变量，包括制造业集聚和外资集聚度，$S_{i,t}$ 代表各个城市不同的生产性服务业的集聚状况，包括信息传输、计算机服务业和软件业，金融业，房地产，租赁和商务服务业，科学研究、技术服务和地质勘查业，居民服务和其他服务业，教育共七个大类。而 $X_{i,t}$ 代表各个城市的经济特征变量，包括人口增长率、地区生产总值、人均电话拥有数量和人均用电量等指标。具体表达形式如下：

$$\alpha_1^K \sum_K A_{i,t}^K = \alpha_1^{manu} ManuAgg_{i,t} + \alpha_1^{fdi} FfAgg_{i,t} \tag{3}$$

$$\beta^L \sum_L X_{i,t}^L = \beta^{pop} gpop_{i,t} + \beta^{gdp} \ln Cgdp_{i,t} + \beta^{tel} ptel_{i,t} - \beta^{elec} pelec_{i,t} \tag{4}$$

$$S_{i,t}^J \in \{S_{i,t}^{finser}, S_{i,t}^{techser}, S_{i,t}^{restaser}, S_{i,t}^{eduser}, S_{i,t}^{ITser}, S_{i,t}^{busser}, S_{i,t}^{reiaser}\} \tag{5}$$

各变量的含义和实证的预期结果如表 3 所示，其中，生产性服务业的集聚对于外资流入会产生正向的吸引作用。当然，具体到所有七类生产性服务业各自对于外资流入的吸引作用则可能会有差异，但是我们认为，金融服务业作为低信息成本的标志能够为本地市场提供金融保障和支持，对于外资的吸引作用是较为明显的。同时，传统的制造业集聚因素和其他本地外资企业的集聚影响可能不显著，甚至出现负向影响。其中，其他外资企业的集聚是竞争的表现，对于新进入外资可能会产生挤出效应。而对于制造业来讲，新时期的外商投资更重视产业多样化，尤其是产业的上下游联系，这在中国市场尤其重要（Chen，2009）。除此之外，其他传统因素的吸引作用也为正，如人口变化率和城市经济总量等。

方程中各变量的具体含义如下：

表 3　变量说明和预期

变量名	含义	预期影响
被解释变量		
$FDI_{i,t}$	城市 i 在 t 年的实际利用外资额	/
解释变量		
$ServiceAgg_{i,t}$	生产性服务业的区位熵代表集聚程度	+

变量名	含义	预期影响
ManuAgg$_{i,t}$	制造业区位熵代表集聚程度	不显著/-
FfAgg$_{i,t}$	已有外资企业的区位熵代表集聚程度	不显著/-
gpop$_{i,t}$	城市的人口变化率	+
cGDP$_{i,t}$	城市实际生产总值的对数（万元）	+
ptel$_{i,t}$	城市人均电话拥有数量	+
pelec$_{i,t}$	城市的人均用电量	+

（三）实证结果分析

表4显示了核心模型的回归结果。表中共有三大类集聚影响，分别是生产性服务业集聚、制造业集聚和已有外资企业集聚。以往的研究往往关注后两种集聚对于外商直接投资的吸引作用，所以我们在回归结果的模型1和模型2中首先检验了制造业和外资企业集聚对FDI的影响作用。我们发现，如果不考虑生产性服务业集聚的作用，制造业和外资企业集聚对于外商直接投资的吸引作用都为负，也就是说，制造业的多元化尤其是体现在产业上下游之间的联系方面，对于外资是有吸引作用的，外商投资更注重区域内的制造业生产链是否已经形成。区域内制造业的多样化或者说上下游产业链的形成对于外商直接投资的吸引作用是显著的，而单一进行某一环节的生产制造对于外资没有吸引力，表现为制造业集聚的系数显著为负。同时，我们发现本地原有外资企业的集聚对于外商直接投资的影响也是负的。这意味着，原有外资企业使用了区域内的自然资源、劳动力和资本等要素，对于考虑进入的新的外资来说就是一种挤出，新的外资考虑到与原有外企的竞争关系以及区域内可以被新的外商投资所利用的资源的减少，可能不会进入原有外资企业集中的城市，而考虑拓展新的投资城市。

模型3.1~3.7分别引入了七个生产性服务业集聚。通过对七个生产性服务业的逐一分析，我们发现金融服务业，科学研究、技术服务和地质勘查业以及房地产业对于外商直接投资流入存在吸引效应。而教育，信息传输、计算机服务业和软件业，租赁和商务服务业以及居民服务和其他服务业对于外商直接投资的吸引作用则不显著。其中，教育呈现出吸引趋势但是影响不显著，而信息传输、计算机服务业和软件业，租赁和商务服务业以及居民服务和其他服务业则表现出负向的影响，但仍然不显著。这说明生产性服务业对于外商直接投资流入的影响作用是不尽相同的。其中，显著具有正向吸引作用的是金融服务业，科学研究、技术服务和地质勘查业以及房地产业，而在这三者之中，金融服务业的影响最大（0.085），科学研究、技术服务和地质勘查业（0.057）以及房地产业（0.052）的影响作用则较小，这也证实了生产性服务业中的金融服务业对于外商直接投资流入的吸引作用是最大、最显著的。除此之外，其他控制量的影响作用也与我们的预期一致。人口变化率和城市GDP规模对于外商投资有积极的正向作用，也就是说区域内的市场规模和经济潜力越大，其对外资的吸引力也越大。人均电话拥有量不仅是通信能力的代表，也是区域内信息畅通、经济发展水平较高的象征，其对于吸引外资也有正向作用，在回归结果中表现为稳定的正显著作用。人均用电量不仅是资源的代表，同时对于电能等清洁能源的使用也是地区经济可持续发展且技术水平较高的表现，所以人均用电量的指标也是吸引外资的一个正向促进因素，其在回归结果中也基本表现为正显著。

通过实证检验，我们验证了前文所提出的理论假设。在新的历史时期下，外商直接投资的主要吸引力来自于生产性服务业，而不再是传统的制造业集聚或者是追随其他外资企业进行投资。这是因为，作为一种特殊的要素投入，生产性服务业兼备生产和服务两大特性，在外商投资的决策过程中占据重要的影响地位，也是外资流入与否的重要考察对象。而且，在所考察的生产性服

表 4　不同类型服务业产业集聚与实际利用 FDI 回归结果

	模型 1	模型 2	模型 3.1 金融服务业	模型 3.2 科学研究、技术服务和地质勘查业	模型 3.3 房地产	模型 3.4 教育	模型 3.5 信息传输、计算机服务业和软件业	模型 3.6 租赁和商务服务业	模型 3.7 居民服务和其他服务业
ServiceAgg[①]			0.0853** (2.3)	0.0571* (1.74)	0.0518* (1.76)	0.0778 (1.64)	−0.0432 (−1.16)	−0.0103 (−0.45)	−0.0039 (−0.48)
ManuAgg	−0.0564 (−1.45)	−0.0890* (−1.91)	−0.1186** (−2.35)	−0.1085** (−2.21)	−0.1104** (−2.16)	−0.1173** (−2.1)	−0.0557 (−1.2)	−0.0859* (−1.76)	−0.0966** (−2.03)
FfAgg		−6.0078*** (−3.7)	−6.0754*** (−3.66)	−6.0256*** (−3.7)	−6.1429*** (−3.87)	−5.9917*** (−3.64)	−5.9192*** (−3.64)	−6.0164*** (−3.61)	−5.6787*** (−3.51)
gpop	0.0026*** (5.02)	0.0017*** (3.94)	0.0018*** (3.98)	0.0017*** (3.94)	0.0017*** (3.86)	0.0018*** (3.96)	0.0017*** (4.05)	0.0016*** (3.88)	0.0016*** (3.81)
cGDP	0.5452*** (4.85)	0.7307*** (4.63)	0.8044*** (4.97)	0.7900*** (4.88)	0.7575*** (4.73)	0.7571*** (4.68)	0.6971*** (4.19)	0.7396*** (4.46)	0.7427*** (4.52)
ptelc	1.0927*** (3.27)	1.0253*** (3.18)	1.0033*** (3.06)	1.0244*** (3.3)	1.0182*** (3.24)	0.9947*** (3.02)	0.9861*** (3.05)	1.0084*** (3.15)	0.9556*** (3.09)
pele	0.0000 (0.25)	0.0001* (1.89)	0.0001* (1.83)	0.0001** (1.97)	0.0001* (1.94)	0.0001** (2.16)	0.0001** (2.15)	0.0001* (1.87)	0.0001** (1.98)
AR（1）	−4.381 (0.00)	−2.208 (0.027)	−2.249 (0.025)	−2.083 (0.037)	−2.167 (0.03)	−2.219 (0.027)	−2.289 (0.022)	−2.146 (0.032)	−2.144 (0.032)
AR（2）	1.089 (0.276)	0.989 (0.322)	1.033 (0.302)	0.866 (0.3865)	1.085 (0.278)	1.059 (0.289)	1.043 (0.297)	0.941 (0.347)	0.958 (0.338)
Sargan	21.556 (0.063)	26.446 (0.015)	25.196 (0.022)	26.415 (0.014)	26.417 (0.015)	26.273 (0.016)	27.568 (0.014)	26.341 (0.015)	25.959 (0.017)
观测值	1132	971	971	971	971	971	970	971	947

注：***代表显著性水平为 1%，**代表显著性水平为 5%，*代表显著性水平为 10%。括号里的数字表示 t 值。

务业中，金融服务业的影响系数是最大的（0.085）。这也验证了我们关于金融服务业的集聚是吸引外商直接投资的最为有力的因素这一假设，说明金融服务业集聚背后所蕴涵的金融服务竞争所引致的金融高效和金融服务水平提升是外商投资的重要考虑因素。由金融服务业集聚所反映出的信息不对称程度低、不确定性低以及正的外部性溢出等积极信号对于外商直接投资流入具有强大的吸引作用和有力的市场保障，是促进区域内外商直接投资规模的决定性因素之一。

四、相邻影响对于外商直接投资的影响分析

（一）概念界定与实证方程

微观城市数据保证了我们对于相邻城市影响因素探索的科学性和准确性。区域内相邻城市的集聚作用对于本市的外资吸引具有一定的影响，这是在当今区域间经济联系越发紧密的基础之上对于"空间独立性假说"的反驳，也是分析外资流入影响因素的一种合理化改进。在以往的研究中，由于省级数据的使用较为广泛，因此相邻影响也多将相邻省的集聚程度纳入分析框架，其弊

---

① 本计量结果中的生产性服务业包括信息传输、计算机服务业和软件业，金融业，房地产，租赁和商务服务业，科学研究、技术服务和地质勘查业，居民服务和其他服务业，教育共七个大类。

端如前文所述。另外，关于相邻城市的界定，多数文献采用的是空间距离矩阵的计算方法，其具有一定的合理性。但是，在中国城市分析的具体问题上，这一方法也存在明显的缺陷，即跨省的相邻城市在这种分析框架下也会被纳入相邻影响的考虑范围之内。但是中国的国内市场不完全程度较高，尤其是跨省经济行为会受到行政和经济的双重压力，例如税收、运输费用和省际之间的行政成本等因素都会使产品、要素和服务在省际之间的流动受到限制。但是这些问题在同省的城市之间则会减弱许多，即使是空间距离较远的同省城市之间，其各种流通渠道的障碍和行政约束上都会小于相邻较近的跨省城市。

基于以上问题，我们对于相邻城市的集聚影响进行了重新的定义。我们将"相邻"概念具体化为同省其他城市，亦即省内除 i 城市之外的所有城市相关产业的区位熵作为 i 城市的相邻影响变量，这样就弥补了原来的研究中对于市场跨省分割性的忽略。其计算公式如下：

$$NLQ_{ij} = \left(\frac{NE_{ij}}{\sum_i E_{ij}} \right) \Bigg/ \left(\frac{\sum_j NE_{ij}}{\sum_i \sum_j E_{ij}} \right) \tag{6}$$

式中，NLQ_{ij} 为 i 城市在 j 行业集聚程度的相邻影响，NE_{ij} 表示与中心城市 i 同省的所有其他城市中产业 j 的就业人口，其计算方法为：

$$NE_{ij} = PE_{ij} - E_{ij} \tag{7}$$

式中，PE_{ij} 表示城市 i 所在省的 j 产业就业人口。实证方程为：

$$FDI_{i,t} = \gamma_i + \theta_i + \alpha_1^K \sum_K A_{i,t}^K + \alpha_2^K \sum_K A_{N,t}^K + \alpha_3^J S_{i,t}^J + \alpha_4^J S_{N,t}^J + \beta^L \sum_L X_{i,t}^L + \varepsilon_{i,t} \tag{8}$$

$$\alpha_2^K \sum_K A_{N,t}^K = \alpha_2^{manu} ManuAgg_{N,t} + \alpha_2^{manu} FfAgg_{N,t} \tag{9}$$

$$S_{i,t}^J = S_{i,t}^{finser}, \quad S_{N,t}^J = S_{N,t}^{finser} \tag{10}$$

方程中引入了相邻因素（Neighbor Effect，NE），考虑了相邻金融服务业集聚（$S_{N,t}^{finser}$）、相邻制造业集聚（$ManuAgg_{N,t}$）和相邻外资企业集聚（$FfAgg_{N,t}$），以此来验证相邻因素对于外商直接投资流入的影响作用。

由于同省之间的城市具有较强的同质性，所以在各种其他条件类似的情况下，相邻城市的金融服务业集聚越强，其对于本市的竞争力就越强，在吸引外商直接投资方面就会与本市产生竞争关系。因此在考虑了相邻城市的影响之后，本市的金融集聚对于外商投资的吸引作用预期会有所减弱。同理，考虑到相邻城市的制造业集聚，则外资对于本市的制造业多样化和上下游产业链的要求也会放宽，制造业多样化的影响也会降低。而且当我们把已有外资企业的集聚放在一个包含相邻城市的较大范围内考虑时，其对于新进外资的挤出效应减小，新进外资企业对于已有外资所形成的竞争关系也有所削弱。总的来说，预期相邻因素影响的引入，会广泛地降低本市集聚对于外资的吸引作用。

（二）实证结果分析

表 5 中显示了考虑相邻影响前后，金融服务业集聚、制造业集聚和外资企业集聚对于外商直接投资的吸引作用的变化情况。在模型 1.1 和 1.2 中我们以全国 288 个城市为样本，对加入相邻影响因素前后分别进行回归分析。在全国样本范围内，回归结果与预期相同，金融服务业集聚和制造业多样化对于外资有吸引作用，已有外资企业对于新进入外资有挤出效应。而且，考虑了相邻影响之后，这些因素的作用普遍降低了。金融服务业集聚对外资吸引的边际影响由 0.085 降低到 0.079，制造业集聚的边际影响的绝对值也降低了，由原来的 0.119 降低到 0.116，外资集聚度则从

6.075 降低到 4.668。因此，我们验证了前文中提到的假设，也就是说，加入相邻城市集聚的影响之后，城市间的竞争作用被纳入分析框架，竞争作用显现出来，使得原城市对外商直接投资的影响力下降。

表5　地区分组后考虑相邻城市因素的产业集聚与实际利用 FDI 回归结果

	模型 1.1	模型 1.2	模型 2.1	模型 3.1	模型 4.1	模型 2.2	模型 3.2	模型 4.2
	全国		东部	中部	西部	东部	中部	西部
FinAgg	0.0853**	0.0789**	0.1066**	0.0979	0.1187	0.0904**	0.1104	0.0715
	(2.3)	(2.07)	(2.52)	(1.51)	(1.43)	(2.07)	(1.46)	(0.74)
ManuAgg	−0.1186**	−0.1155**	−0.1251***	0.0284	−0.0386	−0.1761***	0.0461	0.1044
	(−2.35)	(−2.24)	(−2.71)	(0.35)	(−0.28)	(−3.12)	(0.59)	(0.77)
FfAgg	−6.0754***	−4.6675***	−4.7851*	−4.3984*	−4.4755	−4.5385**	−2.5879	0.0872
	(−3.66)	(−2.82)	(−1.93)	(−1.78)	(−0.74)	(−1.97)	(−1.09)	(0.01)
NEFinAgg		−0.0327				0.0234*	0.0468	0.0813
		(−0.2)				(1.69)	(1.55)	(1.43)
NEManuAgg		0.0315**				0.0081	−0.1986	−0.1873
		(2.24)				(0.64)	(−1.1)	(−0.86)
NEFfAgg		−2.7620				0.9312	−14.3444	137.8708
		(−0.93)				(0.32)	(−0.51)	(1.13)
gpop	0.0018***	0.0019***	0.0002	0.1001**	0.0040***	0.0004	0.0840**	0.0032***
	(3.98)	(4.84)	(0.55)	(2.29)	(10.48)	(1.13)	(2.09)	(3.4)
cGDP	0.8044***	0.9315***	0.6894***	0.7586***	0.5490*	0.7564***	1.1095***	1.0633
	(4.97)	(5.31)	(4.05)	(3.74)	(1.87)	(4.15)	(3.58)	(1.62)
ptel	1.0033***	1.1009***	0.5107	0.6717	2.1916***	0.8929	2.9188**	2.2011***
	(3.06)	(3.32)	(0.87)	(0.5)	(6.44)	(1.38)	(2.04)	(4.8)
pelec	0.0001*	0.0000*	0.0000	0.0003*	−0.0001	0.0000	0.0002	−0.0001
	(1.83)	(1.7)	(1.14)	(1.74)	(−0.84)	(0.42)	(1.15)	(−0.28)
AR（1）	−2.249	−2.262	−3.055	−1.562	−1.267	−2.096	−1.493	−0.889
	(0.025)	(0.023)	(0.002)	(0.118)	(0.205)	(0.036)	(0.135)	(0.373)
AR（2）	1.033	1.048	1.043	1.518	−1.392	0.976	1.532	0.471
	(0.302)	(0.294)	(0.297)	(0.128)	(0.163)	(0.329)	(0.125)	(0.637)
Sargan	25.196	23.397	19.645	9.177	12.251	16.509	9.093	10.451
	(0.022)	(0.037)	(0.104)	(0.759)	(0.507)	(0.222)	(0.765)	(0.656)
观测值	971	962	549	262	160	545	262	152

注：*** 代表显著性水平为 1%，** 代表显著性水平为 5%，* 代表显著性水平为 10%。括号里的数字表示 t 值。

在表5的模型2~4中，我们对样本的288个城市进行了分组，将其分为东部城市、中部城市和西部城市，[①] 并分别对各组加入相邻影响前后的情况进行了回归分析。结果显示，显著性影响发生在东部城市。东部城市是中国经济最为发达、经济发展程度最高的区域，在这些城市中金融服务业也是最完善的，尤其是中国目前的几大金融中心，如北京、上海和广州是中国金融服务业最为集中的城市。我们发现东部城市金融服务业集聚的影响最为显著，而且其对于吸引外资影响的绝对值（0.107）大于全国的平均水平（0.085），这说明在经济发达、金融发展水平高的东部城市，外商投资决策过程中对于金融服务业水平的考察占重要地位。在考虑了相邻影响的作用之后，东

---

① 划分标准参照国家统计局 2003 年公布的东中西部划分标准，东部地区包括北京、天津、河北、辽宁、上海、江苏、浙江、福建、山东、广东、广西、海南 12 个省、自治区、直辖市；中部地区包括山西、内蒙古、吉林、黑龙江、安徽、江西、河南、湖北、湖南 9 个省、自治区；西部地区包括四川、贵州、云南、西藏、陕西、甘肃、宁夏、青海、新疆 9 个省、自治区。

部金融服务业集聚的影响力同样有所下降（0.090），但是其仍然大于全国的平均水平（0.079），这再一次印证了东部的金融服务业集聚在本市和省内相邻城市中具有重要的意义，也是吸引外商直接投资的重要因素。东部城市的外资企业集聚对于吸引新的外商直接投资的影响与全国类似，同样是在考虑了相邻城市的因素之后影响力有所下降。但是，在东部城市，加入相邻影响之后，制造业负向影响的绝对值增大了，从 0.125 增加到 0.176。这说明，在经济发达、金融发展水平较高的东部城市，金融服务业在行业上占有优势，大力发展该行业会促进外资流入，有利于地区的经济发展。然而，如果希望通过制造业来吸引外资的话，其与全国其他地区相比，就会对本地制造业多样化和上下游产业链的形成提出更高的要求，否则外资则会更看重具有发展优势的金融服务业集聚因素。对于中部和西部欠发达地区，这种集聚对于外资的影响作用基本都不显著，这也说明了东部城市在全国范围内对于吸引外商直接投资还是起到了比较重要的作用，在吸引优质外资上责任重大。

五、实证结果的扩展

在验证了金融服务业的重要性之后，我们将对其进行进一步的扩展研究。我们将全国样本中的所有城市按照东部、中部和西部的地理区位进行划分。其分组回归结果如表 6 所示。

结果显示，显著性影响发生在东部城市。东部城市是中国经济最为发达、经济发展程度最高的区域，这些城市的金融服务业也是最完善的，尤其是中国目前的几大金融中心如北京、上海和广州是中国金融服务业最为集中的城市。我们发现在东部城市金融服务业集聚的影响最为显著，而且其对于吸引外资影响的绝对值（0.1207）大于全国的平均水平（0.0917），这说明在经济发达金融发展水平高的东部城市，外商投资决策过程中对于金融服务业水平的考察占重要地位。相对的，中西部城市虽然也有正向影响的趋势，但是并不显著。从实际情况分析，中西部城市普遍发展水平欠缺，而金融服务业的发展程度也较低，所以金融服务业集聚的形成也不如东部发达地区那样明显，那么其对于外商的吸引作用也就不是非常显著了。但是，相反的是，中西部地区的制造业集聚呈现出一定的正影响，也就是说，是制造业的集聚而不是多样化对于中西部城市来讲更有利于吸引外资，这与金融服务业发达的东部城市相反。

总之，金融发展水平较高，金融服务业集聚程度也较高的东部发达城市，外资流入会主要受到金融服务业的影响，金融服务业的集聚程度越高，外资流入也越多。

表 6　东、中、西部产业集聚对 FDI 影响回归结果总结

	全国	东部	中部	西部
FinAgg	0.0917**	0.1207***	0.0873	0.1018
	(2.39)	(2.75)	(1.39)	(1.19)
ManuAgg	−0.1156**	−0.1159**	0.0414	0.1215
	(−2.2)	(−2.48)	(0.51)	(0.86)
FfAgg	−6.1591***	−4.9026*	−4.5684*	−5.6305
	(−3.62)	(−1.89)	(−1.86)	(−0.99)
gpop	0.0017***	0.0002	0.0944**	0.0034***
	(4.14)	(0.56)	(2.13)	(6.79)
cGDP	0.8538***	0.6974***	0.7177***	0.9950***
	(5.03)	(4.09)	(3.48)	(2.73)

续表

	全国	东部	中部	西部
ptel	1.0017***	0.5570	0.8890	1.9992***
	(3.25)	(0.92)	(0.69)	(5.16)
pelec	0.0001*	0.0000	0.0003*	0.0000
	(1.83)	(1.02)	(1.84)	(−0.7)

但是，仅仅以东、中、西部城市作为金融服务业集聚程度高低的测量显然是不够严谨和科学的。通过上文的分析，我们只能得出金融服务业集聚对外资流入的吸引作用在东部城市中较为显著，而这些城市又应该是全国金融发展程度最高、金融集聚程度也最高的城市。然而，金融集聚程度究竟要达到怎样的水平才能构成对外资流入的吸引作用，这个问题只在"质"的层面来回答是显然不够的。所以，我们将采取多节点试验的方法来确定一个相对稳定的金融集聚程度的变化范围，从"量"的角度来进一步探索这一问题的答案。

金融服务业的集聚是由一个城市金融从业人员的相对密集程度所表示的该行业的发展水平，也就是说，某市的金融服务业从业人员的相对集中程度越高，说明金融服务业在该市的相对重要性越大，其金融服务业的发展水平也就越高。那么，究竟金融服务业集聚程度要达到多高才能起到吸引外资流入的作用呢？我们将采用多节点重复试验的方法来确定这一影响作用的具体值。

首先，我们将样本内的金融服务业集聚程度一分为二地来看。在前50%的数据中我们分别选取10分位数，15分位数，20分位数，…，45分位数。然后在后50%的数据中我们分别选取55分位数，60分位数，65分位数，…，90分位数。其次，我们将数据节点分别在这16个分位数上进行尝试，以期找到出现明显变化的突变点，也就是金融服务业集聚水平的一个门槛值点。在这一变化点前后，我们能够明显地观察到金融服务业集聚对外资的吸引作用从不显著到显著的变化过程，且在一定程度上稳定下来，这样我们就可以基本确定金融服务业集聚水平的门槛值点。由于金融服务业集聚水平需要达到一定程度才可能对外资形成吸引作用，所以我们在16个节点中主要观察50分位数之后的情况，并将其中最为显著的回归结果部分中的金融服务业集聚水平的回归系数和显著性水平摘录如表7所示。

在表7中，我们可以看到，小于分位数的所有参数都不显著，也就是说，金融服务业集聚水平较低时不能起到显著的吸引外资的作用。而高于分位数的系数显著性则发生了明显变化，我们发现当金融服务业集聚水平高于65分位数（4.436）时，其对于外资的吸引的正向显著作用开始体现，并在70分位数上得以保持和增大。这说明65分位数也就是金融集聚的发展水平达到4.436以后，其处于一个较高的发展水平上，对于外资流入才能构成吸引作用，低于此水平时吸引作用不显著。

表7 多节点重复检验结果

	60分位数 (4.260)		65分位数 (4.436)		70分位数 (4.662)	
	估计参数	P值	估计参数	P值	估计参数	P值
≤分位数值	0.0040	0.935	0.0220	0.653	0.0075	0.871
>分位数值	0.0516	0.381	0.0973	0.073	0.1513	0.005

六、总　结

本文以全国 288 个城市的微观数据作为样本，分析了在外商直接投资流入的过程中，生产性服务业集聚、制造业集聚和原有外资企业的集聚这三个包含了传统和新兴分析框架的因素各自的影响。生产性服务业尤其是金融服务业在当今新的历史时期中，对于中国更为理性的引资态度的形成和完善具有相当重要的意义。尤其是金融服务业，作为降低信息成本、减少不确定性影响的重要途径，在吸引外商直接投资的过程中占据相当重要的地位。金融服务业的集聚就是区域内金融发展水平较高的标志，对于外资的进入具有正向的促进作用。本文对于生产性服务业集聚这一兼具生产和服务双重特性的行业进行了深入的研究，发现七种不同的生产性服务业对于外资流入的影响作用各不相同，其中又以金融服务业集聚影响最为显著。而且在考虑了相邻城市的影响因素之后，我们发现集聚的吸引作用在其他城市的竞争之下有所降低。然后，文章又对全国城市进行了分组研究，发现东部发达城市金融服务业集聚的影响作用最为显著，无论是否考虑相邻城市的竞争，这种影响力都大于全国的平均水平，所以，我们认为只有一个城市的金融集聚水平达到一定的高度之后，才能对当地的 FDI 的流入产生较为显著的吸引作用，由此，我们又采用多节点重复检验的方法对金融服务业集聚与 FDI 流入的关系进行了详细的研究，发现，当一个城市的金融集聚度高于全国 65 分位数，也就是金融集聚水平达到 4.436 以后，对于外资流入才能构成吸引作用，低于此水平时吸引作用不显著。因此，我们有理由相信，金融服务业的集聚在新时期下，对于吸引外商直接投资起到了非常重要的作用，对于中国的城市而言，采取一定的措施来大力提高金融服务业的集聚水平，是吸引更高质量 FDI 流入的一条有效途径。

参考文献

[1] 顾乃华. 生产性服务业对工业获利能力的影响和渠道——基于城市面板数据和 SFA 模型的实证研究[J]. 中国工业经济，2010（5）.

[2] 刘军，黄解军，曹利军. 金融集聚影响实体经济机制研究 [J]. 管理世界，2007（4）.

[3] 贺灿飞，刘洋. 产业地理集聚与外商直接投资产业分布——以北京市制造业为例 [J]. 地理学报，2006（12）.

[4] 薛立敏等. 生产性服务业与制造业互动关系之研究 [M]. 中国台湾：中华经济研究院，1993.

[5] Ahn, S. C., & Schmidt, P. Efficient Estimation of Models for Dynamic Panel Data [J]. Journal of Econometrics, 1995, 68（1）: 5-27.

[6] Ahn, S. C., & Schmidt, P. Efficient Estimation of Dynamic Panel Data Models: Alternative Assumptions and Simplified Estimation [J]. Journal of Econometrics, 1997, 76（1-2）: 309-321.

[7] Arellano, M., & Bond, S. R. Some Tests of Specification for Panel Data: Monte Carlo Evidence and an Application to Employment Equations [J]. Review of Economic Studies, 1991, 58（2）: 277-297.

[8] Arellano, M., & Bover, O. Another Look at the Instrumental Variable Estimation of Error-Components Models [J]. Journal of Econometrics, 1995, 68（1）: 29-51.

[9] Blundell, R., & Bond, S. Initial Conditions and Moment Restrictions in Dynamic Panel Data Models [J]. Journal of Econometrics, 1998, 87（1）: 115-143.

[10] Broadman, H. G., & Sun, X. The Distribution of Foreign Direct Investment in China [J]. The World Economy, 1997, 20（3）: 339-361.

[11] Cantwell, J. and Piscitello L. Recent Location of Foreign-Owned Research and Development Activities by

Large Multinational Corporations in the European Region: The Role of Spillovers and Externalities ［J］. Regional Studies, 2005, 39: 1-16.

［12］ Caves, R. E. Multinational Enterprise and Economic Analysis ［M］. Cambridge University Press, 1996.

［13］ Chen Yanjing. Agglomeration and Location of Foreign Direct Investment: The Case of China ［J］. China Economic Review, 2009, 20: 549-557.

［14］ Chen, C. Provincial Characteristics and Foreign Direct Investment Location Decision Within China ［R］. Chinese Economy Research Unit Working Paper, 1997 (97).

［15］ Cheng, L. K., & Kwan, Y. K. What are the Determinants of the Location of Foreign Direct Investment? The Chinese Experience ［J］. Journal of International Economics, 2000, 51 (2): 379-400.

［16］ Cole, Matthew A.Elliott, Robert J.R.Zhang, Jing Growth, Foreign Direct Investment and the Environment: Evidence From Chinese Cities ［J］. Journal of Regional Science, 2011, 51 (1): 121-138.

［17］ Coughlin C.C. and Segev E. Location Determinants of New Foreign-Owned Manufacturing Plants ［J］. Journal of Regional Science, 2000, 40: 323-351.

［18］ Coughlin, C. C., & Segev, E. Foreign Direct Investment in China: A Spatial Econometric Study ［J］. The World Economy, 2000, 23 (1): 1-23.

［19］ Guimarães, P. Figueiredo, O. & Woodward, D. P. Agglomeration and the Location of Foreign Direct Investment in Portugal ［J］. Journal of Urban Economics, 2000, 47 (1): 115-135.

［20］ Hall, S. G., & Petroulas, P. Spatial Interdependencies of FDI Locations: A Lessening of the Tyranny of Distance? ［R］. Bank of Greece Working Paper, 2008 (67).

［21］ He, C Information Costs, Agglomeration Economies and the Location of Foreign Direct Investment in China ［J］. Regional Studies, 2002, 36 (9): 1029-1036.

［22］ Head, K., Ries, J., & Swenson, D. Agglomeration Benefits and Location Choice: Evidence From Japanese Manufacturing Investments in the United States ［J］. Journal of International Economics, 1995, 38 (3-4): 223-247.

［23］ Hilber, Christian A. L. and Voicu, Ioan. Agglomeration Economies and the Location of Foreign Direct Investment: Empirical Evidence From Romania ［J］. Regional Studies, 2010, 44 (3): 355-371.

［24］ Jiang, W. Information Cost and the Location Decision of Foreign Direct Investment in China ［R］. University of Michigan, 2002.

［25］ Mariotti, S., & Piscitello, L. Information Costs and Location of Fdis Within the Host Country: Empirical Evidence From Italy ［J］. Journal of International Business Studies, 1995, 26 (4): 815-841.

［26］ Narayan, P. K., & Sun, G. Z. The Division of Labor, Capital, Communication Technology and Economic Growth: The Case of China ［J］. Review of Development Economics, 2007, 11 (4): 645-664.

［27］ Rosenthal, S. S., & Strange, W. C. The Determinants of Agglomeration ［J］. Journal of Urban Economics, 2001, 50 (2): 191-229.

［28］ Rosenthal, S. S., & Strange, W. C. Evidence on the Nature and Sources of Agglomeration Economies ［M］. Handbook of Regional and Urban Economics, 2004.

［29］ Sun, Q., Tong, W., & Yu, Q. Determinants of Foreign Direct Investment Across China ［J］. Journal of International Money and Finance, 2002, 21 (1): 79-113.

并购模拟方法及其应用前景分析[*]

——一个基于中国空调业案例的实证研究

刘丰波　吴绪亮[**]

20 世纪八九十年代，越来越多的学者开始研究不完全竞争下需求与成本函数的估计，以及并购所产生的价格和福利效应，但是大部分研究都是基于同质产品市场的古诺模型。然而，在现实中，产品真正同质的行业几乎不存在，仅有少数几个行业可勉强视为同质产品市场，大部分行业的产品存在物理上或者观念上的差别，所以估计差别产品市场的价格和福利效应更符合反垄断的需要。到目前为止，国外有大量学者研究差别产品市场里单边效应的并购模拟技术，有些使用现实中实际发生的并购案例来研究，有些使用假设并购来研究。比如 Hausman 等（1994）对美国啤酒业、Berry 等（1995）对美国汽车产业、Nevo（2000）对美国即食谷物业、Werden（2000）对美国面包业、Dalkir 等（2000）对美国医院行业、Brannman & Froeb（2000）对美国木材业、Slade（2006）对英国啤酒业、Molnar（2008）对芬兰银行业所进行的并购分析。

在传统的结构方法中，其结果严重依赖于市场界定，如果市场界定过宽，那么就会低估企业的市场份额，从而低估了并购对竞争的损害；相反，如果市场界定过窄，就会高估企业的市场份额，引起不必要的干预，影响了市场的正常竞争。但是在差别产品市场上，由于每两种产品的需求替代性是不同的，因此很难界定相关产品市场和相关地域市场，即使在严格的假设下界定了一个相关市场，但依据这个相关市场计算出来的集中度也不能够反映市场的真实情况，且反垄断机构不能据此判定并购所产生的竞争效应。而并购模拟可以避免这个问题。

与传统的结构方法相比，并购模拟是一种更加直接的方法，它的优点在于量化了并购的单边效应，这有助于反垄断当局对并购做出合理的分析，提高了决策的效率和决议的准确性，节约了不必要的人力、物力和时间。在无法合理界定相关市场时，并购模拟提供了一个不错的选择。在过去的十多年里，并购模拟已开始应用于分析差别产品市场的并购，例如 Interstate Bakeries 公司收购 Continental Baking 公司案、Kimberly-Clark 公司收购 Scott Paper 公司案、Staples 公司合并 Office Depot 公司案，以及 Oracle 公司收购 PeopleSoft 公司案等。

虽然并购模拟有诸多优点，已经得到国外反垄断执法机构的关注与认可，并且已经运用到具体案件分析中，但是国内在并购领域的反垄断研究主要关注的是基础性的经济理论、并购案例分析和传统的结构分析方法，对并购模拟的研究较少。作为反垄断法的后起之国，中国有必要借鉴

---

* 教育部人文社会科学研究一般项目"经营者集中反垄断审查中的经济证据研究"（70603004）资助成果。

** 刘丰波，1987 年生，男，江西赣州人，东北财经大学产业组织与企业组织研究中心研究生，研究方向为产业组织理论与并购模拟；吴绪亮，1976 年生，男，安徽六安人，东北财经大学产业组织与企业组织研究中心研究人员，清华大学法学院博士后研究人员，研究方向为产业组织与反垄断法。

本文尚不成熟，仅用于中国工业经济学 2011 年年会交流讨论，请勿在期刊网等处公开发布。

国外这方面的研究成果。本文试图借用中国空调业的数据来探讨并购模拟的应用，完善国内在该领域的研究。

一、并购模拟方法评价

并购模拟是量化单边效应的重要方法之一，它是一种在假定企业行为和消费者行为下，使用并购前市场条件的信息来预测并购后的价格的方法。其目的在于仅使用并购前的数据来预测在并购后新的市场结构下，每种产品的均衡价格和数量的变化，从而判定一起并购是否产生反竞争效应。

并购模拟通常包含前端估计（Front-end Estimation）和后端分析（Back-end Analysis）两部分内容。前端估计就是估计需求函数和成本函数，其中需求函数估计在并购模拟中是困难的，也是最关键部分，其估计的结果直接决定了后面的结果。它对于并购模拟的重要性，就如市场界定对于结构分析法的重要性。后端分析就是根据需求与成本的估计结果模拟并购后的价格均衡，并计算消费者福利和社会总福利的变化，从而判断并购是否产生反竞争效应。

具体分析过程通常分为三个步骤：首先，选择一个能够反映消费者行为和市场竞争的需求和供给函数；其次，使用并购前的数据修正所选的需求函数模型，并估计出需求参数；最后，使用经修正的模型和并购后的市场份额预测并购后的价格，并与并购前的价格作比较，从中得出单边效应。

由于需求函数在并购模拟中起着关键作用，所以并购模拟的研究主要集中于需求函数估计。根据现有的研究文献来看，用于估计需求函数的模型非常众多，Budzinski & Ruhmer（2008）对这些模型根据竞争模式和需求模式进行分类，第一类根据竞争模式把诸模型分为伯川德模型、拍卖模型以及古诺和供给函数模型，第二类根据需求模式把伯川德模型进一步细分为线性和对数线性模型、离散选择需求模型、AIDS 和 PCAIDS 以及多层次需求估计模型。

并购模拟最大的意义在于它量化了并购所引发的单边效应，提高了并购审查的重点性和准确性。与传统的结构分析方法相比，它是客观的、量化的、可重现的，这是结构方法所不具有的性质，从而并购模拟可以为结构分析方法提供一个科学的补充。除此之外，并购模拟可以用来衡量成本效率，使补偿边际成本降低，为并购的经济分析提供一个粗略估计，也可以增强或削弱其他分析方法的结论，还可以用来分析抵消性因素。在差异产品市场上，无法合理界定相关市场，市场份额难以反映产品之间的竞争情况，这时并购模拟提供了一个不错的选择。并购模拟的出现，改变了以往并购分析方法的单一性，增加了分析方法的多样性。

但是并购模拟也存在某些缺点，其中最大缺陷就是它预测的结果严重依赖于所选的需求函数模型。模型不同，即使是使用相同的数据，也会得出相异的结果。为了正确评估一起并购是否会严重妨碍有效竞争，就需要选择一个恰当的模型，这个模型既要能够反映实际的竞争和需求，又要为他人所理解，但是在现实中我们难以选择一个正确的模型。此外，并购模拟还存在数据受限、价格加成、结果依赖于假设、忽视了不可量化效应和长期竞争效应以及分析成本高昂等缺陷。

二、并购模拟模型设定

并购模拟模型通常包括三部分内容：产品的需求函数、企业的成本函数和并购后的价格均衡模型。从现有的研究文献来看，存在诸多方法来估计需求函数和成本函数，下文只讨论本文分析中国空调业所使用的需求函数模型和成本函数。

（一）产品的需求函数

在并购模拟中，估计模型需求方的函数非常众多，如有线性需求函数、对数线性需求函数、Logit 需求函数、AIDS 和 PCAIDS 等。在这些方法中，线性需求函数和对数线性需求函数的模型假设严重脱离了现实，而 AIDS 需要非常详尽的数据，这些应用都受到严格限制。相比较之下，Logit需求函数计算简单，所需资料也少，是一个比较理想的工具。此外，Logit 需求函数预测的价格上涨幅度更小，采用该模型，可以尽量减少政府对市场不必要的干预。

简单 Logit 模型，是目前使用最广泛的模型，是一种特殊的离散选择模型。它将市场上所有可满足消费者某一需求的产品分为内部产品（Inside Good）和外部产品（Outside Good）两类。内部产品，[①] 是在被研究的市场上可供消费者选择的商品；外部产品是指除内部产品之外的其他产品。因为在内部产品内，各种产品的替代性以及内部产品和外部产品的产品替代性是不同的，将内部产品的范围界定得过窄会提高内部产品的总需求弹性以及内部产品各产品的交叉需求弹性，所以并购模拟的结果会受到内部产品界定的影响。

假设市场上有 n 家企业，每家企业只生产一种产品。假使消费者 i 购买企业 j（$j \in n$）的产品 j 所获得的效用为 $U(\zeta_i, p_j, x_j, \xi_j, \theta)$，其中 ζ_i 为未观察到的消费者个人所特有偏好，p_j 为价格，x_j 为已经观察到的产品属性，ξ_j 为经济计量学家无法观察到的产品属性，如产品质量、售后服务、广告等，θ 为需求参数。进一步假定只存在唯一的消费者个人特有偏好 ε_{ij}，则效用函数可表示为：

$$U(\zeta_i, p_j, x_j, \xi_j, \theta) = \beta x_j - \alpha p_j + \xi_j + \varepsilon_{ij} = \delta_j + \varepsilon_{ij} \tag{1}$$

式中，$\delta_j = \beta x_j - \alpha p_j + \xi_j$ 为产品 j 的平均效用水平。式（1）假定市场上所有消费者面临着相同的产品属性，有关消费者的特定偏好通过 ε_{ij} 进入模型。进一步假设 ε_{ij} 是独立同分布（i.i.d）的随机扰动项，服从双指数分布，可以通过以下的 Logit 公式（Logit Formula）求出产品 j 在总市场上的市场份额：

$$s_j(\delta) = e^{\delta_j} \Big/ \sum_{k=0}^{n} e^{\delta_k} \tag{2}$$

用 0 表示外部产品，其平均效用为零，那么有：

$$\ln s_j - \ln s_0 = \delta_j = x_j \beta - \alpha p_j + \xi_j \tag{3}$$

根据收集到的市场份额、产品价格和其他产品特征等数据对上式进行回归，就可以估计出价格系数 α 和参数 β。这样就可以根据估计参数 α、价格 p_j 和市场份额 s_j，得出产品 j 的自价格弹性 η_{jj} 和交叉价格弹性 η_{jk} 以及内部产品的总需求弹性 η。

$$\eta_{jj} = -\alpha p_j (1 - s_j) \tag{4}$$

$$\eta_{jk} = \alpha p_k s_k \tag{5}$$

---

① 内部产品并不等同于并购分析中的相关市场（Relevant Market），它的范围既可能比相关市场宽泛，也可能比相关市场窄。

$$\eta = \alpha \bar{p} s_0 \tag{6}$$

式中，$\bar{p}$ 为并购前内部产品所有产品的加权平均价格，权数为并购前各产品在内部产品里所占市场份额。

简单 Logit 模型的优点在于计算简单，所需资料少，因此备受经济学家的推崇，被视为"对传统反垄断分析的重大跨越"（Werden 等，1996）。但简单 Logit 模型的最大缺点在于受到"独立于无关产品"（Independence of Irrelevant Alternatives，IIA）假设的严格限制。IIA 规定任何两种产品的选择概率比，只取决两种产品的效用，与其他任何产品的效用完全无关，即：

$$\frac{s_j(\delta)}{s_l(\delta)} = \frac{e^{\delta j}\Big/\sum_{k=0}^{n} e^{\delta k}}{e^{\delta l}\Big/\sum_{k=0}^{n} e^{\delta k}} = \frac{e^{\delta j}}{e^{\delta l}} \tag{7}$$

这意味着，当一种产品的价格上涨时，消费者按照市场上其他产品的市场份额成比例地转移到其他产品上去。这是由于 IIA 假设认为每种产品的替代性是相同的，这极大便利了模型的估计。但这是不符合现实的，在差别产品市场上不同的产品具有不同的替代性，产品之间的替代性有强有弱。

由于受 IIA 的影响，简单 Logit 模型得出的结果并不精确。为了解决 IIA 假设对简单 Logit 模型影响，有些学者建议使用嵌套 Logit 模型来代替简单 Logit 模型。嵌套 Logit 模型（NL）是简单 Logit 模型的一般化。前者与后者的不同之处在于，为了解释不同产品之间的替代程度，它引入了小组（Nest 或 Group）的概念。这些"小组"是预先划定的，在把总市场分为外在产品和内在产品之后，再将内在产品细分为若干组，这些组囊括内在产品上所有的产品，而且每种产品只能归属于其中一个组，而将外在产品分入组 0。分的组越多，计算就越复杂，结果越精确。分组的结果是组间产品替代性比组内产品的替代性差。

嵌套 Logit 模型的需求等式为：

$$\ln s_j - \ln s_0 = x_j\beta - \alpha p_j + \sigma \ln s_g^j + \xi_j \tag{8}$$

式中，s_g^j 为产品 j 在其所属的小组 g 的份额。参数 $\sigma(0 \leq \sigma \leq 1)$ 度量的是组内的偏好的相关关系，在简单 Logit 模型里等于零。

在嵌套 Logit 模型中，自价格弹性和交叉价格弹性为：

$$\eta_{jj} = -\alpha p_j \left[1/(1-\sigma) - s_j - \sigma/(1-\sigma)s_g^j \right] \tag{9}$$

$$\eta_{jk} = \begin{cases} \alpha p_k \left[s_k + \sigma/(1-\sigma)s_g^k \right] & k \neq j, \ k \in g \\ \alpha p_k s_k & k \neq j, \ k \notin g \end{cases} \tag{10}$$

上式计算出来的弹性比简单 Logit 模型计算出来的弹性更具一般性。嵌套 Logit 模型的优点在于如果组的划分合理的话，那估计出来的结果更加精确，更加符合现实，依然保持了简单 Logit 模型的运算优势。但是，该模型仍然受到 IIA 的限制，因为组内的产品依然暗含着 IIA 假设（Nevo，2000）。

（二）企业的成本函数

原则上，可以直接估计成本函数，也可以通过间接估计生产函数或要素需求方程来实现（温斯顿，2007）。然而相比较而言，成本函数估计所需要的成本和投入的数据，通常比需求函数估计所需要的产出和价格数据更加难以获得，使得成本估计往往缺乏必要的数据，从而无法直接估计成本函数。在这种情况下，为了估计出企业的边际成本，有必要对企业行为做出些假设。Slade（2006）总结了三种估计边际成本的方法，下文主要讨论其中的内涵成本（Implicit Cost）法。

在内涵成本方法中，假设在差异产品市场上，每家企业只生产一种产品，各企业进行简单的静态纳什均衡博弈，则企业的利润函数为：

$$\prod_j = (p_j - c_j) \times q_j(p) - C_j \tag{11}$$

那么根据该博弈的一阶条件，可以得出在并购前产品 j 的价格成本差为：

$$\frac{p_j - c_j}{p_j} = -\frac{1}{\eta_{jj}} \tag{12}$$

从而如果给定价格和需求弹性，且假设在相关范围内企业的边际成本不变，那么就可以求出边际成本：

$$c_j = p_j(1 + \frac{1}{\eta_{jj}}) \tag{13}$$

如果每家企业生产多种产品，情况就会复杂很多。此时，边际成本的向量为：[①]

$$c = p - \Omega^{-1}s(p) \tag{14}$$

（三）并购后的价格均衡

根据 Werden & Froeb（1994，2008），在差异产品市场上，若每家企业只生产一种产品，各企业进行简单的静态纳什均衡博弈，则并购前各企业利润最大化一阶条件可以简化为：

$$p_j - c_j = 1/\alpha \ (1 - s_j) \tag{15}$$

从式（15）可以看出，拥有较大市场份额的企业可以获取较高的价格成本差，同时随着价格系数 α 的上升，内部产品之间的替代性上升，从而边际成本差下降。如果企业 j 和企业 k 进行并购，那么并购后企业的均衡条件为：

$$p_j - c_j = p_k - c_k = 1/\alpha \ (1 - s_j - s_k) \tag{16}$$

由于并购后产品 j 和产品 k 的价格成本差是一样的，那么并购使得在并购前市场份额较小的产品的价格效应更大（Werden & Froeb，1994）。此外，非并购企业 m 在面对并购企业 j 的产品的价格增长时，其最优反应函数的斜率为：

$$s_j s_m /(1 - s_m) \tag{17}$$

从式（17）可以看出，非并购企业的最优反应函数的斜率为正，且随着并购企业的产品和自身产品的市场份额的上升而上升。这样，并购后不仅并购企业会提高价格，所有的非并购企业也有动机提高价格，且并购前市场份额越大，则价格增幅越大，非并购企业的价格涨幅通常小于并购企业加权平均增幅。此外，非并购企业的集中度越高，并购所引起的平均行业价格增幅越大。

三、中国空调业现状分析

随着人民生活水平的提高以及空调生产研发成本的下降，空调已经不再是奢侈品，成为了普通百姓家中的日常生活电器。根据北京智信道咨询有限公司的研究报告显示，截至 2008 年底，中国城镇居民家庭平均每百户空调保有量达到 100.3 台，其中东部地区保有量有望突破 150 台。气候炎热且经济发达地区的城镇空调保有量非常高，如 2011 年泉州统计手册[②]显示，2010 年泉州市

---

① 由于本文假设中国空调行业各企业只生产一种产品，仅需使用一种产品的内涵成本法，因此仅给出多产品情况下的边际成本模型，未详细阐述推导过程。

② http://www.qztj.gov.cn/outweb/index.asp。

城镇每百户居民空调机拥有量为 213.92 台，其中市区拥有量达 223 台，全市每百户农村家庭空调机拥有量为 60 台。由于中国连续几年保持着较高的经济增速，居民的收入也在同步稳定增长，虽然城市空调机的拥有量达到了较高的水平，但受一线城市新购住房、产品更新换代、二、三线城市还有很多刚性需求未得到释放，及家电下乡政策的影响，未来空调将具有更大的增长潜力。

据北京中怡康时代市场研究有限公司（以下简称"中怡康"）2010 年 3 月对全国 446 个城市 1819 个商场 4095 个门店空调卖场的零售监测数据显示，截至 2010 年 3 月，全年累计销售 200 多万台空调机，同比增长 43.35%，全年累计销售额 6.27 亿元，同比增长 35.85%。由于传统空调巨头在研发、技术和渠道上的巨大优势，格力、美的和海尔呈三足鼎立之势，三强占据过半市场份额。从数据上看，空调行业存在较高的市场集中度，市场的 CR_3 达 62.07%，CR_4 达 69.24%，CR_8 达 83.85%。根据美国著名产业组织学家贝恩的市场结构划分，空调行业则属于寡占Ⅲ型市场，根据日本产业经济学家植草益的市场结构划分，空调行业属于高寡占型行业。

四、估计与结果

（一）数据来源及说明

本文估计所使用市场份额、价格和商场覆盖率等相关数据主要来自中怡康零售监测数据。[①] 本文使用中国空调业 2009 年 3 月至 2010 年 3 月的数据。本文中市场份额、销售量、价格、商场覆盖率、冷暖空调比例、挂式空调比例和功率的数据来自于中怡康零售监测数据，分别用 s、q、p、corate、kfr、wac、power 表示。

产品特征相关数据来自万维家电网，[②] 由于该网站未包含全部需考察的型号，因此，本文也参考了一些其他同类网站。本文根据中怡康提供的各品牌的主销型号，来考察各品牌的产品特征相关数据，根据各型号在品牌中的份额对产品特征进行加权，得到各品牌的平均特征。[③] 本文考察的产品特征有：制冷量、制热量、循环风量、最大室内外噪声、能效等级、能效比、是否变频、是否自动清洁、是否自动除霜、维修商数量和经销商数量。由于各品牌提供的参数不一致，因此未能统计出上述所有的产品特征，最后包含制冷量、制热量、能效等级、维修商数量和经销商数量，分别用 refca、heaca、dpcon、dist、rep 表示。

中怡康 2010 年 3 月份零售监测数据共监测了 24 个空调品牌，这 24 个品牌占据了 99.54% 的市场份额，其中格力、美的和海尔占据了半壁江山。本文将 2010 年 3 月份排名前 10 的品牌视为内部产品，2009 年 3 月~2010 年 3 月，它们的最低占有率为 81.23%，最高占有率为 88.19%，平均占有率为 84.53%，从而所选取的内部产品具有较强的代表性。

表 1 对 2010 年 3 月份排名前 10 的品牌的变量做了简单的描述性统计。从表 1 可以看出，冷暖制式空调占据了绝对优势，这是因为冷暖制式空调与单制冷式空调的市场价格相差不多，一般能买得起空调的家庭完全可以承受，而且它的功能多一倍，既可以制冷，也可以制热，所以消费

---

① 该公司长期专注于中国消费品市场零售研究，尤其是在家用电器领域，其调查网络已基本覆盖全部的一、二级市场和经济相对发达、有代表性的三、四级市场，覆盖全国 500 多个城市、近 200 个县，门店数量已超过 5000 家，调查产品涵盖 70 多种耐用消费品和快速消费品，其零售监测数据具有较高的权威性。
② 该网站是中国最大的专业家用电器产品信息库，能够提供各种空调型号详尽的产品参数等相关信息。
③ 这里所说的主销型号即中怡康零售监测数据中各品牌排名前十的型号。2010 年 3 月各品牌主销型号的比重均在 33% 以上，最高的达 87%，说明主销型号占据较高的比重，足以代表各品牌的产品特征。

者还是非常钟情于冷暖空调。而从室内机的区分来看，主要以挂式空调为主，与柜式空调相比较，挂式空调的制冷量较小，耗电量较低，一般 1.5 匹以下的均为挂式空调，适用面积在 20 平方米以下的房间。从表 1 中的产品功率来看，中国的空调主要以小功率为主，平均产品功率仅 1.45 匹。但是从制冷量来看，平均制冷量为 4013.34 瓦，按照每平方米制冷量需要 150 瓦来计算，平均适用面积在 26 平方米之上。

表 1　描述性统计表

变量	Mean	Median	Maximum	Minimum	Std. Dev.
市场份额（%）	8.45	5.10	26.10	1.58	0.0735
销售量（台）	79362.23	45179.00	392417.00	7512.00	85237.3100
价格（元）	3035.19	2803.50	5743.00	2056.00	888.4900
商场覆盖率（%）	41.15	38.44	70.83	11.13	0.1922
冷暖空调比例（%）	87.71	87.76	98.69	73.94	0.0734
挂式空调比例（%）	81.95	81.63	86.79	78.22	0.0270
产品功率（匹）	1.45	1.42	1.78	1.32	0.1214
能效等级（级）	2.18	1.83	4.27	1.00	1.1325
制冷量（W）	4013.34	3980.99	4920.52	2993.52	501.9600
制热量（W）	4439.32	4244.73	5435.03	3489.87	561.9500
经销商数量（家）	66.30	49.50	186.00	7.00	55.7600
维修商数量（家）	92.30	94.00	128.00	45.00	24.1300

资料来源：根据中怡康零售监测数据及自行收集的数据整理得出。

（二）简单 Logit 模型的需求估计及弹性计算

1. 回归模型与估计方法

根据前文的分析，可以用以下形式来表述中国空调行业的简单 Logit 需求函数：

$$\ln s_j - \ln s_0 = \delta_j = x_j\beta - \alpha p_j + \xi_j \tag{18}$$

式中，$x_j\beta = c + \beta_{1j}corate + \beta_{2j}kfr + \beta_{3j}wac + \beta_{4j}power + \beta_{5j}dpcon + \beta_{6j}refca + \beta_{7j}heaca + \beta_{8j}dist$

$$\quad\quad\quad + \beta_{9j}rep + \mu \tag{19}$$

Berry（1994）认为，普通最小二乘法（OLS）低估了价格系数，在大多数情况下，OLS 估计的结果显示企业把价格定在需求曲线没有弹性的地方，这与经济理论明显相悖。因此，他认为相比较而言，工具变量法提供一个更加合理的系数估计，能够纠正 OLS 估计的偏差。Berry 等（1995）的研究显示，使用 OLS 估计时，其潜在的假设是市场参与者无法知道经济计量学者并没有观测到产品特征，从而在设定价格时未考虑这些特征。显然这是不符合现实的，产品生产者比经济计量学者更加清楚自己的产品，而使用工具变量法可以解释价格和未观测到的特征之间可能存在的关系。此外，Peters（2006）发现，用工具变量法估计的系数比 OLS 估计的系数大，他认为工具变量法估计的结果能够更加精确地反映市场集中度变化对价格的影响。

Nevo（2000b）使用广义矩估计（GMM）进行估计，而 Molnar（2008）也使用 GMM 进行估计。但是 GMM 估计是一个大样本估计，在大样本的情况下 GMM 估计量是渐进有效的，而在小样本情况下是无效的，所以只有在大样本的情况下，才能够使用 GMM 方法进行参数估计（高铁梅，2006）。本文只收集到中国空调业 2009 年 3 月至 2010 年 3 月的数据，样本量比较小。因此本文使用两阶段最小二乘法（2SLS）进行估计。此外，为了消除面板数据模型的横截面的异方差与序列的自相关性影响，分析中将采用截面加权的似不相关回归方法（Cross-section SUR）来估计方程。

Berry（1994）、Berry 等（1995）和 Nove 等（2000）详细阐述了工具变量的选择。Berry 等（1995）认为任何与观测到数据的特定函数相关的因素，都是合适的工具变量。他们提出使用标准滞后值、成本变量和竞争对手的产品特征为工具变量。Berry（1994）提出使用成本变量和其他企业的产品特征为工具变量，他认为在不完全竞争市场中，需求方的工具变量是既影响价格加成又影响边际成本的变量。本文使用其他企业的产品特征为工具变量。

2. 简单 Logit 模型的回归结果

在回归的过程中剔除了挂式空调比例、能效等级、制冷量、分销商数量 4 个自变量，以及价格滞后值和商场覆盖率两个工具变量。表 2 给出了需求估计的结果。

表 2　空调业简单 Logit 模型需求函数估计结果

变量	系数	t 统计量	p 值
常数项	−19.787750	−6.300607	0.0000
价格	−0.002404	−5.953220	0.0000
商场覆盖率	0.646526	2.012825	0.0466
冷暖空调比例	15.944930	5.869486	0.0000
产品功率	2.790485	3.226474	0.0016
制热量	−0.000170	−2.140830	0.0345
维修商数量	0.016279	8.910782	0.0000
R^2	0.928756	F 统计量	220.6760
Adj–R^2	0.917203	p 值	0.000000

从估计的结果来看，整体回归结果较好。从拟合优度来看，调整后的 R^2 达到了 0.9172，也就是说所考虑的因素有对平均效用 δ 的解释达到 91.72%，未包含在模型之内的因素的解释不到 10%，这是一个比较满意的结果。就整体模型构建来说，F 统计量较高反映回归方程高度显著，模型拟合的整体效果较好，所选择的所有解释变量对被解释变量的总体解释能力强。同时检验解释变量的显著性，回归过程中剔除了不显著的解释变量，留在模型中的解释变量对平均效用具有显著的影响，最终进入的模型的解释变量除商场覆盖率和制热量在 5% 的水平上显著之外，其余解释变量的系数都在 1% 的水平上显著。

3. 简单 Logit 模型的价格弹性

表 3 给出了根据公式（4）和公式（5）计算出来的结果。从表 3 的弹性可以看出，同一列里的所有非对角线的元素相等，也就是说所有产品对某种产品的替代性是一样的，这反映出了 IIA 假设的问题。IIA 假设每种产品的替代性是一样的，得出的所有弹性与价格和市场份额成线性相关，这是不符合现实的。从表 3 的数据可以看出，空调行业各品牌富有弹性，自价格弹性最低的至自价格弹性差达到 4.6，这是比较符合现实情况的。虽然目前空调行业呈现三足鼎立之势，但是空调行业的市场进入障碍相对较低，产品之间的替代性较强，市场上品牌较多，竞争较为激烈，从而各品牌的价格弹性也就相对较高。

表 3　简单 Logit 模型自价格弹性与交叉价格弹性

	格力	美的	海尔	奥克斯	志高	海信	科龙	三菱电机	惠而浦	长虹
格力	−5.66	1.55	0.95	0.40	0.34	0.21	0.15	0.33	0.14	0.10
美的	1.88	−5.09	0.95	0.40	0.34	0.21	0.15	0.33	0.14	0.10
海尔	1.88	1.55	−5.99	0.40	0.34	0.21	0.15	0.33	0.14	0.10
奥克斯	1.88	1.55	0.95	−5.15	0.34	0.21	0.15	0.33	0.14	0.10
志高	1.88	1.55	0.95	0.40	−4.60	0.21	0.15	0.33	0.14	0.10
海信	1.88	1.55	0.95	0.40	0.34	−7.89	0.15	0.33	0.14	0.10
科龙	1.88	1.55	0.95	0.40	0.34	0.21	−5.88	0.33	0.14	0.10

	格力	美的	海尔	奥克斯	志高	海信	科龙	三菱电机	惠而浦	长虹
三菱电机	1.88	1.55	0.95	0.40	0.34	0.21	0.15	−12.98	0.14	0.10
惠而浦	1.88	1.55	0.95	0.40	0.34	0.21	0.15	0.33	−5.69	0.10
长虹	1.88	1.55	0.95	0.40	0.34	0.21	0.15	0.33	0.14	−4.96

4. 简单 Logit 模型的边际成本估计

根据内涵成本法可以计算出各品牌的边际成本。表4给出了估计出来的边际成本和价格成本差。这里计算出来的边际成本是多售出每一件产品所需要支付的成本，包括产品的生产成本，也包括产品运输成本等为了销售产品而支付的成本。通过表4中的数据可以发现以下现象：①产品的价格越低，其边际成本越低，如格力与海尔，这反映了空调企业的价格不仅仅体现其市场势力，也可以体现其产品的功能与质量，功能越多，质量越高，所投入的成本就越高，收取的价格也就越高；②在价格相同的情况下，产品的市场份额越高，其边际成本越低；③产品的价格越高，其价格成本差越低，如价格最高的三菱电机的价格成本差最低，仅为7.7%，价格最低的至高的价格成本差最高，达21.7%，两者相差近三倍。

在简单 Logit 模型中，自价格弹性和产品价格呈线性相关，而在所考虑的10个品牌中，志高的价格最低，2010年3月的平均价格仅为2056元，而三菱电机的价格最高，达到5536元。所以三菱电机的自价格弹性最高，而志高的自价格弹性最低，这使得其价格弹性相差甚远。但是这与实际情况不太符合，相比之下三菱电机属于高档产品，不仅产品的价格高，品质也较高，而志高属于低档产品，一般而言高档产品享有较高的利润率，应该具有较高的价格成本差。产生这种偏差的原因是简单 Logit 模型建立在伯川德假设之上，但是在实际中，企业不仅仅进行价格竞争，也进行品牌竞争、品质竞争、货架竞争和渠道竞争等非价格竞争。这时候可以使用嵌套 Logit 模型替代简单 Logit 模型，嵌套 Logit 模型把内部产品分为若干组，把品牌档次相近的产品放入同一个小组内，这样可以缓和 IIA 对模型的影响，估计出来的结果也比较符合实际。

表4　简单 Logit 模型预测的边际成本与价格成本差

	格力	美的	海尔	奥克斯	志高	海信	科龙	三菱电机	惠而浦	长虹
2010年3月价格（元）	3137	2762	2885	2306	2056	3369	2510	5536	2423	2105
边际成本（元）	2583	2219	2403	1858	1609	2942	2083	5109	1997	1680
价格成本差（元）	554	543	482	448	447	427	427	427	426	425
价格成本差率（%）	17.7	19.7	16.7	19.4	21.7	12.7	17.0	7.7	17.6	20.2

5. 简单 Logit 模型并购后的价格均衡

本文模拟国内前五名空调企业两两并购可能引起的价格变化。在计算并购后价格变化的时候，假设外部市场为5家实力相当的企业占有，每家企业的市场份额相同。另外假设并购不产生效率，并购前后各企业的边际成本不变。并购后的价格根据前文得出的价格弹性和边际成本计算得出。

表5　简单 Logit 模型并购后价格变化预测

单位：%

	格力/美的	格力/海尔	格力/奥克斯	格力/志高	美的/海尔	美的/奥克斯	美的/志高	海尔/奥克斯	海尔/志高	奥克斯/志高
格力	8.01	3.95	1.87	1.81	0.62	0.31	0.32	0.15	0.15	0.08
美的	9.51	0.59	0.30	0.31	4.28	2.03	1.97	0.14	0.14	0.07

续表

	格力/美的	格力/海尔	格力/奥克斯	格力/志高	美的/海尔	美的/奥克斯	美的/志高	海尔/奥克斯	海尔/志高	奥克斯/志高
海尔	0.67	6.80	0.16	0.16	6.21	0.15	0.15	1.51	1.47	0.04
奥克斯	0.33	0.15	7.15	0.08	0.14	6.55	0.07	3.36	0.04	1.58
志高	0.32	0.14	0.07	7.98	0.14	0.07	7.31	0.03	3.75	1.82
海信	0.11	0.05	0.03	0.03	0.05	0.03	0.03	0.01	0.01	0.01
科龙	0.11	0.05	0.03	0.03	0.05	0.02	0.03	0.01	0.01	0.01
三菱电机	0.11	0.05	0.03	0.03	0.05	0.02	0.02	0.01	0.01	0.01
惠而浦	0.10	0.05	0.02	0.02	0.04	0.02	0.02	0.01	0.01	0.01
长虹	0.09	0.04	0.02	0.02	0.04	0.02	0.02	0.01	0.01	0.00
其他	0.10	0.04	0.02	0.02	0.04	0.02	0.02	0.01	0.01	0.01
加权	8.74	4.96	3.05	3.15	4.99	3.09	3.19	2.15	2.24	1.69

注：加权为并购企业加权平均价格涨幅。

根据表5的数据可以发现：①并购后市场的集中度上升，不仅仅并购企业会提高价格，非并购企业也会进行涨价，但是并购企业的价格涨幅要大于非并购企业；②相对于并购企业而言，非并购企业的价格涨幅相对较低，均未超过1%；③在并购企业中，并购前市场份额较高的产品的价格涨幅相对较低，随着并购企业之间的市场份额差距越大，这种现象就越突出，这是因为给定的并购企业因提高价格而导致的销售流失时，市场份额较大的产品能够截取更多的销售流失；④并购企业的合计市场份额越高，非并购企业的价格涨幅越高。如奥克斯在格力/美的假设并购中的价格涨幅为0.33%，但在格力/志高假设并购中的价格涨幅为0.08%，这是因为非并购企业的最优反应函数随着并购企业的市场份额的上升而上升。

表5的最后一行给出了并购后并购企业的加权平均价格涨幅。仅有格力和美的进行并购才会使得并购企业的加权平均价格涨幅大于5%，其他各假设并购案均低于该值，如果再考虑并购效应的话，并购后的价格效应将会更低。如果并购之后会产生效率，边际成本至少降低5%，那么就会抵消并购产生的价格效应，除了格力并购美的之外。此外格力/海尔假设并购和美的/海尔假设并购的并购企业加权平均价格涨幅接近5%，具有较高的价格效应。

由于Logit需求模型形式简单，计算方便，对数据的要求较低，但是由于IIA假设的限制，得出的结果并不精确。为了谨慎性考虑，本文对格力/美的假设并购案进行敏感性测试，分别考虑价格弹性变化±50%、±20%和±10%、0七种情景，结果见表6。从结果中可知在价格弹性下降50%之后，各产品的价格涨幅均约上升了1倍，格力和美的的加权平均价格涨幅从8.74%达到17.48%，产生严重的价格效应。但是当价格弹性上升50%之时，各产品的价格涨幅约下降了1/3，格力和美的的加权平均价格涨幅滑落到5.83%，仍然具有较强的价格效应，即使并购后边际成本下降5%，也无法克服并购产生的价格效应。

表6 格力/美的并购价格变化敏感性分析

单位：%

弹性变化比例	−50%	−20%	−10%	0	10%	20%	50%
格力	16.03	10.02	8.90	8.01	7.28	6.68	5.34
美的	19.03	11.89	10.57	9.51	8.65	7.93	6.34
海尔	1.34	0.84	0.75	0.67	0.61	0.56	0.45
奥克斯	0.65	0.41	0.36	0.33	0.30	0.27	0.22
志高	0.63	0.40	0.35	0.32	0.29	0.26	0.21
海信	0.23	0.14	0.13	0.11	0.10	0.09	0.08

续表

弹性变化比例	−50%	−20%	−10%	0	10%	20%	50%
科龙	0.22	0.14	0.12	0.11	0.10	0.09	0.07
三菱电机	0.22	0.14	0.12	0.11	0.10	0.09	0.07
惠而浦	0.20	0.13	0.11	0.10	0.09	0.08	0.07
长虹	0.17	0.11	0.10	0.09	0.08	0.07	0.06
其他	0.19	0.12	0.11	0.10	0.09	0.08	0.06
加权	17.48	10.92	9.71	8.74	7.94	7.28	5.83

表 7 给出了各假设并购案例在价格弹性变化±50%、±20%和±10%、0 七种情景下，各假设并购案中并购企业的加权平均价格涨幅。从表 7 的数据可以看出，当价格弹性下降 50%之后，除了海尔、奥克斯和志高三者之间的两两并购之外，其余假设并购的并购企业加权平均价格涨幅均高于 5%，因此当价格弹性较大幅度下降后，大部分并购都会产生较严重的价格效应。当价格弹性下降 20%和 10%时，仅有格力/美的假设并购案、格力/海尔假设并购案和美的/海尔假设并购案具有较高的并购企业加权平均价格涨幅，其余假设并购案均未超过 5%。当产品更加富有弹性时，仅有格力/美的假设并购案会产生较大的并购企业加权平均价格涨幅。可以看出，仅有格力/美的假设并购案、格力/海尔假设并购案和美的/海尔假设并购案这三起假设并购会产生较严重的价格效应，其余各假设并购的价格效应较小。

表 7 并购企业加权价格变化的敏感性分析

单位：%

弹性变化比例	−50%	−20%	−10%	0	10%	20%	50%
格力/美的	17.48	10.92	9.71	8.74	7.94	7.28	5.83
格力/海尔	9.92	6.20	5.51	4.96	4.51	4.13	3.31
格力/奥克斯	6.09	3.81	3.39	3.05	2.77	2.54	2.03
格力/志高	6.31	3.94	3.50	3.15	2.87	2.63	2.10
美的/海尔	9.99	6.24	5.55	4.99	4.54	4.16	3.33
美的/奥克斯	6.18	3.86	3.43	3.09	2.81	2.58	2.06
美的/志高	6.38	3.99	3.54	3.19	2.90	2.66	2.13
海尔/奥克斯	4.30	2.69	2.39	2.15	1.95	1.79	1.43
海尔/志高	4.47	2.79	2.48	2.24	2.03	1.86	1.49
奥克斯/志高	3.39	2.12	1.88	1.69	1.54	1.41	1.13

上述分析假定并购不会产生并购特有效率、不会引发市场进入和产品的重新定位、并购前后每家的边际成本不变以及并购不会引起价格之外的其他产品属性的变化等。在并购的经济分析中，这些问题都很重要，因此还需要分析并购可能产生的特有效率，以及市场进入和产品的重新定位对并购企业的影响。此外，也需要考虑买方势力，目前国内存在国美和苏宁两家实力强大的家电零售商，它们在与空调企业谈判时可能占据上风，有利于阻止并购企业提高价格。

（三）嵌套 Logit 模型的价格均衡

为了削弱 IIA 假设对简单 Logit 模型的影响，这里进一步分析了嵌套 Logit 模型的并购后价格效应。首先根据内部产品的平均价格将十大品牌分为三个小组（Nest）：第一小组为高档产品，平均价格在 5000 元以上，仅仅包括三菱电机一个品牌；第二小组为中档产品，平均价格在 3000~5000 元，包括格力、海尔和海信三个品牌；第三小组为低档产品，平均价格在 3000 元以下，包括美的、奥克斯、志高、科龙、惠而浦和长虹六个品牌。小组内的各产品的替代性比小组间各产品的替代性强，从而小组内各产品的竞争强度比小组间各产品的竞争强度要激烈。表 8 给出了嵌套Logit 模型预测的并购后价格效应。

表 8　嵌套 Logit 模型并购后价格变化预测

单位：%

	格力/美的	格力/海尔	格力/奥克斯	格力/志高	美的/海尔	美的/奥克斯	美的/志高	海尔/奥克斯	海尔/志高	奥克斯/志高
格力	9.79	5.82	3.79	3.73	0.92	0.59	0.60	0.35	0.36	0.25
美的	11.80	0.83	0.52	0.53	6.69	4.50	4.44	0.32	0.33	0.23
海尔	0.83	9.24	0.27	0.28	8.66	0.28	0.29	4.08	4.03	0.12
奥克斯	0.40	0.21	10.41	0.13	0.21	9.82	0.14	6.71	0.08	4.97
志高	0.39	0.20	0.13	11.64	0.21	0.13	10.98	0.08	7.51	5.63
海信	0.14	0.07	0.05	0.05	0.07	0.05	0.05	0.03	0.03	0.02
科龙	0.14	0.07	0.04	0.05	0.07	0.05	0.05	0.03	0.03	0.02
三菱电机	0.13	0.07	0.04	0.04	0.07	0.05	0.05	0.03	0.03	0.02
惠而浦	0.12	0.06	0.04	0.04	0.07	0.04	0.04	0.02	0.03	0.02
长虹	0.11	0.06	0.03	0.04	0.06	0.04	0.04	0.02	0.02	0.02
其他	0.12	0.06	0.04	0.04	0.06	0.04	0.04	0.02	0.02	0.02
加权 1	10.76	7.03	5.27	5.46	7.42	5.75	5.94	4.98	5.20	5.29
加权 2	5.40	2.96	1.87	1.92	3.03	1.96	2.01	1.21	1.25	0.88

对比表 5 和表 8 可以看出，在引入小组之后，明显提高了并购带来的价格效应。除海尔/奥克斯假设并购之外，其他的假设并购的并购企业加权价格涨幅均大于 5%。此外并购前属于同一小组企业之间的并购会产生更严重的价格效应。例如在简单 Logit 模型中，格力/奥克斯假设并购的并购企业加权价格涨幅大于美的/奥克斯假设并贩的并购企业加权价格涨幅，但在嵌套 Logit 模型中，恰恰相反。虽然格力/奥克斯假设并购产生更高的市场集中度，但是美的和奥克斯属于同一个小组，产品之间的替代性更强，所以它们之间的并购会引起更加严重的价格效应。

从嵌套 Logit 模型预测的结果可以得出以下三个结论：①其他条件相同的情况下，并购后市场集中度越高的并购，其价格效应越大；②其他情况相同的条件下，属于同一小组的产品之间的并购，所产生的价格效应，大于不同小组产品之间的并购，即并购企业之间的产品替代性越强，并购产生的价格效应越大；③虽然嵌套 Logit 模型得出的结果更加准确，更能够符合实际情况，但嵌套 Logit 模型得出的结果比简单 Logit 模型的大。

（四）与结构方法的比较

为了进一步检验简单 Logit 模型的效果，下面用传统的结构方法与简单 Logit 模型的分析结果进行比较。

传统的结构分析方法主要分析市场份额和市场集中度，查看并购所引起的集中度的变化。该方法首先界定相关产品市场和相关地域市场，而后计算并购前后相关市场内各产品的市场份额以及市场的集中度，从而评定一起并购是否会对竞争造成损害。在 1982 年之前，主要采用 CR_n 来表示市场的集中度，但是该指标未考虑企业的规模，因此另一个充分考虑企业规模的指标——HHI指数越来越受到反垄断执法机构的欢迎。1982 年，美国首次在《并购指南》中引入 HHI 指数衡量市场的集中度，2004 年，欧盟《横向并购指南》采纳了该指标。2004 年，欧盟《横向并购指南》界定两个临界值：HHI = 1000，ΔHHI = 150；HHI = 2000，ΔHHI = 250。美国标准与欧盟标准有些差异，2010 年，《横向并购指南》界定的两个临界值分别是：HHI = 1500，ΔHHI = 100；HHI = 2500，ΔHHI = 200。欧盟和美国用并购后的 HHI 和 ΔHHI 的组合（HHI，ΔHHI）分别勾画出一个安全港，见图 1 和图 2。

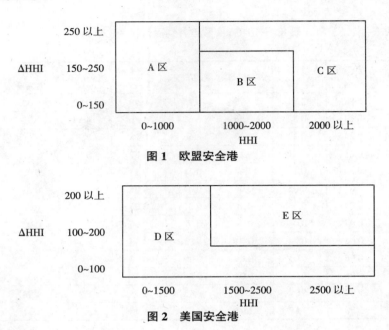

图 1　欧盟安全港

图 2　美国安全港

　　欧盟标准将并购分为三种情形，即（HHI，ΔHHI）分别落入图 1 中 A 区、B 区和 C 区三种情形。如果（HHI，ΔHHI）落入 A 区的话，并购不需要进一步的分析；如果落入 B 区，除了特殊情况①之外，不需要进一步分析；如果落入 C 区，则认为可能会产生竞争问题。一般将 A 区和 B 区视作是安全港。美国标准将并购分为两种情形，即（HHI，ΔHHI）分别落入图 2 中的 D 区和 E 区两种情形。如果（HHI，ΔHHI）落入 D 区，则认为并购不会损害竞争，不需要进一步分析；如果落入 E 区，则并购可能会损害竞争，需要进一步分析。

　　本文将空调产品视为相关产品市场，内陆市场为相关地域市场。表 9 给出了各假设并购案的并购后 HHI 值和 ΔHHI 值，落入欧盟、美国安全港中的区域，并与简单 Logit 模型的结果进行比较。从表 9 的数据可以看出，在结构方法中，美国的方法和欧盟的方法均显示只有海尔、奥克斯和志高三家企业两两并购会落入安全港，其他的假设并购案均可能产生竞争效应，这与上文简单 Logit 模型的敏感性分析中，价格弹性下降 50% 时的结果一致。对比结构方法和简单 Logit 模型，可知结构方法更加保守，结构方法可能带来更多的不必要干预。董红霞（2007）的研究表明，并购诉讼中的实际 HHI 临界值比标准 HHI 值要高出很多，《横向并购指南》中的 HHI 门槛通常不能在执法决策中起决定作用，在实际中要考虑市场进入和效率等其他影响因素。

表 9　结构方法与简单 Logit 模型的比较

假设并购案	HHI	ΔHHI	欧盟标准	美国标准	简单 Logit 模型
格力/美的	2670.41	1169.06	C	E	需要进一步分析
格力/海尔	2185.30	683.95	C	E	需要进一步分析

①　这里的特殊情况指的是以下六种情况：涉及市场份额低的潜在进入者或新进入者的并购；一家或多家并购参与者是重要的创新者，但这不体现在市场份额中；市场参与者存在严重的相互持股；其中一家并购参与者是搅局企业，该企业极有可能破坏协调行为；存在过去或未来进行协调或提供便利措施的迹象；其中一家并购参与者在并购前的市场份额超过 50%。

续表

假设并购案	HHI	ΔHHI	欧盟标准	美国标准	简单 Logit 模型
格力/奥克斯	1859.56	358.21	C	E	通过
格力/志高	1849.06	347.72	C	E	通过
美的/海尔	2142.04	640.69	C	E	需要进一步分析
美的/奥克斯	1836.90	335.56	C	E	通过
美的/志高	1827.07	325.73	C	E	通过
海尔/奥克斯	1697.66	196.31	B	D	通过
海尔/志高	1691.91	190.56	B	D	通过
奥克斯/志高	1601.15	99.81	A	D	通过

五、结　语

目前并购的主流分析方法是以市场份额和市场集中度为基础的传统结构分析方法。但是随着单边效应理论和经济计量技术的发展，以及数据越来越容易收集，并购模拟受到并购经济学家的推崇，也越来越受反垄断执行机构的关注。目前，关于并购模拟的研究已经取得了丰硕的成果，而且欧美国家已经具有了一批使用并购模拟进行并购分析的案例。

与结构方法相比，并购模拟是更加直接的方法，它量化了并购的单边效应，这有助于反垄断当局对并购做出合理的分析，提高了决策的效率和决议的准确性，节约了人力、物力和时间。在差异产品市场上，无法合理界定相关市场时，市场份额难以反映产品之间的竞争情况，这时并购模拟提供了一个不错的选择。并购模拟的出现，改变了以往并购分析方法的单一性，增加了分析方法的多样性。但是并购模拟也存在许多缺陷，比如模拟结果严重依赖于所选择的模型，模型的选择存在诸多问题，数据的不可获性，忽略了不可量化效应和长期效应等。

因此，并购模拟虽具有许多优势，但是在使用时要加倍谨慎。应用并购模拟的目的不是为了精确计算出并购产生的价格效应，而是为并购分析提供一个新的角度，增加并购分析方法的多元化。并购模拟作为一种并购分析方法，应该和其他方法结合使用，如传统的结构方法、新的剩余需求估计法和 UPP 法。此外，为了提高并购模拟结果的准确性，应该使用多个模型进行分析。而为了减少不必要的市场干预，应接受价格效应较小的模型。

参考文献

[1] 北京智信道咨询有限公司.中国家用空调产业年度研究报告（2009）.

[2] 董红霞.美国欧盟横向并购指南研究 [M]. 北京：中国经济出版社，2007.

[3] 高铁梅.计量经济分析方法与建模：EViews 应用及实例 [M].北京：清华大学出版社，2006.

[4] 黄坤，张昕竹.可口可乐拟并购汇源案的竞争损害分析 [J].中国工业经济，2010（12）.

[5] 刘丰波，吴绪亮.单边效应与合并模拟的研究进展及判例评述 [J].产业组织评论，2011（5）.

[6] 刘伟.连锁家电厂商并购的竞争性效应分析 [J].财经问题研究，2009（7）.

[7] [美] 迈克尔·D.温斯顿.反垄断经济学前沿[M].张嫚等译，大连：东北财经大学出版社，2007.

[8] 王继平，吴珺.差异产品市场横向兼并单边效应的 Logit 模拟——以中国服务器产业为例 [J].财经问题研究，2010（7）.

[9] 吴绪亮.单侧垄断、买方势力与横向合并的反垄断政策 [J].财经问题研究，2011（5）.

[10] 于立，吴绪亮.产业组织与反垄断法 [M].大连：东北财经大学出版社，2008.

［11］ Baker，J. B. and Rubinfeld，D. L. Empirical Methods in Antitrust Litigation：Review and Critique ［J］. American Law and Economics Review，1999，1（1）.

［12］ Berry，S. T. Estimating Discrete Choice Models of Product Differentiation ［J］. RAND Journal of Economics，1994，25（2）.

［13］ Berry，S. T.，Levinsohn J.，and Pakes A. Automobile Prices in Market Equilibrium ［J］. Econometrica，1995，63（4）.

［14］ Budzinski，O. and Ruhmer I. Merger Simulation in Competition Policy：A Survey ［J］. Journal of Competition Law&Economics，2009，6（2）.

［15］ Crooke，P.，Froeb L.，Tschantz S.，and Werden G. J. The Effects of Assumed Demand Form on Simulated Post-Merger Equilibria，1999，15（3）.

［16］ Dalkir，S.，Logan J.，and Masson R. T. Mergers in Symmetric and Asymmetric Noncooperative Auction Markets：The Effects on Prices and Efficiency ［J］. International Journal of Industrial Organization，2000，18（3）.

［17］ Deaton，A. and Muellbauer J. An Almost Ideal Demand System ［J］. American Economic Review，1980，70（3）.

［18］ Deneckere，R.，and Davidson C. Incentives to Form Coalitions with Bertrand Competition ［J］. RAND Journal of Economics.

［19］ Epstein，R. J. and Rubinfeld D. L. Merger Simulation：A Simplified Approach with New Applications ［J］. Antitrust Law Journal，2002（69）.

［20］ Epstein，R. J. and Rubinfeld D. L. Merger Simulation with Brand-Level Margin Data：Extending PCAIDS with Nests ［J］. Advances in Economic Analysis & Policy，2004，4（1）.

［21］ Froeb，L. M.，Tschantz S.，and Werden G. J. Pass Through Rates and the Price Effects of Mergers ［J］. International Journal of Industrial Organization，2005（23）.

［22］ Economic Analysis of Differentiated Products Mergers using Real World Data ［J］. George Mason Law Review，1997，5（3）.

［23］ Hausman，J. Competitive Analysis with Differentiated Products ［J］. Annales d'Économie et de Statistique，1994（34）.

［24］ Leonard G. K. and Zona J. D. Simulation in Competitive Analysis，Issues in Competition Law and Policy，Edited by Wayne D. Collins，Joseph Angland，Chicago：ABA Section of Antitrust Law，2008.

［25］ Levy，D. T. and Reitzes J. D. Anticompetitive Effects of Mergers in Markets with Localized Competition ［J］. Journal of Law，Economics，& Organization，1992，8（2）.

［26］ Molnár，J. Market Power and Merger Simulation in Retail Banking. Working Paper.Bank of Finland Research，2008（4）.

［27］ Nevo，A. A Practitioner's Guide to Estimation of Random-Coefficients Logit Models of Demand ［J］. Journal of Economics & Management Strategy，2000，9（4）.

［28］ Nevo，A. Mergers with Differentiated Products：The Case of the Ready-to-Eat Cereal Industry ［J］. RAND Journal of Economics，2000，31（3）.

［29］ Nevo，A. Measuring Market Power in the Ready-to-Eat Cereal Industry ［J］. Econometrica，2001，69（2）.

［30］ Peters，C. Evaluating the Performance of Merger Simulation：Evidence from the U.S. Airline Industry ［J］. Journal of Law and Economics，2006，49（2）.

［31］ Pinkse，J.，Slade M. E. and Brett C. Spatial Price Competition：A Semiparametric Approach ［J］. Econometrica，2002，70（3）.

［32］ Pinkse，J. and Slade M. E. Mergers，Brand Competition，and the Price of a Pint ［J］. European Economic Review，2004，48（3）.

［33］ Salant，S. W.，Switzer S. and Reynolds R. J. Losses from Horizontal Merger ［J］. Quarterly Journal of Economic，Vol.98，No.2.

［34］ Slade，M. E. Merger Simulations of Unilateral Effects: What Can We Learn From the UK Brewing Industry?, Working Paper. University of Warwick, Department of Economics, 2006.

［35］ Tschantz，S., Crooke P. and Froeb L. Mergers in Sealed versus Oral Auctions ［J］. International Journal of the Economics of Business, 2000, 7（2）.

［36］ Weiskopf，D. A. Merger Simulation ［J］. 2003, 17（2）.

［37］ Werden，G. J. Expert Report in United States v. Interstate Bakeries Corp. and Continental Baking Co. ［J］. International Journal of the Economics of Business, 2000, 7（2）.

［38］ Werden，G. J., Froeb L. M. and Tardiff T. J. The Use of the Logit Model in Applied Industrial Organization ［J］. International Journal of the Economics of Business, 1996（3）.

［39］ Werden，G. J. and Froeb L. M. The Effects of Mergers in Differentiated Products Industries: Logit Demand and Merger Policy ［J］. Journal of Law, Economics, & Organization, 1994, 10（2）.

［40］ Werden，G. J., Froeb L. M. and Scheffman D. T. A Daubert Discipline for Merger Simulation ［J］. 2004, 18（3）.

［41］ Werden，G. J. and Froeb L. M. Unilateral Competitive Effects of Horizontal Mergers ［M］. Handbook of Antitrust Economic, Edited by Paolo Buccirossi. Cambridge, Mass.: MIT Press, 2008.

东北振兴战略提高了工业企业劳动生产率吗

——一个差分内差分模型分析

王建林

一、引 言

    2003 年 10 月，中国政府提出东北地区等老工业基地振兴战略，这是继沿海开放战略和西部大开发战略后又一重大区域发展战略决策（以下简称"东北振兴战略"）。实施东北振兴战略以来，中央政府先后给予东北地区巨额的资金支持和众多的政策支持，包括振兴东北国债投资、豁免企业历史欠税、增值税改革、棚户区改造、国企改制、厂办大集体脱钩、社保试点、资源枯竭型城市转型等。2007 年 5 月，国务院振兴东北办发布的《东北振兴三年评估报告（2004~2006）》（以下简称《报告》）认为，振兴后的三年是东北地区发展最快最好的时期之一，这三年东北地区生产总值同比增长 12.3%、12.0% 和 13.5%，高出全国当年增速 2.2 个、1.8 个和 2.8 个百分点；三年 GDP年平均增速为 12.6%，比实施振兴战略前三年（2001~2003 年）增速提高了 2.6 个百分点。经济高速增长的同时，投资也持续增长，2004~2006 年东北地区固定资产投资分别完成 4959 亿元、6904亿元和 9383.6 亿元，同比增长 33.5%、39.3% 和 37.4%，高出全国当年增速 5.9 个、12.1 个和 12.9个百分点。此外《报告》提到的东北振兴的成果还包括：社会消费需求趋旺、利用外资高速增长、金融环境有所改善、非公经济快速发展、社会保障体系初步建立等。

    但是《报告》没有提到振兴战略是否提高了企业的生产率，生产率（Productivity）简单来讲就是生产的效率，它描述了对于给定的投入条件下企业如何获得产出，一般使用产出投入比来测度。早期的理论认为，储蓄与投资是经济增长的核心（Lewis，1954），但是目前越来越多的研究表明，企业的生产率差异才是决定经济增长差异的重要因素（Easterly 和 Levine，2001）。在对中国西部内陆地区和东部沿海地区的对比中，Fleisher 和 Chen（1997）发现尽管内陆地区的投资率很高，但沿海地区的全要素生产率是内陆地区的两倍，导致了两地收入差距始终在扩大。因此东北振兴过程中企业的生产率能否提高非常重要，它关系到东北振兴的长远效果，目前无论是政府部门还是学术界对这一问题都鲜有关注。

    很多研究表明，政府的一些干预政策往往会影响到企业的产出和生产率，Lee（1996）实证分析了韩国产业政策和贸易保护政策，发现产业政策如税收和补贴与生产率提升无关，贸易保护政策则降低了劳动生产率。Parente 和 Prescott（1999）从理论上分析了政府特许的垄断特权政策，认为其会导致劣等技术的使用，从而降低了企业生产率。Burstein 和 Monge（2007）分析了限制国外直接投资的政策障碍（Policy Barriers），认为消除这些政策障碍可以获得全社会生产率的提高。作为中国的一项区域振兴政策，东北振兴战略提高了企业生产效率吗？为了回答这一问题，我们基于城市层面数据采用差分内差分模型（Difference-in-Difference Model）进行政策效果评估，其大致思想是，将东北振兴战略看作是一项"自然实验"，振兴战略覆盖的城市作为实验"处理组"，没有覆盖的城市作为"控制组"，计算"处理组"和"控制组"在战略实施前后生产率的变化量，再通过比较这两个变化量的差值（所谓的"差分内差分"），来判断东北振兴战略对企业生产率的影响效果。

二、经验方法：差分内差分模型

（一）差分内差分模型估计方法

自 Ashenfelter 和 Card（1985）的开创性工作以来，差分内差分方法的使用开始普遍，"Difference-in-Differences Approach"在国内有多种译法，除了"差分内差分法"外，还被译为"倍差法"、"双重差分法"等。我们首先介绍典型的差分内差分方法，其大部分来源于 Meyer（1995）的讨论，然后介绍我们对该方法的修正，使之应用于对东北振兴的评估。最简单的情形是一组经济个体在某一时间受到"处理"（Treatment），处理之前和处理之后经济个体的变化结果能够被观察，可以回归以下模型来估计处理带来的效果：

$$y_{it} = \alpha + \beta d_t + e_{it} \tag{1}$$

式中，y_{it} 为经济个体 i（i = 1, …, N）在时间 t 的结果，t = 0 表示处理之前，t = 1 表示处理之后，d_t 是一个二元变量，当 t = 1 时 $d_t = 1$，否则 $d_t = 0$，β 为反映处理效果的系数，计算 y_{it} 在处理前和处理后均值的一阶差分可得出 β 的估计值，即 $\hat{\beta} = \bar{y}_1 - \bar{y}_0$，也可以估计回归模型（1）得出 $\hat{\beta}$。一阶差分存在的问题是可能还有处理之外其他因素影响到结果 y_{it}，如经济周期等，这造成对 $\hat{\beta}$ 的估计失真。差分内差分方法的出现正是试图弥补这一缺陷，该方法将控制组纳入模型，回归的模型设定为：

$$y_{it}^j = \alpha + \alpha_1 d_t + \alpha^1 d^j + \beta d_t^j + e_{it}^j \tag{2}$$

式中，d_t 定义同模型（1），其他符号的含义为：j = 1 表示该个体属于处理组，j = 0 表示该个体属于控制组，当 j = 1 时 $d^j = 1$，否则 $d^j = 0$，当 j = 1 和 t = 1 时 $d_t^j = 1$，否则 $d_t^j = 0$，β 在这里同样是反映处理效果的系数，$\hat{\beta} = (\bar{y}_1^1 - \bar{y}_0^1) - (\bar{y}_1^0 - \bar{y}_0^0)$，即 β 的估计值是"差分内差分"估计量，也可以通过估计（2）来得到$\hat{\beta}$。参数 α_1 捕捉随时间变化的其他因素的影响，α^1 捕捉不随时间变化的处理组和控制组之间的差异。差分内差分也可以应用于多于两期的面板数据集，但需要注意样本应在时间上以相同的方式被选择（Meyer，1995），以使得样本在处理前后具有可比性。此外，为了控制个体差异以及提高估计有效性，也可以加入一些控制变量，回归的模型设定为：

$$y_{it}^j = \alpha + \alpha_1 d_t + \alpha^1 d^j + \beta d_t^j + Z_{it}\delta + e_{it}^j \tag{3}$$

式中，Z_{it} 为控制经济个体的其他特征的控制变量集合。

（二）差分内差分方法在东北振兴评估中的应用

东北振兴战略可看作是一项自然实验或准实验，我们根据差分内差分模型的标准理论，设定了以下典型的差分内差分模型：

$$productivity_{it} = \alpha + \beta_1 year + \beta_2 region + \beta_3(year \times region) + Z_{it}\delta + e_{it} \tag{4}$$

式中，时间虚拟变量 year 定义为东北振兴之前的年份取 0，东北振兴之后的年份取 1。地区虚拟变量 region 定义为东北三省的城市取 1，其他城市取 0。Z 为控制变量集合，包括我们能够控制的 5 个变量：基础设施、开放程度、政府规模、人力资本和市场化水平，关键的系数为 β_3。

模型（4）在面板数据的背景下施加了这样的约束："处理"是瞬时发生的，且每一年都有相同的效果水平 β_3，但东北振兴战略可能与理论上的这种"处理"有所不同：一方面，振兴政策的出台并非是一个时点发生的，从 2003 年 10 月至今，每年都有数量不等的政策在陆续出台，政策的实施实际上是一个渐进的过程；另一方面，即使单独一项政策出台是瞬时的，该项政策效果的显现可能也是渐进的。因此我们对差分内差分模型的形式进行了修正，还估计了以下广义的差分内差分模型：

$$\log \text{productivity}_{it} = \alpha + \alpha_0 \text{time} + \beta_1\,(\text{year} \times \text{time}) + \beta_2\,(\text{region} \times \text{time}) + \beta_3\,(\text{year} \times \text{region} \times \text{time}) + \log Z_{it}\delta + e_{it} \tag{5}$$

模型（5）是一个对 time 的半对数（Semilog）模型，time 为时间变量，按照年份的先后顺序从 1 取到 8，time 及包含 time 的交叉项的系数可解释为增长速度。控制变量都取自然对数形式，外向程度存在观察值为 0 的情况，将其全部加 1 后再取自然对数。在这样的模型设定下，政策效果将体现在对劳动生产率增速而非水平的影响上，即使短期内劳动生产率提高幅度不明显，但是如果政策提高了其增长速度，那么政策的有效性仍值得肯定。此处关键的系数仍然是 β_3，详细的解释见表 1，从表 1 可看出其依然是"差分内差分"估计量。

表 1　劳动生产率增长速度

地区	劳动生产率增长速度
东北振兴战略实施之前的华北地区城市	α
东北振兴战略实施之后的华北地区城市	$\alpha + \beta_1$
东北振兴战略实施之前的东北地区城市	$\alpha + \beta_2$
东北振兴战略实施之后的东北地区城市	$\alpha + \beta_1 + \beta_2 + \beta_3$

三、数据与变量

本文的全部数据来自历年的《中国城市统计年鉴》。处理组为东北三省内的所有地级市以上的城市，根据"与处理组非常相近"（Meyer，1995）的选取原则，我们选择了华北地区的河北、山西和山东三省的地级市以上城市作为控制组。首先从经济发展水平来看，这三个省份与东北三省较为相近，按照中央首次提到振兴东北（2003）的人均国内生产总值排名，辽宁位列全国第 8，山东紧随辽宁位列全国第 9，黑龙江则排在山东之后位列全国第 10，河北排在黑龙江之后位列全国第 11，吉林排在黑龙江、内蒙古[①]之后位列全国第 13，山西排在吉林、新疆之后位列全国第 15。其次从地理位置上看，这三个省都与东北三省接近，各方面的交流都很频繁，"华北与东三省之间，无论在语言、宗教信仰、风俗习惯、家族制度、伦理观念、经济行为各方面，都大同小异"（孙进己，1987）。

---

① 内蒙古自治区尽管与东北三省接壤，但是它属于西部大开发的省份，为了排除西部大开发的干扰，本文没有选择内蒙古自治区的城市。

在这些城市样本中，河北的衡水市存在数据缺失，山西的吕梁市设地级市较晚，我们排除了这两个城市。最终得到地级市以上城市样本71个，其中东北地区城市34个，辽宁14个，吉林8个，黑龙江12个；华北地区城市37个，河北10个，山西10个，山东17个。我们重点关注的是工业企业效率，因此使用了市辖区的统计口径数据，统计范围不包括农业产值较高的县和县级市。为了满足"样本在时间上以相同的方式被选择"，样本的时间区间选择2000~2007年，其中2000~2003年为振兴之前的4年，2004~2007年为振兴之后的4年。

"工业企业劳动生产率"是本文采用的衡量企业生产率的指标，不同的研究者会采用不同的生产率指标，除劳动生产率外，TFP（全要素生产率）应用也较为广泛，但是我们难以得到可靠的资本存量数据，因此放弃了使用TFP。劳动生产率使用国有企业和年销售收入500万元及以上的非国有工业企业工业总产值比上这些企业的从业人员数计算得来，其中工业总产值使用工业品出厂价格指数平减。也有学者采用增加值来计算劳动生产率，其实这两个指标没有孰优孰劣之分，它们都是反映一段时间内工业产品总产出的重要指标，不存在重复计算问题，两者之间换算关系为：工业企业增加值 = 工业总产值 − 工业中间投入 + 增值税，考虑到数据的可得性我们选择了总产值指标。

"基础设施水平"用每万人拥有公共汽电车数量表示，城市公共交通是一个城市的重要基础设施，每万人拥有公共汽电车数量可反映城市政府改善基础设施的能力和意愿。理论性文献如Arrow和Kurtz（1970）都认为基础设施会正向促进生产率，但实证研究结果表明这种效果是模棱两可的，较早前研究如Tabuchi（1986）、Aschauer（1989，1990）、Munnell（1990）都支持基础设施具有正向效果，随后的Holtz-Eakin（1994）和Garcia-Milà等（1996）否定了前人的结果，但是最新的一些文献如Fernald（1999）、Canning（1999）、Bonaglia等（2000）、Everaert和Heylen（2001）、Canning和Pedroni（2004）、Destefanis和Sena（2005）又都倾向于认为基础设施具有正面影响。

"开放程度"用实际利用外资金额与国内生产总值的比值表示，外资金额根据当年人民币市场汇率年末价折算为人民币计价。大多数文献都认为，扩大开放会促进生产率的提高（Grossman和Helpman，1991；Barro和Sala-i-Martin，1995；Edwards，1997），但最新的文献分析认为开放的效果与宏观经济政策和环境密切相关（Borensztein等，1998；Alfaro等，2003；Chang、Kaltani和Loayza，2005）。

"政府规模"用地方财政预决算支出与国内生产总值之比表示，它反映了政府配置经济资源的能力。有的研究认为政府规模会对生产率产生正面作用，因为政府对公共品的支出会带来正的外部性，包括法律制度建设、对市场失败的干预等（Ghali，1998），然而政府规模过大也会产生税收负担和扭曲，此外政府本身可能也是无效率的，这都将阻碍生产率的提高，Barro（1991）、Mitchell（2005）、Keefer和Knack（2007）等人支持后一种观点。

"人力资本水平"用每万人中高等学校在校学生数量表示，测度人力资本水平更好的指标有劳动力平均受教育年限、受高等教育群体比重和成人识字率等，但是《中国城市统计年鉴》没有提供这些数据，考虑到在同等条件下高校毕业生往往会选择本地就业，每万人中高等学校在校学生数量也可大致反映当地人力资本水平。关于人力资本对生产率影响同样存在争议，Schultz（1961）、Becker（1964）、Benhabib和Spiegel（1994）、Corvers（1997）、Aiyar和Feyrer（2002）认为人力资本能够促进生产率水平，但也有学者认为两者无关，如Miller和Upadhyay（2000），甚至有学者认为两者是负相关的，如Pritchett（2001）。

"市场化水平"用单位外就业比重表示。当前的中国就业统计口径分为单位外就业和单位内就业，单位外就业指在个体、私营企业的就业以及其他不明项目的就业，单位内就业包含国有单位、集体单位、股份制合作单位、联营单位、有限责任公司、股份有限公司、港澳台商投资单位和外商投资单位的就业，这部分就业人员在统计报表中称为"单位从业人员"，它们当中除了外资单位外，基本上都是公有制性质单位或与公有制密切相关的单位。其他衡量市场化程度的指标还有非国有经济产值比重等，这些指标之间应该高度相关，"单位外就业比重"仍是可用的代理变量。Megginson 和 Netter（2001）的一项综述表明，市场化一般会改进公司层面的绩效。

本文中变量的符号及其单位见表 2。

表 2 变量的符号和单位

变量	符号	单位
劳动生产率	productivity	万元/人
基础设施水平	infrastructure	辆/万人
开放程度	openness	比重
人力资本水平	human	人
政府规模	size	比重
市场化水平	marketization	比重

主要变量的描述性统计如表 3 所示，2000~2007 年东北地区城市的平均劳动生产率为 22.69 万元/人，最高的是 83.43 万元/人，是长春市在 2007 年的纪录，最低的是 2.216 万元/人，是伊春市 2000 年的劳动生产率水平。华北地区城市的平均劳动生产率是 25.66 万元/人，最高曾达到 112.6 万元/人，是东营市 2007 年的水平，最低为 3.873 万元/人，是忻州市在 2000 年的水平。平均而言，华北地区城市的劳动生产率要高于东北地区城市，由于最高的劳动生产率水平都出现在 2007 年，最低的都出现在 2000 年，我们也可判断劳动生产率应该有一个上升的趋势。以每万人拥有的公共汽电车衡量，东北地区城市的基础设施水平要优于华北地区城市，东北地区城市大约是每万人拥有 6.244 辆公共汽电车，而华北地区城市大约是每万人拥有 5.669 辆公共汽电车。华北地区的开放程度稍微优于东北地区，但东北地区最开放城市的开放度优于华北地区最开放城市，前者实际利用外资金额曾达到 GDP 的 16.3%，高于后者的 15.6%。华北地区城市人力资本水平对比东北地区城市优势明显，以每万人中的在校大学生数衡量，华北地区城市每万人中有 339.8 名在校大学生，而东北地区城市仅有 204.9 名，这一点多少有点儿出乎意料，因为东北地区也是高校密集的地方。东北地区城市的政府规模高于华北地区城市，平均来讲，东北地区城市的政府财政支出占 GDP 的比重为 13.2%，双鸭山市政府财政支出在 2005 年曾达 GDP 的 40.6%，为样本中的最高。以单位外就业比重衡量，东北地区城市的市场化水平并没有我们想象中的那么低，其单位外就业比重与华北地区城市相比平均要高出 7 个百分点。

表 3 描述性统计

	Variable	Obs	Mean	Std.Dev.	Min	Max
全部城市	productivity	568	24.24	17.46	2.216	112.6
	infrastructure	568	5.945	3.047	0.600	16.42
	openness	548	0.0254	0.0316	0	0.163
	human	553	275.8	274.6	0	1602
	size	568	0.113	0.0568	0.0147	0.406
	marketization	568	0.294	0.132	0.0396	0.766
东北地区城市	productivity	272	22.69	17.66	2.216	83.43
	infrastructure	272	6.244	3.000	1.200	16.30
	openness	266	0.0229	0.0325	0	0.163
	human	262	204.8	219.1	0	924.3
	size	272	0.132	0.0688	0.0147	0.406
	marketization	272	0.331	0.137	0.0614	0.766

	Variable	Obs	Mean	Std.Dev.	Min	Max
华北地区城市	productivity	296	25.66	17.19	3.873	112.6
	infrastructure	296	5.669	3.069	0.600	16.42
	openness	282	0.0278	0.0306	0	0.156
	human	291	339.8	302.7	0	1602
	size	296	0.0956	0.0348	0.0324	0.284
	marketization	296	0.260	0.117	0.0396	0.568

四、经验结果

（一）实证结果分析

在给出回归结果之前，先浏览一下各城市8年间劳动生产率大致情形，图1为两地区城市劳动生产率的箱线图。东北地区大部分城市的劳动生产率都存在上升趋势，数据变异程度几乎逐年变大，2000~2003年有若干样本点超出内限值，其中数值最大的样本点皆为大庆市；华北地区大部分城市的劳动生产率也存在上升的趋势，但数据变异程度明显要小于东北地区城市，同样每年都有数量不等的样本点超出内限值，其中数值最大的样本点皆为东营市。由于8年间两地区城市的劳动生产率都有上升趋势，因此考察期内可能存在经济周期的影响，应使用差分内差分方法。此外我们还发现，受资源价格上升的影响，资源型城市的劳动生产率会高于其他城市，因此具有不同主导产业的城市其可比性可能存在问题，在稳健性分析中我们会专门讨论这一点。

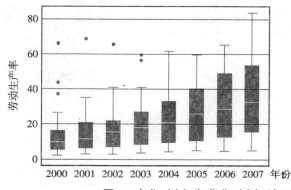 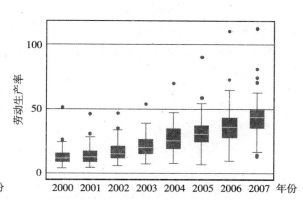

图1 东北（左）与华北（右）城市的劳动生产率箱线图（单位：万元/人）

由于包含不随时间变化的变量region，在以下分析中我们使用了混合最小二乘估计（Pooled OLS），表4为典型差分内差分模型的回归结果，在不含控制变量的差分内差分模型中（4.1栏），year的系数显著为正，这一点与图1描绘的劳动生产率上升趋势一致，平均来讲振兴战略实施后4年的劳动生产率比实施前4年增长了18.564万元/人，增长幅度非常可观。region的系数为负，但绝对值非常小，t统计量也不显著，说明地区差异不明显，东北地区城市的劳动生产率略低。关键变量year×region的系数为负，表明振兴战略的实施使得东北城市劳动生产率出现了下降，平均来讲下降了 5.71 万元/人，下降幅度较大，在统计上也是显著的。接下来观察加入控制变量后的回归结果，由于开放程度（openness）和人力资本水平（human）为不平衡面板数据，为满足样本在时间上的选择方式相同，将在时间上不平衡的城市样本全部删掉，此外为减少内生性控制变量都滞后 1 期，回归结果为（4.2）~（4.7）栏，东北振兴战略的影响仍然为负，估计系数的绝对值和显著性水平都大大下降，当所有控制变量加入模型后，估计系数为 -1.547，没有通过显著性检验。表 5 为广义的差分内差分模型估计情况，结果再次让我们失望，所有模型的政策变量系数估计都没有通过显著性检验，说明东北振兴战略也没有提高劳动生产率增速。因此我们最终没有证明东北振兴战略能够提高劳动生产率，反而微弱降低了劳动生产率。

无论是在典型的差分内差分模型估计结果中，还是在广义的差分内差分模型估计结果中，所加入的控制变量都无一例外的非常显著，在 1% 水平上没有通过显著性检验的仅有 1 次。控制变量之间应该存在相互的影响关系，如良好的基础设施有利于吸引人才（Bronzini 和 Piselli，2009），而政府规模、基础设施水平、开放程度与人力资本等变量之间也存在相关性，因此纳入全部控制变量的估计结果（4.7）栏和（5.7）栏较为稳健。其中基础设施水平的系数为正，表明良好的基础设施促进了工业企业劳动生产率的提高，对于企业来讲，先进的基础设施能够降低运输成本和保管成本，可提高资源的可获得性和获得的及时性，进而提高企业的劳动生产率，我们的检验结果与 Fernald（1999）、Canning（1999）、Bonaglia 等（2000）、Evereart 和 Heylen（2001）、Canning 和 Pedroni（2004）、Destefanis 和 Sena（2005）等的结果一致。开放程度的系数为正，表明扩大开放能够促进工业企业劳动生产率提高，Grossman 和 Helpman（1991）、Barro 和 Sala-i-Martin（1995）以及 Edwards（1997）等的理论分析都认为扩大开放更有利于企业从技术扩散中受益，进而提高企业的劳动生产率，Dollar 和 Kraay（2004）从经验上证实了扩大开放能够带来规模经济性和生产率的提高。政府规模的系数为负，说明政府规模扩大不利于劳动生产率的提高。关于政府规模的影响，一直存在争议，但大部分倾向认为政府规模过大会损害经济效率，Mitchell（2005）认为无论政府如何筹措资金，政府支出在本质上是有害的，他总结出了筹措成本、挤出成本、市场扭曲成本等 8 个原因，Keefer 和 Knack（2007）也认为，由于政府存在腐败行为，政府支出规模与生产率负相关。人力资本的系数为正，说明人力资本能够促进劳动生产率的提高，人力资本的重要性很早就被经济学家所关注，如 Schultz（1961）、Becker（1964）等都认为人力资本是比物质资本更重要的投入要素，德国和日本之所以能够在战争废墟上迅速崛起，正是得益于人力资本的保存。Corvers（1997）估计了人力资本和劳动生产率之间的关系，认为人力资本会通过配置效应和工人效应提高生产率水平，通过扩散和搜寻效应提高生产率增速。市场化水平的系数为正，说明市场化程度提高能够促进劳动生产率。改革开放以来，非国有经济成分获得快速发展，非国有企业能够灵活地改善经营管理和改进技术手段，提高劳动生产率，而国有企业则因预算软约束和追求政治目标问题导致其效率下降（Boycko、Shleifer 和 Vishny，1996；Megginson 和 Netter，2001）。

表 4 典型差分内差分模型的结果

	productivity						
	(4.1)	(4.2)	(4.3)	(4.4)	(4.5)	(4.6)	(4.7)
year	18.564***	16.276***	21.382***	20.886***	14.110***	15.530***	14.833***
	(10.33)	(8.39)	(10.02)	(10.18)	(6.53)	(7.11)	(6.41)
region	-0.110	-2.807	-1.681	2.244	1.831	-3.508	-2.182
	(-0.06)	(-1.28)	(-0.70)	(0.94)	(0.77)	(-1.46)	(-0.89)
year× region	-5.710**	-3.817	-4.726	-5.408*	-1.454	-4.545	-1.547
	(-2.20)	(-1.38)	(-1.55)	(-1.83)	(-0.48)	(-1.54)	(-0.53)

	productivity						
	(4.1)	(4.2)	(4.3)	(4.4)	(4.5)	(4.6)	(4.7)
infrastructure		2.434***					1.016***
		(10.84)					(3.49)
openness			121.97***				50.569**
			(5.34)				(2.17)
size				−72.81***			−50.41***
				(−5.43)			(−3.68)
human					0.025***		0.01***
					(8.49)		(3.09)
marketization						35.772***	24.292***
						(5.75)	(3.60)
cons	16.376***	5.982***	15.324***	23.860***	12.721***	10.949***	10.475***
	(12.88)	(3.25)	(8.52)	(11.90)	(7.36)	(5.56)	(3.81)
N	568	568	488	568	504	568	448
R^2	0.220	0.338	0.298	0.239	0.305	0.244	0.420

注：*** 表示在 0.01 水平上显著，** 表示在 0.05 水平上显著，* 表示在 0.1 水平上显著，括号内为 t 统计量。

表5　广义差分内差分模型的结果

	logproductivity						
	(5.1)	(5.2)	(5.3)	(5.4)	(5.5)	(5.6)	(5.7)
time	0.197***	0.177***	0.206***	0.201***	0.132***	4.426***	0.199***
	(5.63)	(4.47)	(5.60)	(4.94)	(3.27)	(4.15)	(5.78)
year×time	−0.005	−0.017	−0.013	−0.005	0.002	−0.133	−0.030
	(−0.18)	(−0.61)	(−0.52)	(−0.18)	(0.08)	(−0.18)	(−1.25)
region×time	−0.061**	−0.088***	−0.062**	−0.034	−0.002	−1.023	−0.053**
	(−2.16)	(−3.27)	(−2.53)	(−1.21)	(−0.08)	(−1.37)	(−2.12)
year×region×time	0.013	0.044	0.028	0.007	−0.006	−0.004	0.037
	(0.43)	(1.54)	(1.08)	(0.23)	(−0.21)	(−0.01)	(1.50)
log infrastructure		0.393***					0.083*
		(8.38)					(1.72)
log openness			6.786***				5.246***
			(8.80)				(6.97)
log size				−0.372***			−0.331***
				(−6.24)			(−5.91)
log human					0.214***		0.072***
					(7.78)		(2.74)
log marketization						6.742***	0.159***
						(4.32)	(2.82)
cons	2.162***	1.675***	2.027***	1.220***	1.302***	16.11***	1.103***
	(24.86)	(13.05)	(18.82)	(6.32)	(7.86)	(3.93)	(5.33)
N	568	568	488	568	504	568	448
R^2	0.287	0.362	0.451	0.329	0.371	0.308	0.557

注：*** 表示在 0.01 水平上显著，** 表示在 0.05 水平上显著，* 表示在 0.1 水平上显著，括号内为 t 统计量。

（二）对控制变量的差分内差分分析

通过表4我们发现，在模型中引入控制变量后，控制变量的系数都非常显著，而政策变量系数的显著性水平和估计值都大大降低，这说明控制变量解释了政策变量所解释的劳动生产率的变化。换句话说，振兴战略实施后，东北地区城市劳动生产率的下降可能是因控制变量变化引起的，我们接下来使用差分内差分的方法分析振兴战略实施前后这些经济环境变量的变化情况。为了使样本在处理前后具有可比性，我们删掉了一些在时间上不平衡的城市。表6显示了估计结果，基础设施方程的估计表明，平均来讲东北地区城市的基础设施要显著好于华北地区城市，但是东北地区城市的基础设施建设在振兴战略实施后却出现了明显的落伍。外向程度方程的估计表明，东北地区城市和华北地区城市的外向程度相差不大，在振兴战略实施后，东北地区城市出现稍微落后。政府规模方程的估计表明，东北地区城市的政府规模要显著大于华北地区城市，振兴战略后，东北地区政府规模仍在继续扩大，而前面的分析表明，政府规模会反向影响劳动生产率。人力资本方程的估计表明，东北地区城市的人力资本水平明显落后于华北地区城市，在振兴战略实施后，两地区的人力资本差距仍在继续扩大。市场化程度方程的估计表明，东北地区城市的市场化程度总体优于华北地区城市，但是振兴战略实施后，东北地区市场化进程相对减慢。上述估计表明，东北振兴战略并没有带来东北地区经济环境变量的改善。

表6 控制变量差分内差分模型的结果

	infrastructure	openness	size	human	marketization
year	1.592***	0.000	0.014**	234.659***	0.113***
	(4.60)	(0.04)	(2.19)	(7.65)	(8.30)
region	1.015***	−0.003	0.035***	−71.012**	0.086***
	(2.87)	(−0.63)	(5.58)	(−2.22)	(6.21)
year×region	−0.882*	−0.006	0.002	−115.118**	−0.029
	(−1.76)	(−1.07)	(0.25)	(−2.54)	(−1.50)
cons	4.874***	0.031***	0.089***	239.132***	0.204***
	(19.92)	(10.62)	(20.22)	(11.02)	(21.23)
N	568	488	568	504	568
R²	0.051	0.012	0.120	0.172	0.217

注：*** 表示在0.01水平上显著，** 表示在0.05水平上显著，* 表示在0.1水平上显著，括号内为t统计量。

（三）稳健性分析

劳动生产率属于单一要素生产率（Single-factor Productivity），由于没有考虑资本等其他要素的贡献，导致具有不同产业结构的城市间劳动生产率存在可比性问题，特别是东北地区和华北地区都有大量资源型城市，受资源价格上涨影响，其劳动生产率一般偏高。在稳健性检验中，我们首先将城市按照优势产业划分为制造业占优势的城市和采掘业占优势的城市，再划分城市类型估计差分内差分模型，这样可以剔除产业结构的干扰。划分城市类型的依据是产业区位熵，其计算公式为：

$$LQ_i = \frac{e_i/e}{E_i/E} \tag{6}$$

式中，LQ_i为城市产业i的区位熵；e_i为城市产业i的就业量；e为城市总就业量；E_i为区域（东北加华北）产业i的就业量；E为区域（东北加华北）总就业量。根据各城市2003年的数据，我们计算得出采掘业区位熵和制造业区位熵（见表7），一般认为区位熵大于1的产业为优势产业，从中可以看出大部分城市或者制造业占优势，或者采掘业占优势，个别城市的优势产业不明显，表现为区位熵都大于 1 或者都小于 1。表 8 报告了分城市样本的差分内差分估计结果，政策变量的符号及显著性水平与之前的估计结果基本一致，控制变量的符号方向也基本没有发生变化。分城市的估计表明，东北振兴战略均没有提高工业企业的劳动生产率水平和增长速度，这说明我们的分析结果是稳健的。

表 7 各城市采掘业、制造业区位熵（2003 年）

城市	采掘业	制造业	城市	采掘业	制造业	城市	采掘业	制造业
石家庄	0.08	1.20	抚顺	1.38	0.96	伊春	0.26	2.25
唐山	1.63	0.75	本溪	0.54	0.97	佳木斯	0.10	1.28
秦皇岛	0.02	1.22	丹东	0.19	1.29	七台河	6.84	0.13
邯郸	1.87	0.75	锦州	0.05	0.88	牡丹江	0.02	1.21
邢台	0.99	0.59	营口	0.13	0.86	黑河	2.75	1.38
保定	0.00	1.37	阜新	3.07	0.39	绥化	0.14	1.79
张家口	0.23	1.04	辽阳	0.03	0.98	济南	0.00	1.02
承德	0.61	0.88	盘锦	4.85	0.50	青岛	0.02	1.13
沧州	0.12	1.10	铁岭	0.00	0.81	淄博	0.41	0.60
廊坊	0.00	0.97	朝阳	0.08	1.24	枣庄	1.63	0.29
衡水	0.00	1.06	葫芦岛	1.24	1.19	东营	8.73	0.47
太原	0.86	1.12	长春	0.17	1.53	烟台	0.04	1.09
大同	3.49	0.47	吉林	0.00	1.09	潍坊	0.04	0.91
阳泉	3.81	0.41	四平	0.30	1.93	济宁	0.09	0.74
长治	1.72	0.87	辽源	3.34	0.48	泰安	0.14	0.72
晋城	4.03	0.26	通化	0.07	1.28	威海	0.01	1.28
朔州	3.42	0.28	白山	3.13	0.47	日照	0.09	0.82
晋中	0.20	1.13	松原	6.24	0.28	莱芜	0.40	0.87
运城	0.00	1.15	白城	0.80	2.05	临沂	0.18	0.34
忻州	0.07	1.31	哈尔滨	0.07	3.72	德州	0.00	0.95
临汾	0.13	1.00	齐齐哈尔	0.00	1.36	聊城	0.00	0.89
吕梁	0.00	0.73	鸡西	3.68	0.19	滨州	0.00	1.51
沈阳	0.23	1.14	鹤岗	5.67	0.25	菏泽	0.20	0.85
大连	0.03	1.31	双鸭山	6.49	0.19			
鞍山	0.22	1.22	大庆	2.57	0.46			

表 8 稳健性检验的结果

典型的差分内差分模型	被解释变量：productivity		广义的差分内差分模型	被解释变量：log productivity	
	制造业城市	采掘业城市		制造业城市	采掘业城市
year	17.168***	9.099*	time	0.222***	0.133
	(4.51)	(1.76)		(4.42)	(1.39)
region	−2.475	14.168**	year×time	−0.035	0.000
	(−0.71)	(2.46)		(−0.97)	(0.00)
year×region	−3.056	−1.452	region×time	−0.088**	0.052
	(−0.71)	(−0.23)		(−2.47)	(0.68)
infrastructure	1.207***	1.102	year×region×time	0.056	−0.027
	(2.73)	(1.39)		(1.59)	(−0.37)
openness	68.540*	−15.843	log infrastructure	0.202**	0.122
	(1.94)	(−0.11)		(2.19)	(0.72)

续表

典型的 差分内差分模型	被解释变量：productivity		广义的 差分内差分模型	被解释变量：log productivity	
	制造业城市	采掘业城市		制造业城市	采掘业城市
size	−30.014*	−186.820***	log openness	4.938***	8.016
	(−1.67)	(−6.56)		(4.57)	(1.32)
human	0.006	0.081***	log size	e−0.308***	−0.829***
	(1.40)	(6.17)		(−3.69)	(−5.60)
marketization	9.328	7.575	log human	−0.018	0.173**
	(0.97)	(0.47)		(−0.37)	(2.57)
cons	10.028**	14.128**	log marketization	0.033	0.195
	(2.36)	(2.19)		(0.39)	(1.23)
N	224	104	cons	1.220***	−0.573
R^2	0.454	0.553		(4.12)	(−0.99)
			N	224	104
			R^2	0.581	0.516

注：*** 表示在 0.001 水平上显著，** 表示在 0.05 水平上显著，* 表示在 0.1 水平上显著，括号内为 t 统计量。

五、结　论

本文使用差分内差分模型分析了东北振兴战略给工业企业劳动生产率带来的影响。发现在没有纳入控制变量以前，振兴战略的实施使东北地区工业企业劳动生产率出现较大幅度的下降，在统计上非常显著；逐一加入控制变量后，政策变量系数的绝对值和显著性水平都大大下降，当所有控制变量计入模型后，政策变量系数为负但没有通过显著性检验。使用广义的差分内差分模型分析时，发现振兴战略这一政策变量的影响均不显著。因此我们最终没有证明东北振兴战略促进了劳动生产率，反而微弱降低了劳动生产率。

与已有大部分文献的研究结论类似，本文发现基础设施、开放程度、人力资本和市场化等经济环境变量会正向影响劳动生产率，政府规模会负向影响劳动生产率。进一步对经济环境变量使用差分内差分模型估计表明，东北振兴战略并没有带来东北地区经济环境变量的改善，振兴战略实施后，东北地区正向影响劳动生产率的变量都出现了相对弱化，而反向影响劳动生产率的变量则出现了相对强化，由于这些经济环境变量表现不佳，最终影响了东北地区劳动生产率的提升。

当然，上述分析并不是否定或反对东北振兴战略，东北振兴战略的提出有着特定的背景和多元化目标，提高企业劳动生产率并非首要目标，甚至不是一个重要目标，实践证明东北振兴战略的实施是及时和正确的，所取得的成绩也是巨大的。笔者只想在这里提醒一下，为了确保东北振兴战略的长远效果，在"上项目、给政策"之外还需要做点什么，显然基础设施的完善、政府职能的转变、教育投入的加大、市场规则的构建都是不可忽视的方面。

参考文献

[1] 孙进己. 东北民族源流考 [M]. 哈尔滨：黑龙江人民出版社，1987.

[2] Aiyar, S. and J. Feyrer. A Contribution to the Empirics of Total Factor Productivity [J]. Dartmouth College Working Paper No. 2002−02−09.

[3] Alfaro L., A. Chanda, S. Kalemni−Ozcan, and S. Sayek et al. FDI Spillovers [M]. Financial Markets and Economic Development, IMF Working Paper No.2003−03−186.

［4］Arrow, K.J., Kurtz, M. Public Investment, the Rate of Return, and Optimal Fiscal Policy ［M］. Baltimore MD: The Jon Hopkins Press, 1970.

［5］Aschauer, D.A. Is Public Expenditure Productive ［J］. Journal of Monetary Economics, 1989, 23（2）: 177-200.

［6］Aschauer, D.A. Why is Infrastructure Important? In: Munnell, A.（Ed.）［M］. Is There a Shortfall in Public Investment? Boston, MA: Federal Reserve Bank of Boston, 1990.

［7］Ashenfelter, O. and D. Card. Using the Longitudinal Structure of Earnings to Estimate the Effects of Training Programs ［J］. Review of Economics and Statistics, 1985, 67（4）: 648-660.

［8］Barro R.J., and X. Sala-i-Martin. Economic Growth ［M］. New York: McGraw-Hill, 1995.

［9］Barro, R. J. Economic Growth in a Cross Section of Countries ［J］. Quarterly Journal of Economics, 1991, 106（2）: 407-443.

［10］Becker, G.S. Human Capital, a Theoretical and Empirical Analysis, with Special Reference to Education ［M］. New York: Columbia University Press, 1964.

［11］Benhabib, J. and M. Spiegel. The Role of Human Capital in Economic Development: Evidence from Aggregate Cross-Country Data ［J］. Journal of Monetary Economics, 1994, 34（2）: 143-173.

［12］Bonaglia, F., La Ferrara, E., Marcellino, M. Public Capital and Economic Performance: evidence from Italy ［J］. Giornale degli Economisti, 2000, 59（2）: 221-244.

［13］Borensztein E., J. De Gregorio, and J.-W. Lee. How does Foreign Direct Investment Affect Economic Growth? ［J］. Journal of International Economics, 1998, 45（1）: 115-135.

［14］Boycko, M., Shleifer, A., & Vishny, R. W. A Theory of Privatization ［J］. The Economic Journal, 1996, 106（435）: 309-319.

［15］Bronzini, R. and P. Piselli. Determinants of Long-run Regional Productivity with Geographical Spillovers: The Role of R&D, Human Capital and Public Infrastructure ［J］. Regional Science and Urban Economics, 2009, 39（2）: 187-199.

［16］Burstein, A. and A. Monge Foreign Know-how, Firm Control, and the Income of Developing Countries. NBER Working Paper No. 13073, 2007.

［17］Canning, D. Infrastructure's Contribution to Aggregate Output. World Bank, Policy Research Working Paper No. 2246, 1999.

［18］Canning, D., Pedroni, P. The Effect of Infrastructure on Long-run Economic Growth. Harvard University, mimeo, 2004.

［19］Chang, R., L. Kaltani, and N. Loayza. Openness Can be Good for Growth: The Role of Policy Complementarities. NBER Working Paper No. 11787, 2005.

［20］Corvers, F.The Impact of Human Capital on Labor Productivity in Manufacturing Sectors of the European Union ［J］. Applied Economics, 1997, 29（8）: 975-987.

［21］Destefanis, S., Sena, V. Public Capital and Total Factor Productivity: New Evidence from the Italian Regions 1970-1998 ［J］. Regional Studies, 2005, 39（5）: 603-617.

［22］Dollar D., and A. Kraay. Trade, Growth, and Poverty ［J］. Economic Journal, 2004, 114（493）: F22-49.

［23］Easterly, W. and R. Levine. It's Not Factor Accumulation: Stylized Facts and Growth Models ［J］. World Bank. Economic Review, 2001, 15（2）: 177-219.

［24］Edwards, S. Openness, Productivity, and Growth ［J］. What Do We Really Know. National Bureau of Economic Research, NBER Working Paper No. 5978, 1997.

［25］Everaert, G., Heylen, F. Public Capital and Productivity Growth: Evidence for Belgium 1953-1996 ［J］. Economic Modelling, 2001, 18（1）: 97-116.

［26］Fernald, J.G. Roads to Prosperity? Assessing the Link Between Public Capital and Productivity ［J］.

American Economic Review, 1999, 89（3）: 619-638.

［27］Fleisher B., and J. Chen. The Coast-Noncoast Income Gap, Productivity and Regional Economic Policy in China ［J］. Journal of Comparative Economics, 1997, 25（2）: 220 -236.

［28］Garcia-Milà, T., McGuire, J., Porter, R.H. The Effect of Public Capital in State-level Production Functions Reconsidered ［J］. Review of Economics and Statistics, 1996, 78（1）: 177-180.

［29］Ghali, K. H. Government Size and Economic Growth: Evidence from a Multivariate Cointegration Analysis ［J］. Applied Economics, 1998, 31（8）: 975-987.

［30］Grossman G., and E. Helpman. Innovation and Growth in the Global Economy ［M］. Cambridge, Massachusetts: MIT Press, 1991.

［31］Holtz-Eakin, D. Public -sector Capital and the Productivity Puzzle ［J］. Review of Economics and Statistics , 1994, 76（1）: 12-21.

［32］Keefer, Philip and Knack, Stephen. Boondoggles, Rent-Seeking, and Political Checks and Balances: Public Investment under Unaccountable Governments ［J］. Review of Economics and Statistics, LXXXIX, 2007（3）: 566-572.

［33］Lee, Jong-Wha. Government Interventions and Productivity Growth in Korean Manufacturing Industries ［J］. Journal of Economic Growth, 1996, 1（3）: 391-414.

［34］Lewis, W. Arthur. Economic Development with Unlimited Supplies of Labor ［J］. Manchester School of Economic and Social Studies, 1954, 22（2）: 139-191.

［35］Megginson, W., & Netter, J. From Sstate to Market: A Survey of Empirical Studies on Privatization ［J］. Journal of Economic Literature, 2001, 39（2）: 321-389.

［36］Meyer, B.D. Natural and Quasi -Experiments in Economics ［J］. Journal of Business & Economic Statistics, 1995, 13（2）: 151-162.

［37］Miller, S. and M. Upadhyay. The Effects of Openness, Trade Orientation, and Human Capital on Total Factor Productivity ［J］. Journal of Development Economics, 2000, 63（2）: 399-423.

［38］Mitchell, D. J. The Impact of Government Spending on Economic Growth, Heritage Foundation. Backgrounder, No. 1831, 2005.

［39］Munnell, A.H. Why has Productivity Growth Declined? Productivity and Public Investment ［J］. New England Economic Review, January/February: 1990-03-22.

［40］Munnell, A.H. How does Public Investment Affect Regional Economic Performance? ［M］. In: Munnell, A.（Ed.）, Is there a Shortfall in Public Investment? Boston, MA: Federal Reserve Bank of Boston, 1990.

［41］Parente, S. and Prescott, E. C. Monopoly Rights: A Barrier to Riches ［J］. American Economic Review, 1999, 89（5）: 1216-1233.

［42］Pritchett, L. Where Has All the Education Gone? ［J］. World Bank Economic Review, 2001, 15（3）: 367-391.

［43］Schultz, T.W. Investment in Human Capital ［J］. The American Economic Review, 1961, 1（2）: 1-17.

［44］Tabuchi, T. Urban Agglomeration, Capital Augmenting Technology, and Labor Market Equilibrium ［J］. Journal of Urban Economics, 1986, 20（2）: 211-228.

地方政府竞争、规制扭曲与劳动者报酬份额

——基于中国省际数据的分析

肖兴志　韩　超[**]

一、问题的提出

改革开放以来，中国在经济发展总体方面，尤其是在 GDP 增长方面取得了令人瞩目的成就，但伴随而来的生态环境恶化、收入差距扩大与经济发展之间的冲突矛盾却日渐明显。中国的大气污染与水污染基本上处于世界最严重的国家与地区之列，2010 年接连发生的大连海水污染、福建罗源湾水域污染、松花江水域污染事件及此起彼伏的矿难等系列事件更是一再提醒我们，在社会性规制方面，中国做的远远不够。在另一块看似与规制毫无关系的收入分配领域发生的事实也值得我们深思，20 世纪 90 年代中期以来，中国的劳动收入占 GDP 的比重呈现持续下降的趋势，1990~2005 年中国劳动者报酬占 GDP 比例从 53.4%下降到 41.4%，而同期营业盈余的比例却增加了 7.7 个百分点。[①]一般来说，在工业化、城镇化过程中，发达国家劳动收入份额要么保持高水平稳定，如美国 1840~1920 年维持在 70%，英国 1800~1880 年维持在 60%左右；要么逐步上升，如日本 1920~1980 年从 50%上升到 70%，加拿大 1900~1980 年从 45%上升到 55%。即使和一些新型工业化国家如韩国、俄罗斯、巴西等国相比，中国劳动收入份额也普遍低 10 个百分点左右（张车伟，2010）。因此，我们有把握判断中国的劳动者报酬在国民收入分配中所占的比例过低。

规制扭曲与劳动者份额报酬过低现象，[②]已经引起了社会的广泛关注。哥本哈根协议的签订标志着中国在环境规制方面必须下大气力。中共中央十七届五中全会精神及"十二五"规划更是把收入分配领域改革提到核心的位置。而国内学者们已经对这些现象表示了担忧，并进行了深入研究（邵敏，黄玖立，2010；赵俊康，2006；李稻葵，刘霖林，王红领，2009；杨海生，陈少凌，周永章，2008）。有学者指出，"居民部门的比重逐年下降，而企业和政府部门的占比逐年上升"

* 本研究获得教育部人文社科重点研究基地重大项目（批准号：10JJD790013）、霍英东青年教师基金项目（批准号：121082）、教育部人文社会科学一般项目（批准号：10YJA7902C4）的资助。

** 肖兴志，1973 年生，男，四川广安人，教育部人文社科重点研究基地——东北财经大学产业组织与企业组织研究中心主任、教授、博士生导师、经济学博士。主要研究领域为产业经济与政府规制。在《经济研究》、《管理世界》、《中国工业经济》、《经济学动态》等学术刊物发表论文数篇；韩超，1984 年生，男，山东东平人，东北财经大学产业组织与企业组织研究中心产业经济学博士研究生。

① 金碚：《中国企业竞争力报告（2007）——盈利能力与竞争力》，北京：社会科学文献出版社，2007；另有一组数据指出，1997~2007 年，在 GDP 比重中政府财政收入从 10.95%升至 20.57%，企业盈余从 21.23%升至 31.29%，劳动者报酬却从 53.4%降至 39.74%，详见中华全国总工会经费审查委员会主任张世平在 2010 年 3 月 9 日全国政协十一届三次会议上的发言《坚持社会公平正义 保障职工收入分配权益》，http://news.xinhuanet.com/politics/2010-03/09/content_13129777.htm。

② 这里切记不要把"劳动报酬"与"劳动报酬份额"混淆，前者是绝对量，后者是相对量。

的国民收入分配格局变化是导致中国多年来投资比重过高，劳动者报酬低、消费低迷的原因（李扬，殷剑峰，2007）。白重恩、钱震杰、武康平（2008）以及白重恩、钱震杰（2009）等的分析认为，国有企业改制与市场垄断能力的提高是导致工业部门劳动收入份额下降的主要原因。邵敏、黄玖立（2010）则指出，外资的负向"工资溢出"效应对劳动收入下降具有最强的解释力。赵俊康（2006）与李稻葵等（2009）则给出了劳动者报酬份额过低可能带来的经济效应与社会效应，并指出这将最终影响扩大内需目标的实现。在环境规制方面，杨涛（2003）将外商直接投资（FDI）考虑进来，通过分析得到，环境规制对 FDI 流入量产生负向影响。应瑞瑶等（2006）的研究支持了杨涛（2003）的结论，认为环境规制与 FDI 之间呈显著的负相关关系。

从研究视角来看，学术界还是将经济发展、规制扭曲及劳动者报酬份额过低三个现象孤立开来进行分析。更为重要的是，大部分研究都没有触及中国的制度特征，仅仅从现象及经济特征本身出发来进行研究，从而无法获知制度方面的关键动因。事实上，只有放入中国的特殊的制度环境下才能发现，经济发展、规制扭曲及劳动者报酬份额过低这三个看似无关的社会现象，其实存在内在的逻辑关系。中国现有体制中既有环保局、质量监督局、煤矿安全监察局及食品药品监督局等监管系统，又有《循环经济促进法》、《水污染防治法》、《固体废物污染环境防治法》、《劳动法》、《安全生产法》、《安全监察条例》等法律法规，更有多项法律及机构保证劳动者权益，并且建立了较为完善的社会主义市场经济体制。因此，有充足的理由说，至少在体制上已经具备了实行良好规制的基础，但中国仍然不能取得良好的规制效果。对这一困惑进行解读是认识中国规制失效的基础，也是中国经济社会体制改革进程中必须明确的一个关键环节，本文称其为"发展—规制"矛盾。

"发展—规制"矛盾现象与中国相对完备的规制、法律法规体系形成强烈反差，无疑表明主要问题不在立法而在执法环节。如果深究每次规制案件后的问题，大多与相关部门不作为、乱作为所致。在作仔细分析之前，本文便可做一个大胆的判断，凡是规制失效的地方，往往都有当地政府的"不作为"和"乱作为"。有一点有必要明白，地方政府的不作为也有其"合理"之处，地方政府正是在其预算约束下追求目标最大化进行优化达到"不作为"的结果，地方政府的理性行为是我们理解"发展—规制"矛盾的基础。本文认为中国式地方政府竞争行为将对规制政策的执行，对劳动者报酬份额均将产生重要的影响。中国式地方政府竞争的主体在"经济战场"，在晋升激励下有动力进行竞争。即使没有晋升激励，地方政府为了自利也有动力进行竞争（周黎安2004，2007）。鉴于资本在促进经济发展尤其是在做大 GDP 过程中的特殊作用，各地方政府无一不热衷于招商引资。与西方的政府竞争相比，中国式地方政府竞争是一种截然不同的形式。西方政府竞争的标的是公共品，是典型的"用脚投票"机制导致的政府竞争，而中国式地方政府竞争却极易导致"竞次"（Race to Bottom）局面。现实中，中国式地方政府竞争又更多的表现为资本竞争，"招商引资"几乎成为地方政府的首要任务。在这一驱动力下，各地不得不进行恶性竞争：政策优惠、超国民待遇。其中重要的引资手段是，一方面在环境等规制方面提供宽松的政策环境；另一方面则变相的支持企业降低或维持劳动者较低的工资水平，如此才会出现类似"工资标准高了怕影响投资环境，把好不容易招来的投资者给吓跑了"[①]的论调。一定程度上，在地方层面，政府实质上充当"资方"的"代言人"，[②] 不遗余力的为其提供优惠的政策，而不惜降低规制标准及

① 江苏副省长吴瑞林批评企业涨利润不涨工资，2006 年 1 月 11 日，http://news.sina.com.cn/c/2006-01-11/20347956274s.shtml.
② 以富士康内迁为例，多家媒体报道称：河南省政府竟然采取开会的形式为富士康招工，并把指标陆续分解到 18 个地级市再至街道办、居委会；河南省教育厅还发出"红头文件"，要求职业学校学生到富士康实习，众多"中职生"纷纷遭遇"被实习"的命运。详细新闻参见：富士康入豫另有玄机 河南欲摘农业大省帽子，《中国经营报》，2010 年 10 月 31 日，转引自北青网，http://bjyouth.ynet.com/view.jsp?oid=71134651；富士康内地迁厂迷局，《华夏日报》，2010 年 7 月 3 日，转引自新浪网，http://tech.sina.com.cn/it/2010-07-03/10074382425.shtml；河南省长回应政府为富士康招工：为企业服务是职责，《京华时报》，2011 年 3 月 7 日，转引自新华网，http://news.xinhuanet.com/local/2011-03/07/c_121158295.htm.

牺牲劳动者收益。[1]

　　本文旨在将地方政府竞争、规制扭曲与劳动者报酬份额置于一个缜密的逻辑框架内，探究地方政府竞争作用下规制扭曲与劳动者报酬份额过低的根源。[2] 由于数据的获得原因，本文将以环境规制为分析着力点，以此获得基本的结论。本文的结构安排如下：第一部分是问题的提出；第二部分给出典型性事实并构造一个简单的模型加以刻画；第三部分给出计量模型及数据描述；第四部分分析地方政府竞争对规制及劳动者报酬份额的影响，并给出稳健性检验；第五部分则对本文的主要结论进行归纳总结，并给出相应的政策含义。

二、资本竞争：中国地方政府竞争的核心

　　虽然中国属于单一制国家，但中国的政府体系是竞争性的，即符合 Breton（1996）所描述的竞争性政府（Competitive Governments）概念，Breton 认为在联邦制国家中政府间关系总体上来看是竞争性的，这是他所谓的竞争性政府的原义。1994 年之后，中国逐渐表现为经济上的分权体制，除了国防、外交外，地方政府几乎垄断执行权。在中国式"集权–分权"体制下，省级人事权主要由中央做出任命，但是中央的政策必须依赖于地方政府的执行，因此，在政府层面形成了"双寡头结构"。而且，中央政府控制了省级政府任命权，但在市级及县级政府层面，地方政府却有绝对的推荐权，由于中央政府不能就每一个基层机构人选进行全面审核，因此，对于地方政府的推荐人选基本全盘照收，最终地方政府的推荐权其实是一种事实的人事权。因此，中国式"集权–分权"体制既不是完全的集权也不是完全的分权，更多的体现了政治上的集权与经济上的分权。

　　中国式"集权—分权"体制的潜在动因是通过体制改革产生激励，推进地方政府谋发展，促增长。正是在这一体制下，各地方进行竞争，推进整个经济向前发展。[3] 除了政绩考虑外，地方政府本身也有做大经济的激励。分税制改革以后，许多地方财力下降，推动 GDP 增长可以为地方财力提供保障，以此才能进行公共服务建设，而公共服务能力也是政绩考核的一部分，GDP 自然成为地方政府追逐的目标。中国式"集权—分权"体制及政绩考核制度决定了激烈的地方政府间竞争。各地区的规制强度受到潜在的经济发展压力的影响，为了在"让利竞争"中获得优势，各地方政府有可能在规制方面"竞争到底"，而对违规企业视而不见，甚至通过税收等政策给予其超国民待遇。

　　在经济分权体制下，地方政府既有强大的干预资本的意愿和动力，[4] 同时又具有影响资本形成的制度空间与可能。不仅如此，在经济发展激励下，根据凯恩斯的经济理论，资本是最容易操作的促进经济发展的工具，由于投资乘数的作用，资本对 GDP 的放大作用快捷而且方便。图 1 给出了中国改革开放以来整体上资本投入占 GDP 的比重发展趋势。从图 1 中我们可以发现，改革开放以来，除了 1990 年前后以外，资本占 GDP 的比重呈现稳步提升趋势，尤其是在 1994 年分税制改革后，这一趋势的稳定性表现更加强劲。即使遇到 1998 年及 2008 年两次金融危机，资本占 GDP 比重提高的趋势仍没有停滞。而且，从图 2 中历年中国实际利用外资金额一直上升的发展趋势也可以得出结论，资本对于地方政府的重要性不言而喻。

---

　　① 尽管劳动市场本身一定程度上也会导致劳动者低报酬，但是资本收益和劳动报酬比例的严重失衡，更多的是由地方政府竞争间接造成的。

　　② 本文所指规制主要是指社会性规制，不包括对垄断进行的规制政策。

　　③ 事实上，中国从来都不是采取单一的官员绩效考核标准，但是由于 GDP 相对于其他指标更可控、可测度，而且，中国的经济发展水平决定了经济考核依旧是中国政府绩效考核的核心内容。

　　④ 朱秋，刘大志.资本形成过程中的地方政府竞争 [J]. 中国改革，2005（3）：72-73。

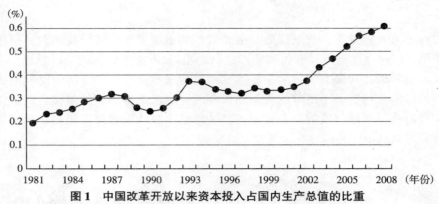

图1 中国改革开放以来资本投入占国内生产总值的比重

资料来源：根据历年中国统计年鉴计算。

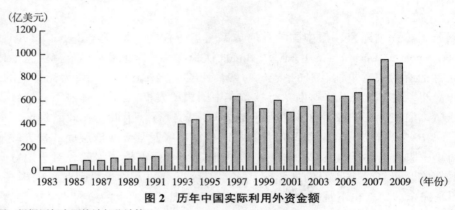

图2 历年中国实际利用外资金额

资料来源：根据历年中国统计年鉴计算。

1994年分税制改革以后，一方面，中央政府对国有企业实行"抓大放小"战略，地方政府掌控的资源有所萎缩；另一方面，市场化进程的加速导致投资主体的市场性导向日益明显，国内外资本日趋活跃。地方政府竞争的实质更多的体现了对资本的竞争，从一定程度上讲，地方政府竞争越激烈，发展地方经济的愿望越迫切，那么资本竞争也就越激烈。同时，市场化程度的异质化也加剧了地方政府竞争的态势，尤其是资本竞争的态势。在市场化水平越高的地方，其资本形成也就越加市场化，行政色彩也就越弱；在市场化水平越低的地方，其资本形成越市场化，造成的规制扭曲越明显。

一个简单的模型可以帮助我们加深对地方政府竞争（资本竞争）影响的认识。代表性企业以资本 K（地方政府间争夺的新资本）、劳动 L、污染排放 E 为基础进行生产有生产函数：

$$f = f(K, L, E) \tag{1}$$

假定生产函数为不变规模报酬生产函数，即对包括污染排放 E 在内的所有要素而言规模报酬不变。地方政府通过控制人均排放量 e 实行环境规制政策，且有，$E = e \times L$；$K = k \times L$（k 为人均资本）；$f = f(K, L, E) = Lf(k, e)$。

在这一假设下，如果企业扩大劳动使用量，则相应地允许其扩大污染排放量相同比例 E。因此，扩大资本与劳动使用量意味着扩大要素投入，结果是相同比例的扩大产量。因此，在均衡条件下，企业将在一定的规模下实现零利润：

$$f(K, L, eL) = rk + wL \tag{2}$$

企业的优化行为条件为：

$$f_K = r; \quad f_L + f_E e = w \tag{3}$$

式中，r 表示资本的税前收益率，w 为税前工资率，f_L 与 f_E 分别表示劳动与污染的边际生产力，且有：$f_L > 0$，$f_K > 0$，$f_E > 0$，$f_{LL} < 0$，$f_{KK} < 0$，$f_{KL} > 0$，$f_{KE} > 0$。

解优化条件可有：$k = k(r, e)$，且 $dk/dr < 0$；$dk/de > 0$。同时，可得到工资决定方程：$w = w(r, e)$，且 $dw/dr = -k < 0$，$dw/de = f_E > 0$。

辖区内居民的效用可以分解为消费私人消费品、政府提供的公共服务及环境污染。效用函数 U 满足良好性状，即：

$$U = U[P(L, C), G, E] \quad 且 \quad U_P > 0, U_{PP} < 0; U_G > 0, U_{GG} < 0; U_E < 0, U_{EE} > 0 \tag{4}$$

消费者问题可以表示为：

$$(1) \quad \underset{(w, \rho)}{Max} U[P(L, C), G, E]$$

$$s.t \quad C = \rho K^* + \omega L \tag{5}$$

式中，ρ 表示税后真实的资本收益率，ω 为税后的实际工资率，K^* 表示地方内的资本禀赋，用以体现地区间的差别。在最优化消费者问题时，$P(L, C)$ 一定得以最大化。最大化的 $P(L, C)$ 可以以 ω，ρ 表示即间接效用函数 $V(\omega, \rho)$。同时，消费者最大化问题还可以得到劳动供给曲线 $L(\omega, \rho)$。

地方政府将通过选择资本税收率、劳动税收率与环境规制标准来满足消费者效用。同时，地方政府的公共服务还需满足预算约束。基于资本的税收为 $t = r - \rho$，基于劳动的税收为 $T = w - \omega$。具体的，为处理方便，本文将借用 Kim 和 Wilson（1997）的处理办法，地方政府不是直接选择税收工具，而是通过选择税前资本税收率 r，税后劳动实际工资率 ω，间接控制税收工具。因此，抛开地方政府的贪污等腐败行为，地方政府问题可以表述为：[①]

$$(2) \quad \underset{(r, \omega, G, e)}{Max} U[V(\omega, \rho), G, eL] \tag{6}$$

$$s.t \quad G = (r - \rho)[kL(\omega, \rho) + K^*] + [w(r, e) - \omega]L(\omega, \rho)$$

约束条件表示，政府的公共服务是限于税收总额。从政府角度求解资本竞争下规制与公共服务提供优化问题（2）。如果对税前收益率 r 求解一阶条件有：

$$(w_r + tk_r)L(\omega, \rho) + K + K^* = 0 \tag{7}$$

由于税前工资对税前收益率的偏导为 $w_r = -k$，进而得到基于资本的税收为 $t = -K^*/(k_r L)$。Kim 和 Wilson（1997）的研究表明资本税收为零，但是引入地方资本禀赋后，本文的研究表明，资本竞争下资本税收并不一定为零，而是与资本禀赋有很大的关系。事实上，这里的资本禀赋可以从相对禀赋来理解，如果相对资本禀赋大于零，那么资本税收将大于零，如果相对资本禀赋小于零，那么资本税收为负值，即地方政府将给予资本投资者补贴，而不是进行征税。

推论 1：如果存在地方之间资本要素的差异，那么地方政府资本竞争的一个直接结果是产生了不同税率。具体的，一个地区的拥有资本禀赋越丰富则税率越高；拥有资本禀赋越少则税率越低。

这一推论为当前地方政府竞争提供了一个直观的解释。按常理，地方政府竞争应当以资源配置最优化为目标，通过吸引要素优化资源配置，促进经济社会发展，间接的使得地方政府获得更多的经济利益与社会利益，以更好的服务区域发展。但是，在地方政府竞争（资本竞争）的前提下，资本禀赋的差异直接体现在税率（实际税收水平，含各种补贴）上。在资本相对匮乏的地区，地方政府为了吸引资本，则会给予其税收优惠措施；对于资本相对丰富的地区，税收优惠则相对较弱。这一推论为地方政府竞争机制提供一个基本的立足点，本文将在实证部分通过空间相关性进行验证。

---

① 从形式上看，本文理论部分的地方政府行为与 Kim 和 Wilson（1997）有许多相似之处。但是，由于本文引入 K*，因而本文的地方政府问题体现了地区差别，与 Kim 和 Wilson（1997）已经有了本质的差别。从后文的分析可以得到，由于引入地区差异，本文的分析更加贴近现实，解释力更强。

为了集中分析地方政府竞争对规制的影响，接下来将假设公共服务固定，着重分析是否提高规制水平就可以促进每个地方福利水平的提高。进一步思考，如果提高规制水平，降低人均污染指数 e，会对税后资本收益率 ρ 带来什么样的影响？通过推导得出推论2。[①]

推论2： 如果 $L_{ee} > 0$（但不必要）条件下：在资本禀赋 K^* 较小的地方，提高规制水平（降低 e），则会降低税后资本收益率 ρ；在资本禀赋 K^* 较大的地方，提高规制水平（降低 e），则会提高税后资本收益率 ρ。

同时，$dU^*/d\rho < 0$。即：如果降低税后资本收益率 ρ，则会提高工资水平进而推进每个地方福利水平 U^* 提高；如果提高税后资本收益率 ρ，则会降低工资水平，降低每个地方福利水平 U^*。

如果各地方政府均提高规制水平 e，那么将降低每一个地区资本的边际生产力。但是，如果一个地区具有丰富的资本禀赋，那么该地区资本边际生产力的降低比较微弱，并不能导致该地区税后资本收益率的有效降低。反之，当一个地区的资本禀赋比较匮乏时，提高规制水平则可降低该地区的税后资本收益率。另外，如果从规制的外部性考虑，当一个地区提高规制水平时，那么对其他地区而言是一种正的外部性。

另外，在零利润假设下，降低税后资本收益率将提高工资水平，工资提高与通过资本得到收益降低两种效应一起共同导致劳动供给的增加，从而提高了社会福利水平。反之，如果提高税后资本收益率则将会带来工资水平的上升，从而间接提高劳动者收入份额。

事实上将推论2进行整合将得到以下结论。

推论3： 在 $L_{ee} > 0$（但不必要）条件下：在资本禀赋 K^* 较小的地方，提高规制水平（降低 e），则会降低税后资本收益率，进而提高劳动者工资，提高劳动者收入份额，[②] 提高社会福利水平；在资本禀赋 K^* 较大的地方，提高规制水平（降低 e），则会降低劳动者工资，降低劳动者收入份额，降低社会福利水平。

事实上，一个模型可以为正在研究的问题提供一个严谨的逻辑解释，尽管进行了烦琐的推导与论证，但是模型的背后经济思想却是非常直观的。一个封闭的经济体，政府间进行资本竞争，政府通过税收或者补贴等措施灵活进行政策选择，对于消费者而言"用脚投票"机制失灵，但在资本领域却存在典型的"用脚投票"机制。为了获得资本投资，政府将通过税收政策进行调节，进而影响规制水平。在资本相对缺乏的地方，政府将通过给予资本税收优惠吸引资本进入。同时，由于规制水平的提高将降低资本的实际收益率，因而，地方政府也会通过降低规制水平以吸引资本投资。在税收与规制两种政策工具下，为了吸引资本，资本缺乏的地方政府将会损害消费者（劳动者）的利益，从整体上损害社会福利。从更宏观的角度来观察，如果把经济整体比作"蛋糕"的话，由于地方政府之间的竞争，政府将把"蛋糕"的一大部分分给资本投资者（通过扭曲规制、调整税负），而将少部分分给消费者（通过税收及扭曲规制等形式）。

回到主题，正如模型可以看到的，地方政府竞争、规制扭曲与劳动者报酬份额三个看似隔离的概念，实质是内在逻辑嵌套在地方政府竞争框架内。地方政府竞争是因，规制扭曲与劳动者报酬份额报酬过低是果，认识三者关系是进行本文的基础与立足点。事实上，地方政府竞争是一种机制，难以进行变量的直接刻画，但是却可以通过相关变量间的关系进行间接度量，本文选择税负水平与规制水平等变量间的空间相关指数进行测度。此外，研究地方政府财政竞争的行为特性时，自然禀赋、文化传统、经济交流等本身都是进行空间经济研究的重要因素。在理论模型中，本文已经将资本禀赋纳入分析框架，实证中将引入相对资本密度以衡量区域间的资本差异。同时，产业结构也是影响地方政府竞争的一个主要因素，下文中产业结构也将进入实证分析部分中。

---

① 限于版面，本文没有给出详细的推导过程，感兴趣的读者可以向作者索要，以下同。
② 值得注意的是，本文的模型已经进行标准化处理，工资水平的提高自然会带来劳动者报酬份额的提高。

三、计量模型、变量选择与数据来源

传统的面板数据模型表示为：

$$y_{it} = \partial_{it} + x_{it}\beta_{it} + \varepsilon_{it} \tag{8}$$

传统面板数据模型中没有考虑空间相关性及空间依赖性，因此基于传统面板数据的回归结果是不当的。本文的主要考察对象为地方政府竞争对规制与劳动者报酬份额的影响。因此，本文可以利用 Anselin（1988）发展的空间计量模型验证区域之间的政府竞争。空间自相关提供了空间模式的性质和程度，正的空间自相关说明相邻地区比不相邻地区行为更相像，负的空间自相关说明相邻地区比不相邻地区行为差异更大。

Anselin 在其一系列经典空间计量文献已经指出，可以将包含空间相关性的面板数据模型分为空间滞后模型（Spatial Lag Dependence Model，SAR）与空间误差模型（Spatial Error Auto-correlation Model，SEM）。相比传统的面板数据模型，SAR 模型增加了一个被解释变量的"空间滞后"因素，模型表示为：

$$Y_{it} = \partial_{it} + \rho W \cdot y_{it} + X_{it}\beta_{it} + \varepsilon_{it} \tag{9}$$

式中，ρ 是空间自回归参数，且 $|\rho| < 1$ 以保证存在空间稳定性，$W = \{w_{ij}\}$ 为空间矩阵（w_{ij} 为地区间关系变量，根据具体问题进行赋值），wy_{it} 表示相邻地区变量 Y 的加权平均，X 为其他解释变量。

同时，空间相关性还可以表示成 SEM 模型。模型表示为：

$$Y_{it} = \partial_{it} + X_{it}\beta_{it} + \mu_{it} \tag{10}$$

$$\mu_{it} = \rho W \mu_{it} + \varepsilon_{it} \tag{11}$$

方程（11）中 ρ 表示空间自回归参数，且 $|\rho| < 1$，同 SAR 模型一样，$W = \{w_{ij}\}$ 为空间矩阵，X 为其他解释变量。

根据 SAR 模型的设定形式可知，不管其他影响变量 Y 的因素如何变化，相邻地区变量 Y 的变化都将直接影响本地区的变量 Y 的大小。而在 SEM 模型中，只有当观察到其他变量 X 不能完全解释变量 Y 时，才能体现空间相关性。事实上，空间相关性到底体现在 SEM 还是体现在 SAR 是一个实证问题，取决于各地方政府掌握信息的多少。当地方政府知道的影响 Y 的因素越多，那么，相邻地区的变量 Y 直接进入本地区变量 Y 的可能性越低，那么 SAR 模型就越是不适合。

为了选择适当的空间相关模型，根据 Anselin 等（2004）提供的方法，本文使用 LM 检验来判断地方政府的空间竞争模式。[①] 同时，面板数据模型面临固定与随机效应的选择问题，本文将采用 Hausman 检验，进行固定效应与随机效应的选择检验。

为了估计空间计量方程，我们必须对权重矩阵 w_{ij} 进行定义，空间矩阵是进行本文分析的一个关键条件。Anselin 等（1996）研究表明，空间距离往往是影响资源流动的重要因素，从而表现出地域性特征。本文首先采用空间距离作为确定权重矩阵的一个基准。具体而言，一般相邻标准的 w_{ij} 为：$w_{ij} = 1$，即区域 i 和区域 j 相邻；$w_{ij} = 0$，即区域 i 和区域 j 不相邻。值得注意的是，这一空间矩阵是时间不变的，为了弥补这一缺陷，本文还将选择人口空间矩阵、产业结构空间矩阵，以加强本文研究的结论。选择产业结构空间矩阵，是因为有研究表明，地方政府提高增长绩效的主

---

① Anselin, L., R. J. G. M. Florax, and S. J. Rey. Advances in Spatial Econometrics: Methodology, Tools and Applications [J]. Springer, 2004

要手段是发展第二产业（王贤彬，徐现祥，2009）。至此本文共有三个空间权重矩阵。

地理空间权重矩阵：[1] $w_{ij}^{ge} = 1$（当区域 i 与区域 j 相邻接，$i \neq j$），其他 $w_{ij}^{ge} = 0$；

人口空间权重矩阵：$w_{ij}^{pop} = pop_{jt} / \sum_{j \in J_i} pop_{jt}$（$J_i$ 是地区 i 的相邻区域集，pop 表示地区人口数量，$i \neq j$），其他 $w_{ij}^{po} = 0$；

产业结构空间权重矩阵：$w_{ij}^{str} = stru_{it} / |stru_{jt} - stru_{it}|$（当区域 i 与区域 j 相邻接，stru 表示地区产业结构变量，$i \neq j$），其他 $w_{ij}^{str} = 0$。

同时，本文还会将空间权重矩阵进行标准化，使空间权重矩阵每行和为1。之所以选择多种空间权重矩阵进行分析是为了增强本文结论的稳健性。

本文将选取环境恶化水平（ENV）、环境规制水平（REGU）、政府竞争变量（GOV-COMP）、劳动者报酬份额（LSH）作为本文分析的主要变量。除此之外，本文还将选取财政分权（FD）、城镇失业率（UE）、相对资本密度（KRATIO）、外资企业税负水平（T）、地区 FDI 占全国实际吸引的 FDI 的比重（FDISHA）及产业结构（STRU）变量。

环境恶化水平（ENV）是由人均工业烟尘排放量、人均工业粉尘排放量、人均工业废水排放量及人均工业固体废物排放量综合而成。以上变量来自历年《中国环境年鉴》并由整体变量除以相应地区的人口数得到人均量。本文将使用主因子分析法对这几个变量进行降维，提取主成分，以方便进行经验研究。为了确定合适的因子数目，本文采用最大似然因子法进行分析，分析结果如表1所示。

表1 最大似然因子分析结果

	原假设	χ²统计量值	P 值
LR 检验（1）	无因子模型比完美拟合模型更好	418.92	0.0000
LR 检验（2）	单因子模型比完美拟合模型更好	4.12	0.1276
特征值		1.7254	
Loglikelihood		−2.071	
Schwarz's BIC 值		28.553	
(Akaike's) AIC 值		12.143	
Proportion		1.0000	
Cumulative		1.0000	

资料来源：根据相关数据通过 Stata11 软件计算。

表1的 LR 检验（1）表明无因子模型过于简单，同时，LR 检验（2）并没有拒绝单因子模型更好的假设。因此，最大似然因子分析结果表明，人均工业烟尘排放量、人均工业粉尘排放量、人均工业废水排放量及人均工业固体废物排放量可以通过一个单因子模型得以拟合，拟合后的变量以环境恶化水平（ENV）代表。因子分析结果有负值，为了方便分析，本文将每一个值加上1.3（由于原序列最小值为−1.289）。

环境规制水平（REGU）指工业污染治理投入，数据来源于历年《中国环境年鉴》。

政府竞争变量（GOV-COMP）。资本是政府竞争的核心，而外商直接投资又是资本竞争的主要对象。对于政府竞争指标，傅勇和张晏（2007）利用外资企业实际负担税率，他们考虑到地方政府会利用税收竞争以吸引外商直接投资（FDI），同时地方政府有一定的税收优惠政策，从而通过

---

[1] 本文没有将西藏自治区纳入分析范围内. 海南省由于是个孤岛，难以定义邻居，因而本文权重矩阵是西藏自治区和海南省之外的 29 个省市地区的数据。

竞相降低税收以吸引 FDI 进行竞争，可是后来取消了对外资的税收优惠，从而其不能整体衡量地方政府竞争程度。同时，张军等（2007）采用各省人均实际外商直接投资（FDI）来衡量地方政府竞争行为。这是因为地方政府的标尺竞争集中体现在以吸引外资为主导的经济发展战略上。通过以上方式构造的政府竞争变量会受到经济发展的显著影响，具有明显的时间趋势性，难以准确表达政府竞争的含义。本文通过构造相对指标，使用地区 FDI 占全国实际吸引的 FDI 的比重（FDISHA）作为政府竞争的代理变量，一定程度上可以削弱经济发展趋势的影响，更加趋近政府竞争的原意。具体的本指标（FDISHA）是由历年各地区实际利用外资额除以当年全国实际利用外资额得到。

外资企业税负水平（T）。作为企业经营选址的一个主要考虑要素，地方政府竞争往往会把税率作为一个主要竞争要素。在实际工作中，税收分为国税与地税两类，而且，地方政府在税收补贴、退税及转移支付等方面有着较强的自主权，因而使用官方的税率并不能真正体现外资企业税负水平。为了能够恰当的分析地方政府在税收方面的空间竞争性，本文借助间接变量通过计算得到外资企业税负水平（T）。具体的，本指标由历年《中国税务年鉴》中的"外商投资企业和外国企业所得税"除以中经网统计库所报告的"三资企业利润总额"得到。

劳动者报酬份额（LSH）是由全部劳动报酬份额（LSH-A）、第二产业劳动报酬份额（LSH-S）、第三产业劳动报酬份额（LSH-TH）构成。通过计算劳动者报酬在相应产业核算总值中所占比重得到。相关数据来源于《中国国内生产总值核算历史资料：1952~2004》。

财政分权（FD）对地方政府竞争具有重要的影响，一定程度上，财政分权程度越大则地方政府竞争越强。关于财政分权指标的构造，本文使用各省市人均预算内本级财政支出与中央人均预算内本级财政支出之比表示（FD-E），同时，为了稳健性考虑，本文也使用各省市人均预算内本级财政收入与中央人均预算内本级财政收入之比表示（FD-IN）财政分权。

城镇失业率（UE）将直接使用中经网统计数据库中所报告的历年各地区城镇失业率指标。

相对资本密度（KRATIO）是本文体现区域差异的一个指标。本文使用历年各地区人均资本形成额与年度全国人均资本形成额之差表示。

产业结构（STRU）是通过历年各地区第二产业占 GDP 的比重作为产业结构的代理变量。王贤彬、徐现祥（2009）的研究表明，地方政府提高增长绩效的主要手段是发展第二产业，因此本文将以第二产业来代表产业结构并进入空间权重矩阵。

上述各变量的基本统计信息见表 2。

表 2　各变量的基本统计信息

	变量含义	样本	均值	标准误	最小值	最大值
FD-E	以财政支出表示的财政分权	450	3.245	2.306	1.069	13.795
FD-IN	以财政收入表示的财政分权	450	1.118	1.179	0.342	6.6738
T	外资企业税率	330	0.463	1.058	0.01	14.58
KRATIO	相对资本密度（元/人）	450	693.599	4273.476	-8606.61	22068.86
GOV-COMP（FDISHA）	地区 FDI 占全国实际吸引 FDI 比重	450	0.042	0.06	0.00014	0.302661
REGU	规制变量	330	102289.9	113914.7	804	844159
ENV	最大似然因子分析的环境恶化水平	450	1.3	0.979	0.01	7.66
YANCHEN	人均工业烟尘排放量（千克/人）	450	7.577	5.162	0.93	41.44
FENCHEN	人均工业粉尘排放量（千克/人）	450	6.707	4.189	0.42	31.14
FEISHUI	人均工业废水排放量（千克/人）	450	17.029	10.543	3.08	87.11
GUFEI	人均工业固体废物排放量（吨/人）	450	0.881	0.682	0.09	4.75
UE	城市失业率（%）	450	3.516	0.922	0.4	7.4
RGDP	人均 GDP	450	11872.74	10891	1527	75109

续表

变量含义		样本	均值	标准误	最小值	最大值
POP	各地区人口数量	450	4198.877	2583.436	474	11430
STRU	第二产业占 GDP 比重	450	45.569	7.313	19.8	61.5
LSH–A	不分产业劳动报酬份额	330	0.504	0.074	0.34	0.66
LSH–S	第二产业劳动报酬份额	330	0.409	0.074	0.23	0.63
LSH–TH	第三产业劳动报酬份额	330	0.440	0.095	0.15	0.67

资料来源：根据相关数据计算。

四、实证分析

本部分将采用面板数据进行经验分析。在进行模型估计之前，本文将首先进行空间自相关性检验，然后进行实证分析，最后给出稳健性检验。

（一）地方政府竞争的空间相关性

为了检验地方政府之间是否存在竞争效应，拟从规制政策与经济绩效两方面给出相关检验。前文已经提到，地方政府竞争的核心是资本竞争，那么相应的，本文将对引资作一定的计量检验。本文认为，地方政府进行竞争时会隐含的以相邻地区作为竞争对象。进一步的，地方政府竞争将会传导到资本竞争及规制竞争领域。为了争取到资本，地方政府将在税收等方面给予资本拥有者以直接"优惠政策"，同时，在环境规制等方面给予其宽松的投资环境。本文将通过 Moran 指数检验验证地方政府竞争的存在性。

空间自相关是一种空间统计方法，可以揭示出变量的空间分布特征和区域间的相互作用。空间自相关的全域指标用于验证整个研究区域的空间模式，Moran's I 系数是常用的全域空间相关性指标，其定义为：

$$\text{Moran's I} = \frac{\sum_{i=1}^{n}\sum_{j=1}^{n}W_{ij}(Y_i - \bar{Y})(Y_j - \bar{Y})}{S^2\sum_{i=1}^{n}\sum_{j=1}^{n}W_{ij}} \tag{12}$$

式中，$S^2 = \frac{1}{n}\sum_{i=1}^{n}(Y_i - \bar{Y})$，$\bar{Y} = \frac{1}{n}\sum_{i=1}^{n}Y_i$，$Y_i$ 代表第 i 地区的观测值。Moran 指数在（-1，1）范围内，大于 0 表示各地区间为空间正相关，数值越大，正相关的程度越强；小于 0 表明空间负相关；等于 0 表示各地区之间无关联。

同时，Moran 还提供了基于残差估计的 Moran's I，指出 Moran's I 可以通过回归残差来检测空间自相关性（Moran，1948），基于最小二乘估计的残差 e 的 Moran's I 统计量为：

$$\text{Moran's I} = e'\bar{W}e/e'e \tag{13}$$

式中，$\bar{W}$ 为标准化后的空间权重矩阵。在不存在空间自相关的原假设下，标准化后的统计量渐进服从标准正态分布：Moran's I = $[I - E(I)]/V(I)^{1/2} \sim N(0, 1)$。由于 Moran's I 检验针对截面数据设计，对面板数据进行检验时必须进行修正，本文利用每年的空间矩阵来构造空间面板权重矩阵，以进行面板数据的 Moran's I 检验及空间面板计量分析。

具体的空间面板权重矩阵为：

$$\overline{W} = \begin{pmatrix} W_1 & \cdots & 0 \\ \vdots & W_t & \vdots \\ 0 & \cdots & W_T \end{pmatrix}, \ t = 1, \ 2, \ \cdots, \ T_o \tag{14}$$

通过计算相关变量的 Moran 指数可以验证中国地方政府竞争的性质。本文将政府竞争具体分为资本竞争与规制竞争，其中资本竞争是主导，规制竞争很大程度上是由资本竞争引起的。表3是基于地理空间矩阵（w_{ij}^{geo}）的变量 Moran 指数测算。从 Moran 指数来看，资本竞争与规制竞争均存在明显的空间相关性。就资本竞争而言，我们可以从"数量"和"价格"两个角度来分析。本文以地区年度吸引 FDI 额为"数量"，以各地区年度外资企业的税负为"价格"。首先 FDI Moran 指数的变化呈现了逐步变大的趋势，由 1994 年的-0.0493 到 2008 年的 0.0596，这一上升的趋势非常稳健。尤其是 2002 年前后，伴随着中国"入世"，FDI 的 Moran 指数开始由负转正，说明中国地方政府在 FDI 方面的竞争愈加激烈。同时，观察"价格"这一方的税收竞争的 Moran 指数符号及变化，可以发现，除 1999 年外，税收竞争的 Moran 指数符号稳定保持负值，说明地区之间的实际外资税率政策呈现负相关关系，而这一负相关关系也契合了本文关于政府竞争的分析。在对待外资方面，邻近地区互相把对方作为潜在的竞争目标，为了得到资本，竞相给予外资超国民优惠政策。

表3 资本竞争的态势势必延续到规制领域，同西方的规制竞争不同的是，在中国式资本竞争主导下及城乡户籍割裂的条件下，各地方政府竞争并不是为争取良好的公共环境而竞争，而是为了争夺资本的规制竞争。表3通过计算规制投入（REGU）、环境恶化水平（ENV）及劳动者报酬（LSH-S）三个变量的 Moran 指数来阐述中国的规制竞争特征。除 1999 年、2002 年和 2004 年外，规制投入（REGU）的 Moran 指数均呈现正值，表明在制定规制政策及规制投入方面邻近地区之间呈正相关关系，而环境恶化水平（ENV）的 Moran 指数在样本期内呈现稳健的正值，劳动者报酬份额（LSH-S）的 Moran 指数则大多显示负值。这三个指标的 Moran 指数表明，地方政府在规制竞争方面体现了"竞次"特征。从表3 Moran 指数可以发现，变量呈现明显的空间相关性，传统的普通面板模型不适于进行政府间竞争的分析。

表3 地方政府竞争的 Moran's I（地理空间矩阵）

变量 时期	Moran's I				
	资本竞争		规制竞争		
	FDI	税负（T）	规制投入（REGU）	环境恶化水平（ENV）	劳动者报酬份额（LSH-S）
1994	-0.0493	—	—	0.0421	-0.1031
1995	-0.0545	—	—	0.0059	-0.0906
1996	-0.0577	—	—	0.0363	-0.0543
1997	-0.0447	—	—	0.0944	-0.0307
1998	-0.0466	-0.0331	0.0405	0.0204	0.0021
1999	-0.0388	0.0690	-0.0081	0.0167	0.0245
2000	-0.0305	-0.0264	0.0454	0.0510	-0.0017
2001	-0.0289	7e-004	0.0295	0.0736	-0.0477
2002	-0.0061	-0.0375	-0.0118	0.1096	0.0086
2003	0.0077	-0.0919	0.0082	0.1090	-0.0235
2004	0.0256	-0.0419	-0.0214	0.1261	-0.0030
2005	0.0080	-0.0272	0.0137	0.1221	—
2006	0.0302	-0.0040	0.0312	0.1099	—
2007	0.0492	-0.0042	0.0312	0.1061	—
2008	0.0596	—	0.0444	0.1088	—

资料来源：根据相关数据通过 Matlab 7.0 软件计算。

关于劳动者报酬份额（LSH-S）、环境恶化水平（ENV）与规制水平［ln（REGU）］的分析，本文将分别建立以下几个模型：①空间滞后固定效应模型（SAR-FE）、空间滞后随机效应模型（SAR-RE）、空间误差固定效应模型（SEM-FE）、空间误差随机效应模型（SEM-RE）及普通面板回归（PANNEL-OLS）。虽然本文引入空间矩阵并采取空间计量模型进行分析，但是本文仍进行普通面板回归模型（PANNEL-OLS）的分析，便于进行对比，以增强本文研究结论的可信度。为了稳健性的考虑，本部分将首先选择基于结构空间矩阵（w_{ij}^{str}）的分析，并以 FD-E 作为财政分权的代理变量，在稳健性分析部分，本文将采取不同的财政分权变量及空间矩阵。由于财政分权对政府竞争具有边际作用，本文引入财政分权与政府竞争变量的交互项（FD-E·GOV-COMP）。

（二）普通面板模型分析及结果

表 4 报告了基于普通面板回归模型（PANNEL-OLS）分析的结果。通过表 4 可以发现，"财政分权推进了政府竞争"的结论对于所有方程均存在。具体的通过表 4 可以发现以下结论。

（1）劳动者报酬份额（LSH-S）方程。除了政府竞争（GOV-COMP）与失业（UE）变量外，其他变量均通过了显著性水平，并且系数严格异于零。结果表明：财政分权越强，劳动者报酬份额越低；政府竞争与劳动者报酬份额之间呈现负相关，即"政府竞争越激烈，劳动者报酬份额越低"，但这一结论没有通过显著性水平检验；相对资本密度越大，劳动者报酬份额越低，这一结论与本文的分析也是非常契合；失业率与环境恶化水平（没有通过显著性水平检验）越大，劳动者报酬份额越低；人均 GDP 越大，劳动者报酬份额越低。

（2）环境恶化水平（ENV）方程。除人均 GDP ［ln（REGU）］外，所有变量均通过显著性水平检验。结果表明：财政分权越强，环境恶化水平越低；政府竞争越激烈，环境恶化水平越低；相对资本密度越大，环境恶化水平越大；规制水平越高、环境恶化水平越小；人均 GDP 越大，环境恶化水平越大。

（3）规制水平 ［ln（REGU）］方程。所有变量均通过显著性水平检验。结果表明：财政分权越强，规制水平越低；政府竞争越激烈，规制水平越低；相对资本密度越大，规制水平越大（没有通过显著性检验）；人均 GDP 越大，规制水平越大。

（4）所有计量方程的 Moran 指数均通过显著性水平检验，Lmerror 检验及 Lratios 检验也支持了空间相关性存在的结论，结合表 3，再一次表明传统的面板计量方法不适宜作为本文的分析工具。

表 4   基于普通面板回归的经验分析

自变量＼因变量	劳动报酬份额（LSH-S）	环境恶化水平（ENV）	规制水平 ［ln（REGU）］
模型	PANNEL-OLS	PANNEL-OLS	PANNEL-OLS
FD-E	−0.0034 （−1.725**）	−0.453 （−5.1373***）	−0.55 （−10.06***）
FD-E·GOV-COMP	0.0852 （2.478***）	1.8695 （2.574***）	2.365 （4.738***）
GOV-COMP	−0.0579 （−0.5319）	−8.9424 （−3.157***）	−6.3219 （−3.187***）
KRATIO	−1.22e−006 （−1.434*）	2.52e−005 （1.6582**）	3.1e−005 （2.988）

---

① 由于本文不关注地区间系数的差异，因而本文没有报告常数项系数及统计量。

自变量 \ 因变量	劳动报酬份额 (LSH-S)	环境恶化水平 (ENV)	规制水平 [ln (REGU)]
模型	PANNEL-OLS	PANNEL-OLS	PANNEL-OLS
ln (REGU)	—	-0.0722 (-0.9108)	—
UE	-0.0049 (-1.1216)	—	—
[ln (RGDP)]	-0.0173 (-4.101***)	1.5701 (5.895***)	1.823 (11.45***)
ENV	-0.0562 (-5.5004***)	—	—
R^2	0.119	0.152	0.488
Hausman 检验	33.753*	51.196***	25.127**
空间相关性检验 (基于混合面板残差的检验)			
Moran 检验	3.2362***	5.4446***	1.5626*
Lmerror 检验	9.5838***	27.905***	2.07*
Lratios 检验	9.8696***	33.4***	2.7546*
样本量	319	319	319

注: * 表示在 0.1 水平上显著，** 表示在 0.05 水平上显著，*** 表示在 0.01 水平上显著。空间相关性检验是基于结构空间权重矩阵。

(三) 空间面板模型分析及结果

为了选择恰当的空间计量估计模型，表 5 与表 6 分别给出了一系列检验 (Elhorst, 2003, 2005)。表 5 给出了 SAR 与 SEM 模型选择的检验，其原理已经在前面有所说明。表 5 的检验结果表明：由于 LMSAR 对应的 P 值小于 LMSEM 对应的 P 值，且 Robust LMSAR 的 P 值比 Robust LMSEM 的 P 值更加显著，因而劳动者报酬份额 (LSH-S) 分析应当应用 SAR 模型；同理，环境恶化水平 (ENV) 分析应当应用 SAR 模型；规制水平 [ln (REGU)] 方程应当应用 SEM 模型。

表 5　空间面板 SAR 与 SEM 模型的选择 (结构空间矩阵)

	劳动报酬份额 (LSH-S)		环境恶化水平 (ENV)		规制水平 [ln (REGU)]	
LMSAR	3.0086	P=0.476	0.0943	P=0.159	2.8687	P=0.090
Robust LMSAR	2.9804	P=0.094	3 3363	P=0.068	0.0211	P=0.884
LMSEM	0.5075	P=0.56	0.2982	P=0.585	6.2999	P=0.012
Robust LMSEM	1.4793	P=0.224	3.5402	P=0.072	3.4523	P=0.063

表 6 给出了空间面板计量中的固定效应与随机效应模型的选择的检验 (Hausman 检验) 的结果。值得一提的是，基于 Matlab 的程序回归表明，进行规制水平分析时，SEM 模型下随机效应无法运行。但是，为了严谨性考虑，本文在 SAR 模型下做了固定效应与随机效应选择的 Hausman 检验，检验结果支持固定效应。因此，最终劳动者报酬份额 (LSH-S) 的分析基于空间滞后固定效应 (SAR-FE)，环境恶化水平 (ENV) 的分析基于空间滞后随机效应 (SAR-RE)，规制水平 [ln (REGU)] 的分析基于空间误差固定效应 (SEM-FE)。

表 7 报告了最终的分析结果。比较空间模型的 R^2 与普通面板回归的 R^2，可以发现，相应回归的空间面板的 R^2 均大于普通面板回归的 R^2，而所有方程的 ρ 值均通过显著性检验，进一步表明引

表6 空间面板回归中固定效应与随机效应模型的选择

Hausman 检验	W 统计量	P 值
劳动报酬份额（LSH-S）方程（SAR）	32.967	2.6e-005
环境恶化水平（ENV）方程（SAR）	5.9977	0.4234
规制水平［ln（REGU）］方程（SAR）	22.725	3.8e-004
规制水平（REGU）方程（SEM）	随机效应不可用	

入空间矩阵的重要性。同普通面板回归一致的是，财政分权依然显著推进了地方政府的竞争，这一结论对所有的方程均成立。具体到每一个方程有以下结论。

（1）劳动者报酬份额（LSH-S）方程。所有的变量都通过显著性检验，而在普通面板回归中失业率与人均 GDP 没有通过显著性水平检验。同 PANEL-OLS 方法不同，在这里，财政分权本身促进了劳动者报酬份额的提高。[①]政府竞争依然是与劳动者报酬份额负相关，而相对资本密度对劳动者报酬份额呈现负向作用，表明竞争与资本确实是导致劳动者份额过低的一个重要因素。环境恶化水平与劳动者报酬份额呈现负相关，表明环境越恶化，劳动者报酬份额越低，这一结论进一步增强了本文在理论部分分析的结论。人均 GDP 促进了劳动者报酬份额的提高，这一结论也契合了经济理论，在普通面板回归中这一系数的符号却显示负值。

（2）环境恶化水平（ENV）方程。研究结果表明：人均 GDP 没有通过显著性水平检验，表明在治理环境方面，地方 GDP 并没有表现出有效作用；政府竞争、财政分权均会对环境恶化水平上升有正向影响；［ln（REGU）］的符号为负是指规制越高，环境越恶化，这一结论比较令人吃惊，本文认为一个可能的原因是以投入代表的规制在资金的使用过程中存在重大的贪腐事件，规制对于环境的改善并没有发挥出明显作用；相对资本密度越大，环境越恶化，这一结论与本文的理论部分有所偏差，这可能与当前中国发展阶段有关。中国正处于高速发展阶段，高资本地区存在巨大的"环境"的历史成本，如果抛开这些历史成本，这一相对资本密度符号应当呈现正值。

（3）规制水平［ln（REGU）］方程。研究结果表明：相对资本密度没有通过显著性水平检验；政府竞争越强，财政分权越强，规制水平越小；人均 GDP 越高，则规制水平越大，这一结论体现了地方政府一定的公共服务性。说明地方政府在制定政策时也存在公共服务性的考虑。

表7 空间面板数据模型的估计结果（结构空间矩阵）

自变量 \ 因变量	劳动报酬份额（LSH-S）	环境恶化水平（ENV）	规制水平［ln（REGU）］
空间矩阵	W^str		
空间面板模型	SAR-FE	SAR-RE	SEM-FE
FD-E	0.012 (3.5512***)	0.1226 (-1.974**)	-0.0366 (-0.4899**)
FD-E·GOV-COMP	0.0783 (-1.8641**)	0.8801 (1.518*)	0.3491 (-0.694*)
GOV-COMP	-0.2984 (1.3372*)	4.1993 (-1.606*)	-1.7132 (0.326*)
KRATIO	-1.07e-006 (-1.5679*)	7.43e-006 (0.8156*)	-8.68e-007 (-0.1148)
［ln（REGU）］		-0.0035 (-0.0511**)	

[①] 即使考虑政府竞争后，财政分权对劳动者报酬份额的边际影响依然是正值 ［0.0012 + 0.0783 × 0.042（GOV-COMP 的均值）= 0.004489］，以下关于政府竞争与财政分权均是基于对这一公式计算的结果的分析。

续表

自变量 / 因变量	劳动报酬份额（LSH-S）	环境恶化水平（ENV）	规制水平［ln（REGU）］
空间矩阵	W^str		
空间面板模型	SAR-FE	SAR-RE	SEM-FE
UE	−0.0468 （−5.2447***）	—	—
ln（RGDP）	0.0001 （0.01*）	0.13833 （1.5127）	1.2131 （9.8593*）
ENV	−0.0069 （−1.7623**）	—	—
ρ	0.2530 （3.4654***）	0.0869 （1.0812*）	0.4089 （6.1644*）
R²	0.6846	0.759	0.855
LogL	558.4	−295.43	−144.48
样本量	319	319	319

注：* 表示在 0.1 水平上显著，** 表示在 0.05 水平上显著，*** 表示在 0.01 水平上显著。

（四）稳健性检验

为了检验以上分析结论是否依赖于特定的权重矩阵及变量的选取，本文采用人口空间矩阵 w_{ij}^{pop} 并以 FD-IN 作为财政分权的代理变量重新进行分析。[①] 主要估计结果见表 8。

（1）从财政分权本身的系数符号来看，对环境恶化水平（ENV）与表 7 有所不同，但是当考虑到财政分权与政府竞争的交互项时，财政分权对环境恶化水平的影响仍然是推进作用。而财政分权对其他两个变量的影响的符号没有变化，结论显然不会变化。

（2）从政府竞争的系数来看，政府竞争对劳动者报酬份额为负向影响与表 7 反映的结论一致；虽然政府竞争本身对环境恶化水平的系数为负值，但是考虑到交互项后，政府竞争对环境恶化水平的边际影响为正值，与表 7 反映的结论一致；政府竞争对规制水平影响系数与表 7 一致，因而政府竞争对规制水平仍然呈现负向关系。

（3）从相对资本密度的系数来看，相对资本密度对劳动者报酬份额与环境恶化水平的影响系数与表 7 一致，只有规制水平影响与表 7 有异。表 7 中相对资本密度没有通过显著性检验，而表 8 中相对资本密度通过显著性水平检验，其系数为正值，表明相对资本密度越大，规制水平越高。

表 7 与表 8 的对比分析表明，即使使用以财政收入为基础的财政分权代理变量（FD-IN），并以人口空间权重替换结构空间权重矩阵，分析结论并没有发生根本性变化。基于此，本文有理由相信表 7 的结论具有较强的稳健性。

表 8 稳健性检验（人口空间权重）

自变量 / 因变量	劳动报酬份额（LSH-S）	环境恶化水平（ENV）	规制水平［ln（REGU）］
空间矩阵	W^pop		
空间面板模型	SAR-FE	SAR-RE	SEM-FE
FD-IN	0.004 （1.4609*）	−0.179 （−1.2131*）	−0.3177 （1.7811**）

① 此处分析时，本文直接采取基于前文一系列检验的结论的最终空间模型。

自变量 ＼ 因变量	劳动报酬份额（LSH-S）	环境恶化水平（ENV）	规制水平 [ln（REGU）]
空间矩阵	W^{pp}		
空间面板模型	SAR-FE	SAR-RE	SEM-FE
FD-IN·GOV-COMP	0.00252 (0.0733**)	3.3722 (2.4981***)	1.299 (−1.1939*)
GOV-COMP	−0.15143 (0.8192*)	−0.0905 (−2.6648*)	−1.5483 (0.4382*)
KRATIO	−1.4e−006 (−1.9908**)	8.79e−006 (0.9733*)	3.04e−007 (0.0412*)
[ln（BEGU）]	—	0.0373 (0.555*)	—
UE	−0.005 (−1.2655*)	—	—
[ln（RGDP）]	−0.0571 (−6.3633***)	0.0638 (0.7604*)	1.1658 (13.396)
ENV	−0.0002 (0.0386)	—	—
RHO	0.1519 (2.0215***)	0.1149 (1.5427*)	0.3589 (5.4926***)
R²	0.66	0.76	0.85
LogL	549.64	−293.53	−150.77
样本量	319	319	319

注：* 表示在 0.1 水平上显著，** 表示在 0.05 水平上显著，*** 表示在 0.01 水平上显著。

五、结论与启示

本文在传统的税收竞争框架内引入资本要素禀赋以体现区域差异，构造模型分析政府竞争对规制的影响，并实证检验中国政府竞争对规制及劳动者报酬份额的影响。研究表明，中国存在典型的地方政府竞争现象；中国式地方政府竞争导致了规制扭曲；在带来规制标准放松的同时，地方政府竞争也导致劳动者报酬份额的降低；在地方政府竞争下，规制并没有促进环境水平的提高。总的来看，中国财政分权激发了政府竞争的热情，在吸引外资的竞争大潮中，各地方政府不仅在资本量上展开竞争，更是在资本的税负等方面展开竞争。但是，唯一缺少的却是地方政府对劳动者收入及规制改善的竞争。中国式地方政府竞争是资本竞争与规制竞争的基础，也是劳动者报酬份额过低与规制扭曲的核心动因。由此，本文不得不把资本竞争与劳动收入，把"人口红利"与"外资超国民待遇"连接起来。地方政府对资本的竞争导致其给予"资方"偏离经济学最优意义的"价格"，施行优惠税率，在规制方面放松执法。与此同时，劳动的"价格"却被人为压低，远偏离经济学最优的标准。

本文的分析有助于我们更深入的理解中国式的地方政府竞争，探索有关规制改善与提高劳动者报酬份额的新路径。本文虽然指出吸引外资是地方政府竞争的主要内容，但是这并不意味着中国应当放弃对外资的吸引，抑制引资。实际上，在合理的税率与政策下，外资与内资一样都是有利于发展经济，有利于提高劳动者报酬的工具。本文认为，导致规制扭曲与劳动者报酬份额过低的根本因素是中国式地方政府竞争，只有政府在相关政策制定、市场培育、经济环境等方面不断加强，才能更好地利用资本，提升劳动者报酬份额。

如何重新理清中国式地方政府竞争，改善当前中国式地方政府竞争的机制是提高纠正劳动者报酬过低与规制扭曲的根本之路。制度创新是地方政府由竞争到竞合的主要途径。可以说，当前中国的诸多问题都与地方政府竞争有关。产业发展重复、无特色，乃至某些产业的产能过剩等，无一不体现了地方政府竞争机制。当前的经济发展，政府间竞争固然重要，但之间的合作更加重要。安徽巢湖市分拆①的事例，可以从侧面嗅到一丝地方政府竞争的弊端。更重要的是，当前的政府竞争标的主要是"硬件"方面竞争（王美今，林建浩，余壮雄，2010），主要体现在基础设施建设等方面，执政水平、效率、信用建设等才是地方政府竞争的应有之义。

此外，本文的研究表明，以规制投入为代表的规制变量对环境恶化水平的改善非但没有明显效果，反而产生了恶化作用。这其中必定隐藏着资金的滥用及贪腐现象，只有根除这些诟病才能真正实现有效规制。资本与劳动一样是经济发展的重要要素。只有建设公平、合理有序的资本市场，才能使资本在阳光下运行。改革现行的政府绩效评价机制，逐步提高公众评价在政府绩效评价中的分量，以此推动社会主义民主政治建设，促进社会和谐。

参考文献

［1］白重恩，钱震杰，武康平. 中国工业部门要素分配份额决定因素研究［J］. 经济研究，2008（8）：16-28.

［2］白重恩，钱震杰. 国民收入的要素分配：统计数据背后的故事［J］. 经济研究，2009（3）：27-40.

［3］傅勇，张晏. 中国式分权与财政支出结构偏向：为增长而竞争的代价［J］. 管理世界，2007（3）：4-12.

［4］郭庆旺，贾俊雪. 地方政府行为、投资冲动与宏观经济稳定［J］. 管理世界，2006（5）：19-25.

［5］金碚. 中国企业竞争力报告（2007）——盈利能力与竞争力［M］. 北京：社会科学文献出版社，2007.

［6］李稻葵，刘霖林，王红领. GDP 中劳动份额演变的 U 型规律［J］. 经济研究，2009（1）：70-82.

［7］李扬，殷剑峰. 中国高储蓄率问题探究——1992~2003 年中国资金流量表的分析［J］. 经济研究，2007（6）：14-26.

［8］邵敏，黄玖立. 外资与我国劳动收入份额——基于工业行业的经验研究［J］. 经济学（季刊），2010，9（4）：1189-1209.

［9］王贤彬，徐现祥. 转型时期的政治激励、财政分权与地方官员经济行为［J］. 南开经济研究，2009（2）：58-79.

［10］王美今，林建浩，余壮雄. 中国地方政府财政竞争行为特性识别："兄弟竞争"与"父子争议"是否并存？［J］. 管理世界，2010（3）：22-33.

［11］杨涛. 环境规制对中国 FDI 影响的实证分析［J］. 世界经济研究，2003（5）：65-68.

［12］杨海生，陈少凌，周永章. 地方政府竞争与环境政策——来自中国省份数据的证据［J］. 南方经济，2008（6）：15-30.

［13］应瑞瑶，周力. 外商直接投资、工业污染与环境规制——基于中国数据的计量经济学分析［J］. 财贸经济，2006（2）：76-81.

［14］张车伟. 缩小收入差距，完善制度规则［J］. 中国社会科学报，2010-11-03.

［15］张军，高远，傅勇，张弘. 中国为什么拥有了良好的基础设施［J］. 经济研究，2007（3）：4-19.

［16］赵俊康. 我国劳资分配比例分析［J］. 统计研究，2006（12）：7-12.

［17］周黎安. 晋升博弈中政府官员的激励与合作——兼论我国地方保护主义和重复建设问题长期存在

---

① 安徽宣布撤销地级巢湖市：http://news.163.com/11/0822/09/7C273J7E00014JB5.html。

的原因 [J]. 经济研究, 2004 (6): 33-40.

[18] 周黎安. 中国地方官员的晋升锦标赛模式研究 [J]. 经济研究, 2007 (7): 36-54.

[19] 周业安, 章泉. 财政分权、经济增长和波动 [J]. 管理世界, 2008 (3): 6-15.

[20] 朱秋, 刘大志. 资本形成过程中的地方政府竞争 [J]. 中国改革, 2005 (3): 72-73.

[21] Anselin, L. Spatial Econometrics: Methods and Models [J]. Kluwer Academic, Dordrecht, 1988.

[22] Anselin, L., Bera, A., Florax, R. and Yoon, M. Simple Diagnostic Tests for Spatial Dependence [J]. Regional Science and Urban Economics, 1996 (26): 77-104.

[23] Anselin, L., R.J.G.M.Florax, and S.J.Rey. Advances in Spatial Econometrics: Methodology, Tools and Applications [J]. Springer, 2004.

[24] Breton, A. Competitive Governments: An Economic Theory of Politics and Public Finance [M]. New York: Cambridge University Press, 1996.

[25] Elhorst. J. P. Specification and Estimation of Spatial Panel Data Models [J]. International Regional Science Review, 2003 (26): 244-268.

[26] Elhorst. J. P. Unconditional Maximum Likelihood Estimation of Linear and Log-Linear Dynamic Models for Spatial Panels [J]. Geographical Analysis, 2005 (37): 85-106.

[27] Kim J. and Wilson J. D. Capital Mobility and Environmental Standards: Racing to the Bottom with Multiple Tax Instruments [J]. Japan and the World Economy, 1997 (4): 537-551.

[28] Moran, P. The Interpretation on Statistical Maps [J]. Journal of the Royal Statistical Socie ty, 1948 (10): 243-251.

集团内品牌竞争与外资进入的负溢出效应分析

——中国轿车产业自主产品投放层面的微观证据（1994~2008）

白让让　Shu Deng　Seong-Youn OH*

一、引　言

改革开放以来，基于对外合资和合作，中国轿车产业实现了"从无到有"、从纯粹的加工组装到具备一定的研究与开发能力的转变。加入世界贸易组织后，中国的轿车产业不仅没有遭遇所谓的"毁灭性"冲击，并在此次全球性金融危机的背景下，一跃成为全球轿车的生产和销售大国。但是，与曾经选择相似路径的日本和韩国相比，超高的开放度并未实现"市场换技术"这一引进FDI的初衷。自主研发能力和自主品牌的缺失，就是最为突出的问题之一。

按照传统的技术溢出理论，FDI的进入会通过多种渠道给接收国的企业带来先进的技术工艺、高级的管理模式，特别是在跨国"母子"公司之间的生产管理流程和企业内的贸易，会给本土企业提供"现场学习"的机会。尤为重要的是，这种模仿性学习的机会和实践，也会随着具有竞争关系的诸多跨国公司的普遍进入而增加。本土企业为了缩小技术差距、获得核心竞争力，必然增加自身的研发投入，以摆脱对外资的多重依赖。那么，为什么跨国公司对中国轿车产业的高密集参与并未引发本土企业的学习激励和实践，而且基于标准的"引进技术—消化吸收—自主成长"模式，也未提升本土企业在国际市场的竞争力？特别是，那些具有近距离模仿和学习机会的企业，反而对自主品牌的开发采取漠视乃至排斥的态度，而一些没有这种机遇的中小企业，却通过对合资或引进产品的多维学习，逐渐获得了自主创新的能力？就成为本文的研究动机和主旨。

近年来，对FDI或者其他形式外资的溢出或者挤出效应的研究已经从单纯的"生产效率"改善，进入到分析外资进入与本土企业的研发投入和专利数量的关系上。但代表性的实证研究却给出了完全相反的结论。以本土企业的研发密度（包括研发投入、研发人员、专利申请量）为被解释变量，王红领等（2006）认为，外商直接投资对内资企业的自主创新能力发挥了促进作用，范承泽等（2008）却发现FDI对中国国内企业研发投入的净作用为负。邢斐和张建华（2009）认为，FDI的技术溢出效应无论在短期还是长期对中国企业的研发均没有显著的促进作用，认为FDI本身就是一种防止技术外溢的手段。而朱平芳和李磊（2006）对上海市大中型企业的计量检验，甚至发现即便合资企业也不可能从其母公司获得较高水平的技术转移。本文试图基于中国轿车产业的企业数据，来弥补这些研究较少考虑企业微观主体行为和产业组织结构可能引发的分歧。

---

* 白让让，复旦大学管理学院。

与上述研究不同，本文以自主研发的最终成果——自主品牌开发为考察对象，从企业组织和行业内部的角度分析 FDI 和技术引进对中国轿车制造企业自主产品创新的名义和实际溢出效应。具体而言，本文将具有合资（包括合作）背景的中方企业与完全自主开发的企业解释成两类不同溢出学习者，构建了一个简化的自主产品开发的理论模型。模型分析表明，随着与跨国公司组织间关系的强化，相关的本土企业会缺乏自主产品研发的激励，而那些基于企业间溢出效应的"远距离"模仿者，则具有更高的学习动机和研发投入，其自主品牌的开发力度会显著高于前者。在实证检验时，本文以自主品牌的投放量和市场绩效为被解释变量，基于已有研究的基本模式，识别出了企业和产业层面 FDI 的参与力度和参与途径的差异对自主产品开发的多重影响。本文的研究结论，从企业组织的层面支持了 FDI 的"抑制论"，而在产业层面对"促进论"提供了一定的证据。进一步，本文的计量分析还发现，FDI 的不同类型和企业的学习模式也是影响自主品牌的开发激励和绩效的重要因素。

论文的结构安排如下：第一部分是问题的提出；第二部分对 FDI 进入与本土企业自主产品开发关系的研究进行了有选择的文献综述；第三部分在已有研究的基础上，建立了一个差异化参与者的学习和开发激励模型，得到了本文的理论假设；第四部分是具体的计量结果和讨论。第五部分给出了相应的产业组织和技术的政策建议。

二、文献综述

引进发达国家的资金、技术和管理经验，是发展中国家实现跳跃式增长的有效途径之一，二者之间的正向关系也得到了理论和实证研究的支持。经济学家对这一问题的研究，在早期主要着眼于 FDI 的进入是否通过溢出效应和竞争压力的双重路径，提高了本土企业的生产效率；最近的研究侧重于外商投资能否促进本土企业自主研发能力的提升。就本文的主题而言，主要涉及以下三个方面的文献：

（1）企业间技术溢出、吸收能力和学习动机的产业组织机理分析。Cohen 和 Levinthal（1989）较早意识到企业之间的研发竞争对创新和学习行为的影响。基于标准的博弈框架，他们构建了包含技术溢出的研发投资模型，证明了一个企业自身的研发投入不仅会产生直接的工艺或产品创新，也会增加其他吸收和模仿竞争者技术的能力，进而可以证明增加对学习能力的投资也是在提高自身的研发水平。他们所定义的诸如学习能力、技术机会、研发密度等概念和相应的计量模型，已成为此类分析的"标准范式"。产业组织理论对溢出效应和吸收能力的分析起始于 Martin（2002）的代表性文献，通过引入"产品间竞争"和"质量间溢出"的假定，他发现高的溢出效应或者低的吸收能力都会降低企业的利润，原因是溢出高，竞争对手的成本降低幅度会增加，产品市场的竞争会越激烈，但消费者剩余却会提高。Leahy 和 Neary（2007）以成本降低型技术开发为例，证明吸收能力在增加自身研发效率的同时，会降低获得竞争者溢出的收益，应该实施鼓励合作研发的公共政策。在 Tesoriere（2008）的动态研发竞争模型中，跨期溢出效应的存在会弱化技术领先企业的创新投入，从而降低社会总福利。国内学者在分析 FDI 的溢出效应时，也进行了初步的模型分析。范承泽等（2008）认为，一个公司的研发投入与其引进外商投资数量成反比，行业层面的 FDI 总量也不会对本土企业的研发密度有显著的影响。邢斐和张建华（2009）的模型通过对核心与非核心技术的区别，则发现外商直接投资和技术交易都可能存在正的效应。与上述模型将成本降低或研发密度作为研究的出发点不同，本文基于中国轿车产业的特点，构建了一个"单向溢出"下"异质参与者"自主品牌投放的简化模型，证明一个企业与外资之间的组织关系越紧密，其自主开发的动机越低，但外资在产业中投放的品牌越多，则给远距离学习者提供了正的激励。

（2）FDI 进入的规模、方式与本土企业自主研发关系的实证检验。FDI 对本土企业或产业生产率是否存在正的溢出影响是早期研究的核心，总体上的发现基本上支持了"促进论"。但是，宏观或产业层面上的正向关系是否意味着本土企业自生能力的提高，理论和实证研究还存在诸多争论。就 FDI 进入的规模而言，传统的观点认为，跨国公司的投资比例越低，其将先进技术转移给接受方的激励和能力越低，本土企业的学习机会也会下降（Ramachandran，1993）。Dimelis 和 Louri（2002）发现，溢出效应的高低与跨国公司在本土的市场份额、雇员和投资的比例成反比，但 Blomstrom 和 Sjoholm（1999）的结论则完全相反。考虑到本土企业的参与程度后，Javorcik（2004）认为，随着本土企业参与上下游相关活动的深入，溢出程度会显著增加。外资进入的途径也是影响溢出效应的关键因素之一。当跨国公司基于兼并或收购的进入模式时，考虑到对母公司的冲击，其不会将核心或关键技术转移给子公司（Belderbos 等，2001），而新开业务式投资开创式的进入（Greenfield Investment）则会保持"母—子"公司的技术同步。Bertschek（1995）对德国制造产业的实证研究发现，进口和外商直接投资额增加而产生的竞争压力，会导致本土企业以产品创新和工艺创新维持市场地位。国内学者也对 FDI 与中国企业的自主研发行为的关系进行了实证检验。王红领等（2006）发现，随着外商投资企业市场份额的增加，本土企业专利申请量、研发密度和研发人员雇佣量都会明显增加，其传导机制是市场竞争。范承泽等（2008）使用企业微观数据则发现，公司层面的 FDI 对一个公司的研发投入有显著的负面影响，而在行业层面 FDI 这一效应并不明显，但随着行业和企业层面 FDI 的同时提高，溢出效应则会十分显著。邢斐和张建华（2009）区别了技术贸易和直接投资对本土企业技术溢出的差异，他们的计量模型在考虑吸收能力后证明，技术贸易存在显著的溢出效应，FDI 的作用则不明显。[①] 本文的实证分析以自主品牌的投放量为直接的检验目标，通过区分内资组织与外资组织关系（合资还是引进）和关系强度的双重差异，以发现影响本土企业自主产品开发的因素所在。

（3）跨国公司主导与中国轿车产业"自生能力"形成。"合资企业这一制度安排对本土企业的成长是否存在溢出效应"是评价轿车产业"市场换技术"战略有效性的论据之一。刘世锦（2008）认为，提供学习机会、引导零部件产业形成和培育消费群体是外资对中国轿车产业的主要贡献，并强调本土企业自主研发的障碍不是来自外资的挤压，而是产业政策的限制。钟师（2006）在讨论民族汽车品牌的生存环境时，对外资威胁论持否定意见，但承认通过对技术工艺、关键部件和销售渠道等手段限制溢出效应，是跨国公司利润最大化的必然选择。宋泓与蔡瑜（2006）认为，合资安排是实现进口替代的一种较好选择，并指出随着跨国公司在"后 WTO"时期的大规模进入，其他企业的发展空间会被挤压，合资企业的中方参与者也无法学习跨国公司的产品研发、技术更新和品牌营销等核心竞争力。美国学者盖勒格（2007）的观点则十分明确："美国在中国汽车行业的直接投资，汽车车型已经转让给中国，但却没有真正对中国汽车创新能力的改善做出贡献，因为知识没有随着产品和制造工艺一起转让给中国"，并指出在 20 年的合资经营后，中国汽车产业的技术水平仍落后发达国家 10~15 年，这与国内研究者的观点形成了较大的反差。周治平等（2006）发现，在轿车合资企业中，股权比例的安排与实际控制权不相吻合，关键资源的投入、技术垄断和对企业日常运营等权力都由外资所掌握。胡安生（2006）认为，在合资企业居于主导地位的结构下，大型国有企业的产业空心化是其实现自主创新的主要障碍。李庆文（2007）的案例分析亦表明，大型国有企业自主研发滞后的主要原因在于他们无法摆脱对跨国公司的多方面依

---

① 应该指出的是，这三篇文献虽然都以本土企业的研发支出金额为被解释变量，但主要的解释变量分别是三资企业的市场占有率（王红领等，2006）、技术贸易和 FDI 的原始数值（邢斐和张建华，2009）、外商直接投资绝对值的对数（范承泽等，2008），且在不附加吸收效应时，前两篇行业数据的计量结果几乎是等价的。

赖。这些分析的结论多是建立在案例分析的基础上，没有进行严格的计量检验。基于中国 20 多家轿车企业或企业集团 15 年的数据，本文对 FDI 与本土企业自主品牌开发的关系予以初步的实证检验，以弥补这些研究的缺陷。

三、基于异质参与者的自主开发激励模型

（一）前提与假定

本文的分析对象是一个"单向溢出"的产业，它由两类异质的企业组成。企业 1 通过合资、合作或技术协议的方式，使用属于跨国公司的 F 个品牌，并基于长期的学习开发出具有自主产权的若干品种。企业 2 是一个"纯本土"企业，它也会借助对前者产品的模仿性学习，而研制出若干自主品牌。在 Cohen 和 Levinthal（1989），Martin（2002），范承泽、胡一帆和郑红亮（2008）以及 Amir 和 Wooders（2003）相关模型的基础上，以中国轿车产业为隐含背景，特提出如下假定：

企业 1 和企业 2 用于市场竞争的品种数量就是各自研发资金投入、吸收能力和溢出效用的函数，二者的区别在于企业 1 能够直接使用属于跨国公司的 F 个成熟产品：

$$y_1 = F + a_1(k_1)s_1F \tag{1}$$

$$y_2 = \frac{1}{2}k_2^2 + a_2(k_2)s_2F \tag{2}$$

式中，y_i（$i = 1,2$）是品种的数量，k_i 是各自的产品研发的资金投入量，它不仅决定品种的多少，也影响着企业的吸收能力 a_i，一般的有 $\frac{\partial a_i}{\partial k_i} > 0$，$\frac{\partial^2 a}{\partial k_i^2} < 0$。为分析的便利，本文假定 $a_i = k_i(1+k_i)^{-1}$，它正好满足 $\frac{\partial a_i}{\partial k_i} = (1+k_i)^{-2} > 0$，$\frac{\partial^2 a}{\partial k_i^2} = -2(1+k_i)^{-3} < 0$ 的基本要求（蒋中一，2002）。

企业的收益是其品牌投放量的函数：$R_i = R_1(y_i)$，该函数满足 $\frac{\partial R_i}{\partial y_i} > 0$，$\frac{\partial^2 R_i}{\partial(y_i)^2} < 0$ 的假定。组织内和企业间的溢出效用分别用 s_1、s_2 表示，与标准的溢出模型不同，我们设定溢出是单向的，即从跨国公司到紧密合作者企业 1，再传导给内资企业 2。以往计量分析也发现，组织内的溢出效应大于企业间的溢出，即 $s_1 > s_2$。可见，企业 2 只有增加研发投入，才能弥补这种"先天不足"。上述学习和溢出效应系数均处于区间 $[0,1]$ 上。一般的还应假定 $(\frac{1}{2}k_2^2) < F$，即企业 1 具有先天的优势。

（二）基于组织内学习的自主品种开发与引进外资品牌的均衡分析

如前所述，企业 1 既可以直接引进成熟的外资品牌，也可以基于长期的干中学逐渐消化外资的技术，开发出具有自主知识产权的产品。假如使用外资产品的单位支出为 b，而自主研发投入资金的利息为 r，那么其总支出或约束条件就是 $c_1 = bF + rk_1$。为计算的便利，令销售 y_1 个品牌的价值为 1，[①] 那么，企业 1 的最优化问题可表述为：

$$\max R(y_1) = 1 \times F[1 + a_1(k_1)s_1] \tag{3}$$

[①] 当然，按照范承泽等（2008）的思路也可以将企业品牌的个数设定为利润的隐函数，再进行均衡求解。这里将价值设定为 1 只是为了计算的便利和结果表示的清晰，设定为任一常数不会影响结论的符号。

s.t. $c_1 = bF + rk_1$

构建 Lagrange's 函数：

$$L_1(F, k_1, \lambda_1) = F + a_1(k_1)s_1F + \lambda_1(c_1 - bF - rk_1) \qquad (4)$$

分别对变量 F、k_1 和 Lagrange 乘数求解一阶最优条件：

$$\frac{\partial L_1}{\partial F} = 0 \Rightarrow 1 + (k + 1)^{-1}k_1s_1 - \lambda_1b = 0$$

$$\frac{\partial L_1}{\partial k_1} = 0 \Rightarrow (k_1 + 1)^{-2}s_1F - \lambda_1r = 0$$

$$\frac{\partial L_1}{\partial \lambda_1} = 0 \Rightarrow bF + rk_1 - c_1 = 0$$

解这一方程组可得到：

$$k_1^* = \sqrt{\frac{s_1(r + c_1)}{(1 + s_1)r}} - 1; \quad F^* = \frac{c_1}{b} - \frac{r}{b}\left(\sqrt{\frac{s_1(r + c_1)}{(1 + s_1)r}} - 1\right);$$

$$\lambda_1^* = \frac{1}{b} - \frac{s_1}{b}\left(1 - \sqrt{\frac{(1 + s_1)r}{s_1(r + c_1)}}\right)$$

将上述解代回最优条件，即外资品牌与自主产品对总产品个数的边际产出之比等于两种投入价格之比的恒等式中，还可以发现企业的吸收能力为：

$$a_1^* = 1 - \sqrt{\frac{(1 + s_1)r}{s_1(r + c_1)}} \qquad (5)$$

在此均衡解下，可以发现溢出因子和学习动机之间的关系：

$$\frac{\partial a_1^*}{\partial s_1} = \frac{r(c + r)}{s_1^2} > 0 \qquad (6)$$

$$\frac{\partial^2 a_1^*}{\partial (s_1)^2} = -\frac{2r(c + r)}{(s_1)^3} < 0 \qquad (7)$$

同理，由均衡解 $k_1^* = [s_1(r + c_1)/(1 + s_1)r]^{1/2} - 1$，还可知：

$$\frac{\partial k_1^*}{\partial s_1} = \frac{(1 + 2s_1)}{2[rs_1(1 + s_1)/(r + c_1)]^{1/2}} > 0 \qquad (8)$$

$$\frac{\partial^2 k_1^*}{\partial (s_1)^2} = -\frac{(c + r)^{1/2}}{4r^{1/2}[s_1(1 + s_1)]^{3/2}} < 0 \qquad (9)$$

上述推导的微观经济学机理在于，由于直接引进外资品牌的市场和质量风险近乎为 0，而自主研发的投资面临着较大的不确定性，在资金约束下，企业 1 一定会倾向于通过合资的形式获得更多的外资品牌；进一步，虽然企业 1 与外资保持密切的技术和管理关系，能够得到更大的溢出效应和学习机会，但由于学习具有边际回报递减的特征，会在长期内弱化其提高吸收能力的动机；更为重要的，正如本文的经验分析将要表明的那样，在只能通过合资形式进入中国轿车产业的政策约束下，提供 F 的外资企业，也会增加品牌投放量，或者减少品牌使用费的形式，抑制其合作者的独立化倾向。

对企业 1 而言，其收益还可以表述为 $R_i = R_1(F, k_1)$，约束条件依然是引进外资品牌的支出和消化吸收投入的资金成本，即 $c_1 = bF + rk_1$。此时企业 1 对 F 和 k_1 的选择不仅取决于收益函数的具体形式，也与使用外资的现成产品的费用和自主努力的投入的机会成本有关。虽然合资或合作会以企业股权比例下降、高额的技术转让费，甚至企业实际控制权的丧失为代价，但短时间内产品生产规模和质量上的提升，会使企业迅速占据处于幼稚阶段的市场，获得极高的"撇脂效应"和高额的投资回报。相反，如果将精力集中于研发导向型的吸收或学习能力的投资上，一方面在企业内部会诱发合资双方的矛盾，另一方面由于这种学习的后果面临着更大的不确定性和风险，会提高自主学习投资 k_1 的机会成本。所以，在短期利润最大化的目标下，b 和 r 比值的变化，在溢

出因子 s_1 一定时，企业会倾向于用更多的 F 替代 k_1。进一步，即使合资利润的增加产生的新增投资使预算线外移，在合资企业高额回报率的诱使下，中方参与者会将更多的资源用于引进新产品，从而陷入"引进—落后—再引进"的恶性循环中。

基于上述简要的分析，有如下的待检验假说 1：

假说 1：引进跨国公司的成熟产品，给本土参与者提供的直接学习机会和高的技术溢出，并不能转化为此类企业的自主开发动机和能力，相反，成熟产品的低学习成本和低市场风险，会抑制此类企业的自主倾向。

（三）远距离学习（企业间）的自主研发激励分析

企业 2 的问题则相对简单，由于无法直接获得外资的现成产品，要进入市场只有通过自身的研发投入。另外，要获得来自外资产品的溢出效应，企业 2 必须增加对学习能力的投资，以补偿与外资产品"距离"较远的缺陷。正如 Cohen 和 Levinthal（1989）所分析的那样，自身研发投入还具有间接提高吸收能力的效应。由于只有一个决策变量，要得到企业的最优研发投入，需引入成本约束 $C(k_2) = rk_2$，那么企业 2 最大化如下的目标函数：

$$\pi_2 = R[y_2(k_2)] - C(k_2) \tag{10}$$

一阶条件意味着：

$$\frac{\partial \pi_2}{\partial k_2} = \frac{\partial R}{\partial y_2} \frac{\partial y_2}{\partial k_2} - r = 0 \tag{11}$$

按照 Cohen 和 Levinthal（1989）以及范承泽等（2008）处理此类问题的一般方法，将这一最优条件理解为一个隐函数，再求外资品牌投放量、溢出因子和研发激励之间的关系，企业 2 的研发投入与外资品牌投放之间的关系为：

$$\frac{\partial k_2}{\partial F} = -\frac{\dfrac{\partial^2 R}{\partial(y_2)^2} \dfrac{s_1}{(k_2+1)^2}}{\dfrac{\partial(\partial R/\partial Y_2)}{\partial k_2}\left[k_2 + \dfrac{s_1 F}{(k_2+1)^2}\right] + \dfrac{\partial R}{\partial y}\left[1 - \dfrac{2s_1 F}{(k_2+1)^3}\right]} \tag{12}$$

基于类似的方法，可知：

$$\frac{\partial k_2}{\partial s_2} = -\frac{\dfrac{\partial^2 R}{\partial(y_2)^2} \dfrac{F}{(k_2+1)^2}}{\dfrac{\partial(\partial R/\partial Y_2)}{\partial k_2}\left[k_2 + \dfrac{s_1 F}{(k_2+1)^2}\right] + \dfrac{\partial R}{\partial y}\left[1 - \dfrac{2s_1 F}{(k_2+1)^3}\right]} \tag{13}$$

由于 $\dfrac{\partial(\partial R/\partial Y_2)}{\partial k_2}$ 和 $\dfrac{\partial^2 R}{\partial y_2^2}$ 同为负号，那么当且仅当 $1 \leqslant \dfrac{2s_1 F}{(k_2+1)^3}$ 时，上述两个导数的分母一定小于 0。显然在 $0 < s_2 < 1$ 以及企业 1 的 F 大于 1 时，会存在一个 k_2，使上式成立，即 $\dfrac{\partial k_2}{\partial F} > 0$，$\dfrac{\partial k_2}{\partial s_2} > 0$。同时，在 $\dfrac{\partial y_2}{\partial k_2} > 0$ 的基本假定下，基于导数的链式法则，可知企业 2 的研发激励与外资品牌投放量、技术溢出水平都是正相关的关系。

这一发现的经济学含义在于，纯本土企业 2 由于没有吸引外资品牌的机会和能力，只能立足于自主产品的开发进入轿车产业，但这种开发是一个对外资产品和技术模仿性学习的过程。给定成熟产品的存量和企业间的技术溢出关系，自主研发和模仿性学习是一个互补而非替代的投入决策。进一步，由于在市场竞争中，品牌投放量是战略替代的，企业 2 必须不断增加自身研发投入，而外资的存在也从技术溢出和产品竞争两个环节刺激了企业的自主开发行为。本文的第 2 个假说可表述为：

假说 2：本土"远距离"参与者的自主开发投资与跨国公司的品牌投放量成正比，且这种投资与企业间技术的溢出水平也正相关。

应该指出的是，在上述两类学习模式或企业组织之间，还存在着引进品牌或产品的模式，由于在现实中合作方式的多样性，限于篇幅和主题，本文将品牌引进式的合作理解为一种介于"合资"和"完全自主"之间，但更接近"合资"模式的学习路径，并在计量检验时予以专门分析。

四、数据、变量与研究设计

（一）数据来源与变量选择

本文使用了中国 22 家整车制造企业或企业集团，1994~2008 年共 15 年的数据。在中国的汽车产业中，总公司或企业集团是自主产品开发行为的决策主体，为此本文按照集团口径重新计算了品牌、销量和外资比重等数据。[①] 同时，鉴于从事 MPV、SUV 等准轿车的生产是本土企业进入轿车领域的一个重要途径，本文的样本也包含一些主要的 MPV、SUV 厂商。1994~2007 年的数据来自《中国汽车工业年鉴》，2008 年的数据依据相同的标准根据专业期刊《汽车情报》计算而得。

与 FDI 溢出和本土企业学习的一般研究模式不完全相同，本文并不分析溢出或者学习对企业生产效率、研发密度或科研活动的影响，而将本土企业开发自主产品或品牌的动机、名义和实际效果作为考察的重点。这一变化的原因在于，对中国轿车产业而言，主导企业的经营均以生产外资品牌为核心甚至唯一的业务，集团公司处于"产业空心化"的状态，那么，若以研发密度或企业的生产效率为被解释变量，会严重高估这类企业的研发、吸收能力和生产效率。因此，本文使用企业自主品牌的数量来反映其自主开发的名义绩效，以自主品牌的市场占有率来刻画其实际的市场绩效。

本文理论模型的主旨在于论证企业与外资的关系对其自主产品开发动机的影响，因此在选择解释变量时，使用企业集团内部外资品牌或引进产品的销售比重来衡量跨国公司对公司的直接或间接参与程度。同时，以合资品牌或引进产品与全行业总销量的比例，作为描述外资对整个轿车产业影响程度的变量。[②]

当然，按照惯例本文也引进企业的销售规模、进入产业的时间（即产业内年龄）、产业的销售集中度（赫芬达尔指数）和政府的产业政策等变量的数据，以较完整和准确地反映中国轿车企业自主研发的实际因素。各变量的具体定义如下：

1. 被解释变量

在实证研究中使用两个被解释变量：第一个是企业自主品牌的数量（Firm-Independent-Brand），它用于代表企业自主研发的名义成果；第二个是企业自主品牌的市场占有率（Firm-Independent-Share），它等于企业自主品牌的销量占市场总销量的比例，用于反映自主产品开发的实际效果。

2. 企业微观层面的解释变量

（1）公司的技术学习机会或路径，在本文中使用集团公司与跨国公司之间的合资或技术引进

---

① 具体的统计口径参见《中国企业工业年鉴》（2008）第 517 页。
② 本文没有使用 FDI 的投资额来刻画其影响力，原因是就轿车合资项目而言，国家对合资企业中外资固定资产的投资比例设定了 50%这一上限，而在几乎所有的整车合资企业中都遵循对等原则，这样在很长的时期，以股权比例来衡量外资的地位，会严重低估其实际影响力。

的形式来表征，即 FDI 的参与度（FDI-Firm$_{it}$）和技术引进（IMPORT-Firm$_{it}$）。一般而言，合资企业作为一种严密的组织形式，虽然给本土参与者提供了近距离的学习机会，但由于这些成熟的品牌或技术可以带来直接的市场效应，反而会弱化本土企业的学习动机。通过技术许可或交易的形式在一定的合同期内生产属于外方的产品，也是本土企业进入轿车产业的路径之一，中方企业通过花费一定的投入消化外方的工艺技术，可以获得模仿性学习的机会。这两类方式的划分依据来自《中国汽车工业年鉴》。已有研究（邢斐、张建华，2009）证明，基于合资的自主产品开发激励低于技术贸易的途径，但这些企业的自主动机都低于"市场化"的模仿性学习，即企业层面外资的参与程度越高，本土企业自主创新的能力越低。

如果在实证研究中，发现企业层面的外资参与度的系数显著为负，就可以证明假说 1 和假说 2 的存在。原因在于，对那些没有外资参与的企业而言，这两个变量就始终为零，因而它们还具有区分企业类型的作用。①

（2）公司的规模（Scales$_{it}$）。轿车生产具有显著的规模经济，在一定的条件下，规模越大的企业，其自主品牌的研发力度或绩效应该越高。本文使用总销量来代表企业规模的高低。

（3）公司的产业内年龄（Age$_{it}$）。在"市场换技术"产业政策的主导下，较早进入轿车产业的本土企业多以合资或技术引进的模式为主，随着时间的延续和产业政策导向的变化，这些先进入者自主开发的力度也应提高。

3. 行业层面的解释变量

（1）产业层面外资的影响力（FDI-Industry$_{it}$）和（IMPORT-Industry$_{it}$）。跨国公司对中国轿车产业的实际控制力远远高于其固定资产投资所显示的水平，本文使用合资品牌以及引进产品销售量的比例，它们由企业集团内部外资品牌的销售量与引进品牌的销售量各自占行业总销量的比例计算而得，以反映外资对产业的整体影响。已有研究表明，随着外资产品投放数量的增加，一方面非合资或引进企业会获得更多的学习机会；另一方面外资品牌增加导致市场竞争程度的激烈，也会刺激"纯本土"企业加速自身产品的研发投入，从而增加自主品牌的数量。

（2）产业集中度（HHI$_t$）。轿车产业有着较高的进入壁垒，赫芬达尔指数（HHI$_t$）是指各个企业的销售量占全行业总销量比例的平方和，可以反映企业销量的分布状态。一般而言，该指数越高，在位者的垄断势力越强，新品牌进入的难度会增加。

（3）产业组织政策（Policy$_t$）虚拟变量。中国政府曾经对轿车产业实施了严格的价格进入和品种选择的管制，为实现所谓"大企业主导下的产业组织"目标，在很长的一段时间内依托合资企业的"进口组装"提升生产的规模，直到加入 WTO 前后才意识到自主产品对产业国际竞争力的作用，并开始激励本土企业增加自主研发的力度。Policy 是反映政策取向的虚拟变量，如果时间处于 2003 年以后则取值为 1，否则为 0。

表 1 变量的描述性统计

变量	计算方法	单位	均值	标准差	观察值
被解释变量					
企业自主品牌个数	按照国标直接统计个数	个	1.5373	2.9529	201
企业自主品牌市场占有率	企业自主品牌销量/市场总销量	%	0.0082	0.0168	201
解释变量					
企业合资品牌的企业内销售比例	企业自主品牌销量/企业总销量	%	0.4797	0.4743	201

① 例如，一个企业集团中合资品牌的销量比例大于 0 就显示它拥有合资企业，相应地引进品牌的销量比例大于 0 也表明它采取了产品引进的方式。

续表

变量	计算方法	单位	均值	标准差	观察值
行业合资品牌的销售比例	行业自主品牌销量/行业总销量	%	0.7132	0.0830	201
企业引进品牌的企业内销售比例	企业引进品牌销量/企业总销量	%	0.1423	0.0613	201
行业引进品牌的销售比例	行业引进品牌销量/企业总销量	%	0.3285	0.4524	201
企业年龄	进入产业的时间长度	年	9.2687	6.1885	201
企业总销量	企业总销量	辆	146923.4	263319.6	201
市场集中度	(企业总销量/行业总销量) 的平方和	%	0.1465	0.1047	201

（二）计量经济模型设定

结合模型分析和对变量特征的介绍，本文的回归方程可定义为：

$$Y_{i(t+1)} = \beta_{0i} + \beta_1 FDI\text{-}Firm_{it} + \beta_2 FDI\text{-}Industry_{it} - \beta_3(FDI\text{-}Firm_{it} \times FDI\text{-}Industry_{it}) + \beta_4 IMPORT\text{-}Firm_{it}$$
$$+ \beta_5 IMPORT\text{-}Industry_{it} + \beta_6(IMPORT\text{-}Firm_{it} \times IMPORT\text{-}Industry_{it}) + \beta_7 Scales_{it} + \beta_8 Age_{it} + \beta_9 HHI_t$$
$$+ \beta_{10} Policy_t + \varepsilon_{it} \tag{14}$$

在具体的回归时，$Y_{i(t+1)}$ 将分别用企业自主品牌的数量和自主品牌的市场占有率来代表，各自反映企业自主品牌的名义和实际市场绩效。在上述方程中，衡量外资参与程度对企业或行业层面自主产品开发行为影响的系数是实证研究的核心：如果 β_1 显著为负，就说明合资经营抑制了特定企业的自主开发动机或绩效，即以合资企业与产外资品牌为主的企业，其自主品牌开发的动机会低于其他类型的企业；如果 β_4 的系数也显著为负，则证明引进外资品牌的那些企业，其自主动机也会受到限制。这两个系数为负也就是支持了假说1。进一步，若 β_2 和 β_5 的系数显著为正，即随着全行业外资品牌投放力度的增加，相关企业自主产品开发的名义或实际绩效就会提高，也就是存在企业之间的溢出效应，这就证明了假说2的存在。系数 β_3 和 β_6 的符号用于检验行业层面外资的参与度对特定公司自主品牌开发力度的作用，是如何随着该企业内部外资参与的程度而变化的，若它们显著为正，就可以证明企业间的正向溢出效应抵消了企业内部的抑制作用，否则会发生相反的影响。

分析面板数据最常用的方法是固定效应、随机效应和混合普通最小二乘法。由于本文的数据包含了中国轿车产业的所有企业或企业集团，个体之间的差异可以被看作回归系数的参数变动，那么固定效应模型不失为一个合理的方法，即企业的影响主要体现在常数项的不同上。[①] 当然，为了确保这种选择的合理性，本文对方程（14）进行了 Hausman 系数和 F 系数检验，具体结果见表2。按照伍德里奇（2003）的解释，分析表2的结果可知，就个体固定效应与最小二乘法（OLS）模型而言，名义和实际效应方程的 F 值远大于其临界值，且概率均为0，即检验结果拒绝了"固定效应不存在"的原假设；Hausman 统计量的检验结果和相应的概率，也拒绝了"随机效应存在"的原假设，因此，应建立个体固定相应模型。

表2　固定效应与随机效应的检验结果

A.固定相应的 Redundant effect tests：零假设 H0：固定效应不存在		
	名义绩效方程	实际绩效方程
F 值	8.150571	29.722652
Prob.	0	0

[①] 本文关于面板数据的分析方法基于高铁梅（2007）的介绍。另外，由于范承泽等（2008）、李稻葵（2006）以及邢斐和张建华（2009）等都详尽描述了此类研究的计量方法和过程，在此不再赘述。

续表

B.随机相应的 Hausman tests：零假设 H0：随机效应存在		
	名义绩效方程	实际绩效方程
Hausman 值	45.38612	51.528743
Prob.	0	0

如前所述，在回归方程中使用了两个交叉项，用以检验企业范围内的外资参与程度和方式如何随着整个轿车产业层面外资影响力度和模式的变化而出现的一些差异。当然，鉴于外资参与方式的选择有可能存在内生性问题，即大企业或具有合资经验的企业更易成为下一轮合资的潜在对象，而中小企业则缺乏获得外资关注的能力。那么，除了将滞后一年的外资在企业和产业层面的参与程度作为解释变量外，引进相应的交叉项，并基于固定效应模型进行估算，也能够抵消内生性对回归结论可靠性的部分影响（范承泽等，2008）。

五、实证结果及分析

在具体的回归分析中，为了检验外资品牌进入对不同类型本土企业自主研发行为的实际影响，本文在控制企业特征（产业年龄、销售规模）和产业因素（集中度、产业政策）的基础上，相继引进企业和行业内合资品牌、引进品牌的销售比重，以及它们之间的交叉项。表3和表4给出了以企业自主品牌的数量和市场份额为被解释变量的回归结果。[①]除了企业的产业内年龄为当期值外，其余的解释变量均滞后一期。

（一）自主品牌开发名义效果的回归结果分析

（1）合资企业参与程度的影响。本文的模型分析已经证明，在企业层面，外商品牌投放量的增加会抑制中方参与者的自主开发倾向。从表3可以发现 $FDI\text{-}Firm_{it}$ 的系数为负且高度显著，这意味着那些采取合资经营的内资企业集团，其自主品牌的数量比其他类型的企业显著更低。$FDI\text{-}Industry_{it}$ 的系数也是负的且显著，说明随着产业中合资品牌投放量的增加，竞争效应的存在会压缩本土企业自主开发的市场机会。企业与行业中合资品牌占有率交互项的系数显著为正，表明在一个由异质参与者组成的轿车产业，合资品牌销量越高的公司，在行业整体外资品牌增加时，也会提高自主产品投放的数量。应该指出的是，一旦考虑引进和自主开发产品的共同作用，企业层面合资品牌的效应依然显著为负，$FDI\text{-}Industry_{it}$ 的系数却变为正，交叉项的系数转变为负且很显著，证明对于那些合资经营的本土企业，应对 FDI 在全行业品牌密度增加的竞争压力时，会更多地倾向于"再引进"，而非提高自主品牌的研发。[②]

（2）品牌引进的影响。仅就引进品牌自身的作用而言，$IMPORT\text{-}Firm_{it}$ 的系数在表3的模型（4）~（6）中显著为负，说明它和变量 $FDI\text{-}Firm_{it}$ 对本土企业自主品牌投放量的影响是一致的。$IMPORT\text{-}Industry_{it}$ 的系数也为正（但不显著），表明行业层面引进产品的增加会有利于自主产品开发。此时，$IMPORT\text{-}Firm_{it}$ 和 $IMPORT\text{-}Industry_{it}$ 交叉项的系数显著为正，也说明行业中引进品牌的

[①] 限于篇幅和分析的清晰，未提供 OLS 和随机效应模型的估算结果。
[②] 这一发现与范承泽等（2008）的结论不一致，但与邢斐和张建华（2009）证明的 FDI 长期效应为负是相近的，也得到了产业实际经营实践的回应。例如，即便在国家鼓励自主产品开发的背景下，主要的大型企业集团依然选择组建新合资企业的方式增加产品线长度。

不断增加会促使以引进为主的企业加大引进的力度。但是，在考虑了合资企业品牌投放的因素后，虽然引进交互项的系数为负，但 IMPORT–Firm$_{it}$ 和 IMPORT–Industry$_{it}$ 各自的系数都变为正，即企业和行业层面引进产品数量的增加会提高本土企业自主品牌的开发力度，也说明引进技术相对于 FDI 更有利于本土企业的自主成长。原因在于，二者溢出效应的发挥是基于不同的组织模式和技术路径。本土企业支付技术和专利使用费后，要生产跨国公司的成熟产品，还需要自己建立相对独立的工艺、设备、生产和营销体系，而不是像合资企业那样直接使用跨国公司的固定模式。这是一个全方位的学习、消化和吸收过程，本质上也是一种"模仿性"开发活动，相关开发活动的成果属于本土企业而非跨国公司，这就为后续的自主品牌研究提供了直接的实践机会。

表 3 中，变量 Age$_{it}$ 和 Scales$_{it}$ 的系数都显著为正，说明在现阶段自主品牌的开发与企业能力正相关，这与相关研究的发现是一致的。尽管显著性不高，但反映行业总体竞争程度的 HHI$_t$ 的系数为负，说明高的进入壁垒会通过市场竞争降低企业研发自主品牌的动机。值得关注的是，政府的产业政策并未对自主品牌的开发产生预期的正向作用，一个可能的原因在于轿车产业政策中所体现出的对自主品牌开发的鼓励，是对企业突破产业进入规制的事后默认，且多数具体的手段是在 2009 年金融危机的冲击后才实施的，这种不一致也会导致回归结果出现偏差。

表 3 中固定效应模型（7）的 R^2 接近 80%，F 统计量为 19.605，相应的概率也通过显著性检验，说明本文所设定的回归模型在整体上也是显著的，能够较好的分析影响企业自主品牌投放量的因素。

表 3　被解释变量为自主品牌数量的回归结果

被解释变量	固定效应						
	(1)	(2)	(3)	(4)	(5)	(6)	(7)
FDI–Firm$_{it}$	−10.936	−4.961	−12.809				−14.906
	(−8.466) ***	(−4.356) ***	(−5.551) ***				(−5.290) ***
FDI–Industry$_{it}$		−9.224	−13.710				−17.696
		(−8.469) ***	(−7.483) ***				(−6.973) ***
(FDI–Firm$_{it}$) * (FDI–Industry$_{it}$)			9.720				12.701
			(3.762) ***				(3.840) ***
IMPORT–Firm$_{it}$				−1.537	−1.103	−2.173	1.739
				(−2.851) ***	(−1.953) **	(−3.291) ***	(1.791) **
IMPORT–Industry$_{it}$				7.902	3.193	4.649	
				(2.987) ***	(0.958)	(1.249)	
(IMPORT–Firm$_{it}$) * (IMPORT–Industry$_{it}$)						5.809	−5.264
						(2.097) ***	(−1.435) *
ln（Age$_{it}$）	0.528	0.469	0.731	0.634	0.902	0.845	0.957
	(1.890) ***	(1.869) **	(2.507) ***	(2.232) ***	(3.255) ***	(3.170) ***	(2.750) ***
ln（Scales$_{it}$）	0.242	0.218	0.171	0.362	0.368	0.281	0.237
	(4.994) ***	(4.808) ***	(2.748) ***	(4.622) ***	(5.462) ***	(4.233) ***	(2.541) ***
ln（HHI$_t$）	−2.111	−0.431	−0.237	−0.354	−0.942	−0.853	−0.290
	(−1.504) *	(−1.898) **	(−0.784)	(−1.233)	(−2.803) ***	(−2.727) ***	(−0.685)
Policy$_t$	−0.466	−0.630	−0.646	−0.328	−0.645	−0.527	−0.787
	(−2.172) ***	(−2.732) ***	(−1.942) **	(−0.941)	(−1.895) **	(−1.737) **	(−1.901) **
常数项	6.573	7.043	11.064	−3.465	−6.550	−4.652	11.673
	(4.170)	(6.409)	(6.876)	(−3.689)	(−4.443)	(−3.039)	(4.913)

续表

被解释变量	固定效应						
	(1)	(2)	(3)	(4)	(5)	(6)	(7)
R-squared	0.721	0.756	0.750	0.795	0.828	0.811	0.790
Adjusted R-squared	0.677	0.717	0.708	0.763	0.800	0.779	0.750
F-statistic	16.610	19.095	17.666	25.172	29.816	25.413	19.605
Prob (F-statistic)	0.000	0.000	0.000	0.000	0.000	0.000	0.000
样本总数	187	187	187	181	181	181	181

注：结果由 Eviews 6.0 统计软件计算得到，回归结果中企业个体的截距项省去；由于数据不均衡，样本数量在两类模型中不一致；***、**、* 分别表示在1%、5%、10%的显著性水平；括号内数据表示 t 统计量。

（二）自主品牌开发实际效果的回归结果讨论

本文的一个重要工作是检验了外资品牌进入的程度对本土企业自主产品市场占有率的影响。表4中的模型（1）~（6）中，$FDI\text{-}Firm_{it}$、$FDI\text{-}Industry_{it}$、$IMPORT\text{-}Firm_{it}$ 以及 $IMPORT\text{-}Industry_{it}$ 等变量的系数和显著性与表3并无明显的差异，但模型（7）的结果说明，它们对自主品牌的名义和实际效应存在一定的差异，具体而言：

（1）合资品牌对自主产品占有率的影响。在表4的模型（1）~（6）中，$FDI\text{-}Firm_{it}$ 的系数在所有的模型中都显著为负，既说明了一个企业内部不同品牌间存在着竞争或者替代关系，也表明了合资企业中外商的品牌投放量越多，中方参与者进行自主品牌开发的难度越高。这一发现与邢斐和张建华（2009）提出的FDI具有阻止本土企业技术进步的判断较为一致。变量 $FDI\text{-}Industry_{it}$ 的系数在不考虑引进品牌的影响时均为负，且十分显著，而一旦加入后者的作用后，虽然系数为正，但没有通过显著性检验，表明行业层面合资品牌的市场占有率，并不是影响自主产品市场份额变化的关键因素。$FDI\text{-}Firm_{it}$ 和 $FDI\text{-}Industry_{it}$ 交互项的系数在模型（7）中都为负且显著性较高，从另一个方面说明，行业层面品牌间竞争的正向作用被企业内的消极作用抵消后，会导致自主品牌市场份额的下降。这一发现与范承泽等（2008）以本土企业研发支出为绩效的结论不尽相同，原因是在合资经营中，本土参与者"研发"活动是以"国产化"或"成本降低"为导向的，所谓的研发费用主要用于对外方产品生产技术、工艺和流程的本地化改造，并不涉及产品型号、款式或规格等实质性创新活动。

（2）品牌引进的作用分析。$IMPORT\text{-}Firm_{it}$ 的系数在表4中显著为负，表明它对本土企业自主品牌的溢出作用与合资经营的后果是一致的，但 $IMPORT\text{-}Industry_{it}$ 的系数显著为正却表明，全行业引进品牌比重的增加会对企业自主开发产生促进作用。这与邢斐和张建华（2009）关于技术购买具有替代企业自身研发投入的结论正好相反，但却是对轿车产业实际的反映。[①] 尽管显著性水平不同，实际绩效模型中两类外资品牌交互项的系数均为负，也表明本土企业无论以何种方式依赖跨国公司，都会挤压本土品牌的生存空间。

以自主品牌的市场占有率为绩效考察的对象时，代表企业和产业特征的几个变量的系数符号或显著性也发生了变化。例如，模型中变量 Age_{it} 的系数虽然为正，但显著水平不到5%，$Scales_{it}$ 的系数也没有通过显著性检验，说明企业规模不是自主品牌绩效的决定因素。这两个变量的系数在表3和表4中的明显差异，也表明以合资品牌为主营业务的大型企业集团，自主品牌的开发力度远远小于其他类型的企业。表3和表4中，HHI_t 和 $Policy_t$ 的系数符号和显著性程度比较一致，

[①] 已有的案例（白让让，2008）分析发现，比亚迪、哈飞和夏利等以自主品牌为主营业务的企业，都有着生产引进品牌的实践经验。

表明跨国公司品牌主导下的高集中度会限制自主品牌的成长，而政府鼓励和扶持自主产品的措施还有待改善。

上述结论和分析表明，区分自主品牌的名义和实际绩效后，合资与技术引进的溢出或挤出效应会有所差异，一些变量的作用甚至出现了相反的变化，这些变化也是本文政策建议的立足点之一。

表4 被解释变量为企业自主品牌市场占有率的回归结果

被解释变量	固定效应						
	(1)	(2)	(3)	(4)	(5)	(6)	(7)
$FDI\text{-}Firm_{it}$	−0.0420	−0.0339	−0.0473				−0.0480
	(−4.7795) ***	(−3.9735) ***	(−3.9392) ***				(−3.8898) ***
$FDI\text{-}Industry_{it}$		−0.0252	−0.0337				0.0014
		(−5.5466) ***	(−5.4855) ***				(0.1962)
$(FDI\text{-}Firm_{it})$ * $(FDI\text{-}Industry_{it})$			0.0064				−0.0191
			(1.7374) **				(−1.9222) **
$IMPORT\text{-}Firm_{it}$				−0.0191	−0.0192	−0.0218	−0.0211
				(−8.3452) ***	(−8.7478) ***	(−8.8979) ***	(−6.7095) ***
$IMPORT\text{-}Industry_{it}$					0.0194	0.0097	0.0277
					(1.9526) ***	(0.7667)	(2.3094) ***
$(IMPORT\text{-}Firm_{it})$ * $(IMPORT\text{-}Idustry_{it})$						0.0200	−0.0009
						(1.6763) **	(−0.0823)
$\ln(Age_{it})$	0.0023	−0.0008	−0.0014	−0.0007	−0.0002	0.0003	0.0014
	(8.2775) ***	(−0.9610)	(−1.5420) *	(−1.4670) **	(−0.2327)	(0.3792)	(1.4212) **
$\ln(Scales_{it})$	0.0006	0.0005	0.0006	0.0006	0.0007	0.0003	0.0003
	(2.5096) ***	(2.1701) ***	(2.3277) ***	(2.4534) ***	(2.3164) ***	(1.0122)	(0.9021)
$\ln(HHI_{t})$	−0.0007	−0.0025	−0.0033	−0.0020	−0.0037	−0.0037	−0.0028
	(−0.6898)	(−2.9320) ***	(−3.5002) ***	(−2.3628) ***	(−2.6046) ***	(−2.6488) ***	(−2.1024) ***
$Policy_{t}$	−0.0016	−0.0021	−0.0028	−0.0008	−0.0015	−0.0016	−0.0019
	(−1.2026)	(−1.8599) **	(−2.3378) ***	(−0.7844)	(−1.0575)	(−1.1327)	(−1.4413) **
常数项	0.0189	0.0359	0.0418	0.0060	−0.0014	0.0021	0.0311
	(3.5530) ***	(6.1648) ***	(6.2933) ***	(2.1595) ***	(−0.3174) ***	(0.4143)	(4.0630) ***
R-squared	0.8765	0.8173	0.8087	0.8685	0.8837	0.9021	0.8675
Adjusted R-squared	0.8573	0.7876	0.7762	0.8483	0.8649	0.8855	0.8420
F-statistic	45.6864	27.5280	24.8951	42.9421	47.1100	54.5639	34.0776
Prob (F-statistic)	0.0000	0.0000	0.0000	0.0000	0.0000	0.0000	0.0000
样本总数	187	187	187	181	181	181	181

注：结果由 Eviews 6.0 统计软件计算得到，回归结果中企业个体的截距项省去；由于数据不均衡，样本数量在两类模型中不一致；***、**、* 分别表示在 1%、5%、10% 的显著性水平；括号内数据表示 t 统计量。

（三）进一步的讨论

应该指出的是，本文的实证分析虽然未保持与理论模型的完全对应关系，但对主要变量的重新解释可以弥补这一缺陷。$FDI\text{-}Firm_{it}$ 被定义为企业内部合资品牌的销售比重，也就意味着该企业保持着与跨国公司十分紧密的关系，在回归结果中，该变量的系数显著为负，表明此类企业自主产品的开发力度和市场绩效低于其他类型的企业。相应地，变量 $IMPORT\text{-}Firm_{it}$ 反映企业是否引进了外资品牌从事"代工"或"组装"生产，它的系数在表3的模型（7）中为正（显著水平5%），说明这种相对松散的组织模式或学习途径，有利于本土参与者获得更大的溢出，也证明这些企业具有较高的自主开发动机。当然，IMPORT-Firm$_{it}$ 的系数在市场份额模型中显著为负，证明引进品牌与合资品牌一样，都会通过企业内和企业间的竞争效应降低自主品牌的占有率。这一发现证明，合资经营给本土企业提供的学习机会和高的溢出效应并未有效地转化为中方参与者的"自生能力"，而"保持距离型"的引进式学习，虽然会促使本土企业学习能力的提高，获得更大的技术溢出，但产品的市场竞争会在一定程度上制约这种正向激励的发挥。可见实证研究的发现与假说1和假说2的含义是基本一致的。

为确保理论假说得到更严格的计量检验，按照伍德里奇（2003）的方法，本土企业进行自主产品的概率可表述为如下的函数：

$$\text{Prob}(y_{it}=1|x)=G(\alpha_{0i}+\alpha_1\text{Joint-Firm}_{it}+\alpha_2\text{Import-Firm}_{it}+\alpha_3\text{Age}_{it}+\alpha_4\text{Scales}_{it}+\alpha_5\text{HHI}_t+\alpha_6\text{Policy}_t)$$

$$(15)$$

式中，G 是一个取值范围严格介于 0~1 的函数，$y_{it}=1$，表明企业 i 在某一年进行了自主品牌的开发，Joint-Firm$_{it}$ 和 Import-Firm$_{it}$ 被转化为虚拟变量，以反映企业是否建立了合资企业或者引进外资成熟产品，代表企业和行业特征的各个变量的含义与方程（14）相同。表5给出了方程（15）的估算结果。

本文理论模型也关注组织模式或学习途径（合资、引进或完全自主）对自主开发行为的影响，这可以从方程（15）中变量 Joint-Firm$_{it}$ 和 Import-Firm$_{it}$ 的系数上得到验证。对两值响应模型而言，表5最后7行的数据是方程显著性的判定依据。结果显示，Probit 和 Logit 检验对数似然值的绝对值超过80，反映所选模型与零模型（指只有常数项和误差项的方程）差异的 LR 统计量远远偏离零，其相伴概率也小于1%的显著水平，似然比（McFadden R^2）在30%以上，因此，可以说基于方程（15）的回归是有效的。就检验结果的稳健性而言，表5的最后两行给出了常用的 Hosmer-Lemeshow（HL）指标和它的相应概率，这一概率值都远高于 0.05，说明统计不显著，也就是不能拒绝"模型拟合很好"的假设，即本文所选变量能够解释企业的自主开发行为。

表5中变量 Joint-Firm$_{it}$ 和 Import-Firm$_{it}$ 的系数均为负，显著水平分别为1%和5%，这与假说1和假设2的内涵是一致的。具体而言，建立了合资企业的本土集团，其进行自主产品开发的概率比其他类型的企业要低 50%~120%，直接引进跨国公司成熟产品的企业，其自主开发动力也要低 24%~73%。[①] 这也意味着，那些没有建立合资企业或引进现有产品的企业，其开发自主品牌的激励要比这两类企业高出 24%~120%。由于在我们的样本中同时采取这两种模式的企业只有两家，[②] 故未对二者的交叉项进行检验。表5中其余四个变量的系数符号和显著性程度与前面的分析也比较一致，特别是将企业是否进行自主品牌开发定义为虚拟变量后，会显著地增加企业规模的影响力，这与其对自主品牌名义绩效作用机理是相近的，即这些以合资经营为主体的大型企业，自主品牌的名义绩效和实际效果之间存在巨大的反差。[③]

总之，本文的实证检验发现，外资在企业层面和行业层面的参与度，对不同类型本土企业的自主产品或品牌的开发有着重要的影响，对那些外资企业以及与外资存在紧密关系的企业而言，近距离的学习机会并未转化为自主研发的动力，反而产生了企业集团内的"抑制"效应。但随着

---

① 这里的估算采取了伍德里奇（2003）的简易方法，即对 Logit 估计值除以4或将 Probit 估计值除以 2.5 后，就可以将该系数解释为因变量对自变量的边际效应。

② 它们是兼并夏利并与丰田合资的新一汽集团和北京汽车集团，显然这两个大型企业在自主品牌开发方面的投入和绩效，既不符合它们在中国轿车产业中的地位，也远滞后于奇瑞、吉利和比亚迪等后进入者。

③ 表5中，变量 Scales$_{it}$ 的系数之所以呈现出高的显著性，也与本文样本中关于轿车产品统计范围的设定有关。按照《中国汽车工业年鉴》的标准，一些介入乘用车和商务车之间的"交叉车型"被列入轿车的范畴，而二汽、上汽、北汽等大型企业自主产品的主体就是这些"边缘业务"，它们一般都具有很高的规模，这无疑会增加这些企业自主产品的比例。但如果删除这些样本，又会漏掉那些以 SUV、MPV 等车型进入轿车产业的自主品牌厂商。

表5　自主开发行为的 **Probit** 和 **Logit** 检验

变量	Probit Model	Logit Model
被解释变量：企业是否进行自主开发		
常数项	−4.5895	−7.8815
	(−5.0154) ***	(−4.7795) ***
是否合资经营（Joint-Firm$_{it}$）	−1.2828	−2.1534
	(−3.2093) ***	(−3.1772) ***
是否引进品牌生产（Import-Firm$_{it}$）	−0.6184	−0.9583
	(−1.8182) **	(−1.6417) **
产业内年龄 ln（Age$_{it}$）	0.1188	0.1895
	(0.7370)	(0.6953)
规模 ln（Scales$_{it(t-1)}$）	0.3080	0.5152
	(3.8617) ***	(3.7041) ***
市场集中度（HHI$_t$）	−0.7724	−1.3583
	(−2.2236) ***	(−2.2232) ***
产业政策（Policy$_t$）	−0.0639	−0.1197
	(−0.1265)	(−0.1376)
Log likelihood	−84.5895	−84.6530
Restr. log likelihood	−125.9338	−125.9338
LR statistic（6 df）	82.6886	82.5617
Probability（LR stat）	0.0000	0.0000
McFadden R-squared	0.3283	0.3278
H-L Statistic	3.3026	8.6994
Prob. Chi-Sq（8）	0.4045	0.3683

注：***、**、* 分别表示在1%、5%、10%的显著性水平；括号内数据表示 z 统计量。

行业层面外资品牌的增加，远距离模仿者则获得了更多的学习机会，在市场竞争的压力下，刺激其自主产品开发名义和实际绩效的提升。

为什么合资（包括技术引进）没有诱导本土的参与者自动走上自主开发的道路，计量分析背后隐含着两类学习模式激励的显著的差异。① 以合资和技术引进为经营主体的本土企业，其核心的导向是基于"零部件国产化的生产技术"能力构建，是在外方提供现成的设备、工艺和组织流程的前提下，专注于制造能力的提升或跨国公司产品的"本土化"生产，并不直接涉及产品研发知识的学习。相反，自主开发企业在模仿性学习的过程，虽然起点比较低，但却包含了诸如消费者认知、产品概念、产品外观、工程设计、样品试制、大规模生产和销售的完整的过程，是一个典型的"研发导向型"的模仿、学习和创新的过程。这种起始于模仿学习的自主产品开发，被日韩两国的实践证明是摆脱技术依赖实现后方优势的必要路径。

上述分析，既为 FDI 的溢出研究提供了一个特定产业的现实依据，避免了行业间差异所导致的潜在争议，也考虑了企业组织模式或学习路径对自主产品开发的作用，具有可观察的微观行为基础。

---

① 已有研究认为"自主研发"无法建立在合资企业基础上的原因主要有：外方的动力是利润而非帮助中国开发新轿车、中方合作者学习内容在于制造技术、合资企业不是一种学习型或创新型组织等（佟岩，2008）。

六、结论与产业政策含义

本文通过建立一个单向溢出下的自主产品开发简化模型，分析了企业的组织模式、企业间距离或者学习机会对本土企业相关行为的影响。模型分析证明：由于产品获得途径和开发成本的差异，直接从跨国公司获得成熟产品的本土企业，没有将组织内学习的知识转化为具有自主产品创新的动机，但跨国公司的进入却为其他类型的参与者提供了企业间学习的可能，即跨国公司进入发挥着"企业内抑制"和"企业间溢出"的双重效应。利用22家轿车制造企业1994~2008年的面板数据进行的实证分析发现：企业层面合资品牌和引进品牌的市场占有率的增加，都会降低相关企业自主品牌的投放量和市场绩效；相对于合资品牌，引进生产跨国公司的成熟产品则会产生正的企业间溢出效应。从企业组织形式的角度而言，基于Probit和Logit模型的检验也表明：合资经营和品牌引进都在不同程度上限制了中方参与者的自主创新动机或激励。与已有文献不同，本文还发现了上述因素对自主品牌的名义和实际绩效有着不完全相同的影响。

本文的实证结论并不是否定轿车产业引进外资技术的积极意义，相反如果没有合资企业的先导或示范作用，轿车产业不可能在生产和销售规模上获得"井喷"式发展。现实的问题是，如何将这种溢出效应转化为本土企业的自生能力或自主品牌。基于本文理论和实证研究的政策含义主要体现在两个方面：

（1）在能力过剩和金融危机的双重压力下，中国轿车市场的现实和潜在规模已经成为各个跨国公司的主要目标，它们纷纷加大品牌扩张和渗透的力度。本土大型企业基于短期盈利的考虑，仍旧将合资或引进品牌的生产作为经营的核心，二者相互作用导致本土自主品牌的市场份额在连续几年的增长后有所下滑。因此，应对各类企业直接或变相突破合资企业数量的行为予以严格限制。①

（2）目前轿车产业的主管部门正在"鼓励一汽、东风、上汽、长安等大型企业在全国范围内实施兼并重组"，在发展拥有自主知识产权产品的背景下，让这些以合资或引进品牌为主营业务的企业，来收购其他自主品牌制造商，显然不符合发展自主产品或品牌的政策导向，也没有吸取全球范围内轿车产业长期竞争积累的教训，②最终会导致自主品牌制造企业也依附于跨国公司的尴尬局面。

（3）实证研究的一个重要发现是，政府自主产品开发政策的低效，这一结果的原因并非政府产业技术政策的缺位，而是此类政策在执行中被依旧偏好"外资企业"、"外资品牌"和大企业的消费税、关税和产业组织政策所抵消，③致使自主产品的生产企业与合资企业处于十分不对称的竞争环境中。因此，国家要提供真正扶植企业从事自主品牌的研发、生产和销售的各类政策，并对跨国公司采取的诸如变相整车进口、渠道垄断和纵向控制等反竞争行为予以严格的限制。

---

① 例如，为突破"一家外资只能与两家本土企业"建立整车合资公司的限制，中外方的参与者采取了先由本土企业间兼并，再由外资与兼并后企业合资的形式，如"通用、上汽和柳汽"、"一汽、夏利和丰田"的多方合作，就为外资变相地增加了一个合资名额。

② 目前，轿车产业的主要跨国公司都在进行"瘦身"运动，以减少无效规模和销量对利润的侵蚀，而中国汽车产业的决策者依然将"规模经营、寡头垄断"等被经验证实的错误导向，作为产业振兴的目标。这种政策迎合的是以跨国公司主导下的企业集团的需求，可以使它们维持以合资品牌为主的生产结构，通过兼并自主品牌的生产企业，还使其能够低成本地应对政府对自主产品绩效考核的需要。

③ 美国学者凯丽·西蒙斯·盖勒格（2007）在分析外资进入为何没有给轿车产业带来较先进的技术时也指出：中国政府没有能力为从外国人那里获得汽车工业的技术而设计和实施一套积极的、一贯的战略。

参考文献

[1] 白让让. 中国轿车产业中的产品线扩展 [J]. 中国工业经济, 2008 (7).

[2] 范承泽, 胡一帆, 郑红亮. FDI 对国内企业技术创新影响的理论与实证研究 [J]. 经济研究, 2008 (1).

[3] 高铁梅. 计量经济分析方法与建模 [M]. 北京: 清华大学出版社, 2007.

[4] 国务院发展研究中心产业经济研究部, 中国汽车工程学会, 大众汽车集团. 中国汽车产业发展报告 (2008) [R]. 北京: 社会科学文献出版社, 2008.

[5] 胡安生. 从合资转为自主创新的战略转折 [J]. 汽车工业研究, 2006 (6).

[6] 蒋殿春, 张宇. 经济转型与外商投资技术溢出影响 [J]. 经济研究, 2008 (7).

[7] 瞿宛文. 赶超共识监督下的中国产业政策模式 [J]. 经济学 (季刊), 2009, 8 (2).

[8] [美] 蒋中一. 数理经济学的基本方法 [M]. 北京: 商务印书馆, 2002.

[9] [美] 凯丽·西蒙斯·盖勒格. 变速! 中国——汽车、能源、环境与创新 [M]. 北京: 清华大学出版社, 2007.

[10] 李庆文. 中国汽车产业自主创新蓝皮书 [M]. 北京: 经济管理出版社, 2007.

[11] 李自杰, 陆思宇, 蔡铭. 基于知识属性的合资企业动态演进研究 [J]. 中国工业经济, 2009 (2).

[12] 刘世锦. 市场开放、竞争与产业进步 [J]. 管理世界, 2008 (12).

[13] 柳长立. 跨国公司在我国乘用车领域的合资行为特征研究 [J]. 汽车工业研究, 2008 (6).

[14] 沈坤荣, 耿强. 外商直接投资、技术外溢与内生经济增长——基于中国数据的计量检验与实证分析 [J]. 中国社会科学, 2001 (5).

[15] 宋泓, 蔡瑜. 跨国公司的替代性分析——以汽车产业为例 [J]. 中国改革, 2006 (8).

[16] 仝月婷, 胡又欣. 外商直接投资的生产率溢出效应 [J]. 经济学报, 2005: 1 (2).

[17] 佟岩. 汽车产业技术进步路径转换研究 [M]. 中国社会科学出版社, 2008.

[18] 王红领, 李稻葵, 冯俊新. FDI 与自主研发: 基于行业数据的研究 [J]. 经济研究, 2006 (2).

[19] 王伟. 我国轿车产业合资经营与发展 "民族品牌" [J]. 汽车工业研究, 2008 (9).

[20] [美] 伍德里奇·J.M. 计量经济学现代观点 [M]. 北京: 中国人民大学出版社, 2003.

[21] 邢斐, 张建华. 外商技术转移对我国自主研发的影响 [J]. 经济研究, 2009 (6).

[22] 赵增耀, 王喜. 产业竞争力、企业技术能力与外资的溢出效应 [J]. 管理世界, 2007 (12).

[23] 钟师. 民族汽车品牌生存环境果真受到威胁吗? [J]. 汽车与配件, 2006 (2).

[24] 周治平, 钟华, 李金林. 跨国公司对我国合资企业控制分析 [J]. 财经理论与实践, 2006 (5).

[25] 朱平芳, 李磊. 两种技术引进方式的直接效应研究 [J]. 经济研究, 2006 (3).

[26] Belderbos, R., G. Capannelli and K. Fukao. Backward Vertical Linkages of Foreign Manufacturing Affiliates: Evidence from Japanese Multinationals [J]. World Development, 2001, 29 (1): 189-208.

[27] Blomström, M. and F. Sjöholm. Technology Transfer and Spillovers: Does Local Participation with Multinationals Matter [J]. European Economic Review, 1999 (43): 915-923.

[28] Cohen, W. M., and Levinthal, D. A. Innovation and Learning: the Two Faces of R&D [J]. Economic Journal, 1989 (99): 569-596.

[29] Dermot Leahy J., Peter Neary. Absorptive Capacity, R&D Spillovers, and Public Policy [J]. International Journal of Industrial Organization, 2007 (25): 1089-1108.

[30] Dimelis, S. and H. Louri. Foreign Ownership and Production Efficiency: A Quantity Regression Analysis [J]. Oxford Economic Papers, 2002 (54): 449-469.

[31] Javorcik, B. Does Foreign Direct Investment Increase the Productivity of Domestic Firms? In Search of Spillovers through Backward Linkages [J]. American Economic Review, 2004, 94 (3): 605-627.

[32] Ramachandran, V. Technology Transfer, Firm Ownership, and Investment in Human Capital [J]. Review of Economics and Statistics, 1993, 75 (4): 664-670.

[33] Stephen Martin. Spillovers, Appropriability, and R&D [J]. Journal of Economics, 2002 (75): 1-32.

经济一体化、地方保护主义与地区专业化*

孙晓华　周玲玲**

经济一体化是世界经济发展的重要趋势和推动力，包括对外经济一体化和对内经济一体化两方面内容。对外经济一体化反映了一国在国际市场上对世界各国的开放程度，对内经济一体化则反映了一国国内各地区之间的开放程度。随着对外开放的不断深入，中国经济逐渐融入到全球市场的分工体系中，对外经济一体化水平的显著提高促进了各地区根据比较优势嵌入全球价值链，产业的专业化水平得到明显增强，从而极大地推动了地区经济发展。与此相反，我国对内经济一体化的进程相对缓慢，广泛存在的地方保护主义导致了较为严重的地区分割，在一定程度上阻碍了地区产业专业化的推进。那么，经济一体化和地方保护主义对产业专业化分别具有什么样的影响呢？这不仅是理论界关注的一个重要课题，也是政府部门制定区域经济发展政策需要考虑的问题。

一、文献回顾

有关区域产业专业化成因的理论研究主要包括三个方面：一是 Marshall 提出的外部性理论，核心观点是对于某一行业的众多企业而言，一个企业的生产成本（或推出新产品和新服务的能力）可能会由于本地区内某个同行业企业的溢出效应而降低（或增加），因此某些同行业的不同企业愿意将生产集中在个别地区；二是 Ohlin 提出的资源禀赋理论，认为地区资源禀赋之间的差异性能够导致相同或相似的企业在某一地区集聚；三是 Krugman 提出的规模报酬理论，认为规模报酬递增作用是某些行业将生产集中在少数地方而不是分散在各地的原因。上述三种理论是以完备的市场机制和资源自由流动为前提的，而实际经济运行过程与理论假设存在较大差距，国家间的贸易壁垒和地方保护带来的一国各地区之间的行政壁垒严重抑制了资源自由流动，从而阻碍了地区生产专业化的深入进行，大大降低了资源配置效率。许多学者也分别围绕着经济一体化和地方保护主义对地区专业化的影响展开研究。

对于发达国家而言，由于早已建立起了完善的市场经济制度并制定了禁止地方保护的措施，其对内一体化程度很高，地方保护的现象并不严重，因此针对发达国家的研究多是探讨对外经济一体化的作用。而中国近 30 多年实施的改革开放战略尽管取得了举世瞩目的成就，但由于受到行政性分权、传统体制遗留的工业布局和地方领导业绩评价等因素的影响，仍存在着较为严重的地方保护主义倾向，各地区之间缺乏交流与合作，国内市场的一体化程度和相对专业化水平发展缓

* 国家自然科学基金资助项目（70803006），教育部人文社科资助项目（07JC790043）。

** 孙晓华，1978 年生，男，辽宁抚顺人，大连理工大学经济系副教授、博士、硕士生导师，从事产业经济学、演化经济学和创新经济学方面的研究；周玲玲，1985 年生，女，天津人，大连理工大学经济系研究生，研究方向为产业经济。

慢。随着中国招商引资政策和对外贸易政策的顺利推进，特别是加入世界贸易组织之后，国内很多地区的对外一体化程度要远远高于对内一体化程度。赵伟认为，在改革初期及之前的很长一段时期内，中国几乎不存在区际贸易，只有人为计划安排下的区际分工；1978 年以后，各级政府强调对外开放甚于对内开放，导致中国在国际分工中的地位迅速确立，而国内区际贸易的局限使得地方普遍存在着重复建设的现象。20 世纪 90 年代末期以来，随着改革开放进程的加快，中国国内经济一体化的状况开始改善，部分区域形成了一体化的发展格局，从而促进了各地区的专业化分工和全区域的经济高速增长。黄新飞以珠江三角洲 9 个城市的制造业为例，通过衡量行业空间集中度和地区专业化水平发现，区域一体化进程的加快推动珠三角地区制造业进入集聚与扩散并存的发展新阶段，各城市之间制造业结构的差异性增强，地区专业化水平提高，当然在珠三角地区东岸、西岸内部各城市间仍存在不同程度的产业同构性。曹宇对中国长江三角洲地区的专业化水平进行了考察，发现长三角地区的专业化水平在普遍升高，对区域经济增长起到了一定的拉动作用。

关于地方保护主义与地区专业化之间的关系，学者们基于中国各省区的经济数据展开实证研究。Naughton 对各省投入—产出表进行了考察，发现改革开放以来中国的省际贸易，特别是"行业内"贸易有所增长，1992 年地区专业化水平比 1987 年提高明显，说明地方保护程度在减弱。与 Naughton 的研究结论不同，Young 分析了各地区国民收入的五个物质生产部门（农业、工业、建设业、运输业和商业）以及构成国民生产总值的三次产业相对比重的演变进程，认为中国自改革开放以来地方保护倾向呈上升趋势，地区之间存在巨大的贸易壁垒，各地区的比较优势没有得到充分发挥，地区专业化水平在不断下降。与 Young 所得结论类似，Sandra Poncet 指出 1987~1997 年，中国省际间的贸易障碍以等价关税来看由 37%上升至 51%，地方保护主义越来越严重，国内市场的分割程度在加剧。Sandra Poncet 进一步研究发现，1992~1997 年中国国内市场分割日趋严重，市场一体化程度很低且水平还在不断下降。近年来，国内学者也开始对地方保护与专业化的问题进行探索，观点不尽相同。范剑勇的研究结论与 Young 和 Poncet 类似，认为中国现阶段仍处于"产业高集聚、地区低专业化"的发展状态，国内市场一体化水平总体上较低，且滞后于对外经济一体化水平。同时，也有部分国内学者赞成中国的地区专业化与经济一体化水平在改革开放之后得到了提高。蔡昉对 Young 的研究结论提出质疑，认为中国的渐进式改革通过产品市场和生产要素市场的发育，已逐渐减弱了地方政府进行地区封锁和区际贸易保护的动机，各地专业化水平有所提高。何雄浪基于区域分工角度分析了区域经济一体化与地区专业化之间的联系，认为随着市场经济体制的深化，中国区域经济一体化的进程趋于加快，各地区的专业化分工水平有所上升。魏博通在新经济地理的框架下分析了 1990~2004 年中国地区专业化和产业地理集中度的变动趋势发现，改革开放以来中国地区专业化水平和制造业地理集中程度均有较大幅度上升，与新经济地理理论的预期一致。另外，胡向婷等的研究表明，地区间贸易成本的增加会促进地区间产业结构趋同，抑制地区专业化的形成。马光荣着重考察了分权式改革后，财政分权驱动下的地方保护对地区专业化的影响，发现财政分权能够激励地方政府采取一定保护政策，从而导致地区产业多样化，但是对外开放会逐步弱化财政分权的激励效应，推动地区专业化产业的形成和发展。

综合国内外已有的研究成果，经济一体化和地方保护是推动地区专业化的两类主要因素，部分文献重点分析了经济一体化的作用，部分文献着重探讨了地方保护主义的影响，但是将二者结合起来的研究比较少见。本文将通过变量及衡量方法的选择，以中国 2001~2007 年省际面板数据为样本，就经济一体化、地方保护主义与地区专业化之间的关系进行实证检验，以期为区域经济发展政策和产业发展战略的制定提供可资借鉴的依据。

二、变量选择与衡量方法

在考察经济一体化、地方保护主义对地区专业化的影响之前，需要对变量进行比较和选择，并确定各变量的具体衡量方法。

（一）地区专业化的衡量

目前，关于地区专业化指数的测度方法有很多，代表性的包括区位熵、Krugman专业化指数和樊福卓提出的"地方专业化系数"，但国内外学术界并没有一个公认权威的衡量指标。本文选择这三个指标分别对地区专业化指数进行测算，选择其中一种指数作为原始模型的因变量进行回归，以另外两个指数作为替代变量进行模型的稳健性检验。

1. 区位熵

区位熵是衡量不同区域各产业专业化程度的常用指标，计算公式如下：

$$LQ_{ij} = \frac{q_{ij}/q_i}{q_j/q} \tag{1}$$

式中，LQ_{ij}表示 i 地区 j 行业的区位熵，q_{ij}为 i 地区 j 行业的产出，q_i为 i 地区的总产出，q_j表示全国 j 行业的总产出，q表示全国所有行业的总产出。区位熵以全国平均值为标准，通过将地区某产业的产值比重与全国平均水平作对比以衡量地区产业的专业化水平。当$LQ_{ij} > 1$时，表示 i 地区 j 产业的产值比重高于全国平均值，说明 j 产业为 i 地区的专业化部门，LQ_{ij}的值越大，表示 j 产业的专业化程度越高；当$LQ_{ij} < 1$时，情况恰好相反。

由于本文重点考察工业行业，所以为测算整个地区的专业化水平，对区位熵计算公式进行如下调整，以地区内整个工业行业的总产值来替代各个分行业的产值，即用地区工业行业产值的比重与全国平均水平作比，从而得到各地区的专业化指数：

$$LQ_i = \frac{q_{ig}/q_i}{q_g/q} \tag{2}$$

式中，LQ_i表示 i 地区的专业化指数，q_{ig}为 i 地区的工业总产出，q_i代表 i 地区国内生产总值，q_g和q分别表示全国工业总产出和所有行业总产出。

2. Krugman专业化指数

Krugman专业化指数是 Krugman 在《地理与贸易》中提出的，用于比较两个不同地区之间产业结构的差异程度，又可称为地区间专业化指数，其计算公式为：

$$GSI_{ij} = \sum_{k=1}^{n} |S_{ik} - S_{jk}| \tag{3}$$

式中，GSI_{ij}为 Krugman专业化指数，n为该国的工业体系中所包含的行业个数，S_{ik}、S_{jk}分别表示 i 地区和 j 地区的 k 行业在当地所有行业中的就业份额或产出份额，公式（4）列出了这两个变量的计算方法，E_{ik}表示 i 地区 k 行业的就业人数或产出。GSI_{ij}的值在 0~2 变动，该值越接近 0，表示两地区产业同构性越大；相反，该值越接近 2，表示两地区的产业结构差异越大，等于 2 时，说明完全不同。

$$S_{ik} = \frac{E_{ik}}{\sum_{k=1}^{n} E_{ik}} \tag{4}$$

为衡量各地区的专业化水平，需要对 Krugman 专业化指数进行调整，即用某一地区各行业的就业份额（或产出份额）与全国其余地区相应行业的就业份额（或产出份额）的差的绝对值之和表示，以度量某一地区与其余地区平均水平的产业结构差异程度。由于该指数是相对于全国平均水平而得，故可称其为相对专业化指数，计算公式为：

$$GSI_i = \sum_{k=1}^{n} \left| S_{ik} - \bar{S}_{ik} \right| \tag{5}$$

式中，GSI_i 表示 i 地区的相对专业化水平，GSI_i 值越大，表示地区 i 同其他地区的产业结构差异越大，地区专业化水平越高，反之则反；S_{ik} 表示 i 地区 k 行业的就业份额或产出份额；$\bar{S}_{ik}$ 为全国除 i 地区之外其他所有地区 k 行业的就业份额或产出份额，其计算方法如下：

$$\bar{S}_{ik} = \frac{\sum_{j \neq i} E_{ik}}{\sum_{k=1}^{n} \sum_{j \neq i} E_{ik}} \tag{6}$$

3. 地方专业化系数

地方专业化系数是樊福卓在《地区专业化的度量》中给出的，这种方法有两个基本的假设：一是假设一个国家处于封闭经济状态，不与外界发生经济联系；二是假设每个地区的需求结构一致。基于上述两个假设，在不考虑运输成本的情况下，当地区间的产出结构存在差异时，就会导致地区间贸易的发生。该指标的计算公式为：

$$FRI_i = \frac{1}{2} \sum_{j=1}^{n} \left| S_{ij} - \bar{S}_j \right| \tag{7}$$

式中，FRI_i 为 i 地区的专业化系数，n 表示该国的工业体系中所包含的行业个数，j 为其中一个行业，j = 1，2，…，n，s_{ij} 代表 i 地区 j 行业的产值占其工业总产值的份额，s_j 为全国 j 行业产值占其工业总产值的份额。其中，s_{ij}、s_j 的计算方法如下：

$$s_{ij} = E_{ij} \Big/ \sum_{j=1}^{n} E_{ij} \tag{8}$$

$$s_j = \sum_{i=1}^{m} E_{ij} \Big/ \sum_{i=1}^{m} \sum_{j=1}^{n} E_{ij} \tag{9}$$

E_{ij} 为 i 地区 j 行业的产值，m 表示国家中地区的个数。这样，FRI_i 的取值范围在 0 和 $\left(1 - \sum_{j=1}^{n} E_{ij} \Big/ \sum_{i=1}^{m} \sum_{j=1}^{n} E_{ij}\right)$ 之间，对于 j = 1，2，…，n，如果总有 $s_{ij} = s_j$，则 FRI_i 的取值为 0；当 i 地区实现了完全专业化分工时，则 FRI_i 的取值为 $\left(1 - \sum_{j=1}^{n} E_{ij} \Big/ \sum_{i=1}^{m} \sum_{j=1}^{n} E_{ij}\right)$。

（二）对内一体化的衡量

本文采用各地区的产品对其他地区市场的依赖程度来衡量某地区对内经济一体化的程度，具体的衡量方法为，用支出法全国国内生产总值中最终消费率除以本地区支出法国内生产总值的最终消费率，可表示为：

$$YTI_i = \frac{S_0}{GDP_0} \Big/ \frac{S_i}{GDP_i} \tag{10}$$

式中，YTI_i 是指 i 地区产品对其他地区市场的依赖程度，本文用以衡量 i 地区与其他地区的一体化程度，S_0 表示支出法全国国内生产总值中最终消费，GDP_0 为全国国内生产总值，S_i 表示支出法 i 地区国内生产总值中最终消费，GDP_i 为 i 地区国内生产总值。当 $YTI_i > 1$ 时，表明本地产品对外部市场具有净依赖性；当 $YTI_i < 1$ 时，表明外部产品对本地市场具有净依赖性。该指数越接近于1，则本地与外地的贸易往来越少，说明本地区与其他地区的一体化程度越低。

（三）对外一体化的衡量

对外经济一体化反映了中国各地对其他国家的开放程度，用地区进出口额占地区国内生产总值的比重表示，计算公式为：

$$DWI_i = IE_i/GDP_i \tag{11}$$

式中，DWI_i 表示 i 地区的对外开放度，IE_i 为 i 地区的进出口额，GDP_i 代表 i 地区的国内生产总值。

（四）地方保护度的衡量

在中国行政性分权改革以后，大量国有企业实际上仍然是地方所有制。为保护地方企业尤其是本地国有企业发展所需的市场空间，地方政府通过各种方式阻止外地企业或产品进入本地，为地区间的贸易往来设置了较高的贸易壁垒。对于地方保护主义的度量，本文用国有企业产出在当地工业总产出中的比重表示，计算公式如下：

$$DBI_i = G_i/Z_i \tag{12}$$

DBI_i 为 i 地区地方保护的程度，G_i 表示 i 地区国有企业的产出，Z_i 表示 i 地区工业总产值。接下来，将根据以上衡量方法对各个指标进行测算，并检验经济一体化、地方保护主义与地区专业化之间的确切关系。

三、模型构建与指标测算

（一）模型构建

为考察经济一体化、地方保护与地区专业化之间的关系，将地区专业化作为被解释变量，其他指标作为解释变量。分别利用区位熵的调整指标 LQ_i、Krugman 的调整值 GSI_i 和地方专业化系数 FRI_i 作为被解释变量进行回归，以保证回归结果稳健性检验，模型如下：

$$LQ_{it} = c_1 + \alpha_1 DBI_{it} + \beta_1 YTI_{it} + \gamma_1 DWI_{it} + \mu_{1it} \tag{13}$$

$$GSI_{it} = c_2 + \alpha_2 DBI_{it} + \beta_2 YTI_{it} + \gamma_2 DWI_{it} + \mu_{2it} \tag{14}$$

$$FRI_{it} = c_3 + \alpha_3 DBI_{it} + \beta_3 YTI_{it} + \gamma_3 DWI_{it} + \mu_{3it} \tag{15}$$

式中，t 表示时期，i 指地区 i，c_1、c_2、c_3 分别为 3 个模型的常数项，α、β、γ 分别表示各解释变量的回归系数，μ_1、μ_2、μ_3 为随机扰动项。

（二）变量的描述性统计

本文选用中国 2001~2007 年 31 个省市、自治区和直辖市的统计数据，对各省份的地区专业化指数、地方保护主义指数、对内一体化指数和对外一体化指数进行测算。根据 2002~2008 年的《中国统计年鉴》，不同年份之间所统计的工业行业数目存在差别，2002~2004 年统计了 25 个工业行业，2005 年的经济普查囊括了 37 个工业行业，而 2006~2008 年对 27 个工业行业进行了统计。为保持数据的一致性，本文以 2002 年统计的工业行业数为基准，即选择 25 个工业行业的数据进行测算。在专业化指数的测算过程中，由于第二种方法与第三种方法具有一定的相似性，为避免重复计算，用就业指标对调整的 Krugman 指数进行测算，而地方专业化指数用的是地区产值指标。

所用到的工业产值数据、进出口数据等全部换算成统一单位，并换算成以 2001 年为基期的可比数据，各变量的描述性统计结果见表 1。

表 1　变量衡量标准、符号及其描述性统计

变量	衡量标准	符号	均值	标准差	最大值	最小值
地区专业化	调整的区位熵	LQ	0.9534	0.2798	1.7220	0.1676
	调整的克鲁格曼指数	GSI	0.6091	0.2192	1.4921	0.2912
	地区专业化系数	FRI	0.3505	0.1361	0.7793	0.1466
地方保护度	地区国有企业产出/地区工业总产出	DBI	0.5246	0.1972	0.8728	0.1241
对内一体化	全国最终消费率/地区最终消费率	YTI	0.9815	0.3679	4.6660	0.5702
对外一体化	地区进出口额/地区国内生产总值	DWI	0.4889	0.6485	3.1789	0.0502

由描述性统计结果，三个地区专业化的指标均值都较低，如 GSI = 0.6091，FRI = 0.3505，且标准差较小，说明中国各省的专业化平均水平较低，产业具有一定的同构性。地方保护主义指数的均值 DBI = 0.5246 > 0.5，表明总体上中国各地区地方保护倾向较为严重。对内一体化指数的均值 YTI = 0.9815≈1，说明中国各省份对内经济一体化程度较低。对外一体化指数的均值 DWI = 0.4889，标准差为 0.6485，意味着受地理位置和政策等因素的影响，各省份对外开放度的差异较为明显。

四、实证检验与结果分析

（一）面板数据的平稳性检验

为了避免伪回归，确保估计结果的有效性，首先对面板序列的平稳性进行检验。检验序列平稳性常用的方法就是单位根检验，Eviews 6.0 提供了五种面板序列的单位根检验方法，包括 LLC 检验、BR 检验、IPS 检验、ADF 检验和 PP 检验，其中前两种方法是相同根情形下的单位根检验，即假设面板数据的各截面序列有相同的单位根过程，而后三种是不同根情形下的单位根检验，此类检验方法允许面板数据的各截面序列具有不同的单位根过程。本文采用两种面板数据单位根检验方法，即相同根单位根检验 LLC 检验和不同根单位根检验 ADF 检验，只有当这两种检验结果都拒绝原假设时才认为序列不存在单位根，是平稳序列，否则即为不平稳序列。表 2 列出了各序列的单位根检验结果。可以看出，除了 FRI 为零阶单整外〔记为 I（0）〕，其他各变量的数列均为一阶单整序列〔记为 I（1）〕。

表 2　面板数据单位根检验结果

变量	LLC		ADF		是否平稳
	统计量	P 值	统计量	P 值	
LQ	−1.00069	0.1585	42.8064	0.9700	否
ΔLQ	−1.62814*	0.0517	108.231***	0.0003	是
GSI	−12.8712***	0.0000	73.9048	0.1431	否
ΔGSI	−33.5599***	0.0000	121.865***	0.0000	是
FRI	−10.2233***	0.0000	109.210***	0.0002	是
DBI	−8.26367***	0.0000	50.0254	0.8627	否
ΔDBI	−11.6974***	0.0000	108.158***	0.0003	是
YTI	−8.88220***	0.0000	48.2356	0.8998	否
ΔYTI	−7.76042***	0.0000	162.377***	0.0000	是

变量	LLC		ADF		是否平稳
	统计量	P 值	统计量	P 值	
DWI	−5.41810***	0.0000	37.1767	0.9948	否
ΔDWI	−10.2560***	0.0000	108.273***	0.0003	是

注：***、** 和 * 分别代表在 1%、5% 和 10% 的水平下拒绝原假设；P 值是该统计量的伴随概率；Δ 表示该变量的一阶差分，ΔΔ 表示该变量的二阶差分。

（二）面板数据的协整检验

通常来说，只有同阶单整的数列才能进行协整检验。对于面板数据的协整检验，如果模型中变量个数多于两个，即解释变量个数多于一个，被解释变量的单整阶数不能高于任何一个解释变量的单整阶数；当解释变量的单整阶数高于被解释变量的单整阶数时，则必须至少有两个解释变量的单整阶数高于被解释变量的单整阶数；若只含有两个解释变量，则两个变量的单整阶数应该相同。

本文中 FRI 为被解释变量，其单整阶数（零阶）不高于其他解释变量的单整阶数（一阶），因此可以进一步检验各变量之间是否存在协整关系。我们选用 Kao 检验和 Pedroni 检验对三个模型中各个序列之间的协整关系进行判断，两种方法的原假设都是不存在协整关系，其中 Kao 检验只有一个统计量，即 ADF 统计量，而 Pedroni 检验含有 7 个统计量，分别为 Panel v、Panel rho、Panel PP、Panel ADF 统计量以及 Group rho、Group PP 和 Group ADF 统计量，前四个统计量用联合组内维度（Within-dimension）描述，后三个用组间维度（Between-dimension）描述。根据协整检验的结果（见表 3）可以看出，模型（14）和模型（15）的各指标都在 1% 的显著水平上拒绝无协整关系的原假设，说明各变量之间存在着严格的协整关系，不存在伪回归。而模型（13）没有通过 Kao 检验，不能拒绝原假设，说明各变量之间不存在协整关系，存在伪回归的可能。因此，本文选择模型（14）、（15）进行回归分析。

表 3　各模型中序列之间的协整关系检验

检验方法	统计量名	模型（13）		模型（14）		模型（15）	
		统计量值	P 值	统计量值	P 值	统计量值	P 值
Kao 检验	ADF	−0.8633	0.1940	−2.5549***	0.0053	−3.8383***	0.0001
Pedroni 检验	Panel v-Statistic	−4.0885***	0.0001	−5.7022***	0.0000	−3.9999***	0.0001
	Panel rho-Statistic	1.9962*	0.0544	5.3101***	0.0000	5.9085***	0.0000
	Panel PP-Statistic	−2.5007**	0.0175	−19.8455***	0.0000	−12.2042***	0.0000
	Panel ADF-Statistic	−6.8339***	0.0000	−5.4309***	0.0000	−5.8816***	0.0000
	Group rho-Statistic	4.2498***	0.0000	7.2613***	0.0000	7.9168***	0.0000
	Group PP-Statistic	−12.6493***	0.0000	−24.9745***	0.0000	−17.6610***	0.0000
	Group ADF-Statistic	−8.3615***	0.0000	−4.9913***	0.0000	−9.4445***	0.0000

注：***、** 和 * 分别代表在 1%、5% 和 10% 的水平下拒绝原假设。

（三）回归结果及分析

经过 F 检验和 Hausman 检验，模型（14）、（15）均拒绝混合效应和随机效应模型，选择个体固定效应模型的估计结果。根据表 4 的回归结果，调整后的方程总体估计可决系数在 0.95 以上，方程拟合度较高，而且通过了方程整体的显著性检验。

根据模型（14）的参数估计结果可知，地方保护主义对地区专业化的影响显著为负，证明以增加当地税收、保护当地企业为目的所形成的地方保护倾向，人为地设置了省际间的贸易壁垒，不仅阻碍了省际之间产品的自由流动，阻碍了地区专业化的发展，而且导致地区间产业结构严重

表4 模型回归结果

变量	模型 (14) (个体固定效应)		模型 (15) (个体固定效应)	
	回归系数	t 统计量	回归系数	t 统计量
常数项	0.7857***	24.7649	0.3737***	23.4788
DBI	−0.3544***	−7.3496	−0.0531***	−2.9118
YTI	−0.0079	0.5672	0.0020	0.4081
DWI	0.0350**	2.3396	0.0125**	5.0758
F 值	146.8261		735.7913	
P 值	0.000000		0.000000	
调整后 R^2	0.9570		0.9925	
截面样本数	31		31	
总样本数	217		217	

注：括号内数字为估计系数的"t"值；***、** 和 * 分别代表在1%、5%和10%的水平下显著。

趋同，各地的比较优势不能得到有效发挥，无法实现资源的优化配置。同时，对内经济一体化对地区专业化的影响不显著，对外经济一体化对地区专业化的影响则显著为正。正是地方保护主义的存在，阻碍了地区间的贸易往来，导致很多地区对内一体化程度较低，无法起到促进地区专业化的应有作用；同时，地方政府推行的招商引资政策和出口优惠政策，使得很多地区的对外开放程度甚至高于省际之间的开放程度，对地区专业化的正效应较为显著。这也就意味着，中国各省份地区专业化的形成更多地与对外贸易有关，而与区际间贸易关系不大。上述结论与部分学者的观点吻合，如魏博通研究了中国地区专业化的分布模式，发现深处大陆内部的那些与边境接壤的地区专业化水平较高，东部沿海地区和一些不与边境接壤的中西部地区专业化水平较低。

根据模型（15）的回归结果，地方保护度对地区专业化的影响具有显著的负效应，对内经济一体化的作用明显，而对外开放程度对地区专业化具有显著的正效应，这与模型（14）的结果基本一致，说明回归结果具有很强的稳健性。

五、结 论

本文利用中国 31 个省市 2001~2007 年 25 个行业的面板数据，就经济一体化、地方保护主义对地区专业化的影响进行了实证检验，结果表明：地方保护主义对地区专业化的影响显著为负，地方政府保护本地企业的倾向阻碍了地区产业的专业化发展；对内经济一体化对地区专业化的影响并不显著，较低的对内一体化程度并没有起到促进地区专业化的应有效果，对外一体化对地区专业化具有显著的正效应，对外开放程度越高，地区的专业化水平越高。

根据上述研究结论，中国多数地区的产业专业化更多地受对外开放的影响，这与各地的对外贸易政策有关。由于很多地区的地方保护主义现象较为严重，省际间贸易受到很大影响，区域经济一体化水平不高。这种过于注重对外贸易而忽视区域经济一体化的发展模式，不仅不利于摆脱经济增长过度依赖出口的困境，而且阻碍了地区间比较优势的发挥，降低了资源配置效率。要改变这种状况，一方面应该变地方政府基于 GDP 的考核机制，从根本上消除地方保护主义的动机；另一方面，要加强地区间的贸易与合作，出台降低地区间贸易壁垒的政策措施，推动区域经济一体化。

参考文献

［1］赵伟. 区域开放：中国的独特模式及其未来发展趋势［J］. 浙江学刊，2001（2）：76-80.

［2］黄新飞，郑华懋. 区域一体化、地区专业化与趋同分析［J］. 统计研究，2010，27（1）：90-96.

［3］曹宇. 地区专业化对地区经济增长影响的实证研究［J］. 经济研究导刊，2010（15）：146-147.

［4］范剑勇. 市场一体化、地区专业化与产业集聚趋势［J］. 中国社会科学，2004（6）：39-51.

［5］蔡昉，王德文，王美艳. 渐进式改革进程中的地区专业化趋势［J］. 经济研究，2002（9）：24-30.

［6］何雄浪. 专业化分工、区域经济一体化与我国地方优势产业形成的实证分析［J］. 财贸研究，2007：11-17.

［7］魏博通，周杰文. 经济一体化、地区专业化与中国制造业的空间分布［J］. 经济管理，2008，30（19）：120-125.

［8］胡向婷，张璐. 地方保护主义对地区产业结构的影响［J］. 经济研究，2005(2)：102-112.

［9］马光荣，杨恩艳，周敏情. 财政分权、地方保护与中国的地区专业化［J］. 南方经济，2010（1）：15-27.

［10］樊福卓. 地区专业化的度量［J］. 经济研究，2007（9）：71-83.

［11］保建云. 区域发展差距、地方保护主义与市场一体化发展［J］. 财贸经济，2008（8）：106-112.

［12］魏博通，周杰文. 中国地区专业化的分布模式［J］. 经济问题探索，2007（12）：13-17.

［13］A. Marshall. Principles of Economics［M］. London：Macmillan and Co.，Ltd.，1920.

［14］B. Ohlin. Interregional and International Trade［M］. Cambridge：Harvard University Press，1933.

［15］P. Krugman. Increasing Returns and Economic Geography［J］. Journal of Political Economy，1991，99（3）：483-499.

［16］B. Naughton. How Much Can Regional Integration Do to Unify China's Market［M］. San Diego Mimeo：University of California，1999.

［17］A. Young. The Razor's Edge：Distortions and Incremental Reform in The People's Republic of China［J］. The Quarterly Journal of Economics，2000，115（4）：1091-1135.

［18］Sandra Poncet. Measuring Chinese Domestic and International Integration［J］. China Economic Review，2003，14：1-21.

［19］Sandra Poncet. A Fragmented China：Measure and Determinants of Chinese Domestic Market Disintegration［J］. Review of International Economics，2005，13（3）：409-430.

有色金属产业进入和退出的影响因素[*]

——基于面板数据的实证分析

宋胜洲　葛　伟[**]

一、引　言

有色金属产业是重要的基础原材料产业，产品种类多、应用领域广、产业关联度高，在经济建设、国防建设、社会发展以及稳定就业等方面发挥着重要作用。进入 21 世纪以来，中国有色金属产业迅速发展，在技术进步、改善品种质量、淘汰落后产能、开发利用境外资源方面取得了明显成效，生产和消费规模不断扩大，已成为全球最大的有色金属生产和消费国。

同时，中国有色金属产业存在的深层次矛盾仍很突出，部分产品产能过剩，产业布局亟待调整，产业集约化程度低，资源保障程度不高，自主创新能力不强，再生利用水平较低，淘汰落后产能任务艰巨。国家一直在推进淘汰落后产能和企业重组，但收效甚微。2009 年 2 月 25 日，国务院总理温家宝主持召开国务院常务会议，审议并原则通过有色金属产业调整振兴规划。规划进一步提出，推进有色金属产业调整和振兴，要以控制总量、淘汰落后、技术改造和企业重组为重点，实现产业结构调整和优化升级。

为什么有色金属行业会出现进入过度、产能过剩引起资源浪费的问题？又是什么造成国家连续出台强硬措施淘汰落后企业却总不能奏效？本文通过实证分析有色金属产业进入和退出中的影响因素，试图解释这一问题。

二、文献综述

企业进入和退出一直是西方产业组织理论研究和经验研究的重要内容。早期西方产业组织理论对企业进入和退出问题的研究是从关注为什么许多产业长期存在超额利润但却没有通过进入消除超额利润开始的。Bain（1956）等认为，虽然超额利润、非均衡引起进入，但是由进入形成的从非均衡到均衡的调整路径是非平滑的，不同的产业具有不同的调整路径，不同的调整路径决定

* 第四十五批中国博士后科学基金面上资助项目《基于知识链的全球生产一体化发展方式》（20090450624）。

** 宋胜洲，1971 年生，男（汉族），江西人，北方工业大学经济管理学院副教授，中央财经大学政府管理学院博士后；葛伟，1986 年生，男（汉族），安徽人，北方工业大学经济管理学院研究生。

了不同的长期均衡的利润水平，因此早期西方学者对企业进入和退出的研究主要围绕企业进入和退出壁垒展开，形成了进入壁垒理论。但是进入壁垒理论只解释了为什么有些产业具有超额利润，并没有解释进入由什么因素决定的。

因此，从 20 世纪 70 年代开始，西方产业经济学家开始从经验层面分析企业进入和退出的影响因素。Orr（1974）首先构造了制造业进入理论的模型，他将加拿大制造业中 71 个三位数产业的企业净进入的对数形式作为因变量，把进入壁垒、获利机会和结构要素作为解释变量，分析了资本需求、广告密度和高集中度、研发密度和市场风险等因素对企业进入和退出的影响。此后 Orr 模型成为进入和退出问题研究的经典模型。Dunne、Robert 和 Samuelson（1988）运用 1972~1987 年的数据研究了美国制造业的进入问题；Shapiro 和 Khemani（1987）对加拿大制造业样本中包含的 143 个四位数产业在 1972~ 1976 年的进入与退出流量进行了检验；Yamawaki（1991）利用 1979~ 1984 年日本 135 个三位产业数据的样本考察了进入率的宏观经济和微观经济的决定因素；Cble 和 Schwalbach（1991）比较了八个国家的进入和退出问题。

国内学者对进入和退出也进行了诸多研究。在理论研究上，边际分析、比较静态分析、局部均衡仍然是市场进入问题的主要分析方法。由于新产业组织理论在市场进入问题的分析中，解释的因素不再仅仅是价格，还引入了更多的变量如质量、广告、研发等，特别强调信息的作用，博弈论的分析工具也被广泛采用。

相对于理论研究，对于进入和退出实证分析则更为普遍。早期实证研究从估计进入函数的角度进行，主要集中于使用跨部门横截面数据通过基本统计方法和描述性分析探讨 SCP 框架内各指标的决定因素和指标间的相关关系。毛林根（1996）、盛斌（1996）对中国制造业的集中度、市场进入情况、竞争情况等指标进行了测算和分类。曹建海（1999）、魏后凯（2002）等随后进行了更系统的研究，分类更加细致，样本数量也更庞大，并从集中度、进入速度、亏损情况等方面的指标对中国制造业进行了定量考察。结论表明，20 世纪 90 年代中期中国工业品产能利用率存在不足，过度竞争和进入较为普遍。

随着研究的深入，基于 Orr 经典模型，从估计进入函数的角度对进入问题进行的研究逐步展开。李德志、闫冰（2004），李世英（2005）等基于 Orr 经典模型对于中国工业企业的市场进入壁垒和产业绩效进行考察，得出中国工业企业的数量对于产业利润、产业销售额以及产业固定资本需求的反应不明显，净进入率与可观察的产业利润率甚至是反向关系。对此问题，杨蕙馨（2000）在对中国国内汽车、冰箱、电视机等产业 1985~2000 年的企业进入行为与行业财务指标的时间序列数据进行分析和实证中，同样得到利润率与企业进入无明显的相关性，利润率不是激励厂商进入的重要动机，负利润也不能导致厂商退出。

由于统计实践的规范化，统计数据更加系统全面，研究也随之扩展到了时间序列领域，运用动态模型对进入问题进行研究，实证从局部静态平衡分析演化到基于时间序列的动态分析。陈伟刚（2006）首次以时间序列分析方法为主要内容的模型引入到相关研究中，使用误差修正模型（VEC）提出了研究企业进入与行业利润率之间双向动态关系的模型框架。除此之外，王邹（2008）运用 VEC 模型实证考察了中国汽车产业高速发展过程中的企业进入和利润率的变动，得出了企业进入与利润率之间只存在短期均衡关系，长期的影响不明显这一结论。

近些年来，随着计量经济学的发展，实证检验方法更加贴近现实，基于面板数据的实证研究也逐步展开。陈艳莹等（2008）、吴三忙（2009）、刘琦（2009）等采用面板模型，分别从行业和地区等层面对中国制造业、服务业的进入和退出影响因素进行了实证检验，结论表明、资金利润率和行业风险已经成为决定企业进入和退出的主要因素，但资本规模壁垒和行政性制度壁垒仍阻碍企业有效进入和退出。

上述的实证研究多集中于制造业和服务业，对资源采掘以及加工等基础性行业的进入和退出问题研究几乎没有涉及。根据前面的研究，本文将采用 Orr 模型和面板数据分析方法，以有色金属这一资源性行业为例进行实证分析，揭示中国有色金属产业中的过度进入和退出的影响因素，从而为中国有色金属乃至其他资源性行业的振兴和发展提出有效的政策建议。

三、模型及数据说明

（一）模型介绍

本文对有色金属产业企业进入和退出影响因素的分析也以 Orr 的模型为基础。该模型的基本形式是：

$$E = f_2(\pi_p - \pi_*, Q)$$
$$\pi_* = f_1(X, K, A, R, r, C) \tag{1}$$

式中，E 表示每年进入的企业数量；π_p 表示过去的产业利润率；Q 表示过去产业产出增长率；π_* 表示基于进入壁垒水平的长期预测产业利润率；X 表示最低规模工厂的市场份额；K 表示资本需求；A 表示广告密度；R 表示研发密度；r 表示风险；C 表示集中度

对当前中国有色金属产业进入和退出的分析必须考虑到有色金属行业自身的特点以及中国转型时期的制度条件，以反映中国转型经济与成熟市场经济的区别。所以，本文假设企业的进入和退出主要来源于四个因素：①进入激励与进入成本的差。预期利润率和产业产值增长率代表对企业进入的激励；进入成本由各种不同类别的壁垒所决定，可以通过各种进入壁垒因素的线性函数来估算。②转轨经济中的体制性、政策性壁垒。在转轨经济中，普遍存在国有企业与私有企业并存的局面。国有企业的预算约束软化虽有所减弱，但仍未得到根本克服。这种体制性壁垒再加上政府的某些管制性政策，将影响有色金属行业企业的进入和退出。③地方税收对于企业进入和退出的影响。这是本文另外一个改进点。以往研究的文章中，鲜见将地方税收纳入到影响企业进入和退出的因素中。本文认为，地方税收作为地方政府重要的财政来源，对于地方政府做出行政性的判断具有重要作用，往往交税高的企业，获得地方政府的保护越多，而其他企业进入越困难。④外资比重也会影响到企业进入和退出行为。这也是本文一个改进点，国内多数学者在研究企业进入和退出时并没有将外资比重纳入到影响因素中，本文认为在开放经济条件下，外资进入通过与本国企业之间的竞争与协作，会直接或间接的影响有色金属行业企业的进入和退出行为。

基于以上假定，设定如下模型：

$$E_{nit} = f(\pi_{it} - \pi_{it*}, \varepsilon_{it}, \eta_{it}) \tag{2}$$

式中，E_{nit} 表示 i 产业 t 期企业的进入率，ε_{it} 表示 i 产业外资经济比重，η_{it} 表示 i 产业国有经济比重，$\pi_{it} - \pi_{it*}$ 表示 i 产业 t 期预期利润率和限制性利润率的差额。π_{it} 是企业进入的激励因素，用产业利润率和产业增长率等指标来衡量，但是进入和退出壁垒，以资本密度、企业平均规模、亏损增长率以及国有经济比重、外资经济比重等指标来衡量。

通过把以上因素线性叠加，可得到影响企业进入和退出行为的基本模型：

$$E_{nit} = \alpha_0 + \alpha_1 P_{it} + \alpha_2 G_{it} + \alpha_3 KL_{it} + \alpha_4 SCA_{it} + \alpha_5 SE_{it} + \alpha_6 FE_{it} + \alpha_7 KS_{it} + \alpha_8 SS_{it} + \mu_{it} \tag{3}$$

式中，E_{nit} 表示某产业的企业进入率，P_{it} 表示利润率，G_{it} 表示产业增长率，KL_{it} 表示资本密度，SCA_{it} 表示企业平均规模，SE_{it} 表示外资经济比重，FE_{it} 表示国有经济比重，KS_{it} 表示产业亏损增长率，SS_{it} 表示地方税收，SS_{it} 表示具体产业的特征效应，μ_{it} 表示随机误差项。

（二）数据来源及选取

本文所选取的数据来自于《中国工业经济统计年鉴》（2006~2009 年）中有色金属冶炼及压延加工业、有色金属矿采选业按地区分组数据。前者是 30 个省、自治区和直辖市的数据，不包括港、澳、台地区（除去西藏，没有数据）。而后者由于北京、上海、宁夏均没有采矿企业，虽然天津 2006 年还有一家采矿企业，但 2007~2009 年企业数量均是 0，因此也被剔除（但包括西藏），所以是 27 个省、自治区和直辖市的数据。

（三）变量的定义及描述

（1）企业的进入和退出。衡量进入一般有两种方式：第一是总进入（Gross Entry），用新进入企业的数目或者是进入率表示；第二是净进入（Net Entry）。同样，退出也可以分为纯退出和净退出，相应有两种方式加以衡量。在两种方式中，纯进入（纯退出）可以真实地表现某一产业在某一时期的企业进入情况，是衡量进入的首选指标。但即使在国外企业层面数据相对完善的国家，纯进入（纯退出）的数据有时也是难以得到的，更不用说区分进入（退出）类型的数据。数据的局限性使得很多学者用计算净进入的方式进行替代。而本文采用的是后者，即净进入。

（2）利润率。可用销售利润率，即利润总额占工业销售产值的比重来表示，也可用资产利润率，即利润总额占资产总额的比重来表示，本文采用后者。利润率无疑对潜在进入者是一种吸引。大多数研究者认为，正的利润率能增加进入，尽管在个别产业存在例外。多数研究还发现，滞后的利润对于随后的进入有积极的影响。因此本文采用的是预期利润率。对于预期资金利润率的获得，目前有的文献是基于进入前的利润来建立预期利润，有的根据多期的历史数据进行外推性推断，即根据 π_{t-1}、π_{t-2}、π_{t-3} 等时间序列的利润来推断进入后利润，本文假定预期资金利润率等于 π_{t-1}。

（3）企业平均规模，即产业年末总资产除以企业数量。从资产规模角度反映大企业的绝对成本优势，其平均规模越大，可能对进入者的阻碍也越大。同时平均资产规模越大，企业退出时的退出成本也越大，企业退出壁垒可能也越大。

（4）产业增长率。它反映市场对该产业的需求程度，一般用产业的总产值、销售额或者是产业总产值的增长率或产业销售额的增长率来表示。本文采取的是产业总产值增长率。产业增长率直接影响潜在进入者的预期利润率。需求的增长对于进入率的提高并不是一个充分条件，并且在某种程度上这种影响往往与市场条件有关。过去的产业销售额增长率通常被作为产业增长率使用，Siegfried 和 Evans（1994）的实证研究有力地支持了市场需求增长将增加行业进入的假设。大多数实证研究的证据则表明，在增长缓慢和衰退的行业，市场退出率是较高的。

（5）资本密度。它用来反映行业的资本密集程度。Acs 和 Audretsch（1989）将资本密度定义为"资产总额/就业人数"。一般而言，行业资本密度越高、平均资产规模越大，它对进入者的阻碍就越大。

（6）产业亏损额增长率。此指标反映了企业进入的风险，产业亏损额增长率越高，企业进入产业的风险越大。

（7）国有资产比重。用国有企业资产占产业总资产的比例来表示国有经济比重。由于有色金属行业这方面的数据没有，本文采用的是国有资本占实收资本的比重。

（8）外资经济比重。同样由于统计指标缺失，本文采取的是外国资本（包括港、澳、台资本）占实收资本的比重。

（9）地方税收。地方税收包括两部分，主营业务税金及附加和企业增值税。

（四）模型基本假设

H1：企业进入率与资本密度、企业平均规模、外资经济比重、国有经济比重、亏损额增长率、地方税收呈负相关关系，即 $\alpha_3 < 0$，$\alpha_4 < 0$，$\alpha_5 < 0$，$\alpha_6 < 0$，$\alpha_7 < 0$，$\alpha_8 < 0$。

H2：企业进入率与预期利润率、产业增长率呈现正相关关系，即 $\alpha_1 < 0$，$\alpha_2 < 0$。

四、实证结果及分析

（一）序列平稳性检验

为了避免伪回归，首先对每个序列进行单位根检验。其结果见表1和表2。

表1　有色金属矿采选业时间序列LLC单位根检验结果

	检验类型	P 值		检验类型	P 值
JR	(N，N，0)	0.0001	MD	(N，N，0)	0.000
GM	(N，N，0)	0.000	WZ	(C，T，0)	0.000
GZ	(N，N，0)	0.0003	SS	(N，N，0)	0.000
XS	(N，N，0)	0.000			
LR	(C，T，0)	0.000			
KS	(N，N，0)	0.000			

注：（C，T，K）分别代表检验类型中是否含有截距项、时间趋势以及检验的滞后阶数；滞后的阶数按AIC最小原则，N指不含C或T。

表2　有色金属冶炼和压延加工业时间序列LLC单位根检验结果

	检验类型	P 值		检验类型	P 值
JR	(N，N，0)	0.000	MD	(N，N，0)	0.0028
GM	(N，N，0)	0.000	WZ	(N，N，0)	0.000
GZ	(C，T，0)	0.000	SS	(N，N，0)	0.000
XS	(N，N，0)	0.000			
LR	(C，T，0)	0.000			
KS	(N，N，0)	0.000			

由表1和表2可知，上述序列都是零阶单整的，都是平稳性序列，因此可以继续检验。

（二）固定效应模型检验

由于影响企业进入和退出的因素还有很多，上述变量并不能代表所有影响企业进入和退出的因素。一些很重要的影响因素由于不可观察或难于找到合适替代变量而被忽略，因此这些变量很可能进入模型的随机误差项中。如果这些影响因素与方程中自变量相关，同时又对因变量有重要影响而被放入随机误差项中就违反了线性回归基本假定。为了解决这个问题，本文使用面板数据分析中的固定效应变截距模型，在此基础上进行固定效应检验。检验结果见表3和表4。

表3 有色金属冶炼和压延加工业固定效应检验结果

Redundant Fixed Effects Tests
Pool: UNTITLED1
Test cross-section fixed effects

Effects Test	Statistic	d.f.	Prob.
Cross-section F	12.430045	(29, 23)	0.0000

表4 有色金属矿采选业固定效应检验结果

Redundant Fixed Effects Tests
Pool: UNTITLED1
Test cross-section fixed effects

Effects Test	Statistic	d.f.	Prob.
Cross-section F	77.583006	(26, 20)	0.0000

该检验的原假设是固定效应是多余的，从表3和表4的结果中可以清晰地看出在5%的置信水平下拒绝原假设，即引入的固定效应是合适的。

(三) 随机效应模型检验 (Hausman 检验)

随机效应估计的一个核心假设，即原假设是随机效应与解释变量无关，Hausman 检验是对这个假设检验的一般方法，本文同样采取这种方法进行检验，检验结果见表5和表6。

表5 有色金属冶炼和压延加工业随机效应检验结果

Correlated Random Effects-Hausman Test
Pool: UNTITLED1
Test cross-section random effects

Test Summary	Chi-Sq. Statistic	Chi-Sq.d.f.	Prob.
Cross-section random	14.241414	7	0.047

表6 有色金属矿采选业随机效应检验结果

Correlated Random Effects-Hausman Test
Pool: UNTITLED2
Test cross-section random effects

Test Summary	Chi-Sq. Statistic	Chi-Sq.d.f.	Prob.
Cross-section random	6.452516	7	0.0342

由上述两表的检验结果可知，在5%的置信水平下，拒绝原假设，因此应该采用固定效应模型。综上所述，本文应该采取个体固定效应变截距模型进行分析。

(四) 模型估计结果

由于考虑到个体存在异方差现象，本文采取截面加权异方差估计。并且对于有色金属冶炼和压延加工业采取资本密度变系数模型，即对于不同的个体，方程估计的资本密度系数不同。而对于采矿业则采取国资比重变系数模型，即对于不同的个体，国资比重系数不同。具体估计结果见表7和表8。

由表7、表8可以看出，模型的估计效果还是可以的。方程估计的总体拟合度较高。DW值也在2左右，不存在自相关。

从表8分析结果看，产业预期资金利润率同产业净进入率呈正相关关系，而且相关系数高达

表7 有色金属冶炼和压延加工业模型估计结果

Variable	Coefficient	Std.Error	t-Statistic	Prob.
C	0.271251	0.122644	2.211686	0.0372
XS?	0.610804	0.057561	10.61146	0.0000
SS?	−0.001019	0.000607	−1.677595	0.1070
GZ?	−0.174617	0.053229	−3.280496	0.0033
GM?	−0.002081	0.007476	−0.278420	0.7832
KS?	0.003756	0.002202	1.705592	0.1016
WZ?	−0.077554	0.096403	−0.804482	0.4294
LR?	−0.884426	0.276248	−3.201564	0.0040

Cross-section fixed (dummy variables)

Weighted Statistics			
R-squared	0.997187	Mean dependent var	0.405336
Adjusted R-squared	0.989115	S.D. dependent var	1.267595
S.E. of regression	0.122030	Sum squared resid	0.342501
F-statistic	123.5369	Durbin-Watson stat	2.4523189
Prob (F-statistic)	0.000000		

表8 有色金属矿采选业模型估计结果

Variable	Coefficient	Std.Error	t-Statistic	Prob.
C	0.338726	0.052737	6.422975	0.0000
GM?	0.030605	0.015332	1.996164	0.0597
XS?	0.169157	0.010642	15.89469	0.0000
KS?	−0.028787	0.002416	−11.91550	0.0000
MD?	−0.004658	0.000901	−5.170389	0.0000
WZ?	−0.316301	0.117300	−2.696517	0.0139
LR?	0.607922	0.048173	12.61969	0.0000
SS?	−0.000563	0.002504	−0.224961	0.0040

Cross-section fixed (dummy variables)

Weighted Statistics			
R-squared	0.998661	Mean dependent var	0.959427
Adjusted R-squared	0.994642	S.D. dependent var	2.148252
S.E. of regression	0.136535	Sum squared resid	0.372836
F-statistic	248.5373	Durbin-Watson stat	2.322178
Prob (F-statistic)	0.000000		

0.6，通过5%显著性检验。表明有色金属矿采选业企业的进入受产业资金利润率引导，企业行为趋向理性化，企业对正当获利机会有足够响应能力，这与杨蕙馨（2000）的利润率（盈利状况）不是激励厂商进入的重要动机，负利润（亏损）也并不能导致厂商退出研究结论相反，与黄健柏和陈伟刚（2006）的分析结论基本相同。

从产业销售增长率角度来看，两者的系数分别为0.61和0.16，很明显有色金属冶炼和压延加工业企业的进入对于销售增长更为敏感，这也符合经验。因为前者企业数量众多，属于垄断竞争行业，产业销售增加往往伴随着大量企业的进入。而有色金属矿采选行业类似于寡头垄断行业，产业销售额的增加往往通过在位企业规模扩大而实现，新企业的进入数较少，导致产业净进入率较低。

从资本壁垒角度来看，有色金属行业企业进入面临着资本压力，有色金属采矿行业的资本密度相关系数为-0.004，通过了5%的显著性水平检验。说明该行业资本密度越高、平均资产规模越大，它对进入者的阻碍就越大。

从外资比重角度来看，外资比重对于有色金属行业企业进入具有一定的阻碍作用，两者的系数分别为-0.077和-0.31，说明外资比重越高，企业进入率越低。

从亏损增长率来看，有色金属冶炼和压延加工业与有色金属矿采选业对此反应截然相反，相关系数分别为0.003和-0.028，表明有色金属矿采选行业进入受到亏损增长率的微弱影响；而有色金属冶炼和压延加工业的亏损增长系数大于零，表明随着亏损的增加，企业的进入率反而上升，说明该行业企业进入和退出是非理性的。是不是存在其他原因呢？

从国有资产角度来看，有色金属冶炼和压延加工业的系数为-0.174，充分说明了国有资产比重越高的行业对于企业进入的阻碍越大，这一观点对于有色金属行业同样适用。而有色金属冶炼加工业正是高行政壁垒的行业，国有经济比重作为其一个重要指标，恰恰反映了这一点。

从地方税收的角度看，两者的系数分别为-0.001和-0.0005，都为负数，这与之前的假设是吻合的。这是因为由于地方保护主义的存在，本地企业如果要进入这一行业往往是容易的，而外地企业想要进入却是困难重重。当然这也符合地方政府的利益。从数据分析结果也可以看出，地方税收越高，企业进入率也就越低，进入该行业也就越加困难。正因为行政性进入壁垒的两面性，它对于不同所有制和不同区域的企业采取的是截然不同的双重标准，这往往被误认为是过度竞争，其实是在行政垄断保护下的误导而已。正因为受到地方政府的保护，当地的企业往往固守自封，缺乏创造、进取的动力，利用新工艺、新产品扩大市场的思路往往被压制，而外面的潜在进入者由于受到行政性壁垒的阻碍，往往很难进入该市场，更谈不上利用新工艺、新产品打入市场。

五、结论及建议

本文的实证研究表明，有色金属行业中，利润率和产业增长率对于进入具有激励作用，这说明市场因素对中国有色金属行业企业的进入和退出正发挥着重要作用，但是存在行政性壁垒和地方保护主义因素。

这一结论的政策含义：中国有色金属行业的发展应该进一步强化市场机制的调节作用，特别是对于有色金属产品延展加工这样的一般性竞争行业，一方面应该引导国有企业从行业退出，进一步打破地方保护主义，逐步取消对国有企业的政策性保护，以及对非国有企业歧视性政策；另一方面要大力发展民营性企业，进一步优化民营企业的市场环境和政策环境，打破地域限制，使更多的有实力的企业能够参与公平竞争。对于有色金属采选和冶炼行业也应该适当放宽市场准入门槛，在不妨碍国家战略安全的情况下，合理引导更多的民间资本参与有色金属行业的发展。

本文的创新之处在于：第一，引入国有经济比重和政府获得有色金属企业的税收来衡量行政性壁垒的因素，并得到了行政性壁垒存在的结论。第二，首次实证分析了有色金属这一资源性产业的进入和退出问题，前人的研究集中于制造业和服务业的进入和退出问题。第三，本文还通过引入外资经济比重这一因素对产业进入和退出的影响，来反映开放过程对产业发展的影响。本文的不足之处在于仅仅选取了有色金属这一个产业进行分析，可能不能够全面反映资源性行业进入和退出的总体情况。下一步打算就黑色金属即钢铁产业、煤炭和石油天然气采掘加工等资源性产业的进入和退出问题进行实证分析。

参考文献

［1］毛林根. 结构、行为、效果：中国工业产业组织研究［M］.上海：上海人民出版社，1996.

［2］盛斌. 中国制造业的市场结构和贸易政策［J］.经济研究，1996（8）：21–28.

［3］曹建海. 对我国工业中过度竞争的实证分析［J］.改革，1999（4）：5–14.

［4］魏后凯. 经济转型、市场竞争与中国产业集中［J］.中国工业经济，2002（4）：51–57.

［5］李德冰，闫冰. 中国工业企业进入与退出 ORR 模型的实证分析［J］.西北大学学报（哲学社会科学版），2004（6）：68–72.

［6］李世英. 市场进入壁垒与产业的市场绩效研究——对中国制造业的实证分析［J］.经济体制改革，2005（4）：121–124.

［7］杨蕙馨. 企业的进入退出与产业组织政策［M］.上海：上海三联书店，上海人民出版社，2000.

［8］陈伟刚. 中国钢铁产业企业进入行为研究［D］.中南大学硕士学位论文，2006.

［9］王邹. 企业进入与利润率的关系研究——来自汽车产业的实证检验［J］.当代经济，2008（10）：148–150.

［10］陈艳莹，原毅军，游闽. 中国服务业进入退出的影响因素——地区和行业面板数据的实证研究［J］.中国工业经济，2008（10）：75–84.

［11］吴三忙. 中国制造业企业的进入与退出决定因素分析［J］.产业经济研究，2009（4）：14–19.

［12］刘琦. 不同行业企业的市场进入影响因素分析［D］.西安建筑科技大学硕士学位论文，2009.

［13］黄健柏，陈伟刚. 企业进入与行业利润率——对中国钢铁产业的实证研究［J］.中国工业经济，2006（8）：13–21.

［14］Brain, J.S. Barriers to New Competition［M］. Harvard University Press，1956.

［15］Orr, Dale. The Determinants of Entry：A Study of the Canadian Manufacturing Industries［J］. Review of Economics and Staics，1974（1）：58–66.

［16］Dunne T., R. M. J. Patterns of Firm Entry and Exit in U.S. Manufacturing Industries［J］. Rand Journal of Economics，1988：485–488.

［17］Shapiro D., Khemani.R.S. The Determinants of Entry and Exit Reconsidered［J］. International Journal of Industrial Organization，1987，5（1）：15–26.

［18］Yamawaki, H. The Effects of Business Conditions on Net Entry：Evidence from Japan. In Paul A. Geroski and Joachim Schwalbach，Entry and Market Contestability：An International Comparision［M］. Oxford：Basil Blackwell，1991.

［19］Cable, J. and Schwalbach. International Comparision of Entry and Exit［M］. London：Basil Blackwell，1991：68–86.

［20］Siegfried, Jone and J. Evans, Laurie Beth. Empirical Studies of Entry and Exit：A Survey of the Evidence［J］. Review of Industrial Organization，1994，9（2）：48–56.

［21］Acs, Zoltan J. Audretsch, David B. Small–Firm Entry in US Manufacturing［J］. Economics，1989，222（56）：174–175.

社会网络与市场中介组织行为异化*

——中国省份面板数据的实证研究

陈艳莹　夏一平**

一、引　言

市场中介组织通常指介于各市场主体之间，提供沟通、协调、公证、评价、监督、咨询等专业化服务的经济行为者，在产业层面构成中介服务业，是市场经济正常运转的重要支持系统（朱志宏，2006）。改革开放以来，中国的市场中介组织数量迅猛增加，产业绩效却一直差强人意。中介组织规模小，从业人员素质低，行业秩序混乱，尤其是缺乏诚信，在执业过程中无视职业道德，欺诈、造假行为屡屡发生，以至于"黑中介"似乎成为中介机构的代名词。

实际上，由于中介组织与客户构成双重委托—代理关系，客观存在利用信息上的有利地位赚取超额租金的条件，因此即便在发达国家，个别中介组织也会相机做出违规行为，需要政府进行规制（Clerides，2008；Michael，2008）。但与发达国家不同的是，中国市场中介组织的不规范问题涉及整个行业，具有普遍性和持续性。对于这一现象，现有研究的解释主要集中在三方面：①管理体制缺位，认为改革开放后为满足市场经济对一度消亡的各类中介组织的巨大需求，中国政府采取了"先发展，后管理；先繁荣，后规范"的策略，推动中介组织迅速发展的同时，相关法规的缺乏和政府管理、监督的不到位不可避免地导致了中介组织的各种不规范行为（郭国庆，2006）。②需求低质，强调政府是当前中国市场中介组织最大的委托人，在政府对中介服务的低质需求诱惑下，政府监管、行业自律和法律约束这些约束机制并未对中介组织的违规动机起到强抑制作用，各种不规范现象是中介服务市场处于低质均衡的表现（张展，2007）。③市场结构不合理，认为由于中介服务的网络效应、信号传递等特性，寡头垄断是中介服务业有效率的市场结构，中国中介服务业的市场结构高度分散，背离了有效率的状态，从而造成了行业的无序和混乱（陈艳莹、原毅军，2004）。

可以看出，现有研究普遍从外部经济环境入手来解释中国市场中介组织的不规范问题，仔细观察会发现这些解释并不完全。比如，管理体制缺位的观点不能解释近几年政府将发展中介组织的重点由培育转为规范、管理体制逐步健全之后，不规范现象为何仍然普遍存在；源自政府的低

---

　　* 国家社科基金项目"规范发展市场中介组织的政策创新：嵌入性视角的研究"（批准号：08BJY120）；国家自然科学基金项目"嵌入性约束下的中介服务业市场结构演进与规制研究"（批准号：70603003）；霍英东教育基金会资助项目"社会网络约束下的市场中介组织行为异化及其治理研究"（批准号：121081）；教育部新世纪人才支持项目（批准号：NCET-08-0083）；中央高校基本科研业务费专项资金资助（批准号：DUT10RW103）。
　　** 陈艳莹，1974 年生，女，辽宁营口人，大连理工大学经济学院副教授，博士生导师，副院长，研究方向为产业经济；夏一平，1987 年生，女，浙江江山人，大连理工大学经济学院硕士研究生，研究方向为产业经济。

质需求只存在于审计、评估等准公务性质的鉴证类中介服务，难以解释房地产中介、咨询、代理等高度市场化的中介组织发展中的不规范现象。市场结构的过度分散是引发中介机构恶性竞争的一个因素，但当前最为棘手的中介机构诚信缺失问题却与此没有直接关系。而且，在恶性竞争导致的微利甚至亏损面前，中国中介服务业仍保持着高进入率，2009 年的中介机构数量较 2004 年增长了 105%，年增长率为 15%。竞争的加剧也没有促使中介机构通过创新提高差异化程度，大都满足于小规模的同质化经营，扩张的速度明显低于其他产业。这些有悖经济理论的现象都表明，中国中介服务业当前高度分散的市场结构具有某种内在的合理性，虽然缺乏效率，却是现阶段的一种均衡市场结构，不能简单归结为不合理。

以上分析表明，在现有研究强调的管理体制、需求和市场结构等经济因素之外，还有其他因素制约着中国市场中介组织的规范和发展。本文就将借鉴社会经济学中的嵌入性理论，从转轨时期社会网络对中介组织行为的影响这一新视角来回答这一问题。通过系统分析社会网络影响企业行为的机理，我们的研究表明，社会网络是中介组织在转轨时期生产要素市场不完善以及"强政府"体制下获取资源的一条重要途径。社会网络提供的资源，尤其是政府关系资源，具有高度的不稳定性，从而使得中介组织的经营目标趋于短期化，这是导致中国中介组织的行为普遍背离中介服务的长期盈利模式、发展不规范的主要原因。本文提出的社会网络影响企业行为的目标扭曲机制扩展了现有的企业行为理论，对分析转轨经济中的企业行为选择具有重要意义。

二、社会网络嵌入对企业行为的影响机理

企业是市场经济中最基本的个体，对企业行为的分析一直在主流经济学体系中占据着重要位置。然而，无论是产业组织理论、企业理论还是演化经济学，一直都假定企业只处于以市场为核心的经济舞台上，注重市场结构和市场环境，忽略企业嵌入的社会网络对企业行为的影响。这种研究范式被批评为社会化不足，也使主流经济学对企业行为的解释很多时候与现实不完全相符。

企业由人构成，这决定了企业不仅仅是生产组织，也是一个社会关系的集合体。社会网络作为社会个体成员之间因为互动而形成的相对稳定的关系体系，会通过多种途径对企业行为产生影响，现有研究探讨较多的主要是以下两种机制：

（1）信息传递机制。企业的行为决策需要信息的支持。社会网络本身就是一个信息网络，是企业在市场交易、参与竞争以及其他正规渠道之外获取信息，尤其是不可编码的软信息的重要途径（石军伟，2008），并且，社会网络越发达，企业的声誉越容易成为一种公共信息，企业从事机会主义行为的倾向越低（Kurt，2003；陈艳莹，2007）。因此，与市场交易相比，在由熟人构成的社会网络中寻找交易对象虽然交易资产的专用性价值降低，却能够节约企业的搜寻成本和履约成本，当社会网络的类型不同时，企业的交易行为在市场和社会网络中的配置会不同（刘洋，2008；刘仁军，2008）。由于具有信息传递功能，顾客间的社会网络水平还会影响到企业的广告行为。比如，Andrea 和 Goyal（2007）就发现，如果企业已经投入大量经费做广告，顾客间非正式的口头交流越发达，企业的最优广告投入水平越低。

（2）资源提供机制。主流经济学通常假定企业通过要素市场获得生产所需的各种资源，但实际上，建立在亲情、友情等关系纽带基础上的社会网络也是企业获得资金、劳动力、技术等生产资源的重要通道。很多研究都证实，新创企业的资金往往并不是来自于金融市场，而是来自于创业者的社会关系网络（储小平，2003）。François（2007）还发现，企业会利用现有员工的社会关系网络为企业招聘新员工，社会网络是正规劳动市场的替代品。在转轨国家，政府掌握了土地、

贷款、税收优惠、产业政策、基础设施建设项目等大量资源，凭借与政府部门的社会关系网络获得这类在市场上难以通过公开竞价获得的稀缺资源成为企业保持竞争力的重要途径（孙大鹏、朱振坤，2010）。这又使得企业的行为和企业家的才能配置更多地投入于寻租，而不是创新等常规的经营活动（吴敬琏和黄少卿，2006）。

经济个体对社会网络的嵌入通常分为被动的结构性嵌入和主动的关系性嵌入两种，以上分析的信息传递机制主要是把社会网络看作企业行为决策的环境背景，本质上考察企业对社会网络的结构性嵌入；资源获取机制则强调社会网络是企业可以选择利用的一种资源获取方式，更多关注的是企业对社会网络的关系性嵌入。无论哪一种形式的嵌入，对单个企业来说，有效利用社会网络都能够提高其自身的绩效。不过，企业对社会网络的嵌入显然并不一定会带来整个社会福利的增加。造成这种谬误的原因主要是现有研究忽略了企业的经营活动对社会网络的嵌入，尤其是以获取资源为目的的关系性嵌入可能带来的企业目标的变化。

对企业目标的考察有两个视角：①企业经营为了谁；②企业经营目标在时间维度上的分布，特别是"偏重短期目标，忽视长期目标"这一特殊分布的产生根源。社会网络的关系性嵌入对企业目标的影响更主要集中在后者。目前，关于企业目标短期化的成因，已有的解释集中在绩效评价标准、资本市场压力、团队组织、管理者认知偏好、制度缺陷等方面（刘峰、茅宁，2010），对社会网络的嵌入造成企业目标的短期化，并不是因为放大了上述因素的作用，而是通过一个更为直接的逻辑：企业认为有长期成长的可能时才会追求长期目标，当企业预期其不可能获得长期、持续成长的空间时，企业的目标就会短期化。

相对于正规的要素市场，社会网络的资源提供功能带有很大的随机性，往往也是不可持续的。

一方面，在社会网络中，联结的构建和维系能够强化个体间的互惠动机，以保证在未来某个时刻获得支持和帮助，但由于"心余力绌"效应的客观存在，互惠动机与资源提供之间的转化是不确定的。比如，企业在某个时期需要融资，可能碰巧亲戚、朋友或者某一业务伙伴有闲置的资金愿意借给其使用，社会关系便替代银行贷款、发行债券等正规的融资方式为企业提供了资金支持。但是，没有哪个企业的社会网络成员会一直持有闲置资金并有能力随时满足企业对资金的需求，非正式的关系融资并不能稳定地持续下去（陈伟鸿，2004；李锦玲等，2011）。由社会网络提供的其他资源也都具有这种"此一时彼一时"的特点。

另一方面，社会网络中的联结本身就是不稳定的，随着时间的推移，网络中的个体会通过权衡保持联结的收益和成本策略性地调整网络的结构（Matthew and Alison，2002；Sanjeev and Fernando，2005）。当社会联结的收益和成本在其联系的两个个体间分布不对称时，联结更容易在一方非情愿的情况下被另一方单方面地撤销。即便联结仍然在形式上保持，个体间的互惠动机也有可能因为各种原因而私下里减弱，依靠社会网络获取资源的风险也自然会上升。正因为如此，多数情况下，社会网络的资源提供功能只是正规要素市场的一个补充，企业会相机选择使用社会网络以从关系中获得便利，大部分的要素供给仍然要借助于要素市场。不过，在一个要素市场不完备的经济系统中，当企业发现从要素市场获得生产资源的成本过高，转而依赖社会网络获取资源时，社会网络提供资源的这种随机性和不稳定性就会使企业无法在长期获得持续和充足的要素供给，导致企业对长期发展的预期下降，产生经营目标的短期化，进而引发企业的短期化行为。为了与上面分析的信息传递机制和资源提供机制相区别，我们把社会网络对企业行为的这一影响机制称为目标扭曲机制。

不难看出，目标扭曲机制其实是资源提供机制的一种极端化情况，是社会网络天然具有的资源提供功能被畸形放大之后才会导致的一种结果，其不适用于成熟的市场经济，但对于理解转轨经济中社会网络对企业行为的影响却是一个重要的视角。我们将从社会网络导致的企业目标扭曲的角度来分析中国市场中介组织发展中的不规范问题。

三、社会网络嵌入与中国市场中介组织行为异化：理论假说

中国历来是个重社会关系的国家，各行各业的经济活动都不同程度地受到社会网络的影响，但在中介服务业，这种影响表现得尤为突出，特别在获取资源方面，中介组织对社会网络存在着高度依赖。

改革开放30多年来，中国在产品市场完善和发展方面取得了巨大成就，但要素市场的改革进程却一直严重滞后，要素的市场化程度很低，政府对资金、土地等关键性生产资源的配置仍然拥有决定权。由于服务业行业分散、企业规模小、税收贡献低，不容易产生标志性的政绩工程，各级地方政府都愿意上大型工业项目，投资服务业的激励很低（白重恩，2007）。虽然随着国家近期出台的一系列大力发展服务业的政策，这种状况得到了一定程度的改观，但地方政府愿意扶植的服务行业都集中在软件、物流、信息等带有制造业特征的"硬"服务业，对不起眼、规模又小的中介服务业仍然从心里"不待见"，在获取资金、技术等生产要素方面，市场中介组织根本得不到政策优惠。此外，作为典型的服务企业，市场中介组织的核心资产就是其拥有的专业技能，没有较大规模的有形资产作为抵押品。在完善的法律环境中，无形资产可以得到充分界定和保护，获得投资的问题会较容易解决，而中国当前的法律环境还很欠缺，中介组织就很难从银行、金融市场等正规途径获得投资。要素市场的不完备加上法律环境的不完善，导致了中介组织在获取生产资源时，往往只能依赖亲戚、朋友、熟人等社会关系网络。

以上分析的资源只是一般意义上的生产要素，对于转轨时期中国的市场中介组织来说，其还需要一种特殊的资源——政府关系，而这种资源也只能来自社会网络。作为政府职能转换的产物，中国市场中介组织最初是依赖政府扶持设立或干脆由政府"独资"兴办并予以管理的。虽然经过一系列的脱钩改制，政府和中介组织之间的直接联系已经被打破，但绝大多数中介服务仍然面向政府。例如，目前中国注册会计师事务所的业务绝大部分集中在验资、年检等法定业务上，验资、年检源于工商部门的要求，外汇年检源于外汇管理部门的要求，国有企业会计报表的审计服务源于企业主管部门的要求，上市公司审计业务中政府是最大的股东（张展，2005）。专利、商标、企业注册、税务、报关、签证等代理类中介机构的业务也无一不是针对各个政府部门。特别是2008年世界金融危机之后，中国政府的大规模救市活动直接加大了政府对经济活动的调配权，企业除了要在各种规制环节与政府接触外，更需要为获取商业机会和发展空间与政府进行深层次的公关甚至寻租，而代替企业从事这类活动也成为中介服务的一项重要内容。因此，从某种意义上说，现阶段的中介服务主要就是代替经济个体与政府部门打交道，以节约经济个体与政府部门之间的交易成本。

那么，如何才能在办理与政府部门有关的业务时节约交易成本呢？最直接的办法就是动用所拥有的政府关系资源。很显然，"朝中有人好办事"，有亲戚、朋友或其他熟人在政府部门工作，才有可能在排队时享受插队甚至免于排队的特殊待遇，才有可能把正常情况下办不到的事情办成。于是，政府关系成为当下中介组织开展业务必需的一种关键资源。中介组织想方设法建立和维持与政府的关系纽带，理性的政府工作人员也自然不会放弃中介服务与政府之间的这种密切联系为其提供的创租和寻租好机会，纷纷到中介组织兼职，在离职或退休后进入中介服务业创业，或者让家属、亲戚和朋友开办与其主管业务相关的中介组织。然而，政府职位本身就是短期的，流动性也很高，再加上反腐败力度的不断加大，由社会网络提供的政府关系资源较其提供的其他资源更加不稳定，中介组织在利用政府关系资源时普遍存在"有权赶快用"的短期化心理。政府关系

对中介组织越重要，其目标的短期化扭曲也越严重。

在高度分工的市场经济中，中介组织的作用是依靠自身的专业化知识降低经济个体为获取分工带来的报酬递增而不得不承担的越来越高的交易成本，"独立、诚信、专业、规范"是中介服务业的典型特征。不过，从企业目标的时间维度来看，做到这四个方面会加大中介机构的短期成本，只有中介机构追求长期发展时，按照上述四个特征行事才会给其带来收益溢价，所以，这四个特征其实是长期目标下中介服务的盈利模式。反观中国的中介服务业，尽管政府不断加大监管，媒体也频繁曝光，很多中介组织的行为模式却一直仍在背离中介服务的行业特性，产业发展陷入一种低效率的均衡。社会网络影响企业行为的目标扭曲机制为解释这一现象提供了一个很好的视角。上面的分析说明，转轨时期中国要素市场的不完善以及中介服务与政府的密切关联使得市场中介组织在获取资源方面对社会网络存在着高度依赖，社会网络提供资源的随机性和不可持续性必然导致中介组织的目标发生短期化扭曲。当目标短期化之后，"独立、诚信、专业、规范"这些长期目标下的中介服务盈利模式对中介组织的吸引力自然下降，从事短期化行为的激励就会上升，我们看到的缺乏独立性、人员素质低、造假、违规经营，甚至为腐败牵线搭桥等中介服务业的各种乱象正是中介组织行为短期化的直观表现。

从这一新的视角出发，也不难理解现有研究无法解释的中国中介服务业存在的过度进入和市场结构持续高度分散的问题。在当前的转轨时期，政府规模庞大，数量众多的政府公务人员形成了相当可观的政府关系资源供给，激励了大量经济个体进入中介服务业寻租，而社会网络嵌入的目标扭曲机制又使得中介机构的目标短期化，热衷于同质经营，缺乏完善内部管理、投资人力资本和进行创新的激励，优势的中介机构难以形成，产业也就自然长期处于恶性竞争和市场结构高度分散的状态了。

综上所述，对社会网络的依赖越严重，中介组织的行为短期化也会越严重。根据导致中国中介组织依赖社会网络获取资源的两个主要原因，我们提出如下两个理论假说：

假说1：市场中介组织在获取常规生产要素方面对社会网络的依赖程度越高，其行为的短期化倾向越高。

假说2：市场中介组织在获取政府关系这种特殊资源方面对社会网络的依赖程度越高，其行为的短期化倾向越高。

四、社会网络嵌入对中国市场中介组织行为影响的实证检验

（一）数据来源与变量说明

由于以单个市场中介组织为样本无法获得满足计量检验要求的数据，考虑到当前中国中介组织在行为方面具有较高的同质性，我们采用了对企业行为实证检验中常用的以产业层面数据代替企业层面数据的做法，以中介服务业的数据作为实证对象。不过，在中国现行的产业分类中，并没有中介服务业这一分类。从市场中介组织的本质特征在于降低市场交易成本及促进市场经济体系有序、和谐运作方面来看，国内学者多采用平新乔（2000）提出的广义中介服务业概念，认为中介服务业可以细分为七类：①销售、广告与公关服务；②法律服务；③会计服务；④计算机软件与信息过程服务；⑤研发与技术服务；⑥商业组织服务（管理咨询业与劳动就业人员的录用服务）；⑦人力资源发展服务。中国自2006年起开始发布的《中国第三产业统计年鉴》中的租赁与商务服务业的统计口径涵盖了上述分类中的大部分，因此，我们在接下来的实证研究中用其代替中

介服务业。除非特别说明，文中所使用的数据均来自《中国第三产业统计年鉴》、《中国统计年鉴》和《中国基本单位统计年鉴》。实证研究的样本为中国 31 个省份，受数据可获性的限制，样本总体的时间跨度为 2003~2007 年。具体的变量设定如下：

1. 被解释变量

本文的被解释变量是中介机构行为的短期化倾向。直观上看，中介机构的短期化行为对应的就是造假、欺骗客户等各种各样被曝光的违规行为。不过，这些行为难以找到准确数据衡量，而且曝光的也只是冰山一角。实际上，当企业的目标发生短期化扭曲之后，无论是经营过程中与产品直接相关的市场行为，还是发生在产品市场之外的非市场行为，都会受到这种倾向的影响。刘峰等（2010）就发现，在转轨时期的中国，企业的短期化行为表现在生产、销售、分配、投资和迎合资本市场的短期化等很多方面。对中介机构来说，违规只是其短期化行为的一种极端形式，如果中介结构的行为确实受到社会网络嵌入引发的目标扭曲机制的作用，其日常的经营行为应当都会表现出短期化倾向。考虑到中介服务业的特点和数据的可获性，我们选择考察中介机构的规模扩张和投资两种行为。企业投资是为了获取未来收益，投放以资金为主要形式的资源、在生产经营领域开展的经济活动（叶蓓、袁建国，2007），规模扩张的收益也需要较长时间才能实现，在其他条件既定的情况下，中介机构越追求短期利益，越对长期发展缺乏信心，其扩张规模和进行投资的激励就越低。因此，我们分别用各省份中介服务业城镇就业人员数和中介服务业全社会固定资产投资除以各省份中介服务业法人单位数，得到以省份为样本的中介机构平均规模（Short$_1$）和平均投资支出（Short$_2$）两个指标，用来衡量其行为的短期化倾向，这两个指标的值越小，表示中介机构行为的短期化倾向越高。之所以用员工数量来衡量中介机构的规模是因为中介服务具有典型的人力资本密集特征，员工数量的多少直接代表着中介机构规模的大小。在计算中介机构平均投资支出时，为剔除物价水平变动的影响，我们以各省份的固定资产价格指数做平减处理，基期为 2003 年。由于现有数据中没有西藏地区的固定资产价格指数，针对 Short$_2$ 的实证中将其剔出。两个指标的具体计算结果见表 1 和表 2。

表 1　中国各省份市场中介组织的平均规模

单位：人

省份＼年份	2003	2004	2005	2006	2007	省份＼年份	2003	2004	2005	2006	2007
北京	15.7	13.1	9.6	9.6	9.8	湖北	17.8	13.1	9.9	7.9	5.0
天津	9.4	9.4	11.6	10.1	8.7	湖南	11.8	13.0	9.5	9.6	9.7
河北	8.3	10.0	10.0	9.6	8.2	广东	5.9	5.4	6.8	6.5	6.0
山西	12.8	8.3	8.5	9.2	8.4	广西	10.5	11.6	10.9	10.0	9.2
内蒙古	19.6	13.8	10.7	8.5	7.4	海南	4.2	7.6	7.8	7.7	9.8
辽宁	8.4	8.7	7.3	7.0	5.9	重庆	6.6	4.1	4.0	3.2	5.0
吉林	10.7	12.1	8.9	7.6	8.1	四川	3.5	3.6	5.3	4.2	4.0
黑龙江	12.8	12.7	10.8	9.2	8.1	贵州	18.6	15.6	10.7	9.1	9.1
上海	5.8	3.7	3.9	4.4	4.4	云南	5.9	6.5	6.1	8.0	9.4
江苏	4.4	4.5	4.3	3.5	3.2	西藏	5.8	7.7	8.2	6.7	14.4
浙江	5.1	6.1	6.8	7.4	5.9	陕西	7.9	10.0	8.7	8.0	7.1
安徽	7.0	8.3	8.0	6.8	7.3	甘肃	8.5	9.3	9.5	10.5	8.9
福建	6.4	5.6	5.7	5.6	5.3	青海	9.5	8.7	8.6	9.4	9.8
江西	3.6	5.1	6.7	5.7	5.2	宁夏	9.3	7.9	6.4	6.8	5.3
山东	7.5	7.6	8.2	6.2	5.6	新疆	18.1	14.0	13.0	13.1	12.0
河南	16.8	15.9	15.8	13.2	12.1	全国平均	9.6	9.1	8.5	7.9	7.7

可以看出，中国中介机构规模明显偏小，尽管不同省份存在差异，但中介机构的平均员工数量基本均在 10 人以下，而且呈逐年递减的趋势。2003 年全国的平均水平为 9.6 人，2007 年下降为 7.7 人。在投资方面，2003 年中介机构的年平均投资支出为 18.73 万元，2007 年增长为 29.10 万元，年均增长率为 11.6%，较同期服务业总体的企业平均投资增长率 15.9% 低了 4 个百分点左右，[①] 说明中国中介机构的投资激励也是偏低的。两个方面都反映出，现阶段中国中介组织对长期发展的考虑不足，行为模式确实存在短期化倾向。

表 2　中国各省份市场中介组织的平均投资水平

单位：万元

省份＼年份	2003	2004	2005	2006	2007	省份＼年份	2003	2004	2005	2006	2007
北京	12.31	7.84	6.83	8.99	7.54	湖北	27.23	15.32	17.76	38.11	45.39
天津	13.29	7.22	9.75	16.79	33.04	湖南	42.25	33.41	35.95	59.20	55.26
河北	64.49	86.65	61.56	77.29	66.96	广东	11.68	13.56	7.86	15.34	16.03
山西	4.32	0.72	1.82	2.58	2.11	广西	13.23	9.98	12.73	15.02	21.64
内蒙古	10.59	18.81	22.16	13.33	7.57	海南	14.65	5.86	7.53	8.33	8.82
辽宁	11.32	22.01	27.99	35.54	45.64	重庆	16.48	21.45	30.86	10.80	17.61
吉林	17.19	10.90	37.70	81.78	98.43	四川	6.38	15.48	12.94	12.78	9.63
黑龙江	29.70	12.78	20.88	21.16	12.08	贵州	12.37	18.24	16.41	3.99	9.43
上海	1.26	1.50	3.81	2.38	3.07	云南	5.71	12.50	7.98	1.17	19.76
江苏	13.90	19.69	23.85	24.88	36.27	西藏	—	—	—	—	—
浙江	32.83	19.47	31.87	21.64	25.92	陕西	61.01	33.85	31.28	96.71	92.01
安徽	14.75	59.02	36.72	30.31	41.42	甘肃	17.51	28.38	32.54	36.95	18.40
福建	23.09	17.65	16.06	21.07	21.15	青海	3.47	4.85	13.95	20.04	26.26
江西	11.49	19.26	24.01	37.58	67.76	宁夏	6.15	7.37	1.77	6.18	3.79
山东	32.36	30.09	40.14	29.08	23.85	新疆	11.63	30.06	12.36	14.14	12.65
河南	19.14	19.99	37.01	23.00	23.56	全国平均	18.73	20.13	21.47	26.20	29.10

2. 解释变量

（1）在获取常规生产要素方面对社会网络的依赖程度：中介组织依靠社会网络获取生产要素主要是因为要素市场的不完善，而要素市场越不发达，中介组织对社会网络的依赖就越严重，因此，我们用来自于《中国市场化指数》的各省份要素市场化发育程度（Factor）来对其进行间接衡量。

（2）在获取政府关系方面对社会网络的依赖程度：根据前面的分析可知，中国政府在转轨时期对经济的强大影响力是导致中介组织需要依赖社会网络获取政府关系的主要原因。因此，中介组织在这方面对社会网络的依赖程度可以用政府对经济影响力的大小来间接反映。我们选择两个指标：①衡量政府经济影响力最常用的政府财政支出规模（Gov₁），为各地区政府财政支出占当地生产总值的比重；②政府的人员规模（Gov₂），为各地区政府工作人员数量占当地职工总人数的比重。在中国，政府的人员规模大小与政府的行政职权范围正相关，中介组织的业务直接针对政府的各项职能，其与政府的社会关系网络也是以政府工作人员为网络的核心节点，所以，我们预期，政府的人员规模可能会比财政支出规模更好地反映中国中介组织因获取政府关系而引发的对社会网络的依赖。

---

① 根据《中国第三产业统计年鉴》中的数据计算得到。

3. 控制变量

为提高回归结果的准确性，在针对以中介组织平均组织规模表示的中介结构行为短期化倾向 $Short_1$ 的回归中，我们引入两个控制变量：①第三产业企业的平均组织规模（Average），为各地区第三产业城镇就业人数与各地区第三产业法人单位数之比，其中第三产业城镇就业人数由《中国统计年鉴》中第三产业各细分行业的城镇就业人数加总得出，第三产业法人单位数来自《中国基本单位统计年鉴》；②各地区中介服务业的国有企业比重（State），为各地区中介服务业国有单位就业人员数与中介服务业全部城镇就业人数之比，数据来源于《中国劳动力统计年鉴》。我们预期，前者应当与 $Short_1$ 正相关，后者应当负相关，因为国有企业更倾向于小而全，并且国有的中介组织往往是政府化解人员精简压力的一种途径，并非按照市场规律组建和运作，规模通常偏小（刘晓彬，2009）。

在针对以平均投资支出衡量的中介组织行为短期化倾向的 $Short_2$ 回归中，引入各地区中介服务业总产出（Output）作为控制变量。因为没有 2003 年的同口径数据，我们将这组回归的时间跨度缩短为 2004~2007 年，并采用各年份各地区生产总值的指数做平减处理。正常情况下，总产出越高，企业的平均投资支出规模也应当越高，但如果企业的产出增长本身是受短期化目标驱使的，企业则更愿意将资金投入那些能够产生短期效益的领域，比如广告、促销等（郝颖、刘星，2010）。总产出可能与平均投资支出无关，甚至负相关。

各变量的描述性统计结果见表 3。

表 3 变量的描述性统计结果

变量	样本数	最小值	最大值	均值	标准差
$Short_1$（中介组织平均规模，人）	155	3.17	19.59	8.56	3.36
$Short_2$（中介组织平均投资支出，万元）	120	0.72	98.42	24.23	20.73
Factor（要素市场化发育程度，评分）	155	1.27	11.93	4.64	2.52
Gov_1（财政支出规模）	155	0.08	0.80	0.18	0.11
Gov_2（政府的人员规模）	155	0.05	0.38	0.12	0.05
Average（第三产业企业平均规模，人）	155	7.16	27.26	16.54	3.91
State（国有企业比重）	155	0.24	0.84	0.58	0.13
Output（中介服务业总产出，亿元）	120	14.04	1667.94	292.91	396.18

（二）实证方法与结果

根据前面提出的理论假说，我们建立如下两个计量经济模型：

$$\ln Short_{1it} = c_1 + \alpha_1 Factor_{it} + \beta_1 Gov_{1it} + \gamma_1 Gov_{2it} + \lambda Average_{it} + \theta State_{it} + \upsilon_{it} \tag{1}$$

$$\ln Short_{2it} = c_2 + \alpha_2 Factor_{it} + \beta_2 Gov_{1it} + \gamma_2 Gov_{2it} + \varphi\_n Output_{it} + \varepsilon_{it} \tag{2}$$

变量 $Short_1$、$Short_2$ 和 Output 的数值在不同样本点间差异较大，为减少异常值的影响，在回归中我们对这三个变量进行了对数处理。通过 Hausman 检验发现，式（1）和式（2）都更适合用固定效应模型进行估计。由于本文两个回归模型截面上的样本点相对较大，考虑到各地区经济状况差异可能会造成面板数据模型中的异方差问题，在接下来的回归中采用怀特（White）异方差修正方法对这一问题进行了处理。

表 4 列出了式（1）和式（2）的回归结果。可以看出，两个计量模型的总体拟合优度都很显著，能够很好地解释市场中介组织行为的短期化倾向。从解释变量来看，无论是用规模扩张激励还是投资激励来衡量中介组织行为的短期化倾向，反映要素市场化发育程度的变量的回归系数均显著为正。由于变量 Factor 本身与中介组织在获取常规生产要素方面对社会网络的依赖程度是负

相关的，因此，由获取生产资源导致的中介组织对社会网络的依赖越严重，中介组织的规模扩张激励和投资激励越低，行为的短期化倾向越高，验证了本文提出的假说1。

衡量中介组织在获取政府关系方面对社会网络依赖程度的两个变量中，财政支出规模（Gov_1）在两次回归中都不显著，而政府人员规模（Gov_2）的回归系数则均在1%的水平上显著为负。这和我们之前的预期相符。政府增加财政支出对经济产生的"硬影响力"并不是引发当前经济个体对政府关系这种特殊资源产生刚性需求的直接原因，相反，在对政府行为缺乏有效约束的转轨时期，政府的职能存在很大弹性空间，使得政府工作人员手中掌握了大量隐性权力，政府关系的价值来自于政府工作人员相机运用权力对经济施加的"软影响力"。由于每一个政府工作人员都是一个潜在的寻租节点，政府的工作人员越多，职权范围越广，经济个体面对的与政府有关的交易成本越高，以节约交易成本为主要功能的中介组织越需要通过与政府工作人员之间的社会网络获得政府关系这种特殊资源，在目标扭曲机制的作用下，其行为的短期化倾向也越高，所以政府人员规模（Gov_2）才会与两个被解释变量显著负相关，验证了本文提出的假说2。

表4　回归结果

解释变量	被解释变量	
	$Short_1$	$Short_2$
模型选择	固定效应模型	固定效应模型
常数项	0.65	9.09***
	(0.45)	(7.72)
Factor（要素市场化发育程度）	0.29***	0.11**
	(3.17)	(2.56)
Gov_1（财政支出规模）	12.78	1.46
	(0.87)	(0.66)
Gov_2（政府的人员规模）	−85.83***	−19.22***
	(−9.15)	(−6.87)
Average（第三产业平均组织规模）	0.86***	—
	(18.86)	
State（国有企业比重）	−3.18***	—
	(−5.77)	
Output（中介服务业总产出）	—	−0.98**
		(−6.49)
样本数	155	120
R−squared	0.94	0.82
F值	49.56	172.34
Prob（F）	0.0000	0.0000

注：* 表示10%显著性，** 表示5%显著性，*** 表示1%显著性。

在控制变量方面，三个控制变量的回归符号均符合我们的预期并且显著。特别是在对 $Short_2$ 的回归中，中介服务业总产出（Output）的回归系数为负，说明总产出越高，中介组织的平均投资支出越低。这一现象看似有悖常理，但正像前面分析的那样，如果中介组织的行为本身追求的是短期化目标，其总产出就会与投资支出负相关。因此，这一回归结果也从另一个侧面说明了当前中国中介组织的行为确实在很大程度上是受短期化目标驱使的。

五、结论与政策建议

　　市场中介组织的发展水平是衡量一个国家市场体系健全程度的重要标志。中国市场中介组织发展不规范不但严重加大了市场运行的交易成本，还波及整个宏观经济的稳定，如房地产中介的违规造市直接加重了二手房的价格泡沫，鉴证类中介组织的作假行为助长了整个社会诚信缺失的蔓延。通过有效措施切实规范市场中介组织的发展，是中国当前深化经济体制改革、提高经济运行质量必须解决的一个问题。

　　本文从社会网络约束下的市场中介组织行为异化这一新的视角系统考察了中国市场中介组织的发展不规范问题，并利用中国31个省份的面板数据进行了实证检验。我们的研究发现，中国市场中介组织普遍、持续的不规范现象实质是中介组织的行为模式背离了中介服务"独立、诚信、专业、规范"的要求而引发的产业演进低效率均衡，转型时期市场中介组织在获取资源方面对社会网络的高度依赖使中介组织的经营目标发生短期化扭曲，进而引发短期化行为则是导致这种背离的根本原因。源自目标短期化扭曲的不规范行为具有内生性，加强外部监管只能治标但不能治本，所以目前政府以"堵"为主要思路对市场中介组织进行的一系列清理整顿效果是不理想的。切实规范市场中介组织的行为，必须从源头上解决对社会网络的依赖导致的中介组织目标短期化问题，重点包括以下三方面：

　　（1）加快完善要素市场，消除市场中介组织在通过市场途径获取资金、技术等生产要素方面面临的障碍。我们的研究表明，社会网络天然具有的资源提供功能可以在很多时候给企业带来便利，但如果这一功能被畸形放大，就会通过扭曲企业的经营目标引发企业的短期化行为。对中国的市场中介组织而言，难以通过正规的要素市场获得发展所需的资源是迫使中介组织转而依赖社会网络并产生目标短期化扭曲的一个重要原因。要想从根本上消除市场中介组织的各种不规范行为，需要进一步加大要素市场化改革，建立针对市场中介组织等以人力资本投入为主、缺乏有形资产抵押的小型服务企业的融资机制和担保机制。可以尝试借鉴发达国家的做法，鼓励中介组织的行业协会搭建相应平台，为单个中介组织以市场化方式获取生产要素提供信息服务和信用担保。

　　（2）逐步缩小政府的人员规模，减少政府对经济活动的干预程度。我们的研究发现，除了要素市场的不完善之外，当前中国市场中介组织对社会网络的高度依赖更主要源于"强政府"的经济体制，而政府工作人员手中的隐性权力则是诱发和维系这种社会网络嵌入的关键。因此，应当大力推行电子政务，遏制政府机构的人员扩张倾向，在精简人员的同时，缩小政府对经济的干预空间，提高政府规制过程的透明度，降低经济个体对政府关系这种特殊资源的需求，改变当前中介服务以政府为核心的局面。同时，还要进一步建立和强化政府工作人员的回避制度，禁止政府工作人员在任职期间以及离职之后开办或者委托其亲属开办与其主管业务有关的市场中介组织，以阻断中介组织和政府工作人员之间的寻租链条。

　　（3）加大中介服务业吸引外资的力度，鼓励本土的市场中介组织与外资机构进行合作。吸引外资可以缓解中国中介机构因本土要素市场不完善导致的资源获取压力，减轻由此引发的对社会网络的依赖。与外资机构合作还可以拓展中国市场中介组织的业务领域，提升服务能力，减少其对政府关系的依赖。不过，现阶段外资中介机构多采取独资的方式进入中国，并且主要为在华的跨国公司服务，而内资的中介机构则针对国内企业，二者形成了两个独立封闭的网络，外资的进入对中国本土中介机构的学习、示范和带动效应非常有限。因此，通过引进外资削弱中国市场中介组织对社会网络的依赖需要政府采取措施鼓励外资中介机构与本土中介机构进行合作，打破中介服务在跨国企业和本土企业之间的市场分割，为本土中介机构加入跨国企业的服务产业链创造条件。

需要说明的是，受数据可获得性的限制，本文实证部分只间接衡量了市场中介组织对社会网络的依赖程度，这可能会影响实证结果的准确性。我们将在今后的研究中收集能够准确衡量中介组织嵌入社会网络程度的直接数据，以弥补这一不足。

参考文献

[1] 白重恩. 法制、政府干预与服务业发展 [A]// 吴敬琏. 比较 [C]. 北京：中信出版社，2007.

[2] 陈伟鸿. 民营企业关系融资及其拓展 [J]. 管理世界，2004（10）：143-145.

[3] 陈艳莹，原毅军. 基于网络效应的中介服务业市场结构研究 [J]. 当代财经，2004（5）：85-88.

[4] 陈艳莹. 买方行为、社会网络与服务业的产业政策 [J]. 财经研究，2007，33（12）：17-25.

[5] 储小平. 社会资本与华人家族企业的创业及发展 [J]. 南开管理评论，2003（6）：8-12.

[6] 郭国庆，王海龙. 市场中介组织的规范与发展 [J]. 经济理论与经济管理，2006（2）：37-41.

[7] 郝颖，刘星. 基于公司治理视角的企业投资行为研究 [J]. 财经科学，2010（9）：63-70.

[8] 李锦玲，李延喜，栾庆伟. 关系融资、银行信贷与新创企业绩效的关系研究 [J]. 国际金融研究，2006（6）：66-75.

[9] 刘峰，茅宁. 企业短期化行为成因分析 [J]. 南京社会科学，2010（10）：68-72.

[10] 刘仁军. 关系契约与企业网络转型 [J]. 中国工业经济，2006（6）：91-98.

[11] 刘晓彬. 经济转型期我国市场中介组织改革路径 [J]. 经济体制改革，2009（3）：175-177.

[12] 刘洋. 基于不同类型社会资本视角的企业行为演进分析 [J]. 湖北社会科学，2008（3）：87-90.

[13] 平新乔. 中国的市场中介服务业 [EB/OL]. http://big5.ccer.edu.cn/download/485-1.doc，2000.

[14] 石军伟. 社会资本与企业行为选择 [M]. 北京：北京大学出版社，2008.

[15] 孙大鹏，朱振坤. 社会网络的四种功能框架及其测量 [J]. 当代经济科学，2010，32（2）：69-77.

[16] 吴敬琏，黄少卿. 创新还是寻租：中国转型制度环境与企业家才能配置 [EB/OL]. http://www.doc88.com/p-73342394598.html，2006.

[17] 叶蓓，袁建国. 企业投资的行为公司财务研究综述 [J]. 会计研究，2007（12）：76-82.

[18] 张展. 中国市场中介组织有效性分析 [J]. 沈阳师范大学学报（社会科学版），2005，29（6）：27-29.

[19] 张展. 中国市场中介组织的发展研究 [M]. 北京：中国经济出版社，2007.

[20] 朱志宏. 市场中介组织的界定研究 [J]. 山西高等学校社会科学学报，2006，18（12）：50-52.

[21] Andrea Galeotti, Sanjeev Goyal. A Theory of Strategic Diffusion [R]. FEEM Working Paper No.70, 2007. Available at SSRN: http://ssrn.com/abstract=996377.

[22] Clerides, S. et al. Intermediaries as Quality Assessors: Tour Operators in the Travel Industry [J]. International Journal of Industrial Organization, 2008, 26 (1): 372-392.

[23] François Fontaine. A Simple Matching Model with Social Networks [J]. Economics Letters, 2007 (94): 396-401.

[24] Kurt Annen. Social Capital, Inclusive Networks and Economic Performance [J]. Journal of Economic Behavior & Organization, 2003 (50): 449-463.

[25] Matthew O. Jackson, Alison Watts. The Evolution of Social and Economic Networks [J]. Journal of Economic Theory, 2002, 106 (2): 265-295.

[26] Michael Y. Yuan. The Effects of Barriers to Entry on Monopolistic Intermediary Online Services: The Case of a Digital Library [J]. Socio-Economic Planning Sciences, 2008, 42 (1): 56-73.

[27] Sanjeev Goyal and Fernando Vega-Redondo. Network Formation and Social Coordination [J]. Games and Economic Behavior, 2005 (50): 178-207.

中国文化产业全要素生产率：基于 Ray 和 Desli 的 Malmquist 指数分解法的研究[*]

黄永兴　徐　鹏[**]

一、引　言

工业经济向文化经济转变使文化产业不仅成为一个国家经济增长的新引擎，同时也是衡量一个国家地区经济现代化水平的重要标志之一。近几年来，中国文化产业呈现出了良好的发展态势，但相对于欧美经济体而言，中国文化产业还存在明显的"三低"现象，即文化产业增加值比重、就业比重以及人均增加值均较低，且文化产业发展亦呈现地区性差异。第二次全国经济普查数据显示，2008 年中国文化产业增加值占同期国内生产总值、文化产业从业人员占全国从业人员比重和人均文化产业增加值分别为 2.43%、1.53% 和 6.46 万元，远低于欧美发达国家水平；2008 年东部地区文化产业法人单位数量占全国的 59.2%，从业人员数占 67.3%，拥有资产占 75.2%，营业收入占 77.7%，增加值占 68.7%，远高于中、西部地区。为此，2009 年 9 月，中国出台了《文化产业振兴规划》，该规划明确指出，要继续深化文化体制改革、大力发展文化产业、优化文化产业结构、增强文化产业国际竞争力。

现代经济增长理论认为，技术创新与效率改善是经济长期增长的重要因素。文化产业的长期增长也不例外。关于中国文化产业技术创新与效率问题，国内学者进行了有益探讨。郭国峰、郑召峰（2009）从投入与产出角度，利用 DEA 模型对中部六省文化产业发展绩效进行了综合评价，并运用结构方程模型模拟了文化产业的投入、产出作用路径。王家庭、张容（2009）利用经济普查资料，借助三阶段 DEA 模型，对 2004 年中国 31 个省市文化产业效率进行了评估，结果表明，中国文化产业技术效率整体偏低，规模效率尤为低下。马萱、郑世林（2010）利用省级面板数据，借助 DEA 模型对 1998~2006 年中国文化产业效率进行了分析，结果显示，中、西部地区与东部地区文化产业效率差距正逐渐缩小。张仁寿等（2011）基于 2007 年 13 省市文化产业投入产出数据，采用 DEA 超效率模型和规模报酬不变模型，对文化产业绩效进行了实证分析，结果表明，广东省文化产业综合效率得分排名第一，但由于缺乏自主创新与原创能力，广东省文化产业总体上还不具备国际竞争力。

综合来看，对文化产业的研究，国内已有文献侧重于效率分析，而对其全要素生产率却鲜有关注，究其原因主要是文化产业数据质和量的双重不足。由于数据的易得性和 DEA 的优越性，目

---

* 安徽省哲学社会科学规划项目"提升安徽文化产业竞争力研究"（项目编号：AHSK09–10D48）。

** 黄永兴，1965 年生，男，江苏海门人，安徽工业大学经济学院教授，硕士生导师；徐鹏，1986 年生，男，安徽当涂人，安徽工业大学经济学院硕士研究生。

前中国全要素生产率的研究主要集中于宏观经济总体（如 Zheng 和 Hu，2006；王兵等，2010）和工业层面（如李小平、朱钟棣，2005；杨俊、邵汉华，2009），研究方法主要为 DEA-Malmquist 指数法。不过，目前国内对 DEA-Malmquist 指数法的应用，大多遵循 Fare 等（1992，1994）的思路（如颜鹏飞等，2004；郭庆旺等，2005；吴延兵，2008，2011；魏下海，2009，2010）。但由于 Fare 等（1992，1994）的思路存在一些不足（章祥荪、贵斌威，2008），而 Ray 和 Desli（1997）发展的方法能比较好地解决此问题。为此，本文按照 Ray 和 Desli（1997）提出的 DEA-Malmquist 指数分解法，基于国家统计局发布的 2004 年与 2008 年文化产业相关统计数据，对中国文化产业全要素生产率、纯效率变化、技术变化和规模效率变化进行测算，并进一步探讨导致文化产业全要素生产率变化的原因。

本文结构如下：第一部分是简单的介绍；第二部分对 DEA-Malmquist 指数及其分解进行梳理；第三部分探讨数据选取问题，并对变量含义进行说明；第四部分报告中国文化产业全要素生产率的分析结果；第五部分给出研究结论与建议。

二、研究方法

Malmquist 指数最先由瑞典学者 Malmqiust 于 1953 年提出，后由 Charnes 等（1978）、Caves 等（1982a，1982b）、Fare 等（1992）、Fare 等（1994）、Ray & Desli（1997）、Simar & Wilson（1998）等进行了发展，目前该指数广泛应用于生产率测算中。

为便于研究，本文按照 Simar & Wilson（1998）的思路，在引入生产可能集、距离函数、样本估计等概念的基础上，对 Malmquist 指数及其分解进行梳理。

对投入 $x \in R_+^p$，产出 $y \in R_+^q$，t 期生产可能集 P^t 定义为：

$$P^t = \{(x, y) | 在 t 期，x 可以生产 y\} \tag{1}$$

P^t 满足 Shephard（1970）和 Fare（1988）提出的假设：第一，P^t 为凸的有界闭集；第二，P^t 不包含零要素投入，即，若 $y \geqslant 0$，$x = 0$，则 $(x, y) \notin P^t$；第三，投入产出变量是强可处置的，即，如果 $(x, y) \notin P^t$，那么 $\tilde{x} \geqslant x \Rightarrow (\tilde{x}, y) \in P^t$，$\tilde{y} \geqslant y \Rightarrow (x, \tilde{y}) \in P^t$。

P^t 上界可以被看作是技术或生产前沿 F^t：

$$F^t = \{(x, y) | (x, y) \in P^t, (x/\lambda, y) \notin P^t \forall \lambda > 1, (x, y/\theta) \notin P^t \forall \theta < 1\} \tag{2}$$

按照 Shephard（1970）定义，决策单元 i 的第 t_j 期生产活动单元相对于 t_k 期生产可能集的产出距离函数可定义为：

$$D^{t_k}(x_i^{t_j}, y_i^{t_j}) \equiv \inf\{\theta > 0 | (x_i^{t_j}, y_i^{t_j}/\theta) \in P^{t_k}\} \tag{3}$$

$D^{t_k}(x_i^{t_j}, y_i^{t_j})$ 可以看作，在投入变量保持不变时，t_j 期决策单元 i 到 t_k 期生产可能集 P^{t_k} 超平面的距离。如果 $t_j = t_k = t$，那么 $D^{t_k}(x_i^{t_j}, y_i^{t_j}) \leqslant 1$。其中，$D^{t_k}(x_i^{t_j}, y_i^{t_j}) = 1$ 表示决策单元 i 位于 P^t 前沿上，按照 Farrell（1953）术语，生产相对于可能集而言是技术有效的；如果 $t_j \neq t_k$，那么有 $D^{t_k}(x_i^{t_j}, y_i^{t_j})$ $(<, =, >)$ 1。

依据 Simar & Wilson（1998），定义 V^t 为 P^t 生成的角顶为原点的凸锥，且有 $P^t \subseteq V^t$。如果 F^t 始终显示为规模报酬不变（CRS），那么有 $P^t = V^t$，反之有 $P^t \subset V^t$。类似于式（3），V^t 的产出距离函数可定义为：

$$\Delta^{t_k}(x_i^{t_j}, y_i^{t_j}) \equiv \inf\{\theta > 0 | (x_i^{t_j}, y_i^{t_j}/\theta) \in V^{t_k}\} \tag{4}$$

$\Delta^{t_k}(x_i^{t_j}, y_i^{t_j})$ 与 $D^{t_k}(x_i^{t_j}, y_i^{t_j})$ 一样，都给出了距离的规化测度。只不过当 $t_j = t_k$，有 $\Delta^{t_k}(x_i^{t_j}, y_i^{t_j}) \leqslant D^{t_k}(x_i^{t_j}, y_i^{t_j}) \leqslant 1$，而当 $P^t = V^t$，则有 $\Delta^{t_k}(x_i^{t_j}, y_i^{t_j}) = D^{t_k}(x_i^{t_j}, y_i^{t_j})$。

据 Caves 等（1982a，1982b）研究，从 t_1 期到 t_2 期的 Malmquist 生产率指数可定义为：

$$M(x_i^{t_1}, y_i^{t_1}, x_i^{t_2}, y_i^{t_2}) = \left(\frac{\Delta^{t_1}(x_i^{t_2}, y_i^{t_2})}{\Delta^{t_1}(x_i^{t_1}, y_i^{t_1})} \times \frac{\Delta^{t_2}(x_i^{t_2}, y_i^{t_2})}{\Delta^{t_2}(x_i^{t_1}, y_i^{t_1})} \right)^{1/2} \tag{5}$$

1992 年，Fare 等在 Caves 等（1982）研究的基础上，首次将 Malmquist 指数分解为效率变化 ΔEff 和技术变化 ΔTech。1994 年，Fare 等又将 ΔEff 项进一步分解为纯效率变化 ΔPureEff 和规模变化 ΔScale。

$$M(x_i^{t_1}, y_i^{t_1}, x_i^{t_2}, y_i^{t_2}) = \underbrace{\left(\frac{\Delta^{t_2}(x_i^{t_2}, y_i^{t_2})}{\Delta^{t_1}(x_i^{t_1}, y_i^{t_1})} \right)}_{\Delta Eff} \times \underbrace{\left(\frac{\Delta^{t_1}(x_i^{t_2}, y_i^{t_2})}{\Delta^{t_2}(x_i^{t_2}, y_i^{t_2})} \times \frac{\Delta^{t_1}(x_i^{t_1}, y_i^{t_1})}{\Delta^{t_2}(x_i^{t_1}, y_i^{t_1})} \right)^{1/2}}_{\Delta Tech}$$

$$= \underbrace{\left(\frac{D^{t_2}(x_i^{t_2}, y_i^{t_2})}{D^{t_1}(x_i^{t_1}, y_i^{t_1})} \right)}_{\Delta PureEff} \times \underbrace{\left(\frac{\Delta^{t_2}(x_i^{t_2}, y_i^{t_2})/D^{t_2}(x_i^{t_2}, y_i^{t_2})}{\Delta^{t_1}(x_i^{t_1}, y_i^{t_1})/D^{t_1}(x_i^{t_1}, y_i^{t_1})} \right)}_{\Delta Scale} \times$$

$$\underbrace{\left(\frac{\Delta^{t_1}(x_i^{t_2}, y_i^{t_2})}{\Delta^{t_2}(x_i^{t_2}, y_i^{t_2})} \times \frac{\Delta^{t_1}(x_i^{t_1}, y_i^{t_1})}{\Delta^{t_2}(x_i^{t_1}, y_i^{t_1})} \right)^{1/2}}_{\Delta Tech} \tag{6}$$

然而，Simar & Wilson（1998）和 Lovell（2003）指出，Fare 等 1992 年的分解是没有意义的，这是因为其所采用的生产前沿 F^t 始终显示为 CRS，而现实中的 F^t 却是未知的，如果 F^t 为 VRS，则该分解将不会体现真实技术变化。对于 Fare 等 1994 年的分解，Ray & Desli（1997）和 Simar & Wilson（1998）认为其存在内在不一致性，具有逻辑上的错误。第一，若现实中的 F^t 始终显示为 CRS，则技术变化项将会正确显示 F^t 的位移，而规模效率将始终不变；第二，若 F^t 为 VRS，则技术变化项将与 Fare 等（1992）技术变化项一样，不能显示真实技术变化。

鉴于 Fare 等（1994）分解所存在的问题，1997 年 Ray & Desli 提出了一个以 VRS 前沿为基准的分解方法，即：

$$M(x_i^{t_1}, y_i^{t_1}, x_i^{t_2}, y_i^{t_2}) = \underbrace{\left(\frac{D^{t_2}(x_i^{t_2}, y_i^{t_2})}{D^{t_1}(x_i^{t_1}, y_i^{t_1})} \right)}_{\Delta PureEff} \times \underbrace{\left(\frac{D^{t_1}(x_i^{t_2}, y_i^{t_2})}{D^{t_2}(x_i^{t_2}, y_i^{t_2})} \times \frac{D^{t_1}(x_i^{t_1}, y_i^{t_1})}{D^{t_2}(x_i^{t_1}, y_i^{t_1})} \right)^{1/2}}_{\Delta Tech}$$

$$\times \underbrace{\left(\frac{\Delta^{t_1}(x_i^{t_2}, y_i^{t_2})/D^{t_1}(x_i^{t_2}, y_i^{t_2})}{\Delta^{t_2}(x_i^{t_1}, y_i^{t_1})/D^{t_2}(x_i^{t_1}, y_i^{t_1})} \times \frac{\Delta^{t_1}(x_i^{t_2}, y_i^{t_2})/D^{t_1}(x_i^{t_2}, y_i^{t_2})}{\Delta^{t_2}(x_i^{t_1}, y_i^{t_1})/D^{t_2}(x_i^{t_1}, y_i^{t_1})} \right)^{1/2}}_{\Delta SCH} \tag{7}$$

式中，纯效率变化 ΔPureEff 体现了"追赶效应"，技术变化项 ΔTech 体现了真实技术的变化，ΔSCH 为 Ray & Desli 所定义的规模效率变化。由于 Ray & Desli 与 Fare 等对技术变化有不同定义，由此也导致二者对规模变动的不同界定。Ray & Desli 认为规模变化应反映沿同一生产前沿的变动，而不是 Fare 等（1994）分解所表示的沿不同生产前沿变动。虽然 Fare 等（1997）、Simar & Wilson（1998）并没认可 Ray & Desli（1997）的规模效率变化分解，但该分解还是得到了 Lovell（2003）的理论支持。

为进一步明确上述分解，下面使用图 1 对其进行说明。假设，在研究期间内，一种投入生产一种产出，决策单元一直位于 A 点，现实前沿技术从 T_1 上移至 T_2。由于决策单元始终位于 A 点，从而生产率将保持不变，即 $M(x_i^{t_1},\ y_i^{t_1},\ x_i^{t_2},\ y_i^{t_2}) = 1$。由式（6）可得，$\Delta Tech = (\frac{a/d}{a/d} \times \frac{a/d}{a/d})^{1/2} = 1$，而由式（7）可知，$\Delta Tech = (\frac{a/b}{a/c} \times \frac{a/b}{a/c})^{1/2} = \frac{b}{c} > 1$。由于现实前沿技术是进步的，显然 Fare 等 1992 年和 1994 年对 $\Delta Tech$ 的定义欠合理，而 Ray & Desli（1997）所提出的 $\Delta Tech$ 项则体现了该种进步。

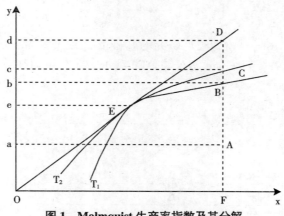

图 1　Malmquist 生产率指数及其分解

Simar & Wilson（1998）指出，生产可能集 P^t 和凸锥 V^t 是不可观测的，因此式（5）~（7）的产出距离函数、Malmquist 指数及其分解也是不可观测的，此时需要用样本对其进行推断。

设样本为 $S^t = \{(x_i^t,\ y_i^t)|i = 1,\ \cdots,\ n\}$，那么在数据包络技术（DEA）中，由样本 S^t 推断出的生产可能集 $\hat{P}^t$ 和凸锥 $\hat{V}^t$ 分别为

$$\hat{P}^t = \{(x,\ y)|y \leq Y^t\lambda,\ x \geq X^t\lambda,\ z\lambda = 1,\ \lambda \in R_+^n\} \tag{8}$$

$$\hat{V}^t = \{(x,\ y)|y \leq Y^t\lambda,\ x \geq X^t\lambda,\ \lambda \in R_+^n\} \tag{9}$$

式中，$Y^t = [y_1^t,\ \cdots,\ y_n^t]$，$X^t = [x_1^t,\ \cdots,\ x_n^t]$，z 为元素全为 1 的 $1 \times n$ 向量，λ 为 $n \times 1$ 的权重向量。

利用 $\hat{P}^t$ 替换 P^t，$\hat{V}^t$ 替换 V^t，可得相应产出距离函数：

$$\hat{D}^{t_k}(x_i^{t_j},\ y_i^{t_j}) = \max\{\theta|\theta y_i^{t_j} \leq Y^{t_k}\lambda,\ x_i^{t_j} \leq X^{t_k}\lambda,\ z\lambda = 1,\ \lambda \in R_+^n\} \tag{10}$$

$$\hat{\Delta}^{t_k}(x_i^{t_j},\ y_i^{t_j}) = \max\{\theta|\theta y_i^{t_j} \leq Y^{t_k}\lambda,\ x_i^{t_j} \leq X^{t_k}\lambda,\ \lambda \in R_+^n\} \tag{11}$$

利用 $\hat{D}^{t_k}(x_i^{t_j},\ y_i^{t_j})$ 替换 $D^{t_k}(x_i^{t_j},\ y_i^{t_j})$，$\hat{\Delta}^{t_k}(x_i^{t_j},\ y_i^{t_j})$ 替换 $\Delta^{t_k}(x_i^{t_j},\ y_i^{t_j})$，即得式（6）与式（7）的 Malmquist 指数及其分解项估计值，即 $\hat{M}(x_i^{t_1},\ y_i^{t_1},\ x_i^{t_2},\ y_i^{t_2})$、$\hat{\Delta}PureEff$、$\hat{\Delta}Tech$、$\hat{\Delta}SCH$ 和 $\hat{\Delta}Scale$。

三、数据说明与变量选取

Malmquist 指数及其分解对数据与变量的选取要求比较严格，如选取不当，将会对结果产生很大影响。

（一）数据说明

目前，国内文化产业研究数据主要来源有两个。一是国家统计局发布的《中国文化产业发展情况报告（2004）》和《中国文化产业发展情况报告（2008）》。二是国家文化部编纂的历年《中国文化文物统计年鉴》。前者是按照 2004 年中国《文化及相关产业分类》标准，基于全国经济普查数据，核算得出的文化产业基础数据。后者是根据各地区文化主管部门报送的文化及相关产业统计年报和文化部对外文化联络（港、澳、台）司的有关报表整理编印的文化、文物基础数据。从统计口径看，前者要远大于后者。以 2008 年文化产业增加值为例，前者统计为 7630 亿元，而后者仅为 762.43 亿元，两者相差 9 倍有余。究其原因，前者将"文化产业"的概念界定为：为社会公众提供文化、娱乐产品和服务的活动，以及与这些活动有关联的活动的集合。具体包括 9 个大类、24 个中类和 80 个小类。而后者仅包括艺术业、图书馆业、群众文化业、文化娱乐业 4 个类别。查阅国民经济行业分类和代码表可发现，后者核心分项指标大部分均来自第三产业的文化艺术服务和文化休闲娱乐服务类。

为全面反映中国文化产业发展现状，本文认为国家统计局发布的《中国文化产业发展情况报告》较国家文化部编纂的年鉴更具研究价值。因为它不仅反映了文化产品服务（如图书、音像制品等）、文化传播服务（如广播电视、文艺表演等）和文化休闲娱乐活动（如景区游览服务、休闲健身娱乐活动等）；同时也体现了与文化产品服务、文化传播服务、文化休闲娱乐活动有直接关联的用品、设备的生产和销售活动以及相关文化产品（如工艺品等）的生产和销售活动。

（二）变量选取

投入变量包括资本与劳动两个方面。关于资本变量，国内学者在进行全要素生产率测算时，多采用永续盘存法来对资本存量进行估算（颜鹏飞等，2004；郭庆旺等，2005）。然而，由于中国文化产业统计滞后，缺乏各地区文化产业初始资本和固定资产投资额，故借鉴王家庭、张荣（2009）的做法，采用文化产业总资产作为文化产业资本存量的替代变量。关于劳动变量，本文也延续了多数研究所采用的方法，即选取年末就业人员数作为文化产业劳动力变量的替代变量。

至于产出变量，和多数行业全要素生产率研究一样（杨俊、邵汉华，2009），本文选取文化产业增加值作为地区文化产出的一个衡量指标。为了得到更为合理的研究结果，本文又采用了各地区文化产业营业收入作为地区文化产出的另一个衡量指标。

投入和产出变量数据均来源于国家统计局发布的 2004 年和 2008 年《中国文化产业发展情况报告》。需要说明的是，由于《中国文化产业发展情况报告（2008）》没有公布内蒙古和西藏两个地区的数据，故本文以 2004 年相应指标的比重来近似推测 2008 年数值。

四、实证分析

本文利用 R2.12 软件，在产出导向基础上，测定了中国文化产业全要素生产率，并按照 Ray & Desli（1997）提出的方法给出了中国文化产业全要素生产率的分解结果。为便于比较分析，本文同时也列出了按照 Fare 等（1994）所提出方法的分解结果。

（一）总体分析

为反映研究区域文化产业全要素生产率及其分解情况，本文以各地区文化产业增加值为权重，对全要素生产率及其分解结果进行了加权，具体结果如表1所示。[①]

表1 中国文化产业全要素生产率及其分解

地区	全要素生产率	RD 分解			FGNZ 分解		
		$\hat{\Delta}\text{PureEff}$	$\hat{\Delta}\text{SCH}$	$\hat{\Delta}\text{Tech}$	$\hat{\Delta}\text{PureEff}$	$\hat{\Delta}\text{Scale}$	$\hat{\Delta}\text{Tech}$
北京	1.5101	1.0000	0.9833	1.5357	1.0000	1.0000	1.5101
天津	1.1151	0.8279	0.9706	1.3878	0.8279	0.9562	1.4086
河北	1.2723	0.7652	0.9927	1.6750	0.7652	0.9834	1.6910
山西	1.4766	0.9148	1.0237	1.5768	0.9148	1.0291	1.5684
内蒙古	1.5669	1.0000	1.0367	1.5114	1.0000	1.0000	1.5669
辽宁	1.5937	1.0331	0.9982	1.5454	1.0331	0.9907	1.5571
吉林	1.7718	0.9472	0.9893	1.8907	0.9472	0.9787	1.9112
黑龙江	1.7798	0.9789	1.0112	1.7981	0.9789	1.0229	1.7776
上海	1.3070	1.0000	1.0003	1.3066	1.0000	1.0000	1.3070
江苏	1.4032	1.0294	0.9554	1.4268	1.0294	0.9897	1.3773
浙江	1.2240	0.8776	0.9468	1.4732	0.8776	0.9808	1.4220
安徽	1.3635	0.9084	1.0044	1.4943	0.9084	0.9954	1.5078
福建	1.2196	0.8657	0.9847	1.4308	0.8657	1.0059	1.4005
江西	1.9198	1.1924	1.0022	1.6066	1.1924	0.9918	1.6234
山东	1.3600	1.0000	0.9600	1.4166	1.0000	1.0000	1.3600
河南	1.4645	0.9961	1.0039	1.4645	0.9961	1.0775	1.3646
湖北	1.7149	0.9865	0.9863	1.7625	0.9865	0.9665	1.7986
湖南	2.0258	1.0000	1.0311	1.9646	1.0000	1.0000	2.0258
广东	1.1826	1.0000	0.7942	1.4889	1.0000	0.9270	1.2757
广西	1.2879	0.7780	0.9957	1.6626	0.7780	0.9869	1.6774
海南	1.3082	0.8986	0.9245	1.5746	0.8986	0.8916	1.6327
重庆	1.9026	1.2348	1.0023	1.5372	1.2348	0.9884	1.5589
四川	1.7277	1.2508	1.0004	1.3808	1.2508	0.9975	1.3848
贵州	0.9668	0.6368	0.9783	1.5518	0.6368	0.9569	1.5866
云南	1.3435	0.7740	0.9893	1.7546	0.7740	0.9755	1.7795
西藏	1.1536	1.0000	1.1536	1.0000	1.0000	0.8913	1.2943
陕西	1.6901	0.9330	1.0015	1.8087	0.9330	0.9972	1.8165
甘肃	1.4713	1.0275	1.0295	1.3909	1.0275	0.9822	1.4578
青海	1.8109	1.2932	1.4003	1.0000	1.2932	1.0916	1.2828
宁夏	1.3726	0.9896	0.9139	1.5177	0.9896	0.8003	1.7332
新疆	1.2480	0.7059	0.9923	1.7816	0.7059	0.9582	1.8451
东部	1.3073	0.9742	0.9196	1.4638	0.9742	0.9736	1.3795
中部	1.7189	0.9989	1.0081	1.7064	0.9989	1.0117	1.7075
西部	1.5517	0.9992	1.0007	1.5756	0.9992	0.9848	1.6018
全国	1.3945	0.9814	0.9444	1.5059	0.9814	0.9815	1.4492

注：表中"RD 分解"为按照 Ray & Desli（1997）所提出方法的分解结果，"FGNZ 分解"为按照 Fare 等（1994）所提出方法的分解结果；在 RD 分解中，西藏和青海出现了无解情况，在此我们假设它们始终是技术有效的，因西藏和青海 GDP 份额较小，所以在全国和区域分析中，两地区的这种不利影响几乎可忽略不计。

① 为避免时期选择可能导致的差异，各地区权重的计算方法为：某地区权重=某地区 2004 年和 2008 年文化产业增加值之和÷研究区域 2004 年和 2008 年文化产业增加值之和。

总体来看，中国文化产业全要素生产率在 2004~2008 年，总增长率达 39.45%，而同期文化产业增加值、文化产业营业收入增长率分别为 113.88%、58.27%。可见，中国文化产业的发展主要是由文化产业全要素生产率贡献的。而全要素生产率的改善主要源自技术变化，在 RD、FGNZ 分解中，其增长率分别为 50.59% 和 44.92%；与技术变化相反，RD、FGNZ 分解中的纯技术效率变化和规模效率变化都显示出了下降的趋势，其中，纯技术效率下降 1.86%，RD、FGNZ 分解中的规模效率下降分别为 5.56% 和 1.85%。进一步的双样本 T 检验显示，RD 分解与 FGNZ 分解的技术变化存在显著差异，而规模效率变化则不显著。以上结果表明，中国文化产业全要素生产率总体的提高主要归因于技术进步，而不是纯效率和规模效率的改善；相对于 RD 分解，FGNZ 分解中的技术变化将会低估中国文化产业的技术进步。

文化产业全要素生产率和技术进步之所以在 2004~2008 年出现较大幅度的增长，本文认为原因至少有四个。

（1）文化体制改革。改革使得文化产业经营性单位数量明显增加，新兴文化服务业快速发展，骨干文化服务企业大量涌现。据统计，截至 2008 年，中国文化产业共有经营性单位 38 万个，占全部法人单位的 82.6%，与 2004 年相比，经营性单位数量增加了 13 万个，增长 52%，所占比重提高近 4 个百分点；与此同时，经营性单位资产、主营收入和增加值也显示出了 55%、65% 和 132% 的高增长。①

（2）文化产业园区和基地建设。截至 2011 年 2 月，文化部共命名了首批 4 家国家级文化产业试验园区、三批 6 家国家级文化产业示范园区和四批 204 家国家文化产业示范基地。宏观上看，园区和基地建设不仅提高了文化产业的规模化、集约化水平，还增强了文化产业的整体实力和竞争力；微观上看，园区和基地建设使得文化企业在消化自身规模报酬经济之外，还可以分享到诸如劳动力池、公共基础设施、其他企业知识等外部规模经济。

（3）非公资本比重上升。统计数据显示，在经营性单位中，2008 年文化产业非公有资本占比为 52.5%，较 2004 年的 49% 上升 3.5 个百分点。② 非公资本占比上升不仅可以巩固以公有制为主体、多种所有制共同发展的投资主体多元化的产业格局，而且还可以借助民营、港澳台和外国资本提升中国文化产业管理与运营能力。

（4）科技创新投入加大。科技创新资本的大量投入与科技人才的重视培养使得传统文化产业得到了改造与提升，新兴文化产业得到了开发与应用。经济普查资料显示，2008 年，中国文化产业"核心层"拥有大学及以上学历企事业单位就业人员 44.51 万人，占"核心层"就业人员的 34.40%，与 2004 年相比，拥有大学及以上学历企事业单位就业人员增加了 19.19 万人，占比提高近 11.07%。

至于文化产业纯效率和规模效率的下降，本文认为这主要是由管理效率低下、规模不合理和文化产业融资难引起的。在文化产业快速发展的同时，由于管理及规章制度建设的滞后，中国文化产业创新活动的纯技术效率表现并不理想。与此同时，中国文化企业存在数量众多但规模普遍较小的状况。统计数据显示，2008 年，中国文化产业法人单位数为 46.08 万个，比 2004 年增加了 14.29 万个；平均每个法人单位拥有从业人员 22 人，较 2004 年减少 5 人。③ 王家庭、张荣（2009）指出，文化企业主体数目过多、规模偏小不但会导致行业内资本和劳动等资源的重复配置，而且也不利于企业自身形成规模发展，进而导致投入的增加和效率的降低。除此之外，文化产业融资难也困扰着文化企业自身规模的发展。融资难仍是当前文化产业发展面临的最主要和最迫切的问题。

---

① ② ③《中国文化产业发展情况报告（2008）》。

（二）区域分析

本文按东、中、西部的划分，研究区域文化产业全要素生产率及其分解情况。[1] 由表1结果可知，文化产业全要素生产率在东、中、西部均呈现出上升态势，且中部大于西部，西部大于东部；中、西部全要素生产率高于全国平均水平，而东部则低于全国平均水平。可见，中国文化产业全要素生产率表现出明显的区域特征。

（1）东部地区。2004~2008 年，东部地区全要素生产率总增长 30.73%，其增长动力主要源于技术进步。在 RD、FGNZ 分解中，技术进步分别增长了 46.38%和 37.95%，但分别低于全国同期水平 4.21 和 6.97 个百分点。与技术进步形成反差，东部地区纯效率和规模效率出现了下降趋势，且下降速度高于全国平均水平。这在一定程度上表明，伴随着文化产业规模的不断扩大，东部地区现有的管理水平、制度体系已不适应其文化产业的发展。然而经典 DEA 分析显示，北京、上海、山东和广东的管理水平和制度创新始终走在全国前列，值得其他地区学习、借鉴。例如，北京在强化文化产业人才支撑体系建设时，一方面，支持高等院校设立文化产业相关专业，建立产学研为一体的文化产业人才培训基地；另一方面，加大文化产业国内外高端人才的引进力度。

（2）中部地区。研究期间，中部地区全要素生产率总增长 71.89%，高于全国同期水平32.54个百分点。和东部地区一样，其增长也主要源于技术进步的贡献。在规模效率变化方面，不同于东部，中部地区呈现微升趋势。而在纯效率变化方面，中部则出现了微降，且降幅要小于全国平均水平。本文认为，"中部崛起"战略的实施是造成上述现象的主要原因。在该战略的实施中，国家投入了大量人力、物力和财力支持中部地区的文化产业规章制度建设和科技创新活动，同时地方政府也积极采取相关措施吸引高科技文化企业和高端文化人才，而这有效促进了中部地区文化产业生产率的提升和资源的有效配置。值得注意的是，研究期间，湖南省文化产业实现了跨越式发展，其全要素生产率增长高达 102.58%，技术进步率达 96.46%，遥遥领先于全国其他地区。与此同时，以湖南卫视、体坛周报等为主力的文化品牌在国内也显示出了极大号召力。

（3）西部地区。研究期间，西部地区全要素生产率总增长 55.17%，其增长贡献也主要源于技术进步。在纯效率和规模效率方面，西部与东部相比，略有上升，与中部相比，略有下降。本文认为，造成以上情况的原因主要是近年来中国实施了"西部大开发"战略。这些年，国家加大了对西部地区文化产业基础设施、科研设备、高端人才等方面的投资、引进力度，使得西部文化产业全要素生产率和技术出现了明显的进步。和中部省份湖南一样，西部地区的重庆也显现了全要素生产率和技术进步的高增长现象，增长分别为 90.26%和 53.72%，增幅位居全国前列。现实中，以红色文化和三峡文化为代表的文化品牌也展现了重庆文化产业生机勃勃的发展景象。

五、结论与建议

伴随着经济的快速增长，中国文化产业出现加速发展态势。本文利用国家统计局发布的 2004 年与 2008 年文化产业相关统计数据，借助 Ray & Desli 的 Malmquist 指数分解法，实证分析了中国文化产业全要素生产率增长及其分解状况，主要结论如下：

（1）总体来看，研究期间，中国文化产业全要素生产率总增长率达 39.45%，在整个文化产业

---

[1] 东部地区包括：北京、天津、河北、辽宁、上海、浙江、江苏、福建、山东、广东和海南；中部地区包括：吉林、黑龙江、山西、安徽、河南、湖南和湖北；其余省、直辖市、自治区归为西部地区。

发展过程中发挥了重要作用。文化产业全要素生产率的进步主要得益于技术进步，而纯效率变化和规模效率变化对其增长造成了不利影响。本文认为，文化产业全要素生产率和技术进步之所以在研究期间出现较大幅度增长，主要是由文化体制改革、文化产业园区建设、非公资本比重上升与科技创新投入加大引起的，而纯效率下降与规模效率下降主要是由文化企业管理效率低下、规模不合理和融资难引起的。

（2）分地区来看，中国文化产业全要素生产率存在明显的区域差异，即中部地区增速最快，西部地区次之，东部地区最慢。和全国一样，东、中、西部文化产业全要素生产率也主要源于技术进步的贡献。虽然东部地区全要素生产率增长最慢，但经典 DEA 分析显示，北京、上海、山东和广东为全国的"创新者"，即这些地区的管理水平和制度创新始终走在全国前列，值得其他地区学习与借鉴。

结合以上结论，本文认为，各地区在发展文化产业时，可采取以下几方面措施。

（1）深化文化体制改革，协调文化事业与文化产业关系。既然近几年来，文化事业单位在政府主导下进行的一系列改革已初现成效，各地区就应该加速文化事业市场化改革进程，通过建立产权明晰、权责明确、政企分离、管理科学的文化企业制度，实现文化产业快速发展。

（2）加大园区基地建设，实现规模经济效益。园区基地建设不仅提高了文化产业的规模化、集约化水平，同时也增强了各地区文化产业的整体竞争力。因此，对符合规划的产业园区与基地，各地区要在基础设施建设、土地使用、税收政策等方面给予其支持；对已投入使用的示范基地，各地区应利用其示范带动作用，提高文化企业的总体管理水平与经济效益。

（3）降低门槛准入，形成多元化文化产业格局。文化产业的核心在于内容创意，为提高文化企业的运营、管理和创新能力，各地区应通过独资、合资、合作等多种途径，积极吸收社会资本和外资进入政策允许的文化产业领域，参与国有文化企业的股份制改造，形成多元化文化产业格局。

（4）加大科技创新投入，重视人才队伍培养。文化领域新产品、新技术研发投入的加大与科技人才的重视培养使得文化产业附加值有了显著提高。因此，各地区在加大科技创新投入之外，也应加强文化领军人物和各类专门人才的培养。

（5）扩大文化企业规模，培育骨干文化企业。文化企业规模偏小，且资源重复配置不利于中国文化产业发展，因此，各地区应运用联合、重组和兼并等资本运作手段，组建和培育文化产业骨干企业，增强文化产业整体实力和竞争力，促进文化产业资源整合和结构调整。

（6）建立多元化投融资机制，解决文化产业融资难问题。文化产业融资难困扰着文化企业自身规模的发展。因此，各地区应鼓励金融机构加大对文化企业的金融支持力度，支持有条件的文化企业发行企业债券或进入主板、创业板上市融资，设立投资基金推动资源重组与结构调整。

（7）加强合作交流力度，打破地区行政壁垒。地区行政壁垒有碍文化管理水平和制度创新的交流。因此，各地区应打破地区行政壁垒，借助研讨会、博览会、论坛等系列活动，加强与邻近或发达地区文化产业的合作和交流，实现本地区文化产业的跨越式发展。

参考文献

［1］李小平，朱钟棣. 中国工业行业的全要素生产率测算——基于分行业面板数据的研究 ［J］. 管理世界，2005（4）.

［2］郭国峰，郑召峰. 我国中部六省文化产业发展绩效评价与研究 ［J］. 中国工业经济，2009（12）.

［3］郭庆旺，赵志耘，贾俊雪. 中国省份经济的全要素生产率分析 ［J］. 经济研究，2005（5）.

［4］马萱，郑世林. 中国区域文化产业效率研究综述与展望 ［J］. 经济学动态，2010（3）.

［5］王兵，吴延瑞，颜鹏飞. 中国区域环境效率与环境全要素生产率增长 ［J］. 经济研究，2010（5）.

［6］王家庭，张荣. 基于三阶段 DEA 模型的中国 31 省市文化产业效率研究 ［J］. 中国软科学，2009 （9）.

［7］魏下海. 贸易开放、人力资本与中国全要素生产率——基于分位数回归方法的经验研究 ［J］. 数量经济技术经济研究，2009 （7）.

［8］魏下海. 人力资本、空间溢出与省际全要素生产率增长——基于三种空间权重测度的实证研究 ［J］. 财经研究，2010 （12）.

［9］吴延兵. 用 DEA 方法评测知识生产中的技术效率与技术进步 ［J］. 数量经济技术经济研究，2008(7).

［10］吴延兵. 企业产权结构和隶属层级对生产率的影响 ［J］. 南方经济，2011 （4）.

［11］杨俊，邵汉华. 环境约束下的中国工业增长状况研究——基于 Malmquist-Luenberger 指数的实证分析 ［J］. 数量经济技术经济研究，2009 （9）.

［12］颜鹏飞，王兵. 技术效率、技术进步与生产率增长：基于 DEA 的实证分析 ［J］. 经济研究，2004 （12）.

［13］张仁寿，黄小军，王朋. 基于 DEA 的文化产业绩效评价实证研究——以广东等 13 个省市 2007 年投入产出数据为例 ［J］. 中国软科学，2011 （2）.

［14］章祥荪，贵斌威. 中国全要素生产率分析：Malmquist 指数法评述与应用 ［J］. 数量经济技术经济研究，2008 （6）.

［15］Caves, D., L.Christensen, and W.Diewert.The Economic Theory of Index Numbers and the Measurement of Input, Output and Productivity ［J］. Journal of Econometrics, 1982, 50 （6）.

［16］Charnes, A., Cooper, W.W., Rhodes, E. Measuring the Efficiency of Decision Making Units ［J］. European Journal of Operational Research, 1978 （2）.

［17］Fare, R. Fundamentals of Production Theory ［M］. Berlin: Springer Verlag, 1988.

［18］Fare, R., S.Grosskopf, B.Lindren, P.Roos. Productivity Change in Swedish Pharmacies 1980-1989: A Nonparametric Malmquist Approach ［J］. Journal of Productivity Analysis, 1992, 13 （1）.

［19］Fare, R., S.Grosskopf, M.Noris and Z.Zhang. Productivity Growth, Technical Progress, and Efficiency Change in Industrialized Countries ［J］. American Economic Review, March, 1994, 84: 66-83.

［20］Fare, R., S.Grosskopf, and Norris, M. Productivity Growth, Technical Progress, and Efficiency Change in Industrialized Countries: Reply ［J］. American Economic Review, 1997, 87.

［21］Farrell, M.J. The Measurement of Production Efficiency ［J］. Journal of the Royal Statistical Society, 1957 （120）.

［22］Lovell, C.A.K. The Decomposition of Malmquist Productivity Indexes ［J］. Journal of Productivity Analysis, 2003 （20）.

［23］Malmquist, S. Index Numbers and Indifference Curves ［J］. Trabajos de Estatistica, 1953 （4）.

［24］Ray, S.C. and Desli, E. Productivity Growth, Technical Progress, and Efficiency Change in Industrialized Countries: Comment ［J］. American Economic Review, 1997, 87.

［25］Shephard, R.W. Theory of Cost and Production Functions ［M］. Princeton: Princeton University Press, 1970.

［26］Simar, L. and Wilson, P.W. Productivity Growth in Industrialized Countries. Discussion Paper, 1998.

［27］Zheng, Jinghai and Hu, Angang. An Empirical Analysis of Provincial Productivity in China （1979-2001） ［J］. Journal of Chinese Economic and Business Studies, 2006 （3）.

信息质量、并购补救与效率抗辩*

——横向并购反垄断控制中的最优决策规则

佘东华**

横向并购反垄断控制的目的是通过有效的评估和审查，批准那些能够促进竞争和有利于增进社会福利的并购，禁止那些明显妨碍或减少竞争和损害消费者福利的并购。由于并购评估审查必须在并购被批准之前完成，因而反垄断当局能够获得的关于并购效应的信息是有限的。信息的不充分和不对称是反垄断当局在并购反垄断控制中容易犯Ⅰ类和Ⅱ类错误的主要原因，并购控制的主要挑战就是最小化犯Ⅰ类和Ⅱ类错误的概率。[①] 因而，在并购评估审查过程中，往往需要对并购可能带来的潜在效率和并购补救进行特别的评估分析（Cosnita and Tropeano，2009）。所谓并购补救，是指并购企业为了使该项并购能够获得反垄断当局批准而承诺做出的、在并购后恢复相关市场上的有效竞争市场条件所采取的措施，这些措施包括结构方面和行为方面两种类型。结构类补救措施是指变更相关市场上与并购企业相关的产权配置，例如资产剥离；行为类补救措施主要是限制并购企业在相关市场上行使产权，例如价格限制（Ida，2007）。美国、欧盟等主要发达国家和地区在并购指南中都将相关补救措施作为有条件批准并购的参考因素（Medvedev，2006）。在并购评估审查中，是否要求并购企业采取相关补救措施，很大程度上依赖于该项并购所能带来的效率大小。如果效率足够大，反垄断当局就可能在不需要任何补救措施的情况下批准该项并购（Roller等，2001）。在信息不对称的并购控制框架内，并购企业是主动申请并购补救，还是声称并购能够带来高效率，在某种程度上具有信号价值。本文将通过构建信息不对称条件下的动态博弈模型，分析信息质量对并购企业和反垄断当局行为的影响，通过对不同信息质量下双方行为的差异及其对消费者福利的影响进行比较分析，探寻反垄断当局在面临不同信息质量水平时的最优决策规则。

一、研究假定、博弈时序与决策规则

我们假定并购企业事前对并购进行设计的努力能够提高效率获得的可能性，但这一努力具有较高成本和一定的风险。并购企业能够私下获得效率可能性和大小的信息，而反垄断当局难以获

* 教育部人文社会科学一般项目（批准号：10YJC790351）、山东省人文社会科学规划项目（批准号：10CJGJ04）、山东省软科学项目（批准号：2010RKGB1095）。

** 余东华，1971年生，男，安徽安庆人，经济学博士，山东大学经济学院教授、博士生导师。

① 在并购反垄断控制中，Ⅰ类错误是指反垄断当局禁止了能够导致社会福利上升和消费者剩余增加的并购；Ⅱ类错误是指反垄断当局批准了导致社会福利下降和损害消费者利益的并购。

得。但反垄断当局能够以某一概率接收到关于效率水平的信号，这一概率受到反垄断当局所获得的信息质量的影响。反垄断当局在并购反垄断控制中根据预期的效率水平制定效率抗辩的规则。并购获得批准的一种替代方法是，反垄断当局在并购企业承诺采取相关补救措施后接受该项并购。这就意味着：①对于并购企业而言，在采取补救措施的前提下获得批准所带来的收益大于并购被拒绝时的收益；②并购企业采取补救措施将抵消一部分并购企业从并购中获得的私人收益。

在以上框架内，我们在拓展 Cosnita and Tropeano（2009）并购补救分析模型的基础上构建一个并购企业与反垄断当局之间的动态博弈模型，分析信息质量、并购补救和效率抗辩对并购决策规则的影响，从而探寻反垄断当局在并购控制中的最优决策规则。假定并购企业准备在一个寡头垄断市场发起一项并购，该项并购具有两个方面的效应，即市场势力上升效应和潜在效率获得效应。我们用 e 表示效率获得，根据效率获得的高低将并购分为两种类型：可能产生高效率（e^H）的并购和可能产生低效率（e^L）的并购。为了获得高效率，并购企业需要在事前付出一定程度的努力水平 E，$E \in [0, \bar{E}]$，并导致一个沉没成本 F（E），沉没成本是努力水平的凸性增函数，即 $F'(E) > 0$，$F''(E) > 0$。也就是说，两个企业若想以最有效率和最能促进竞争的方式并购，需要付出较高的成本来设计和安排该项并购。并且，即使付出较高成本进行设计，是否能够获得最优结果也是不确定的。我们假定并购企业获得最优结果的概率为 $Pr(e^H/E) = q(E) \in [0, 1]$，并且 $q'(E) > 0$，$q''(E) < 0$，$q(0) = 0$。我们用 $\prod(e)$ 表示并购能够给并购企业带来的利润，假定利润是效率的增函数，即 $\prod'(e) > 0$；并且假定无论效率获得为多大，并购企业总是能够从并购中获利，即 $\prod(e) > 0$。假定反垄断当局采用的是消费者福利标准，即只有当该项并购能够增加预期的消费者剩余（CS）时，反垄断当局才会批准该项并购；并且两种类型的并购产生的消费者剩余相反，即 $W(e^H) > 0 > W(e^L)$，用 W（e）表示消费者剩余，它是效率水平的增函数。也就是说，如果并购企业在设计和计划并购项目方面取得成功，使得该项并购能够获得较高水平的效率，从而增加预期的消费者剩余，那么反垄断当局就会批准该项并购；反之，反垄断当局拒绝该项并购。

效率获得和计划努力水平是并购企业的私有信息，反垄断当局将开展调查活动以收集效率获得的信息。我们假定反垄断当局以概率 $\beta \geq 0$ 观察到真实的效率水平 e，用信号 s^H 表示 $e = e^H$，信号 s^L 表示 $e = e^L$；以概率 $1 - \beta$ 表示反垄断当局没有观察到真实的效率水平，用信号 s^N 表示。参数 β 的大小表示了信息质量的高低，β 越大表示信息质量越高（Laffont and Tirole，1993）。我们进一步假定这些信息是反垄断当局做出并购判定决策所必需的，如果没有关于效率的信息，即使并购企业的努力水平为 $\bar{E}$，并购产生的预期消费者剩余也为负，即 $q(\bar{E})W(e^H) + (1 - q(\bar{E}))W(e^L) < 0$。并购企业在提交并购申请时提出有效的补救措施，能够在一定程度上纠正具有反竞争效应的低效率并购。并购企业承诺采取的并购补救措施必须能够阻止并购产生的损害竞争或消费者福利的市场势力效应，因而必然增加并购企业的私人成本（Roller 等，2001；Cosnita and Tropeano，2009）。我们用 $\prod^R(e)$ 表示采取并购补救措施后并购企业从该项并购中获得的利润，并且 $\prod(e) \geq \prod^R(e) > 0$，$\forall_e$；假定更具效率的并购企业采取补救措施的成本更高，即 $\dfrac{\prod(e^H)}{\prod^R(e^H)} > \dfrac{\prod(e^L)}{\prod^R(e^L)}$。我们分别用 $W^R(e^H)$ 和 $W^R(e^L)$ 表示采用并购补救后的消费者剩余，它们取决于效率获得的大小。假定并购企业的补救措施是有效的，也就是说当补救措施应用于低效率并购时能够提高消费者剩余，即 $W^R(e^L) > 0$。此外，当补救措施应用于高效率类型的并购时，它所抵消的社会福利小于应用于低效率类型的并购，即 $W^R(e^H) > W^R(e^L)$。由于最低限度的补救措施必须能够抵消低效率并购所导致的反竞争效应，使消费者剩余增加，因而我们也可以用消费者剩余作为并购补救措施的代理变量。

考虑到信息质量、并购补救和效率抗辩的并购反垄断控制的博弈时序为：第一步，反垄断当局选择批准并购的决策规则；第二步，并购企业决定它们所采取的努力水平，并私下获得效率信息；第三步，并购企业向反垄断当局提交申请，该申请中可能包含或不包含补救措施；第四步，反垄断当局根据自己所选择的决策规则和观察到的信号批准或拒绝该项并购。

反垄断当局在确定所采用的决策规则时将考虑到预期效率水平、并购企业提出的补救措施和相关竞争政策。一般而言，反垄断当局在第一步中可能在以下三种决策规则之间进行选择：①补救决策规则（Remedy Decision Rule，RDR），在并购评估审查时不考虑任何效率因素，只考虑并购企业提交的补救措施；②严格效率抗辩决策规则（Strict Efficiency Defense，SED），在并购评估审查时不考虑并购企业提交的补救措施，只考虑并购可能带来的效率因素；③弹性效率抗辩决策规则（Flexible Efficiency Defense，FED），在并购评估审查时同时考虑预期的效率水平和并购企业提交的补救措施（Roller 等，2001；Cosnita and Tropeano，2009）。理解以上并购程序的最好方法是，将并购评估审查分为两个阶段，第一阶段是反垄断当局采用一些结构类指标（作为门槛值）对所有申报的并购进行初步分析，从而确定需要进入第二阶段进行具体评估审查的并购，这些并购很有可能具有反竞争效应，需要进行效率抗辩（余东华等，2010）。在第二阶段，反垄断当局将在其所采用的并购决策规则允许的前提下，建议并购企业要么提出补救措施以获得并购通过，要么证实效率获得较为充分，足以抵消反竞争效应。我们所分析的正是第二阶段的并购评估审查，并且假定在任何一种并购决策规则下，只要并购被拒绝了，相关市场上的现状就不会改变。这样，在第四步并购评估审查中只需要将预期的消费者剩余与没有并购时进行比较，从而确定该项并购可能对消费者福利产生的影响。我们将在给定的决策规则和预期消费者剩余最大化的条件下确定精炼贝叶斯均衡，以评估允许并购补救和效率抗辩所产生的后果。我们将比较分析反垄断当局采用不同决策规则的可能性。实际上，效率抗辩中使用不同决策规则也暗示了并购企业在提出并购申请时采用或不采用补救措施的可能性（Ida，2007）。

二、不同决策规则下的消费者剩余与激励

我们首先分析"严格效率抗辩决策规则"和"补救决策规则"能够采用的情况，并假定这两个规则相互排斥。这就意味着，当效率抗辩被采用时，"补救决策规则"就不再适用，因而并购企业提出的补救措施不会影响反垄断当局的决策。我们将这种情况作为分析其他情况的基准条件。

（一）"严格效率抗辩决策规则"下的预期消费者剩余

我们用 p（s）表示反垄断当局根据信号 s 做出的接受该项并购的概率，并且 $p(s^H) = 1$，$p(s^L) = 0$。我们用 p（s^N）= p 表示反垄断当局接收到信号 s^N 时批准该项并购的概率。如果 s^N 已经观察到该项并购被批准，那么预期的消费者剩余为 $q(\bar{E})W(e^H) + (1 - q(\bar{E}))W(e^L)$，根据前文的假定这一值小于零。因而，$p(s^N) = 0$。努力水平 $E^{SED}(\beta)$ 满足条件 $q'(E^{SED})(\beta \prod (e^H)) = F'(E^{SED})$。由于 $q'(E) < 0$，$F'(E) > 0$，因而 $E^{SED}(\beta)$ 随着信息质量（β）的提高而增加。预期的消费者剩余也随着 β 的提高而增加，当 $\beta = 0$ 时，预期的消费者剩余为 0；当 $\beta = 1$ 时，预期的消费者剩余达到最大值 $q(E^{SED}(1))W(e^H)$。

（二）"补救决策规则"下的预期消费者剩余

在此规则下，当且仅当并购企业提出补救措施后并购才能被批准。因而，努力水平 E^R（β）满足条件 $q'(E^R)(\prod^R(e^H) - \prod^R(e^L)) = F'(E^R)$，相对应的预期消费者剩余为 $q(E^R)W^R(e^H) + (1 - q(E^R))W^R(e^L)$。

（三）预期消费者剩余的比较

当 $\beta = 0$ 时，即信息质量很低时，"补救决策规则"（R）下的预期消费者剩余高于"严格效率抗辩决策规则"（SED）下的预期消费者剩余。当 $\beta = 1$ 时，即信息质量很高时，由于 $\prod(e^H) > \prod^R(e^H) - \prod^R(e^L)$，所以 $E^{SED}(1) > E^R$；当 $W(e^H)$ 足够大时，有：

$$q(E^{SED}(1))W(e^H) > q(E^R)W^R(e^H) + (1 - q(E^R))W^R(e^L) \tag{1}$$

在这种情况下，存在一个信息质量值 $\tilde{\beta}$ 使得预期的消费者剩余相等：

$$q(E^{SED}(\tilde{\beta}))W(e^H) = q(E^R)W^R(e^H) + (1 - q(E^R))W^R(e^L) \tag{2}$$

当 $\beta > \tilde{\beta}$ 时，"严格效率抗辩决策规则"下的预期消费者剩余高于"补救决策规则"下的预期消费者剩余。否则，$\tilde{\beta} = 1$。

通过以上分析，我们可以得到允许使用"严格效率抗辩决策规则"的条件：只有当信息质量足够高时，即存在一个 $\tilde{\beta} \in (0, 1]$，当 $\beta \geq \tilde{\beta}$ 时，"严格效率抗辩决策规则"才优于"补救决策规则"。比较了两种决策规则下的成本收益后，我们发现只有在信息质量较高时，反垄断当局才允许使用效率抗辩。由于我们假定并购企业所采取的补救措施足以保护低效率并购下的消费者剩余，在"补救决策规则"下，反垄断当局总是批准该项并购。在不使用"补救决策规则"时，反垄断当局只有在接收到关于效率信息的较好信号（信息质量较高）时才会批准该项并购。否则，较低的预期消费者剩余将导致该项并购被禁止。因此，在"严格效率抗辩决策规则"下，当可以获得的信息质量很差时，反垄断当局可能禁止一项可能提高消费者剩余的并购，从而犯 Ⅱ 类错误。"严格效率抗辩决策规则"能够激励并购企业提高努力水平（E），因为在这一规则下，较高的效率获得是使并购获得批准的唯一途径。如果努力水平越高，实际效率获得越大，信息质量越高，那么反垄断当局获得良好信号的概率就越大，并购被批准的可能性就越高（Ida，2007）。与此相反，在"补救决策规则"下，要求并购企业提出补救措施，并以此为依据批准并购，因而"补救决策规则"将削弱并购企业提高努力水平（E）的激励程度。换句话说，反垄断当局在决定是否使用效率抗辩时面临着"降低犯 Ⅱ 类错误的概率"与"给并购企业提供提高效率的激励"之间的替换（Roller 等，2001）。这一结果取决于犯错误概率的大小，而犯错误概率的大小又取决于信息质量高低。当信息质量（β）足够高时，"严格效率抗辩决策规则"优于"补救决策规则"。需要注意的是，采用"严格效率抗辩决策规则"的相关界限直接取决于预期的消费者剩余 $W(e^H)$。在效率获得水平较高时，$W(e^H)$ 能够代表社会福利水平并给并购企业提供了提高努力水平的激励。简单地说，$W(e^H)$ 越高，$\tilde{\beta}$ 越低。

从以上分析我们可以看出，信息质量越高，使用效率抗辩的可能性就越大。尽管在信息不完全的情况下可能拒绝有效率的并购，"严格效率抗辩决策规则"还是一种较好的选择。相反，"补救决策规则"虽然也能够保证消费者剩余的提高，但是由于它提供了程度较低的激励，因而提高幅度较低。但是，"补救决策规则"能够降低犯 Ⅰ 类错误的概率。也就是说，反垄断当局在选择应用效率抗辩规则时面临着"激励效应"与"Ⅰ类错误效应"之间的替换（Cosnita and Tropeano，2009）。在允许效率抗辩时，反垄断当局给予并购企业提高努力水平的激励，因而能够导致更多的有效率的并购，这代表了效率抗辩的"激励效应"。同时，在不允许效率抗辩，取而代之的是"补救决策规则"时，反垄断当局将降低犯Ⅰ类错误的概率，这就是所谓的"Ⅰ类错误效应"。既然"严格效率抗辩决策规则"和"补救决策规则'相互排斥时会使反垄断当局面临着"激励效应"与"Ⅰ类错误效应"之间的替换，那么如果反垄断当局在要求并购企业提出补救措施的同时允许效率抗辩，即使用"弹性效率抗辩决策规则"时，将会出现什么样的后果呢？

三、信息质量、并购补救和效率抗辩的策略选择与博弈均衡

在本节中我们将讨论反垄断当局在允许效率抗辩的同时要求并购企业提出补救措施的情况下，补救措施与效率抗辩之间是否具有互补性，以及对预期消费者剩余的影响。换句话说，我们将讨论使用"弹性效率抗辩决策规则"的机会和条件，评估并购补救措施对于可获得信息的影响。我们首先讨论当反垄断当局采用"弹性效率抗辩决策规则"时并购企业的最佳策略。反垄断当局采用"弹性效率抗辩决策规则"意味着反垄断当局总是接受一项已经提出补救措施的并购，但在没有补救措施时仅以概率 $p(s)$ 批准一项并购（s 为反垄断当局接收的信号）。在"弹性效率抗辩决策规则"下，并购企业为了使并购获得反垄断当局的批准，要么提出并购补救措施，要么通过声称该项并购能够产生高效率而要求效率抗辩。当并购属于高效率类型时，当且仅当以下条件成立时，"补救决策规则"下的利润低于效率抗辩时的预期利润：

$$\prod^R(e^H) \leq \beta \prod^R(e^H) + (1-\beta)p \prod(e^H) \Leftrightarrow p \geq \max\left(\frac{\prod^R(e^H) - \beta\prod^R(e^H)}{(1-\beta)p\prod(e^H)}, 0\right) = p_{e^H}(\beta)$$

$$p_{e^H}(\beta) > 0 \Leftrightarrow \beta < \frac{\prod^R(e^H)}{\prod(e^H)} = \bar{\beta} \tag{3}$$

当并购属于低效率类型时，当且仅当以下条件成立时，"补救决策规则"下的利润低于效率抗辩时的预期利润：

$$\prod^R(e^L) \leq (1-\beta)p \prod(e^L) \Leftrightarrow p \geq \min\left(\frac{\prod^R(e^L)}{(1-\beta)\prod(e^L)}, 1\right) = p_{e^L}(\beta) \tag{4}$$

并且，当且仅当 $\beta < 1 - \frac{\prod^R(e^L)}{\prod(e^L)} = \underline{\beta}$ 时，$p_{e^L}(\beta) < 1$。由于前文中我们假定了 $\frac{\prod^R(e^L)}{\prod(e^L)} >$

$\frac{\prod^R(e^H)}{\prod(e^H)}$，因而 $p_{e^H}(\beta) < p_{e^L}(\beta)$。根据以上分析，我们可以得到以下结论：在"弹性效率抗辩决策规则"下，给定反垄断当局的策略 $p(s^H)=1$、$p(s^L)=0$ 和 $p(s^N)=p$，存在两个临界值 $p_{e^H}(\beta)$ 和 $p_{e^L}(\beta)$，$p_{e^H}(\beta) < p_{e^L}(\beta)$，以使得并购企业的最优选择为：①当 $p < p_{e^H}(\beta)$ 时，两种类型的并购企业都将提出并购补救措施；②$p_{e^H}(\beta) < p < p_{e^L}(\beta)$ 时，高效率类型并购企业将不提出并购补救措施，而低效率类型并购中的企业将提出并购补救措施；③当 $p > p_{e^H}(\beta)$ 时，两种类型的并购企业都不提

出并购补救措施。此外，当且仅当 $\beta \geqslant 1 - \dfrac{\prod^R(e^L)}{\prod(e^L)} = \underline{\beta}$ 时，$p_{e^L}(\beta) = 1$；当且仅当 $\beta > \dfrac{\prod^R(e^H)}{\prod(e^H)} = \bar{\beta}$ 时，$p_{e^H}(\beta) = 0$。也就是说，采用"弹性效率抗辩决策规则"给予了并购企业借助发布并购通知的方式进行自我选择的机会。这种可能的自我选择所产生的后果取决于可获得信息的质量，以及反垄断当局在得不到任何信号时批准并购的可能性（p）。具体来说，当反垄断当局在得不到信息（e）时批准并购的可能性很低时，并购企业不会选择效率抗辩而冒被拒绝的风险，它们会选择提出并购补救措施，以确保并购能够被批准。反之，当可能性很高时，两种类型的并购企业都不会提出补救措施，而会选择效率抗辩。如果可能性居于中间水平，并购企业就会自我选择，那些高效率类型并购企业就会愿意冒效率抗辩的风险，而那些低效率类型并购企业就会选择提出补救措施。如果信息质量（β）较高，存在良好的信号（s），发现低效率类型并购的可能性就很高，因而低效率类型并购企业总是倾向于选择提出并购补救措施，而高效率类型并购企业则不会提出并购补救措施。在这种情况下，对于任意水平的可能性 p，都存在自我选择。反之，低信息质量（信号很差）将会提高低效率类型并购企业提出并购补救措施的机会成本，这是因为在低信息质量（信号很差）的情况下，如果它选择效率抗辩，被拒绝的概率会下降。也就是说，低信息质量（信号很差）与高可能性（p）一样，能够给低效率类型并购企业提供不提出并购补救措施的激励。从这一点说，并购补救措施在某种程度上传递了关于并购带来的效率水平的信息（Roller 等，2001）。反垄断当局的决策规则允许并购企业选择它们的行为类型。实际上，在给定提出或不提出并购补救措施机会的情况下，并购企业所做出的选择可能发送了关于并购类型的信号。

下面，我们来分析在反垄断当局采用"弹性效率抗辩决策规则"时发送信号行为在并购最优决策中的作用。我们首先分析在博弈第一阶段决策规则之后的精炼贝叶斯均衡。

（一）高信息质量水平下的博弈均衡

我们假定 $\beta > \bar{\beta}$，即 $p_{e^L}(\beta) = 1$。此时，低效率类型并购企业总是提出并购补救措施；高效率类型并购企业选择效率抗辩。考虑到反垄断当局的反应，即 $p(s^H) = p(s^N) = 1$ 和 $p(s^L) = 0$，这些策略属于均衡策略。实际上，给定并购企业的自我选择，批准并购是对 s^N 的最优反应。如果 $p(s^N) = 1$，那么对于高效率类型并购企业而言最优选择就是不提交并购补救措施。因而，在这种情况下，博弈均衡属于分离均衡。

（二）中等信息质量水平下的博弈均衡

我们假定 $\bar{\beta} < \beta < \underline{\beta}$。此时，高效率类型并购企业总是选择不提出并购补救措施。我们用 δ 表示低效率类型并购企业选择提出并购补救措施的概率。首先，我们分析 $p(s^N) < p_{e^L}(\beta)$ 时的均衡。在这种情况下，根据前文的推导我们可以得到 δ=1，因而反垄断当局最优策略是选择 $p(s^N) = 1$，而这与初始假定是相互矛盾的。其次，我们分析 $p(s^N) > p_{e^L}(\beta)$ 时的均衡。根据前文的推导我们可以得到 δ=0，因而反垄断当局最优策略是选择 $p(s^N) = 0$，而这也与初始假定相互矛盾。最后，我们分析 $p(s^N) = p_{e^L}(\beta)$ 时的均衡。此时，低效率类型并购企业在选择提交并购补救措施与效率抗辩之间是无差异的。如果 s^N 被观察到，我们可以求解当预期的消费者剩余等于 0 时的 δ。这样，δ 由等式 $W(e^H)q(E^{FED}) + (1 - q(E^{FED}))\delta W(e^L) = 0$ 界定（Ida，2007）。当 δ = 1 时，$W(e^H)q(E^{FED}) + (1 - q(E^{FED}))W(e^L) < 0$；而当 δ = 0 时，$W(e^H)q(E^{FED}) > 0$，所以 δ 总是存在的。对于这个 δ 值（使消费者剩余等于 0），反垄断当局在批准或拒绝该项并购之间是无差异的。因而，此时反垄断当局的最优策略是 $p = p_{e^L}(\beta)$。在这种情况下，博弈均衡属于准分离均衡。

（三）低信息质量水平下的博弈均衡

假定 $\beta < \bar{\beta}$，上文所描述的准分离均衡也存在于这种情况下。我们主要分析当两种类型并购企业在并购申请中提交并购补救措施时的混同均衡。只要 $p < p_{e^H}(\beta)$，两种类型并购企业选择提交并购补救措施都是最优策略。当反垄断当局观察到并购企业没有补救措施和 s^N 时，由于它们脱离了均衡路径，反垄断当局的信念无法界定。我们用 x 来表示当 s^N 和效率抗辩都能够观察到时反垄断当局对于并购企业属于高效率类型的信念，x 满足不等式 $W(e^H)x + (1 - x)W(e^L) < 0$。在这一信念下，$p(s^H) = 1$，$p(s^L) = 0$ 和 $p(s^N) = 0 < P_{e^H}(\beta)$ 就是反垄断当局的最优策略选择。混同均衡的存在，即 $P < P_{e^H}(\beta)$，确保了高效率类型并购企业没有背离效率抗辩的动机。因而只要 $p_{e^H}(\beta) > 0 \Leftrightarrow \beta < \bar{\beta}$，混同均衡就会存在。然而，只要存在一个 $p(s^N)$ 满足低效率类型的并购企业选择效率抗辩是有利可图的，反垄断当局的信念 $0 < x < 1$ 就会满足克里普斯直观标准（The Intuitive Criterion of Kreps）。[①] 只要 $p(s^L) < 1 \Leftrightarrow \beta < \underline{\beta}$，这种情况就会存在。因此，只有当 $\beta < \min(\underline{\beta}, \bar{\beta})$ 时，才需要考虑混同均衡。

从以上分析可以看出，在"弹性效率抗辩决策规则"下：①当信息质量较高（$\beta > \underline{\beta}$）时，博弈存在分离均衡，高效率类型的并购企业选择不提交补救措施，低效率类型的并购企业选择提交补救措施，反垄断当局的策略选择为 $p(s^H) = p(s^N) = 1$ 和 $p(s^L) = 0$。②当信息质量处于中间水平（$\bar{\beta} < \beta < \underline{\beta}$）时，博弈存在准分离均衡，高效率类型的并购企业选择不提交补救措施，低效率类型的并购企业以一个正的概率选择提交补救措施，反垄断当局的策略选择为 $p(s^H) = 1$，$p(s^L) = 0$ 和 $p(s^N) = p_{e^L}(\beta)$。③当信息质量较低（$\beta < \bar{\beta}$）时，博弈存在混同均衡，两种效率类型的并购企业都选择提交补救措施，反垄断当局的策略选择是 $p(s^H) = 1$，$p(s^L) = 0$ 和 $p(s^N) \in [0, 1]$。当 $\beta > \underline{\beta}$ 时，这一均衡不满足克里普斯直观标准。也就是说，如果信息质量（β）足够高，在"弹性效率抗辩决策规则"下会存在分离均衡，并购企业可以在效率抗辩和并购补救之间进行自我选择；在信息质量较低或中等程度时，在"弹性效率抗辩决策规则"下会存在准分离均衡，低效率类型的并企业会在是否提交并购补救措施之间进行随机抉择。从这一意义上说，并购被批准的可能性随着信息质量的提高而上升（Ida，2007）。这是因为，信息质量越高，低效率类型的并购企业声称自己能够获得高效率的动机就会越弱，这就允许反垄断当局即使是在没有信号的情况下提高接受并购的概率。当信息质量很低时，博弈也存在混同均衡，两种效率类型的并购企业都将选择提交补救措施。这些均衡都是并购企业最优选择的结果。如果信息质量较高，并购企业的自我选择会诱使反垄断当局通过效率抗辩和最佳策略批准一项并购。当信息质量较低时，如果批准一项并购的可能性很高，会诱使低效率类型的并购企业选择效率抗辩，这将使得反垄断当局降低批准（低效率类型的并购企业在是否提交补救措施之间无差异的）并购的可能性，因此出现准分离均衡。信息质量较低时也存在混同均衡，这是因为当反垄断当局设定一个较低的批准并购的概率时，两种效率类型并购企业的最优选择都是提交补救措施，此时反垄断当局也存在支持其较低批准概率的信念。

现在我们转向博弈的第一阶段，当反垄断当局选择并购控制决策规则时，它将评估预期的消费者剩余，这将取决于并购产生效率的可能性和犯 I 类错误的概率。下面我们将比较分析"弹性效率抗辩决策规则"和"严格效率抗辩决策规则"对并购企业努力动机的影响：

[①] 克里普斯直观标准又称为乔和克里普斯直观标准（Cho and Kreps Criterion），是指"信号博弈模型中许多对均衡的偏离并不符合某些类型委托人的利益"。关于克里普斯直观标准的详细内容，请参见 Cho, I.-K., and D. Kreps, Signaling Games and Stable Equilibria [J]. Quarterly Journal of Economics，1987（102）：179–221.

（1）信息质量较低（$\beta \leqslant \underline{\beta} \Leftrightarrow p_{e^L}(\beta) < 1$）时的企业努力水平。在"弹性效率抗辩决策规则"下，如果准分离均衡占优，那么并购企业的努力水平为 $E^{FED}(\beta)$，且满足：

$$q'(E^{FED})(\beta \prod(e^H) + (1-\beta) \prod(e^H)p_{e^L}(\beta) - \prod^R(e^L)) = F'(E^{FED}) \tag{5}$$

因此，当且仅当 $(1-\beta)\prod(e^H)p_{e^L}(\beta) - \prod^R(e^L) > 0$ 时，$E^{FED}(\beta) > E^{SED}(\beta)$。这一不等式总是成立，因为 $(1-\beta)\prod(e^H)p_{e^L}(\beta) - \prod^R(e^L) > (1-\beta)\prod(e^L)p_{e^L}(\beta) - \prod^R(e^L) = 0$。由于 $p_{e^L}(\beta)$ 随着 β 的提高而增加，所以 $E^{FED}(\beta)$ 也随着 β 的提高而增加。在"弹性效率抗辩决策规规"下，如果 $\beta < \min(\underline{\beta}, \bar{\beta})$，混同均衡可能占优。在这种情况下，"弹性效率抗辩决策规则"下并购企业努力水平（$E^{FED}(\beta)$）与"补救决策规则"下的努力水平（E^R）相等。那么，当且仅当 $\prod^R(e^H) - \prod^R(e^L) > \beta\prod(e^H)$ 时，$E^R > E^{SED}(\beta)$。

（2）信息质量较高（$\beta > \underline{\beta} \Leftrightarrow p_{e^L}(\beta) = 1$）时的企业努力水平。在"弹性效率抗辩决策规则"下，只有分离均衡占优，因而并购企业努力水平（$E^{FED}(\beta)$）满足：

$$q'(E^{FED})(\prod(e^H) - \prod^R(e^L)) = F'(E^{FED}) \tag{6}$$

此时，并购企业的努力水平不再取决于 β 的高低。那么，当且仅当 $\prod(e^H)(1-\beta) - \prod^R(e^L) > 0$ 时，即当且仅当 $\beta \leqslant \dfrac{\prod(e^H) - \prod^R(e^L)}{\prod(e^H)} = \hat{\beta}$ 时，$E^{FED}(\beta) > E^{SED}(\beta)$。由于 $1 - \dfrac{\prod^R(e^L)}{\prod(e^L)} < \dfrac{\prod(e^H) - \prod^R(e^L)}{\prod(e^H)}$，式（6）与初始条件 $\beta > \underline{\beta} = 1 - \dfrac{\prod^R(e^L)}{\prod(e^L)}$ 是一致的。因此，当且仅当 $\beta \leqslant \hat{\beta}$ 时，$E^{FED}(\beta) > E^{SED}(\beta)$。

（3）企业努力水平存在差异，即 $E^R \leqslant E^{FED}(\beta)$。由于在分离均衡时 $E^{FED}(\beta)$ 保持稳定且大于 E^R，当准分离均衡占优时 $E^{FED}(\beta)$ 随着 β 的增加而提高，因此，为了证明 $E^R \leqslant E^{FED}(\beta)$，我们只需要证明 $E^R \leqslant E^{FED}(0)$。当且仅当下面不等式成立时，$E^R \leqslant E^{FED}(0)$：

$$\prod^R(e^H) - \prod^R(e^L) \leqslant [\beta\prod(e^H) + (1-\beta)\prod(e^H)p_{e^L}(\beta) - \prod^R(e^L)]_{\beta=0} \tag{7}$$

由于 $p_{e^L}(0)\prod(e^H) = \dfrac{\prod^R(e^L)}{\prod(e^L)}\prod(e^H) > \prod^R(e^H)$，式（7）总是成立的。总结以上分析，我们可以得到以下结论：①信息质量存在一个门槛值 $\hat{\beta}$，如果 $\beta < \hat{\beta}$，那么"弹性效率抗辩决策规则"下并购企业的努力水平高于"严格效率抗辩决策规则"下并购企业的努力水平；如果 $\beta > \hat{\beta}$，情况就相反。②"补救决策规则"下并购企业的努力水平总是低于"弹性效率抗辩决策规则"下并购企业所付出的努力水平。当信息质量较低时，相对于"严格效率抗辩决策规则"而言，"弹性效率抗辩决策规则"在付出努力方面给予并购企业更高的激励程度。努力程度的激励取决于两个基本因素：Ⅰ类错误的重要性和不付出努力的机会成本。① 以上两类决策规则在考虑效率因素时都会影响这两个基本因素。由于并购被禁止时的利润低于并购被有条件批准时的利润，因而"严格效率抗辩决策规则"将导致较高的不付出努力的机会成本。然而，"严格效率抗辩决策规则"在决策过程中

---

① Ⅰ类错误的重要性越高，激励程度越低；不付出努力的机会成本越高，激励程度越高。

容易导致Ⅰ类错误，犯Ⅰ类错误概率的大小取决于可以获得的信息状况。当信息质量 β 足够高（$\beta > \underline{\beta}$）时，由于任何低效率类型的并购企业在这一信息质量范围内都将选择提交补救措施，"弹性效率抗辩决策规则"能够防止犯Ⅰ类错误。即使是在信息质量较低的情况下，如果准分离均衡占优，相对于"严格效率抗辩决策规则"而言，"弹性效率抗辩决策规则"也会降低犯Ⅰ类错误的概率。这是因为，反垄断当局即使是在没有关于效率的信息（e）（信号 s^N）的情况下，也将以一个正的概率批准并购。不过，"弹性效率抗辩决策规则"下，因为在低效率获得情况下补救措施也会保证并购获得批准，因而并购企业不付出努力的机会成本降低了（Roller 等，2001；Cosnita and Tropeano，2009）。总之，只要"严格效率抗辩决策规则"下犯Ⅰ类错误的概率较高，"弹性效率抗辩决策规则"就会在付出努力方面给予并购企业更高的激励程度。

因此，从反垄断当局的角度看，同时允许效率抗辩和并购补救将极大地改进并购评估审查的决策过程：在某一确定程度的信息质量条件下，自我选择潜在地提高了并购企业的努力水平，同时降低了犯Ⅰ类错误的概率。然而，在其他程度的信息质量条件下，不仅自我选择不会发生，而且选择提交补救措施的可能性会降低并购企业事前的努力水平。在这种情况下，在使用"弹性效率抗辩决策规则"时，是否同时允许效率抗辩和并购补救的决策意味着反垄断当局在降低决策错误和提高批准有效率并购的概率之间进行选择。

四、信息质量与反垄断当局的最优决策规则

在上文分析中，我们提到，反垄断当局在选择并购决策规则时面临着在降低决策错误和提高批准有效率并购的可能性之间进行选择。下面我们来推导反垄断当局在面临以上替换时的最优决策规则。我们将信息质量分为两种情况，然后比较不同均衡下预期消费者剩余和并购企业的努力水平，从而确定反垄断当局的最优决策规则。

（一）高信息质量下的最优决策规则

假定 $\beta \geq \underline{\beta}$，在这种情况下，当反垄断当局采用"弹性效率抗辩决策规则"时，分离均衡将处于主导地位，混同均衡不符合克里普斯直观标准因而可以不予讨论。在不同的决策规则下，预期的消费者剩余的大小也不一样。在"弹性效率抗辩决策规则"下，预期消费者剩余为 $q(E^{FED}(\beta))W(e^H) + (1 - q(E^{FED}(\beta))W^R(e^L))$；在"严格效率抗辩决策规则"下，预期消费者剩余为 $\beta q(E^{SED}(\beta))W(e^H)$；在"补救决策规则"下，预期消费者剩余为 $q(E^R)W^R(e^H) + (1 - q(E^R)W^R(e^L))$。

首先，通过比较我们可以发现，"弹性效率抗辩决策规则"下的预期消费者剩余大于"补救决策规则"下的预期消费者剩余。因为 $E^{FED}(\beta) > E^R$，$\forall \beta$，所以：

$$\{q(E^{FED}(\beta))W(e^H) + (1 - q(E^{FED}(\beta))W^R(e^L))\} - \{q(E^R)W^R(e^H) + (1 - q(E^R)W^R(e^L))\} >$$
$$[q(E^{FED}(\beta)) - q(E^R)][W^R(e^H) - W^R(e^L)] > 0 \tag{8}$$

其次，我们比较"弹性效率抗辩决策规则"与"严格效率抗辩决策规则"下预期消费者剩余的大小。从第三节的推导我们可以获知，当 $\beta > \hat{\beta}$（这里 $\hat{\beta} > \underline{\beta}$）时，$E^{FED}(\beta) < E^{SED}(\beta)$，因而当 $\underline{\beta} < \beta < \hat{\beta}$ 时，$\beta q(E^{SED}(\beta))W(e^H) < q(E^{FED}(\beta))W(e^H) + (1 - q(E^{FED}(\beta))W^R(e^L))$，故而"弹性效率抗辩决策规则"优于"严格效率抗辩决策规则"。进一步，当 $\beta > \hat{\beta}$ 时，在"严格效率抗辩决策规则"

下预期消费者剩余随着 β 的提高而增加，而在"弹性效率抗辩决策规则"下的预期消费者剩余保持不变。因而，存在一个唯一的信息质量值 $β^{***}$（$\hat{β} < β^{***} < 1$），使得下列关系成立：

当且仅当 $q(E^{SED}(1))W(e^H) > q(E^{FED}(1))W(e^H) + (1 - q(E^{FED}(1))W^R(e^L)$ 时，

$β^{***}q(E^{SED}(β^{***}))W(e^H) = q(E^{FED}(β^{***}))W(e^H) + (1 - q(E^{FED}(β^{***}))W^R(e^L))$；

否则，$β^{***} = 1$。

总结以上分析，当 $β > β^{***}$ 时，"严格效率抗辩决策规则"是最优决策规则；当 $\hat{β} < β < β^{***}$ 时，"弹性效率抗辩决策规则"是最优决策规则。

（二）低信息质量下的最优决策规则

假定 $β < \underline{β}$，此时在"弹性效率抗辩决策规则"下，混同均衡和准分离均衡都将存在。

（1）如果是准分离均衡占优，那么在"弹性效率抗辩决策规则"下，预期消费者剩余为 $βq(E^{FED}(β))W(e^H) + (1 - q(E^{FED}(β))W^R(e^L)) (1 - δ)$；在"严格效率抗辩决策规则"下，预期消费者剩余为 $βq(E^{SED}(β))W(e^H)$；在"补救决策规则"下，预期消费者剩余为 $q(E^R)W^R(e^H) + (1 - q(E^R)W^R(e^L))$。从第三节的结论我们可以获知，当 $β < \underline{β}$ 时，$E^{FED}(β) > E^{SED}(β)$。因而，"弹性效率抗辩决策规则"下的预期消费者剩余大于"严格效率抗辩决策规则"下预期消费者剩余，即：

$$βq(E^{FED}(β))W(e^H) + (1 - q(E^{FED}(β))W^R(e^L)) (1 - δ) > βq(E^{SED}(β))W(e^H) \qquad (9)$$

下面，我们需要比较"弹性效率抗辩决策规则"下的预期消费者剩余与"补救决策规则"下预期消费者剩余的大小。首先，由于 $E^{FED}(β)$ 随着 β 的提高而增加，所以 $βq(E^{FED}(β))W(e^H)$ 也随着 β 的提高而增加；其次，当 $β = 0$ 时，"弹性效率抗辩决策规则"下的预期消费者剩余小于"补救决策规则"下预期消费者剩余，即：

$$[βq(E^{FED}(β))W(e^H) + (1 - q(E^{FED}(β))W^R(e^L)) (1 - δ)]_{β=0} < q(E^R)W^R(e^H) + (1 - q(E^R)W^R(e^L))$$
$$(10)$$

因而，存在一个唯一的 $β \in [0, \underline{β}]$，满足下式：

$$βq(E^{FED}(β))W(e^H) + (1 - q(E^{FED}(β))W^R(e^L)) (1 - δ) = q(E^R)W^R(e^H) + (1 - q(E^R)W^R(e^L)) \qquad (11)$$

在这种情况下，对于信息质量值低于门槛值的任意 β，"补救决策规则"是最优决策规则。

（2）如果 $β < \min[\underline{β}, \bar{β}]$，混同均衡将占优，那么"弹性效率抗辩决策规则"与"补救决策规则"的结果是相同的。当 $β < \min[\underline{β}, \bar{β}, \tilde{β}]$ 时，"补救决策规则"是最优决策规则。

总之，对于两种类型的均衡而言，总是存在一个门槛值 $β^*$，信息质量低于这一门槛值时，"补救决策规则"是最优决策规则。

从以上分析可以看出，在并购评估审查中，反垄断当局的最优决策规则取决于信息质量的高低：①总是存在一个唯一的门槛值 $β^{***}$，当信息质量 β 满足 $1 \geq β \geq β^{***}$ 时，"严格效率抗辩决策规则"是最优决策规则；②总是存在一个门槛值 $β^{**}$，当信息质量 β 满足 $β^{***} > β \geq β^{**}$ 时，"弹性效率抗辩决策规则"是最优决策规则；③总是存在一个门槛值 $β^*$，当信息质量 β 满足 $β^* \geq β > 0$ 时，"补救决策规则"是最优决策规则。如果在"弹性效率抗辩决策规则"下准分离均衡占优，那么 $β^* = β^{**}$（Roller 等，2001；Cosnita and Tropeano，2009）。也就是说，最优决策规则取决于信息质量：信息质量较低时反垄断当局采用"补救决策规则"；当信息质量升高时反垄断当局应引入效率抗辩，同时使用补救措施，也就是使用"弹性效率抗辩决策规则"；最终，当信息质量足够高时，"严格效率抗辩决策规则"成为最有效率的决策规则。反垄断当局在选择最优决策规则时面临一些取舍："弹性效率抗辩决策规则"能够鼓励并购企业揭示并购能够获得效率的信息；"严格效率抗辩决策规则"可能在付出努力水平方面给予并购企业更高的激励;"补救决策规则"能够降低反垄断当局犯错误的概率。

当信息质量足够高时,低效率类型的并购企业通过选择提交并购补救措施而传递了其低效率的信号。"弹性效率抗辩决策规则"能够最大化其对并购企业付出努力水平的激励程度,这种情况下实际上不存在替换关系,"弹性效率抗辩决策规则"是最优决策规则。反之,当信息质量足够高时,"严格效率抗辩决策规则"下的并购企业的努力程度要高于"弹性效率抗辩决策规则",此时存在着高预期效率获得与犯 I 类错误之间的替换。如果效率获得水平较高,那么此时的关键变量是消费者剩余的大小(温斯顿,2007)。实际上,$W(e^H)$ 越高,提供高激励程度的好处就越大,因而最好采用"严格效率抗辩决策规则"。更进一步,信息质量越高,"严格效率抗辩决策规则"下犯错误的概率就越低。因此,如果信息质量足够高($1 \geq \beta \geq \beta^{***}$)时,在"严格效率抗辩决策规则"下放弃补救措施会鼓励更有效率的并购。当信息质量降低时,可能出现两种结果:①如果在"弹性效率抗辩决策规则"下准分离均衡占优,相对于"严格效率抗辩决策规则"而言,"弹性效率抗辩决策规则"将确保一个更高的努力水平和更低的犯 I 类错误的概率。然而,这一决策规则也不能像"补救决策规则"那样完全阻止犯 I 类错误。因而存在一个高努力水平与犯 I 类错误之间的替换。同样地,这一结果取决于信息质量的高低。这是因为在"弹性效率抗辩决策规则"下,信息质量的降低将导致预期消费者剩余的下降,结果是(当 $\beta < \beta^*$ 时)反垄断当局更倾向于选择"补救决策规则"。②当混同均衡占优时,"弹性效率抗辩决策规则"与"补救决策规则"下的预期消费者剩余是相同的,可以用前文给出的方法比较"严格效率抗辩决策规则"与"补救决策规则"下的结果。

五、研究结论

在横向并购反垄断控制中,并购企业总是通过策略性地揭示信息以影响反垄断当局的决策,而反垄断当局通过设置不同的决策规则以降低犯错误的概率。我们通过构建信息不对称条件下的动态博弈模型,对比分析了不同信息质量水平时不同决策规则下预期消费者剩余的大小和对并购企业的激励程度,从而确定了并购评估审查中当反垄断当局面临不同信息质量水平时的最优决策规则。也就是说,在并购评估审查中,反垄断当局的最优决策规则取决于信息质量的高低:当信息质量足够高时,反垄断当局将采用"严格效率抗辩决策规则";当信息质量很低时,反垄断当局将采用"补救决策规则";当信息质量处于中间水平时,反垄断当局将采用"弹性效率抗辩决策规则"。给定反垄断当局的策略选择,并购企业将在是否提交并购补救措施上进行最优选择,从而将传递自己效率类型的信号,在一定程度上解决信息不对称问题。

我们的研究结果显示,存在一个中等信息质量的范围,将效率抗辩与并购补救这两种决策程序相结合是最优的选择。通过对基准情形(只允许选择一种决策程序)的分析,我们发现,当信息质量 β 略微高于门槛值 $\tilde{\beta}$ 时,将效率抗辩与并购补救这两种程序相结合将在不减小并购企业努力水平激励程度的条件下同时降低犯 I 类错误的概率,因而结果会更好。同样道理,当信息质量 β 略微低于门槛值 $\tilde{\beta}$ 时,将两种程序相结合将在不提高犯 I 类错误概率的同时,给并购企业提供更高程度的激励,因而能够实现更有效率的并购。同时,模型解释了并购评估审查中在要求并购企业提出补救措施的同时纳入效率抗辩的合理性。当效率抗辩与并购补救同时存在时,并购企业可以进行自我选择,从而降低信息不对称带来的决策风险,同时还可以提高并购企业在并购前的努力水平。因此，在并购评估审查中，允许并购企业将并购补救与效率抗辩相结合优于仅允许并购企业选择并购补救。我们的研究结果还显示，效率抗辩的合理性随着信息质量的提高而增加。

参考文献

［1］温斯顿. 反垄断经济学前沿 ［M］. 张嫚，吴绪亮，章爱民译. 大连：东北财经大学出版社，2007.

［2］余东华，乔岳，张伟. 经营者集中反垄断控制中的安全港规则研究 ［J］. 产业经济研究，2010（3）.

［3］Cho，I. K.，and D. Kreps. Signaling Games and Stable Equilibrium ［J］. Quarterly Journal of Economics，1987（102）：179-221.

［4］Cosnita L. A. and J. P. Tropeano. Do Remedies Affect the Efficiency Defense：An Optimal Merger Control Analysis. Working Paper，2009.

［5］Ida，T. Horizontal Merger Efficiency Gain：Merger Remedy，Asymmetric Information and Incomplete Enforcement. Graduate School of Economics，Tyoto University，Working Paper，2007.

［6］Laffont，J. J. and J. Tirole. A Theory of Incentives in Procurement and Regulation ［M］. MIT Press，1993.

［7］Medvedev，A. Efficiency Defense，Administrative Fuzziness and Commitment in Merger Regulation. ESRC Centre for Competition Policy，University of East Anglia，CCP Working Paper 06-8，2006.

［8］Lars-Hendrik Roller，Johan Stennek and Frank Verboven. Efficiency Gains from Mergers ［J］. European Economy，2001（31）：121-165.

交通运输、冰山成本与产业结构调整：基于山东省辖市的面板数据分析*

宋马林　王舒鸿　杨　力**

一、引　言

　　运输成本的降低意味着生产成本的减少，直接关系到企业利润的增加。如果运输成本过于高昂，企业往往会选择接近市场的区位或者接近资源的区位设厂，这就会影响到区域的产业布局和产业结构调整。一般认为，一个地区的产业结构往往从第一产业逐渐向二、三产业过渡。在市场接近或资源接近企业的区位选择因素的影响下，产业结构一般很难得到有效的调整，而维持原来的产业结构往往不利于区域的长期发展。

　　基础设施与经济发展的关系问题，历来是世界各国、各地区政府制定社会经济发展规划和经济增长战略特别重视的基本问题。因此，无论是早期还是近现代经济学家，都十分重视基础设施与经济发展关系的研究，这包括基础设施发展模式、基础设施规模与结构、基础设施区域配置等问题。在国外，克鲁格曼（2000）不仅首先将空间因素引进经济学的分析框架中，从而拓宽了经济学的假定，而且还提出了"冰山成本"的增加促进企业向市场方向迁移这一命题。中国的研究者也进行了许多相关研究。国内的大多数研究者认为，基础设施与经济增长呈正相关关系。王辰（1995）指出，经济高速增长往往与基础产业"瓶颈"约束结伴而行，最终导致经济增长难以为继并被迫调整；罗明义（1995）认为，基础设施是区域经济一体化发展的基础和关键；唐建新（1998）提出，中国基础设施严重滞后，基础设施的存量与直接生产资本存量严重失调。在基础设施与产业结构发展方面，刘立峰（1995）认为，基础设施投资结构变动与产业结构升级、经济增长有紧密联系；罗光强（2002）认为，基础设施投资会因为时期不同、地区不同和类型不同而对制造业的发展产生较大的差异。在基础设施与区域经济发展方面，雷怀英（2007）提出从交通运输与经济发展计量模型结构发生显著变化的角度，可以进一步验证交通运输与经济发展之间协调性的动态变化趋势。刘勇（2010）分析了交通基础设施投资、区域经济增长及空间溢出作用，提出应将地区间的空间相关性纳入交通基础设施及经济增长的分析与政策制定过程中。陈迅和陈军（2011）的实证分析表明，交通运输设备制造业对城市经济增长具有推动作用，提升交通运输设备

　　* 国家自然科学基金项目（70901069；71171001）；教育部人文社会科学研究青年基金项目（10YJC630208）；安徽高等学校省级自然科学研究重点项目（KJ2011A001）；安徽省哲社规划项目（AHSK07-08D25；AHSKF09-10D116）和安徽财经大学研究生创新基金（ACYC2010BL11）的阶段性成果。

　　** 宋马林，男，39岁，安徽蚌埠人，副教授，安徽财经大学"龙湖学者"，安徽财经大学管理统计研究中心负责人，研究方向为环境经济学、系统建模与分析。

制造业的集聚程度可以提升区域经济增长水平。也有学者（王笃鹏等，2010）进一步指出，交通运输所涉及的物流企业获得的利润分配参数较小，但共生系统和共生单元的能量增加较多，物流企业的总能量增大。

我们认为，将完全竞争与规模报酬不变拓展到不完全竞争和规模报酬递增，这样更加符合现实经济情况。各个区域存在着异质性，交通运输又使它们彼此之间通过联系进行交换。同时，企业的迁移必然带动区域产业结构的调整，而区域产业结构的调整不一定总是向着"优化"的方向，有时也会"劣化"。如果通过产业结构调整能够充分促进就业，增加消费，吸收外资，那么这样的调整可以称为"得到升级的"产业结构。但是，由于企业一般需要顾及自身利益，虽然迁移为企业带来了更多的利润，但由于"外部性"的影响，却有可能"挤压"原地区企业的生存空间，从而减少了就业和消费，影响该地区经济的发展。

本文的第一部分是简单的介绍；第二部分是理论分析和模型构建，提出在产业转移的过程中要实现成本最小化与利润最大化的目标，并进行模型构建；第三部分根据所构建的模型，收集整理山东省各省辖市数据，进行了实证分析；第四部分给出结论。

二、理论与模型

传统的经济分析一般仅考虑劳动和资本对产出的影响，只是将各个经济体当做孤立的经济单元进行分析，却没有考虑到空间距离对商品供求的影响。但是一旦把空间维度加入经济学的分析中，供求关系就会发生变化。同时处在两个地方的完全一样的商品，可能将是两种不同的商品，对某一种商品的需求增加或者供给减少，就可能造成需求供给曲线向左侧移动，见图1。

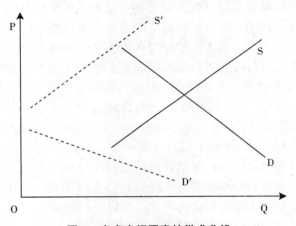

图1　考虑空间因素的供求曲线

经典的经济学理论认为，供给和需求曲线的交点即为均衡点，但如果考虑空间因素，供给和需求曲线向左边移动之后，很有可能不会出现交点，正如图1中 S′和 D′所演示的那样。向左平移的力度也就是"冰山成本"①的大小，如果"冰山成本"很大，向左平移的力度就大，如果"冰山成本"很小，向左平移的力度就小，如果"冰山成本"为零，则不会产生移动。所以在这一点上，

---

① "冰山成本"是日本早稻田大学教授、权威物流成本研究学者西泽修先生于1970年首先提出来的。参见 http://baike.baidu.com/view/2012232.htm#sub2012232。

经典理论只是空间经济理论的一个特例。

在本文的分析中，主要强调降低"冰山成本"对产业结构调整的作用。一方面，产业结构的调整是由于自身规模的扩张，这需要长期的资本积累与技术创新，而这往往需要较长的时间，新古典经济学已经对这类经济增长与产业增长进行了详细的分析，本文不予赘述；另一方面，产业结构调整也是一种产业的转移，如A地的产业转移到B处，在产业转移的过程中，实现成本最小化与利润最大化是企业的目标，这也是本文将着重讨论的。一般认为，各个地区产业的转移有着一定的规律可循，常常从第一产业逐渐向二、三产业过渡，形成梯次性转移。如果某一地区的某个产业具有比较优势，那么将吸收周围地区产业向该地区转移，从而形成产业聚集，使该产业比重增加，从而完成产业结构的调整与升级。

本文试图将"冰山成本"与产业结构转换联系起来，结合克鲁格曼（2000）的空间经济理论分析框架建立空间产业结构模型，并进行数值模拟，用来解释现实生活中由于交通运输问题所造成的"冰山成本"对产业结构转换的影响。我们首先建立 2×2 模型，即两个地区（A地和B地）和两种产业（工业和农业）。假设A地区经济技术水平相对发达，B地区经济技术水平相对落后；两种产业分别为农业和工业，生产的产品分别为农产品Y和工业品X。为简化起见，假设农业平均分布在A、B两个地区，每个地区消费农产品为 $(1-\mu)/2$，同时我们假定工业处在经济较为发达的A地区，工业品生产出来一部分满足A地区的需要，一部分被运送至B地区，所以A地区会享受到工业品生产所带来的收入，B地区只能依靠A地区生产的工业品来满足自身需要。此时，两地区收入分别为：

A地区收入：

$$Y_A = \mu + (1-\mu)/2 = (1+\mu)/2 \tag{1}$$

B地区收入：

$$Y_B = (1-\mu)/2 \tag{2}$$

假设A、B两地区的劳动力分别需要消费一定量的X产品和Y产品，且假定其效用函数为柯布·道格拉斯效用函数：$U = C_X^\mu C_Y^{1-\mu}$，预算约束为：$P_X C_X + P_Y C_Y = w$，式中，P_X、P_Y分别为X、Y产品的价格，C_X、C_Y为X、Y产品的消费量，w为工资水平。同样地，为了简化起见，将农产品Y的价格定义为1，则可建立消费者效用最大化方程为：

Max $U = C_X^\mu C_Y^{1-\mu}$

s.t. $P_X C_X + P_Y C_Y = w$，解得：

$$\begin{cases} C_x = \mu w/P_x \\ C_Y = (1-\mu)w \end{cases} \tag{3}$$

则 $U_{Max} = \mu^\mu (1-\mu)^{1-\mu} w/P_x$

式（3）是不考虑区域时，劳动力可以获得的最大效用水平。此时，考虑到区域差异，我们将工业品从A地运送至B地需要的燃油、路费等成本称为"冰山成本"。为了进一步降低"冰山成本"，企业有时会考虑直接在B地设厂，以减少"冰山成本"，我们将在B地设厂的企业称为"逃逸企业"。为了计算出企业在B地设厂的临界值，首先我们计算逃逸企业在两地的成本。把A地区和B地区劳动力的工资水平和价格水平代入式（3）并让它们相等，得到：

$$\begin{cases} \dfrac{w_A}{P_{X_A}^\mu} = \dfrac{w_B}{P_{X_B}^\mu} \\ P_{X_B} = \dfrac{P_{X_A}}{\tau} \end{cases} \Rightarrow \dfrac{w_B}{w_A} = \left(\dfrac{1}{\tau}\right)^\mu \tag{4}$$

式中，τ表示A地区产品销售到B地区的"冰山成本"，且 $0 < \tau < 1$，τ越接近1，区际交易成本越小。

现在我们来计算逃逸企业获得的利润，如果利润较大，则逃逸是有利可图的，企业会选择逃逸。若 A 地存在逃逸企业，从 A 地"逃逸"到 B 地设厂，则在 B 地设厂的逃逸企业在 A 地获得的利润与 A 地设厂的企业在 A 地获得的利润之比为：

$$\frac{(P_B/\tau)(P_B/\tau)^{-\sigma}}{(P_A)(P_A)^{-\sigma}} = \left(\frac{P_B}{P_A\tau}\right)^{1-\sigma} = \left(\frac{w_B}{w_A\tau}\right)^{1-\sigma} \tag{5}$$

式中，σ 为消费需求弹性。在 B 地设厂的逃逸企业在 B 地获得的利润与 A 地设厂的企业在 B 地获得的利润之比为：

$$\frac{P_B \cdot P_B^{-\sigma}}{(P_A/\tau)(P_A/\tau)^{-\sigma}} = \left(\frac{P_B\tau}{P_A}\right)^{1-\sigma} = \left(\frac{w_B\tau}{w_A}\right)^{1-\sigma} \tag{6}$$

设经济系统总收入为 1 个单位，X 产业的企业总数为 N，则"逃逸"企业在 A、B 两地获得的总销售额为：

$$V_B = \mu\left(\frac{Y_A}{N} \cdot \frac{(w_B)^{1-\sigma}}{(w_A\tau)^{1-\sigma}} + \frac{Y_B}{N} \cdot \frac{(w_B\tau)^{1-\sigma}}{w_A^{1-\sigma}}\right) \tag{7}$$

A 地企业在 A、B 两地获得的总销售额为：

$$V_A = \mu\left(Y_A \cdot \frac{1}{N} + Y_B \cdot \frac{1}{N}\right) \tag{8}$$

考虑到只有相对利润大于相对成本时，即满足 $(V_B/V_A) > (w_B/w_A)$ 条件时，企业才有可能逃逸，将式（5）、式（7）、式（8）代入整理可得：

$$V = V_B/V_A = \frac{1}{2}\tau^{\mu\sigma}[(1+\mu)\tau^{\sigma-1} + (1-\mu)\tau^{1-\sigma}] < 1 \tag{9}$$

V 可以称为绝对区域分异判别因子，如果 V < 1，经济系统必然会保持绝对区域分异均衡状态，X 产业会聚集于某一个地区，而另一个地区仅仅从事 Y 产业的生产；如果 V > 1，绝对分异的均衡就不稳定，经济活动的空间分布将向着区域趋同的方向转变。

从式（9）可以看出，区域分异判别因子与 μ、σ、τ 有关（见表1），它们共同决定 V 是大于 1 还是小于 1 的问题。为了清楚地看出这些参数和 V 之间的关系，我们采用数值模拟的方法，单独改变其中一个变量，观测 V 的走势。

表 1　判别因子与"冰山成本"的关系

运输成本	$\mu=0.4, \sigma=6$	$\mu=0.5, \sigma=6$	$\mu=0.6, \sigma=6$
τ	V_0	V_1	V_2
0.35	3.5946	1.5003	0.6012
0.40	2.5406	1.1489	0.4988
0.45	1.8715	0.9084	0.4234
0.50	1.4252	0.7372	0.3662
0.55	1.1164	0.6121	0.3225
0.60	0.8976	0.5197	0.2895
0.65	0.7414	0.4525	0.2663
0.70	0.6319	0.4068	0.2535
0.75	0.5606	0.3819	0.2534
0.80	0.5239	0.3796	0.2701
0.85	0.5222	0.4046	0.3102
0.90	0.5594	0.4642	0.3837
0.95	0.6424	0.5694	0.5043

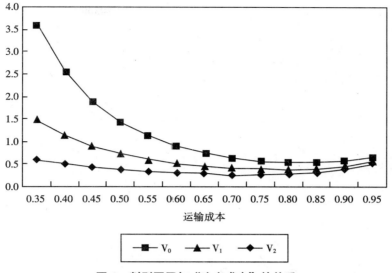

图 2　判别因子与"冰山成本"的关系

　　从图 1 可以看出，V 随着"冰山成本"的降低而降低，并在某一个关键的"冰山成本"点穿过 V = 1 的水平，此后一直保持着 V < 1 的水平。在 V < 1 的区域，集聚状态是稳定的，而在 V > 1 的区域，集聚是不稳定的，空间分布模式会向区域趋同的方向变化。此外，随着工业品 X 的支出比例（μ 取值）的上升，曲线将向左下方移动，维持稳定的"冰山成本"的取值区间扩大，此时更高的"冰山成本"亦可以使得聚集状态维持稳定。因此，消费者对于工业品支出比例增加能够促使集聚的发生，从而促进各地区产业结构的调整和升级。

三、经验分析

　　为验证上文的理论模型，本文的经验分析从实证方面解释"冰山成本"对产业结构的影响。由于区域分异判别因子分别与 μ、σ、τ 有关，在实证方面，我们分别选取产业比重、产业平均工资与公路里程来代替。第二部分理论模型为现实生活的简化形式，虽然只分析了工业企业的迁移，但可以类推至三个产业的迁移情况。μ 表示工业占总体经济中的比重，故本文选取产业比重来代替。σ 为消费需求弹性，在现实生活中难以度量。σ 越大表明消费需求弹性越高，消费者在购买商品上具有更多的选择，从这一方面讲，可以采用产业平均工资来代替，因为产业平均工资越高，就可以购买更贵的产品，也就是选择更多了。τ 表示"冰山成本"，它的大小正好与交通基础设施建设成负相关关系，交通越发达，"冰山成本"越小，故本文采用各地公路里程数来表示。为衡量产业结构的调整，只有产业比重的指标是不够的，产业的发展最终离不开经济数据的支持，所以我们用以上三个指标对产业生产总值进行解释，用来描述各产业的发展与变化。

　　本文以山东省各省辖市为例进行分析，考虑到 2006 年后各省辖市大力发展交通基础设施建设，公路里程数与之前的数据产生极大的跳跃，不利于时间序列的分析。故采用 2006~2009 年各省辖市的数据进行面板数据分析，以解释交通运输对产业结构的调整作用。首先根据上文的描述设定回归方程。为体现公路里程对产业结构的影响，此处加入公路里程与产业比重的交叉项，这样能够得到更全面的结论。故设定方程的被解释变量为各产业生产总值，解释变量为各产业平均工资，公路里程数以及公路里程与产业结构交叉项。同时，为了排除异方差的影响，对解释变量和被解释变量取对数，得到的回归方程如下所示：

$$\log(y_i) = \alpha + \beta_1\log(gz_i) + \beta_2\log(ft_i) \times \log(t_i) + \beta_3\log(t_i) + \beta_4\log(ft_i) + \varepsilon \tag{10}$$

式中，$i = 1$，2，3，gz 表示工资，ft 表示产业比重，t 表示公路里程，i 分别表示第一、第二和第三产业，α、β_i 为回归系数。得到的回归结果见表 2。

表 2 产业结构调整回归结果

	第一产业	第二产业	第三产业
C	−34.9018***	154.8326***	60.5073***
log（gz）	1.0097***	1.1584***	1.2938***
log（ft_1）*LOG（T）	−0.9611***	4.5524***	2.5157***
log（t）	3.0797***	−17.8712***	−7.9244***
log（ft）	9.4584***	−40.9724***	−21.8854***
R²	0.8899	0.8559	0.7899
调整后的 R²	0.8829	0.8277	0.7766
F 统计量	127.2946	79.7159	59.2232
Prob（F 统计量）	0.0000	0.0000	0.0000
D−W 统计量	2.3176	1.8543	1.4722

注：根据 Eviews 6.0 计算整理得到；*** 表示在 1%的显著性水平下通过检验。

从表 2 可以看出，模型整体拟合效果较好，并且消除了自相关的影响。且各个参数的拟合精度很高，均在 1%的显著性水平下通过检验。从各个指标的系数来看，平均工资水平、交通状况和产业比重对各个产业的影响程度不同。平均工资增加 1%，三大产业产值增长率分别为 1.0097、1.1584、1.2938，虽然处在规模报酬递增阶段，但已经非常接近规模报酬不变水平。可见，平均工资对产业结构调整的作用很小。而从其他三个变量来看，公路里程对第一产业的促进作用显著，在程度上是重要的。剔除产业结构的影响后，对第一产业的促进作用为 3.0797，说明交通运输能够在很大程度上促进第一产业的发展。对第二产业和第三产业的影响为负，分别为−7.8712 与−7.9244，但是在考虑了产业结构的影响后，对二、三产业的作用变为了正向促进作用，分别为 4.5524 和 2.5157。从数值上看，第二产业和第三产业均处于规模报酬递增阶段，这也证明了山东省的产业结构的重心将继续从第一产业向二、三产业转移。

为了更加深入地研究交通运输对产业结构调整的作用，我们对山东各省辖市公路里程对各个产业的影响进行分析，此处采用变系数模型以描述公路里程的增加对产业产值的边际影响，建立基础回归方程为：

$$\log(y_i) = \alpha + \beta_1\log(gz_i) + \beta_2\log(ft_i) \times \log(t_i) + \beta_4\log(ft_i) + \gamma^i\log(t_i) + \varepsilon \tag{11}$$

式中，$i = 1$，2，3。公路里程前面的系数采用变系数形式，这种设定方法能够将不同城市公路里程对产值的促进作用区分开来，也可以将公路里程对不同产业的促进作用加以区分，以观察交通运输对不同地区以及不同产业促进作用的程度。

表 3 公路里程对各产业产值的边际影响

地区	第一产业	第二产业	第三产业
济南市	1.9922***	1.3265***	1.5922***
青岛市	1.9435***	1.2926***	1.5377***
淄博市	1.9481***	1.3069***	1.5868***
枣庄市	2.0572***	1.3609***	1.6623***

续表

地区	第一产业	第二产业	第三产业
东营市	1.9857***	1.3517***	1.6430***
烟台市	1.9658***	1.2715***	1.5371***
潍坊市	1.8604***	1.1530***	1.4057***
济宁市	1.9300***	1.2109***	1.4837***
泰安市	1.9180***	1.2094***	1.4764***
威海市	2.0871***	1.4039***	1.6831***
日照市	2.0404***	1.3333***	1.5923***
莱芜市	2.0916***	1.4138***	1.7456***
临沂市	1.8443***	1.1235***	1.3902***
德州市	1.8277***	1.0993***	1.3565***
聊城市	1.9165***	1.2161***	1.4471***
滨州市	1.8813***	1.1802***	1.4378***
菏泽市	1.8435***	1.0788***	1.3366***
R^2	0.9945	0.9922	0.9934
调整后的 R^2	0.9924	0.9891	0.9908
F 统计量	459.3057	320.0945	381.5679
Prob（F 统计量）	0.0000	0.0000	0.0000
D-W 统计量	1.7452	2.0272	2.2560

注：根据 Eviews 6.0 计算整理得到；*** 表示在 1%的显著性水平下通过检验。

表 3 为方程的回归结果，没有列出平均工资水平、产业比重和交叉项的系数，因为这些不是我们要讨论的重点，故予以省略。从公路对各产业的促进程度来看，公路里程的增加对农业的促进作用最明显，效果最显著。公路里程增加 1%，对农业产值平均增加 1.9%，对第三产业的促进作用也较为明显，促进弹性为 1.5 左右。公路里程的增加反而对工业的促进作用最低，平均为 1.2左右。从这一点上看，工业企业的生产受到地域性的限制很小，不像农业和第三产业受到地域的影响很大。这一结论看似有悖于理论研究的结论，但是这却真正反映了各产业的地域限制。

农业生产为劳动密集型生产，且中国采用粗放型生产模式，无论是大型的农场还是小型的空地，都可以进行农业生产。生产出来的产品不像工业品可以长时间放置，如果农产品储藏时间过长，会发霉变质从而影响农民的收入，所以农业的发展与交通运输紧密相关。如果有强大的交通网作保证，一方面可以及时地将农产品运送至市场，送至各家各户；另一方面农民可以放开手脚多种多收，而不用担心运输及市场需求问题。如本文一开始所阐述的那样，交通运输业的发展从某一方面也改变了市场需求，扩大了农产品消费量，降低了"冰山成本"与生产风险，从而极大地促进了产业的发展。所以在三个产业的比较中可以看出，交通运输对农业的促进作用是最大的。

交通运输对第三产业的促进作用仅次于第一产业。因为第三产业主要是以服务业为主，服务业中存在的不可贸易品在一定程度上降低了交通运输对第三产业产值的促进作用。所谓不可贸易品，通常指不能在两个地区流通的商品，如理发这种服务就属于不可贸易品，因为人们总不可能为了理发而去很远的地方。交通运输对不可贸易品是没有促进作用的，这使得交通运输的发展对第三产业产值的促进作用降低。

第二产业的发展从一开始就离不开交通运输，无论是重工业还是轻工业，交通运输在其中的作用是巨大的。改革开放以来，第二产业一方面受到国家政策大力的扶持；另一方面充分吸收外商直接投资和内资，在省内初步形成较为稳定的产业布局，所以公路里程的增加对第二产业的促进作用相对较小。

从三个产业总体上来看，交通运输对三个产业的促进弹性均大于1，说明还是处于规模报酬递增阶段，所以增加交通基础设施建设对于三个产业的发展有较大的益处。交通的便捷能够更加促进产业集聚，使产业达到稳定的状态。基础设施的建设使市场的作用得到充分的发挥，生产要素就会倾向于聚集，使生产要素成本降低，企业利润增加，这又促进了更多企业的聚集，形成"循环积累因果效应"。同时，由于规模报酬递增假定，企业的聚集增加了企业的利润，降低了成本，从而降低了产品的价格，而消费者为追求效用最大化，将选择低价产品购买，所以促使消费者在区域间的流动与聚集。

四、基本结论

本文构建了"冰山成本"与产业转移的理论模型，试图解释交通运输业的发展对山东省各个产业产值的促进作用。实证分析表明，交通运输对第一产业的促进作用最大，第三产业其次，第二产业较小，但都处于规模报酬递增阶段，所以交通运输的发展对各产业的发展具有很大的促进作用。

第一产业还处在粗放型发展模式，一方面是由于第一产业未能受到有益的引导，另一方面是中国的交通运输业不发达，阻碍了第一产业从粗放型发展模式向集约型发展模式过渡。如果政府能大力引导第一产业转型，同时配套进行基础设施的建设，则第一产业将得到很大发展。排除不可贸易品的影响，由于交通运输的发展，对第三产业的促进作用不亚于第一产业，而第三产业是中国国民生产总值的重要来源，大力发展第三产业可以提高中国经济水平。在发展第三产业的过程中，注重对劳动力的培训，加快劳动力的转型，减少劳动力的摩擦性失业，这样才能使第三产业快速稳健发展，发挥第三产业应有的作用。山东省各省辖市的各个产业均处于规模报酬递增阶段，只有三个产业协调发展，相互促进，才能促进经济快速持续健康发展。

参考文献

[1] 保罗·克鲁格曼. 发展、地理学与经济理论 [M]. 北京：北京大学出版社，中国人民大学出版社，2000.

[2] 王辰. 基础产业瓶颈：体制与非体制成因的系统考察 [J]. 管理世界，1995（3）：126-132.

[3] 罗明义. 论区域经济一体化与基础设施建设 [J]. 思想战线，1995（6）：19-23.

[4] 唐建新. 基础设施与经济增长——兼论我国基础设施"瓶颈"约束产生的原因与对策 [J]. 经济评论，1998（2）：48-51.

[5] 刘立峰. 投资结构评析——基础产业与加工工业投资比例关系研究 [J]. 财经问题研究，1995（3）：31-38.

[6] 罗光强. 基础设施投融资体系的比较 [J]. 经济论坛，2002（12）：23-24.

[7] 雷怀英. 基于DEA的交通运输与经济发展的协调性评价 [J]. 统计与信息论坛，2007（1）：50-53.

[8] 刘勇. 交通基础设施投资、区域经济增长及空间溢出作用——基于公路、水运交通的面板数据分析 [J]. 中国工业经济，2010（12）：37-46.

[9] 陈迅，陈军. 产业集聚效应与区域经济增长关系实证分析 [J]. 华东经济管理，2011（2）：33-35.

[10] 王笃鹏，王虹，周晶. 共生联盟模式下制造企业与物流企业均衡利润分配研究 [J]. 管理学报，2010（8）：1228-1232.

中国中西部地区"集聚式"承接东部产业转移了吗?*

——来自两位数制造业的经验证据

周世军 周 勤**

一、引 言

中国的改革开放一直遵循着渐进式的推进原则,以"先富带动后富"为特征的区域发展战略实现了中国经济的腾飞和社会进步,但同时,区域经济的发展差距却出现了明显的扩大趋势(林毅夫等,1998;洪兴建,2010)。当初,东部沿海地区凭借优先发展的政策倾向以及自身的地理区位优势,充分吸引和集聚了发达国家和地区的产业转移,成为区域经济发展的第一级(石奇等,2007)。与之相比,中西部地区则显得相对落后。毋庸置疑,这种改革和发展的空间继起性导致了区域经济发展的不平衡(蔡昉、林毅夫,2003)。① 然而,如今随着东部沿海地区生产要素高度集聚的同时,其扩散效应也逐渐显现,"城市病"现象随之凸显。而相应地,由于西部大开发和中部崛起战略的实施所带来的中西部发展环境的极大改善,以及低廉的要素价格、丰富的自然禀赋使中西部地区形成了较为明显的产业转移承接优势。推动中国东部沿海发达地区向欠发达的中西部地区进行大规模的产业转移以实现区域经济协调发展,意义重大。这也使产业转移的研究越来越引起学者们的关注。其中,关注最多的是产业转移的原因以及形成的机理(Akamatsu,1961;Vernon,1966;Cumings,1984;Ozawa,1993;Kojima,2000;石奇,2004;张少军等,2009)。

但是,一个重要的现实问题却容易受到人们的忽视,就是产业转移承接过程中的产业集聚问题。以中国为例,中西部地区承接东部产业转移的过程中,随着转移产业集中度不断提高,其产业是否呈现了集聚效应;如果呈现,则本文认为中西部地区实现了集聚式承接。对于这个问题,有些学者可能不以为然,但是本文认为,对于目前的中国来说,欠发达地区试图通过承接发达地区的产业转移来实现快速工业化从而追赶发达地区,更应注重这个问题。承接产业转移过程中,作为市场失灵时市场的替代——政府扮演了一个重要而又特殊的角色。事实上,目前中西部地区承接东部产业转移的过程中,政府行为随处可见,小到一个县乡的招商引资,大到一个区域性的发展规划(如2010年元月国务院批复的《皖江城市带承接产业转移示范区规划》)。政府行为在一

* 国家教育部人文社会科学研究青年基金项目"基于承接产业转移、城镇化视角的三农困境破解研究——以皖江城市带为例"(批准号:10YJC7904090)的阶段性研究成果。

** 周世军,1977年生,男,安徽全椒人,东南大学经济管理学院博士研究生;周勤,1963年生,男,浙江安吉人,东南大学经济管理学院副院长,教授,博士生导师,产业经济研究中心执行主任。

① 蔡昉,林毅夫. 中国经济 [M]. 北京:中国财政经济出版社,2003.

定程度上能够减小市场失灵、降低产业转移与承接之间的交易费用、提高交易效率，但是，不可否认的是行政干预不当会造成产业转移承接过程中转移产业的无效率集中。现实中，由于信息不对称而带来的高额交易费用限制了转移企业的理性选择，一些地方政府出于发展当地经济的强烈愿望承诺了一些优惠政策或者是掩盖了当地真实的产业承接条件，致使转移企业的大量集中并未能够产生促使产业集聚效应形成的劳动力池（Labor Market Pooling）、专业化投入和知识溢出等马歇尔外部性。在市场力量驱动下的产业集中自然能够形成产业集聚效应，但是行政化的过分干预会影响产业集聚效应的生成。这一点已被政府清醒地意识到，《国务院关于中西部地区承接产业转移的指导意见》（国发〔2010〕28 号）中提出的首要基本原则就是"坚持市场导向，减少行政干预"。因此，本文的研究主要回答这样一个问题，即从实证角度来解释中国东部产业转移至中西部是否存在承接地该产业的集聚效应，从侧面反映政府主导的产业转移承接是否存在行政干预过当问题。若东部转移产业随着其在中西部地区集中程度的不断提高而呈现集聚效应，则说明转移产业的不同企业集中到一起产生了溢出效应，各自从中受益；否则，大量企业集中到一起并非源自集中的好处，那么这种集中必然不是市场力量驱动的结果而是行政干预所致。

"集聚"（Agglomeration）是本文论证的关键。对其概念，Weber（1909）有过经典的论述，他认为集聚是一种"优势"，或是一种生产的廉价，或是生产在很大程度上被带到某一地点所产生的市场化。其先行研究工作可以追溯到早期的区位理论（Weber，1909；Hotelling，1929；L?sch，1940；Isard，1956；Greenhut 和 Greenhut，1975）。马歇尔（1890）最早关注这一经济现象并对集聚的机制进行了系统的经济分析，之后众多学者开展了深入的研究（Hoover，1948；Romer，1986；Porter，1990；Krugman，1991；Fujita 等，1999；O'Sullivan，2003；Sala-i-Martin 等，2004）。其中，以克鲁格曼为代表人物的新经济地理学对集聚的解释取得了普遍的认同，认为产业集聚的本质力量是规模报酬递增（Dixit 和 Stiglitz，1977；Abdel-Rahman 和 Fujita，1990；Krugman，1991；Fujita 等，1999）。Ciccone 和 Hall（1996）通过构建数理模型（以下简称"CH 模型"）巧妙地将"规模报酬"与"集聚"衔接了在一起。范剑勇（2006）拓展 CH 模型实证研究了中国的产业集聚，结果表明，中国东部地区的集聚效应普遍高于中西部地区，其产生的规模报酬递增使其劳动生产率处于相对较高的水平。本文借鉴 CH 模型和范剑勇的研究来分析转移产业的集聚效应。与以往研究相比，本文做了两点探索性尝试：第一，尽管转移产业的集聚问题与一般产业的集聚问题的分析过程没什么两样，但是转移产业一般具体到两位数或三位数行业，数据更加细化，采用面板数据较以往的截面数据更为全面。考虑到产业转移以制造业居多，本文选取了两位数制造业进行研究，这比 Ciccone 和 Hall（1996）以及范剑勇（2006）采用非农产业分析更加细致，而且不会造成产业集聚效应估计的夸大（Sveikauskas，1975；Moomaw，1998）。第二，以往的实证计量研究没有考虑到集聚效应的累积循环的自我实现机制，本文尝试性地将其纳入实证分析框架中。

本文的结构安排：第一部分是简单的概述；第二部分是模型及有关分析框架；第三部分交代变量及其数据处理；第四部分统计描述了中国东部哪些制造业发生了规模性转移；第五部分计量实证转移产业的集聚效应；第六部分为论文的结论与启示。

二、 模型及分析框架

从新经济地理学或城市经济学角度来看，规模报酬递增地方化表现为厂商水平的内部规模经济、地方化经济和城市化经济。从中可以看出，产业集聚效应最终体现为产品单位平均成本的下降，可通过劳动生产率水平来衡量（范剑勇，2006）。于是，本文将通过构建产业集聚程度与其劳动生产率的关系模型并从实证角度来验证产业集聚效应是否存在。基于 Ciccone 和 Hall（1996）以及范剑勇（2006）的模型基础，理论模型构建如下：

（一）模型

以 n_i^k 表示地区 i 产业 k 的劳动力要素和资本要素的总投入，a_i^k 表示地区 i 产业 k 的用地数量，e_i^k 为地区 i 产业 k 的外部性；假设地区 i 内的制造业是均匀分布的，则地区 i 制造业 k 的产出函数（Ciccone 和 Hall，1996）设定为：

$$y_i^k = y_i(n_i^k, a_i^k, e_i^k) = a_i^k \left(\frac{n_i^k}{a_i^k}\right)^\alpha \left(\frac{y_i^k}{a_i^k}\right)^{\frac{\lambda-1}{\lambda}} \tag{1}$$

式中，α 为单位土地的产出对其投入的反应系数；$e_i^k = (y_i^k/a_i^k)^{\frac{\lambda-1}{\lambda}}$，$(\lambda-1)\lambda$ 为单位土地的投入产出对制造业 i 外部性的弹性系数（$\lambda > 1$）。

由式（1）得 $\frac{y_i^k}{a_i^k} = \left(\frac{n_i^k}{a_i^k}\right)^{\alpha\lambda}$，式中，$\alpha\lambda > 1$ 表示区域 i 产业 k 呈现规模报酬递增，$\alpha\lambda = 1$ 表示规模报酬不变，$\alpha\lambda < 1$ 则表示规模报酬递减。进一步地，令地区 i 产业 k 的投入要素 n_i^k 分解成劳动力要素 l_i^k、资本 k_i^k 且份额分别为 β 和 $1-\beta$，设全要素生产率为 Ω_i^k，则地区 i 产业 k 的产出函数变为：

$$\frac{y_i^k}{a_i^k} = \Omega_i^k \left[\left(\frac{l_i^k}{a_i^k}\right)^\beta \left(\frac{k_i^k}{a_i^k}\right)^{1-\beta}\right]^\alpha \left(\frac{y_i^k}{a_i^k}\right)^{\frac{\lambda-1}{\lambda}} \tag{2}$$

考虑到产业 k 的资本投入数量无法获得，可设 $\frac{k_i^k}{a_i^k} = \frac{\alpha(1-\beta)y_i^k/a_i^k}{r}$ 为资金需求表达式（Ciccone 和 Hall，1996），并将之代入式（2）中得到：

$$\frac{y_i^k}{a_i^k} = (\Omega_i^k)^{\frac{\lambda}{1-\alpha\lambda(1-\beta)}} \left(\frac{l_i^k}{a_i^k}\right)^{\frac{\alpha\beta\lambda}{1-\alpha\lambda(1-\beta)}} \left[\frac{\alpha(1-\beta)}{r}\right]^{\frac{\alpha\lambda(1-\beta)}{1-\alpha\lambda(1-\beta)}} \tag{3}$$

令 $\theta = \frac{\alpha\beta\lambda}{1-\alpha\lambda(1-\beta)}$，$\omega = \frac{\lambda}{1-\alpha\lambda(1-\beta)} = \frac{\theta}{\alpha\beta}$，$\phi = \left[\frac{\alpha(1-\beta)}{r}\right]^{\frac{\alpha\lambda(1-\beta)}{1-\alpha\lambda(1-\beta)}}$；对式（3）两边同时除以 $\frac{l_i^k}{a_i^k}$，则式（3）改写为：

$$\frac{y_i^k}{l_i^k} = (\Omega_i^k)^\omega \left(\frac{l_i^k}{a_i^k}\right)^{\theta-1} \phi \tag{4}$$

式（4）表明：

（1）地区 i 产业 k 的劳动生产率 y_i^k/l_i^k 主要取决于全要素生产率 Ω_i^k 和以该产业就业密度 l_i^k/a_i^k 表示的产业集聚。

（2）若 $\theta-1 > 0$，则产业集聚程度的提高促进劳动生产率的提升，此时由 $\frac{\alpha\beta\lambda}{1-\alpha\lambda(1-\beta)} > 1$ 得出 $\alpha\lambda > 1$，即此时产业 k 呈现规模报酬递增趋势；θ 越大，表明产业集聚程度越高对于劳动生产率的提升越明显，由于 $\frac{\partial\theta}{\partial(1-\beta)} = \frac{\alpha\lambda(\alpha\lambda-1)}{(1-\alpha\lambda+\alpha\beta\lambda)^2} > 0$，则说明存在规模报酬递增地方化的同时，$1-\beta$ 越大，集聚效应越大，从而吸引资本不断向该地区集聚。

（3）若 $\theta-1 < 0$，则表示产业集聚程度的提高反而降低了劳动生产率，产业 k 不存在规模报酬递增，拥挤效应凸显。

（二）"集聚"效应的实证检验框架

根据式（4），如果我们能够将某产业劳动生产率的提高归结为产业集聚所致，那么该产业获得了规模报酬递增，呈现集聚效应。东部产业向中西部的转移不仅是产业区位逐渐由东部转移到中西部，而且还应体现集聚效应。与范剑勇（2006）研究中国的产业集聚效应存在明显区别的是，本文是基于具体的制造行业来研究产业集聚效应状况，而范剑勇的研究是基于非农产业即第二、三产业来研究的。从整个非农产业来研究产业集聚效应是值得商榷[①]的。除此以外，以就业密度衡量产业集聚程度时，就业密度的测度过于粗糙。范剑勇的就业密度是以非农产出与非农用地总面积之比来计算的，由于《中国统计年鉴》中的非农用地即建设用地包括"居民点及工矿用地"、"交通运输用地"、"水利设施用地"，而这些用地并不完全获取非农产业，特别是制造业的规模报酬递增及其地方化，因而以就业密度来衡量产业集聚程度偏差较大。为了克服这一不足，本文以产业集中份额即某地区制造行业的工业增加值与整个区域该制造行业的工业增加值之比来衡量产业集聚程度。该指标不仅反映了产业的区域性分布，而且其时序反映了产业的集中趋势。对于这种体现了时间和空间特征的指标，采用面板数据进行分析尤为适合。另外，根据式（4），产业的劳动生产率还要受全要素生产率和资本价格的影响，其中，全要素生产率是指要素（如劳动力和资本）投入之外的技术进步和能力实现等导致的产出增加（郭庆旺和贾俊雪，2005）。范剑勇的处理方式是采用地区哑变量代表全要素生产率与资本价格的综合，其原因是这些因素在省份之间的差异比较大。但本文的分析对象是转移产业的承接问题，考虑到地方政府在财政、税收、金融等方面的政策往往受国家宏观政策调控的影响较大，因此，本文采用时间哑变量来反映这些因素的影响。

对式（4）两边取自然对数，并引入被解释变量的滞后项以考虑循环累积机制以及结合中国现实国情引入城镇化率作为一个重要变量以考虑农村劳动力非农就业对劳动生产率的影响，构建动态面板数据模型为：

$$\ln(y_{i,t}^k / l_{i,t}^k) = \delta \ln(y_{i,t-1}^k / l_{i,t-1}^k) + (\theta - 1)\ln(converge_{i,t}) + \gamma \ln(urban_{i,t}) + \eta_i + Dumm_t + u_{i,t} \qquad (5)$$

式中，i 表示东部向中西部转移的产业 i，t 表示 2000~2009 年，η_i 表示不同地区的固定效应或随机效应，反映地区差异对劳动力生产率的影响；$Dumm_t$ 为时间虚拟变量，$u_{i,t}$ 为扰动项。由于式（5）中存在被解释变量的滞后一期项 $\ln(y_{i,t-1}^k / l_{i,t-1}^k)$ 与误差项是相关的，如果继续沿用常规的 LSDV 或者 FGLS 方法处理面板数据模型，即使误差项不存在序列相关的假定条件得以满足，得到的估计值仍将是有偏的、非一致的。本文拟采用动态面板广义矩估计（Arellano 和 Bond，1991），该方法解决了内生性和异质性所带来的问题，能够得到更为准确的估计。其操作可通过一阶差分 GMM 估计来实现，原理是通过一阶差分消除个体固定效应的影响，然后选取有效工具变量，以剔除可能存在的内生性，从而对面板模型进行合理估计。

---

① 非农产业涉及范围很广，包括制造业、建筑业、交通运输业、信息软件业、批发零售业、住宿餐饮业、金融业、房地产业、居民服务业、文教、体育、卫生业等众多行业。仅从非农产业整体上研究过于宽泛，而且尽管非农产业表现出规模报酬递增，但仍不能得出其中所包含的行业表现出集聚效应。

三、 变量、数据及处理

（一）产业转移测度

限于统计数据的可获得性，产业转移很难直接测度，一般是通过间接方法进行计算。间接方法主要可分为两种途径：一是考察产业的集聚程度，通过集聚程度的变化来判断产业转移情况，如张公嵬和梁琦（2010）曾提出以产业的赫芬道尔指数（Herfindahl Index）、区位熵与产业的绝对份额来综合测度产业转移；二是直接通过考察产业的市场份额占有者的变化来判断产业转移情况。本文将运用上述两种测算途径综合判断产业转移状况。目前，产业地理集聚的主要测度方法有：集聚率、区位基尼系数（Krugman，1993；Wen，2004）、空间集聚指数（Ellision 和 Glaeser，1997）、空间分散度指数（Midelfart-Knarvik 等，2000）等。尽管 Ellision 和 Glaeser 的空间集聚指数具有一定的优越性（罗勇和曹丽莉，2005），但是由于其涉及的赫芬道尔指数需要企业规模分布数据，因而其应用受到了一定程度的限制（白重恩等，2004）。

中国产业转移的区域总体上可分成三大区域即东部地区、中部地区以及西部地区。东、中、西部的划分存在一定的分歧，分歧最大的地方是辽宁、吉林和黑龙江的归属问题。有的学者按照经济发展状况将其归为中部地区，也有的按照地理位置将其归为东部或东北地区。本文定义其为东北地区，并根据中国产业转移的区位特点，仅考虑东、中、西部，[①] 其分别定义为：东部地区包括北京、天津、河北、山东、上海、浙江、江苏、福建、广东和海南 10 省（市）；中部地区包括山西、河南、安徽、江西、湖南、湖北 6 省；西部地区包括广西、重庆、四川、云南、西藏、[②] 贵州、陕西、内蒙古、甘肃、青海、宁夏、新疆 12 省（市、自治区）。由于转移产业以制造业居多，故本文选取两位数制造业作为分析样本。鉴于《中国工业经济统计年鉴（2004）》开始采用新的国民经济行业分类体系（GB/T4754-2002）对行业进行分类，而不再使用旧的国民经济行业分类体系（GB/T4754-94）。为了保持统计口径的一致，我们选择了制造业的 20 个两位数行业（见表 1）作为研究样本，这 20 个行业的分类标准在新的国民经济分类体系中基本未作改变，都属于比较典型的制造业。通过区位基尼系数，我们可以判定制造行业的集聚状况，再综合中西部集聚份额的变化，则可判定产业转移的趋势和特点。

表 1　20 个两位数制造行业列表

代码	行业部门全称	代码	行业部门全称
C13	农副食品加工业	C25	石油加工、炼焦及核燃料加工业
C14	食品制造业	C26	化学原料及化学制品制造业
C15	饮料制造业	C27	医药制造业
C16	烟草制品业	C28	化学纤维制造业
C17	纺织业	C31	非金属矿物制品业
C22	造纸及纸制品业	C32	黑色金属冶炼及压延加工业

---

① 东北三省未纳入研究样本，不影响本文的研究结果。相反，剔除东北三省仅考察产业在东部与中西部之间的相对变化，将更加有利于分析产业在三大区域的区位特点，便于产业转移的现实把握。

② 由于西藏地区有许多数据缺失，故样本点被剔除。

代码	行业部门全称	代码	行业部门全称
C33	有色金属冶炼及压延加工业	C37	交通运输设备制造业
C34	金属制品业	C39	电气机械及器材制造业
C35	通用设备制造业	C40	通信设备、计算机及其他电子设备制造业
C36	专用设备制造业	C41	仪器仪表及文化、办公用机械制造业

注：表中制造行业的分类及其代码来自《国民经济行业分类与代码（GB/T 4754-2002）》。

资料来源：2001~2010 年《中国统计年鉴》和《中国工业经济统计年鉴》。

有关指标的计算方法如下：

（1）区位基尼系数的计算公式为：$G_k(t) = \sum_{j}^{N} \sum_{i}^{N} |S_i^k(t) - S_j^k(t)| / 2N^2 \overline{S^k(t)}$，式中，$G_k(t)$ 表示

产业 k 在 t 时间的地理集聚基尼系数，$\overline{S^k(t)}$ 表示产业 k 在 t 时间的各地区间的平均份额，i、j 分别表示两个不同的地区，$S_i^k(t)$、$S_j^k(t)$ 分别表示 t 时间内地区 i 和地区 j 的产业 k 增加值占该产业全国增加值的比重，N 表示地区总数。区位基尼系数在 0~1 取值，取值为 0 表示产业地区分布完全均等；若取值为 1，则表示该产业所有的生产活动在一个地区集聚；取值越大表明该产业地理集聚程度越高。

（2）中西部地区集聚份额的计算公式为：$ME_k(t) = \sum_{i=1}^{m} Y_i^k(t) \bigg/ \sum_{i=1}^{N} Y_i^k(t)$，式中，$Y_i^k(t)$ 表示 t 时

间内产业 k 在地区 i 的工业增加值，m 表示中西部地区所包含的省份，N 表示所有地区。

本文提出产业发生较大规模转移的一个判定方法：根据中西部地区的集聚份额 $ME_k(t)$ 判断哪些产业具有明显的时间趋势（可借助时间序列分析方法判别），如果趋势明显，则说明该产业存在较大规模转移的可能；再结合区位基尼系数 $G_k(t)$ 的时间趋势特点再次验证产业的转移状况。其具体为：若某产业的 $ME_k(t)$ 上升而 $G_k(t)$ 下降时，则说明该产业发生了规模性转移；若某产业的 $ME_k(t)$ 上升而 $G_k(t)$ 也上升时，则说明该产业在中西部一直是集聚产业，不存在该产业的东部转移问题；其他情况均为不发生规模性转移。

（二）实证变量及其数据说明

计量模型（5）中被解释变量劳动生产率的计算是以制造行业的工业增加值除以该行业的就业人数，数据来自有关年份的《中国工业经济统计年鉴》。解释变量为集聚程度（converge），以制造行业的工业增加值（或工业总产值）与该制造行业在整个区域的工业增加值（或工业总产值）总和相比来衡量。作为一个重要控制变量的城镇化率，本文通过城镇人口占总人口的比重来衡量，数据来自历年《中国统计年鉴》。

四、哪些制造业发生了规模性转移

根据 20 个两位数制造业 2000~2009 年工业产值数据（其中，2004 年、2008 年和 2009 年为工业总产值，[①] 其余年份为工业增加值），利用区位基尼系数公式计算结果见表 2。区位基尼系数的

[①] 由于《中国工业经济统计年鉴》、《中国统计年鉴》等统计年鉴中并没有 2004 年、2008 年和 2009 年的工业增加值数据，因此，这里只好用工业总产值来计算其区位基尼系数。作者通过其他年份的两种产值计算得出的区位基尼系数对比发现结果偏差不大。

大小表明了不同制造行业的集聚程度的强弱。基尼系数越大，表明产业分布越集中；反之，则产业分布趋于均匀。根据生产要素投入的密集程度，可将制造行业进一步归类为劳动密集型、技术密集型和资本密集型产业。但考虑到实际中由于受到统计数据的制约以及技术因素日益涵盖在劳动要素和资本要素之中，我们很难将技术因素独立分离出来，三分法越来越困难。本文采用二分法即分为劳动密集型和非劳动密集型（资本密集型和技术密集型的统称）产业。对于劳动密集型产业的甄别，黄桂田（2009）曾提出采用人均固定资产和工资在总成本中的比重两个指标。按照黄桂田的观点，某个行业属于劳动密集型行业并不是一成不变的，上述两个甄别指标决定了其演变过程。结合众人的观点和研究结果（黄桂田，2009；吴三忙和李善同，2010），本文将农副产品加工、食品制造、饮料制造、纺织、造纸及纸制品、金属制品、非金属矿物制品七个制造行业定义为劳动密集型制造业，而将其余制造业定义为非劳动密集型制造业。

表2　20个制造行业的区位基尼系数（2000~2009年）

类型	行业简称	2000年	2001年	2002年	2003年	2004年	2005年	2006年	2007年	2008年	2009年	趋势	均值	集聚度
劳动密集型制造业	农副食品加工	0.587	0.582	0.616	0.599	0.596	0.617	0.621	0.615	0.589	0.582	−	0.600	较高
	食品制造	0.554	0.561	0.556	0.540	0.525	0.552	0.546	0.559	0.544	0.544	−	0.548	较低
	饮料制造	0.503	0.498	0.504	0.502	0.492	0.493	0.482	0.481	0.482	0.490	−	0.493	低
	纺织业	0.658	0.677	0.689	0.698	0.737	0.715	0.718	0.714	0.736	0.728	+	0.707	高
	造纸及纸制品	0.597	0.617	0.639	0.658	0.672	0.652	0.651	0.652	0.660	0.645	+	0.644	较高
	非金属矿物	0.510	0.515	0.516	0.527	0.561	0.559	0.563	0.575	0.573	0.558	+	0.546	较低
	金属制品	0.667	0.670	0.677	0.696	0.711	0.697	0.693	0.687	0.686	0.669		0.685	较高
非劳动密集型制造业	烟草制品	0.607	0.601	0.593	0.574	0.543	0.561	0.559	0.558	0.524	0.517	−	0.564	较低
	石油加工炼焦	0.557	0.560	0.533	0.529	0.510	0.564	0.595	0.563	0.541	0.474		0.543	较低
	化学原料	0.516	0.531	0.540	0.553	0.576	0.569	0.571	0.565	0.582	0.595	+	0.560	较低
	医药制造	0.433	0.450	0.449	0.454	0.477	0.457	0.455	0.457	0.502	0.501	+	0.464	低
	化学纤维	0.735	0.731	0.736	0.856	0.804	0.775	0.795	0.789	0.826	0.827	+	0.787	高
	黑色金属冶炼	0.503	0.495	0.493	0.506	0.519	0.540	0.527	0.510	0.524	0.528	+	0.515	较低
	有色金属冶炼	0.419	0.399	0.363	0.401	0.433	0.440	0.434	0.455	0.488	0.500	+	0.433	低
	通用设备	0.633	0.634	0.640	0.654	0.675	0.659	0.660	0.651	0.669	0.663	+	0.654	较高
	专用设备	0.617	0.619	0.608	0.582	0.599	0.586	0.573	0.576	0.582	0.579	−	0.592	较低
	交通运输设备	0.563	0.566	0.559	0.571	0.547	0.552	0.553	0.551	0.557	0.554	−	0.557	较低
	电气机械器材	0.683	0.694	0.695	0.697	0.720	0.707	0.706	0.691	0.695	0.677	−	0.697	较高
	通信电子设备	0.737	0.738	0.748	0.777	0.830	0.793	0.784	0.762	0.794	0.792	+	0.773	高
	仪器仪表	0.708	0.686	0.674	0.732	0.758	0.710	0.709	0.689	0.727	0.716	+	0.711	高

注：表中"+"、"−"分别表示区位基尼系数基本呈现上升和下降的时间趋势；并非单调变化。

总体上看，2000年以来，纺织业、化学纤维、通信电子设备、仪器仪表四个行业的区位基尼系数在0.7以上，为高地理集聚度；农副食品加工、造纸及纸质品、金属制品、通用设备以及电气机械器材五个行业的区位基尼系数在0.6~0.7，为较高的地理集聚度；其余制造业则处于较低的地理集聚度。产业集聚程度由高到低的行业分布基本上符合产业从技术密集型向资本密集型再向劳动密集型转移的过程（罗勇和曹丽莉，2005）。表2中的"−"表明食品制造、饮料制造、烟草制品、专用设备和交通运输设备五个行业的集聚程度趋于下降，反映了产业存在扩散趋势、有规模性转移的可能；其他制造业的分布则趋于集中，产业规模性转移的可能性较小。

进一步地，结合表3可以看出：

（1）食品制造和饮料制造业出现了明显的规模转移。以食品制造业为例，其产业转移趋势非常明显，2000年其在中西部地区的集聚份额约为27%，到2009年增加至41.3%；图1显示了2000

表3　中西部制造业集聚份额（2000~2009年）

单位：%

类型	行业简称	2000年	2001年	2002年	2003年	2004年	2005年	2006年	2007年	2008年	2009年	趋势	规模性转移
劳动密集型	农副食品加工	42.1	40.3	38.4	37.0	32.7	39.4	42.0	44.2	40.5	42.9	+	微弱
	食品制造	27.0	28.7	29.9	33.6	33.5	37.0	40.0	43.0	40.9	41.3	+	明显
	饮料制造	44.6	44.0	44.5	42.9	39.0	45.8	50.7	53.7	50.6	52.4	+	明显
	纺织业	23.7	20.8	19.4	18.1	13.6	16.6	17.7	19.8	17.0	18.4	–	未显现
	造纸及纸制品	29.4	27.3	24.9	24.0	20.5	25.8	25.6	27.8	24.9	27.4	–	未显现
	非金属矿物	39.5	37.7	37.4	36.9	31.1	36.3	38.6	41.1	38.9	42.3	+	微弱
	金属制品	16.1	15.8	14.3	13.0	10.7	13.3	14.6	15.8	15.1	15.0	–	未显现
非劳动密集型	烟草制品	71.3	67.7	62.5	61.7	62.3	61.2	60.3	60.3	62.2	63.9	–	未显现
	石油加工炼焦	35.2	38.2	36.2	41.2	38.1	41.0	42.8	42.0	32.3	38.8	+	微弱
	化学原料	32.1	30.1	29.3	27.6	24.7	28.8	28.9	30.4	28.7	29.1	–	未显现
	医药制造	39.3	38.0	37.3	36.0	34.3	38.1	40.2	41.2	38.6	38.5	–	未显现
	化学纤维	13.6	15.2	16.0	7.8	11.6	14.4	12.5	12.9	10.2	9.6	–	未显现
	黑色金属冶炼	41.5	42.3	42.7	39.8	34.5	37.5	36.6	39.5	35.8	35.6	–	未显现
	有色金属冶炼	64.7	64.2	62.2	60.9	51.3	58.7	60.6	63.5	56.4	54.9	–	未显现
	通用设备	24.4	22.3	22.1	21.3	16.9	23.0	21.4	23.0	20.5	22.5	–	未显现
	专用设备	28.0	28.0	28.0	30.0	26.2	28.7	30.6	32.9	32.0	34.5	+	微弱
	交通运输设备	38.1	37.9	36.2	32.2	33.3	33.7	34.4	35.3	33.5	34.0	–	未显现
	电气机械器材	17.3	15.1	15.6	15.7	12.4	15.1	16.0	18.2	17.1	17.0	–	未显现
	通信电子设备	11.4	11.2	9.9	7.5	4.5	6.1	6.5	8.9	5.8	7.0	–	未显现
	仪器仪表	15.1	16.6	17.2	12.5	9.5	13.1	13.3	16.4	13.5	15.0	–	未显现

注：表中"+"、"–"分别表示集聚份额基本呈现上升和下降的时间趋势；并非单调变化。

年和2009年食品制造业在东、中、西部各省份的集聚份额的对比情况，东部地区除了山东和福建的食品制造业集聚份额有所上升以外，其他省份均发生了较为明显的下降，而相应的，中西部地区大部分省份的食品制造业集聚份额出现了上升趋势，其中以河南、内蒙古、湖南、四川为最。

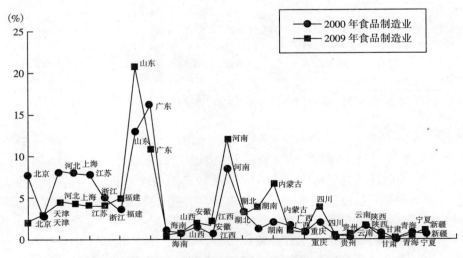

图1　东、中、西部各省份食品制造业集聚份额对比

（2）农副食品加工、非金属矿物、石油加工炼焦、专用设备等制造业存在产业转移的趋势，但是并没有出现明显的规模性转移。以专用设备制造业为例，表2显示专用设备制造业的集聚程

度总体上是下降的，但是下降的幅度很小，罗勇和曹丽莉（2005）认为，这可能跟其属于资源密集型产业有关。专用设备制造业主要涉及起重运输、冶金、矿山、工程机械、农用机械等设备生产制造。图2显示，专用设备制造业集聚份额在北京、河北、上海、江苏、浙江、山东东部六省（市）均出现了不同程度的降低；而在山西、湖南、内蒙古、广西、重庆、四川、宁夏七省（市、自治区）均出现了上升趋势。这说明专用设备制造业正由东部地区向中西部地区进行转移，但是转移的规模较小，这不仅从表3能够看出，图2中集聚份额的较小变动幅度也显示了这一点。

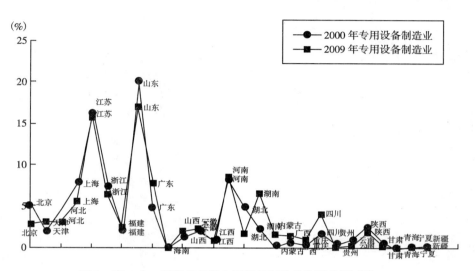

图2　东、中、西部各省份专用设备制造业集聚份额对比

（3）其余制造业在东部地区的集聚程度越来越高，产业转移趋势并未显现。以通信电子设备制造业为例，表2显示了其高集聚度并且根据表3可知在东部地区的集聚有不断强化的趋势。通过图3，我们不仅能够看出通信电子设备制造业绝大部分集中在东部地区，在中西部的集聚份额非常微小，而且还能看出在东部地区集聚份额不断强化。例如，江苏的集聚份额由2000年的12.1%上升至2009年的23.85%，上升幅度最为明显；广东、山东、上海的增幅依次降低。

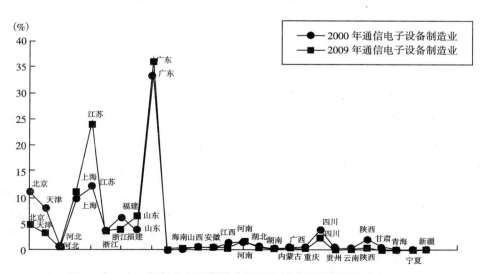

图3　东、中、西部各省份通信电子设备制造业集聚份额对比

五、转移产业集聚效应的实证分析

（一）模型估计

对模型（5）经一阶差分后，变为：

$$\ln(y_{i,t}^k/l_{i,t}^k) - \ln(y_{i,t-1}^k/l_{i,t-1}^k) = \delta[\ln(y_{i,t-1}^k/l_{i,t-1}^k) - \ln(y_{i,t-2}^k/l_{i,t-2}^k)] + (\theta-1)[\ln(\text{converge}_{i,t})$$
$$- \ln(\text{converge}_{i,t-1})] + \gamma[\ln(\text{urban}_{i,t}) - \ln(\text{urban}_{i,t-1})]$$
$$+ (\text{Dumm}_t - \text{Dumm}_{t-1}) + (u_{i,t} - u_{i,t-1}) \tag{6}$$

由于模型（6）仍可能存在内生性，且 $\ln(y_{i,t-1}^k/l_{i,t-1}^k) - \ln(y_{i,t-2}^k/l_{i,t-2}^k)$ 与 $u_{i,t} - u_{i,t-1}$ 序列相关，故选取有效工具变量进行估计。事实上，若令 $Y_{i,t} = \ln(y_{i,t}/l_{i,t})$，对于所有的 $Y_{i,t-2-j}$，满足条件：$E[Y_{i,t-2-j}(Y_{i,t-1} - Y_{i,t-2})] \neq 0$ 且 $E[Y_{i,t-2-j}(u_{i,t-1} - u_{i,t-2})] = 0$，则 $Y_{i,t-2-j}$ 作为 $Y_{i,t-1} - Y_{i,t-2}$ 的工具变量是合理的（Amemiya 和 MaCurdy，1986；Arellano 和 Bond，1991）。根据这一结论，本文将选取 $\ln(y_{i,t-2-j}^k/l_{i,t-2-j}^k)(j=0,1,2,\cdots)$ 作为 $\ln(y_{i,t-1}^k/l_{i,t-1}^k) - \ln(y_{i,t-2}^k/l_{i,t-2}^k)$ 的工具变量，选取 $\ln(\text{converge}_{i,t-2-j})$、$\ln(\text{urban}_{i,t-2-j})$ 分别作为 $\ln(\text{converge}_{i,t}) - \ln(\text{converge}_{i,t-1})$ 和 $\ln(\text{urban}_{i,t}) - \ln(\text{urban}_{i,t-1})$ 的工具变量。

本文采用一阶差分 GMM 估计法，通过 Sargan 统计量来判别和选取合适的工具变量。鉴于 2004 年、2008 年和 2009 年数据为工业总产值数据进而使得利用产值数据与劳动力数据相比而获得的制造业劳动生产率被高估的情况，本文采取插值法估算了上述三年的制造业劳动生产率以避免误差过大。因此，针对中、西部省份承接的上述转移产业，我们给出了其集聚效应的回归计量结果（见表4）。Sargan 统计量[①] 表明在对各转移制造业进行一阶差分 GMM 估计时，其工具变量是有效的。如表4所示。

表 4　转移产业集聚效应的动态面板 GMM 估计结果（因变量为劳动生产率）

自变量	农副食品加工	食品制造	饮料制造	非金属矿物	石油加工及炼焦	专用设备
$\ln(y_{i,t}^k/l_{i,t}^k)\ (-1)$	0.198*** (0.000)	0.489*** (0.000)	0.702*** (0.000)	0.479*** (0.000)	0.160 (0.129)	0.071 (0.607)
$\ln(\text{converge})$	0.282*** (0.000)	0.042 (0.125)	0.334*** (0.000)	0.189*** (0.009)	0.359*** (0.000)	0.660*** (0.000)
$\ln(\text{urban})$	0.313 (0.138)	0.034 (0.377)	−0.165 (0.142)	0.022 (0.778)	−0.436* (0.528)	−0.187 (0.750)
D2002	0.102* (0.075)	0.139** (0.031)	0.107** (0.013)	0.108*** (0.005)	0.089** (0.043)	0.295*** (0.000)
D2003	0.177*** (0.001)	0.098* (0.094)	−0.020 (0.697)	0.154*** (0.000)	0.292*** (0.001)	0.044 (0.552)
D2004	0.222*** (0.000)	0.164*** (0.000)	0.255*** (0.001)	0.147*** (0.000)	0.069 (0.460)	0.462*** (0.000)
D2005	0.010 (0.903)	0.054*** (0.001)	0.044 (0.380)	0.050 (0.122)	0.146 (0.573)	0.232 (0.358)

---

① Sargan 检验的原假设为过度识别限制是有效的，即工具变量有效。在原假设成立的条件下，Sargan 统计量服从自由度为 r−k 的 χ^2 分布（r 是工具变量的秩，k 是待估参数的个数）。通过 Eviews 命令程序 scalar pvar = @chisq (J, r − k) 计算出的检验 p 值，在 0.05 的显著性水平下若小于 0.05，则拒绝原假设，工具变量无效；否则，不拒绝原假设，工具变量有效。

自变量	农副食品加工	食品制造	饮料制造	非金属矿物	石油加工及炼焦	专用设备
D2006	0.186*** (0.000)	0.151*** (0.000)	0.097*** (0.007)	0.203*** (0.000)	0.021 (0.870)	0.288*** (0.000)
D2007	0.114*** (0.002)	0.061* (0.053)	−0.025 (0.719)	0.086** (0.012)	0.375** (0.011)	0.197*** (0.007)
D2008	0.084* (0.051)	0.054*** (0.000)	0.032 (0.183)	0.071*** (0.000)	0.213* (0.052)	0.207*** (0.001)
D2009	0.042 (0.178)	0.051*** (0.000)	−0.031 (0.537)	0.036* (0.071)	−0.055 (0.543)	0.083 (0.114)
Sargan 统计量	49.297 (0.055)	33.445 (0.543)	30.906 (0.666)	40.922 (0.227)	46.524 (0.092)	31.553 (0.635)

注：表中所列数据为各变量的回归系数，括号内为参数估计对应的 p 值，*、**、*** 分别代表显著性水平为 10%、5%、1%。

（1）转移产业表现出了产业集聚效应，农副食品加工、食品制造、饮料制造、非金属矿物、石油加工及炼焦、专用设备等制造业的集中程度每提高 1%，其劳动生产率分别提高了 0.282、0.042、0.334、0.189、0.359 和 0.66 个百分点；变量 converge 的回归系数除了食品制造业均显著大于 0，即模型（5）中的 θ > 1，表明转移产业呈现规模报酬递增，存在集聚效应。

（2）$\ln(y_{i,t}^{k}/l_{i,t}^{k}(-1))$ 前面的系数表示产业的循环累积效应，除了石油加工及炼焦业以及专用设备制造业的循环累积效应不显著外，其余制造业的集聚均有明显的自我强化趋势。

（3）产业集聚过程中，以城镇化率表示的非农就业对转移制造业的集聚产生了正反两方面影响，但影响均不显著；城镇化的推进对某些制造业的集聚产生负影响可能源于农村劳动力的非农就业仅是就业转移而非自身素质的提升。

（4）时间虚拟变量的回归结果表明产业集聚过程中劳动生产率受时间效应的影响。总体上，时间效应的影响呈现先增大后减小的趋势。可能的解释是具有明显时间特征的政策环境等外部宏观因素产生的影响。

作为主要解释变量的产业集聚程度的刻画是本文实证的一个关键。Thomas J.Holmes（1995）曾采用同一地区相同产业的企业数表示区域的产业集聚度来分析产业集聚与垂直分工之间的关系。因此，为了佐证表 4 中以工业产值所在份额表示的产业集聚对劳动生产率的影响的稳健性，本文将采用制造行业的企业数来表示其行业的集聚程度 ln（q_firm）代替表 4 中的 ln（converge）进行重新 GMM 估计，估计结果与表 4 基本一致，具体见表 5。

表 5　转移产业集聚效应的稳健性检验结果

自变量	农副食品加工	食品制造	饮料制造	非金属矿物	石油加工及炼焦	专用设备
$\ln(y_{i,t}^{k}/l_{i,t}^{k}(-1))$	0.153*** (0.000)	0.714*** (0.000)	0.545*** (0.000)	0.470*** (0.000)	0.159*** (0.002)	−0.322*** (0.000)
ln（q_firm）	0.221*** (0.001)	0.015** (0.021)	0.382*** (0.000)	−0.005 (0.525)	0.406*** (0.000)	−0.108*** (0.006)
ln（urban）	−0.191 (0.415)	−0.027 (0.407)	−0.077 (0.421)	0.034 (0.102)	0.314 (0.488)	0.274 (0.414)
D2002	0.114 (0.112)	0.108 (0.109)	0.117** (0.016)	0.110* (0.010)	0.051 (0.280)	0.344*** (0.000)
D2003	0.215*** (0.001)	0.056 (0.430)	−0.008 (0.893)	0.150*** (0.000)	0.249** (0.013)	0.267*** (0.000)
D2004	0.188*** (0.000)	0.117** (0.014)	0.247*** (0.002)	0.113*** (0.000)	−0.131 (0.217)	0.365*** (0.000)

自变量	农副食品加工	食品制造	饮料制造	非金属矿物	石油加工及炼焦	专用设备
D2005	0.228** (0.013)	0.018 (0.174)	0.048 (0.276)	0.060*** (0.000)	−0.134 (0.457)	0.196 (0.155)
D2006	0.203*** (0.000)	0.109** (0.012)	0.091* (0.061)	0.210*** (0.000)	−0.028 (0.874)	0.507*** (0.000)
D2007	0.121*** (0.005)	0.006 (0.859)	−0.045 (0.496)	0.086** (0.011)	0.415** (0.038)	0.298*** (0.000)
D2008	0.056 (0.108)	−0.003 (0.707)	−0.051** (0.041)	0.068*** (0.000)	0.056 (0.370)	0.227*** (0.000)
D2009	0.061* (0.082)	0.033*** (0.000)	−0.052 (0.295)	0.058*** (0.000)	0.064 (0.215)	0.185*** (0.000)
Sargan 统计量	39.739 (0.267)	22.789 (0.944)	40.384 (0.244)	34.606 (0.487)	44.860 (0.123)	45.273 (0.115)

注：表中所列数据为各变量的回归系数，括号内为参数估计对应的 p 值，*、**、*** 分别代表显著性水平为10%、5%、1%。

（二）实证结果进一步分析

实证结果已经显示，中西部地区承接东部的转移产业均表现出了集聚效应。换言之，转移产业在中西部的集中确实源于集中的好处，表现出了规模报酬递增（$\alpha\lambda > 1$）。从这一点上说，地方政府在转移产业承接过程中的行政干预并未对产业的集中产生明显的不利影响。在前面，我们已经指出本文以时间哑变量来反映产业的全要素生产率。其实，全要素生产率与产业集聚以及劳动生产率之间有某种联系。产业集聚通过影响技术效率从而提高全要素生产率（陈柳，2010）。集聚有利于企业间的信息扩散和知识溢出，从而推动企业有效地利用现有技术，提高技术效率。技术效率的提高会传导至劳动生产率上，并且促使循环累积效应的生成。因此，设置劳动生产率的滞后项作为解释变量来考虑循环累积效应的同时会产生一个问题，就是全要素生产率引致的劳动生产率会内含于其中。这种处理可能会对集聚效应的估计造成一定的偏差，但是只要不造成实质性的影响（如参数估计结果出现正负逆转），这种偏差也是可以原谅的。为此，本文的稳健性检验，一是通过利用企业数作为集聚变量替换工业产值份额进行回归检验，二是剔除劳动生产率的滞后项，将面板数据作为混合数据进行 OLS 估计，结果显示集聚变量的回归系数正负方向与表4、表5一致。[①]

综合表4和表5，我们发现一个有趣的结果：表4中的劳动密集型制造业的劳动生产率均表现出了明显的自我强化的循环累积效应，而非劳动密集型（资本或技术密集型）制造业的循环累积效应并不显著，譬如，专用设备制造业的劳动生产率每累积1%，由此而增进的劳动生产率仅为0.071%。这一结果似乎与高鸿鹰和武康平（2010）指出的"技术密集型制造业更加倾向于空间集聚，并且存在循环累积的趋势"结论有所相悖。但是，深入分析可知，技术密集型制造业并非一定存在循环累积效应，这与中间品生产的专业化程度有很大关联。如今，中西部地区承接东部地区一些产业转移经常会碰到此类问题。根据施蒂格勒（中译本，2006）的产业生命周期理论，中西部地区承接东部的转移产业一般是一些发展较为成熟的产业，与新兴产业相比，纵向非一体化是这些产业的典型特征。但是，一些承接地区并不具备相应的配套产业链，致使转移企业的一些生产环节（中间产品的生产）无法被市场专业化分工，纵向非一体化的困难削弱了产业的生产效率，进而影响产业集聚的循环累积效应。表4和表5中专用设备制造业的集聚效应估计不一致很

---

① 限于文章的篇幅，OLS 估计结果没有提供。

能说明这一问题。总体上，专用设备制造业向中西部的转移过程中，其产值份额的增长速度要快于企业数的增长，说明单个企业的平均规模在扩大。根据美国的经验，地理集中的产业通常工厂的规模也相当小，原因是专业化程度较高。中西部地区专用设备制造业企业规模扩大的可能原因是企业未能通过垂直分工组织生产，企业纵向一体化趋势反映了专业化投入的中间品的欠缺。而中西部地区劳动密集型产业表现出的循环累积效应则说明了中间品生产的专业化程度较高。对于中西部地区而言，由于具有丰富的劳动力以及自然资源，而劳动密集型制造业的中间品生产往往也是一些非技术性、非资本性的投入，因而劳动密集型制造业较容易通过垂直分工组织生产。

六、结论与启示

本文的实证研究表明，转移产业在中西部的集聚均表现出了集聚效应，换言之，中西部地区"集聚式"承接了东部产业转移。之前，我们所担忧的地方政府行政干预过当问题并没有得到证实。尽管东部转移产业在中西部地区集聚过程中呈现出集聚效应，但是这种集聚效应多半出现于劳动密集型制造业。并且通过循环累积效应的实证考察，我们发现，相对于非劳动密集型制造业来说，劳动密集型制造业转移更易在中西部地区形成自我强化的循环累积效应。究其原因，本文认为这与中间投入品的专业化程度有密切关联。以企业数表示的集聚程度进行的计量研究表明，非劳动密集型制造业表现出的弱循环累积效应可能与配套产业链不完备从而致使中间投入品不能完全被市场专业化分工有关。纵向非一体化应该是这些转移企业的组织方式，但是限于承接地配套产业链不够完备，一些技术或资本密集型制造业转移很难寻求专业化市场实现其专业化的中间品投入。与此相反的是，由于中西部地区丰富而低廉的劳动力资源而使劳动密集型制造业的中间品投入专业化变得较为容易。虽然，转移产业的集聚效应与城镇化推进过程中农村剩余劳动力非农就业有关，但是实证结果从侧面反映出非农就业的劳动力素质并没有获得相应的提高。

本文的研究给我们的启示：①中西部地方政府不仅要注重东部产业转移的承接，而且更应注重配套产业链的完善，"没有金刚钻，揽不来瓷器活"，只要有完善的基础设施、配套产业链，市场作用力会吸引企业转移。②中西部地方政府在推进城镇化过程中需要注重农村转移劳动力的文化、技能培训，提高其自身素质，以实现中西部地区由劳动密集型产业承接向技术、资本密集型产业承接的转变。

参考文献

[1] 白重恩等. 地方保护主义及产业地区集中度的决定因素和变动趋势 [J]. 经济研究，2004（4）.

[2] 蔡昉，林毅夫. 中国经济 [M]. 北京：中国财政经济出版社，2003.

[3] 陈柳. 中国制造业产业集聚与全要素生产率增长 [J]. 山西财经大学学报，2010，32（12）.

[4] 范剑勇. 产业集聚与地区间劳动生产率差异 [J]. 经济研究，2006（11）.

[5] 高鸿鹰，武康平. 技术密集与制造业集聚：一个基于中间厂商博弈的分析 [J]. 产业经济研究，2010（3）.

[6] 郭庆旺，贾俊雪. 中国全要素生产率的估算：1979~2004 [J]. 经济研究，2005（6）.

[7] 洪兴建. 中国地区差距、极化与流动性 [J]. 经济研究，2010（12）.

[8] 黄桂田. 中国劳动密集型制造业规模与演变轨迹 [J]. 新经济导刊，2009（7）.

[9] 林毅夫，蔡昉，李周. 中国经济转轨时期的地区差距分析 [J]. 经济研究，1998（6）.

[10] 罗勇，曹丽莉. 中国制造业集聚程度变动趋势实证研究 [J]. 经济研究，2005（8）.

[11] 石奇. 集成经济原理与产业转移 [J]. 中国工业经济，2004（10）.

［12］石奇，张继良．区际产业转移与欠发达地区工业化的协调性［J］．产业经济研究，2007（1）．

［13］［美］施蒂格勒．产业组织［M］．王永钦，薛锋译．上海：上海人民出版社，2006．

［14］张公嵬，梁琦．产业转移与资源的空间配置效应研究［J］．产业经济评论，2010，9（3）．

［15］张少军，刘志彪．全球价值链模式的产业转移——动力、影响与对中国产业升级和区域协调发展的启示［J］．中国工业经济，2009（11）．

［16］吴三忙，李善同．中国制造业地理集聚的时空演变特征分析：1980~2008［J］．财经研究，2010，36（10）．

［17］Abdel-Rahman，H.，Fujita，M. Product Variety，Marshallian Externalities and City Sizes［J］．Journal of Regional Science，1990（30）：165-183.

［18］Akamatsu，K. A Theory of Unbalanced Growth in the World Economy［J］．Weltwirts-chaftliches Archiv，Hamburg，1961（86）：196-217.

［19］Amemiya，T.，MaCurdy，T.E. Instrumental-Variable Estimation of an Error-Components Model［J］．Econometrica，1986，54（4）：869-880.

［20］Arellano，M.，Bond，S. Some Tests of Specification for Panel Data：Monte Carlo Evidence and an Application to Employment Equations［J］．The Review of Economic Studies，1991，58（2）：277-297.

［21］Ciccone，A. and R. E. Hall. Productivity and the Density of Economic Activity［J］．American Economic Review，1996（86）：54-70.

［22］Cumings B. The Origins and Development of the Northeast Asian Political Economy：Industrial Sector，Product Cycle and Political Consequences［J］．International Organization，1984，38（4）：1-40.

［23］Dixit，A.，Stiglitz，J. Monopolistic Competition and Optimum Product Diversity［J］．American Economic Review，1977（67）：297-308.

［24］Ellision，G. and Glaeser，E. L. Geographic Concentration in U.S. Manufacturing Industries：A Dartboard Approach［J］．Journal of Political Economy，1997，105（5）：889-927.

［25］Fujita，M.，Krugman，P.，Venables，A. The Spatial Economy：Cities，Regions and International Trade［M］．MIT Press，Cambridge，Mass，1999.

［26］Greenhut，J.，Greenhut，M.L. Spatial Price Discrimination，Competition and Locational Effects［J］．Economica，1975（42）：401-419.

［27］Holmes，T.J. Localization of Industry and Vertical Disintegration. Research Department：Federal Reserve Bank of Minneapolis，1995.

［28］Hoover，E.M. The Location of Economic Activity［M］．McGraw-Hill，New York，1948.

［29］Hotelling，H. Stability in competition［J］．Economic Journal，1929（39）：41-57.

［30］Isard，W. Location and Space-Economy［M］．MIT Press，Cambridge，MA，1956.

［31］Kojima，K. The "Flying Geese" Model of Asian Economic Development：Origin，Theoretical Extensions，and Regional Policy Implications［J］．Journal of Asian Economics，2000，11（4）：375-401.

［32］Krugman，P. Geography and Trade［M］．MIT Press，Cambridge，MA，1991.

［33］Lösch，A. The Economics of Location［M］．Fischer，Jena，1940.

［34］Midelfart-Knarvik，K.H.，S.J.Redding and A.J.Venables. The Location of European Industry. Mimeo，London School of Economics，2000.

［35］Moomaw，R.L. Agglomeration Economies：Are They Exaggerated by Industrial Aggregation［J］．Regional Science and Urban Economics，1998（28）：199-211.

［36］O'Sullivan，A. Urban Economics［M］．5th edition McGraw-Hill，New York，2003.

［37］Ozawa T. Foreign Direct Investment and Structural Transformation：Japan as a Recycler of Market and Industry［J］．Business and Contemporary World，1993（2）：129-150.

［38］Porter，M.E. The Competitive Advantage of Nations［M］．Free Press，New York，1990.

［39］Romer，P.M. Increasing Returns and Long-run Growth［J］．Journal of Political Economy，1986（94）：

1002-1037.

[40] Sala-i-Martin, Xavier, Doppelhofer, Gernot, Miller, Ronald I. Determinants of Long-term Growth: A Bayesian Averaging of Classical Estimates (BACE) Approach [J]. American Economic Review, 2004, 94 (4): 813-835.

[41] Sveikauskas, L.A. The Productivity of Cities [J]. Quarterly Journal of Economics, 1975 (89): 393-413.

[42] Vernon, R. International Investment and International Trade in the Product Cycle [J]. Quarterly Journal of Economics, 1966, 80 (2): 190-207.

[43] Weber, A. Theory of the Location of Industries [M]. University of Chicago Press, Chicago, IL, 1909.

[44] Wen M. Relocation and Agglomeration of Chinese Industry [J]. Journal of Development Economics, 2004 (73): 329-347.

多归属情形下产业间平台合作的经济效应

——基于对固有收益影响的分析

董维刚　许玉海**

一、引　言

随着信息技术的快速发展，双边和多边平台产业迅速壮大，平台企业之间的竞争也日趋激烈。在此背景下，为提高自身市场竞争力、扩大业务需求，各平台企业之间进行联合和合作的案例越来越多。表1给出了国内外近来涉及平台合作的部分典型案例的基本情况。从这些案例我们发现，现实中平台企业的合作主要发生在不同类别的平台之间。之所以如此，原因不难理解：同类平台企业之间更多体现的是竞争关系，这就容易使得合作既难实现，更难维持。董维刚和许玉海（2011）在双寡头模型下，从合作激励的角度解释了同类平台合作不足的内在原因。与之相比，不同类别平台之间直接的竞争关系往往不那么明显，而交叉网络外部性等因素的存在却使得它们联合起来使参与各方均获益。特别是，同类平台竞争越激烈，不同类别平台进行合作的必要性和潜在收益越大。因此，产业间平台合作呈现出"此起彼伏"的趋势也就非常自然了。

然而，不同类别平台企业之间的合作究竟对平台企业、消费者乃至整个社会带来了何种经济影响？政府又该如何应对？考虑到产业间平台合作通常可以增加平台的服务内容数量，提高服务质量，从而提高平台上双边用户的固有收益（Intrinsic Benefit）[①]水平，董维刚等（2011）在双边用户单归属假定下，初步证明产业间平台合作既可以增加合作平台的利润，又可能带来消费者和社会福利的增加，因而政府不应对合作本身忧虑过度。但是，我们注意到，现实中，平台企业的某些用户有可能并非单归属，而是多归属。例如，广告商往往在多个搜索引擎、报纸上投放广告，零售商常常选择在几个购物中心开分店，航空公司通常会接入多个机票预定系统等。在考虑这一特征的情况下，上述结论是否依然成立就需要重新检验。

自 Rochet 和 Tirole（2003）提出"多归属"概念开始，有关双边市场的文献大都从两个层面分析其经济影响：

---

　* 国家自然科学基金项目"搜索引擎市场结构的形成机理、影响与规制研究"（批准号：71003010）；中央高校基本科研业务费专项项目"双边市场反垄断困局与出路——以典型产业为例"（批准号：DUT11RW405）。

　** 董维刚，1980年生，男，山东烟台人，大连理工大学经济学院讲师，经济学博士；许玉海，1986年生，男，安徽亳州人，大连理工大学经济学院硕士研究生。

　① Armstrong and Wright（2004）首次把固有收益引入有关双边市场的研究。近来基于固有收益因素分析双边市场中平台企业经济行为的研究也明显增多，如 Doganoglu and Wright（2006）、纪汉霖和管锡展（2007）、Amelio and Jullien（2007）、Hagiu and Lee（2008）、Hagiu（2009）、张凯和李向阳（2010）等。

表1 国内外平台企业合作的部分典型案例

涉及平台类别	时间	涉及具体平台企业	合作内容
搜索引擎与 电子商务平台	2005 年 8 月 2006 年 5 月 2006 年 8 月 2010 年 10 月	雅虎与阿里巴巴 雅虎与 eBay 谷歌与 eBay Bing 与阿里巴巴	雅虎注资阿里合作开发 B2B 网站搜索服务 合作开发 C2C 商务网站搜索服务 达成广告同盟，涉及文字广告和"点击呼叫" 合作开发 C2C 搜索服务网站"一淘网"
搜索引擎与 移动通信平台	2007 年 1 月 2008 年 1 月	谷歌与中国移动 谷歌与 NTT DoCoMo	向用户推出移动和互联网的搜索服务 为用户提供手机上网服务
搜索引擎与 操作系统平台	2010 年 6 月 2010 年 11 月	百度与塞班 Bing 与 Splashtop	推进开发与集成无线"框计算"技术平台 为全球用户提供即时搜索服务
移动通信与 银行卡平台	2007 年 3 月 2010 年 11 月	AT&T 与美联银行 中国移动与浦发银行	合作向消费者提供手机支付服务 合作开发手机银行与移动支付业务
传媒与电子商务平台	2005 年 5 月 2010 年 6 月	时代华纳与 eBay 瓦苏媒本与淘宝网	为电视观众提供互联网投标服务 合作推出数字娱乐产品平台、数字电视购物
传媒与移动通信平台	2003 年 6 月 2006 年 11 月 2011 年 4 月	RealNetworks 与沃达丰 星空传媒和中国移动 哇棒传媒与中国电信	向手机用户提供更优质的媒体播放服务 合作推出"[V] 无线原创音乐"平台 联合运营和推广"天翼空间手机广告平台"

（1）多归属情形下平台企业的定价策略。Armstrong（2006）研究发现，当一边用户单归属而另一边用户多归属时，平台将会以单归属边为竞争焦点，通过牺牲多归属边的收益来补贴单归属边。显然这与单归属时平台以网络外部性收益高低来判定对哪一边进行补贴的做法是存在本质差异的。Wright（2002）、Ambrus and Reisinger（2006）、Guthrie and Wright（2007）、Jullien（2010）则结合具体产业特征，分别研究了多归属对通信网络、媒体、银行卡组织以及网络中介定价策略的影响。

（2）多归属情形下某些竞争策略的经济影响。这类文献主要对平台兼容策略（Doganoglu and Wright，2006；胥莉等，2006）、价格承诺（Hagiu，2006）、捆绑销售（Rochet and Tirole，2008；Choi，2010）和排他性行为（Doganoglu and Wright，2010）等的经济效应进行了分析。

现有研究表明，用户多归属的特征的确可能会对平台企业经济行为乃至市场均衡和社会福利产生影响。因此，本文在一边用户单归属而另一边用户多归属这一假定下，结合产业间平台合作会使不同平台用户固有收益水平出现差异这一特征，运用双寡头竞争模型来分析合作对平台企业定价和社会福利的影响。还需指出的是，以往文献均研究的是对称均衡，即不同平台对同一边用户的定价相同的情况，而本文研究的是非对称均衡，即不同平台对同一边用户的定价存在差异的情况。从现实来看，显然这更具一般性。

本文的结构：第一部分是问题的提出；第二部分给出基本分析框架和假设的基础；第三部分分别分析产业间平台合作对均衡定价、价格对称性和用户规模的影响，并且比较了一边用户多归属和双边用户均单归属两种假定下结论的异同；第四部分进一步从平台企业利润、消费者剩余和社会福利三个层面对产业间平台合作的福利效应进行了分析；第五部分总结全文，并给出政策建议和未来研究方向。

二、多归属情形下双寡头平台竞争基本模型

借鉴 Armstrong（2006）的分析思路，本文采用 Hotelling 模型下包含交叉网络外部性的框架，分析多归属情形下产业间平台合作的经济影响。假设 a 和 b 是两个同类平台，二者都希望各自的

平台上有更多的双边用户，并为此展开竞争。用 1 和 2 分别表示双边用户，n 表示某边用户的规模，因而接入平台 a 和 b 的双边用户规模可以分别表示为 n_j^a、n_j^b（$j = 1, 2$）。从理论上说，用户多归属可以分为两种情形：一种是平台上只有一边用户多归属；[①] 另一种是平台上两边用户均多归属。但现实中，真正属于后者的情况并不多见。例如，尽管广告商往往在多个搜索引擎上投放广告，但搜索用户常用的搜索引擎是唯一的；航空公司通常会接入多个机票预定系统，但乘客订机票主要通过一个平台进行；等等。正如 Armstrong（2006）指出的，之所以如此，是因为如果一边用户同时加入了多个同类平台，则另一边用户根本没必要同时加入两个以上的此类平台，即便加入，规模也极为有限。因此，本文着重分析一边用户单归属而另一边用户多归属的情形。为明确起见，不妨假设 1 边用户单归属、2 边用户多归属，即 1 边用户仅加入 a、b 平台中的一个，而 2 边用户则同时加入这两个平台。

需求特征方面，假设 a、b 平台位于线性市场 [0，1] 的两端（见图 1），双边用户在市场上均匀分布，且用户规模均标准化为 1。双边用户到平台上的单位运输成本分别为 t_1 和 t_2，用以反映平台差异。进一步说，1 边用户单归属、2 边用户多归属的假设实际上通常意味着 1 边用户认为平台企业是异质的（即 $t_1 \neq 0$），而 2 边用户则认为平台企业是同质的（即 $t_2 = 0$），其原因，Armstrong and Wright（2004）给出了一个重要解释：平台为两边用户互动提供服务时，通常还会同时附带"捆绑"一些其他服务，譬如留意报纸和电视频道节目我们会发现，它们不仅提供新闻和娱乐内容，还会打包广告。此时为了得到个性化的平台服务，例如不同的娱乐内容和形式等，读者往往认为平台之间存在差异，会偏好于某一特定平台，从而只加入该平台。广告商则通常不重视报纸或电视做广告的同时还播哪些娱乐节目或新闻，他们唯一关心的是能与尽可能多的用户接触，因此会同时加入多个媒体平台，此时平台差异对其而言自然微不足道。

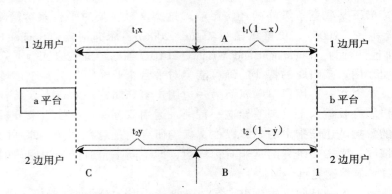

图 1　市场结构与平台差异

为分析产业间平台合作的经济效应，我们假设为提高竞争力，a 平台与其他产业的平台进行某种合作，例如信息共享，联合推出新服务，共同开发新技术等。合作前 a、b 平台双边用户的固有收益水平均为 V，合作后，a 平台双边用户的固有收益水平从 V 提高到了 V + ΔV（ΔV > 0）；因为没有合作，b 平台用户的固有收益水平仍为 V。用 α、β 表示双边用户的交叉网络外部性强度系数，分别衡量 2 边用户对 1 边用户的重要程度和 1 边用户对 2 边用户的重要程度。为后面分析明确，又不失一般性，我们假设 α、β > 0。另外，为简化分析，假定两平台均采取注册费（Registration Fees）的收费方式，平台向双边用户收取的注册费分别为 p_1^i、p_2^i（$i = a, b$）。此时两平台上 1 边位于 x 处用户的效用函数可以分别表示为：

---

① Armstrong（2006）将平台一边用户单归属，另一边多归属的情形称为"竞争性瓶颈"（Competitive Bottlenecks）。

$$u_1^a = V + \Delta V + \alpha - p_1^a - t_1 x \tag{1}$$

$$u_1^b = V + \alpha - p_1^b - t_1(1 - x) \tag{2}$$

也就是说，两平台上 1 边用户的净效用均等于接入平台所获得的固有收益加上交叉网络外部性所带来的效用，减去支付的注册费用，再减去运输成本。

下面考虑 2 边用户的效用函数。如前所述，2 边用户不关心平台差异，$t_2 = 0$。此时，若其只加入 a 平台，可以得到净效用：

$$u_2^a = V + \Delta V + \beta n_1^a - p_2^a \tag{3}$$

若该用户选择只加入 b 平台，可得到净效用：

$$u_2^b = V + \beta n_1^b - p_2^b \tag{4}$$

而当其选择同时加入两个平台时，从固有收益看，用户获得的是加入两个平台所能获得的最高固有收益 $V + \Delta V$。交叉网络外部性效用方面，因为 1 边用户单归属，当进一步满足市场完全覆盖（即要么加入 a 平台，要么加入 b 平台，$n_1^a + n_1^b = 1$）时，2 边用户获得的交叉网络外部性效用为 β。从成本来说，为加入两个平台，2 边用户同时支付了注册费 p_2^a 和 p_2^b。因此，2 边用户多归属时的净效用为：

$$u_2^{ab} = V + \Delta V + \beta - p_2^a - p_2^b \tag{5}$$

三、产业间平台合作下的竞争均衡

上述基本框架下，要分析产业间平台合作的经济影响，我们首先从均衡定价、价格对称性和用户规模三个方面依次讨论。

（一）产业间平台合作下的均衡定价

联立式（1）、式（2），可以得到 x，即 a 平台上 1 边用户规模 n_1^a：

$$n_1^a = \frac{1}{2} + \frac{p_1^b - p_1^a + \Delta V}{2t_1} \tag{6}$$

而对 2 边用户而言，分析可见，只有当同时满足如下三个条件，2 边用户才会选择同时加入两个平台企业。

$$\begin{cases} V + \Delta V + \beta - p_2^a - p_2^b \geq V + \Delta V + \beta n_1^a - p_2^a \\ V + \Delta V + \beta - p_2^a - p_2^b \geq V + \beta n_1^b - p_2^b \\ V + \Delta V + \beta - p_2^a - p_2^b \geq 0 \end{cases} \tag{7}$$

式中，第一个不等式表示相对于单归属加入 a 平台而言，2 边用户更愿意同时加入两个平台；第二个不等式表示相对于单归属加入 b 平台而言，2 边用户更愿意同时加入两个平台；第三个不等式则确保 2 边用户选择同时加入两个平台有利可图。不过，可以推导，只要前两个不等式成立，第三个不等式必然成立。

结合式（6）以及 $n_1^a + n_1^b = 1$，式（7）的前两个不等式可以具体写为：

$$p_2^b \leq \beta \left(\frac{1}{2} + \frac{p_1^a - p_1^b - \Delta V}{2t_1} \right) \tag{8}$$

$$p_2^a \leq \Delta V + \beta \left(\frac{1}{2} + \frac{p_1^b - p_1^a + \Delta V}{2t_1} \right) \tag{9}$$

进一步假设 a、b 平台向 1、2 两边用户提供服务的边际成本分别为 f_1、f_2，无固定成本。从而可以将平台 i 的利润表示为：

$$\pi^i = (p_1^i - f_1)n_1^i + (p_2^i - f_2), \quad i = a, b \tag{10}$$

由式（10）可以发现，两平台企业的利润均随其对 2 边用户收费的增加而增加。再结合（8）、（9）两个不等式知，理性的平台企业会选择两个不等式中所能达到的最大收费水平，以实现最大盈利。因此，两平台企业的利润函数又可表示为：

$$\pi^a = (p_1^a - f_1 + \beta)\left(\frac{1}{2} + \frac{p_1^b - p_1^a + \Delta V}{2t_1}\right) + \Delta V - f_2 \tag{11}$$

$$\pi^b = (p_1^b - f_1 + \beta)\left(\frac{1}{2} + \frac{p_1^a - p_1^b - \Delta V}{2t_1}\right) - f_2 \tag{12}$$

这意味着，为实现利润最大化，a、b 平台对 1 边用户的定价应分别满足一阶条件 $\frac{\partial \pi^a}{\partial p_1^a} = 0$ 和 $\frac{\partial \pi^b}{\partial p_1^b} = 0$，而实现市场均衡则需要同时满足这两个等式，因此联立可得两个平台上 1 边用户的均衡定价水平：

$$p_1^a = f_1 + t_1 - \beta + \frac{\Delta V}{3} \tag{13}$$

$$p_1^b = f_1 + t_1 - \beta - \frac{\Delta V}{3} \tag{14}$$

可见，当没有产业间平台合作，即 $\Delta V = 0$ 时，两平台在 1 边用户的均衡定价恰好与 Armstrong（2006）竞争性瓶颈模型中的结论一致：平台企业对 1 边用户的收费，与提供服务的边际成本（+）、平台差异（+）、交叉网络外部性大小（−）均相关。当交叉网络外部性足够强，平台甚至可能对一边用户进行补贴，以吸引该边用户加入平台。然而，当 a 平台与其他产业的平台进行合作时，通常可以提高该平台的服务水平，体现为 $\Delta V > 0$。从式（13）和式（14）可以看出，此时 ΔV 的大小会对平台在 1 边定价产生影响。不仅如此，实际上相比于没有合作时的情况，平台在 2 边的定价也会发生变化。将式（13）和式（14）代入式（8）和式（9），并结合平台在 2 边定价的特点，我们可以得到两平台企业对 2 边用户的均衡定价：

$$p_2^a = \frac{\beta}{2} + \Delta V + \frac{\beta}{6t_1}\Delta V \tag{15}$$

$$p_2^b = \frac{\beta}{2} - \frac{\beta}{6t_1}\Delta V \tag{16}$$

为进一步分析多归属情形下产业间平台合作对双边定价究竟产生了怎样的影响，下面讨论两平台的均衡定价与 ΔV 之间的变化关系。结合式（13）和式（14），容易证明一阶导数 $\frac{\partial p_1^a}{\partial \Delta V} = \frac{1}{3} > 0$、$\frac{\partial p_2^a}{\partial \Delta V} = 1 + \frac{\beta}{6t_1} > 0$，这表明 a 平台对两边用户的定价均与 ΔV 呈正相关关系。也就是说，合作带来的参与平台 a 上用户固有收益的增加，提高了该平台对两边用户的定价。不仅如此，观察式（13）和式（15）还可以发现，相对于单归属边定价的提高，产业间平台合作使参与平台 a 更倾向于较大幅度地提高多归属边的定价（如图 2 所示）。

而对 b 平台而言，由式（14）和式（16）可知：$\frac{\partial p_1^b}{\partial \Delta V} = -\frac{1}{3} < 0$、$\frac{\partial p_2^b}{\partial \Delta V} = -\frac{\beta}{6t_1} < 0$，这表明 b 平台对两边用户的定价均与 ΔV 呈负相关关系，即随着参与平台上用户固有收益的增加，非参与平台 b 降低了对两边用户的定价。进一步说，当 $t_1 \geq \frac{\beta}{2}$ 时，$\left|\frac{\partial p_1^b}{\partial \Delta V}\right| \geq \left|\frac{\partial p_2^b}{\partial \Delta V}\right|$ 成立，这表明当单

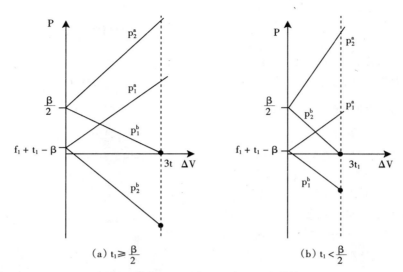

$$(a)\ t_1 \geqslant \frac{\beta}{2} \qquad (b)\ t_1 < \frac{\beta}{2}$$

图2　产业间平台合作下双边定价走势

注：从理论上说，平台对双边用户的定价并无绝对孰高孰低。但结合现实，我们发现无论是银行卡、搜索引擎，还是报纸、网络交易网站等双边平台，都是在单归属边定价较低，在多归属边定价较高。考虑到这一特征，本图将$\frac{\beta}{2}$确定在$f_1 + t_1 - \beta$的上方。

归属边用户心目中的平台差异足够大时，与多归属边相比，产业间平台合作会使得非参与平台更倾向于在单归属边进行较大幅度的降价。图2（a）直观地反映了这一特征。相反，当$t_1 < \frac{\beta}{2}$时，满足不等式$\left|\frac{\partial p_1^b}{\partial \Delta V}\right| < \left|\frac{\partial p_2^b}{\partial \Delta V}\right|$，这表明当单归属边用户心目中的平台差异较小时，与单归属边相比，产业间平台合作会使得非参与平台更倾向于对多归属边较大幅度的降价，这一点从图2（b）也可以看出来。

（二）产业间平台合作与定价非对称性

观察现实我们发现，无论是银行卡、搜索引擎，还是媒体、各类中介，它们对双边用户的定价均具有非对称性。Gabszewicz and Wauthy（2004）、Armstrong（2006）等的研究也表明，平台通常会在多归属边制定较高价格以补贴单归属边，即平台对两边用户的定价是非对称的。那么，产业间平台合作对这种定价非对称性又有何影响？如果用$\Delta P^a = p_2^a - p_1^a$表示a平台双边用户的价格差，结合前述均衡定价分析不难计算，合作前后相比，ΔP^a在增大，[1] 在图2中可以更直观地看出这一变化趋势。这就意味着，合作使得参与平台双边用户定价的非对称程度提高了。同理，如果用$\Delta P^b = p_2^b - p_1^b$表示b平台双边用户的价格差，可以计算，合作前后相比，当$t_1 \geqslant \frac{\beta}{2}$时，$\Delta P^b$在增大，[2] 如图2（a）所示；而当$t_1 < \frac{\beta}{2}$时，$\Delta P^b$在减小，如图2（b）所示。这意味着当对单归属边用户而言，平台差异足够大时，产业间平台合作会加大非参与平台对双边用户定价的非对称程度；而当对单归属边用户而言，平台差异较小时，产业间平台合作会降低非参与平台对双边用户定价

---

① 合作前后ΔP^a的变化量为$(\frac{2}{3} + \frac{\beta}{6t_1})\Delta V(>0)$。

② 合作前后ΔP^b的变化量为$\frac{2t_1 - \beta}{6t_1}\Delta V$。

的非对称程度。

另外，比较两平台上同一边用户的均衡价格，我们发现，合作前后 a、b 平台在 1 边用户定价的变化幅度恰好相等，方向相反，因此两平台 1 边用户均衡价格之和为 2（$f_1 + t_1 - \beta$），与 ΔV 无关，观察图 2 也可以直观地看出这一特征。而结合式（15）和式（16）可知，产业间平台合作使得参与平台 a 对 2 边用户的提价幅度（$1 + \frac{\beta}{6t_1}$）ΔV 显著大于非参与平台 b 对该边的降价幅度 $\frac{\beta}{6t_1}\Delta V$。

根据以上分析，对比董维刚等（2011）在双边用户均单归属框架下的研究结论，我们发现两种不同的用户归属环境下，产业间平台合作对定价的影响存在诸多异同：

（1）相同之处：首先，价格水平方面，无论是仅考虑用户单归属，还是考虑可能的一边多归属的现实，合作平台都会提高产生较弱交叉网络外部性一边的用户价格，非合作平台则会降低该边用户的价格。在本文的基本假定下，这直接表现为合作后 a 平台会提高 2 边用户定价，b 平台则降低 2 边用户价格。其次，价格对称性方面，用户无论是均为单归属还是一边多归属，合作平台对双边用户定价的非对称程度都会提高。在本文中，这表现为合作后 a 平台两边定价差在增大。此外，本文得到的合作后两平台在单归属边定价之和为常数的结论，在用户均为单归属的情况下也同样成立。

（2）不同之处：首先，价格水平方面，用户均为单归属时，根据交叉网络外部性系数（α 和 β）差异大小不同，合作平台既可能提高产生较强交叉网络外部性一边用户的价格，也可能降低该边价格。非合作平台则视合作平台的情况逆向而动。用户多归属时，无论交叉网络外部性系数关系如何，合作平台会同时提高双边用户的价格，非合作平台则会同时降低双边用户的价格。其次，价格对称性方面，用户均为单归属时，非合作平台对双边用户定价的非对称程度会提高；用户一边为单归属时，非合作平台对双边用户定价的非对称程度要视平台差异程度（t_1）与交叉网络外部性系数（β）的关系而定。其原因我们下面会结合产业间平台合作对用户规模的影响给出解释。此外，尽管本文得到了合作后参与平台在多归属边的提价幅度显著高于非参与平台降价幅度的结论，但在用户均为单归属的情况下，二者不仅变化方向相反，而且幅度相同。

（三）产业间平台合作对单归属边用户规模的影响

既然产业间平台合作会对定价产生影响，我们预期也会影响到用户规模，因为价格和用户规模本身就是相互影响的。由于本文假定 2 边用户多归属，因此合作对用户规模的影响主要体现在单归属边。为分析这种影响，我们将式（13）和式（14）代入式（6），并结合 $n_1^a + n_1^b = 1$，得到两平台上 1 边用户的规模：

$$n_1^a = \frac{1}{2} + \frac{\Delta V}{6t_1} \qquad n_1^b = \frac{1}{2} - \frac{\Delta V}{6t_1} \tag{17}$$

在此基础上将 1 边用户规模对 ΔV 求一阶导数，我们发现满足下列条件：$\frac{\partial n_1^a}{\partial \Delta V} > 0$、$\frac{\partial n_1^b}{\partial \Delta V} < 0$，这表明产业间平台企业合作扩大了参与平台上单归属边的用户规模，同时降低了非参与平台上的该边用户规模。原因在于，合作对于提高双边用户固有收益水平的作用，不仅使得本平台上原有用户更加忠诚，同时还会吸引一部分非参与平台上的用户加入。比较董维刚等（2011）可见，这与单归属环境下合作对用户需求的影响是类似的。

结合单归属边用户规模的变化趋势，可以对产业间平台合作下的均衡定价做出进一步解释：

首先，合作平台 a 的定价。一方面，对单归属边用户而言，合作带来的用户固有收益的增加，使得该边用户可以得到更大程度的满足，进而增加了用户规模；另一方面，对多归属用户而言，合作不但能直接增加该边用户的效用，而且由于单归属边用户规模的增加，多归属边用户得以接触到更多的单归属边用户，因而通过交叉网络外部性间接提高了其效用水平，这样多归属边用户自然更加忠诚。因此，从利润最大化的角度出发，合作后 a 平台提高对两边用户的定价不但有利可图，而且现实可行。而之所以 a 平台在多归属边提价幅度更大，原因在于：①a 平台对单归属边用户提价的直接效应就是合作所带来的用户规模增长效应被削弱，在非合作平台 b 对单归属边采取降价行为时，这种不利效应将被进一步放大。因此，a 平台在单归属边的提价行为需要特别小心谨慎，适可而止。②多归属边用户为了能与更多的单归属边用户接触而选择同时加入两个平台，只要提价不超过满足多归属的基本条件，对 a 平台而言，该边用户规模固定为 1。也就是说，在单归属边"有你无我"，在多归属边"你我共存"的需求特点决定 a 平台会在多归属边更大幅度提价。

其次，非合作平台 b 的定价。一方面，如前所述，因为合作导致 a 平台单归属边用户规模增加，在该边用户总规模既定的假设下，b 平台用户规模自然下降；另一方面，因为合作导致 a 平台用户固有收益增加，一些原本属于 b 平台的多归属边用户会产生退出该平台的动机，而该平台单归属边用户规模的下降又会加剧这种趋势。面对以上双重威胁，为了不使处境进一步恶化，b 平台只能无奈对双边用户均降价。

至于为何 b 平台会在平台差异较高时对单归属边进行更大幅度的降价，而当平台差异较低时对多归属边进行更大幅度的降价，其背后的经济学解释是，在 1 边单归属的假定下，如果对该边用户而言，平台差异足够大，即便合作会导致 a 平台用户固有收益提高，原属 b 平台的用户也不会轻易转向 a 平台。这就意味着，合作本身带来的 a 平台 1 边用户规模增加有限。同样的道理，2 边多归属用户也不会轻易脱离 b 平台。此时，b 平台如果具有"有你无我"特征而竞争激烈的 1 边大幅降低定价，可以进一步削弱甚至接近抵消平台合作对其 1 边用户规模带来的不利影响，只要略微对 2 边用户降价即可稳住多归属用户。这样，通过价格调整，可以比较有效地克服合作对 b 平台带来的不利影响。而当平台差异很小时，两平台用户的忠诚度本就有限，合作带来的 a 平台用户固有收益提高，容易吸引大量原属 b 平台的用户转向 a 平台。结合双边用户的归属特征，这直接表现为 b 平台 1 边用户大量减少，2 边用户由多归属变为单归属的倾向明显。而在交叉网络外部性的作用下，1 边用户规模大量减少所带来的对 2 边用户的冲击会进一步加剧 2 边用户脱离 b 平台的激励。这种情况下，b 平台通过大幅降低 2 边用户价格，防止其由多归属变为单归属，进而陷入"1 边用户减少→2 边用户减少→1 边用户进一步减少→2 边用户进一步减少→……"的恶性循环更为现实。当然，这在很大程度上是 b 平台破釜沉舟、孤注一掷的无奈之举。

四、产业间平台合作的福利分析

既然产业间平台合作对平台定价和用户需求均产生了重要影响，通常也会影响社会福利。为分析产业间平台合作带来的福利影响，我们从平台企业利润、消费者剩余和社会总福利三个方面进行分析。

（一）平台企业利润

将式（13）和式（14）代入式（11）和式（12），可以得到 a、b 平台合作后实现均衡时可获得的最大利润：

$$\pi^a = \frac{t_1}{2} - f_2 + \frac{\Delta V^2}{18t_1} + \frac{4}{3}\Delta V \qquad \pi^b = \frac{t_1}{2} - f_2 + \frac{\Delta V^2}{18t_1} - \frac{\Delta V}{3} \qquad (18)$$

计算可知，$\frac{\partial \pi^a}{\partial \Delta V} > 0$，表明合作带来的参与平台 a 上用户固有收益水平的增加，会提高 a 平台企业的利润。这就容易理解为何表 1 所述搜索引擎、电子商务、操作系统、移动通信、银行卡等平台企业近期相互之间开展的合作如此普遍了。对企业而言，合作带来的双边用户固有收益的提高，通常不仅会通过效用函数提高企业需求，而且会影响均衡定价，并最终对参与平台利润起到促进作用，而增加利润才是企业进行此类合作的真正动力。不仅如此，从这里的分析我们还可以发现，尽管本文是在双寡头竞争模型下假定只有一家企业与其他平台进行产业间合作，但实际上，即便是两家企业分别与其他平台进行这种合作，这里的结论也很容易扩展。此时的 ΔV 可以理解为合作力度更大或者效果更好的企业多增加的用户固有收益，其值越大，越容易提高参与平台的利润。在各平台企业纷纷与其他平台合作，提高自身竞争力的现实情况下，这一结论显然更具解释力。

结合用户规模表达式（17）我们发现，欲使 $0 < n_1^a$，$n_1^b < 1$，即两平台真正共存于市场中，必然满足条件 $\Delta V < 3t_1$，否则参与平台 a 将独占市场、非参与平台 b 被淘汰。也就是说，如果产业间平台合作给参与平台用户带来的利益足够大，非参与平台将被淘汰出局，这是合乎情理的。可以证明，当 $0 < \Delta V < 3t_1$ 时，$\frac{\partial \pi^b}{\partial \Delta V} < 0$。这意味着，在不被挤出市场的前提下，随着合作带来的参与平台用户固有收益的增加，非参与平台 b 的利润是不断减少的。而当 $\Delta V \geqslant 3t_1$ 时，b 平台的用户规模即为 0，相应的利润也为 0。也就是说，产业间平台合作对非参与平台利润的影响始终是不利的。这一点与单归属的情形有所不同。根据董维刚等（2011），在双边用户单归属的情况下，产业间平台合作虽然可能迫使非参与平台调整价格，但固有收益 ΔV 在一定变化范围内，非参与平台偶尔有可能提高利润，虽然可能性并不大。

（二）消费者剩余

从合作对消费者福利的影响看，我们求得合作后两平台上双边用户的消费者总剩余为：

$$CS = \int_0^{n_1^a} (V + \Delta V + \alpha - p_1^a - t_1 x)dx + \int_{n_1^a}^1 [V + \alpha - p_1^b - t_1(1-x)]dx + (V + \Delta V + \beta - p_2^a - p_2^b)$$

$$= \alpha + \beta - \frac{5}{4}t_1 - f_1 + 2V + \frac{\Delta V^2}{36t_1} + \frac{\Delta V}{2} \tag{19}$$

容易证明，$\frac{\partial CS}{\partial \Delta V} = \frac{\Delta V}{18t_1} + \frac{1}{2} > 0$，这说明，随着合作带来的用户固有收益的增加，两平台上双边用户总的消费者剩余也是增加的，也就是说产业间平台合作对用户总体而言是有利的。

（三）社会总福利

通过对消费者总剩余、两平台企业利润求和，可得到社会总福利水平为：

$$W = CS + \pi^a + \pi^b = \alpha + \beta - \frac{t_1}{4} - f_1 - 2f_2 + 2V + \frac{5}{36t_1}\Delta V^2 + \frac{3}{2}\Delta V \tag{20}$$

简单计算可发现，$\frac{\partial W}{\partial \Delta V} = \frac{5}{18t_1}\Delta V + \frac{3}{2} > 0$，这表明随着合作带来的参与平台上用户固有收益的增加，社会总福利水平也是增加的。

从消费者剩余和社会总福利的变化情况看，无论是双边用户单归属，还是一边用户单归属另一边用户多归属，产业间平台合作的影响是类似的。

五、结论与建议

针对产业间平台企业合作日益增多的现实，本文借鉴 Armstrong（2006）的分析思路，在一边用户单归属而另一边多归属的假定下，运用双寡头竞争模型，探讨了产业间平台合作对双边定价的影响，并在此基础上分析了平台利润、消费者总剩余以及社会福利如何变化。由此得到以下几个主要结论：

（1）定价方面。首先，相比合作前，参与平台会同时提高双边用户的价格；与之相反，非参与平台却同时降低了其双边用户的价格。不仅如此，对单归属用户而言，平台差异足够大时，非参与平台将在该边较大幅度降价；反之，对单归属用户而言，平台差异较小时，非参与平台将在多归属边较大幅度降价。其次，双寡头定价竞争下，实现均衡时每家平台企业对两边用户的定价是非对称的。这与 Caillaud and Jullien（2003）、Armstrong（2006）、Bolt and Tieman（2008）、Schmalensee（2011）等的结论一致。而产业间平台企业合作，不仅造成参与平台和非参与平台对同一边用户定价不同，还进一步提高了参与平台上双边用户定价的非对称程度。而对非参与平台而言，平台差异程度决定定价非对称程度。

（2）需求方面。通过产业间平台合作，参与平台的单归属边需求会增加。在单归属边用户完全覆盖的情况下，这表现为参与平台不断"蚕食"非参与平台的单归属边用户规模，参与平台在该边的市场份额得以提高，非参与平台则恰好相反。

（3）利润方面。一边单归属而另一边多归属的情形下，产业间平台企业之间的合作提高了参与平台的利润，这说明平台企业具有很强的合作激励。该结论与现实中日渐明显的平台企业合作趋势一致。而对非参与平台而言，合作通常会导致非参与平台利润的降低，甚至当其竞争对手的合作效果足够好时，非参与平台有可能直接被市场所淘汰。这也是平台企业目前你追我赶，纷纷与其他平台企业开展多种形式合作的重要原因。

（4）消费者和社会福利方面。在本文的分析框架下，研究发现，随着合作平台上双边用户固有收益水平的提高，消费者总剩余和社会总福利均得以增加。这就意味着，至少从静态来看，总体而言产业间平台合作对社会是有利的。

从这些结论看，与双边用户均单归属假定下的情况相比，考虑多归属的情况尽管会在定价、平台利润方面得到一些不尽相同的结论，但没有本质差别。特别是，合作前后两类平台定价、用户规模和利润的基本变化趋势，以及消费者剩余和社会福利的变化方向都与用户单归属假定下的结论一致。

值得强调的是，正如在分析产业间平台合作对企业利润的影响时提到的，尽管本文是在双寡头模型下仅考虑一家企业进行合作时得到的结论，但实际上，即便两家企业均参与合作，也完全可以在本文的基本框架下扩展得到。这一特征不仅适用于对平台企业利润的分析，也适用于对均衡定价、用户规模乃至社会福利的分析。更进一步说，尽管本文采用的是双寡头模型，但实际上可以验证，该模型也很容易扩展至多寡头情形，分析思路完全一致，基本结论也依然成立。

上述结论下，本文的政策含义也比较明显了：尽管平台合作有可能带来市场集中度的提升、用户定价的上升，以及出现貌似交叉补贴的行为，这极易招致反垄断和规制机构的担忧和关注。但是，鉴于合作有可能使得消费者乃至社会总体福利得到提高，规制机构对此类平台合作进行干预时要尤为谨慎，特别是不应仅以是否存在联合、合作，是否造成市场集中度提高作为规制理由，即便出现垄断性的市场结构，其本身也并不可怕。当然，随着市场集中度的上升，特别是一旦参与合作的平台近乎垄断市场，其确实有可能降低服务质量，减少服务内容，因为此时提高用户固有收益的必要性大大降低。不仅如此，合作平台还有可能利用强大的市场势力，实行垄断定价、价格歧视等行为。更为严重的是，从动态来看，合作平台有可能利用业已形成的垄断地位恶意排挤竞争对手，实行市场封锁。这对于市场的长期发展成熟，以及满足消费者的多样性需求都是非常不利的。针对这类行为，规制机构则需要高度关注，及时干预和制止。

需要指出的是，本文对用户多归属情况的分析，实际上主要是在完全多归属的框架下进行的，并没有考虑部分多归属的影响。而现实中，有的商户同时受理多种银行卡，有的商户只受理一种银行卡；有的广告商同时在多种媒体做广告，有的则专门在某一媒体做广告，这些情况也的确存在，其影响是否与完全多归属下的结论相同有待验证。此外，引入自网络外部性、多期动态化平台竞争以及结合具体产业，对平台企业合作进行实证研究也是未来可以努力的方向。

参考文献

［1］董维刚，许玉海.平台合作模式选择及其福利影响——基于对固有收益影响的分析［R］.大连理工大学经济学院工作论文，2011.

［2］董维刚，许玉海，孙佳.产业间平台合作下的双边定价机制研究——基于对固有收益影响的分析［J］.中国工业经济，2011（7）.

［3］纪汉霖，管锡展.服务质量差异化条件下的双边市场定价策略研究［J］.产业经济研究，2007（1）.

［4］胥莉，陈宏民，潘小军.消费者多方持有行为与厂商的兼容性选择：基于双边市场理论的探讨［J］.世界经济，2006，29（12）.

［5］张凯，李向阳.部分重叠业务的双边平台企业竞争模型［J］.系统工程理论与实践，2010，30（6）.

［6］Ambrus, A. and M. Reisinger. Exclusive vs Overlapping Viewers in Media Markets ［R］. Munich Economics Discussion Paper 2006-25，2006.

［7］Amelio, A. and B. Jullien. Tying and freebies in two-sided markets ［R］. IDEI Working Papers No. 445，2007.

［8］Armstrong, M. Competition in two-sided markets ［J］. Rand Journal of Economics，2006，37（3）.

［9］Armstrong, M. and J. Wright. Two-sided markets, competitive bottlenecks and exclusive contracts ［R］. http：//papers.ssrn.com/sol3/papers.cfm?abstract_id=654187，2004.

［10］Bolt, W. and A. F. Tieman. Heavily skewed pricing in two-sided markets ［J］. International Journal of Industrial Organization，2008，26（5）.

［11］Caillaud, B. and B. Jullien. Chicken & egg: competition among intermediation service providers ［J］. Rand Journal of Economics，2003，34（2）.

［12］Choi, J.P. Tying in two-sided markets with multi-homing ［J］. The Journal of Industrial Economics，2010，58（3）.

［13］Doganoglu, T. and J. Wright. Exclusive dealing with network effects ［J］. International Journal of Industrial Organization，2010，28（2）.

［14］Doganoglu, T. and J. Wright. Multihoming and compatibility ［J］. International Journal of Industrial Organization，2006，24（1）.

［15］Gabszewicz, J. J. and X. Wauthy. Two-sided markets and price competition with multi-homing ［EB/OL］. http：//ssrn.com/abstract=975897，2004.

［16］Guthrie, G. and J. Wright. Competing payment schemes ［J］. The Journal of Industrial Economics，2007，55（1）.

［17］Hagiu, A. Optimal pricing and commitment in two-sided markets ［J］. Rand Journal of Economics，2006，37（3）.

［18］Hagiu, A. Quantity vs. quality and exclusion by Two-Sided Platforms ［R］. Harvard Business School

Working Papers No.09-094，2009.

［19］Hagiu，A. and R.S. Lee. Exclusivity and control ［R］. Harvard Business School Working Papers No.08-009，2008.

［20］Jullien，B. Two&sided B2B platforms ［R］. IDEI Working Papers，2010.

［21］Rochet，J. and J. Tirole. Platform competition in two-sided markets ［J］. Journal of the European Economic Association，2003，1（4）.

［22］Rochet，J. and J. Tirole. Tying in two-sided markets and the honor all cards rule ［J］. International Journal of Industrial Organization，2008，26（6）.

［23］Schmalensee，R. Why is platform pricing generally highly skewed ［EB/OL］. http：//ssrn.com/abstract=1802838，2011.

［24］Wright，J. Access pricing under competition：an application to cellular networks ［J］. The Journal of industrial economics，2002，50（3）.

金融发展是否促进了中国制造业出口的二元边际

——基于新新贸易理论的实证分析

陈 磊*

一、引 言

中国自改革开放以来，出口贸易惊人的增长速度令人瞩目。2009 年，中国出口贸易总额达到了 12016 亿美元，是 1978 年的 123 倍，平均增长率达到了 17.5%。尤其是进入到 21 世纪以来，中国贸易增长更为迅速，平均增速在 20% 以上。支持中国产品贸易增长的是中国制造业的崛起，如图 1 所示，中国贸易总量增长的份额主要源自制造业的扩张，1992~2009 年，制造业出口额占中国全部商品出口贸易额的 93.7%，与此同时，中国制造业出口在全球制造业出口贸易的重要性日益凸显，1992 年中国制造业出口额仅占全球制造业出口额的 3.56%，而到了 2009 年，这一比值激增至 12.58%，"中国制造" 实至名归。

与此同时，中国制造业出口的贸易伙伴和参与出口的产业日益增加，其具体表现形式就是制造业出口贸易中 "零值贸易" 的比例逐渐减少。根据新新贸易理论，由于出口固定成本的存在，当企业无法克服这种固定成本时，便不会进入出口市场，当该产业所有企业都无法克服出口固定成本时，必然导致了宏观层面零贸易值的出现（Hallak，2006；Baldwin and Harrigan，2007；Helpman 等，2008）。而零贸易值的减少意味着贸易扩展边际（Extensive Margin）的增长。Baldwin and Harrigan（2007）认为，产品分类更细，对贸易扩展边际的分析更为可信，因此，我们基于我国 1992~2009 年对 274 个国家 ISIC 第二版（Rev.2）四分位数据，观察制造业出口零贸易的比例及变化趋势。ISIC 四分位数据总计 81 类制造业，因此每年中国对全球制造业出口理论值为 21920 组，但实际却拥有大量的零贸易值，总体来看，1992 年中国制造业出口中零贸易值为 14462 亿美元，占比 65.2%，而 2009 年，零贸易值下降为 8590 亿美元，占比 38.7%。这一方面说明我国制造业发展的良好势头，另一方面也说明中国进一步发展对外贸易的巨大空间。

结合图 1 和图 2，我们可以发现，2000 年以后，不论是制造业出口贸易总量还是零贸易值减少的速度，均呈现出加速增长的态势，而这一趋势在 2009 年发生了逆转，不但贸易总量下滑，而且零贸易值的比例也有所上升。原因在于进入 21 世纪以来，科技进步与国家间贸易分工的细化加速了各产业在全球的重新布局。发达经济体对高科技、金融服务业等高端产业依赖度逐渐提高，

---

* 陈磊，南开大学经济学院国际经济研究所博士。

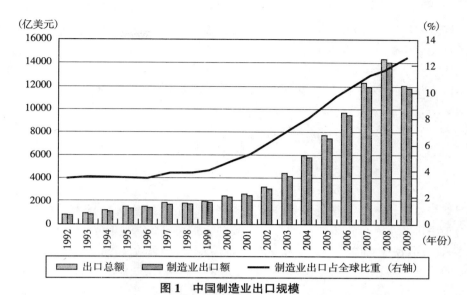

图1 中国制造业出口规模

资料来源：根据世界银行 WITS 数据库整理而得，制造业按照国际标准分类法（ISIC）第 2 版划分。

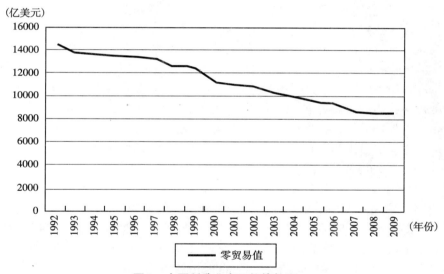

图2 中国制造业出口伙伴数目

资料来源：根据世界银行 WITS 数据库整理而得，制造业按照国际标准分类法（ISIC）第 2 版划分。

大量制造产业从发达经济体转移到发展中经济体，但金融危机爆发后，金融服务业等高端产业受到极大的冲击，而传统制造业由于抵御冲击能力强，吸收就业人口多，因此得到了发达经济体的重新重视，许多国家制定了重振制造业的战略，甚至表示通过扩大出口的方式来缓解贸易赤字，因此在未来世界经济复苏的过程中，各国都会对制造业予以保护，《购买美国货法案》就是全球贸易保护的重心进一步向制造业转移的例证。

全球经济形势的巨大变化，一方面意味着以往中国积极承接制造业全球跨国转移的外部环境大大恶化，中国制造业的出口未来一段时间内将成为全球贸易保护主义的重点关注对象；另一方面，中国制造业出口将面临着更为严峻的市场竞争，许多发展中经济体出口竞争力不断提升，且可能通过本币持续贬值的方式抢占市场份额，使得中国在传统优势产品面临着发展中经济体的巨大挑战。对于处于转型期的中国而言，随着"人口红利"时代的结束和人民币持续升值导致产品的成本优势不再，如何提升贸易结构，寻找新的比较优势成为"中国制造"面临的一大难题。近年来，越来越多的理论和经验证据表明，"软要素"对贸易结构的影响越来越大，在技术及要素禀赋相同的情况下，各国制度体系方面的差异也会成为比较优势的源泉。其中金融因素尤为重要，健全的金融体系有助于企业进行技术创新，提高出口竞争力。因此，要在资源环境紧约束条件下实现贸易结构的顺利转型，必须重新审视金融发展在促进制造业出口二元边际中的作用。

二、文献综述

根据新新贸易理论的主要结论，具有较高生产率的企业能够克服出口固定成本而进入出口市场，这种由于固定成本和生产率差异的存在导致的出口决策行为又称为"自我选择"效应（Self-selection Effect）。但在现实世界中，能够发现仍然有大量生产率较高的企业并不出口，而有些低生产率的企业却能够从事国际贸易（Blalock and Gertler，2004），如何解释出口企业关于其生产率的不完全选择行为？部分学者从企业融资约束的角度探寻了企业出口决策的问题，Melitz（2003）是在金融无摩擦的假设下进行研究，此时企业的外部融资要求可以得到充分的满足，但存在金融摩擦时，很多出口企业尤其是中小企业的融资需求往往不能得到满足，即使生产率水平足够高，但由于资金约束仍然无法克服固定成本，不能进入出口市场。近年来，这些文献将金融与国际贸易的关系应用到新新贸易理论中去，为贸易与金融关系的研究提供了新的视角。

Chaney（2005）首先将企业的流动性约束与异质性企业理论相结合，在 Melitz（2003）模型的基础上，Chaney（2005）增加了另一项异质性的来源——流动性约束的异质性，并指出流动性约束是制约企业出口行为的重要因素，原因在于当存在着出口固定成本和流动性约束时，某些企业虽然跨越了出口的生产率门槛，但由于生产率仍然欠缺，国内销售而获得的流动性无法弥补出口沉没成本，故仍然无法进入出口市场。只有那些生产率最高的企业能够从其国内销售中获得足够的利润获得流动性来跨越固定成本，成为出口企业。但是融资约束只与企业出口固定成本相关，故不会对贸易的集约边际产生影响。此外，尽管 Chaney（2005）指出流动性约束是影响企业出口决策的重要原因，但是该模型假设企业面临的是外生性的流动性约束，在企业之间呈随机分布。Manova（2008）在 Chaney（2005）基础上，进一步放松了流动性的外生性约束，将信贷约束内生于模型之中。信贷约束进一步强化了企业的自我选择行为，只有最具生产率的企业才能进入出口市场。而金融发展有助于缓解信贷约束，对出口的扩展边际（出口目的地数目）和集约边际（出口量）有着积极影响，金融发展的促进作用在外部融资依赖性高以及资产实质性（Asset Tangibility）少的行业更具显著，因此金融发达的经济体在这些行业具有比较优势。Muuls（2008）进一步融合 Chaney（2005）模型与 Manova（2008）模型，并指出企业不仅面临着外部融资约束，也面临着外生性的流动性冲击，由于融资约束的缓解使得贸易的扩展边际和集约边际都会得到改善。与 Chaney（2005）、Manova（2008）模型中强化企业自我选择效应不同，Suwantaradon（2008）将金融摩擦引入 Melitz（2003）模型中，由于信贷约束的存在，企业无法在最优状态下进行生产，那些生产率水平不足但资金充足的企业能够进入出口市场，而生产率较高的企业因为信贷约束问题反而会退出出口市场，从而弱化了标准异质性模型中的自我选择效应。

从实证角度，部分学者研究了金融发展改善融资约束，进而影响贸易的二元边际的机制。在实证研究中，融资约束对贸易扩展边际的结论高度一致，即融资约束的缓解使得企业出口的可能性大大提高，但是对于贸易的集约边际却仍存在争议。Manova（2008）采取 Heckman 两步法进行估计，把零贸易量和正贸易量同时考虑在内，结果显示信贷约束对贸易的影响 1/3 体现在企业进入出口市场的选择，2/3 体现出口量的变化，这表明企业面临的融资约束不仅会影响其固定成本，也会影响其可变成本。近年来，越来越多的研究利用微观层面数据研究信贷约束影响企业参与国际贸易的途径。Berman and Héricourt（2008）沿着这条方向研究金融发展对企业的不同效应，并指出，运行良好的金融市场有助于提高资源的配置效率，提高外部融资的获得性，他们同时发现金融发展的促进作用更多的是体现在贸易的扩展边际而非集约边际。Muûls（2008）利用比利时的数据，发现流动性约束使得企业进入出口市场机会下降，并且出口目的地数目更少，当企业更容易获得融资时，企业能够获得更多出口收益和出口更多的产品。Bellone 等（2010）使用法国制造业企业数据研究表明，企业从金融市场获得资金的能力的提高，不仅可以提高企业参与国际贸易的可能性，也缩短了企业进入国外市场的时间。但是金融状况的改善并不能带来出口强度的提高，因而无法促进贸易的集约边际。

针对中国在国际贸易日益提高的国际地位，越来越多的经济学者开始关注中国出口贸易中的融资约束问题，Li 和 Yu（2009）使用中国 2000~2007 年每年 160000 家制造业企业数据研究了融资约束对企业出口决策的影响。研究发现，融资约束程度越低，生产率越高，出口量越大，此外，他们还发现，FDI 对于缓解企业融资约束有重大帮助，跨国公司的子公司比非跨国公司融资约束程度更低，出口量更多。基于相同的数据来源，Feenstra 等（2011）得出了类似的结论，即有形资产比例更高，出口可能性更大，跨国公司由于可以从其母公司获得外部融资，因而更加容易进入出口市场。Egger 和 Kesina（2010）使用中国工业统计数据库 2001~2005 年的数据从企业层面研究了融资约束对企业出口选择行为的影响机制，研究发现，企业融资约束与贸易的扩展边际负相关，企业融资约束指标下降一个标准差，将导致扩展边际提高 2 个百分点，这是一个相当高的水平，贸易的集约边际也得到了类似的结论。

以上研究主要针对于出口国金融发展水平改善对二元边际的影响，而忽视了进口国金融发展水平对该国进口贸易的影响。Antràs 和 Foley（2011）从理论上证明，一方面，从契约角度来看，进口国金融市场越健全，信用水平越高，金融契约的执行力更高，违约的概率相对较小，因此贸易风险较小，发生贸易的可能性更大；另一方面，从贸易成本角度来看，金融发展程度越高，金融契约的执行力更高，对这些国家的出口贸易更多的是采取赊销的方式进行，这种方式使得进口国的贸易成本更低，进口的意愿更强。而金融发展水平低的国家的进口贸易多以信用证、预付款方式进行，这无形中便增加了进口国的贸易负担，降低了进口的可能性。随后，Antràs 和 Foley（2011）根据美国对全球的出口数据，使用多元 Logit 模型证实了其理论。

目前，异质性企业模型的相关研究已经从探讨贸易增长二元边际的结构、性质及其福利含义转向了二元边际影响因素的考察，主要集中于贸易成本的变化，如关税削减、贸易自由化的影响，而基于金融发展视角的研究相对较少。对于中国的研究而言，一方面，关于中国出口贸易二元边际结构的文献明显不足，Amiti 和 Freund（2007）、钱学锋（2008）、施炳展（2010）等通过使用 HS 高位数级的产品层面数据分析了中国出口二元边际的结构，但缺乏细分行业层面的分析；另一方面，缺乏金融发展对中国出口贸易二元边际的影响分析，尽管国内众多文献研究的结论也证实了金融发展对我国出口总量以及贸易结构优化的积极影响（朱彤，2007；包群、张雅楠，2010；沈红波等，2010），但由于缺乏足够的样本量，金融发展对制造业出口二元边际的影响的研究相当匮乏。

本文的研究试图对已有文献进行有益的补充，主要体现在：首先，通过使用 ISIC-4 位数细分产业贸易数据，描述了中国对 274 个国家和地区出口的二元边际特征事实；其次，基于异质性企业贸易模型，分析了中国金融发展及其贸易伙伴国金融发展对中国制造业出口的二元边际的影响；最后，本文对实证研究中的变量异质性和内生性问题给予了高度重视，使用 Heckman、Tobit 等计量方法克服了选择性偏差等问题，使结果更加真实可信。

三、模型设定与指标说明

（一）模型设定

地区比较优势的变迁是金融发展程度和行业融资依赖程度相互影响的结果，故用普通线性模型无法进行估计，需要在方程中引入行业特征和金融发展的交互项以研究中国金融发展差异对出口比较优势的影响。[①] 具体而言，借鉴 Manova（2008）的计量公式，本文采取以下形式的引力模型进行计量检验：

$$\ln EX_{ijkt} = \alpha + \beta_1 FD_{it} + \beta_2 FD_{it}*Dep_k + \beta_3 FD_{it}*Tang_k + \beta_4 FD_{jt} + \gamma CV_{ijt} + \varepsilon_{jkt} \tag{1}$$

式中，$\ln EX_{ijkt}$ 表示 t 年中国对 j 国（地区）的 k 产业出口的对数值，行业分类基于国际标准行业分类法（第二版）（ISIC，Rev.2），FD_i 和 FD_j 分别表示中国及其贸易伙伴国金融发展的代理指标，Dep 是各行业外部融资依赖系数，Tang 表示各行业固定资产抵押率，或称资产实质性（Asset Tangibility），被定义为净固定资产占总资产的比重（Braun，2003），CV 表示各种控制变量。本文采用产业特征与国家特征交互项作为关键解释变量，采用这样的方式检验金融发展的效应最初由 Rajan 和 Zingales（1998）提出，如此设定有助于考察不同金融发展水平对各行业的不同影响。本文设置了两个交互项，其系数分别为 β_2、β_3，这两个系数也是文本关注的重点之一。如果金融体系的改善缓解了企业外部融资的压力，对制造业出口的可能性和出口规模都会有积极影响，这在那些外部资金依赖程度高的行业更加明显，因此 β_2 符号预期为正。同理，可抵押的固定资产越少，在抵押贷款市场获得资金越困难，面临的金融约束越明显，但是金融发展能够弥补其资金的约束，金融发展对这类企业的促进作用越大，因此 β_3 符号为负。

（二）指标说明

$\ln EX_{ijkt}$ 表示中国对 j 国（地区）的 k 产业出口的对数值，本文研究定位于产业层面，故国际标准行业分类法（ISIC）第二版的 4 位数出口数据，时间跨度为 1992~2009 年，数据来自世界银行 WITS 统计数据库。

FD_i 和 FD_j 分别表示中国及其贸易伙伴国金融发展的代理指标。本文从金融中介市场和股票市场两个角度考察金融发展水平。我们从金融市场发展的总量指标来衡量金融发展的水平，通常而言，多数研究会使用流动性占 GDP 的比重来衡量金融发展的总量指标（Beck，2002），但是由于中国缺乏 M3 的相关统计，故我们使用 M2 占 GDP 的比重衡量中国金融中介发展的总量指标（M2/GDP）。此外，我们使用金融机构提供的贷款总额占 GDP 的比值衡量信贷市场发展规模（Credit/GDP），这两项指标均来自世界银行 WDI 统计数据库。同时，我们使用银行对私人部门发放的贷款/GDP 来衡量进口国金融发展水平。根据金融发展理论，公共部门的效率低于私人部门，私人部门发放的贷款/GDP 能够更为准确地反映金融中介的效率，是金融中介活动最为全面的指标（Beck，2002）。以上三个指标都源自世界银行金融发展与金融结构数据库。[②]

外部融资依赖（Dep）和固定资产抵押率（Tang）。外部融资依赖通常衡量的是资本支出中，不是来源于企业内部运营的现金流的比例。尽管我们只能观测到对外部资金的实际利用情况而无

---

① 交互项是倍差法（Difference in Difference）的一个变形，详细的分析见 Wooldridge（2001）。
② http://go.worldbank.org/X23UD9QUX0。

法观察到对外部资金的需求，但是 Rajan 和 Zingales（1998）认为，在金融发达的地区，外部资金供给非常有弹性，所以外部资金的实际利用情况可以反映外部资金的需求，且各国各产业的外部依赖数据应该是稳定的，他们根据美国的公司数据可以测量金融市场无摩擦时外部依赖水平。固定资产抵押率（Tang）通常定义为账面净固定资产的比例，与公司财务中的资产结构概念类似，抵押物越多，可获得的银行贷款越多，面临的融资约束较少。我们使用 Braun（2003）所提供的这两类指标数据，尽管这两类指标由美国企业计算而来，但这两类变量在同一产业内变化不大，但是在产业之间差异比较大，从而外生于企业。

CV 表示引力模型的控制变量。其中，GDP_i 表示中国的 GDP 总额，经济规模越大，产品供给能力越强。GDP_j 表示中国贸易伙伴国 GDP 总额，根据新新贸易理论，企业面临着出口的排序问题（Pecking Order），生产率越高的企业拥有更多的贸易伙伴，而生产率低的企业只能拥有市场规模小的贸易伙伴，因此，GDP 水平越高，产品需求能力越强，贸易伙伴越多，且贸易量更大。N_i 表示中国人均 GDP，代表 i 国经济发展水平，N_j 表示中国贸易伙伴国人均 GDP。以上数据均来自宾夕法尼亚大学世界经济增长数据库（The Penn World Table 7.0）。DIS_{ij} 表示中国与贸易伙伴国的空间距离，代表国际贸易成本，距离越远，贸易成本越高，本文遵从 Head 和 Mayer（2002）以及 Mayer 和 Zignano（2006）的做法，采用国家之间加权距离而非首都距离，这种做法使用一国主要城市的人口比重进行加权，能够更加真实地反映贸易成本和消费者的分布状态，距离数据来源自 CEPII DISTANCE 数据库，以上控制变量均取对数。

四、计量结果与分析

（一）金融发展与制造业出口的扩展边际

贸易的扩展边际在不同的层面有不同的界定，本文采取 Helpman 等（2008）的定义，即新的贸易伙伴建立。由于我们使用的是"国家—产业"层面数据，故新的贸易伙伴的界定有三个视角：新产业新的贸易伙伴、新产业已有的贸易伙伴以及已有产业新的贸易伙伴。

在中国制造业出口数据中，一半以上的观测值为零贸易值，从新新贸易理论视角而言，如果某一行业的企业的生产率均无法克服出口的固定成本，则会导致零贸易值的存在，而融资约束的存在会进一步强化企业的自我选择效应，使得有利可图的出口企业退出出口市场，增加了零贸易值出现的可能，而金融发展则可以通过缓解企业的融资约束影响出口的扩展边际。Manova（2008），Berman 和 Héricourt（2008）使用 Probit 模型估计了金融发展对贸易增长的扩展边际，故本文也采取 Probit 模型进行估计，为了增强结果的稳健性，我们同时采用 Logitech 模型进行比较。Probit 模型估计式为：

$$\text{Prob}(EX_{ijkt} > 0) = \alpha + \beta_1 FD_{it} + \beta_2 FD_{it}*Dep_k + \beta_3 FD_{it}*Tang_k + \beta_4 FD_{jt} + \gamma CV_{ijt} + \varepsilon_{jkt} \quad (2)$$

$$\begin{cases} P_{ijkt} = 1, & \text{if} \quad EX_{ijkt} > 0 \\ P_{ijkt} = 0, & \text{if} \quad EX_{ijkt} = 0 \end{cases}$$

表 1 分别列示了以 M2/GDP 以及信贷总额/GDP 衡量金融发展的回归结果，标准的 Probit 模型假设扰动项同方差，然而对于大 N 小 T 型面板数据而言，容易产生异方差现象，例如各国的 GDP 总额、金融发展水平之间存在着较大的差异，因此扰动项的规模也不相同，此时将大、中、小国家放在一起回归，就可能产生异方差问题。此外，显然人口较多的国家的人均 GDP 方差较小，人口较少的国家人均 GDP 方差较大，这也容易导致异方差。为此，我们同时使用异方差假设下的

Probit 模型估计（Hetprobit），并使用似然比检验异方差问题，如果接受原假设，则使用标准的 Probit 模型。结果显示，各种金融发展指标的估计均拒绝了同方差的假设，可见确实存在异方差问题。由于二值选择模型都是非线性模型，故原始系数并非边际效应，需要计算样本均值处的边际效应（Marginal Effects）。

首先看金融发展的作用，从出口国的角度看，我们重点观察的两个交互项 FD_i*Dep 和 FD_i*Tang，其符号与预期相符且具有高度显著性，说明金融发展的确使得高外部融资依赖性行业和资产抵押率低行业的出口可能性大大增加，对于高外部融资依赖性行业，融资约束的确制约了其出口的最大障碍，而金融发展明显地促进了其出口的概率。金融发展对制造业整体出口而言，金融发展有力地促进了制造业出口的可能性。其次看进口国金融发展水平 FD_j 对中国制造业扩展边际的影响，贸易伙伴国的金融发展水平越高，贸易的固定成本越低，我国对其出口的可能性越大。

就引力模型的其他控制变量而言，进口国和中国的 GDP 总额对中国制造业出口的可能性有积极影响，尤其是中国的 GDP 水平的影响系数在所有变量之中最为突出，可见贸易伙伴的市场规模和中国的供给能力对制造业出口的可能性有显著影响。就人均 GDP 而言，中国人均 GDP 影响并不显著，贸易伙伴国人均 GDP 系数显著为负，原因在于，GDP 只能代表市场规模，而不能代表经济发展水平，而人均 GDP 能够比较准确的衡量经济发展阶段。进口国人均 GDP 水平显著为负，说明随着经济发展水平的提高，对制造业的需求程度越来越低，发生贸易的可能性随之降低，而外国的制造业发展经验也表明，随着经济发展水平的提升，很多制造业产业会向其他国家转移，故参与出口的产业数目也会相应下降。此外，地理距离与出口的可能性显著为负，表明距离越远，出口的可能性越小。根据传统的解释，距离通常代表可变成本，但实际上，距离的远近对出口的固定成本也有显著影响，距离越远，企业对出口市场的熟悉程度（Familiarity）越高，而熟悉程度可以影响企业的进入成本。例如，企业进入一个熟悉的出口市场显然要比进入一个陌生的出口市场所需的进入成本小得多。Andersson（2007）通过瑞典企业对世界各国出口数据的引力模型分析表明，熟悉程度对扩展边际有显著的影响。

在评估线性模型的拟合程度时，使用最为广泛的是 R^2。但是对于离散选择模型而言，由于不存在平方和分解公式，故无法计算 R^2。判断其拟合优度主要有两种方法：一是准 R^2（Pseudo R^2），例如 McFadden R^2、Maximum Likelihood R^2 等，其中 McFadden R^2 是替代 R^2 的度量拟合优度的较好方法，使用也最为普遍，它可以解释为对数似然函数的实际增加值占最大可能增加值的比重。二是计算预测准确的百分比，如果发生概率的预测值大于 0.5，则认为其预测准确率为 1；反之，则认为其预测准确率为 0，将预测值和实际值进行比较，就能计算出准确预测的百分比。结果显示，模型所估计的准确率均在 77% 以上。通过比较我们可以发现，在使用同种指标衡量中国金融发展水平时，包含进口国金融发展指标的模型的拟合优度比不包含该指标的模型有显著改善，说明将进口国金融发展指标纳入引力模型中增强了其解释力。

表1　金融发展与制造业出口的扩展边际

金融发展指标	M2/GDP			Credit/GDP		
估计方法	Logit	Probit	Hetprobit	Logit	Probit	Hetprobit
FD_i	0.054*** (3.88)	0.059*** (4.03)	0.055*** (3.63)	0.051*** (5.13)	0.048*** (4.68)	0.047*** (4.23)
FD_i*Dep	0.336*** (94.88)	0.352*** (98.91)	0.378*** (15.42)	0.335*** (94.63)	0.351*** (98.75)	0.376*** (15.51)
FD_i*Tang	−0.035*** (−5.54)	−0.026*** (−3.90)	−0.025*** (−3.50)	−0.039*** (−5.98)	−0.030*** (−4.46)	−0.029*** (−3.96)

金融发展指标	M2/GDP			Credit/GDP		
估计方法	Logit	Probit	Hetprobit	Logit	Probit	Hetprobit
FD_j	0.128***	0.118***	0.128***	0.128***	0.118***	0.171***
	(30.92)	(29.52)	(13.12)	(30.81)	(29.37)	(13.22)
$lnGDP_j$	0.074***	0.077***	0.086***	0.074***	0.078***	0.073***
	(132.81)	(137.93)	(14.15)	(132.86)	(137.91)	(14.23)
lnN_j	−0.0157***	−0.0507***	−0.020***	−0.016***	−0.015***	−0.018***
	(−14.90)	(−13.50)	(−10.96)	(−14.78)	(−13.38)	(−10.98)
$lnGDP_i$	0.079**	0.332***	0.108***	0.095***	0.125***	0.134***
	(2.36)	(2.71)	(2.92)	(3.39)	(4.23)	(4.27)
lnN_i	0.018	−0.015	−0.009	0.020	−0.010	−0.015
	(0.51)	(−0.05)	(−0.25)	(0.64)	(−0.31)	(−0.45)
lndis	−0.064***	−0.066***	−0.068***	−0.065***	−0.067***	−0.069***
	(−31.28)	(−31.15)	(−13.59)	(−31.36)	(−31.24)	(−13.67)
Constants	−21.74***	−13.56***	−3.969***	−24.62***	−16.12***	−4.781***
	(−5.11)	(−5.41)	(−5.17)	(−7.14)	(−7.97)	(−7.06)
样本量	201055	201055	201055	201055	201055	201055
零值	56098	56098	56098	56098	56098	56098
McFadden R^2	0.2275	0.2291		0.2274	0.2290	
预测准确率	77.29%	77.24%		77.30%	77.28%	
异方差检验 P 值			0.0000			0.0000

注：估计系数为样本均值处的边际效应。括号内数值为估计系数的 z 值，*、**、*** 分别代表估计系数通过 10%、5%、1%显著性水平检验。

（二）金融发展与制造业出口的集约边际

本文采取以下方程估计金融发展对省份制造业出口数量，即出口的集约边际的影响：

$$lnEX_{ijkt} = \alpha + \beta_1 FD_{it} + \beta_2 FD_{it}*Dep_k + \beta_3 FD_{it}*Tang_k + \beta_4 FD_{jt} + \gamma CV_{ijt} + \varepsilon_{jkt} \tag{3}$$

国内外众多文献都讨论了金融发展与出口增长的集约边际的关系，零贸易量的处理成为近年来关注的焦点问题之一。为何会出现零贸易值，Helpman 等（2008）基于企业异质性和存在贸易固定成本假设下，从新新贸易理论视角分析了零贸易存在的理论基础。将这些零贸易值排除在外，仅对正的出口值进行回归显然是一种自我选择行为，而非随机行为，因此导致了系数的有偏估计，为此，Helpman 等（2008）、Manova（2008）使用 Heckman 选择模型处理零贸易值，并进一步估计了贸易的集约边际，Anderson and Marcouiller（2002）、Rose（2004）使用 Tobit 模型进行估计。本文同时使用 Heckman 两步法和 Tobit 模型估计制造业出口的集约边际。

对于 Heckman 选择模型而言，其思路可以分为两步：第一步，利用整体样本借助 Probit 模型构建选择方程，考察出口决策，从而预测发生出口贸易的概率，同时，构造出逆米勒比率 λ；第二步，将逆米勒比率作为解释变量添加到式（3）中进行估计，考察出口量受到哪些因素影响，如果的 λ 系数显著，则表明存在样本选择问题，使用混合最小二乘法的估计存在偏差，而 Heckman 样本选择模型能得到一致估计。Wooldridge（2003）关于 Heckman 选择模型的论述中认为，选择方程中至少有一个解释变量不在回归方程中，才能获得一致的估计。[①] 按照这种思路，我们需要一个影响出口选择但对出口量没有偏效应的变量。Melitz（2003）开创的新新贸易理论认为，如果外国

[①] 实际上，当选择方程和回归方程中解释变量个数相同时，仍然可以机械的完成 Heckman 两步的估计，但此时结论往往并不可信。详细内容参见伍德里奇《计量经济导论》第三版。

的市场存在固定进入成本，生产率较低的企业由于无法获得收益而无法进入，与可变成本（例如运输成本）不同，一旦企业进入该市场，固定进入成本与贸易量没有关系，因此，固定进入成本可以作为 Heckman 选择模型中的排除性变量。在实证中，Manova（2008）在第一阶段 Probit 模型中，使用贸易伙伴是否为岛国作为贸易固定成本的代理变量，她认为岛国的贸易必须通过海运完成，海运相对于陆地运输而言固定成本更高，因此出口国进入岛国的固定贸易成本更高。由于是否为岛国并不影响可变成本，进而不会对贸易流量产生直接影响，因此可以在 Heckman 选择模型的第二阶段的估计中排除掉。但在现实中，绝大多数贸易都是通过海运完成的，因此使用是否为岛国的虚拟变量作为固定成本的代理变量，与出口选择行为的匹配度不高，无法完全甄别出是否出口的潜在特征。Helpman 等（2008）使用出口国和进口国的管理成本，包括开办企业所需签订法律文件数目和办理相关程序花费的时间作为固定成本的衡量标准。这些衡量出口的固定成本和沉没成本，管理成本越高，利润率越低，出口的可能性越小，而当固定成本足够大时，没有企业出口成本，即出现零贸易流量。我们借鉴其研究思路，采用世界银行《营商数据库》（Doing Business）中的"跨境贸易"（Trading Across Country）指标中的进出口商品所需的文件数目、办理进出口商品所有手续所需花费的时间作为固定进入成本的衡量指标，该指标也被 Berthou（2008）用来衡量出口固定成本。尽管这两类指标没有涵盖整个样本期，但是这些指标的变化非常小，故本文与 Berthou（2008）的做法相同，选择 2005 年的指标涵盖全部时期，为了避免异方差，我们将这两个变量加入到式（2）中再次使用 HetProbit 模型进行估计，并从中获得逆米勒比率 λ。[1] 将 λ 代入式（3）中，使用 OLS 进行估计，从而得出金融发展对贸易量的影响程度。

由表 2 可知，λ 高度显著，说明确实存在选择性偏差。我们之前重点关注的两个变量 FD_i*Dep 和 FD_i*Tang 与扩展边际的结论一致，即金融发展使得外部融资依赖性行业以及资产抵押率低的行业的出口量也得到了显著增加，对这两类企业行业而言，其生产和贸易都严重依赖于外部资金，当它们的外部资金需求无法满足时，就无法在最优的状态下进行生产，此时的贸易量低于最优状态的出口值（Manova，2008）。但是 FD_i 符号在使用 Tobit 模型估计时显著为正，说明整体而言，金融发展对贸易量也有一定的促进作用，但是 Heckman 模型下该系数并不显著，进口国金融发展水平显著促进中国制造业的出口量，说明贸易伙伴国健全的金融制度也大大降低了出口的可变成本。贸易伙伴国的 GDP 和人均 GDP 与扩展边际的符号一致，而中国的 GDP 和人均 GDP 的作用仍然存在一定分歧，但如果从显著性水平为标准进行考察时，两者都促进了制造业出口量。通过比较可知，距离对贸易量的影响远大于其对扩展边际的影响，可见，距离对可变成本的制约是其题中应有之义。

表 2 金融发展与制造业出口的集约边际

金融发展指标	M2/GDP		Credit/GDP	
估计方法	Heckman	Tobit	Heckman	Tobit
FD_i	−0.212	0.896***	0.0204	0.502***
	(−1.07)	(3.75)	(0.15)	(3.07)
FD_i*Dep	3.060***	5.280***	3.167***	5.401***
	(53.62)	(110.84)	(54.07)	(111.43)
FD_i*Tang	−1.101***	−1.210***	−1.188***	−1.369***
	(−12.10)	(−11.17)	(−12.86)	(−12.42)
FD_j	1.343***	1.683***	1.352***	1.681***
	(29.99)	(32.01)	(30.21)	(32.00)

---

[1] 该 Probit 估计结果与之前结论基本一致，且新增的两个变量显著为负，限于篇幅，结果未能列出。

金融发展指标	M2/GDP		Credit/GDP	
估计方法	Heckman	Tobit	Heckman	Tobit
lnGDP$_j$	1.155*** (89.16)	1.819*** (208.99)	1.172*** (90.10)	1.819*** (209.09)
lnN$_j$	−0.0622*** (−4.19)	−0.228*** (−12.95)	−0.0623*** (−4.19)	−0.228*** (−12.93)
lnGDP$_i$	−0.0765 (−0.15)	2.531*** (4.15)	−0.497 (−1.21)	3.260*** (6.58)
lnN$_i$	2.043*** (4.00)	−0.254 (−0.41)	2.548*** (5.66)	−0.641 (−1.18)
lndis	−0.924*** (−34.68)	−1.376*** (−44.44)	−0.938*** (−35.19)	−1.377*** (−44.52)
λ	−2.377*** (−24.68)		−2.224*** (−22.96)	
Constants	−23.62** (−2.30)	−95.72*** (−7.68)	−16.16* (−1.96)	−113.3*** (−11.47)
F 值	11139.2		11145.0	
样本量	148678	201055	148678	201055
调整后 R^2	0.428		0.428	

注：括号内数值为估计系数的 t（z）值，*、**、*** 分别代表估计系数通过 10%、5%、1%显著性水平检验。

五、稳健性分析

本文采取的第一种稳健性分析的方法是调整样本期，我们将样本调整为 1992~2001 年和 2002~2009 年两个子样本（见表 3），选取贷款/GDP 衡量中国金融发展水平，采用 Hetprobit 模型估计贸易的扩展边际，使用 Heckman 模型和 Tobit 模型估计贸易的集约边际。[①] 结果发现，出口国金融发展水平在 1992~2001 年的作用远高于 2002~2009 年，表明随着中国出口贸易和金融市场的日益完善，金融发展的作用在逐渐减弱。

表 3　稳健性分析

样本期	1992~2001 年			2002~2009 年		
估计方法	Hetprobit	Heckman	Tobit	Hetprobit	Heckman	Tobit
FD$_i$	0.122*** (3.86)	0.701** (2.02)	1.836*** (3.83)	−0.0315*** (−2.81)	−1.678*** (−5.11)	−2.102*** (−6.12)
FD$_i$*Dep	0.442*** (12.05)	3.600*** (33.34)	6.346*** (72.18)	0.135*** (6.58)	2.965*** (38.47)	4.802*** (89.68)
FD$_i$*Tang	−0.175*** (−8.86)	−2.973*** (−20.15)	−4.227*** (−20.96)	0.0198*** (4.27)	0.0401 (0.35)	0.285** (2.35)
FD$_j$	0.215*** (10.20)	2.163*** (31.62)	2.759*** (29.73)	0.0434*** (5.49)	0.732*** (12.22)	0.977*** (16.23)
lnGDP$_j$	0.0981*** (11.42)	1.243*** (53.94)	2.054*** (1-8.02)	0.0181*** (5.56)	1.158*** (67.03)	1.598*** (148.03)

---

① Hetprobit 模型本文也采用 Prboit 模型和 Logit 模型估计了贸易的扩展边际，基本结论与 Hetprobit 模型相同，LR 统计量显示，标准的 Probit 模型存在异方差问题。

续表

样本期	1992~2001 年			2002~2009 年		
估计方法	Hetprobit	Heckman	Tobit	Hetprobit	Heckman	Tobit
lnN_j	−0.0275***	−0.0827***	−0.374***	−0.0034***	−0.0393*	−0.118***
	(−9.76)	(−4.06)	(−13.35)	(−2.90)	(−1.82)	(−5.38)
$lnGDP_i$	0.337***	2.503***	5.077***	−0.0877	−2.407	−4.084**
	(4.62)	(3.21)	(4.73)	(−1.64)	(−1.41)	(−2.30)
lnN_i	−0.278***	−1.756*	−3.636***	0.129**	4.334**	6.796***
	(−3.36)	(−1.91)	(−2.88)	(2.15)	(2.32)	(3.49)
lndis	−0.105***	−1.260***	−1.783***	−0.0147***	−0.609***	−0.912***
	(−10.97)	(−31.95)	(−36.30)	(−5.87)	(−16.36)	(−23.69)
λ		−1.305***			−2.951***	
		(−8.39)			(−17.95)	
Constants	−8.757***	−68.31***	−144.3***	1.272	24.63	43.93
	(−5.90)	(−4.55)	(−6.99)	(1.20)	(0.72)	(1.24)
F 值		5256.2			4279.7	
样本量	109573	81212	109573	91482	67466	91482
调整后 R²		0.393			0.388	

注：括号内数值为估计系数的 t（z）值，*、**、*** 分别代表估计系数通过 10%、5%、1%显著性水平检验。

为了进一步体现交互项的符号，我们采取的第二种稳健性分析的方法是不采用交换项的方式，而是将这 81 类制造业归类到 ISIC−3 位数统计下的 28 类制造业出口数据，分别采用 Hetprobit 和 Tobit 模型估计扩展边际和集约边际，从而得到 28 组估计结果，并绘制了这 28 组出口国金融发展的系数估计值与其对应的 Dep 和 Tang 的散点图。如图 3 和图 4 所示，估计系数大多数为正值。无论是扩展边际还是集约边际，随着外部融资依赖度（Dep）的提高，金融发展水平的系数越高，随着资产抵押率（Tang）的下降，金融发展水平的作用更加明显，印证了之前分析的两个交互项的符号。

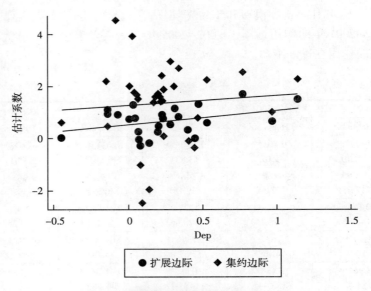

图 3　金融发展估计系数与 Dep 散点图

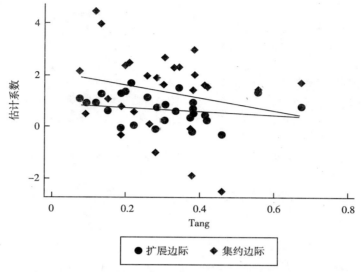

图 4　金融发展估计系数与 Tang 散点图

六、结　论

金融发展对宏观经济的重要意义长期以来一直是宏观经济学领域的热点问题之一，近些年来，随着国际贸易理论和金融发展理论的不断完善，越来越多的学者关注金融发展对于贸易规模和贸易结构的影响。尽管中国的出口过去 20 多年保持了高速增长，但是随着近年来原材料价格的上升和"人口红利"时代的结束，如何提升贸易结构、寻找新的比较优势成为"中国制造"面临的一大难题。本文通过引入一系列反映金融中介和金融市场发展的指标体系，较为全面地分析了金融发展对中国出口增长的二元边际的影响机制。

（1）本文利用 Probit 等模型估计金融发展对出口增长的扩展边际影响。中国金融发展有利于高外部融资依赖性和低资产抵押率行业拓展海外市场，提高了它们进入出口市场的可能性，进口国金融发展水平的提高降低了出口的固定成本，因而在整体上也促进了中国出口的可能性。

（2）利用 Heckman 模型以及 Tobit 模型估计了金融发展对制造业出口增长的集约边际的影响。结果显示，中国金融发展使得高外部融资依赖度和低资产抵押率行业能够在最优的状态下进行生产，从而改善了其贸易量。进口国金融环境的改善使得其合同的执行力更强，同样会促进发生贸易的概率，提高出口量。在稳健性分析中，研究发现，金融发展的作用呈现出明显的非线性特征，随着贸易二元边际的发展，金融发展的作用逐渐衰退。

参考文献

[1] 包群，阳佳余. 金融发展影响了中国工业制成品出口的比较优势吗 [J]. 世界经济，2008（3）：21-33.

[2] 樊纲，王小鲁，朱恒鹏. 中国市场化指数——各地区市场化相对进程 2009 年度报告 [M]. 北京：经济科学出版社，2010.

[3] 林玲，李江冰，李青原. 金融发展、融资约束与中国本土企业出口绩效 [J]. 世界经济研究，2009（4）：45-50.

[4] 林毅夫，姜烨. 经济结构、银行业结构与经济发展——基于分省面板数据的实证分析 [J]. 金融研

究，2006（1）：7-22.

　　［5］钱学锋. 企业异质性、贸易成本与中国出口增长的二元边际［J］. 管理世界，2008（9）：48-56.

　　［6］沈红波，寇宏，张川. 金融发展、融资约束与企业投资的实证研究［J］. 中国工业经济，2010（6）：55-64.

　　［7］阳佳余. 金融发展与对外贸易：基于省际面板数据的经验研究［J］. 经济科学，2007（4）：46-57.

　　［8］黄玖立，冼国明. 金融发展、FDI 与中国地区的制造业出口［J］. 管理世界，2010（7）：61-70.

　　［9］朱彤，郝宏，杰秦丽. 中国金融发展与对外贸易比较优势关系的经验分析：一种外部融资支持的视角［J］. 南开经济研究，2007（3）：124-131.

　　［10］Antras, P. and R. J. Caballero Trade and capital flows: A financial frictions perspective. NBER Working Paper, 2007.

　　［11］Antras, P., M. A. Desail. Multinational Firms, FDI Flows, and Imperfect Capital Markets［J］. Quarterly Journal of Economics, 2009, 124（3）：1171-1219.

　　［12］Beck, T. Financial development and international trade: Is there a link［J］. Journal of International Economics, 2002, 57（1）：107-131.

　　［13］Beck, T. Financial dependence and international trade［J］. Review of International Economics, 2003, 11（2）：296-316.

　　［14］Becker, B. and D. Greenberg. Financial Development, Fixed Costs and International Trade. Harvard Business School mimeo, 2007.

　　［15］Bellone, F., P. Musso, et al. Financial Constraints and Firm Export Behaviour［J］. World Economy 2010, 33（3）：347-373.

　　［16］Berman, N. and A. Berthou. Financial Market Imperfections and the Impact of Exchange Rate Movements on Exports［J］. Review of International Economics 2009, 17（1）：103-120.

　　［17］Berman, N. and J. Hricourt. Financial factors and the margins of trade: Evidence from cross-country firm-level data. NBER Working Paper, 2009.

　　［18］Braun, M. Financial contractibility and asset hardness. Harvard University, Department of Economics Working Paper, 2003.

　　［19］Chaney, T. Liquidity constrained exporters. University of Chicago mimeo, 2005.

　　［20］Chor, D. Unpacking sources of comparative advantage: A quantitative approach. NBER Working Paper, 2010.

　　［21］Chor, D., C. Foley, et al. Host country financial development and MNC activity. Finance Working Papers, 2007.

　　［22］Cunat, A. and M. J. Melitz. Volatility, Labor Market Flexibilty, and the Pattern of Comparative Advantage. NBER Working Paper, 2010.

　　［23］Do, Q. and A. Levchenko. Comparative advantage, demand for external finance, and financial development［J］. Journal of Financial Economics, 2007, 86（3）：796-834.

　　［24］Harrison, A. and M. McMillan. Does direct foreign investment affect domestic credit constraints［J］. Journal of International Economics, 2003, 61（1）：73-100.

　　［25］Helpman, E., M. Melitz, et al. Estimating Trade Flows: Trading Partners and Trading Volumes［J］. Quarterly Journal of Economics, 2008, 123（2）：441-487.

　　［26］Hur, J., M. Raj. Finance and trade: A cross-country empirical analysis on the impact of financial development and asset tangibility on international trade［J］. World Development, 2006, 34（10）：1728-1741.

　　［27］Manova, K. Credit constraints, equity market liberalizations and international trade［J］. Journal of International Economics, 2008, 76（1）：33-47.

　　［28］Manova, K. Credit constraints, heterogeneous firms, and international trade. NBER Working Paper, 2008.

［29］ Manova，K.，S. Wei. Firm Exports and Multinational Activity under Credit Constraints. NBER Working Paper，2009.

［30］ Melitz M. J. The Impact of Trade on Intra-industry Reallocations and Aggregate Industry Productivity ［J］. Econometrica，2003，71（6）：1695-1725.

［31］ Rajan，R. and L. Zingales. Financial dependence and growth ［J］. American Economic Review，1998，88（3）：559-586.

［32］ Silva，J. M. C. S. and S. Tenreyro. The log of gravity ［J］. The Review of Economics and Statistics，2006，88（4）：641-658.

企业规模、产业链分工与结构调整升级[*]

胡秋阳

一、问题的提出

（一）投入产出分析视角下的产业链

1. 关于产业链

产业链这一概念多为中国学者所用，[①] 但从概念内涵到研究框架及范式均尚在完善之中。就概念而言，各方定义的一个共同基点如其字面中的"链"字所示，均着眼于关联关系。进一步地看，其所着眼的关联关系主要指由产业纵向垂直分工协作而形成的生产供应流程即产业上下游关系（简新华，2002；杨公朴等，2002；张耀辉，2002；郁义鸿，2005；芮明杰等，2006；吴金明等，2006；魏后凯，2007）。本文将此纵向垂直分工协作基础上形成的生产供应流程称为产业生产链。

同时，在这一链条上，各分工参与主体通过做出各自的贡献而获得相应的收入，因而沿着产业生产链存在一条价值分配链，或者换个角度来说，这是一条价值创造链或价值增值链（Porter，1985；Kogut，1985；张辉，2004；马春光，2004；徐康宁等，2008；文婧等，2008）。本文将此称为产业价值链。显然，正是由于参与了生产分工并做出相应贡献因而获得价值分配，或者换个角度说，正是由于能有所贡献因而被组织进生产分工，因此，产业链中的生产链和价值链是同一枚硬币的两面（图1）。

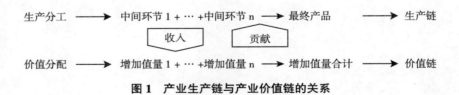

图1 产业生产链与产业价值链的关系

关于产业链的起止。显然，当产品属于中间品时，意味着仍将有下一阶段的加工或流通环节，生产供给流程并未结束，产业链还有延续。所以，全部纵向分工流程的完结即产业链的终点是在产品或服务作为最终需求品到达最终需求用户的阶段，其全部价值也是在这一阶段实现的。同时，

* 本文是教育部人文社会科学研究青年基金项目（09YJCZH064）、天津市哲学社会科学研究规划资助项目（TJTJ07-009）、南开大学文科科研创新基金项目（NKC0732，NKC1007）的阶段性成果。本文得到了天津市统计局国民经济核算处的大力协助，在此一并致谢。文责自负。
① 关于产业链概念的使用情况综述可参考刘贵富（2006）。

此终点是对链条上溯的起点，其完整的纵向垂直分工协作半径须分层次地上溯其直接的中间环节乃至经由中间环节的生产活动而进一步间接派生的中间环节，由此，才能完整地体现产业链所需的全部资源，以及全面地反映其价值在各环节上的分配结构。

2. 关于产业链的研究

如前所述，产业链的核心是纵向垂直分工，就此内涵而言，近似及等同的概念包括企业及管理层面的商品链、供应链，[①] 以及经济及产业层面的产品内分工、垂直专业化产业内分工、片断化生产、多阶段生产、零散化生产、外包、全球价值链等，[②] 均可纳入产业链的研究范畴。概括起来，相关理论及实证研究的内容主要是静态及动态视角下的：

（1）在"是什么"的层面上：产业链分工链条环节间相互联系的内容及联系方式有哪些（张耀辉，2002；胡晓鹏，2004；余东华等，2005；吴金明等，2006；李平等，2006；芮明杰等，2006；邵昶等，2007；李想等，2008），组织结构及空间抑或贸易结构如何[③]（Hummels 等，2001；卢锋，2004；刘志彪等，2005；徐宏玲等，2005；李海舰等，2005；芮明杰等，2006；北京大学中国经济研究中心课题组，2006；魏后凯，2007；胡秋阳，2007）等。

（2）在"为什么"的层面上：[④] 产业链分工的形成机制、影响因素及组织运营方式等（张辉，2004；朱瑞博，2004；黎继子等，2004；文嫭等，2004；苟昂等，2005；曾铮等，2005；王化成等，2005；徐宏玲等，2005；李晓华，2005；余东华等，2005；孙文远等，2007；徐从才等，2008；徐康宁等，2008；文嫭等，2008；李长英等，2008；卓越等，2008）。

（3）在"怎么样"的层面上：产业链的绩效评价及其对企业和产业活动以及对经济福利和经济发展有哪些影响等（马春光，2004；郁义鸿，2005；张小蒂等，2006；张杰等，2007；孙文远等，2007；徐从才等，2008；徐毅等，2008；宗毅君，2008）。

（4）在"怎么做"的层面上：如何优化整合及治理产业链，以及如何基于产业链制定企业、产业及区域发展战略等（Porter，1985；汪涛，2000；黎继子等，2005；芮明杰等，2006；吴金明等，2007；张利庠，2007；魏后凯，2007；洪勇等，2007；胡秋阳，2007；文嫭，2007；程宏伟等，2008；刘林青等，2008）。

3. 投入产出分析视角下的产业链

不难看出，产业链是一个具有系统性和结构性特征的研究对象。因此，系统及结构视角应该是产业链分析和研究的一个主要特征。不过，尽管理论上产业链定义的内涵及外延是清晰的，"微笑曲线"等产业链整体结构性特征的概念也已为众人所熟悉，但关于产业链的定量分析仍然大多采用的是比较简单的结构指标，缺乏反映整体产业链中各个分工环节及其结构的分析模型。代表性的如考察一国总体或某一部门的生产活动在全球价值链中的份额所采用的垂直专业化度（Vertical Specialization，VS）（Hummels 等，200；卢锋，2004；刘志彪等，2005；北京大学中国经济研究中心课题组，2006），该指标只反映产业链在总量上的内外分工比重，而非整体刻画出产业链中各分工环节。值得注意的是，垂直专业化度以投入产出分析为基础而开发出来有其必然性，这是由于投入产出分析所关注的产业间关联关系与产业链的垂直分工关系是直接对应的。

---

① 相关概念在企业管理理论中使用较多，综述可参考高峻峻等（2006）。
② 相关概念在贸易理论研究中使用较多，综述可参考卢锋（2004）、胡昭玲（2004）、曾铮等（2007）。
③ 这里的所谓产业链组织结构包括两个方面：一是产业链上各环节的功能及价值分配等流程组织层面；二是产业链上不同规模、不同地位及内外资企业、集群企业的功能及价值分配等企业组织层面。
④ 产业链分工的理论基础主要来自两个方面：一个是分工理论及贸易理论，另一个是产业组织理论。因为涉及分工，因此分工理论以及以空间维度下的分工及贸易为内容的贸易理论自然是产业链研究的基础理论之一，相关理论体系庞大。限于篇幅，本文对此未详细涉猎。另外，纵向垂直分工的组织关系问题是产业组织理论的传统研究内容之一，相关理论体系同样较为庞大，本文亦未详细涉猎。

投入产出分析中所表现的产业间的关联关系就是以产业纵向垂直分工协作为基础的产业链分工关系。产业间的关联关系一方面表现为各产业的生产活动中需要投入其他产业产品作为中间投入；另一方面表现为自己的产品作为中间品用来满足其他产业生产活动所需。显然，从前述产业链概念的含义来看，以中间品的供需为纽带而形成的产业间关联关系就是以产业纵向垂直分工协作为基础的产业链分工关系。投入产出分析对产业间关联关系的数理及数量表达，也就是对产业链分工关系的刻画。

投入产出分析对产业生产链的刻画清晰并且完整。投入产出分析所刻画的产业生产链既包括对其上游和下游两个方面的内容，还包括直接联系和间接联系两个层次的内容。前向关联和后向关联等指标分别反映的是产业链的上游和下游的内容。而直接消耗系数（中间投入系数）刻画了直接联系，完全消耗系数、产出乘数（列昂惕夫逆矩阵）及单位构造系数（Unit Structure）（尾崎，1980；胡秋阳，2007）则反映了全部的直接与间接联系。例如，直接消耗系数可反映出机械产业的生产活动中直接使用了钢铁部门产品；而完全消耗系数、产出乘数及单位构造系数则进一步反映出经由钢铁部门的生产，机械产业的生产活动间接地使用了矿业行业的铁矿石产品等全部中间配套内容（见图2）。

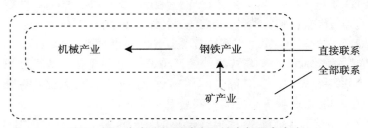

图2　投入产出分析反映产业链全部配套内容

投入产出分析对产业价值链的刻画同样如此，如增加值基准分工率（胡秋阳，2007）和垂直专业化度（Hummels等，2001；卢锋，2004；刘志彪等，2005；北京大学中国经济研究中心课题组，2006）等指标。这里举例说明。作为最终产品的面包满足消费需求将得到相应收入，该收入除部分作为面包加工部门的劳动及资本等初始要素的报酬被分配以外，其余部分则以中间成本的形式流入上游分工产业，如面粉制造业。流入面粉制造业的这部分收入同样除部分地分配给本部门的初始要素以外，其余部分流入其上游分工产业如小麦种植业。如此递推，该最终产品中的全部增加值最终被参与纵向垂直分工全部环节的各部门所分配。增加值基准分工率和垂直专业化度等模型就刻画了这一价值分配结构。

投入产出分析刻画产业链的特点具有完整性和系统性、结构性和层次性。如前所述，投入产出分析视角下产业关联关系是以各产业最终产品的产出为终点，以此上溯到直接乃至间接的全部中间供应环节，反映其全部的中间配套内容。因此，投入产出分析关于产业关联的各指标模型涵盖了产业链纵向垂直分工整体而非局部，关系复杂但很清晰，具有完整性和系统性。并且，随着部门分类的细化，这一完整的分工体系的各个环节也相应细化，可以深入了解其中的各个分工环节。同时，由于涵盖了直接和间接的分工联系，可以深入了解分工的各个层次，因此具有结构性和层次性。基于这些特点，投入产出分析为产业链研究所提供的量化分析框架和分析工具是其他数量分析方法所做不到的。

（二）企业规模与产业链分工及本文的课题设定

1. 企业规模与产业链分工

一般来说，大型工业企业与中小型工业企业具有不同的生产技术特点，这种技术特点上的差异使得大型工业企业与中小型工业企业在产业体系中发挥不同的作用。就产业链而言，一方面，不同规模工业企业在产业链中的组织地位和作用有所不同；另一方面，不同规模工业企业的产业链结构有所不同。①

关于不同规模工业企业在产业链中的组织地位和作用的研究较少，大多关注中小型企业基于产业链的发展战略问题（李怀政，2005；杨树旺等，2008）。

对不同规模企业产业链结构差异的考察主要基于投入产出分析并来自日本，缘于日本在编制分规模投入产出表方面比较完善。其中，金子（1990）编制了印度尼西亚的分规模投入产出表，并分析了最终需求经由产业间中间品供需形成的生产波及效果在不同规模工业企业上的表现。井田（2000）利用日本大阪府、爱知县及神奈川县分规模投入产出表，分析了各地中小企业的生产波及效果，以考察各地的产业空洞化现象。下田等（2005）利用日本中小企业厅编制的分规模投入产出表，分析了日本中小机械产业的分工参与程度受经济服务化的影响而变得稀薄。居城（2007）利用日本神奈川县分规模投入产出表，分析了当地不同规模企业的产业网络情况。

目前，由于分规模投入产出表等数据开发方面的原因，中国尚没有利用投入产出分析工具考察不同规模工业企业产业链结构差异的实证研究。

2. 本文的课题设定

本文基于天津市投入产出调查数据，利用投入产出分析相关工具对天津式大型及中小型工业企业的产业链结构进行量化分析。在工业及经济发展中，为了更有针对性地发挥大型工业企业与中小型工业企业的不同作用，制定更为科学合理的经济政策，需要就两类工业企业的产业链结构特征加以数量把握。

本文的贡献在于，首次利用投入产出分析工具对中国不同规模工业企业产业链结构差异进行量化实证考察，为产业链研究提供了一个实证分析框架的有益借鉴。基于分析框架的这一特点，本文为深入认识不同规模工业企业的纵向垂直分工即产业链分工的整体结构性特征提供了实证参考，为针对性地对不同规模工业企业制定不同的政策提供了依据。

二、基于投入产出分析的产业链分析模型和数据

（一）模型

1. 产业生产链的刻画——直接消耗系数及产出乘数（列昂惕夫逆矩阵）

投入产出分析中的直接消耗系数（a_{ij}）给出了 j 产业单位产出所使用的第 i 中间品的比率，体现了直接的生产分工结构。

在直接消耗系数的基础上，产业的供需平衡关系可表达为：

$$x_1 = a_{11}x_1 + \cdots + a_{1n}x_n + f_1$$
$$\vdots$$
$$x_n = a_{n1}x_1 + \cdots + a_{nn}x_n + f_n \tag{1}$$

式中，x 为产业产出；f 为产业最终需求。

换作矩阵形式，并就供需均衡产出求解，即：

$$X = AX + F = (I - A)^{-1}F = BF \tag{2}$$

---

① 产业链结构差异可进一步分为质上的环节及路径差异和量上的各环节比重差异两方面，本文仅针对后者。

式中，X 为各产业产出列向量；F 为各产业最终需求列向量；A 为直接消耗系数矩阵；I 为单位矩阵；B 为列昂惕夫逆矩阵，这里将其中要素写做 b_{ij}。

当某产业生产最终产品满足最终需求时，通过该产业生产活动中对各部门产品的中间使用，因而关联到相关中间品供应产业的生产活动。列昂惕夫逆矩阵的各要素即表示第 j 产业满足 1 单位最终需求时直接乃至间接所需的第 i 产业的全部产出。因而，列昂惕夫逆矩阵亦为产出乘数，所反映的产业间的生产关联关系即产业生产链上的完整的生产分工关系。该矩阵要素的纵向合计得到的前向关联系数反映了产业链上游，横向合计得到的后向关联系数反映了产业链下游。

2. 产业价值链的刻画——增加值基准分工率

可以进一步地看到，当第 j 产业满足 1 单位最终需求时，意味着在该产业实现了 1 单位增加值，这 1 单位增加值被参与到该产业生产分工活动的各个产业所分配，形成一条价值链。这一分配结构是由两方面因素决定的：一是该最终需求直接及间接地关联带动的各个产业的产出（如前所述这些产出为列昂惕夫逆矩阵中的第 j 列向量）；二是各产业生产的增加值率水平，也就是单位产出中形成的增加值的水平。增加值基准分工率的公式表达为：

$$\begin{bmatrix} v_1^j & \cdots & v_n^j \end{bmatrix} = \begin{bmatrix} v_1' & \cdots & v_n' \end{bmatrix} \begin{bmatrix} b_1^j & \cdots & 0 \\ \vdots & \ddots & \vdots \\ 0 & \cdots & b_n^j \end{bmatrix} \tag{3}$$

式中，v_1'，$\cdots$，v_n' 为各产业的增加值系数，是各产业单位产出中增加值的比率。b_1^j，$\cdots$，b_n^j 为列昂惕夫逆矩阵中第 j 列要素。v_1^j，$\cdots$，v_n^j 为第 j 产业最终产品所实现的单位增加值中的各产业比率，即该产业的增加值基准分工率（胡秋阳，2007）。

（二）数据

中国投入产出专项调查采用全面调查、重点调查相结合的基层调查方法。其中，规模以上大型工业企业采用全面调查；规模以上中小型工业企业、规模以下工业企业及其他部门采用重点调查。也就是说，现行公布的投入产出表中的各工业部门的成本数据，其实是对大型工业企业、中小型工业企业及规模以下工业企业等各规模工业企业成本数据汇总得到的。这就令初始调查数据中与不同规模工业企业的结构性差异有关的极有价值信息被处理掉了。

本文从初始调查数据着手，利用天津 2002 年和 2007 年投入产出调查中不同规模工业企业数据，计算得到大型及中小型工业企业的中间投入系数及增加值系数，进而结合其他非工业部门的系数，分别得到如图 3 所示的两个按规模分的投入系数矩阵表，进而完成相关模型计算。[①]

		中间需求	
		非工业	大型工业
中间投入	非工业		
	工业		
初始投入（增加值）			

		中间需求	
		非工业	中小型工业
中间投入	非工业		
	工业		
初始投入（增加值）			

图 3　按规模分的工业企业投入系数矩阵表结构

① 鉴于数据限制，该表最终合并为 33 个部门。

三、不同规模工业企业的产业链结构差异

（一）产业生产链的结构特征及变化

表1~表4给出了基于2002年和2007年天津投入产出调查数据，并根据式（2）和式（3）分别计算的天津大型和中小型工业企业的产出乘数（列昂惕夫逆矩阵）及由纵向和横向合计得到的前/后向关联指标。产出乘数大意味着产业生产链分工关系紧密，生产波及效果强；反之则反。

1. 2002年情况

（1）2002年天津中小型工业企业的产出乘数大，产业链的内外分工细密，加工业特征强，生产波及效果强；大型工业的产出乘数相对较小，产业链的内外分工不细，加工业特征相对较弱，生产波及效果相对较小。表1结果显示，2002年，天津大型工业企业的产出乘数总体水平（85.7）明显小于中小型工业企业（118.6），尤其是中小型工业企业内部的分工关系较为细密，其自身乘数（59.2）明显高于大型工业企业（39.3）。

（2）天津各规模工业部门总体上处于生产分工体系的上游区段。表1结果显示，天津各规模的工业部门对下游产业的关联强度（大型：合计51.5，其中对其他产业12.2；中小型：合计76.9，其中对其他产业17.7）都大于对上游产业的关联强度（大型：合计47.3，其中对其他产业8.0；中小型：合计72.9，其中对其他产业13.7）。也就是说，在产业生产链上的中间品供应部门和中间品使用部门的两种定位中，2002年的天津工业更倾向于是中间品供应部门。换句话说，天津的工业部门在由各产业生产链相互交织构成的区域产业分工体系中更多地处于上游区段。

表1　天津不同规模工业的产出乘数（2002年）

	大型工业	其他产业	合计		中小型工业	其他产业	合计
大型工业	39.3	12.2	51.5	中小型工业	59.2	17.7	76.9
其他产业	8.0	26.2	34.2	其他产业	13.7	28.0	41.7
合计	47.3	38.4	85.7	合计	72.9	45.7	118.6

注：本表是对33个部门计算结果的合并，以下同。

（3）表2结果表明，天津大型工业的后向关联相对地集中于其他社会服务业和机械设备制造业以及轻工业，说明这三个部门是参与天津大型工业产业生产链的主要中间品供应部门。天津大型工业的前向关联集中于机械设备制造业和其他社会服务业，说明天津大型工业参与分工的主要是这两个部门的产业生产链。

（4）与大型工业不同的是，天津中小型工业的后向关联相对比较分散，尽管其他社会服务业和机械设备制造业以及轻工业相对突出，但与农/矿业和金属工业的前向关联水平同样较高。这说明参与天津中小型工业产业生产链的中间品供应部门相对分散于各个部门。天津中小型工业的前向关联同样相对比较分散，最高的不是机械设备制造业，而是金属工业，其次是石油/化工业和机械设备制造业。说明天津中小型工业参与分工的主要部门产业链与大型工业有所差异，且相对分散。

（5）天津大型工业中的石油/化工业、金属工业和机械设备制造业的前向关联度大于后向关联度，表明这三个大型工业部门作为其他产业生产链中的中间品供应部门的特征更突出。而大型轻工业的后向关联大于前向关联，在产业链分工体系中作为中间品使用部门的特征更突出。

（6）天津中小型工业中的石油/化工业及金属工业同样是作为其他产业生产链中的中间品供应部门的特征相对更强。但与大型工业不同的是，中小型工业中的机械设备制造业作为中间品使用部门的特征强于其作为中间品供应部门的特征。

表 2　天津不同规模工业产业链的前向关联和后向关联情况（2002 年）

	大型工业			中小型工业	
	前向关联	后向关联		前向关联	后向关联
农/矿业	8.13	6.17	农/矿业	9.82	12.61
轻工业	9.13	12.88	轻工业	11.44	15.37
石油化工业	7.84	5.48	石油化工业	15.78	8.39
金属工业	8.64	6.51	金属工业	20.58	11.33
机械设备制造业	14.67	13.62	机械设备制造业	14.50	19.31
电/热/水供应业	3.73	2.10	电/热/水供应业	5.14	4.63
建筑业	1.30	3.18	建筑业	1.35	4.42
运输/仓储业	4.91	4.59	运输/仓储业	6.97	5.47
批发零售业	4.03	3.00	批发零售业	6.31	3.57
金融业	3.74	2.34	金融业	4.33	2.73
租赁/商务/信息服务业	4.48	4.11	租赁/商务/信息服务业	5.40	4.65
科研技术服务业	2.93	3.93	科研技术服务业	3.35	4.73
其他社会服务业	12.11	17.75	其他社会服务业	13.50	21.25
合计	85.65	85.65	合计	118.47	118.47

2. 2007 年情况

（1）2007 年天津工业部门对上游产业的关联与对下游产业的关联水平开始接近，不再倾向于生产分工体系的上游区段，工业部门作为中间品供应部门和中间品使用部门的双重特征趋于平衡。表 3 结果显示，无论大型工业还是中小型工业，对下游产业的关联强度（大型：总体 50.9，其中对其他产业 12.2；中小型：总体 55.0，其中对其他产业 13.1）都比 2002 年时更接近于对上游产业的关联强度（大型：总体 49.6，其中对其他产业 10.9；中小型：总体 53.5，其中对其他产业 11.7）。

（2）大型工业的产出乘数同样小于中小型工业，但中小型工业的产出乘数出现下降，原有的分工细密性减弱，加工业特征淡化，生产波及效果降低。表 3 结果显示，虽然天津大型工业的产出乘数总体水平较 2002 年略有提高（87.7）；而中小型工业的产出乘数有所下降（93.1），大型工业仍然小于中小型工业。中小型工业的生产波及效果下降主要因为其自身乘数（41.9）有较大的下降，说明原本内部分工细密的中小型工业出现一定程度的生产独立倾向。

表 3　天津不同规模工业的产出乘数（2007 年）

	大型工业	其他产业	合计		中小型工业	其他产业	合计
大型工业	38.7	12.2	50.9	中小型工业	41.9	13.1	55.0
其他产业	10.9	25.9	36.8	其他产业	11.7	26.4	38.1
合计	49.6	38.1	87.7	合计	53.6	39.5	93.1

（3）就大型工业而言，后向关联仍集中于其他社会服务业以及机械设备制造业和轻工业，这三个部门仍然是参与大型工业产业链分工的主要中间品供应部门。但与 2002 年不同的是，前向关联中，机械设备制造业的地位不再特别地突出，与各个制造业的前向关联水平比较接近。说明天

津大型工业部门开始分散化地参与到各个部门的产业链分工之中。

（4）天津中小型工业的前向关联水平虽然普遍下降，但比较分散的结构特征基本未变。后向关联在普遍下降的同时，其结构特征由分散趋向集中，并与大型工业的结构趋同。也就是参与其产业链分工的主要中间品供应部门开始趋同，集中于其他社会服务业以及机械设备制造业和轻工业这三个部门（见表4）。

表4 天津不同规模工业产业链的前向关联和后向关联情况（2007年）

大型工业	前向关联	后向关联	中小型工业	前向关联	后向关联
农/矿业	5.64	7.19	农/矿业	7.18	8.12
轻工业	10.53	12.80	轻工业	10.60	12.74
石油/化工业	9.17	5.83	石油/化工业	11.29	6.80
金属工业	8.92	6.64	金属工业	12.96	7.42
机械设备制造业	10.20	14.04	机械设备制造业	9.35	14.29
电/热/水供应业	6.95	2.15	电/热/水供应业	4.56	3.04
建筑业	1.30	3.51	建筑业	1.32	3.80
运输/仓储业	9.24	6.02	运输/仓储业	9.38	6.28
批发零售业	4.70	1.71	批发零售业	4.26	1.74
金融业	3.16	1.45	金融业	3.54	1.47
租赁/商务/信息服务业	4.16	4.46	租赁/商务/信息服务业	4.64	4.62
科研技术服务业	2.28	4.15	科研技术服务业	2.36	4.27
其他社会服务业	11.55	17.81	其他社会服务业	11.71	18.57
合计	87.78	87.78	合计	93.15	93.15

（5）大型机械设备制造业的前向关联开始高于后向关联水平，作为中间品使用部门的特征开始突出；大型电力部门的后向关联更加地高于前向关联，中间品供应部门的特征更加明显。各中小型工业的特征基本未变。

（二）产业价值链的结构特征及变化

图4和图5表示了2002年及2007年天津大型工业及中小型工业的价值链分工结构。

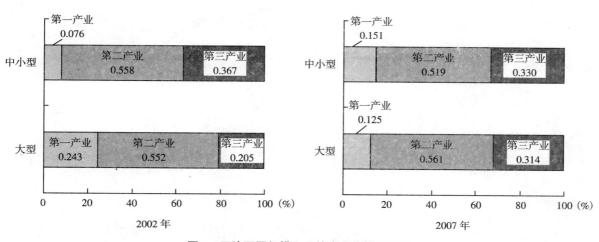

图4 天津不同规模工业的产业价值链结构

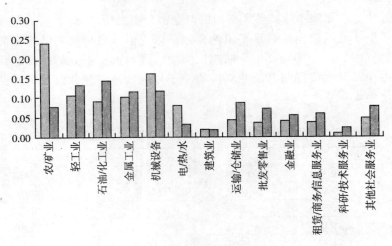

2002 年

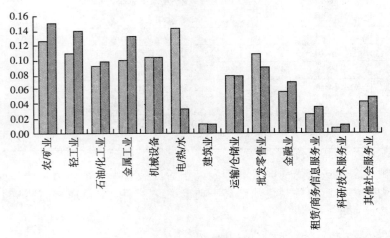

2007 年

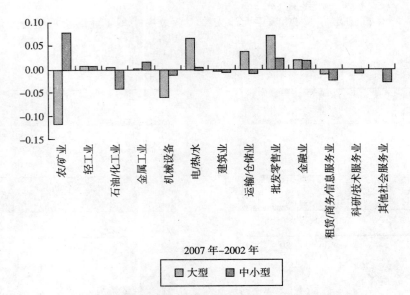

2007 年-2002 年

图 5 结构细分的天津不同规模工业的产业价值链结构

首先，从两类工业部门价值链的基本结构来看：

（1）大型工业的价值链中第一产业份额曾经较高但降低，第二产业份额最大且其间有所升高，同时，第三产业份额曾经较低但升高，这表明大型工业的价值链分工中出现结构升级趋势。

（2）中小型工业价值链中第三产业份额高于大型工业，表明中小型工业产业价值链的结构软化或者说服务化程度较高。但其间第一产业份额上升，第二产业和第三产业份额下降，其结构变化与升级相悖。

进一步地，从更细致的部门分类及其变动来看：

（3）天津大型工业价值链中第三产业份额提高，主要是运输/仓储业以及批发零售业等与流通相关的生产性服务业的份额有较大上升，使得大型工业提供最终产品所实现增加值的分配向第三产业倾斜。而第二产业份额的提高主要是由于电/热/水供应业所占份额提升幅度较大，而机械设备制造业的份额下降，表明其价值链中第二产业份额的上升部分并非对于工业内部结构的升级。

（4）天津中小型工业价值链中第三产业份额的下降主要是租赁/商务/信息服务业、科研/技术服务业以及其他社会服务业份额下降所致，表明天津中小型工业价值链出现逆高端化和逆技术服务化的现象。

四、结论总结及政策启示

本文整理了产业生产链和价值链的关系，讨论了投入产出分析所关注的产业间关联关系与产业链纵向垂直分工关系的对应性，以及以投入产出分析模型来刻画产业生产链和产业价值链所具有的完整性和系统性、结构性和层次性的特点。本文利用天津投入产出调查数据和相关模型，实证分析了天津大型工业和中小型工业的产业生产链和产业价值链的结构特征及其时间序列变化。

1. 不同规模的工业部门具有不同的产业链结构特征

（1）大型工业的产业链结构特征及其变化。天津大型工业的产业链分工结构不够细密，带动效果弱于中小型工业。并且，这种带动效果集中于几个部门。而且近期，电/热/水供应业在工业产业链中的分工份额大幅提高。不过，其产业价值链结构显示出，第一产业比重下降而以生产性服务业为主的第三产业比重上升的结构升级趋势。同时，大型工业部门产品开始相对更广泛地参与其他部门的产业链分工之中。

（2）中小型工业的产业链结构特征及其变化。天津中小型工业的产业链分工结构比大型工业更加细密，具有更强的关联带动效果，并且比较分散。但是，这种基于细密且分散分工而形成的关联带动效果在近期有较大下降，出现分工独立化倾向。同时，其产业链分工结构向几个主要的中间品供应部门集中，且趋同于大型工业结构。另外，中小型工业原本具有较高服务化水平的产业链分工结构出现逆转，且是由于非高端服务化引起的。

2. 对于产业结构调整升级的政策启示

（1）对于大型工业部门，要关注其产业链的内部结构升级趋势。借助大型工业的规模优势，以大型工业的产业链结构升级带动以物流业、商业流通业和金融业为代表的生产性服务业发展，形成总体的产业结构升级势头。同时，通过推动大型工业部门的新能源技术等措施，降低电力等能源部门对大型工业产业链分工份额的占用。

（2）对于中小型工业部门，要关注其产业链分工的独立化动向。在发挥中小型工业产业链分工细密的特点，以中小型工业部门的发展广泛带动各部门发展的同时，有必要关注其产业链分工的独立化倾向和逆升级动向。可考虑通过有效措施，推动其集群化、集聚化发展，以此促进中小型工业的专业化分工，扭转独立化倾向。并以此发挥范围效益、网络效益和集聚效益等经济效益，从水平和结构上提升中小型工业部门的产业价值链。

本文研究尚有待深化。尤其是由于数据限制，对于大型企业与中小型企业两者之间的关联关系未能涉足。而不同规模工业企业之间的关联互动又是理论及政策均极为关心的领域，希望此后在该方向上有所突破。

参考文献

[1] 北京大学中国经济研究中心课题组.中国出口贸易中的垂直专门化与中美贸易 [J].世界经济，2006（5）.

[2] 程宏伟，冯茜颖，张永海.资本与知识驱动的产业链整合研究——以攀钢钒钛产业链为例 [J].中国工业经济，2008（3）.

[3] 高峻峻，王迎军，郭亚军，吕芹.供应链管理模型的分类和研究进展 [J].中国管理科学，2005，13（5）.

[4] 苟昂，廖飞.基于组织模块化的价值网研究 [J].中国工业经济，2005（2）.

[5] 洪勇，苏敬勤.发展中国家核心产业链与核心技术链的协同发展研究 [J].中国工业经济，2007（6）.

[6] 胡秋阳.中国的经济发展和产业结构——投入产出分析的视角 [M].北京：经济科学出版社，2007.

[7] 胡晓鹏.价值系统的模块化与价值转移 [J].中国工业经济，2004（11）.

[8] 胡昭玲.国际垂直专业化分工与贸易——研究综述 [J].南开经济研究，2006（5）.

[9] 简新华.产业经济学 [M].武汉：武汉大学出版社，2002.

[10] 黎继子，蔡根女.价值链/供应链视角下的集群研究新进展 [J].外国经济与管理，2004（7）.

[11] 黎继子，刘春玲，蔡根女.全球价值链与中国地方产业集群的供应链式整合——以苏浙粤纺织服装产业集群为例 [J].中国工业经济，2005（2）.

[12] 李长英，付红艳.跨国公司、产业链与企业的购买势力 [J].南开学报（哲学社会科学版），2008（4）.

[13] 李海舰，原磊.基于价值链层面的利润转移研究 [J].中国工业经济，2005（6）.

[14] 李怀政.我国制造业中小企业在跨国公司全球产业链中的价值定位 [J].国际贸易问题，2005（6）.

[15] 李平，狄辉.产业价值链模块化重构的价值决定研究 [J].中国工业经济，2006（9）.

[16] 李想，芮明杰.模块化分工条件下的网络状产业链研究综述 [J].外国经济与管理，2008（8）.

[17] 李晓华.产业组织的垂直解体与网络化 [J].中国工业经济，2005（7）.

[18] 刘贵富.产业链研究现状综合述评 [J].工业技术经济，2006（4）.

[19] 刘林青，谭力文，施冠群.租金、力量和绩效——全球价值链背景下对竞争优势的思考 [J].中国工业经济，2008（1）.

[20] 刘志彪，吴福象.全球化经济中的生产非一体化——基于江苏投入产出表的实证研究 [J].中国工业经济，2005（7）.

[21] 卢锋.产品内分工 [J].经济学季刊，2004，4（1）.

[22] 卢锋.产品内分工——一个分析框架.CCER Working Paper，No.C2004005，2004.

[23] 马春光.跨国公司产业价值链转型对我国制造企业的启示 [J].管理世界，2004（12）.

[24] 迈克尔·波特.竞争优势 [M].北京：华夏出版社，1997.

[25] 芮明杰，刘明宇.论产业链整合 [M].上海：复旦大学出版社，2006.

[26] 邵昶，李健.产业链"波粒二象性"研究——论产业链的特性、结构及其整合 [J].中国工业经济，2007（9）.

[27] 孙文远，魏昊.产品内国际分工的动因与发展效应分析 [J].管理世界，2007（2）.

[28] 汪涛. 价值链分析：PC 制造业的竞争优势 [J]. 中国工业经济，2000（6）.

[29] 王化成，尹美群. 价值链模式下价值创造的要素体系研究——兼论价值评估过程中与传统模式之间的异同 [J]. 管理世界，2005（5）.

[30] 魏后凯. 大都市区新型产业分工与冲突管理 [J]. 中国工业经济，2007（2）.

[31] 文嫮. 技术标准中专利分布影响下的价值链治理模式研究——以移动通信产业为例 [J]. 中国工业经济，2007（4）.

[32] 文嫮，金雪琴. 价值链环节的衍生与再整合影响因素研究——以国产手机产业价值链为例 [J]. 中国工业经济，2008（6）.

[33] 文嫮，曾刚. 嵌入全球价值链的地方产业集群发展——地方建筑陶瓷产业集群研究 [J]. 中国工业经济，2004（6）.

[34] 吴金明，邵昶. 产业链形成机制研究——"4+4+4"模型 [J]. 中国工业经济，2006（4）.

[35] 吴金明，钟键能，黄进良. "龙头企业"、"产业七寸"与产业链培育 [J]. 中国工业经济，2007（1）.

[36] 徐从才，丁宁. 服务业与制造业互动发展的价值链创新及其绩效——基于大型零售商纵向约束与供应链流程再造的分析 [J]. 管理世界，2008（8）.

[37] 徐宏玲，李双海. 价值链形态演变与模块化组织协调 [J]. 中国工业经济，2005（11）.

[38] 徐康宁，陈健. 跨国公司价值链的区位选择及其决定因素 [J]. 经济研究，2008（3）.

[39] 徐毅，张二震. 外包与生产率:基于工业行业数据的经验研究 [J]. 经济研究，2008（1）.

[40] 亚当·斯密. 国民财富的性质和原因的研究 [M]. 郭大力，王亚南译. 北京：商务印书馆，1974.

[41] 杨公朴，夏大慰. 现代产业经济学 [M]. 上海：上海财经大学出版社，2002.

[42] 杨树旺，易明，肖建忠. 基于产业链分解的中小企业集群服务体系建设——湖北典型企业集群的调研分析 [J]. 宏观经济研究，2008（9）.

[43] 余东华，芮明杰. 模块化、企业价值网络与企业边界变动 [J]. 中国工业经济，2005（10）.

[44] 郁义鸿. 产业链类型与产业链效率基准 [J]. 中国工业经济，2005（11）.

[45] 曾铮，王鹏. 产品内分工理论的历史沿承及其范式嬗变 [J]. 首都经济贸易大学学报，2007（1）.

[46] 曾铮，张亚斌. 价值链的经济学分析及其政策借鉴 [J]. 中国工业经济，2005（5）.

[47] 张辉. 全球价值链理论与我国产业发展研究 [J]. 中国工业经济，2004（5）.

[48] 张杰，刘志彪，郑江淮. 产业链定位、分工与集聚如何影响企业创新——基于江苏省制造业企业问卷调查的实证研究 [J]. 中国工业经济，2007（7）.

[49] 张利庠. 产业组织、产业链整合与产业可持续发展——基于我国饲料产业"千百十调研工程"与个案企业的分析 [J]. 管理世界，2007（4）.

[50] 张小蒂，孙景蔚. 基于垂直专业化分工的中国产业国际竞争力分析 [J]. 世界经济，2006（5）.

[51] 张耀辉. 产业创新的理论探索：高新技术发展规律研究 [M]. 北京：中国计划出版社，2002.

[52] 朱瑞博. 价值模块的虚拟再整合：以 IC 产业为例 [J]. 中国工业经济，2004（1）.

[53] 卓越，张珉. 全球价值链中的收益分配与"悲惨增长"——基于中国纺织服装业的分析 [J]. 中国工业经济，2008（7）.

[54] 宗毅君. 国际产品内分工与进出口贸易——基于我国工业行业面板数据的经验研究 [J]. 国际贸易问题，2008（2）.

[55] 金子敬生. 企業規模別二重構造の産業遉関分析：インドネシア経済の研究 [J]. 産業連関，1990，1（3）.

[56] 井田宪计. 規模別産業連関表からみた大企業・中小企業部門の構造変化——全国・他県と比較した大阪の中小企業部門の特徴 [J]. 産開研論集，2000（12）.

[57] 居城琢. 神奈川における産業ネットワーク構造——1985-2000 年神奈川県規模別産業連関表の作成を通じて [J]. 産業連関，2007，15（12）.

[58] 尾崎严. 経済発展の構造分析（三）：経済の基本的構造の決定 [J]. 三田学会雑誌，1980，73（5）.

［59］下田充.藤川清史，渡边隆俊，規模別産業連関表から見た日本の産業構造 ［J］.産業連関，2005，13（3）.

［60］Hummels，David，Jun Ishii and Kei—Mu Yi.The Nature and Growth of Vertical Specialization in World Trade［J］.Journal of International Economics，2001（54）：75-96.

［61］Kogut，B. Designing Global Strategies: Comparative and Competitive Value-added Chains ［J］.Sloan Management Review，1985（26）.

［62］Porter M.E. Competitive Advantage: Creating and Sustaining Superior Performance［M］.London: The Free Press，1985.

中国产业结构关联特征分析*

——基于投入产出结构分解技术的实证研究

干春晖　余典范　郑若谷**

一、引　言

　　产业结构变动是国民经济发展的重要变量，产业关联是揭示产业结构变动内在机理的重要方法。产业关联分析的基本工具是诺贝尔经济学奖获得者列昂惕夫提出的投入产出表，该表把经济体系中各部门之间的相互依存关系通过一个线性方程组（矩阵）来描述，为我们从"量"的角度来考察国民经济各部门之间的技术经济联系带来了很大的便利。早期有关投入产出的经典文献并没有明确提及"产业关联"（Industrial Linkages）的概念，但是随着对投入产出模型的不断开发和利用，其逐渐成为产业关联理论的核心内容和分析方法。由于投入产出表的构造基于一般均衡模型，具有严密的理论基础和大量的数量平衡关系，因此传统的产业关联分析往往就利用这些平衡关系来构造各种指标对产业关联特征进行刻画。钱纳里等[1]利用投入产出的矩阵结构构造并定义了中间需求率和最终需求率，以此为基础研究了不同部门之间的需求结构对经济增长的影响。渡边进一步结合中间投入率将经济各部门划分为不同的产业群，深入考察了产业之间的联系和依存程度。直接消耗系数和完全消耗系数是投入产出平衡关系的集中体现，以此为基础构造的感应度系数和影响力系数是衡量产业相互关联程度的重要工具，而进一步还可以计算最终需求诱发系数和生产的最终需求诱发依赖度等指标，用来揭示不同部门、不同需求对国民经济及相关部门的波及与带动程度。[2]

　　利用上述产业关联理论，不少学者对中国产业结构关联特征进行了分析，王岳平和葛岳静[3]利用 2002 年的投入产出表，通过计算各部门的直接消耗系数、完全消耗系数、影响力程度和影响力系数、感应程度和感应度系数、各项最终需求的诱发额和诱发系数、各部门对最终需求的依存

　　* 国家社科基金重大招标项目"'十二五'期间加快推进我国产业结构调整研究"（批准号：10ZD&011）、2011 年国家社科基金青年项目"加快推进我国自主创新技术成果产业化的体制机制与政策措施研究"（批准号：11CJY017）、2008 年上海高校选拔培养优秀青年教师科研专项基金项目"适宜技术、制度与产业绩效——理论分析与实证检验"、上海市哲学社会科学规划基金青年项目"总部经济与上海产业转型的对接研究"（批准号：2010EJB010）。

　　** 干春晖，1968 年生，男，江苏常熟人，上海财经大学国际工商管理学院，教授，博士生导师；郑若谷，1985 年生，男，湖北红安人，上海财经大学国际工商管理学院，博士研究生；余典范，1979 年生，男，湖南常德人，上海财经大学 500 强企业研究中心，经济学博士，讲师。

　　① [美] H.钱纳里，S.卢宾逊，M.塞尔奎因. 工业和经济增长的比较研究 [M]. 吴奇，王松宝译. 上海：上海三联书店，1989.

　　② 苏东水. 产业经济学（第二版）[M]. 北京：高等教育出版社，2005.

　　③ 王岳平，葛岳静. 我国产业结构的投入产出关联特征分析 [J]. 管理世界，2007（2）.

度、总体联系等指标对中国产业结构关联特征进行了全面分析。刘伟和蔡志洲[1]以1992年以来的直接消耗系数矩阵和中间需求消耗矩阵时间序列研究了技术进步、产业结构变动及价格变化对整个国民经济中间消耗水平的影响。程大中[2]还对生产性服务业的关联水平进行了测算，并与13个OECD国家的产业结构水平进行了比较。

相关文献的实证研究一般都是基于经典的产业关联理论展开的，其原因可能就在于长期以来以单一国家或地区为研究对象的投入产出模型在理论上并无很大的突破。相反，随着近几十年来迅速的全球一体化和区域经济联系的加深，多国或者多区域的投入产出理论受到了经济学家的重视。[3]在多国或者多区域投入产出模型的应用中，一方面在传统的单一国家产业结构关联理论基础上衍生出的中间需求率、中间投入率、感应度系数和影响力系数等继续得到应用；[4]另一方面一些学者也发掘出了结构分解技术用来分析区域经济和产业发展的变动状况，这种方法克服了投入产出表制表周期较长的滞后性缺陷。[5]结构分解技术是多国或者多区域投入产出分析的一种新的分析范式，但是我们认为这种区域投入产出模型的分解技术对于一国投入产出模型也是实用的，[6]这为分析一国产业结构的关联特征提供了一个新的视角，本文对此做一尝试，以期达到抛砖引玉的效果。为此，我们将文章的结构安排如下：第一部分是问题的提出；第二部分介绍一国投入产出分解技术，并对相关概念进行阐释；第三部分利用2002年和2007年的投入产出表数据对中国产业结构关联特征进行静态比较；第四部分对产业结构关联的动态变化进行研究；第五部分为相关的结论。

二、投入产出模型的结构分解与数据说明

Miller and Blair[7]较早地对投入产出模型的结构分解技术进行了拓展，他们在一个多国多部门的投入产出模型中将一个国家所有部门视为一个独立元素，对模型进行结构分解。借助他们的思想，我们将一个部门视为一个整体，并对一国投入产出模型进行结构分析。

一国投入产出模型存在如下关系：

$$\begin{bmatrix} X_1 \\ X_2 \\ \cdots \\ X_n \end{bmatrix} = \left(\begin{bmatrix} 1 & 0 & \cdots & 0 \\ 0 & 1 & \cdots & 0 \\ & & \cdots & \\ 0 & 0 & \cdots & 1 \end{bmatrix} - \begin{bmatrix} a_{11} & a_{12} & \cdots & a_{1n} \\ a_{21} & a_{22} & \cdots & a_{2n} \\ & & \cdots & \\ a_{n1} & a_{n2} & \cdots & a_{nn} \end{bmatrix} \right)^{-1} \begin{bmatrix} b_{11} & b_{12} & \cdots & b_{1n} \\ b_{21} & b_{22} & \cdots & b_{2n} \\ & & \cdots & \\ b_{n1} & b_{n2} & \cdots & b_{nn} \end{bmatrix} \begin{bmatrix} Y_1 \\ Y_2 \\ \cdots \\ Y_n \end{bmatrix} \tag{1}$$

式中，X表示产出，Y表示最终需求，a表示直接消耗系数，b表示列昂惕夫逆矩阵，n表示产业部门。与Miller and Blair的结构分解技术类似（Structural Decomposition Technique/Analysis），可以将列昂惕夫逆矩阵分解为以下形式：

① 刘伟，蔡志洲. 技术进步、结构变动与改善国民经济中间消耗 [J]. 经济研究，2008（12）.

② 程大中. 中国生产性服务业的水平、结构及影响 [J]. 经济研究，2008（1）.

③ 李晓，张建平. 东亚产业关联的研究方法与现状 [J]. 经济研究，2010（4）.

④ Meng, Bo and Qu, Chao. Application of the Input-Output Decomposition Technique to Chinaps Regional Economics; Kuroiwa, Ikuo. Rules of Origin and Local Content in East Asia.

⑤ J. Y. Lin. Rural Reforms and Agricultural Growth in China; Meng, Bo and Qu, Chao. Application of the Input-Output Decomposition Technique to Chinaps Regional Economics.

⑥ 多国或者多区域投入产出模型和一国投入产出模型具有相同的结构和理论基础，不同之处在于前者具有更多的国家或者地区，每一地区内具有多个部门，在进行分解时将每一个国家作为一个分析单位，在本文中我们将每一个部门类似于一个国家，其原始效应的经济含义对应于国家，而这里就对应于一个产业，我们认为这种"回归"是合理的。

⑦ Miller, Ronald E. and Blair, Peter D. Input-Output Analysis: Foundations and Extensions.

$$
\begin{bmatrix} b_{11} & b_{12} & \cdots & b_{1n} \\ b_{21} & b_{22} & \cdots & b_{2n} \\ \cdots & \cdots & \cdots & \cdots \\ b_{n1} & b_{n2} & \cdots & b_{nn} \end{bmatrix} = \begin{bmatrix} \dfrac{1}{1-a_{11}} & 0 & \cdots & 0 \\ 0 & \dfrac{1}{1-a_{22}} & \cdots & 0 \\ \cdots & \cdots & \cdots & \cdots \\ 0 & 0 & & \dfrac{1}{1-a_{nn}} \end{bmatrix} +
$$

$$
\begin{bmatrix} b_{11}-\dfrac{1}{1-a_{11}} & 0 & \cdots & 0 \\ 0 & b_{22}-\dfrac{1}{1-a_{22}} & \cdots & 0 \\ \cdots & \cdots & \cdots & \cdots \\ 0 & 0 & \cdots & b_{nn}-\dfrac{1}{1-a_{nn}} \end{bmatrix} + \begin{bmatrix} 0 & b_{12} & \cdots & b_{1n} \\ b_{21} & 0 & \cdots & b_{2n} \\ \cdots & \cdots & \cdots & \cdots \\ b_{n1} & b_{n2} & \cdots & 0 \end{bmatrix} \tag{2}
$$

在最终需求给定的情形下，与式（1）一致，对于产业部门 X_i 有如下方程：

$$
X_i = \frac{1}{1-a_{ii}} Y_i + (b_{ii} - \frac{1}{1-a_{ii}}) Y_i + \sum_{j,j\neq i}^{n} b_{ij} Y_j \tag{3}
$$

由于投入产出逆矩阵系数的含义表示的是当某一产业部门生产发生一单位变化时，导致各产业部门由此引起的直接和间接产出变化的总和，反映了经济体产出的循环和再利用过程。因此，式（3）表明产业 i 的最终产出由三部分组成：即由产业 i 的最终需求所引致的产业 i 产出的增加、产业 i 的最终需求通过对其他产业的影响（除产业 i 外）从而导致的产业 i 总产出的增加、其他产业的最终需求通过产业关联所引致的产业 i 产出的增加。

为了分析的方便，我们通过单位最终需求进行定义。令 $M_i = \dfrac{1}{1-a_{ii}}$ 表示产业内乘数效应（Multiplier Effect），它表示一单位最终需求在本部门内部的经济循环中所引起的直接或者间接的产出水平变化，是产业自身需求对产业自身产出的影响，反映了产业自我调节和可持续发展能力，本文称为自生能力；令 $F_i = b_{ii} - \dfrac{1}{1-a_{ii}}$ 表示产业 i 的反馈效应（Feedback Effect），它表示产业 i 的一单位最终需求对其他产业产生影响之后，这一作用反过来对产业 i 产出的反馈效应；令 $S_{1i} = \sum\limits_{j,j\neq i}^{n} b_{ij}$ 表示产业间溢出效应 I（Spillover Effect），它表示其他产业一单位最终需求对产业产出 i 直接或者间接影响的总和，是该产业受到其他产业影响程度的反映，是该产业感应能力的一种体现。类似于产业间溢出效应 I，我们还可以进一步定义 $S_{2i} = \sum\limits_{i,i\neq j}^{n} b_{ij}$ 产业间溢出效应 II，它表示产业 i 的一单位最终需求对其他产业产出直接或者间接影响的总和，是该产业影响能力的一种体现。在这里，乘数效应、反馈效应和溢出效应 I 一起反映了产业的成长能力，而溢出效应 I 和溢出效应 II 一起反映了产业的关联强弱，可以发现，在我们定义的产业成长中实际上包含了产业关联性的一个方面。

为进行动态分析，我们将上述定义代入式〈3），并引入时间上标，对于产业 X_i 在时期 0 和时期 t 的产出可以分别表示为：

$$
X_i^0 = M_i^0 Y_i^0 + F_i^0 Y_i^0 + \sum_{j,j\neq i}^{n} b_{ij}^0 Y_j^0 \tag{4}
$$

$$
X_i^t = (M_i^0 + \Delta M_i)(Y_i^0 + \Delta Y_i) + (F_i^0 + \Delta F_i)(Y_i^0 + \Delta Y_i) + \sum_{j,j\neq i}^{n} (b_{ij}^0 + \Delta b_{ij})(Y_j^0 + \Delta Y_j) \tag{5}
$$

利用式（4）和式（5），我们可以得到产业 i 的增长构成：

$$g_i = \frac{\Delta X_i}{X_i} = M_i + F_i + S_{1i} = (M_i^0 \Delta Y_i + \Delta M_i * Y_i^0 + \Delta M_i \Delta Y_i)/X_i^0 + (F_i^0 \Delta Y_i + \Delta F_i * Y_i^0 + \Delta F_i \Delta Y)/X_i^0 +$$

$$\sum_{j,j \neq i}^{n} (b_{ij}^0 \Delta Y_j + \Delta b_{ij}^0 Y_j^0 + \Delta b_{ij} \Delta Y_j)/X_i^0 \qquad (6)$$

由此，一个部门的增长率可以分解为乘数效应的变化、反馈效应的变化以及溢出效应 I 的变化[1]三部分，它们分别代表了产业自生机制、产业反馈机制和产业关联机制的动态改变对部门成长的贡献，为了与静态的效应相区分，我们分别称之为动态乘数效应、动态反馈效应和动态溢出效应。通过这种分解，我们可以很容易地区分一个部门经济增长的产业结构源泉。

这种结构分解实质上是对传统的产业关联分析的一种改进。首先，它将产业技术经济联系分解为产业内部的联系和产业之间的联系，这对认识产业的技术经济联系有重要意义，我们可以通过数量的分析来观察产业成长多大程度上是源于自身，多大程度上是受其他产业的影响；其次，可以看到，溢出效应 I 反映的是某一产业受到其他产业影响的程度，这类似于感应度系数，而溢出效应 II 则类似于产业的影响力系数，但与之不同的是这里的溢出效应剥离了本产业的影响，真正反映了产业间的联系，这相比传统感应度系数和影响力系数而言显得更为合理；[2]最后，结构分解技术相对于传统的产业关联理论而言，还有一个重要的优势在于它能够进行动态分析，能够反映产业部门间技术经济联系的动态变化。

在上述投入产出模型结构分解的基础上，我们利用投入产出表的相关数据对中国的产业结构关联效应进行了测算。中国从 1987 年开始编制全国投入产出表，每 5 年进行一次大规模的编制，至今已公布了 5 次，我们采用最近两次的相关数据，即 2002 年 122 个部门与 2007 年 135 个部门的投入产出表数据进行分析。由于 2007 年投入产出表的产业部门在 2002 年的基础上进行了扩充和调整，为了保持分析的一致性，必须对相关数据进行平衡调整。鉴于一般文献和大量统计资料往往根据《国民经济行业分类》（GB/T4754-2002）标准进行研究和统计，我们结合《中国 2007 年投入产出表部门分类解释及代码》[3]将 2002 年和 2007 年的投入产出表重新集结为两张 51 个部门的投入产出表，包括农业部门（第一产业）、36 个第二产业部门以及 14 个第三产业部门。基于两张集结的新表，我们在第三部分和第四部分对中国产业部门增长的效应进行了深入细致的分析。

三、中国产业结构的关联特征：静态比较

（一）产业结构关联的总体特征

利用式（3）对应的投入产出模型静态结构分解模型，我们计算了各部门的各种效应，表 1 给出了三次产业和整个经济体的计算结果。假设经济中所有部门（51 个产业）的最终需求均增加 1

---

[1] 事实上，这里的某种效应的变化指的是与该效应相关的变化，是该效应对应机制产生的影响而导致的增长率的改变值，并且这种变化在量上不再是基于单位需求而言的。

[2] 感应度系数 $S_i = \frac{1}{n} \sum_{j=1}^{n} b_{ij} / \frac{1}{n^2} \sum_{n=1}^{n} \sum_{j=1}^{n} b_{ij}$，它反映了产业部门 i 受到其他产业部门影响的程度，即国民经济各部门都增加 1 单位最终需求时，产业部门 i 提供的生产量与平均水平的比值。感应度系数越大，表示该部门受到其他部门需求的影响越大，这里的影响包含了产业 i 的部分，影响力系数类似。

[3] 该解释来源于《中国投入产出表（2007）》的附录二。

亿元，2007 年，中国经济各部门乘数效应总和为 60.07，反馈效应为 1.38，溢出效应（Ⅰ和Ⅱ）为 96.23，这意味着通过产业自生机制可以创造的产出增量为 60.07 亿元，通过产业反馈机制带来的产出增长为 1.38 亿元，而通过产业关联机制可以创造的产出增加值为 96.23 亿元，整个经济产出将增加 157.68 亿元。总体上，乘数效应的贡献比例为 38.10%，反馈效应为 0.88%，而溢出效应占 61.03%，因此从这一角度来看，经济增长最为关键的就是产业结构的关联作用，其次为产业的自生能力，经济反馈能力的影响比较微弱。

表 1　中国的产业结构关联（2002 年与 2007 年）

效应	乘数效应		反馈效应		溢出效应 Ⅰ		溢出效应 Ⅱ	
年份	2002	2007	2002	2007	2002	2007	2002	2007
第一产业平均	1.194	1.164	0.052	0.093	0.753	0.890	4.503	5.468
第二产业平均	1.224	1.331	0.028	0.047	1.676	2.134	2.016	2.978
第三产业平均	1.038	1.033	0.019	0.015	1.137	1.330	2.121	1.764
51 个部门平均	1.165	1.251	0.028	0.042	1.430	1.871	2.274	2.841
51 个部门合计	57.98	60.07	0.93	1.38	75.31	96.23	75.31	96.23

注：（1）溢出效应Ⅰ计算的是其他产业单位最终需求对本产业的溢出影响；溢出效应Ⅱ计算的是本产业单位最终需求对其他产业的溢出影响；（2）采用的是各部门产出比重进行加权平均。

从三次产业部门看，2007 年，第一产业的乘数效应为 1.164，反馈效应为 0.093，溢出效应Ⅰ为 0.890，即经济体内所有行业最终需求增加 1 亿元，第一产业自我循环发展能带来的产出增量为 1.164 亿元，通过其他部门的反馈可使产出增长 0.093 亿元，而其他产业对第一产业的关联影响可使农业增加 0.890 亿元。第一产业的发展主要依靠的是产业的自生能力，其他产业对第一产业的发展的促进作用相对于其自身的乘数效应来说要小得多。相反，第一产业的溢出效应Ⅱ为 5.468，即第一产业最终需求增加 1 亿元，可以导致其他产业产出增加 5.468 亿元，因此第一产业的发展对于其他产业发展的重要性远比其他产业对于第一产业发展的重要性要大。2007 年，第二产业乘数效应均值为 1.331，反馈效应为 0.047，溢出效应Ⅰ为 2.134，溢出效应Ⅱ为 2.978，第三产业的几种效应均值则分别为 1.033、0.015、1.330、1.764，第二、三产业在整体上具有共同的关联特征，产业发展主要依靠其他产业的关联驱动，其次是自生能力，反馈能力的影响比较小，而在关联性上第二产业对于其他产业的影响效应要高于感应效应。

总体而言，在三大产业部门中，第二产业的各种效应值均在社会平均水平之上，第三产业的各种效应值则均低于社会平均水平，而第一产业的乘数效应和溢出效应Ⅰ低于社会均值，而反馈效应和溢出效应Ⅱ高于社会均值，这表明第二产业的关联效应最为突出，因此，第二产业的发展对中国整体产业的成长具有重要的作用。在自生能力上，第二产业最强，第一产业次之，第三产业最差；在反馈能力上，第一产业最强，第二产业次之，第三产业最差；在感应能力上，第二产业最强，第三产业次之，第一产业最差；而在影响力方面，第一产业则是最强的，第二产业次之，第三产业最差。

2007 年与 2002 年相比，经济总体和第二产业的各种效应值在不同程度上都有所增加，这表明中国经济和第二产业的产业结构关联效应总体上是趋好的；第一产业乘数效应降低了，而其他效应均增加，这说明了第一产业的自生能力有所下降，而反馈机制和关联机制均有所转好；第三产业除了溢出效应Ⅰ有所上升之外，其他三类效应都降低了，这表明第三产业自生能力下降了，接受其他产业的反馈能力也变弱了，同时对其他产业的影响能力也变差了，只有感应能力有所增强。这些都表明了中国服务业的发展并不是也不能是单兵突进式的发展，而是需要其他产业发展的支撑。

（二）产业结构关联的行业特征

当经济中所有部门最终需求均增加 1 亿元时，由于各行业的关联特征差异，其增长也存在较大的差距。在 2007 年的产业关联水平之上，最高者电子及通信设备制造业可以获得 4.207 亿元的产出增量，而最低者为房地产业，其产出增加值为 1.490 亿元。在同等单位需求的刺激下，能够获得产出增量在 3 亿元的行业有 32 个，其中仅有租赁和商业服务业，卫生、社会保障和社会福利业两类服务业，其余全部为第二产业行业。由此也可以看到，第二产业的关联水平一般要高于第一、三产业。

在乘数效应上，2007 年有电子及通信设备制造业，纺织业，电力蒸汽热水生产供应业，有色金属冶炼及压延加工业，交通运输设备制造业，化学原料及化学制品制造业，黑色金属冶炼及压延加工业，木材加工及木、竹、藤、棕、草制品业，造纸及纸制品业，皮革、毛皮、羽毛（绒）及其制品业，塑料制品业，普通机械制造业，化学纤维制造业 13 个行业高于社会平均水平，这些行业的自生能力在中国经济中相对而言是比较强的，而在排名最后的 13 个行业中则是租赁和商业服务业，信息传输、计算机服务和软件业，文教体育用品制造业，纺织服装、鞋、帽制造业，教育事业，水利、环境和公共设施管理业，石油和天然气开采业，建筑业，房地产业，住宿和餐饮业，批发和零售贸易业，家具制造业，卫生、社会保障和社会福利业，公共管理和社会组织等行业，可以看到，纺织服装、鞋、帽制造业，石油和天然气开采业，建筑业和家具制造业 4 个行业为第二产业，其余的则全部为第三产业行业，可见第三产业的自生能力低下是一个普遍的现象。

反馈效应在一个产业中扮演的角色并不十分重要，2007 年反馈效应最大的为化学原料及化学制品制造业，其值为 0.111，占总效应的 3.06%，而反馈效应比例最高的第一产业也仅占总效应的 4.33%，其效应值为 0.093。因此，反馈效应在经济增长中的影响是较弱的。

溢出效应 I 高出社会平均水平的产业有仪器仪表及文化办公用机械等 29 个，其中仅租赁和商业服务业以及卫生、社会保障和社会福利业两个行业属于第三产业，其他 27 个行业全部属于第二产业，这些行业的溢出效应 I 值均在 1.9 以上，也就是说经济中所有部门最终需求均增加 1 亿元，该产业通过对其他行业的感应能力能够获得至少 1.9 亿元的产出增长。但是也有一些产业的溢出效应 I 很小，如烟草制品业、第一产业、金融业和房地产业 4 个行业的溢出效应 I 甚至小于 1，也就是说这些产业在发展过程中受其他产业的影响是比较小的，其感应能力较弱。

溢出效应 II 则不同，它是反映本产业一单位增长为经济其他产业带来的产出增量之和。2007 年，溢出效应 II 值高于社会平均水平的产业有化学原料及化学制品制造业、电力蒸汽热水生产供应业、黑色金属冶炼及压延加工业、石油和天然气开采业、石油加工及炼焦业、交通运输、仓储和邮政业、有色金属冶炼及压延加工业、电子及通信设备制造业、普通机械制造业等 10 个行业。这些行业本身 1 亿元的需求至少可以为经济其他行业带来 3 亿元以上的增长，尤其是化学原料及化学制品制造业，该行业 1 亿元的需求甚至可以为经济创造 9.201 亿元的产出增量。同时这里值得指出的是，第一产业的溢出效应 II 值高达 5.468，排在所有行业的第三位，也就是说作为国民经济的基础产业，第一产业为其他产业的发展的贡献是巨大的。进一步，我们还要看到这里的 10 个行业中除了第一产业之外，其他的产业均属于第二产业。同时，溢出效应 II 小于 1 的产业高达 24 个行业，这里面有 15 个第二产业，9 个第三产业，对于这些产业而言，本产业 1 亿元的需求对其他行业的拉动均不足 1 亿元，其对外溢出能力较弱。这表明第二产业的对外溢出能力在产业内部存在极大的差异，同时第三产业对其他行业发展的影响力较小是一个较为普遍的现象。

在产业的横向比较中，我们可以看到 2007 年的房地产业、金融业、烟草制品业和电子及通信设备制造业 5 个行业的乘数效应要高于溢出效应 I 的，而其他所有行业则相反，也就是说，这 5 个行业在增长过程中自生机制比关联机制的作用要强，而其他的行业在发展过程中关联机制的影响更大一些。而在溢出效应Ⅰ和溢出效应Ⅱ上，有化学原料及化学制品制造业等13个第二产业以及交通运输、仓储和邮政业，金融业，批发和零售贸易业和房地产业4个第三产业的溢出效应Ⅱ高于溢出效应Ⅰ，也就是说这些行业的影响能力大于感应能力，其他所有行业则反之。

2007年与2002年比较，有房地产业，燃气生产和供应业，家具制造业，住宿和餐饮业，文教体育用品制造业，医药制造业，金融业，批发和零售贸易业，水利、环境和公共设施管理业，烟草制品业，交通运输、仓储和邮政业等行业的乘数效应值下降了，也就是说这些行业的自生能力变差了，这里面第二产业与第三产业分别为5个、6个。此外，印刷业和记录媒介的复制业，塑料制品业，交通运输、仓储和邮政业，金融业，房地产业，建筑业，信息传输、计算机服务和软件业和批发和零售贸易业等行业的反馈效应值下降了，其中3个为第二产业、5个为第三产业，这些行业接受其他产业的反馈能力在降低。信息传输、计算机服务和软件业，金融业和房地产业等行业的溢出效应Ⅰ值下降了，它们全部为第三产业，这些行业从其他行业受到的影响程度下降了，即感应能力变弱。教育事业，印刷业和记录媒介的复制业，建筑业，交通运输、仓储和邮政业，信息传输、计算机服务和软件业，批发和零售贸易业等行业的溢出效应Ⅱ值下降，其中2个为第二产业、4个为第三产业，这些产业对其他产业的影响能力变弱。不过溢出效应Ⅰ和溢出效应Ⅱ之和下降的行业则为交通运输、仓储和邮政业，房地产业，信息传输、计算机服务和软件业，批发和零售贸易业4个行业，全部为第三产业，这些行业的关联机制在变弱。而乘数效应、反馈效应与溢出效应Ⅰ之和在下降的行业有金融业，房地产业，信息传输、计算机服务和软件业，批发和零售贸易业4个行业，这表明这些行业的成长能力变差了。

表2 中国细分行业的产业结构关联（2002年与2007年）

效应	乘数效应		反馈效应		溢出效应Ⅰ		总效应		溢出效应Ⅱ	
年份	2002	2007	2002	2007	2002	2007	2002	2007	2002	2007
第一产业	1.194	1.164	0.052	0.093	0.753	0.890	1.998	2.146	4.503	5.468
煤炭开采和洗选业	1.026	1.112	0.025	0.035	1.061	1.518	2.112	2.665	1.969	2.329
石油和天然气开采业	1.010	1.014	0.025	0.057	0.714	1.236	1.749	2.307	2.756	4.691
黑色金属矿采选业	1.095	1.130	0.006	0.018	1.256	1.981	2.358	3.129	0.457	1.067
有色金属矿采选业	1.051	1.094	0.008	0.013	1.510	1.848	2.569	2.955	0.632	0.964
非金属矿采选业	1.051	1.072	0.006	0.012	1.337	1.831	2.394	2.915	0.486	0.634
食品加工业制造业	1.161	1.247	0.044	0.096	1.555	1.699	2.760	3.043	1.143	2.294
饮料制造业	1.060	1.081	0.003	0.006	1.505	1.916	2.568	3.003	0.308	0.580
烟草制品业	1.105	1.068	0.001	0.002	0.380	0.941	1.485	2.010	0.159	0.315
纺织业	1.512	1.622	0.012	0.025	1.523	1.949	3.047	3.596	1.952	2.435
纺织服装、鞋、帽制造业	1.018	1.024	0.005	0.010	2.064	2.582	3.088	3.616	0.324	0.517
皮革、毛皮、羽毛（绒）及其制品业	1.382	1.396	0.001	0.005	1.825	2.143	3.209	3.544	0.177	0.385
木材加工及木、竹、藤、棕、草制品业	1.323	1.411	0.006	0.007	1.539	1.902	2.868	3.320	0.827	1.110
家具制造业	1.008	1.006	0.002	0.003	1.980	2.400	2.989	3.409	0.175	0.196
造纸及纸制品业	1.321	1.399	0.021	0.026	1.506	2.037	2.848	3.462	1.998	2.370
印刷业和记录媒介的复制业	1.040	1.042	0.012	0.011	1.536	2.279	2.587	3.333	0.766	0.687
文教体育用品制造业	1.029	1.026	0.001	0.002	1.967	2.725	2.997	3.753	0.092	0.126
石油加工及炼焦业	1.044	1.061	0.042	0.076	1.553	1.925	2.640	3.063	2.927	4.673

效应	乘数效应		反馈效应		溢出效应I		总效应		溢出效应II	
年份	2002	2007	2002	2007	2002	2007	2002	2007	2002	2007
化学原料及化学制品制造业	1.398	1.471	0.079	0.111	1.525	2.027	3.003	3.608	6.516	9.201
医药制造业	1.216	1.213	0.002	0.005	1.336	1.850	2.554	3.068	0.467	0.626
化学纤维制造业	1.252	1.264	0.005	0.011	1.913	2.505	3.170	3.780	0.516	0.787
橡胶制品业	1.077	1.131	0.005	0.008	1.745	2.505	2.827	3.644	0.514	0.578
塑料制品业	1.273	1.309	0.045	0.044	1.870	2.549	3.188	3.902	2.161	2.225
非金属矿物制品业	1.088	1.199	0.011	0.020	1.625	2.042	2.724	3.261	1.099	1.573
黑色金属冶炼及压延加工业	1.376	1.453	0.058	0.091	1.542	2.073	2.975	3.617	4.021	5.139
有色金属冶炼及压延加工业	1.467	1.527	0.028	0.057	1.744	2.069	3.239	3.652	1.878	3.579
金属制品业	1.130	1.143	0.026	0.040	2.014	2.557	3.169	3.74	1.751	2.247
普通机械制造业	1.220	1.279	0.040	0.060	1.803	2.363	3.062	3.703	2.460	3.086
专用设备制造业	1.073	1.100	0.012	0.023	2.002	2.560	3.087	3.684	0.769	1.215
交通运输设备制造业	1.400	1.493	0.031	0.037	1.756	2.404	3.187	3.934	2.020	2.210
电气机械及器材制造业	1.107	1.167	0.034	0.050	2.104	2.766	3.245	3.983	1.945	2.650
电子及通信设备制造业	1.829	2.100	0.049	0.052	1.670	2.055	3.548	4.207	3.122	3.477
仪器仪表及文化办公用机械	1.065	1.115	0.009	0.016	2.195	2.819	3.269	3.950	0.582	0.905
其他制造业	1.045	1.095	0.011	0.019	1.298	1.498	2.354	2.613	0.916	1.749
电力蒸汽热水生产供应业	1.050	1.553	0.039	0.082	1.120	1.565	2.210	3.200	3.972	7.283
燃气生产和供应业	1.047	1.046	0.001	0.002	1.833	1.980	2.881	3.029	0.082	0.177
建筑业	1.001	1.010	0.007	0.002	2.036	2.501	3.044	3.513	0.584	0.218
交通运输、仓储和邮政业	1.125	1.075	0.041	0.039	1.159	1.486	2.326	2.599	4.543	4.146
信息传输、计算机服务和软件业	1.020	1.035	0.014	0.008	1.251	1.232	2.285	2.275	1.431	0.819
批发和零售贸易业	1.021	1.007	0.038	0.018	1.085	1.093	2.144	2.118	4.656	2.624
住宿和餐饮业	1.010	1.008	0.012	0.014	1.383	1.700	2.405	2.723	1.261	1.478
金融业	1.073	1.069	0.018	0.015	0.756	0.718	1.847	1.802	2.449	2.732
房地产业	1.010	1.009	0.006	0.003	0.642	0.478	1.657	1.490	0.632	0.661
租赁和商业服务业	1.032	1.042	0.022	0.023	1.606	2.130	2.660	3.195	1.544	1.562
科学研究、技术服务和地质勘探业	1.029	1.048	0.003	0.008	1.148	1.500	2.180	2.556	0.353	0.837
水利、环境和公共设施管理业	1.035	1.019	0.001	0.001	1.369	1.464	2.406	2.484	0.128	0.141
居民服务和其他服务业	1.036	1.047	0.007	0.008	1.424	1.659	2.468	2.714	0.672	0.771
教育事业	1.003	1.020	0.001	0.001	1.005	1.287	2.009	2.308	0.178	0.164
卫生、社会保障和社会福利业	1.003	1.003	0.002	0.002	1.290	2.012	2.294	3.018	0.150	0.202
文化、体育和娱乐业	1.041	1.051	0.003	0.003	1.308	1.647	2.352	2.701	0.284	0.300
公共管理和社会组织	1.000	1.000	0.000	0.001	1.189	1.331	2.189	2.332	0.000	0.024

（三）中国产业结构关联特征的分类分析

上述分析表明各类产业的关联结构特征是相当复杂的，这主要是因为一方面产业门类较多，另一方面又涉及多种效应。为了对中国产业结构关联有一个更清晰的认识，我们根据上述几类效应对产业进行一个划分。测算结果表明，所有行业的反馈效应值较小，反馈能力相比其他的产业发展能力而言重要性低得多，为此我们在进行分类时不考虑反馈效应。这样一来，一个产业的成长性就可由乘数效应和溢出效应Ⅰ加以刻画，而产业的关联性则可由溢出效应Ⅰ和溢出效应Ⅱ来体现。根据对51个部门的测算结果，我们将所有行业的成长性和关联性分别汇集在图1和图2中。利用各种效应的大小，我们可以对各种产业进行一个简单的分类。

在图1展示的产业成长性散点图中，我们以乘数效应和溢出效应Ⅰ的社会平均水平作为临界值，将所有产业分成4个区间。在Ⅰ区的产业乘数效应较大而溢出效应Ⅰ较小，区内产业发展自生能力较强而感应能力较差；在Ⅱ区中对应的产业乘数效应和溢出效应Ⅰ均高于全国平均水平，区内产业自生能力和感应能力均较强；在Ⅲ区中的产业则是乘数效应较小而溢出效应Ⅰ较大，区内产业自生能力差而感应能力均较强；在Ⅳ区中对应的产业乘数效应和溢出效应Ⅰ均低于全国平均水平，区内产业的自生能力和感应能力均较差。因此，Ⅰ区和Ⅲ区对应的产业是成长性不平衡产业，Ⅱ区对应产业具有较高的成长性而Ⅳ区对应产业成长性较差。

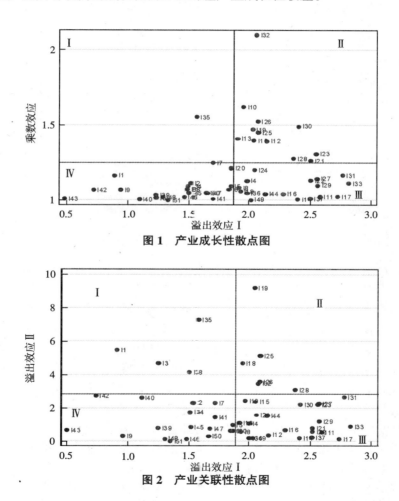

图1　产业成长性散点图

图2　产业关联性散点图

类似地，在图2对应的产业关联性散点图中，我们仍然以社会平均水平作为临界值，也可以将产业的关联性分为4个类别。在Ⅰ区对应的产业溢出效应Ⅰ较小而溢出效应Ⅱ较大，区内产业感应能力较弱而影响能力较强；在Ⅱ区对应的产业溢出效应Ⅰ和溢出效应Ⅱ均较大，区内产业的感应能力和影响能力均较强；在Ⅲ区对应的产业溢出效应Ⅰ较大而溢出效应Ⅱ较小，区内产业的感应能力较强而影响能力较弱；在Ⅳ区对应的产业溢出效应Ⅰ和溢出效应Ⅱ均较小，区内产业发展感应能力和影响能力均较弱。因此，Ⅰ区和Ⅲ区对应的产业关联性不平衡，Ⅱ区对应产业关联性强而Ⅳ区对应产业关联性较差。

任何一个产业都具有成长性的一面和关联性的一面，为了对产业特性有一个充分的认识，我们将上述二维分类进一步集结为三维分类，其结果汇集在表3中，这样一来所有产业的关联类型可以分成8个类别，其中第二产业的细分行业隶属于其中7个类别，第三产业的细分行业隶属于其中3个类别。鉴于第二产业和第三产业在功能和性质上的巨大差异，我们进行分述。

表3 细分产业的产业结构关联分类

M—S1—S2	行业
低—低—低	第二产业：煤炭开采和洗选业；有色金属矿采选业；非金属矿采选业；食品加工制造业；烟草制品业；医药制造业；其他制造业 第三产业：信息传输、计算机服务和软件业；批发和零售贸易业；住宿和餐饮业；金融业；房地产业；科学研究、技术服务和地质勘探业；水利、环境和公共设施管理业；居民服务和其他服务业；教育事业；文化、体育和娱乐业；公共管理和社会组织
低—低—高	第一产业 第二产业：石油和天然气开采业 第三产业：交通运输、仓储和邮政业
低—高—低	第二产业：黑色金属矿采选业；饮料制造业；纺织服装、鞋、帽制造业；家具制造业；印刷业和记录媒介的复制业；文教体育用品制造业；橡胶制品业；非金属矿物制品业；金属制品业；专用设备制造业；电气机械及器材制造业；仪器仪表及文化办公用机械；燃气生产和供应业；建筑业 第三产业：租赁和商业服务业；卫生、社会保障和社会福利业
低—高—高	石油加工及炼焦业
高—低—低	—
高—低—高	电力蒸汽热水生产供应业
高—高—低	纺织业；皮革、毛皮、羽毛（绒）及其制品业；木材加工及木、竹、藤、棕、草制品业；造纸及纸制品业；化学纤维制造业；塑料制品业；交通运输设备制造业
高—高—高	化学原料及化学制品制造业；黑色金属冶炼及压延加工业；有色金属冶炼及压延加工业；普通机械制造业；电子及通信设备制造业

第一产业属于低乘数效应—低溢出效应Ⅰ—高溢出效应Ⅱ的产业类型，即该产业的成长性较差，但是该产业需求对于其他产业的发展具有重要影响。因此，应当大力发展第一产业，完善农业发展机制，优化农业结构，促进乘数效应和溢出效应Ⅰ发挥作用，这样不仅有利于第一产业发展水平的提高，还能够对第二、三产业产生巨大的溢出效应。

在第二产业中，煤炭开采和洗选业、有色金属矿采选业、非金属矿采选业、食品加工业制造业、烟草制品业、医药制造业和其他制造业7个行业属于第一类，它们2007年占第二产业的12.09%，这类行业均处于图1和图2中的Ⅳ区，其产业成长性差，并且关联性弱，产业有萎缩的潜在危险，必须引起重视。石油和天然气开采业属于第二类，2007年占第二产业的1.65%，在图1和图2分别处于Ⅳ区和Ⅰ区，产业成长性差但对外溢出效应强，也就是说这些产业对其他产业的发展具有重要影响，对这类产业必须从行业发展机制着手，这不仅包括自生的能力还包括其感应能力的发展，增强对其他产业需求的敏感性。黑色金属矿采选业，饮料制造业，纺织服装、鞋、帽制造业，家具制造业，印刷业和记录媒介的复制业，文教、体育用品制造业，橡胶制品业，非金属矿物制品业，金属制品业，专用设备制造业，电气机械及器材制造业，仪器仪表及文化办公用机械，燃气生产供应业和建筑业14个行业属于第三类，2007年占第二产业总量的32.14%，在图1和图2中分别均处于Ⅲ区，这类产业具有较强的感应能力，对其他行业的需求变化较为敏感，但是自生能力和对其他产业发展的影响力都比较差，因此对这类产业来说规范产业结构，促进产业自生能力提高，加强与其他产业的协调性是产业结构调整的重点。石油加工及炼焦业则属于第四类，在图 1 和图 2 中分别位于Ⅲ区和Ⅱ区，2007 年产业比重占第二产业的 3.65%，该产业表现出来强关联的产业特征，但是自生能力较差，需要加强产业自生能力的建设。电力蒸汽热水生产供应业为第六类，在图 1 和图 2 中均处于Ⅰ区，2007 年占第二产业的 5.66%，该产业自生能力较强，对其他产业的发展也具有较大的影响力，但是感应能力比较差，因此，提高对其他产业需求的变化的敏感性是产业发展的重点。纺织业，皮革、毛皮、羽毛（绒）及其制品业，木材加工及木、竹、藤、棕、草制品业，造纸及纸制品业，化学纤维制造业，塑料制品业，交通运输设备制造业 7 个行业属于第七类，在图 1 和图 2 中分别位于Ⅱ区和Ⅲ区，2007 年占全部第二产业的 16.75%，这类产业具有较高的成长性，但是对外溢出能力不强，对其他行业的促进作用不是很大。化学原料及化学制品制造业、黑色金属冶炼及压延加工业、有色金属冶炼及压延加工业、普通机械制造业和电子及通信设备制造业 5 个行业属于第八类，在图 1 和图 2 中均落在Ⅱ区，2007 年占第二产业的 28.07%，这类产业成长性强，关联性也高，因此对于这类产业应当加大发展力度。

在第三产业中，信息传输、计算机服务和软件业，批发和零售贸易业，住宿和餐饮业，金融业，房地产业，科学研究、技术服务和地质勘探业，水利、环境和公共设施管理业，居民服务和其他服务业，教育事业，文化、体育和娱乐业，公共管理和社会组织 11 个行业都属于第一类，即图 1 和图 2 中的Ⅳ区产业，这类产业 2007 年占全部第三产业的 71.24%，产业的成长性差并且关联性也弱，这里也反映出第三产业结构的严重不合理，产业不仅缺乏自生能力而且与其他产业的关联机制也严重不足，因此提高第三产业的发展水平需要双管齐下，从产业内部和结构优化两方面着手，促进产业成长性和关联性的增强。交通运输、仓储和邮政业属于第二类，2007 年占全部第三产业的 16.86%，该产业的成长性较差但是能够对其他产业的发展产生较大的影响力，因此需要重点完善其产业的成长机制，加强产业自生能力的建设并促进该产业与其他产业的协调性。租赁和商业服务业，卫生、社会保障和社会福利业属于第三类，这类产业 2007 年占全部第三产业的 11.91%，该产业感应能力较强，对其他产业的需求较为敏感，但是自生能力较差并且对其他产业的促进能力也不强。可以发现，所有的第三产业在图 1 中全部位于Ⅰ区或者Ⅳ区，在图 2 中也均落在Ⅰ区或者Ⅳ区（除了交通运输、仓储和邮政业落在Ⅲ区之外），也就是说第三产业的乘数效应和溢出效应Ⅱ均低于社会平均水平，这意味着第三产业的自生能力较差是一个普遍的现象，并且基本上对其他产业的影响也较为微弱。第三产业的主体是服务业，包括生产性服务业、消费性服务业和公共服务[①] 三类，服务业特别是生产性服务业的主要功能之一就是它能够积累人力资本和知识资本，深化生产的迂回过程，并将人力资本和知识资本引入生产过程（格鲁伯，1993），协调和控制专业化生产，有效地降低企业的制造成本，从而促进制造业体系的发展（Raff 和 Ruhr，2001），因此溢出效应Ⅱ应当是其重要的特征；公共服务是政府的承诺，它以合作为基础，强调政府的服务性以及公民的权利，是一种非市场型的服务，它不存在市场意义上的价格，同产业结构优化和升级关系不大，主要受政府功能定位和财政收入的影响，起着提供公共产品的功能（格鲁伯和沃克，1989），因此溢出效应Ⅱ也应当是其重要的特征；消费性服务业则是基于最终消费者的生存需要，其对外溢出能力可以较差一些，但是 2007 年只占第三产业的 29.08%。因此正常情况下第三产业的溢出效应Ⅱ应当是较为明显的，这也从另外一个方面表明了第三产业的产业关联不合理。因此，对于第三产业而言，加强自生机制的建设、促进产业结构的优化和产业功能的充分发挥是当务之急。

---

① 裴长洪和彭磊（2008）结合中国《国民经济和社会发展第十一个五年规划纲要》中对生产性服务业的规定以及《国民经济行业分类》（GB/T4754-2002）第三产业的详细分类和格鲁伯和沃克（1989）的功能性分类，将第三产业分为生产性服务业、消费性服务业和公共服务三类，其中生产性服务业包括交通运输、仓储和邮政业，信息传输、计算机服务和软件业，金融业，房地产业，租赁和商业服务业，科学研究、技术服务和地质勘探业 6 个行业；消费性服务业包括批发和零售业，住宿和餐饮业，居民服务和其他服务业，文化、体育和娱乐业 4 个行业，其他为公共服务，本文采用这一分类方式进行分析。

四、产业结构关联：动态变化

（一）中国产业结构的动态关联分析

从产业结构的角度看，一个部门的经济增长无非来自于产业内或者产业之间，在传统的产业关联理论中我们是无法区分产业增长是来自产业内还是产业间的，但是投入产出分解技术为我们提供了一种分析的可能，它将产业增长分解为动态乘数效应、动态反馈效应和动态溢出效应的贡献，这样一来我们就可以知道一个产业的增长主要是由产业自生机制形成的还是产业关联机制造成的，抑或是由产业反馈机制造成的。

以2002年和2007年重新集结的51个部门投入产出表为基础，我们对式（6）对应的动态分解公式进行了测算，其结果汇集在表4中。可以看到，2007年和2002年相比，中国经济增长率为182.59%，其中动态乘数效应为54.38%，动态反馈效应为1.34%，动态溢出效应为126.67%，三种效应占比分别为29.89%、0.74%和69.37%。也就是说，从总体上看，各种机制都对中国的经济增长有贡献，其中产业关联机制的贡献占主导地位，而产业自生机制的影响也具有重要意义，不过产业反馈机制的作用则较为微弱。

2002~2007年第一产业增长率为71.08%，远远低于社会平均水平。其中由产业自生机制创造的增长率仅为8.12%，来自产业反馈机制的增长率为2.53%，而产业关联机制创造的增长率则为60.43%，动态乘数效应、动态反馈效应、动态溢出效应的相对贡献比例分别为11.42%、3.56%和85.02%，即第一产业在增长过程中由产业关联机制占绝对主导地位。我们知道，第一产业的主体是农业，农业长期以来的一个重要特征就是自我封闭和自给自足，与其他产业的关联较小（在前文的测算中溢出效应Ⅰ只有0.890），产业自生机制应当是其成长的核心推力，但是动态乘数效应值较小，产业自生能力十分薄弱，这是中国第一产业发展缓慢的重要原因，表明第一产业内部结构存在着不合理之处。因此，促进农业产业结构优化，完善农业自生发展机制是推动第一产业发展的重要内容。

第二产业是近年来中国高速发展的经济部门，2002~2007年产业关联机制创造了156.20%的增长率，而同期产业自生机制创造的增长率则为58.80%，产业关联机制的贡献是产业自生机制贡献的2.65倍，并且两种机制的创造的贡献率均大于第一、三产业，这表明总体上第二产业的发展是最为突出的。在第二产业中，有多达21个行业的增长率超过了社会平均水平，占全部第二产业的68.7%，[①] 甚至黑色金属矿采选业和有色金属冶炼及压延加工业的增长率还超过了400%。但是无论如何，第二产业的成长机制大致可以分为四个类别。

（1）包括煤炭开采和洗选业、石油和天然气开采业、黑色金属矿采选业、有色金属矿采选业、非金属矿采选业、造纸及纸制品业、印刷业和记录媒介的复制业、石油加工及炼焦业、化学原料及化学制品制造业和有色金属冶炼及压延加工业10个行业，占第二产业总量的20.20%，这类产业中既有增长较快的行业也有增长较慢的行业，行业在成长过程中动态乘数效应和反馈效应为负值，产业的增长高度依赖于产业关联机制，这意味着这类产业的自生机制存在严重的不足，其增长完全来自于其他行业的需求驱动，一旦需求减弱，这些行业的发展将会停滞。因此，对于这类

---

① 这里的占比均是2007年水平，下同。

产业来说,当前最重要的就是对产业进行规范,理顺产业发展的机制,消除乘数效应的副作用。

(2)包括木材加工及木、竹、藤、棕、草制品业,医药制造业,化学纤维制造业,塑料制品业,非金属矿物制品业,黑色金属冶炼及压延加工业,仪器仪表及文化办公用机械和电力蒸汽热水生产供应业 8 个行业,占第二产业总量的 20.70%,这类产业中也兼有发展相对较快的行业和相对较慢的行业,这些产业在增长过程中动态关联效应占绝对主导地位,其对增长的贡献比例在80%以上,动态乘数效应与动态反馈效应为正值,但其值较小。也就是说,这类产业的增长也是主要依赖于其他产业的需求来拉动发展的,只不过相比第一类产业来说自生机制发挥的作用要大一些,因此对于这类产业来说应当完善自生机制,促进乘数效应进一步发挥作用。

(3)行业包括饮料制造业、烟草制品业、纺织业、橡胶制品业、金属制品业、普通机械制造业、电气机械及器材制造业、其他制造业和燃气生产和供应业 9 个行业,占第二产业总量的21.05%,这类产业基本上都是发展较快的行业,这类行业在发展过程中动态关联效应和动态乘数效应对增长的贡献均有一定的比例,也就是产业关联机制和产业自生发展机制共同推动产业发展,而动态关联效应相对要大一些。

(4)产业包括食品加工业制造业,纺织服装、鞋、帽制造业,皮革、毛皮、羽毛(绒)及其制品业,家具制造业,文教体育用品制造业,专用设备制造业,交通运输设备制造业和电子及通信设备制造业 8 个行业,占第二产业总量的 25.19%,这类产业中也是相对发展较快行业和相对发展较慢行业并存的,其产业增长由产业关联机制和产业自生机制共同推动,但是由产业自生机制来主导。对于这类产业来说,优化产业结构,加强与其他产业的技术经济联系,促进产业关联机制充分发挥作用是主要的政策目标。

表4 产业结构动态分解的结果(2002~2007 年)

行业	增长率 (%)	效应大小 (%)			贡献 (%)		
		M	F	S1	M	F	S1
第一产业	71.08	8.12	2.53	60.43	11.42	3.56	85.02
煤炭开采和洗选业	140.47	−19.20	−0.46	160.13	−13.67	−0.33	114.00
石油和天然气开采业	192.18	−151.03	−9.31	352.52	−78.58	−4.85	183.43
黑色金属矿采选业	410.94	−370.21	−6.20	787.35	−90.09	−1.51	191.60
有色金属矿采选业	239.84	−173.10	−2.17	415.11	−72.17	−0.91	173.08
非金属矿采选业	142.16	−14.48	−0.14	156.79	−10.19	−0.10	110.29
食品加工业制造业	203.19	112.68	11.28	79.23	55.45	5.55	38.99
饮料制造业	165.22	62.16	0.51	102.55	37.62	0.31	62.07
烟草制品业	126.77	58.51	0.16	68.10	46.16	0.13	53.72
纺织业	179.80	87.16	1.71	90.93	48.48	0.95	50.57
纺织服装、鞋、帽制造业	165.28	114.67	1.58	49.04	69.38	0.95	29.67
皮革、毛皮、羽毛(绒)及其制品业	184.42	113.83	0.69	69.90	61.72	0.37	37.90
木材加工及木、竹、藤、棕、草制品业	150.25	17.27	0.10	132.88	11.49	0.06	88.44
家具制造业	232.72	178.90	0.48	53.34	76.87	0.21	22.92
造纸及纸制品业	141.92	−13.86	−0.27	156.04	−9.76	−0.19	109.96
印刷业和记录媒介的复制业	65.90	−3.28	−0.04	69.21	−4.97	−0.06	105.03
文教体育用品制造业	110.15	70.97	0.16	39.02	64.44	0.14	35.42
石油加工及炼焦业	246.36	−12.87	−0.94	260.17	−5.23	−0.38	105.61
化学原料及化学制品制造业	221.73	−27.68	−2.45	251.87	−12.48	−1.11	113.59

行业	增长率（%）	效应大小（%）			贡献（%）		
		M	F	S1	M	F	S1
医药制造业	152.95	24.17	0.18	128.61	15.80	0.12	84.08
化学纤维制造业	255.61	19.72	0.17	235.72	7.72	0.07	92.22
橡胶制品业	182.08	61.98	0.52	119.58	34.04	0.29	65.67
塑料制品业	124.74	5.35	0.16	119.23	4.29	0.13	95.58
非金属矿物制品业	292.87	7.61	0.19	285.07	2.60	0.07	97.34
黑色金属冶炼及压延加工业	259.46	20.89	1.17	237.41	8.05	0.45	91.50
有色金属冶炼及压延加工业	403.62	−52.74	−2.12	458.47	−13.07	−0.52	113.59
金属制品业	195.21	54.61	2.12	138.48	27.97	1.08	70.94
普通机械制造业	223.05	82.64	4.25	136.16	37.05	1.91	61.04
专用设备制造业	172.85	107.09	2.82	62.94	61.95	1.63	36.41
交通运输设备制造业	241.86	170.76	4.40	66.71	70.60	1.82	27.58
电气机械及器材制造业	281.30	132.29	6.02	143.00	47.03	2.14	50.83
电子及通信设备制造业	217.40	141.71	3.38	72.32	65.18	1.55	33.26
仪器仪表及文化办公用机械	188.86	24.09	0.43	164.34	12.76	0.23	87.01
其他制造业	264.71	53.78	1.23	209.71	20.32	0.46	79.22
电力蒸汽热水生产供应业	285.28	13.75	0.93	270.60	4.82	0.33	94.85
燃气生产和供应业	204.66	57.29	0.19	147.18	27.99	0.09	71.91
建筑业	122.95	124.35	−0.15	−1.25	101.14	−0.12	−1.02
交通运输、仓储和邮政业	122.03	25.40	0.90	95.73	20.81	0.74	78.45
信息传输、计算机服务和软件业	81.92	61.25	0.29	20.37	74.77	0.36	24.87
批发和零售贸易业	68.17	44.85	0.11	23.21	65.80	0.16	34.04
住宿和餐饮业	107.32	35.69	0.64	70.99	33.25	0.60	66.15
金融业	166.36	57.19	0.78	108.38	34.38	0.47	65.15
房地产业	100.91	79.78	0.02	21.11	79.06	0.02	20.92
租赁和商业服务业	126.91	29.11	0.68	97.12	22.94	0.54	76.52
科学研究、技术服务和地质勘探业	124.80	−19.12	0.20	143.72	−15.32	0.16	115.16
水利、环境和公共设施管理业	70.38	61.26	0.08	9.03	87.05	0.12	12.83
居民服务和其他服务业	97.98	36.26	0.30	61.41	37.01	0.31	62.68
教育事业	107.54	97.49	0.13	9.92	90.66	0.12	9.22
卫生、社会保障和社会福利业	169.28	151.96	0.61	16.70	89.77	0.36	9.87
文化、体育和娱乐业	101.08	35.75	0.14	65.18	35.37	0.14	64.49
公共管理和社会组织	65.19	63.82	0.10	1.27	97.90	0.16	1.94
第二产业平均	216.55	58.80	1.55	156.20	27.15	0.71	72.13
第三产业平均	109.00	53.72	0.43	54.84	49.29	0.40	50.32
总体平均	182.59	54.58	1.34	126.67	29.89	0.74	69.37

2002~2007 年，第三产业增长率 109.00%，远低于社会平均水平，发展滞后，其中动态乘数效应 53.72%、动态反馈效应 0.43%、动态溢出效应 54.84%，该部门的经济增长过程中产业自生机制和产业关联机制的贡献比例大体相当，产业反馈机制的影响微弱。从细分行业层面看，各类第三

产业的发展速度均低于社会平均发展速度，也就是说，所有第三产业均存在发展滞后的特征，因此对第三产业的发展进行详细考察意义重大。第三产业的主体是服务业，三类不同的服务业具有不同的发展特性和社会功能，因此其发展模式也应当有所差别。生产性服务业和消费性服务业属于市场型服务，生产性服务业主要是针对企业生产的需要，而消费性则主要是针对最终消费者的生存所需，同时，公共服务则属于非市场型服务，由政府主导（裴长洪和彭磊，2008），因此，生产性服务业和消费性服务业在发展过程中应当是自生发展和关联发展并重，只不过生产性服务业的发展更加强调其他产业的需求，而消费性服务业的发展更加强调产业自生发展机制，公共服务的发展则应当由自生发展机制来绝对主导，产业关联机制作用较小。从这一点上讲，生产性服务业中只有交通运输、仓储和邮政业，金融业，租赁和商业服务业 3 个行业符合其发展规律，这类行业占第三产业的 33.11%，在今后的发展过程中应当对产业自生发展机制和产业关联机制进一步完善；信息传输、计算机服务和软件业以及房地产业在发展过程中产业自生机制作用相对较大，表明产业发展存在扭曲，在其后的发展过程中应当强调其他产业的需求拉动，促进溢出效应发挥作用，这类产业占第三产业的 12.89%；科学研究、技术服务和地质勘探业在发展过程中完全依赖于产业关联机制，自身机制不仅不利于其产业发展，反而具有抑制作用，因此该产业发展存在高度扭曲，当务之急是改变当前产业的发展模式，发挥产业发展的乘数效应，该行业占第三产业的 3.00%。在消费性服务业中，只有批发和零售贸易业符合行业发展规律，主要依靠自生机制来发展，同时动态溢出效应也发挥重要作用，该行业占第三产业的 14.99%，对于该行业而言，应当进一步完善产业的两种机制，促进乘数效应和溢出效应充分发挥作用；住宿和餐饮业、居民服务和其他服务业和文化、体育和娱乐业的发展不符合行业发展规律，这些产业占第三产业的 14.09%，其发展主要依靠其他产业的需求拉动，产业自身机制存在扭曲，鉴于这类行业应当是最终需求导向的，多数是私人经营的小企业，因此放松行业管制，鼓励私人企业发展，完善产业自身发展机制应当是这类产业发展的政策选择。公共服务占第三产业的 21.92%，其发展主要来自动态乘数效应，占产业增长率的 85% 以上，动态反馈效应和动态溢出效应具有正面促进作用，但影响较小，这类产业基本上是符合公共服务的发展规律的，因此对于这类产业而言，今后主要的目的应当是进一步完善自生机制，政府在制定政策选择时兼顾产业关联的需求拉动作用。

（二）产业结构关联的进一步讨论

从前文的分析中可以看到，通过对产业结构静态和动态分解技术的测算，我们得到了许多关于产业关联问题的新认识，但其中也存在一些重要的问题需要进一步深入研究。比如在乘数效应、反馈效应和溢出效应中某一种或两种效应值下降的产业达 13 个，其中包括 1 个第一产业、8 个第二产业（烟草制品业、家具制造业、印刷业和记录媒介的复制业、文教体育用品制造业、医药制造业、塑料制品业、燃气生产和供应业和建筑业）和 4 个第三产业（交通运输、仓储和邮政业，住宿和餐饮业，水利、环境和公共设施管理业，教育事业）。但是在这 13 个行业中，家具制造业、燃气生产和供应业却具有较高的增长速度，即产业结构关联状态在恶化的情形下却出现了高增长，其原因何在？

同时，在 51 个行业中，有 21 个行业的增长率高出了社会平均值，但是其中既属于高成长又属于高关联的产业却只有 5 个行业（化学原料及化学制品制造业、黑色金属冶炼及压延加工业、有色金属冶炼及压延加工业、普通机械制造业和电子及通信设备制造业），反而既属于低成长又属于弱关联的产业却有 3 个行业（有色金属矿采选业、食品加工业制造业和其他制造业）；而在 30 个低于社会平均增长率的行业当中，既是低成长又是弱关联的产业也只有 15 个（煤炭开采和洗选业，非金属矿采选业，烟草制品业，医药制造业，信息传输、计算机服务和软件业，批发和零售贸易业，住宿和餐饮业，金融业，房地产业，科学研究、技术服务和地质勘探业，水利、环境和公共设施管理业，居民服务和其他服务业，教育事业，文化、体育和娱乐业，公共管理和社会组织），不过既是高成长又是强关联的产业不存在。从这里也可以看到有色金属矿采选业、食品加工业制造业和其他制造业似乎违反了产业发展规律，造成了异常增长，其原因何在？

必须对上述 5 个"异常产业"的高增长原因进行探讨。家具制造业和燃气生产和供应业只在乘数效应值上有所下降（分别为 0.002 和 0.001），但是二者却在溢出效应 I 值上大幅增长，因此关联机制的增强在很大程度上弥补了自生能力变差的不足，同时对于家具制造业而言，其最终需求增长率较高，这也是拉动该产业增长的重要原因。对于低成长、低关联的有色金属矿采选业、食品加工业制造业和其他制造业等产业而言，它们在 2002~2007 年产业关联状态都存在较大的优化，同时最终需求率均高于社会平均水平，二者的综合作用保证了产业的高增长（见表 5）。

表 5　一些"异常产业"的产业关联变化与需求增长率（2002~2007 年）

行业	ΔM	ΔF	ΔS1	最终需求增长率（%）
有色金属矿采选业	0.043	0.006	0.337	1181.11
食品加工业制造业	0.086	0.052	0.145	153.22
其他制造业	0.050	0.008	0.200	125.76
家具制造业	−0.002	0.000	0.421	317.93
燃气生产和供应业	−0.001	0.001	0.147	110.64
全社会平均	0.086	0.014	0.144	118.32

因此，我们必须要对结构分解技术做进一步的澄清。首先，静态分解反映的是一个产业在某一个时点上的结构关联状态，而动态分解则隐含了每一个产业在一个时段里的关联结构变化，因此在静态分解中我们得到的是对 2007 年所处的中国产业结构关联状态的认识，而在动态分解中则存在关联结构变化对中国产业增长的贡献。其次，静态分解中，我们是以单位需求为标准的，它真正反映了 2007 年中国产业发展的机制问题，反映了产业成长能力和关联性的强弱，而动态分解中，我们不仅包括了产业发展机制的变化，还存在外部需求的变化。因此，可以看到，事实上几乎每一个产业在静态和动态分解中，乘数效应、反馈效应和溢出效应 I 之间的贡献比例与动态乘数效应、动态反馈效应和动态溢出效应的贡献比例是不一样的。

上述研究表明，既然一个产业的产业关联变差的时候，可以通过扩大需求来加以弥补，从而促进产业的进一步成长，那么一个很重要的问题就是，产业关联和外部需求谁的重要性更大？对此，我们以产业的增长率为因变量，而以最终需求增长率和产业关联变化量为自变量进行了回归分析（表 6），并利用回归方程进行分解，观察二者对增长的解释程度。当以总的关联变化为自变量时，可以看到最终需求变化解释了经济增长的 9.29，而产业关联变化则解释了 34.78%；当采用分解的关联变化为自变量时，可以发现最终需求变化也只能解释经济增长的 8.61%，而乘数效应变化的解释力度为 6.62%，反馈效应变化的解释力度为 6.73%，溢出效应变化的解释力度则为 18.92%，关联变化的总解释力度为 32.26%，从两种不同的回归中均可以看到，最终需求对经济增长的拉动效应是大大低于产业关联对经济增长的影响力的，因此在经济增长中，我们认为最为重要的还是产业结构之间的技术经济联系而不是依赖外部需求的推动。

表 6　最终需求和关联变化对增长的解释程度

	(1)		(2)	
	g	解释程度	g	解释程度
需求增长率	0.0634*** (2.75)	9.29%	0.0588** (2.29)	8.61%
总关联变化	133.1*** (3.92)	34.78%		

续表

	(1)		(2)	
	g	解释程度	g	解释程度
ΔM			285.0** (2.63)	6.62%
ΔF			1365.6* (1.79)	6.73%
ΔS1			81.12** (2.05)	18.92%
常数项	98.36*** (5.90)		104.0*** (6.10)	
F 统计量	11.94		8.78	
R-squared	0.3495		0.4610	
N	51		51	

注：*、**、*** 分别表示在10%、5%和1%显著性水平下显著。

五、结论与政策含义

本文将多国多部门投入产出模型的分解技术创造性地运用于一国产业结构问题的分析，将产业结构效应分解为乘数效应、反馈效应和溢出效应三部分，并在此基础上对中国产业关联特性进行了静态和动态考察，得出了以下重要的结论和启示：

（1）从中国产业关联的实际情况来看，溢出效应、乘数效应和反馈效应的重要性是依次递减的。经济增长首要的依靠力量就是产业关联机制，产业自生机制也具有重要影响，产业反馈机制对增长的影响能力相对微弱。三大产业部门在各种能力上的表现存在明显的差异，没有一类产业在所有能力上是绝对占优的。2002~2007年，中国经济和第二产业的产业结构关联总体上是趋向于好的方向发展的，但是第一产业的自生能力有所下降，第三产业自生能力和反馈能力也都在下降。在细分行业上，产业间的关联水平差异更大，各种效应值比较大的多是第二产业行业，第一产业反馈效应较强且对其他产业的溢出效应大，但是自生能力和感应能力较差，多数第三产业在各种能力上的表现薄弱。2002~2007年，大多数行业的产业结构关联水平得到了提高，但也有17个行业的产业结构关联水平有所下降，其中信息传输、计算机服务和软件业，批发和零售贸易业，金融业，房地产业4个行业的产业结构关联水平完全下降，而有13个行业产业结构关联水平局部变差，13个行业中包括1个第一产业、8个第二产业、4个第三产业。可见，第三产业的产业结构关联水平低下是一个普遍的现象，同时第三产业结构关联水平的恶化现象也需要引起重视，其原因可能是多方面的，服务业市场规模较小、市场化程度不高、竞争程度较低、规制扭曲以及政府重视不够导致了交易成本过高都是其结果恶化的重要因素，因此整顿和规范市场秩序，加大对服务业的支持力度，鼓励服务企业的市场竞争，加快第三产业发展，促进第三产业结构优化是当前面临的一个迫切的问题。

（2）第一产业具有较差的成长能力，但是具有较强的对外溢出能力；第二产业中具有高成长强关联的产业仅有5个行业，占2007年第二产业比重的28.07%，而成长性和关联性都差的行业则有7个，占2007年第二产业的12.09%，其他的所有第二产业在产业成长能力或者关联性上不同程度地存在不足；在第三产业中具有低成长弱关联特征的行业多达11个，占2007年第三产业的71.24%，而另外三类第三产业在成长性或者关联性问题上也存在不足。这些结果表明，中国产业结构的不合理不单单是产业配置上的不合理，还有一个重要的问题，就是成长性的缺乏，产业自生能力很差，因此我们在利用产业政策来调整产业结构的同时，必须完善市场机制，促进产生自生能力的建设，这一点在第三产业上表现得特别明显。

（3）从动态增长的角度，产业自生能力薄弱是第一产业发展缓慢的核心原因；第二产业的产业发展则相对复杂，只有少数几个产业发展机制具有合理性，大多数产业在发展过程中存在扭曲现象，这种扭曲可能是来自自生机制的，也可能是来自关联机制的，抑或二者兼有；第三产业中只有交通运输、仓储和邮政业，金融业，租赁和商业服务业3个生产性服务业和公共服务是符合行业发展规律的，但是正如前文证明的由于自身成长机制和关联机制的薄弱，其发展较为缓慢，而其他的第三产业则在不同程度上存在发展机制的扭曲。一个重要的政策含义就是针对不同的机制扭曲需要不同的政策选择，政府对产业政策的落实到更细的产业层面上。

（4）一个产业的关联机制不好并不意味着该产业增速低，一个产业也可以通过外部需求的迅速扩张来维持增长，但是如果产业发展机制本身是不完善的话，这种需求的扩张只能是一种暂时的现象，不能从根本上解决产业的可持续发展问题。产业关联机制对于经济增长的重要性远远高于最终需求的驱动。同时，产业发展机制在增长中充分发挥效应还受到许多未知因素的影响，在大量的产业增长过程中，这些因素对于产业发展的扭曲程度可能具有重大的影响。

总之，中国经济发展的复杂性在本文的分析中得到了详尽的体现，在产业结构关联和产业发展上，各类产业呈现了巨大的复杂性和多样性，这意味着政府产业政策必须做到更加细致也更加全面。但是本文也有几个不足之处，比如本文的分类是基于中国情况本身做出的，它是否具有普适性？正如文中所指出的，我国产业结构存在极大的扭曲，那么如果在正常情形之下，产业成长性和关联性是否还是如此？这些重要的问题可能需要与其他国家进行对比之后才能做出结论。此外，本文也证明了存在未知的因素影响产业发展机制效力的充分发挥，那么到底是哪些因素在其中起作用？这也将是我们在以后进一步工作中的重要内容。

参考文献

［1］程大中. 中国生产性服务业的水平、结构及影响［J］. 经济研究，2008（1）.

［2］李晓，张建平. 东亚产业关联的研究方法与现状［J］. 经济研究，2010（4）.

［3］刘伟，蔡志洲. 技术进步、结构变动与改善国民经济中间消耗［J］. 经济研究，2008（12）.

［4］刘志彪，张杰. 全球代工体系下发展中国家俘获型网络的形成、突破与对策［J］. 中国工业经济，2007（5）.

［5］新饭田宏. 投入产出分析方法［M］. 北京：中国统计出版社，1990.

［6］王岳平，葛岳静. 我国产业结构的投入产出关联特征分析［J］. 管理世界，2007（2）.

［7］J. Y. Lin. Rural Reforms and Agricultural Growth in China［J］. American Economic Review，1992（82）：34-51.

［8］Kuroiwa，Ikuo. Rules of Origin and Local Content in East Asia. IDEJETRO，Japan：IDE Discussion Paper，2006（78）.

［9］Meng，Bo and Qu，Chao. Application of the Input-Output Decomposition Technique to Chinaps Regional Economics. presented at The 16th International Input-Output Conference，2007，1（1）：1-11.

［10］Meng，Bo and Inomata，Satoshi. Production Networks and Spatial Economic Interdependence：An International Input-Output Analysis of the Asia-Pacific Region. IDEJETRO Japan：IDE Discussion Paper，2009（185）.

［11］Miller，Ronald E. and Blair，Peter D. Input-Output Analysis：Foundations and Extensions［M］. Cambridge University Press，1985.

［12］Rioja，F.and N.Valev. Finance and the Sources of Growth at Various Stage of Economic Development［J］. Economic Inquiry，2004（42）：127-140.

［13］Wagner，J. Exports and Productivity：A Survey of the Evidence from Firm Level Data［J］. World Economy，2007（30）：60-82.

西部民族地区工业结构的逆向调整与政策干预研究[*]

郑长德[**]

一、问题的提出

20世纪末启动的新一轮西部大开发战略，实施了包括资源开发、基础设施建设、生态环境保护等一系列工程，极大地改进了西部民族地区与中部、东部地区联系的交通通信条件，降低了包括运输成本在内的区际间的交易成本，加强了西部民族地区与全国和东中部地区的经济联系，全国的经济一体化程度得到了很大的提升，例如"天路"——青藏铁路的建设和开通，大大降低了西藏与内地联系的成本，进一步加强了西藏与内地的联系。

同时，伴随着西部民族地区与东中部地区经济联系的加强，全国经济一体化程度的提高，西部民族地区产业结构呈现出逆向调整的态势，突出表现为工业发展中，采掘工业与原材料工业等资源型工业比重大。据全国经济普查数据，2004年，规模以上工业总产值中，西部民族地区的采掘工业产值占12.36%，到2008年这一比重提高到17.26%；相反，高技术产业产值比重却大幅度下降。根据魏后凯的研究，西部地区产业发展层次低，采掘和原料工业比重大，产业链条短，加工深度和综合利用程度低。更重要的是，由于能源、原材料等重化工业的快速扩张，近年来这种格局在进一步强化，西部一些地区产业结构呈逆向调整态势，结构低级化趋势进一步强化。例如，2001~2008年，在规模以上现价工业总产值中，内蒙古资源性产业所占比重由60.9%提高到70.2%，增加了9.3个百分点。2007年，西部高技术产业增加值仅占规模以上工业增加值的5.6%，比2000年下降3.0个百分点，比东部地区低7.8个百分点。

为什么西部民族地区与东中部经济联系的加强，全国经济一体化程度的提高，而西部民族地区的产业结构却呈现出逆向调整的态势呢？这是必然的吗？若如此，在"十二五"及以后时期，要深入推进西部大开发，政府的政策需要作哪些调整以促进西部民族地区产业结构的深化呢？本文试图对这些问题进行探讨。文章的结构如下：第一部分是问题的提出；第二部分描述西部大开发战略实施以来西部民族地区的产业结构变化，主要是工业结构的变化；第三部分给出一个解释模型，模型基于经典的新经济地理学模型，解释为什么经济一体化程度的提高，边缘区的产业结

* 2009年国家社科基金重大招标项目"新形势下推动民族地区经济社会全面发展的若干重大问题研究"（项目编号：09&ZD011）和教育部人文社会科学研究项目基金资助"中国区域经济协调发展的机制与政策研究——基于新经济地理学视角"（项目批准号：09XJA790014），项目主持人：郑长德。

** 郑长德，1962年生，男，四川广元人，西南民族大学经济学院院长，教授（二级），博士研究生导师，研究方向：国际金融、区域经济与金融。

构会呈现出去工业化（Deindustrialization）的特征；第四部分基于前面的分析，讨论深化西部大开发过程中，政府在推进西部民族地区产业结构优化升级方面需要进行的政策调整。

二、西部大开发以来西部民族地区工业化的特征

（一）工业行业结构的变化

根据国民经济行业分类，工业按行业大类分组包括采矿业，制造业，电力、燃气及水的生产和供应业三类。表1和表2是根据第一次和第二次全国经济普查资料计算得到的，反映了2004年和2008年民族地区规模以上工业的企业数、工业总产值（当年价）、全部产业人员年平均数在采矿业，制造业，电力、燃气及水的生产和供应业的分布情况。比较表1和表2可以看出：

（1）无论是2004年还是2008年，民族地区采矿业的比例都远远高于全国平均水平，例如，2004年，民族地区采矿业企业数占规模以上工业企业总数的比例为9.84%，比全国的3.89%高出5.95个百分点，2008年，民族地区采矿业企业数占规模以上工业企业总数的比例为16.0%，比全国的4.7%高出11.3个百分点；再从采矿业总产值占规模以上工业总产值的比例看，2004年，民族地区为12.36%，高出全国5.35%的7.01个百分点，2008年，民族地区为17.26%，高出全国6.36%的10.09个百分点。

（2）从比较静态角度看，民族地区采矿业的比重在上升，与规模以上工业企业比较，民族地区采矿业企业数从2004年的9.84%上升到2008年的16.0%，采矿业总产值从2004年的12.36%上升到2008年的17.26%，产业人数比例从2004年的17.65%上升到2008年的21.92%。

（3）从采矿业吸纳就业情况看，2004~2008年，民族地区规模以上采矿业企业数从1342个增加到2008年的3005个，增加了123.92%，采矿业总产值从1252.45亿元增加到5124.53亿元，增加了309.16%，从业人员从68.45万人增加到105.23万人，增加了53.73%。因此，民族地区采矿业的就业效应是较弱的。

表1 民族地区规模以上工业行业结构（2004年）

单位：%

	企业数			工业产值			全部从业人员年平均人数		
	采矿业	制造业	电力、燃气及水的生产和供应业	采矿业	制造业	电力、燃气及水的生产和供应业	采矿业	制造业	电力、燃气及水的生产和供应业
全国	3.89	92.96	3.15	5.35	86.89	7.76	9.62	85.58	4.80
内蒙古	16.66	72.66	10.68	13.63	70.95	15.42	23.94	65.23	10.84
广西	5.12	85.44	9.44	2.16	85.89	11.96	5.21	85.41	9.38
贵州	11.63	77.80	10.57	7.92	67.25	24.82	19.58	70.38	10.05
云南	8.49	79.72	11.79	4.64	83.15	12.21	12.67	76.83	10.50
西藏	8.56	47.59	43.85	10.31	68.81	20.88	9.29	61.20	29.51
青海	14.69	69.55	15.77	28.23	49.08	22.69	25.68	61.55	12.77
宁夏	8.31	85.20	6.50	9.40	70.36	20.24	23.00	66.61	10.39
新疆	9.65	75.31	15.03	35.34	57.94	6.72	29.59	59.07	11.32
西部民族地区	9.84	78.77	11.39	12.36	73.08	14.55	17.65	71.85	10.50

资料来源：作者根据《中国经济普查年鉴（2004）》相关数据计算。

表2　民族地区规模以上工业行业结构（2008年）

单位：%

	企业数			工业产值			全部从业人员年平均人数		
	采矿业	制造业	电力、燃气及水的生产和供应业	采矿业	制造业	电力、燃气及水的生产和供应业	采矿业	制造业	电力、燃气及水的生产和供应业
全国	4.70	93.16	2.15	6.63	87.00	6.37	8.88	87.48	3.64
内蒙古	19.48	72.75	7.76	22.91	64.39	12.69	27.13	63.27	9.60
广西	6.49	88.08	5.44	3.51	85.11	11.38	5.06	84.00	10.94
贵州	27.84	63.75	8.41	12.84	64.25	22.92	30.37	60.64	8.99
云南	19.91	69.76	10.33	8.72	80.17	11.11	21.82	69.12	9.06
西藏	25.00	65.91	9.09	28.78	56.07	15.13	23.46	53.63	22.91
青海	12.62	72.62	14.76	29.51	59.14	11.35	26.69	63.83	9.47
宁夏	12.32	82.13	5.55	14.64	69.69	15.68	23.87	65.43	10.70
新疆	14.58	75.52	9.90	36.46	57.52	6.02	32.99	57.26	9.75
西部民族地区	16.00	76.06	7.94	17.26	70.39	12.35	21.92	68.22	9.85

资料来源：作者根据《中国经济普查年鉴（2008）》相关数据计算。

（二）资源性工业的变化

资源性工业是以自然资源的开采、加工为基础的。民族地区自然资源丰裕，是全国重要的资源基地。因此，民族地区工业结构的一个典型特点是资源性工业比重大，而且这些资源性工业产业链条短，加工深度和综合利用程度低。并且，近年来由于能源、原材料等重工业的快速扩张，民族地区工业结构的这一态势在进一步强化。本文统计的资源型工业包括：采矿业，石油加工、炼焦及核燃料加工业，化学原料及化学制品制造业，黑色金属冶炼及压延加工业，有色金属冶炼及压延加工业，非金属矿物制品业，电力、燃气及水的生产和供应业。表3给出了对两次经济普查数据计算的结果，可以看出，目前，民族地区资源性工业企业数占规模以上工业企业总数的一半以上，产值占2/3以上，提供的就业岗位占60%以上。同时，2004~2008年，民族地区资源性工业的重要性在强化，因此，西部大开发以来，民族地区走的仍是一条"卖资源"的传统路子，最近10年，民族地区经济的高速增长，主要是资源性重化工业的快速扩张所起的主导作用的结果。

表3　民族地区规模以上资源性工业的变化

	2004年		2008年	
	绝对数	占比（%）	绝对数	占比（%）
企业单位数（个）	6759	49.54	9784	52.10
工业总产值（当年价格）（万元）	6238	61.57	19944	67.16
全部从业人员年平均人数（万人）	229	58.98	294	61.21

资料来源：作者根据《中国经济普查年鉴》（2004年和2008年）相关数据计算。

（三）高技术产业产值的变化

工业化的另一个重要方面就是高技术产业的发展。表4给出了实施西部大开发以来全国和民族地区高技术产业总产值占规模以上工业总产值的比例的变化。1999年民族地区高技术产业总产值占规模以上工业总产值的比重为4.19%，到2008年该比重下降为2.86%，下降了1.33个百分点，而同期全国水平基本保持稳定。在民族八省区中，除了青海有略微增加外，其余七个省区高技术产业总产值占规模以上工业总产值的比例均在下降。表4显示的另一个信息是民族地区高技术产业发展水平很低。

表4　实施西部大开发以来民族地区高技术产业产值的变化

单位：%

	全国	内蒙古	广西	贵州	云南	西藏	青海	宁夏	新疆	民族地区
1999 年	11.30	2.26	4.86	11.54	3.18	14.42	1.15	3.95	0.92	4.19
2000 年	12.15	2.75	5.00	12.36	3.38	16.27	1.52	2.71	0.61	4.25
2001 年	12.85	3.53	5.43	11.88	3.63	18.89	2.20	2.59	0.55	4.53
2002 年	13.63	5.30	4.98	12.69	3.81	18.82	2.46	3.27	0.49	4.98
2003 年	14.45	4.76	4.94	11.81	3.07	17.01	2.36	2.70	0.41	4.55
2004 年	14.83	3.92	4.17	8.98	2.69	17.97	1.79	2.53	0.62	3.78
2005 年	13.66	3.76	4.50	9.24	2.50	15.29	1.70	2.85	0.54	3.75
2006 年	13.27	3.34	4.14	8.48	2.32	15.48	1.60	1.90	0.53	3.36
2007 年	12.45	2.95	3.79	8.10	2.34	13.88	1.72	2.11	0.62	3.17
2008 年	11.25	2.24	4.08	7.06	2.41	12.04	1.35	1.82	0.46	2.86

资料来源：作者根据《中国高技术产业统计年鉴（2009）》和《新中国六十年统计资料汇编》相关数据计算。

上面分析的几个方面均表明，西部大开发战略实施以来，民族地区经济总量和人均财富水平均有了较大的增加，不过从产业结构演变看，特别是工业结构的变化看，呈现出逆向变化的特征，产业发展的层次不仅没有高级化，而且层次愈来愈低，经济发展对采矿业和资源性产业的依赖愈来愈大，而资源的加工深度和综合利用程度低，这与产业结构演化的一般趋势背离。这种产业结构逆向调整、结构低级化的趋势，可以称为去工业化趋势（Deindustrialization）。

三、边缘地区的去工业化：分析框架

Rikard Forslid（2004）在 Martin 和 Rogers（1995）、Baldwin 等（2003）提出的两区域 FC 模型基础上，建立了包括三个区域的 FC 模型，用以分析经济一体化与区域政策的相互作用。该模型对于分析边缘区的工业化与总体经济的一体化关系也很有意义。本节首先回顾 Rikard Forslid 模型的基本结构，然后利用模型分析边缘区工业化与经济一体化的关系。

（一）Rikard Forslid 模型的基本结构

Rikard Forslid 模型类似于 Krugman（1991）与 Krugman 和 Venables（1995）的著名的核心—边缘模型的结构，但比这些著名的新经济地理学模型要简单得多。

1. 基础模型

考虑由 R 个区域构成的经济体，有两个部门和两种要素。经济中物质资本的总数为 K^W，物质资本可在区域间流动但资本所有者不能流动。工人可以在部门间自由流动但不能在区域间流动。经济中总劳动禀赋为 L^W，区域 j 拥有的劳动和资本占经济体总劳动 L^W 和总资本 K^W 的份额为 s_j，即区域间有规模差异，但区域间资本—劳动比率相同。农业部门用劳动生产同质产品，技术为规模报酬不变，而差异性的制造业产品利用资本和劳动进行生产，技术为规模报酬递增。消费者的效用函数为：

$$U = C_M^\mu C_A^{1-\gamma} \tag{1}$$

式中，μ 和 γ 是常数，且 $\mu \in (0，1)$，$\gamma > 0$，C_A 是同质的农产品消费量。C_M 为制造业产品的消费组合，定义为：

$$C_M = \left[\int_0^N c_i^{(\sigma-1)/\sigma} di \right]^{\sigma/(\sigma-1)} \tag{2}$$

式中，N 是制造业产品种类数，c_i 是第 i 种制造业产品消费量，$\sigma > 1$ 是替代弹性。

每位消费者花在制造业产品上的收入份额为 μ，区域 j 生产的第 i 种制造业产品的区内需求为：

$$x_i = \mu \cdot \frac{p_i^{-\sigma}}{\int_{k=0}^N p_k^{1-\sigma} dk} \cdot Y_j \tag{3}$$

式中，p_i 是第 i 种制造业产品的价格，Y_j 是区域 j 的收入。

同质产品的单位要素需求是一单位劳动，该产品为自由贸易，因此可以把此产品作为计价单位，令：

$$p_A = W = 1 \tag{4}$$

式中，W 是所有区域的工人工资。

假设资本所有者在区域间是充分多样化的，即如果拥有总资本存量的 x%，该区域就将拥有每个区域资本的 x%。因此区域 j 的收入为：

$$Y_j = s_j(L^W + \overline{\pi}K^W) \tag{5}$$

式中，$\overline{\pi}$ 是资本的平均收益，由条件 $K^W\overline{\pi} = \mu E^W/\sigma$ 决定。因而，经济中的资本收益等于经营利润。经济总支出又等于总要素收入 $E^W = L^W + \mu E^W/\sigma$，因此 $E^W = \dfrac{L^W}{1 - \mu/\sigma}$。于是资本的平均收益不变，且为：

$$\overline{\pi} = g\frac{L^W}{K^W}，\quad g \equiv \frac{\mu}{\sigma - \mu} \tag{6}$$

在差异化的制造业产品的生产中，固定成本由资本组成，而可变成本由劳动构成。区域 j 生产 x_i 单位的制造业产品 i 的总成本是：

$$TC_j = \alpha\pi_j + \beta x_i \tag{7}$$

式中，α 是资本的固定成本，β 是每单位 x 需要的非技能劳动。选择适当的单位使得 $\alpha = 1$，这意味着总资本存量等于总企业数，即 $K^W = N^W$。

距离用运输成本表示。运送制造业产品的成本采取的是"冰山式"成本结构：从区域 j 运送一单位商品到区域 k，需要运送 $\tau_{jk} > 1$ 单位。假定贸易成本在两个方向相等，即 $\tau_{jk} = \tau_{kj}$。

制造业企业的利润最大化得到每个差异化产品的价格：

$$p_j = \frac{\sigma}{\sigma - 1}\beta \tag{8}$$

选择 x 的单位使得 $\beta \equiv (\sigma - 1)/\sigma$，这样 $p_j = 1$。

由于固定资本存量和自由进入，资本报酬竞价的结果是全部经营剩余归资本。即：

$$(1 - \beta)x_j = \pi_j \tag{9}$$

所以：

$$x_j = \sigma\pi_j \tag{10}$$

2. 模型的均衡

（1）短期均衡。短期 N^W 的配置固定。M 部门的市场出清条件给出了短期均衡，其中供给由式（10）给出，需求由式（3）给出，利用所有种类的产品的生产者价格为 1：

$$\sigma \pi_j = \frac{\mu Y_j}{p_j^{1-\sigma}} + \sum_{l \in \Re, l \neq j} \frac{\phi_{jl} \mu Y_l}{p_l^{1-\sigma}} \tag{11}$$

式中 $\Re = \{1, 2, \cdots, R\}$，且：

$$p_j^{1-\sigma} = n_j + \sum_{l \in \Re, l \neq j} \phi_{jl} n_l \tag{12}$$

其中，n_j 是区域 j 生产的产品种类数，$\phi_{jl} = \tau_{jl}^{1-\sigma}$ 在 $0\sim1$ 变动，代表 j 和 l 间的贸易"自由度"（0 是自给自足，1 代表无贸易成本）。

制造业部门的非技能劳动数等于 $N^w \beta x$。把式（10）的 x 代入得 $N^w \beta x_j = (\sigma - 1) \pi_j N^w$。假设任一区域 j 支配集聚，这样就排除了角点解，$s_j \geqslant (\sigma - 1) \overline{\pi} N^w / L^w = g(\sigma - 1)$ 成立。这保证了所有区域都有农业部门活动。

（2）长期均衡。长期内，资本在区域间完全流动，以对三区域获得的相对收益提供的激励作出反应。有两类长期均衡：内点均衡的特征是每个区域都有资本分布，所有区域的资本收益相等；角点解是另类均衡，其中一个或两个区域没有资本，因为这些地区的资本收益较低。

Rikard Forslid 模型中，因为资本收益要被返回，因此缺乏通常的需求关联和供给关联，所以与多数新经济地理学模型不同，Rikard Forslid 模型没有呈现出循环累积因果关系，也没有多重均衡或分叉均衡。不过，由于"本地市场效应"，当区域规模不同时，该模型仍要产生集聚；M 部门集中在大市场以节约运输成本。然而，当企业集中在一个市场时，竞争增加会抑制此种效应，这就排除了完全集聚总是均衡的情况。

假设贸易成本对称，利用式（5）、式（6）、式（11）和式（12）求 $\pi_j = \pi_l$，j，$l \in \Re$ 处的内点均衡解为：

$$n_j = \frac{1}{R} + \left(s_j - \frac{1}{R}\right) \frac{(R-1)\phi}{1-\phi} \tag{13}$$

因而，区域的企业数决定于其规模 s_j 和贸易成本水平 ϕ，而与 μ 无关。

求 n_j 对 s_j 的导数：

$$\frac{dn_j}{ds_j} = \frac{(R-1)\phi+1}{1-\phi} \tag{14}$$

可以证明，n_j 增加得比 s_j 快，因为 $\phi > 0$，而且这种效应随贸易自由度而增加，若贸易成本接近 0，此种效应就无限的大。因此，即使从一个区域开始，如果贸易成本足够低，就可得到全部 M 部门。

求 n_j 对 ϕ 的导数：

$$\frac{dn_j}{d\phi} = \left(s_j - \frac{1}{R}\right) \frac{R}{(1-\phi)^2} \tag{15}$$

当 $s_j > 1/R$ 时该导数为正。这说明随着贸易成本的下降，产业会向那些比平均禀赋大的区域集聚。

（二）经济一体化与边缘区的去工业化

现在考虑由 3 个不同规模的区域组成的经济，例如中国经济由东部地区、中部地区和西部地区三大地区组成：$s_1 > s_2 > s_3$。区域 1 的初始禀赋最大，是核心区；区域 2 可能是一个区域中心；区域 3 的初始禀赋最低，是边缘区。区域间贸易成本假定是对称的，经济一体化意味着区域间贸易成本的下降。利用下面这些参数值进行数字模拟：$\sigma = 4$，$\mu = 0.3$。区域禀赋份额为：$s_1 = 0.45$，$s_2 = 0.35$，$s_3 = 0.2$。

图 1 表示了随着贸易自由化 ϕ 的增加，产业份额的变化。由式（15）可见，在一体化的第一阶段，区域 1（核心区）的产业快速增加，区域 3（边缘区）的产业份额快速下降，而区域 2 的产

业份额缓慢增加。随着经济一体化的进一步发展，区域3（边缘区）的制造业份额会继续下降，直到完全去工业化为止，此时三区域模型中 $n_3 = 0$，解得：

$$n_j = \frac{s_j - \phi s_k}{(s_j + s_k)(1 - \phi)} \tag{16}$$

式中，j，$k \in 1$，2，$j \neq k$，对 ϕ 微分得：

$$\frac{dn_j}{d\phi} = \frac{s_j - s_k}{(s_j + s_k)(1 - \phi)^2} \tag{17}$$

因而，余下的两个区域中，随着贸易成本的下降，禀赋较大的区域将获得产业。图1这一效应反映的是，一体化的进一步推进，将导致区域2的制造业份额的快速下降，区域1（核心区）的制造业份额缓慢增加。

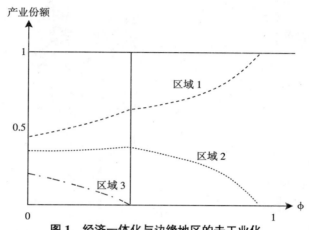

图1　经济一体化与边缘地区的去工业化

资料来源：Rikard Forslid（2004）。

西部民族地区相对于东中部地区，远离全国经济核心区和政治核心区，是典型的边缘区，初始的人口份额和资本份额远低于东中部地区。西部大开发以来，大规模的基础设施建设，特别是连接西部地区与东中部地区的高速公路、铁路及航空港的建设，极大地降低了东中西之间的运输成本和贸易成本，经济一体化程度得到深入推进，式（15）表明，在 $s_j < 1/R$ 的情况下，$dn_j/d\phi < 0$，所以作为边缘区的西部民族地区制造业产业份额下降，有其必然性。

四、深入推进西部大开发，实现西部民族地区产业
结构升级的政策选择

"十二五"及以后时期，中国将深入推进西部大开发战略，这对西部民族地区而言，既是重要的发展机遇，同时也应该清楚地认识到，随着西部大开发战略的深入实施，西部地区的基础设施将继续得到改进，包括运输成本在内的贸易成本将继续下降，与东中部地区的经济联系将更加密切，全国经济一体化程度将进一步提高。在此过程中，根据前面的分析，如果没有政府的干预，或者政府干预不恰当，西部民族地区的产业结构有可能会进一步低端化，去工业化趋势会继续下去。为促进西部民族地区产业结构的升级，中央政府应在政策上给予支持，以加快推进资源型经济的转型，将资源优势转化为产业优势和竞争优势，着力培育发展接续替代产业和战略性新兴产业，促进产业适度多元化，切实提高可持续发展能力。

（一）鼓励国有的资源型企业把企业总部迁移到资源所在地

目前，国有资源型企业，尤其是大型企业的企业总部均设在发达地区或核心区，它们在民族地区进行资源开发，然后把利润汇回总部所在地区，同时资源所在地还会流失一部分资源税收，这降低了资源所在地的资本禀赋。如果把企业总部迁移到资源所在地，会增加这些地区的资本禀赋，从而增加产业份额。

设国有资源型企业的资本存量占总资本存量的比例为 s_G，于是国有资源型企业的资本存量为 $s_G K^W$。如果政府要求把国有资源型企业搬到最小区域 3（边缘区），这意味着：

$$n_3 = \max \left\{ \frac{s_3(2\phi + 1) - \phi}{1 - \phi} , \ s_G K^W \right\} \tag{18}$$

图 2 的实线绘出了 $s_G = 0.1$ 时产业的均衡区位。可以看出，区域 1 和区域 2 的产业份额有所下降，而区域 3 的产业份额随着经济一体化程度的提高而保持不变。

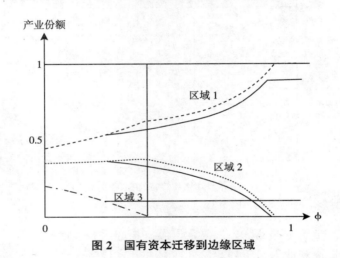

图 2　国有资本迁移到边缘区域

政策在把资本迁移到边缘区的同时，也伴随着劳动力向边缘区的流动，这增加了边缘区的支出份额。图 3 的实线绘出了 s_j 的 5% 从区域 1 移到区域 3 的情形，因此，边缘区的制造业份额随一体化程度的提升而保持不变。

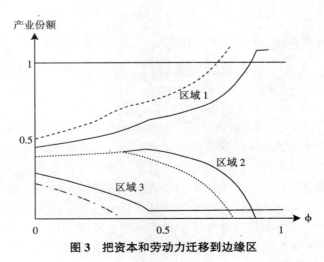

图 3　把资本和劳动力迁移到边缘区

（二）西部民族地区的基础设施建设

基础设施建设是西部大开发战略的一个重要内容。就交通通信而言，边缘区基础设施的改进有两个不同的重点：一是区际间运输成本的下降；另一个是区域内运输成本的下降。就本文的模型而言，考虑降低区域 1 和其他区域的交易成本的政策，而区域 2 和区域 3 的贸易成本不变。假设 $\phi_{12} = \phi_{13} = \phi$，解模型得：

$$n_1 = \frac{2(1 - s_1)\phi^2 + (s_1 - \phi)(1 + \phi_{23})}{(1 - \phi)\phi_{23} - \phi(3 - 2\phi) + 1} \tag{19}$$

考虑 ϕ 增加的影响，贸易成本对称：

$$\frac{dn_1}{d\phi_{\phi_{23}=\phi}} = \frac{s_1(2\phi + 3) - 1}{(1 - \phi)^2} \tag{20}$$

如果 $s_1 > 1/3$，这一政策使得产业向区域 1 集聚。而其他区域会失去产业。因而，该政策使边缘区的去工业化更加严重。如果 s_1 小，且 ϕ 低，式（21）的导数就为负，这意味着禀赋低于平均水平的较小的区域要失去产业。

下面考虑改进边缘区基础设施的政策，即保持 ϕ 不变，ϕ_{23} 增加。求式（20）对 ϕ_{23} 的微分得：

$$\frac{dn_1}{d\phi_{23}} = -\frac{2\phi s_1}{(1 + \phi_{23} - 2\phi)^2} \tag{21}$$

该导数总为负。因而，改进边缘区内的基础设施导致产业从核心区迁移到边缘区。该效应也随着 ϕ 的增加而变强。

具体地，考虑基础设施政策，增加了 ϕ_{23} 使得 $\phi_{23} = 1.1\phi$。图 4 说明产业份额随 ϕ 而增加，如式（22）所表明的该政策使产业移出区域 1，但赢家是区域 2，区域 2 的制造业份额最初大体保持稳定，以后当 ϕ 很高时，其产业份额会有很快的提升。为何产业向区域 2 集聚而不是区域 3，正如式（21）所揭示的，对于小的 s_1，式（21）为负，即低于平均禀赋的区域在贸易成本下降时失去产业。

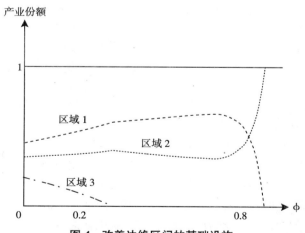

图 4 改善边缘区间的基础设施

因而，政策制定者若希望保持住边缘区的产业，应该改进边缘区内的基础设施而非核心区与边缘区间的基础设施。

（三）区域补贴

主要是指对边缘区实施补贴。假设补贴是对经济征收比例所得税融资的，税率为 t。补贴 z_j 是成比例的和区域导向的，为简单起见，假设只给资本补贴，可看成是投资补贴。引入资本补贴后，区域 j 的均衡产业份额为：

$$n_j^{subs} = \frac{(1+z_j)^2\left[2\phi^2(s_j-1)-s_j(1+\phi)\right]+\phi^2+\phi}{(\phi-1)\left[(2z_j+z_j^2)(2\phi+1)s_j-2(z_j+1)^2\phi+\phi+1\right]} \qquad (22)$$

式（23）表明，$\phi\to1$，$n_j^{subs}\to\infty$，这反映了下面的事实：当贸易成本足够低时，补贴将支配企业区位选择，因为在其他条件不变时，企业与自由贸易的区位无差异。

考虑给最小区域 3（边缘区）的资本补贴为 $z_3=0.03$，对所有区域的劳动征税融资。图 5 绘出了式（23）及区域 1 和区域 2 的多元化产品种类数随贸易成本下降的变化。可以看出，随贸易成本的降低，边缘区（区域 3）的去工业化有些延迟但不可避免，但当贸易成本变得充分低时，给区域 3 的补贴支配着企业的区位选择，结果区域 3 再工业化发生。

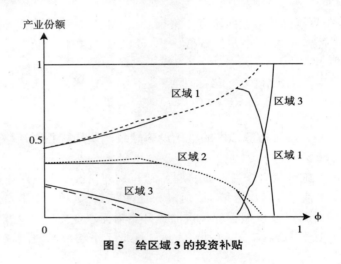

图 5　给区域 3 的投资补贴

五、结　论

本文分析了西部大开发以来西部民族地区产业结构的变化，发现其产业结构呈现出逆向调整（去工业化）和结构低级化的态势，产业发展层次低，采掘和原料工业比重大，产业链条短，加工深度和综合利用程度低。然后，基于 Rikard Forslid（2004）的一个简单模型，分析了随着贸易成本下降，经济一体化程度的提高，边缘区去工业化发生的机制。本文认为，西部民族地区相对于东中部地区，远离全国经济核心区和政治核心区，是典型的边缘区，初始的人口份额和资本份额远低于东中部地区。西部大开发以来，大规模的基础设施建设，特别是连接西部地区与东中部地区的高速公路、铁路及航空港的建设，极大地降低了东中西之间的运输成本和贸易成本，经济一体化程度得到深入推进，西部民族地区产业结构的逆向调整有其必然性。

本文认为，"十二五"及以后时期，伴随着西部大开发战略的深入推进，西部地区的基础设施将继续得到改进，包括运输成本在内的贸易成本将继续下降，与东中部地区的经济联系将更加密切，全国经济一体化程度将进一步提高。如果没有政府的干预，或者政府干预不恰当，西部民族地区的产业结构有可能会进一步低端化，去工业化趋势会继续下去。本文提出，为促进西部民族地区产业结构的升级，中央政府应在政策上给予支持，政策支持的中心在于在民族地区保持住制造业份额，为此可供选择的政策包括：鼓励国有资源型企业把企业总部迁移到西部民族地区，这将伴随资本和劳动向西部民族地区的流动，增加了西部民族地区的支出份额，从而增加西部民族地区制造业份额；大力加强西部民族地区内部基础设施的建设，理论与实践证明，旨在强化西部民族地区与东中部地区联系的区域间基础设施建设会加快产业向核心区的集聚，而区域内的基础设施建设，对于提高西部民族地区的支出份额是有益的；对西部民族地区企业实施投资补贴，这对于延迟其去工业化和再工业化有重要作用。

参考文献

［1］魏后凯. 中国西部经济发展报告（2010）［M］. 北京：社会科学文献出版社，2010.

［2］国务院第一次全国经济普查领导小组办公室编. 中国经济普查年鉴（2004）［M］. 北京：中国统计出版社，2006.

［3］国务院第二次全国经济普查领导小组办公室编. 中国经济普查年鉴（2008）［M］. 北京：中国统计出版社，2010.

［4］国家统计局等编. 中国高技术产业统计年鉴（2009）［M］. 北京：中国统计出版社，2009.

［5］政治局研究深入实施西部大开发战略［N］. 人民日报，2010-05-29.

［6］Rikard Forslid. Regional Policy, Integration and the Location of Industry in a Multiregion Framework, http：//www.cepr.org/meets/wkcn/2/2333/papers/forslid.pdf，2004.

［7］Martin, Philippe, Rogers, Carol Ann. Industrial Location and Public Infrastructure［J］. Journal of International Economics，1995（39）：335-351.

［8］Baldwin, Richard, Rikard Forslid, Philippe Martin, Gianmarco Ottaviano, and Frédéric Robert-Nicoud. Public Policies and Economic Geography. Manuscript，Graduate Institute of International Studies，Geneva，2001.

［9］Krugman, P. Increasing Returns and Economic Geography［J］. Journal of Political Economy，1991（99）：483-499.

［10］Paul Krugman and Venablese. Globalization and the Inequality of Nations［J］. Quarterly Journal of Economics，1995（60）：857-860.

地区竞争、体制扭曲与产能过剩的形成机理*

——兼与林毅夫先生商榷

江飞涛　耿　强　吕大国　李晓萍**

一、引　言

自 20 世纪 80 年代以来，"重复建设"、"过度竞争"、"过度投资"和"产能过剩"等相类似的问题，一直困扰着经济政策部门。① 政策部门认为"重复建设"、"过度竞争"、"产能过剩"等类似问题，会导致产业组织恶化、企业利润下降、亏损增加、加大金融风险、严重浪费资源，使资源环境约束矛盾更为突出，使经济结构不协调的问题更为严重，影响国民经济持续、健康、协调发展。因而，对于重复建设、产能过剩形成机理的研究上，一直存在两种截然不同的研究传统：一种传统是以"市场失灵"来解释产能过剩、重复建设的形成机理；另一种则是以转轨经济中体制缺陷对经济主体行为的扭曲来解释。两种不同的研究传统，意味着两种完全不同的治理政策。以"市场失灵"来解释产能过剩的形成机理，意味着政府应该通过干预市场方式来治理产能过剩、矫正市场失灵；而以体制扭曲来解释产能过剩的形成，则意味着政府应该通过完善相应市场制度来治理产能过剩。政策部门更倾向于认为产能过剩、重复建设是"市场失灵"的结果。长期以来，政策部门以包括市场准入、项目审批、供地审批、贷款的行政核准、目录指导、强制性清理等行政管制政策来治理重复建设、产能过剩。同时，重复建设、产能过剩及其"市场失灵"解说成为政府部门广泛干预微观经济的最为重要的依据（江飞涛、李晓萍，2010）。

（一）以"市场失灵"解释产能过剩形成的主要理论及其缺陷

以"市场失灵"解释产能过剩形成的研究传统，可以追溯到社会主义政治经济学对于经济周期的认识。早期的研究认为，市场经济社会化生产中投资决策的分散化和无政府状态导致了重复

---

　　* 国家社科基金重点项目"转轨体制下中国工业产能过剩、重复建设形成机理与治理政策研究"（项目批准号09AZD017）；国家社科基金重点项目"产能过剩治理与投融资体制改革研究"（项目批准号 09AJY002）；国家社科基金重大招标项目"重点产业结构调整和振兴规划研究"（项目批准号 10zd&026）；教育部基地重大项目"金融创新、资本市场与区域经济增长"（项目批准号 10JJD790027）；南京大学人文社会科学"985 工程"改革型项目"提升自主创新能力问题研究"（项目批准号 NJU985FW01）。

　　** 江飞涛，中国社会科学院工业经济研究所市场与投资研究室；耿强，南京大学长江三角洲经济社会发展研究中心，南京大学经济学院，中国社会科学院工业经济研究所；吕大国，南京大学经济学院；李晓萍，中山大学管理学院。

　　① 这几个概念描述的基本上是同一现象，它们之间的差异在于描述现象时侧重点上有所不同。"过度投资"等概念侧重在现象的前端即生产能力的过度投入上，而"重复建设"和"产能过剩"侧重在产能的大量闲置上，"过度竞争"和"恶性竞争"侧重在激烈的价格竞争和企业亏损增加方面。

建设；随后的研究中，多数学者运用产业组织理论，将"不合理重复建设"、"过度竞争"的形成，解释成为一种市场失灵。最具代表性的有四种理论观点：①低集中度的市场结构导致重复建设；②行业低进入壁垒和高退出壁垒的结构性特征导致重复建设；③以过度进入定理解释过度竞争或重复建设；④以保有过剩生产能力促进企业间的价格合谋来解释重复建设或过度竞争。然而，江飞涛、曹建海（2009）对这四种观点的理论依据进行了深入探讨，指出这四种观点的理论依据存在根本缺陷。

近年来，在延续前一种传统的研究中与林毅夫（2007），林毅夫、巫和懋、邢亦青（2010）的研究颇有影响。林毅夫（2007）把产能过剩归结为是一种"潮涌"现象，认为中国是一个发展中国家，存在着"后发优势"，很容易正确预测产业的前景并达成共识，而良好的社会共识又引发大量的企业进入某个行业，出现投资的"潮涌"。这一假说试图说明，发展中国家由于其阶段性特征会产生有别于发达国家周期性波动中产能利用不足的严重产能过剩现象。"潮涌"在一定程度上是，发展中国家产业升级过程中，新行业市场需求快速增长带动产能投资相对集中与高速增长特征的描述。① 但是，"潮涌"现象必然导致严重的产能过剩。在一个技术成熟、产品市场已经存在、有前景且似乎充满确定性的产业，投资者几乎不考虑其他市场进入者数量与投资规模，集体对未来市场供需状况产生持续、严重的错误预期，本身就是异常矛盾的。即便在一个技术成熟、市场已经存在的新产业中，市场需求规模、结构及其变化趋势仍然面临高度的不确定性，该产业具体在什么时间迎来市场规模的高速增长，在某一具体时间市场需求规模多大，在未来这一市场规模将面临什么样的变化，未来市场上会出现多少新的供给者以及供给规模、成本如何，未来市场的供需平衡状况是什么样，这些都将是高度不确定的，在投资风险、投资损失和投资收益自我承担的经济体制中，即便存在"潮涌"现象，投资失败的风险和损失依旧是约束企业投资冲动的重要力量。还需要进一步指出的是，对这些新的、有前景的行业，企业、政府也并不存在对未来市场预期的所谓共识，不同预期之间往往分歧巨大；② 也根本不存在所谓全社会对于行业良好方向（产业升级方向或总需求等）的正确预见，在钢铁、汽车、电解铝等行业发展中，社会各方对于需求规模的预测均与实际需求存在巨大差异。

林毅夫、巫和懋、邢亦青（2010）试图在林毅夫（2007）论文的基础上，阐述"潮涌"现象和产能过剩的形成机制。该文在延续全社会对行业的良好前景（特别是总需求）可正确预见并形成共识假定的基础上，构建了一个先建立产能再进行市场竞争的动态构架，探讨各企业对行业内企业数目和投资总量不确知情况下的产能投资行为，并指出"行业内企业总数目不确知"情形下可能会出现产能过剩的现象，实际上这种不确知情形下同样可能会出现产能不足的现象。模型中，企业进行产能投资决策时，必须在未来（可能）出现产能不足时（实际企业进入数目不足）尽可能获取风险收益，以及未来（可能）出现产能过剩时（实际进入企业数目过多）尽可能减少风险损失之间进行权衡，企业选择的均衡产能满足边际风险损失与风险收益相等的条件；从社会总福利的角度来看，则是面临尽量减少（可能出现的）产能不足且消费者需求不能得到满足时消费者剩余的损失，与尽量减少（可能出现的）产能过剩时与生产者福利损失之间的选择；企业选择均衡产量时，社会总体产能投资数量同时也是社会总福利期望值最大化时的数量。在模型中，可能出现的产能过剩实际上只是不完备信息假设条件下对均衡状态的偏离，这种偏离是现实世界中市场的真实、正常现象，并不需要宏观政策之外的其他政策关注。在现实经济中，经济主体的信息

---

① 在某个行业市场需求规模快速增长的过程中，大量企业的进入、投资的相对集中以及产能的快速增长是企业和市场的正常反应，具有很强的合理性，本身不应该被诟病。

② 例如，在钢铁工业（铝工业）快速发展的过程中，关于中国到底需要多少吨钢（铝）的激烈争论从未停止过，不同意见之间分歧巨大；在汽车工业发展的过程中，对于轿车是否能进入家庭就发生过激烈的争论，对于汽车市场需求规模的争论也从未停止，各方对于未来市场的前景同样存在很大的分歧。

从来就是不完备的，市场始终处于供需动态匹配并趋于均衡的过程中，对于均衡状态的偏离与回复都是市场的常态。市场的发现机制、纠错机制以及有效利用分散局部知识的特质，能迅速发现这种偏离并引导市场迅速趋向动态均衡。林毅夫、巫和懋、邢亦青（2010）高估了发展中国家新行业市场需求急剧扩张对于产能过剩出现的概率和程度的影响。例如，文中假设在行业企业实际数目概率分布的无偏估计不变的情况下，市场规模急剧扩大并被正确预计时，产能过剩发生的概率与程度都会增大。然而，事实上，市场规模急剧扩大并被各方准确预期的时候，那么企业对于未来市场上该行业企业预期的数目将会增加，这会在很大程度上抵消市场急剧扩张而形成产能过剩的影响。又如，文中认为当产能投资的沉没成本很低时，将使得产能过剩发生的概率明显增加，产能过剩可能发生的程度也会更为严重。然而，产能投资的沉没成本越低，产能过剩导致的福利损失越小，退出成本也越小，产能过剩发生时的调整也更为迅速。

（二）以体制扭曲解释产能过剩形成的主要理论与不足

以转轨经济中体制缺陷对经济主体行为扭曲的研究传统，可以追溯到科尔奈（中文版，1986，2007）对社会主义经典体制以及转轨体制下"投资饥渴症"的论述。科尔奈的开创性研究为产能过剩的形成机理探讨开辟了一个独特、有益的视角。国内一些学者延续了（张维迎和马捷，1999；杨培鸿，2006；皮建才，2008）这一研究传统，进一步从中国经济转轨过程中的体制缺陷来解析重复建设的形成，其研究更多地结合了中国经济转轨过程中的实际情况，在一定程度上发展和补充了科尔奈的研究，为我们深入认识产能过剩的形成机理提供了有益的思考。但这些研究有的存在一些问题，需要进一步的探讨（江飞涛、曹建海，2009）。

20世纪90年代末以来，许多学者关注到了现阶段转轨过程中发生的显著变化，并将地区竞争中地方政府对于投资的不当干预作为重复建设的根本性原因。郭庆旺、贾俊雪（2006）指出，地方政府在财政利益和政治晋升的双重激励下，总是有利用违规税收和土地优惠政策进行引资的强烈动机，继而引发企业的投资冲动；周黎安（2004）指出，中国的地方官员在类似于政治锦标赛式的晋升体制下，更为关心自己与竞争者的相对位次，政府官员不愿意合作却愿意支持"恶性"竞争，各级地方官员在招商引资过程中进行恶性竞争，并以此解释中国地方保护主义和重复建设的形成原因。北京大学中国经济研究中心宏观组（2004）认为，地方政府、企业和银行三方共谋土地和贷款两种最关键的生产要素，导致过度的投资。李军杰、钟君（2004）和李军杰（2005）认为，过分注重经济增长、招商引资的政绩考核决定性的引导了政府官员的行为，不完善的市场体制使地方政府能控制稀缺资源，进而保障地方政府的意愿得到实现。在这样的约束条件下，地方政府给投资者提供各种各样的优惠条件，例如：零地价、税收优惠、压低电价等，这极大地降低了私人投资成本，使私人投资成本远远低于社会成本，从而扭曲企业的投资行为，使企业进行过度的产能投资。周黎安、李军杰、郭庆旺等人的研究，暗含了这样一层意思，即：地区之间对于资本流入普遍的补贴性竞争是导致产能过剩的主要原因。这为我们进一步分析现阶段的产能过剩形成机理提供了很好的思考与借鉴。但这些研究有的侧重于地方政府行为，有的侧重于产能过剩的宏观影响，而对于地方政府的不当经济干预行为如何扭曲企业的投资行为，并最终导致产能过剩的形成机理则很少涉及。

（三）补贴性竞争的相关研究

对于补贴性竞争的研究在新国际经济学中有不少的讨论，大体上可以分为以下两类：第一类文献是战略性贸易理论中关于出口的补贴性竞争方面的，Helpman and Krugman（1989）将两国政府策略行为之间的相互影响加以考虑并建立了一个两阶段博弈模型，在这一模型中，两国政府对各自企业的出口提供补贴并进行补贴性竞争，从而分析这种补贴性竞争可能导致的福利效应。

Neary and Leathy（2000）扩展了 Helpman and Krugman 关于出口补贴竞争的研究第二类文献是围绕地区（国家）之间为争取 FDI 流入而进行的补贴性竞争展开，例如：Bond and Samuelson（1986）以及 Doyle and van Wijnbergen（1984）建立模型分析不同国家（地区）之间采用免税期方式进行税收竞争以争取 FDI；Barros and Cabral（2000）建立模型分析两国为吸引来自第三国 FDI 而进行的补贴竞争，并比较竞争性补贴、零补贴与最佳优先补贴情况下的福利情况；Facundo Albornoz 等（2009）建立了一个为竞争跨国企业投资进行补贴性竞争的三阶段博弈模型，并分析其福利效应；Parcero（2007）建立了一个将中央政府、两个地区和一家跨国公司考虑在内两阶段模型，分析地区补贴竞争对于国家整体福利的影响以及中央政府的最优政策。对于中国而言，地区之间对于吸引投资（既包括大量的国内投资，又包括 FDI）的补贴性竞争更为激烈和普遍。虽然，新国际经济学中对于补贴性竞争的研究并不能照搬过来用于中国地区之间补贴性竞争的分析，但也提供了很有益的参考。

总体而言，从地区竞争与体制扭曲的角度探讨产能过剩形成机理的研究，大多是零散的，未能系统而完整地阐述中国转轨体制下产能过剩的形成机理，也未建立相应的理论模型。本文试图从以下三部分着手，建立模型系统阐述产能过剩的形成机理：①深入分析中国现有政治经济体制下地方政府为什么具有强烈的动机采取各种手段竞争资本流入；②深入分析中国转轨经济中体制缺陷如何为地方政府吸引资本流入且提供了哪些不当竞争的手段；③解析地方政府这些竞争资本流入的不当手段如何扭曲企业的投资行为并导致行业产能过剩（或重复建设）。

二、产能过剩形成的体制基础与机理

（一）地方政府不当干预企业的强烈动机及其体制原因

改革开放以来，中国地方政府在地区经济增长中，扮演了一个非常重要的角色。它们以超乎寻常的热情寻求一切可能的投资机会，以推动地方经济的发展（周黎安，2007）。地方政府之所以具有强烈的干预企业投资和利用各种优惠政策招商引资的动机，主要基于两方面的原因：一是财政分权使地方政府具有采用不当手段推动投资的强烈动机；二是官员政治晋升体系使地方政府具有采用不当手段推动投资的强烈动机。

1. 财政分权与地方政府采用不当手段推动投资的热情

在传统的计划经济体制下，地方政府只是行政体系中的一级组织，不具有"经济人"的特征。然而，随着放权让利改革的深化以及"分灶吃饭"财政体制的实施，地方政府被赋予了具有较强独立性的经济利益，在整个经济体系中具有了"准市场主体"的地位，具备了"经济人"的特征。经过多年的改革，地方政府具有了自己的经济利益和经济地位，为地方追求经济利益的最大化提供了动力，为地方政府确立了追求经济发展的目标。因为财政分权使地方政府的各种利益和地区经济发展的相关性大大提高。经济增长、就业率的实现在很大程度上取决于当地的投资量和投资项目状况，由此地方政府具有很强的动机争取资本资源，扩大投资规模。

由于财政分权后地方政府具有独立的经济利益，有比较强烈的动机推动投资发展经济，扩大税基增加财政收入。钱颖一（Qian and Roland，1998）和 Jin 等（2005）就曾指出，中国地方政府具有推动投资和经济发展的强烈动机，主要有两个基本原因：第一个是行政分权，中央政府从 20 世纪 80 年代初开始就把很多经济管理的权利下放到地方，使地方政府拥有相对自主的经济决策权；第二个是以财政包干为内容的所谓财政分权改革，中央把很多财权下放到地方，而且是财政包干合同，使得地方和中央分享财政收入，后来的分税制改革延续了这一思路，使得地方政府具有相对独立的经济利益。

财政分权改革以后，中国地方政府具有显著的"法团化"（Lacal State Corporatism）趋势。所谓"法团化"，指的是地方政府直接介入经济，担任管理企业的角色的过程，以及各级政府、政党与所辖企业形成的一个类似大型企业的利益共同体。在经济转轨时期，先有党、政、地方企业，后来又有地方民营企业，它们相互结合，形成一定意义上的法团组织，构成了中国经济改革的微观层次上的制度基础。在一般的情况下，具有"法团化"趋向的地方辖区往往把宏观经济稳定、收入分配公平和环境外溢影响都视为"外部性"问题，并将尽可能多地争取外来投资、金融资源、上级政府资助或特别优惠（Qian and Roland，1998）。

2. 官员政治晋升体系与地方政府采用不当手段推动投资的热情

地方政府干预企业的投资的另一个重要的动机，是现有以考核 GDP 增长为核心的政府官员政治晋升体制，使得政府官员有很强的动力推进本地投资和经济增长。虽然财税激励无疑是构成地方政府行为的一个重要动力，但作为处于行政金字塔之中的政府官员，除了关心地方的财政收入之外，自然也关心其在"官场"升迁中的机遇。这种激励在现实中可能更为重要。周黎安（2004，2007）以晋升锦标赛模型，详细分析在中国官员政治晋升体系下，地方政府和地方官员的行为特征。周黎安（2007）认为中国地方官员的晋升体系非常类似于晋升锦标赛模型，其理由有四点：①中国是中央集权的国家，中央和上级部门具有集中的人事权。②无论省与省之间，还是在市、地区、县、乡之间都有非常相似的地方。中国从计划经济时代就已经显出端倪的 M 型经济结构，使得各个省区（包括省以下的区域经济）的经济绩效具有相当程度的可比性。③在中国目前的政治体制下，地方政府官员对当地经济发展具有巨大的影响力和控制力，一些重要的资源，如行政审批、土地征用、贷款担保、各项优惠政策等均掌握在地方政府手中。④跨地区的地方官员之间的合谋在中国目前的晋升体制下不是一个现实的威胁，地方官员之间的高度竞争才是常态。原因在于晋升与不晋升之间存在巨大的利益差异，这不仅表现为行政权力和地位之间的巨大差异，而且在政治前景上也不可同日而语。

中国政府体制的特征是权力的一体化和等级化，地方政府主要面临上级政府的垂直监督，所受的水平方向的监督和制约非常有限，尤其是政府公共服务的直接对象——民众与企业不能直接影响地方官员的任命，虽然他们是最有信息监督和评价政府服务质量的主体。而中国长期以来的属地化分级行政管理体制又强化了地方政府的实际权力，尤其是自由处置权。给定政府目标的多维性和多任务特征，如果上级采取弱激励方式，让官员的晋升与当地经济增长或其他可测度的经济指标脱钩，采取一种模糊和主观的评价方式决定政府的政绩，那势必导致地方官员的自由处置权最终成为官员偷懒、受贿或不作为的特权。这里最大的困难在于，如果人事任免权和对官员的考核均在上级政府，那么上级政府获得关于下级地方官员能力和服务质量信息的成本将是高昂的，这种成本越高，地方官员手里的自由处置权（合法伤害权）的自由度越高。因此，在这种背景下，采用以 GDP 增长为基础的强激励的晋升锦标赛，是对地方官员不受监督和制约的自由处置权的一种引导。周黎安等（2005）运用中国改革以来省级水平的数据系统地验证了地方官员晋升与地方经济绩效的显著关联，他们的研究发现，省级官员的升迁概率与省区 GDP 的增长率呈显著的正相关关系，而且，中央在考核地方政府官员的绩效时理性地运用相对绩效评估的方法来减少绩效考核的误差，增加其可能的激励效果。

晋升锦标赛使得政府官员同时在经济上和政治上竞争，经济竞争由于受到以零和博弈为特征的行政竞争的支配而出现资源配置扭曲的现象。这是因为，晋升职位总是有限的，晋升锦标赛具有一种"赢家通吃"和"零和博弈"的特征，一人提升势必降低别的竞争者的晋升机会，这种激烈的政治竞争就会转化为为了政治收益不计社会经济成本和效益一味推动经济规模增长的竞争

（周黎安，2007）。中国经济的增长很大程度上取决于投资的增长，这种经济和政治上的竞争不可避免地成为各级地方政府不计代价争夺资本流入和投资资源的竞争。因此，地方政府往往在招商竞争时，大大压低土地价格，甚至"零地价"供地，并在税收上提供各种优惠；地方政府甚至为了吸引投资者，在劳动保障和社会福利方面不作为，压低劳动力成本，人为提高投资者的利润空间。

（二）地方政府不当干预企业投资的主要手段及其体制基础

财政分权与以考核 GDP 增长为核心的政府官员政治晋升体制，使地方政府具有不当干预企业投资的强烈动机。而土地和环境的"模糊产权"问题以及金融体系的"预算软约束"问题，为地方政府不当干预企业投资提供了最为重要的手段。在经济转型期，中央政府由于没有足够的制度创新"知识"以及无法全面掌握各个区域的具体情况，从而不得不借助代理人（地方政府）临近现场，通过其能够掌握较多信息的优势去推动制度创新。但是，中央政府在预留给地方政府制度创新空间的同时，客观上也留下了"模糊产权"、"预算软约束"等非规范的制度环境。通过攫取界定模糊的产权（例如辖区内的土地）和预算"软约束"（金融租金）领域的"公共"资源，地方政府获取了对投资进行巨额实质性补贴的能力（李军杰，2004）。此外，环境产权的模糊和环境保护体制中存在的根本性缺陷，也让许多地方政府（特别是经济相对落后的地区）将放宽环保标准、容忍企业在本地区的环境污染作为吸引企业投资的一个重要手段。对于许多高能耗、高污染物排放的行业来说，地方政府的这一措施能在很大程度上降低企业的生产成本，实质上是企业生产成本的外部化。

1. 土地"模糊产权"与地方政府对投资者的低价供地行为

"模糊产权"（Ambiguous Property Rights）是指由于市场环境的变化，新出现的盈利性的资本产权因为没有得到最终控制权的及时、明确地界定，从而处于"开放状态"，进而成为被竞相攫取的"公地"。随着中国城市化和城市面积的迅速扩展，大量农村土地转变为城市土地将不可避免。根据中国的现行法律，农村土地属于农民集体的"集体所有"。但是，由于"集体"和"集体所有"从来就没有得到清晰的界定，这些土地的产权事实上是虚置的，或者说是"模糊"的。在市场经济条件下，由于靠近城市的特殊的区位优势，随着城市化的推进，这些耕地就产生了被用来进行商业性开发从而盈利的可能，即出现了盈利性的资本产权束。而在这些新出现的产权束未能重新得到明确界定的情况下，它就处于"开放状态"，即可能被人们用低成本获得。

在土地征用阶段，地方政府能通过强制手段低成本获取土地，基本上剥夺了失地农民因转变用途而产生的土地增值收益。地方政府取得土地之后，出于本届班子的政绩和可支配资金的最大化，倾向于对不同用途上的土地采取不同步同出让方式的差别定价战略。地方政府会在土地一级市场上垄断性地出让商业和住宅用地获取巨大收益，并获取了以低于征收开发成本价格出让工业用地所需要的财政支持；对于工业用地、仓储用地，地方政府更看重的是工厂建成之后给本地区带来的 GDP、税收、就业等政绩利益和长期利益，倾向于低地价、甚至零地价方式招商引资或者提供给进行投资的本地企业（曹建海，2004）。这一做法实际上是为投资者提供投资补贴，投资者不但获取了土地转变用途的全部增值收益，以低于征地成本和开发成本获取土地，实际上还获取了地方政府代为征用开发土地过程中形成的实质财政补贴。我们把低价供地看作是投资补贴，主要是因为：土地并不是产能投资中的沉没成本，项目运营结束后，可以转让，因而土地购置成本并不是企业产品生产和销售成本的组成部分，政府对企业的投资的低价供地甚至零地价供地行为，可以使得企业在项目运营结束后以市场价格出售土地获取额外的投资收益。

李扬等（2005）进一步指出，问题的复杂性还在于，作为人类一切经济活动的承载物，土地从来就是最优良的信贷发放标的物。政府掌握了土地，也就掌握了对地区金融资源的配置权。由于企业拿到土地之后便可持之到银行要求相应的贷款，因而，土地批租权实质上就演变成地方政府取得信贷的权利。政府及相关官员可以根据自己"政治晋升"的各种政治和经济的目的，对不同企业给予不同的安排。结果，往往是资本密集型、高能耗、高产值的大型企业很容易用较低价格取得土地，而处于发展初期的中小企业却得不到政府应有的支持。

2. "软预算约束"与地方政府主导下的企业金融

在1994年国有银行开始商业化改革之前，中国的金融资源是被中央政府高度集中控制的。在一个相当长的时期中，国有银行实质上承担着政府分配金融资源的任务，其基层机构更只是完成计划的工具。地方政府频繁"跑部"去争取的就不止是无偿的财政资金，还包括事实上也不必偿还的金融资源。从1994年开始的国有银行体制改革，在相当程度上改变了上述状况。但是，由于银行并不真正为其吸收存款的安全负责，同时也并不真正为其贷款的风险负责，其预算约束依然硬不起来。而所谓银行的"预算软约束"，事实上正是政府干预金融活动的另一种表述。

与传统体制相比，正在改革过程之中的商业银行的经营行为已经有了较大的变化。但是，在现代公司治理结构尚不完善的前提下，由于国有商业银行的分支机构掌握着一定的配置金融资源的权利，由于大量的以地方资本为基础且主要服务于地方的金融机构纷纷建立，在中央政府逐步放弃一部分对金融资源的控制权的同时，地方政府在一定程度上承接了干预金融活动的权利。不过，由于地处一隅，地方政府干预金融资源配置的形式有了变化。一方面，它们可以用优厚的"配套"条件或其他因素来诱引银行在本地投入金融资源；另一方面，它们则更多地通过默许、容忍，鼓励本地企业用展期、拖欠甚至逃废债的方式来攫取全国性金融资源。由于国有银行的预算约束仍然是软的，由于中央有关当局用无穷尽的"救助"措施一次又一次地容忍甚至确认了这种软预算约束，地方政府的这种攫取全国性金融资源的手段总能够奏效。在这种格局下，地方国有企业（甚至非国有企业）的融资成本和金融风险仍然会由国有银行承担，而且最终还是会转嫁给中央政府（李扬等，2005）。

3. 环境的"模糊产权"、环保制度缺陷及地方政府对本地企业环境污染的纵容

环境产权具有公共品的特征，外部性比较强，许多环境资源缺乏清晰的产权，政府可以通过制定或维护适当的制度安排以建立产权制度，提高环境效率；在已经存在产权但实施产权的成本非常高的情况下，政府会通过健全法律和司法结构以纠正外部性造成的损失，从而提高环境效率。近年来，虽然中央政府越来越关注环境保护问题，也加大了环境保护的投入，在环境保护制度上做了一些调整。但是，在推进环境产权的优化、完善和健全环境保护相关法律以及保证法律的有效执行上进展很有限。中国在环境产权的分割和清晰化方面严重落后于发达国家，污染企业的责任和居民的公共权益很不明晰，对于环境违法行为所规定的法律责任要求不严，基本上没有刑事制裁条款，对环境违法者基本上不处罚，就是处罚大多也是行政制裁，很少有法院进行司法审判（高有福，2006）。由于司法的不独立，地方政府对于司法有很大的影响力，当地方政府维护本地企业干预司法时，被污染损害合法权益的居民很难通过法律途径维权。由于在中国的行政体制中，地方官员是对上级负责，并不对选民负责，被污染损害权益的居民也难以通过选票维护其合法权益。

中国的环境监督管理部门实行双重管理体制，即各地区的环境保护局，既要接受地方政府、地方党委的领导，又要接受上级环境保护局（部）及党委的监督指导，其中以地方管理为主。在这种管理体制下，充分考虑本地的环保部门对于上级部门所具有的信息优势，地方政府在很大程度上主导了当地环保部门的工作。中国是垂直型的行政体制，中央政府与地方政府是一种委托代理关系，虽然中央政府将环境和经济的协调发展作为整体目标，由于环境观测的信息成本非常高，经济观测的信息成本相对很低，中央政府难以向地方政府提供环境与经济协调发展的激励合同，只能退而求其次，提供以经济增长为核心的激励合同，这种激励合同不可避免地使得地方政府为追求经济增长而忽略环境保护。杨海生、陈少凌和周永章（2008）的实证研究进一步表明，地方政府的环境保护政策是以吸引资本作为首要目标，特别是资本密度比较低的落后地区，往往以非

常宽松的环保政策、以牺牲环境为代价来竞争资本流入和产业转移。宽松的环境政策、对企业环境污染的纵容，会使企业（特别是在高能耗、高污染排放的产业）的生产成本严重外部化。

（三）投资补贴与产能过剩的形成机理

根据以上分析，中国的地方政府有强烈吸引投资推动经济增长的动机，土地的模糊产权使得地方政府能为企业投资提供大量实质性补贴以及重要的融资抵押品，金融体系的软预算约束使得地方政府能够帮助本地企业转嫁融资成本和风险成本，环境的模糊产权和环境保护体制上的缺陷，使得地方政府为吸引投资和固化本地资本牺牲环境，这些使得投资者的私人成本远远小于社会成本，并获取大量来自社会财富转移的外部收益，改变企业投资的激励结构，扭曲企业的投资行为。这种地区之间普遍存在的对于投资的补贴性竞争（Subsidy Competition），导致普遍的投资扭曲。

投资补贴将会严重地扭曲企业的产能投资行为和竞争行为（曼弗里德·诺依曼，2003），而成本外部化必然会导致厂商生产超过社会福利最大化的过剩产量。政府补贴包括以下形式：直接的转移支付、税收豁免、低于市场价格出让土地、为企业提供政府担保以及对公营企业注资等。如果在同等条件下没有私人愿意进行股权投资，那么政府增加股权投入也属于补贴行为。历史上，欧共体各成员国纷纷以大量政府补贴的方式努力扩大其本国钢铁企业的市场份额，导致20世纪70年代中期到90年代初期欧共体钢铁工业严重的产能过剩和社会福利的严重损失。在中国，地方政府主要通过土地政策、税收减免对本地企业以及来本地进行投资的企业进行投资补贴。税制改革前，税收减免是对企业投资进行补贴的主要手段；税制改革之后，地方政府通过税收减免对企业投资进行补贴的能力被削弱了，低价或免费提供土地成为地方政府新的最主要的投资补贴手段。很显然，大量的投资补贴，会使投资企业在产品市场之外获取额外的投资收益，这会显著扭曲投资企业的投资行为，大大增加企业利润最大化时的产能投资和产量。当投资补贴水平达到一定水平时，还会诱使企业为了获取巨额的投资补贴，投资原本亏损的项目或供过于求的行业，甚至进行过度的产能投资（并不用于实际生产，仅仅是为了获取补贴收益），巨额的投资补贴可以弥补企业在产品市场上的亏损，并提供可观的投资收益。地方政府普遍的投资补贴进而导致全社会过多的产能投入和均衡产出（即产能过剩），并引起产品市场上行业整体亏损及社会福利上的损失（江飞涛，2008）。

相对于土地的市场价格，政府低价供地为投资方提供了额外的巨额收益，形成对企业投资的巨额实质性补贴，并大大降低了项目投资中的自有投资，使风险外部化。在实际项目运作过程中，土地还扮演了一个极为重要的关键性角色，即企业将低价或免费获得的土地作为抵押物，从银行获取数量相当于土地市场价值的低息贷款作为投资资金，使企业就可以以很少的自有资金投入推动资本密集项目，形成庞大的生产能力。需要说明的是，这种自有资金的极低投入还会被资产负债表上的会计处理（将低价获取的土地使用权以市值计入自有资本投入）所掩盖。地方政府帮助本地重点扶持企业和本地重点投资项目"协调"银行贷款，干预金融机构信贷投放，进一步减少了投资企业的所需自有投入，使企业投资风险的外部化进一步加剧。这种投资风险成本显著的外部化趋势，导致企业投资行为更具风险性，使得企业倾向于过度产能投资。普遍的投资风险外部化，进而导致全行业的过度产能投资，尤其会使得经济周期性波动过程中的萧条时期出现比较严重的产能过剩。

三、产能过剩形成机理的数理模型

（一）理论模型

我们构建了一个两期博弈模型，博弈的主体为 n 个同质的企业，分别处于 n 个同质的地区，地方政府自身关于企业产能投资的收益函数和成本函数是外生给定的，第 i 个地方政府的收益函数为 R（Q_i），由于地方政府的收益不仅仅是地方政府的财税收入，还包括地方政府官员对于本地区产出的效用，所以地方政府的收益函数就是地方政府的效用函数，那么我们就可以用相对风险厌恶系数来描绘地方政府的收益函数，我们首先对地方政府的收益函数进行一些合理的假设，$R'(Q_i) > 0$，$R''(Q_i) < 0$，$-Q\dfrac{R''(Q)}{R'(Q)} = r$，$0 < r < 1$，这里我们运用了相对风险厌恶系数的概念，它表明收益曲线相对比较平坦，并且随着产能的增大，收益曲线的形状变化较小，实质上这也隐含着地方政府为了较高的收益愿意提供补贴，并且随着企业产能的增加，这种提供补贴的意愿下降较小。显然这样的假设是符合实际情况的。政府提供投资补贴 1 单位所付出的成本为 β（$1 \geq \beta > 0$），主要是因为企业得到的补贴可以是政府直接支付的财政补贴或税收减免，也可以是地方政府低价征地后低供甚至零价格提供给企业后，给企业带来的巨额土地收益，采用低价供地的方式提供投资补贴方式具有杠杆效应，即政府可以以较低的成本提供很高的投资补贴，从而地方政府追求其自身收益的最大化。在第一阶段，企业会根据地方政府的补贴函数、未来的市场收益函数以及自己的产能成本函数来确定自身的产能，并完成产能投资；在第二阶段，企业会根据市场情况确定实际产量。

假设：厂商边际可变成本 = 平均可变成本 = c，市场上存在 n 个厂商，市场反需求函数是 $p = a - nq$，q 为企业的实际产量，企业的产能为 Q，企业得到的每单位产能投资的补贴为 b（Q），企业的投资产能 Q 的成本为 kQ，k 为常数。一旦企业产能建立，则其成本 kQ 被视为沉没成本。

（二）均衡分析

由于第 i 个地方政府追求利益的最大化，即最大化 R（Q_i）－ $\beta b_i Q_i$，由一阶条件解得：$b_i = \dfrac{R'(Q_i)}{\beta}$，这就是第 i 个企业所面临的补贴函数。

采用逆向归纳法：

在第二阶段，第 i 个企业的市场收益为：

$[a - (q_1 + \cdots + q_i + \cdots + q_n)]q_i - cq_i$，s.t. $Q_i \geq q_i$ 约束条件表示企业的产量不能大于产能。

在第一阶段，第 i 个企业的市场收益为：

$$\pi_i = [a - (q_1 + \cdots + q_i + \cdots + q_n)]q_i - cq_i + b_i Q_i - kQ_i \tag{1}$$

即：

$$\pi_i = [a - (q_1 + \cdots + q_i + \cdots + q_n)]q_i - cq_i + \frac{R'(Q_i)}{\beta}Q_i - kQ_i \tag{2}$$

建立拉格朗日函数：

$$L = [a - (q_1 + \cdots + q_i + \cdots + q_n)]q_i - cq_i + \frac{R'(Q_i)}{\beta}Q_i - kQ_i + \lambda(Q_i - q_i) \tag{3}$$

K-T 条件

$$\frac{\partial L}{\partial q_i} = a - (q_1 + \cdots + q_i + \cdots + q_n) - q_i - c - \lambda = 0 \tag{4}$$

$$\frac{\partial L}{\partial Q_i} = \frac{R''(Q_i)}{\beta}Q_i + \frac{R'(Q_i)}{\beta} - k + \lambda = 0$$

$$\frac{\partial L}{\partial \lambda} = Q_i - q_i \geqslant 0, \quad \lambda \geqslant 0, \quad \lambda(Q_i - q_i) = 0$$

当 $\lambda > 0$ 时，$Q_i = q_i$。

则

$$a - (Q_1 + \cdots + Q_i + \cdots + Q_n) - Q_i - c + \frac{R''(Q_i)}{\beta}Q_i + \frac{R'(Q_i)}{\beta} - k = 0 \tag{5}$$

由于对称知 $Q_1 = \cdots = Q_i = \cdots = Q_n$，可以解得 Q_i。

当 $\lambda = 0$ 时，$Q_i > q_i$。

由对称可以解得 $q_i = \frac{a-c}{n+1}$。此时，$\frac{R''(Q_i)}{\beta}Q_i + \frac{R'(Q_i)}{\beta} = k$。

因为 $-Q\frac{R''(Q)}{R'(Q)} = r$，此时，$(1-r)R'(Q_i) = \beta k$。

因为此时 $Q_i > q_i = \frac{a-c}{n+1}$，所以当 $R'\left(\frac{a-c}{n+1}\right) > \frac{\beta k}{1-r}$ 时就会出现产能过剩。

由以上分析可知，投资补贴并不必然导致产能过剩，而是存在两种均衡情况：一种没有出现产能过剩；另一种则出现了产能过剩，只有当补贴水平超过一定数值时（即 $b\left(\frac{a-c}{n+1}\right) = \frac{R'\left(\frac{a-c}{n+1}\right)}{\beta} > \frac{k}{1-r}$）才会出现产能过剩。

显然当其他条件都不变的情况下，n 越大，$q_i = \frac{a-c}{n+1}$ 越小，则 $R'\left(\frac{a-c}{n+1}\right) > \frac{\beta k}{1-r}$ 越容易出现，也就越容易出现产能过剩；同样的，β 越小，则 $\frac{\beta k}{1-r}$ 越小，这样越容易出现 $R'\left(\frac{a-c}{n+1}\right) > \frac{\beta k}{1-r}$ 的情况。而这两者的结合使得产能过剩的情况更容易出现。这表明，当地区投资补贴比较普遍，政府对于产能投资的偏好比较强，而政府提供单位补贴所付出的成本比较小时（例如目前地方政府普遍采用低价提供土地的方式），会使得产能过剩的情况更容易出现。

（三）主要推论

命题1：当 $q = Q$ 时（即投资补贴水平不足以导致产能过剩时），某个地方政府补贴水平的提高（或由于地方政府对于产能投资的偏好加强或由于单位补贴的成本降低导致），会导致本地区的产能增加，其他地区的产能减少以及其他地方政府的收益减少。

证明：为证明方便，以 $n = 2$ 为例。

当 $q = Q$ 时：

假设第一个地方政府的收益曲线向上平移而增加对第一个企业的补贴，这等于第一个企业的补贴函数向外平移。

第一个企业最大化：

$$\pi_1 = \lambda\{[a - (q_1 + q_2)]q_1 - cq_1\} + \frac{R_1'(q_1)}{\beta}q_1 - kq_1 \tag{6}$$

一阶条件得：

$$a - 2q_1 - q_2 - c + \frac{R_1''(q_1)}{\beta}q_1 + \frac{R_1'(q_1)}{\beta} - k = 0 \tag{7}$$

由一阶条件可得：

$$-2dq_1 - dq_2 + d\left[\frac{R_1''(q_1)}{\beta}q_1\right] + d\left[\frac{R_1'(q_1)}{\beta}\right] = 0 \tag{8}$$

因为 $b_1 = \frac{R_1'(q_1)}{\beta}$，所以 $db_1 = d\left[\frac{R_1'(q_1)}{\beta}\right]$。

又因为 $-q\frac{R''(q)}{R'(q)} = r$，所以 $-d[R''(q_1)q_1] = rd[R'(q_1)]$。

因此可得：

$$-2dq_1 - dq_2 + (1-r)db_1 = 0 \tag{9}$$

同理可得：

$$-2dq_2 - dq_1 + (1-r)db_2 = 0 \tag{10}$$

又因为 $b_2 = \frac{R'(q_2)}{\beta}$，所以 $db_2 = \frac{R''(q_2)}{\beta}dq_2$。

代入可得：$-2dq_2 - dq_1 + (1-r)\frac{R''(q_2)}{\beta}dq_2 = 0$，即：

$$\left[-2 + (1-r)\frac{R''(q_2)}{\beta}\right]dq_2 = dq_1 \tag{11}$$

所以有：

$$-2\left[-2 + (1-r)\frac{R''(q_2)}{\beta}\right]dq_2 - dq_1 + (1-r)db_1 = 0 \tag{12}$$

即 $(1-r)db_1 = \left[-3 + 2(1-r)\frac{R''(q_2)}{\beta}\right]dq_2$

因为 $1 - r > 0$，$R''(q_2) < 0$，所以 $(1-r)\frac{R''(q_2)}{\beta} < 0$

所以 $-3 + 2(1-r)\frac{R''(q_2)}{\beta} < 0$

可得：$db_1 - \lambda(2dq_1 + dq_2) = 0 \tag{13}$

所以当 $db_1 > 0$ 时，$dq_2 < 0$，

又因为 $\left[-2 + (1-r)\frac{R''(q_2)}{\beta}\right]dq_2 = dq_1$，而 $-2 + (1-r)\frac{R''(q_2)}{\beta} < 0$，所以 $dq_1 > 0$。

也就是说第一个地方政府增加补贴导致第一个企业增加产量，而第二个企业减少产量。

因为 $db_2 = \frac{R''(q_2)}{\beta}dq_2$，$dq_2 < 0$，所以 $db_2 > 0$，假设第二个地方政府的总补贴额为 B_2，则 $dB_2 = \left[\frac{R''(q_2)}{\beta}q_2 + \frac{R'(q_2)}{\beta}\right]dq_2 = \left[(1-r)\frac{R'(q_2)}{\beta}\right]dq_2 < 0$，即如果第二个地方政府的收益函数不变，则总补贴额下降，而单位补贴额上升。

第二个地方政府的收益为：

$$R(q_2) - \beta b_2 q_2 = R(q_2) - R_2(q_2)q_2 \tag{14}$$

则第二个地方政府的收益变化额为：

$$-R''(q_2)q_2dq_2 < 0 \tag{15}$$

这样可以得出第一个地方政府提高补贴，不仅可以使得自己地区企业的产量上升，其他地区企业的产量下降，而且也可以降低其他地区地方政府的收益。

而 $q < Q$，也就是出现产能过剩时。因为此时，每家企业的产量都是 $q_i = \frac{a-c}{n+1}$，提高补贴只

能增加企业的产能，而不能增加企业的产量。这样一家地方政府提高补贴就不能影响其他地区的产量，也就无法影响其他地区地方政府的收益。

命题 2：寡头市场，投资补贴高于某一定值时，会造成社会总福利的损失。当产能投资补贴达到一定程度时，会导致产能过剩，造成更为严重的社会福利损失。并且投资补贴水平越高，社会总福利损失越大。在竞争性市场中，无论投资补贴会不会导致产能过剩，都必然会带来社会总福利的损失。

证明：当 $q = Q$ 时，即：

$$b\left(\frac{a-c}{n+1}\right) = \frac{R'\left(\frac{a-c}{n+1}\right)}{\beta} \leqslant \frac{k}{1-r} \tag{16}$$

不存在投资补贴时，

第 i 个厂商的利润：

$$\pi_i = [a - (q_1 + \cdots + q_i + \cdots + q_n)]q_i - cq_i - kq_i$$

最大化第 i 个厂商利润的一阶条件为：

$$a - (q_1 + \cdots + q_i + \cdots + q_n) - q_i - c - k = 0 \tag{17}$$

由对称可得 $q_i = \dfrac{a-c-k}{n+1}$，

消费者剩余

$$\prod = \frac{1}{2}(q_1 + \cdots + q_i + \cdots + q_n)^2 = \frac{1}{2}(nq_i)^2 = \frac{1}{2}\left(n\frac{a-c-k}{n+1}\right)^2 \tag{18}$$

第 i 个厂商利润：

$$\pi_i = (a - nq_i)q_i - cq_i - kq_i = \frac{a-c-k}{n+1}\left(a - n\frac{a-c-k}{n+1} - c - k\right) = \left(\frac{a-c-k}{n+1}\right)^2 \tag{19}$$

当存在投资补贴时，

为证明方便，假设补贴为常数 $\bar{b}$，则：

第 i 个厂商的利润：

$$\pi_i' = [a - (q_1' + \cdots + q_i' + \cdots + q_n')]q_i' - cq_i' + \bar{b}q_i' - kq_i' \tag{20}$$

最大化第 i 个厂商利润的一阶条件为：

$$a - (q_1' + \cdots + q_i' + \cdots + q_n') - q_i' - c + \bar{b} - k = 0 \tag{21}$$

由对称可得 $q_i' = \dfrac{a-c+\bar{b}-k}{n+1}$。

消费者剩余

$$\prod{}' = \frac{1}{2}(nq_i')^2 = \frac{1}{2}\left(n\frac{a-c+\bar{b}-k}{n+1}\right)^2, \tag{22}$$

第 i 个厂商利润：

$$\pi_i' = (a - nq_i')q_i' - cq_i' - kq_i' = \frac{a-c+\bar{b}-k}{n+1}\left(a - n\frac{a-c+\bar{b}-k}{n+1} - c - k\right) = \left(\frac{a-c+\bar{b}-k}{n+1}\right)^2 \tag{23}$$

虽然地方政府的补贴成本为 $\beta\bar{b}nq_i'$，但其他补贴来自于社会上的其他部门，所以可以认为补贴社会总成本是 $\bar{b}nq_i' = \bar{b}n\dfrac{a-c+\bar{b}-k}{n+1}$。

消费者剩余增加额：

$$\Delta \prod = \prod{}' - \prod = \frac{1}{2}\left(n\frac{a - c + \bar{b} - k}{n + 1}\right)^2 - \frac{1}{2}\left(n\frac{a - c - k}{n + 1}\right)^2 \tag{24}$$

$$= \frac{n^2}{(n + 1)^2}\left[\bar{b}(a - c - k) + \frac{\bar{b}^2}{2}\right]$$

第 i 个厂商利润增加额：

$$\Delta \pi_i = \left(\frac{a - c + \bar{b} - k}{n + 1}\right)^2 - \left(\frac{a - c - k}{n + 1}\right)^2 = \frac{2\bar{b}(a - c - k) + \bar{b}^2}{(n + 1)^2} \tag{25}$$

则社会福利变化额为：

$$\Delta \coprod = \Delta \prod + n\Delta \pi_i - n\bar{b}q_i = \frac{n^2}{(n + 1)^2}\left[\bar{b}(a - c - k) + \frac{\bar{b}^2}{2}\right] + n\frac{2\bar{b}(a - c - k) + \bar{b}^2}{(n + 1)^2} - $$

$$n\bar{b}\frac{a - c - k + \bar{b}}{n + 1} = \frac{n\bar{b}(a - c - k) - \frac{n^2\bar{b}^2}{2}}{(n + 1)^2} \tag{26}$$

要使得社会福利增加，则必须

$$\frac{n\bar{b}(a - c - k) - \frac{n^2\bar{b}^2}{2}}{(n + 1)^2} > 0, \tag{27}$$

即

$$\bar{b} < \frac{2(a - c - k)}{n}。$$

所以，当单位投资补贴 $\bar{b}$ 超过 $\frac{2(a - c - k)}{n}$ 时，就会造成社会福利小于没有投资补贴时的情形。

因为 $\frac{\partial \coprod}{\partial \bar{b}} = \frac{n(a - c - k) - n^2\bar{b}}{(n + 1)^2}$，

当 $\frac{\partial \coprod}{\partial \bar{b}} < 0$ 时，解得 $\bar{b} > \frac{a - c - k}{n}$，

即 $\bar{b} > \frac{a - c - k}{n}$ 时，随着补贴的增加社会总福利开始下降。而当 $\bar{b} > \frac{2(a - c - k)}{n}$ 时，社会福利小于没有投资补贴时的情形。并且，随着补贴的增加，社会福利的损失也会增加。

在竞争性市场中，$n \to \infty$，$\frac{a - c - k}{n} \to 0$，故当 $\bar{b}$ 为很小正值时，即会导致社会总福利损失。同样随着 $\bar{b}$ 的增加，社会总福利水平将进一步下降。[1] 由于我们的模型假设市场是古诺竞争，这才出现了当补贴是少量时社会福利增加的情况。如果我们采用更为竞争型的模型，例如产能约束以及随机配给规则下 Bertrand 竞争模型，在企业数量较少情形下的均衡状态就能比较接近完全竞争市场时的均衡结果，当 $\bar{b}$ 为很小正值时，就会导致社会总福利损失。

当 q < Q 时，即 $R'\left(\frac{a - c}{n + 1}\right) > \frac{\beta k}{1 - r}$ 时，

第 i 个厂商的利润：

---

[1] 这一结论的成立并不需要借助于完全竞争市场的原子企业假设，在企业数量较多的竞争性市场，围绕价格和市场份额而展开的激烈竞争会使总产量接近于或等于完全竞争模型中的均衡产量，产能投资补贴只能使社会总产量超过无补贴时的均衡产量（也是社会福利最大化时的产量），进而导致社会福利损失，并且补贴越高，导致的社会福利损失越大。

$$\pi_i = [a - (q_1 + \cdots + q_n)]q_i - cq_i + \frac{R'(Q_i)}{\beta}Q_i - kQ_i \tag{28}$$

因为 $q < Q$，所以补贴的增加不会影响 q 的变化。假设 $\dfrac{R'(Q_i)}{\beta} = b$。

则

$$\frac{\partial \pi_i}{\partial b} = Q_i + b\frac{\partial Q_i}{\partial b} - k\frac{\partial Q_i}{\partial b} \tag{29}$$

由利润最大化的一阶条件可知 $(1 - r)R'(Q_i) = \beta k$，且 $\dfrac{\partial b}{\partial Q_i} = \dfrac{R''(Q_i)}{\beta}$，

则

$$\frac{\partial \pi_i}{\partial b} = Q_i + \frac{R'(Q_i)}{\beta}\frac{\beta}{R''(Q_i)} - \frac{(1-r)R'(Q_i)}{\beta}\frac{\beta_i}{R''(Q_i)} = Q_i + r\frac{R'(Q_i)}{R''(Q_i)} \tag{30}$$

又因为 $-Q\dfrac{R''(Q)}{R'(Q)} = r$，所以 $\dfrac{\partial \pi_i}{\partial b} = 0$。

第 i 个地方政府的补贴增加额为 $Q_i db$，补贴的增加只增加了企业的产能，产量 q 不变。因为 q 不变，所以 p 不变，消费者剩余不变。厂商只增加了过剩的产能，造成了资源的浪费，社会福利的损失。

命题 3：对于产能投资的补贴将加剧经济周期性波动中产能利用率的波动，使萧条时期的产能利用率进一步下降。

证明：我们假设企业设计产能时，市场出现繁荣的概率为 θ，出现萧条的概率为 $1-\theta$，萧条时期的需求函数为 $p = a' - nq(a > a')$。

当 $q = Q$ 时，

厂商最大化利润：

$$\pi_i = \theta\{[a - (q_1 + \cdots + q_i + \cdots + q_n)]q_i - cq_i\} + (1-\theta)\{[a' - (q_1' + \cdots + q_i' + \cdots + q_n')]q_i' - cq_i'\}$$
$$+ \frac{R'(q_i)}{\beta}q_i - kq_i \tag{31}$$

s.t.： $q_i \geqslant q_i'$

约束条件意味着萧条时期的产量不能大于繁荣时期的产量即设计产能。

建立拉格朗日函数：

$$L = \theta\{[a - (q_1 + \cdots + q_i + \cdots + q_n)]q_i - cq_i\} + (1-\theta)\{[a' - (q_1' + \cdots + q_i' + \cdots + q_n')]q_i' - cq_i'\}$$
$$+ \frac{R'(q_i)}{\beta}q_i - kq_i + \lambda(q_i - q_i') \tag{32}$$

因为 $q_i > 0$，$q_i' > 0$，

则 K-T 条件为：

$$\frac{\partial L}{\partial q_i} = \theta[a - (q_1 + \cdots + q_i + \cdots + q_n) - q_i - c] + \frac{R''(q_i)}{\beta}q_i + \frac{R'(q_i)}{\beta} - k + \lambda = 0$$
$$\frac{\partial L}{\partial q_i'} = (1-\theta)[a' - (q_1' + \cdots + q_i' + \cdots + q_n') - q_i' - c] - \lambda = 0 \tag{33}$$

$$\frac{\partial L}{\partial \lambda} = q_i - q_i' \geqslant 0,\ \lambda \geqslant 0,\ \lambda(q_i - q_i') = 0$$

假设处于 K-T 条件的解 q_i 处时 $\dfrac{R'(q_i)}{\beta} = b$，则 $\dfrac{R''(q_i')}{\beta}q_i' + \dfrac{R'(q_i')}{\beta} = (1-r)b$。

这样存在两种情况：

（1）$\lambda = 0$，$q_i > q_i'$。

由对称解得 $q_i = \dfrac{a - c + \dfrac{(1 - r)b - k}{\theta}}{n + 1}$，$q_i' = \dfrac{a' - c}{n + 1}$

因为 $\dfrac{\partial (q_i - q_i')}{\partial b} = \dfrac{1 - c}{\theta (n + 1)} > 0$，所以补贴增加会导致产能利用率的波动增大。

（2）$\lambda > 0$，$q_i = q_i'$

由对称解得 $q_i' - q_i = \dfrac{\theta a + (1 - \theta)a' - c + (1 - r)b - k}{n + 1}$

因为 $\dfrac{\partial q_i}{\partial b} = \dfrac{1 - r}{n + 1} > 0$，所以补贴增加，繁荣和萧条时期的产量都增加，

但随着产量的增加，$\lambda = (1 - \theta)[a' - (q_1' + \cdots + q_i' + \cdots + q_n') - q_i' - c]$ 必然减小，当 $\lambda = 0$ 时，导致 $q_i > q_i'$，引起在萧条时期的产能过剩。

由之前的证明知道，当 $R'\left(\dfrac{a - c}{n + 1}\right) > \dfrac{\beta k}{1 - r}$ 时就会造成产能过剩，当存在产能过剩时，繁荣时期企业的实际产量 $q_i = \dfrac{a - c}{n + 1}$。萧条时期的实际产量为 $q_i' = \dfrac{a' - c}{n + 1}$，$q_i > q_i'$，也就是说，当地方政府的边际收益 $R'\left(\dfrac{a - c}{n + 1}\right) > \dfrac{\beta k}{1 - r}$ 时就会造成产能过剩。当产能增加到 Q_i，使得 $R'(Q_i) = \dfrac{\beta k}{1 - r}$ 时才达到均衡，此时 $Q_i > q_i = \dfrac{a - c}{n + 1}$。由之前的证明知道，政府增加投资补贴必然导致企业的设计产能增大。这必然会引起产能利用率波动的增大。

命题 4：在面对市场不确定性时，产能投资中自有资本过低导致的风险外部化使得产能过剩的概率增大。

在中国，由于地方政府为吸引投资低价供地提供的巨额投资补贴以及土地在获取贷款中的重要的抵押作用，以及地方政府帮助投资企业"协调贷款"的行为，往往使得企业可以以极低的自有投资完成需要大量资本投入的项目，并导致严重的风险外部化问题，并进而导致市场存在不确定性时产能过剩的概率大大增加。

证明：假设可变成本 $c = 0$，市场存在不确定性，即市场容量 a 在区间 $[a_L, a_H]$ 上的概率分布函数是 $F(a)$，$F(a)$ 可导，a 的概率密度函数是 $f(a)$。存在风险外部性表示厂商的自有投入为 $ekq_i (0 \leqslant e \leqslant 1)$，$e$ 为产能投资中自有资本的投入。

考虑两种极端情况，即 $e = 1$ 和 $e = 0$ 的情况。

（1）当 $e = 1$ 时。

第 i 个厂商在第一阶段选择产能 q_i，则厂商在第二阶段的产量存在两种情况：q_i 和 $\dfrac{a}{n + 1}$，当 $\dfrac{a}{n + 1} \geqslant q_i$ 时，即当 $a \geqslant (n + 1)q_i$ 时，产量为 q_i，否则选择产量为 $\dfrac{a}{n + 1}$。

则厂商的期望利润为：

$$E(\pi_i) = \int_{(n + 1)q_i}^{a_H} [a - (q_1 + \cdots + q_n)]q_i f(a)da + \int_{a_L}^{(n + 1)q_i} \left(\dfrac{A}{n + 1}\right)^2 f(a)da - kq_i \tag{34}$$

由厂商最大化期望利润的一阶条件及对称可得：

$$\int_{(n + 1)q_i}^{a_H} af(a)da - (n + 1)q_i \int_{(n + 1)q_i}^{a_H} f(a)da - k = 0 \tag{35}$$

（2）当 $e = 0$ 时。

与 $e = 1$ 时一样，第 i 个厂商在第一阶段选择产能 q_i'，则厂商在第二阶段的产量存在两种情

况，即当 $a \geqslant (n+1)q'_i$ 时，产量为 q'_i，否则选择产量 $\dfrac{a}{n+1}$。

设当出现产能过剩，即产量为 $\dfrac{a}{n+1}$ 时，厂商出现亏损。此时盈亏平衡点为 $\left(\dfrac{a}{n+1}\right)^2 = kq'_i$，即 $a = (n+1)\sqrt{kq'_i}$。

则厂商的期望利润为：

$$E(\pi_i) = \int_{(n+1)q'_i}^{a_H} \left[a - (q'_1 + \cdots + q'_n)\right]q'_i f(a)da + \int_{(n+1)\sqrt{kq'_i}}^{(n+1)q'_i} \left(\dfrac{A}{n+1}\right)^2 f(a)da - \int_{(n+1)\sqrt{kq'_i}}^{a_H} kq'_i f(a)da$$

$$(36)$$

由厂商最大化期望利润的一阶条件及对称可得：

$$\int_{(n+1)q'_i}^{a_H} af(a)da - (n+1)q'_i \int_{(n+1)q'_i}^{a_H} f(a)da - k \int_{(n+1)\sqrt{kq'_i}}^{a_H} f(a)da = 0 \qquad (37)$$

因为 $\displaystyle\int_{(n+1)\sqrt{kq'_i}}^{a_H} f(a)da < 1$，所以 $k \displaystyle\int_{(n+1)\sqrt{kq'_i}}^{a_H} f(a)da < k$。

设

$$y(q_i) = \int_{(n+1)q_i}^{a_H} af(a)da - (n+1)q_i \int_{(n+1)q_i}^{a_H} f(a)da$$

$$\dfrac{\partial y(q_i)}{\partial q_i} = -(n+1)\int_{(n+1)q_i}^{a_H} f(a)da < 0$$

所以 $y(q_i)$ 随着 q_i 的增大而减少。由此可以知道式（35）的 q_i 必然小于式（37）的 q'_i。即当存在完全风险外部化时的产能大于不存在风险外部化时的产能。

由上面的分析可以知道，当产能为 q_i 时产能过剩的概率为 $F[(n+1)q_i]$，因为 $q'_i > q_i$，所以 $F[(n+1)q_i] < F[(n+1)q'_i]$，也就是说当存在完全风险外部化时的产能过剩概率大于不存在风险外部化时的产能过剩的概率。

四、结论与政策含义

（一）本文主要研究结论

　　财政分权和以考核 GDP 增长为核心的政府官员政治晋升体制，使得地方政府具有强烈的干预企业投资和利用各种优惠政策招商引资的动机，特别是对于具有高投入、高产出特征的行业，无论从政绩显示还是从财政、地方就业等方面考虑，各级地方政府都有非常强的动机推动这些行业的企业在本地的投资；而土地所有权的地方垄断和金融体系的软预算约束，使得为企业提供低价土地、减免税收等补贴措施，帮助企业获取金融资源成为地方政府竞争资本流入的主要方式，并成为地区之间竞争的具体核心内容。地区竞争中的投资补贴、帮助企业获取金融措施的广泛采用，使得企业的投资行为被扭曲，并进而导致产能过剩：广泛的投资补贴使得企业进行过度的产能投资，导致行业内过多的产能投入和均衡产出，以及社会总福利上的损失；当投资补贴水平超过一定程度，并且国际市场需求到达极限时，必然带来严重的产能过剩，进一步加大社会总福利的损失；地方政府低价提供土地的抵押功能和杠杆作用，并帮助企业协调获取贷款，会使企业自有投资比率过低，投资风险显著外部化，企业期望收益最大化时的产能投资显著增加，进而导致萧条时期产能利用率进一步下降，其宏观表现就是每轮周期的波幅被人为扩大；地区之间竞争的加剧，会使得投资补贴一直处于很高水平，并进而使得投资补贴所导致社会总福利损失处于较高水平以及产能过剩更为严重。

（二）政策含义与讨论

产能过剩并不是一个严密的经济学概念，从字面上理解，产能过剩就是生产能力超过社会需求的状态。因而，在讨论政策之前，有必要区分两种不同类型的产能过剩。一种是在比较完善和健全的市场体制下，现实经济运行的供需动态匹配和调整过程中以及经济周期性波动过程中出现的生产能力相对需求过剩的情形。这种过剩是市场经济运行中的常态，也正是这种过剩，会使得市场竞争加剧，市场的优胜劣汰机制才会起作用。在市场经济中，企业还会保有一定的富余产能以应对需求的突然增长。在比较完善和健全的市场体制中，不受阻碍的市场过程能有效协调经济主体之间的行为并引导供需迅速趋向动态均衡，并不需要宏观经济政策之外的其他具体产业政策再来应对产能过剩。

另一种是经济体制缺陷扭曲企业投资行为而带来的产能过剩，正如本文所论述的在中国转轨过程中，由于土地的模糊产权、银行预算软约束以及地方政府干预金融等体制缺陷，会使得企业过度投资以及市场协调供需均衡的机制难以有效运转，进而导致系统性的产能过剩和经济波动加剧（耿强、江飞涛、傅坦，2011）。体制扭曲才是中国出现产能过剩顽疾的关键所在，也是政策部门更需要关注的问题。

将两种不同类型的产能过剩混为一谈，会导致不适当的治理政策。将市场信息不完备的现实经济与假定信息完备的新古典模型帕累托最优状态相比较，[①] 将体制缺陷下市场主体行为扭曲和市场协调困难看作是市场自身的问题，很容易将两种类型的产能过剩混为一谈，并得出产能过剩是"市场失灵"的结论，要求政府采取干预市场的方式来治理产能过剩。将两种不同类型的产能过剩混为一谈，在很大程度上是对市场机制的误解，将完全信息条件下实现社会资源的最优配置当作市场的功能。然而，现实经济中，市场中的知识或者信息从来就是不完全的，市场机制和市场过程的功能恰恰在于发现知识，在于对具有分散知识的私人行动加以协调，以有效利用分散知识、解决知识问题，通过使得市场参与者充分利用互惠交换机会进而使市场不断趋于动态均衡并实现动态效率（王廷惠，2005）。需要进一步指出的是，市场体系促进效率的能力，总是受到市场运行所赖以依存制度体系的制约，对于曾长期处于计划体制指导、目前市场体系仍不健全的中国，转轨过程中看似"市场失灵"的产能过剩现象是制度缺陷和政府对微观经济管束的结果，实则是"制度局限"与"政府失灵"（李晓萍、江飞涛，2011）。试图通过政府对微观经济更为广泛和细致的管束来治理所谓的产能过剩只能是南辕北辙，不但不能从根本上治理体制扭曲导致的产能过剩，相反会使得供需市场调节更为困难并带来更多不良的政策效应。

长期以来，中国政策部门以包括市场准入、项目审批、供地审批、贷款的行政核准、目录指导、强制性清理等行政管制措施来治理产能过剩，体现了直接干预市场的特征。以"市场失灵"解释"产能过剩"的形成机理，则是上述政策的理论依据。本文的研究以及此前的研究（江飞涛、曹建海，2009）表明这些理论依据是令人质疑的。在产能过剩治理政策制定和实施过程中，政策部门以其自身对市场供需状况的判断以及对未来供需形势变化的预测来判断某个行业是否存在产能过剩，并以政策部门自身的判断和预测作为依据来制定相应的行业产能投资控制措施、控制目

---

① 新古典帕累托最优状态不能作为评判现实市场效率或者市场失灵的标准，王廷惠《微观规制理论研究——基于对正统理论的批判和将市场作为一个过程的理解》一书的第三章"'市场失败'现象的误解与'市场失败'的不可能性"，详细总结了奥地利学派市场过程理论对于这一问题的阐述。

标，这实际上是以政府的判断和控制来代替市场的协调机制，具有很强的计划经济色彩（江飞涛、李晓萍，2010）。这种政策需要相应部门能对未来市场供需状况做出准确的预测，而这一点恰恰是最让人质疑的。以钢铁工业为例，从 20 世纪 90 年代以来，许多政策文件中对未来市场的预测来看，无论长期或者短期预测，均与实际情况存在很大差异，如果这些政策中的控制目标实现，那么将会出现严重的供不应求，^① 表 1 是对这些政策预测值、控制目标与实际市场情况的比较。从表 1 也可以看出，至少被认为具有总量信息优势的政府并没有正确预测行业良好的外部前景（总需求等），反而与实际经济运行差距甚大，也就更谈不上全社会对于行业前景（总需求等）所谓的共识。

表 1 历年政策文件中对钢铁工业市场的预测值或控制目标值

做出预测的政策	做出预测的时间	对钢铁工业市场的预测或者控制目标	钢铁工业市场的实际运行情况
钢铁工业"九五"规划	1994 年	2000 年，市场需求钢材产量达到 9600 万吨	2000 年，国内成品钢材消费量达 14118 万吨
钢铁工业"十五"规划	1999 年	2005 年，钢材表观消费量达到 14000 万吨以上	实际 2004 年的钢材表观消费量就达到了 30000 万吨
关于做好钢铁工业总量控制工作的通知	1999 年	1999 年，全国钢产量比 1998 年压缩 10%，即 10313 万吨，全年钢材进口控制在 700 万吨	1999 年，粗钢产量达到 12353 万吨，全年钢材进口 1486 万吨，粗钢表观消费量为 13632.49 万吨
关于做好钢铁工业 2000 年总量控制工作的通知	2000 年	对钢铁工业的总量控制目标为产钢 11000 万吨、钢材 10000 万吨	实际产量钢材达到 13146 万吨、产钢 12850 万吨，钢材价格普遍上涨，钢材净进口 972 万吨
关于做好钢铁工业 2001 年总量控制工作的通知	2001 年	总量控制的目标是钢产量 11500 万吨，钢材 10500 万吨	实际钢产量 15163.44 万吨，钢材产量达到 16067 万吨，钢坯、钢锭净进口 544 万吨，钢材净进口 1247 万吨，价格仅有小幅下降
关于做好钢铁工业 2002 年总量控制工作的通知	2002 年	2002 年，总量控制的目标是钢产量 12500 万吨	但是实际产钢量 18224 万吨，表观消费量达到 21150 万吨，全年钢材价格整体上扬
关于制止钢铁行业盲目投资的若干意见	2003 年	预计到 2005 年底将形成 3.3 亿吨钢铁生产能力，已大大超过 2005 年市场预期需求	2004 年，产能超过 34013 万吨，大多数钢铁工业企业满负荷生产，产品价格大幅上升，2005 年，粗钢产量就达到了 35000 万吨，表观消费量达到 37600 万吨
关于钢铁行业控制总量淘汰落后加快结构调整的通知	2006 年初	认为钢铁工业严重产能过剩	2006 年，我国累计粗钢、生铁和钢材产量同比分别增长 18.5%、19.8%、24.5%，国内钢材市场运行总体良好，钢铁行业利润实现历史最好水平
钢铁产业调整与振兴规划	2009 年 3 月	认为 2009 年钢铁行业表观消费量为 43000 万吨，2011 年粗钢表观消费量 45000 万吨，粗钢产量 50000 万吨左右	2009 年，表观消费量和产量均在 57000 万吨左右，2010 年，粗钢表观消费量为 60000 万吨，粗钢产量为 627000 万吨

有些研究者认为，这类治理政策直接干预市场的投资管制类政策并没有什么问题，采用更为科学的预测方法就能让政策部门做出更为准确的预测，就能完善这类政策并使其行之有效。这种认识显然没有认识到市场的真正功能与政府准确预测的不可能性。政府对于市场供需状况的准确判断，需要理解消费者偏好、生产者成本、潜在生产者进入意愿等大量市场细节知识，而这些知识只能依靠市场过程的展开而逐渐显示和暴露出来，在市场过程产生这些信息之间是无法获取它的。不仅如此，这些信息自身的默识性、不确定知识的黏性（Sticky Knowledge）以及这些知识与特定的语境高度相关性，导致这些知识传播的局域性和知识收集的艰巨性，这些缄默知识和黏性

---

① 据国家发改委公布，2003 年后新增的炼钢产能中，经发改委、环保总局、国土资源部核准（名为核准，实为审批）的项目中新增产能在全部新增产能中占比不足 20%，没有经过审批的违规建设产能在 3 亿吨左右。如果没有这些违规的产能存在，中国钢铁产品的严重短缺将制约中国经济的发展。

知识同时是无法汇总的知识，政策制定部门也不可能依据这些知识进行正确的计算和预测。需要进一步指出的是，只有具体场景中的现场的个人才具有可获取资源、局部市场变化等私人知识，才有可能充分利用特定知识优势对环境与条件的变化做出更为灵活的反应（王廷惠，2005）。①政府不可能具有比企业家更为敏锐地发现正在运行的市场过程中潜在知识的能力，也不可能比经济个体更能对市场做出灵活反应。因而，政府不可能准确预测未来市场供需状况，也就不可能通过投资管制来正确指导市场企业中的产能投资。计划色彩强烈的投资管制政策，更会导致市场协调困难、市场波动加剧等不良的政策效应（江飞涛等，2007）。

既然需要政策治理的产能过剩并非"市场失灵"而是"制度局限"，那么治理这类产能过剩的关键在于矫正现有制度基础，采取以增进与扩展市场为导向的治理政策。即：通过推进经济体制改革，健全和完善市场制度，矫正现有不合理制度对市场主体行为的扭曲，并充分发挥市场在利用市场分散信息、协调供需均衡、淘汰落后企业和产能等方面的高效率性。具体而言，治理产能过剩应该从以下方面着手：

（1）调整财税体制，特别是理顺中央与地方之间的利益分配机制，改革以考核GDP增长为重点的政府官员政治晋升体制，消除地方政府不正当干预企业投资的强烈动机。此外，地方财政透明化与民主化，有利于避免地方政府为企业投资提供财政补贴。

（2）改革现有土地管理制度，明晰土地产权，深化土地市场的改革，理顺土地市场的价格形成机制，从根本上杜绝地方政府通过低价甚至零低价供地为企业提供补贴。

（3）进一步推动金融体制改革，进一步硬化银行预算约束、理顺地方政府与银行的关系，通过市场手段提高企业投资中自有资金的比例，降低企业投资行为中的风险外部化问题。

（4）改革现有的环境保护体制，保障环境保护相关法规的严格执行，防止地方政府牺牲环境竞争资本流入。同时，制定实施长期稳定和严格的环境政策，与治理产能过剩等产业政策目标相对独立，不能因为产能不过剩就不实施严格的环境保护政策。

参考文献

[1] 北京大学中国经济研究中心宏观组. 产权约束、投资低效与通货紧缩 [J]. 经济研究，2004（9）.

[2] 曹建海. 中国产业过度竞争的制度分析 [J]. 学术季刊，2001（1）.

[3] 曹建海. 论我国土地管理制度与重复建设之关联 [J]. 中国土地，2004（11）.

[4] 高有福. 环境保护中政府行为的经济学分析与对策研究 [D]. 吉林大学博士学位论文，2006.

[5] 郭庆旺，贾俊雪. 地方政府行为、投资冲动与宏观经济稳定 [J]. 管理世界，2006（5）.

[6] 耿强，江飞涛，傅坦. 政策性补贴、产能过剩与中国的经济波动——引入产能利用率RBC模型的实证检验 [J]. 中国工业经济，2011（5）.

[7] 江飞涛，陈伟刚. 投资规制政策的缺陷与不良效应——基于中国钢铁工业的研究 [J]. 中国工业经济，2007（6）.

[8] 江飞涛，曹建海. 市场失灵还是体制扭曲？——重复建设形成机理研究中的争论、缺陷与新的进展 [J]. 中国工业经济，2009（1）.

[9] 江飞涛，李晓萍. 直接干预市场与限制竞争：中国产业政策的取向与根本缺陷 [J]. 中国工业经济，2010（9）.

[10] 科尔奈. 短缺经济学 [M]. 中文版. 北京：经济科学出版社，1986.

[11] 科尔奈. 社会主义体制——共产主义政治经济学 [M]. 中文版. 北京：中央编译出版社，2007.

[12] 李军杰，钟君. 中国地方政府经济行为分析——基于公共选择视角 [J]. 中国工业经济，2004（4）.

---

① "不正规的、地方的企业"更多依据所面对的局部市场信息进行产能投资决策，并不会因为缺乏（全国市场）整体信息优势或者不能正确估计（全国）总投资量，就会进行过度的产能投资。在中国钢铁工业发展过程中，"不正规的、地方的企业"往往比"正规的、中央企业"更为敏锐地把握市场形势的变化。

[13] 李军杰. 经济转型中的地方政府经济行为变异分析 [J]. 中国工业经济，2005（1）.

[14] 李扬等. 中国城市金融生态环境评价 [M]. 北京：人民出版社，2005.

[15] 林毅夫. 潮涌现象与发展中国家宏观经济理论的重新构建 [J]. 经济研究，2007（1）.

[16] 林毅夫，巫和懋，邢亦青. "潮涌现象" 与产能过剩的形成机理 [J]. 经济研究，2010（10）.

[17] 曼弗里德·诺依曼. 竞争政策——历史、理论与实践 [M]. 中文版. 北京：北京大学出版社，2003.

[18] 皮建才. 中国地方政府重复建设的内在机制研究 [J]. 经济理论与经济管理，2008（4）.

[19] 王廷惠. 微观规制理论研究：基于对正统理论的批判和将市场作为一个过程的理解 [M]. 北京：中国经济出版社，2005.

[20] 杨培鸿. 重复建设的政治经济学分析：一个基于委托代理框架的模型 [J]. 经济学季刊，2006（1）.

[21] 杨海生，陈少凌，周永章. 地方政府竞争与环境政策——来自中国省份数据的证据 [J]. 南方经济，2008（6）.

[22] 周黎安. 晋升博弈中政府官员的激励与合作——兼论我国地方保护主义和重复建设问题长期存在的原因 [J]. 经济研究，2004（6）.

[23] 周黎安，李宏彬，陈烨. 相对绩效考核:关于中国地方晋升的一项经验研究 [J]. 经济学报，2005（1）.

[24] 周黎安. 中国地方官员的晋升锦标赛模式研究 [J]. 经济研究，2007（7）.

[25] Bond, E. W. and L. Samuelson. Tax Holidays as Signals [J]. The American Economic Review, 1986, 76 (4).

[26] Barros, P. P. and L. Cabral. Competing for Foreign Direct Investment [J]. Review of International Economics, 2000, 8 (2): 360-371.

[27] Clark J. M. Toward a Concept of Workable Competition [J]. American Economic Review, 1940 (555).

[28] Doyle, C. and S. V. Wijnbergen. Taxation of Foreign Multinationals: A Sequential Bargaining Approach to Tax Holidays [J]. Institute for International Economic Studies, 1984 (Seminal Paper No. 284).

[29] Facundo Albornoz, Gregory Corcos and Toby Kendall. Subsidy Competition and the Mode of FDI [J]. Regional Science and Urban Economics, 2009, 39 (4).

[30] Helpman, Elhanan and Paul R. Krugman. Trade Policy and Market Structure [M]. Cambridge, MA: MIT Press, 1989.

[31] J. Peter Neary and Dermot Leahy. Strategic Trade and Industrial Policy Towards Dynamic Oligopolies [J]. The Economic Journal, 2000, 110 (April).

[32] Jin, Hehui, Yingyi Qian, and Berry Weingast. Regional Decentralization and Fiscal Incentive: Federalism Chinese Style [J]. Journal of Public Economics, 2005 (89).

[33] Osiris Jorge Parcero. Inter-Jurisdiction Subsidy Competition for a New Production Plant: What is the Central Government Optimal Policy [J]. Regional Science and Urban Economics, 2007, 37 (6).

[34] Qian. Y. and G. Roland. Federalism and the Soft Budget Constrain [J]. American Economic Review, 1998 (5).

Price and Advertising Signals of Product Quality with Minimum Demand

Dawen Meng[*]

1 Introduction

In a context where consumers may repeatedly purchase an experience good[①] but don't know exactly its true quality, the firm supplying the high-quality product needs to signal that information to potential consumers in the introductory phase.[②] Examples of such signals are advertising (Nelson, 1974; Schmalensee, 1978; Wiggins and Lane, 1983), and price (Farrell, 1980; Gabor and Granger, 1966; Leavitt, 1954; Scitovsky, 1944; Spence, 1974; Bagwell and Riordan, 1991). Three important issues concerning the relationships between quality, price and advertising may therefore arise.

- Do higher prices signal higher quality? (the relationship between product quality and price);
- Are heavily advertised products more likely to be of higher quality than less-advertised products? (the relationship between product quality and advertising);
- Are heavily advertised products more expensive than less-advertised goods? (the relationship between advertising expenditures and price charged).

We focus on the price-quality relationship in this paper. The existing economic and marketing literature has produced various theoretical and empirical explanations on this relationship. For models in which a monopolist signals its quality using only price, Bagwell and Riordan (1991) show that in the introductory phase the high-quality firm will distort its price above the complete-information profit maximizing price, so high price may act as a signal of high quality. Their main argument is that the low quality seller has a lower marginal cost of production (relative to a high quality seller) and therefore finds it more profitable to sell higher quantity at a sufficiently lower price rather than imitate the lower quantity Chigher price combination preferred by the high quality seller. But as information about the product diffuses over time, this price distortion lessens or vanishes entirely.

---

* E-mail: devinmeng@yahoo.com.cn.

① Nelson (1970) differentiated between products on a "search good" versus "experience good" basis. With the former, the relevant characteristics of the product are evident on inspection. With the latter, crucial aspects of the product's quality are impossible to verify except through use of the product.

② The product's life cycle is decomposed into two phases: the introductory phase and the mature phase. Signaling occurs during the introductory phase. All consumers know the product quality in the mature phase, say, through word-of-mouth learning or through reading consumer reports. Under these conditions, the firm need not to send a signal in the mature phase.

Bagwell (1991) finds that, with a downward sloping demand, the only equilibrium satisfying the Intuitive Criterion (Cho and Kreps, 1987) is a separating equilibrium in which the high quality is traded at a higher price but sells less than the low quality. In a model with one seller and one buyer with inelastic demand, Ellingsen (1997) finds that there is a unique equilibrium surviving D1 (Cho and Kreps, 1987). The equilibrium is separating: the seller sells with probability one at the low price and with probability less than one (but positive) at the high price. Hence, the general consensus is that, a high quality seller is able to signal quality by distorting his price upwards and reducing the volume of trade relative to the first best.

When price and advertising could be used as joint signals of product quality, the pricequality relationship become more complex. In a multidimensional signalling model, Milgrom and Roberts (1986) identify various conditions under which high quality may be signaled with a high price alone, a low price alone, or a combination of price and advertising expenditure. Their article provides a formal proof of Nelson's "advertising as information" theory that dissipative advertising functions as a signal of quality when the consumers may purchase an experience good repeatedly.[①] In their paper, Milgrom and Roberts also show how to select (quite generally) an unique separating equilibrium from many through the elimination of dominated strategies. It also introduces the use of the Cho and Kreps (1987) criterion to eliminate pooling equilibria. In their model, with the aid of advertising, a high-quality firm may set an introductory price higher or lower than its perfect information price, and higher or lower than the price charged by the low-quality firm. The distorted prices would reduce current profit, but the present lose will be compensated by the future profit (repeat purchases). So a clever combination of price and advertising enables the monopoly to signal its quality as well as to enlarge its future demand. Milgrom and Roberts' theory appears to be consistent with the stylized facts provided in many empirical studies that price-quality relations are product-specific and weak or even negative in sign (See Oxenfeldt, 1950; Morris and Bronson, 1969; Sproles, 1977; Riesz, 1978, 1979; and Geistfeld, 1982, etc.)

In this paper, we discuss the pricing behaviors of a monopolist in the context of repeat sales and both price and advertising may be used as signals of quality of an experience good. Our model is distinct to the existing literature in the sense that a minimum level of consumption is considered. An experience good is traditionally defined as good that consumers cannot directly assess its quality before consumption (the only proof of the pudding is in the eating). But in reality, many goods exhibit properties that its quality can only be known after being consumed with an amount no less than certain minimum level (you could not know its proof once take a bite.) We will show in this paper that the introductory pricing strategies of a firm with and without minimum level of consumption are quite different. We also identify the advertising price and minimum consumption as two factors affect the firm's pricing strategy.

The rest of this paper is organized as follows. We describe the benchmark model without minimum consumption in Section 2. In Section 3 the model with minimum consumption is described in detail. Conclusions are presented in Section 4.

---

① Adverting which inform potential customers about the existence, characteristics, and prices of the commodities is called informative advertising, most newspaper advertisements (including especially want ads) would seem to be of this sort. advertising conveys no direct information about product is refereed as dissipative advertising. The dissipative advertising has two main characteristics: First it does not directly affect demand (not persuasive nor informative content), and second it is easy to observe that a substantial amount of money has been spent (a celebrity endorsing a coffee brand rather than an anonymous actress/actor).

2　The Model

A firm provides an experienced goods to the consumers. The product development is stochastic in that product quality θ is random. It is assumed that a new product is of high quality θ_h with probability λ and low quality θ_l with complementary probability $1 - \lambda$. The firm produces a product of quality θ with constant marginal cost $c(\theta)$, with $c(\theta_h) > c(\theta_l)$. The consumer believe that the product is of high quality with probability $\rho = \Pr(\theta = \theta_h | m)$. $m = (p, a)$ is a two-dimensional signal sent by the firm, p is the price charged while $a \in \{0, 1\}$; denotes whether or not he have made advertisement. $k \in [0, \infty)$ is the price of adverting. $D(p, \rho)$ denotes the demand function when the firm charge a price p and consumer's belief is ρ. Assume that $D(p, \rho)$ is continuously differentiable with respect to p and ρ. It is decreasing in p and increasing in ρ. There is a choke price, $\bar{p}(\rho)$, defined by the equation $D(p, \rho) = 0$. Assume further that $D(p, 0) \equiv 0$, meaning that consumers do not knowingly buy a product of low quality.

The timing of the game is as follows:

• At the beginning of the first (or introductory) phase, nature draws the quality of product according to $\Pr(\theta = \theta_h) = \lambda$;

• Firm send a binary signal $m = (p, a)$;

• The consumers updated his prior belief $\rho_0 = \lambda$, forming a posterior belief $\rho = \Pr(\theta = \theta_h | m)$ and choose an optimal demand $D(p, \rho)$;

• The game then enters the second (or mature) phase. Consumer will buy the product if the product is of high quality, i.e, $\theta = \theta_h$ and the consumers have a chance to experience it (the demand is larger than the minimum level $D(p, \rho) > D_{min}$) in the first stage, and then consumes the product knowing its quality in every periods afterwards; the game terminates otherwise.

Denote by $\pi(p, \theta, \rho) \equiv D(p, \rho)[p - c(\theta)]$ the profit to the firm producing quality θ, charging a price p and enjoying consumer belief ρ. Assume that $\pi(p, \theta, \rho)$ us strictly concave in p when demand is positive. Let $\pi^*(\theta_h) = \max\limits_{p} \pi(p, \theta_h, 1)$ be the optimal one-shot profit gained by the firm when its product is of high quality and the consumers know it; the corresponding optimal price is $p^*(\theta_h)$. We make two assumptions to simplify our analysis.

$$D(c(\theta_l), 1)[c(\theta_l) - c(\theta_h)] + \frac{\delta}{1 - \delta}\pi^*(\theta_h) \geq 0 \qquad (1)$$

$$\bar{p}(1) \geq c(\theta_h) \qquad (2)$$

We now consider the separating perfect Bayesian-Nash equilibrium. Separation occurs when the signal sent by a high-quality type is different to that sent by a low-quality type. In the separating equilibrium, the consumers could infer the product's quality from the different signals sent by the firms. If the high-quality firm make advertisement in the separating equilibrium, then his price $p(\theta_h)$ must satisfies the following two conditions:

$$D(p(\theta_h), 1)[p(\theta_h) - c(\theta_h)] + \frac{\delta}{1 - \delta}\pi^*(\theta_h) - k \geq D(p(\theta_l), 0)[p(\theta_l) - c(\theta_h)] \qquad (3)$$

$$D(p(\theta_l),\ 0)[p(\theta_l) - c(\theta_l)] \geqslant D(p(\theta_h),\ 1)[p(\theta_h) - c(\theta_l)] - k \quad\quad (4)$$

$$D(p(\theta_h),\ 1) > 0 \quad\quad (5)$$

It immediately follows that $p(\theta_h) \in S(k)$, where

$$S(k) = \left\{ p \in R_+ \middle| D(p,\ 1)[p - c(\theta_h)] + \frac{\delta}{1-\delta}\pi^*(\theta_h) \geqslant k \geqslant D(p,\ 1)[p - c(\theta_l)] \text{and } p > \bar{p}(1) \right\}$$

Let $p^* = \underset{p \in S(k)}{\mathrm{argmax}}\ \{D\ (p,\ 1)[p - c\ (\theta_h)]$. Because the consumers could infer the true quality of product, The low-quality type firm will for sure face a zero demand in the first period and hence every periods afterwards. Therefore, he has no incentive to make advertisement.

Lemma 1   In the separating equilibrium, the low-quality firm will not advertise.

Proof.

In the separating equilibrium, the low-quality firm will face a zero demand even he advertise. So he must choose a = 0.

Lemma 2   In the separating equilibrium that survive the intuitive criterion elimination, the high-quality firm's optimal signal is

1. If $a(\theta_h) = 1$, then $p(\theta_h) = p^*$;
2. If $a(\theta_l) = 0$, then $p(\theta_h) = c(\theta_l)$.

Proof.

- If the high-quality firm choose a $(\theta_h) = 1$, suppose that in the equilibrium p $(\theta_h) \neq p^*$, then $(p^*,\ 1)$ is an signal off the equilibrium path. The equilibrium payoff of high-quality firm is

$$U^*(\theta_h) \equiv D(p(\theta_h),\ 1)[p(\theta_h) - c(\theta_h)] + \frac{\delta}{1-\delta}\pi^*(\theta_h) - k.$$

If he deviates from the equilibrium to $(p^*,\ 1)$, his maximal payoff is

$$U^D(\theta_h) \equiv \underset{\rho \in [0,1]}{\max}\ \left\{ D(p^*,\ \rho)[p^* - c(\theta_h)] + \frac{\delta}{1-\delta}\ [D(p^*,\ \rho) > 0]\pi^*(\theta_h) - k \right\}. \quad\quad (6)$$

It is obvious that $U^*(\theta_h) < U^D(\theta_h)$.

For a θ_l type firm, the equilibrium profit is $U^*(\theta_l) = 0$. If he deviates from equilibrium to $(p^*,\ 1)$, he gets a maximal profit of:

$$U^D(\theta_l) = \underset{\rho \in [0,1]}{\max}\ D(p^*,\ \rho)[p^* - c(\theta_l)] - k = D(p^*,\ 1)[p^* - c(\theta_l)] - k \leqslant U^*(\theta_l).$$

So $\rho(p^*,\ 1) = 1$. That is, the sender of signal $(p^*,\ 1)$ will be inferred as high-quality type. Given this, the θ_h-type firm will prefer $(p^*,\ 1)$ to his equilibrium strategy $(p(\theta_h),\ 1)$.

A contradiction!

- If the high-quality firm choose $a(\theta_h) = 0$, suppose that $p(\theta_h) \neq c(\theta_l)$, then $c(\theta_l),\ 0$ is an off-the-equilibrium-path signal. The profit of θ_h-type in the equilibrium is

$$U^*(\theta_h) = D(p(\theta_h),\ 1)[p(\theta_h) - c(\theta_l)] + \frac{\delta}{1-\delta}\pi^*(\theta_h)$$

Deviating from the equilibrium to $(c(\theta_l),\ 0)$, the maximal profit he gets is:

$$U^D(\theta_h) = \underset{\rho \in [0,1]}{\sup}\ D(c(\theta_l),\ \rho)[c(\theta_l) - c(\theta_h)] + \frac{\delta}{1-\delta}\pi^*\theta_h[D(p,\ \rho(c(\theta_l),\ 0)) > 0] = \frac{\delta}{1-\delta}\pi^*(\theta_h).$$

It is obvious that $U^*(\theta_h) < U^D(\theta_h)$. For the θ_l-type firm, the equilibrium profit is $U^*(\theta_l) = 0$. His deviating profit is $U^D(\theta_l) = \sup\limits_{\rho \in [0,1]} D(c(\theta_l), \rho)[c(\theta_l) - c(\theta_l)] = 0$. It follows that $\rho(c(\theta_l), 0) = 1$. Given this, the

θ_h-type will choose $(c(\theta_l), 0)$ to get $D(c(\theta_l), 1)[c(\theta_l) - c(\theta_h)] + \dfrac{\delta}{1-\delta}\pi^*(\theta_h) > D(p(\theta_h), 1)$

$[p(\theta_h) - c(\theta_h)] + \dfrac{\delta}{1-\delta}\pi^*(\theta_h)$ contradict with the fact $(p(\theta_h), 0)$ is an equilibrium.

For expressional simplicity, we assume that $D(p, \rho) = \rho(\bar{p} - p)$ in the following analysis.

Let

$k^* = \pi^*(\theta_h) + D(c(\theta_l), 1)[c(\theta_h) - c(\theta_l)]$

$k_2^* = D(p^*(\theta_h), 1)[p^*(\theta_h) - c(\theta_l)] = \pi^*(\theta_h) + D(p^*(\theta_h), 1)[c(\theta_h) - c(\theta_l)]$

$k^* - k_2^* = [p^*(\theta_h) - c(\theta_l)][c(\theta_h) - c(\theta_l)] \geqslant 0$

$k_3^* = \dfrac{\pi^*(\theta_h)}{1 - \delta}$

$p^*(\theta_h) = \dfrac{\bar{p} + c(\theta_h)}{2}$

$\pi^*(\theta_h) = D(p^*(\theta_h), 1)[p^*(\theta_h) - c(\theta_h)] = \dfrac{[\bar{p} - c(\theta_h)]^2}{4}$

$p^*(\theta_l) = \dfrac{\bar{p} + c(\theta_l)}{2}$

$\hat{p}(k) = \dfrac{\bar{p} + c(\theta_l) + \sqrt{[\bar{p} + c(\theta_l)] - 4[\bar{p}c(\theta_l) + k]}}{2}$

$p_1(k) = \dfrac{\bar{p} + c(\theta_h) - \sqrt{[\bar{p} + c(\theta_h)] - 4[\bar{p}c(\theta_h) + k - \dfrac{\delta}{1-\delta}\pi^*(\theta_h)]}}{2}$

$p_2(k) = \dfrac{\bar{p} + c(\theta_l) - \sqrt{[\bar{p} + c(\theta_l)] - 4[\bar{p}c(\theta_l) + k]}}{2}$

Theorem 1 The intuitive separating equilibrium is $\{(m(\theta_h), m(\theta_l)); \rho(m); D(p, \rho)\}$.

• The firms send a signal in accordance with

1. If $k \in [0, k_2^*)$, $m(\theta_h) = (\hat{p}(k), 1)$, $\pi^s(\theta_h) = D(\hat{p}(k), 1)[\hat{p}(k) - c(\theta_h)] + \dfrac{\delta}{1-\delta}\pi^*(\theta_h) - k, \pi^s$

$(\theta_h) = 0$;

2. If $k \in [k_2^*, k^*)$, $m(\theta_h) = (p^*(\theta_h), 1)$, $\pi^s(\theta_h) = \dfrac{\delta}{1-\delta}\pi^*(\theta_h) - k, \pi^s(\theta_l) = 0$;

3. If $k \in [k^*, k_3^*]$, $m(\theta_h) = (c(\theta_l), 0)$, $\pi^s(\theta_h) = D(c(\theta_l), 1)[c(\theta_l) - c(\theta_h)] + \dfrac{\delta}{1-\delta}\pi^*(\theta_h)$,

$\pi^s(\theta_l) = 0$.

In all these cases, the θ_l-type firm will not advertise, i.e., $a(\theta_l) = 0$, and choose an arbitrary $p(\theta_l) \in [0, \infty)(p(\theta_l) \neq p(\theta_h)$ when $a(\theta_h) = 0)$

• the posterior belief $\rho(m)$ satisfies:

1. $\rho(m(\theta_h)) = 1$, $\rho(m(\theta_l)) = 0$;

2. For every off the equilibrium signal $(p', a') \in [0, \bar{p}) \times \{0, 1\}$ $\rho(p', a') = 0$.

Proof.

• **The frms' optimal signal.**

1. When $k \in (0, k_2^*)$, $p^* = \hat{p}(k)$. If the θ_h-firm advertise, from Lemma 2 he must choose $(\hat{p}(k), 1)$,

then he get

$$D(\hat{p}(k), 1)[\hat{p}(k) - c(\theta_h)] + \frac{\delta}{1 - \delta}\pi^*(\theta_h) - k = \max_{p \in S(k)} D(p, 1)[p - c(\theta_h)] + \frac{\delta}{1 - \delta}\pi^*(\theta_h) - k.$$

If he does not advertise, he must choose ($c(\theta_l)$, 0) and get

$$D(c(\theta_l), 1)[c(\theta_l) - c(\theta_h)] + \frac{\delta}{1 - \delta}\pi^*(\theta_a) = \max_{p \in S(0)} D(p, 1)[p - c(\theta_h)] + \frac{\delta}{1 - \delta}\pi^*(\theta_h).$$

It is obvious that $D(\hat{p}(k), 1)[\hat{p}(k) - c(\theta_h)] + \frac{\delta}{1 - \delta}\pi^*(\theta_h) - k > D(c(\theta_l), 1)[c(\theta_l) - c(\theta_h)] +$

$\frac{\delta}{1 - \delta}\pi^*(\theta_h)$, since $k < k_2^* < k^*$. It follows immediately that the θ_h–firm will choose $(\hat{p}(k), 1)$ as an optimal signal.

2. When $k \in [k_2^*, k^*)$, $p^* = p^*(\theta_h)$. If the high-quality firm advertise, he must choose $(p^*(\theta_h), 1)$ and get

$$D(p^*(\theta_h), 1)[p^*(\theta_h) - c(\theta_h)] + \frac{\delta}{1 - \delta}\pi^*(\theta_h) - k = \frac{\delta}{1 - \delta}\pi^*(\theta_h) - k.$$

If he does not advertise, he must choose $(c(\theta_l), 0)$, then he get

$$D(c(\theta_l), 1)[c(\theta_l) - c(\theta_h)] + \frac{\delta}{1 - \delta}\pi^*(\theta_h) = \max_{p \in S(0)} D(p, 1)[p - c(\theta_h)] + \frac{\delta}{1 - \delta}\pi^*(\theta_h).$$

which is obvious smaller than $\frac{\delta}{1 - \delta}\pi^*(\theta_h)$ since $k < k^*$. It follows that the high-quality firm will choose $(p^*(\theta_h), 1)$ as his optimal signal.

3. When $k \in [k^*, k_3^*]$, $p^* = p^*(\theta_h)$. But the profit of advertising is smaller than the profit gained when he does not advertise,

$$D(c(\theta_l), 1)[c(\theta_l) - c(\theta_h)] + \frac{\delta}{1 - \delta}\pi^*(\theta_h) \geqslant \frac{\delta}{1 - \delta}\pi^*(\theta_h) - k$$

So the high-quality firm will choose $(c(\theta_l), 0)$ as his optimal signal.

- **The posterior belief** $\rho(m)$. According to the Bayes' Law, the consumer's posterior belief on the firm's type satisfies $\rho(m(\theta_h)) = 1$, $\rho(m(\theta_l)) = 0$. Furthermore, given the consumer's updated

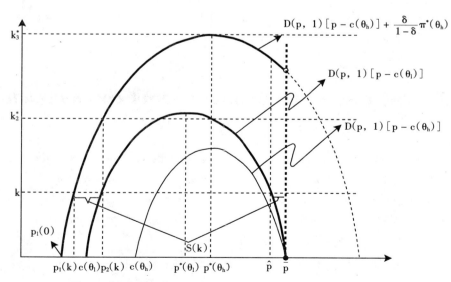

Figure 1　Separating equilibrium without demand constraint

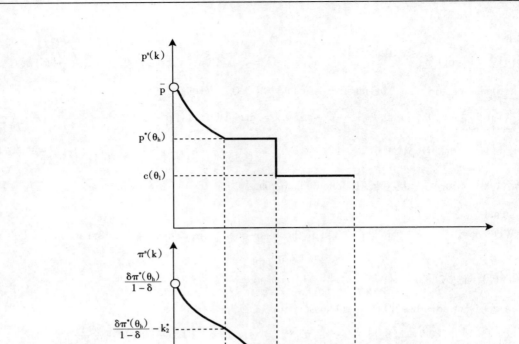

Figure 2　The price and profit of high-quality firm in separating equilibrium without demand constraint

belief and demand, the firm's signal-sending behavior must be sequential rational. We get:

$$(p(\theta_l),\ 0) = \underset{p,\ a}{\operatorname{argmax}}\ \{\rho\ (p,\ a)[\bar{p}-p][p-c(\theta_l)]-ak\} \tag{7}$$

$$(p(\theta_h),\ 1) = \underset{p,\ a}{\operatorname{argmax}}\ \{\rho\ (p,\ a)[\bar{p}-p][p-c(\theta_h)]+\frac{\delta\pi^*(\theta_h)}{1-\delta}\ [\rho\ (p,\ a)>0]-ak\} \tag{8}$$

It is obvious that these two conditions are satisfied provided that $\rho\ (p',\ a') = 0$ for any off-the-equilibrium signal $(p',\ a')$.

3　The case with minimal level of consumption

In the previous section, we assume that the consumer will continue to buy the product in every periods afterwards if and only the product is of high quality and the consumer make a strictly positive purchase in the first period. Now we assume that the consumer would know a product is of high quality only if his first period purchase is strictly larger than a minimal level of consumption D_{min}.

Theorem 2　Suppose that $0 < D_{min} \leqslant \bar{p}-p^*(\theta_h)$, then

1. If $k \in [0,\ k_1^*)$, $p(\theta_h) = p_2(k)$, $a(\theta_h) = 1$, $\pi^s(\theta_h) = D(p_2(k),\ 1)[p_2(k)-c(\theta_h)] + \frac{\delta}{1-\delta}\pi^*(\theta_h)$

$-k$；

2. If $k \in [k^*_1, k^*_2)$, $p(\theta_h) = \hat{p}(k)$, $a(\theta_h) = 1$, $\pi^s(\theta_h) = D(\hat{p}(k), 1)[\hat{p}(k) - c(\theta_h)] + \frac{\delta}{1-\delta}\pi^*(\theta_h) - k$;

3. If $k \in [k^*_2, k^*)$, $p(\theta_h) = p^*(\theta_h)$, $a(\theta_h) = 1$, $\pi^s(\theta_h) = \frac{\delta}{1-\delta}\pi^*(\theta_h) - k$;

4. If $k \in [k^*, k^*_3)$, $p(\theta_h) = c(\theta_l)$, $a(\theta_h) = 0$, $\pi^s(\theta_h) = D(c(\theta_l), 1)[c(\theta_l) - c(\theta_h)] + \frac{\delta}{1-\delta}\pi^*(\theta_h)$.

Theorem 3 Suppose that $\bar{p} - p^*(\theta_h) < D_{min} \leqslant \bar{p} - c(\theta_l)$, then

1. If $k \in [0, k^*_1)$, $p(\theta_h) = p_2(k)$, $a(\theta_h) = 1$, $\pi^s(\theta_h) = D(p_2(k), 1)[p_2(k) - c(\theta_h)] + \frac{\delta}{1-\delta}\pi^*(\theta_h) - k$;

2. If $k \in [k^*_1, k^*)$, $p(\theta_h) = \bar{p} - D_{min}$, $a(\theta_h) = 1$, $\pi^s(\theta_h) = D_{min}[\bar{p} - c(\theta_h) - D_{min}] + \frac{\delta}{1-\delta}\pi^*(\theta_h) - k$;

3. If $k \in [k^*, k^*_3]$, $p(\theta_h) = c(\theta_l)$, $a(\theta_h) = 1$, $\pi^s(\theta_h) = D(c(\theta_l), 1)[c(\theta_l) - c(\theta_h)] + \frac{\delta}{1-\delta}\pi^*(\theta_h)$。

If $\bar{p} - p^*(\theta_l) < D_{min} \leqslant \bar{p} - c(\theta_l)$, the profit function $\pi^s(\theta_h)$ is continuous in the interval $[0, k^*_3]$; if $\bar{p} - p^*(\theta_h) < D_{min} \leqslant \bar{p} - p^*(\theta_l)$, $\pi^s(\theta_h)$ is discontinuous at k^*_1.

Theorem 4 suppose that $\bar{p} - c(\theta_l) < D_{min} \leqslant \bar{p} - p_1(0)$, then $p(\theta_h) = \bar{p} - D_{min}$, $a(\theta_h) = 0$, $\pi^s(\theta_h) = D_{min}[\bar{p} - D_{min} - c(\theta_h)] + \frac{\delta}{1-\delta}\pi^*(\theta_h)$.

4　Conclusion

We analysis the pricing strategy of an experience good with minimum demand for a monopolist firm in the setting of repeated sales. we find that

1. If there is no minimum demand and the advertising is not free, the high-quality firm will distort upward his introductory price; while if there is no minimum demand and advertising is free, the high-

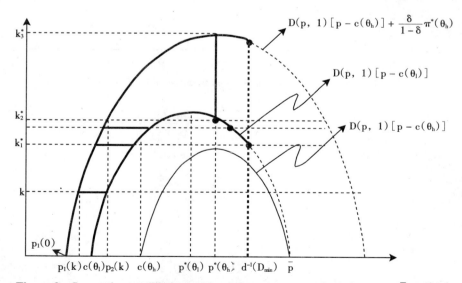

Figure 3　Separating equilibrium with minimum consumption: $0 < D_{min} \leqslant \bar{p} - p^*(\theta_h)$

quality firm will distort his introductory price downward.

2. If the minimum demand is not to high, the high-quality firm's introductory price is not a monotonic function of the advertising price k. It increases when k is relative small, then decreases when k is larger than some critical value.

3. If the minimum demand is high enough, the high-quality firm's introductory price is not affected by the advertising price.

4. There exist no strong and positive price-quality correlations and advertising-quality correlations, these relations both depend on the advertising price and minimum demand.

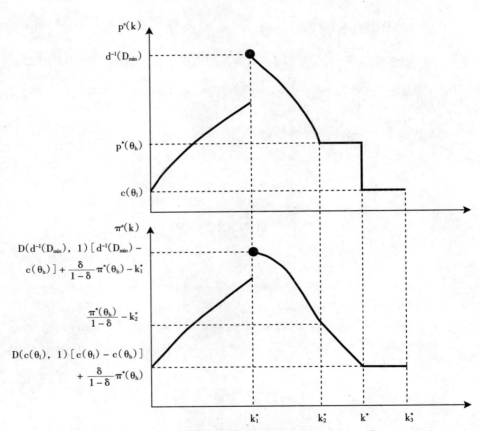

Figure 4 Price and profit of θ_h-type firm when $0 < D_{min} \leqslant \bar{p} - p^*(\theta_h)$

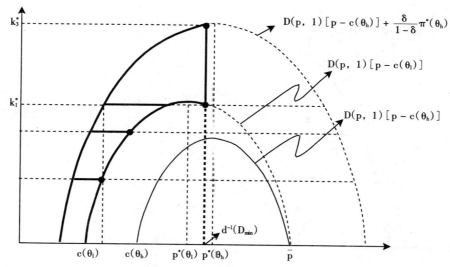

Figure 5 Separating equilibrium with minimum demand：$\bar{p} - p^*(\theta_l) < D_{min} \leq \bar{p} - p^*(\theta_h)$

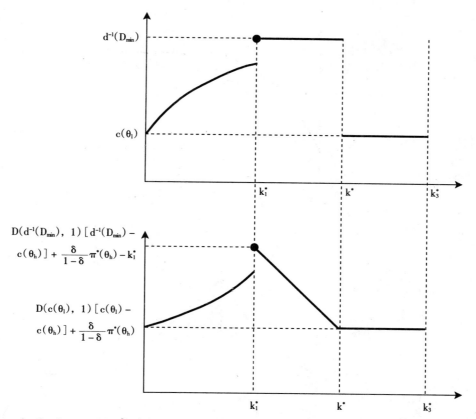

Figure 6 the θ_h-type firm's price and profit with minimum demand $\bar{p} - p^*(\theta_l) < D_{min} \leq \bar{p} - p^*(\theta_h)$

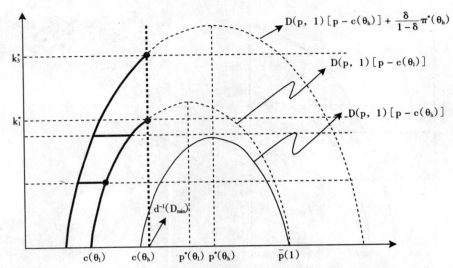

Figure 7　Separating equilibrium with minimum consumption: $\bar{p} - p^*(\theta_l) < D_{min} \leqslant \bar{p} - c(\theta_l)$

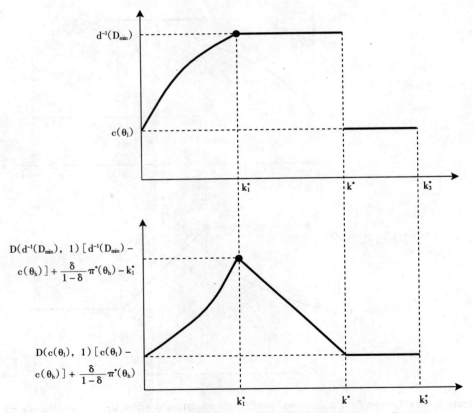

Figure 8　the θ_h-type firm's price and profit when $\bar{p} - p^*(\theta_l) < D_{min} \leqslant \bar{p} - c(\theta_l)$

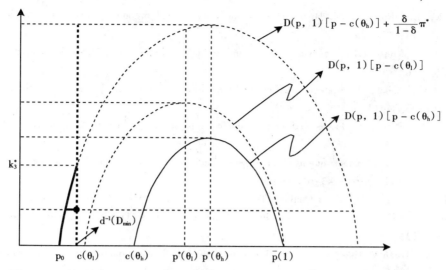

Figure 9   Separating equilibrium with minimum demand $\bar{p} - c(\theta_l) < D_{min} \leqslant \bar{p} - p_1(0)$

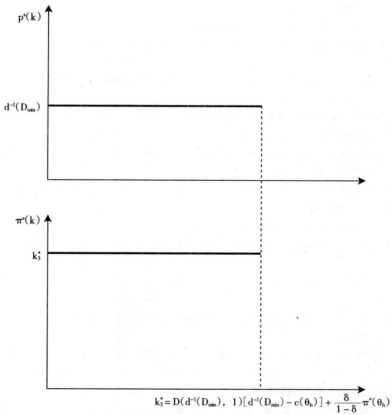

$$k_3^* = D(d^{-1}(D_{min}),\ 1)[d^{-1}(D_{min}) - c(\theta_h)] + \frac{\delta}{1-\delta}\pi^*(\theta_h)$$

Figure 10   Price and profit of θ_h-type firm when $\bar{p} - c(\theta_l) < D_{min} \leqslant \bar{p} - p_1(0)$

References

〔1〕Archibald, R., Haulman, C., Moody, C. Quality, price, advertising, and published quality ratings 〔J〕. Journal of Consumer Research, 1983, 9 (4): 347-356.

〔2〕Bagwell, K. Optimal export policy for a new-product monopoly 〔J〕. American Economic Review, 1991 (81): 1156-1169.

［3］Bagwell，K.，Riordan，M. High and declining prices signal product quality ［J］. American Economic Review, 1991, 81（1.）: 224-239.

［4］Cho，I.K.，Kreps，D.M. Signaling games and stable equilibria ［J］. Quarterly Journal of Economics, 1987（102）: 179-221.

［5］Cho，I.K.，Sobel，J. Strategic stability and uniqueness in signaling games ［J］. Journal of Economic Theory, 1990（50）: 381-413.

［6］Curry，D.，Riesz，P. Prices and price / quality relationship: a longitudinal analysis ［J］. Journal of Marketing, 1988（52）: 36-51.

［7］Ellingsen，T. Price signals quality: the case of perfectly inelastic demand ［J］. International Journal of Industrial Organization, 1997（16）: 43-61.

［8］Farrell，J. Prices as Signals of Quality ［D］. Ph.D. thesis, University of Oxford, 1980.

［9］Gabor，A. and C. W. J. Granger. Pricea s an Indicator of Quality: Report on an Inquiry ［J］. Economica, 1966（33）: 43-70.

［10］Geistfeld，Loren V. The Price-Quality Relationship-Revisited ［J］. Journal of Consume Arffairs, 1982, 16（3）: 34-35.

［11］Horstmann，I.，MacDonald，G. When is advertising a signal of product quality? ［J］. Journal of Economics & Management Strategy, 1994, 3（3）: 561-584.

［12］Horstmann，I.，MacDonald，G. Is advertising a signal of product quality? Evidence from the compact disc player market. University of Western Ontario, Department of Economics Research Report, 9523, Revised Version 1999, 1995.

［13］Kihlstrom，R.，Riordan，M. Advertising as a signal ［J］. Journal of Political Economy, 1984, 92（3）: 427-450.

［14］Leavitt，Harold J. A Note on Some Experimental Findings About the Meaning of Price ［J］. Journal of Business, 1954（27）: 205-210.

［15］Linnemer，L. Entry deterrence, product quality: price and advertising as signals ［J］. Journal of Economics & Management Strategy, 1998, 7（4）: 615-645.

［16］Milgrom，P.，Roberts，J. Price and advertising signals of product quality ［J］. Journal of Political Economy, 1986, 94（4）: 796-821.

［17］Nelson，P. Advertising as information ［J］. Journal of Political Economy, 1974, 82（4）: 729-754.

［18］Schmalensee，R. A model of advertising and product quality ［J］. Journal of Political Economy, 1978, 86（3）: 485-503.

［19］Schmalensee，R. A model of advertising and market structure ［J］. Journal of Political Economy , 1978（86）: 485-503.

［20］Scitovsky，T. Some Consequences of the Habit of Judging Quality by Price ［J］. Review of Economic Studies, 1944（12）: 100-105.

［21］Spence，M. Market Signalling ［M］. Cambridge, MA: Harvard University Press, 1974.

［22］Thomas，L.，Shane，S.，Weigelt，K. An empirical examination of advertising as a signal of product quality ［J］. Journal of Economic Behavior & Organization, 1998, 37（4）: 415-430.

［23］Wiggins，Steven N. and W. J. Lane. Quality Uncertainty, Search, and Advertising ［J］. American Economic Review, 1983（December）: 881-889.

服务业集聚的影响因素和形成机理[*]

——基于上海 1978 年以来的数据的实证分析

管驰明　马奇骐　高雅娜[**]

一、引　言

自新古典经济学时代起，经济学家就开始关注产业集聚，提出了相关理论及各影响因素并加以研究，提出了劳动力市场共享、中间产品投入和专业化服务、技术溢出这三种力量促进了产业集聚（徐康宁，2003）。但这些研究更多地是针对制造业集聚。由于服务业和制造业产业特性的差异导致影响其集聚的因素也有所不同，制造业集聚一般考虑企业的运输成本，而服务业集聚更多的是考虑交通的便捷性和消费者的需求。

由于全球经济向服务经济转变，学界对于服务业集聚的研究也于 20 世纪 70 年代开始兴起，如英国学者 Alexander（1970）对伦敦、悉尼、多伦多等城市的事务所进行调查发现，企业的经营者追求集聚的目的主要包括：有利于同政府机关的接触；有利于接近顾客；有利于接近关联企业，有利于接近其他服务业；有利于决策者集中（Anlexander，1970）。Dniels（1985）指出，传统和威望等人为因素及劳动力等经济因素仍然会促使生产性服务业的办公场所向大城市的中央商务区集聚。Senn（1993）认为，生产性服务业在空间上集聚，一方面因为位置的靠近可以使服务企业之间便利地享受相互服务；另一方面缘于经济环境的快速变化以及由此产生的不确定性，促使生产性服务企业间形成集聚经济。Keeble 和 Wilkinson（2000）认为，与"创新环境"有关的"集体学习过程"对于成功的知识型集聚很重要。Naresh 和 Gary（2001）提出了金融服务产业集聚的机理：从供应的角度看，集聚有利于获得专业化劳动力和金融服务企业之间的支持性服务；从需求的角度看，金融服务企业选址于著名的服务业集群有利于提高企业的声誉，并可降低企业与客户之间的信息不对称性，从而有益于维持长期客户关系。Ralf Stein（2002）从文化资本视角认为，空间集聚经常会带来社会文化上的接近，使企业间形成共同的价值观、信念和默认的理解，并使集聚的企业共同获益。蒋三庚（2006）认为，要形成现代服务业企业集群，建立产业的内生机制，实现企业的空间聚集化发展，需要包括自然禀赋、人力资源、企业家素质、产业成长空间及创新的

* 本文受教育部人文社会科学青年基金项目服务业集聚的形成机理、区域效应及调控策略研究（07JC790036）、国家自然科学基金项目"基于区域协调发展的空港资源整合与空间布局优化研究"（40801049）和"东南大学优秀青年教师教学科研资助计划"的资助。

** 管驰明，东南大学经济管理学院副教授，硕士研究生导师，研究方向：区域经济学；马奇骐，东南大学经济管理学院区域经济学专业硕士研究生；高雅娜，东南大学经济管理学院区域经济学专业硕士研究生。

文化环境等基本条件。李勇坚（2004）使用时间序列数据和截面数据对中国服务业内部各行业发展的影响因素进行分析，发现基础设施对交通运输业的发展有促进作用，城市化对金融保险业的发展没有起到促进作用，但是城市规模与金融保险业在服务业内部的地位具有正的影响。胡霞（2008）认为，能源要素禀赋、市场规模、制度环境等因素影响了服务业集聚。陈建军等（2009）发现，知识密集度、信息技术水平、城市和政府规模对生产性服务业集聚有显著的影响，并表现出一定的区域差异性。

改革开放以来，中国服务业整体发展取得了长足的进步，服务业集聚的现象和趋势也伴随着服务业的快速发展在很多地区出现，如上海的金融集聚和北京的咨询业集聚等。很多大城市特别是沿海经济发达地区的城市纷纷提出建设现代服务业集聚区，[①] 这些都亟待中国学界对服务集聚展开相关研究。本文首先结合前人的研究成果，界定了服务业集聚的概念，从宏观层面对服务业集聚形成和发展的因素进行一般的分析，然后以上海市为例，[②] 以前人较少采用的衡量服务业集聚的地均第三产业产值作为被解释变量，对服务业集聚的影响因素进行实证研究，最后探讨这些影响因素是通过哪些"动作原理"，促成了服务业集聚及服务业集聚区的形成和发展。

二、服务业集聚影响因素的一般分析

关于服务业集聚的概念，目前暂无较为统一的定义，本文认为服务业集聚，应该同时考虑到三个方面：一是服务业在特定的地理空间的集聚；二是强调区域的专业化及其所属的地理空间内的主体企业及其相关机构、配套服务及设施的相互关联；三是服务业行业内企业的集中。

基于此，本文认为服务业集聚的影响因素包括以下几个方面：

（一）有效和强大的市场需求

服务产品的市场需求决定了服务业形成和发展的空间，有效的市场需求才能不断刺激服务产品的有效供给，进而促进服务业集聚的形成（代文，2007）。市场需求有量和质两个方面。市场需求的量即市场容量，与顾客群的规模和购买力以及制造业规模与集聚程度密切相关。中国经济快速发展，居民收入大幅度增长，这些都成为扩大现代服务业市场需求的重要因素。现代服务业集群通常在两种类型地区形成：一类是人流量大、需求旺盛、消费能力强的区域，如城市的CBD；另一类往往围绕制造业集群在交通便捷之处布局。市场需求的质主要指服务对象需求的多样性及需求链的不断延伸，而这些都直接导致服务目标市场的划分越来越细，不断衍生出新的服务项目和服务业态。为了将差异化的服务迅速地提供给消费者，服务企业会选择空间聚集来达到吸引顾客、扩大市场份额。比如在特大城市的妇幼保健医院门口往往集聚了众多为产妇和新生儿服务的企业，如婴儿游泳、家政（月嫂、做胎毛笔等）、早教中心等，这些都是随着人们生活水平提高、

---

① 如上海率先明确提出建设20个现代服务业集聚区，江苏早在2006年9月就明确提出建设省级现代服务业集聚区，并在2007年由政府主导规划建设了67家，在2009年增加到88家。还有其他很多城市如天津、沈阳、青岛、广州等也纷纷提出建设若干个服务业集聚区.

② 从服务业及城市的起源可知，服务业是生产力发展到一定阶段，为了生活和生产的更好而进行的社会分工的产物，而城市起源之一是"交易的场所"，而"交易"恰恰是传统服务业的重要组成部分，并由此延伸出众多门类越来越细的行业。可以说，服务业往往依附于城市，离开城市里高度密集的人口和产业需求，服务业也不会存在，更不必说服务业集聚了。广大的农村地区虽然也有教育、医疗、零售网点，但是与服务业总量比起来，所占比重很小。所以，理论上以服务业高度发达的城市为例更有典型性。从现实的统计数据来看，中国服务业发展数量和质量的区域差异明显，以生活性服务业中的零售业为例，每一种新出现的零售业态往往都是从沿海经济发达地区的城市开始逐渐推进到中西部地区的。

新生儿增多及职场压力增大无暇全身心照顾幼儿而产生的新需求下的新产业。

（二）生产要素完备

服务业集聚的生产要素主要包括劳动力、资本、土地等。服务业对劳动力的依赖很大，因此，S.lleris在研究生产性服务业空间集聚时指出，服务业的集聚地形成人力资源的"蓄水池"。服务企业是否会在某一空间聚集，很大程度上取决于当地相关劳动力的可获得性。当一个地区拥有较多的劳动力或者凭借较优的条件集聚较多的劳动力时，企业在此集聚就可以较低的招聘成本和使用成本获得劳动力，相当于增加了企业的盈利空间。当然，服务业内部不同行业对劳动力素质的要求差异也非常大，不同类型的服务业集聚对不同素质的劳动力的偏好差异也很大。

资本和土地对服务业集聚的影响都是通过其可获得性实现的，越容易获得资本的地区，越有利于形成产业集群。对于那些占地面积大的服务业集聚区，如物流园区、产品交易市场等，在选址过程中，必须要考虑到是否具备充足的土地。城市化进程中不断出现的"退二进三"和"退三进三"实际上反映的就是土地成本不断增加导致企业外迁的现象。

（三）基础设施与环境条件优越

现代服务业具有高技术含量的特征，企业集聚不仅限于原料、劳动力资源成本的考虑，企业在空间上的聚集，能使交通、电力、通信等基础设施使用成本因分摊而降低。所以，基础设施也成为现代服务业集聚发展的重要影响因素。此外，制度环境、市场环境、创新环境、社会文化环境等也都对服务业集聚的形成与发展产生重要的影响。从制度环境的角度来看，服务企业的建立和发展与当地产业政策及其连续性有相关关系。在服务业集群化发展过程中，政府有着一定的作用，具体表现在制定吸引投资的优惠政策、建设良好的基础设施、提供优质高效的公共服务、建立公平严肃的法律环境等方面（蒋三庚，2006）。比如江苏省常州市近年来一直重视服务业的发展，制定了从"制造业导向"到"制造业与服务业的双轮驱动"的发展战略，并且制定了鼓励服务业发展的一系列政策措施，对本地服务业集聚区的发展产生了积极的正面效应。

从市场环境的角度来看，集群所在地应有与主导产业和产品相关的发达的专业市场。比如，常州市的机电、家居建材等专业市场发达，为相关服务业集聚的发展提供了要素供给和产品交流展示的渠道。

从创新环境的角度来看，越是市场变化快的行业，对创新的环境要求越高。现代服务业的特征之一是要求不断地推出创新产品来满足人们较高层次的需求，所以服务业集聚需要创新环境（蒋三庚，2006）。

（四）支撑产业发展良好

相关支撑产业条件是指该产业集群的前项联系产业和后项联系产业的发展情况。现代服务业的发展与制造业、一般服务业等产业的发展息息相关。因此，服务业集聚发展离不开制造业及其内部相关辅助产业的强大支撑。

三、服务业集聚影响因素的实证研究

（一）假设

基于前述对服务业集聚一般影响因素的分析，本文将重点从需求、生产要素、基础设施与环境、相关支撑产业四个方面考量影响服务业集聚的影响因素。具体关注制造业、城市化水平、劳动力、资本、外贸出口、政府干预、交通与信息化基础设施对服务业集聚的影响，作如下假设：

假设 1：制造业规模越大，越促进服务业集聚水平的提高。中国正面临快速城市化的浪潮，这无疑对主要聚集于城市的服务业的发展存在或多或少的影响。本文假设城市化水平越高，服务业集聚程度越高；

假设 2：劳动力与资本供给越充分，越促进服务业集聚的发展。

假设 3：中国的产业发展具有明显的政策导向的烙印，尤其是目前很多城市正在推进政府导向的"服务业集聚发展区"更是受到政府的强力推动，本文还将从"制度经济学"的角度出发，研究对外开放、政府干预对服务业集聚的影响。本文假设经济开放程度越高，政府干预程度越高，服务业集聚度越高。

假设 4：新经济地理学创新性地提出了规模报酬、运输成本这两个核心观点，即规模扩大、交通运输条件的改善有助于产业集聚的形成。本文假设交通与信息化基础设施的改善均推动服务业集聚的发展。

（二）变量设计及数据来源

理想的、准确的测度服务业集聚的指标应该能够涵盖前述的服务业集聚包含的三个层面的意思。但是，从现实的数据可得性来看，几乎不存在完全获取三个方面信息的可能。

中国现有的研究大都采用行业集中度（CR）、区位熵（LQ）、空间基尼系数、赫芬达尔系数、EG 指数、CAD 指数等来测度产业集聚。但是，这些指数也有自身的局限，如使用非常广泛的空间基尼系数只考虑了行业在区域间的集聚程度，并没有考虑不同行业内企业规模和集中度的差异；行业集中度指数和赫芬达尔指数（H）虽然考虑了行业内部企业规模的差异，但是却忽略了产业之间的紧密程度；CAD 指数虽然能体现集群中相关产业（互补与共生）的紧密程度，但其对数据要求非常高。总体而言，这些指标忽略了"在特定的地理空间的集聚"，即使考虑了"空间"，如空间基尼系数、EG 指数、区位熵（LQ）也仅仅是考虑了"区域之间"，而且学者们在研究时所采用的地理空间往往是省一级行政单位，至于省域内部的差异则无法辨识，所以即使测算出来的某行业在 A 省集聚的指标高于 B 省，该行业在 A 省也未必出现真正意义的高于 B 省的高度集聚的现象。因此，本文试图采用至少可以反映"在特定的地理空间的集聚"的指标，而采用"地均"值则可以反映此意。

从数据可得性来看，企业层面的数据难以获取（除非从某行业 500 强或 N 强的数据排名中可以获得相关信息），因此行业的集中度难以精准测算。此外，"特定的地理空间"如果不是与行政界限吻合，其边界内部的任何数据除非进行详尽的现场考察，否则也难以获取。

因此，综合以上考虑，关于被解释变量，考虑到变量的连贯性及一致性，选用地均第三产业产值 Y 近似替代服务业的集聚程度。用此指标对中国各省、自治区、直辖市服务业集聚的程度进行比较，发现东部地区尤其是北京、上海、广东、江苏、浙江明显高于其他地区，广大中西部地区服务业集聚程度明显偏低（见图1）。因此，采用上海作为实证研究更具典型性。

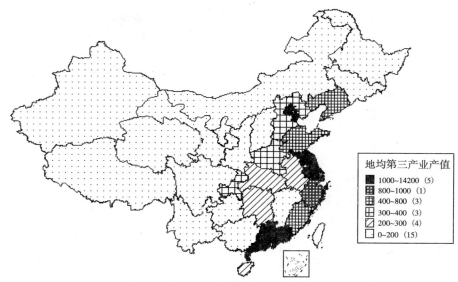

图1　服务业集聚的地域差异示意图（亿元/平方公里）

关于解释变量：需求层面，制造业规模（INDU）采用工业产值，城市化（URBAN）水平用非农人口占总人口的比重；[1] 供给层面，劳动力（LABOR）用从业人员总数，资本（SAVE）用居民储蓄存款；环境层面，经济开放度（OPEN）用外贸依存度，即出口总额占国内生产总值的比重，政府参与经济活动的程度（GOVE），通过财政支出项目中扣除科教文卫、国防及社会保障支出后占国内生产总值的比重加以衡量；[2] 基础设施层面，交通（TRANS）用高速公路里程，信息化基础设施（INFO）用局用交换机容量。

所有数据来源于《新中国60年统计资料汇编（1949~2008）》、《上海统计年鉴（2000~2010）》，相关指标通过手工计算所得。本文选用时间序列数据进行研究，时间跨度为32年（1978~2009）。工业产值、地均第三产业产值均用CPI消除价格影响。此外，由于数据的自然对数变化不改变数据间的协整关系，并能使其趋势线性化，消除时间序列中的异方差，因此本文对上述变量统一采用其对数形式进行回归。

（三）实证检验及解释

运用SPSS18.0软件，采用线性回归全部进入法，将输出结果整理如表1~表3所示。

表1　相关系数 Model Summary

Model		R	R Square	Adjusted R Square	Std. Error of the Estimate
	1	0.998[a]	0.997	0.995	0.03026

注：a. Predictors：(Constant)，信息化基础设施，劳动力，政府干预，工业产值，出口依存度，交通，城市化水平，资本。

---

[1] 虽然目前城市化水平通常用城市中实际生活的人口，即城市非农人口、暂住半年以上人口、城市内的农业人口三部分人口之和占城市总人口的比重来表征，但是由于只有非农人口的统计具有连贯性和准确性，而且非农人口依然是城市人口中的绝大部分，所以依然采用非农人口占总人口的比重来表示城市化水平。

[2] 这已经被很多学者使用过，如张军和金煜（2005）。

表2 方差分析表 ANOVA[b]

Model		Sum of Squares	df	Mean Square	F	Sig.
1	Regression	6.218	8	0.777	849.025	0.000[a]
	Residual	0.021	23	0.001		
	Total	6.239	31			

注：a. Predictors：（Constant），信息化基础设施，劳动力，政府干预，工业产值，出口依存度，交通，城市化水平，资本。
b. Dependent Variable：地均第三产业产值。

表3 回归系数 Coefficient

变量（中文）	变量（英文）	系数	标注差	T 统计量	P 值
常数项		−1.406		−1.302	0.206
工业产值	INDU	0.712	0.338	6.155	0.000
城市化	URBAN	1.495	0.168	2.068	0.050
劳动力	LABOR	−0.575	−0.055	−2.111	0.046
资本	SAVE	0.261	0.548	2.627	0.015
开放度	OPEN	−0.462	−0.219	−3.934	0.001
政府干预	GOVE	−0.020	−0.007	−0.257	0.799
交通	TRANS	0.267	0.164	2.620	0.015
信息化基础设施	INFO	0.048	0.080	0.454	0.654

结果表明，复相关系数为 0.998，决定系数为 0.997，调整可决系数为 0.995，都接近 1（见表1），说明拟合优度高。回归平方和 SRR = 6.218，残差平方和 SSE = 0.021，总计残差平方和 = 6.239，对应的自由度分别为 8、23、31，回归均方 MSR = 0.777，残差均方 MSE = 0.001，回归方程显著性检验统计量 F = 849.025。检验 P = 0.000 < 0.05（见表2），则地均第三产业产值之间与解释变量之间有线性回归关系，回归方程总体有效。

表3 显示了回归分析中的系数，通过进一步检验各解释变量对应的 P 值，政府干预和信息化基础设施没有通过检验，说明它们对服务业集聚没有显著的影响，其他因素对服务业集聚影响显著。

在此基础上，建立如下回归方程：

$$LOG(Y) = 0.712 \times LOG（INDU）+ 1.495 \times LOG（URBAN）- 0.575 \times LOG（LABOR）$$
$$+ 0.261 \times LOG（SAVE）- 0.462 \times LOG（OPEN）+ 0.267 \times LOG（TRANS）- 1.406$$

从市场需求层面来看，工业产值和城市化的系数均为正，说明制造业和城市化水平与服务业集聚水平正相关。因为服务业和服务业集聚的发展为明确的需求导向型的。制造业的规模决定了生产型服务业的空间，也决定了在一个地区是否能够形成生产型服务业的高度聚集。而城市化水平高意味着更多的人口及产业的集聚，是拉动生产型和生活型服务业集聚的另一个重要因素。

从生产要素层面来看，劳动力的系数为负，说明劳动力与服务业集聚之间负相关。可能有两个方面的原因：①自改革开放以来，尤其是 20 世纪 90 年代以来，劳动力的自由流动频繁，上海等沿海发达地区成为劳动力最大的流向地，并且在城市里从事大量服务类工作，相对而言，服务业对本地的劳动力的依赖越来越下降；②现代服务业对无形的生产要素需要越来越大，有形的劳动力在其中所起的相对作用越来越小。资本系数为正，表明拥有完善的融资渠道，能够在资金使用上得到政府默许甚至是鼓励的优惠政策的区域更能吸引服务业企业的聚集。

从环境层面来看，政府影响并没有通过检验。这有两个方面的原因：一方面，政府对服务业集聚的推动作业可能尚未开始显现，政府在土地、资金方面的推力具有一定的时滞性；另一方面，由于政府对服务业集聚的影响可能是通过土地、资金等多个方面的综合影响，尚无较好的指标反映这些综合影响。出口依存度系数为负，本文认为负系数并非完全表明对外开放阻碍服务业经济增长及集聚形成，而只是表明两者之间的影响暂未形成。随着服务业的充分开放，外商直接投资的进入，公开透明的市场化操作不仅促进服务业运营模式的优化，而且将推动服务业集聚向高端发展。

交通既是服务业集聚发展的重要条件，同时也是服务业集聚的支撑产业，交通条件对服务业有显著的影响。因此，交通设施的改进，必然会推动服务业集聚的形成。信息化基础设施没有通过检验，本文认为并不能因此认为信息化对服务业集聚没有影响，只能说明信息化对服务业集聚的影响尚未显现。

四、服务业集聚区形成和演化的机理

前述的需求、供给、基础设施与环境、相关产业与支撑产业等几个方面涉及的因素为服务业集聚的出现提供了必要性（需求）和可能性（供给和外部条件），这些"零部件"正是在下面几个"动作原理"的作用下，促成了服务业集聚及服务业集聚区的形成和发展（见图2）。

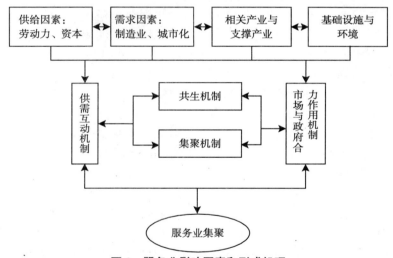

图2　服务业影响因素和形成机理

（一）供需互动机制

从供应的角度看，同类型的服务企业会聚于集聚区，可以形成具有专业知识和高技能的劳动力市场，为企业提供丰富的劳动力资源，而高素质的劳动力还可以降低企业的培训费用。集聚还可以加强彼此的信息技术交流，知识溢出效应促进了企业创新，加速技术扩散，特别是信息的扩散可以促进企业抓住时机，生产个性化的商品。

从需求的角度看，同类型的服务企业会聚于集聚区，有利于稳住客源，对消费者节约消费成本是有利的，这一点在消费性服务业集聚区中体现得尤其明显。早在80多年前，美国学者Hotteling（1929）就提出了同类零售商聚集理论（Homogeneous Retailer Agglomoration），他认为只要所出售的商品或所提供的服务之间存在着较小的差异（这也就是所谓的"最小差异化"概念），销售同种商品的零售店可以稳定地共存。这是因为消费者除了考虑价格以外，还注重商品的质量、特色、品牌、销售方式等多个非价格因素，同类零售店聚集在一起是可能的。从消费者的消费心理来看，同类零售店聚集在一起可以降低消费者购物中的不确定性。如果在购物中心里聚集了多家出售该类商品，又存在着一些差异的零售店，消费者在购买之前就可以到这些商店里面进行充分的比选，选择最适合自己的商品。减少了购物中的不确定性就等于减小购物成本，增加消费者的效用，这样就会吸引更多的消费者前来。因此，同类店聚集在一起无论是对供给方还是对需求方来说都是有益的。

（二）共生机制

共生（Symbiosis）理论源于生物学界，最早由德国真菌学家德贝里（Anton de Bary）在 1879 年提出，指不同种属按照某种物质联系而生活在一起。20 世纪 50 年代以后，共生的思想已经广泛运用于社会学、经济学、管理学等各个领域。从一般意义上来看，共生表现为共生单元之间按照共同的共生界面和共生机制，进行物质、信息和能量的交流，通过这种交流，可以促进共生单元按照某种形式的分工，弥补每一种共生单元在功能上的缺陷，促进单元共同进化，在互相激励和合作竞争中实现多赢（Multi-win）的理想状态。

根据共生理论，可以把服务业集聚中的不同集聚个体，也就是各个服务业企业及其辅助企业分别看作是不同的共生单元，这些共生单元的功能、性质和特征可能各不相同，但都共同存在于一个目标一致、功能定位大体一致的地理空间中。服务业集聚区中的不同集聚个体，如各类服务业企业个体、相关的商业设施及生产、生活服务配套之间往往存在着竞争或互相依托、互相借力的关系。同类的服务业企业都不约而同地鼓励创新，不断采用创新理念，招募高素质人才，引进高新技术，在此过程中，存在一定的信息交流和传输。根据共生理论的核心思想，共生虽然包含了竞争和冲突，但是特别强调从竞争中产生新的、创造性的关系。因此，服务业集聚的地理空间内的各个单元之间共生关系的构建也需要特别强调彼此之间的融合、协作，以望获得共同发展，最终形成不同单元互相协调、共生共荣的局面。尤其是在服务业集聚发展到一定阶段以后，为克服拥挤带来的成本增加、防止知识溢出带来的负面效应、提高服务业集聚区的核心竞争力，服务业集聚区内的服务企业必须进行整合，开发差异度较大的产品来减少彼此的竞争并共同开拓市场。

（三）集聚机制

从商业企业的特性来看，存在 "店多成市" 产生的集聚效应。企业集聚可以利用共同的基础设施，如交通、通信、电力、水资源等，减少企业内部成本。根据波特的定义，商业企业簇群更符合产业簇群的特征，为了取得规模经济优势与竞争优势，零售商要致力于以适当的价格向消费者出售富有吸引力的商品组合与服务，通过集聚不仅可以提供一站式购物，还可以便于消费者进行价格和性能的比选。零售商之间需要协调作用，创造更好的零售环境，提高商业集聚的整体形象和吸引力。与购物相关联的集聚化经济效应催生了几类零售群落，如零售带、购物中心、商业中心、商业街等，这些商业集聚地区既提供非完全替代品，又提供互补品，使得顾客在采购时，既可以货比三家，又可以一次将所有商品购置齐备（Arthur O'Sullivan，2003）。因此，商业活动一方面尽可能接近范围对象，另一方面商业活动在自身的服务范围内也趋向于集聚在优势区位。这种空间集聚既表现为在城市核心区的纵向发展，以城市中心的购物中心最为典型，也表现为水平向的集聚，以城市边缘区的日用品大卖场和专业性大卖场、仓储商店簇群最为典型，更多的表现为两类方向的综合，如南京市龙江地区新城市广场购物中心及其周边的超市、专卖店等商业簇群。

（四）政府与市场合力作用机制

资金、金融和政策的支持是城市服务业集聚区兴衰的重要保证，服务业集聚区的形成和发展离不开多元主体投资的共同推动。从中国现有的服务业集聚区的形成来看，在很多服务业集聚区的形成过程中，政府的"规划"和优惠政策往往成为背后的重要推手。政府通过规划建立特定对象的具体区位和范围，采取一定的扶持措施，给予税费或者其他的优惠，提供资金和市场开发的支持，建立行业准入标准，引导符合该规划区功能定位的服务企业进入，逐渐形成服务业集聚区。政府在规划选址时，往往是在区位优势明显、已有服务业自发集聚苗头的地区扶持，因此，市场的力量也起了一定的作用。当服务业集聚区发展到一定阶段后，集聚优势明显，集聚区内的企业开始抓住市场，并且参与市场竞争，不断更新、扩大规模，产生规模效应，扩大影响力。政府的力量逐渐削弱，集聚更多地表现为市场主导。

还有一类服务业集聚区在形成之初就源于市场自发，这些服务业集聚区的形成源于某一服务类型的企业在人口密度、流量较大的城市中心或者城市外围交通极其便利之处集聚后，逐渐在该地区开辟市场，与之相关联的企业由于受到市场的吸引及政府规划和政策的引导，纷纷在此集聚，便会形成有巨大的信息、咨询等相关的服务业集聚区。在有些园区开发的过程中，政府往往采用先规划，再打包外推给大公司，多年以后再回归地方政府的操作方式，集中体现了政府与市场的合力作用。

无论是上述哪一种情况，由于受到规模经济、集聚效应和外部经济的影响，服务业集聚发展到成熟阶段以后，集聚所在地区用地紧张，土地、劳动力成本上升，交通拥挤，环境污染等一系列因素使得集聚的成本大于收益时，集聚区就会逐渐衰落，就会有企业逃离该区域，向边缘区域和新兴地区扩散。[①] 这时政府的作用看似消退，但是政府对新区开发和基础设施建设，又间接为外围地区服务业集聚区的形成提供了条件。

五、结　语

服务业集聚是依托大都市的经济基础发展形成的，它既是行业内部产业组织演变的一种趋势，也是服务业高度发达在城市特定空间上的投影，其产生和发展契合了产业结构演变、制造业高度发达，城市化高速发展的需要。充足的资本和劳动力为服务业集聚的发展提供了土壤，而交通信息等高新技术是促成服务业集聚发展的重要条件。外资的进入将加快服务业内部特定行业的产业充足，也刺激部分地区出现以外资为核心的特定类型的服务业集聚区。服务业集聚的出现是四种机制合力作用的结果，其中供需互动机制和政府与市场的互动机制决定了服务业集聚为什么出现和为什么能够出现，而共生机制和集聚机制则从空间上解释了服务业集聚出现的区位和出现的过程。不同的机制之间相互联系、互相作用。

服务业集聚的良性发展，应注重多方面的外部环境支持及内部要素供给。政府应进一步完善市场秩序和健全法制环境，在规划管理、加强基础设施建设以及培育和引导"龙头"企业等方面做好引导工作，为市场化的产业集聚提供更好的发展平台。

参考文献

[1] 徐康宁. 产业聚集形成的原因和影响的研究 [D]. 复旦大学博士学位论文，2003.

---

① 根据我们对常州市 21 幢商务楼宇及进驻其中的 206 个商业企业的问卷调查显示，由于传统的商业集聚的市中心存在着交通过度拥挤、停车位不足、老式商务楼宇的基础配备先天缺乏，如电梯失修、物业服务领域狭窄、消防通道无法使用、防盗设施不够、配套的餐饮机构和会议中心不足等，很多企业选择交通更为便捷、车位更充足的新建楼宇作为办公地。调查中，41.26%的企业未来仍将市中心作为首选区位，49.51%的企业未来选择常州的新市区新北区和武进区，其余几大城区均在 10%以下。

［2］蒋三庚. CBD 与现代服务业企业集群研究［J］. 首都经济贸易大学学报，2006（5）：72-76.

［3］李勇坚. 中国服务业内部各个行业发展的影响因素分析［J］. 财贸经济，2004（7）：12-15.

［4］胡霞. 中国服务业空间集聚趋势变动研究［J］. 财贸经济，2008（6）：103-108.

［5］陈建军，陈国亮，黄洁. 新经济地理学视角下的生产性服务业集聚及其影响因素研究——来自中国222 个城市的经验证据［J］. 管理世界，2009（4）：83-95.

［6］代文. 现代服务业集群的形成和发展研究［D］. 武汉理工大学博士学位论文，2007

［7］Anlexander. Office Location and Public Policy［M］. Methuen，1970.

［8］Dniels. Service Industries：a Geographical appraisal［M］. Methuen，London，1985.

［9］Senn & Lanfranco. Service Activities' Urban Hierarchy and Cumulative Growth［J］. The Service Industries Journal，1993（5）.

［10］D. Keeble & F. Wilkinson. High Technology Clusters，Networking and Collective Learning in Europe［M］. 2000

［11］Naresh & Gary. The Dynamics of Industrial Clustering in British Financial Services［J］. The Service Industries Journal，2001（5）.

［12］Rolf Stein. Producer Services，Transaction Activities，and Cities：Rethinking Occupational Categories in Economic Geography［J］. European Planning Studies，2002（6）.

［13］Hotelling. H. Stability in Competition［J］. Economic Journal，1929（39）：41-57.

［14］Arthur O'Sullivan. Urban Economics，5th ed.［M］. McGraw-Hill/Irwin.

新世纪以来中国地区全要素生产率与 FDI 外溢效应的俱乐部特征*

——基于面板门槛回归模型的实证研究

顾乃华**

一、问题的提出和相关文献综述

改革开放以来，中国外商直接投资项目和资金的绝大部分分布在中国经济较发达的经济特区和东部沿海地区，经济相对落后的中西部地区吸收的外资所占比重很小。随着区域发展差距扩大，进入 21 世纪之后，中国政府日益注重通过引导外资向中西部地区转移和增加投资，以期改变长久以来由东南沿海等少数地区单极驱动的经济增长模式，缩小地域之间的差别。2000 年 6 月，当时的国家经济贸易委员会、国家发展计划委员会、对外贸易经济合作部联合颁布《中西部地区外商投资优势产业目录》，分别列出了中西部地区 20 个省（区、市）的优势产业，鼓励外商进行投资。2010 年 4 月，国务院颁布了《关于进一步做好利用外资工作的若干意见》，提出将补充修订《中西部地区外商投资优势产业目录》，增加劳动密集型项目条目，鼓励外商在中西部地区发展符合环保要求的劳动密集型产业。FDI 在东部地区发展过程中的作用怎样才能成功地"复制"到中西部地区？促进 FDI 向中西部地区转移是否一定会提高中西部地区的经济发展效率？进入 21 世纪以来中国地区全要素生产率演变呈现怎样的特征？FDI 与全要素生产率之间究竟是怎样的关系？围绕上述问题，本文将以 2001~2008 年中国大陆 30 个省（直辖市、自治区）的面板数据为基础，借助面板门槛回归模型探讨外商直接投资与全要素生产率之间的非线性关系。

全要素生产率（Total Factor Productivity，TFP）历来是经济增长研究中的核心问题之一，很多学者从理论和实证角度论证了 TFP 在解释增长和收入差距方面的重要性。如 Young（1995）通过测算 TFP，质疑了东亚新兴国家和地区的增长前景；Prescott（1998）指出，物质资本和人力资本不能解释国家间的收入差距，从 TFP 理论切入是合适的视角；Easterly 和 Levine（2001）认为，不同国家收入和增长的差异大部分来源于 TFP 而不是要素积累；彭国华（2005）测算了中国大陆1982~2002 年 28 个省区的 TFP，并通过水平分解和方差分解分析了 TFP 与省区收入差距的关系，结果显示地区收入差距不是由于要素积累而是由于 TFP 在起主要作用；顾乃华、李江帆（2006）研究发现，技术效率（TFP 的主要构成部分）而非资本密集度才是造成中国服务业劳动生产率区

---

* 教育部哲学社会科学研究重大课题攻关项目"中国现代产业体系研究"（批准号 08JZD0014）、广东省普通高校人文社会科学重点研究基地重大项目"大珠三角地区现代服务业分工与合作研究"（批准号 09JDXM79007）。

** 顾乃华，1977 年生，男，江苏响水人，暨南大学产业经济研究院副教授、管理学博士、经济学博士后。

域不平衡现象的主要原因。

近年来，对 TFP 内在机制的研究越来越受到人们的重视，其中一个很重要的方向是在内生增长理论框架下探讨 FDI 对 TFP 的影响。在新古典增长模型中，FDI 只是作为私人投资的一部分而存在，其虽能直接促进东道国的经济增长，但在资本边际产出递减的假设下，这种作用只是短期的。吸收 FDI 的东道国最终会向该经济体的长期稳态收敛，FDI 对产出增长不会有持久影响。内生增长理论的兴起使得 FDI 得到了全新评价，人们发现 FDI 影响经济长期增长的唯一途径就是通过永久性的技术变革，这不仅由于 FDI 所拥有的那些具有独特竞争优势的生产技术和管理经验会受到东道国的青睐，而且它所带来的外部性或外溢效应也是促进东道国经济增长的主要因素，而且这些作用可能是长久的（王志鹏、李子奈，2004）。张建华等（2003）将 FDI 溢出效应产生的渠道归为四类，分别是：示范效应或者传染效应，即当地企业通过观察和学习外国企业，进而提高自己的生产效率；竞争效应，即跨国公司进入后可以在一定程度上消除垄断，从而迫使当地企业更有效率地利用资源，进而推动其技术效率的提升；培训效应，即跨国公司对当地企业员工的培训会通过劳动力的流动促进东道国的技术进步；联系效应，即跨国公司与当地供应商有后向联系、与销售商有前向联系，跨国公司通过设定技术标准、提供技术指导和进行研发合作等形式，提高了上游企业的技术水平，同时下游企业在跨国公司进入后将有机会以低廉的价格获得技术含量高、质量好的中间品，从而为后续生产环节的技术升级创造了条件。但 Aitken 等（1994）也指出，FDI 的溢出效应并非都是正向的，也就是说 FDI 并非总是正向作用于 TFP，他们认为 FDI 凭借竞争优势所产生的"市场攫取效应"将迫使当地企业的最优产出水平降低，在规模来不及调整的情况下，这些企业的平均成本将上升，从而降低了其生产效率。从实证结果看，早期学者运用发达国家的行业数据进行分析，大多对溢出效应持正面态度，但随着经验研究技术的进步和数据样本的完善特别是企业层面的数据得到更多的运用，以及发展中国家和转型国家逐渐被纳入到 FDI 溢出效应的实证分析中，得到的结论不再像早期那么积极（罗长远、曾繁华，2008）。在中国，沈坤荣（1999）利用省际 FDI 总量与 TFP 作横截面分析，发现 FDI 占 GDP 的比重每增加 1%，可使 TFP 增长 0.37%；潘文卿（2003）基于中国工业部门面板数据的实证研究显示，1995~2000 年 FDI 对工业部门的总体外溢效应为正，FDI 的资本积累每增加 1%，本地企业的产出增加 0.13%；王志鹏、李子奈（2004）对中国 1982~2001 年 29 个省份的经验数据的分析表明，东道国的长期经济增长取决于 FDI 与国内资本的比例；姚树洁等（2006）从新兴工业化国家的视角提出并验证了有关 FDI 对经济增长作用的两个假设，FDI 有利于减小国内生产的非效率，是提高生产技术效率的推动器，FDI 有利于加快国内技术进步，是生产前沿的移动器，即 FDI 既能提高技术效率也能促进技术进步。

随着对 FDI 与 TFP 关系问题研究的深入，分析 FDI 溢出效应的侧重点逐渐从探讨是否有溢出效应转移到探讨哪些因素会影响溢出效应。大多数实证研究都表明，当地企业同外资企业的技术差距过大，不利于溢出效应的发生。最新的文献往往从吸收能力这个比技术水平更宽泛的指标入手，研究其对 FDI 溢出效应的影响，因为吸收能力包括了当地企业的技术实力、研发水平以及出口倾向等。Barrios 等（2002）用"R&D 支出"和"企业是否出口"等两个指标来衡量吸收能力，并对希腊、爱尔兰和西班牙 FDI 的溢出效应进行了实证研究发现，在爱尔兰和西班牙存在 FDI 正向溢出效应，而且这种效应取决于当地企业的吸收能力。Girma 等（2005）运用英国电子和工程部门的企业数据，考察了当地企业的吸收能力对于溢出效应的影响，发现二者的关系呈"U"型：最初由于"市场攫取效应"占据主导，即使吸收能力增大，当地企业的生产力仍然会随着 FDI 的进入而减小；后来随着吸收能力进一步增大，当地企业可以充分利用 FDI 的正向溢出效应，其生产力会随着 FDI 的进入而逐步提高。上述研究进展和成果对在中国开展 FDI 与 TFP 关系问题的研究有如下重要启示：不区分地域差别，简单地将 FDI 与 TFP 之间的关系进行线性化处理，可能导致错误的结论和政策建议。众所周知，在省（直辖市、自治区）层面，由于地理位置、改革和发展的历史起点、享受中央政府倾斜程度等存在较大差异，当地企业的吸收能力也有区别。就整体而言，东部地区的省份交通条件远优于中西部，加之在改革开放以来的相当长时间内，中央改变了改革前强调均衡发展甚至是"抽东补西"战略，转而实行鼓励东部沿海地区优先发展的倾斜政策，这使东部的省份发展获得了大量财政、税收、投资、对外开放等方面的优惠政策。例如，国家投资优先安排东部基建项目，赋予东部沿海省份更高的投资审批权限，给予经济特区和众多沿海开放区以更多的税收优惠等。在这些因素作用下，相对中西部地区而言，东部地区企业的技术实力、研发水平以及出口倾向等都相对更高，因而 FDI 与 TFP 之间的关系可能与中西部地区也会不一样。

以往的研究在处理变量之间非线性关系问题时，多采用分组检验方法。所谓分组检验，就是将地区样本按东、中、西三大地带分组，或者按人均 GDP、人均 GNI 或其他指标将检验的数据分成两个或更多的子样本，并分别对这些子样本进行回归并对比相关系数和显著性在各组样本之间的差异。但这种外生分组和主观确定门槛水平的办法，可能使结论与分组标准的选取之间存在极强的关联性，因而客观性和科学性相当较低。此外，分组子样本回归结果的差异是否在统计意义上显著，也是分组检验无法解决的重要问题。本文拟利用面板数据门槛回归方法（Panel Data Threshold Regression），检验 FDI 与 TFP 关系中的人均收入的门槛效应。该方法的优点在于以客观的"内生分组"代替了主观的"外生分组"，能够更为准确地捕捉门槛水平和揭示不同组别中解释变量（FDI）与被解释变量（TFP）之间的变化关系，从而揭示 FDI 外溢效应的俱乐部特征。

本文结构：第一部分简单的介绍；第二部分基于 2001~2008 年中国省际面板数据，描述这阶段中国地区 TFP 的演变特征；第三部分利用门槛回归方法，检验 FDI 与 TFP 之间的非线性关系；第四部分是简短的结论和政策建议。

二、2001~2008 年中国地区 TFP 测算

目前，实证检验 FDI 外溢效应的计量模型多是借鉴 Feder 在估计出口对经济增长的作用时所使用的研究思路：首先区分国内和国外两个经济部门，并以两个部门的生产函数为基础推导出最终的计量方程。其具体形式有两种：一种以 TFP 为因变量，FDI 为解释变量之一直接测量技术外溢系数，模型中不包括其他资本项，也就不用考虑资本的要素投入贡献；另一种仍以 GDP 增长率等传统增长指标为因变量，而解释变量选择总资本 K 和 FDI 两项，将 FDI 与国内资本无差异的纯要素投入作用分离，与国内资本合并到 K 的系数中，则 FDI 一项的关注系数测度的就是纯溢出效应（张建华、欧阳轶雯，2003）。本文拟采用第一种形式，因而如何科学测算 TFP 就成为首当其冲需要解决的问题。

（一）TFP 测算方法

TFP 指要素投入（如资本和劳动等）之外的其他因素对经济增长的贡献。1957 年，索洛首次使用希克斯中性的新古典生产函数定量测量了 TFP，此时的 TFP 等同于希克斯效率参数或希克斯技术进步指标，它主要包含技术进步和产业组织革新，以及测量误差、省略变量、加总偏倚和模型设定错误的影响。尽管索洛的工作极具开创性，但其所使用的方法争议较大，后续研究从提高数据质量、更新生产函数等多方面对其进行改进。借鉴 Hall 和 Jones（1999）、彭国华（2005）的做法，本文按照如下步骤测度 TFP。首先假定总量生产函数为 Cobb-Douglas 形式，即：

$$Y_i = K_i^{\alpha}(A_i H_i)^{1-\alpha} \tag{1}$$

式中，i 代表地区；Y 代表总产出；K 代表物质资本存量；H 代表人力资本增强型劳动力；A 代生产效率，即所要计算的 TFP。假定一个地区内部的劳动力是同质的，每个劳动力平均受到 E 年的教育，则人力资本增强型劳动力 H 可表示如下：

$$H_i = e^{\phi(E_i)} L_i \tag{2}$$

$\Phi'(E_i)$ 是明塞工资回归估计的教育回报率，意味着多接受一年教育使劳动者生产效率提高的比例是 $\Phi'(E_i)$。如果 E = 0，则 $H = e^{\Phi(0)} L = L$，即没有受到学校教育的劳动力只能提供一单位简单劳动。定义 y = Y/L，h = H/L，可把生产函数写为劳均产出形式：

$$y_i = A_i \left(\frac{K}{Y}\right)_i^{\frac{\alpha}{1-\alpha}} h_i \tag{3}$$

借助式（3），可以方便地测算出 TFP，并直接比较地区收入差距中资本产出比、人力资本和 TFP 这三者的影响程度。利用增长核算方法分析地区经济差距的决定性因素，除了这里所使用的资本产出比分解方法外，还可以使用资本劳动比分解法。彭国华（2008）在详细比较这两种方法后认为，运用这两种分解方法往往会得出不同的结果，但资本产出比分解方法相对于资本劳动比具有核算的无偏性、更具直观性的经济含义和政策启示方面显著的优势，而且资本产出比分解方法不仅适用于劳动增进型技术进步，同样还适用于希克斯中性技术进步和资本增进型技术进步。

（二）数据说明和结果

式（3）提示，核算 TFP 的核心在于准确确定投入的产出弹性以及度量产出、投入。在确定投入的产出弹性问题上，主要有回归分析法和份额法。回归法通过对特定的生产函数进行回归得到资本和劳动力产出弹性的估计值，然后用这些估计值代替实际值，进而提出要素投入的贡献以及求得 TFP。回归法的优点在于能够直接给出产出弹性的估计，但它存在很多计量方法上的缺陷（王曦等，2007）：①无法科学地在事前和事后确定真实的生产函数的形式，存在模型设定问题；②难以避免多重共线形、平稳性和伪回归问题；③存在扰动项的自相关。由于用回归法确定投入要素的产出弹性存在以上重要的缺陷，包括 Young（1995）在内的众多学者都在测算 TFP 时放弃了回归法，转而使用份额法。份额法从厂商是要素价格的接受者、厂商追求利润最大化目标这两个基本假说出发，主观确定要素产出弹性。本文确定资本收入份额（资本产出弹性）a 为 0.4，这也是国内外研究者得出的比较一致的估计值。

本文样本包括 2001~2008 年中国大陆所有省、自治区和直辖市，其中重庆与四川合并计算。测算 TFP 所需的劳均 GDP、资本产出比、人力资本等数据的估算见下文的具体说明。如未特别说明，相关原始数据均来自历年中国统计年鉴。

劳均 GDP 为 GDP 与就业人口比值，为剔除通胀因素，GDP 被折算为 2000 年可比价。由于公开的统计资料没有提供资本存量数据，科学地度量资本存量便成为实证研究经济增长最困难的任务。这里沿用本文采用 Yao 和 Zhang（2001）的做法，通过下列等式计算资本存量：

$$K_{it} = (1-\delta)K_{it-1} + \lambda I_{it} \tag{4}$$

式中，δ 指资本存量的折旧率，假定为 7.5%；λ 指当年投资 I 的资本形成率，设定为 95%，即在资本形成过程中存在 5% 的损耗率。式（4）的经济含义是当年资本存量等于上一年净资本存量（总资本存量减去资本折旧）加上当年的净投资。在当年投资指标的选择方面，已有的研究主要采取如下三种方法（张军等，2004）：①采用所谓"积累"的概念及其相应的统计口径；②采用全社会固定资产投资指标；③采用固定资本形成总额指标。一般认为，固定资本形成总额能够比较真实和全面地反映新增的体现在资本中的生产能力，是衡量当年投资 I 的最合适指标。但由于当前已有的国内生产总值核算历史资料仅能提供 1952~2002 年的固定资本形成总额数据，不能满足本文的研究需要，故本文采用全社会固定资产投资替代当年投资 I，并按统一的固定资产投资价格缩减指数，将其折算为 2000 年可比价。初始年份取 1990 年，该年的资本存量值（2000 年不变价）取自张军等（2004）的估算值。由于 1990 年距离本文的初始年份 2001 年有 11 年的时间跨度，这足以消除因初始年份资本存量估计带来的大部分误差。

利用前文的式（2）计算人力资本存量，需要知道教育年数以及其对应的教育回报率。统计年鉴把劳动力平均受教育程度分为不识字或识字很少、小学、初中、高中、中专、大专及以上几类，我们把它们对应的平均受教育年数分别设定为 1.5、6、9、12、12、16 年。由于目前在中国并没有一个公认的分教育阶段的教育回报率数据，遵循彭国华（2005）的做法，这里也采用 George Psacharopoulos 对中国的估计数据。Psacharopoulos 对世界上大部分国家有关教育回报率的研究进行了长时期的跟踪，提供了迄今最全面和权威的教育回报率数据。被广泛引用的 Psacharopoulos（1994）和最新的 Psacharopoulos 等（2004）提供的数据表明，中国教育回报率在小学教育阶段为 0.18，中学教育阶段为 0.134，高等教育阶段为 0.151。依据该数据，设 Φ（E）为分段线性函数，教育年数在 0~6 年的系数确定为 0.18，6~12 年为 0.134，12 年以上为 0.151。①

将劳均 GDP、资本产出比、人力资本数据代入式（3），测算出 2001~2008 年中国大陆 30 个省区的 TFP（见表 1）。结果显示，2001~2008 年，中国大陆各省区 TFP 平均增长 4.44%。彭国华（2005）的研究显示，1982~2002 年中国大陆 28 个省区（不包括西藏和海南）TFP 平均增长率为 5.9%，高于 2001~2008 年的水平。在本文考察的 8 个年份中，2002 年的 TFP 增速最高，达到 9.48%；2003 年最低，为 -3.31%。此后，TFP 基本保持稳定增长。有趣的是，上述 TFP 演变轨迹同中国经济发展周期和政策变化基本是吻合的。为了应对东南亚金融危机带来的外需不足问题，中国从 1998 年开始实施扩张性的宏观调控政策。在这阶段积极的财政政策和谨慎从松的稳健货币政策作用下，国内需求扩大了，GDP 在持续稳定快速发展，TFP 也在不断提高。但这一轮扩张型的宏观调控刚好止步于 2003 年，也就是本文显示的 TFP 急剧下降的年份。在 2004 年，针对当时经济发展中出现部分行业过热的问题，中央政府决定进行紧缩性宏观调控，以规避经济风险。自 2004 年 4 月起，国家利用货币政策、财政政策及行政手段对发展过热的行业进行调控，主要目的是试图使工业尤其是希望使重工业增速回落，服务业增速回升。上述情形也许说明如下两点：①中国自 2004 年实施的旨在调整结构的宏观调整政策有利于推动 TFP 提高；②TFP 的变化可以成为指引和评价政府宏观调控政策的重要指标。

表1　中国大陆各省区 TFP 测算（2001~2008 年）

单位：%

年份 地区	2001	2002	2003	2004	2005	2006	2007	2008	年均增速
北京	1.455	1.187	1.170	1.250	1.348	1.319	1.329	1.473	0.183
天津	1.414	1.564	1.646	1.766	2.027	2.192	2.382	2.209	6.581
河北	0.580	0.630	0.665	0.710	0.763	0.792	0.823	0.820	5.068
辽宁	1.059	1.145	1.127	1.103	1.081	1.047	1.074	1.111	0.687
上海	2.065	2.101	2.158	2.337	2.429	2.562	2.980	3.273	6.797
江苏	0.946	1.095	1.106	1.135	1.135	1.208	1.302	1.377	5.520
浙江	0.875	0.867	0.852	0.865	1.003	1.035	1.141	1.258	5.315

---

① 教育回报率方法的一个优点是它考虑了不同教育阶段对生产效率可以起不同的作用。例如，假定一个地区的劳动力平均接受了 12.5 年学校教育，这个地区劳动力的人均人力资本就是 lnh=0.18×6+0.134×6+0.15×0.5=1.96。

续表

年份\地区	2001	2002	2003	2004	2005	2006	2007	2008	年均增速
福建	1.038	1.148	1.205	1.257	1.292	1.314	1.330	1.369	4.035
山东	0.793	0.788	0.788	0.774	0.794	0.848	0.987	1.089	4.633
广东	1.184	1.339	1.467	1.553	1.559	1.671	1.775	1.866	6.715
海南	0.571	0.609	0.614	0.622	0.686	0.733	0.794	0.811	5.137
东部平均	1.089	1.134	1.163	1.216	1.283	1.338	1.447	1.514	4.820
比上年增长		4.104	2.610	4.486	5.573	4.278	8.126	4.647	
山西	0.508	0.547	0.562	0.608	0.640	0.633	0.671	0.665	3.936
内蒙古	0.699	1.198	0.701	0.689	0.747	0.814	0.906	1.023	5.589
吉林	0.734	0.708	0.773	0.786	0.835	0.799	0.807	0.785	0.966
黑龙江	0.810	1.694	0.959	1.046	1.144	1.202	1.214	1.285	6.816
安徽	0.425	0.450	0.417	0.447	0.479	0.456	0.454	0.458	1.071
江西	0.472	0.465	0.399	0.408	0.451	0.465	0.462	0.478	0.152
河南	0.409	0.423	0.453	0.462	0.485	0.486	0.493	0.500	2.922
湖北	0.520	0.594	0.593	0.621	0.686	0.705	0.738	0.754	5.451
湖南	0.434	0.452	0.472	0.497	0.513	0.522	0.545	0.562	3.761
广西	0.354	0.378	0.393	0.403	0.436	0.428	0.451	0.476	4.331
中部平均	0.536	0.691	0.572	0.597	0.642	0.651	0.674	0.699	3.844
比上年增长		28.777	−17.165	4.263	7.526	1.457	3.583	3.609	
四川（重庆）	0.369	0.381	0.395	0.428	0.462	0.462	0.487	0.490	4.127
贵州	0.208	0.193	0.195	0.209	0.245	0.258	0.273	0.279	4.293
云南	0.394	0.436	0.458	0.426	0.429	0.422	0.436	0.438	1.527
西藏	0.556	0.497	0.541	0.524	0.628	0.634	0.632	0.660	2.467
陕西	0.363	0.390	0.370	0.398	0.448	0.453	0.463	0.479	4.028
甘肃	0.337	0.333	0.340	0.367	0.423	0.462	0.477	0.479	5.139
青海	0.368	0.365	0.367	0.402	0.467	0.505	0.531	0.595	7.097
宁夏	0.349	0.345	0.350	0.340	0.383	0.410	0.443	0.460	4.011
新疆	0.654	0.610	0.635	0.663	0.738	0.777	0.821	0.873	4.219
西部平均	0.400	0.394	0.406	0.417	0.469	0.487	0.507	0.528	4.052
比上年增长		−1.408	2.848	2.927	12.411	3.776	4.073	4.217	
全部平均	0.698	0.764	0.739	0.770	0.825	0.854	0.907	0.947	4.444
比上年增长		9.476	−3.311	4.172	7.190	3.461	6.278	4.318	

　　在省区比较中，东部地区的 TFP 无论是绝对水平还是增速均高于中西部地区。2008 年，东部省份 TFP 均值为 1.514，分别是中西部地区省份均值的 2.17 和 2.87 倍。这意味着在投入相同的情况下，由于 TFP 不一样，东部省份的劳均产出将是中西部省份劳均产出的 2.17 和 2.87 倍，这与以往研究得出的中国地区收入差距主要是由于 TFP 造成的结论一致。2001~2008 年，东部省份 TFP 年均增长 4.82%，领先中西部省份年均增速 0.976 和 0.768 个百分点。这初步显示，就全国范围来看，TFP 是发散的，可能并不存在绝对收敛现象，这个结论与彭国华（2005）的发现相一致。

三、FDI 与 TFP 关系检验

本文以面板门槛回归模型为基础，以 TFP 为被解释变量、FDI 为主要解释变量，检验 FDI 外溢效应的俱乐部特征。

（一）计量模型

面板门槛回归方法作为近年来新发展起来的非线性计量经济模型，是对"分组检验"方法的一种重要扩展，其基本形式定义如下：

$$y_{it} = \theta_1'x_{it} + e_{1,it}, \quad q_{1i} \leqslant \gamma \tag{5}$$

$$y_{it} = \theta_2'x_{it} + e_{2,it}, \quad q_{2i} > \gamma \tag{6}$$

式中，作为解释变量的 x_{it} 是一个 m 维的列向量；q_i 为"门槛变量"，它既可以是解释变量 x_{it} 中的一个回归元，也可以是一个独立的门槛变量；γ 为门槛值，在上面的模型中它把样本分成"两类"，当然也可以分为更多类别。定义一个虚拟变量 $D_i(\gamma) = \{q_i \leqslant \gamma\}$，$D\{\cdot\}$ 为指数函数（Index Function），当 $q_i \leqslant \gamma$ 时，$D = 1$，否则为 0。再令 $x_i(\gamma) = x_i D_i(\gamma)$，可将式（5）和式（6）合并为如下的单一方程：

$$y_{it} = \theta x_{it} + \rho x_{it}(\gamma) + e_{it} \tag{7}$$

式中，$\theta = \theta_2'$，$\rho = \theta_2' - \theta_1'$，残差项 $e_i = [e_{1,it}, e_{2,it}]'$，$\theta$、$\rho$、$\gamma$ 为待估参数。在 γ 给定的前提下，式（7）中的 θ 和 ρ 是线性关系，根据条件最小二乘估计方法，可进一步得到残差项平方和为：

$$S_1(\gamma) = \hat{e}_{it}(\gamma)'\hat{e}_{it}(\gamma) \tag{8}$$

得到门槛估计值为：

$$\hat{\gamma} = \arg\min_{\gamma} S_1(\gamma) \tag{9}$$

Hanson（2000）将门槛变量中的每一观测值均作为可能的门槛值，将满足式（9）的观测值确定为门槛值。一旦确定了门槛估计值，那么其他参数值也就能够相应地确定了。在得到估计值之后，便可以进行统计显著性检验，其主要目的是检验以门槛值划分的不同组样本对应的模型的估计参数是否显著不同。不存在门槛值的零假设为 H_0：$\theta_1' = \theta_2'$。但检验该假设与传统的系数检验并不相同，原因是在无门槛效果的零假设下，门槛参数无法识别，造成传统的检验统计量其大样本分布并非"卡方分布"，而是受到干扰参数影响的"非标准非相似（Non-standard Non-similar）分布"，使得分布的临界值无法以模拟方式得到（孔东民，2007）。为克服这一问题，可以用统计量本身的大样本分布函数来转换，得到大样本的渐进 P 值。在零假设成立下，该 P 值统计量的大样本分布为均匀分布，并且可以由"自助抽样法"（Boot Strap）来计算。在零假设 H_0 成立下，回归式退化成线性模型，表示不存在门槛效果；反之则表示回归系数在两区间会有不同的效果。令 S_0 为在零假设下（即无门槛值下）的残差项平方和加总，S_1 为存在门槛效果下的残差项平方和加总，则似然比统计量为：

$$F = \frac{S_0 - S_1(\gamma)}{\hat{\delta}^2} \tag{10}$$

当确定某一变量存在"门槛效应"时，还需要进一步确定其门槛值的置信区间，即对零假设 H_0：$\hat{\gamma} = \gamma$ 进行检验，对应的似然比统计量可表示为：

$$LR(\gamma_0) = \frac{S_1(\gamma) - S_1(\hat{\gamma})}{\hat{\delta}^2} \tag{11}$$

LR 同样为非标准正态分布，Hansen（2000）计算了其置信区间，即在显著性水平为 α 时，当 $LR_1(\gamma_0) \leqslant c(\alpha) = -2\ln(1 - \sqrt{1 - \alpha})$ 时，不能拒绝零假设。在 1%、5%、10% 的置信水平下，$c(\alpha)$ 分别等于 10.59、7.35 和 5.94。

在完成一个门槛值的检验程序外，为确定是否存在更多的门槛值，必须再进行两个门槛值的检验。当拒绝 F1 检验，表示至少存在一个门槛值，接着假设一个估计得到的 $\hat{\gamma}_1$ 为已知，再进行下一个门槛值 γ_2 的搜寻。在确定了两个门槛之后，可继续进行三个门槛的检验，依此类推，直到无法拒绝零假设为止。由于多个门槛检验的原理与一个门槛的情况相同，其估计方法不再赘述。就本文而言，考虑到观测值有限，出于统计势的考虑，不拟进行两个以上门槛的检验。

（二）数据说明和实证结果

对应着前述面板门槛模型，有关变量定义和数据来源具体如下：解释变量为 TFP；被解释变量为 FDI，用各省区实际利用外资额与 GDP 的比值表示，前者数据取自商务部网站；门槛变量为人均 GDP（2000 年不变价）。此外，根据以往相关研究并结合数据的可得性，引入如下控制变量：①外向化程度（OPEN），用贸易依存度（进出口总额占 GDP 的比重）表示，预期其符号为正；②产业结构水平（IS），用农业就业人口比重表示，预期其符号为负；③市场化程度（MAR），用国有及国有控股工业企业的增加值占全部国有及规模以上非国有工业企业增加值的比重表示，[①] 预期其符号为负；④政府主导强度（GOV），用政府财政支出占 GDP 的比重表示，预期其符号为负。

为便于比较，我们首先利用普通面板回归方法（即不引入门槛变量）对模型进行估计。将被解释变量 FDI 和四个控制变量一并引入到回归方程中（模型一），依据 Hausman 检验结果，选择随机效应模型。此外在估计方法上，采用 cross-section weights（PCSE）方法，这种估计方法对面板数据的误差相关结构（同步相关、序列相关、异方差）给予了更细致的考虑，能够提高估计结果的一致性和有效性。从表 2 中的估计结果看，FDI 的系数为负但不显著，该计量结果直观的含义是 FDI 对 TFP 并无显著的正向作用。但正如前文分析的那样，FDI 与 TFP 之间的关系可能随着经济发展水平而变化，它们是非线性关系，我们不能贸然借助普通面板回归结果推演政策建议。此外，四个控制变量系数的符号虽与预期一致，但其中 MAR 和 GOV 的系数未能通过 10% 的显著性水平检验。造成上述现象的可能原因在于存在多重共线性问题，一个利用外资深度高的地区，往往也是外向化程度高、农业比重低、市场化程度高、政府主导强度弱的地区。为削弱多重共线性问题，逐次引入控制变量构造模型二至六。依据 Hausman 检验结果，这些模型均选择随机效应模型，同时也采用 PCSE 估计方法。回归结果显示：FDI 的系数均为负且均不显著；四个控制变量的符号与预期一致且均显著。

利用面板门槛模型估计门槛值时，通常的做法是运用格子搜索（Grid Search）的方法进行寻找。在本文中，采用排列回归的方法进行搜索，即首先把样本按照门槛变量人均 GDP 按升序排列，并根据 Hansen 的建议忽略掉前后各约 10% 的观测值，然后选取不同的人均 GDP 作为门槛值逐一对模型进行估计并获取其残差。进而利用残差平方和最小原则找到门槛估计值后，再利用自助抽样法模拟似然比检验统计量的渐近分布及其临界值（本文重复次数为 2000 次）以进一步检验是否存在门槛效应。

---

① 由于数据缺失，2004 年和 2008 年的市场化程度分别用国有及国有控股工业企业的资产总额、工业总产值占全部国有及规模以上非国有工业企业资产总额、工业总产值的比重表示。

表 2　普通面板模型估计结果

	模型一		模型二		模型三		模型四		模型五		模型六	
	系数	T 值	系数	T 值	系数	T 值	系数	T 值	系数	T 值	系数	T 值
C	1.351***	12.391	0.857***	11.382	0.619***	11.633	1.664***	15.172	0.979***	9.971	1.039***	11.225
FDI	−0.010	−0.955	−0.018	−1.542	−0.007	−0.635	−0.010	−0.951	−0.019	−1.518	−0.018	−1.540
OPE	0.004***	3.823			0.006***	5.027						
IS	−0.014***	−7.331					−0.018***	−11.340				
MAR	−0.001	−0.732							−0.002**	−2.393		
GOV	−0.001	−0.552									−0.010***	−3.600
R^2	0.51		0.02		0.274		0.4		0.027		0.06	
F 统计值	49.62***		3.73***		44.769***		79.248***		3.254**		7.851***	

注：***、**、* 分别表示在 1%、5%、10%水平上显著。

在不引入控制变量的情形下，搜索到的第一个可能的人均 GDP 对数值的门槛值为 $\hat{\gamma}_1$9.9097（对应的水平值为 20124），这时对应的 TFP 残差平方和最小，$S_1 = 3.6921$；进行门槛效应检验得到 F 统计量为 28.82，在 1%的水平上显著，因此拒绝无门槛效应的虚拟假设。继续寻找可能存在的第二个门槛值，为此先固定第一个门槛值 $\hat{\gamma}_1 = 9.9097$ 并进行第二次搜索，得到另一个可能的门槛值 $\hat{\gamma}_2 = 9.1356$（对应的水平值为 9279），此时对应的 TFP 残差平方和最小，$S_2 = 3.5860$；进行门槛效应检验得到 F 统计量为 6.13，对应的 P 值为 0.0125，拒绝了仅有一个门槛的虚拟假设。前后两次似然比检验得到的 LR 值均能在 5%的水平上拒绝搜索到的门槛值不为真实门槛值的原假设。然后，需要重新检验第一个门槛值，为此固定门槛值 $\hat{\gamma}_2 = 9.1356$，并搜寻新的门槛值。检验结果发现 $\hat{\gamma}_{21} = 9.9097$，与第一阶段搜寻的结果一样，从而进一步确定模型存在两个门槛。把上述两个人均 GDP 对数值（LNpcgdp）的门槛值引入到式（7）对应的描述 FDI 与 TFP 关系的非线性回归模型中，得到如下三机制的门槛回归模型：

$$TFP_{it} = \alpha + \gamma_1 FDI(LNpcgdp \leqslant 9.1356) + \gamma_2 FDI(9.1356 < LNpcgdp \leqslant 9.9097)$$
$$+ \gamma_3 FDI(9.9097 < LNpcgdp) + e_{it} \tag{12}$$

对式（12）进行估计，将估计结果列入表 3。由估计结果可知，与普通面板回归模型回归结果不同，TFP 的系数呈现显著的俱乐部特征：随着地区人均 GDP 的提高，FDI 的回归系数由显著为负，进而绝对值变小，然后变为显著为正。该回归结果也许在提示，在中国 FDI 发挥外溢效应会受当地经济发展水平调节，二者之间的关系呈现"J"型，这和 Girma 等（2005）的发现有相似之处：在经济发展水平较低的地区，外商直接投资企业的存续时期往往较短，加之本地的企业竞争力一般也会比发达地区的同类企业低，此时 Aitken 等（1994）所谓的"市场攫取效应"或许在起主导作用，当地企业可能因无法适应急剧变化的市场结构而对整个地区的 TFP 造成负面影响；在经济发展水平较高的地区，外商直接投资企业平均存续的时间一般更长，本地企业对市场结构变化的适应能力也更强，外商直接投资企业与当地企业在经历对 TFP 可能造成负面影响的磨合期之后，逐渐释放出有利于提升 TFP 的示范效应、竞争效应、培训效应、联系效应等，FDI 转而正向作用于 TFP。为进一步检验 FDI 与 TFP 上述"J"型非线性关系的稳健性，同时为削弱多重共线性问题，① 我们依次引入外向化程度（OPEN）、产业结构水平（IS）、市场化程度（MAR）、政府主导强度（GOV）四个控制变量，重新对模型进行估计。由于增加了回归元，并且不同回归模型往

---

① 面板门槛回归模型与对应的普通面板回归模型相比，由于增加了解释变量个数，且将观测值分类，因而多重共线性问题会更突出。

往对应着不一样的门槛值，因而 FDI 的系数也会发生变化。但比较这些结果可以发现，上述结论是比较稳健的，在模型二至五，随着人均 GDP 的提高，FDI 的系数基本都呈现由显著为负变为不再显著或者显著为正的情形。

表 3　面板门槛模型估计结果

	模型一		模型二		模型三		模型四		模型五	
	系数	T 值	系数	T 值	系数	T 值	系数	T 值	系数	T 值
FDI：≤门槛值一	−0.042***	−3.170	−0.034***	−2.786	−0.016*	−1.839	−0.024**	−2.416	−0.041***	−3.057
介于门槛值之间	−0.016*	−1.635	−0.009	−0.981	−0.031***	−3.065	−0.036***	−3.111	−0.017*	−1.713
>门槛值二	0.024**	1.924	0.019*	1.620	−0.008	−0.712	−0.002	−0.125	0.023*	1.799
OPE			0.005***	5.922						
IS					−0.015***	−9.236				
MAR							−0.005***	−4.982		
GOV									0.002	0.678
三阶段样本数	96、95、49		96、95、49		162、29、49		162、29、49		96、95、49	

注：***、**、* 分别表示在 1%、5%、10%水平上显著。

四、结论和政策含义

本文利用资本产出比分解方法测算了 2001~2008 年中国大陆各省区的全要素生产率，结果显示这段时期中国 TFP 整体呈上升态势，但 TFP 水平和增速在地区间不平衡的现象比较突出。本文继而利用面板门槛模型，以人均 GDP 为门槛变量，实证检验了 FDI 与 TFP 的非线性关系。研究发现，2001~2008 年，FDI 的外溢效应呈现俱乐部特征：在经济发达地区，FDI 会产生正向的溢出效应，而在欠发达地区 FDI 则不会产生正向的外溢效应。

本文蕴涵的政策含义主要有两点：①经济落后的中西部地区在承接 FDI 的过程中，应注意因存在"市场攫取效应"对经济增长可能产生的负面影响。在利用发达国家产业转移时，需充分重视产业配套对产业承接和经济可持续发展的影响，要坚持承接产业转移与产业集聚相结合的原则，促使外商直接投资企业尽快与本地企业形成上下游相互配套、专业化分工合作的产业链。尤其要注重改善投资软环境，致力于打造要素成本和交易成本最低的投资区，强化低成本优势。从而缩短"市场攫取效应"存在的时间，以及降低其负面作用。②经济发展先行地区为了放大 FDI 的正向外溢效应，应适应全球要素优化配置与国际产业布局的条件要求，大力推进自主创新，掌握自主知识产权，提升参与国际产业分工的资质。

参考文献

[1] 顾乃华，李江帆. 中国服务业技术效率区域差异的实证分析 [J]. 经济研究，2006（1）.

[2] 孔东民. 通货膨胀阻碍了金融发展与经济增长吗？——基于一个门槛回归模型的新检验 [J]. 数量经济技术经济研究，2007（10）.

[3] 罗长远，曾繁华. 外国直接投资溢出效应的文献综述 [J]. 经济评论，2008（2）.

[4] 潘文卿. 中国工业部门的外溢效应：基于面板数据的分析 [J]. 世界经济，2003（6）.

［5］彭国华. 两种增长核算方法的比较——兼论中国地区差距的决定性因素［J］. 南方经济，2008（7）.

［6］彭国华. 中国地区收入差距、全要素生产率及其收敛分析［J］. 经济研究，2005（9）.

［7］沈坤荣. 外国直接投资与中国经济增长［J］. 管理世界，1999（3）.

［8］王曦，舒元，才国伟. 我国国有经济双重目标与 TFP 核算的微观基础［J］. 经济学（季刊），2007（1）.

［9］王志鹏，李子奈. 外商直接投资、外溢效应与内生经济增长［J］. 世界经济文汇，2004（3）.

［10］姚树洁，冯根福，韦开蕾. 外商直接投资和经济增长的关系研究［J］. 经济研究，2006（12）.

［11］张建华，欧阳轶雯. 外商直接投资、技术外溢与经济增长——对广东数据的实证分析［J］. 经济学（季刊），2003（3）.

［12］张军，吴桂英，张吉鹏. 中国省际物质资本存量估算：1952~2000［J］. 经济研究，2004（10）.

［13］Aitken，B.，Harrison A. Do Domestic Firms Benefit from FDI? Evidence from Panel Data ［J］. World Bank Policy Research Working Paper，1994，1248.

［14］Easterly，W.，Levine，R. What Have We Learned from a Decade of Empirical Research on Growth? It's Not Factor Accumulation: Stylized Facts and Growth Models［J］. World Bank Economic Review，2001，15(2).

［15］Girma，Sourafel，Görg，Holger. Foreign Direct Investment，Spillovers and Absorptive Capacity: Evidence from Quantile Regressions［J］. Deutsche Bundesbank Research Center Working Paper，2005.

［16］Hall，R.，Jones C. Why Do Some Countries Produce So Much More Output per Worker than Others［J］. Quarterly Journal of Economics，1999，114（1）.

［17］Hansen，B. E. Sample Splitting and Threshold Estimation［J］. Econometric，2000，68（3）.

［18］Prescott，E. Needed: A Theory of Total Factor Productivity ［J］. International Economic Review，1998（39）.

［19］Salvador Barrios，Eric Strobl. Foreign Direct Investment and Productivity Spillovers: Evidence From the Spanish Experience［J］. Review of World Economics，2002，138（3）.

［20］Yao，S.，Zhang，Z. On Regional Inequality and Diverging Clubs: a Case Study of Contemporary China［J］. Journal of Comparative Economics，2001，29（3）.

［21］Young，A. The Tyranny of Numbers: Confronting the Statistical Realities of the East Asian Growth Experience［J］. Quarterly Journal of Economics，1995，110（3）.

新经济地理学视角下不同服务业集聚对FDI流入影响的差异性分析

——基于中国 288 个城市的面板数据分析

孙浦阳　韩　帅　靳舒晶 *

一、引　言

近年来，中国吸引 FDI 进入的优惠政策正在逐步取消，对 FDI 的管理也日益严格，对在华投资的外资企业的污染水平、能耗水平都进行了严格的限制，这都对 FDI 的流入产生了巨大的影响。相当于大幅提高了外资企业进入中国市场的门槛，所以，从一般的常识角度理解，我们都会认为这样的政策转变会降低外资企业对中国的投资。然而，现实情况与预期相反，近年来中国吸引的 FDI 依然在逐年上升，除受金融危机影响的 2008 年和 2009 年有小幅下降外，其他年份外资企业依然大量进入中国市场投资，到 2009 年，中国吸引 FDI 超过 900 亿美元，是全球吸引 FDI 流入最多的发展中国家。由此，我们发现一个悖论：在中国努力提高 FDI 进入门槛的同时，FDI 又在加速流入中国。我们相信，对华投资的外资企业的投资决策在进行重大调整，一定存在一种不同于传统因素的新的经济因素在大量地吸引 FDI 的流入，而中国许多传统的如低廉劳动力成本和优惠政策等吸引 FDI 的因素，对新进入的 FDI 已经不再具有强大的吸引力。通过分析，我们认为，中国的这种新的对 FDI 产生巨大吸引力的经济因素是产业集聚因素，尤其是服务业产业集聚因素。

对于产业集聚的研究可以追溯到新古典经济学时期，Marshall（1920）提出产业集聚主要来自于其外部性，并将这种外部性分为三种类型，分别是中间投入品的规模效应、劳动力市场共享效应、信息交换便利性和技术扩散效应。后来发展到以 Krugman 为代表的新经济地理学将运输成本等空间因素纳入分析框架，使得产业集聚理论又取得了快速的进步。[①]

20 世纪 80 年代后，许多学者开始将产业集聚用于对 FDI 的分析之中，大多数学者认为，产业集聚可以有效地降低信息成本，降低不确定性风险，并且提供较完善的共享劳动力市场，所以，东道国的产业集聚可以吸引 FDI 流入。其中较为有代表性的有 Guimarães，P. 和 Woodward，D. P.（2000），他们将产业集聚因素用于对 FDI 流入东道国的分析。分析了葡萄牙最基本行政区的制造业、服务业、工业及外资企业集聚水平对 FDI 流入的影响，认为这几个主要的产业集聚水平都可

---

* 孙浦阳，1982 年生，男，北京人，英国伯明翰大学博士，南开大学经济学院国际贸易系副教授；韩帅，1985 年生，男，山东潍坊人，南开大学经济学院博士研究生；靳舒晶，1985 年生，女，天津人，南开大学经济学院博士研究生.
① 新经济地理学认为，产业集聚源于不完全竞争和规模经济，集聚具有自我增值的优势，并产生区位空间的"锁定效应"和扩散效应，形成拥有更广地域的产业集聚，即产业带，或广域的产业集聚.

以提高当地对 FDI 的吸引力，原因在于制造业的集聚可以为 FDI 的进入提供共享的劳动力市场，降低外资企业进入东道国市场后劳动力成本，同时服务业集聚可以有效降低外资企业在东道国运营的信息成本，促进其快速地适应东道国市场环境，而外资企业的集聚则可以为新进入的 FDI 提供一个指向作用，新进入的外资企业可以通过已有的外资企业的区位选择而判断各个地区的投资环境，从而降低了不确定性风险。他们的分析较为笼统，没有对行业集聚进行进一步的细分，也没有考虑到相邻城市之间产业集聚对 FDI 吸引的相互作用，并不能很好地解释区域具体行业的集聚对 FDI 的吸引作用。Hilber（2010）研究了罗马尼亚地区工业集聚和服务业集聚对 FDI 流入的影响，文中考虑了相邻城市之间产业集聚对 FDI 流入的相互影响作用，他们的研究结论也认为，工业集聚和服务业集聚可以吸引 FDI 的流入，而相邻城市的相关集聚因素对中心城市的 FDI 流入也是有促进作用的，且相邻城市之间在吸引 FDI 方面是互补关系。然而，其研究依然只停留在工业和服务业这样笼统的行业分类层面上，没有将集聚进行更进一步的行业分类，而制造业和服务业内部包含的行业数量较多，之间存在巨大的差异性，所以不做进一步的行业分类则无法准确分析出产业集聚对 FDI 流入的真实作用。

许多学者也对中国的产业集聚与 FDI 流入的关系进行了研究。这些研究主要分为几个大类：

第一类文献主要集中分析中国具体行业层面的集聚经济与 FDI 的关系，例如，冼国明、文东伟（2006），赵伟、张萃（2007）从具体行业的角度分析了中国产业集聚与 FDI 的关系，他们认为，FDI 在中国产业集聚的形成过程中有重要作用，其对具体行业集聚的分析非常详尽，而没有研究产业集聚对 FDI 流入的影响。

第二类文献从区域产业集聚的角度研究了产业集聚的地理分布对 FDI 的影响，例如，陈泉、臧新（2006），肖文、林高榜（2008），崔远淼（2009），他们分别以江苏主要城市数据，长三角地区 12 个主要城市数据，浙江县域面板数据为样本，研究了产业集聚与 FDI 以及经济增长之间的关系，研究得出了类似的结论，认为产业集聚是影响 FDI 流入的重要因素，其中崔远淼（2009）也认识到 FDI 的流入可能会对本土企业产生微弱的"挤出效应"。这类文献从区域经济学角度出发，研究产业集聚的区位分布对 FDI 的影响，得出了有建设性的结论，但是仅仅讨论了某一省或某一特定区域的产业集聚状况，样本选取较为狭窄，在全国范围看，不具备普遍代表性。

第三类文献开始从全国范围内的不同地区产业集聚的差异性角度研究其对 FDI 流入的影响，例如，马君潞、郭威（2007）使用中国内地 30 个省、直辖市和自治区的面板数据研究了产业集聚对 FDI 的影响，认为提升一个地区吸引外商直接投资的能力很大程度上取决于该地区的集聚经济环境，包括工业企业集聚和第三产业集聚。Chen Yanjing（2009）也采用了中国内地省级面板数据对制造业集聚对 FDI 影响进行了研究，并同时考虑了相邻城市产业集聚之间的相互影响因素，其研究结果表明，中国省级制造业产业集聚并不利于吸引 FDI 流入，反而产业多样化才有利于吸引 FDI 流入。这类文献已经开始从全国范围研究产业集聚对 FDI 的影响，其代表性较之于仅从某一特定区域角度出发有了很大提升，结论也有很强的现实意义。但是这类文献基本上都采用省级数据，每个省内部地区之间存在巨大差异性，从省份这样巨大而复杂的区域来研究产业集聚对 FDI 的影响会有失结论的准确性。

综合以上国内外相关文献，可以发现，在研究产业集聚对 FDI 的影响方面，基本上都是从制造业、服务业这样的基本行业分类进行研究，没有进一步对这些行业进行分类。此外，在对中国产业集聚研究时，样本的选取方面大多采用了省级面板数据，而没能继续细化，相邻区域之间产业集聚的相互影响因素的研究也不常见。基于以上几点不足，本文进行了一定的改进和完善，本文的主要的创新点在于，从新地理经济学的视角出发，以中国地级及以上城市 2003~2008 年的面板数据进行实证分析，本文的样本城市涵盖了中国内地所有 333 个地级及以上行政区中的 288 个地级及以上城市，① 覆盖了内地所有地级以上行政区的 86%。并将服务业细分为生产性服务业、消费性服务业和公共性服务业三类，分别研究它们的集聚对 FDI 流入的影响。同时，我们还将考察相邻城市产业集聚对中心城市 FDI 流入的相互影响作用。采用 288 个城市的面板数据的理由在于以下几点：①外资企业在华的投资行为大多以城市为单位，很少出现跨城市的投资项目，城市是外资企业对华投资的最基本环境，也是其生产和经营过程中最直接接触的环境，所以，外商在华投资的区位选择决策也更多地依据城市的各种经济条件而做出，一般不会以省的经济环境做出投资决策。②在考虑相邻地区之间产业集聚的相互影响时，我们认为，相邻城市之间距离较近，运输成本较低、信息传递便利，且各方面经济条件更加接近，所以，城市之间产业集聚的相互影响作用会更加明显，而省际之间的相互影响必然不如城市之间的相互影响明显。③中国各个省的面积普遍较大，省内部各个地区和城市之间在自然环境、经济发展水平以及交通便利程度等方面存在巨大差异，FDI 在同一个省的内部不同城市之间的分布也有很强的不平衡性，而采用省级数据进行分析时会严重抹杀这种不平衡性，影响结论的准确性。所以，我们认为，研究产业集聚对 FDI 流入的影响应该采用大样本的城市级数据。

本文结构如下：第一部分为本文的概述；第二部分以产业地区区位熵为指标对中国相关的产业集聚和 FDI 的分布状况进行初步统计描述和比较分析，并在此基础上，结合文献提出本文的几个主要假设；第三部分为计量分析，根据第二部分的假设设计计量模型并采用 GMM 方法对以上假设进行检验并进行计量结果的分析，之后进行稳健性检验；第四部分为本文的结论和政策含义。

二、基本事实及假设提出

截至 2009 年，中国实际利用外资额达 918.04 亿美元，② 是世界发展中国家中最大的 FDI 流入国。而近年来，随着中国经济的进一步发展、FDI 政策的逐渐严格化以及沿海劳动力成本上升等一系列的因素影响，FDI 流入中国的区位分布发生了一定的转变，由图 1 我们可以看出，FDI 在中国的分布重点已经不再是传统的集中于东南沿海城市，而是逐步向北方和中西部转移，可以看出内陆的陕西省和四川省的部分城市吸引的 FDI 资金量已经处在全国前列。

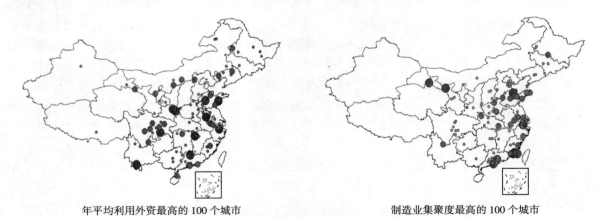

年平均利用外资最高的 100 个城市   制造业集聚度最高的 100 个城市
图 1　FDI 与制造业集聚的地理分布示意图

---

① 包括中国主要的直辖市、副省级城市、地级市以及部分自治州和与地级市平级的州和盟行政单位。
②《中国统计年鉴》2010 年版。

而不同的产业集聚在中国的地理分布状况也有很大差异，由图 1 我们可以看出，中国制造业集聚分布较为集中，制造业集聚度最高的城市大多集中在广东和福建沿海、长江三角洲，以及山东半岛，而内陆城市中制造业集聚度高的城市数量很少。这与近年来 FDI 开始向内陆城市渗透的总体趋势不符，由此我们提出本文的第一个假设：

假设 1：在中国，城市制造业集聚并不能有效地吸引 FDI 的流入。

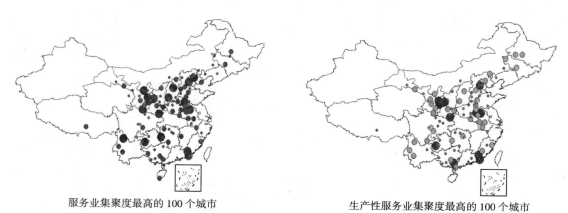

服务业集聚度最高的 100 个城市　　　　　　生产性服务业集聚度最高的 100 个城市

图 2　第三产业与生产性服务业集聚的地理分布示意图

然后我们来探讨服务业以及服务业细分行业的地理分布，仿照陈建军（2009），我们将服务业分为生产性服务业、消费性服务业以及公共性服务业。[①] 图 2 显示了中国服务业和生产性服务业集聚度最高的城市的地理分布特征，我们可以看出，无论是第三产业还是具体的生产性服务业，其分布都不集中在东南沿海地区，而相对内陆的河北、陕西、河南南部、安徽北部以及四川东南部的城市存在较高的第三产业集聚和生产性服务业集聚，这与图 1 中吸引 FDI 最多的城市在中国的地理分布特征有一定的类似性。

图 3 显示了中国消费性服务业和公共性服务业集聚度最高的城市的地理分布特征，我们可以发现，公共性服务业的地理分布特征与图 2 的生产性服务业集聚度最高城市的地理分布相类似，都出现在中西部城市，这与图 1 中的分布特征有类似性，而消费性服务业集聚的城市分布则出现了不同，其分布较为集中，集中分布在广东和海南的沿海城市以及河南及山东西部的中原地区城市，这种特征与 FDI 的分布特征不符。所以，我们提出本文第二个假设：

假设 2：城市服务业集聚对 FDI 流入有吸引作用，尤其是生产性服务业集聚和公共性服务业集聚可以吸引 FDI 流入，而消费性服务业在吸引 FDI 流入方面可能作用不显著。

通过图 1 我们还发现，除了四川和安徽南部的部分城市相互之间距离较近、分布密集之外，大多数吸引 FDI 流入最高的城市都没有出现近距离密集分布的特征，这与许多研究结论相反，也反映了中国的相邻城市之间在吸引 FDI 流入方面的关系，由此，我们提出第三个假设：

假设 3：相邻城市的产业集聚对中心城市 FDI 流入的影响作用是消极的，相邻城市之间在吸引 FDI 方面存在竞争关系和替代关系。

---

① 在 14 个服务业行业中，生产性服务业为交通运输、仓储和邮政业，信息传输、计算机服务和软件业，金融业，房地产业，租赁和商务服务业，科学研究、技术服务和地质勘查业，居民服务和其他服务，教育；消费性服务业为批发和零售业以及住宿和餐饮业；公共性服务业为水利、环境和公共设施管理业，卫生、社会保障和社会福利业，文化、体育和娱乐业，公共管理和社会组织。

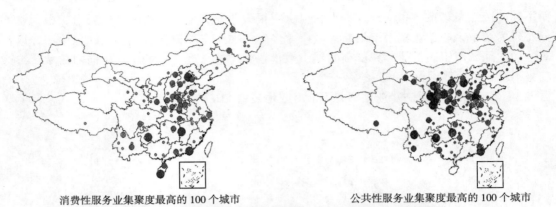

消费性服务业集聚度最高的 100 个城市   公共性服务业集聚度最高的 100 个城市

图3 消费性服务业与公共性服务业集聚的地理分布示意图

三、数据来源与变量选择

本文根据 2003~2008 年中国地级及以上城市面板数据检验各种产业集聚对城市 FDI 流入量的影响。在保证实际数据的可获得性和有效性的前提下，本文选取了 288 个地级及以上城市作为分析样本。数据主要来源于《中国城市统计年鉴》（2004~2009）、《中国劳动统计年鉴》（2004~2009），以及部分省级统计年鉴。本文主要的研究的变量和指标如下：

（1）"fdiuse$_{it}$" 表示城市外资流入量，在各种 FDI 指标中我们选取了实际利用外资额来代表城市 FDI 的实际流入量，并对实际利用外资额取对数以避免异方差等问题。

（2）"manuagg$_{it}$" 表示城市 i 的制造业集聚水平，seragg$_{it}$ 表示城市 i 的服务业集聚水平，由于本文的研究重点并不是具体行业的集聚，而是将制造业、服务业和外资企业总体作为研究对象，并且更加注重不同区域的集聚状况而不是具体行业集聚状况，所以，以往研究产业集聚问题常用的 E-G 系数、空间基尼系数以及 Hoover 系数等着重反映行业集聚程度的指标不适用于我们的研究和样本。国内外很多学者用工业总产值比重来衡量各个地区制造业集聚水平（Wen，2004；金煜，2006），由于制造业产品是有形的，在统计口径上都已经较为完善，采用这样的指标有一定的合理性，但是考虑到制造业行业业内部的各个产业之间存在巨大差异，单纯的产值比重并不能代表制造业在某个城市经济中集聚。原因在于部分城市可能存在少量巨型企业或者垄断性企业，这些企业可以创造巨大的产值，但是却并不一定吸纳很多劳动力，在城市经济中并不占主导地位。同样，对于服务业集聚的核算，采用总产值比重来衡量地区服务业集聚也不科学，原因在于中国服务业存在被严重低估的现象（陈建军、陈国亮、黄洁，2009），用服务业产值比重来衡量城市服务业的集聚也极有可能存在将城市服务业集聚度低估等或估计不准确的问题。考虑到需要分析不同城市的地区产业集聚，本文采用各个城市不同产业的区位熵[①]指标来衡量其不同产业的集聚程度。产业 j 在城市 i 的区位熵 LQ$_{ij}$ 表示为：

---

① 区位熵（Location Quotient），又称区域规模优势指数或专门化率，是评价区域优势产业的基本分析方法，由皮特·哈盖特（Haggett，1965）在 Locatioal Analysis in Human Geography 一书中提出并运用于区位分析中，用以衡量某一产业的某一方面在某一特定区域内的相对集中度。该指数能够反映出该地区某行业的规模在全国的位置。

$$LQ_{ij} = \left(\frac{E_{ij}}{\sum_i E_{ij}} \right) \bigg/ \left(\frac{\sum_j E_{ij}}{\sum_i \sum_j E_{ij}} \right) \tag{1}$$

式中，E_{ij} 代表城市 i 在产业 j 上的就业人口。本文采用了城市制造业就业人口，服务业就业人口，生产性服务业、消费性服务业和公共性服务业就业人口来分别计算城市制造业和服务业的集聚水平。表 1～表 3 分别显示了中国部分城市在 2008 年消费性服务业、生产性服务业和公共性服务业的集聚状况。可以发现，到 2008 年，中西部城市的各种服务业集聚程度在显著的上升。

（3）"$npmanuagg_{it}$"、"$npseragg_{it}$"分别表示相邻城市的制造业集聚水平和服务业集聚水平。许多学者研究指出，集聚效应存在较强的跨地区影响，相邻城市之间的产业集聚会产生明显的相互影响（Head 等，1995；Cantwell 和 Piscitello，2005；Yangjing Chen，2009）。所以，本文在计量模型中加入相邻城市的制造业和服务业集聚因素来考察其对中心城市 FDI 流入的影响。在定义相邻城市过程中，传统文献采用城市之间的距离远近来定义相邻城市，从空间角度考虑，这种方法具有合理性。但是，我们认为在中国市场环境下，这种方法的科学性会被削弱。原因在于，长期以来中国国内市场并不完全，不同省级行政单位之间的市场存在分割性，由于税收、收费、运输和工商管理制度差异等方面的原因，产品、服务和要素在进行跨省流动时往往会承担高额的成本。同时，不同省级行政区之间的各种具体的经济政策存在巨大差异，而且同省城市之间产业集聚的相互影响要远远大于跨省城市之间产业集聚的影响，本文定义中心城市的相邻城市为与中心城市属于相同省的城市。相邻城市产业区位熵的计算如下：

$$NLQ_{ij} = \left(\frac{NE_{ij}}{\sum_i E_{ij}} \right) \bigg/ \left(\frac{\sum_j NE_{ij}}{\sum_i \sum_j E_{ij}} \right) \tag{2}$$

式中，NE_{ij} 表示中心城市 i 的相邻城市中产业 j 的就业人口，其数量是与中心城市 i 属于同一省的所有其他城市 j 产业的就业人口总和。其计算为：

$$NE_{ij} = provinceE_{ij} - E_{ij} \tag{3}$$

式中，"$provinceE_{ij}$" 表示城市 i 所在省的 j 产业就业人口。

（4）"$agfdiuse_{it}$"表示城市 i 的外资企业集聚水平、"$npagfdiuse_{it}$"表示相邻城市的外资企业集聚水平。在计算 FDI 集聚度时，受到城市 FDI 流入统计中无产业分类数据的限制，直接采用城市年实际利用外资额占全国年实际利用外资额的比重来衡量城市外资企业集聚水平（Paulo Guimarães，2000；Yanjing Chen，2009；Hilber Christian，2010）。

表 1　中国部分城市消费性服务业集聚状况（2008 年）

消费性服务业集聚度最高城市	消费性服务业区位熵	消费性服务业集聚度最低城市	消费性服务业区位熵
新余	15.1121	佛山	0.6367
三亚	9.8403	惠州	0.6223
汕头	5.2627	攀枝花	0.5934
北京	4.3581	七台河	0.5864
贵阳	4.0776	娄底	0.5847
晋城	3.9349	宿迁	0.5811
石家庄	3.8856	铁岭	0.5567
丽江	3.8450	揭阳	0.5526
忻州	3.8237	赣州	0.4875
十堰	3.8140	东莞	0.4781

续表

消费性服务业集聚度最高城市	消费性服务业区位熵	消费性服务业集聚度最低城市	消费性服务业区位熵
三门峡	3.7155	伊春	0.4672
长沙	3.7070	萍乡	0.4545
南阳	3.6467	辽源	0.4286
西安	3.5403	中山	0.3911
哈尔滨	3.3791	池州	0.3286

资料来源：根据《中国城市统计年鉴》（2009）城市就业数据计算整理得出。

表 2　中国部分城市生产性服务业集聚状况（2008 年）

生产性服务业集聚度最高城市	生产性服务业区位熵	生产性服务业集聚度最低城市	生产性服务业区位熵
庆阳	3.6301	金昌	1.0228
汕头	3.3997	乌海	1.0000
平凉	3.4182	泉州	0.9996
北京	3.4233	嘉峪关	0.9848
宿州	3.5178	绍兴	0.9752
安康	1.7623	无锡	0.9505
固原	2.7910	鹤岗	0.8779
玉林	1.6039	佛山	0.8103
安顺	1.5122	东莞	0.8052
亳州	2.7008	伊春	0.7775
梅州	2.6169	常州	0.7438
保定	1.4804	惠州	0.7191
长春	1.5925	苏州	0.7133
忻州	2.1053	池州	0.6217
兰州	1.7810	中山	0.4846

资料来源：根据《中国城市统计年鉴》（2009）城市就业数据计算整理得出。

表 3　中国部分城市公共性服务业集聚状况（2008 年）

公共服务业集聚度最高城市	公共性服务业区位熵	公共服务业集聚度最低城市	公共性服务业区位熵
庆阳	4.9363	宁波	0.9847
怀化	4.2608	盘锦	0.9698
榆林	4.1960	珠海	0.9417
陇南	4.1928	揭阳	0.9191
安康	4.1812	克拉玛依	0.9007
长春	4.0650	池州	0.8741
固原	3.9523	无锡	0.8557
定西	3.9365	惠州	0.8400
安顺	3.8995	苏州	0.8065
武威	3.8372	常州	0.7488
大同	3.8085	佛山	0.7345
丽江	3.7174	深圳	0.6955
汕头	3.6638	泉州	0.6932
天水	3.6429	厦门	0.6547
临汾	3.6016	中山	0.4796

资料来源：根据《中国城市统计年鉴》（2009）城市就业数据计算整理得出。

（5）其他控制变量。"$gpop_{i,t}$"表示城市人口增长率，一个城市的人口增长率代表着该城市的经济潜力并反映了该城市的市场规模，对 FDI 的流入有重要影响。"$cgdp_{i,t}$"表示城市 GDP，市场规模是吸引 FDI 流入的另一个重要的因素，它直接影响了投资的回报率，之前的许多研究发现，市场规模对 FDI 存在正向影响，仿照 Broadman、Coughlin 和 Segev（2000），Chen Yanjing（2009）以及 Hilber（2010），我们采用城市 GDP（万元）来代表市场规模。"$ptel_{i,t}$"表示城市人均拥有电话数量，之前有学者研究指出，通信能力也显著地影响城市对 FDI 的吸引力（Gong，1995；He，2002），我们采用城市人均电话拥有量来代表城市的通信能力。"$pelec_{i,t}$"表示城市人均用电量。

四、模型的设定

根据上文中对主要研究变量指标的选择和研究，本文将计量模型设定为以下形式来探讨制造业集聚、服务业集聚以及外资企业集聚对 FDI 流入的影响。

不考虑相邻城市集聚因素时我们将回归模型设定为如下形式：

$$\ln fdiuse_{i,t} = \gamma_i + \theta_i + \alpha^K \sum_K A^K_{i,t} + \beta^L \sum_L X^L_{i,t} + \varepsilon_{i,t} \tag{4}$$

式中，$A_{i,t}$ 代表各个城市的集聚变量，包括了制造业集聚、服务业集聚和外资集聚度，$X_{i,t}$ 代表各个城市的经济特征变量，包括人口增长率、地区生产总值、人均电话拥有量和人均用电量等指标。具体表达形式如下：

$$\alpha^K \sum_K A^K_{i,t} = \alpha^{manu} manuagg_{i,t} + \alpha^{ser} seragg_{i,t} + \alpha^{fdi} agfdiuse_{i,t}$$

$$\beta^L \sum_L X^L_{i,t} = \beta^{pop} gpop_{i,t} + \beta^{grp} \ln cgdp_{i,t} + \beta^{tel} ptel_{i,t} + \beta^{elec} pelec_{i,t} \tag{5}$$

由于服务业本身包含有数量众多的具体行业，在这些不同的服务业之间存在巨大的行业差异，既有住宿餐饮等传统服务业，也有以高科技为依托的现代服务业如科技和信息服务业等。而本文的主要目的之一是研究不同类型的服务业集聚对 FDI 流入的影响，所以，有必要对服务业进行细分，来研究不同类型服务业集聚的不同作用。将以上的计量模型修订为：

$$\ln fdiuse_{i,t} = \gamma_i + \theta_i + \alpha^K_1 \sum_K A^K_{i,t} + \alpha^J_2 S^J_{i,t} + \beta^L \sum_L X^L_{i,t} + \varepsilon_{i,t}$$

$$J \in \{ prodser, \ conser, \ pubser \}$$

$$\alpha^K_1 \sum_K A^K_{i,t} = \alpha^{manu}_1 manuagg_{i,t} + \alpha^{fdi}_1 agfdiuse_{i,t} \tag{6}$$

式中，S^J 表示不同类型的服务业集聚，$S^{prodser}$ 表示生产性服务业集聚，S^{conser} 表示消费性服务业集聚，S^{pubser} 表示公共性服务业集聚。$X_{i,t}$ 依然表示各个城市的经济特征变量，包括人口增长率、地区生产总值、人均电话拥有量和人均用电量等指标。

关于集聚经济在相邻城市之间的相互作用，前文已经进行过初步的讨论，认为，一个城市的相邻城市的产业集聚因素会对中心城市的包括 FDI 流入在内的各种经济变量产生较为明显的影响，而这种影响是否是积极的，以及影响程度的大小是需要进一步研究的内容，所以，本文进一步将计量模型扩展如下：

$$\ln fdiuse_{i,t} = \gamma_i + \theta_t + \alpha_1^K \sum_K A_{i,t}^K + \alpha_2^K \sum_K A_{N,t}^K + \alpha_3^J S_{i,t}^J + \alpha_4^J S_{N,t}^J + \beta^L \sum_L X_{i,t}^L + \varepsilon_{i,t} \qquad (7)$$

$$S_{N,t}^J \in \left\{ S_{N,t}^{prodser}, \ S_{N,t}^{conser}, \ S_{N,t}^{pubser} \right\}$$

$$\alpha_2^K \sum_K A_{N,t}^K = \alpha_2^{manu} manuagg_{N,t} + \alpha_2^{manu} agfdiuse_{N,t}$$

式中，$A_{N,t}$ 代表中心城市 i 的相邻城市的制造业和外资企业集聚状况，$S_{N,t}$ 代表中心城市 i 的相邻城市的各种服务业的集聚状况。

考虑到本文设定的回归方程中有可能存在一定的内生性问题，处理面板数据时常用的 Pooled 和 Fix Effect 的回归方法不能较好地对本模型进行准确的估计。因此，我们采用 System GMM 的计量方法在一定程度上克服可能存在的内生性问题。

五、实证结果

由于中国国土面积广大，不同区域间在经济发展水平、信息化水平、人口密度等多方面存在巨大差异，所以，根据 J. Su，G.H. Jefferson（2011）的研究，本文将中国城市分为沿海城市和内陆城市来加以考察。沿海城市包括北京、天津、辽宁、河北、山东、江苏、上海、浙江、福建、广东和海南 11 个省的 71 座城市，而剩余的其他城市定义为内陆城市，[①] 共 211 座城市。表 4~表 6 列示了回归结果。

表 4　全国城市产业集聚与实际利用 FDI 回归结果

	服务业		生产性服务业		消费性服务业		公共性服务业	
	(1)	(2)	(3)	(4)	(5)	(6)	(7)	(8)
manuagg	−0.1298**	−0.0566	−0.1320**	−0.1489**	−0.0695	−0.0771*	−0.1410***	−0.1532***
	(−2.27)	(−0.5)	(−2.29)	(−2.55)	(−1.52)	(−1.7)	(−2.6)	(−2.75)
seragg	0.3783*	0.3167	0.1961*	0.1971**	−0.0386	0.0114	0.2532***	0.2659***
	(1.81)	(0.85)	(1.95)	(2.14)	(−0.57)	(0.13)	(2.77)	(3.15)
agfdiuse	−5.8255***	−6.3111**	−5.8624***	−4.3549***	−6.0007***	−4.4502***	−6.0505***	−4.5248***
	(−3.54)	(−2.31)	(−3.55)	(−2.6)	(−3.64)	(−2.65)	(−3.75)	(−2.78)
npmanuagg		0.7088		0.0375***		0.0392***		0.0391***
		(0.63)		(2.67)		(2.95)		(2.78)
npseragg		−0.0025		−0.1238		−0.3091**		−0.0656
		(−0.2)		(−1.19)		(−2.5)		(−0.69)
npagfdiuse		−17.1254*		−2.8513		−3.0281		−2.3862
		(−1.7)		(−0.97)		(−1.01)		(−0.83)
gpop	0.0018***	0.0048***	0.0017***	0.0020***	0.0018***	0.0019***	0.0018***	0.0021***
	(4.06)	(4.72)	(3.93)	(4.93)	(4.11)	(4.64)	(4.1)	(5.17)
lncgdp	0.8293***	0.2362	0.8123***	0.9435***	0.6988***	0.7976***	0.7984***	0.9530***
	(4.89)	(0.64)	(4.8)	(5.55)	(4.38)	(4.55)	(4.94)	(5.75)
ptel	1.0387***	1.3984**	1.0046***	1.1569***	0.9941***	1.1450***	1.0388***	1.1997***
	(3.17)	(2.11)	(3.08)	(3.33)	(3.05)	(3.29)	(3.17)	(3.57)

① 划分参照国家测绘地理信息局，国家动态地图网，http://www.webmap.cn/。

续表

	服务业		生产性服务业		消费性服务业		公共性服务业	
	(1)	(2)	(3)	(4)	(5)	(6)	(7)	(8)
pelec	0.0001**	0.0001	0.0001**	0.0000	0.0001**	0.0000	0.0001**	0.0001*
	(2.02)	(1.4)	(2.04)	(1.57)	(2.07)	(1.3)	(2.08)	(1.82)
AR (1)	−2.068	−2.123	−2.127	−2.217	−2.317	−2.282	−2.123	−2.229
	(0.039)	(0.034)	(0.034)	(0.027)	(0.021)	(0.023)	(0.034)	(0.026)
AR (2)	0.953	1.039	0.982	1.059	1.074	0.868	1.039	1.099
	(0.341)	(0.299)	(0.326)	(0.29)	(0.283)	(0.386)	(0.299)	(0.272)
Sargan	25.088	12.842	25.447	21.168	27.346	22.653	24.223	19.798
	(0.023)	(0.076)	(0.02)	(0.069)	(0.011)	(0.046)	(0.029)	(0.10)
观测值	971	733	971	958	971	956	971	958

注：*** 代表显著性水平为 1%，** 代表显著性水平为 5%，* 代表显著性水平为 10%。括号里的数字表示 t 值。

表 4 中的模型（1）为我们的基础模型，用来检验城市制造业集聚、服务业集聚和外资集聚三种主要的产业集聚水平对城市 FDI 流入的影响。

制造业集聚方面，从全国城市样本模型（1）的回归结果来看，城市制造业集聚对 FDI 实际利用额呈现负向显著的影响，在考虑服务业总集聚时，制造业集聚对 FDI 流入的影响系数为-0.1298，而在考虑公共性服务业时，制造业集聚对 FDI 流入影响的系数达到-0.1532。这一结论与我们的理论假设相一致，在前文中，我们假设城市制造业集聚并不能有效地吸引 FDI 的流入，反而产业多样化更有利于城市的 FDI 流入，这一计量结果验证了我们的假设。关于产业多样化对经济增长和生产率水平提高的作用，Rosenthal 和 Strange（2004）、Narayan 和 Sun（2007）以及 Yanjing Chen（2009）等学者已经进行过研究，产业多样化对 FDI 起吸引作用的主要原因在于 FDI 企业需要本土上下游企业的支持。随着中国经济进一步发展，越来越多的 FDI 企业进入中国，他们的主要目标已经不再是单纯地利用中国的廉价劳动力资源进行出口加工贸易，而更多的是希望打开中国市场，在中国市场上获得利润，这就要求 FDI 企业要进一步融入中国市场。所以，大量 FDI 企业在中国市场上需要与中国本土的上下游企业加强联系，而产业多样化则有利于 FDI 企业与更多的上下游不同行业的企业之间建立必要的联系，从而进一步开拓中国市场。所以，城市制造业产业多样化才有利于吸引 FDI 的流入。Yangjing Chen（2009）做过相关的研究，也得出了与我们类似的结论，他采用的省级制造业集聚度的面板数据无法更详细地考察城市制造业集聚对 FDI 流入的影响。我们的结论与 Paulo Guimarães（2000）对葡萄牙产业集聚对 FDI 流入影响的研究结论相反，我们认为原因是本文研究的是中国城市产业集聚，其发展中国家的特点与发达国家有巨大差异。

服务业集聚方面发现，城市服务业集聚对 FDI 实际利用额呈现正向显著的影响，影响系数为0.3783，说明城市服务业的集聚有利于吸引 FDI 的流入。原因在于，跨国企业在东道国的经营和运作相对于东道国本土企业需要克服更大的距离障碍，外资企业进入东道国市场后一段时间内不熟悉当地的经济和社会环境，例如，当地的法律、习俗、税收等与企业经营密切相关的因素，这就导致了外资企业在进入东道国市场后其经营会面临巨大的信息成本。而高水平的服务业集聚可以有效地提供更多的专业化服务，例如咨询、技术、法律、环境及会计等方面的服务，从而使外资企业能更快地熟悉东道国当地的市场和社会状况，调整生产和经营使其更加科学和高效。由此可见，服务业集聚可以帮助外资企业有效地克服各种信息成本导致的交易障碍。所以，城市服务业的集聚对 FDI 流入有巨大的吸引作用，这也受到 FDI 产业组织理论以及市场不完全理论（Caves，1996）的支持。Paulo Guimarães（2000）和 Hilber Christian（2010）分别对葡萄牙和罗马尼亚做过相类似的研究，其结论与我们的结论类似。

外资集聚方面发现，城市外资企业的集聚对 FDI 实际利用额呈现负向显著的影响，其系数达到-5.8255，说明城市中已存在的 FDI 对新进入的 FDI 有明显的挤压效应。从以上结果可以看出，在三种主要的产业集聚中，只有服务业集聚对吸引 FDI 流入有较为明显的促进作用，而其他两种集聚对 FDI 的流入都无促进作用。

所以，我们对服务业集聚对 FDI 的影响进行进一步的研究。前面虽然基于城市 FDI 流入的角度对服务业积聚的影响进行了分析，但是只是停留在较为笼统的服务业，尽管也做了制造业的对比分析，但没有继续探索。接下来我们按照生产性服务业、消费性服务业和公共性服务业将服务业细分来作进一步的分析，以探讨哪一种服务业集聚对 FDI 流入的影响更加显著。

模型（3）、模型（5）和模型（7）在基础模型（1）的基础上对服务业进行了细分，从而进一步研究哪种类型的服务业集聚对 FDI 流入有更加明显的影响。我们将服务业分为生产性服务业、[①]消费性服务业[②]和公共性服务业（Hubbard & Nutter，1982；Daniels，1985；陈建军、陈国亮、黄洁，2009）。从回归结果来看，三种服务业的集聚中，城市生产性服务业集聚以及公共性服务业的集聚对 FDI 的流入有正向显著的影响，而消费性服务业集聚对 FDI 的流入并无显著的影响，其中，公共性服务业集聚对 FDI 流入的影响系数达到了 0.2532，高于生产性服务业集聚对 FDI 流入的影响系数 0.1961。所以，在各种类型的服务业中，只有城市生产性服务业和公共性服务业集聚对 FDI 流入有明显的吸引作用。其中，公共性服务业集聚的吸引作用更高，而消费性服务业则没有显著的影响。我们探讨城市生产性服务业集聚、公共性服务业集聚以及消费性服务业集聚对 FDI 流入呈现出不同影响的经济学解释。

计量结果中，城市生产性服务业集聚对 FDI 流入呈现出正向显著的影响是由生产性服务业的特点决定的。生产性服务业主要包括金融、商业、科研、交通运输等行业，这些行业的集聚可以有效地对企业的生产和经营活动提供支持，而且其支持作用是直接支持，主要作用途径是直接降低企业的交易成本并提高企业的生产效率。其中，金融类服务业可以有效提高企业资金使用效率，其提供了更加完备的支付体系，提高了支付效率，促进企业交易活动的开展，从而提高企业的运行效率；商业广告类服务业可以向市场提供更多的信息，从而有效降低交易的搜寻成本和信息成本；会计、审计、法律、税务等服务业的集聚与发展可以有效帮助企业规避经营风险，降低了企业交易的执行成本。城市生产性服务业集聚保障了企业复杂的生产活动和交易行为的开展，可以有效促进企业规模扩张（邓丽姝，2010）。所以，城市生产性服务业集聚可以有效地吸引 FDI 的流入。

城市公共性服务业集聚在计量结果中显示对 FDI 流入有正向显著的影响，原因在于公共性服务业可以为企业生产和经营提供正的外部性。公共性服务业主要包括公共设施管理、水利、环境、文化体育娱乐以及公共组织公共管理服务业，这些行业的集聚对企业生产与经营的支持是一种间接支持，主要作用途径是提供正的外部性。首先，公共性服务业集聚代表了城市拥有更加科学的公共和社会管理、更加完善的社会福利体系，这可以提高社会成员的生活水平和福利水平，逐步提高社会人力资本水平。社会人力资本的提升可以给企业的生产和经营带来巨大的正外部性，企业可以以社会的平均工资水平雇佣技术水平更高的劳动力，从而提高生产和经营效率。其次，公共性服务业集聚也代表了城市拥有更加完善的基础设施和更高效的行政管理，这可以大大降低企业生产和经营的交易成本，降低外资企业进入东道国市场面临的不确定性和进入门槛，提高外资企业融入当地市场的速度。以上这些因素都是 FDI 进入中国市场主要考虑的因素（徐康宁、陈健，2008）。所以，城市公共性服务业的集聚可以有效地吸引 FDI 的流入。

在计量结果中，城市消费性服务业集聚对 FDI 流入的影响不稳定也不显著，原因在于城市消

---

① 美国经济学家 H.Greenfield 在 1966 年研究服务业及其分类时，最早提出了生产性服务业（Producer Services）的概念，它指的是市场化的中间投入服务，即可用于商品和服务的进一步生产的非最终消费服务。
② 消费性服务业是相对于生产性服务业而言，它指的是以满足居民消费需求或基本民生要求的服务业。

费性服务业主要包括批发零售业和餐饮住宿业，这些行业虽然也对社会经济的流通环节和居民服务有重要的作用，但是其对企业生产和经营活动的作用并不明显，在此就不再做详细分析。

在研究了几种不同的服务业集聚对 FDI 流入的影响之后，我们在方程中加入相邻城市产业集聚因素，来考察跨城市的产业集聚对 FDI 流入的影响。模型（2）、模型（4）、模型（6）及模型（8）表示了这种跨城市产业集聚对中心城市 FDI 流入的影响。回归结果显示，在加入相邻城市产业集聚因素之后，中心城市的制造业集聚和外资企业集聚对 FDI 的流入依然为负向影响，其系数分别为 -0.0566 和 -6.3111，而服务业集聚中，生产性服务业集聚和公共性服务业集聚对 FDI 流入的影响依然为正向显著，其系数分别为 0.1971 和 0.2659，消费性服务业依然为不显著，这也验证了模型（1）结论的稳定性。而相邻城市制造业集聚对中心城市 FDI 流入的影响在几个模型中系数均为正向的，系数分别为 0.7088、0.0375、0.0392 和 0.0391，这与我们的预期以及前文的分析相一致，意味着相邻城市的制造业集聚会将 FDI 从相邻城市挤出，从而有利于中心城市的 FDI 流入。这明符合模型（1）的结论，同时，这一结果也反映出中国城市之间在吸引 FDI 方面存在较强的竞争关系。同样，相邻城市各种服务业集聚对中心城市 FDI 流入的影响为负向的，这也说明中国相邻城市之间在吸引 FDI 方面存在较强的竞争关系，相邻城市的服务业集聚度上升，会吸引 FDI 流入相邻城市，从而降低中心城市 FDI 的流入量。

六、稳定性检验

我们使用样本分组的方法对以上的结论进行稳健性检验，同时，进一步探讨中国不同区域的产业集聚对 FDI 流入影响的差异性。表 5 列示了针对沿海城市的回归结果，结果显示，沿海城市的制造业集聚和外资企业集聚对 FDI 流入的影响依然是负向显著的影响，这一结果证明了模型（1）结论的稳健性。但是，我们发现，沿海城市的各种类型的服务业集聚对 FDI 流入的影响均为负向影响，并且存在一定的显著性，这与模型（1）的结论相反。我们认为出现这一结果也有其合理性，其原因可以从以下三个方面解释：①在样本概括的 2003~2008 年时间段内，中国对 FDI 的政策经历了重大的转变，尤其在沿海发达城市，随着经济发展水平的快速提高和自身资本的逐步充足，这些发达城市已经不再盲目地追求利用外资的数量，转而更加重视吸引的 FDI 的质量，对 FDI 的技术水平、环境污染水平和能耗水平的要求比全国其他城市更加严格，FDI 进入这些沿海发达城市也面临比全国平均水平更高的门槛，这对新进入的 FDI 可能会造成一定的影响。②由于开放时间较其他城市更早及获得的政策优惠更多等许多历史因素，东部沿海发达城市到 2003 年以后，累计利用外资额已经非常高，说明沿海发达城市已经积累了较多的外资企业。外资企业作为一类特殊的企业，其在这些发达城市经营的平均利润水平也在随着外资企业数量的增多而下降，存在一种边际收益递减规律，新进入的外资企业也难以获得更高的利润。所以，沿海城市对新进入中国的 FDI 的吸引力在下降。③沿海发达城市各个行业的国内企业也已经具备了较高的发展水平，这些国内企业在得到服务业集聚较充分的支持后，也会在各个领域扩大规模，这对新进入的外资企业也构成了较大的竞争，所以，沿海发达城市的服务业集聚更多的是带动本国企业更快发展，而对 FDI 产生挤出效应。

表 6 列示了内陆城市的回归结果，结果显示，内陆城市的制造业集聚和外资企业集聚对 FDI 流入依然是负向显著的影响，其系数为 -0.1752 和 -6.8299，而各种服务业集聚对 FDI 流入的影响是正向显著的影响，其系数为 0.5760，这与模型（1）的全国城市样本回归结论相一致，验证了其稳健性。这里我们注意到，内陆城市服务业集聚对 FDI 流入的影响与沿海城市的符号相反，我们

表5 沿海城市产业集聚与实际利用 FDI 回归结果

	服务业		生产性服务业		消费性服务业		公共性服务业	
	(1)	(5)	(2)	(6)	(3)	(7)	(4)	(8)
manuagg	−0.0964**	−0.1325	−0.0897**	−0.0579*	−0.0956**	−0.0870**	−0.1009**	−0.0760*
	(−2.44)	(−0.99)	(−2.3)	(−1.77)	(−2.42)	(−2.45)	(−2.5)	(−1.92)
seragg	−0.1369	0.0744	−0.0775	−0.0940**	−0.1749*	−0.1778**	−0.0062	−0.0881
	(−1.04)	(0.29)	(−1.63)	(−2.53)	(−1.88)	(−2.02)	(−0.08)	(−1.47)
agfdiuse	−4.0438	−9.0017***	−4.0581	−3.3802	−4.1154	−3.7194	−4.0743	−3.7312
	(−1.55)	(−3.32)	(−1.55)	(−1.27)	(−1.52)	(−1.37)	(−1.59)	(−1.48)
npmanuagg		−0.1938		−0.0247		−0.0232		−0.0193
		(−0.13)		(−1.51)		(−1.47)		(−1.25)
npseragg		0.0229		0.1500		0.0006		−0.1405
		(0.19)		(0.56)		(0)		(−0.63)
npagfdiuse		−2.2527		0.4865		0.3731		0.2543
		(−0.36)		(0.16)		(0.13)		(0.08)
gpop	−0.0066*	−0.0156**	−0.0060*	−0.0062	−0.0050	−0.0044	−0.0083**	−0.0071*
	(−1.84)	(−2.1)	(−1.73)	(−1.43)	(−1.53)	(−1.12)	(−2.21)	(−1.71)
lncgdp	0.5609***	0.8969**	0.5330***	0.4808	0.4629**	0.2826	0.6532***	0.4432
	(3.24)	(2.52)	(3.21)	(1.37)	(2.54)	(1.03)	(3.7)	(1.5)
ptel	0.3779	3.2880***	0.3701	0.2029	0.4124	0.2333	0.4036	0.1996
	(1.32)	(3.78)	(1.27)	(0.7)	(1.32)	(0.74)	(1.44)	(0.65)
pelec	−0.0001	−0.0004***	−0.0001	−0.0001	0.0000	0.0000	−0.0001	−0.0001
	(−0.99)	(−2.61)	(−0.85)	(−0.62)	(−0.7)	(−0.32)	(−1.37)	(−0.83)
AR (1)	−2.20	−2.123	−2.209	−2.075	−2.204	−2.132	−2.187	−2.142
	(0.027)	(0.034)	(0.027)	(0.037)	(0.028)	(0.033)	(0.029)	(0.032)
AR (2)	1.173	1.039	1.194	1.208	1.08 (0.28)	1.1943	1.153	1.241
	(0.241)	(0.299)	(0.232)	(0.227)		(0.232)	(0.249)	(0.214)
Sargan	14.725	4.50	14.734	12.611	14.921	13.409	14.883	16.506
	(0.325)	(0.7206)	(0.324)	(0.478)	(0.312)	(0.417)	(0.315)	(0.223)
观测值	178	142	178	178	178	178	178	178

注：*** 代表显著性水平为 1%，** 代表显著性水平为 5%，* 代表显著性水平为 10%。括号里的数字表示 t 值。

认为这是中国内陆城市与沿海城市在经济发展方面的差异性导致的。长期以来，内陆城市经济发展较为落后，而早期进入中国的 FDI 更多地偏好落户于东部发达城市，所以导致内陆城市积累的外资企业普遍较少，这也使得内陆城市对于外资企业来讲有更多的投资机会以及更高的投资回报。而在 2003 年以后，随着沿海发达城市的 FDI 日趋饱和，更多的外资企业考虑向内陆城市投资，同时，内陆城市政府对 FDI 的政策也较沿海城市更加优惠，内陆城市对 FDI 的吸引力在快速上升（J. Su，G.H. Jefferson，2011），所以，当内陆城市的服务业集聚上升并且服务业可以对企业提供有力支持时，会大幅提高该城市对 FDI 的吸引力，不同分组样本的产业集聚的系数变化也可以证明以上结论。全国城市样本服务业集聚对 FDI 流入的回归系数为 0.3783，生产性服务业集聚回归系数为 0.1961，公共性服务业集聚的回归系数为 0.2532。而内陆城市样本服务业集聚对 FDI 流入的回归系数为 0.5760，生产性服务业集聚回归系数为 0.2820，公共性服务业集聚的回归系数为 0.3278，每一种服务业集聚对 FDI 流入的系数均高于全国城市样本的系数。同样，全国城市样本制造业集聚对 FDI 流入的回归系数的绝对值为 0.1298，而内陆城市样本制造业集聚对 FDI 流入的回归系数为 0.1752，内陆城市制造业产业多样化对 FDI 的吸引力高于全国城市的平均水平。这证明，在 2003 年以后，由于内陆城市历史上积累的外资企业较少，本地企业实力不强，FDI 在内陆城市的投资和经营还处在一种边际收益递增阶段，且内陆城市对 FDI 的吸引力在显著提高，其服务业集聚对 FDI 流入的促进作用也在显著加强，即一旦内陆城市的服务业尤其是生产性服务业与公共性服务业集聚度有一定的提高，可以为外资企业提供一定的降低信息成本和不确定性风险的服务之后，FDI 会加速流入内陆城市以寻求更高的回报率。

表6　内陆城市产业集聚与实际利用 FDI 回归结果

	服务业		生产性服务业		消费性服务业		公共性服务业	
	(1)	(5)	(2)	(6)	(3)	(7)	(4)	(8)
manuagg	−0.1752**	−0.1730	−0.1701**	−0.1790***	−0.0859	−0.0894*	−0.1813***	−0.1665**
	(−2.56)	(−1.22)	(−2.53)	(−2.64)	(−1.49)	(−1.64)	(−2.75)	(−2.49)
thindusagg	0.5760**	0.9195*	0.2820**	0.2694**	−0.0174	0.0456	0.3278***	0.3001***
	(2.49)	(1.83)	(2.46)	(2.46)	(−0.24)	(0.46)	(3.42)	(3.22)
agfdiuse	−6.8299***	−5.8893*	−7.0399***	−4.2689**	−7.0769***	−3.9912**	−7.0941***	−4.5666**
	(−3.49)	(−1.71)	(−3.58)	(−2.1)	(−3.56)	(−1.99)	(−3.75)	(−2.3)
npmanuagg		1.2182		0.0504***		0.0570***		0.0494***
		(0.88)		(2.82)		(3.38)		(2.85)
npthindusagg		0.0041		−0.1105		−0.2845**		−0.0624
		(0.3)		(−0.9)		(−2.05)		(−0.63)
npagfdiuse		−34.4031**		−9.1861**		−8.6084**		−8.6583**
		(−2.43)		(−2.35)		(−2.13)		(−2.4)
gpop	0.0021***	0.0036***	0.0020***	0.0019***	0.0021***	0.0018***	0.0020***	0.0020***
	(4.57)	(3.58)	(4.52)	(3.92)	(4.87)	(3.55)	(4.36)	(3.99)
lncgdp	0.7557***	0.5298	0.7049***	1.0024***	0.5559***	0.8681***	0.7320***	0.9809***
	(4.06)	(1.27)	(3.87)	(5.51)	(3.34)	(4.4)	(4.01)	(5.37)
ptel	1.2141***	1.3585*	1.1376***	1.2165***	1.0888***	1.2130***	1.1873***	1.2372***
	(3.05)	(1.86)	(2.91)	(3.08)	(2.67)	(2.88)	(3.02)	(3.17)
pelec	0.0002*	0.0001	0.0002**	0.0002	0.0002**	0.0002	0.0002*	0.0002*
	(1.8)	(0.5)	(1.98)	(1.5)	(2.17)	(1.27)	(1.81)	(1.65)
AR（1）	−2.064	−2.123	−2.157	−1.887	−2.276	−1.9423	−2.001	−1.834
	(0.039)	(0.034)	(0.031)	(0.059)	(0.023)	(0.052)	(0.045)	(0.066)
AR（2）	1.104	1.039	1.165	0.874	1.194	0.738	1.100	0.905
	(0.269)	(0.299)	(0.244)	(0.382)	(0.232)	(0.46)	(0.271)	(0.365)
Sargan	24.793	7.782	25.172	16.567	27.496	20.166	23.465	15.758
	(0.024)	(0.352)	(0.022)	(0.22)	(0.011)	(0.09)	(0.036)	(0.262)
观测值	793	591	793	780	793	778	793	780

注：*** 代表显著性水平为 1%，** 代表显著性水平为 5%，* 代表显著性水平为 10%。括号里的数字表示 t 值。

七、结　论

本文探讨了不同类型的产业集聚因素对 FDI 流入的不同影响，包括了制造业集聚、服务业集聚以及外资企业集聚，其中，本文着重分析了服务业集聚对 FDI 流入的影响。本文通过采用中国 288 个地级及以上城市的 2003~2008 年的面板数据对以上问题进行了实证研究。研究发现，在制造业集聚、服务业集聚以及外资企业集聚因素对 FDI 流入的影响中，只有城市服务业集聚对该城市 FDI 的流入有显著的吸引作用，原因在于只有服务业才能最直接有效地帮助外资企业加速融入中国市场，降低其进入陌生市场环境后所面临的不确定性风险和运营的信息成本，所以，服务业集聚程度高的城市对外资企业有较高的吸引力。而城市的制造业集聚和外资集聚对该城市的FDI流入均为负向作用，原因在于近年来新进入中国市场的制造业外资企业更多的目的是在某个领域融入并占领中国市场，而这要求这些外资企业更多同中国本土的上下游企业加强产业内联系以及相关产业的产业间联系，而这需要地区的产业多样化程度较高，所以，城市的制造业产业集聚不利于吸引相关的外资企业进入。而FDI的集聚对新进入的外资企业存在一定的竞争作用。所以，我们进一步研究了服务业集聚对FDI流入的影响，将服务业细分为生产性服务业、消费性服务业和公共性服务业，分别讨论其作用，我们发现，只有城市的生产性服务业集聚和公共性服务业集聚对FDI的流入有较显著的吸引作用，而消费性服务业集聚的作用并不明显。原因是在服务业的具体分类中，只有生产性服务业和公共性服务业可以直接为外资企业提供各类降低运营信息成本、提高人力资本以及优化投资环境的服务，这些是外资企业进行投资决策时主要考虑的因素，所以，城市生产性服务业集聚和公共性服务业有利于吸引FDI的流入。我们还考察了相邻城市的产业集聚对中心城市FDI流入的影响，研究发现，在中国，相邻城市之间的产业集聚因素对中心城市的FDI流入的影响与中心城市自身产业集聚对FDI影响作用是相反的，说明在中国，长期以来各个城市大多推行招商引资政策，相邻的各种经济条件类似的城市之间在吸引FDI流入方面存在较明显的竞争关系。我们的结论均通过了稳定性检验，在将全国分为不同区域的城市样本回归中，各种集聚因素的符号和系数都表现稳定，验证了我们的结论的稳定性。

综合以上的研究，本研究的政策含义为，在中国提高FDI进入门槛、FDI流入中国动机更加理性的条件下，从城市的视角出发，继续吸引更加高质量的FDI流入的一个重要途径是提高城市的服务业集聚程度和服务业水平，尤其是生产性服务业和公共服务业的集聚程度和发展水平，这样才能有效降低外资企业进入的信息成本，创造更好的投资环境，从而吸引FDI的流入。尤其是对于内陆城市的招商引资措施，由于内陆城市的服务业集聚因素对FDI流入的回归系数是最大的，高于全国的平均水平，FDI在内陆城市投资尚处于边际收益递增阶段，所以，内陆城市可以通过发展自身的服务业，提高城市生产性服务业和公共性服务业的集聚水平，并大幅提高对FDI的吸引力，从而有利于更多地吸引FDI资金的流入以支持当地经济的发展。而对于沿海发达城市，FDI在这些城市的投资已经处于边际收益递减阶段，服务业集聚对FDI的吸引力也不明显，但是，沿海城市依然应该大力发展服务业，提高服务业集聚水平，因为服务业集聚同样可以支持本土企业的发展，从而进一步促进本土企业规模的扩大和企业实力的上升。而对于相邻城市之间在吸引FDI方面的明显的竞争关系，我们认为其并不利于城市健康的可持续发展，城市之间的这种竞争关系确实在促进经济增长方面取得了重大成绩，但是一旦出现恶性竞争则可能导致严重的资源浪费和效率的损失，城市之间应该建立起制度性的协调机制，切实按照自身的特点有区别地吸引不同的FDI，从而促进相邻城市之间的和谐发展。

参考文献

[1] 陈建军，陈国亮，黄洁. 新经济地理学视角下的生产性服务业集聚及其影响因素研究 [J]. 管理世界，2009（4）.

[2] 陈建军，陈国亮. 集聚视角下的服务业发展与区位选择：一个最新研究综述 [J]. 浙江大学学报（人文社会科学版），2009（9）.

[3] 陈建军，黄洁，陈国亮. 产业集聚间分工和地区竞争优势——来自长三角微观数据的实证 [J]. 中国工业经济，2009（3）.

[4] 陈泉，臧新. 集聚经济对外商直接投资地区分布影响的实证研究 [J]. 国际贸易问题，2006（9）.

[5] 崔远森. FDI、本土企业集聚及经济增长效应——基于浙江县域面板数据的实证检验 [J]. 国际贸易问题，2009（3）.

［6］邓丽姝. 对生产性服务业与制造业升级的理论探讨［J］. 经济论坛，2010（2）.

［7］贺灿飞，朱彦刚，朱晟君. 产业特性、区域特征与中国制造业省区集聚［J］. 地理学报，2010，65（10）.

［8］马君潞，郭威. 集聚经济对中国吸引 FDI 的影响［J］. 当代财经，2007（8）.

［9］冼国明，文东伟. FDI、地区专业化与产业集聚［J］. 管理世界，2006（12）.

［10］肖文，林高榜. 产业集聚和外国直接投资区位选择——基于长三角地区经济发展的视角［J］. 国际贸易问题，2008（7）.

［11］赵伟，张萃. FDI 与中国制造业区域集聚：基于 20 个行业的实证分析［J］. 经济研究，2007（11）.

［12］Cantwell, J. and Piscitello L. Recent Location of Foreign-Owned Research and Development Activities by Large Multinational Corporations in the European Region: The Role of Spillovers and Externalities［J］. Regional Studies, 2005（39）: 1-16.

［13］Caves, R. E. Multinational Enterprise and Economic Analysis［M］. Cambridge University Press, 1996.

［14］Chen Yanjing. Agglomeration and Location of Foreign Direct Investment: The Case of China［J］. China Economic Review, 2009（20）: 549-557.

［15］Chen, C. Provincial Characteristics and Foreign Direct Investment Location Decision Within China［R］. Chinese Economy Research Unit Working Paper, 1997, 97/16.

［16］Cole, Matthew A. Elliott, Robert J.R. Zhang, Jing（2011）Growth, Foreign Direct Investment and the Environment: Evidence from Chinese Cities［J］. Journal of Regional Science, 2011, 51（1）: 121-138.

［17］Coughlin C.C. and Segev E. Location Determinants of New Foreign-Owned Manufacturing Plants［J］. Journal of Regional Science, 2000（40）: 323-351.

［18］Coughlin, C. C., & Segev, E. Foreign Direct Investment in China: A Spatial Econometric Study［J］. The World Economy, 2000, 23（1）: 1-23.

［19］Guimarães, P. Figueiredo, O. & Woodward, D. P. Agglomeration and the Location of Foreign Direct Investment in Portugal［J］. Journal of Urban Economics, 2000, 47（1）: 115-135.

［20］Hall, S. G., & Petroulas, P. Spatial Interdependencies of FDI Locations: A Lessening of the Tyranny of Distance?［R］. Bank of Greece Working Paper, 2008（67）.

［21］He, C. Information Costs, Agglomeration Economies and the Location of Foreign Direct Investment in China［J］. Regional Studies, 2002, 36（9）: 1029-1036.

［22］Head, K., Ries, J., & Swenson, D. Agglomeration Benefits and Location Choice: Evidence from Japanese Manufacturing Investments in the United States［J］. Journal of International Economics, 1995, 38（3-4）: 223-247.

［23］Hilber, Christian A. L. and Voicu, Ioan. Agglomeration Economies and the Location of Foreign Direct Investment: Empirical Evidence from Romania［J］. Regional Studies, 2010, 44（3）: 355-371.

［24］Jiang, W. Information Cost and the Location Decision of Foreign Direct Investment in China［J］. University of Michigan, 2002.

［25］Mariotti, S., & Piscitello, L. Information Costs and Location of Fdis Within the Host Country: Empirical Evidence from Italy［J］. Journal of International Business Studies, 1995, 26（4）: 815-841.

［26］Narayan, P. K., & Sun, G. Z. The Division of Labor, Capital, Communication Technology and Economic Growth: The Case of China, 1952-1999［J］. Review of Development Economics, 2007, 11（4）: 645-664.

［27］Sun, Q., Tong, W., & Yu, Q. Determinants of Foreign Direct Investment Across China［J］. Journal of International Money and Finance, 2002, 21（1）: 79-113.

市政公用事业民营化的经济分析*

陈 剑**

一、引 言

依据建设部《关于加强市政公用事业监管的意见》（建城［2005］154号）文件定义，市政公用事业是为城镇居民生产生活提供必需的普遍服务的行业，主要包括城市供水排水和污水处理、供气、供热，城市道路和公共交通，环境卫生和垃圾处理以及园林绿化等。由于具有自然垄断性、基础性、先导性、公用性、地域性等基本特征（王俊豪，2006；邹东涛、秦虹，2006），市政公用事业的发展对保护社会公共利益、提高人民生活水平、保持经济可持续发展都具有重要作用。

然而，由于存在诸多问题，中国市政公用事业被人民群众广为诟病。首先，由于长期实行国有企业或者事业单位垄断经营，中国市政公用事业没有优胜劣汰的竞争压力，缺少提高经营效率的激励，也缺乏服务意识，甚至滥用垄断权力，侵害消费者利益，效率极其低下。其次，中国市政公用事业单位往往具有"双重福利"性质：一方面，人们习惯性的认为市政公用事业是一种社会福利事业，政府不得不实行低价格、高补贴的政策，给地方政府造成巨大财政包袱；另一方面，由于国有垄断性质，市政公用事业单位往往成为政府安排复员军人、领导干部安排亲朋好友的地方，从而产生大量的冗员。

另外，中国市政公用事业的发展也极为滞后，不仅存在历史欠账问题，而且也存在发展中的瓶颈问题。一方面，由于长期投资不足，目前中国市政公用设施短缺较为严重，以供水排水行业来看，在不考虑水质的情况下，城市用水普及率仅为88.8%，如按照国家新的标准达标供水，则只有50%左右；城市污水处理率也只有45.7%，全国662个城市中有200个城市的污水处理率为零（仇保兴，2006）。另一方面，根据国际经验，城镇化率在30%~70%都是基础设施加速增长时期。因此，未来几十年，由于中国城镇化快速发展会导致对市政公用设施的需求将十分庞大。预计未来10年内，随着城市化进程的加速，城市公共事业投资要达到每年两万亿元才能满足需要。①但伴随着市政公用事业建设投入的巨大需求，却是财政投入的相对减少。20世纪80年代初，中央财政拨款占全国市政设施固定资产总投资的比重是26%，20世纪90年代初是5%，21世纪初是4%，到了2007年只有0.8%。②

* 本研究得到教育部人文社会科学研究青年基金项目"亲贫视角下中国公用事业改革与规制模式的最优设计研究"（10YJC790022）以及江西财经大学2010年校社科基金"公平视角下我国垄断性基础产业改革与规制治理研究"的资助。
** 陈剑，1977年生，男，江西泰和人，江西财经大学规制与竞争研究中心，产业经济研究院，讲师。

① 特许经营已成中国市政公用事业的普遍经营方式. 新华网，http://news.xinhuanet.com/fortune/2009-06/24/content_11594755.htm.
② 徐宗威. 吸纳社会投资必须注意的几个问题. 新浪博客，http://blog.sina.com.cn/xuzongwei.

由于上述弊端，再加上英美等发达国家成功改革的激励，为了尽快促进中国市政公用事业发展，鼓励民营资本参与投资与经营，国家相继出台了一系列重要文件。原建设部在2002年12月就制定了《关于加快市政公用事业市场化进程的意见》，首次明确提出打破垄断，全方位开放市政公用事业市场，鼓励社会资金、外国资本参与设施建设，确立了市政公用事业改革方向，这也标志着中国市政公用事业改革全面启动。随后，原建设部在2004年与2005年分别颁布了《市政公用事业特许经营管理办法》与《关于加强市政公用事业管制的意见》，进一步规范与细化了市政公用事业改革的相关问题。2009年与2010年国务院批复发展改革委关于"深化经济体制改革重点工作意见"的通知中，均强调了加快推进市政公用事业改革，扩大城市供水供热供气、污水处理、垃圾处理等特许经营范围。

中国市政公用事业改革方向着重于民营化，较少引入竞争。这与市政公用事业的行业特性相符：市政公用事业是区域性的自然垄断行业，引入竞争将无法获得规模经济效应或范围经济效应。市政公用事业民营化常常被称为PPPs（Public-Private Partnerships）——公私伙伴关系，即公共部门与私人部门共同提供相应的产品与服务。这主要是因为：一方面，市政公用事业的产品与服务在消费侧存在很强的外部性，公共部门始终且必须承担提供公共服务的责任（萨瓦斯，2002）；另一方面，为了弥补公共资金的不足，实现资金的最佳价值，提升公共服务的效率与质量水平，降低成本，合理分担风险，需要引入私人部门。

总体上，中国如火如荼地进行着的市政公用事业改革成果较为模糊。一方面，通过产权制度改革，不但缓解了市政公用设施的严重不足，而且在一定程度上提高了市政公用事业的经营效率、增强了其服务能力，甚至促进了政府职能转变；另一方面，市政公用事业民营化又往往带来产品与服务价格上涨、企业寻租与政府创租行为增加，甚至导致产品与服务质量水平下降等负面影响。

第一部分是简单的叙述。那么，如何破解市政公用事业民营化结果模糊，是本文所要解决的问题。第二部分拟对市政公用事业民营化效率变化进行分析，明确民营化与原国有体制在效率上的差异；第三部分是市政公用事业民营化的制度经济学分析；第四部分为总结。

二、市政公用事业民营化的效率分析

本部分拟从两个方面考察市政公用事业民营化改革的效率影响。一方面，民营化相对国有制能否提高效率，大多实证文献认为民营化，特别是在良好规制环境下的民营化，能够提高市政公用事业的效率，它们认为民营企业具有足够的激励优化资源配置、改善技术与管理水平，而本部分将从有限承诺与企业目标差异角度进行分析，考察民营化对效率的影响；另一方面，市政公用事业民营化存在多种方式，但哪一种方式更能够提高效率呢，本部分将从契约捆绑角度对此进行分析。

（一）有限承诺

在规制环境下，由于规制机构承诺的有限性，国有企业常常面临套牢与软预算约束。套牢在此主要是指政府无法承诺事后会奖励企业（或经理人）付出的不可证实的努力（或投资）。相对来说，规制机构更容易获得国有企业的相关信息（例如成本等）。或者说，规制机构从国有企业获得的信息，肯定比从民营企业获得的信息更多，规制机构就可以利用这些信息从国有企业抽取更多租金。所以，由于套牢问题，国有企业常常出现努力不足问题。而通过民营化，规制机构只能对企业保持"轻度管理"，无法获得民营企业充分信息，使企业（经理人）能够获得足够多的信息租，从而激励其努力。软预算约束主要是指政府对亏损国有企业的救助现象：政府在事前宣称，如果企业经营不善或亏损，政府不会救济；但事后，政府又往往不得不提供帮助。这样，国有企业就没有动机降低成本，获取更多利润。而民营化能够硬化预算约束，进而迫使企业降低成本。

所以说，民营化应该能够改善市政公用事业的效率。接下来通过模型进一步分析。

1. 基本模型

企业最大化利润

$$U = t + pq - \beta q \tag{1}$$

式中，t 为企业从政府手中获得的转移支付，q 为产品数量，p 为产品价格。β 代表成本的效率参数。假定 β 存在两个值 $\beta \in \Theta = \{\underline{\beta}, \bar{\beta}\}$，其中 $\underline{\beta}$ 代表高效率企业，$\bar{\beta}$ 代表低效率企业，并且 $\underline{\beta}$ 与 $\bar{\beta}$ 值为企业的私人信息。β 的概率分布 $v = \Pr(\beta = \underline{\beta})$（相应的 $1 - v = \Pr(\beta = \bar{\beta})$）为共同知识。

消费者消费 q 单位服务所得总效用为 S(q)，并且一般的假定 $S'(q) > 0$，$S''(q) < 0$。p(q) 代表逆需求函数，η（p）为需求价格弹性。消费者净剩余为 S（q）- p（q）。由于征税带来效率的扭曲，假设政府给予国有垄断企业转移支付所花费的公共资金存在社会成本 λ，且 $\lambda > 0$。这样，消费者的净福利为：$V = S(q) - qp(q) - (1 + \lambda)t$。遵循 Laffont 和 Tirole（1993），我们假定政府最大化目标函数：$W = V + U$，即：

$$W = S(q) + \lambda qp - (1 + \lambda)\beta q - \lambda U \tag{2}$$

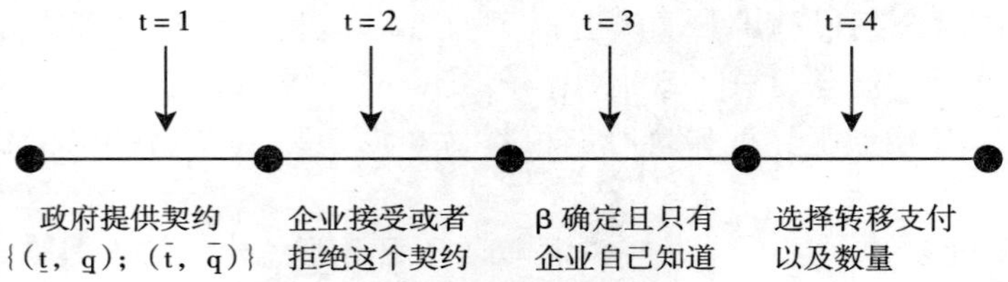

图 1 契约博弈时序

契约设计通过显示原理或者说直接显示机制，使企业真实报告自己的特性（见图 1）。契约的形式为：

$$\{(\underline{t}, \underline{q}); (\bar{t}, \bar{q})\} \tag{3}$$

式中，$(\underline{t}, \underline{q})$（相对应 $(\bar{t}, \bar{q})$）代表当企业为具有效率（无效率）时的支付以及产出。用 $\underline{U} = \underline{t} + p\underline{q} - \underline{\beta}\underline{q}$ 以及 $\bar{U} = \bar{t} + p\bar{q} - \bar{\beta}\bar{q}$ 分别表示高效率和低效率差企业的信息租。

为了说明民营化的作用，我们假定所有者对企业拥有完全信息。也就是说，作为国有企业的所有者，政府对国有企业拥有完全信息，而对民营企业存在信息不对称问题。我们还假定政府将利用信息以尽量最大化社会福利。接下来，我们考察套牢与预算软约束如何导致国有企业效率低下。

2. 套牢问题

当政府为所有者时，它将利用自己对企业拥有的尽量多的信息去抽取企业租金，而这将降低企业进行投资的激励，也即出现套牢问题。为了模型化这个问题，我们假定：当企业没有付出努力 e，即 e = 0 时，企业为高效率类型的概率为 v（0）；当企业付出努力 e，即 e = 1 时，企业成为高效率类型的概率为 v（1），并且 v（1）> v（0）。企业努力所付出的成本为 ψ。

（1）国有企业。作为国有企业的所有人，政府事后可以观察到 β。我们进一步假定事后政府有完全的讨价还价能力，那么政府就会抽取企业事后所有超额利润，即：t = βq - pq。预期到事后

① 本部分下标"pu"代表国有企业的相关变量；下标"pr"代表民营企业的相关变量。

无法获得任何超额利润，企业就没有激励努力降低边际成本，即 $e_{pu} = 0$。① 那么，在国有制情况下的社会期望福利为：

$$W_{pu} = v(0)[S(\underline{q}_{pu}) + \lambda\underline{p}_{pu}\underline{q}_{pu} - (1+\lambda)\underline{\beta}\,\underline{q}_{pu}] + (1-v(0))[S(\bar{q}_{pu}) + \lambda\bar{p}_{pu}\bar{q}_{pu} - (1+\lambda)\bar{\beta}\bar{q}_{pu}] \quad (4)$$

（2）民营企业。由于民营企业的边际成本参数 β 为私人信息，也就是说，只有企业自己知道 β 的值，而政府仅知道民营企业边际成本的概率分布。所以，政府就无法在事后抽取效率企业的信息租，那么，高效率企业获得的信息租为 $\underline{U} = \Delta\beta q(e)$，低效率企业获得的信息租为 $\bar{U} = 0$。若预期到成为效率型企业能够获得信息租，民营企业就会付出努力，只要实施努力得到的预期收益大于付出努力的成本，即：

$$\Delta v\Delta\beta q(\bar{\beta}, 1) > \psi \quad (5)$$

式中，$\Delta v = v(1) - v(0) > 0$，企业就会实施努力。

假定上式成立，民营状态下社会福利函数为：

$$W_{pr} = v(1)[S(\underline{q}_{pr}) + \lambda\underline{p}_{pr}\underline{q}_{pr} - (1+\lambda)\underline{\beta}\,\underline{q}_{pr}] + (1-v(1))[S(\bar{q}_{pr}) + \lambda\bar{p}_{pr}\bar{q}_{pr} - (1+\lambda)\bar{\beta}\bar{q}_{pr}]$$
$$- \lambda v(1)\Delta\beta\bar{q}_{pr} - (1+\lambda)\psi \quad (6)$$

（3）比较分析。社会福利在国有制与民营企业情况下的变化即为民营化的收益，即：

$$\Delta W = W_{pr} - W_{pu}$$
$$= \Delta v\{[S(\underline{q}_{pu}) + \lambda\underline{p}_{pu}\underline{q}_{pu} - (1+\lambda)\underline{\beta}\,\underline{q}_{pu}] + [S(\bar{q}_{pu}) + \lambda\bar{p}_{pu}\bar{q}_{pu} - (1+\lambda)\bar{\beta}\bar{q}_{pu}]\} - (1+\lambda)\psi$$
$$+ (1-v(1))\{[S(\bar{q}_{pr}) + \lambda\bar{p}_{pr}\bar{q}_{pr} - (1+\lambda)\bar{\beta}\bar{q}_{pr}] - [S(\bar{q}_{pu}) + \lambda\bar{p}_{pu}\bar{q}_{pu} - (1+\lambda)\bar{\beta}\bar{q}_{pu}]\}$$
$$- \lambda v(1)\Delta\beta\bar{q}_{pr} \quad (7)$$

式中，第二行代表私有化的收益，第三行代表由于信息不对称而出现的效率损失，第四行代表信息租的社会成本。

但是上述模型也存在一些问题，比如：①政府与企业在重复博弈的情况下，有可能采取合作行为，从而能够缓解公有制的套牢问题。②模型中民营企业的收益被最大化了，因为企业的经理人就是所有者，当企业的所有权与经营权相分离时，由于经理人与所有者目标的差异性，所有者作为委托人要激励经理人（代理人）完成所有者的目标，必然会存在代理成本而降低效率，即代理问题将影响私有化的收益。

3. 预算软约束

假定国有企业存在软预算约束问题：政府无法承诺，任何情况下都不对国有企业进行转移支付。相对应的是，政府一般不会对民营企业进行转移支付。本文假定企业通过投资 I 可以影响企业固定成本 $K(I)$，其中，I 为可观察但不可证实的变量，且 $K'(I) < 0$，$K''(I) > 0$。

（1）国有企业。由于政府能够给予国有企业转移支付 t，那么国有企业的利润函数为：

$$U = t + pq - \beta q - K(I) - I \quad (8)$$

政府目标函数为：

$$W = S(q) - pq - (1+\lambda)t + U \quad (9)$$

即：

$$W = S(q) + \lambda pq - (1+\lambda)[\beta q + K(I) + I] - \lambda U \quad (10)$$

在不对称信息情况下，政府预期目标函数为：

$$W = v\{S(\underline{q}_{pu}) + \lambda\underline{p}_{pu}\underline{q}_{pu} - (1+\lambda)[\underline{\beta}\,\underline{q}_{pu} + K(I) + I]\} + (1-v)\{S(\bar{q}_{pu}) + \lambda\bar{p}_{pu}\bar{q}_{pu}$$
$$- (1+\lambda)[\bar{\beta}\bar{q}_{pu} + K(I) + I] \quad (11)$$

由于国有企业的信息租不依赖于投资水平，（分别为 $\bar{U} = \Delta\beta\bar{q}_{pu}$、$\underline{U} = 0$），所以 $I_{pu} = 0$。

（2）民营企业。由于政府不能给予转移支付给民营企业，规制机构只能通过影响产量以使企业达到盈亏平衡。由于缺乏转移支付，政府无法甄别出不同类型企业，那么，不同类型企业将生产出相同的产量水平 $\bar{q}_{pr}(I)$，即只有混合机制是可行的。这个产量水平必须确保无效率型企业能够达到盈亏平衡，即：

$$(p - \bar{\beta})\bar{q}_{pr}(I) = K(I) + I \tag{12}$$

效率型企业能够得到信息租，即：

$$\underline{U}^{pr} = \Delta\beta\bar{q}_{pr}(I) \tag{13}$$

很明显，此信息租的多少与投资 I 相关。

民营企业为了最大化信息租，有激励提高投资以最大化 $v\Delta\beta\bar{q}_{pr}(I) - I$，即 I_{pr} 由 $v\Delta\beta\dfrac{\partial\bar{q}(I)}{\partial I} = 1$ 式决定。

（3）比较分析。从预算软约束角度看，由于转移支付的存在，国有企业通过投资降低固定成本无法获得更多的信息租，所以国有企业没有激励投资以降低固定成本；而民营企业通过投资，能够降低固定成本并获得更多的信息租，所以民营企业具有激励投资以降低固定成本。

（二）企业目标差异

一般来说，国有企业相对民营企业不看重企业利润，而且会额外赋予企业规模/产量一定权重，这主要有两方面的原因。①相对私人股东对企业利润的追求，政府对国企利润更不看重，而且政府也希望国有企业能够生产出更多产品或服务以满足居民的需求。利润只是政府对国有企业多元目标诉求的一部分，政府目标还包括就业、公平等。就业与公平等目标都会增加产量在国企效用函数中的权重。②国有企业的经理人员工资与企业绩效（利润）不是完全挂钩的，导致经理人员对企业利润所赋予的权重也要更低。中国政府对经理人收入水平一直实施严格的管制，往往要求经理人收入与企业职工工资水平挂钩。而由于政府监督的效力较低（作为规制机构的国资委需要对 100 多家企业进行监管，存在巨大的信息不对称），导致国企经理人能够通过提高企业产量（规模）获得"在职消费"（例如，声誉、权利等）。所以总体上，国有企业会额外再给予产量一定的权重。

本文假设由一国有垄断企业提供某一公共服务。由上文所述，国有垄断企业效用函数为：

$$U = \alpha[t + pq - (\beta - e)q] + \delta q - \psi(e) \tag{14}$$

式中，$0 < \alpha < 1$，$0 < \delta < 1$，α 与 δ 大小衡量国有企业对利润与产量之间的偏好。事实上，这个函数表达式也适用于所有权与经营权相分离的民营企业，只不过相对来说，民营企业的 α 值更高，而 δ 值更低。企业的个体理性约束为 U，且 $U \geqslant 0$。

我们假定政府为功利主义者，所以社会福利为：

$$W = S(q) - pq - (1 + \lambda)t + U \tag{15}$$

即：

$$W = S(q) - \lambda pq - (1 + \lambda)\left[\frac{\psi(e) + I}{\alpha} + (\beta - e)q + K(I)\right] + \frac{1 + \lambda}{\alpha}\delta q - \frac{1 - \alpha + \lambda}{\alpha}U \tag{16}$$

式（16）的关键特征是政府不希望留给企业租金，否则会降低社会福利。假定政府提出的是一次性要价（take-it-or-leave-it）。那么：

$$MAXW = v\left\{S(\underline{q}) + \lambda P\underline{q} - (1 + \lambda)\left[\frac{\psi(\underline{e})}{\alpha} + (\underline{\beta} - \underline{e})\underline{q}\right] + \frac{1 + \lambda}{\alpha}\delta\underline{q} - \frac{1 - \alpha + \lambda}{\alpha}\underline{U}\right\}$$

$$+ (1 - v)\left\{S(\bar{q}) + \lambda p\bar{q} - (1 + \lambda)\left[\frac{\psi(\bar{e})}{\alpha} + (\bar{\beta} - \bar{e})\bar{q}\right] + \frac{1 + \lambda}{\alpha}\delta\bar{q} - \frac{1 - \alpha + \lambda}{\alpha}\bar{U}\right\}$$

$$s.t.\,\bar{U} = \alpha[\bar{t} + \bar{p}\bar{q} - (\bar{\beta} - \bar{e})\bar{q}] + \delta\bar{q} - \psi(\bar{e}) \geqslant 0$$

$$\underline{U} = \alpha[t + p\underline{q} - (\underline{\beta} - \underline{e})\underline{q}] + \delta\underline{q} - \psi(\underline{e})$$

$$\geq \alpha[\bar{t} + \overline{pq} - (\underline{\beta} - \bar{e})\bar{q}] + \delta\bar{q} - \psi(\bar{e}) = \overline{U} + \phi(\bar{e}) \tag{17}$$

可得：

效率企业的努力水平：

$$\psi'(\underline{e}) = \alpha\underline{q} \tag{18}$$

无效率企业的努力水平：

$$\psi'(\bar{e}) = \alpha\bar{q} - \frac{v}{1-v}\frac{1-\alpha+\lambda}{1+\lambda}\phi'(\bar{e}) \tag{19}$$

通过上面所得企业效率水平的分析，我们可以发现，由于 $0 < \alpha < 1$，那么国有企业的努力水平低于民营企业的效率水平，这也是国有企业的效率一般低于民营企业的主要原因。另外，相对民营企业，无效率国有企业的努力水平更低。这主要是因为政府对国有企业利润所赋予的权重更低，那么对于政府来说，更不愿意给予高效率企业过多的租金，所以就必须进一步降低低效率企业的激励，从而导致无效率国有企业的努力水平就更低了。

所以总体上，无论是有效承诺还是企业目标差异原因，民营化都能够提高企业的效率。

（三）民营化方式的选择——契约捆绑

从生产经营角度考虑，市政公用事业典型的包括设计、建设、融资、运营四个阶段（即所谓的"DBFO"模型）。本部分为了分析简便，将上述几个阶段简化为两个阶段：建设与运营。无论是建设阶段，还是运营阶段的民营化，都相当于政府部门与私人部门签署契约。那么政府部门是选择将建设与运营两阶段都给予私人部门管理，还是仅仅将运营阶段交由私人部门管理，或者说是否应该实行契约捆绑呢？

1. 基本模型

假设私人部门作为代理人，在建设阶段通过付出努力能够改善基础设备的质量。基础设备的社会价值可以表示为：$B = b_0 + ba$，但不可证实。a 为代理人改善质量的努力水平，努力的社会边际收益 $b>0$，且代理人因努力带来的负效用为 $\varphi(a) = a^2/2$；b_0 代表代理人没有付出努力的情况下，产品或者服务所能够提供的最基本价值。

假设在运营阶段，私人部门的成本为：

$$C = \theta_0 - e - \delta a + \varepsilon \tag{20}$$

式中，θ_0 代表产品或者服务的本质成本；e 代表私人部门付出努力而使运营阶段成本的减少，并且代理人因努力而带来的负效用为 $\psi(e) = e^2/2$；δ 代表在建设阶段基础设备质量的提高对运营阶段生产成本的影响，当 $\delta > 0$ 时表示提高基础设备的质量将降低运营成本，即建设阶段的努力对运营成本存在正外部性，当 $\delta < 0$ 时表示提高基础设备的质量将增加运营成本，即建设阶段的努力对运营成本存在负外部性；ε 代表一个随机变量，均值为 0 且方差为 σ^2，表明厂商在运营阶段所面临的风险。假设政府为风险中性，而厂商为绝对风险厌恶（CARA）并且风险厌恶水平固定为 $\gamma > 0$。

政府目标是最大化期望社会福利函数，即：

$$W = b_0 + ba - (\theta_0 - e - \delta a) - a^2/2 - e^2/2$$
$$= b_0 - \theta_0 + (b+\delta)a + e - a^2/2 - e^2/2 \tag{21}$$

由 $\partial W/\partial a = 0$，$\partial W/\partial e = 0$，可得社会福利最大化时改善质量的努力以及降低成本的努力的最优值为：$a = b + \delta$，$e = 1$。

这个契约的博弈次序如图 2 所示。

2. 非捆绑状态

在没有采取契约捆绑的情况下，政府一般都是给建设商一个固定费用，主要有两方面的原因：

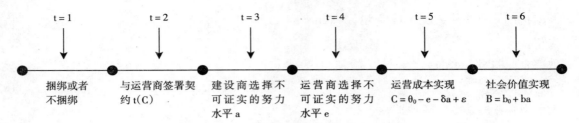

图 2　组织形式选择与契约的博弈次序

①由于建设商提高努力而增加基础设备社会价值是无法证实的，政府无法给予奖励；②如果建设商所得到的费用与运营阶段的成本有关，政府有可能与运营商合谋，从而降低给予建设商的费用。这样，在建设阶段，建设商不会付出额外努力，那么 $a_u = 0$。①

假定政府给予运营商的费用采取线性规则 $t(C) = \alpha - \beta C$。当 $\beta = 0$ 时，意味着成本加成形式，厂商无降低成本激励；当 $\beta = 1$ 时意味着固定价格形式，厂商具有降低成本的最大激励。那么在给定建设商的努力水平下，运营商确定最优努力水平以最大化自己的收益：

$$\max_e \alpha - \beta(\theta_0 - e) - \frac{e^2}{2} - \frac{r\sigma^2\beta^2}{2} \tag{22}$$

式中，$\frac{r\sigma^2\beta^2}{2}$ 为风险红利。显然，可以得到 $e = \beta$。

在预期建设商的努力水平 $a_u = 0$ 以及运营商将按照式（22）制定自己的努力水平 $e = \beta$ 后，政府将设定最优的 α 与 β 以最大化社会总福利。假定政府在与建设商以及运营商谈判时具有完全的讨价还价能力，那么政府可以通过调整 α 值，使厂商无法获得超额利润。那么政府最大化下式：

$$\max_e b_0 - (\theta_0 - e) - \frac{e^2}{2} - \frac{r\sigma^2\beta^2}{2} \tag{23}$$

$$s.t.\ e = \beta$$

可以得到 $e_u = \dfrac{1}{1 + r\sigma^2} < 1$，并进而得到相应的社会福利 $W_u = b_0 - \theta_0 + \dfrac{1}{2(1 + r\sigma^2)}$。

3. 捆绑状态

在捆绑状态下，意味着建设商与运营商形成联盟。那么，联盟最大化期望收益，即：

$$\max_{e,a} \alpha - \beta(\theta_0 - e - \delta a) - \frac{a^2}{2} - \frac{e^2}{2} - \frac{r\sigma^2\beta^2}{2} \tag{24}$$

$$s.t.\ a \geq 0$$

约束条件 $a \geq 0$ 意味着联盟无法实施负的努力。这样，可以得到：$e = \beta$，并且：

$$a = \begin{cases} \beta\delta & \text{当 } \delta > 0 \\ 0 & \text{当 } \delta \leq 0 \end{cases} \tag{25}$$

当 $\delta \leq 0$ 时，$a = 0$，$e = \beta$。很显然，采取捆绑与无捆绑的结果相同。当 $\delta > 0$ 时，$a = \beta\delta$，$e = \beta$。那么政府期望最大化社会福利，即：

$$\max_e b_0 + ba - (\theta_0 - \delta a - e) - \frac{a^2}{2} - \frac{e^2}{2} - \frac{r\sigma^2\beta^2}{2} \tag{26}$$

$$s.t.\ a = \delta\beta,\ e = \beta$$

这样，可以得到：

$$e_b = \frac{1 + \delta(b + \delta)}{1 + \delta^2 + r\sigma^2} \tag{27}$$

---

① 本部分下标"u"代表无捆绑，下标"b"代表捆绑。

$a_b = \delta e_b$

进而能够得到相应的社会福利水平为：

$$W_b = b_0 - \theta_0 + \frac{(1 + \delta(b + \delta))^2}{2(1 + \delta^2 + r\sigma^2)} \tag{28}$$

4. 比较分析

由 $a_b > a_u$、$e_b > e_u$、$W_b > W_u$，我们可以看出，当 $\delta > 0$ 时，实施捆绑优于不实施捆绑。也就是说，实行契约捆绑的条件是：建设阶段改善基础设备质量的努力也能够降低运营阶段的运营成本，即 $\delta > 0$。

市政公用事业民营化方式的类型大致可以分为四大类：绿地项目（Greenfield Projects）、出售（Divestiture）、特许经营（Concession）以及管理与外包契约（Management and Outsourcing Contracts）。其中，绿地项目的私人部门根据合同，在项目运行期间建设并运营新设施，属于契约捆绑形式，这主要是因为绿地项目类型中基础设施建设质量的提高能够优化维护成本，即 $\delta > 0$。而管理与外包契约的私人部门不包含任何投资责任，仅仅承担管理责任。一般来说，此类项目建设阶段对基础设施质量的提高无法降低运营阶段成本。

三、市政公用事业民营化的制度经济学分析

虽然从经济理论上能够解释市政公用事业民营化后效率的提高，而且也有很多实证文献进行了证实。不过从改革实践看，发达国家的市政公用事业改革较为成功，而发展中国家市政公用事业改革不尽如人意：虽然基本上获得了市场自由化以及民营化所带来的生产效率与产品质量提高以及投资增加等，但是从公平角度看，也带来了很多的问题，包括腐败增多、分配不公、贫困人群难以受益等。中国市政公用事业民营化也出现了相类似的问题。究其原因，主要有以下几点：

（一）制度禀赋的缺陷

民营化的成功依赖于有效规制，而任何规制体系都镶嵌在一国正式与非正式的制度环境中。发达国家受益于由股票交易、风险资本家、银行以及其他贷款人构成的成熟资本市场和保护私人产权并运转良好的法律体系，以及促进市场交易的商业道德和行为。而发展中国家由于缺乏公正廉洁的政府以及独立的媒体与司法系统，常常面临公共部门治理能力低下、规制体系不完善、政策失灵、腐败和任人唯亲等制度能力方面的约束，同时也存在税收系统效率过低、缺乏审计专业知识以及低效率的财政金融系统等具体问题（Laffont，2005）。

由于制度禀赋的缺陷，发展中国家规制存在有限承诺（Limited Commitment）以及有限可问责性（Limited Accountability）等问题。①由于公用事业服务资费设定具有较高的政治敏感性，即使法律赋予规制机构制定资费的权力，政府仍会对规制机构施压，要求规制机构修改甚至推翻原有决议，导致有限承诺问题出现（Eberhard，2007）。有限承诺会引起"棘轮效应"以及"套牢"问题，而"棘轮效应"会产生更严重的信息不对称（Laffont & Tirole，1993），套牢则会导致投资不足（Williamsan，1985）。②由于发展中国家在"政府与公民"以及"政府与规制机构"之间的政治契约都内在的具有不完全性，代理人一般不会被他们的委托人问责（Cook 等，2004），从而出现有限可问责性。有限可问责意味着规制机构承担合谋的成本更低，所以发展中国家政府规制机构易于被利益集团俘虏。总体上，Laffont（2005）结论是，在发达国家行之有效的规制政策很难在发展中国家获得相应的效果。

中国作为转轨的发展中国家，在一定程度上具有上述制度缺陷，也存在规制有限承诺以及有限可问责性。比如，作为激励性规制方式，特许投标竞争在中国很多城市自来水行业的引入也未获得预想的效果，而这与地方政府治理能力较低，相应的规制体系不完善是息息相关的。很多地方政府在把自来水行业以特许投标的形式转让给民营部门的时候，甚至没有考虑过需要继续对其进行有效监管。而且，作为"关系型"社会，中国很多问题的处理需要"情感投资"，并且在地方事务中尤甚，导致中国市政公用事业民营化过程也难以避免地出现腐败、任人唯亲等现象。

（二）改革目标出现偏差

市政公用事业改革的最终目标是提高社会福利，并且依据侧重点的不同可以细分为两个主要目标：效率目标、公平目标。然而在改革实践中，地方政府往往偏离目标，根据偏离程度，可以划分为两个层次。

第一层次，改革的最终目标不是提高社会福利，而是为了地方政府自身利益的改善。Guasch（2000）曾对全世界范围内的 600 份特许经营契约进行调查发现，在大多数案例中，契约给了最高特许使用金或者年费的支付者。这说明，相对于保证资费的降低以保障消费者利益、提高社会福利来说，政府更关心缓解财政约束。中国市政公用事业的最终目标是提高社会福利，维护公共利益。但在实践中，很多地方政府对市政公用事业改革存在认识上的误区。一些地方政府对政府责任认识不清，将市政公用事业改革当成"政府甩包袱、财政脱负担"的手段，错误地认为将市政公用事业推向市场后，政府的责任也可以"一推了之"。事实上，市政公用事业改革的目的是改进市政公用事业项目的管理与经营方式、降低成本、提高效益，为群众提供更丰富、质量更高的产品和服务。所以市政公用事业不管怎么改，市政公用事业仍然是政府的重要责任，是政府不能推卸的重要职责（徐宗威，2005）。有些地方政府在改革过程中主要是围绕如何吸引更多的社会资金，只考虑资产及变现问题，不考虑监管和运营问题，忽视了改革的整体效应的实现。一些地方政府在推进改革过程中忽视市政公用事业特有的发展规律，只顾眼前利益，忽视长远利益。一些地方在招投标时暗箱操作，出现大量寻租、商业贿赂等腐败现象。有些地方政府甚至成了单独的利益方，与民争利。

第二层次，改革的目标过于侧重效率目标而忽视公平目标。由于原垄断性国有制企业往往效率低下，所以市政公用事业民营化改革更重视效率的提高。然而，民营化改革对不同的群体影响不同，也即存在公平问题。有实证文献表明，公用事业改革能够改善低收入的发展中国家的贫困人群的境况，但却恶化了中等收入的发展中国家以及转轨国家的贫困人群的境况（Kessides，2004）。中国作为转轨国家，如果在市政公用事业民营化过程中不重视贫困人群的利益，那么就有可能进一步扩大中国的贫富差距现象，影响改革的顺利进行（陈剑、夏大慰，2010）。但在改革实践中，地方政府对市政公用事业民营化过程中，缺乏对公平目标的重视，如近几年自来水价格上涨的同时缺乏对弱势群体的保护就在一定程度上体现了这一点。

（三）规制机构的有限能力

规制机构的有限能力会恶化信息不对称问题，并导致被规制企业获得更高的信息租。而这对于发展中国家来说，代价是巨大的，因为高信息租一方面会带来高的公共资金成本，另一方面也会扭曲分配，并进一步恶化贫困问题。大多发展中国家的规制机构成立大约 10 年左右，基本上都存在设备不良、人员培训不足的情况，特别是缺乏熟悉规制政策分析和契约设计的经济学家、审计人员与法律工作者（Domah 等，2003），同时，发展中国家规制机构却要追求经济效率与减贫以及经济的稳定增长等多个目标。在一项对规制机构的全球性调查报告中，被调查者提到最多的限制就是规制人员专业技能的缺乏（Jacobs，2004）。缺乏有经验的专业人员会导致规制机构制定的规制措施欠妥当，或者无法真正领会既存的规制措施精神，从而无法正确地执行。Kirkpatrick 等（2005）对发展与转型国家规制者的调查发现，有 44%的被调查者承认他们无法区分不同的价格与利润规制模式。

中国规制机构也存在有限能力问题。相关规制机构的人员大多来源于原来的政府行政部门，缺乏公用事业监管知识，更缺少相关经验。由于相关规制机构缺少专业人员，对于公用事业出现的规制问题，难以用专业技能进行解决，导致人们对规制机构、规制职能存在很大的误解。比如，对于自来水行业的定价，中国地方政府不愿或者根本无法提供相应的成本信息或者供求信息等。

四、总　结

总体上，中国市政公用事业民营化改革取得了一定的成绩。特别是从效率角度看，中国市政公用事业基本上摆脱了原有垄断国有体制时效率低下、产品质次、冗员浮事等现象。不过，由于中国制度禀赋存在的缺陷、改革目标出现偏差以及规制机构能力低下，导致有效规制难以实施，出现规制的有限承诺以及有限可问责性问题，而最终使市政公用事业改革过程出现腐败、贫困人群利益受到损害等不利结果。这些问题的解决，需要完善的规制体系的构建，这也是中国市政公用事业改革未来所需要重点考虑的问题。

参考文献

[1]［美］E.S.萨瓦斯. 民营化与公私部门的伙伴关系［M］. 北京：中国人民大学出版社，2002.

[2] 陈剑，夏大慰. 规制促减贫：以公用事业改革为视角［J］. 中国工业经济，2010（2）.

[3] 仇保兴. 市政公用事业改革与监管［J］. 城乡建设，2006（3）.

[4] 王俊豪. 中国市政公用事业管制机构的设立与职能［J］. 经济管理，2006（23）.

[5] 徐宗威. 市政公用事业改革之路［J］. 城乡建设，2005（12）.

[6] 邹东涛，秦虹. 社会公用事业改革攻坚［M］. 北京：中国水利水电出版社，2006.

[7] Eberhard, A. Infrastructure Regulation in Dvelopment Countries—An Exploration of Hybrid and Transitional Models. Working Paper, 2007.

[8] Domah, P., M.G. Pollitt, and Stern, J. Modelling the Costs of Electricity Regulation: Evidence of Human Resource Constraints in Developing Countries［J］. mimeo, Risk Regulation, Accountability and Development Workshop, 2003（26-27）.

[9] Cook, P., Kirkpatrick, C., Minogue, M. and Parker, D. Leading Issues in Competition, Regulation and Development［M］. Cheltenham: Edward Elgar, 2004.

[10] Guasch, J.L. The Impact on Performance and Renegotiation of Concession Design: Lessons from an Empirical Analysis of Ten Years of Concession Experience［J］. mimeo, World Bank, LACSFP, 2000.

[11] Iossa, E., and Martimort, D. The Simple Micro-Economics of Public-Private Partnerships. working paer, http://www.bristol.ac.uk/cmpo/publications/papers/2008/wp199.pdf, 2008.

[12] Jacobs, S. Evolution of East Asian Utility Regulators: Diversity and Challenges. mimeo, Washington DC, 2004.

[13] Kessides, I.N. Reforming Infrastructure, Privatization, Regulation and Competition［M］. Washington DC: World Bank and Oxford University Press, 2004.

[14] Kirkpatrick, C., Parker, D. and Zhang, Y-F. Price and Profit Regulation in Developing and Transition Economies: A Survey of the Regulators［J］. Public Money & Management, 2005, 24（5）: 291-96.

[15] Laffont, J.-J. and Tirole, J. A Theory of Incentives in Procurement and Regulation［M］. Cambridge,

MIT Press，1993.

　　［16］Laffont，J.-J. Regulation and Development［M］. Cambridge：Cambridge University Press，2005.

　　［17］Martimort，D. An Agency Perspective on the Cost and Benefits of Privatization［J］. Journal of Regulatory Economics，2006（30）：5-44.

　　［18］Williamson，O.E. The Economic Institutions of Capitalism：Firms，Markets，and History［M］. Cambridge：Cambridge University Press，1985.

产业结构、城市化与能源效率的动态关系

——基于 VAR 模型的实证研究

王玉燕　石军伟*

一、引　言

能源作为现代经济的重要投入要素之一，与经济增长密切相关，是国民经济的重要物质基础，对国家经济增长具有重要的推动作用。但是能源的短缺、资源的争夺以及能源过度使用而造成的环境污染等问题成为人类面临的重要挑战之一，威胁着人类社会的生存和发展，能源的可持续发展是未来的重大战略课题。

中国作为世界上能源消费的第二大国，能源消费每年以较快的速度增长，2009 年，中国能源消费 306647 万吨标准煤，是 2000 年的 2.11 倍。改革开放以来，能源的使用为中国经济的持续快速增长提供了重要的动力支持，然而随着经济的不断增长，以粗放式为主的能源消费方式，使得经济发展和环境保护的压力越来越大。2006 年，中国的《政府工作报告》将单位 GDP 能耗作为能源使用效率列入经济政策，用来评价经济增长质量。2011 年，国家"十二五"规划明确提出"绿色发展，建设资源节约型、环境友好型社会"纲要，加强资源的节约与管理，加大环境的保护力度。这些均充分体现了中国政府转变粗放型经济为集约型经济的重大决心。因此，对处于工业化中期的中国来说，提高能源效率是当前最为迫切和重要的问题之一。

影响地区能源效率的因素有很多，既可能是内生的社会经济因素，也可能是外生的自然环境因素。目前为止，关于中国能源效率的研究大多是基于产业结构和技术进步的视角，主要集中在产业结构调整与升级以及生产技术水平的提升的角度来分析能源效率提升的潜力和方法。大部分研究表明，产业结构优化对能源效率有积极推动作用。然而，对正处于工业化中期的中国，工业化仍然是产业结构调整的重要内容。工业化必然带来城市化，那么在产业结构调整促进能源效率的同时，城市化进程的演进对能源产生何种影响，能有效促进能源效率的提升吗？对这些问题的解答有利于正确认识城市化进程中能源效率的情况。

---

* 王玉燕，男，中南财经政法大学现代产业经济研究中心硕士研究生，主要研究方向：制造业产业结构、企业竞争力与产业竞争力；石军伟，男，中南财经政法大学现代产业经济研究中心副教授，主要研究方向：企业理论、社会资本、产业竞争力。

二、文献综述

国内学者对产业结构调整中的能源效率做了一些研究。史丹（1999）通过对能源消费弹性系数的研究发现，结构变动是影响中国能源消费的主要因素。李廉水、周勇（2006）以 35 个工业行业为样本，估算了技术进步对能源效率的作用。结果表明，技术效率是工业部门能源效率提高的主要原因，并且随着时间推移，科技进步的作用逐渐加强，技术效率的作用逐步减弱。史丹（2006，2008）研究表明，第二产业能源效率最低，产业结构中影响能源效率的是生产技术水平，而并非产业产值比重。仅从微观技术层面或产业结构方面着手远远不够，只有改善中西部地区的资源配置效率并促进区域间的技术扩散，才能有效提高落后地区的能源利用效率。袁晓玲等（2009）引入环境污染因素，运用规模不变超效率 DEA 模型测算了各省包含非合意性产出环境污染的全要素能源效率，并从经济结构和能源因素两个角度考察了影响全要素能源效率的因素。结果表明，各省能源效率差异较大，节能潜力巨大，分区域的能效收敛情形各不相同。全要素能源效率与产业结构、产权结构、能源消费结构以及资源禀赋呈显著的负相关关系，与能源价格因素呈弱正相关关系。刘洪、陈小霞（2010）运用 DEA 方法测算了中部六省的能源效率，并分析了造成能源效率差异的影响因素，结果表明，技术进步、能源价格、产业结构对中部地区能源效率的改进都有显著的影响，且影响作用依次增大，而能源消费结构和产权结构的影响作用不显著。

以上的研究表明，产业结构和技术进步是能源效率的重要影响因素，而工业化是产业结构调整的重要内容。工业化必然带来城市化，中国城市化进程的加快对能源消费的状况提出了新的要求，一些学者就此对城市化和能源消费的关系展开研究。Hiroyuki（1997）通过分析多个国家的数据发现，城市的人口比重与人均能源消费存在正向的相关关系。郑云鹤（2006）通过回归分析表明，中国城市化进程加快会导致能源消费的增加。刘耀彬（2007）运用协整理论、Granger 因果关系检验并分析了城市化与能源消费之间的动态关系，研究发现，中国城市化与能源消费之间存在单向的格兰杰因果联系，但是城市化对中国能源消费贡献作用较小。成金华、陈军（2009）利用面板数据模型分析了中国城市化进程中区域能源消费差异，结果表明，城市化率的提升对能源消费产生了显著的影响。白积洋（2010）运用 EKC 理论实证分析了经济增长、城市化与中国能源消费的动态关系，结果发现，中国城市化和产业结构不合理与能源消费具有正向的关系。阚大学、罗良文（2010）利用空间计量经济学理论分析了城市化与能源强度的动态关系，结果表明，短期内城市化对能源强度的影响在增强，但长期内城市化会提高能源利用效率，使得能源强度降低。

从以上的研究文献看出，关于城市化和能源的关系研究较少，并且主要集中分析城市化水平和能源消费结构的关系，而对于城市化和能源效率的文献更为少见。城市化水平的提高能促进能源效率的提升吗？有鉴于此，本文首先在现有文献基础上，整理出产业结构、城市化与能源效率的内在机理，然后在产业结构和城市化的视角下，基于 1978~2009 年的时间序列数据，运用 VAR 模型实证分析产业结构调整和城市化水平对能源效率变化动态关系，并对能源效率的提高提出相应的政策建议。

三、结构变动、城市化进程与能源消费的内在机理

研究表明，产业结构变动是能源消费的重要影响因素，尤其是工业化过程中，中国经济的发展对能源的依赖性较大，工业结构的演变带动了能源消费结构的形成与发展。产业结构的影响表现在两个方面：

首先，产业结构合理化和高级化的进程需要能源作为支撑，合理有效的能源消费为产业结构优化调整提供了强劲的动力。在工业化初期，中国"高能耗、低产出"发展模式为经济发展提供了较大的动力支持，但随着工业化的推进，这种模式的弊端日益显现，能源短缺的问题日渐严重。

其次，产业结构的升级带来了技术进步，这又提高了能源的生产效率，一定程度上推动了能源了的合理配置，起到节约的作用。

同时，工业化必然带来城市化，城市化水平的提高也可以从两个渠道影响能源的消费。一方面，城市化促进了人民水平的提升，从而带动了能源消费总量的增加；另一方面，城市化促进了产品结构和技术结构的升级，各种资源得到进一步优化配置，使得 GDP 能耗不断下降，能源效率得到提升。

产业结构变动和城市化推进各自的双向影响决定了中国能源消费的多重性。产业结构的优化升级和城市化进程的推进有利于能源效率的提升，同时，能源效率的提升反过来进一步加快了产业结构调整和城市化进程（见图 1）。对于处于工业化中期的中国来说，产业结构、城市化与能源效率是否真的存在这种相互影响的关系呢？本文将通过构建模型分析产业结构变动、城市化推进和能源效率变化的动态关系，测度三者短期和长期中内在机理演进形式。

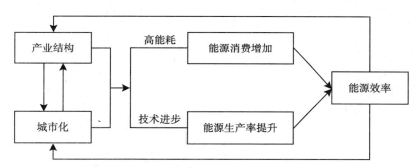

图1　产业结构、城市化与能源效率的内在机理

四、模型的构建

（一）变量选择、数据说明与处理

本文选取 1978~2009 年的相关数据分析产业结构、城市化和能源效率的动态关系。

产业结构。本文用第一产业产值比重 IS1 表示产业结构。数据来源于 1979~2010 年各期中国统计年鉴。

城市化。以城镇人口占总人口比重 Urba 表示城市化水平。数据来源于 1979~2010 年各期中国统计年鉴。

能源效率。能源效率总共有七种测度方法和指标：能源宏观效率、能源实物效率、能源物理效率、能源要素利用效率、能源要素配置效率、能源价值效率、能源经济效率（魏一名、廖华，2010）。为研究的方便性，本文用能源宏观效率来表示能源效率 EE，即单位能耗 GDP。能源消费总量数据来源于 1979~2010 年各期中国能源统计年鉴。为消除价格因素影响，运用各年生产总值指数计算调整后的 GDP 数据，数据均来源于 1979~2010 年各期中国统计年鉴。能源效率用公式表示为：

$$EE = \frac{可比价的 GDP}{能源消费总量} \tag{1}$$

为减小异方差性的影响及实现非线性关系的线性化处理，对以上三个变量做对数处理，即 Ln IS1、Ln Urba、Ln EE。

通过计算得出各年的能源效率（见图 2），可以看出，改革开放以后，中国能源效率大体呈不断上升趋势，从 1978 年的 637.9 元/吨标准煤上升到 1997 年的 962.2 元/吨标准煤，但是随后便一直下降，到 2009 年已降为 596.2 元/吨标准煤，基本呈"倒 U 型"趋势（史丹，2002）。这就说明，改革开放初期，由于经济水平较低，能源作为要素投入的贡献效率较明显，对经济增长提供了强劲的动力支持，但随着经济水平的提高，粗放式的能源消费问题渐渐凸显，对经济增长的贡献力有所减弱，能源效率不断下降。

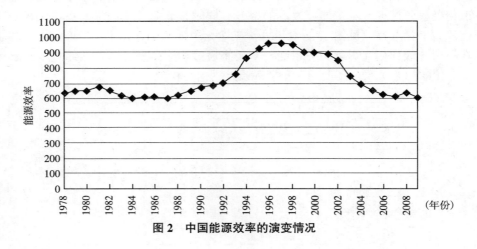

图 2　中国能源效率的演变情况

（二）平稳性检验

VAR 模型分析的前提是变量具有平稳性，所以首先需对变量进行平稳性检验。运用 ADF 检验（Augment Dickey-Fuller Test）方法分析 Ln IS1、Ln Urba 和 Ln EE 是否平稳，检验结果如表 1 所示。

表 1　ADF 单位根检验结果

变量	ADF 统计量	5% 临界值	1% 临界值	P	结论
Ln IS1	−3.169206	−3.568379	−4.296729	0.1096	不平稳
Ln Urba	−3.026895	−1.952473	−2.644302	0.0037	平稳
Ln EE	−1.629593	−2.963972	−3.67017	0.4556	不平稳
DLn IS1	−5.217201	−2.963972	−3.67017	0.0002	平稳
DLn EE	−2.196251	−1.952473	−2.644302	0.0292	平稳

检验结果表明，城市化率的对数 Ln Urba 为平稳序列（ADF 检验值小于 1% 的临界值），第一产业比重的对数 Ln IS1 和能源效率对数 Ln EE 为非平稳序列（ADF 检验值大于 5% 的临界值），但经过一阶差分后为平稳序列（ADF 检验值均小于 5% 的临界值），即 Ln IS1 和 Ln EE 是一阶单整的。因此，本文通过分析变量 DLn IS1、Ln Urba 和 DLn EE 间的关系来研究产业结构、城市化和能源效率的动态关系。

（三）模型滞后阶数的确定

由于序列 DLn IS1、Ln Urba 和 DLn EE 均为平稳序列，则无需做协整检验即可建立 VAR 模型进行动态分析，而模型滞后阶数的确定是一个重要问题。确定滞后阶数的检验结果（见表2）可以看出，每种标准选择滞后阶数都是6，所以本文 VAR 模型的滞后阶数为6。

表2　VAR 模型的滞后阶数检验结果

滞后期	LogL	LR	FPE	AIC	SC	HQ
0	86.55086	NA	2.51E–07	–6.684069	–6.537804	–6.643501
1	171.3224	142.4163	5.90E–10	–12.7458	–12.16073	–12.58352
2	189.8032	26.61224	2.87E–10	–13.50425	–12.4804	–13.22028
3	207.3119	21.01043	1.60E–10	–14.18495	–12.7223	–13.77927
4	212.9115	5.375697	2.55E–10	–13.91292	–12.01148	–13.38554
5	226.1322	9.51891	2.64E–10	–14.25058	–11.91034	–13.6015
6	274.1982	23.07168*	2.35e–11*	–17.37586*	–14.59682*	–16.60507*

注：* 表示从每一列标准中选的滞后阶数。

五、动态关系的计量分析

（一）模型的稳定性检验

VAR 模型平稳的充要条件是特征方程的特征根分布在单位圆之内。从单位根图可以看出，模型对应的所有特征方程的特征根均在单位圆之内，因此 VAR 模型是稳定的。同时检验表明各个残差项均是平稳的。

（二）VAR 模型估计与检验

1. 模型结果的检验

确定模型的稳定性后，便可进行模型参数估计。表3为模型方程的拟合效果。

表3　VAR 模型方程的拟合效果

变量	R-squared	Adj. R-squared	F-statistic	Log likelihood
DLn IS1	0.779470	0.117881	1.178178	59.09166
Ln Urba	0.999932	0.999727	4883.257	122.3429
DLn EE	0.986515	0.946058	24.38463	91.38775

从表 3 可以看出，第一产业比重、城市化率和能源效率的方程决定系数均很高，分别为：77.95%、99.99%和98.65%。从 F 统计量看，除了第一产业比重方程拟合效果稍低，城市化率和能源效率的方程拟合效果很好。从整体上看，VAR 模型拟合效果较好。

2. 模型的参数估计

通过上述检验可知，VAR 模型的回归结果统计意义上是可信的。将结果整理成方程式为：

$$
\begin{bmatrix} DLn\ IS1_t \\ Ln\ Urba_t \\ DLn\ EE_t \end{bmatrix} = \begin{bmatrix} -0.3291 \\ 0.0548 \\ -0.0336 \end{bmatrix} + \begin{bmatrix} -0.5724 & -2.3853 & 0.5146 \\ 0.0843 & 1.6244 & -0.0579 \\ -0.4727 & -2.7501 & 1.1732 \end{bmatrix} \begin{bmatrix} DLn\ IS1_{t-1} \\ Ln\ Urba_{t-1} \\ DLn\ EE_{t-1} \end{bmatrix}
$$

$$
+ \begin{bmatrix} -0.3836 & 5.4493 & 0.2061 \\ 0.059 & -0.1408 & 0.0679 \\ 0.0358 & 3.0724 & -1.2783 \end{bmatrix} \begin{bmatrix} DLn\ IS1_{t-2} \\ Ln\ Urba_{t-2} \\ DLn\ EE_{t-2} \end{bmatrix}
$$

$$
+ \begin{bmatrix} -0.1284 & 0.6603 & -0.4016 \\ 0.0002 & -0.9102 & 0.0986 \\ 0.0554 & 1.251 & 0.6884 \end{bmatrix} \begin{bmatrix} DLn\ IS1_{t-3} \\ Ln\ Urba_{t-3} \\ DLn\ EE_{t-3} \end{bmatrix}
$$

$$
+ \begin{bmatrix} -0.5535 & -4.0259 & 0.3899 \\ 0.0282 & 0.0177 & -0.1321 \\ -0.0086 & -1.6148 & 0.0191 \end{bmatrix} \begin{bmatrix} DLn\ IS1_{t-4} \\ Ln\ Urba_{t-4} \\ DLn\ EE_{t-4} \end{bmatrix}
$$

$$
+ \begin{bmatrix} -0.7205 & -3.2894 & -1.1593 \\ 0.0129 & 0.7907 & 0.0863 \\ -0.455 & -2.7814 & -0.5965 \end{bmatrix} \begin{bmatrix} DLn\ IS1_{t-5} \\ Ln\ Urba_{t-5} \\ DLn\ EE_{t-5} \end{bmatrix}
$$

$$
+ \begin{bmatrix} -0.3776 & 3.463 & 0.0566 \\ 0.0998 & -0.3552 & 0.0601 \\ 0.1547 & 2.7325 & 0.3322 \end{bmatrix} \begin{bmatrix} DLn\ IS1_{t-6} \\ Ln\ Urba_{t-6} \\ DLn\ EE_{t-6} \end{bmatrix} \begin{bmatrix} e_{1,t} \\ e_{2,t} \\ e_{3,t} \end{bmatrix} \tag{2}
$$

式中，$t = 1, 2, \cdots, T$

从模型方程可以看出：

第一，能源效率的滞后值对当期有明显的影响，但基本为短期效应。滞后一期和二期的能源效率对当期影响系数为 1.1732 和 -1.2783，滞后期对当期值的影响方向不一致，一期为正影响，二期为负影响，滞后三期以上的系数均小于 1，说明能源效率自身的变化短期内影响较大，但短期影响方向不确定，长期中自身影响较弱。从图 1 也可以看出，能源效率从 1978 年的 637.9 元/吨标准煤上升到 1981 年的 673.9 元/吨标准煤，接着下降到 1987 年的 594.1 元/吨标准煤，又上升到 1997 年的 962.2 元/吨标准煤，到 2009 年降为 596.2 元/吨标准煤，自身的演变并不规律。

第二，第一产业比重滞后对能源效率当期有一定的影响，但影响力不强。滞后一期和滞后五期的城市化率对当期能源效率的影响系数分别为 -0.4727 和 -0.455，其他作用力较小，无论短期还是长期，第一产业比重的变化与能源效率基本负相关。1978~1997 年中国第一产业比重下降了 35.13%，而能源效率提升了 50.83%。这就说明产业结构的调整与能源效率存在正相关关系，产业结构的优化升级有利于能源效率的提升，这与国内大部分学者研究一致。

第三，城市化率滞后期对当期能源效率的作用力较强，影响系数绝对值均大于 1。表现在：滞后一到三期城市化率对当期能源效率的影响系数为 -2.7501、3.0724、1.251，以正向作用为主；滞后四到六期的影响系数为 -1.6148、-2.7814、2.7325，负向作用更强。短期内，城市化率的增长与能源效率的提升正相关为主，而长期内城市化率的增长与能源效率的提升负相关关系更强。这说明，短期内中国城市化水平的上升有利于提高能源的使用效率，但长期内，随着城市人口的增多，能源消费结构出现歪曲，能源效率出现一定程度的下降。例如，1997~2009 年中国城市化水平提升了 46.00%，而相对的能源效率下降了 38.04%。

第四，城市化率滞后期对第一产业比重的影响较明显。滞后一到三期城市化率对当期第一产业比重的影响系数为 -2.3853、5.4493、0.6603，正向作用较强；滞后四到六期的影响系数为 -4.0259、-3.2894、3.4630，负向作用较强。这说明，短期内，城市化水平与第一产业比重以正相关关系为主，不利于产业结构的调整；但长期中，城市化水平与第一产业比重负向关系较强，有利于产业结构的优化升级。

（三）Granger 因果关系分析

为了更好地分析变量间的动态关系，可进行 Granger 因果关系检验。由于 VAR 模型的稳定性，可在模型下直接进行 Granger 因果关系检验（见表 4）。

表 4　VAR 模型下 Granger 因果关系检验

原假设	Chi-sq	Probability	1% 结论
DLn IS1 不是 DLn EE 的 Granger 原因	68.35634	0.0000	拒绝
Ln Urba 不是 DLn EE 的 Granger 原因	70.78041	0.0000	拒绝
DLn IS1，Ln Urba 不能同时 Granger 引起 DLn EE	174.5592	0.0000	拒绝

从上述检验结果可以看出，1% 的显著性水平下，第一产业比重 DLn IS1、城市化水平 Ln Urba 是能源效率 DLn EE 的 Granger 原因，同时 Granger 引起能源效率 DLn EE 的变化，这与 VAR 模型的估计结果一致。

（四）脉冲响应函数分析

基于 VAR 模型，可以得到 DLn EE 对 DLr IS1 和 Ln Urba 的一个正冲击的脉冲响应函数。图 3 和图 4 表示 DLn EE 对 DLn IS1 和 Ln Urba 的脉冲响应曲线：横轴表示追溯期数（单位：年），本文为 15；纵轴表示 DLn EE 的变动；实线即是表示脉冲响应函数，反映了能源效率对相应的第一产业比重或者城市化率的冲击的反应；虚线表示正负两倍标准差形成的偏离带。

由图 3 可以看出，能源效率对第一产业比重变动值的一个正的标准差新息的冲击产生的脉冲响应曲线，在本期给予第一产业比重变动值一个正的冲击后，能源效率一开始迅速做出负的响应，在第 2 期达到最小的负响应点（-0.02），随后便迅速上升，到第 5 期达到最大的正响应点（0.02），然后又下降，到第 6 期之后呈规律性周期的变化，先上升后下降再上升再下降，基本围绕 0 上下波动，变化周期为两年。表明起初产业结构的变化有利于能源效率的提升，但随着时间的推移，以前的产业结构的时效性出现问题，不再适应能源消费的需要，但随后的产业结构调整（第一产业比重负的冲击）对能源效率产生正的效应，这是一个规律性的演变过程，周期大概为两年。

由图 4 可以看出，能源效率对城市化率变动值的一个正的标准差新息的冲击产生的脉冲响应曲线，在本期给予城市化率变动值一个正的冲击后，能源效率起初迅速做出负的响应，在第 3 期达到最小的负响应点（-0.01），但随后渐渐缓慢上升，响应方向由负变为正，直到第 11 期达到最大的正响应点（0.01），之后便迅速下降，直到变为负响应。总体上看，短期内城市化率的增长与能源效率的提升正相关为主，而长期内城市化率的增长与能源效率的提升负相关关系更强，这与 VAR 模型结果一致。

（五）方差分解

方差分解是为评价模型内生变量的相对重要性，而把模型中每个内生变量的变动按其成因分

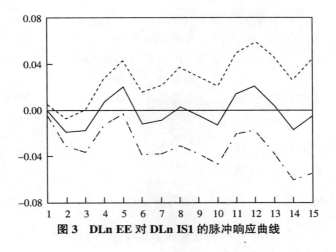

图3 DLn EE 对 DLn IS1 的脉冲响应曲线

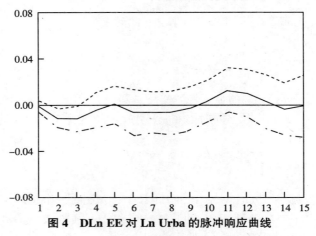

图4 DLn EE 对 Ln Urba 的脉冲响应曲线

解为与各个模型方程随机扰动项（新息）相关联的各组成部分。根据 VAR 模型可估计出相应的各个变量的方差贡献率，得到方差贡献图（见图5）。

图5显示了第一产业比重、城市化率和能源效率本身对能源效率变动的方差贡献程度，横轴表示追溯期数（单位：年），本文为15；纵轴表示三个变量对能源效率变动的方差贡献率。从图中可以看出，第一产业比重和能源效率本身的方差贡献率始终高于城市化的贡献率。第1期和第2期的方差贡献主要来自能源效率本身，说明第一产业比重和城市化率对能源效率变动的贡献有一定的滞后性，但能源效率本身的贡献率呈不断下降趋势，第1期到第3期迅速下降，第4期开始下降趋势变缓；第一产业比重和城市化率的贡献率从第1期开始迅速增加，第一产业比重贡献由第1期的0.366%上升到第3期的52.395%，城市化率的贡献率由第1期的1.795%上升到第3期的20.819%。从第4期开始，一直呈第一产业比重贡献最高、能源效率本身其次、城市化率最低的趋势，且各变量的贡献率波动不明显，变化基本稳定。

这就表明，短期内能源效率本身贡献率最高，产业结构和城市化水平对能源效率变动的贡献有一定的滞后性。但从长期看，产业结构的方差贡献率高于城市化水平和能源效率本身，城市化水平贡献率最低。

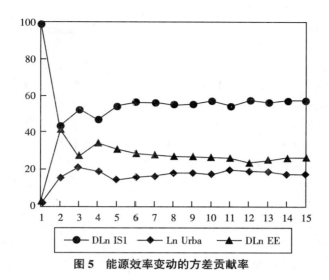

图5　能源效率变动的方差贡献率

六、结论与政策建议

（一）主要结论

本文通过构建 VAR 模型分析了产业结构、城市化水平对能源效率变动的动态关系，得到以下结论：

（1）改革开放以后，中国能源效率大体呈先上升后下降的趋势，说明随着经济水平的提高，粗放式的能源消费方式问题逐渐显现，对经济增长的贡献力有所减弱，能源效率不断下降，而转变这种粗放型的消费方式为集约型是中国能源产业可持续发展的必然。

（2）能源效率的滞后值对当期有明显的影响，但基本为短期效应，长期效应较弱，能源效率自身的演变并不规律。无论在短期还是长期，中国产业结构的调整与能源效率均存在正相关关系，产业结构的优化升级有利于能源效率的提升。城市化率对能源效率的作用力较强，影响系数绝对值均大于 1。短期内，中国城市化水平的上升有利于提高能源的使用效率，但长期内能源效率出现一定程度的下降。

（3）短期内，城市化水平的提升不利于产业结构的调整。但从长期看，城市化水平与第一产业比重负向关系较强，有利于产业结构的优化升级。

（4）从对能源效率方差贡献率来看，短期内能源效率本身贡献最高，产业结构和城市化水平的贡献有一定的滞后性。但从长期看，产业结构的方差贡献最高，能源效率本身与城市化水平的方差贡献最低。

（二）政策建议

（1）中国政府应当重视经济增长方式的转变，加大对节能技术的研发投入，加快技术进步，提高能源的开采和使用技术水平，加强对天然气、太阳能和风能等清洁能源的开发，优化能源消费结构，提高能源的使用效率，从而最终提升能源对经济增长的贡献力。同时，在节能优化的原则下，积极推进能源工业改革，确保其发展与中国经济发展的总目标相一致，增加有效供给，从而有效缓解能源供需矛盾。

（2）在完善能源市场的市场导向机制的同时，加强政府的宏观调控。首先，政府应当从国家和集体利益出发，制定相应的政策、法规和标准以引导企业重视能源效率问题，推动能源产业的发展；其次，发挥市场配置能源的核心作用，从而提升能源的生产和使用效率。

（3）通过产业结构内部的优化升级能够提高能源效率。中国应当抓住全球化的机遇，承接国外高技术水平产业的转移，发挥能源的需求拉力和供给推力，提高自身产业结构转换能力，从而促进产业结构的合理化和高级化。在今后的工业化过程中，中国应进一步优化经济结构，在技术进步的推动下逐步淘汰"高污染、高能耗、低效率"的重工业企业，最终提高工业企业的能源利用效率。

（4）目前，中国正处于城市化进程的快速推进时期，长期内城市化过度依赖于能源消费的问题会逐步显现，使得能源效率较低。由此可见，推进城市化水平的提升是中国建立资源节约型社会的重要内容。所以我们应当注重城市化进程的质量，建立有助于资源节约的城市化发展模式，从而降低中国经济发展对能源的依赖程度，有效解决目前中国能源效率下降的问题。

参考文献

[1] 史丹. 结构变动是影响我国能源消费的主要因素 [J]. 中国工业经济，1999（11）.

[2] 李廉水，周勇. 技术进步能提高能源效率吗？——基于中国工业部门的实证检验 [J]. 管理世界，2006（10）.

[3] 史丹，吴利学，傅晓霞，吴滨. 中国能源效率地区差异及其成因研究 [J]. 管理世界，2008（2）.

[4] 袁晓玲，张宝山，杨万平. 基于环境污染的中国全要素能源效率研究 [J]. 中国工业经济，2009（2）.

[5] 刘洪；陈小霞. 能源效率的地区差异及影响因素 [J]. 中南财经政法大学学报，2010（6）.

[6] 郑云鹤. 工业化、城市化、市场化与中国的能源消费研究 [J]. 北方经济，2006（10）.

[7] 刘耀彬. 中国城市化与能源消费关系的动态计量分析 [J]. 财经研究，2007（11）.

[8] 成金，华陈军. 中国城市化进程中的能源消费区域差异 [J]. 经济评论，2009（3）.

[9] 白积洋. 经济增长、城市化与中国能源消费——基于 EKC 理论的实证研究 [J]. 世界经济情况，2010（7）.

[10] 阚大学，罗良文. 我国城市化对能源强度的影响 [J]. 当代财经，2010（3）.

[11] 魏一名，廖华. 能源效率的七类测度指标及其测度方法 [J]. 中国软科学，2010（1）.

[12] 史丹. 中国经济增长过程中能源利用效率的改进 [J]. 经济研究，2002（9）.

[13] 张晓峒. Eviews 使用指南与案例 [M]. 北京：机械工业出版社，2007.

[14] Hiroyuki. The Effect of Urbanization on Energy Consumption [J]. Journal of Population Problems，1997（53）：43-49.

产业政策与战略性新兴产业发展

产业结构、CO_2 排放与经济增长*

于 左 孔宪丽

一、引 言

根据联合国政府间气候变化专门委员会 2007 年评估报告，在过去 50 年，全球气温平均每 10 年升高 0.13 摄氏度，气温上升幅度几乎是近 100 年来的 2 倍。温室气体排放导致干旱、暴雨、暴雪、热浪和热带气旋等极端气象更加频繁出现。人类活动所排放的温室气体是导致全球温度上升的主要原因。温室气体排放与能源消费密切相关，而能源消费与产业结构和经济增长密切相关。

自 1978 年改革开放以来，中国经济持续快速增长，年平均增长率接近两位数，但与此同时付出了较大的环境代价。中国经济快速增长和工业经济特别是重化工业、低附加值工业比重高的三次产业结构与工业结构，导致了中国污染物排放特别是 CO_2 排放量过多。1978 年，中国 CO_2 排放量为 15 亿吨，美国为 48.36 亿吨，世界为 186 亿吨，中国和美国分别占世界的 8% 和 26%；2007 年，中国 CO_2 排放量为 65 亿吨，美国为 58 亿吨，世界为 307 亿吨，中国和美国分别占世界的 21% 和 19%。2007 年，中国人均 GDP 为 2648 美元，美国为 45390 美元，世界平均为 8360 美元，中国不到世界平均水平的 1/3，美国将近为世界平均水平的 5.5 倍。虽然中国人均 GDP 仅为美国的 1/16，但 CO_2 排放量已经超过美国，居世界第一。

仅从 CO_2 这种污染物看，未来很长一段时间内中国面临繁重的节能减排任务。时下，虽然各方对节能减排的必要性似乎已有更加深刻的认识，但对于节能减排的实施，一些政府部门特别是地方政府部门存在顾虑，担心调整产业结构和减少 CO_2 排放量会影响经济增长。本文尝试通过计量经济模型对产业结构、CO_2 排放与经济增长之间关系进行实证检验与分析，试图为中国产业调整和和减少 CO_2 等污染物排放等政策制定提供经验证据和理论参考。

二、文献综述

关于经济增长与污染物排放之间关系，最具代表性的是环境库兹涅茨曲线（EKC）的提出及实证。类似于经济发展与收入分配之间的倒 "U" 型关系，研究者认为，在经济增长与污染物排放之间也存在着这一倒 "U" 型关系，Simon Kuznets（1955）发现，收入不平等和经济增长间存在

---

* 教育部规划基金项目（10YJA790237）。

倒"U"型的曲线关系，这种曲线被称为"Kuznets曲线"，即环境污染与经济增长间也可能存在倒"U"型的曲线关系：在经济增长的初期阶段，环境污染程度随经济发展水平提高而加大；在达到拐点后，环境污染状况随经济发展水平提高而缓解。在经济发展初期阶段，经济增长、产出提高意味着对自然资源过度采伐以及废弃排放物的迅速增加，这一时期经济增长将导致环境质量的下降；随着经济增长超越一定临界值水平之后，人们对环境质量要求提高，经济增长方式转变，产业结构调整，环保技术采用等因素将导致经济发展有利于环境质量改善。Bandopadhyay和Shafik（1992）采用149个国家数据，使用了包含收入滞后变量的多项式模型，对SO_2、SPM（悬浮颗粒）进行回归，发现污染—收入曲线存在倒"U"形状；Selden和Song（1994）利用国家层面面板数据估计了污染物—收入的关系，考察的污染物包括SPM、SO_2、NOx和CO，同样发现了收入水平—污染排放的倒"U"型曲线关系，但拐点水平比Bandopadhyay的结果要高；Grossman和Krueger（1995）估计了污染物—人均收入的关系，发现SO_2、粉尘和烟尘等污染物与人均收入间都存在一个倒"U"型关系，在他们的结果中拐点收入水平较低。后来的研究还加入了诸多控制变量，使用更多样本对这一问题继续检验，Suri和Chapman（1998）控制了制造业增加值出口比率、制造业增加值的进口比率、制造业增加值占GDP的比率等变量，发现当控制这些变量后，环境污染Kuznets曲线拐点处人均GDP大约为14400美元（1985年的价格），而排除这些变量后则上升为55000美元；Stern和Common（2001）使用了一个较大规模样本（73个国家、连续31年的观测）研究了SO_2的排放与人均收入的关系，分别估计了OECD国家和非OECD国家人均收入，发现对于OECD国家，污染排放转折点对应的人均GDP水平大约11250美元，而对于非OECD，这一水平为123188美元；Harbaugh、Levinson和Wilson（2002）重复了Grossman和Kruger的模型，对SO_2等污染物重新进行了检验，估计结果发现随着模型设定不同，SO_2排放峰值对应的人均GDP水平在27700~96507美元变化。彭水军、包群（2006）运用基于VAR模型的广义脉冲响应函数法与方差分解法，考察了中国1985~2003年6类环境污染指标与人均GDP之间的长期动态影响特征，冲击响应分析结果表明，一方面经济增长是影响中国污染排放的重要原因；另一方面环境污染对经济增长也存在着反向作用并有滞后效应，人均GDP是解释各类污染排放预测方差的重要变量，污染排放对经济增长的预测方差贡献度则相对较小。

关于经济增长与CO_2排放之间的关系，Dinda和Coondoo（2006）运用面板数据对88个国家1960~1990年经济增长与CO_2排放的因果关系进行研究，检验结果表明，欧洲国家存在由CO_2排放到经济增长的因果关系，美洲中部地区国家存在由经济增长到CO_2排放的因果关系，而非洲国家存在双向因果关系；Soytas和Saria（2009）在VAR的线性分析框架下，结合广义脉冲效应以及Granger因果检验研究了土耳其经济增长、CO_2排放以及能源消费之间的相互影响关系，研究表明，经济增长与CO_2排放等并不存在长期因果关系；Lean和Smyth（2010）对5个东南亚国家1980~2006年经济增长与CO_2排放的关系展开深入研究，基于Granger因果检验的分析表明，两者之间存在着由CO_2排放到经济增长的单向因果关系。牛叔文等（2010）以亚太八国为对象，运用面板数据模型，分析1971~2005年能耗、GDP和CO_2排放的关系，发现三者之间存在长期均衡关系，通过实证分析发现发达国家的CO_2排放基数和能源利用效率高，单位能耗和单位GDP排放的CO_2低，而发展中国家则相反。中国的能耗和碳排放指标优于其他发展中国家，但次于发达国家。为在国际谈判中寻求主动，中国应积极转换能源结构，通过技术进步提高用能效率，促进节能减排。杨子晖（2010）采用新发展的非线性Granger因果检验方法—T_n非参检验方法，对中国、印度等多个发展中国家的经济增长与CO_2排放的关系展开深入研究，发现中国、印度等多个发展中国家存在着由CO_2排放到经济增长的非线性Granger因果关系，随着中、印等主要发展中国家工业化、城市化进程的不断加快，经济对能源的刚性需求使得CO_2排放量持续增加，由经济增长到CO_2排放的因果关系日益凸显。

已有研究成果对经济增长与污染物排放之间的关系作了较多研究，对经济增长和 CO_2 排放或经济增长、能源消费与 CO_2 排放之间的关系也有一定的研究，重点检验了经济增长、能源消费对碳排放（污染物排放）的影响，而且从研究国别看，或者是研究全球较多国家，按地域划分区间，如欧洲、美洲等，或者是只研究个别发展中国家，或者只研究个别发达国家；从对经济增长的刻画指标看，普遍用人均 GDP 数据；研究模型少有考虑产业结构因素。本文研究重点与已有这些研究不同，重点研究产业结构、CO_2 排放对经济增长率变化的影响，按照发达国家和发展中国家进行分组，并在此基础上进一步研究中国产业结构、CO_2 排放量和经济增长率间相互作用效应。

三、数据与模型

1. 基本模型

本文在对经济增长与产业结构、CO_2 排放量之间的相关关系进行实证研究时所建立模型的基本形式如下：

$$GDPR_t = \alpha + \beta_1 \ln(CO_2) + \beta_2 RMANU_t + \beta_3 RSALE_t + \beta_4 RTRAN_t + \mu_t \tag{1}$$

式中，GDPR 为国内生产总值增长率，CO_2 为二氧化碳排放量，RMANU 为制造业增加值比重，RSALE 为批发零售及酒店与餐饮业增加值比重，RTRAN 为交通运输业增加值比重。

由于本文重点研究产业结构、CO_2 排放与经济增长率之间关系，而制造业是工业中占比最大的部分，工业是单位增加值 CO_2 排放较多的行业，但批发零售及酒店与餐饮业和交通运输业既是传统服务业，也是服务业中 CO_2 排放较多的行业，因此模型中分别引入了制造业增加值比重，批发零售业及酒店与餐饮业增加值比重和交通运输业增加值比重三个刻画产业结构特征的变量。上述模型设置既从绝对量角度衡量了 CO_2 排放量对 GDP 增长率的影响，又从 CO_2 排放量的影响因素产业结构角度研究了其对 GDP 增长率的影响。

2. 数据选取及平稳性检验

本文选取的数据样本为 1971~2007 年美国、英国、法国、加拿大、日本和韩国 6 个典型发达国家以及中国、印度、巴西和南非 4 个典型发展中国家的面板数据。这 6 个发达国家在发达国家中经济增长速度较高，且都是较大经济体，而且在欧洲、北美洲和亚洲分别有 2 个，具有较强代表性。4 个发展中国家是"金砖 5 国"中除了俄罗斯之外的较大且经济发展较快的国家（俄罗斯因数据不完整无法纳入样本分析），也具有较强代表性。为了对比分析发达国家和发展中国家的经济增长特征，本文对发达国家和发展中国家的经济增长模型进行分别估计。

为了避免伪回归，本文对各指标平稳性进行了检验。由于估计模型使用数据为面板数据，因此平稳性检验不再是单纯的 ADF（Augmented Dickey-Fuller）检验，要使用基于 Panel Data 模型的单位根检验。本文选择相同根检验方法 Hadri 检验对模型中使用的各序列进行检验，其结果由表 1 给出。

从表 1 可以看出各序列均不平稳，但是经过 1 阶差分变换以后均是平稳序列，即均为 I（1）序列，满足建立模型的要求。

表1 各变量面板数据单位根检验结果

序列		水平统计量			一阶差分统计量		
		Z统计量值	P值	结论	Z统计量值	P值	结论
发达国家	GDPR	4.67**	0.00	非平稳	0.63	0.26	平稳
	$\ln(CO_2)$	5.57**	0.00	非平稳	0.81	0.21	平稳
	RMANU	4.15**	0.00	非平稳	0.52	0.30	平稳
	RSALE	7.60**	0.00	非平稳	−1.27	0.89	平稳
	RTRAN	2.78**	0.00	非平稳	−1.04	0.85	平稳
发展中国家	GDPR	3.78**	0.00	非平稳	0.12	0.45	平稳
	$\ln(CO_2)$	7.47**	0.00	非平稳	0.59	0.28	平稳
	RMANU	5.46**	0.00	非平稳	−0.23	0.59	平稳
	RSALE	3.71**	0.00	非平稳	0.46	0.32	平稳
	RTRAN	5.98**	0.00	非平稳	−0.04	0.51	平稳

注："*"和"**"分别表示相应统计量在10%和5%的显著性水平下拒绝"序列平稳"的原假设。

四、结果分析与讨论

(一)经济增长与产业结构、碳排放关系实证分析

根据式(1),本文分别建立了检验发达国家和发展中国家经济增长与产业结构、CO_2排放量之间相关关系的2个 Panel Data 模型。根据随机影响和固定影响检验,2个 Panel Data 模型最终采用固定影响的变截距模型,其基本形式如下:

$$GDPR_{j,it} = \alpha_{j,i} + \beta_{j1}\ln(CO_{2j,it}) + \beta_{j2}RMANU_{j,it} + \beta_{j3}RSALE_{j,it} + \beta_{j4}RTRAN_{j,it} + \mu_{j,it} \tag{2}$$

式中,$j = 0$,1分别代表发达国家和发展中国家;t代表时期,t = 1971,1995,⋯,2007;i代表各个国家;$\mu_{j,i}$为随机误差项。系数$\alpha_{j,i}$为各国的固定影响截距项;系数β_{j1}为经济增长的CO_2排放弹性,其刻画了经济增长速度与CO_2排放量之间的相关关系;系数β_{j2}、β_{j3}和β_{j4}分别表示制造业增加值比重(RMANU)、批发零售业及酒店与餐饮业增加值比重(RSALE)、交通运输业增加值比重(RTRAN)各自每变动1个单位,国内生产总值增长率将分别随之平均增长β_{j2}、β_{j3}和β_{j4},刻画了产业结构和经济增长之间的相关关系。

考虑到各国的国内生产总值增长率之间存在异方差和相关性,本文采用广义最小二乘法对各模型进行估计,2个 Panel Data 模型的估计结果分别在表2的各列给出(j = 0,1)。①

表2 碳排放量及各产业结构变量对经济增长率的影响

		发达国家	发展中国家
各因素的影响系数	$\hat{\beta}_{j1}$	−2.97*** (−3.47)	1.46* (1.74)
	$\hat{\beta}_{j2}$	0.20*** (3.97)	0.38*** (3.85)
	$\hat{\beta}_{j3}$	0.18* (1.79)	0.37** (2.30)
	$\hat{\beta}_{j4}$	−0.51* (−1.92)	−0.16 (−0.55)

① 由于篇幅有限,各国的截距项$\alpha_{j,i}$没有列出。

续表

	发达国家	发展中国家
R^2	0.421	0.416
F 统计量	17.13***	14.26***
样本容量	222	148
D.W.	1.71	1.51

注：*** 为1%的显著性水平，** 为5%的显著性水平，* 为10%的显著水平；括号中为 t 统计量。

（二）经济增长与 CO_2 排放量相关性的实证检验

从表1的估计结果中可以看出，发达国家的经济增长率与其 CO_2 排放量之间呈现出显著的负相关关系，CO_2 排放弹性的相应估计表明，平均来看，1971~2007年，发达国家的 CO_2 排放量每增长1%，其经济增长率将下降0.0297个百分点。这表明从发达国家的平均状况来看，不断增长的 CO_2 排放量并没有带来其经济增长率的持续增长。图1给出了1971~2007年美国GDP增长率和 CO_2 排放量变动的对比情况。从图1可以看出，1982年以后，美国的 CO2 排放量呈现出持续快速上涨态势，而其GDP增长率1985年以后逐步震荡下行。从法国情况看，这种相关趋势更为明显，将近40年来，法国 CO_2 排放量徘徊下降，但法国经济增长率震荡上升，见图3。

与发达国家不同，发展中国家模型的估计结果却表明其经济增长率与其 CO_2 排放量之间存在显著的正相关关系，CO_2 排放弹性的相应估计结果表明，在1971~2007年，发展中国家的 CO_2 排放量每增加1%，其经济增长率将平均增长0.0146个百分点。这表明从发展中国家的平均状况来看，其 CO_2 排放量在快速增长的同时，经济增长率也呈现持续上升态势。这一点从中国 CO_2 排放量和GDP增速的对比（见图2）中也能够得到证实。虽然整体上 CO_2 排放量与经济增长之间存在正相关关系，但在1990年以前，CO_2 排放量与经济增长率之间基本呈反向变化趋势，即 CO_2 排放量不断增加，但经济增长率却下降；1990年以后，CO_2 排放量与经济增长率变动趋势趋于一致，特别是2002年以后，中国的 CO_2 排放量和经济增长率都迅速大幅上升，这主要是由中国产业结构进一步偏向工业特别是重化工业所致。

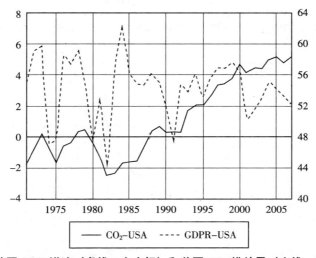

图1 美国GDP增速（虚线，左坐标）和美国 CO_2 排放量（实线，右坐标）

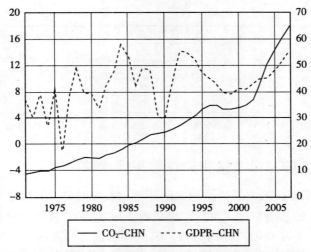

图 2　中国 GDP 增速（虚线，左坐标）和 中国 CO_2 排放量（实线，右坐标）

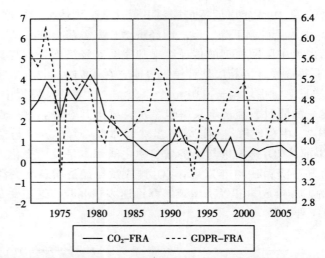

图 3　法国 GDP 增速（虚线，左坐标）和法国 CO_2 排放量（实线，右坐标）

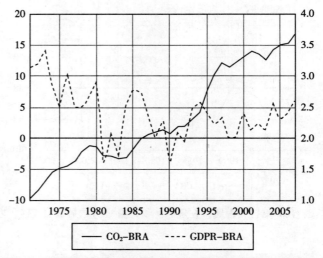

图 4　巴西 GDP 增速（虚线，左坐标）和巴西 CO_2 排放量（实线，右坐标）

（三）经济增长与产业结构相关性的实证检验

从表1的估计结果可以看出，发达国家和发展中国家的经济增长率与制造业增加值比重以及批发零售业及酒店与餐饮业增加值比重之间均存在显著的正相关关系，这表明，无论是发达国家还是发展中国家，其经济增长率与产业结构之间均存在显著的正相关关系，制造业增加值比重和批发零售业及酒店与餐饮业增加值比重的提升均会带来经济增长率的提高。交通运输业增加值占GDP比重与经济增长率之间存在负相关关系，其比重上升反而带来经济增长率下降。进一步，从模型中各系数的估计值可以看出，对发达国家，其制造业增加值比重和批发零售业及酒店与餐饮业增加值比重每增加1个单位，GDP增长率将平均上升0.2和0.18个单位，交通运输业增加值占GDP比重每增加1个单位，GDP增长率下降0.51个单位。而对于发展中国家，其制造业增加值比重和批发零售业及酒店与餐饮业增加值比重每增加1个单位，GDP增长率将平均上升0.38和0.37个单位，交通运输业增加值占GDP比重每增加1个单位，GDP增长率下降0.16个单位。

图5给出了1971~2007年，美国和中国制造业增加值比重的变动曲线。从图5可以看出，中国1990年后制造业增加值比重呈现出持续震荡上升态势，中国产业结构的这一变动，对中国经济增长率具有显著的拉动作用。美国的制造业增加值比重从1971年以来便呈现持续下降态势，美国产业结构的这一变动特征在一定程度上抑制了其经济增长速度的提升。

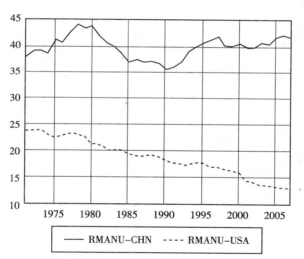

图5　美国（虚线）和中国（实线）制造业比重

图6给出了1971~2007年，美国和中国批发零售及酒店与餐饮业增加值比重的变动曲线。从图6中可以看出美国的批发零售及酒店与餐饮业增加值比重从1998年开始呈现出快速下降趋势，美国产业结构的这一变动特征使其经济增长速度有所放缓。而美国的制造业增加值比重从1971年以来便呈现持续下降态势，美国产业结构的这一变动特征在一定程度上抑制了其经济增长速度的提升。

（四）中国经济增长率与CO_2排放量、产业结构之间的格兰杰因果检验

进一步，我们利用二元二阶向量自回归模型（VAR）分别对中国GDP增长率和CO_2排放量、制造业增加值比重、批发零售业及酒店与餐饮业增加值比重、交通运输业增加值比重和其他服务业增加值比重之间进行了格兰杰因果检验，具体检验结果见表3。

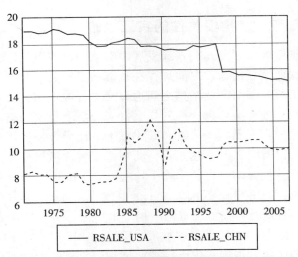

图6 美国（虚线）和中国（实线）批发零售业及酒店与餐饮业增加值比重

表3 格兰杰因果检验结果

原假设	F 统计量	P 值
中国 GDP 增长率不是中国碳排放量的格兰杰原因	0.69	0.51
中国碳排放量不是中国 GDP 增长率的格兰杰原因	0.76	0.48
中国 GDP 增长率不是制造业增加值比重的格兰杰原因	0.44	0.65
制造业增加值比重不是中国 GDP 增长率的格兰杰原因	0.73	0.49
中国 GDP 增长率不是批发零售及酒店与餐饮业增加值比重的格兰杰原因	0.62	0.54
批发零售及酒店与餐饮业增加值比重不是中国 GDP 增长率的格兰杰原因	0.45	0.64
中国 GDP 增长率不是交通运输业增加值比重的格兰杰原因	0.62	0.54
交通运输业增加值比重不是中国 GDP 增长率的格兰杰原因	1.26	0.30
中国 GDP 增长率不是其他服务业增加值比重的格兰杰原因	1.02	0.37
其他服务业增加值比重不是中国 GDP 增长率的格兰杰原因	0.22	0.80

从表3的格兰杰因果检验结果中可以看出，我们无法拒绝中国碳排放量、制造业增加值比重、批发零售业及酒店与餐饮业增加值比重、交通运输业增加值比重和其他服务业增加值比重不是中国 GDP 增长率的格兰杰原因的原假设，这表明 CO_2 排放量及产业结构等因素的变动并不是引起中国 GDP 增长率发生变化的原因。

（五）中国产业结构、能源消费与 CO_2 排放

从中国与世界的 GDP 和 CO_2 排放总量看，2008 年，中国 GDP 达到 44161 亿美元，世界为 611467 亿美元，中国占世界 7%；中国 CO_2 排放量为 65 亿吨，世界为 294 亿吨，中国占世界的 22%。通常，随着人均 GDP 的增加，CO_2 排放量增加。巴西和世界平均人均 GDP 都将近中国的 3 倍，俄罗斯将近中国的 4 倍，韩国为中国的 6 倍，日本为中国的 11 倍，加拿大、英国、法国为中国的 13 倍，美国为中国的 14 倍，但中国每 1 美元 GDP 的 CO_2 排放量平均为 1.47 公斤，世界每 1 美元 GDP 的 CO_2 排放量平均为 0.48 公斤，中国将近世界平均水平的 3 倍，是韩国的 3 倍，美国和加拿大的 4 倍，OECD 的 5 倍，日本、英国和巴西的 6 倍左右，法国的 10 倍多，具体数据详见表 4。由此可见，中国过多的 CO_2 排放量并非主要由人均 GDP 增加所致。

中国过多 CO_2 排放量与能源消费结构有关。2008 年，在中国能源消费构成中，消费量最大的是工业，占 72%，其次是居民生活，占 11%，交通运输和商业分别占 8% 和 6%。这与美国能源消

表4 中国与主要发达国家和发展中国家单位 GDP CO_2 排放比较（2008年）

	人均GDP（美元）	GDP（亿美元）	CO_2排放量（百万公吨）	单位GDPCO_2排放量（公斤/美元）
美国	46105	143694	5596	0.39
加拿大	45073	14991	551	0.37
英国	43401	26575	511	0.19
法国	44639	28542	368	0.13
日本	38391	48870	1151	0.24
韩国	19343	9314	501	0.54
经合组织合计	—	414277	12630	0.30
巴西	8536	16386	365	0.22
印度	1085	12813	1428	1.11
俄罗斯	11794	16676	1594	0.96
南非	5566	2765	337	1.22
中国	3360	44161	6508	1.47
世界	9060	611467	29381	0.48

费结构有很大差异，美国消费能源最多的虽然也是工业，但仅为32%，比中国低了40个百分点，其次为交通运输业28%，再次为居民生活，为22%，最后为商业，为19%，详见表5。从中国和美国的能源消费结构看，中国工业能源消费过多，这是中国 CO_2 排放量多的原因。

表5 中国与美国能源消费结构比较（2008年）

	总能源消费量	消费量					比重（%）			
		居民生活与商业			工业	交通运输业	居民生活	商业	工业	交通运输业
		总计	居民生活	商业						
美国	9940	4002	2161	1841	3136	2803	21.7	18.5	31.5	28.2
中国	291448	49403	31898	17505	209302	22917	10.9	6.0	71.8	7.9

注：美国能源消费量单位为万 billions British thermal units；中国能源消费总量为万吨标准煤。
资料来源：中国能源消费量数据来源于国家统计局；美国能源消费量数据来源于美国联邦统计局。

从中国三次产业结构看，2009年，第二产业占GDP比重为48%，比样本数据最低的法国高出了28个百分点；从美国、加拿大、英国、法国、日本等发达国家和巴西、南非等发展中国家看，自1970年以来，第二产业增加值占GDP比重都呈现大幅下降趋势，其中法国和日本下降幅度大，分别下降了17和18个百分点。中国早在1970年就处于最高点，在40年来的时间内，不但没有下降，反而上升了8个百分点。2009年，中国第三产业增加值占GDP比重远远低于美国、加拿大、英国、法国、日本和韩国，分别低了36、29、37、38、29和20个百分点，还低于巴西、印度和南非等发展中国家，分别低了28、14和25个百分点，数据详见表6。

表6 中国与主要发展中国家和发达国家产业结构比较（1970年和2009年）

国家	年份	第一产业	第二产业	第三产业	工业	制造业	建筑业	批发零售及酒店与餐饮业	交通运输业	其他服务业
美国	1970	3	34	63	29	24	5	19	7	37
	2009	1	22	77	17	13	5	15	6	56
加拿大	1970	4	36	59	29	22	7	14	9	36
	2009	2	28	70	22	11	6	14	7	49

续表

国家	年份	第一产业	第二产业	第三产业	工业	制造业	建筑业	批发零售及酒店与餐饮业	交通运输业	其他服务业
英国	1970	3	43	55	36	32	6	14	8	33
	2009	1	21	78	15	11	6	14	7	57
法国	1970	8	36	56	27	25	9	13	7	37
	2009	2	19	79	12	11	6	12	7	60
日本	1970	6	46	48	38	35	8	14	7	26
	2009	1	28	70	22	20	6	13	6	51
韩国	1970	29	27	44	22	19	5	17	7	21
	2009	3	37	61	30	28	7	12	7	41
巴西	1970	12	36	53	30	27	5	16	4	33
	2009	6	25	69	20	15	5	21	9	39
印度	1970	43	20	36	16	14	4	8	4	24
	2009	17	28	55	20	16	8	17	9	30
南非	1970	7	38	55	34	23	4	14	9	31
	2009	3	31	66	27	15	4	13	9	43
中国内陆	1970	35	40	24	37	30	4	8	4	13
	2009	11	48	41	42	34	6	10	5	25

注：表中数据为各产业增加值占 GDP 比重，单位%；中国 2009 年数据来源于中国国家统计局《2010 年中国统计年鉴》，中国 1970 年和 2009 年制造业增加值按照制造业增加值占全部工业增加值80%比重这一平均数值计算得出。

从中国第二产业中的工业结构看，上述各国工业增加值占 GDP 比重，与第二产业增加值占 GDP 比重以及其 40 年来变化趋势相同。至 2009 年，中国工业增加值占 GDP 比重为 42%，比样本国家中最高的韩国 30% 高出了 12 个百分点，比最低的法国高出了 30 个百分点，比美国高出了 25 个百分点。从第二产业中的建筑业看，2009 年。中国建筑业增加值占 GDP 比重与美国、加拿大、英国、法国、日本、韩国等发达国家的结构大体相当。

从工业中的制造业看，1970~2009 年，美国、加拿大、英国、法国、日本等发达国家和巴西、南非等发展中国家的制造业比重呈下降趋势，分别下降了 11、11、21、13、15 和 12、8 个百分点，中国上升了 4 个百分点。2009 年，制造业增加值占 GDP 的比重超过 1/3，高出韩国 8 个百分点，高出日本 15 个百分点，高出美国 20 多个百分点。

从第三产业结构看，2009 年，中国的批发零售与酒店餐饮业增加值占 GDP 比重为 10%，比美国、加拿大、英国低了 4~5 个百分点，比法国、日本和韩国低了 2~3 个百分点，比南非低了 3 个百分点，比印度低了 7 个百分点，比巴西低了 11 个百分点。中国的交通运输业增加值占 GDP 的比重与样本发达国家差距不大，仅为 1~2 个百分点，与样本发展中国家差距较大，相差 4~5 个百分点。中国的批发零售与酒店餐饮业和交通运输业以外的其他服务业与美国、加拿大、英国、法国、日本、韩国等发达国家分别低 31、24、32、35、26、16 个百分点，比巴西、印度和南非等发展中国家分别低 14、5 和 18 个百分点。

五、结论与政策含义

从本文模型与数据计量分析结果看，在将近 40 年的发展中，以美国、加拿大、英国、法国、日本、韩国等为代表的发达国家和以中国、巴西、印度和南非为代表的发展中国家，产业结构、

CO_2 排放量与经济增长率之间具有长期协整关系。发达国家 CO_2 排放量与经济增长之间呈现出负相关关系，即增加 CO_2 排放量反而降低经济增长率，降低 CO_2 排放量反而提高经济增长率；发展中国家 CO_2 排放量与经济增长率正相关，但对经济增长影响幅度小于发达国家。无论是在这些发达国家还是发展中国家，制造业、批发零售业及酒店与餐饮业增加值占 GDP 比重都与经济增长率正相关，且这几大类产业对经济增长率的影响程度在发达国家大体相当，在发展中国家也大体相当，对发达国家经济增长率的影响程度略小于发展中国家；交通运输业增加值占 GDP 比重都与经济增长率负相关。

进一步对中国产业结构、CO_2 排放量与经济增长的格兰杰因果检验表明，中国产业结构和 CO_2 排放量等因素变动并不是引起中国 GDP 增长率变化的原因。这对中国节能减排和调整产业结构具有重要政策含义，即中国产业结构变化和 CO_2 排放量变化并不必然会影响经济增长率，结合发达国家特别是法国碳排放量降低反而促进了经济增长率上升的变化趋势，中国政府部门可不必对减少 CO_2 排放量会降低经济增长率有过多顾虑，同样，也不必过多担心中国产业经济调整会影响经济增长率。

中国的单位 GDP CO_2 排放量过多，每 1 美元 GDP 的 CO_2 排放量平均为 1.47 公斤，将近世界平均水平的 3 倍，是经合组织的 5 倍，是韩国、美国、加拿大、日本、英国、法国等发达国家的 3~10 倍，远高于印度、俄罗斯和南非等发展中国家，是发展中国家巴西的 6 倍。综合考虑中国人均 GDP 远低于发达国家、世界平均水平和巴西、俄罗斯等发展中国家，以及中国居民生活、交通运输业和商业的能源消费比重较低的事实，CO_2 排放量过多主要与中国的产业结构有关，以及与工业结构特别是重化工业和低附加值、高能耗高排放工业在国民经济中所占比重过高所致。根据发达国家和发展中国家利于节能减排的产业结构和长期变动趋势与经验，中国转变经济发展方式、节能减排的关键是调整三次产业结构、工业结构和服务业结构，结构调整的重点在于降低工业增加值占 GDP 比重，特别是降低高污染、高能耗、高 CO_2 排放工业比重，提高中国制造业研发和创新能力，改变制造业处于产业链低端和低附加值、高能耗、高污染与高碳排放的结构，适当提高批发零售及酒店与餐饮业比重，提高生产性服务业等其他服务业比重。

参考文献

[1] 包群，彭水军. 经济增长与环境污染：基于面板数据的联立方程估计 [J]. 世界经济，2006 (11).

[2] 陈诗一. 能源消耗、二氧化碳排放与中国工业的可持续发展 [J]. 经济研究，2009 (4).

[3] 何建武，李善同. 节能减排的环境税收政策影响分析 [J]. 数量经济技术经济研究，2009 (1).

[4] 贺菊煌，沈可挺，徐嵩龄. 碳税与二氧化碳减排的 CGE 模型 [J]. 数量经济技术经济研究，2002(10).

[5] 李达，王春晓. 我国经济增长与大气污染物排放的关系——基于分省面板数据的经验研究 [J]. 财经科学，2007 (2).

[6] 李刚. 基于 Panel Data 和 SEA 的环境 Kuznets 曲线分析 [J]. 统计研究，2007 (5).

[7] 李齐云，商凯. 二氧化碳排放的影响因素分析与碳税减排政策设计 [J]. 财政研究，2009 (10).

[8] 林伯强，蒋竺均. 中国二氧化碳的环境库兹涅茨曲线预测及影响因素分析 [J]. 管理世界，2009 (4).

[9] 陆虹. 中国环境问题与经济发展的关系分析——以大气污染为例 [J]. 财经研究，2000 (10).

[10] 牛叔文等. 能源消耗、经济增长和碳排放之间的关联分析——基于亚太八国面板数据的实证研究 [J]. 中国软科学，2010 (5).

[11] 彭水军，包群. 中国经济增长与环境污染——基于广义脉冲响应函数法的实证研究 [J]. 中国工业经济，2006 (5).

[12] 杨子晖. 经济增长与二氧化碳排放关系的非线性研究：基于发展中国家的非线性 Granger 因果检验 [J]. 世界经济，2010 (10).

[13] Bandopadhyay, N. Shafik. Economic Growth and Environmental Quality：Time Series and Cross-Country

Evidence [D]. Discussion Paper World Bank Policy Research Working Paper WPS 904, World Bank, Washington, DC. 1992.

[14] Coondoo D. and Dinda S. Causality between Income and Emission: A Country Group-specific Econometric Analysis [J]. Ecological Economics, 2002, 40 (3): 351- 367.

[15] Dinda, S. and Coondoo D. Income and Emission: A Panel- Data Based Cointegration Analysis [J]. Ecological Economics, 2006 (57): 167 - 181.

[16] Dinda S. Environmental Kuznets Curve Hypothesis: A Survey [J]. Ecological Economics, 2004 (49): 431- 455.

[17] Grossman G. and A. Krueger. Economic Growth and the Environment [J]. Quarterly Journal of Economics, 1995 (112).

[18] Harbaugh W., A. Levinson and D. Wilson. Reexamining the Empirical Evidence for an Environmental Kuznets Curve [J]. Review of Economics and Statistics, 2002 (84).

[19] Panayotou T. Economic Growth and the Environment [R]. Center for International Development, Harvard University, CID Working Paper, 2000 (7).

[20] Selden T. and D. Song. Environmental Quality and Development: Is There a Kuznets Curve for Air Pollution Emissions [J]. Journal of Environmental Economics and Management, 1994 (27).

[21] Simon and Kuznets. Economic Growth and Income Inequality [J]. The American Economic Review, 1955 (45).

[22] Stern D. and M. Common. Is There an Environmental Kuznets Curve for Sulfur [J]. Journal of Environmental Economics and Management, 2001 (41).

[23] Suri Vivek and D. Chapman. Economic Growth, Trade, and Energy: Implications for the Environmental Kuznets Curve [J]. Ecological Economics, 1998 (25).

西部战略性新兴产业发展的着力点构建：以川渝陕为例[*]

胡新华[**]

2010年6月，中共中央、国务院颁布《关于深入实施西部大开发战略的若干意见》，西部大开发新的十年启动。2010年7月召开的西部大开发工作会议，强调增强西部地区自我发展能力为新十年西部大开发的主线，而产业发展是其中的关键。近年来，随着新技术、新发明的应用而逐渐崛起的新兴产业，成为我国产业升级和产业结构转变的主要方向。历史经验表明，新兴产业从兴起到成长为主导产业的过程中，落后地区抓住产业更替的机遇可实现后来居上。正因如此，2010年10月《国务院关于加快培育和发展战略性新兴产业的决定》（国发〔2010〕32号；以下简称《决定》）出台后，西部各地区纷纷推出自己的战略性新兴产业发展规划，各地"十二五"规划纲要中战略性新兴产业发展均占有重要战略地位。在战略性新兴产业的兴起和成长阶段，科学地构建发展的着力点非常关键，西部地区战略性新兴产业发展的基础较弱，更突出了在发展之初选好发展重点和路径的重要性。

一、西部战略性新兴产业发展取向比较——以川渝陕为例

依据《决定》，战略性新兴产业是以重大技术突破和重大发展需求为基础，对经济社会全局和长远发展具有重大引领带动作用，是知识技术密集、物质资源消耗少、成长潜力大、综合效益好的产业。刘洪昌（2011）认为，选择战略性新兴产业应坚持三条基本原则：一是产品要有稳定并有发展前景的市场需求；二是要有良好的经济技术效益；三是要能带动一批产业的兴起。与国家产业发展的战略转型相对应，西部各省市区均将战略性新兴产业发展作为产业结构调整、转变发展方式的关键，给予突出重要的战略地位。但各地在具体发展的战略性新兴产业方面，又存在一定的差异，这里以四川省、重庆市和陕西省为例来看不同省市的发展方向，可窥一斑。

由表1可见，根据《决定》所提出的"节能环保、新一代信息技术、生物、高端装备制造产业成为国民经济的支柱产业，新能源、新材料、新能源汽车产业成为国民经济的先导产业"的发展思路，各省市也相应提出了本地区战略性新兴产业的重点发展方向。各地还规划了战略性新兴产业的发展目标，如重庆市提出，到2015年战略性新兴产业产值超过13000亿元，占全市工业总

* 本文受重庆市教委科学技术项目"城乡统筹视域中重庆市农村生产性服务业协作发展机制研究"（批准号：KJ090105）、西南政法大学项目"包容性增长导向下新兴产业集群培育路径研究：以两江新区为例"（批准号：2010-XZQN35）的资助。

** 胡新华，1980年生，男，河南郸城人，西南政法大学管理学院讲师，重庆大学经济与工商管理学院博士研究生，主要研究方向为区域产业发展，侧重产业集群的培育与根植性研究。

表 1　川渝陕"十二五"战略性新兴产业规划

省市	传统优势产业	战略性新兴产业重点方向
四川省	汽车制造、装备制造、能源化工、饮料食品、现代中药	①新一代信息技术，重点发展集成电路、新型显示、高端软件和服务器等核心基础产业 ②高端装备，重点发展航空、航天、高速铁路设备等 ③新能源，重点发展核岛系统集成、核岛和常规岛设备、核燃料元件等关键部件，大功率风电机组，生物质能发电成套设备 ④新材料，重点发展钒钛、稀土材料，开发含钒钢、钒精细化工、钒电池、钒铝合金、钛合金及高档钛材等高端产品 ⑤生物技术，重点发展创新药物、生物育种 ⑥节能环保，重点发展高效节能技术产品，开发节能电器、半导体照明（LED）、无极灯等绿色照明产品，积极发展先进环保技术装备和产品，加快资源循环利用关键共性技术
重庆市	汽车摩托车、装备制造、能源化工、金属材料	①新一代信息技术，重点发展笔记本电脑、数据外包处理、通信设备、高性能集成电路 ②高端装备，重点发展轨道交通装备、综合性智能仪器仪表等 ③新能源与新能源汽车，重点发展风电装备及系统、混合动力和纯电动汽车等 ④新材料，重点发展高性能轻合金材料、金属结构材料、特殊合金材料、化工新材料、玻纤材料、复合材料、特种功能材料等 ⑤生物技术，重点发展超声医疗、数字医用设备、生物医用材料与人工组织器官等核心技术和系列产品 ⑥节能环保，重点发展太阳能光伏设备、LED绿色光源设备、水污染防治关键技术及成套设备、空气污染防治关键技术及成套设备、生活垃圾焚烧处理成套设备、固体废弃物处理及综合利用成套设备、资源综合回收利用成套设备等
陕西省	汽车制造、装备制造、能源化工、有色冶金	①新一代信息技术，重点发展物联网、软件与集成电路、通信、半导体照明、平板显示和激光等产业 ②高端装备，重点发展飞机及配套产业、民用卫星应用产业和特种技术产业 ③新能源及新能源汽车，重点发展水电、风电、光伏发电、核电和生物质能，研制开发电动汽车和码头牵引车 ④生物技术，重点实施创新药物、现代中药、生物医学工程、生物检测试剂和生物育种等产业工程 ⑤节能环保，大力开发水污染防治、工业废弃物处置、除尘脱硫脱硝、环境质量在线监测、城市生活垃圾综合利用等技术与装备

资料来源：笔者根据相应省市"十二五"规划整理。

产值比重达到 40%。[1] 四川省也力争到"十二五"末，全省战略性新兴产业产品产值达到 5000 亿元以上。[2] 陕西省则提出力争到 2015 年战略性新兴产业产值超过 3000 亿元。[3]

总之，西部各地均认识到战略性新兴产业在未来发展中的重要地位，及在促进经济跨越式发展方面的巨大潜力和作用，都加大了政府支持力度和宏观调控力度，谋求在新的发展阶段抢占西部新兴产业的制高点，在西部树立领导地位，并力求追赶东部发展步伐。

二、西部地区战略性新兴产业发展存在的误区

从我国战略性新兴产业发展的态势看，具有较强的政府主导特征，政府在其中扮演着关键的作用，这也使得我国战略性新兴产业发展面临着较显著的人为环境。但人为环境难以做到面面俱

---

[1] 吴新伟. 重庆计划打造战略性新兴产业集群产值超万亿. 中国广播网，2011-04-26.
[2] 依据《四川省战略性新兴产业"十二五"培育发展规划》（草案）。
[3] 王尔德，林嘉希. 五年后战略性新兴产业产值 3000 亿元 [N]. 21 世纪经济报道，2011-03-22.

到，致使产业发展有可能走入某些误区，导致资源配置的非效率。从上述川渝陕三省市战略性新兴产业发展方向看，尽管各地在新兴产业发展上提出了较为明确的发展方向，但比较各地的具体规划和做法，仍存在一些亟待解决的问题，有必要重点强调，以促进未来的发展措施制定、招商引资等更能体现立足现在，而又着眼长远。

（一）不同地区存在较为明显的同质化竞争

新兴产业处于产业生命周期的成长阶段，往往发展空间非常广阔，这为不同区域发展相同产业提供了理由。因而西部不同地区上马相同产业项目的现象普遍存在，尤其是近年来招商引资力度加大，各地竞争相同产业的情况多次出现。以多晶硅生产为例，四川省着力打造"成都—乐山—绵阳硅产业带"，其中乐山的多晶硅产能达到 7500 吨；重庆打造的万州多晶硅产业基地年产能也达到 6300 吨。而这一产业在东部地区的大量重复供给已经超过了市场需求，2010 年 6 月四川省因多晶硅产能过剩而停止审批新的项目。在电子信息产业，重庆、成都、西安三个西部大城市已经展开了多轮激烈的招商竞争，如在富士康项目的争夺中，重庆和成都虽各有所获，但竞争也使双方付出了更高的成本。

（二）战略性新兴产业发展脱离传统产业基础

充分发挥区域比较优势是地方发展的重要途径。西部地区拥有丰富的自然资源和低端劳动力，在前一阶段的大开发中，通过发挥比较优势奠定了较好的产业基础，川、渝、陕等地的能源化工及金属冶炼等产业的发展与其能源资源优势紧密关联。而当前部分地区的新兴产业规划中，虽紧密结合国家战略性新兴产业规划，却脱离其原有传统产业基础。实际上，近年来各种高新技术产业园区在西部遍地开花，甚至一些偏远县镇也提出大力发展高新技术产业，产业方向与东部大城市雷同。但大多数新兴产业，尤其是高新技术产业往往要求大量的资金投入、尖端的技术研发能力、丰富的人力资源，西部地区在这些方面往往没有突出优势。

一些地方还将战略性新兴产业与传统产业对立起来，认为二者存在此消彼长的关系，为发展新兴产业而压缩传统产业发展空间。事实上，新兴产业与传统产业并没有天然的界限，新兴产业相当比例的市场是针对传统产业，部分新兴产业还是通过现代技术对传统产业改造而形成，如用新技术改造传统的商业，变成现在的物流产业、电子商务业等。而且，新兴产业的发展也不是孤立的或封闭的系统，往往需要传统产业为其配套衔接，如信息产业的发展，传统产业是其重要的下游市场。同时，在当前阶段，西部地区仍然需要依靠传统产业发展经济和解决就业，过于压缩传统产业的发展空间，而新兴产业短期内难以完全承担传统产业的作用，将会导致地区经济走向下降区间。

（三）过于强调地方政府在战略性新兴产业发展中的主导地位

新兴产业因其基础薄弱，在发展初期政府部门往往扮演着重要角色。西部地区在新兴产业发展方面起步晚，传统产业根深蒂固，为将更多资源向新兴产业配置，政府的引导和政策倾斜是必要的。但部分地区为了大力发展新兴产业，以迅速形成产业规模，政府成为产业发展的主体，既出台产业政策、招商引资，又直接推动企业转型、重组，甚至直接插手企业经营。政府的强力推动可在短时间内形成一定的新兴产业市场，受到的政策和市场的冲击较小，产业发展的波动少，相对降低了发展成本。但政府主导型的新兴产业发展，因为缺乏在市场上残酷的竞争筛选，竞争力相对较弱。且政府主导型的发展，国有企业和外商投资往往占据主要地位，民间资本的发展空间狭窄。而硅谷等新兴产业集聚区的经验表明，由民间资本形成的中小企业及其创新能力才是新兴产业长期持续的主要力量。

（四）重招商引资而轻本土企业培育

西部大开发以来，招商引资成为西部地区经济发展的重要推动力量。对于战略性新兴产业发展，西部大多数地区都将着眼点放在引进国内外大型企业集团，力求以大企业、大项目带动区域整个产业的发展。检视年底各地区的新闻和报告，招商引资数量和额度都是重要指标。不可否认，通过招商引资在一定时间内对区域产业发展具有带动作用，但研究表明，引进企业主要对区域GDP、税收和就业作出了积极贡献，而对地区产业发展的带动作用并不明显，而且更可能将地区产业锁定在较低的价值链环节，抑制产业升级。尤其在集群式产业发展优势突出的背景下，由外资驱动的产业集群往往缺乏地方根植性，与本土企业合作难度大，技术和知识溢出少，对于本土产业发展的贡献并不显著（Kindleberger，1969；Lovering，1999）。

（五）忽视战略性新兴产业的资源环境成本

西部地区过去以粗放型增长为主导，能源消耗大、环境污染重成为进一步发展的主要障碍。近年来，国家加大了低碳、节能、环保控制力度，由于普遍认为新兴产业具有能耗低、污染少的特点，西部地区将深化发展更多寄托于战略性新兴产业，但现实中一些由战略性新兴产业造成的能耗和污染往往容易被忽视。据专家指出，太阳能产业发展所需的重要工业原料多晶硅产品即属于高能耗、高污染产品，生产过程耗电高，且产生大量的高污染有毒液体四氯化硅。[①] 而电子信息产品生产过程中，不仅容易产生大量电子废弃物，还伴随严重的重金属污染，珠三角地区就深受印刷电路板等生产过程中所产生的镍、铬等污染物之害。[②]

三、西部地区战略性新兴产业发展的着力点

战略性新兴产业发展是西部地区调整产业结构的关键，为了促进战略性新兴产业发展，顺利构建产业体系，应着眼于规避发展误区，打造长期可持续的竞争优势，构建适宜的发展着力点，以在短期寻求突破，长期实现顺利转型。具体来看，应从以下几个方面着手：

（一）以特色定位推动差异化竞争

Gavin Wright（1990）在对美国产业早期成功（1879~1940年）的原因进行追溯时发现，其竞争性出口产品竟属于非可再生资源密集型。美国技术开发的优势，实质上主要来源于对本土资源的高效利用（Resource-using）。尽管国家资源禀赋并非是产业成功的充分条件（现代社会尤其如此），但倘若利用得好，的确可以形成他国难以复制的竞争优势。因此，西部地区发展战略性新兴产业不应脱离本土强调立足于本土比较优势，应充分挖掘本土资源潜力。

第一，西部各地要深入分析自身比较优势。西部幅员辽阔，能源矿产资源丰富，这是西部地区过去发展的主要凭借。但比较优势一方面来源于资源优势，另一方面也来源于长期的积累，有时并不能轻易识别。因而，各地应结合全国、西部的整体情况，对自身比较优势进行深入、全面、系统的分析，明确具有比较优势的领域，为恰当定位奠定基础。

第二，结合比较优势定位战略性新兴产业的特色方向。如以资源为主要优势的地区，可着眼

---

① 多晶硅生产：毒污染高耗能不容忽视 [J]. 中国质量万里行杂志，2008（5）.
② 陶卫华. 多数 IT 品牌企业模糊回应重金属污染报告 [J]. 财经国家周刊，2010（7）.

于提升资源利用水平，进入技术、附加值更高的下游环节。内蒙古自治区"十二五"期间拟以风、光、生物质发电和煤的洁净利用为重点，打造绿色能源基地，便是基于其煤炭油气能源的丰富储量。在机电领域优势突出的地区，则可从技术含量更高的新型交通装备领域着眼奠定自身未来方向，如重庆市正在大力发展轨道交通装备制造业。对于航天、生物等高新技术产业，重庆、成都、西安等金融、人力资本较为发达的中心城市，具有一定的高级要素基础，而要素不发达的城市，则应评估是否具有足够的后劲支撑。

第三，打造特色产业链条，避免孤立发展。发展特色产业，从长期竞争力视角看，应着眼于构建特色产业链条。西部各地发展战略性新兴产业，需避免某一行业的孤立发展，应把行业上下游企业视作一体，打造完整产业链条。可以建设产业集群的形式，将同一行业的上下游企业、服务性企业集中于邻近区域，形成具有当地特色的产业链，从而打造行业的整体竞争力。

第四，促进区域间分工合作、差异竞争。当前相对落后的基础设施，加上现行的财政体制和政绩考核机制，导致西部各城市之间缺乏产业分工与合作，传统产业和新兴产业均存在类似问题。随着关中—天水经济区、成渝经济区的获批，以及重庆—成都—西安"西三角"经济区的推进，这种产业同质竞争的局面或可逐步缓解。但推动这一进程，既需要加快基础设施建设，便利区域连接，降低合作成本，也需要各地转变发展观念，基于比较优势发展。同时，现行的体制机制也应逐步改革，以适应区域合作发展的大趋势。

（二）推进新旧产业衔接及协同发展

第一，明确战略性新兴产业与传统产业的共生关系。事实上，新兴产业与传统产业并没有天然的界限，新兴产业相当比例的市场是针对传统产业，部分新兴产业还是通过现代技术对传统产业改造而形成的，如用新技术改造传统的商业，变成现在的商贸物流产业、电子商务业等。而且，新兴产业的发展也不是孤立的或封闭的系统，往往需要传统产业为其配套衔接，如信息产业的发展，传统产业是其重要的下游市场。

第二，以传统产业为基础规划战略性新兴产业。正如工业和信息化部部长苗圩所指出的，大多数的战略性新兴产业的发展不能凭空而为，必须依赖于传统产业所形成的技术积累、制造能力、产业组织等基础的支撑。①经过改革开放以来的发展，西部各地传统产业基础扎实，所以新兴产业规划应紧密结合其原有产业基础，将新兴产业的产业链条延伸至传统产业，使得新兴产业的发展成为有源之水、有本之木，能够迅速建立起支撑力量。

第三，统筹协调新兴产业和传统产业发展。基于上述阐释，西部地区在突出强调发展新兴产业的同时，应做好传统产业互相衔接、融合，统筹协调发展。一方面，依托新兴产业发展奠定未来的方向；另一方面，大力支持传统产业发展，解决就业、人才培养、资本积累等地方发展难题，为新兴产业发展提供要素储备。更重要的是推进新兴产业与传统产业的融合，以新兴产业发展为传统产业注入新的技术、人才和理念，助推传统产业升级，减少能耗和环境污染，提高其竞争力；传统产业应充分挖掘地区资源优势、地理环境优势以及传统品牌优势，为新兴产业发展提供市场、项目支持。二者优势互补，协同发展。

（三）推动政府与市场互动优化资源配置

第一，发展的不同阶段，政府应及时转变角色。在战略性新兴产业发展初期，政府在规划、政策制定、基础设施建设、招商引资中扮演主要角色，应深化体制机制改革，营造良好的发展环境，对重点新兴产业发展给以政策倾斜、金融财税支持，引导更多资源向新兴产业配置；对外资

---

① 许可新. 战略性新兴产业不是对传统产业的简单替代 ［N］. 第一财经日报，2011-03-21.

企业、国有企业和民营企业给以同等待遇，规范竞争秩序，同时搭建中介平台，鼓励传统产业与新兴产业加强合作，以多种方式着力培育和开拓新兴产业的市场需求，可以在较短时间内建立产业体系。但在产业体系初步形成时，政府应转变职能，变身辅助角色，而由市场和企业作为发展的主体，政府则发挥协调、整体品牌打造等功能。当产业体系较为成熟时，政府应退出发展领域，着力完善公共服务。

第二，充分信任市场机制的作用。当前很多地方政府对市场机制的资源配置作用持怀疑态度，唯恐与自己的初衷不符，因而政府成了产业发展的主体，既出台产业政策、招商引资，又直接推动企业转型、重组，甚至直接插手企业经营。事实上，中西方过去的发展经验已经表明，在政府的有效引导下，市场机制是最有效、最经得起检验的资源配置方式。因而，地方政府应舍得放手，同时不断提升自身水平，充分运用和发挥价格机制和竞争机制的激励功能，有效促进技术创新和资源要素优化配置，从而打造具有较强竞争力的战略性新兴产业。

（四）大力培育本土企业实现内生增长

当前西部大多数地区都力求以引进大企业、大项目带动区域整个产业的发展。但企业引进来后，更重要的是要能够"扎进去"，即根植于当地，成为本土产业体系的一部分，只有这样，才能够通过技术和知识溢出，对当地产业发展起到长期推动作用。陈耀（2010）认为，西部地区承接发达地区产业转移，关键是要吸纳发达地区的资金、先进适用技术和设备、管理方法和经营理念，特别是要通过产业承接，提高企业的自主创新能力。这要求西部地区在大力引进外企的同时，加强本土企业培育，并推动本土企业与引进企业之间形成紧密关系、长期合作，提升内生增长能力。

第一，引导和激励外来企业加强本地联系。东部部分地区的经验表明，如果外来企业尤其是跨国公司没有强有力的本地联系，尤其在集群式产业发展优势突出的背景下，外资驱动的产业集群多呈现"飞地"特征，本土企业难以进入集群参与价值链的较高环节，知识溢出少，有可能将本地产业锁定在较低的价值链环节，抑制产业升级。因而，通过政策引导促进外来企业的本地联系显得极为重要。在引进初期，地方政府或许难以对这些大型企业提出较高的要求，但经过一段时间的发展，当其需要扩大产能时，便可要求或通过税收、金融等措施激励其将本土企业纳入价值链之中，实现较大程度的本土配套，或与本土企业合作开发技术和品牌，以增强本土企业能力。

第二，强调利用外来企业培养本土人力资本。一方面，地方政府应根据战略性新兴产业定位，大力支持高校、技术学院培养高端人力资本和技术人才，为产业发展提供丰富的人才支持；另一方面，要充分利用外来大型企业在管理、专业技术、研发能力等方面的丰富经验，与本地高校或科研机构合作开展人才培养，将更多的本土人才纳入外来企业的团队之中，以通过人才的本土化，加强外来企业与本地社会的联系和对本地企业的技术、知识溢出。

第三，加大本土企业的培育力度。本土企业的地方根植性强，且由于文化、习俗等多种因素的影响，互相之间沟通交流便利，更容易形成集群网络，更利于提升行业竞争力，是区域内生增长的主要因素。一方面，地方政府应对本土企业发展给予大力扶植，尤其在研发、品牌、人才引进等方面，提供多种形式的优惠和支持措施；另一方面，应积极搭建创新平台、中介平台，推进本土企业之间、本土企业与外来企业之间的联系与合作，使本土企业融入外来大型企业价值链的同时，也形成根植性较强的本土产业链，逐步实现内生增长，降低战略性新兴产业发展对外来企业的依赖性。

（五）突出环保优先切实维护生态安全

相比于传统产业，新兴产业的污染问题更加隐蔽，现实中一些由新兴产业造成的能耗和污染往往容易被忽视，但其危害也更大。因而，西部地区发展战略性新兴产业同样应把生态安全、环境保护作为产业发展中的重要工作。

第一，提高认识，加强防控能力。必须认识到新兴产业同样存在高能耗和高污染问题。由于西部地区具有中国最丰富的生态资源，处于长江、黄河等重要河流的中上游，其生态环境关乎整个国家的生态安全。因此，西部地区在制定新兴产业发展规划时，更应该强调生态安全的重要性，加强防控能力建设，并贯彻于产业发展的始终。

第二，构建生态环境评估体系。西部各地应根据地区具体情况，通过深入研究，构建适宜的生态环境评估体系，在招商引资或培育本土新兴企业时，积极进行环境评估，将生态环境保护工作做在产业发展之前，避免先污染后治理而付出巨大的成本。

第三，严格限制高污染、高能耗的企业发展。通过严格的评估，高污染、高能耗的企业应严格禁入，而对于特别重要的支柱产业，则要求合理选址，改进工艺，加强生产过程控制，降低能耗和环境污染程度，避免对人民群众生活和身体健康造成不利影响。同时，着力培育真正低能耗、低污染的新兴产业，逐步退出高能耗、高污染产业。

四、结论与未来研究方向

战略性新兴产业发展是西部地区实现产业转型、打造特色优势、缩小与东部差距甚至在某些领域超越东部地区的关键凭借，因而发展战略性新兴产业已成为西部各省市区的重要工作。本文基于川渝陕地区的相关规划和做法，分析了西部地区在战略性新兴产业发展中可能存在的误区，并以规避发展误区、打造长期持续竞争优势为目标构建了发展的着力点。本文的研究着重于理论分析和逻辑推演，下一步拟在定量数据和实证案例支撑上做出更深入的探索，以深化、细化西部战略性新兴产业发展中面临的诸多挑战并提出更具体的应对之策。

参考文献

[1] 刘洪昌. 中国战略性新兴产业的选择原则及培育政策取向研究 [J]. 科学学与科学技术管理. 2011（3）：87-92.

[2] 王益民，宋琰纹. 全球生产网络效应、集群封闭性及其"升级悖论"[J]. 中国工业经济，2007(4)：46-53.

[3] 陈耀. 西部产业结构调整与承接产业转移 [J]. 中国科技产业，2010（9）：26-27.

[4] Kindleberger C.American Business Abroad [M]. Yale University Press，New Haven，1969.

[5] Lovering J.Celebrating Globalisation and Misreading the Welsh Economy：The New Regionalism in Wales [J]. Contemporary Wales，1999（11）.

[6] Gavin Wright.The Origins of American Industrial Success，1879~1940 [J]. The American Economic Review，1990，80（4）.

战略性新兴产业演进的金融支持过程及体系研究[*]

顾海峰[**]

一、研究述评及问题提出

金融是现代经济的核心，是引导经济资源配置的重要动力机制。在中国，产业政策在经济社会发展中具有重要的导向性作用，是中国经济发展体系的中心，而金融也已成为中国经济发展与产业结构优化调整与升级的核心支持机制。2010年9月8日，国务院常务会议审议通过了《国务院关于加快培育和发展战略性新兴产业的决定》，该决定以中国社会经济可持续发展为重点，在充分考虑当前新兴产业国际发展趋势与中国产业实力的基础上，将节能环保、新一代信息技术、生物、高端装备制造、新能源、新材料和新能源汽车规划为当前阶段重点发展的七大战略性新兴产业。培育和发展战略性新兴产业是一个包括金融支持、资源支持、技术支持和管理支持等多方面支持因素的综合性系统工程。金融作为现代经济发展的核心，在培育战略性新兴产业过程中起着基础性的核心支持作用。金融支持是战略性新兴产业繁荣发展的基础，因此，基于金融发展思路，构建良好的金融支持体系，是决定战略性新兴产业发展与繁荣程度的关键因素。

战略性新兴产业是一个崭新的概念，因此，对于战略性新兴产业金融支持的研究尚处于初级阶段，已有研究成果主要集中在探讨金融支持产业发展的重要性和探索金融支持的途径等方面。培育和发展战略性新兴产业是当前中国经济结构转型的热点问题，已有的文献主要从理论上论述了金融支持对产业发展的重要性，探讨了如何充分运用金融支持促进产业繁荣发展的有效措施。国外对于金融发展支持产业发展理论的研究较早，自1970年以来，国外出现了运用金融发展理论来研究金融发展对产业发展的影响，这方面比较典型的研究成果是，国外学者 Greenwood（1990）、King（1993b）、P.Arestis（1997）、Beck（2000）等在金融发展支持产业发展的实证研究方面，证明了金融发展对产业发展存在较为显著的支持作用。国内对于这方面的研究相对较晚，比较具有代表性的研究成果是，谈儒勇（1999）运用1993~1998年的季度数据对两者关系进行了实证研究，发现中国金融中介和产业发展之间有着显著的相关关系，张金瑞（1990）、丛林（2002）、庄卫民（2003）等分别对技术进步、产业发展与经济发展问题展开了探讨，揭示了技术进步对产业发展与经济发展的支持机理。顾海峰（2010）主要通过对产业结构调整与升级的过程进行划分，以揭示

* 中国博士后科学基金项目（20090450683）；教育部哲学社会科学研究重大课题攻关项目（中部崛起过程中的新型工业化研究：08JZD0016）；国家社科基金项目（两型社会建设中非正规金融发展问题研究：09BJY109）；中央高校基本科研业务费专项资金资助项目阶段性成果。

** 顾海峰，男，1972年生，江苏苏州人，上海财经大学金融学博士后，东华大学（原中国纺织大学，教育部直属211全国重点大学）旭日工商管理学院金融学研究员、金融学硕士生导师，研究方向为金融理论与政策、产业金融等。

金融支持产业结构调整与升级的内在机理。范小雷（2007）运用比较研究的方法通过研究发达国家战略产业的金融支持路径，为中国发展战略产业提供了经验借鉴。段一群等（2009）通过构建反映国内金融体系与装备产业增长率之间关系的模型，分析了间接融资和直接融资对该行业增长的影响。张亮（2009）认为资金短缺是制约节能与新能源行业发展的最根本因素，提出应放宽对民间资本投资的限制，深化金融体制改革，为该行业融资奠定良好基础。郑婧渊（2009）分析了金融对高科技产业的作用及其重要地位，说明了金融支持手段的运用是高科技产业的发展的基本条件。综合国内外研究成果发现，战略性新兴产业的金融支持方面的研究成果比较稀少，加强这方面的研究已具有一定的理论迫切性。与此同时，国家对于战略性新兴产业发展的战略性规划已经出台，培育与发展战略性新兴产业已成为中国的一项重要经济政策。在这样的理论与现实背景下，本文针对"中国战略性新兴产业的业态演进与金融支持问题"展开深入探讨。本文的主要贡献在于：以分析战略性新兴产业的遴选机制为切入点，对战略性新兴产业的业态演进过程进行了深入探讨，并依据战略性新兴产业的业态演进过程，提出了战略性新兴产业演进的金融支持过程框架，进一步构建了战略性新兴产业演进的金融支持体系。本文将为中国制定科学高效的国家产业发展政策与金融财政政策提供重要的理论指导与决策参考，具有非常重要的理论与现实意义。

二、战略性新兴产业的遴选机制与业态演进

（一）战略性新兴产业的遴选机制

战略性新兴产业的遴选机制就是基于产业发展潜力指标，以实现从一般性产业向战略性新兴产业的筛选功能。其中，发展潜力标准包括三个方面内容：

（1）技术进步潜力。20世纪50年代，索罗运用著名的索罗剩余计算出技术进步对经济增长的贡献远大于资本的增长和劳动力的增长对经济增长的贡献。继索罗之后，罗默、赫尔普曼等又进一步建立了技术进步对经济增长贡献的内生模型。在发达国家，技术进步对经济增长的贡献率，20世纪初只占5%左右，40~50年代上升到20%~40%，80年代以来已经达到60%~80%。一般主要从科技进步速度、科技劳动者比率、劳动生产率上升率等指标来衡量产业技术进步的程度。本文选用技术进步速度作为衡量指标，其中：科技进步速度 $n = \Delta Y/Y - \alpha \cdot (\Delta K/K) - \beta \cdot (\Delta L/L)$，这是由柯布—道格拉斯生产函数推导所得，$\Delta Y/Y$ 为产业产出的增长率，$\Delta K/K$ 为资本投入增长率，$\Delta L/L$ 为劳动投入的增长率，α、β 分别为资本和劳动的产出弹性。

（2）市场增长潜力。本文选用需求收入弹性作为衡量产业市场发展潜力的指标。所谓需求收入弹性是指某种产品的需求增长率与人均收入增长率之比，反映了随着国民收入增加而引起的对各产业最终需求的变化，收入弹性大于1的产业和产品，说明随着收入的增加，需求增加更快。只有需求收入弹性大的产业，在未来的发展中才能占有较高的市场份额，获得较高的利润。

（3）增长表现。本文选用产值增长率作为衡量产业增长表现的指标。本文通过赋给科技进步速度、需求收入弹性、产值增长率等指标一定的评价权重系数，即可得到任何产业的加权平均值，该数值反映了每个产业的发展潜力程度。本文通过选择加权平均值比较高的产业作为战略性新兴产业，这就是本文设计的战略性新兴产业遴选思路。

（二）战略性新兴产业的业态演进

本文认为，战略性新兴产业的业态演进应围绕产业生命周期理论展开论证。首先，战略性新兴产业来源于一般性产业，因此，处于战略性新兴产业种子期业态的一般性产业是战略性新兴产业产生的基础性样本，只有通过战略性新兴产业遴选机制所遴选出的产业，才有可能真正进入战略性新兴产业目录。国务院目前将节能环保、新一代信息技术、生物、高端装备制造、新能源、新材料和新能源汽车七大产业作为战略性新兴产业，已体现了中国当前对于战略性新兴产业遴选机制的科学性与合理性并存原则。因此，战略性新兴产业的种子期业态应表现为一般性产业。其次，从一般性产业遴选出来的处于培育期业态的战略性新兴产业，其呈现的特征是：产业发展潜力水平是其余业态中最大的，但是产业发展规模水平却是其余业态中最小的。原因在于：当战略性新兴产业处于培育期业态时，其具有的产业新兴性特征，导致其具有衡量"产业发展潜力水平指标"的高内在动力因子，因此处于培育期业态的产业发展潜力水平是最大的。同时，当战略性新兴产业处于培育期业态时，由于产业发展的时间比较短，尽管具备较高的产业发展潜力水平，产业发展规模水平还是其余业态中最小的。再次，从培育期进入发展期的战略性新兴产业，所呈现的特征是：产业发展潜力水平出现逐步递减，但是始终处于"正数值"状态，而产业规模水平却出现逐步递增的态势，导致该产业在国民经济中的比重处于一个增速较快的水平，从而成为国家经济发展中的主导性产业。最后，从发展期进入成熟期的战略性新兴产业，所呈现的特征是：产业发展潜力水平逐步递减直至"零数值"，而产业发展规模水平却一直在上升，直至产业规模水平达到较高水平的稳定值，导致该产业在国民经济中的比重处于一个较高的水平，从而成为国家经济发展中的支柱性产业。

通过上述论证，本文给出基于生命周期理论的战略性新兴产业业态演进图，如图1所示，在图1中，将战略性新兴产业按照发展潜力与发展水平进行划分，形成四个象限，分别代表一般性产业、新兴性产业、主导性产业与支柱性产业。该图动态反映了战略性新兴产业在生命周期内的演进过程。战略性新兴产业来源于一般性产业，并通过科学的遴选机制产生，而新兴性产业、主导性产业与支柱性产业所代表的是战略性新兴产业在三个不同发展阶段所呈现的发展业态。因此，如果依据发展规模水平指标来划分，各业态应呈现单调递增的态势，即处于培育期的战略性新兴产业的产值与附加值水平较低，处于发展期的战略性新兴产业的产值与附加值水平较高，处于成熟期的战略性新兴的产值与附加值水平最高。但是，如果按照发展潜力水平指标来划分，则应呈现单调递减的关系，即处于培育期的战略性新兴产业的发展潜力水平最高，其次是处于发展期的战略性新兴产业，最后是处于成熟期的战略性新兴产业。

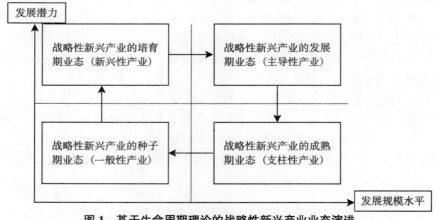

图1 基于生命周期理论的战略性新兴产业业态演进

三、战略性新兴产业演进的金融支持过程

任何产业的演进过程都是围绕产业生命周期理论而展开，战略性新兴产业也不例外。我们知道，基于生命周期理论的战略性新兴产业，从一般性产业的遴选开始，分别经历培育期业态（新兴性产业）、发展期业态（主导性产业）、成熟期业态（支柱性产业）各期业态而完成产业的生命周期演进过程，因此，战略性新兴产业的金融支持过程应始终围绕战略性新兴产业的业态演进过程而进行。本文认为，必须针对处于培育期业态、发展期业态、成熟期业态各期业态的战略性新兴产业分别实施金融支持，才能实现金融对战略性新兴产业的支持目标。此外，本文还认为，金融对处于培育期业态的战略性新兴产业的支持过程，就是战略性新兴产业培育的金融支持过程；金融对处于发展期业态的战略性新兴产业的支持过程，就是战略性新兴产业发展的金融支持过程；金融对处于成熟期业态的战略性新兴产业的支持过程，就是战略性新兴产业升级的金融支持过程。其中，处于培育期与发展期业态的战略性新兴产业的发展潜力水平始终保持"正数值"状态，说明处于培育期与发展期业态的战略性新兴产业的内在动力因子（加速度因子）始终在发挥着作用，推进产业规模水平（产值和附加值水平）的逐步增大，因此，战略性新兴产业培育与发展的金融支持过程，应定位于如何发挥金融的支持作用，来高效引导内在动力因子对产业发展规模水平的推动效应，使得金融支持成为产业规模水平快速增大的外部催化剂；处于成熟期业态的战略性新兴产业的发展潜力水平呈现出"零数值"状态，说明处于成熟期业态的战略性新兴产业发展的内在动力因子完全缺失，这也是产业处于成熟期的基本特征，因此，需要通过对处于成熟期业态的战略性新兴产业实施技术创新。尽管技术创新无法替代产业自身发展的内在动力因子，但是，技术创新可以成为产业发展的外生推进因素，从而促进产业升级。因此，战略性新兴产业升级的金融支持过程，应定位于如何发挥金融对技术创新的支持作用，从而实现战略性新兴产业的升级目标。

综上所述，战略性新兴产业培育的金融支持过程，也就是通过金融资源的初次优化配置来实现战略性新兴产业的培育目标；战略性新兴产业发展的金融支持过程，也就是通过金融资源的二次优化配置来实现战略性新兴产业的发展目标；战略性新兴产业升级的金融支持过程，也就是通过金融资源的三次优化配置来实现战略性新兴产业的升级目标。因此，本文认为，战略性新兴产业演进的金融支持过程框架，应如图2所示。需要说明的是，图2中的虚线表示战略性新兴产业培育与发展过程只是对实现战略性新兴产业升级的中间过程，而且是必不可少的中间过程，而战略性新兴产业升级过程才是实现战略性新兴产业演进的直接过程与最终目标，因此，战略性新兴产业演进的过程就是战略性新兴产业培育、发展、升级的依次实施。从上述分析可以发现，战略性新兴产业的培育过程是实现战略性新兴产业演进目标的重要基础，战略性新兴产业的发展过程是实现战略性新兴产业演进目标的重要环节，战略性新兴产业的升级过程是实现战略性新兴产业演进目标的重要保障，以上三个过程缺一不可，成为战略性新兴产业演进的重要组成部分。通过对上述三个过程依次实施金融资源的初次、二次、三次优化配置，来实现金融支持实现战略性新兴产业演进的最终目标。

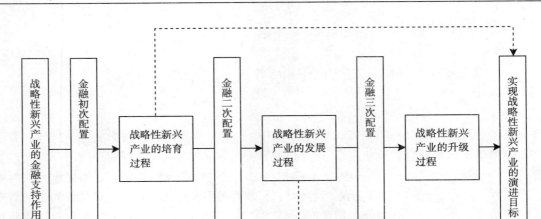

图2　战略性新兴产业演进的金融支持过程框架

四、战略性新兴产业演进的金融支持体系

　　金融支持体系的构建思路主要定位于：所构建的金融支持体系能够实现战略性新兴产业的培育、发展与升级目标。在战略性新兴产业演进的金融支持过程框架下，本文所构建的战略性新兴产业演进的金融支持体系架构，如图3所示。从图3可以看出，本文构建的战略性新兴产业演进的金融支持体系，主要由以信贷市场为主导的间接金融体系（子体系）、以资本市场为主导的直接金融体系（子体系）、政策性金融支持机制、市场性金融支持机制四个部分组成，简称为"两体两制"，其中，两体包括以信贷市场为主导的间接金融体系和以资本市场为主导的直接金融体系；两制包括政策性金融支持机制和市场性金融支持机制。"两体两制"框架下的金融支持体系，立足于以信贷市场为主导的间接金融体系和以资本市场为主导的直接金融体系的金融支持路径，注重于政策性金融支持机制和市场性金融支持机制的相互协调作用，通过实施金融资源的优化配置，来共同致力于金融支持战略性新兴产业的培育、发展与升级目标的顺利实现。

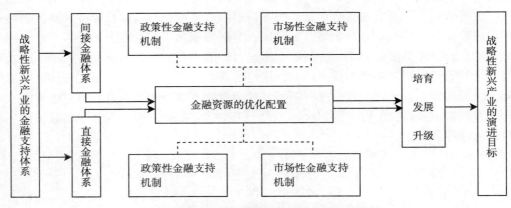

图3　战略性新兴产业演进的金融支持体系架构

战略性新兴产业演进的金融支持体系的具体构建思路如下：

首先，战略性新兴产业的培育、发展与升级过程，必须依赖于以信贷市场为主导的间接金融体系的支持。依据中国金融市场的现状，间接融资的资金规模要大于直接融资的资金规模，原因在于中国直接融资的门槛相对于间接融资而言比较高，导致多数资金申请主体选择了间接融资。因此，战略性新兴产业演进中的任何一个过程，都必须依赖于间接金融体系的支持。对于战略性新兴产业的培育过程而言，必须依赖于银行信贷的支持。处于培育期的战略性新兴产业具有高风险、低收益特征，这种信贷支持可能更多的来源于政策性信贷支持模式；对于战略性新兴产业的发展过程而言，也必须依赖于银行信贷的支持，处于发展期的战略性新兴产业具有中风险中收益特征，这种信贷支持可能来源于政策性信贷支持与市场性信贷的协同支持模式；对于战略性新兴产业的升级过程而言，同样必须依赖于银行信贷的支持，处于成熟期的战略性新兴产业具有低风险高收益特征，这种信贷支持可能更多的来源于市场性信贷支持模式。

其次，战略性新兴产业的培育、发展与升级过程，必须依赖于以资本市场为主导的直接金融体系的支持。中国资本市场从起步至今已有 20 多年了，资本市场的容量正在逐步扩展，逐步形成了包括主板、中小企业板、创业板、新三板等在内的多层次的资本市场体系。在这样的背景下，战略性新兴产业的演进过程当然离不开以资本市场为主导的直接金融体系的支持。对于战略性新兴产业的培育过程而言，处于培育期的战略性新兴产业具有高风险、低收益特征，基于其未来的产业高增长潜力，因此，完全有可能通过创业板上市路径来获得直接金融体系的支持。对于战略性新兴产业的发展过程而言，处于发展期的战略性新兴产业具有中风险、中收益特征，鉴于其产业规模与产业增长潜力适中，因此，完全有可能通过中小企业板上市路径来获得直接金融体系的支持。对于战略性新兴产业的升级过程而言，处于成熟期的战略性新兴产业具有低风险、高收益特征，鉴于其产业规模较大与产业增长速度稳定，因此，完全有可能通过主板上市路径来获得直接金融体系的支持。

再次，战略性新兴产业的培育、发展与升级过程，需要政策性金融支持机制的扶持作用。所谓政策性金融支持机制，一方面是指政策性金融机构所从事的金融支持活动；另一方面是指政府通过财政贴息、政策性担保等手段，引导商业性金融机构从事部分政策性信贷业务的金融活动。战略性新兴产业演进中的任何一个过程，都需要政策性金融支持机制的扶持作用。对于战略性新兴产业的培育过程而言，因其高风险低收益特征而难以获得金融机构的商业性贷款，这时往往需要政策性金融的扶持，因此，政策性金融支持机制对于战略性新兴产业的培育过程尤为重要。对于战略性新兴产业的发展过程而言，也需要政策性金融机制的扶持作用，这种扶持方式可能更多的表现为：一方面政府对战略性新兴产业的载体企业实施信贷贴息；另一方面战略性新兴产业的载体企业能够获得政策性金融机构的低息贷款；对于战略性新兴产业的升级过程而言，也需要政策性金融机制的扶持作用，这种扶持方式可能更多的表现为：一方面政府通过制定战略性新兴产业的信贷扶持政策，来引导信贷资金向战略性新兴产业倾斜；另一方面政府通过制定战略性新兴产业的优先上市政策，来推进战略性新兴产业的载体企业进入资本市场主板上市（IPO）。

最后，战略性新兴产业的培育、发展与升级过程，需要市场性金融支持机制的支持作用。所谓市场性金融支持机制，主要指商业性金融机构所从事的商业性金融支持活动。战略性新兴产业演进中的任何一个过程，都需要市场性金融支持机制的支持作用。事实上，金融市场上的一切金融活动，应该以市场性金融活动为主，而政策性金融活动的占比相对较小，因此，战略性新兴产业演进的过程，需要市场性金融支持机制的支持作用。而要充分发挥市场性金融支持机制对战略性新兴产业的支持效能，关键问题在于发展与完善多层次的资本市场体系和货币市场信贷体系。对于战略性新兴产业的培育过程而言，其具有的高风险、高增长潜力特征，需要来自私募股权基金（PE）、风险投资基金（VC）等金融组织的市场性金融支持。对于战略性新兴产业的发展过程而言，也需要市场性金融支持机制的支持作用，这种支持方式可能更多的表现为：一方面由于其呈现的产业特征而无法得到规模性商业银行的信贷关注，这时可通过设立中小商业银行、（战略性新兴产业）专业性贷款机构等金融创新方式，使得战略性新兴产业的载体企业容易获得市场化的信贷支持；另一方面中小企业板的扩容，使得战略性新兴产业的载体企业容易通过市场化方式登陆资本市场中小企业板上市融资。对于战略性新兴产业的升级过程而言，同样需要市场性金融支持机制的支持作用，这种支持方式可能更多的表现为：一方面其呈现的产业特征容易获得商业银行的市场化信贷支持；另一方面主板的扩容，使得战略性新兴产业的载体企业容易通过市场化方式登陆资本市场主板上市融资。

五、结论与展望

综上所述，基于生命周期理论的战略性新兴产业的业态演进过程，主要包括战略性新兴产业的培育过程、战略性新兴产业的发展过程、战略性新兴产业的升级过程。而在战略性新兴产业的业态演进过程中，需要作为经济发展核心的金融体系的支持，只有获得金融体系的高效支持，才能保障战略性新兴产业培育、发展与升级目标的顺利实现。因此，金融支持战略性新兴产业的演进过程，应包括金融支持战略性新兴产业的培育过程、金融支持战略性新兴产业的发展过程、金融支持战略性新兴产业的升级过程。其中，战略性新兴产业培育的金融支持过程，也就是通过金融资源的初次优化配置来实现战略性新兴产业的培育目标；战略性新兴产业发展的金融支持过程，也就是通过金融资源的二次优化配置来实现战略性新兴产业的发展目标；战略性新兴产业升级的金融支持过程，也就是通过金融资源的三次优化配置来实现战略性新兴产业的升级目标。

在战略性新兴产业演进的金融支持过程框架下，本文构建了"两体两制"框架下的战略性新兴产业演进中的金融支持体系，该体系主要由以信贷市场为主导的间接金融体系（子体系）、以资本市场为主导的直接金融体系（子体系）、政策性金融支持机制、市场性金融支持机制等四个部分内容组成。"两体两制"框架下的金融支持体系，立足于以信贷市场为主导的间接金融体系和以资本市场为主导的直接金融体系的金融支持路径，注重于政策性金融支持机制和市场性金融支持机制的相互协调作用，通过实施金融资源的优化配置，来共同致力于金融支持战略性新兴产业的培育、发展与升级目标的顺利实现。该研究成果将为中国制定科学高效的国家产业发展政策与金融财政政策，提供重要的理论指导与决策参考，具有非常重要的理论与现实意义。

战略性新兴产业是个崭新的概念，在国家关于培育与发展战略性新兴产业的重要现实背景下，加强对战略性新兴产业的金融支持这一重大课题的研究，已经成为国内外金融学学术界的重要研究使命。特别是进入"十二五"时期，国务院对于战略性新兴产业规划的出台，彰显出理论研究严重滞后的现状，为了更好地指导战略性新兴产业政策制定的科学性与高效性，从事这一重大课题的研究无疑将具有非常重要的意义。因此，本文成果将为这一重大课题的研究作一前期研究基础，为金融学术界继续深入进行这方面的研究作一良好的铺垫。

参考文献

[1] 陈静思. 国务院确定七大战略新兴产业 [EB/OL]. http：//www.dfdaily.com/html/113/2010/9/9/516764.shtml.

[2] 谈儒勇. 中国金融发展与经济增长关系的实证研究 [J]. 经济研究，1999（10）：22-31.

[3] 丛林. 技术进步与区域经济发展 [M]. 成都：西南财经大学出版社，2002.

［4］张金瑞. 技术进步与经济发展［M］. 北京：中国人民大学出版社，1990.

［5］庄卫民. 产业发展与技术进步［M］. 上海：立信会计出版社，2003.

［6］顾海峰. 金融支持产业结构优化调整的机理性建构研究［J］. 上海金融，2010（5）：18-22.

［7］顾海峰. 金融支持产业结构调整的传导机理与路径研究［J］. 证券市场导报，2010（9）：27-33.

［8］范小雷. 发达国家发展战略产业的金融支持路径研究［D］. 武汉理工大学博士论文，2007.

［9］段一群，李东，李廉水. 中国装备制造业的金融支持效应分析［J］. 科学学研究，2009（3）：15-19.

［10］张亮. 我国节能与新能源行业的金融支持问题［J］. 开放导报，2009（4）：17-20.

［11］郑婧渊. 我国高科技产业发展的金融支持研究［J］. 科学管理研究，2009（5）：21-24.

［12］Greenwood，J.，Jovanovic，B. Financial Development，Growth，and the Distribution of Income［J］. Journal of Political Economy，1990，98（5）：1076-1107.

［13］King，R.G.，Levine，R. Finance，Entrepreneurship，and Growth：Theory and Evidence［J］. Journal of Monetary Economics，1993（32）：513-542.

［14］P.Arestis，P. Demetriades. Financial Development and Economic Growth：Assessing the Evidence［J］. The Economics Journal，1997，107（5）：783-799.

［15］Beck，T.，Levine，R.，Loayza，N. Finance and the Sources of Growth［J］. Journal of Financial Economics，2000（58）：261-300.

论战略性新兴产业发展的知识产权制度回应[*]

张 鹏[**]

一、引 言

《国民经济和社会发展第十二个五年规划纲要》指出：“坚持把经济结构战略性调整作为加快转变经济发展方式的主攻方向……大力发展战略性新兴产业……坚持把科技进步和创新作为加快转变经济发展方式的重要支撑。”由此可见，中国在“十二五”期间将以加快转变经济发展方式为主线，将战略性新兴产业的发展作为转变经济发展方式的重要突破点和着力点，把科技进步和创新作为加快转变经济发展方式的重要支撑。如何有效利用知识产权制度推动中国战略性新兴产业核心技术的创新，为战略性新兴产业提供知识产权制度层面的推力值得深入研究。

为战略性新兴产业核心技术的创造、运用、保护和管理提供全方位的知识产权法律和政策支持，为战略性新兴产业核心技术创新的“天才之火”添加“利益之油”，笔者认为，中国现行知识产权制度应从以下几个方面加以回应。

二、战略性新兴产业核心技术专利申请的加快审查制度

笔者建议，设立专利申请的加快审查制度，对于涉及战略性新兴产业核心技术的专利申请，允许专利申请人请求加快审查，以较短的审查周期获得授权。

（一）制度背景

中国 2008 年发明专利实质审查周期与 2007 年基本一致，为 25.8 个月。结合美国专利商标局、日本特许厅、韩国专利局以及欧洲专利局年报的记载，中国发明专利审查周期在上述五局中处于中等偏优的情况。为了大力发展战略性新兴产业核心技术，加强战略性新兴产业核心技术的创造、运用、保护和管理，推动战略性新兴产业核心技术创新主体在较短的时间获得收益用于再创新，有必要适当缩短战略性新兴产业核心技术获得权利保护的时间差。缩短时间差的方案即在于将战略性新兴产业核心技术作为加快审查的适用情形。

* 国家知识产权局专项课题“基于审查资源为战略性新兴行业培育提供的服务研究”，该课题被评选为优秀课题。
** 张鹏，1981 年生，男，中南财经政法大学知识产权研究中心博士研究生，国家知识产权局专利复审委员会审查员。

（二）比较法研究

为加快对战略性新兴产业核心技术创新的保护，美国、日本、韩国等均采取了加快审查或者优先审查的方式加以激励。

韩国专利局在针对发明推行根据创新主体需要的三轨制审查方式（即一般审查方式、加快审查方式和延期审查方式）的基础上，自 2009 年 10 月起推行针对战略性新兴产业核心技术专利申请的超快审查方式，以比加快审查更快的方式对战略性新兴产业核心技术专利申请加以审查，以期推动战略性新兴产业核心技术的运用与保护。绿色技术方面的专利申请，尤其是温室气体和环境污染减排或者政府研发经费资助的专利申请项目，将在 1 个月内审查完毕并于 4 个月内宣布审理结果，与以前的 3 个月审查期以及 6 个月的审理期相比速度快了 1.5~3 倍。韩国加快审查程序的适用条件较为宽泛，并且适用范围较大，2007 年加快审查案件占实审请求量的 8.22%，2008 年为 10.15%。

日本特许厅自 2009 年 11 月 1 日起将战略性新兴产业核心技术专利申请列入优先实审和优先复审范围，对于上述专利申请优先进行实质审查和复审请求的审查。日本在正常审查流程的基础上，设立了加快审查程序和超快审查程序，其基本流程如图 1 所示。为加快对节能减排等"绿色技术"研发成果的保护，日本专利局自 2009 年 11 月 1 日起试行将"绿色申请"列入专利优先实审优先复审范围。此举将大幅缩减"绿色申请"的专利审批周期，其第一次审查意见通知书周期由原平均 29 个月大幅缩减至 2 个月。申请优先实审优先复审者，须在"优先实审相关情况说明"和"优先复审相关情况说明"中简要阐述其发明是具节能减排效果的技术。提交"实施关联申请"时，则须将自其专利申请日起 2 年内的相关投产情况记载于申请文件中。

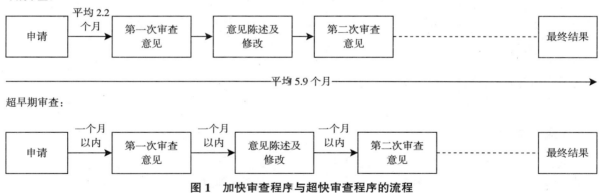

图 1 加快审查程序与超快审查程序的流程

美国专利商标局自 2009 年 12 月 7 日起试行战略性新兴产业核心技术专利申请加快审查项目，主要针对下述三个方面的发明专利申请：①对可再生能源的改进；②有利于更有效地利用和节约能源的技术；③有利于温室气体减排的技术。另外，英国、澳大利亚等亦将战略性新兴产业核心技术专利申请作为加快审查的对象加以激励。

（三）制度内涵

对于中国而言，对战略性新兴产业核心技术的专利申请实施依请求的加快审查制度，亦即专利申请人可以请求对于涉及战略性新兴产业核心技术的专利申请予以加快实质审查和优先复审查，有利于中国创新主体尽早在战略性新兴产业核心技术领域形成竞争优势，有利于构建中国在该领域的核心竞争力。战略性新兴产业核心技术几乎遍及电力、交通、建筑、冶金、化工、石化等多种行业，因此，如何界定战略性新兴产业核心技术的范围非常重要。

笔者建议，对于战略性新兴产业核心技术相关领域的专利申请情况加以分析，可以对中国具有一定比较优势的领域首先试行加快实质审查和优先复审审查。通过调研，对于太阳能热利用技术、混合动力汽车、风力发电技术和光伏发电技术等优势领域可以试行加快实质审查和优先复审审查。

1. 太阳能热利用技术领域

太阳能具有清洁无污染、无排放物质、不增加地球热负荷等优点，所以利用太阳能的系统又称作"无变量的能源系统"。毋庸置疑，太阳能热利用技术是典型的战略性新兴产业核心技术之一。据分析，2003 年、2004 年、2005 年国内创新主体的中国发明专利申请和国外创新主体的中国发明专利申请比例分别为 119∶10、127∶14、45∶1。进一步分析该领域中国发明专利申请的特点，可以得出，中国企事业单位的发明专利申请主要集中于太阳能热利用的基础部件或者太阳能热水器方面，国外企业的申请量则主要集中于太阳能建筑一体化或者太阳能综合利用上。详言之，中国创新主体有关太阳能热利用的专利申请主要集中在太阳能集热器，包括集热器的控制装置、集热器的吸收器材料、采用跟踪装置的太阳能集热器等。因此，笔者建议针对该领域（尤其针对太阳能热利用中的太阳能集热器技术）试行加快实质审查和优先复审审查，并且配合资助政策加以激励，以推动该领域的技术创新以及中国创新主体在该领域竞争优势的强化。

2. 混合动力汽车领域

以燃料电池汽车、混合动力汽车和纯电动汽车为代表的新型节能环保汽车已经成为发展低碳经济的重要方向之一。相比纯电动汽车受限于电池和续航里程，燃料电池汽车受限于成本、氢能源受限于制备与携带等因素，混合动力汽车具有动力性能好、尾气排放量低、技术可行等特点，成为典型的战略性新兴产业核心技术之一。

据统计，混合动力汽车技术领域国内创新主体的中国发明专利申请所占比例为 43%。就该领域的中国发明专利申请的申请人而言，丰田、通用、本田的专利申请量分别为 189 件、106 件、81 件，中国奇瑞、长安、清华大学的专利申请量分别为 59 件、33 件、30 件。应当说，除了丰田、通用、本田等国外汽车企业之外，以奇瑞汽车公司、重庆长安汽车股份有限公司为代表的中国汽车企业，以清华大学、上海交通大学为代表的中国科研院所，已经在混合动力汽车领域展开了卓有成效的研发，并取得了一定成果。笔者建议针对该领域试行加快实质审查和优先复审审查。

（四）暂不试行加快审查的领域

据统计，在乳胶漆、粉末涂料、高固体分涂料和辐射固化涂料等环保涂料领域，中国创新主体申请量小并且分散，说明中国目前尚未形成具有一定研发能力、申请量比较突出的公司企业，故对该环保涂料领域不宜适用加快审查制度，而应采用资助和知识产权风险预警制度加以引导。

三、战略性新兴产业核心技术专利权的强制许可制度与战略性新兴产业核心技术标准化的反垄断审查

根据《中华人民共和国专利法》（以下简称《专利法》）第四十九条的规定，在国家出现紧急状态或者非常情况时，或者为了公共利益的目的，国务院专利行政部门可以给予实施发明专利或者实用新型专利的强制许可。为了使得战略性新兴产业核心技术科技成果能够真正惠及全社会，而不仅仅成为创新主体谋取合法垄断利益的工具，建议进一步研究战略性新兴产业核心技术中的

涉及国家公共利益的敏感技术领域，探索针对上述涉及国家公共利益的战略性新兴产业核心技术领域的强制许可的可能性，以及涉及战略性新兴产业核心技术标准相关专利在构成技术垄断情况下的强制许可的可能性，进一步完善中国战略性新兴产业核心技术专利权的强制许可制度以及战略性新兴产业核心技术标准化的反垄断审查制度。

借助战略性新兴产业核心技术专利权的强制许可制度，在涉及国家公共利益的情况下能够使社会公众享用战略性新兴产业核心技术带来的利益；借助战略性新兴产业核心技术标准化的反垄断审查制度，能够避免创新主体借助标准化的技术垄断市场，从而使战略性新兴产业核心技术能够惠及社会公众。需要指出的是，与甲型H1N1流感、非典型性肺炎等涉及高危性传染疾病的理由相比，上述战略性新兴产业核心技术与国家公共利益的关联性更弱，所以涉及国家公共利益的战略性新兴产业核心技术领域的强制许可应当较为慎重。

另外，对于涉及战略性新兴产业核心技术标准的相关专利是否构成技术垄断，需要根据《中华人民共和国反垄断法》（以下简称《反垄断法》）第五十五条的规定，分析上述战略性新兴产业核心技术的标准化是否构成市场支配地位的滥用、联合限制竞争等。笔者建议，中国应当尽快借鉴美国《知识产权许可的反托拉斯指南》、欧盟《772/2004 号规章》和日本《知识产权利用反垄断指南》的实践经验，结合中国国情，制定相关的知识产权反垄断规范性法律文件，对战略性新兴产业核心技术标准化过程中的垄断行为加以审查，尤其是中国尚不具备竞争优势的环保涂料等领域。

四、战略性新兴产业核心技术许可与转让中的知识产权保护

基于前文对太阳能热利用技术、混合动力汽车、风力发电技术和光伏发电技术等战略性新兴产业核心技术领域的专利分析可以看出，战略性新兴产业核心技术属于新兴行业，处于专利池的初步构建阶段。笔者建议，中国创新主体在这一阶段应当积极配合技术创新构建专利池，并且在专利池的许可证贸易中逐步构建适合创新主体专利池结构的许可和转让条件。

美国施乐公司的专利许可战略以及相关的专利经营的做法值得借鉴。该公司在新任总裁里克·托曼的领导下十分重视开发专利权等知识产权的价值。根据该公司专利顾问巴利·史密斯提供的材料，公司在进行了资产重组的同时成立了知识产权工作组，主要任务是明确专利和技术证券，找到使其一体化和市场化的最佳途径。该公司在专利许可证经营方面的具体做法是：在一揽子发放许可证的有价证券中对各个专利分门别类，辅之以专利编组的方法。当一家公司频繁引用该公司的一组专利时，公司知识产权组即会将这些专利编成组，然后按组发放专利许可证。施乐公司主管知识产权的副总裁简·杰弗里指出："我们过去错过的以及我们今天正在做的，是系统地挖掘专利投资组合的商机。这意味着首要的也是最重要的是采取积极甚至进攻性的态度通过专利获得利润。但这也意味着我们要为技术寻找其他用途，而不仅仅局限于产品中，也不能静坐观望。将专利仅用于保护产品是老套路。"

美国施乐公司的做法给我们的启示是，中国创新主体对于战略性新兴产业核心技术的企业专利战略应当伴随着技术创新全面跟进。同时，在引进国外相关技术的过程中，也应当对于其中存在的知识产权风险加以评估与预警。

五、战略性新兴产业核心技术的国际审查结果共享与海外法律制度研究

中国需要在"十二五"期间实现从外贸大国向外贸强国的转变，建议逐步试点以 PCT 为基础来针对特定技术领域的国际审查结果共享项目，并且加大海外法律制度的研究和培训力度，支持中国战略性新兴产业海外市场拓展。

对战略性新兴产业的相关技术进行专利分析，根据专利分析的数据，从上述三个角度确定中国创新主体的竞争能力，对于中国创新主体具有较强竞争能力的领域试点国际审查结果共享项目。结合针对上述领域的加快审查和国际审查结果共享，推动中国审查结果对于其他局审查情况的影响，支持中国企业海外专利布局。国际审查高速公路 PPH 是一种由二次申请受理局（OSF）共享首次申请受理局（OFF）工作结果的双边和双向机制。国际审查高速公路 PPH 项目由日本特许厅在 2004 年 11 月召开的第 22 次美日欧三边会议中提出，该项目旨在利用各专利局的加快审查来及时地获得检索和审查结果，并以此来提高质量和促进各专利局之间工作结果的相互利用。笔者认为，可以借鉴国际审查高速公路 PPH 这一法律制度的建构，逐步试点中国优势领域的国际审查结果共享。

中国新兴产业创新主体海外市场拓展路线图通常为，"中东和东南亚—非洲—欧美"。也就是说，中东、东南亚和非洲是中国企业海外市场拓展的先期主要目的国，欧美为后期主要目的国。然而，目前中国专利法学界和实务界对于专利法的研究则是出于借鉴欧美先进专利制度的需要，因此对于欧美专利法的研究较多，而对于中东、东南亚和非洲的知识产权制度、保护策略和申请策略研究很少。这种现象同样体现在专利信息数据搜集的完整性和准确性上，国内创新主体在查询中东、东南亚和非洲专利技术信息和法律状态时往往面临巨大的困难，难以把握这些目的国的知识产权风险。为了全面支持中国创新主体的海外市场拓展，应提前部署相关课题，专门研究中东、东南亚和非洲的知识产权制度，重点研究目的国的保护策略和申请策略，并且着力开展海外市场拓展过程中的知识产权风险分析与对策研究。将上述研究成果及时形成面向公众的文件，结合相关真实案例建立海外知识产权维权的知识库，及时发布主要目的国知识产权法规及执法的动态，为企业海外市场拓展保驾护航。

六、战略性新兴产业核心技术专利费用资助制度

中国目前专利费用资助制度包括两类：国家知识产权局实施的针对缴费确有困难的专利申请人或者专利权人的普遍减缓制度；地方政府实施的针对本地专利申请人或者专利权人的专利费用无偿资助制度。国家知识产权局实施的普遍减缓制度伴随着专利制度得以建立，地方政府实施的无偿资助制度从 1999 年开始试行，目前已经为绝大多数地方政府普遍实施。国家知识产权局在 2008 年 1 月 21 日下发《关于专利申请资助工作的指导意见》，推动地方政府实施的专利费用无偿资助制度加以完善。财政部于 2009 年 8 月 28 日下达《资助向国外申请专利专项资金管理暂行办法》，对向国外提出的专利申请加以资助，以引导中国企业构建核心竞争力，积极拓展海外市场。可以说，借助对中国创新主体的公共财政资助，引导和激励了中国创新主体的创新方向。

如上所述，战略性新兴产业核心技术是中国着力发展的创新方向之一，代表了未来先进技术和经济模式的方向。科技部正在起草的《"十二五"国家应对气候变化科技发展专项规划》和国家发展和改革委员会正在起草的《低碳经济发展指导意见》亦体现了这一点。笔者建议，借鉴向国外提出的专利申请的资助制度，实施战略性新兴产业核心技术专利申请的专项资助，从而积极引导中国创新主体对于战略性新兴产业核心技术发明创造的积极性，推动中国创新主体占据战略性新兴产业核心技术的核心竞争力。

七、战略性新兴产业核心技术相关项目的知识产权风险预警与评估制度

就知识产权的保护和管理而言，有必要从两个层面构建战略性新兴产业核心技术相关项目的知识产权风险预警与评估制度。

首先，在国家层面，由政府主导对中国重点发展的战略性新兴产业核心技术主要领域的知识产权现状加以分析，并对其中存在的知识产权风险启动预警与评估机制，以便于中国宏观产业发展政策的制定中充分考虑知识产权因素。

其次，在社会层面，国家知识产权局等相关部门在各自职责范围内为中国创新主体提供产业发展指导，对中国创新主体的创新方向上所存在的知识产权风险提前给出预警分析和评估，以期对中国相关行业的发展具有积极的指导作用。

八、结　语

知识产权制度作为鼓励创新、推动创新应用的重要法律制度，对已经确定为中国重点发展领域之一的战略性新兴产业核心技术理应有所回应。就知识产权的创造而言，建议针对太阳能热利用技术、混合动力汽车、风力发电技术和光伏发电技术等中国具有一定优势的战略性新兴产业核心技术域试行依请求的加快审查制度；就知识产权的运用而言，建议完善针对战略性新兴产业核心技术的强制许可制度，并且强化战略性新兴产业核心技术标准化进程中的反垄断规制；就知识产权的保护而言，探索国际审查结果共享以及深化海外市场拓展目的国法律制度研究；就知识产权的管理而言，建议进一步完善涉及战略性新兴产业核心技术的资助制度以及风险预警制度。通过上述法律制度的完善，全面推动中国战略性新兴产业核心技术的创新。

参考文献

［1］国家知识产权局.国家知识产权局 2008 年年度报告 ［EB/OL］.（2009-01-18）［2010-01-07］. http：//www.sipo.gov.cn/sipo2008/gk/ndbg/2008/.

［2］张鹏.中国创新主体在日本、韩国的专利申请与保护——以日韩专利制度的特点为视角［J］.电子知识产权，2010（7）.

［3］国家知识产权局.http：//www.sipo.gov.cn/sipo2008/dtxx/gw/2009/200911/t20091118_481534.html ［EB/OL］.

［4］王森.太阳能热利用专利技术的现状及分析 ［A］.中国知识产权研究会.各行业专利技术现状及其

发展趋势报告（2006~2007）. 北京：知识产权出版社，2007.

[5] 汪旻梁. 中国混合动力汽车领域专利技术现状及其趋势［A］. 中国知识产权研究会. 各行业专利技术现状及其发展趋势报告（2008~2009）. 北京：知识产权出版社，2009.

[6] 邓军谋，李旭. 环保涂料专利技术现状及其发展趋势分析［A］.中国知识产权研究会. 各行业专利技术现状及其发展趋势报告（2009~2010）. 北京：知识产权出版社，2010.

[7] 王先林. 知识产权与反垄断法：知识产权滥用的反垄断问题研究（修订版）［M］. 北京：法律出版社，2008：342-361.

[8] 冯晓青. 企业专利有偿转让战略研究［J］. 发明与创新，2007（6）：28-29.

[9] 文家春，朱雪忠. 中国地方政府资助专利费用政策若干问题研究［J］. 知识产权，2007（6）.

环境规制下环保产业的区域发展及影响因素

——基于省际面板数据的实证分析

杨 光 原毅军[*]

一、引 言

随着 2010 年中国 GDP 总量超过日本，中国正式成为全球第二大经济体，在国际上备受瞩目。随之而来的是各国对中国环境恶化的质疑，即中国在实现高速增长的同时，也付出了巨大的能源和环境代价，以生态环境恶化换取经济增长的发展模式的问题日渐严峻。

在此背景下，国务院办公厅在 2010 年 10 月 10 日发表重要文件——《关于加快培育和发展战略性新兴产业的决定》，决定指出要加快培育和发展战略性新兴产业，目标是到 2015 年，战略性新兴产业形成健康发展、协调推进的基本格局，对产业结构升级的推动作用显著增强，增加值占国内生产总值的比重力争达到 8% 左右。到 2020 年，战略性新兴产业增加值占国内生产总值的比重力争达到 15% 左右，吸纳、带动就业能力显著提高。节能环保、新一代信息技术、生物、高端装备制造产业成为国民经济的支柱产业，新能源、新材料、新能源汽车产业成为国民经济的先导产业；创新能力大幅提升，掌握一批关键核心技术，在局部领域达到世界领先水平；形成一批具有国际影响力的大企业和一批创新活力旺盛的中小企业；建成一批产业链完善、创新能力强、特色鲜明的战略性新兴产业集聚区。不难看出，战略性新兴产业的一大重要特征就是环境友好型产业，环保产业作为七大战略性新兴产业中的一个重要产业，其健康发展与否直接关系到中国在未来若干年内是否能够有效地解决维持适度的经济增长与保护生态环境之间的矛盾，如何发展环保产业也因此逐渐成为了国内外学者研究的热点问题。

国外研究方面，Anik Lacroix（1997）分析了加拿大排污费设计的理论和方法，研究表明，较高的排污费在促进污染物削减方面发挥了重要的作用，但是 Cabe 和 Herriges（1992）的研究指出，这一政策工具的缺陷在于现实中很难找到足够的信息用来制定出合适的税率。中村（1998）认为，影响环保产业发展的主要因素是企业的环境研究开发、日益重要的环境管理问题、企业发展战略中环境的新作用以及发展中国家环境合作的重要性。Diener 和 Terkl（2000）在分析环保产业发展的外部驱动因素时指出，在环保产业的不同发展阶段，驱动因素的作用不同。在产业形成期和发展期，环保产业发展的主要驱动因素是环境法律、法规，公众的环境意识和企业的社会责任（支付意愿）；在产业成熟期环保产业发展的主要驱动因素是经济刺激手段，公众的环境意识和企业的

* 杨光，1985 年生，男，辽宁沈阳人，大连理工大学经济学院研究生；原毅军，1955 年生，男，山东荣成人，大连理工大学经济学院教授，博士生导师，经济学博士。

社会责任（支付意愿），环境法律、法规对环保产业的推动作用相对降低。

国内学者此前对环保产业的研究不是很多，较为有参考价值的有：潘理权、赵良庆（2005）认为，从环保产业所处的市场环境来看，在市场机制不完善的条件下，政府既是环保市场秩序的规范者和维护者，又是环保产业发展的引导者和推动者，在宏观调控、市场建设等方面具有很强的作用。原毅军、耿殿贺（2010）运用博弈论的方法研究了环保产业发展过程中政府、环保企业和排污企业各自的利益关系，主要从排污费的角度指出博弈均衡时的排污费使环保企业利润达到最大，中国许多地区的排污费征收力度不够。牛婷（2010）、何音音和雷社平等（2010）以及连志东（2009）等分别运用实证分析的方法，在环保投资对环保产业的影响方面、环保产业的影响因素方面以及环保产业对 GDP 的拉动作用进行了分析。

总体来看，环保产业的研究方面，现有的成果多为理论分析，实证研究稍显匮乏，已有的实证研究大多涉及的变量和数据不够丰富，难以全面揭示中国环保产业的因素。针对现有研究的不足，本文借鉴前人的研究框架，在深入分析中国环保产业发展相关影响因素的基础上，采用 30 个省份的面板数据进行实证检验，得出环保产业发展的重要影响因素，为中国大力发展环保产业奠定理论基础。

二、环保产业的现状及区域比较

（一）环保产业总量的区域差异①

从环保产业年产值的总量来看，中国东部地区、中部地区和西部地区 2001~2007 年的年产值，全国环保产业年产值以及占全国 GDP 的比重如表 1 所示。

表1　中国环保产业 2001~2007 年东部、中部和西部地区年产值②

单位：万元

年份	2001	2002	2003	2004	2005	2006	2007
东部地区	9210935	7523485	9311840	12153035	27512637	31082355	18778036
中部地区	3601807	8798723	2324577	2551563	5903447	5719763	3551635
西部地区	1470709	2324062	1943329	2066107	4644424	4327313	2273785
总量	14283450	18646269	13579746	16770704	38060508	41129431	24603456
占 GDP 比重	1.38	1.62	1.02	1.05	2.03	1.88	0.94

资料来源：2002~2008 年的《中国环境年鉴》及笔者整理。

从表 1 中的数据可知，5 年间中国环保产业产值从 2001 年的 1428.3 亿元增加到 2006 年的 4112.9 亿元，2006 年的产值是 2001 年的 2.88 倍，年均增长率达到 23.6%。2001~2006 年，环保产

---

① 本文参考《中国统计年鉴》中区域的划分，把中国划分为东部、中部和西部地区。其中，东部地区包括辽宁、河北、北京、天津、山东、江苏、上海、浙江、福建、广东、海南 11 个省（市）；中部地区包括吉林、黑龙江、山西、安徽、江西、河南、湖北、湖南 8 个省（区），西部地区包括重庆、四川、内蒙古、陕西、青海、宁夏、新疆、甘肃、贵州、云南和广西 11 个省（区）。由于西藏地区缺乏相关数据统计，所以在研究中予以排除。

② 关于环保产业的统计数据不够充足，表中的环保产业产值以及后面研究中的最新数据之所以只选择到 2007 年是因为《中国环境年鉴》中对"环保产业年产值"一项的统计只统计到 2007 年，之后取消了对该项数据的统计。并且 2008 年《中国环境年鉴》中对 2007 年的该项数据统计口径有所变动，该项统计更新为"环保产业年收入"，这可能是造成 2007 年总量比前一年大幅下降的原因，因此该年数据在分析时亦不作重点参考，所以图 1 中只给出了 2001~2006 年的分析数据。

业产值占 GDP 的比重平均值为 1.5%，而据统计，美国在 2003 的环保产值占 GDP 的比重达到 3%，许多发达国家也均在 2% 以上。对比可以看出，中国的环保产业发展不够充分。此外，各个地区的环保产业年产值呈现出三大"俱乐部"。如图 1 所示，东部地区的产值遥遥领先，为第一俱乐部，中部和西部地区的差距相对稍小，分居第二和第三俱乐部。从图 1 中也可以看出，东部地区增长较为迅猛，中部地区 2002 年出现一个峰值之后大幅下降，随后波动发展，西部地区较为平稳，但是增长缓慢。各个地区之间的发展不够均衡。

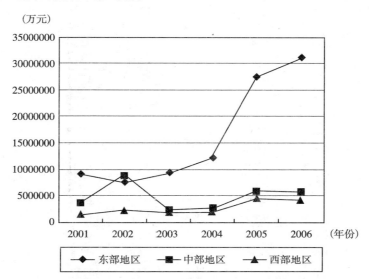

图 1　中国环保产业 2001~2006 年东部、中部和西部地区年产值

（二）环保产业的相对区域竞争力

各地区的环保产业发展水平不可避免的与当地经济发展水平相关，因此环保产业的产值的绝对量不能够真正反映各个区域的发展水平差异。为此，本文借鉴孙林霞、陈雪梅（2010）的研究思路，借助国际贸易领域的一个研究方法，采用显示性比较优势指数（Revealed Comparative Advantage Index，RCA）的思想。显示性比较优势指数是衡量一个国家的产品或产业在国际市场竞争力的权威指标。其目的是运用定量的方法描述一个国家内各个产业或一系列产品出口情况的相对表现。通过 RCA 指数可以判定一个国家的哪些产业更具有出口竞争力，从而判断一国在国际贸易中的比较优势。显示性比较优势指数的具体计算方法是指一个国家某种商品的出口额占其出口总值的份额与世界出口总额中该类商品出口额所占份额的比率。

本文引入产业相对竞争力的概念，相对竞争力是指一个国家或地区的产业相对于其他国家或地区具有比较优势，需要强调的是相对竞争力不一定是总量占优，而是权衡产业的总体内部结构后所具有的比较优势。根据该思想构建环保产业的相对竞争力模型，建立环保产业的相对竞争力指数 EPIRCA（Environmental Production Industry Revealed Comparative Advantage Index ）如式（1）所示，该指数为地区环保产业产值占地区所有产业产值（地区 GDP）的份额与全国环保产业产值占全国所有产业产值（全国 GDP）的比率，通过该指数衡量区域间的环保产业相对发展程度。

$$EPIRCA_i = \frac{FPI_{it}}{GDP_{it}} / \frac{FPI_t}{GDP_t} \tag{1}$$

式中，FPI_{it} 表示 i 省在第 t 年的环保产业产值，GDP_{it} 表示 i 省在第 t 年的国内生产总值；EPI_t 表示全国第 t 年的环保产业产值，GDP_t 表示全国第 t 年的国内生产总值。

EPIRCA 大于 1 说明 i 地区的环保产业发展具有相对竞争优势，数值越大则相对竞争优势越大；等于 1 则说明 i 地区的环保产业发展在全国的相对竞争力处于平均水平；小于 1 则说明 i 地区的环保产业相对竞争力在全国各个区域中处于劣势，数值越小则发展相对越不充分。根据该模型运用 2001~2007 年的数据进行计算得到各省份的相对竞争力指数，如表 2 所示。

表 2　各省份环保产业相对竞争力指数 EPIRCA 计算结果（2001~2007）

排名	省份	2001 年	2002 年	2003 年	2004 年	2005 年	2006 年	2007 年	均值
1	河南	7.419	2.452	6.350	3.697	7.677	4.722	6.180	5.499
2	陕西	0.170	2.294	3.868	3.095	1.794	1.996	0.827	2.007
3	江苏	1.759	0.709	1.684	1.327	2.783	2.548	2.219	1.861
4	天津	1.472	1.486	2.285	2.259	1.517	1.359	2.619	1.857
5	辽宁	1.130	0.738	1.101	1.091	1.542	1.422	4.011	1.577
6	浙江	0.986	1.476	1.153	2.093	1.241	2.191	1.457	1.514
7	湖南	2.346	5.051	0.481	0.579	0.359	0.367	0.524	1.387
8	安徽	0.683	5.904	0.755	0.233	0.315	0.553	0.275	1.245
9	山西	1.318	0.963	1.179	0.573	1.116	0.798	1.656	1.086
10	山东	0.953	0.370	2.317	0.734	0.933	1.384	0.498	1.027
11	重庆	0.353	0.620	0.904	1.230	1.363	1.561	1.091	1.017
12	黑龙江	1.320	0.866	1.315	0.471	0.889	1.008	1.039	0.987
13	吉林	0.762	0.658	1.298	1.236	0.598	0.434	0.576	0.795
14	广东	0.599	0.396	0.560	1.721	0.681	0.691	0.796	0.778
15	福建	0.682	0.655	0.787	0.670	0.530	0.659	1.188	0.739
16	贵州	1.745	2.005	0.725	0.229	0.058	0.015	0.020	0.685
17	广西	1.586	0.914	0.411	0.333	0.570	0.512	0.470	0.685
18	湖北	0.001	0.772	0.053	1.384	0.869	0.941	0.250	0.610
19	河北	0.946	0.739	0.687	0.469	0.369	0.405	0.437	0.579
20	四川	0.477	0.246	0.574	0.572	0.849	0.370	0.832	0.560
21	北京	0.866	0.632	0.045	0.735	0.553	0.038	0.471	0.477
22	甘肃	0.790	0.162	0.244	0.023	0.463	0.403	0.674	0.394
23	上海	1.444	0.089	0.088	0.142	0.845	0.045	0.004	0.380
24	江西	0.903	0.327	0.260	0.295	0.271	0.189	0.264	0.359
25	云南	0.266	0.230	0.245	0.258	0.694	0.453	0.094	0.320
26	宁夏	0.355	0.284	0.314	0.015	0.335	0.242	0.488	0.290
27	海南	0.091	0.114	0.191	0.164	0.205	0.269	0.087	0.160
28	青海	0.051	0.058	0.093	0.051	0.024	0.048	0.728	0.150
29	内蒙古	0.125	0.493	0.087	0.057	0.006	0.039	0.041	0.121
30	新疆	0.161	0.097	0.185	0.138	0.037	0.052	0.064	0.105
	东部地区	0.993	0.673	0.991	1.037	1.018	1.001	1.253	0.995
	中部地区	1.844	2.124	1.461	1.058	1.512	1.127	1.345	1.496
	西部地区	0.553	0.673	0.695	0.546	0.563	0.517	0.484	0.576

资料来源：笔者根据《中国统计年鉴》及《中国环境年鉴》相关数据计算整理。

表 2 的计算结果给出了各个省份的 EPIRCA 指数并进行排名，不同于总量的比较，数据显示从相对竞争力方面来看，中部地区 2001~2007 年的均值为 1.496，该指数大于 1，说明中部地区在环保产业的发展方面具有相对优势；东部地区的 EPIRCA 指数平均值为 0.995，接近于 1，说明东部地区环保产业的相对发展接近全国平均水平；而西部地区该指数只有 0.576，该指数小于 1，而且差距较大，说明西部地区的环保产业相对发展较大幅度地落后于全国其他地区的水平，中国三

大区域的 EPIRCA 指数变化趋势如图 2 所示。从单个省份来看，中部地区的河南、西部地区的陕西和东部地区的江苏分居前三位，而西部地区的青海、内蒙古和新疆分列后三位，进一步说明了西部地区环保产业的发展较为落后。

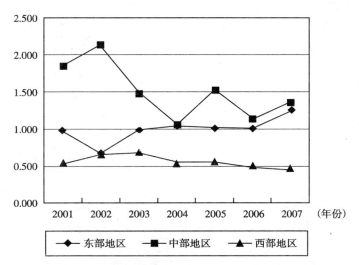

图 2　中国环保产业 2001~2007 年东部、中部和西部地区相对竞争力指数

三、政府环境规制对环保产业的影响机制

（一）政府规制的必要性

　　环保产业在性质上不同于其他产业，原因是环保产业的产品给环保企业自身带来利益的同时，其产品发挥的作用也为人们改善了环境质量，增加了人们的福利，即环保产业具有正的外部性。正因为如此，环保产业生产的社会边际成本小于私人边际成本。按照自身利益最大化的原则，环保企业在生产决策的过程中会选择私人边际成本等于边际收益，如图 3 所示，即在产量 Q 进行生产。但是社会边际成本与私人收益的交点，即产量 Q* 才是社会最优产量，此时便出现了市场失

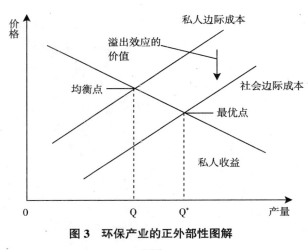

图 3　环保产业的正外部性图解

灵，需要政府利用补贴等形式进行市场干预，使得环保产业的私人成本下降到社会成本，从而以最优产量进行生产。

（二）政府规制对环保产业的传导途径

由于环保产业的特殊性质，政府环境规制政策的传导不同于其他产业。对于一般产业，政府的相关政策可以直接作用于该产业，而规制政策在某些方面对于环保产业而言则需要一个传导的过程。政府对环保产业的环境规制政策的作用可以体现在以下三个方面：补贴效应、需求效应和创新效应，具体途径如图4所示。

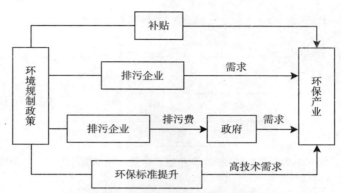

图4 环境规制政策对环保产业作用的传导

（1）补贴效应。由于环保产业的社会边际成本小于私人边际成本，政府需要对环保产业实行鼓励发展的政策，对环保产业进行补贴，在形式上表现为一种直接的政策所用。

（2）需求效应。环保产业的发展动力从根本上讲是整个社会对环保产业的需求，这种需求的来源主要有两种途径：其一，在环境规制的政策下，例如，在征收排污费的背景下，如果排污企业认为排污费额度较高，那么企业会选择雇用环保企业进行污染治理，只要污染治理的价格小于政府的排污费，便产生了排污企业对环保企业的需求，这种需求在形式上体现为环境政策的一种间接作用。其二，如果排污企业可以接受政府征收的排污费，更确切地说是如果交纳排污费的数额小于雇用环保企业进行污染治理的价格，那么污染企业会选择交纳排污费同时排放生产过程中产生的污染物。这样，政府虽然得到了排污费收入，但是却没有达到环境治理的目的，因此，政府会雇用环保企业进行环境治理，这便产生了政府对环保企业的需求，形式上体现为环境政策的一种间接作用。

（3）创新效应。波特理论认为，恰当的环境规制可以对企业产生激励机制，引导企业进行创新，从而产生先动优势。随着人们对良好生活环境的期望，环保要求的标准将逐渐提高。此时，无论是排污企业还是政府都将对环保产业有着更高层次的需求，从而会激励环保企业进行高技术环保手段的研发和创新，因为这种需求趋势将使环保企业的积极创新行为带来市场，从而在环保产业内部的竞争中获得先动优势。因此，环保产业的创新效应从本质上看也是一种需求的影响。

四、环保产业影响因素的实证分析

（一）影响因素分析

经过前面的分析可知，政府的环境规制政策显然是影响环保产业发展的重要因素，而且从补贴、需求和创新三方面对环保产业产生影响。除此之外，我们进一步分析其他可能对环保产业发展产生影响的因素，力求全面了解。

（1）环境质量。如果污染物的排放水平完全在环境可容纳范围之内，即环境本身的自净作用可以同化现有污染物的水平，那么污染便不会给环境造成伤害，也就不会影响社会福利。此时，环保产业则会面临没有需求的问题，也就会退出市场。相反，如果环境质量恶化，环保产业的需求便会加强，长期内更多企业选择进入环保产业，会在市场的作用下发生产业结构的调整和升级，从而解决环境问题。

（2）人口素质。人口素质会从微观层面对环境造成影响，随着经济发展水平的增长，人们素质逐渐提升，对环境保护的重视程度也将日益提高，人们期望得到一个良好生活环境的愿望会越来越强烈，人们的环保意识构成了环保产业发展的一个微观激励。

（二）变量选择及模型设定

经过环保产业影响因素的理论分析，我们选择相应的变量来定量衡量各个影响因素。环境规制政策通过补贴、需求和创新三种效应影响环保产业，由图4可知，环境规制政策通过四种途径产生影响。本文选择环境保护补助资金衡量政府对环保产业的补贴效应，选择排污费衡量排污企业对环保企业的需求效应，选择污染治理投资总额衡量政府对环保企业的需求效应，选择环保科技管理情况中的科研业务经费衡量环境规制的创新效应。在环境质量的衡量方面，有学者采用二氧化硫的排放量衡量，但是二氧化硫只是废气排放的一种，仅能从一定程度上代表大气环境，没有反映废水和固体废弃物的排放情况，不足之处在于有些片面，因此本文从污染物产生的源头，即能源的角度进行衡量。选择能源消费强度来衡量环境质量。教育水平是反映人口素质的一个重要因素，因此采用教育事业费用支出来衡量。根据以上分析，本文设定对数线性模型如下：

$$\ln RCA_{it} = \alpha_0 + \beta_1 \ln EPA_{it} + \beta_2 \ln PC_{it} + \beta_3 \ln PTI_{it} + \beta_4 \ln SRF_{it} + \beta_5 \ln EC_{it} + \beta_6 \ln EDU_{it} + \varepsilon_{it} \tag{2}$$

式中，RCA 代表前文计算出的环保产业的相对竞争力指数 EIPRCA；EPA 代表环境规制政策的补贴效应，以环境保护补助资金占地区 GDP 的比重来表示；[①] PC 代表环境规制政策作用下排污产业对环保产业的需求效应，以排污费占 GDP 的比重来表示；PTI 代表政府对环保产业的需求，以环境污染治理投资总额占 GDP 的比重来表示；SRF 代表环境规制的创新效应，以环境保护科技工作情况中的科研业务经费占 GDP 的比重来表示；EC 代表环境质量，采用各地区能源消费总量与该地区 GDP 总量的比值表示，单位为万吨标准煤/亿元；EDU 代表人口素质变量，以教育事业费用支出与地区生产总值的比值来表示；t 代表不同年份，i 代表不同地区。数据来源于 2002~2008 年的《中国统计年鉴》、《中国环境年鉴》、《中国能源统计年鉴》以及《中国教育经费统计年鉴》。应用 Eviews 软件进行回归结果如表3所示。

---

①在"环境保护补助资金"一项数据的收集中，2004 年之后的《中国环境年鉴》对该项指标的统计口径进行了两次修改，本文选择"环保专项资金"收集 2003~2005 年的数据，选择"政府其他补助"来替代 2006 年和 2007 年的该项指标。

表3　模型回归结果

	固定效应	随机效应
C	4.879691*** (4.743546)	4.838524*** (4.815201)
lnEPA	0.059693*** (2.913023)	0.056430*** (2.884453)
lnPC	1.067926*** (5.487926)	1.104683*** (5.290864)
lnPTI	0.277153* (1.899449)	0.268095* (1.899449)
lnSRF (-1)	0.20974** (1.996619)	0.20332* (1.786593)
lnEC	0.89101*** (-2.91319)	0.903882*** (-2.91319)
lnEDU	0.28492 (-0.89192)	0.31907 (-0.88229)
Adj R²	0.726768	0.1388402
DW 值	2.125858	1.543965
Hausman 检验 P 值	0.0000	
样本个数	210	210

注：括号内数字为 t 值，***、** 和 * 分别代表显著性水平分别为 1%、5%和 10%。

由表 3 的拟合结果可知，通过 Hausman 检验 P 值为 0，因此拒绝随机效应模型，采用固定效应模型进行拟合。方程整体拟合良好，t 值显示除了教育经费占 GDP 的比重 EDU 拟合不显著之外，其他变量均显著。由此可见，环境规制政策对环保产业的发展有显著的影响，其中，环境保护补助资金 EPA 每增加一个百分点会使环保产业的相对竞争力指数增加 0.06 个百分点，表明环境规制政策对环保产业的补贴效应显著。排污费 PC 每增加一个百分点会使相对竞争力指数增加 1.07 个百分点，环境污染治理投资总额 PTI 每增加一个百分点会使相对竞争力指数增加 0.28 个百分点，表明环境规制政策对环保产业有着明显的需求效应。科研业务经费 SRF 滞后一期的拟合效果要好于当期数据的拟合效果，表明前一期的科研业务经费会对当期的环保产业产生正向的影响，说明环境规制政策的创新效应具有一定的滞后性。此外，能源消费强度 EC 的系数为正，表明能源消费强度越高，即环境质量越差，对环保产业的需求越强，会对环保产业的竞争力产生正向的影响。以教育投入为代表的人口素质变量不显著，说明短期内教育投入对环保产业的发展没有显著的影响。

五、结论与政策建议

（一）研究结论

研究表明，中国环保产业发展不够充分，但是增长速度较为迅速，2001~2006 年，环保产业产值的年增长率超过了 20%。各个地区之间的发展情况差距较大，发展不够均衡。从总量来看，东部地区处于明显优势，而中部地区和西部地区差距相对稍小。考虑到整体经济发达程度，从相对竞争力指数的测算来看，中部地区的平均值为 1.496，在全国范围内具有发展优势；东部地区该指数接近 1，发展处于全国平均水平；西部地区为 0.576，表明其环保产业发展与全国平均水平差距较大。

在此基础上，进一步理论和实证分析造成环保产业发展差异的因素。结果表明，环境规制政策是影响环保产业发展的一个重要因素，具体影响途径从环境保护补助资金、排污费、环境污染治理投资总额和科研业务经费四个方面来体现，这四种变量的增加均会对环保产业的相对竞争力产生正向的影响。此外，以能源消费为代表的环境质量也会对环保产业的发展产生影响，环保产业会由于环境质量的恶化而加速发展，短期内教育投入对环保产业的发展没有显著的影响。

（二）政策建议

在国家提出发展战略性新兴产业的大环境下，环保产业作为其中之一，具有重要的战略地位，其应该加快发展环保产业，增加环保产业的比重，从而促进产业结构的调整和升级。根据研究结论，加快中国环保产业的发展应该主要从政府的相关政策着手，具体来讲应该加大对环保产业的补贴力度，加强对排污企业的管制力度，提高环境标准，在排污企业能够承受的范围内适当提高排污费水平。同时，政府加大对环境治理的投入，通过这两个方面，在保护环境的同时也给环保产业带来充足的市场需求。大力支持环保产业的科技创新，为环保产业的技术创新提供人才和经费支持，发挥政府的主导作用来打造环保产业的创新平台。

此外，在加快中国环保产业的发展过程中，还要注重地区之间的协调发展，根据我们的研究结果，尤其要注重西部地区的发展，从而缩小各个地区的发展差距，使中国环保产业得到均衡发展。

参考文献

［1］中村.日本的环境产业［J］.中国环保产业，1998（10）.

［2］原毅军，耿殿贺.环境政策传导机制与中国环保产业发展——基于政府、排污企业与环保企业的博弈研究［J］.中国工业经济，2010（10）.

［3］孙林霞，陈雪梅.西部地区环保产业发展的潜力——基于陕西省数据的实证分析［J］.经济研究导刊，2010（23）.

［4］潘理权，赵良庆.政府在环保产业发展中的作用［J］.中国环保产业，2002（7）.

［5］连志东.环保产业发展影响因素的理论分析与实证研究［J］.环境科学研究，2009（5）.

［6］何音音，雷社平，惠煜涛.中国环保产业对 GDP 贡献的数量分析［J］.青海社会科学，2010（4）.

［7］牛婷.中国环保产业发展及其优化升级分析——基于1988~2008年相关数据的分析［J］.西安财经学院学报，2010（4）.

［8］Anik Lacroix. Environmental Protection Expenditure Accounts in Canada Issues，Sources and Methods［R］. Eurostat Work Session on Methodological Issues of Environment Statistics Working Paper，1997.

［9］Cabe，R.，and J. Herriges. The Regulation of Nonpoint Sources of Pollution Under Imperfect and Asymmetric Information［J］. Journal of Environmental Economics and Management，1992（22）.

［10］Diener，Betty J. and Terkla，David. The Environmental Industry in Massachusetts: From Rapid Growth to Maturity［J］. Corporate Environmental Strategy，2000（7）.

老工业基地城市洛阳发展战略性新兴产业的案例研究

赵西三[*]

自 2009 年中国明确提出培育与发展战略性新兴产业战略以来，配套支持政策密集出台，各地纷纷把培育战略性新兴产业作为应对金融危机、加快产业转型升级的重要手段，掀起了发展战略性新兴产业的高潮。但是，从中国产业发展的现状与趋势看，发展战略性新兴产业并非应对金融危机的权宜之计，也不是传统意义上产业赶超战略的重现，而是面对新一轮全球产业竞争，切实提高中国产品在全球价值链中低端定位的重大战略举措。目前，由于战略性新兴产业提出较晚，缺乏系统性的数据支撑，战略性新兴产业研究主要侧重于对概念、范畴、意义以及支撑体系等方面的一般性论述（张少春，2010），规范的实证研究短期内较难展开。显然，案例研究可以作为当前战略性新兴产业的一种主要研究方式，从案例中总结规律，逐步上升到理论层面。本文拟通过对老工业基地洛阳发展战略性新兴产业的经验考察，尝试提炼出若干有实践价值的一般规律，以期对各地发展战略性新兴产业提供借鉴。

选择老工业基地洛阳作为典型案例有以下几点理由：①近几年，洛阳战略性新兴产业发展势头较好，新能源、新材料、节能环保、高端装备等产业初具规模；②洛阳作为中国重要的老工业基地，传统工业比重较大，其通过发展战略性新兴产业推进产业转型升级的经验具有借鉴意义；③近几年，洛阳工业逐步从困境中复苏，良好的产业基础与技术积累顺利转入到新兴产业领域中来并再次焕发活力，体制机制创新的经验值得总结与推广；④2011 年 5 月，河南社会科学院与省工信厅组成了联合调研组，对洛阳的工业转型情况进行了专题调研，掌握了宝贵的一手资料，有了一定的研究基础。笔者从洛阳战略性新兴产业发展现状入手，深度剖析这一案例。

一、洛阳战略性新兴产业发展的现状考察

众所周知，作为全国重要的老工业基地，洛阳工业的转型升级可谓是负重前行。20 世纪 90 年代以来，经济体制改革给这个老工业基地带来了巨大冲击，作为支柱的大型国有企业在改革中步履蹒跚，竞争优势消耗殆尽，洛阳工业发展陷入困境。1998 年以来，伴随着全国范围内国有企业改革的深层次推进，洛阳大型企业的经营状况虽然有所好转，但还谈不上真正意义上的"复兴"。进入 21 世纪尤其是"十一五"以来，洛阳市加快由老工业基地向新型工业基地的转型，全面推进体制机制改革，加快培育发展战略性新兴产业，走出了一条全新的工业转型之路。新兴产

---

* 赵西三，1976 年生，河南社会科学院工业经济研究所助理研究员，研究方向为产业经济学.

业的培育与发展不仅带动了洛阳工业走出困境，更改变了洛阳工业的发展路径。目前，洛阳战略性新兴产业初具规模，主要集中在以下产业领域。

（1）新材料领域。"十一五"期间，洛阳新材料产业发展迅速，2008年被国家授予新材料产业国家高技术产业基地，依托725所、有色院、耐研院、黎明化工院、石化工程公司等部属科研院所的研发优势和中硅高科、洛钼、中铝洛铜、新电、伊电、双瑞精铸钛业、洛玻、耐火厂等重点企业的技术优势，形成新型合金材料、新型功能材料、新型化工材料、电子信息材料四大领域。

（2）新能源领域。通过引进中硅高科、无锡尚德、阿特斯光伏电力、上海超日等一批国内领先企业，已经具备年产3.2万吨工业硅、7200万片太阳能电池用硅片、230MW太阳能电池组建生产能力，初步形成了上下游配套、联系紧密的完整产业链；在风电产业领域，实现年产300套2MW、3MW风电叶片生产能力，填补了国内2 MW以上风电叶片空白；LYC轴承公司起草了国家风电轴承行业标准，成为中国唯一能够研制生产全系列风电轴承的企业，代表了目前国内风机轴承的最高水平。电动汽车领域的开发加快推进，中航锂电攻克了大容量动力锂离子电池关键技术，40~400AH单体磷酸铁锂离子电池通过国家强制性安全检验，已形成年产1.2亿AH大容量锂离子动力电池生产能力，取得了电动汽车动力电池及动力系统集成技术的突破性进展。

（3）节能环保领域。洛阳被国家确定为全国唯一的国家新型工业化节能环保装备产业示范基地，依托中信重工、河柴重工、北玻公司、中集凌宇等骨干企业，余热余压利用设备、尾矿综合利用设备、有色金属再生设备、湿式氨法脱硫装备、高效节能燃烧器、粉煤灰砖机加工成套设备、新型墙体材料加工成套设备、垃圾收集储运处理设备、节能玻璃加工设备等节能环保设备技术工艺处于国内领先水平。

（4）高端装备制造业领域。通过实施"新重机"工程、"新洛轴"工程、轴研科技第二产业园、南车（洛阳）城轨车辆组装及维护基地等一批升级改造项目。矿用自磨机、高速铁路无砟轨道铺设装备、褐煤提质成套装备、风力发电机组偏航轴承、全数字智能化六辊宽幅铝带冷轧机等一批重大标志性产品和技术装备制造能力达到国内领先水平，中铁隧道装备公司大断面盾构机关键技术取得新的突破。中信重工、LYC轴承公司等一批企业成为起草国家行业标准的核心成员单位。

（5）生物产业领域。依托中药材资源优势，洛阳现有规模以上医药企业15家，形成了以民生药业、顺势药业、君山药业为代表的中成药制品企业，以鸿安生化为代表的生物法制备医药中间体企业，以梓生科技开发有限公司为代表的天然植物提取与制品企业，以普莱柯生物、惠中兽药为代表的动物药品企业，以秦岭制药有限责任公司为代表的化学原料与制剂等一批优势企业。

（6）信息产业领域。依托中航集团强大的研发实力，光电连接器产品占到全国3G市场的75%左右，电力负荷管理系统、指纹识别产品、气象监测系统、红外热像仪、控制模块、测控设备、超级电容、驾驶模拟器等多项产品拥有核心技术、国内领先。

二、洛阳培育发展战略性新兴产业的基本经验

与一些比较新的工业城市相比，老工业基地培育发展战略性新兴产业具有特殊性，一方面，由于长期注重发展传统优势产业，在传统领域已经有相当大的投资与积累，包袱重，掉头难；另一方面，新兴产业发展所需要的高端要素与制度支撑又比较薄弱，起点低，起步难，由此造成长期沉淀下来的资产、设备、技术与人才等产业资源难以顺利转移到新兴产业部门。在深入分析区域比较优势与产业发展趋势的基础上，近几年，洛阳调整产业发展思路，发挥科研优势，引导新旧产业对接，战略性新兴产业发展步入快车道。

（1）依托科研优势培育发展战略性产业。近年来，洛阳围绕"提升自主创新能力，建设创新型洛阳"的目标，发挥洛阳的科研基础优势，不断加大科技投入，加快创新平台建设，区域创新体系建设取得新突破，有力带动了战略性新兴产业发展。"十一五"以来，洛阳启动和实施各类科技项目 700 项，其中承担国家"863"计划项目 17 项，承担河南省"十一五"重大科技专项 12 项，均居河南省第一位。新建国家级工程技术中心 1 家，国家级重点实验室 4 家、省级工程技术研究中心 20 家，市级工程中心和研发中心 98 家，国家兽用药品工程技术研究中心落户洛阳，矿山重型装备国家重点实验室、先进耐火材料国家重点实验室、浮法玻璃新技术国家重点实验室、盾构及掘进技术国家重点实验室 4 个重点实验室获批组建，填补了河南没有国家重点实验室的空白。中信重工、LYC 轴承公司、中航锂电等一批企业成为起草国家行业标准的核心成员单位。企业研发中心建设快速推进，创新体系更加完善，目前全市拥有各类研发中心总数达到 190 多家。重点实验室和企业研发中心有力推动了战略性新兴产业的发展步伐。

（2）挖掘传统产业潜力培育发展战略性新兴产业。针对洛阳的工业结构特点，深入挖掘传统优势产业的发展潜力，在有色金属、装备制造、化工、硅产业等产业领域推进新项目建设，不断研发新的高端产品，引导重点企业进军战略性新兴产业。"十一五"以来，一批高附加值的新型工业项目建成投产，世界最大的油压机、矿用自磨机、球磨机、高速铁路无碴轨道铺设装备、褐煤提质成套装备、风力发电机组偏航轴承等一批重大技术装备研制成功，大中马力轮式拖拉机、大型矿山设备、大型干法水泥生产线、余热发电装备、有色金属加工装备、玻璃深加工设备、数控机床电主轴等一批优势产品市场占有率均居全国第一位。这些新项目、新产品很多都属于战略性新兴产业领域，进一步拉长了传统产业链条，有力推动了洛阳工业向高端化转型。

（3）引导新旧产业对接培育战略性新兴产业。近几年，洛阳抓住国家支持战略性新兴产业发展的历史机遇，在充分挖掘本地产业与科研优势的基础上，依托传统优势产业培育新兴产业，积极引导新旧产业对接和嫁接，大力推进装备制造、能源、原材料等传统优势产业向高端环节发展，高端装备制造、太阳能、新能源、新材料、节能环保、电动汽车等本地具有比较优势的新兴产业快速发展。不仅在高端装备制造领域涌现出了一大批高精尖产品，在新材料、新能源、电动汽车、节能环保、高端装备制造等领域，涌现出一大批技术工艺处于国内领先水平的龙头企业，品牌影响力与市场竞争力大幅度提升，新兴产业已经成为洛阳工业的有力支撑。

三、洛阳发展战略性新兴产业的启示意义

洛阳培育发展战略性新兴产业对于其他地区发展有以下几点启示意义。

（1）要依托比较优势培育发展战略性新兴产业，不要迷信好高骛远的产业发展规划。对于欠发达地区来说，由于后发优势的存在，政府可以适度介入产业发展，超前谋划一批战略性新兴产业，使之在未来某个阶段成为新的支柱产业。但这种前瞻性产业布局必须有一定的资源与产业依托，不能盲目上产业、上项目。各地应依托区域资源优势，挖掘传统优势产业的潜力，圈定一批新兴产业、产品与技术，加大投入力度，占领产业制高点，不要迷信好高骛远的产业规划，距离太远的"产业赶超"缺乏可持续发展能力。

（2）着力围绕传统优势产业开发高附加值产品，不要在盲目发展所谓新兴产业中陷入低端锁定。中国工业的问题是拥有庞大的产业规模但缺乏附加值高的产品，产业的高深加工度不够。中国的产业结构调整要避免陷入盲目追求高技术产业的误区，要把产业结构升级放在第一位，延伸产业链，研发一批高端产品，提高加工度与附加值，加快产业升级，在产业转型升级中发展战略

性新兴产业。

（3）重工业的潜在优势远没有完全发挥出来，要依托重工业优势打造强大的新兴产业发展平台。中国更要发挥好重工业的优势，在有色金属、装备制造、钢铁、化工等优势产业领域加大研发投入，突破一批关键技术，催生一批新兴产业，支持龙头企业向高端、新兴产业领域延伸产业链，培育发展战略性新兴产业。没有一个强大的重工业基础，战略性新兴产业也不可能发展起来。

（4）要引导新兴产业集聚区由企业堆积向产业集群转型，积极发展现代产业分工合作网络。战略性新兴产业的发展需要企业间建立紧密的产业链配套关系以及在创新方面的开放式合作，新兴产业集聚区要形成一种网络化产业组织结构：以龙头企业为中心、中型企业为节点、无数小企业配套的现代产业分工合作网络，提高大型企业集团对产业网络的带动力与支撑力，提升中小企业专业化分工协作水平，中国在这个环节上大有潜力可挖。

（5）要积极引导新旧产业无缝对接，降低新旧产业更替的成本。把传统产业与新兴产业无缝衔接起来，尽量降低新旧产业更替产生的巨大戎本，避免距离太远的"产业赶超"，加快形成一批接替产业群，减小产业升级断档风险。新旧产业更替无疑将伴随着产能的淘汰、设备的更新、人员的培训等，这将产生巨大的成本，不能有效消化更替成本，将导致传统产业发展的路径依赖，限制战略性新兴产业的发展，政府要出台优惠政策、拿出引导资金，降低新旧产业更替的高昂成本。

（6）要准确判断各产业所处的发展阶段，政府与市场做到合理分工。目前，国家确定的七大新兴产业以及一些细分行业分处在孕育、成长、成熟等不同的行业发展阶段，段小华（2011）对七大战略性新兴产业发展进行了初步判断。各地要根据产业发展阶段的不同，协调政府和市场作用。剧锦文（2011）认为，战略性新兴产业总体上处于孕育期，需要政府的扶持，但政府属于外生性因素，市场调节才是其发展的内生变量。总体上判断，在战略性新兴产业发展中，政府与市场的作用均比较重要，关键是要准确判断具体行业不同的发展阶段，以合理确定二者的分工，并在达到一定阶段后确保政府及时退出，把主动权交给市场。

四、洛阳发展战略性新兴产业的制约因素分析

我们也应该明白，老工业基地培育发展战略性新兴产业不可能一蹴而就。当前技术进步加快，产业生命周期缩短，产品更新换代提速，新旧产业更替频仍，暂时的领先并不能确保地位稳固。况且，在调研中我们也感觉到，除了土地、资金、人才等一般性制约因素外，一些更为关键的制约因素也在强化。

（1）本地配套产业链严重缺失。在调研中我们感受最为深刻的一点就是洛阳龙头企业的产业配套半径都非常远，很多企业的零部件采购地都在千公里以外，主要集中在东部沿海地区。由于缺乏本地产业链的配套，造成企业零部件成本居高不下，而且供货周期很长，显然不能适应当前新兴产业市场瞬息万变的竞争环境。这一问题在洛阳并非个案，本地配套产业链的缺失在未来以反应速度为核心的产业竞争中必然会削弱洛阳工业企业的竞争力。造成这个问题的原因是多方面的，关键的一点是由于本地大型国有企业集团都是封闭式产业链，企业大而全，所有的配套都在企业内完成，缺乏培育配套产业链企业的意识，在现代产业发展中这种封闭式产业链配套网络肯定是以牺牲效率为代价的。

（2）产业分工合作网络尚未形成。由于本地配套产业链缺失，龙头企业的辐射带动力大打折扣，大中小企业间就不能形成产业分工合作关系，而现代产业分工合作网络是江浙一带产业竞争力高的核心要素。没有一个合理的产业分工合作网络，必然造成专业化水平低，交易成本高，资

源配置不合理，对市场的反应速度降低，本地区产业链的整体竞争力优势不能有效发挥出来。如洛阳光伏产业虽然拥有硅材料—硅片—太阳能组件一条完整的产业链，但分居产业链上中下游的几个企业如中硅、尚德、阿特斯之间并没有形成链条对接，甚至本地企业金诺机械生产的硅芯炉没能进入中硅，而除中硅外它在全国占有率100%，这就造成一个较为严重的问题，即本地不能享受到由于企业间知识溢出而带来的技术创新外部性收益。

（3）传统的产业发展模式影响难以消除。洛阳大多数企业已经习惯于以投资和规模扩张为主的传统发展模式，这种影响短期内难以消除。这种传统产业发展模式是建立在短缺经济与高速增幅的基础上的，市场需求稳定，企业只要把规模做上来就行，企业与政府管理部门的主要任务就是抓投资，而战略性新兴产业发展建立在对创新、新产品开发的基础上，这是一种基于创新驱动的新产业发展模式，这种模式要求企业和政府管理部门要把精力从注重投资转移到注重创新上，更加关注企业的研发投入、新产品开发能力等指标。我们在调研中感觉到，洛阳虽然也开始关注企业的创新指标，但是对铺摊子、上项目显然更加重视，这种观念对战略性新兴产业发展不利。

（4）创新资源没有形成合力。在调研中我们观察到，在洛阳具有优势的产业中，创新性资源的整合力比较弱，创新资源分散在各企业中，沟通、交流与合作渠道相对缺乏，难以形成合力，在重大核心技术上不能实现联合攻关。由于区域内部的创新缺乏有效的联合互动，区域内企业的自主创新突破就不能发挥扩散效应，造成区域自主创新活动与区域主导产业的发展缺乏有效衔接。如洛轴与轴研科技作为全国知名的轴承企业，但两个企业之间在创新上几乎没有合作，长期看必然削弱洛阳在风电轴承产业中的地位。这种以企业个体为核心的区域创新模式影响和制约了区域自主创新能力的整体提升，洛阳的新兴产业要想继续保持和提升在全国的重要地位，必然依靠科技创新，而当前创新机制正在由封闭式创新向开放式创新转变，所以加快创新资源整合是提高洛阳产业竞争力的重中之重。可以通过组建一些行业创新联盟、搭建技术合作平台等方式推动区域创新资源有效整合，提高科研成果本地转化率。

五、结论与建议

洛阳案例表明，战略性新兴产业的培育与发展必须建立在坚实的产业与资源优势基础上，依托传统优势产业发展战略性新兴产业是老工业基地洛阳产业转型的主要经验，关键是要推进体制机制创新，引导企业找准传统产业与新兴产业的最佳结合点，推进优质资源向新兴产业领域转移。同时，出台政策降低产业更替产生的巨大成本，避免传统产业发展的路径依赖，并根据产业发展阶段合理分工政府与市场的作用，加快新兴产业发展步伐，洛阳在战略性新兴产业发展中虽然还存在一些问题，但发展前景非常广阔。

我们对洛阳发展壮大战略性新兴产业提出以下几点建议。

（1）要发展本地产业链，重点支持大型企业集团共建配套产业园区。引导各地区围绕优势产业积极培育发展本地产业链，补齐产业链缺失环节，支持本地企业间形成上下游配套体系，提高产业链整体竞争力，尤其是重点支持大型企业集团共建配套产业园区，共同培育一批配套型企业。如河柴与洛阳一拖正在计划共建配套产业园，南车洛阳机车也在规划建设配套产业基地，政府对此要在项目审批、土地供给等方面给予支持。

（2）要培育一批蜂王型企业，引导大型企业集团与本地中小企业链式对接。引导大型企业集团把一般性配套环节外包出去，把有优势的配套环节对外开放，逐渐培育一批带动力强的蜂王型企业，支持大、中、小型企业间的链式对接，提高龙头企业对整条产业链的影响力，同时把一批中小企业培育成行业隐形冠军。

（3）加快组建一批产业投资基金，支持本地企业抓住新兴产业发展的历史机遇。现在沿海省份已经建立了一大批产业发展基金，在推进本地新兴产业发展中发挥着积极作用，河南显然落后了，本地产业发展基金的缺乏必然造成国外省外投资基金介入本地优势产业发展，这些机构追求高回报率，会过度透支企业资源，对本省产业长远发展造成伤害，企业家在引进投资基金时要谨慎。本省组建产业发展基金可以通过合理回报支持新兴产业发展。

（4）产业政策的着力点要由宏观层面向关键环节转移，探索基于创新驱动的产业发展新模式。产业政策要避免以前那种针对整个行业的传统方式，传统产业里也有高端产品，新兴产业中也有低端环节，产业政策应该更加关注微观领域，引导行业资源与政府资金向研发、新产品开发、首台（套）等关键环节集中，真正起到四两拨千斤的作用，探索基于创新驱动的产业发展新模式。

参考文献

[1] 张少春. 中国战略性新兴产业发展与财政政策 [M]. 北京：经济科学出版社，2010.

[2] 段小华. 战略性新兴产业的投入方式、组织形式与政策手段 [J]. 改革，2011（2）.

[3] 剧锦文. 战略性新兴产业的发展变量：政府与市场分工 [J]. 改革，2011（3）.

从税负和其他相关角度研究促进新能源汽车发展的政策

——以汽车上市公司为例

何 一 高恒弟*

一、引 言

（一）中国汽车产业现状

2010 年，中国各类车型产销呈现全面增长态势。上半年汽车市场表现为 20% 以上的高速增长，7 月、8 月、9 月汽车销量增速分别为 14.42%、16.14% 和 16.89%，增速回落。第三季度，汽车产销整体步入平稳、良好、正常的增长状态。汽车出口继续增长，行业经济运行仍保持良好的发展态势。国家统计局最新公布的 2010 年"中国汽车行业景气指数"显示，中国汽车行业景气指数仍处于高位运行区间，产业依然偏热。截至 2010 年第三季度，中国机动车保有量已达 1.99 亿辆，其中汽车为 8500 多万辆。到 2020 年，中国汽车保有量将超过 2 亿辆。在此大背景下，中国各大汽车主流厂商纷纷摩拳擦掌，制订产能扩张计划。

由此可见，中国汽车产业发展十分迅速，因此也对石油能源和生态环境等提出了更高的挑战。同时，随着中国经济发展与资源环境的矛盾日益尖锐，节能减排成为了"十二五"期间国家宏观调控政策的工作重点，新能源汽车的发展也成为了国家的战略选择。

在推动新能源汽车技术进步和产业化发展方面，中国一直走在世界的前列。新能源汽车从当初的实验室技术发展到今天已经初步形成了产业化的态势，经过多年的努力，中国以比亚迪、长安、东风、一汽等为代表的自主品牌汽车企业已经在新能源汽车方面取得了重大突破。但与美、日、欧盟相比，中国的新能源汽车发展与推广还很落后，而且中国的新能源汽车市场仍然不容乐观，因此加大促进新能源汽车发展的政策力度势在必行。

（二）关于促进新能源汽车产业发展的其他国内研究

关于如何促进新能源汽车的发展，中国的学者做了多方面的研究，我们选择一些比较有代表性的研究进行综述。

朱艳平（2006）认为，应当降低小排量汽车的消费税，以促进小排量汽车的发展。小排量汽

---

* 何一，1987 年生，男，山东菏泽人，中南财经政法大学财政学专业 2010 级硕士研究生；高恒弟，1985 年生，男，山东龙口人，中南财经政法大学财政学专业 2010 级硕士研究生。

车是中国汽车业的发展方向，其产销量在不断增大，并成为家庭私人用车的主体，降低小排量汽车的消费税就能降低其销售价格，降低价格能够有力地促进家庭对小排量汽车的消费。当前，中国已经进入家庭汽车消费时代，无论是从促进小排量汽车消费，拉动经济的作用角度考虑，还是从缓解交通压力、鼓励节约能源方面出发，都应该调整现行汽车消费税政策正确引导消费者购买小排量汽车。

隋政文（2008）分析了税收政策在促进节能减排（新能源）汽车发展存在的问题，认为应建立有效的税收制度促进新能源汽车的发展。

赵润（2009）从调整产业和消费结构的角度研究了车辆购置税的应用，该理论认为，购置税是对促进新能源汽车产业发展进行引导的最好手段之一。赵润同时认为，基于多种税收手段，建立一种立体的、多层次的税收体系，以达到节能减排、促进汽车油耗降低、排放更少的目标，对政府来说，显然是未来更市场化、更有效的政策调节手段。

吴颖菁（2010）论述了当前中国汽车产业自主创新的状况及存在的问题，认为税收政策是影响促进中国汽车制造业自主创新的必然性和可行性的重要手段。吴颖菁对汽车产业人才和资金两个重要因素进行了详细的分析，通过对税收与研发经费投入之间的实证分析得出增值税和企业所得税与企业创新投入之间是负相关关系，通过这些分析她认为中国税收政策能在一定程度上加大企业的研发投入，但是不同税收的激励效果并不相同。她同时提出要根据不同税收政策工具的特点和适用情况，进行合理的选择和组合，充分发挥税收政策效果，促进企业自主创新的进行的建议。

方海洲（2010）认为，税收优惠政策必定会促进新能源汽车产业的发展，如果运用得当，可以达到优化产业结构，实现汽车产业升级换代。但是，针对新能源汽车产业发展的现状，国家现在制定税收优惠政策为时尚早，当务之急是要改革目前有关发动机排量的汽车消费税政策，实行差别化的燃油税政策，形成有效的政策导向，鼓励消费者购买节能环保型的新能源汽车；清理阻碍汽车产业发展的税收政策，尽早取消对汽车轮胎征收消费税的规定，为后续的专门针对新能源汽车的税收优惠政策出台创造条件，从而与其他政策一起协调配合支持新能源汽车的健康发展。

陈柳钦（2011）认为，中国发展新能源汽车存在一系列的困境，包括核心技术方面还缺乏竞争力；基础配套设施不够完善；价格普遍偏高，市场推广有一定难度；技术标准不完善、不统一；科研投入和人力资源不足。为摆脱新能源汽车发展的困境，陈柳钦认为，需坚持六个方面的发展，包括：大力推动新能源汽车产业发展和充分挖掘其节能减排潜力；必须加快核心部件的技术研发力度，尽快掌握核心技术；必须促进新能源整车和零部件协调发展；尽快建立统一的技术标准，完善检测标准与手段；完善与新能源汽车发展相适应的基础配套设施；培育国内消费市场，提高消费者成熟度。

程广宇（2011）认为，中国在过去新能源汽车发展中获得了宝贵的经验，并对这些经验进行了分析。他认为在中国未来新能源汽车发展的道路上仍然要坚持：注重政府支持初期的研发体系规划与布局；注重科研项目开发的明确目标产品导向；注重产业形成各阶段扶持政策间的衔接。

通过上述研究的综述我们可以看出，学者们对促进新能源汽车发展的研究，主要涉及的是税收政策方面，例如，在消费税和企业所得税中研究促进新能源汽车发展的税收政策；也有个别研究研发支出同所得税的关系，建议从所得税中建立合适的政策来增加企业的研发投入；也有从车辆购置税方面入手提出促进新能源汽车消费的税收政策等。本文为使研究数据更有代表性，选择汽车上市公司进行研究，因此是在基于2009年和2010年汽车上市公司相关数据基础上，研究汽车上市公司的企业税负、政府补贴程度和企业的研发费用。由于净利润的增加是企业发展新能源汽车的主要动力，本文在对企业税负、政府补贴和企业研发费用研究和分析后，用计量的方法综合分析三者对汽车上市公司企业净利润的影响，以期提出能促进新能源汽车发展的相关建议。

二、汽车上市公司税负研究分析

（一）研究指标介绍与计算

1. 衡量数据

汽车企业所涉及的税负主要为企业所得税、增值税、营业税和消费税、城建税和教育附加费，由于城建税和教育附加费只占企业税负的很小一部分，而且是随增值税和消费税征收的，因此所查找的数据主要为企业的所得税、增值税、消费税。主要研究的税负率包括企业总税负率、增值税税负率、消费税税负率、营业税税负率和企业所得税税负率。

2. 衡量指标

（1）企业总税负率。企业实际总税负率指上市公司一定时期内所缴纳的税收总额与总税源之比，总税源用主营业务收入代替，用公式表示为：

$$企业总税负率 = 所交总税/主营业务收入 \times 100\% \qquad (1)$$

由于计入管理费用的印花税等数据较难搜集，因此所交总税的计算方法为营业税金及附加加上企业所得税和增值税，该计算得出的结果同企业所交总税的计算结果差异很小，因此可以代替企业所交总税计算企业总税负率。

（2）企业实际所得税税负率。实际所得税税负率指企业实际缴纳的所得税与营业利润之比。用公式表示为：

$$实际所得税税负率 = 所交所得税/主营业务收入 \times 100\% \qquad (2)$$

（3）企业增值税税负率。增值税税负率指缴纳增值税企业所缴纳的增值税与主营业务收入之比。用公式表示为：

$$增值税税负率 = 所交增值税/主营业务收入 \times 100\% \qquad (3)$$

增值税本身属于价外税，上市公司年报一般不提供年度发生的增值税税额的财务数据，我们只能通过教育附加费和城市维护建设税与流转税的计税关系，得出流转税总额，再扣除营业税和消费税后得到增值税税额。由于上市公司年报数据缺项和存在多种附加税费的因素，就需要使用从现金流量表上对"已缴各种税费"项目进行复杂的会计扣除的方法进行间接计算。

（4）企业营业税税负率。企业营业税税负率指企业实际缴纳的营业税与主营业务收入之比。用公式表示为：

$$企业营业税税负率 = 所交营业税/主营业务收入 \times 100\% \qquad (4)$$

3. 指标取值

（1）以全部在深沪两地上市的 A 股（包括同时发行 B 股或其他股的公司）的上市汽车公司为总体，并剔除了以下样本：

第一，数据有缺失的公司；

第二，年度内税率发生过变化的公司；

第三，利润总额小于或等于零或所得税小于零的公司及计算中分子小于零及分母小于或等于零的数据；

第四，以前年度亏损，在本年尚未弥补完的公司。

（2）其他相关指标。

总税负率切尾均值是从数据中删除极大值和极小值，然后将剩余的数据计算平均数。本文中总税负率的切尾均值是切掉5%的极端值计算而得。

中位数是一组数据按大小排序后，处于中间位置上的变量值，中位数可以反映出一组数据的中心位置。

极大值、极小值指样本中的两个极值。极大值和极小值的去除会使计算结果更加的精确。由于汽车类上市公司企业并不多，如果极大值和极小值同其最接近的值相近，本文选择不剔除。

总税负率均值指该年所选择的各样本的一个算术平均值，均值指标是分析社会经济现象一般水平和典型特征的最基本指标，是集中趋势的最主要度量值。其计算公式为：

总税负率均值 = 各公司总税负率之和/样本总数　　　　　　　　　　　　　　　(5)

4. 计算结果

表1　各汽车公司税负（2009~2010年）

2009年	江铃汽车	海马汽车	长安汽车	一汽轿车	安凯客车	一汽夏利	东风汽车	上海汽车	江淮汽车	金龙汽车
企业所得税税负率	0.117768	0.012066	-0.01072	0.131947	0.00576	-0.13498	-0.54389	0.055397	0.192259	0.163592
增值税税负率	0	0.022928	0.04617	0.032089	-0.03787	0.008774	-0.00088	0.00213	0.02417	0.009366
消费税税负率	0	0.03973	0.01537	0.041914	0	0.015305	0.01263	0.009457	0.021097	0.003913
营业税税负率	0	0.00078	0.00044	0.000158	0.07611	0.000447	8.43E-05	0.000232	4.03E-05	5.02E-05
企业总税负率	0.031341	0.045997	0.02095	0.058558	0.00326	0.01543	-0.00226	0.013982	0.029523	0.010686
2010年	江铃汽车	海马汽车	长安汽车	一汽轿车	安凯客车	一汽夏利	东风汽车	上海汽车	江淮汽车	金龙汽车
企业所得税税负率	0.14083	0.061614	-0.01913	0.138127	0.0475	0.108427	-0.01056	0.12394	0.129848	0.121693
消费税税负率	0	0.035748	0.01574	0.042187	0	0.016706	0.014034	0.025056	0.022834	0.003737
营业税税负率	0	0.000435	7.89E-05	0.000137	0.08105	0.000464	7.90E-05	0.000273	1.35E-05	6.83E-05
增值税税负率	0	0.016301	0.03566	0.029094	-0.04823	0.007456	-0.00164	-0.0123	0.021064	0.015244
企业总税负率	0.03638	0.061182	0.05495	0.086935	-0.0443	0.0308729	0.0133461	0.0244375	0.0540013	0.025291

（二）计算结果分析

1. 企业总税负分析

表2　企业总税负分析（2009年）

企业总税负率	0.031340769	0.045997126	0.020947569	0.058558365	0.003256597
企业总税负率	0.015430332	-0.002260259	0.013981573	0.029522749	0.010686471

根据以上计算结果，我们剔除不合格的数据-0.002260259，然后去掉最大值0.058558365和最小值0.003256597，切尾后中位数为0.029522749，总税负率均值为0.023986656。

表3　企业总税负分析（2010年）

企业总税负率	0.036380478	0.061182121	0.054952576	0.086935204	-0.044321351
企业总税负率	0.03087286	0.013346086	0.024437478	0.054001309	0.025290964

通过上述计算结果，剔除不合格数据-0.044321351，去掉极大值0.086935204和极小值0.013346086。切尾后中位数为0.036380478，总税负均值为0.041016827。

根据计算结果可以得到图1。

根据表2、表3、图1，可以很清楚地看到2010年企业总税负明显高于2009年，2009年中位数为0.029522749，总税负率均值为0.023986656。2010年中位数为0.036380478，总税负率均值为0.041016827。2010年企业总税负率同2009年相比，差异较大，2010年税负较2009年税负显著上升。

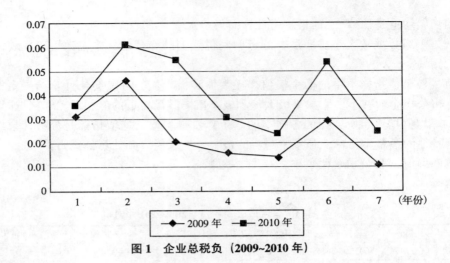

图 1　企业总税负（2009~2010 年）

2. 企业所得税税负分析

表 4　企业所得税税负（2009 年）

企业所得税税负率	0.117768139	0.012065547	−0.01071953	0.131946656	0.005754688
企业所得税税负率	−0.134981151	−0.543890812	0.055397105	0	0.163591542

去除不合格的数据−0.134981151、−0.543890812、−0.01071953、0，剔除极小值 0.005754688，中位数为 0.117768139，均值为 0.096153798。

表 5　企业所得税税负（2010 年）

企业所得税税负率	0.140830185	0.061613865	−0.019133431	0.138126749	0.047496807
企业所得税税负率	0.108427489	−0.010564003	0.123940043	0.129848434	0.121692636

剔除不合格的数据 −0.019133431、−0.010564003，去除极小值 0.047496807 和极大值 0.140830185。中位数为 0.123940043，均值为 0.113941536。

通过以上计算分析，可以得出图 2。

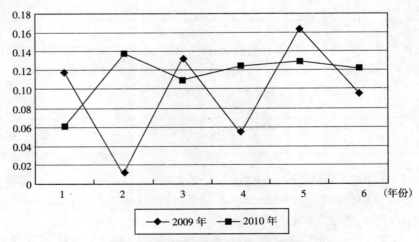

图 2　企业所得税税负（2009~2010）

注：由于 2009 年剔除数据较多，少于 2010 年数据，因此选择 2009 年的均值作为最后一项数值，使 2009 年数值个数等于 2010 年数值个数。

通过图 2，我们可以看出 2010 年企业所得税税负较平稳，大致在 0.12~0.14，而 2009 年的波动较大。2009 年均值为 0.096153798，2010 年均值为 0.113941536，可以看出 2010 年的企业所得税税负总体来说高于 2009 年。

3. 企业增值税税负分析

表 6　企业增值税税负（2009 年）

增值税税负率	0	0.022927893	0.046170115	0.03208912	−0.037865049
增值税税负率	0.008774404	−0.000883489	0.00212984	0.024169578	0.009366147

根据计算结果，剔除不合格数据 0、−0.037865049、−0.000883489，剔除极小值 0.00212984。去除极小值后中位数选择最接近平均值的数 0.022927893，增值税税负率均值为 0.02391621。

表 7　企业增值税税负（2010 年）

增值税税负率	0	0.016300578	0.035658252	0.02909428	−0.048229815
增值税税负率	0.007455875	−0.001642105	−0.0122989	0.021063821	0.015244359

通过以上计算，去掉不合格数据 0、−0.0122989、−0.001642105、−0.048229815。中位数为 0.021063821，税负均值为 0.020802861。

根据上述计算与分析，得出图 3。

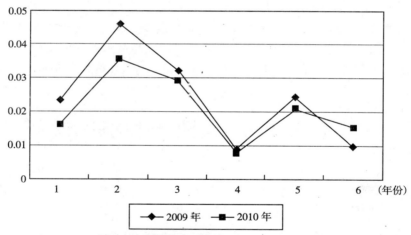

图 3　企业增值税税负率（2009~2010）

通过图 3，我们可以看出 2009 年同 2010 年企业增值税税负变化不大，2010 年的增值税税负有所下降，大部分税负率集中在 0.03 左右。

4. 企业营业税税负分析

表 8　企业营业税税负（2009 年）

营业税税负率	0	0.000779566	0.000438672	0.000157795	0.076112366
营业税税负率	0.000446871	8.43246E−05	0.000231508	4.03313E−05	5.01876E−05

表 9　企业营业税税负（2010 年）

营业税税负率	0	0.000435195	7.88716E−05	0.000137433	0.081053433
营业税税负率	0.000463851	7.89878E−05	0.000272976	1.34648E−05	6.8306E−05

通过表 8、表 9，我们可以看出，营业税在整个税负中占有很小的一部分，税负率也很低，汽车上市公司的营业税主要来源于提供汽车购买后的相关服务所取得的收入，该收入在汽车企业的整个营业收入中所占比例也是很小的。

（三）税负分析总结

根据上述计算与分析，我们得出了汽车上市公司的税负的相关数据，为了便于我们进行对比，我们首先看上市公司 2002~2008 年的总体税负率，如表 10 所示。

表 10　上市公司总税负率与三产业税负率（2002~2008 年）

年份	2002	2003	2004	2005	2006	2007	2008
总税负率	0.0669	0.0682	0.0649	0.0658	0.0724	0.0778	0.0712
第一产业税负率	0.0394	0.044	0.0316	0.0276	0.0359	0.0429	0.0443
第二产业税负率	0.0851	0.0856	0.08	0.0802	0.0875	0.0847	0.081
第三产业税负率	0.0598	0.0611	0.0602	0.0614	0.0681	0.0772	0.0686

通过我们的计算，可以得出汽车上市公司 2009 年的总税负率基本为 0.024，2010 年的总税负率基本为 0.041。这两个税负率同 2002~2008 年上市公司的税负率相比差距很大，小于上市公司总税负率，同第二产业税负率相比，更是少于第二产业税负率，尤其是 2009 年汽车上市公司企业的总税负率水平为 0.024，比上市公司和第二产业的税负率小很多。但是在 2010 年，汽车上市公司企业的总税负率为 0.041，较 2009 年几乎上升了一倍。

为了鼓励新能源汽车的开发，企业税负的上涨会减少企业对新能源汽车的开发热情，因此要避免像 2010 年比 2009 年汽车上市公司总税负将近上涨一倍的情况。相关政府机关应合理地规划各税种征税办法，可以对企业用于新能源汽车的投入进行合理的税前减免或税收优惠。

三、汽车上市公司政府补贴研究分析

政府在技术创新资源配置过程中扮演的角色不可替代。政府补贴能够有效增加企业净利润，激励企业进行技术创新。政府对汽车上市公司的补贴，有利于新能源汽车的发展。

（一）研究内容

该部分主要研究政府补贴同企业净利润的关系，如果政府补贴对利润的影响越大，即政府补贴在企业净利润中的比重越大，说明企业从政府获得的补偿越多，企业更愿意投资更多资本用于新能源汽车的研究。

（二）计算方法

政府补贴所占利润的比重（以下简称"政府补贴比重"）= 政府补贴/净利润

式中，政府补贴比重均值 = $\sum X_i \times Y_i / Y$（X_i 是每个企业的税负比重；Y_i 是每个企业的总收入；Y 是所有企业的总收入）。

（三）数据的选择

我们依然从计算结果中剔除最大值和最小值，并去除不合格的数据（无法查找到，或为负值的数据）。仍然对中位数和政府补贴比重切尾均值（去除极大值和极小值，若最值同均值差距较小，则不进行剔除）进行计算。

（四）计算结果

通过计算和查找，可以得出以下结果：

表 11　各汽车公司的政府补贴（2009~2010 年）

2009 年 企业/单位	政府补贴 （万元）	净利润 （万元）	政府补贴/净 利润（万元）	2010 年 企业/单位	政府补贴 （万元）	净利润 （万元）	政府补贴/净 利润（万元）
海马汽车	7697.96	−51214.08	−0.150309363	海马汽车	25884.61	50947.90	0.50806
长安汽车	1165.37	110539.79	0.010542494	长安汽车	5093.83	200574.71	0.025396
一汽轿车	164.00	165580.91	0.000990452	一汽轿车	478.03	192582.66	0.002482
一汽夏利	1296.07	17327.29	0.074799284	一汽夏利	1296.07	30223.34	0.042883
东风汽车	10041.32	36482.55	0.275236182	东风汽车	350.00	60363.78	0.005798
上海汽车	25061.04	810802.55	0.030908927	上海汽车	10478.36	2283277.37	0.004589
江淮汽车	4674.41	34216.15	0.136614185	江淮汽车	9876.32	117637.53	0.083956
金龙汽车	2762.65	30556.07	0.0904124	金龙汽车	2737.39	50049.45	0.054694
福田汽车	5097.82	103722.32	0.049148733	福田汽车	18273.62	164601.17	1.163207

从以上计算结果中，可以得出政府补贴在利润总额中所占的比重，我们剔除不合格的数据和最大值、最小值，可以得到在 2009 年和 2010 的切尾均值分别为 0.043 和 0.020，中位数分别为 0.049 和 0.025。

比较切尾均值我们可以发现，2010 年的政府补贴程度要小于 2009 年，并且差距很大，该数据可以在总体上说明政府补贴程度 2010 年要小于 2009 年。两年的中位数分别为 0.035 和 0.038，由此可见两者的中位数相差不大，由中位数无法准确判断 2009 年和 2010 年的补贴程度差异。从图 4 中我们可以看到政府补贴比重在企业净利润户的比例不是很大，大部分集中在 0.1 以下，而且 2010 年的政府补贴程度从图 4 中可以看出大部分汽车上市企业 2010 年政府补贴程度是小于 2009

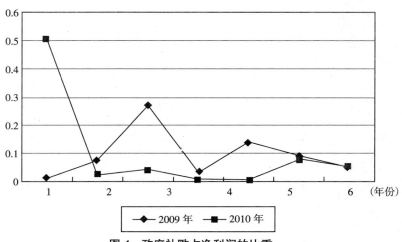

图 4　政府补贴占净利润的比重

年的。我们分析 2009 年和 2010 年的政府补贴总额，分别是 500986678.51 元和 1914651543.44 元，2010 年几乎是 2009 年的 3.8 倍，但政府补贴程度对企业净利润的比重是下降的。因此促进新能源汽车产业的发展，需建立合理的政府补贴制度，使其对新能源汽车产生利润的增加会增加政府补贴程度。

四、 汽车上市公司研发费用研究分析

研发费用（即研究开发费用）是企业进行研究开发而产生的费用，根据中国税法规定，研究费用可以在税前加计扣除，开发费用应予以资本化并加计提取折旧。由此可见，研究开发费用是政府鼓励企业进行研发投入。因此，我们对汽车上市公司的研究开发费用进行分析，主要是研究其在多大程度上增加企业的税后净利润。

（一）计算方法

在利润总额中，研究开发费用已经扣除，但并未加计扣除。我们用研发费用加计扣除部分所占利润总额的比重，以得出其在多大程度上影响净利润。

研发费用增加额主要体现在企业所得税的减少，因此企业因研发费用的加计扣除可以增加的净利润所占净利润的比重 = 研发费用加计扣除部分 × 25%/净利润。

由于数据均来自汽车上市公司的财务报表，不能准确地区分研究费用和开发费用，因此本文只是将研究费用和开发费用合并作为加计扣除的开发费用，因此存在一定的误差，该内容将会在以后的研究中继续讨论。

（二）指标选择

我们依然选择汽车上市企业的数据进行分析，剔除不合格数据后的中位数和切尾均值，以便进行分析，均值的计算方法类似于政府补贴的计算。

切尾均值 =∑ （各企业研发费用增加净利润占净利润的比重 × 该企业的净利润）/所有汽车上市公司的净利润总额

（三）计算结果

表 12　各汽车公司的研发费用（2009~2010 年）

2009 年 企业/单位	研发费用 （万元）	净利润 （万元）	研发费用加计扣除 增加的净利润占净 利润的比重	2010 年 企业/单位	研发费用 （万元）	净利润 （万元）	研发费用加计扣除 增加的净利润占净 利润的比重
江铃汽车	30936	124364	0.062188728	江铃汽车	276975	174702	0.039635
海马汽车	834	-48570	0.071601636	海马汽车	91649	50948	0.044972
长安汽车	18859	108898	-0.004070701	长安汽车	215723	200575	0.026888
一汽轿车	29483	189549	0.023506662	一汽轿车	299816	192583	0.03892
一汽夏利	4494	18116	0.044513812	一汽夏利	33868	30223	0.028015
东风汽车	22110	22891	0.06484636	东风汽车	48200	60364	0.019962
上海汽车	191707	707469	0.151509461	上海汽车	1189779	2283277	0.013027
江淮汽车	31793	42360	0.059110166	江淮汽车	573331	117638	0.121843
金龙汽车	16149	36532	0.232297623	金龙汽车	204931	50049	0.102364

剔除不合格数据并进行切尾后，通过上述计算结果我们可以得出 2009 年和 2010 年可加计扣除的比重中位数分别为 0.065 和 0.040，切尾中值经过计算得出分别为 0.057 和 0.051。对各汽车上市公司可加计扣除的研发费用增加的利润占净利润的总额比重的有效数据进行分析，如图 5 所示。

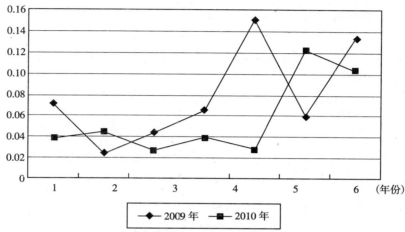

图 5　各汽车上市公司研发费用增加的净利润占净利润总额的比重

通过上述计算和分析，无论是中位数、切尾中值还是图中各企业可加计扣除研发费用所占的比重，2010 年较 2009 年基本都是下降的。同时我们来比较汽车上市公司研发费用总额，2009 年和 2010 年分别是 3463652823 元和 2934271084 元，2010 年较 2009 年也是下降的。无论是绝对额或者相对额，2010 年比 2009 年都是下降的，说明 2010 年的汽车上市公司用于研究开发新产品的投入远远小于 2009 年。新能源汽车是一种新产业，需要大量的研发投入才能使其快速发展，并且我们可以看出，研发费用的加计扣除可以有效地减少企业的所得税负，增加企业净利润。而 2010 年研发投入远小于 2009 年，如果这种趋势持续定会制约新能源汽车的发展，因此政府应制定相关的政策以促进企业对新能源汽车的研发投入。

五、汽车上市公司企业所得税、政府补贴和研发费用对企业净利润的影响

（一）研究内容和方法

在前文中我们计算和分析了汽车上市公司的税负、政府补贴和研发费用，为了更好的研究三者对净利润的影响，我们采用计量的方法对其进行分析，其中税负我们以所得税为例。在统计分析中，采用了四个变量，分别是 Y——净利润、X1——去除政府补贴和研发费用影响的利润总额、X2——企业缴纳的所得税，X3——政府补贴和 X4——研发费用。

净利润公式设为：

$$Y = C（常数） + aX1 + bX2 + CX3 + dX4 + \mu（误差项） \tag{6}$$

（二）样本选择

我们选择汽车上市公司的数据，仍按上文中选择的数据进行选择，并剔除不合格的数据。由

于 2009 年和 2010 年的数据都不是很多，我们研究的是企业所得税、政府补贴和研发费用对企业净利润的影响，因此我们将 2009 年和 2010 年的样本数据合并为横截面数据进行计量分析。

（三）计量结果

通过测算，我们得到下列结果，如表 13 所示。

表 13 计算结果

Variable	Coefficient	Std. Error	t-Statistic	Prob.
X1	1.003755	0.003564	281.6172	0.0000
X2	−1.023710	0.021916	−46.71112	0.0000
X3	0.991288	0.011252	88.09567	0.0000
X4	0.981625	0.026928	36.45391	0.0000
C	3894442	2632029	1.479635	0.1731
R-squared	0.999999	Mean dependent var		3.25E+09
Adjusted R-squared	0.999999	S.D. dependent var		6.48E+09
S.E. of regression	6654254.0	Akaike info criterion		34.53186
Sum squared resid.	3.99E+14	Schwarz criterion		34.76010
Log likelihood	−236.7230	F-statistic		3080963.0
Durbin-Watson stat.	1.854927	Prob (F-statistic)		0.000000

我们得到的模型公式为：

$$Y = 3894442 + 1.003 \times X1 - 1.023 \times X2 + 0.991 \times X3 + 0.982 \times X4 \tag{7}$$

（四）模型分析

看计量结果，X1、X2、X3 和 X4 的 t 检验均是显著的，双侧概率（Prob 检验值）均为 0，调整后 R 方检验为 0.999，调整后的 F 统计量的概率为 0，DW（在横截面数据下）值为 1.84 是合理的，说明误差项基本不存在自相关性。通过这些结果，可以得出所作的计量模型是有效的。

通过上述测算，可以看出，企业净利润是随企业获得的政府补贴和企业的研发的投入增加而增加，相关系数为 0.982 和 0.991，由此可见，企业获得的政府补贴或用于研究开发的投入越多，政府的净利润就增加越多，政府的净利润会增加基本相同数额。企业所得税的相关系数为−1.024，因此可以得出，企业的所得税越多，则企业的净利润越少数额基本和企业所得税增加额基本相同，这和净利润的计算公式也是吻合的。

六、结论与建议

（一）结论

通过上述研究与分析，从税负角度我们可以得出企业税负率的降低可以有效地增加企业的净利润，增加企业开发新能源汽车的积极性。然而，从企业的税负角度看，2010 年比 2009 年的税负程度要重，而且这两年差距较大，说明 2010 年汽车上市公司的税负有较大的上涨，这对新能源汽车的开发是不利的。

从政府补贴的角度来讲，政府不征收企业所得税，是企业增加净利润的最直接和有效的手段。然而政府补贴比重在企业净利润中的比例不是很大，大部分集中在 0.1 以下，而且 2010 年的政府补贴程度要小于 2009 年，并且差距很大。

从企业的研发费用的角度来讲，我们在计量测算中得出研发费用投入的增加会有效地增加企业的净利润。同时研发费用投入的多少也能反映整个社会对新能源汽车开发的热情。新能源汽车是一种新产业，需要大量的研发投入才能使其快速发展。而 2010 年汽车上市公司研发投入远小于 2009 年，说明企业对新能源汽车的研发投入减少。如果这种趋势持续，定会制约新能源汽车的发展，因此政府应制定相关的政策以促进企业对新能源汽车的研发投入。

综合企业税负、政府补贴和企业研发费用来看，如果混合使用税收、政府补贴和企业研发费用的加计扣除政策，会有效地增加企业的净利润，该结论我们在综合分析三者对企业的净利润的影响中可以看出。改变税收政策，减少企业税负；加大政府补贴力度；增加研发费用的加计扣除可以增加企业净利润，从而增加企业对新能源汽车的投资热情，促进新能源汽车的发展。

（二）相关建议

如上述分析，新能源汽车的发展动力，主要来源于企业在开发新能源汽车时能否使其获得更多的利润。如果新能源汽车的发展能更有效地增加企业的净利润，那么势必会促进新能源汽车的发展，完成中国"十二五"期间关于新能源汽车发展的目标。为了更好地促进新能源汽车的发展，本文提出了以下几点关于企业税负、政府补贴和企业研发费用政策的具体建议：

1. 建立合理地促进新能源汽车发展的税收制度

通过上述的计量分析，企业所得税的增加会减少企业相同数额的净利润，2009 年汽车企业上市公司所得税负均值为 0.096，2010 年为 0.114，可以看出 2010 年汽车企业上市公司所得税负担比 2009 年的重，因此可以更多的加计对新能源汽车研发费用的税前扣除，鼓励企业对新能源汽车的研发，企业的新能源汽车的资本投入也可以按一定的比率抵免企业所得税。

汽车企业上市公司的增值税在 0.03，该水平已经是一个合理的水平，因为在增值税中税率一般为 0.17，对高新技术企业实际缴纳增值税超过营业收入 0.03 的部分实施即征即退的政策，汽车上市公司的实际增值税税负为 0.03，已经是一个合理的水平，但是也可以单独对新能源汽车进行增值税的减免，以使对新能源汽车的增值税减免更明确和降低新能源汽车的销售价格，促进新能源汽车的发展，例如可以单独对新能源汽车的增值税额设定 0.03 的征收率。

汽车上市公司的营业税是很小的一部分，营业税负基本都在万分之几左右，该部分如上文的说明，基本来源于汽车企业的售后服务收入。该部分税收对政府来讲，占政府收入的极小的一部分，因此取消该部分的税收收入几乎不会对政府收入形成影响。因此为鼓励新能源汽车的发展，可以对该部分税收合理的减免，例如企业的该部分税负，如果能够用于新能源汽车的制造等，可以减免该部分税负。

2. 建立一套适合新能源汽车发展的政府补贴制度

通过上面的计量分析，可以得出政府补贴的越多，企业的净利润增加的也就越多，而且政府补贴多少，企业净利润基本就增加多少，因此政府加大对新能源汽车的补贴制度可以有效地增加企业净利润，以此增加企业对生产新能源汽车的积极性。具体措施包括：按照配比的原则，政府补贴企业用于新能源汽车开发的一定比例成本，以减少企业成本或者按照企业销售新能源汽车的收入中按照一定的比例给予补贴。

3. 建立专门用于新能源汽车研发费用的政策

在计量分析中，我们可以看出，企业研发费用的增加，企业净利润就会增加，并且研发费用增加越多企业净利润增加越多，只是研发费用增加略小于企业获得政府补贴对净利润的影响额，但两者的差别很小。

单独制定一项关于新能源汽车研发费用的政策，以增加企业对新能源汽车研发费用的投入，不但提高了企业的净利润使企业对新能源汽车有了更高的积极性，并且研发的投入会使新能源汽车技术快速发展。具体政策有加大企业关于新能源汽车研发费用的税前扣除或者对企业的研发费用给予一定的政府补贴等。

参考文献

[1] 隋政文. 促进汽车节能减排的税收政策思考 [J]. 中国财政，2008（13）.

[2] 赵润. 汽车购置税是进还是退 [J]. 中国报道，2009（12）.

[3] 方海洲. 税收政策为何没能"惠顾"新能源汽车 [J]. 税事焦点，2010（2）.

[4] 吴建军，胡泽俊. 促进节能环保型汽车产业发展的税收政策探讨 [J]. 中国税务，2010（5）.

[5] 吴颖菁. 税收政策对中国汽车产业自主创新的影响 [D]. 优秀硕士论文，2010（5）.

[6] 程广宇. 新能源汽车发展的国内外经验及思考 [J]. 中国科技财富，2011（5）.

[7] 陈柳钦. 中国新能源汽车产业发展及其困境摆脱 [J]. 郑州航空工业管理学院学报，2011（6）.

低碳经济模式下天津市工业主要行业产业结构调整研究

——基于四个高能耗制造业行业的实证分析

吕明元　李彦超[*]

一、引　言

（一）问题的提出

随着经济的快速发展，能源消耗和环境问题日益受到重视，尤其是碳排放问题更受到广泛关注。《天津市国民经济和社会发展第十二个五年规划纲要》提出"十二五"时期，全市万元生产总值能耗将继续降低18%，比全国多下降2个百分点，年均下降3.9%，并新增单位生产总值二氧化碳排放约束性指标。天津市经济发展正处在工业化加快发展的阶段，加之当前国内外经济社会发展出现的新问题、新情况，短期扩大内需过程中不可避免地会使高耗能、高排放行业比例有一定程度的增长，完成"十二五"节能减排任务仍相当艰巨。

天津市工业能耗主要集中在石油和天然气开采业、黑色金属冶炼及压延工业、电力热力的生产和供应业、化学原料及化学制品制造业、石油加工炼焦及核燃料加工业、饮料制造业、通信设备计算机及其他电子设备制造业等高耗能行业，这几大工业行业能源消费量占全市工业能源消费总量的80%左右。在各工业行业中，制造业行业占工业能耗的比重较大，其中属于制造业行业的黑色金属冶炼及压延工业、化学原料及化学制品制造业、饮料制造业、非金属矿物制品业占工业能耗的40%左右。因此，以制造业高耗能行业为着眼点，研究天津市工业主要行业经济增长和碳排放的关系，发现低碳模式下工业行业发展中产业结构存在的主要问题，是天津市实现工业行业结构调整、优化的重要突破口，为近期打好工业节能减排攻坚战提供有针对性的对策建议。

（二）研究进展及方法综述

对经济增长与碳排放关系的研究需解决的问题有：①关于碳排放量的测算；②关于碳排放与经济增长关系的研究方法；③关于经济增长方式转型对产业结构变动影响的研究。当前，国内外针对上述问题的研究主要集中于如下方面：

* 吕明元，1966年生，男，天津商业大学经济学院副教授，经济学博士，主要从事产业经济学研究；李彦超，1985年生，女，天津商业大学经济学院产业经济学专业2009级硕士研究生，主要从事产业经济学研究。

1. 关于碳排放量测算的研究

日本学者茅阳一的 Kaya 公式揭示了碳排放推动力的四因素：

$$碳排放量 = 人口 \times 人均 GDP \times 单位 GDP 的能源用量 \times 单位能源用量的碳排放量 \qquad (1)$$

式中：人口多则碳排放量大；人均 GDP 用于反映生活水平，增速越大碳排放量也越大；单位 GDP 的能源用量即能源强度，产业不同能源强度也不同；单位能源用量的碳排放量即碳强度，能源种类不同碳排放量也存有差异。

Johan A、Delphine F 和 Koen S.（2002）结合不同时期发展情况扩展了 Kaya 公式，把 Kaya 公式中的四因素分解为九种因素用于测算碳排放量，九种因素为：工业部门、运输部门和其他部门作为三种部门碳强度因素，三种部门能源强度因素，人均 GDP，人口和结构因素，公式为：

$$C = \frac{\left(\sum_{j=1}^{n} \alpha_{jt} C_{jt}^{i} E_{jt}^{i} \right) P_{t}^{pe} P_{t} - \left(\sum_{j=1}^{n} \alpha_{j0} C_{j0}^{i} E_{j0}^{i} \right) P_{0}^{pe} P_{0}}{\left(\sum_{j=1}^{n} \alpha_{j0} C_{j0}^{i} E_{j0}^{i} \right) P_{0}^{pe} P_{0}} \qquad (2)$$

张德英（2005）对中国工业部门碳排放量采用系统仿真方法进行估算。通过分析工业部门碳源排碳系统要素间的反馈互动机制，利用复杂系统综合集成的建模手段建立工业部门碳模型，运用系统仿真方法，达到对排碳量估算及预测的目的。徐国泉等人（2006）基于碳排放量的 Kaya 公式，采用对数平均权重 Disvisia 分解法，建立中国人均碳排放的因素分解模型，定量分析了 1995~2004 年，能源结构、能源效率和经济发展等因素变化对中国人均碳排放的影响。

2. 关于碳排放与经济增长关系的研究

宋涛等人基于 EKC 假设，对中国 1960~2000 年人均 CO_2 排放量与人均 GDP 之间的关系进行了实证研究，发现人均 CO_2 排放量与人均 GDP 之间存在长期协整关系，呈现倒 U 型环境库兹涅茨曲线关系。王中英等探讨了中国国内生产总值的增长与碳排放量的关系，其研究结果表明，中国过分依赖投资的经济增长方式和以第二产业为主的经济结构在很大程度上是导致温室气体排放增加的主要原因。杜婷婷等人的研究表明，三次曲线方程较之标准型的环境库兹涅茨二次曲线方程更能显示中国数十年来经济发展与 CO_2 排放之间的相依关系。

3. 关于经济增长方式转型对产业结构变动影响的研究

林伯强（2009）认为，低碳经济将成为中国经济发展和产业机构调整的新主题，未来中国控制碳排放量的国际压力将继续增加，中国在发展低碳经济的过程中，一方面要加快传统能源的"清洁化"进程，并逐步降低其使用比例；另一方面将"修正"目前的新能源发展思路，促进新能源行业健康发展。钱振为（2005）分析了在经济全球化的形势下，中国应坚持以制造业扩张为特色的经济增长模式，继而带动第三产业发展，优化产业结构，并认为能源政策要服从经济发展的需要，提出要实行"后中先"的能源战略。韩智勇（2003）针对中国经济持续增长伴随着能源强度下降的现象研究了中国能源强度与经济结构变化的特征，进行定量分析表明，1998~2000 年中国能源强度下降的主要动力来自于各产业能源利用效率的提高，其中工业能源强度的下降是总体能源强度下降的主要原因。

本文以四个高耗能制造业行业为研究对象，通过建立回归模型，分析天津市工业主要行业经济发展与碳排放的相关关系，并对二者是否存在因果关系进行 Granger 因果检验，探讨低碳模式下天津市工业结构变动的特殊规律。针对存在问题提出相应对策，寻求工业产业内结构调整的对策和发展现代制造业的方向。

二、天津市工业主要行业经济增长总量与碳排放量关系研究

（一）数据选取及碳排放量计算

本文研究 1994~2009 年天津制造业主要行业：黑色金属冶炼及压延工业、化学原料及化学制品制造业、饮料制造业、非金属矿物制品业的碳排放量与经济增长关系，上述各制造业行业碳排放量估算公式如下：

$$C_j = (c \sum_{i=1}^{6} E_{i,t} I_{i,t})_j \qquad (j = 1, 2, \cdots, 4) \tag{3}$$

式（3）中，C_j 为 j 制造业行业碳排放量，c 为碳与标准煤的转换系数，$E_{i,t}$ 为 t 时期 j 行业对主要能源 i 的终端消费量，$I_{i,t}$ 为 t 时期 j 行业消耗的 i 能源折标准煤系数。

计算结果如表 1 所示。

表 1　四个制造业行业的碳排放量（1994~2009 年）

年份	黑色金属冶炼及压延加工业（吨碳）	化学原料及化学制品制造业（吨碳）	非金属矿物制品业（吨碳）	饮料制造业（吨碳）
1994	189.60	117.95	27.58	9.56
1995	131.93	103.13	35.93	11.26
1996	123.04	110.48	27.45	10.18
1997	126.50	110.34	25.70	11.00
1998	136.49	137.20	32.22	11.32
1999	152.62	132.55	31.00	7.53
2000	164.01	137.88	34.41	8.11
2001	176.43	223.32	58.05	21.38
2002	181.78	214.13	57.27	21.53
2003	178.59	203.26	60.12	23.63
2004	402.23	207.04	59.27	15.30
2005	431.57	230.87	67.56	26.67
2006	613.93	195.00	68.20	26.01
2007	752.60	205.97	67.93	30.93
2008	777.42	204.48	63.77	28.39
2009	791.20	205.31	62.10	28.02

注：①基础数据来源于《天津统计年鉴》（1995~2010 年）、《中国能源年鉴 2008》；②表中数据结合基础数据代入式（3）计算得出。

由表 1 可以看出，天津市的上述四个制造业行业的碳排放量在 1994~2009 年均有显著的增加。黑色金属冶炼及压延加工业碳排放量由 1994 年的 189.60 吨碳增加到 2009 年的 791.20 吨碳，年均增长 10%；化学原料及化学制品制造业碳排放量由 1994 年的 117.95 吨碳增加到 2009 年的 205.31 吨碳，年均增长 3.8%；非金属矿物制品业碳排放量由 1994 年的 27.58 吨碳增加到 2009 年的 62.10 吨碳，年均增长 5.56%；饮料制造业碳排放量由 1994 年的 9.56 吨碳增加到 2009 年的 28.02 吨碳，年均增长 7.43%。

（二）天津市工业主要行业生产总值与碳排放量的关系

1. 单位 GDP 碳排放量指标的变化

由于一般采用 GDP 指标来衡量经济增长状况，所以本文也收集了 1994~2009 年天津市工业行业的 GDP 数据。同时，通过表 1 计算了四个制造业碳排放总量。这样，便可计算单位 GDP 碳排放量指标，并通过该指标来反映天津市制造业主要行业经济增长与碳排放量的变化特征。

表 2　天津市工业 GDP 及能源消耗、碳排放总量（1994~2008 年）

年份	工业 GDP（亿元）	四个制造业碳排放总量（吨碳）	单位 GDP 碳排放量（吨/亿元）
1994	371.43	344.69	0.93
1995	467.93	282.25	0.60
1996	549.81	271.16	0.49
1997	609.65	273.55	0.45
1998	622.15	317.23	0.51
1999	682.52	323.70	0.47
2000	785.96	344.40	0.44
2001	869.15	479.18	0.55
2002	968.44	474.70	0.49
2003	1217.88	465.61	0.38
2004	1549.70	683.83	0.44
2005	1885.04	756.67	0.40
2006	2292.73	903.13	0.39
2007	2661.87	1057.43	0.40
2008	3418.87	1074.05	0.31
2009	3622.11	1086.63	0.30

资料来源：《天津统计年鉴》（1995~2010 年）。

由表 2 可知，1994~2009 年四个制造业行业单位 GDP 碳排放量呈不断下降趋势，由 1994 年的 0.93 吨/亿元下降至 2009 年的 0.30 吨/亿元。同时，由表 2 计算可知，天津市工业 GDP 由 1994 年的 371.43 亿元上升至 2009 年的 3622.11 亿元，年均增速为 17.46%；四个制造业行业碳排放总量由 1994 年的 344.69 吨上升至 2009 年的 1086.63 吨，年均增速为 8.46%，显然工业 GDP 增速快于四个制造业行业碳排放量增速，使单位 GDP 碳排放量呈下降趋势。然而，工业 GDP 的增长到底与四个制造业行业碳排放量存在多大的相关关系，将继续讨论。

2. 回归模型的构建

为了进一步了解天津市工业主要行业经济增长与碳排放量的相关关系，构建回归模型：

$$\hat{Y} = \alpha + \beta\hat{C} \tag{4}$$

模型中 Y 为工业 GDP 值，C 为四个制造业行业碳排放总量，数据如表 2 所示，得到如下结果：

$$\hat{Y} = -430.2845 + 3.169861\hat{C}$$

$$R^2 = 0.94, \quad DW = 1.69$$

由模型结果可知，四个制造业行业每多排放 1 吨碳，工业 GDP 会增长 3.169861 亿元。似乎要想达到经济增长的目的，继续发展工业制造业高能耗行业便是可选择的方式之一。但碳排放量的增长到底是不是工业 GDP 增长的原因，两者是否具有因果关系，本文将做 Granger 因果关系检验进一步讨论两者关系。

表 3　回归模型结果

Variable	Coefficient	Std.Error	t-Statistic	Prob.
C	-430.2845	129.4171	-3.324788	0.0055
X	3.169861	0.214307	14.79119	0.0000
R-squared	0.943912	Mean dependent var		1271.208
Adjusted R-squared	0.939598	S.D. dependent var		934.4127
S.E. of regression	229.6495	Akaike info criterion		13.83455
Sum squared resid.	685605.4	Schwarz criterion		13.92896
Log likelihood	-101.7591	F-statistic		218.7793
Durbin-Watson stat.	1.691893	Prob（F-statistic）		0.000000

3. Granger 因果关系检验

Granger 因果检验是由 Granger（1969）提出，Sims（1972）推广的用于检验变量之间因果关系的方法。其实质是检验一个变量的滞后变量是否可以引入到其他变量的方程中。一个变量如果受到其他变量的滞后影响，则它们具有 Granger 因果关系。前人研究发现，经济增长和能源消费的 Granger 因果关系检验对样本区间段的长短十分敏感，样本区间段的不同可能会影响二者的实证分析结果，样本区间取的较短时，二者不存在因果关系（李惠明，2009）。而碳排放量是由能源消费量计算得到，故研究碳排放量和工业经济增长的关系的 Granger 因果检验也会受到样本区间段的影响而使结论产生差异。

表 4　工业 GDP 和四个制造业行业碳排放量 Granger 因果关系检验

Null Hypothesis：	Obs	F-Statistic	Probability
X does not Granger Cause Y	13	0.85581	0.46046
Y does not Granger Cause X		9.70840	0.00725

Granger 因果关系检验结论为：在 0.05 的显著性水平下，二者不存在因果关系。即四个制造业行业碳排放量不是导致天津市工业 GDP 变化的原因。同时，天津市工业 GDP 也不是导致四个制造业行业碳排放总量变化的原因。结果与前人研究结论大体相符，即在样本区间段较短时二者不存在双向因果关系。对于样本区间较长的情况，数据采集到以后可以进一步探讨。

三、结论和政策建议

通过对天津市四个高能耗制造业行业与工业 GDP 的关系研究，可以看出，天津市单位 GDP 碳排放量呈逐年下降趋势。同时，回归模型显著地显示出二者存在正相关关系，而在短样本区间情况下，二者不存在双向 Granger 因果关系。

（一）重化工业对能源的消耗有增无减

在所有工业行业中较为突出的应是黑色金属冶炼和化工行业，其碳排放量远高于其他行业，1994~2009 年，黑色金属冶炼和压延加工业、化学原料和化学制品制造业碳排放量年均增长分别为 10.6%、4.0%，说明相对于其他工业行业，这两个行业的能源消费量更多，与工业产值的相关性更大。同时，这两个工业行业属于中等技术行业，如果工业结构中重工业的生产发展模式不加以优化改进，势必会使工业能源消费量进一步增加，碳排放量增大。因此，考虑到天津环境承载能力及可持续发展能力，在保证工业产值合理增长的同时，对于重化工业行业要适当减少比重，并努力向附加值大、技术含量高、节能、环保、低耗的新型制造业倾斜。同时，对于具有优势的重化工业在生产流程的各个环节要努力改善技术水平，积极采用节能环保的新技术、新工艺，在保证经济增长总量贡献的同时不做节能减排的负贡献。

（二）碳排放总量指标仍需重视

尽管天津市制造业主要行业的单位 GDP 碳排放量呈逐年下降趋势，但碳排放总量呈逐年上升趋势，四个制造业行业碳排放总量年均增速为 8.46%，这说明在能源供给日益紧张的情况下，能源需求量却迅速扩大，这将给天津市的经济发展带来巨大压力。同时，碳排放总量的逐年扩大也会对天津有限的环境承载能力构成压力，影响天津市的可持续发展。所以，对于碳排放总量指标仍需重视，合理科学的引导天津市工业经济在低碳模式下持续良好发展。

参考文献

[1] 林伯强，刘希颖. 中国城市化阶段的碳排放：影响因素和减排策略 [J]. 经济研究，2010（8）：66-78.

[2] 陈诗一. 节能减排与中国工业的双赢发展：2009~2049 [J]. 经济研究，2010（3）：129-143.

[3] 陈诗一. 能源消耗，二氧化碳排放与中国工业的可持续发展 [J]. 经济研究，2009（4）：41-55.

[4] 李慧明，杨娜，王磊，左晓利. 天津市能源消费与经济增长的互动机理及政策启示——基于 8 个高耗能行业的实证分析 [J]. 城市发展研究，2009（9）：16.

[5] 朱江玲，岳超，王少鹏，方精云.1850~2008 年中国及世界主要国家的碳排放——碳排放与社会发展 1 [J]. 北京大学学报（自然科学版），2010，7，46（4）.

[6] 岳超，胡雪洋，贺灿飞等，1995~2007 年中国省区碳排放及碳强度的分析——碳排放与社会发展 3 [J]. 北京大学学报（自然科学版），2010，7，46（4）.

[7] 岳超，王少鹏，朱江玲，方精云.2050 年中国碳排放量的情景预测——碳排放与社会发展 4 [J]. 北京大学学报（自然科学版），2010，7，46（4）.

[8] 张坤民. 低碳世界中的中国：地位、挑战与战略 [J]. 中国人口·资源与环境，2008，18（3）.

[9] 张德英. 中国工业部门碳源排碳量估算方法研究 [D]. 北京：北京林业大学，2005.

[10] 徐国泉，刘则渊，姜照华. 中国碳排放的因素分解模型及实证分析：1995~2004 [J]. 中国人口·资源与环境，2006，16（6）：158-161.

[11] 谭丹，黄贤金，胡初枝.中国工业行业的产业升级与碳排放关系分析 [J]. 四川环境，2008，4，27（2）.

[12] 齐志新，陈文颖，吴宗鑫. 工业轻重结构对能源消费的影响 [J]. 中国工业经济，2007（2）.

[13] 田志勇. 双重结构对单位 GDP 能耗的影响研究 [D]. 北京：北京交通大学，2009.

[14] 钱振为. 单位 GDP 的能源消费与经济增长模式 [J]. 中国能源，2005，27（5）.

[15] 屈小娥，袁晓玲. 中国工业部门能源消费的面板协整分析——基于 10 个高耗能行业的实证分析 [J]. 产业经济研究，2008（6）.

[16] 韩智勇，魏一鸣，范英. 中国能源强度与经济结构变化特征研究 [J]. 数理统计与管理，2004，23（1）.

[17] 张丽娜. 低碳经济成产业结构调整新引擎 [N]. 消费日报，2009-10-19.

[18] 吴巧生，成金华，王华. 中国工业化进程中的能源消费变动——基于计量模型的实证分析 [J]. 中国工业经济，2005（4）.

[19] Sam Nader.Paths to a low-carbon economy—the Masdar example [J]. Energy Procedia，2009：3951-3958.

［20］ F. Urban , R. M. J. Benders , H. C. Moll. Renewable and low-carbon energies as mitigation options of climate change for China ［J］. Climatic Change，2009（4）：169-188.

［21］ Koji Shimada, Yoshitaka Tanaka, Kei Gomi, Yuzuru Matsuoka. Developing a long-term local society design methodology towards a low-carbon economy：An application to Shiga Prefecture in Japan ［J］. Energy Policy，2007（35）：4688-4703，2009（94）：169-188.

［22］ Johan Albrecht, Delphine Francois, Koen Schoors. A Shapley Decomposition of Carbon Emissions without Residuals ［J］. Energy Policy，2002（30）：727-736.

以产业技术前瞻带动地方产业升级*

——以中国台湾地区太阳能产业发展为例

刘继云　史忠良**

一、引　言

当前，中国面临着从传统农业社会向现代工业社会和信息化社会转变的双重转型挑战，这种挑战对产业升级和经济增长方式的变革提出了更高的要求。尤其是在后金融危机时代，中国对产业升级的要求更为迫切。对产业升级的理解，政府部门、学者、企业管理人员都有各自的侧重点，对其内涵和外延的理解也存在差异分歧，但有一点是共同的，即产业升级必须依靠技术创新。产业技术水平是一个国家科技和经济发展水平的集中体现，随着全球科技革命的蓬勃发展和国际竞争的日趋激烈，技术创新越来越成为产业发展和经济增长的决定性因素。技术创新有助于提升产品的附加值，改变产业在国际价值链中低端锁定的状况，提升产业的国际竞争力。然而，由于中国科技与经济"两张皮"的现象长期以来始终没有得到彻底解决，国家科技部和统计局公布的资料显示，中国每年省部级以上的科技成果和专利申请中能迅速转化为现实生产力的在10%左右，远远低于发达国家60%~80%的水平。以科技进步推动产业升级的路径尚处于探索过程中，产学研合作效果也不够理想。

在地方政府层面，政府一方面认识到要在产业升级中主动发挥作用，另一方面又苦于没有找到合适的政策工具。而对于大多数中小企业而言，由于政府没能因地制宜地提供产业技术长短期发展的信息，以及技术发展的一揽子规划与落地措施，对产业发展的未来前景、技术走势处于"跟着感觉走"的阶段。政府和企业在产业升级的方向上都处于盲目状态，尤其是政府的产业技术信息供给不足，以技术创新带动产业升级缺乏明确的方向标。由于缺乏对产业技术发展脉络的了解，政府对产业技术的支持缺乏连续性和系统性，撒胡椒面式的支持方式使公共财政投入对产业升级的引导作用难以显现。企业各自依靠自身的判断进行产业技术研发和技术储备，一方面，具有盲目性，风险极大；另一方面，又难以形成产业升级的合力。可见，政府要推动产业升级，应找出适合的政策工具，才能起到牵一发而动全身的效果。产业技术前瞻提供了一个使产业技术创新更为有效的工具（Martin，2001；Greg Tegart，2003）。越来越多的国家和地区政府运用技术前瞻制定产业技术政策推动技术创新，引领产业升级，促进产业的可持续发展。

---

* 广东省哲学社会科学"十一五"规划学科共建项目"产业升级政策传导机制研究"（批准号08GE-11）。
** 刘继云，1970年生，男，天津人，东莞理工学院教授；史忠良，1946年生，男，江西南昌人，江西财经大学教授。

二、文献综述和问题提出

与技术前瞻密切相关的是技术预见，技术预见实践最早产生于20世纪70年代的日本。对技术前瞻的研究总体上基本理论研究。技术前瞻的实践研究从国家和地区两个层面展开。由于技术前瞻实践主要是在国家层面进行的，相关的研究也多以国家层面为主，区域层面的技术前瞻研究相对较少。不同国家和地区的技术前瞻由于受到当地科技、经济和社会发展水平的制约，往往各有侧重。美国、日本和欧洲等发达国家的研发实力较强，具有相对坚实的工业基础和成熟的技术，面临的主要问题是开拓新的技术领域和占领高技术产品市场；一些新兴工业国家和地区在某些领域具有一定实力，面临的主要问题是提高技术研发能力和工业水平，寻求这些领域的技术突破，促进产业技术升级；发展中国家的技术研发水平相对较低，产业基础落后，其主要任务是正确把握未来科技发展趋势，从本国的实际情况出发，综合分析本国的优势和劣势，在"缝隙"中求得产业的生存和发展。

国家层面的技术前瞻具有目标多样性、定位高、范围广等特点，区域层面的技术前瞻更多的是从当地的科技、经济、社会发展的实际出发为产业服务，即将技术前瞻的着力点落在产业上。从技术前瞻的定位来看，区域层面的技术前瞻把提升产业竞争力和市场份额摆在首位，如中国台湾地区开展的产业科技前瞻研究计划。

如前所述，以技术创新带动产业升级大多是在区域层面开展的，区域产业升级是国家整体产业升级的基础，那么区域性技术前瞻研究的作用就显而易见了。如果说国家层面的技术前瞻提供了一个国家技术创新的方向标的话，区域层面的技术前瞻则提供了以技术创新带动产业发展的导航器。在区域层面不仅要重视技术前瞻，更重要的是将前瞻结果落到实处。为此，需要回答：技术前瞻如何帮助区域产业发展系统地选择关键技术，产业技术如何突破，如何引导各方力量和集聚优势资源参与产业技术研究，如何设计产业技术创新进程使产业升级有条不紊地进行等问题，而它们在以往的研究中是被忽略的。鉴于此，我们以中国台湾地区以技术前瞻推动太阳能产业发展的实践作为案例，分析地方政府如何借助技术前瞻推动区域层面的产业技术创新，为地方政府推动产业升级提供借鉴。

三、中国台湾地区产业技术前瞻概况

（一）技术前瞻历程

技术创新永远是产业发展的核心动力，在台湾地区的产业升级过程中，地方当局的技术前瞻规划在资源配置中始终扮演着关键角色。台湾地区的产业技术前瞻计划主要面向占企业总数97.77%（约为124万家）的中小企业，台湾地方当局除了要慎重选择重点产业科技外，有必要在此类产业科技之上，提供一套明确易解、具有前瞻观点且能符合国际潮流的产业科技发展蓝图，作为产、政、学、研与社会大众均能共同参考、阅读，进而增进跨领域、跨产业，特别是传统与新兴技术间能交互融合的沟通平台。

地方资源的运用与规划，除传统由上而下的精英领导之外，尚需佐以一套宏观、前瞻、科学而稳健的观测与评估机制，由下而上地凝聚各方意见以达成共识，进而提升整体决策品质。因此，无论是筛选重点科技还是研拟资源配置与发展蓝图，产业技术前瞻都十分重要。前瞻规划方法与机制的建构是一个滚动的流程，引领台湾地区产业发展战略随着时间的进程而更新。

鉴于全球产业创新局势，产业由制造及渐进式改善型的模式，跃升到创新突破的知识产业模式，台湾"经济部科技处"于2001年启动了由工研院执行的创新前瞻型科专计划（邹篪生、孙智丽，李宜映，2009），支持创新构想的即时提案，每年增加创新前瞻研发经费，陆续推动资策会（2002年起）、纺织所（2004年起）、金属中心（2004年起）、食品所（2004年起）、生技中心（2005年起）、船舶中心（2005年起）、车辆中心（2007年起）等单位开展创新前瞻计划。从未来社会经济需求着眼构想创新应用概念，建构前瞻研发环境与创新发展系统，配合"行政院"2015年经济发展愿景冲刺计划，要求团队投入创新前瞻技术开发。

（二）产业技术前瞻

1. 两阶段流程

有鉴于台湾地区多元社会的特性，为扩大愿景构筑基础，台湾地区产业与科技整合研究计划在2015年采用"两阶段收敛与发散"的研究架构，以扩大意见来源基础，流程如图1所示。

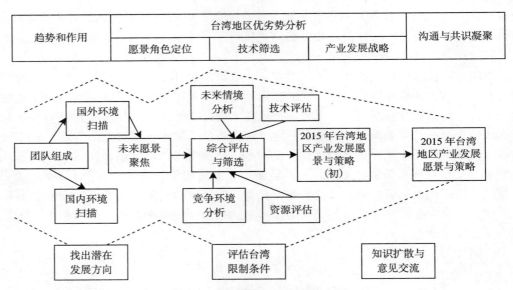

图1　两阶段发散与收敛研究流程

2. 四个前瞻阶段

"2015年台湾产业与科技整合计划之执行规划"分为四个阶段。

第一阶段主要进行次级资料搜集与分析，据以归整影响全球的六大趋势，包括人口结构变迁、全球化、网络化、跨领域科技整合、环保与精敏制造以及资源效能提升六项，及其将对台湾地区带来的可能影响与冲击，以作为后续研究的主要背景和基础。

第二阶段是通过意见领袖访谈归纳各领域意见领袖对台湾地区未来产业愿景以及相关优劣势的意见，并进行大规模问卷调查，据以扩大意见基础，收敛岛内人士对愿景角色共识或看法。

第三阶段主要进行战略方向拟定及技术群组与评估筛选。通过德尔菲法（Delphi Method）分析并举办一系列战略专家会议，讨论与研究各种可能的战略方向；在技术群组与评估筛选方面，采用美国斯坦福研究中心（SRI）的产业科技组合规划研究方法，以架构化、系统化及逻辑化的方式与流程，通过搜集与归纳产业技术项目、重组及链接产业技术群组、多指标及多层面评估产业技术群组以及平衡分析等过程，进行未来潜力产业技术的评估与筛选，其间以专题讨论会方式吸纳多位各界资深技术人员的专业意见。

此外，为强化产业竞争优势，也针对所建构的技术群组择其重要者进行深入规划。挑选的准则主要以重要性高的技术群组为优先投资对象，这一类型技术群组存在着有利于台湾地区产业立足国际舞台的竞争空间，在政策资源分配方面值得政府全力支持。在深入执行各个技术群组的发展蓝图规划时，必须考虑外部环境及台湾地区现有的资源，决定技术群组的远景与发展目标，检视技术落差，找出未来关键技术，进行评估与定位，以及制定技术发展战略与行动方案，这些技术发展战略与行动方案也应成为企业的前瞻可操作的项目。

经过汇总全球重要智库对未来科技发展所做的预测，再由市场价值和台湾地区战略意图这两大指标的过滤，筛选出 100 多个技术项目，并依据技术根源和产业关联，归总为 44 个技术群组，包括生物医药、材料、能源、半导体、资通讯及综合六大领域，选择 29 个优先顺序较高的技术群组，与跨领域技术与经济专家学者经历数回合共同讨论，进行基本要素比较，包括经济价值、社会价值、环境永续等重要性指标，以及技术非技术面的发展风险，对台湾地区现有地位与技术获得难易度所组成的风险性指标进行综合评估，并将这 29 个技术群组做了定位。

为使产业聚焦发展，首先必须筛选重点技术，其评价指标主要是重要性和风险性。重要性涉及市场规模与社会价值两个评估要素。在市场规模方面，主要针对未来全球市值与可能商机的预测，选择有助于促进经济成长的重点科技，多为应用潜力高，在未来产业技术发展上具有关键作用，对于维持现有产业竞争力与增加国际竞争力有显著影响的产业技术。在社会价值方面，以社会公益及环境永续均衡发展愿景的契合度与贡献率为准。依据重要性与风险比较的结果，属于中风险性、中高重要性的是产业发展前"缺临门一脚"的重要区域，地方当局府可以在此区域着力，以加速这些技术的发展以及商品化的流程。而高风险、中高重要性的区域，地方当局的角色在于降低风险。这些高风险项目通常来自技术本身的不确定性，需要更多基础科学研究的支持，所以应由学校或国科院等单位来主导研发。而低风险、中高重要性的项目交由企业自行研发，地方当局的角色在于营造公平竞争的环境。而目前看起来重要性较低的部分，不可排除有异军突起的可能，应予以持续观测。产业发展最为关键的技术一般在中风险、高重要性的区域。在进行技术前瞻时，从生物科技、前瞻材料、新兴能源、半导体、新兴资通讯与综合领域六大领域中筛选出 29 个具有关键影响力的技术群组。新一代太阳能源为技术群组之一，着重于具有成本竞争力的太阳能源技术。

第四阶段除持续调整完善前述成果外，需进行一系列扩散计划，于各地举办扩散会议与各界沟通阶段性成果，期望通过扩散会议建立共识，并获得更多意见以完善研究意见，达到双向沟通的效果。

3. 技术蓝图

产业技术创新是一个复杂的过程，更多地表现为多项技术的集成创新和产业链各个环节的创新，为此在每一个技术群组的发展蓝图中，从专家团队组成开始，首先为该群组做更明确的定义，并针对相关的趋势、要素、市场挑战和价值方面作分析，然后定义此技术群组在台湾地区发展中的愿景与目标。在此目标下定义关键技术，包括替代性技术以及发展过程中对此项技术可能造成关键性变化的预警，并在评估关键技术后进行定位，拟定发展战略，如自行发展、购买还是采用技术战略联盟等。

四、台湾地区太阳能产业技术前瞻的执行

全球正面临两大迫在眉睫的问题——能源枯竭与温室效应，为了确保能源自主和达成温室气体减排的目标，各国政府均投入大量人力、物力发展绿色能源。其中，太阳能因不受地理环境限制、技术发展相对成熟，并具永续利用等特质，成为全球优先发展的绿色能源。在这种形势下，台湾地区技术前瞻计划中将太阳能定位为支撑未来发展的潜力产业，制定了 2010 年太阳能电池产业全球市场占有率为 7.5%，2015 年达到 11% 的目标。在台湾地区资源有限的情况下要实现这些目标，必须筛选关键技术，并制定产业技术发展蓝图。

（一）影响太阳能产业技术发展的关键因素

太阳能电池产品主要分为晶体硅电池、薄膜电池两类。前者为传统太阳能电池，包括单晶硅电池、多晶硅电池两种，占据全球该行业绝大多数的市场份额；后者为新一代太阳能电池，主要包括非晶硅电池、铜铟镓硒电池和碲化镉电池等，目前市场份额比较小。晶体硅太阳能电池以高转化效率在过去和现在都主导着光伏市场，而薄膜电池在原有转化效率上突破性的进展，比以前提升了 30%~40%，且成本相对低廉。以 2015 年为目标，台湾未来定位于发展新一代太阳能源技术，包括薄膜太阳能电池、聚光型太阳能电池以及有机太阳能电池三类。

与传统能源相比，太阳能成本目前仍是最昂贵的一种能源，各种能源的电力成本中太阳能电池成本仍高，达 32 美分/千瓦，台湾利用太阳光电发电的成本每度电要 14 元，成本过高一直是太阳能产业发展的最大障碍，因而成本成为决定太阳能产业发展的最重要因素。若不考虑各国政府各项补助及优惠措施，并不具备广泛使用的吸引力，但因其具备永续经营的再生能源特性，未来若能有效降低成本，将会成为最具发展潜力的电力来源。可见，太阳能产业的可持续发展取决于其成本能否不断地下降。

与成本密切相关的还有太阳能电池的转换效率，据估计，太阳能电池的转换效率每年若能提高 1%，厂商的生产成本将以每年 5% 的速度下降。以硅为原料的太阳能产业始自上游硅材料，其次则依制造方式而分为单晶硅及多晶硅，单晶硅电池使用年限较长，转换效率较高，一般转换效率为 15%~16%，但相对较贵；多晶硅电池制程较简单，相对也较便宜，但转换效率较低，约 14%~15%，两者为目前全球太阳光电应用比重最高者，合计市场占有率已达 88%。

另外，台湾太阳能产业需跳出以往电子产业的发展模式，不局限于经济规模的发展思路上，否则容易快速陷入价格战，步入微利时代，有可能还没等到全球太阳能产业发展成熟，就被迫退出市场。因此，当务之急是通过技术创新提升太阳能电池转换效率及开发各项节省材料的新一代太阳能产品。

（二）太阳能产业技术前瞻

前瞻技术的发展是以奠定未来产业技术或应用产品开发所需要的技术，以及系统发展所需突破的瓶颈作为主要因素，基于产业各项应用技术发展进程，未来商品应用时机的可能性、先后顺序与紧迫性，并参照国内外产业及美国、日本等先进国家相关产业的技术发展蓝图，确立产业技术的发展里程碑。要实现技术前瞻目标，只有依靠技术创新提高太阳能电池的转换效率，降低发电成本，生产出具有国际竞争力的太阳能电池产品。这就需要系统解析太阳能产业的产业链，分析在哪些环节实现关键技术突破能不断提高电池转换效率，降低发电成本。2015 年，将太阳能模

组成本达到每瓦 1.5 美元，或是发电成本降为每度 0.15 美元的太阳能技术。因为生产多晶硅需要较多能源，而且能源回收期长达 7 年；非晶硅薄膜所采用的硅材料则少于多晶硅的 1%，能源回收期只需要 1.5 年，无论是对环境的破坏，还是污染物的排放量均符合节能环保的要求。所以，台湾地区未来太阳能产业将以薄膜太阳能等新一代太阳能为主，兼顾传统太阳能产业。薄膜太阳能电池形成可产生光电效应的薄膜厚度仅需要几微米，大幅降低光电原料依赖度，其产业链较硅晶圆为主的电池生产流程短，且其基材如玻璃、塑胶、金属薄片等可做多样化选择，又能大面积制造，非常适合与建筑物整合成大型太阳光电面板。同时，对于一般消费性电子产品与民生用途应用广泛，薄膜太阳能电池的商品化发展与应用，将成为台湾地区太阳能产业未来发展的重点。

（三）太阳能产业技术发展蓝图

为了实现前瞻目标，需要制定产业技术发展蓝图（TRMs）。技术蓝图采用视觉化方法，明确技术的市场目标、产品演进、技术演进、专题研究及其实现的时间节点，推动产业技术前瞻计划有条不紊地落到实处。从有效降低太阳能电池的发电成本出发，系统梳理产业链中能够降低成本的环节，从最上游材料，到中游的电池和模组生产，再到下游的系统和装置，以及周边配套元件等制定相应的技术研发行动计划，将前瞻计划逐步在不同环节落到实处，不断累积延续创新前瞻能量。

1. 材料环节

对台湾地区来说，因为太阳能产业供应链架构雏形仍未完成，投资环境相对较难吸引国际大厂，更重要的是，近期台湾地区的一些新加入者，也直接锁定前往大陆发展为目标，包括多晶硅料源、硅晶圆及太阳能电池等不在台湾地区生根，使台湾地区在扶植太阳能产业难上加难。而在太阳产业链中，进入壁垒最高的环节为硅原料的生产，由于其技术与制程上的难度，目前基本上被美、日、德等大厂垄断。

太阳能产业链中，最大的问题是来自于上游的原材料——硅沙，但发展薄膜太阳能技术时，首当其冲的就是材料问题。掌控原料成为硅晶圆制造产业的关键成功因素。台湾地区因为硅材料极为匮乏，适宜迎合薄膜太阳能发展的潮流，以薄膜太阳能作为发展重点。又由于 2010 年全球结晶硅太阳能电池（包含单晶硅、多晶硅与带状硅）的市场占有率仍有 85%左右，至 2015 年也仍有 75%的占有率，新一代太阳能电池直至 2020 年才可与结晶硅太阳能电池分庭抗礼。为此，台湾地区虽然已确立薄膜太阳能为未来发展的重点，但结晶硅太阳能电池仍有改进的机会和空间。在高转换效率和低成本的目标驱使下，通过低成本硅材料电池技术的开发，朝向纳米化发展以降低材料用量与成本，再以低成本冶金级硅为载体，利用鸡尾酒法结合各种改质技术制成低成本冶金级新结构太阳能电池，如图 2 所示。

如前所述，台湾地区将未来太阳能发展的重点领域定位于新一代太阳能，尤其是薄膜太阳能，需要明确薄膜太阳能材料的技术发展路径。薄膜太阳能的主要材料为非晶硅、化合物半导体，及染料敏化系统等。薄膜太阳能电池产业中技术较成熟的主要是非晶硅、硒化铜铟镓及碲化镉三种，其中，非晶硅属于元素型电池，硒化铜铟镓及碲化镉属于化合物电池。又因为非晶硅材料结构属于非稳定态，在温度或长期使用上容易产生变化，限制了未来提升转换效率的发展空间。故新一代太阳能将以化合物半导体型太阳能电池为主。据此，应有针对性地进行硒化铜铟镓太阳能电池的元件制程、设备及检测分析，这种半导体材料的主要特点是太阳光吸收为太阳能电池材料中最高的，是硅晶材料的 100 倍。根据这种材料的特点拟订技术发展的进程，在技术上为大规模生产创造条件以获得规模经济效应，降低生产成本，在技术上为下一工序提高太阳能模组转换效率创造条件。

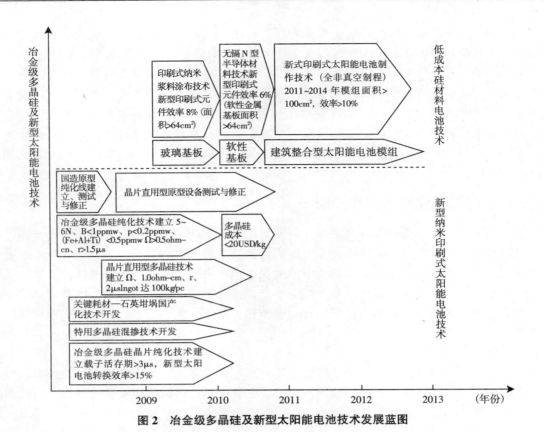

图 2　冶金级多晶硅及新型太阳能电池技术发展蓝图

2. 制程环节

以往台湾地区太阳能产业发展，几乎所有厂商制程设备与相关制程参数均由外商进口。尤其是薄膜太阳能技术目前仍是先进国家重点发展项目，技术释放幅度不大，由于生产线成本高出传统硅晶电池成本达 5 倍、相关制程设备成本的 70% 以上，如果太阳能生产设备仍被外商掌控，不但维修困难，台湾地区太阳能产业的获利将极为有限。台湾地区太阳能产业投入制程设备的研发时间比较短，技术与产能均无法与国外系统供应商相抗衡，在市场竞争激烈、价格不断下降的情况下，若无法掌握制程设备自给率，生产制造成本将无法短期内达到市电价格水平。而且产品差异性显得特别重要，自主关键设备技术开发刻不容缓。为此，台湾地方当局高度重视太阳能制程设备及模组关键技术，针对硅薄膜太阳能电池和铜铟镓硒太阳能电池的不同特点和生产要求，分别设计不同的制程设备及模组关键技术发展路线图，重点发展以薄膜太阳能电池为主的各类制程技术，无论硅薄膜、化合物 CIGS 薄膜或软性太阳能电池，应以设备主导制程的先期开发研究与相关制程差异化，促进台湾地区太阳能产业突破专利屏障，进而大幅取代进口，争取市场商机。

（四）计划执行

技术前瞻如能真正发挥引领产业升级的作业，其结果必须被执行。在技术前瞻及技术蓝图的指引下，"经济部科技处"通过学界科专计划（包括学界开发产业技术计划）、业界科专计划（包括业界开发产业技术计划、研发联盟先期研究推动计划、创新服务业界科专计划、鼓励岛内企业在台设立研发中心计划、鼓励岛外企业在台设立研发中心计划、示范性资讯应用系统开发计划、鼓励中小企业开发新技术推动计划），以及"经济部工业局"相关补助计划（包括主导性新产品计划、协助传统工业技术开发计划、企业研发联盟推动）和科会科学园区管理局开展的创新技术研究发展计划等系列计划，推动大学、研究机构和企业循序渐进地开发前瞻性、关键性技术和整合性技术，以加速提升产业技术水平，协力帮助企业摆脱技术追随者的弱势，增强产业的整体竞争力。就太阳能产业而言，其材料关键技术以"中科院暨光电研究所和工研院材化所"为主，制程设备及模组关键技术以"中科院导弹火箭研究所"为主，新型太阳能电池技术和镭射技术以"工研院"、"台湾核能研究所"为主，通过前述的各种计划激励企业共同参与太阳能技术研发，使技术蓝图中的技术逐步被攻克并成为推动产业升级的动力。

（五）执行效果

产业技术前瞻规划及其执行要定期评估执行结果，从而为未来的前瞻提供经验和教训。通过产业技术前瞻及其贯彻执行，台湾地区的太阳能产业发展成效显著，主要表现在如下几个方面：

1. 太阳能研究居世界前列

在技术前瞻及技术发展蓝图的指引下，台湾地区的太阳能产业在技术研发方面采取了聚焦战略，围绕关键技术的改进或者替代技术路线部署专利，整合"科学院"、大学、企业和民间研究机构的研发力量，如台湾资策会的创新前瞻技术有70%被关键计划顺利承接。通过协同攻关，中国台湾地区太阳能产业技术成熟度明显提升，专利数量大大增加，位居日本、德国和美国之后，在全世界列第四位，奠定了在国际太阳能领域的有利地位。在论文方面，台湾地区在太阳能光能研究方面排名世界第五位，其中，中国台湾成功大学的相关研究世界排名第19位。太阳能产业对外技术依存度有所降低。

2. 太阳能产业链不断完善

基于产业链的产业技术发展蓝图为企业进入太阳能产业提供了路线，整个产业链中的薄弱技术环节存在较大需求，为企业发展带来了新的空间。许多企业瞄准了这些利润空间，纷纷进入太阳能产业，企业数量大幅度增长，目前已有76家企业进入太阳能电池行业。同时，台湾地区利用过去半导体、平面显示和LED产业的既有基础，利用基础技术共通特性来发展太阳能产业，使太阳能产业链与已有的相关产业的产业链有机结合，大大降低了技术创新的成本。在产业链的中游有中美晶、绿能等厂商，硅晶太阳能电池有茂迪、益通、昱晶、新日光等厂商，薄膜太阳能电池有绿能、联相、富阳、宇通等；下游制造太阳能电池模块及发电系统有顶晶、奈米龙等厂商投入生产。茂迪、昱晶等龙头厂商多次跻身全球太阳能电池前十排行榜。

3. 产品国际市场占有率不断提高

基于产业技术前瞻的一揽子计划为太阳能产业发展制定了明晰的发展路线和目标，在它的指导下，台湾地区的太阳能产业发展顺利，产业技术被国际市场的认同度不断上升，市场占有率逐步提高。2006年太阳能电池产量达177.5MW，占全球7%；2007年产量达545MW，占全球12.74%，晋升为全球第四大太阳能电池生产地。2008年，台湾地区太阳能产业产值达到1050亿元新台币。台湾地区"资策会产业情报研究所"（MIC），2010年全球太阳能光电市场规模突破12000 MW，与2009年的的市场规模相比，成长率将超过60%。2010年上半年台湾地区太阳能电池片的出货量约816.6MW，年成长率为160.1%。台湾地区太阳光电硅晶模组产能规模可望达到1778MW，年成长率为101.6%。

五、研究结论与启示

台湾地区因地制宜地开展产业技术前瞻，充分考虑了该地区的经济社会发展需求，建立两阶段收敛模型，运用了专家访谈和情境分析法，采用了重要性和风险指标筛选出技术族群，并针对不同的技术族群进行政府支持定位。台湾地区产业发展最为关键的科技是在中风险、高重要性的区域，太阳能产业技术即属于这一区域。为了将前瞻计划落到实处，要根据太阳能产业高转换率和低成本的市场需求定义关键技术并设计产业技术蓝图，作为台湾地区地方当局、大学、科研机构、企业研发的方向标。针对技术蓝图中涉及的产业关键技术，地方当局应加大资助力度，以此吸引民间投资参与这些技术的研究，发挥财政支出的乘数效应。通过以技术蓝图为指挥棒，由地方当局、企业、科研机构、大学共同参与的整合性产业技术研究，使研发力量能够聚焦于产业关键技术，减少研发的盲目性和散乱性，容易实现技术突破和创新，是地区层面推进产业技术创新的有效途径。

（一）开展产业技术前瞻是推进产业升级的重要手段

在国家层面，由科学院于 2003 年启动了"中国未来 20 年技术预见研究"，并出版了《中国未来 20 年技术预见》；在地区层面，北京、上海、广州、杭州等地也陆续开展了技术预见。总体而言，中国开展的技术预见多为科技部门主导，技术与产业结合的紧密度不高，技术预见多为一次性，对产业技术发展过程缺乏连续的描绘，对产业发展的指导性不强。在地方政府都在着力推进产业升级的背景下，选择战略性新兴产业、支柱产业进行技术前瞻，使科技与经济以产业为载体而紧密结合起来，为政府、高校、科研机构和企业综合利用，这将比以往技术预见的利用率更高，更能够满足地区层面科技需求。在此基础上制定战略发展蓝图，以此为基础作为科技部门制定相关政策和选择资助科技项目的依据，企业也应明确产业发展的未来前景，提高技术研发的成功率，有力地带动产业升级。

（二）进行组织机构创新开展产业技术前瞻

中国当前产业技术创新能力总体上还不强，产学研结合的体制机制尚未从根本上突破。在国家层面，与产业科技发展相关的主管部门主要是科技部、发展和改革委员会和经信部。科技部一般定位于进行基础研究、前沿技术研究和重大社会公益性技术研究及关键技术、共性技术研究，并会同有关部门拟定产学研结合政策；发展和改革委员会主要负责组织拟订高技术产业发展、产业技术创新的战略、规划和重大政策；经信部主要指导产业技术创新，推进科研成果产业化和企业技术改造。地区层面基本参照国家层面的部门职责分工。由此可见，对于产业技术发展的管理实际上处于政出多门、相互分割的状态，由于部门的职责分工不同、工作目标和侧重点不同，对于推进产业技术创新极为不利。

产业技术创新是依托具体产业实现的，不同产业的竞争力取决于不同的关键因素，这些关键因素决定了产业技术创新的方向，同一创新方向可以引导产业链不同环节的创新。如对太阳能产业而言，决定其产业竞争力的关键因素是电池转换效率和发电成本，要提高转换效率、降低发电成本，可以在材料、制程、模组等多个环节进行技术创新。由于产业专业化分工越来越细，材料、制程、模组等各个生产环节往往分散于不同企业，产业技术创新并非是在单个企业实现的。对大多数中小企业而言，它们一般难以判断其所处的整个产业的技术创新路径。产业技术前瞻及技术蓝图可以将产业技术路径清晰地描绘出来，企业借以明确其产业链各个环节技术创新的过程和趋势。多个企业可以在不同的环节同时进行创新探索，也可以在统一的规划下实现不同环节的创新技术的衔接，从而加速产业技术创新的步伐。

在台湾地区，"经济部技术处"负责产业技术发展规划及其执行，根据产业技术发展的需要，设立多个相关的研究所和中心，使产业技术创新拥有统一的管理部门，长期跟踪产业技术发展趋势，通过产业技术前瞻—产业技术蓝图—专项计划等工具，使产业技术从蓝图逐步走向现实。这种做法避免了由于政出多门而造成的政策相互脱节，也减少了部门的责任推脱，有效避免了科技与经济相脱节的现象，尤其值得我们在地市政府部门借鉴。因为地市层面当前最主要的任务是通过产业升级带动地区经济发展，可以考虑在相关职能部门下设产业技术研究机构，针对当地的新兴产业和支柱产业，开展包括技术前瞻和技术蓝图研究，将研究成果形成专项计划，由市级层面协调科技局、经息局、教育局、企业等相关单位协同推进，使当地依托技术创新实现产业的可持续发展。

（三）产业技术前瞻的成效在于执行

台湾地区经验表明，产业技术前瞻不是对未来产业图景的一般描述，而是可以具体实施的蓝图，开展技术前瞻关键在执行。就执行过程而言，为促进产业科技发展与相关制度整合、研究资源与产业发展整合，以及市场需求与科技研发整合的目标，在执行过程的每一阶段，应根据地区产业发展特点选择重点产业，将技术前瞻细化为分年度的技术蓝图以及行动计划，并通过制定多种计划引导高校、科研机构、企业参与到产业技术研发，发挥财政投入的乘数效应，并集聚多方资源关注产业技术，使产业技术创新能够在产业链的多个环节同时展开，在关键技术环节有多方聚焦突破，从而提高产业技术创新的成功率，降低研发风险。最重要的是，这些需要研发的技术来自产业需求，产业技术蓝图将技术和产业捆绑在一起，将技术需求和技术供给联系到一起，政府借助于这个工具，同时使用技术推动与需求拉动增加产业技术创新的动力，有助于提高产业技术创新的效率。

参考文献

［1］蒋泽敏，唐松，宋宗宏. 金融危机背景下产业升级的思考［N］. 光明日报，2009-09-15.

［2］邬连东. 产业技术创新水平评估研究［J］. 西安财经学院学报，2008（3）.

［3］杨克泉，吕立伟，李晶. 促进企业技术创新的财税政策变迁及未来取向［J］. 经济纵横，2008（10）.

［4］袁建中. 技术前瞻先期（Pre-foresight）研究［R］. 科会专题研究报告，NSC94-3011-p-009-002.

［5］鲁兴启. 技术预见与区域产业技术发展［J］. 改革与战略，2009（3）.

［6］周霞丽，邱秀玲. 创新研发与产业竞争力提升的政府政策［J］. 科技法律透析，2008（5）.

［7］王启秀，孔祥科，左玉婷. 全球能源产业趋势研究——以台湾太阳能光电产业为例［J］. 中华管理评论，2008（8）.

［8］财团法人台湾经济研究院. 2009 产业技术白皮书［M］. 台北：经济部技术处，2009.

［9］Greg Tegart.Technology foresight: Philosophy and principles［J］. Innovation: Management Policy and Practice，2003（5）.

［10］Martin，B.R. Foresight in Science and Technology ［J］. Technology Analysis & Strategic Management，1995（7）.

物联网核心技术链演进下的产业政策研究

岳中刚 *

根据美国权威咨询机构 Forrester 预测，到 2020 年，全球物物互联的业务规模与人类之间的通信业务相比将达到 30∶1，物联网被视为全球下一个万亿元级规模的新兴产业。为此，物联网的技术创新和产业发展引起了美、欧、日等发达国家的广泛关注，它们制定各种产业政策引导和推动物联网的研究、应用和产业发展，如美国的"智慧地球"、欧盟的"物联网行动计划"、日本的"U-Japan"。目前，中国也提出了"感知中国"的战略规划，将物联网发展提高到国家战略性新兴产业的高度。

在高新技术产业领域，技术创新已成为决定企业和国家竞争力的重要因素，技术先进性和技术产业化制约着发展中国家的跨越式发展，但作为物联网技术研究中国与世界先进水平同步，加之新兴高科技产业技术进步与商业模式选择的多样性，以及选择空间的广阔性，为后起国家留下了巨大的发展空间。本文以物联网这一战略性新兴产业为例，探讨在技术链动态演进的情境下，中国如何通过产业政策引导技术创新和产业化的"赶超"发展。

一、物联网核心技术链演进特征与产业化问题

（一）技术链演化与产业链形成

技术链与产业链的关系一直是一个复杂的命题。一方面，技术的进步导致该环节价值回报的增加，回报率高的环节会吸引较多的企业进入，进而改变该环节的市场结构和竞争行为，从而使产业链发生变化，即技术链的完备是产业链形成的必要条件；另一方面，产业链中每个环节的需求特征、对该环节的技术变化可能产生重要的拉动作用，例如能源成本大幅提高将会鼓励节能和替代能源的技术研发和运用，即产业链需求推进技术进步。

对高新技术而言，产业链的形成和技术演化则更为密切，核心技术演进的不同时期产业链形成的表现形式也不同。在核心技术取得突破性进展的时候，产业系统大量吸收技术创新成果，产业生产率快速上升，价值回报高，使产业得以迅速成长和规模扩张，促进了新的产业兴起和产业链形成；当技术链成熟度较高时，以改良性的技术创新为主体，生产率提高速率和成本降低速率趋于减缓，产业升级的实质是产业由低技术水平和低附加值状态向新技术水平和高附加值状态转变的过程，更多地体现为资源的优化配置和产业链完善过程。

尽管技术创新可以推动技术链的演化，但从技术链到产业链之间存在间断，并不是每一项技术成果都可以实现产业化，最优的技术不一定能映射为最有前景的产业，这中间既有技术演化中

---

* 岳中刚，男，南京邮电大学经济与管理学院副教授；江苏省物联网产业研究基地研究员。

产业选择的路径依赖性，也有因产业引导机制的作用。技术链与产业链需要有效的衔接，才能实现有效的技术产业化转化。从技术链到产业链的完整技术创新演进过程中，实质上也是一个多种资源的优化配置过程，产业管理机构在技术创新激励、产业联盟构建、产业标准制定等方面的政策设计至关重要。

（二）物联网核心技术链演进特征分析

物联网作为高新技术产业，分析它的核心技术演进与产业化问题也需遵循上述原则。本文从四个维度展示物联网核心技术链演进特征的可能趋势：物联网核心技术构成；互联网技术演进与产业发展相关性以及启示和可借鉴之处；美国、欧盟的预测与分析；作为运营商（中国移动）视角的预测作为个案价值。

从核心技术构成来说，"物联网"主要由感应识别末梢、传输网络、分布式智能处理单元三个部分组成。感应末梢即利用二维码、RFID、传感器、全球定位系统、激光扫描仪等信息传感设备实现随时随地的数据采集；传输网络是通过将多种联网技术与互联网的融合，将物件的信息实时准确地传递出去；智能处理是利用云计算、模糊识别等各种智能计算技术，协同各系统共同运作，对海量的数据和信息进行分析和处理，同时使物件可以依照环境状况自动分析、判断所获取信息，并执行相关的操作。从产业链角度切入，与物联网感知、网络、应用三层体系相对应的分别为制造（传感器件制造、器件芯片制造、网络设备制造）、营运（网络服务、网络运营）和应用（软件开发、应用服务，如环境监测、物流、交通、智能电网、居家安保等）三个环节，技术与非技术研发以及标准制定将贯穿整个产业链。从产业的带动效应而言，物联网的发展将对射频识别（RFID）技术相关产品、红外感应器、激光扫描器、全球定位系统等信息传感设备制造业具有直接带动效应。物联网产业链较长，涉及通信网络、信息系统集成、自动控制等多个领域，其间接带动效应亦不容小觑。

分析互联网技术演进与产业发展的历程（见图1），可以看出，从技术链到产业链之间存在间断，即技术链和产业链之间并不是简单的一一映射关系。互联网真正实现产业价值、完成技术与商业模式的融合用了近10年的时间，物联网的发展也可能经历类似的历程。

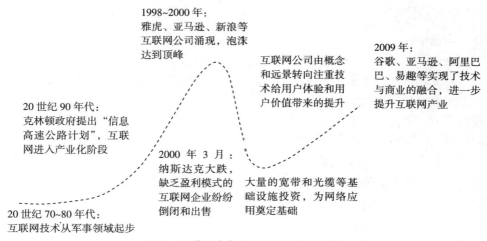

图1 互联网技术演进与产业发展历程

美国、欧盟以及中国在关于物联网的战略规划中对产业技术演进、产业化过程和应用领域进行了预测（见表1和表2），同时提出影响物联网发展的因素主要集中在商业模式、应用普及以及产业政策推动。

表1 美国、欧盟物联网规划中技术演进与产业化应用进程

阶段	美国	欧盟
2010年之前	• 2007~2009年：大型零售连锁机构采用RFID标签对托盘和包装进行管理，加快供应链流程 • 2010年：大型连锁零售机构开始全面部署RFIDs，实施自动收银等，同时在医疗保健机构、大型组织和政府机构采用RFID标签跟踪管理个人档案文件	• RFID被广泛应用于物流、零售和制造领域
2010~2015年	• 2011~2013年：实施终端用户通过手机扫描器阅读RFID标签，了解相关产品的价格、用途、产地、成分、保修等信息 • 2011~2016年：车辆逐步具备远程诊断系统，提高可靠性，降低维修成本，并可通过远程软件的更新，实现车辆功能升级	• 物体互联 • 特定网络融合 • 恶劣环境下应用
2015~2020年	• 2017年：开始普及无所不在的定位技术，初期实现手机定位技术 • 2018~2019年：制造业在日常用品上安装无线接收器推广无所不在的定位技术，防止物品丢失和被窃 • 2020年：重新分配频谱资源，将旧的窄带通信手机频率用于支持人对物以及物对物的通信	• 物体进入半智能化 • 全球化应用
2020年之后	• 2020~2025年：美国物联网发展进入创新、增长、机遇、变革的阶段，用户和供应商通过日常物件的互联实现协同	• 物体进入全智能化 • 异质系统间应用，人、物、服务网络的融合

资料来源：美国国家情报委员会（NIC）. Disruptive Civil Technologies–Six technologies with Potential Impacts on US. Interests out to 2025, 2008；欧洲智能系统集成技术平台（EPoSS）. Internet of Things in 2020.

表2 中国移动物联网规划中技术与产业化应用进程

	M2M	物联网	泛在网
概念描述	将通信模块植入机器，将机器联入网络	将传感设备植入物体，将物体联入网络	物—物，人—物相连，人—人互连
感知能力	条形码+RFID+传感器+摄像头+通信模块，信息的有限感知	传感器网络+智能通信芯片+条形码+RFID+传感器+摄像头	无线传感器网络+智能通信芯片+条形码+RFID+传感器+摄像头
通信能力	移动通信技术，信息有限传送	宽带移动通信技术+传感器网络	IPV6网络+宽带通信技术+无线传感网络
应用场景	网络覆盖有限，终端体积、终端供电能力弱，应用受限	受限范围小，应用范围小	任何时间、地点及各行业的泛在应用

资料来源：根据中国移动2010年发布的《物联网产业发展研究报告》整理。

　　欧洲智能系统集成技术平台组织（EPoSS）在 Internet of Things in 2020 中预测，物联网的技术演进将经历四个阶段：2010年之前广泛应用于零售、物流和制药等领域；2010~2015年实现物与物之间的互联；2015~2020年进入半智能化阶段，物联网与互联网走向融合；2020年之后实现全智能化阶段，无线传感网络得到规模应用，将进入泛在网的发展阶段。中国移动作为国内物联网产业的积极推动者，从运营商角度对物联网的发展路径进行了预测，认为物联网发展将经过机器通信（M2M）、物联网及泛在网的三个发展阶段。而目前，许多物联网技术尚处在开发测试阶段，离物与物之间普遍联结、不同系统相互融合的远期目标还存在一定差距。无论是欧美还是中国，更多的是基于技术发展趋势对相应阶段的应用愿景进行描述，仅用以表明相关产业应用物联网技术的可行性和技术开发应用重点，并没有解决产业可持续发展的商业模式、参与主体的激励机制以及竞争规则等问题。

二、从物联网技术演化到产业链形成的助推机制

（一）基于技术演化的物联网产业链政策引导机制

对于物联网技术的最新进展和该产业所处的最新阶段，技术链对产业链形成具有源头作用和基础意义，同时技术演进也为产业选择提供多样性，技术链与产业链的有效衔接才能完成技术产业化。而在技术创新激励、产业联盟构建、产业标准制定等方面的政策设计构成了物联网产业发展的引导机制。

关于产业政策对于技术创新与演进的影响一直是理论界争论的话题。20 世纪 80 年代以前，发达国家的学者普遍认为，技术创新与演进是市场自发形成的调节系统，并且是不可预测的。如首次提出创新理论的熊彼特在《经济发展理论》中，将创新定义为"新的生产函数的建立"或"企业对生产要素的新的组合"。Nelson 和 Winter 于 1982 年提出了自然轨道理论，用以描述技术发展积累和演化特征。Dosi 于 1988 年发展和完善了自然轨道的思想，并受到库恩科学范式的启发，提出了技术范式的概念，认为技术演进将沿着技术模式内在的技术特性、问题的求解探索和积累的经验所形成的相对有序路径发展。20 世纪 80 年代以来，以阿罗和罗默为代表的新经济增长理论开始关注技术创新中政府行为作用，提出技术创新等知识和信息具有公共产品的一些特征，政府可以通过税收或研发补贴等政策，促进技术创新，进而提高经济增长率和社会福利。这样，技术创新与演进的视角逐渐从纯粹的市场行为转向市场激励与产业政策的联系和互动上，并由此延伸发展为"国家创新系统"理论。"国家创新系统"这一概念是 1987 年由 Chris Freeman 在研究日本创新系统时首次提出的，他特别强调政府在提高产业竞争力和推动技术创新方面的作用，将国家创新系统界定为"由公共和私人部门机构组成的网络，它们的活动和相互作用促成、引进、改变和扩散了各种新技术"。此后，国家创新系统理论的研究者从不同视角强调创新系统内部各要素与产业政策之间的互动，而且互动程度影响着产业创新绩效和整个经济体系的创新能力，如波特（2002）将政府纳入分析国家竞争优势的钻石模型体系，认为产业政策尽管不能帮助企业创造竞争优势，但若运用在已经具备关键要素的产业层面上，可以促进和强化本国产业的创新优势。

上述理论揭示了产业政策对技术创新与演进的重要意义，但这些理论大多是基于"技术创新是发达国家引领"的情境，而较少涉及发展中国家如何通过产业政策实现技术创新的"赶超发展"。国内一些学者提出了基于发达国家产业技术演进路径进行技术追赶（杨德林和陈春宝，1997；杜越平等，2003），也有学者对此提出质疑，认为发展中国家在技术先进性和技术产业化两方面都存在着"先天问题"（杨志刚和吴贵生，2003）。而由于中国在物联网技术研发方面与国际同步，产业政策的必要性和有效性将得以彰显。或者说对于物联网产业，技术链与产业链之间的有效对接尤其需要产业政策的支持。

（二）制约物联网技术产业化的问题分析

综观互联网发展的历程，政府在其中起到了关键的推动作用。而与互联网相比，物联网不仅在技术上更加复杂，而且与整个城市和社会的变革更是息息相关。因此，构建物联网产业生态系统，需要政府采取有力的产业激励政策，并构建良好的产业发展环境，而这需要从多个维度进行全方位的考虑。

（1）产业标准问题。任何产业没有一个既定的标准都很难取得突破性的发展。物联网作为一

种概念导入阶段的新兴技术，首先需要制定完善的标准体系。目前，国际上已形成了五大标准组织，分别代表了不同团体或国家的利益。EPC global 是由北美产品统一编码组织（UCC）和欧洲产品编码组织（EAN）联合成立的，在全球拥有上百家成员，得到了众多大型跨国公司的支持。而 AIM、ISO、UID 代表了欧美国家和日本，IP-X 的成员则以非洲、大洋洲、亚洲等国家为主。中国在 UHF 频段标准制定发展缓慢，虽然国家已经为 UHF 规划了两个频段，但标签数据编码体系、中间件和系统集成技术、数据共享体制和测试平台等标准尚未完全解决，RFID 产品在不同企业应用中，无论是在频率、编码、存储规则等方面，都因缺乏可以遵循的统一标准而不尽相同，导致读写器和标签间不能通用，从而影响企业与企业间、企业与行业间的交流和合作，很大程度上阻碍了物联网技术的产业化发展。物联网作为一个多设备、多网络、多应用、互联互通、互相融合的大网，所有的接口、通信协议都需要有统一的产业标准来协调，必须根据具体的国情，及时推出有利于打造自主产业链的产业标准体系和市场准入制度。

（2）市场应用问题。得益于通信技术和互联网技术的发展，手机终端和电脑产品快速普及，并且消费者对手机、电脑等的内在需求也十分强烈，而物联网所面对的消费者群体基本以行业用户为主。无论欧美还是中国，RFID 市场经验表明，必须有政府或大企业的推动才能获得发展。在整个市场发展过程中，成本不仅来自电子标签和传感器，也包含接收设备、系统集成、计算机通信、数据处理平台等综合系统的建设。美国管理信息系统专家诺兰基于 200 多个公司、部门发展信息系统的实践经验，提出了六阶段的诺兰模型：初始阶段、传播阶段、控制阶段、集成阶段、数据管理阶段和成熟阶段。前三个阶段为信息化不断传播和在组织局部应用的过程，而集成阶段则是在前三个阶段累积的无数个信息化孤岛或者个体的基础上，组织开始使用数据库和远程通信技术，努力整合现有的信息系统。依据诺兰模型，本文认为物联网的发展目前处于第三阶段并逐步向第四阶段过渡，当前阶段的发展将主要以政府和大型企业投资拉动为主，通过在需求紧迫和相关含义典型应用如交通监控、机场安全等领域中推动的过程中，实现物联网的典型应用并逐步推动物联网标准、传感器成本、应用规范的发展，使得物联网具备大规模商业化应用的基础。

（3）自主技术问题。制约物联网产业快速发展的关键问题是技术创新，物联网领域与多项技术交叉融合，包括无线射频、集成电路、网络通信、计算机软硬件、系统集成等，任何一个技术环节滞后均会影响物联网产业发展。就目前中国的现状而言，由于国内集成电路设计水平的限制，市场上采用的超高频电子标签芯片大都来自 TI、NXP、HITACHI、Intel 等外国公司，而在结合硬件和软件的嵌入式以及中间件领域，国内尚无企业的产品可以与 SAP、SUN、BEA（目前已被甲骨文公司收购）等展开竞争，产业领域自主技术处于绝对弱势。

（4）互联互通问题。物联网从网络结构上分析，实质就是通过现有网络（主要是互联网）将众多 RFID 应用系统连接起来，并在广域网范围内对物品身份进行识别的分布式系统。以 RFID 为例，无论是在交通、出入控制、电子支付还是在物流和铁路等领域，都是在行业系统内部和企业内部的闭环应用，而物联网则要求实现开环系统的应用。鉴于目前的产业发展水平，作为物联网应用的重要部分之一，基于 RFID 的闭环系统应用仍将持续相当长的过程。此外，开环的应用还涉及不同行业之间的利益机制，以及人们关注的信息安全问题。从中国"三网融合"中的业务融合、网络融合和监管融合并未取得实质性进展可以推测，行业的互联互通将是物联网产业能否实现规模化发展面临的主要问题。

（三）发达国家物联网产业政策经验分析

综观发达国家的物联网相关规划或行动方案，规范法律制度、争夺标准话语权、构建产业联盟、完善创新机制等，成为各国产业政策设计的重要突破。

（1）制定远景规划，以确定物联网发展的目标与路径。2009 年，欧盟执委会发表了欧盟物联网行动方案（Internet of Things—an Action Plan for Europe），明确欧洲在构建物联网过程中的主导作用。行动计划主要有管理、隐私及数据保护、潜在危险、关键资源、标准化、研发创新、管理机制、环境问题、统计数据和进展监管等一系列工作，以描述物联网技术应用前景，并提出要加强欧盟政府对物联网的管理，消除物联网发展的障碍。美国非常重视物联网的战略地位，在国家情报委员会（NIC）发表的《2025对美国利益潜在影响的关键技术》报告中，将物联网列为六种关键技术之一。美国国家科学基金会的"全球网络环境研究"（GENI）把在下一代互联网上组建传感器子网作为其中重要一项内容。韩国通信委员会也在2009年出台了《物联网基础设施构建基本规划》，提出2012年要实现的目标："通过构筑世界最先进的物联网基础设施，建设成为未来广播通信融合领域超一流的信息通信技术强国"，同时确定了重点建设的四大领域：构建物联网基础设施、发展物联网服务、研发物联网技术、营造物联网扩散环境。

（2）聚焦关键领域，深化物联网技术的研发与实践。2009年，奥巴马总统签署生效的《2009年美国恢复与再投资法案》中提出在智能电网、卫生医疗信息技术应用和教育信息技术进行大量投资，借此三大领域来实现与物联网技术的互动发展。如IBM已经开发出了涵盖智能电力、智能医疗、智能交通、智能银行、智能城市等多项物联网应用方案。日本IT战略部在2009年7月颁布了日本新一代信息化战略"I-Japan"，提出到2015年，运用数字化技术推进政务改革，使行政流程简化、高效、规范、透明，同时推动电子病历、远程医疗、远程教育等应用的发展。与之对应，日本总务省提出的"U-Japan xICT"政策，将U-Japan政策的重心从之前的单纯关注居民生活品质提升拓展到带动产业及地区发展，即通过各行业、地区与ICT的深化融合及有效应用，进而实现产业变革，推动新应用的发展，达到生活方式变革，实现无所不在的网络社会环境。欧盟将物联网相关技术的研发纳入欧盟第7期科研框架计划（EP7），通过政府与企业伙伴合作模式支持相关项目建设，并提出利用E-health、E-accessibility、应对气候变迁、消除社会数字鸿沟等一系列有助于提升社会福利的先导项目来推动物联网的部署。如欧洲合作研发机构校际微电子中心（IMEC）利用GPS、RFID技术已经开发出远程环境监测、先进工业监测等系统。

（3）推广标准建设，加强和协调物联网的管理与运用。在控制国际互联网标准的基础上，美国在物联网的国际标准制定方面取得优势地位，其主导的EPC global标准已经被许多国家采纳。2010年，传感器网络国际标准工作组（WGSN）成立后的第一次会议在英国伦敦召开，主要讨论传感器网络的参考架构、智能电网标准等有关内容，美国等国家提出的智能电网标准获得通过。在标准推广方面，美国大范围地进行信息化战略部署，推进信息技术领域的企业重组，在争取持续完全控制下一代互联网（IPv6）服务器的同时，在全球推行EPC标准体系，借此主导全球物联网的发展。物联网标准制定者将制定编码、解析及传输协议等规则，拥有编码解析主服务器、中央数据库，实际控制了全球生产流通企业注册、物品编码的发放，掌握了信息流向、产业话语权，可以控制和掌握全球所有商品和商品流通。同时，所有工业、经济、商品流通等重要信息也就一览无余的被物联网运行者（编码解析服务器拥有者）轻易和全面地获取。为此，欧洲执委会提出将评估现有物联网相关标准并推动制定新的标准，持续监测欧洲标准组织、国际标准组织以及其他标准组织的物联网标准制定进度，使物联网标准的制定在各相关方的积极参与下，以一种开放、透明、协商一致的方式达成，确保物联网的可信度、接受度和安全性，使物联网在一个分布式管理架构下得以有效运行。

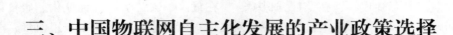

三、中国物联网自主化发展的产业政策选择

随着国内劳动力市场刘易斯拐点的出现，劳动力成本加速上升将是未来的发展趋势，劳动力成本上升对国内外贸依存度高的经济增长结构形成冲击，同时也提高了整个社会经济的运行成本。物联网的发展将提高整个社会的自动化和智能化的水平，将会有效抵御劳动力成本上升给产业发展带来的影响，对于维持或提高产业竞争力与利润率水平都具有积极作用。培育发展物联网产业，必须注重市场主导与政府推动相结合，在充分发挥市场配置资源基础性作用的同时，通过实施相应的产业政策，进一步消除制约产业发展的体制性障碍，引导、保障和促进产业的快速发展。

（一）构建产业联盟，形成自主技术发展轨道

基于物联网产业生态系统的复杂性，任何一家企业都不可能控制整个产业链，也较难通过单一产品的推进或引进某条生产线的方式来实现整个产业规模乃至相关产业链的跳跃式发展。因此，物联网相关企业的合作联动发展，对于构建自主化的物联网产业链至关重要。政府要加强产业政策的引导，促进产业联盟的形成和发展，以掌握核心技术为目标，对产业联盟的开放式创新活动进行普遍性支持。为了避免产业投资的"潮涌现象"，政府应建立从创意、研发、孵化到市场推广的端到端的智慧应用公共技术服务平台，提供从技术研发到市场投入的平台环境，营造研发创新的产业环境，推动企业集成创新，以较低的风险实现较大的范围的资源调配，从而成为企业优势互补、扩展发展空间、提高产业竞争力、实现物联网产业赶超战略的重要手段。

（二）创新政府采购机制，促进物联网产业化应用

对于市场尚未成熟的物联网产业，可以通过政府采购机制，推动新技术的实践应用。以韩国为例，韩国政府提出的物联网基础设施构建包括物联网公共网（在气象、水利、公共交通等多个公共服务领域内编制需求计划，率先构筑物联网试用平台）、公众网（利用现有的传播通信网络2G、3G、WiBro等，在主要城市构建试点网络）和先导网（在不同的地区间形成联运区域，实现合并平台和网络连接）。韩国政府公共服务领域内对物联网的率先应用将有效推动韩国本土技术能力的提升以及在标准化过程中取得先发优势，同时为物联网服务以及盈利模式的探索提供途径。为此，中国应依托全球最大的物联网市场，以政府购买等方式，推动具有先发优势的领先企业在公共服务领域进行示范性应用，如高速公路电子收费（ETC）系统，以此内生地培育国内物联网市场，从而带动整个产业以及关键技术能力的形成。

（三）制定物联网产业标准，提升产业发展的控制力

产业标准战略不仅增强了发达国家在全球市场上的竞争优势，而且诱导了技术后进国家在战略路径上的跟踪模仿和过度依赖（王益民和宋琰纹，2007），抑制了这些国家自主创新能力的提高，使经济发展越来越依附于发达国家的跨国公司。当前在物联网产业领域，各国已经展开了激烈的主导设计竞争和产业标准竞争。中国要立足发展中大国的用户安装基础和本土市场优势，制定中国市场的产业标准，增强与国际标准组织谈判的话语权。尽管中国在物联网标准战略方面并未取得"先发优势"，但巨大的市场容量有利于消除中国标准被国际市场搁置的疑惑。即使失去了国际市场，国内巨大的市场容量，也可以支撑足够大的网络规模，不仅可以为国内消费者提供足够大的网络效用，而且市场范围越大，消费者需求多样性程度越高，标准并存的可能性越大。如

果中国标准击败了外国标准，占领了国内市场，将为采用中国标准的国外消费者带来巨大的网络效用，从而提高中国标准在国际市场的竞争力。关于物联网标准的产业政策可以表现在多个方面：①把中国标准确定为国内市场推荐标准，鼓励消费者、互补产品厂商支持中国标准；②政府作为关键顾客，可以改变消费者预期；③政府在研发上的支持，可以直接降低中国标准研发成本，降低研发风险；④政府还可以利用大国负责任的政治形象，向国际社会营销中国标准。

（四）设立产业基金，以工业资本支持物联网产业发展

物联网产业作为战略性新兴产业，本身具有两层含义：①产业的战略性；②产业的新兴性。所谓战略性，一是这一产业形成一定规模后能对经济社会产生重要影响；二是应当具有特殊的功能，对经济社会发展具有深远的战略作用。所谓新兴性，主要在于这些产业所应用的技术比较前沿，有些还尚未成熟，同时技术的产业化也才刚刚起步，尚未形成与成熟产业相当的产业规模。为此，可以效仿工业化阶段"农业哺育工业"的相关政策措施，建立专项物联网产业投资基金，以工业资本支持物联网这一新兴产业发展。通过引导资金参股设立创业投资企业，既有助于为物联网关键产品及关键生产技术研发提供资金补贴，又有助于发挥政府资金的导向作用，引导社会资金投向园区初创期高新技术企业，加快科技成果的转化，实现资本与技术的对接。

（五）实施政策倾斜，通过财政货币政策优先扶持物联网产业

物联网产业其演进路径与一般产业发展不同，要实施跨越式发展，并占据发展先机，资金流的进入和税收的减免是物联网产业稳健发展的必不可少的一个重要条件。国内外经验表明，金融资源流向哪个产业便会催生哪个产业的大发展。国家政策导向对一个产业的发展至关重要，国家可以设立有特色的地方性科技银行，通过信贷资金对物联网进行资金支持，并大力发展金融创新产品，建立风险分担机制，并通过政府贴息，减轻融资成本和负担。在税收方面，采取较其他产业更优惠的政策，实施减免措施，以"放水养鱼"，扶持物联网产业做大做强。

参考文献

[1] 迈克尔·波特.国家竞争优势 [M].北京：华夏出版社，2002.

[2] 杨德林，陈春宝.沿技术轨道创新与高技术企业成长 [J].当代经济科学，1997（5）.

[3] 杜越平，高雄，赵红菊.路径依赖于企业顺沿技术轨道的演化创新 [J].研究与发展管理，2004（4）.

[4] 杨志刚，吴贵生.复杂产品技术能力成长的路径依赖——以中国通信设备制造业为例 [J].科研管理，2003（6）.

[5] 王益民，宋琰纹.全球生产网络效应/集群封闭性及其"升级悖论"——基于大陆台商笔记本电脑产业集群的分析 [J].中国工业经济，2007（4）.

[6] 陈柳钦.物联网：国内外发展动态及亟待解决的关键问题 [J].决策咨询通讯，2010（5）.

[7] Nelson，R.R，Winter，S. An evolutionary theory of economics change [M]. The Belknap press of Harvard University Press，1982：57-78.

[8] Dosi，G. Source，Procedures and Microeconomics of innovation [J]. Journal of Economic Literature，1988（26）：1127-1129.

政府推动高技术产业化的政策效果分析

郑世林　刘和旺[*]

一、引　言

中共中央在 1999 年出台了《关于加强技术创新发展高技术实现产业化的决定》，提出加强技术创新，发展高科技，实现产业化，推动社会生产力跨越式发展，把科技进步和创新作为经济社会发展的首要推动力量。"九五"末期，国家发改委开始组织高技术产业化工作，积极探索符合国情的高技术产业化模式。"十五"时期是中国高技术产业化全面推进的五年。在此期间，按照中央、国务院关于加强技术创新，发展高科技，实现产业化的总体部署，国家发改委共组织实施了 30 个重大产业化专项，1544 项高技术产业化示范工程项目，涉及全国 37 个省、区、市和计划单列市以及 63 个行业主管部门和中央直属企业，涵盖信息、生物、新材料、航空航天等九大领域，完成项目总投资 1210 亿元，其中国家安排资金 110 亿元，国家资金拉动度达 10 倍以上。项目覆盖了产业化领域指南 130 个方向中的 101 个，覆盖面近 80%。[①] 那么，究竟由政府行为推动的高技术产业化工作对中国高技术企业研发创新产生怎样的影响？是否真正促进了高技术成果转化进而改善了企业绩效？这些工作的实施是否提高了企业技术水平和竞争力？这些问题的答案，对于中国进一步有效实施高技术产业化工作，促进高技术产业发展，乃至建设创新型国家都具有非常重要的政策含义。

对于借助政府之手来推动的高技术研发及成果转化问题，国外学者（Cohen 和 Noll，1991；Capron 和 Van Pottelsberghe 1997；Makinson，2006；Hsu 等，2009；Wacket，2010；Lee，2011）已经做了大量的实证研究。国内学者朱平芳，徐伟民（2003）、程华等（2008）分别基于上海市和行业数据，对于政府科技激励政策效果进行了实证研究。但是，对于政府推动高技术产业化效果研究的文献比较少见，迄今为止，还未发现有文献对"十五"期间高技术产业化工作政策效果进行详细而又严谨的实证研究。本文以"十五"期间高技术产业化专项企业调查数据为样本，实证分析了政府推动高技术产业化的政策效果问题。

首先，本文考虑的是产业化专项投资是否提高了企业技术创新能力，这也是当前中国倡导建设创新型国家非常关心的重要命题。一方面，我们要考察企业受到产业化专项投资对研发投入和努力程度的影响；另一方面，要考察在高技术产业化专项投资中，政府资助资金和银行贷款占比与企业研发投入和努力程度的关系。

* 郑世林，中国社会科学院数量经济与技术经济研究所，助理研究员，北京科技大学与美国得克萨斯大学联合培养博士。研究方向：产业组织理论和技术经济学。已在 China Economic Review、Utilities Policy、经济研究、世界经济等国内外重要期刊上录用或发表论文近 20 篇。刘和旺，湖北大学经济学院，副教授。研究方向：制度经济学，已在《经济学季刊》等期刊上发表多篇论文。
① 国家发改委十一五规划。

其次，我们还要关心政府推动高技术产业化到底对企业财务绩效产生怎样的影响，以及政府补助资金与银行贷款比例对企业财务绩效影响如何。既然高技术产业化是指科技成果从研究走向实用，以规模生产或工业应用为目的转化为现实生产力，促进科技为产业进步服务的一项工作，[①]那么研发成果的商业化、规模化就是其中的一个重要方面，因此，要培育战略新兴产业，政府就不仅要激励企业创新，还要引导企业将高技术进行商业化和规模化，并提高企业的财务绩效（销售及营业收入、利润和劳动生产率）。

最后，本文关心的是在高技术专项实施前后，企业在国内和国际市场上的技术水平和竞争力发生了怎样的变化？本文基于微观数据的研究结论及由此而得出的政策建议补充了现有的经验研究文献。

基于上述的主要问题及分析思路，本文其余部分的结构安排如下：第二部分首先分析了中国高科技产业化形成与发展的背景，其次对现有文献进行综述，最后提出了本文的研究假设；第三部分是本文所使用变量、数据来源以及变量的描述性统计；第四部分在设定计量模型基础上，分别实证分析了高技术产业化工作对企业创新、财务绩效和企业能力的影响；第五部分是结论和政策建议。

二、文献综述

（一）中国高技术产业化的形成与发展

对于"高技术产业"的含义，美国学者 R. Nelson 认为，所谓高技术产业是指那些以大量投入研究与开发资金，以及迅速的技术进步为标志的产业。高技术产业化就是技术的研究、开发、扩散与推广的过程，一般要经历高技术的发明与研制、高技术产品的开发与推广、高技术产品的大规模应用三个阶段，是把技术成果转化为技术商品、投放市场，获得经济效益与社会效益的过程。发展高技术的根本点就是使之产业化，形成高技术产业。

当今世界，各国政府在高新技术产业领域的竞争日趋激烈。如何发展中国的高技术并实现产业化成为摆在我们面前的一项紧迫任务。它关系到中国能否在激烈的国际竞争中取得竞争优势、能否在 21 世纪前半叶和平崛起的关键所在。为了跟踪世界先进科技水平，缩小与国外的差距，自1985 年以来，科技部联合有关部门，紧紧依靠地方政府，以企业为主体，通过实施 863 计划、攻关计划、火炬计划和建设发展高新技术产业开发区，在全国构建了从高技术研究、工程技术应用开发，到产业化的工作体系。

中国高技术及其产业化的发展经历了两个阶段。第一阶段是在二十世纪六七十年代，高技术发展倾向于军事方面，是高技术产业的初创阶段。改革开放以后，高技术及其产业化的发展进入了快速发展的第二阶段。1982 年中国开始出台了一系列科技计划，其中最著名的是 1986 年的"863 计划"。[②] "863 计划"的实施，揭开了中国有组织、有计划、大规模地开发高新技术研究的序

---

① 国家发展和改革委员会高技术产业发展司. 国家高技术产业化工作对地方经济发展的影响——10 省市高技术产业化工作的调查报告. 2004 年国家发展和改革委员会软课题研究，2005.

② "863 计划"的战略目标是瞄准 20 世纪末 21 世纪初的高新技术产业，集中力量进行重大突破，提出了 7 个技术领域的十几个主要项目作为研究发展目标。在 1996 年，国家科委主任宋健主持制订了"S-863 计划"，即"超级 863 计划"，该计划是以提高技术进步在国民经济中的贡献率为中心，以需求驱动和竞争激励的市场导向为主攻方向，以关键技术的实验和技术创新的带动为特点的国家级高新技术研究与发展计划，其战略定位是，主要解决一旦突破将会带动中国产业技术经济发展，对经济建设有重大推动作用的高新技术前沿问题（顾海，2000）。

幕，高新技术产业化的发展进入了一个新阶段。目前，中国高技术产业已形成一定的规模，在生物技术、信息技术、新材料技术、新能源技术和自动化等领域缩小了同发达国家间的差距，高技术水平大大提高，并在一些领域跻身世界先进行列。与此同时，为迎接世界高技术革命浪潮，中国像许多国家一样兴办了许多高科技园区。迄今，全国已成立 54 个国家级高技术产业开发区。全国高新技术企业数量到 2007 年超过 20000 家，全年总收入超过 5 万亿元，并且每年仍以超过 10% 的速度增长。[①] 高新区企业创造的工业增加值自 1998 年到 2007 年已经增长了 10.1 倍，平均增长速度为29.3%。[②] 尽管取得了上述成就，但是总体说来，中国高技术产业整体竞争力不强，效益不高，产业化程度偏低，具体表现在：投入不足；技术落后，市场占有率低；科研与生产脱节，科技成果转化为生产效率低（魏世红，2008；顾海，2000）。据统计，中国每年取得 3 万多项科技成果，5 万~6 万项国家专利，但这些科技成果大部分不能向企业生产过程转移。另据世界银行估计，中国科技成果转化率平均只有 15% 左右，专利转化率只有 25%，专利推广率在 10%~15% 浮动。而发达国家的科技成果转化率高达 70%~80%。[③] 从反映技术创新水平的 20 世纪 90 年代新技术对企业的渗透率来看，中国仅为 20%，而美国为 80%，日本为 65%，韩国为 35%。中国企业对引进技术的消化、吸收也比较困难。调查显示，对引进技术能够消化、应用和改进的企业分别占 54.3%、53% 和 40.8%，企业引进技术的总体效益不高。[④]

（二）相关文献综述与研究假设

关于技术进步的讨论是新经济增长理论的核心内容之一，而对 R&D 活动的研究又是其中非常活跃的领域（P. Romer，1990；Grossman 和 Helpman，1991；Aghion 和 Howitt，1992）。为了在市场竞争中取得优势，企业往往通过增加 R&D 投入获得降低生产成本并开发先进技术。但由于技术发明一般具有公共品特征，发明人无法完全独占其新技术知识或无法控制其扩散，势必导致企业 R&D 投入的回报率往往低于其一般的投资回报率，存在着与 R&D 有关的市场失灵的现象，企业对 R&D 活动的投资规模可能低于社会的理想水平（Nelson，1959；Arrow，1962；Klette 等，2000），因此，在市场经济条件下，政府有必要借助各种政策手段来干预企业的 R&D 活动。其中，两个最重要的政策工具是对政府拨款资助和税收减免。近年来，几乎所有的国家都以各种不同形式大幅度增加了政府对研发的资助研发（OECD，2002；David 等，2000）。本文集中关注政府推动高技术产业化的政策效果。

国内外学者关于政府科技投入政策效果的研究主要集中在如下两个方面：

1. 两种政策工具的讨论

国外学者对政府的科技激励政策与企业 R&D 投入关系的研究，或者注重于政府的 R&D 拨款资助和企业 R&D 投入之间的关系（Capron、Van Pottelsberghe，1997；Makinson，2006；Wacket，2010），或者注重于税收激励效应（Mohnen，1997；OECD，2002）。这两种政策工具各有长短，政府资助作用时效快、时效长，但会引起挤出效应（后面将要讨论）和政治分肥（Cohen 和 Noll，1991）；后者作用时效慢、时间短，激励效应的微弱且不均衡等特性（Guenther，2010）。大多数文献比较注重单个政策工具有效性的研究，少数文献（Guellec 和 Pottlesberghe，2000；朱平芳等，2003；Peneder，2008；Bérubé 和 Mohnen，2009；Chen，2010）同时检验或讨论了所有政策工具的有效性以及政策工具之间的关系。Peneder（2008）对政府支持私人 R&D 的经济学原理进行了详细

① 我国高技术产业统计年鉴（2008）[M].北京：中国统计出版社，2008.
② 我国高技术产业发展年鉴（2008）[M].北京：北京理工大学出版社，2008.
③ 王艺瑾.中国高新技术产业发展的制度分析 [D].吉林大学博士学位论文，2009.
④ 数据引自中国国际跨国公司研究会网站，http：//www.ciimc.com。

的讨论，并且讨论了支持或反对不同政策工具的理由。Bérubé 和 Mohnen（2009）的研究证明，拨款资助与税收的政策组合比单一的税收更能激励企业创新。Chen（2010）在比较了政府资助与税收激励的政策效应之后，提出了以四大标准（投资数量、收益规模、风险水平和研发周期的长短）来选择最优的政策（组合）。朱平芳等（2003）的分析也指出，政府的科技拨款资助和税收减免这两个政策工具对大中型工业企业增加自筹的 R&D 投入都具有积极效果，并且政府的拨款资助越稳定效果越好；政府拨款资助和税收减免互为补充，提高一个的强度也会增加另一个的效果，但这个效应以政府税收减免为主。Carpron 和 Van Pottelsberghe（1997）也指出，在政府补助较稳定的产业中更能刺激企业 R&D 的投入，政府的拨款资助政策所产生的影响要比税收减免激励政策长久。Bérubé 和 Mohnen（2009）的研究也发现，相对于只获得税收减免的企业，同时获得政府资助与税收激励的企业获益更大、创新能力更强、创新的商业化方面更为成功。

2. 政府科技拨款资助对企业 R&D 产出和生产率的影响

随着政府对 R&D 的资助日益普遍，人们大多关注的一个问题是，政府资助是否会促进技术进步和劳动生产率的提高。换言之，对私人 R&D 的资助是否鼓励企业投资 R&D，或者说这种资助是补充了还是挤出了私人的 R&D 努力，这是争论的焦点（Hall 和 Van Reenen，2000；David 等，2000；Busom，2000；Hsu 等，2009），结论也是不确定的（Garcia-Quevedo，2004）。

一类文献认为，政府资助和税收鼓励对于企业 R&D 投入具有正面影响（Capron 和 Pottelsberghe，1997；Guellec 和 Ioannidis，1998；Hussinger，2003），挤出效应不存在。例如，Guellec 和 Ioannidis（1998）认为，政府的 R&D 投入在长期时间内会促进私人企业的 R&D 投入。David 等（1999）所参考的 7 篇研究报告中，有 6 篇发现公共 R&D 支出与企业自身的 R&D 支出有互补性，仅有 1 篇认为无显著关系。Koga（2005）也发现，在日本高科技新成立的企业中，公共研发资助与私人研发之间存在着一种互补关系，Gonzalez 等（2008）也发现，在西班牙制造业中并不存在挤出效应。Griliches 和 Regev（2001）分离了政府资助和企业 R&D 支出对以色列制造业产出和生产率的影响，他们发现补助对企业 R&D 产出有显著影响。Hu（2001）研究了中国 R&D 支出和企业生产率之间的关系，他也发现政府 R&D 投入通过促进企业 R&D 投资来间接影响企业的生产率。Lee（2011）进一步分析了政府 R&D 的资助促进企业 R&D 研发支出的几种机制，包括研发单位成本减少、产业技术能力提高和需求创造效应。

另一类文献认为，政府 R&D 投入在特定产业（行业）内部或一些国家对企业 R&D 投入产生负面影响（挤出效应）。例如，Nadiri（1980）、Carmichael（1981）、Levy（1990）、Mamuneas 和 Nadiri（1996）、Goolsbee（1998）皆指出了政府 R&D 投入对企业 R&D 投入在产业（行业）内部所产生的挤出效应。Wallsten（2000）也发现，美国政府资助对私人研发活动产生了完全的（1∶1）挤出效应。有学者发现了部分挤出效应的存在，因为政府 R&D 投入会导致 R&D 总投入的增加（Fölster 和 Trofimov，1996）。Busom（2000）发现，尽管总体上政府资助激励了私人研发活动，但是，这并不能排除 30% 的企业确实存在挤出效应。Levy（1990）指出，人们不要指望政府对研发的资助就一定能够增加企业的产出，因为追求利润最大化的企业会遵循边际收益等于边际成本（假如为 0）的原则。Chen（2010）也指出，政府资助对私人 R&D 投入会否产生挤出效应要视所研究的产业（行业）和国家的具体情况而定。Lach（2002）认为，政府的资助对小型企业存在显著的作用，而对大型企业则不显著。Nadiri（1980）和 Shrieves（1978）认为，对非耐用消费品和原材料而言，政府 R&D 对私人 R&D 投入的弹性是正的，而对非耐用品而言则是显著为负的。程华等（2008）的研究结果也表明，从全国总体来看，政府科技资助和企业 R&D 产出之间没有固定的线性回归关系，他发现：在中部地区，政府科技资助促进企业 R&D 产出；而在东部和西部地区，政府科技资助对企业 R&D 产出作用不显著。

尽管由于四个方面的原因（分析层面与数据的差别、分析方法的差别、没有关注拨款资助的政策效应可能存在的产业、行业与地区差别和缺乏一般的理论模型或分析框架）政府 R&D 资助与企业研发努力之间的关系是不确定的（Lee，2011），但是，上述的多数学者还是认同如下观点：政府资助促进企业或企业家的研发努力和生产率的提高不仅取决于这种资助是否影响企业的研发决策，还取决于所资助的企业、行业与地域的具体特征。既然如此，我们不禁要问：这种挤出效应在中国政府推动的高科技产业化过程中是否存在呢？

国内有关高科技产业化及政府科技政策对私人研发活动的研究文献较多（陈昭锋，2001；蒋经法，2002；国务院发展研究中心，2002；闻媛，2005）；有关高科技研发效率及其影响因素的经验研究也不少（朱有为、徐康宁，2006；邓进，2007；方福前、张平，2009；黄静等，2010；戴魁早，2011）。其中，戴魁早（2011）研究表明：市场势力与 R&D 效率具有倒 U 型特征，企业规模对 R&D 效率具有显著的正向影响，但国有产权比重却具有显著的负影响。但是，有关政府科技政策对私人研发活动的经验研究尤其是基于微观数据的经验研究文献则不多见，只有 Hu（2001）、朱平芳等（2003）、程华等（2008）。高技术产业化专项企业调查数据为研究中国高科技产业化中政府资助对私人研发活动、财务绩效和竞争能力提供了便利。

目前，发达国家与中国在高技术领域的支持政策侧重点不同，发达国家侧重于财税政策覆盖 R&D，因为它们在这方面更有比较优势；而中国作为经济转型和赶超国家，技术产业化过程更具有比较优势，更为重要，但面临的挑战也更大：①政府推动是高新技术产业化创新活动成为一个社会系统创新行为的关键和前提。由于高新技术产业是知识、技术、人才高密集性产业，具有高附加值、高增长性、高综合效益、高风险性、高投入性、战略性、集聚性等特征，对那些资金匮乏、技术薄弱的企业来说研发资助至关重要（Lee，2011）。②政府推动高新技术产业化的政策效果引起了人们的种种顾虑，这包括政府功能实现的成本趋大的发展势头增大问题，如：高技术创新政府功能的外溢会否受到体制及功能形式的影响；如果过分强调以模仿为主的创新模式会否引起低水平的重复建设或重复引进，会否损伤企业对技术创新的积极性问题；等等（陈昭锋，2001；国务院发展研究中心，2002）。基于上面的文献回顾，结合现有的数据和中国高科技产业化的情况，本文聚焦于政府推动高技术产业化的政策效果，或者说中国政府高技术产业化专项与企业绩效之间的关系，并提出如下假说：

假说 1：政府推动高技术产业化专项确实在研发成果商业化和规模化阶段促进了企业财务绩效的明显改善。

假说 2：不同来源的研发资助（政府补助资金、银行贷款比例）对企业研发努力与财务绩效可能会产生不同的影响；政府补助资金比例越高企业财务绩效越低，而银行贷款比例越高企业财务绩效越高。

假说 3：高技术产业化专项显著提高了企业研发投入，但对研发努力程度有可能产生消极影响。

假说 4：高技术产业化专项会提高企业技术水平和国际、国内竞争力。

三、变量和数据说明

（一）数据来源

本文的数据主要来源于"十五"高技术产业化专项调查问卷数据库，数据库中包括了高技术产业化专项实施前后 2000 年和 2006 年企业调查数据。数据库中共有 1251 家在"十五"期间获得政府高技术产业化专项资助的企业样本，这些企业样本分别来自全国 31 个省、直辖市和自治区的九大战略新兴产业领域，包括信息领域、生物领域、航空航天领域、新材料领域、能源领域、现代农业领域、先进制造领域、环保资源领域和海洋领域。其中，在数据处理过程中，对无效样本进行了剔除。在本文中使用的主要变量的统计性描述如表1所示。

表 1 变量统计性描述

变量	样本	均值	标准差	最小值	最大值	变量描述
创新绩效						
Ldifrdinv	728	6.02	1.88	−2.81	11.51	专项实施前后研发（R&D）投入的增加值
Difrdincome	716	−4.71	159.72	−4114	597	专项实施前后研发投入占销售收入比例的增加值
财务绩效						
Ldifsale	785	8.23	2.03	0.90	15.86	专项实施前后销售及营业收入的增加值
Ldifprofit	676	6.28	1.91	−0.34	13.18	专项实施前后利润总额的增加值
Ldifprodvity	544	2.06	1.79	−4.26	10.36	专项实施前后劳动生产率的增加值
企业能力						
Fcomp	960	3.74	0.95	1	7	专项实施前后企业国内国际竞争力变化
Mtech	946	5.78	0.96	1	9	专项实施前后企业主要工艺设备技术水平变化
Ptech	963	5.74	0.94	1	9	专项实施前后企业产品技术水平变化
核心变量						
Ltrinvest	1121	8.58	0.68	5.09	11.77	专项实际执行总投资
Statpop	1121	0.16	0.21	0.00	5.21	专项投资中中央和地方政府补助资金比例
Loanpop	1121	0.21	0.25	0.00	3.07	专项投资中银行贷款比例
企业层面控制变量						
Scale1	1104	0.16	0.36	0	1	大型企业为1，其他为0
Scale2	1104	0.55	0.50	0	1	中型企业为1，其他为0
Scale3	1104	0.30	0.46	0	1	小型企业为1，其他为0
Ownship1	1122	0.32	0.47	0	1	国有及控股企业为1，其他为0
Ownship2	1122	0.47	0.50	0	1	民营企业为1，其他为0
Ownship3	1122	0.04	0.20	0	1	港澳台及外商投资为1，其他为0
Ownship4	1122	0.16	0.37	0	1	其余企业为1，其他为0
Lfirmage	1108	2.00	0.70	0	4.33	企业年龄
项目层面控制变量						
Techoi1	1122	0.02	0.13	0	1	项目技术来源为自主开发为1，其他为0
Techoi2	1122	0.69	0.46	0	1	项目技术来源为合作开发为1，其他为0
Techoi3	1122	0.14	0.34	0	1	项目技术来源为国内技术转让为1，其他为0
Techoi4	1122	0.01	0.11	0	1	项目技术来源为国外引进为1，其他为0
Techoi5	1122	0.04	0.21	0	1	项目技术来源为二次开发为1，其他为0
Technat1	1122	0.24	0.43	0	1	项目技术性质为专有技术为1，其他为0
Technat2	1122	0.11	0.31	0	1	项目技术性质为发明为1，其他为0
Technat3	1122	0.01	0.11	0	1	项目技术性质为实用新型为1，其他为0
Technat4	1122	0.37	0.48	0	1	项目技术性质为外观设计为1，其他为0
Technat5	1122	0.27	0.44	0	1	项目技术性质是两种以上技术为1，其他为0
Techlev1	1108	0.12	0.33	0	1	技术水平为国际领先为1，其他为0
Techlev2	1108	0.42	0.49	0	1	技术水平为国际先进为1，其他为0
Techlev3	1108	0.41	0.49	0	1	技术水平为国内领先为1，其他为0
Techlev4	1108	0.05	0.22	0	1	技术水平为国内先进为1，其他为0

（二）主要变量说明

1. 衡量实施高技术产业化专项前后绩效变化的变量

本文主要从三个角度来衡量中国"十五"期间高技术产业化专项政策效果。

（1）企业创新绩效的变化，主要捕捉产业化专项政策对企业研发（R&D）环节的影响，衡量变量包括研发投入增加值（Ldifrdinv，单位：万元，取对数）和研发投入占销售收入比例的增加值（Difrdincome，单位：%）。其中，研发投入使用了《中国统计年鉴》中的工业品出厂价格指数与固定资产价格指数的平均数进行平减。

（2）企业财务绩效变化，主要捕捉产业化专项政策对企业最终绩效的影响，即高技术成果中试、商业化和规模化后所产生的财务绩效，主要衡量变量包括销售及营业收入增加值（Ldifsale）、利润总额增加值（Ldifprofit）和劳动生产率增加值（Ldifprodvity），这三个指标的原始数据分别利用《中国统计年鉴》中的工业品出厂价格指数和物价指数（CPI）平减过。

（3）企业能力变化，通过企业间横向比较，主要捕捉产业化专项对企业技术水平和竞争力变化的影响。其中，企业技术水平包括主要工艺设备技术水平（Mtech，分为1~9个档次，档次越高，水平越高）和企业产品技术水平（Ptech，分为1~9个档次，档次越高，水平越高），企业竞争力主要由企业在国际国内的竞争力（Fcomp，分为1~7个档次，档次越高，竞争力越强）来衡量。

2. 核心变量

为衡量中国"十五"高技术产业化专项政策，本文利用高技术产业化专项投资总额（Ltrinvest）来捕捉产业化专项政策的变化，战略新兴产业领域中的企业可以向政府申请产业化专项，政府根据企业所申报项目的产业化前景等指标来决定哪些企业可以实施专项，并根据项目申请书决定中央和地方政府的补助投资金额，因此，这个变量可以有效衡量高技术产业化专项政策。另外，本文还利用中央和地方政府补助资金除以项目总投资，即政府出资比例（Statpop）来衡量国家（政府）出资对产业化绩效的影响，利用银行贷款除以项目总投资，即银行贷款比例（Loanpop）来衡量银行贷款对产业化绩效的影响。

3. 其他变量

本文的主要控制变量包括两个方面：一方面是企业层面控制变量，主要包括企业规模（Scale1、Scale2、Scale3和Scale4）、所有制形式（Ownership1~4）和企业年龄（Lfirmage）；另一方面是项目层面控制变量，主要包括项目技术来源（Techoi1~5）、技术性质（Technat1~5）和技术水平（Techlev1~4）。对于以上变量的详细统计描述见表1。

四、政府推动高技术产业化的影响分析

（一）实证模型和内生性解决

为验证第二部分所提出来的研究假设，本文使用以下的实证模型，检验政府推动高技术产业化政策的影响：

$$\text{Difperform}_i = \alpha + \sum \gamma_m \text{Induspolicy}_i^m + \sum \eta_k \text{Size}_{ik} + \sum \rho_j \text{Ownership}_{ij} + \sum \lambda_p \text{Tech}_{ip} + \beta_s \text{Firmage}_i + \varepsilon_i$$

$$(1)$$

式中，Difperform 变量表示企业在实施高技术产业化专项工作前后的绩效变化，主要涵盖三大类绩效指标，分别是企业创新绩效、财务绩效和企业能力。其中，企业创新绩效包括研发资金投入（Ldifrdinv）和研发资金投入占销售收入比重（Difrdincome），分别来衡量企业在实施产业化专项工作前后的研发投入及其努力程度；企业财务绩效包括销售及营业收入（Ldifsale）、利润总额（Ldifprofit）和劳动生产率（Ldifprodvity）；企业能力包括企业国际/国内竞争力（Fcmp）、主要工艺设备技术水平（Mtech）和产品技术水平（Ptech）。Induspolicy 为核心变量，代表政府高技术产业化专项政策，主要衡量指标包括企业在申请到高技术产业化专项后所实际执行的项目投资总额（Ltrinvest），以及项目投资总额中中央和地方政府投资占比（Statpop）与银行贷款占比（Loanpop）。其余变量为控制变量：一是控制反映企业特征的变量，包括企业规模（Size）、企业所有制类型（Ownership）和企业年龄（Lfirmage）；二是控制衡量项目技术的变量（Tech），包括技术来源（Techoi）、技术性质（Technat）和技术水平（Techlev），之所以控制技术变量，是因为项目技术对企业创新绩效、财务绩效和企业能力都具有重要的影响。

在式（1）中，内生性问题可能存在使本文研究结果并不可靠。由于政府在推进高技术产业化工作中，倾向于选择企业绩效较好的企业实施产业化专项。因此，我们无法不怀疑，企业在实施产业化专项前后所获得的绩效变化，可能并不是完全来自于政府产业化项目的实施，而是一定程度上来自于政府选择了具有良好绩效的高技术企业，从而带来了内生性问题。而且，豪斯曼检验结果也验证了内生性问题的存在。为克服政府在选择上所产生的内生性问题，我们利用企业在向政府申请高技术产业化专项时，所列出来的项目主要产品销售额、在全国市场的占有率和项目主要产品产销率预期目标值，作为高技术产业化专项投资总额的工具变量。因为在企业产业化项目申请书中，这些指标的预期值是政府决定是否向该企业进行专项投资的重要因素，所以此项目预期值与高技术产业化专项投资总额之间存在相关关系。但是，由于企业申请书中的项目预期值是在产业化专项审批前提出来的，是企业对项目自身可能产出和产品竞争力的预判，而与除去产业化项目绩效部分之外的企业绩效并不存在直接的关系。因此，使用该工具变量可以增强实证结果的稳健性。

（二）高技术产业化专项对企业创新绩效的影响

政府推动高技术产业化专项实施效果的好坏，首先应该考虑产业化专项是否提高了企业创新绩效，这也是当前中国倡导建设创新型国家非常关心的重要命题。一方面，考察企业受到产业化专项投资对研发投入和努力程度的影响；另一方面，考察在高技术产业化专项投资中，政府资助资金和银行贷款占比与企业研发投入和努力程度的关系。对此，本文使用下面的实证方程进行检验：

$$\text{Ldifrdinv}_i(\text{difrdincome}_i) = \alpha + \beta_1\text{Ltrinvest}_i + \sum \eta_k\text{Size}_{ik} + \sum \rho_j\text{Ownership}_{ij} + \beta_2\text{Lfirmage}_i + \sum \lambda_p\text{Tech}_{ip} + \varepsilon_i$$
$$(2)$$

$$\text{Ldifrdinv}_i(\text{difrdincome}_i) = \alpha + \beta_1\text{Statpop}_i + \beta_2\text{Loanpop}_i + \sum \eta_k\text{Size}_{ik} + \sum \rho_j\text{Ownership}_{ij} + \beta_2\text{Lfirmage}_i$$
$$+ \sum \lambda_p\text{Tech}_{ip} + \varepsilon_i$$
$$(3)$$

本文利用"十一五"高技术产业化专项调查问卷数据，分别应用式（2）和式（3）考察了高技术产业化专项对企业创新绩效的影响。其中，在式（2）中我们考虑了专项总投资的内生性问题，分别利用最小二乘法和工具变量法进行回归。回归结果见表 2 和表 3。根据回归结果，可以得到如下结论：

首先，高技术产业化专项显著提高了企业研发投入，但对研发努力程度产生了消极影响。在表 2 第（1）和第（3）栏中，Ltrinvest 系数显著为正，这说明高技术产业化专项投资显著提高了企业研发投入。但在第（2）和第（4）栏中，Ltrinvest 系数为负，这说明高技术产业化专项投资对企业研发努力产生了消极影响。政府高技术产业化专项直接带动了企业研发投入的增加，截至2006年，调查样本中企业研发资金投入是项目实施前的167%。然而，高技术企业的研发努力程度反而下降，可能的解释是，产业化专项提高了企业研发投入后，企业获得了较高的销售收入，但是企业并没有相应随着收入提高而加大企业研发投入力度，有可能是政府资助资金挤出了企业自身投入R&D的努力。对于这个解释，我们将在进一步研究中予以考察。

其次，中央和地方政府资助比例越高企业创新绩效越低，而银行贷款比例越高创新绩效越高。在表3第（1）和第（2）栏中，中央和地方政府补助资金比例与企业研发投入呈现出显著的负相关，而银行贷款比例与企业研发投入显著正相关；在第（3）和第（4）栏中，政府补助资金对企业研发努力具有负向影响，但银行贷款比例对企业研发努力具有正向影响。这个结果说明"十五"期间，政府资助资金使用效果较差，并不能起到改善企业创新绩效的作用，可能的解释是，由于项目单位考虑国家补助资金是按照项目总投资10%左右的比例配置的，因此，为更多地获得国家资金的支持，企业在申请书中通过多种方式加大投资，主要表现为：建筑面积过大；设备仪器和软件数量偏多，重复配置，且单价过高，大量选择国外设备和仪器；已有投入与新增投入未划分，统一计入产业化项目新增投入；将有些与项目无关的建设内容列入方案中。如果将上述内容进行适当压减，项目投资普遍减少20%~50%。因此，政府高技术产业化专项的国家补助资金按照投资进行配置方式，可能是造成政府补助资金效果不好的重要原因。此外，政府补助资金也有可能存在着比例过高的问题，政府补助资金挤出了企业自身研发资金的投入。而与政府补助资金相比较，银行贷款部分却发挥了较好的效果，这说明，银行贷款部分由于有还贷压力，企业唯有高效使用这部分资金才能实现其利润最大化目标，从而导致了银行贷款的积极效果。Hu（2001）曾指出："尽管政府R&D投入对企业生产率的直接贡献不很明显，但是可以通过促进企业R&D投资来间接影响企业的生产率。他认为，采取优惠政策激励企业R&D投入比直接资助企业R&D更有效。"研究再次证实了这一结论。

表2　高技术产业化专项对企业研发投入和努力程度的影响

解释变量	(1)	(2)	(3)	(4)
	研发投入（Ldifrdinv）	研发努力（Difrdincome）	研发投入（Ldifrdinv）	研发努力（Difrdincome）
	OLS	OLS	IV	IV
Ltrinvest	0.748***	−15.84	1.768***	−7.962
	(0.0995)	(11.18)	(0.462)	(18.21)
Size1	2.039***	20.68	1.415***	14.35
	(0.197)	(22.57)	(0.322)	(12.60)
Size2	0.508***	6.310	0.256	16.74*
	(0.136)	(15.69)	(0.215)	(8.677)
Ownership1	−0.0702	−28.89	−0.148	−8.906
	(0.171)	(20.02)	(0.236)	(9.278)
Ownership2	−0.178	−12.86	−0.0340	−15.81*
	(0.158)	(18.52)	(0.212)	(8.162)
Ownership3	0.493	15.69	0.592	13.44
	(0.324)	(37.68)	(0.505)	(19.02)
Lfirmage	0.306***	0.352	0.251**	0.761
	(0.0897)	(10.39)	(0.121)	(4.482)
Techoi1	−0.0389	−1.979	0.117	8.860
	(0.482)	(57.86)	(0.654)	(26.93)
Techoi2	−0.353*	4.438	−0.385	10.68
	(0.195)	(21.53)	(0.275)	(9.769)

续表

解释变量	(1) 研发投入（Ldifrdinv）	(2) 研发努力（Difrdincome）	(3) 研发投入（Ldifrdinv）	(4) 研发努力（Difrdincome）
	OLS	OLS	IV	IV
Techoi3	−0.365	17.29	−0.859**	6.431
	(0.244)	(27.23)	(0.345)	(12.70)
Techoi5	−0.618*	16.12	−0.611	10.65
	(0.348)	(40.27)	(0.472)	(17.50)
样本数	710	702	394	390
R−sq	0.452	0.051	0.411	0.110

注：Standard errors in parentheses；*** p<0.01，** p<0.05，* p<0.1；在模型回归中还控制了项目技术性质、技术水平、企业所属地区（省份）和行业的影响，为节省篇幅并未报告。

最后，对于控制变量，规模越大越愿意增加研发投入，而且研发努力程度也要高于小规模企业。不同所有制企业在研发投入上由高到低分别为：港澳台及外商投资企业、其他企业、民营企业、国有及控股企业，而研发努力程度排序为：港澳台及外商投资企业、其他企业、国有及控股企业、民营企业，这个结果说明，在实施高技术产业化专项的企业中，外资企业研发投入和努力程度最高，而民营和国有企业的处于较低水平。从企业年龄上看，企业年龄越大研发投入越高，但是对研发努力程度影响并不显著；项目技术国外引进要比合作开发、国内技术引进、国内引进需要更多的研发投入，但是自主开发所需要的企业研发投入最高。企业研发努力由高到低分别为：合作开发、二次开发、自主研发、国内技术转让、国外引进。

表3　政府补助资金和银行贷款对高技术企业研发投入和努力程度的影响

解释变量	(1) 研发投入（Ldifrdinv）	(2) 研发投入（Ldifrdinv）	(3) 研发努力（Difrdincome）	(4) 研发努力（Difrdincome）
	OLS	OLS	OLS	OLS
Statpop	−1.132***		−0.495	
	(0.395)		(26.89)	
Loanpop		0.899***		14.81
		(0.250)		(26.44)
样本数	710	710	702	702
R−sq	0.412	0.416	0.048	0.049

注：Standard errors in parentheses；*** p<0.01，** p<0.05，* p<0.1；为节省篇幅，其余控制变量和常数项并未报告。

（三）高技术产业化对企业财务绩效的影响

高技术产业化不仅包括研发环节，也包括研发成果商业化和规模化过程。因此，中国培育战略新兴产业时，政府不仅要激励企业创新，还要引导企业将高技术进行商业化和规模化，并提高企业的财务绩效（销售及营业收入、利润和劳动生产率）。那么，政府推动高技术产业化到底对企业财务绩效产生怎样的影响，以及政府补助资金与银行贷款比例对企业财务绩效影响如何，本文采用以下回归方程对此进行实证检验：

$$Ldifsale_i(Ldifprofit_i；Ldifprodvity) = \alpha + \beta_1 Ltrinvest_i + \sum \eta_k Size_{ik} + \sum \rho_j Ownership_{ij} + \beta_2 Lfirmage_i$$
$$+ \sum \lambda_p Tech_{ip} + \varepsilon_i \tag{4}$$

$$Ldifsale_i(Ldifprofit_i; Ldifprodvity) = \alpha + \beta_1 Statpop_i + \beta_2 Loanpop_i + \sum \eta_k Size_{ik} + \sum \rho_j Ownership_{ij}$$

$$+ \beta_2 Lfirmage_i + \sum \lambda_p Tech_{ip} + \varepsilon_i \quad (5)$$

式中，Ldifsale 代表销售及营业收入，Ldifprofit 代表利润总额，Ldifprodvity 代表劳动生产率，其他变量含义如表1所示。式（4）分别利用最小二乘法（OLS）和两阶段最小二乘法（2SLS）估计，结果如表4所示，式（5）估计结果见表5。根据表4和表5的回归结果，可以得到如下结论：

第一，高技术产业化专项显著改善了企业财务绩效。从表4中可以看出，无论是 OLS 还是 2SLS 估计方法，Ltrinvest 系数都显著为正，高技术产业化专项投资在1%显著水平上对销售及营业收入和利润总额具有正向作用，在10%显著水平上对劳动生产率具有积极影响（第6列）。这个结果说明，政府推动高技术产业化专项确实在研发成果商业化和规模化阶段促进了企业财务绩效的明显改善。高技术产业具有资金密集、风险高、投入高、投资回报期长、附加值高的特征，中国与发达国家相比，研发水平较低，高技术成果商业化和规模化环节差距更大，成果转化率不高，工程化水平低，科技与经济脱节的问题十分严重。但是随着中国经济发展，产业结构升级，该产业与发达国家的差距在缩小，逐步具备了产业化发展的比较优势。因此，通过政府以产业化专项方式补贴资金支持高技术产业化，促进了生物医药、新材料、新能源等新兴产业的快速发展，为中国高技术产业加快做大、继续做强奠定了基础。

表4 高技术产业化专项对企业销售收入、利润和劳动生产率的影响

解释变量	(1) 销售及营业收入 (Ldifsale) OLS	(2) 利润总额 (Ldifprofit) OLS	(3) 劳动生产率 (Ldifprodvity) OLS	(4) 销售及营业收入 (Ldifsale) 2SLS	(5) 利润总额 (Ldifprofit) 2SLS	(6) 劳动生产率 (Ldifprodvity) 2SLS
Ltrinvest	0.941*** (0.104)	0.752*** (0.116)	0.383*** (0.144)	2.497*** (0.600)	1.529*** (0.554)	1.062* (0.599)
Scale1	2.573*** (0.207)	2.298*** (0.236)	−0.157 (0.283)	1.422*** (0.402)	1.801*** (0.400)	−0.472 (0.459)
Scale2	0.586*** (0.138)	0.815*** (0.158)	−0.229 (0.189)	−0.192 (0.293)	0.593** (0.271)	−0.458 (0.305)
Ownship1	0.227 (0.182)	−0.259 (0.213)	−0.282 (0.253)	0.141 (0.303)	−0.612* (0.311)	−0.672* (0.359)
Ownship2	0.081 (0.165)	−0.168 (0.191)	−0.179 (0.225)	0.177 (0.268)	−0.262 (0.281)	−0.192 (0.307)
Ownship3	0.344 (0.327)	0.243 (0.375)	−0.005 (0.546)	−0.036 (0.640)	0.079 (0.580)	0.200 (0.737)
Techoi1	−0.671 (0.470)	0.321 (0.599)	−1.072* (0.586)	0.043 (0.789)	1.797** (0.877)	0.183 (0.786)
Techoi2	−0.160 (0.198)	−0.244 (0.224)	−0.420 (0.272)	0.204 (0.353)	0.05 (0.340)	−0.065 (0.395)
Techoi3	0.156 (0.255)	0.119 (0.288)	−0.341 (0.340)	0.234 (0.448)	0.237 (0.438)	−0.146 (0.497)
Techoi5	−0.173 (0.354)	−0.459 (0.410)	−0.350 (0.519)	0.347 (0.598)	−0.565 (0.623)	0.584 (0.762)
样本数	763	654	529	401	359	291
R-sq	0.447	0.351	0.152	0.210	0.336	0.198

注：Standard errors in parentheses；*** $p<0.01$，** $p<0.05$，* $p<0.1$；在模型回归中还控制了项目技术性质、技术水平、企业所属地区（省份）和行业的影响，为节省篇幅并未报告。

表5 政府补助资金和银行贷款对企业销售收入、利润和劳动生产率的影响

解释变量	(1) 销售及营业收入 (Ldifsale)	(2) 销售及营业收入 (Ldifsale)	(3) 利润总额 (Ldifprofit)	(4) 利润总额 (Ldifprofit)	(5) 劳动生产率 (Ldifprodvity)	(6) 劳动生产率 (Ldifprodvity)
	OLS	2SLS	OLS	2SLS	OLS	2SLS
Statpop	−0.687** (0.269)		−0.136 (0.279)		−1.175* (0.612)	
Loanpop		0.628** (0.257)		0.425 (0.282)		0.390 (0.380)
样本数	763	763	654	654	529	529
R−sq	0.388	0.387	0.306	0.308	0.146	0.141

第二，政府补助资金比例越高，企业财务绩效越低，而银行贷款比例越高，企业财务绩效越高。表5显示，政府补助资金比例与企业利润总额负相关，而且与企业销售及营业收入和劳动生产率显著负相关。但是，银行贷款比例与企业利润总额和劳动生产率正相关，而且与销售及营业收入呈现出显著的正相关。这个结论与前面创新绩效验证结论完全一致，说明政府在资金配置方式以及资助比例上确实存在着较大的问题，存在企业套取过多资金以及资助比例过高等不科学之处。相反，对高新技术产业放宽贷款条件可能不仅会激励企业创新，而且会促进企业整体绩效提升。

（四）高技术产业化专项对企业能力的影响

前面主要考察高技术产业化对企业技术创新和财务绩效的影响，本节将考察在高技术专项实施前后，企业在国内和国际市场上的技术水平和竞争力变化。对此，本文使用以下实证模型进行检验：

$$Fcomp_i(Mtech_i; Ptech) = \alpha + \beta_1 Ltrinvest_i + \sum \eta_k Size_{ik} + \sum \rho_j Ownership_{ij} + \beta_2 Lfirmage_i + \sum \lambda_p Tech_{ip} + \varepsilon_i$$

(6)

式中，Fcomp 为实施高技术产业化专项前后企业国际/国内竞争力的变化，Metch 为产业化专项前后主要工艺设备技术水平，Ptech 为产业化专项前后产品技术水平变化。在回归过程中，采用 Ordered Probit 和 Ordered Probit + 2SLS 方法进行估计，估计结果列于表6中。根据估算结果，得到如下结论：

表6 高技术产业化专项对企业竞争力、工艺设备水平和产品技术水平的影响

解释变量	企业竞争力 (Fcomp) (1) Ordered Probit	工艺设备 技术水平 (Mtech) (2) Ordered Probit	产品技术 水平 (Ptech) (3) Ordered Probit	企业竞争力 (Fcomp) (4) Ordered Probit+ 2SLS	工艺设备 技术水平 (Mtech) (5) Ordered Probit+ 2SLS	产品 技术水平 (Ptech) (6) Ordered Probit+ 2SLS
ltrinvest	0.390*** (0.112)	0.435*** (0.113)	0.300*** (0.112)	0.192*** (0.064)	0.208*** (0.065)	0.141** (0.064)
Scale1	−0.586*** (0.224)	0.289 (0.224)	0.422* (0.222)	−0.332*** (0.127)	0.200 (0.129)	0.208 (0.127)
Scale2	0.189 (0.150)	0.445*** (0.155)	0.347** (0.156)	0.097 (0.087)	0.267*** (0.088)	0.182** (0.088)
Ownship1	0.377* (0.205)	−0.324 (0.202)	−0.369* (0.201)	0.227*** (0.115)	−0.175 (0.115)	−0.187 (0.115)

续表

解释变量	企业竞争力 (Fcomp)	工艺设备 技术水平 (Mtech)	产品技术 水平 (Ptech)	企业竞争力 (Fcomp)	工艺设备 技术水平 (Mtech)	产品 技术水平 (Ptech)
	(1)	(2)	(3)	(4)	(5)	(6)
	Ordered Probit	Ordered Probit	Ordered Probit	Ordered Probit+2SLS	Ordered Probit+2SLS	Ordered Probit+2SLS
Ownship2	0.302	−0.248	−0.326*	0.179*	−0.143	−0.169
	(0.190)	(0.188)	(0.187)	(0.107)	(0.108)	(0.107)
Ownship3	0.271	−0.869**	−0.610*	0.274	−0.480**	−0.312
	(0.354)	(0.367)	(0.349)	(0.201)	(0.208)	(0.203)
Lfirmage	0.038	0.170*	0.250**	0.026	0.094*	0.152***
	(0.099)	(0.101)	(0.101)	(0.057)	(0.057)	(0.057)
Techoi2	0.841	0.677	0.918	0.397	0.224	0.380
	(0.519)	(0.559)	(0.565)	(0.293)	(0.299)	(0.305)
Techoi3	0.926*	0.706	0.874	0.469	0.232	0.360
	(0.543)	(0.584)	(0.590)	(0.308)	(0.313)	(0.320)
Techoi4	0.649	0.785	1.219	0.221	0.241	0.519
	(0.775)	(0.792)	(0.808)	(0.445)	(0.455)	(0.470)
Techoi5	0.439	0.946	1.016	0.181	0.364	0.431
	(0.602)	(0.658)	(0.668)	(0.340)	(0.348)	(0.355)
Techoi6	0.887	1.092*	1.393**	0.401	0.521	0.640**
	(0.553)	(0.595)	(0.598)	(0.314)	(0.319)	(0.325)
样本数	930	916	932	930	916	932

注：Standard errors in parentheses；*** $p<0.01$，** $p<0.05$，* $p<0.1$；在模型回归中还控制了项目技术性质、技术水平、企业所属地区（省份）和行业的影响，为节省篇幅并未报告。

一方面，高技术产业化专项显著提高了企业技术水平和竞争力。表6显示，Ltrinvest回归系数显著为正，说明专项实施改善了企业主要工艺设备和产品技术水平，同时提升了企业在国内甚至国际的竞争力。"十五"高技术产业化专项坚持"有所为、有所不为"的方针，充分发挥政府在国家技术创新中的引导作用，统筹规划、突出重点、集中力量在以下关键领域取得突破性进展：一是具有突破性带动作用的产业或重大项目，如神舟系列载人飞船、生物工程、新材料等领域；二是制约当前经济社会发展的技术瓶颈，如大型超临界发电机组技术、核能等；三是奠定社会协调发展基础的项目，如基因工程技术、下一代互联网、第三代移动通信等；四是解决中长期资源环境问题的重大技术系统，如海洋开发技术、替代能源和节能技术、循环利用技术等；五是具有明显相对竞争优势的产业或技术领域，如中医药产业等。通过这些产业化专项的实施，弥补了企业在研发、中试、商业化和规模化生产中的资金不足问题，使整个高技术产业化过程得以顺利完成，最终不断提升了这些企业的技术水平和竞争力。

另一方面，中型企业无论在竞争力还是在技术水平上提高都非常明显。从表6可以看出，首先，中型和小型企业的国内国际竞争力要比大型企业提高更显著，而中型企业比小型企业在技术水平上提高得更显著，大型企业技术水平提升也要高于小型企业。其次，国有企业竞争力得到大幅度提高，其他所有制类型企业的工艺技术水平和产品技术水平提高最大。不同所有制企业国内国际竞争力提高由大到小排名次序分别是国有及控股企业、民营企业、港澳台及外商投资企业、其他企业；企业主要工艺设备水平和产品技术水平提升由高到低排名次序分别是其他企业、民营企业、国有及控股企业、港澳台及外商投资企业。再次，企业年龄显著提高了企业技术水平，与企业竞争力正相关。最后，自主研发、合作开发、国内技术转让和多种技术来源要比从国外引进技术对企业竞争力和技术水平提高效果要好一些。

五、结论和政策建议

"十五"期间，中国政府按照建设创新型国家的要求，紧紧围绕国民经济和社会发展的重大战略需求，大力推进高技术产业化专项工作。那么，究竟高技术产业化专项工作政策效果如何呢，本文利用"十五"期间高技术产业化专项企业调查数据库的样本，估算了高技术产业化工作对企业创新绩效、财务绩效和企业能力的影响，研究发现：①高技术产业化工作的实施不但显著提高了企业销售及营业收入、利润总额和劳动生产率，而且显著提高了企业的主要工艺设备水平、产品技术水平及其国际国内竞争力；②高技术产业化工作的实施显著改善了企业研发投入，但是并不能提高企业研发的努力程度；③在高技术产业化专项投资中，中央政府和地方政府补助资金比例与企业创新和财务绩效都呈现出负面影响，但是银行贷款比例对企业创新和财务绩效具有积极影响。因此，政府推动高技术产业化专项工作成效巨大，但是在激励企业创新努力以及政府出资比例和配置方式上具有较大改进空间。

本文的研究结论对于中国当前战略新兴产业技术创新和产业化发展具有重要的政策含义。

第一，继续推动高技术产业化专项工作，培育战略新兴产业，加快传统产业改造升级，促进中国产业结构调整。"十五"高技术产业化工作在培育和促进中国高技术产业发展方面取得了显著成绩，企业技术创新、财务绩效以及企业能力得到较大提升，高技术产业已成为推动中国经济增长和结构调整的重要力量。在"十二五"期间，应以进一步实施高技术产业化为契机，突出关键技术领域和符合国家战略需求的重要技术方向，培育形成一批战略性新兴产业。另外，要发挥高技术的渗透作用，加快高技术产业化在推动传统产业转型升级中的重要作用。

第二，强化企业创新主体地位，增强企业自主研发创新愿望。自主创新是提高科技水平和国家竞争力的关键，也是发展高技术产业、调整产业结构、转变经济增长方式的中心环节。然而，我们的研究结论却发现，高技术产业化专项工作难以提高企业在研发上的努力，而且企业在研发创新投入上的意愿不足。可能的原因：一方面，企业自身创新基础设施不足、创新能力薄弱、创新机制不完善，而且研发投入具有资金密集和高风险等特征，使企业不愿意在研发上投入过多资金；另一方面，可能政府在产业化专项工作审批和监督过程中，对于企业研发投入努力这一指标并不重视，导致多数高技术企业并不愿意增加在研发上的投入，这种局面并不利于中国高技术产业自主创新能力的提高。因此，在政府进一步支撑高技术产业化专项工作中，应当将企业研发投入占销售收入比重这一指标作为重要审批依据，以及监督考核指标，选择更多自主研发能力强的企业实施高技术产业化，并激励这些企业增强自主研发创新的意愿。

第三，调整政府高技术产业化专项配置方式，并引导和完善投融资机制。目前，政府补助资金完全按照投资进行配置的项目管理方式亟待改变，这种方式造成企业套用过多投资，造成重复配置、建筑造价过高、列入与项目无关投资等现象，导致政府补助投资部分的低效率。对此建议，今后政府高技术专项的国家补助资金不宜完全按照投资进行配置，要依照项目实施的难易程度、项目的重要性划分层次进行支持。而且，还要尽快建立项目申报、审批和执行全过程相关信息的数据库，实行项目定期报告制度，及时跟踪项目执行情况，以准确掌握产业化项目的全面情况。此外，在突出政府在高技术产业化专项实施过程中的引导作用的同时，要逐步减少政府补助资金的比例，吸引大量社会投资进入高技术产业，形成以项目为载体、政府资金为引导，企业投入为主体，银行贷款和其他资金广泛参与的多渠道、多层次投融资体系。

参考文献

［1］陈昭锋. 论高新技术产业化创新中政府行为的局限性［J］. 决策借鉴，2001（3）.

［2］戴魁早. 中国高技术产业 R&D 效率及其影响因素——基于面板单位根及面板协整的实证检验［J］. 开发研究，2011（1）：56-60.

［3］邓进. 中国高新技术产业研发资本存量和研发产出效率［J］. 南方经济，2007（8）：56-64.

［4］方福前，张平. 我国高技术产业的投入产出效率分析［J］. 中国软科学，2009（7）：48-55.

［5］国务院发展研究中心"公共财政扶持和引导企业技术进步"课题组. 公共财政扶持和引导企业技术进步研究［J］. 经济研究参考，2002（21）.

［6］蒋经法. 高新技术产业发展的财税政策研究［M］. 北京：中国财政经济出版社，2002.

［7］蒋殿春，夏良科. 外商直接投资对中国高技术产业技术创新作用的经验分析［J］. 世界经济，2005（8）.

［8］黄静等. 基于面板数据的高技术产业 R&D 投入产出关系研究［J］. 科技进步与对策，2010（8）：58-62.

［9］李明智，王娅莉. 我国高技术产业全要素生产率及其影响因素的定量分析［J］. 科技管理研究，2005（6）.

［10］李湛等. 走向自主创新——中国现代创新的路径［M］. 上海：上海人民出版社，2008.

［11］国家统计局. 我国高技术产业统计年鉴（2008）［M］. 北京：中国统计出版社，2008.

［12］我国高技术产业发展年鉴（2008）［M］. 北京：北京理工大学出版社，2008.

［13］国家统计局. 我国高技术产业统计年鉴（2008）［M］. 北京：中国统计出版社，2009.

［14］王艺瑾. 我国高新技术产业发展的制度分析［M］. 吉林大学博士学位论文，2009.

［15］魏世红. 中国高技术产业技术效率研究［D］. 大连理工大学博士学位论文，2008.

［16］闻媛. 促进高新技术产业发展的政府支出结构优化分析［J］. 中国软科学，2005（4）.

［17］朱有为，徐康宁. 中国高技术产业研发效率的实证研究［J］. 中国工业经济，2006（11）：38-45.

［18］朱平芳，徐伟民. 政府的科技激励政策对大中型工业企业 R&D 投入及其专利产出的影响——上海市的实证研究［J］. 经济研究，2003（6）：45-53.

［19］Aghion and Howitt. A Model of Growth through Creative Destruction［J］. Econometrica，1992（60）：323-351.

［20］Arrow, Kenneth. Economic Welfare and the Allocation of Resources for Invention, in The Rate and Direction of Inventive Activity［M］. NBER, Princeton University Press，1962.

［21］Bérubé, Charles, and Pierre Mohnen. Are Firms that Received R&D Subsidies More Innovative［J］. Canadian Journal of Economics，2009（42）206-225.

［22］Busom, I. Anempirical evaluation of the effects of R&D subsidies［J］. Economics of Innovation and New Technology，2000（9）：111-148.

［23］Carmichael. The effects of mission-oriented public R&D spending on private industry［J］. Journal of Finance，1981，36（3）：617-627.

［24］Capron. Van Pottelsberghe, Public Support to Business R&D：An Integrated Assessment Scheme［J］. In OECD, Policy Evaluation in Innovation and Technology -Towards best practices，1997：171-188.

［25］Chen Zhenhua. R&D Spending and Tax Incentives：How should we decide?［DB/OL］. http：//blog.sina.com.cn/s/blog_60a8c9eb0100m010.html，2010.

［26］Cohen, Linda R. and Noll, Roger G. The technology pork barrel［M］. Brookings Institution Press，1991.

［27］David, Paul A., Bronwyn H. Hall, and Andrew A. Toole. Is public R&D a complement or substitute for private R&D? A review of the econometric evidence［J］. Research Policy，2000，29（4-5）：497-529.

［28］Fölster and Trofimov. Do subsidies to R&D actually stimulate R&D investment? ［J］. Mimeo, The Industrial Institute of Economic and Social Research. 1996.

［29］Griliches, Zvi, and Haim Regev. R&D. Government Support and Firm Productivity in Israeli Industry ［J］. in Spivack, R.N. (ed) Papers and Proceedings of the Advanced Technology Program's International Conference on the Economic Evaluation of Technological Change, NIST Special Publication (SP952), 2001.

［30］Gonzalez, X., Jaumandreu, J., Pazo, C. Do public subsidies stimulate private R&D spending? ［J］. Research Policy, 2008 (37): 371-389.

［31］Grossman and Helpman. Innovation and Growth in the Global Economy ［M］. Cambridge , MA: MIT Press, 1991.

［32］Goolsbee, A. Does government R&D policy mainly benefit scientists and engineers? ［J］. American Economic Review, 1998, 88 (2): 298-302.

［33］Guenther, Gary. Research and Experimentation Tax Credit: Current Status and Selected Issues for Congress ［J］. Congressional Research Service, 10 (Sept.), 2010.

［34］Guellec and Ioannidis. Causes of fluctuations in R&D expenditures - A quantitative analysis", OECD Economic Studies, 1998, 29 (Ⅱ): 123-138.

［35］Guellec, D. and B. Van Pottelsberghe, de la Potterie. Does Government Support Stimulate Private R&D? ［J］. OECD Economic Studies , 1999 (29): 95-112.

［36］Guellec. D. and B. Van Pottelsberghe. The Effect of Public Expenditure to Business R&D ［R］. OECD STI Working Papers, 2000.

［37］Griliches, Zvi, and Haim Regev. R&D, Government Support and Firm Productivity in Israeli Industry ［J］. in Spivack, R.N. (ed.) Papers and Proceedings of the Advanced Technology Program's International Conference on the Economic Evaluation of Technological Change, NIST Special Publication (SP952), 2001.

［38］Hall, B.H. R&D tax policy during the eighties: Success or failure? ［R］. NBER. Working Paper No. 4240, Cambridge MA, 1992.

［39］Hall, B. and Reenen, J. van. How effective are fiscal incentives for R&D? A review of the evidence ［J］. Research Policy, 2000 (29): 449-469.

［40］Jefferson, Gary, H. and Albert Hu. Science and Technology in China. China' Great Economic Transformation. Ed.L. Brandt and T.Rawski ［M］. New York City: Cambridge University Press, 2008.

［41］Hu, A.G. Ownership, private R&D, government R&D, and productivity in Chinese industry ［J］. Journal of Comparative Economics, 2001 (29): 136-157.

［42］Hussinger, Katrin. R&D and subsidies at the firm level: an application of parametric and semiparametric two-step selection models ［J］. Journal of Applied Econometrics, 2008, 23 (6): 729-747.

［43］Hsu, F., Horng, D., Hsueh, C. The effect of government-sponsored R&D programs on additionality in recipient firms in Taiwan ［J］. Technovation , 2009 (29): 204-217.

［44］Klette, T.J., Jarle Moen, Griliches, Z. Do subsidies to commercial R&D reduce market failures? Microeconometric evaluation studies ［J］. Research Policy, 2000 (29): 471-495.

［45］Koga, T. R&D subsidy and self-financed R&D: the case of Japanese hightechnology start-ups ［J］. Small Business Economics, 2005 (24): 53-62.

［46］Lach, S. Do R&D subsidies stimulate or displace private R&D ? Evidence from Israel ［J］. Journal of Industrial Economics, 2002 (50): 369-390.

［47］Lee, Chang-Yang. The differential effects of public R&D support on firm R&D: Theory and evidence from multicountry data ［J］. Technovation, 2011 (31): 256-269.

［48］Levy, D.P. Estimating the impact of government R&D ［J］. Economic Letters, 1990, 32 (2): 169-172.

［49］Mamuneas and Nadiri. Public R&D policies and cost behavior of the US manufacturing industries ［J］.

Journal of Public Economics, 1996 (63): 57-81.

[50] Mohnen, P. R&D Tax Incentives: Issues and Evidence [J]. Universitédu Québec àMontréal and Cirano, Mimeo, 1997.

[51] Nadiri. Contributions and determinants of research and development expenditures in the US manufacturing industries [J]. in Von Furstenberg G. (ed.), Capital, efficiency and growth, Ballinger Publishing Company, Cambridge, 1980: 361-392.

[52] Nelson, R. The simple economics of basic scientific research [J]. Journal of Political Economy, 1959 (49): 297-306.

[53] Peneder, M. The problem of private under-investment ininnovation: a policy mind map [J]. Technovation, 2008 (28): 518-530.

[54] OECD. STI Report: Tax Incentives for Research and Development - Trends and Issues Paris [J]. OECD, 2002.

[55] OECD. Government R&D Funding and Company Behavior: Measuring Behavioral Additionality [J]. OECD, Paris, 2006.

[56] Romer, Paul. Endogenous Technological Change [J]. Journal of Political Economy 98 (Oct, Part 2): 71-102.

[57] Shrieves, R.E. Market structure and innovation: a new perspective [J]. The Journal of Industrial Economics, 1978 (26): 329-347.

[58] Wacket, Markus. German government approves solar R&D subsidy [DB/OL]. http://www.reuters.com/article/idUSLDE63K0Z320100421, 2010.

[59] Wallsten, S.J. Do government-industry R&D programs increase private R&D?: The Case of the Small Business [R]. Innovation Research Program Department of Economics Working Paper, Stanford University, 1999.

中国光伏产业发展的政策框架

郁义鸿　于立宏*

一、引　言

光伏产业在中国七大战略性新兴产业的新能源中具有重要地位。2010年10月，《国务院关于加快培育和发展战略性新兴产业的决定》发布，并于2011年3月的"十二五"规划中得到确认，经第十一届全国人大第四次会议上通过，明确了作为未来重点发展的七大产业，即节能环保、新一代信息技术、生物、高端装备制造、新能源、新材料和新能源汽车。由此，战略性新兴产业的发展已经上升到国家战略的层面。

事实上，中国的光伏产业已经历了若干年的快速发展，且已经演变为一种"类OEM"产业，陷入"两头在外"的困境。一方面，大量进口原材料并承担加工制造的功能，使得该产业链的高能耗大部分留在中国，强化了中国节能减排的压力；另一方面，国内太阳能的应用所受到的限制，使大量光伏产品只能选择出口之路，无益于中国能源消耗结构的优化。

作为一种新兴产业，光伏产业的发展在其初始阶段需要得到政府产业政策的扶持，但政策的扶持是否有效则依赖于政策的制定与实施是否有效，特别是取决于是否存在一个系统的政策体系。中国的现状是，政出多门是一种常态，包括政策的制定及其实施，各项政策之间既缺乏系统设计，在政策目标具有多元化和多层次特性的情况下，政策的兼容性也难以得到满足，且在具体实施中经常产生相互的冲突，使得政策的效应大打折扣。

本文对中国光伏产业的发展和迄今采取的产业政策做了概要的梳理，并对政策效应做了简要评估。针对现有政策存在的缺陷，本文构建了一个政策设计和制定的系统框架，以作为未来政策调整的基础。基于中国的国情，政策体系具有目标的多层次和多元化的特性。本文认为，应以核心目标为导向进行政策的调整，并在各项政策之间特别是产业链上下游政策之间满足兼容性的要求。

二、光伏产业发展现状与政策效应

光伏产业的发展在中国已经进入快速成长阶段。

以太阳能电池生产来看，2000年的产量不到1万千瓦，而2009年已经达到400万千瓦。2010

* 郁义鸿，1952年生，男，上海人，复旦大学管理学院教授，博士生导师；于立宏，1965年生，女，黑龙江伊春人，华东理工大学商学院教授，博士生导师。

年，电池组件产能已经达到 2100 万千瓦，产量达到 870 万千瓦，约占全球产量的 50%。自 2007 年起中国的太阳能电池产量就名列世界第一，成为全球最大光伏生产国。[①]

以太阳能发电的装机量来看，2008 年为 4 万千瓦，累计达到 14 万千瓦，但 2009 年出现一个大的飞跃，当年装机量为 16 万千瓦，超过历年装机总量。2010 年装机量达到 52 万千瓦，再次出现一个大的跳跃。

装机后形成的发电能力，按照离网和并网划分，2008 年之前以离网为主，同样在 2009 年实现飞跃，并网量达到 14.2 万千瓦，占据比重达到 88.75%。

然而，国内装机量在光伏产量中的比重却非常低，2009 年在实现装机量突进的情况下，其占太阳能产量的比重仍只有 4%，而出口量比重则高达 96%。2010 年所占比重略有上升，为 6%，但仍有 94% 的出口量。2010 年出口额达到 202 亿美元，同比增长 132.1%。

以设备生产来看，中国也已逐渐形成规模。如晶硅太阳能电池生产线的十几种主要设备中，有 6 种以上已经由国产设备占据主导地位。据报道，江苏省一批骨干型光伏企业已经着手攻克光伏产业技术装备的国产化，PECVD、等离子刻蚀机、激光机和层压机、太阳能电池及组件的测试等设备已经实现国产化，预计 2012 年江苏的光伏产业装备将实现 100% 的国产化。但事实上，从全产业链的角度来看，核心技术仍然掌握在国外企业手中。相关状况的概要如表 1 所示。

表 1 晶体硅光伏产业链各环节技术现状简述

工序环节	国际技术状况	国内技术状况
多晶硅提纯	技术主要掌握在美国、日本、德国的七大生产厂商手中	主要为引进俄罗斯的改良西门子法，技术存在差距，"三废"问题多，生产成本高，产量相对较少
硅锭硅片生产	单晶硅、多晶硅技术都相对成熟，切割工艺不断提升，硅片厚度不断下降	单晶硅拉制技术比较成熟，单晶炉已实现国产化且价格低；多晶体浇铸炉依靠进口，价格高
太阳能光伏电池片及太阳能光伏电池组件制造	电池片的光转化效率高	生产工艺和国际相当，生产设备国产化率高，行业进入门槛低，从事企业多且扩产快，发展最为迅速

资料来源：国家发展和改革委员会产业经济与技术经济研究所，2010：250.

光伏产业链中另一关键环节是配套材料。中国的多晶硅材料在 2007 年有 90% 需要进口，2008 年进口比重为 80%，2009 年中国高纯多晶硅产量大幅度增加到 2 万吨。2010 年多晶硅产能增加到 8.5 万吨，产量达到 4.5 万吨，同比增长 100%，但因需求量的同步增加，进口比重仍超过 50%。据海关数据，2010 年中国多晶硅进口量为 47500 吨，进口额为 26.7 亿美元，同比增长 57.1%。

中国光伏产业近年来的快速发展很大程度上得益于政府政策的推动。而光伏产业所呈现的"两头在外"的现状，固然与中国当前所具有的比较优势有关，也受制于技术能力薄弱，但在政策层面，也应有值得总结和改进的地方。

自 2005 年 2 月中国政府颁布了《可再生能源法》之后，又相继出台了《可再生能源中长期发展规划》（至 2020 年）、《可再生能源发展"十一五"规划》等一系列配套的法律法规和发展规划。这些文件不仅制定了中国可再生能源发展的总体目标，也对一些具体产业设定了中长期发展的规模目标。对光伏产业设定的主要目标是，到 2010 年，太阳能发电总容量达到 30 万千瓦，到 2020 年达到 180 万千瓦。

在政策层面，《可再生能源法》规定了价格、融资、税收等支持性的政策框架，并要求在两个规划以及相关配套政策中将这些政策加以强化和细化。

---

① 2009 年以前的数据主要来源于参考文献 [2]，2010 年的数据来源于中国光伏产业联盟秘书处："携手提升光伏产业竞争力"，搜狐 IT，2011 年 6 月 15 日。

在各项政策中，财政税收政策承担了主导角色。在财税政策中，对于相关项目的补贴和光伏电力上网补贴是最主要的两项，前者又以相关部委推出的各种计划为主导。

2009年3月23日，财政部联合住房城乡建设部发布《太阳能光电建筑应用财政补助资金管理暂行办法》，宣布实施"太阳能屋顶计划"，对屋顶装机容量大于50千瓦的光伏发电系统进行补贴，2009年补助标准原则上定为每瓦20元。

2009年7月16日，财政部、科技部和国家能源局共同发布《金太阳示范工程财政补助资金管理暂行办法》，其中第二条明确，"金太阳示范工程"综合采取财政补助、科技支持和市场拉动方式，加快国内光伏发电的产业化和规模化发展，以促进光伏发电技术进步。就项目支持来说，对于并网发电项目的补贴为总投资的50%，对于偏远无电地区的离网项目按总投资的70%给予补贴。

由此，"金太阳示范工程"成为中国推进光伏产业发展的核心项目，而上述两项政策也是2009年实现光伏发电装机量和并网量共同飞跃的主要推手，其中最典型的是，当年3月30日，中国最大的太阳能并网光伏电站——敦煌10兆瓦光伏电站项目正式启动，该项目总投资达5亿元，预计年均发电1637万千瓦时。

然而，由于光伏发电成本仍然较高，而该项目招标电价仅为0.69元/千瓦时，导致成本收益倒挂。这对于产业长期发展十分不利，引来业内企业的强烈呼吁。[①] 由此，光伏电力上网价格成为产业健康发展的关键。

据调查，在现行生产技术的基础上，比较全产业链能耗和中国的平均太阳能资源水平，对于采用不同太阳能电池的光伏发电系统的能量回收期分别为2年、1.7年和1年以下。光伏系统的寿命一般为30年，其能量回报率高达15倍。然而，尽管从全产业链角度，光伏产品不是耗能产品，而是产能产品，但在终端消费在外的情况下，却将高能耗留在了中国，把节能的效益出口到了国外。据测算，2009年，全国太阳能电池全产业链耗电62.876亿千瓦时。[②] 尽管占全国总耗电量的比重很低，但其对整体经济带来的节能效果更可以忽略不计。

2011年8月1日，国家发改委公布了光伏电价新政。按照最新确定的全国统一标杆上网电价，2011年7月1日以前核准建设、2011年12月31日建成投产、尚未核定价格的太阳能光伏发电项目，上网电价统一核定为每千瓦时1.15元；2011年7月1日及以后核准的太阳能光伏发电项目，以及2011年7月1日之前核准但截至2011年12月31日仍未建成投产的太阳能光伏发电项目，除西藏仍执行每千瓦时1.15元的上网电价外，其余省（区、市）上网电价均按每千瓦时1元执行。

新的光伏电价的确定被认为是中国光伏产业发展的重要里程碑，一些企业国内订单大增，由此可能扭转光伏产品以出口为主的局面。[③]

由上述对中国光伏产业政策的概要梳理可以看到，政策对于产业发展所产生的作用是巨大的。事实上，就中国光伏产业的发展，很多专家学者提出了大量政策建议，其中提高光伏电力上网价格被认为是关键之一（庚亚新等，2010；肖兴志，2011；刘惠芬等，2008），但从整个产业链运作的角度来看，我们认为，虽然这一步骤给光伏组件生产企业带来极大希望，但价格制定并不意味着光伏电力的上网就已经没有阻碍。要打通整个产业链运作的所有环节，还必须进一步理顺电网接受和消费者使用这两个最终环节。

于立宏（2008）曾就风电发展的政策及其有效性做了分析，并深入剖析了其深层次的激励机

---

① 第二批光伏电站招标启动　企业疾呼合理利润［N］. 中国经营报，2010-01-30.

② 中国能源中长期发展战略研究项目组，2011：178. 该文献同时指出，光伏产业亦非高污染产业，采用闭环的改良西门子法已经可以做到.

③ 光伏新政刺激效应凸显　订单环增两倍. 北极星太阳能光伏网，2011-08-16.

制问题。在中国，相比之下，风电的发展先于且快于光伏产业的发展，但当前光伏产业面临的问题却与风电非常相似。因此，我们有理由担忧，即使有了上网电价的较强力度的补贴，要真正解决光伏电力上网问题仍非易事。关键是，作为需求侧或电力接受侧的电网企业，是否有足够的激励来实现光伏电力上网的目标。同时，由于光伏发电与风电类似地存在电力供给波动的问题，风电在上网技术标准层面产生的矛盾值得借鉴。[①]

综观中国光伏产业发展中的政策演进，尽管因产业本身尚处于发展初期，我们也还缺乏足够的经验，但从政策设计的要求来说，不同政策之间的兼容性是政策有效的前提，而目前的政策在产业链上下游不同环节之间的兼容性并未得到满足。因此，对于政策设计来说，从一开始就需要有一个总体的系统安排，需要在对全产业链发展的各个方面加以综合评估的基础上，构建一个完整的政策体系，并对政策的阶段性逐步推进给出一个大致的计划。

对于政策的有效性来说，其具体实施中所涉及的关键不仅在于各项政策的具体执行，还在于政策执行机构之间的全面协调。如在光伏产业目前的管理中，上游半导体行业由工信部主管，下游产业之一的太阳能屋顶建筑的主管单位为建设部，涉及技术方面问题的由科技部主管，而整个能源产业的主管部门则是国家能源局。这些部门之间的协调对于政策在实践中能否有效推进具有非常重要的影响。

三、光伏产业政策体系的框架

对于产业发展来说，特别是对于战略性新兴产业的发展来说，政策体系的构建不仅需要具有很强的前瞻性，也不仅只是满足系统性的要求，重要的是，不同政策之间应该实现相互兼容，这不仅要在产业链某个环节范围内实现，而且应在产业链上下游之间也实现政策的兼容。

政策的前瞻性主要体现在，所有政策应以产业发展的长期战略目标为导向。

战略性新兴产业的发展已经上升为国家层面的战略。对政策体系的设计来说，需要区分政策目标的层次性。国家层面的战略目标是最高层次的，决定政策的基本方向；而对具体产业来说，其核心目标应该位于产业层次。

值得强调的是，即使在同一层次上，也可能存在目标的多元化特性。

就国家层面的目标来说，中国发展的战略目标是要实现长期的可持续发展，而其核心内容则是实现资源能源的可持续利用和环境友好的发展。这是中国发展战略性新兴产业的原则性总体战略导向。但我们也不能不看到，在具体实践中，无论是中央政策部门还是各级地方政府，都仍然存在相当强的以 GDP 为目标的政策倾向。

追求 GDP 增长本身固然有其合理性，但若过度追求则会带来很大的负面效应。如在光伏产业发展中，光伏电站已经成为各地方政府招商引资的重头戏。其背后的激励机制是，一座光伏电站的投产往往会带动包括多晶硅、电池组件等在内的光伏制造企业的落户，这就有利于地方 GDP 的增长和就业机会的增加。而对于欠发达的西部省份来说，在中央政府高额补贴的激励下，地方可以免除光伏发电的高昂成本，却能获得拉动地方经济的实际利益。[②]

正是在这样的利益驱动下，即使在上网电价低企成本倒挂的情况下，光伏产业链的中间环节——生产制造——获得飞速发展，从而导致了能源消耗留在国内，节能效益出口国外的尴尬局

① 风电上网：旧怨未了，新怨又来. 北极星电力网新闻中心，2011-04-17.
② 太阳能光伏产业圈地日趋激烈 [N]. 21 世纪经济报道，2010-05-15.

面。可见在实践中，这一产业的发展已经出现了偏离可持续发展战略目标的倾向。

进一步，在产业体系层面，在中国经济发展进入转型阶段的背景下，相关的目标很大程度上围绕着产业的结构转变和产业升级来展开。

金碚等（2011）归纳了当前制约中国工业结构转型升级的六个主要问题为：传统要素禀赋的比较优势逐渐减弱；重化工业粗放发展与能源与环境约束的矛盾突出；产能过剩问题呈现扩大趋势；制造业向全球价值链高端攀升进展缓慢；自主创新对结构转型升级的支撑不足；资本深化与增加就业之间的矛盾日趋尖锐。其中，制造业向全球价值链高端攀升进展缓慢和自主创新对结构转型升级的支撑不足，或可视为中国推进战略性新兴产业发展的基本背景和动因。

我们认为，在产业体系层面，产业的技术升级应具有核心地位。从产业竞争力的角度来说，核心技术的掌握，相关企业的核心能力的提升，是中国战略性新兴产业实现长期发展目标的根本。

就技术升级来说，《可再生能源法》第十二条规定，国家将可再生能源开发利用的科学技术研究和产业化发展列为科技发展与高技术产业发展的优先领域，纳入国家科技发展规划和高技术产业发展规划，并给予资金方面的支持。"金太阳示范工程"对于相关技术的开发也提供了政策激励，但相对来说，尽管当前中国光伏产业在技术方面有所进步，但核心技术的掌握仍与发达国家存在很大差距。

更具体地，落实到单个产业，如光伏产业发展的政策目标设定，至少应考虑两个维度：太阳能在能源消耗中的比重；产业发展的可持续性和技术进步（例如，拥有自主知识产权的核心技术）。

为了实现这些目标，需要在对一些关键因素进行评估的基础上进行政策的具体设计。影响产业发展的关键因素包括几个方面：产业生命周期；技术变革周期；光伏产品的生命周期能耗；现行价格结构下的光伏产品价值；现有技术和国内企业的创新能力；政府各项政策的效应；政府政策扶持的预算；等等。

对于政策的设计制定及实施，以及政策兼容性的分析和评估，我们特别强调应以产业链上下游之间的政策兼容为重要原则。对于"两头在外"的光伏产业现状必须从产业链角度出发来分析其原因。从前文的分析中，我们看到了光伏电力上网电价政策与光伏组件生产制造的政策之间的不兼容所产生的重大影响。因此，对于未来的发展，我们需要特别关注从产业链角度出发来进行光伏产业政策体系的构建。

为此，我们用表2来表述一个系统的产业政策体系框架。纵栏表示光伏产业全产业链的各个环节，横栏则列出主要的政策手段。一般认为，光伏发电的整个产业链可划分为工业硅制备、高纯多晶硅生产、硅锭和硅片、太阳能电池制造、光伏组件封装以及光伏系统集成和安装六个环节，但实际上这只包括了其生产制造环节，更具整体性的全产业链还应包括生产设备的制造、配套材料的制造和终端的电力上网和电力消费。政策方面包括政府规划、金融政策、财税政策、技术政策、贸易政策和产业组织政策等。

对该政策体系框架，有几点需要加以说明：

首先，并非所有各项政策可以应用于产业链的所有环节，对于并不完全适用的事项，表2中以"—"加以表示。如，政府规划一般不适用于产业链中间环节，而适用于中国所设定的光伏发电容量的目标，同时也可进一步设定最终的绿色电力消费的目标，不仅有利于对规划目标是否实现进行评估，也有利于以最终需求为驱动力来拉动整个产业的发展。又如，金融政策、技术政策和贸易政策对于终端的电网环节和电力消费并不适用，产业组织政策对于电力最终消费也不适用。

其次，在表2中，除政府规划之外，其他各类政策均可应用于除了电网和电力消费的其他各个上游环节，列出的具体政策并未对产业链不同环节作出细分。事实上，具体政策的设计却需要根据中国光伏产业链的具体情况，对不同产业链环节采用可能不同的政策。例如，中国的太阳能电池主要用于出口，对节能减排是不利的，是否有必要采取征收环境税或特别关税的政策来加以

表2　光伏产业链政策体系框架

产业链环节		政府规划	金融政策	财税政策	技术政策	贸易政策	产业组织政策
生产设备	高纯多晶硅氢化炉等	—	银行系统的融资支持、利率优惠、设立基金等	财政补贴、税收减免、专项资金支持等	资助研究与开发、技术引进、外资利用、产学研关系等。对光伏产业，重点关注核心设备与配套材料	关税政策、限制进口或鼓励进口、限制出口（如高能耗产品）或鼓励出口	促进竞争的政策，包括开放市场进入、促进中小企业发展、放松规制等
配套材料	电子浆料等	—					
生产制造	工业硅制备—高纯多晶硅生产—硅锭和硅片—太阳能电池制造—光伏组件封装—光伏系统集成和安装	—					
电力上网		光伏电力上网数量或比重	—	电价补贴	—	—	光伏电力的强制接入，接入电价规制
电力消费		光伏电力消费数量或比重	—	绿色电力消费补贴等	—	—	—

注：1."—"表示相关政策对于产业链该环节基本上不适用。
2. 本表中"政府规划"是在狭义上使用的，即主要指产业发展的量化目标规划。

限制，应加以研究。类似地，技术政策应主要针对核心技术的研究与开发，因而主要集中于生产设备和配套材料环节。

最后，对于电网环节，由于电网属于垄断企业，因此，产业组织政策的主导方向是规制政策，而对于其他上游环节，应以促进竞争为基本的政策导向。

产业组织政策导向的这一区别对于产业政策的有效性具有关键意义。其理论依据和实践意义在于，即使是体现政府对于战略性新兴产业加以扶持的政策，也必须充分利用市场机制的有效运作，这是在具体政策设计中具有较大难度的一个方面。为此有必要做更为深入的讨论。

四、充分发挥市场机制的基础性作用

改革开放以来，在整个中国经济体制中，市场机制的作用已经具有相当强的基础地位。以市场机制为基础来推进中国光伏产业和其他战略性新兴产业的发展，应该是政策体系设计的基本原则。就此而言，需要特别关注的有两点：一是市场失灵是产业政策实施的前提，但由于政府失灵同样存在，市场失灵并非产业政策实施的充分条件；二是对于具有垄断特性的电网企业，应采取有力的规制政策，以提高产业链的整体效率，实现社会福利最大化的目标。

产业政策的实施意味着政府对市场的干预，而其前提应该是市场机制的失灵。在这里，对于市场机制失灵的判断本身存在相当大的争议。如小宫隆太郎等（1988）所指出的，"尽管产业政策对于处理'市场失败'是十分必要的，但仍然存在着以下四个问题：

（1）在何种情况下才能认为市场出现了失败；

（2）针对市场失败的种种类型，应当采取什么样的政策措施；

（3）市场虽然时常失败，但政策或政府部门也可能出现失误，对此应当怎样判断；

（4）几乎在所有情况下，根据产业政策采取的措施，总要伴随着财政负担等各种代价和副作用，这是不容忽视的，因此有必要对政策的各种效果和代价进行衡量……不能认为只要出现市场的失败就要进行政策性干预。"

时隔20余年，小宫隆太郎等所指出的四个问题并没有真正解决，或许还是长期内在任何一个具体的产业发展中都需要加以分析和讨论的永恒的研究课题。

基于市场机制的政策设计，政策有效性的关键在于，要使市场参与主体具有足够强的激励来主动接受政策，同时也要充分保证市场具有较强的竞争性，以通过竞争来提高企业效率，降低光伏产业的生产成本。

例如，对于太阳能电池的产能过剩，2009 年国家十部委曾经出台抑制产能过剩推进产业结构调整的文件，但事实上到了 2010 年仍然出现了市场供不应求。对于竞争性行业，政府政策还是应以促进竞争为主，特别是应以建立公平竞争的市场环境为政策目标，这将有利于企业在竞争压力下提高效率，降低光伏产品的生产成本。在中小企业参与光伏项目的建设方面，政府还有很多事情可做。

而对于具有垄断地位的电网企业，鉴于垄断者出于其自身利益的行为很难符合社会福利最大化要求，就必须由政府规制来加以强制性实施。

就光伏电力上网来说，针对电网垄断企业，具体可考虑采用的规制政策包括量的规制和价格规制。例如，可实施强制电网收购义务，规定电网企业全额收购的义务；或规定绿色电力上网电价政策及最终用户的分摊等。①

五、结　论

对于战略性新兴产业的发展，政府的产业政策具有非常重要的作用。

对于中国光伏产业的发展，迄今采取的政策，从产业链发展的现状来说，可以认为，产业链上下游之间的政策协调存在严重不足。这是中国光伏产业"两头在外"现状发生的重要原因之一。

比较不同环节的产业政策，容易看到，由于在制造环节厂商可以享受政府政策的优惠，使中国的产量已经达到世界前列。由此带来的结果是，中国承担了中间环节的制造加工，而这些环节恰恰是需要大量消耗能源的。"两头在外"的产业链分布导致中国把资源消耗留在了国内，把最终消费带来的能源节约贡献给了发达国家。

在整个产业链的其他环节，即在包括了生产设备和配套材料，特别是在终端的电力上网环节，我国的产业政策尚存在很多空白。而对于解决"两头在外"问题来说，光伏电力上网尽管有了最新的价格补贴政策，但是否能够解决国内最终需求的问题值得质疑；对于解决产业链上端的核心技术问题，则更需要在系统设计的基础上整合各方力量加以推进。

在上述前提下，政策有效性的必要条件是不同政策之间的相互兼容性。这种兼容性的要求至少体现在两个维度：一是对于单个市场主体企业来说，不同政策不应在对企业行为的激励上出现相互冲突；二是从产业链维度来说，针对上下游不同环节的政策之间不应出现相互冲突。

为此，我们应该构建一个系统的产业政策体系。本文给出了这一政策体系的框架。以光伏产业完整产业链的各个环节为政策着力点考虑的维度，以不同类型的政策手段为政策设计的出发点。产业政策的设计应以国家发展战略目标为导向，以社会福利最大化为基本目标，以产业竞争力的强化和核心技术升级为产业层次的目标。在各项具体政策的设计中，又必须充分考虑中国光伏产业发展的现状，考虑中国相关企业的现有能力。

具有关键意义的是，在产业政策设计中，应充分发挥市场机制的基础性作用，区分竞争性市场与垄断市场。对前者，应以促进竞争为政策导向；对后者，应以规制政策为主，以提高产业链

---

① 在《可再生能源发展"十一五"规划》中此规定并不具有法律强制力。

整体效率，实现社会福利最大化。

在具体政策上，对于中国的光伏产业的未来发展，政策层面需要解决的关键问题有两个：一是要在确定了光伏电力上网电价的基础上，进一步解决电网企业的电力接入问题，及延伸到最终的电力消费的政策激励问题；二是要重点关注核心技术的引进和掌握，以真正提高中国光伏产业的竞争力。

参考文献

［1］中华人民共和国国民经济和社会发展第十二个五年规划纲要［R］.北京：人民出版社，2011.

［2］改革杂志社专题研究部.战略性新兴产业：政策演进与理论创新［J］.重庆社会科学，2011（1）.

［3］国家发展和改革委员会产业经济与技术经济研究所.中国产业发展报告2010［M］.北京：经济管理出版社，2011.

［4］金碚，吕铁，邓洲.中国工业结构转型升级：进展、问题与趋势［J］.中国工业经济，2011（2）.

［5］小宫隆太郎，奥野正宽，岭村兴太郎.日本的产业政策［M］.北京：国际文化出版公司，1988.

［6］中国能源中长期发展战略研究项目组.中国能源中长期（2030、2050）发展战略研究：可再生能源卷［M］.北京：科学出版社，2011.

［7］肖兴志.中国战略性新兴产业发展研究［M］.北京：科学出版社，2011.

［8］于立宏.风电建设项目视野的可再生能源政策测度［J］.改革，2008（12）.

［9］庚亚新，周新生.太阳能光伏产业的理论及发展路径［J］.中国软科学，2010（4）.

［10］刘惠芬，史占中.中国太阳能产业政策刍议［J］.科学技术与工程，2008（11）.

内蒙古地区战略性新兴产业发展研究

郝 戊 高明月

一、引 言

近年来，伴随全球经济一体化的推进，战略性新兴产业的发展颇受各国关注。战略性新兴产业是产业升级的最高层次，是基于重大发现和发明而产生的将改变人类社会的生活方式和生产方式的新产品以及由此产生的全新产业群。其对争取未来经济发展新空间的竞争有战略性的影响。在全球经济迅速发展、国际竞争日趋激烈的形势下，各国为抢占未来经济的制高点，都加强了对战略性新兴产业的研究。

对于战略性新兴产业的研究，国外已有了较为成熟的经验和理论基础。从分工的角度看，新兴产业的形成与发展是社会分工进一步细化的结果，是在经济系统中，具有一定规模和影响力，承担新的社会经济分工职能的同类企业的集合。亚当·斯密（Adam Smith）认为，劳动分工是提高劳动生产率的首要条件。乔治·J.施蒂格勒（George J.Stigler）论证了随市场容量和劳动分工的变化，厂商功能的改变及产业整个生命期的特征。迈克尔·波特（Michael E.Porter）把新兴产业界定为新建立的或是重新塑型的产业，其产生原因包括科技创新、新的顾客需求、相对成本结构的改变等。约翰·穆勒（John Stuart Mill）把关于产业成长的要素概括为资本、劳动、技术和自然资源。新古典经济学代表人物阿尔弗雷德·马歇尔（Alfred Marshall）和约翰·希克斯（Hicks John Richard）则强调市场作用，指出多数新产业的成长都是为了满足人们的需要而受激励的结果，新产品和新工艺常常试图满足市场需求、生产需求和任务需要。发展经济学代表人物熊彼特（J.A.Joseph Alois Schumpeter）提出了传统创新理论，揭示了创新资源在大企业内部经过垂直一体化过程形成竞争优势，即企业通过创造性破坏重组资源，不断积累技术和创新能力，从而促进新产业的出现。新兴古典经济学代表人物杨小凯从交易效率和分工的角度对新产业的成长进行了研究。他认为，在私人企业和自由市场制度下，生产潜力很大的迂回生产中的效率会改进得很快，而在政府垄断开办企业权、没有私人自由创业、没有发达的自由资本市场、自由劳动市场及自由价格条件下，人们只能局限在直接生产性活动中改进效率，而对改进效率潜力很大的迂回生产活动却无法施展才干。国外的众多理论和经验对于我们研究中国新兴产业的发展有一定的借鉴意义。

国内学者对于战略性新产业的研究主要集中在产业兴衰和转化的一些相关理论上。学者郑林（1992）探讨了产业周期问题，指出产业周期性波动表现为产业由高峰到低谷，再由低谷走向高峰的运动形势。产业波动的主体是产业，波动的内容是增长速度的跌宕，产业波动是经济波动的产业体现。王庆先（1998）提出了"产业兴衰"概念，对产业兴衰过程的特点、形势、因素等做了研究，并研究探讨了产业兴衰各个过程的条件、产业兴衰的运动方式和产业兴衰机制等。毛林根

（1996）对产业兴衰问题进行了研究，并对衰退产业进行了解释。他提出衰退产业应该定义为"增长出现有规则减速的老化产业部门"。周新生（2000）较为系统地探讨了产业兴衰的一般过程、产业兴衰的机理等。戴伯勋（2001）等人提出，产业兴衰机理由产业兴衰的动机机制、供求机制、内在本质性机理、外部推动机理、创新机理及竞争机制构成。刘志彪（1997）提出并论证了中国制造业的六个经验性假设，即投资假设、行政垄断假设、衰退程度不足假设、用户预期假设、产业选择理论不当假设和进入壁垒假设。陆国庆（2002）研究探讨了衰退产业的识别和诊断以及衰退产业的调整模式和创新战略等问题。萧琛分析了新经济周期的前景及其有关的"准衰退"问题。总的来看，中国对新兴产业的研究更多的集中在对高新技术产业的研究，包括新技术、新成果的发展方向、发展模式等。同时，对第三产业中的一些新兴产业如房改政策引发的房地产的发展假日旅游的火暴等也引发人们的关注和研究，但从总体来看对新兴产业的研究还不够深入。

本文通过对内蒙古现有产业的发展状况进行分析，试图寻找内蒙古地区战略性新兴产业发展的重点培育对象以及为该地区的产业发展提出好的建议。全文共分五个部分：第一部分，引言；第二部分，内蒙古现有产业发展现状分析；第三部分，内蒙古地区战略性新兴产业发展实证研究；第四部分，内蒙古地区战略性新兴产业发展面临的问题分析；第五部分，结论与建议。

二、内蒙古现有产业发展现状分析

内蒙古地处中国北部边疆，幅员辽阔，占全国土地面积的 1/8，但由于其东西比较狭长、地广人稀、地区环境不佳，导致交通线路建设相对滞后，交通不便。然而其北与蒙古、俄罗斯接壤，东、南、西三面分别与黑、吉、辽、晋、冀、陕、甘、宁八省相邻，横跨东北、华北、西北三大经济区，具有全方位开放、高度发展的优越地理条件。内蒙古旅游资源、矿产资源非常丰富，素称"东林西铁，南粮北牧，遍地是煤"。近年来，凭借其自身优势以及国家给予西部大开发的优惠政策，经济得到了迅速发展。

在内蒙古经济得到飞速发展的同时也面临着诸多经济发展问题，如在区域战略性新兴产业选择和发展、产业结构优化升级、生态保护等方面，都需要做进一步的探讨研究。

（一）三大产业发展情况分析

表1　内蒙古地区三大产业相关经济指标（2005~2009年）

产业	产业生产值（亿元）					能源消耗总量（万吨标准煤）
	2005	2006	2007	2008	2009	2009
产业整体	3905.03	4944.25	6423.18	8496.20	9740.25	15344
第一产业	589.56	634.94	762.10	907.95	929.60	457
第二产业	1773.21	2374.96	3193.67	4376.19	5114.00	10864
第三产业	1542.26	1934.35	2467.41	3212.06	3696.65	4023

资料来源：内蒙古统计年鉴（2005~2009年）.

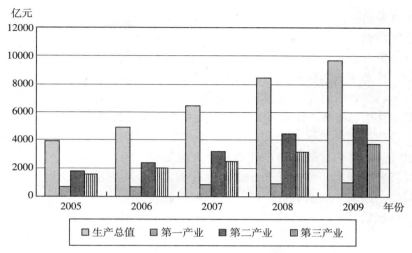

图1 三产业产值分析（2005~2009 年）

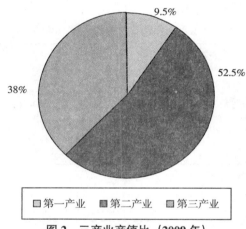

图2 三产业产值比（2009 年）

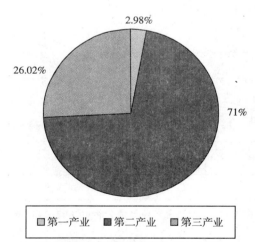

图3 三产业能源消耗比（2009 年）

通过分析可以看出，近年来内蒙古地区第一、二、三产业都得到了快速发展，全区生产总值逐年以较快的速度增长。其中，各产业生产总值占比重最大的为第二产业，这与本地区有着丰富的自然资源，重在发展重工业有关。该地区的第一、三产业发展速度虽不及第二产业迅速，但也获得了相应发展，推动了该地区的经济繁荣。该地区现已建成包括冶金、机械、建材、电子、化工、纺织、皮革等门类比较齐全、基础较雄厚的产业经济体系，建成了呼和浩特、包头、鄂尔多斯、赤峰等一批综合功能较强，能较好带动相应区域经济发展的城镇体系。

从相应产业与能源消耗可以看出（以 2009 年为例），在第二产业产值较大的同时，其对应的能源消耗比例也最大。其产值的增加是建立在较大的能源消耗基础上推进的。高消耗、高产值是现在该地区的经济发展状况。如长期处于此发展模式之下，将面临着资源枯竭、环境破坏、经济衰退等一系列问题。因此其面临着经济增长方式由粗放型向集约型、投资拉动型向消费拉动型经济增长方式转变的现状，唯有通过此战略性的调整，才能实现经济效益、社会效益以及人与自然的和谐发展。

（二）主要产业发展情况与相应能源消耗情况分析

表 2　部分产业产值与相应能源消耗量（2005~2009 年）

产业	相应产业生产总值（万元）					能源消费总量（万吨标准煤）				
	2005	2006	2007	2008	2009	2005	2006	2007	2008	2009
采矿业	4901179	7789455	11709021	19651885	24571977	794	1037	1180	1060	1076
制造业	20655711	27559095	38031484	55229499	69127498	3995	5895	7164	8018	8438
电力、燃气及水的生产供应业	4399034	6051956	8389098	10886716	13294923	3706	1173	1008	1125	1168
建筑业	3813000	4670000	6811000	7800500	9647300	92	120	132	151	182

资料来源：内蒙古统计年鉴（2005~2009 年）.

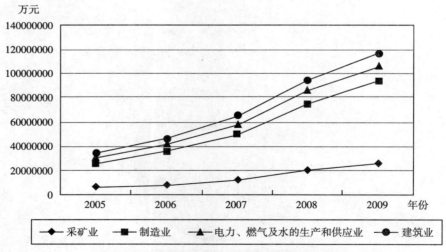

图 4　内蒙古部分产业产值分析（2005~2009 年）

通过对部分行业的分析可以看出，近年来，各行业产值呈连年增长的趋势，且增长幅度较大。这与近年来在国家政策的倡导下，该地区加快了产业调整步伐，建设新兴产业有关。随着该地区相继开放政策的推出和凭借其丰富的自然资源优势，吸引了大量企业的入驻，为该地区经济的发展带来了一定的资金和相关的产业技术及人才，这是有利于该地区经济发展的。

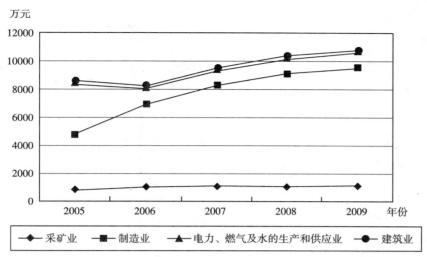

图5　内蒙古部分产业能源消费分析（2005~2009年）

但在该地区追求经济发展、吸引企业的同时，我们也不难发现，在引进企业的质量方面存在一些问题。一些高耗能、高污染的企业也被引了进来，从短期来看这类企业的引进对该地区的经济发展起到了推动作用，但从长远来看其产生的负面影响将远超越其带来的经济效益。随着低质量企业的引入，加剧了该地区资源的开发力度，使现有资源遭到了浪费，不能得到合理利用，且对自然环境破坏相当严重，加剧了该地区的环境污染。以煤炭资源开采业为例，内蒙古部分基层政府缺乏科学发展观，急于求成，为了招商引资，促进经济增长，不管企业自身质量的高低，都批准草场变为煤矿。20世纪70年代内蒙古地区人均草场68.4亩，到1996年下降到人均草场44亩，预计到2015年人均草场亩数将低于30亩。这种破坏草原生态、污染环境，注重煤炭产业的发展而忽略了牧区畜牧业发展的产业发展模式将严重制约该地区经济的可持续发展。这种通过增加资源低效率消耗量的基础上追求的产值增加的发展方式必将带来严重的负面效应。

在产业的选择方面，采矿业与制造业的产业发展是该区经济发展的着力点，而近年来随着产业产值的连年增加，耗能量也在紧随产值的增加而迅速增加。要想摆脱这种不可持续的发展模式，就需要培育新的产业链，形成一批具有战略性意义的可持续发展的新兴产业，以此推动该地区经济的长期可持续发展。

三、内蒙古地区战略性新兴产业发展实证研究

为了进一步分析内蒙古地区的产业发展情况，以便寻找应当重点集中培育的战略性新兴产业。本文特选择了该地区的主要产业，通过对产业的相关指标进行计算，然后运用因子分析方法对其进行更深层次的研究，得出如何更好地发展战略性新兴产业的部分策略。

（一）所选择的产业指标

（1）产业产值贡献度指标，其公式为：

$$r_i = \frac{x_i}{X} \tag{1}$$

式中，r_i为第i产业产值贡献度；x_i为第i产业的工业总产值；X为国内生产总值（GDP）。

（2）需求收入弹性指标，其公式为：

$$\varepsilon_i = \frac{y}{x} \cdot \frac{\partial x_i}{\partial y_i} \tag{2}$$

式中，ε_i 为第 i 产业的需求收入弹性；y 为国民收入；x_i 为第 i 产业产品的需求量。

（3）比较利税率系数，其公式为：

$$r_{i2} = \frac{T_i}{T} \tag{3}$$

式中，r_{i2} 为第 i 产业的比较利税率系数；T_i 为第 i 产业的利税率；T 为总体产业的利税率。

（4）比较劳动生产率系数，其公式为：

$$r_{i1} = \frac{Y_i/Y}{L_i/L} \tag{4}$$

式中，Y_i/Y 为某产业国民收入/整个产业国民收入；L_i/L 为某产业劳动力/整个产业劳动力。

（5）投资吸收率，其公式为：

$$r_i = \frac{x_i}{X} \tag{5}$$

式中，r_i 为第 i 产业投资吸收率；x_i 为第 i 产业的投资额度；X 为某地区总投资额。

（6）投入创造的就业率 = 某产业年平均就业人数/该产业年平均固定资产净值 (6)

（7）地区专业化率 =（某地区某产业净产值/ 全国或全世界某产业净产值）/（某地区全部产业净产值/全国或全世界全部产业净产值） (7)

（8）成本费用利润率 = 产业利润总额/某产业成本费用总额 (8)

（二）因子分析的数学模型表示

$$\begin{cases} X_1 = a_{11}F_1 + \cdots + a_{1m}F_m + \varepsilon_1 \\ X_2 = a_{21}F_1 + \cdots + a_{2m}F_m + \varepsilon_2 \\ \vdots \\ X_p = a_{p1}F_1 + \cdots + a_{pm}F_m + \varepsilon_p \end{cases} \tag{9}$$

即 $X = AF + \varepsilon$ (10)

式中，X_1，X_2，…，X_p 为 p 个原有变量，F_1，F_2，…，F_m 为 m 个因子变量。

具体的分析步骤为：

第一步：用 z-score 法将原始数据标准化。

变换公式为：

$$Z_{ij} = (x_{ij} - \overline{x}_j)/s_j \tag{11}$$

式中，$\overline{x}_j$ 为指标平均值，s_j 为指标标准差。

第二步：计算数据 $(X_{ij})_{np}$ 的协方差矩阵 R。

计算公式为：

$$R = (r_{jk}) \qquad r_{jk} = \frac{1}{n-1} \sum_{i=1}^{n} \left[(x_{ij} - \overline{x}_j)^2/s_j \right] \left[(x_{ik} - \overline{x}_k)^2/s_k \right] \tag{12}$$

式中，i = 1，2，…，n；j = 1，2，…，p；k = 1，2，…，p。

第三步：求矩阵 R 的特征值、特征向量。

计算方法为：利用 $|\lambda I_p - R| = 0$，求得 p 个特征根 λ（i = 1,2,…,p），将 λ_i 按其大小排列为 $\lambda_1 \geq \lambda_2 \geq \cdots \geq \lambda_p \geq 0$，其大小描述了各个主成分在描述被评价对象上所起作用的大小，由此可得成分的方差。同时得出每个特征根的特征向量（μ_1，μ_2，…，μ_p）。

第四步：对相应指标进行分组并计算因子得分。

计算公式为：

$$F_j = \beta_{j1}X_1 + \beta_{j2}X_2 + \cdots + \beta_{jp}X_p \tag{13}$$

$$总得分 = \alpha_1 F_1 + \alpha_2 F_2 + \cdots + \alpha_j F_j \tag{14}$$

式中，α_i 由贡献率来确定。

（三）新兴产业发展实证分析

本文运用 spss 对相关指标计算的结果做因子分析，以便更好地研究该地区的产业发展状况。通过计算得出的相关数据见表3。

表3　相关产业及相应指标值

产业 \ 指标	产值贡献度	需求收入弹性	投资吸收率	比较利税率	比较劳动生产率	投入创造就业率	地区专业化率	成本费用利润率
能源产业	0.2979	1.7547	0.2316	2.3244	2.3494	0.0101	0.5712	0.4149
冶金产业	0.2425	0.9079	0.0456	1.3287	3.4643	0.0238	0.0534	0.0782
建材业	0.0434	3.4301	0.0302	1.0784	1.6692	0.0418	0.0343	0.2396
化纤纺织产业	0.0402	1.4701	0.0047	1.1519	1.6612	0.0670	0.0274	0.1936
家具制造业	0.0013	2.4215	0.0004	0.2173	3.2500	0.0450	0.0006	0.3551
塑料制品业	0.0060	1.8915	0.0073	0.8620	2.2220	0.1026	0.0061	0.4376
金属制品业	0.0097	9.6989	0.0063	0.1135	2.0771	0.0684	0.0084	0.4466
工艺品及其他制造业	0.0027	2.1142	0.0003	0.2730	1.3043	0.0739	0.0050	0.2765

资料来源：由《内蒙古统计年鉴》、《中国统计年鉴》数据计算所得。

分析结果见表4。

表4　解释的总方差

成分	初始特征值			提取平方和载入			旋转平方和载入		
	合计	方差（%）	累积（%）	合计	方差（%）	累积（%）	合计	方差（%）	累积（%）
1	4.417	55.210	55.210	4.417	55.210	55.210	4.001	50.018	50.018
2	1.688	21.095	76.305	1.688	21.095	76.305	1.700	21.254	71.272
3	1.028	12.845	89.151	1.028	12.845	89.151	1.430	17.879	89.151
4	0.596	7.447	96.598						
5	0.199	2.486	99.084						
6	0.067	0.835	99.919						
7	0.007	0.081	100.000						
8	9.757E-17	1.220E-15	100.000						

通过分析可将八个指标分为三组成分来考虑，其中第一组包括：产值贡献度、投资吸收率、比较利税率、地区专业化率；第二组包括：成本费用利润率、需求收入弹性、投入创造就业率；第三组包括：比较劳动生产率。为了计算每组因子的得分情况，以便进一步分析各个产业的发展状况，特引入下列因子得分函数进行分析。其表达式为：

$$F_1 = 0.167X_1 - 0.041X_2 + 0.278X_3 + 0.241X_4 - 0.127X_5 - 0.093X_6 + 0.289X_7 + 0.127X_8$$

$$F_2 = -0.05X_1 + 0.536X_2 + 0.12X_3 - 0.175X_4 + 0.121X_5 - 0.013X_6 + 0.133X_7 + 0.537X_8$$

$$F_3 = 0.17X_1 + 0.23X_2 - 0.065X_3 - 0.194X_4 + 0.76X_5 - 0.355X_6 - 0.115X_7 - 0.077X_8 \tag{15}$$

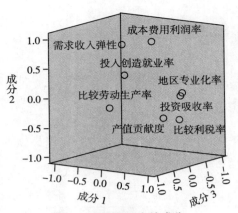

图6　旋转空间中的成分

表5　成分得分系数矩阵

	成分		
	1	2	3
产值贡献度	0.167	−0.050	0.170
需求收入弹性	−0.041	0.536	0.230
投资吸收率	0.278	0.120	−0.065
比较利税率	0.241	−0.175	−0.194
比较劳动生产率	−0.127	0.121	0.760
投入创造就业率	−0.093	−0.013	−0.355
地区专业化率	0.289	0.133	−0.115
成本费用利润率	0.127	0.537	−0.077

通过计算得相应产业的因子得分情况如表6所示。

表6　因子得分

	因子得分					
	F1	排名	F2	排名	F3	排名
能源产业	1.025674	1	0.178968	6	−0.517870	6
冶金产业	0.208685	2	−0.347910	8	0.715667	1
建材业	0.172440	3	0.281055	5	−0.340360	3
化纤纺织产业	0.112924	4	0.075248	7	−0.394750	4
家具制造业	−0.049660	8	0.591837	2	0.002368	2
塑料制品业	0.067789	5	0.560005	3	−0.823620	8
金属制品业	−0.002160	7	1.098868	1	−0.490280	5
工艺品及其他制造业	0.018993	6	0.339677	4	−0.641840	7

　　通过分析可以看出，能源产业、冶金产业、建材业、化纤纺织产业在第一组中得分较高。说明相比其他产业而言，这四大产业对该地区的经济增长贡献较大，且在该地区专业化率较高，是地区的支柱产业，在很大程度上担负着该地区的税收任务。这与该地区有着丰富的煤炭、稀土等自然资源有关，该地区的自然资源优势推动了能源、冶金等产业的发展。然而，从第二组来看，四大产业得分相对较低，说明该地区在四大产业发展方面存在低效率重复建设问题，使成本费用利润率偏低，且大多数产品用于外销，低端产品输出量较大。从总的分析来看，该地区也比较重视这四大产业的发展情况，对其投资比重较大，加之该地区对能源、冶金等产业的研发有着好的

基础，因此具有很大的发展潜力。

从第二组得分情况来看，得分较高的为金属制品业、家具制造业、塑料制品业、工艺品及其他制造业。说明近年来，随着该地区的经济发展人们对生活用品的需求在逐渐增加，同时对外产品输出量也在逐渐增长，从而使需求收入弹性较大，带动了该地区家具制造、工艺品加工等行业的发展。由于这部分行业在该地区的发展大多还是处于传统产业链下，所需投入的资本相对较少，而所创造的就业机会较多，因此，合理地发展该相关产业在一定程度上可缓解就业的压力。但在发展中应注重提高生产效率和拓展产业产品的多元化，克服现有行业科技水平不高等弊端。以金属制品行业为例，该地区现有金属制品行业在发展过程中面临着技术水平偏低、缺乏先进设备以及人才短缺等问题，严重制约了金属制品行业的发展。为此，在以后发展中应采取提高企业技术水平、引进先进技术设备、培养适用人才等途径来加快发展该产业。

从第三组得分情况来看，冶金产业得分相对较高，而与其处于同等地位的能源产业得分偏低。由此看来，该地区应加大能源产业的研发力度，提高其产出效率。

总的来看，冶金产业、能源产业、建材业、化纤纺织产业应当是该地区发展战略性新兴产业的重点培育对象，其存在巨大的发展空间。

四、内蒙古地区战略性新兴产业发展面临的问题分析

近年来，内蒙古地区高度重视对战略性新兴产业的发展，在新兴产业培育方面已取得了一定成绩，但也面临着诸多问题。

（一）内蒙古战略性新兴产业的发展面临着进入障碍

内蒙古地区的企业以资源性居多，企业的原有产业结构发展模式和厂房设备已相对稳定。而代表新兴产业的新企业必然在技术、管理、生产等方面有优于传统企业的方面，必然会对原有企业构成威胁。因此新企业要想进入相关产业领域，必然会与该领域内已有企业产生竞争，如当某新兴产业企业进入某领域时，该领域原有企业必然会联合起来，凭借其原有的基础形成垄断价格，以便保护原有生产设备和工艺流程。这样垄断者既可以取得最大的短期利润，又可以限制新进入企业的发展，给新兴产业的发展带来种种困难。这种竞争必然会成为新兴产业发展的障碍。

（二）在短时间里，内蒙古地区战略性新兴产业不会出现"百家争鸣"蓬勃发展的局面

原因在于其他企业要想进入新兴产业面临着诸多障碍，如技术障碍。由于新兴产业源自新产品，也就是技术上的突破。即使该产业经过了形成期，进入成长期，其新技术仍然只有少数厂商掌握，并且这些厂商会利用申请专利等方式来阻挡新技术的扩散。从而决定了其他企业要想进入该领域，只有通过花费大量的资金购买专利或者花费很长的时间自己研发，才能生产相同的产品。再如资金障碍，企业要想进入新的产业需要必需的最低资本投入，其所需的最低资本投入量，因技术、生产、销售的基本特点不同，差异很大。如所需最低资本量越大，则筹资越不容易，企业进入的难度也就越大；其他企业进入新兴行业同时也面临规模经济障碍，当一个产业的规模经济效应较显著时，其他企业若以较小生产规模进入，就会处于成本劣势；若以较大生产规模进入，则需要大量投资，且有可能面临产品积压或市场价格大幅度下降使企业蒙受巨大损失的现状。对内蒙古地区进入新兴产业的企业来说，如果不能取得一定的市场份额，就无法享受规模的经济性，

其生产成本必然较高。在与同类产品竞争中，必定会处于不利地位。

（三）内蒙古地区战略性新兴产业的发展面临着体制机制约束

就目前情况来看，内蒙古战略性新兴产业的发展大多处于初步发展阶段，在技术创新、发展模式、配套机制等方面还不成熟，存在着很多制约因素。在地区内部、部门、行业之间相互分割的情况还普遍存在，制约了新技术的应用和发展合力的形成。与此同时，在地区财政、金融、知识产权保护、人才培养使用等方面也存在着一系列制度性约束，使其不能有效地支持战略性新兴产业的健康发展。

（四）自主创新能力的相对薄弱阻碍着内蒙古地区战略性新兴产业的发展

在新兴产业核心技术研发上，内蒙古地区的自主创新能力较为薄弱，技术创新的支撑体系还很不完善，缺少拥有自主知识产权的创新成果和发展新兴产业必须的前瞻性技术储备。加之内蒙古地区地处中国西部，在基础设施建设等各方面都与中国东南沿海地区有一定差距，因此，在高层次、高水平的战略性新兴产业领军人才引进方面存在很大困难。高层次人才难引、难留是制约该地区战略性新兴产业发展的重要方面。

（五）内蒙古地区战略性新兴产业的发展面临着财政资金投入偏低和产业配套能力不高的问题

战略性新兴产业的发展，需要大量的资金投入。就目前情况来看，内蒙古地区还没有建立支持战略性新兴产业发展的比较完善的投融资政策，新兴产业发展在向银行、社会融资方面难度较大，直接影响到高技术成果的孵化和产业化。与此同时，该地区支撑产业发展的生产要素配置不尽合理，优势资源大多应用于外销和初级产品的生产上，没有真正集中配置到战略性新兴产业的发展上。仅有的部分新兴产业还部分存在未建立规范统一的行业技术标准和终端产品的市场准入标准的问题，其在新兴产业的推广应用上，还需要加大有效的商业盈利模式探索。

五、结论与建议

近年来，内蒙古地区经济得到了较快发展，其很大程度上受益于该地区丰富的资源。同时应当意识到，建立在资源型产业推动下的经济发展具有很大的局限性。随着资源的消耗、产出的减少，经济发展会在经历高峰期后会处于衰退状态。要想保持该地区经济的长期可持续发展，需要对该地区具有战略性意义的产业进行重点培育，由战略性新兴产业的发展来带动整个地区经济的可持续发展。为了更好地促进该地区战略性新兴产业的发展，特提出以下建议：

（一）集中优势发展战略性新兴产业重点项目

虽然内蒙古地区自然资源很丰富，如在煤炭、稀土、牧场等储量方面占有量很大，但资源的总量必定有限，不可能无限制地进行开采，同时在财政投入、资金支持、政策制定等方面也会有一定的约束。因此，新兴产业的各行业不可能同时得到各方面的全力支持，必须进行重点培育。选择该地区最具优势的产业进行发展，使其起到全局性的带动作用，促进该地区经济的整体发展。

（二）应优先考虑发展战略性新兴能源产业

在能源开采和研发方面，内蒙古地区有一定的基础，如为发展该地区的稀土产业在包头市建立了稀土产业高新区，这为深入研究和开发稀土产业打下了一定的基础。加之该地区是能源产出的重点地区，能源生产值对该地区的经济发展贡献率最高。因此，加大能源产业的研发力度，建立和完善战略性新兴能源产业对该地区的发展尤为重要。在新能源产业发展方面，应注重发展由生产技术体系、循环生产组织体系和社会循环经济体系有机结合的循环经济，以"减量化、再利用、资源化"为原则，摒弃重开发、轻节约，重速度、轻效益，重外延发展、轻内涵发展，忽视资源和环境，片面追求 GDP 的增长模式。最终实现经济发展与资源环境的协调统一，使经济效益、社会效益和环境效益同步增长，建设节约型社会。

（三）制定开放、合理、优惠的产业政策支持战略性新兴产业的发展

内蒙古地区整体对外以及内蒙古地区内部各地区间应制定出台相应的产业政策。对外要做到以开放、合理、优惠的产业政策吸引外资和企业，同时要确保引进资金的使用效率和引进企业的质量。在内蒙古地区内部地区之间也应制定相应政策，尽量减少地区保护主义对新兴产业发展的不利影响。提高市场的信息网络化，密切产销关系，积极发展现代流通组织形式，建立辐射面广、凝聚力强的全国性、区域性的商品集散中心，逐步形成一大批规模大、综合性强的专业市场。鼓励企业和生产者通过改善产品品质和结构等多种途径，积极参与国内市场与国际市场的竞争，提高市场的发育程度。在减少地区保护主义对新兴市场方面，还应通过弱化政府直接参与管理市场的现状，加强政府对市场的引导和监督作用，加快市场法制化建设和执法力度。内蒙古地区也应当注重提供比较优惠的吸引人才的政策，为该地区新兴产业的发展提供人才保障。减弱由于地理环境问题制约该地区人才引进的状况。

（四）建立统一开放、竞争有序的市场体系，为充分发挥战略性新兴产业促进经济增长建立良好的市场基础

为促进战略性新兴产业的良好发展，充分带动该地区的经济增长，需要建立统一开放、竞争有序的市场体系。如在商品市场方面，不断探索新的商品销售渠道，如加快中小城镇的发展，发挥其联系城乡的纽带作用，逐步拓展农村市场等。在金融市场方面，积极促进商业银行行为的市场化，合理调整利率结构，消除利率扭曲，最大程度发挥利率调节对经济增长的杠杆作用；在银行信贷方面，加快金融创新，创设新的信贷业务等。在劳动力市场方面，消除各种阻碍劳动力合理流动的规章制度和管理方式，建立双向选择、自由流动、平等择业的就业格局，逐步建立职业介绍网络体系、信息网络和教育培训体系，创造便利劳动力自由合理流动的基础条件；根据内蒙古地区的实际情况逐步建立以按劳分配为主体、企业自主分配、政府监督调控的工资分配体系等。在其他方面，如产权交易市场及其他要素市场方面也应做相应的调整。

（五）加快转变政府职能，为战略性新兴产业的发展创造良好的体制环境，促进该地区经济的全面发展

为了促进战略性新兴产业的发展，加速该地区的经济增长，需由政府主导的经济增长模式，转变为"政府调控、市场主导、企业创造"的经济增长模式。在转变过程中应解决政府"越位、缺位、错位"的问题，尽量减少政府对生产要素流动和配置的直接干预，保障市场主体的产权和生产经营自主权，做到政企分开、政事分开。与此同时，政府应提高对宏观经济的驾驭能力，加强政府的宏观调控，坚持"科学行政、依法行政、从严行政"的原则，对官员的寻租及其他违法

行为进行严厉惩罚，确保社会经济活动的有序、平稳、快速发展。

参考文献

［1］陈红儿，陈刚. 区域产业竞争力评价模型与案例分析［J］. 中国软科学，2002.

［2］内蒙古自治区统计局. 内蒙古统计年鉴（2010）［M］. 中国统计出版社，2010.

［3］沈杰. 新兴产业与新产业分类法［J］. 上海经济研究，2004.

［4］胡本田，胡亭亭. 新兴主导产业选择的评价指标体系研究［J］. 江苏经贸职业技术学院学报，2004.

［5］郑春东，张露露. 区域性战略性新兴产业的识别与评价［J］. 2010 年度京津冀区域协作论坛论文集，2010.

［6］张书云，王万宾，王坤. 新兴产业的进入壁垒及竞争分析［J］. 经济问题探索，2002.

［7］浩斯巴雅尔. 西部开发与内蒙古经济发展战略［J］. 内蒙古大学学报，2000 .

［8］孙洪波. 新兴产业识别与选择方法研究［D］. 吉林大学博士论文，2007.

［9］Bouldeville，J.R.，Problem of Regional Economic Planning［J］. Edinburgh U.P.，1996.

［10］Nelson Winter.An evolutionary theory of economic change［M］. Cambridge MA：Harvard University Press，1982.

［11］Michael Porter.The Competitive Advantage of Nations［M］. The Free Press，a Division of Macmillan，lnc.1990.

［12］Joseph A. Schumpeter. Theory of Economic Development［M］. Cambridge Mass：Harvard University Press，1934.

强化环境管制政策对中国经济的影响

——基于 CGE 模型的评估

李　钢　董敏杰　沈可挺

一、前　言

从 20 世纪 70 年代末开始，中国经济（特别是工业）快速增长，与此同时，中国环境状况不断恶化。随着人民生活水平的不断提高，对环境保护的公众意识开始觉醒。在这种背景下，要求政府加强环境保护政策力度的呼吁越来越强烈。正如金碚（2009）所说，"在一定的工业发展阶段，人们宁可承受较大的环境污染代价来换取工业成就；而到了工业发展的较高阶段，环境的重要性变得越来越重要"。① 目前，中国社会对环境保护的重要性已经有充分认识，2006 年《中共中央关于构建社会主义和谐社会若干重大问题的决定》中提出，要"统筹人与自然和谐发展"，要"转变增长方式，提高发展质量，推进节约发展、清洁发展"，以"实现经济社会全面协调可持续发展"。构建和谐社会的目标和主要任务之一是，到 2020 年"资源利用效率显著提高，生态环境明显好转"。目前，中国环境保护工作的难点在于，如何在保持经济增长与中国产业国际竞争力的前提下抑制环境恶化的趋势，进而使中国环境的总体情况向好的方面转化。

尽管有一些理论研究表明，环境管制在一定条件下可能促成环境水平提高与企业竞争力提升的"双赢"结果；在环境管制强度提升的同时，企业可以通过内部挖潜与技术创新来应对由于环境管制标准提高而增加的成本，进而构筑新的竞争优势。但不可否认的是，在一定时期内，企业应对成本上涨的能力是有限的，因而在一定时期内保持经济稳定的前提下，一国产业所能承受的环境标准提升程度也将是有限的。"双赢"的结果并不容易实现。

国内外许多学者都进行过环境管制对经济增长及出口影响方面的研究。我国研究的进步在于以下几点：一是我国的研究考察了对各种主要污染物的环境管制强度提升的综合经济影响，而不是仅针对单一污染物（如二氧化硫）的管制政策，因而能够更有效地评估环境管制强度提升的经济影响；二是过往研究中污染物多以物理量衡量，这样一方面各种污染物难以加总，另一方面也难以从经济意义上量化环境管制强度的变化程度。例如，将单位 GDP 二氧化硫排放量从 80 克/万元降低到 70 克/万元，我们难以直接判断环境管制强度提升对企业成本的影响程度。本文研究的进展在于，本文不是直接以各种污染物的物理量变化来衡量环境管制强度，而是以各种污染物的虚拟治理成本来衡量环境管制强度，从而一方面可以把不同污染物加总，另一方面也可以较好地从

---

① 金碚. 资源环境管制与工业竞争力关系研究 [J]. 中国工业经济，2009（3）.

经济意义上量化环境管制强度的变化程度。本文将在前期对中国环境成本估算的基础上，利用可计算一般均衡（CGE）模型评估中国提升环境管制强度的经济影响。

二、文献回顾

环境经济学产生于环境问题日益严峻的现实之中。工业革命以来，人们对自然环境进行大规模开发，在提高人们生活质量的同时，也导致了环境恶化等问题。特别是第二次世界大战结束后，工业化与城市化在世界各地的普遍展开大大加快了自然资源的消耗，同时也使环境污染问题日益严重。

与环境经济学演进的现实背景相对应，其理论基础也在不断发展。根据新古典经济学，在不存在市场失灵时，价格信号将使污染排放水平自动达到社会最优水平。但是，由于一些原因，市场并不总是有效的。早期的环境经济学认为，导致环境问题的市场失灵根源于外部性：私人成本小于社会成本导致污染物过量排放，因此，解决环境问题的关键在于，通过一定的环境规制工具，如征税或补贴等，使污染排放的私人成本等于社会成本，抑制污染物过度排放的动力。20世纪60年代兴起的产权经济学则认为，环境问题根源于产权界定的不明确：交易成本为零时，如果产权是明确的，排污者与被排污者可以通过资源协商使污染排放量达到社会最优水平，因此，解决环境问题的关键在于排污权的确定，与此相对应的污染规制工具为可交易的污染排放权。

从环境经济发展的脉络中，可以看出环境管制理论实质是环境经济学的核心；尤其是20世纪末21世纪初，关于环境规制的研究得到了突飞猛进的发展。根据SSCI、JSTOR、EBSCO等数据库的初步统计，至今相关文献多达8000多篇。以SSCI数据库中为例，1990~2010年以"Environmental"作为主题词的文献共有3605条检索结果；在这些以环境为主题的经济学文章主要分为十类主题，其中前两位均是与环境管制有关的重要研究内容，分别为"环境经济学：政府政策"（EEGP，占总量的31.13%），"税收和补贴：外部性；再分配效应；环境税和补贴"（TS，16.34%）；两者共占47.47%。随着环境经济学及环境规制研究的不断发展，还出现了专注于该领域的学术期刊，例如：牛津大学在2007年开始发行《环境经济学及环境政策评论》（Review of Environmental Economics and Policy）；英国PION出版公司1969年开始出版的四个学术期刊《环境与规划》（Environment and Planning），其中，第二和第三个期刊《环境与规划B：规划与设计》（Environment and Planning B：Planning and Design）、《环境与规划C：政府及政策》（Environment and Planning C：Government and Policy）都专注于环境规制的研究。专门针对环境规制领域研究的学术期刊的出现，从一个侧面说明了环境规制问题在环境经济学中的地位正在不断上升。

从相关文献来看，环境规制的研究角度十分广泛，既有从政府管理和法律层面进行的分析，也有环境规制对企业经营、相关产业发展以及整体经济增长影响的分析；既有对环境规制各种显性成本和隐性成本的分析，也有对企业等各类经济主体应对环境规制的行为分析；既有对环境规制发展历程的分析，也有对环境规制最优模式的分析。环境规制研究的内容则更为丰富，既包括了对水资源、废气排放以及温室气体排放、固体废弃物排放等的分析，也包括了对限制或促进具体产业发展所带来的环境问题的分析。一般来说，由于发达国家和发展中国家在经济发展进程中对环境受到的影响不同，因此，环境规制的研究多是分国别和地区来进行。

要减少经济发展对环境的不利影响，环境规制是最重要的手段之一，因此，可以预见，随着经济发展对环境问题的影响越来越大，环境规制在环境经济学中的地位将越来越重要。随着经济全球化及全球性污染物危害的增大，精确评估各种环境规制工具的成本及其对各国经济的影响、分析不同经济发展阶段各类环境规制工具的适用性以及根据自己国家的国情确定环境规制的强度，将是未来每个国家都要面临的研究命题。环境管制对一国经济的影响可以大致概括为两种观点:不利论与双赢论。

传统观点:不利论。传统观点认为,提高环境成本将对企业竞争力产生负面的影响:环境规制增加了企业生产成本,降低了企业的利润及生产效率。Christainsen 和 Haveman(1981)认为,除了人口结构、资本投资及准永久性衰退(Quasi-permanent Recession)外,还有包括环境规制在内的多种因素造成了美国生产率增速在 1965 年之后的下滑,其中,环境规制造成了 8%~12% 的生产率增速下滑。Gray(1987)发现,20 世纪 70 年代美国制造业部门生产率下降,有 30% 是由于美国职业安全与健康管理局和环境保护局的规制所致。Gray 和 Shadbegian(1998)通过分析美国 686 家造纸企业的技术选择数据、116 家企业的年度投资数据(从 1972 年开始)以及 68 家企业的污染消除投资数据(从 1979 年开始)发现,在环境规制严格的州,新建立的企业不倾向使用污染较重的技术。虽然没有发现环境规制对现有企业的年度投资有影响,但减排较多的企业往往减少了生产性投资。Marklund(2003)利用 1983~1990 年 12 家瑞典纸浆厂商的数据发现,环境规制并没有使这些厂商的资源使用效率提高。Andres、Ernest 和 Hernandez-Sancho(2005)利用 1995 年以来的西班牙瓷砖生产商数据,通过研究发现,如果污水处理成本为零,企业总产出将会增加 7.0%,但如果处理污水需要额外的成本,企业合意产出只能增加 2.2%,这就说明,环境规制其实是以产出增长减缓为代价的。

修正观点:双赢论。从动态角度看,环境规制可能会带来环境水平提高与企业竞争力提升同时达到的"双赢"结果。Porter(1991)、Porter 和 Linde(1995)是较早提出这一观点的,正因为此,这一观点又被称为"波特假说"。在 Porter 等的经典文献里,环境规制增强企业竞争力的这一论断主要是建立在对 3M 与 Robbins 等公司的案例分析基础上,这被"不利论"者批评为缺乏系统的经验证据。后来的一些实证研究采用经济计量分析方法,弥补了这一缺陷。Jaffe 和 Palmer(1997)以规制合规成本(Regulatory Compliance)作为规制严格程度的衡量指标,发现在控制行业特殊效应后,规制合规成本与研发总投入间存在明显的正向关系。Albrecht(1998a、1998b)利用 1989~1995 年的跨国数据,发现率先采用氯氟烃政策的国家相关产业具有更好的出口绩效。Newell、Jaffe 和 Stavins(1999)利用 1958~1993 年的数据发现政府能源效率标准也是导致企业能源利用效率提高的因素。Murthy 和 Kumar(2001)利用 92 个印度企业的面板数据,发现随着环境规制强度的增强,企业的技术效率也相应提高。Berman 和 Linda(2001)对 1979~1992 年洛杉矶南海岸 Air 盆地(South Coast Air Basin)的石油精炼厂进行对比研究发现,尽管该地区的政府规制政策使厂商的成本大幅上涨,但是,在其他地区厂商生产率下降的情况下,该地区厂商的生产率迅速提高。Snyder、Miller 和 Stavins(2003)利用比例风险模型(Proportional Hazard Model),分析 1976~2001 年薄膜细胞技术在氯产业扩散的影响因素,结果发现,环境管制加快了采用落后技术的企业倒闭速度,提高了采用薄膜细胞技术企业的比重,因此,环境规制促进了这种先进技术的扩散。

"不利论"与"双赢论"之间所存在的争论使一些研究者认识到,环境规制可能不会单纯地导致企业竞争力增强或减弱,其结果取决于多种因素。Alpay(2001)将"不利论"与"双赢论"放置在一个共同的分析框架下。他发现当满足一定的条件时,受规制企业的竞争力将会增强。这同时暗含着,如果在这些条件不满足时,受规制企业的竞争力将会减弱。Sinclair(1999)则将企业技术创新分为增量创新(Incremental)、降低风险创新以及关键创新三种类型,波特假说是否成立取决于企业技术创新属于上述哪种类型。Majumdar 和 Marcus(1998)选择 1990 年 150 家电力企业作为研究样本,发现不同类型的规制手段对企业生产效率有不同的影响,地方性的、管理式的、能赋予企业更多自主权的规制对生产率有正面影响;与之相反,全国性的、缺乏灵活性的技术推进指导原则对生产率有负面影响。Lanoie、Patry 和 Lajeunesse(2001)在考察环境规制对企业全要素生产率的影响时,将企业分为面临竞争强与面临竞争弱两类,发现企业面临的竞争越强,环境规制对企业全要素生产率的正面影响就越明显。

从现有的文献来看，目前在环境管制对经济影响的研究上还存在很多困难。从理论层面来看，环境规制对企业产出的效应可能受多种因素影响而存在不确定性，这些因素包括供给端的环保技术进步不确定性、厂商对技术回报率的预期程度等，需求端的消费者对不同环境特征产品的需求弹性等，还有厂商内部治理结构、厂商之间以及厂商与政府之间的策略性行为。具体到中国的情况，在理论分析层面，可能需要考虑更多的因素。一方面，中国的市场经济体系尚未完全建立，企业行为与市场结构等与发达国家有较大差异，在借鉴国外现有的研究成果时尤其需要注意；另一方面，正如许多文献所揭示的，在中国存在着中央政府与地方政府之间的博弈，而且企业与政府之间的关系也会对企业行为有很大的影响。因此，在研究中国的问题时应该进一步纳入这些因素。

实证分析的困难首先来自分析指标的选择。众多研究所使用的环境规制以及竞争力的衡量指标存在着很大的区别，而这些区别会影响到实证分析的结果；有时甚至在同一篇文章中，采用不同的指标所得到的结果也不尽相同（Gray，1987；Gray 等，1993；Jaffe 和 Palmer，1997）。实证分析的困难还来自数据的准确性。一方面，研究者使用的环境成本支出数据往往来自于企业管理者的申报，如果管理者对环境规制政策怀有抵触情绪，则会高报环境支出；相反，如果管理者认为环境保护是企业的正常职责，则会低报环境支出。另一方面，与环境保护相关的技术研发费用与设备投入往往需要一次性高额投入，很难将这些成本合理分摊到各期。在实证分析层面，对中国的研究则受到更多条件的限制。在进行实证分析时，企业层面关于环境成本的统计数据是十分重要的。许多对美国的实证分析所使用的环境成本或污染数据主要来自投资者责任研究中心（IRRC）（Hart 和 Ahuja，1995）或商务部的污染消除成本及支出调查结果（PACE）。尽管中国学者也有使用企业层面的数据来分析中国的情况，但数据主要来自自己的调查，缺乏普遍性及权威性。另外，一些研究（Boyd 和 Mclleland，1999；Murty 和 Kumar，2001；Boyd、Tolley 和 Pang，2002；Andres、Ernest 和 Hernandez-Sancho，2005）已经引入方向性距离函数（DDF）来测算企业的效率水平，这需要完整的企业要素投入价格及数量等信息，而这些信息目前在国内还很难获得。尽管一些国内的研究（涂正革，2008；胡鞍钢等，2008；陈诗一，2010）已经采用方向性距离函数（DDF）来测算环境全要素生产率，但主要是利用各省的宏观数据。

三、用于分析环境管制影响的 CGE 模型

可计算一般均衡（Computable General Equilibrium，CGE）模型通过对家庭、企业、政府等各个经济主体的行为设定，可对经济体系中各部门之间的相互影响进行定量分析，从而可以分析一项经济政策的直接影响与间接影响。比较而言，大部分经济计算模型都需要以较长时段的时间序列数据为基础才能进行分析估计，而 CGE 模型是以经济主体在成本最小化和效用最大化条件下的行为模式为基础进行定量分析，因而能够放松对经济体在长时期内结构基本稳定的假设，从而对像中国这样经济体系快速变化而且难以有外部体系可供参照的独特经济体具有特殊的意义。有鉴于此，CGE 模型在引入中国后已经被广泛用于宏观经济、区域经济、国际贸易、财政税收、能源与资源环境政策、就业与收入分配等众多领域的经济分析。

国内在资源环境领域的 CGE 模型分析开始于 2000 年前后，主要包括郑玉歆、樊明太等（1999），贺菊煌、沈可挺和徐嵩龄（2002），魏涛远和格罗姆斯洛德（2002），黄英娜、张巍和王学军（2003），王灿、陈吉宁和邹骥（2005），金艳鸣、黄涛和雷明（2007）以及林伯强和牟敦国（2008）等。从 2008 年起，中国社会科学院工业经济研究所张其仔研究员带领的研究团队构建了

一个包含 41 个部门的动态 CGE 模型，用以定量评估中国经济政策的影响。本文就是利用该研究团队开发的 CGE 模型进行分析研究。模型所采用的主要假设包括：①生产者以利润最大化为决策目标，消费者以效用最大化为决策目标；②市场完全竞争，生产者和消费者均为价格接受者；③各部门现有的资本存量在任何一年中均不能在部门间流动，各部门各年间的资本存量通过投资和折旧增减；④劳动力可以在部门间流动，劳动总供给量为外生给定；⑤各部门劳动力按标准劳动力计量，其工资率相等。

我们在模型中假定能源、资本和劳动之间具有一定的替代性，并在生产模块中采用多层嵌套的常替代弹性（Constant Elasticity of Substitution，CES）生产函数加以描述，同时假定其他中间投入品之间以及其他中间投入品与能源、资本、劳动之间没有替代性。在对外贸易方面，进口需求采用阿明顿（Armington）假设，出口供给采用不变转换弹性（Constant Elasticity of Transformation，CET）函数加以刻画；进出口产品的国际市场价格一般均为外生给定，即主要采用小国模型的假设。所有产品和要素市场都通过价格调整实现市场出清。模型采用一个简单的递推动态（Recursive Dynamic）结构，模型中的动态特性来源于生产要素的积累和生产率的变化。对模型设定的相关描述也可参见沈可挺和李钢（2010）。

模型的数据基础是在 2002 年中国投入产出表的基础上构建的社会核算矩阵（SAM）。SAM 能够为 CGE 建模提供一个完整一致的核算框架。对于原始 SAM 表中不同来源统计数据存在的一些差异以及投入产出表本身存在的统计误差项，本文采用跨熵法（Cross Entropy）进行调整。模型中的替代弹性、收入弹性等一些关键参数的取值主要是通过借鉴其他一些 CGE 模型相关文献确定，其余参数的取值则是利用 SAM 表的基年数据和外生给定的关键参数通过校准（Calibration）方法得到。

相对于一般的建模过程而言，本文模型的一个进步在于，基于大规模的企业问卷调查，对一些关键参数进行了适当调整。2009 年 10 月与 2010 年 6 月，中国社会科学院工业经济研究所分别组织了两次针对企业的大规模问卷，根据调查的结果，本文对一些关键参数进行调整，使之更加符合中国经济的实际。例如，在贸易模块中，根据有关企业为应对汇率波动而在国际贸易中采取的定价策略变化，对不同行业的国际市场价格采取了不同的设定，比如对部分行业采用大国模型假设；根据不同行业企业的出口品价格和产品出口规模对国家出口退税政策调整的敏感程度差异，在模型中对不同行业的出口退税率进行了相应的差异化设定；针对有关企业技术升级问题的调研结果，对不同行业的技术进步率进行了相应的调整。

四、中国环境管制成本的测算

从国外目前的研究来看，一般将环境成本占销售收入的比例作为环境管制强度指标；而国内的研究则往往将某一种污染物单位 GDP（或产值）的物理排放量作为指标来衡量不同产业的环境影响以及环境管制的政策强度。本文的一个贡献是对各行业排放的不同污染物分别进行了价值化，进而可以对不同污染进行合成，从而可以计算各产业对环境的综合影响程度。这一方法的另一个优势是，可以计算环境影响占产出的比例，从而可以更好地把握产业对环境的影响程度。例如，如果仅测算出某一产业万元 GDP 的二氧化硫排放量为 1 吨，我们还是很难全面把握环境管制政策调整对该行业的影响，尤其是加强环境管制可能产生的影响程度；但如果能够计算出某一产业环境未支付成本占该产业增加值的比例为 1%，就可以大体判断该行业加强环境管制的影响程度。

（一）各产业环境未支付成本的计算方法

本文采取了治理成本法计算环境未支付成本；环境未支付成本是指某一产业按目前环境标准应处理而未处理的污染物直接排放到环境中所应支付而未支付的成本。未支付成本计算是按目前排放到环境中的污染物按照现行的治理技术和水平全部治理所需要的支出。本文所计算的污染物包括二氧化硫、工业烟尘粉尘以及污水。本文用各行业环境未支付成本分别占当年该行业工业总产值及工业增加值的比例来度量分行业环境成本的大小。环境未支付成本具体测算步骤如下：

（1）根据 2005 环境数据资料测算单位污染物处理成本。如，某行业污水 2005 年的工业废水达标排放量为 A，本年运行费用为 B，则污水处理单位成本 C = B/A。

（2）用各年未处理直接排放污染物数量 Q 与该污染物单位成本 C 相乘得到以 2005 年价格计价未处理污染虚拟物成本 W。

（3）对不同年份的未支付成本调整为当年价格。

（4）用调整后的未支付成本与相应年份分行业的工业总产值和工业增加值相除，用以度量该行业环境成本的大小。

（二）分行业环境未支付成本

按上述方法，共计算了 2001 年、2003 年、2005 年和 2007 年四年未支付成本、未支付成本占当年工业总产值的比重和未支付成本占工业增加值的比重，具体数据如表 1 所示。

表 1　环境未支付成本指标

单位：亿元

行业	2001 年			2003 年			2005 年			2007 年		
	未支付成本	占工业总产值的比(%)	占工业增加值的比(%)	未支付成本	占工业总产值的比(%)	占工业增加值的比(%)	未支付成本	占工业总产值的比(%)	占工业增加值的比(%)	未支付成本	占工业总产值的比(%)	占工业增加值的比(%)
煤炭采选业	6.50	0.42	0.93	7.98	0.32	0.69	8.33	0.15	0.29	6.97	0.08	0.15
石油和天然气开采业	2.32	0.08	0.12	1.00	0.03	0.04	1.23	0.02	0.03	1.23	0.01	0.02
黑色金属矿采选业	3.76	1.97	5.20	2.18	0.62	1.49	2.67	0.27	0.63	3.35	0.16	0.36
有色金属矿采选业	1.38	0.33	0.97	1.99	0.35	1.12	1.95	0.17	0.46	4.58	0.20	0.47
非金属矿采选业	0.51	0.14	0.40	1.03	0.21	0.63	0.86	0.11	0.31	0.74	0.05	0.14
其他矿采选业	0.04	0.00	0.00	0.21	2.87	9.06	0.23	2.67	8.49	0.30	2.75	9.22
农副食品加工业	5.91	0.14	0.63	9.70	0.16	0.66	9.07	0.09	0.33	9.28	0.05	0.20
食品制造业	3.35	0.21	0.74	3.83	0.17	0.57	4.06	0.11	0.35	5.26	0.09	0.28
饮料制造业	7.51	0.41	1.17	5.20	0.23	0.65	5.11	0.17	0.44	6.44	0.13	0.34
烟草加工业	1.13	0.07	0.10	1.07	0.05	0.07	0.84	0.03	0.04	0.92	0.02	0.03
纺织业	20.11	0.36	1.45	21.05	0.27	1.10	24.52	0.19	0.76	26.22	0.14	0.53
服装及其他纤维制品制造	0.50	0.02	0.07	0.56	0.02	0.06	0.79	0.02	0.06	0.74	0.01	0.03
皮革毛皮羽绒及其制品业	1.40	0.09	0.36	1.28	0.06	0.22	1.89	0.05	0.20	2.17	0.04	0.15

续表

行业	2001 年			2003 年			2005 年			2007 年		
	未支付成本	占工业总产值的比(%)	占工业增加值的比(%)	未支付成本	占工业总产值的比(%)	占工业增加值的比(%)	未支付成本	占工业总产值的比(%)	占工业增加值的比(%)	未支付成本	占工业总产值的比(%)	占工业增加值的比(%)
木材加工及竹藤棕草制品业	2.87	0.39	1.49	3.60	0.36	1.36	5.06	0.28	0.99	4.69	0.13	0.46
家具制造业	0.54	0.12	0.46	0.48	0.07	0.26	0.49	0.03	0.13	0.60	0.02	0.09
造纸及纸制品业	28.72	1.59	6.05	29.62	1.17	4.35	29.36	0.71	2.56	35.83	0.57	2.06
印刷业记录媒介的复制	0.93	0.13	0.38	0.50	0.05	0.15	0.40	0.03	0.09	0.43	0.02	0.06
文教体育用品制造业	0.24	0.04	0.13	0.13	0.01	0.05	0.25	0.02	0.07	0.12	0.01	0.02
石油加工及炼焦业	5.94	0.13	0.67	11.16	0.18	0.87	13.14	0.11	0.66	13.15	0.07	0.42
化学原料及制品制造业	20.34	0.32	1.27	34.06	0.37	1.38	28.23	0.17	0.64	27.61	0.10	0.38
医药制造业	4.26	0.21	0.59	4.83	0.17	0.47	4.14	0.10	0.27	5.33	0.08	0.23
化学纤维制造业	3.54	0.35	1.59	6.37	0.44	2.16	3.00	0.11	0.62	3.08	0.07	0.38
橡胶制品业	1.30	0.15	0.52	1.66	0.13	0.45	1.41	0.06	0.24	1.53	0.04	0.16
塑料制品业	3.87	0.18	0.71	2.82	0.09	0.37	4.18	0.08	0.33	8.64	0.11	0.40
非金属矿物制品业	131.06	3.26	10.82	133.74	2.37	7.65	163.04	1.77	5.81	171.62	1.10	3.54
黑色金属冶炼及压延加工业	105.66	1.85	6.91	132.34	1.32	4.69	222.52	1.04	3.85	267.39	0.79	2.97
有色金属冶炼及压延加工业	5.58	0.24	0.94	10.85	0.30	1.20	6.11	0.08	0.32	5.24	0.03	0.12
金属制品业	7.21	0.25	1.01	6.04	0.16	0.62	7.12	0.11	0.42	15.14	0.13	0.50
普通机械制造业	2.91	0.08	0.30	2.94	0.05	0.18	4.17	0.04	0.14	3.26	0.02	0.06
专用设备制造业	1.27	0.05	0.20	2.32	0.06	0.23	1.64	0.03	0.10	1.29	0.01	0.04
交通运输设备制造业	6.51	0.10	0.40	10.10	0.09	0.35	5.93	0.04	0.15	6.26	0.02	0.09
电气机械及器材制造业	2.66	0.05	0.19	1.65	0.02	0.08	2.28	0.02	0.06	1.43	0.01	0.02
电子及通信设备制造业	4.81	0.05	0.24	5.70	0.04	0.16	5.82	0.02	0.10	5.93	0.02	0.07
仪器仪表文化办公用机械	0.93	0.10	0.39	3.12	0.19	0.70	4.34	0.16	0.59	0.78	0.02	0.07
工艺及其他制造业	1.05	0.00	0.00	0.46	0.04	0.13	0.71	0.03	0.12	0.61	0.02	0.07
电力蒸汽热水生产供应业	157.69	3.10	5.85	554.75	8.09	15.38	278.34	1.56	4.87	286.57	1.08	3.25
煤气的生产和供应业	1.45	0.79	3.15	1.90	0.70	2.52	1.02	0.20	0.76	1.49	0.15	0.48
自来水的生产和供应业	0.11	0.03	0.07	0.28	0.07	0.15	0.21	0.04	0.08	0.07	0.01	0.02

资料来源：作者计算。

从表1中可以看出，各个行业环境未支付成本占工业总产值的比例在2001~2007年总体上处于下降趋势。特别是一些染污较为严重的行业，如2001年染污最重的5个行业——非金属矿物制品业、电力蒸汽热水生产供应业、黑色金属矿采选业、黑色金属冶炼及压延加工业、造纸及纸制品业，2007年的未支付成本占工业总产值的比例均有大幅下降，这表明，2001年以来中国环境管制强度在不断提升。各行业2007年环境未支付成本占增加值的比例可以作为该行业环境管制提升强度衡量的指标。

五、环境管制强度提升对中国经济的影响

如第三部分所述，本文利用包含41个部门的动态CGE模型，通过对环境管制政策导致的制造业部门环境成本的外生设定，模拟分析强化环境管制政策提高环境成本的经济影响。如何将环境管制政策纳入CGE模型？本文的模型假设强化环境管制政策导致制造业部门的环境成本提升，环境成本的提升程度可根据前节测算得到。通过模型的计算，可以模拟出2010~2020年环境管制对中国经济的影响。

（一）对中国总产出的影响

从表2可以看出，强化环境管制后，中国2010年总产出将降低1.15个百分点；而且，强化环境管制对中国经济的影响在短期内不会结束，这种影响是持续性的，一直到2020年，总产出均会持续下降。当然，表2中数据显示的结果是与基线相比每年变化情况。基线是指在没有外生冲击变量的情况下的经济运行情况，而不说由于环境管制会使中国经济呈现负增长。例如，在没有其他政策冲击的情况下，经济增长速度是9%，在2011年由于环境管制，经济增长速度会下降1.15个百分点，实际经济增长速度将是7.85%。国外的相关研究也显示了类似的结果，如Christainsen和Haveman（1981）认为，环境规制造成了1965年以后美国8%~12%的生产率增速下滑。Gray（1987）的研究也表明，20世纪70年代美国制造部门生产率下降中的30%因为美国职业安全与健康管理局和环境保护局的规制。

表2 环境管制对中国宏观变量的影响

单位：%

年份	2010	2011	2012	2013	2014	2015	2020
总产出	−1.15	−1.15	−1.15	−1.16	−1.16	−1.17	−1.22
价格	0.64	0.66	0.67	0.68	0.70	0.71	0.79
投资	1.63	1.56	1.51	1.47	1.43	1.39	1.24
制造业就业	−1.87	−1.85	−1.83	−1.82	−1.81	−1.80	−1.74
出口	−1.67	−1.68	−1.69	−1.70	−1.72	−1.73	−1.83

资料来源：作者计算。

（二）对就业的影响

环境管制对宏观经济的影响，也体现在对就业的影响上。由于不同行业对劳动的素质及技能要求不同，实际劳动力很难在不同行业间流动。特别是，目前制造业吸收了中国的大量农村剩余劳动力，这些劳动力实际很难流动到第三产业，因而，制造业就业岗位的减少，实际意味着宏观

经济中就业数量的减少。模型运算结果显示，就业量在基年（2010年）会有1.87%的下降；对就业的影响也会持续10年，但影响会不断下降，到2020年对就业量的影响会下降1.74%。

（三）对出口的影响

就目前而言，关于环境规制对竞争力的研究更多地集中于企业层面，对国际层面的贸易竞争力的研究较少。这可能是因为，基于"利润最大化"假设的企业行为已经形成一整套完整的分析框架，从而将环境成本作为总成本的一部分纳入企业利润函数，利用已有的分析框架可以相对容易分析环境规制对企业竞争力的影响。但CGE模型却可以较为方便地研究政策冲击对国际贸易的影响。本文的模型计算结果表明，环境管制会减少中国的出口；出口量在基年（2010）年会下降1.67%，对出口量的影响也会持续10年，而且影响会不断上升，在2020年会使出口量下降1.83%。

（四）环境管制对不同行业的影响

由于不同行业清洁度不同，环境管制对不司行业产生的影响也有较大差异，这已被许多研究（Barbera和McConnell，1990；Beers和Kopp，1990；Gray和Shadbegian，1995；Cole和Elliott，2003）注意到。从模型运算的结果来看，环境管制政策冲击对行业的影响，与该行业提高的环境成本并非完全对应。例如，仪器仪表及文化办公用机械制造业未支付环境成本仅占该行业增加值的0.08%，是制造业中较低的；但该环境管制对该行业的影响却是最大的。本文的初步分析表明，环境管制对某一行业的影响虽然主要取决于该行业的未支付环境成本的比例，但也与该行业的技术进步的速度、投资速度，特别是该行业所面对的市场需要弹性有关。如果国民经济对该行业需求价格弹性很低，该行业有较强能力把成本上涨压力向下游行业转移，这样，即使该行业环境管制强度提高较大，对该行业的影响也是较小的；相反，若一个行业很难把成本上涨压力向其他行业转移，即使该行业环境管制强度提高较小，对该行业的影响也是比较大的。

表3　环境管制对各行业产出的影响

单位：%

年份	2010	2015	2020
农业	−0.17	−0.20	−0.22
煤炭开采和洗选业	−4.30	−4.39	−4.05
石油和天然气开采业	0.36	0.18	−0.03
金属矿采选业	−2.63	−2.63	−2.66
非金属矿采选业	−1.04	−1.02	−1.05
食品制造及烟草加工业	−0.32	−0.37	−0.41
纺织业	−1.94	−1.70	−1.48
服装皮革羽绒及其制品业	−1.23	−1.26	−1.19
木材加工及家具制造业	−0.34	−0.36	−0.36
造纸印刷及文教用品制造业	−1.29	−1.23	−1.25
石油加工、炼焦及核燃料加工业	−1.31	−1.88	−2.66
化学工业	−1.50	−1.67	−1.85
非金属矿物制品业	−2.04	−1.71	−1.56
金属冶炼及压延加工业	−2.72	−2.63	−2.60
金属制品业	−1.97	−1.89	−1.85
通用、专用设备制造业	−0.85	−0.84	−0.85
交通运输设备制造业	−0.41	−0.47	−0.53

年份	2010	2015	2020
电气、机械及器材制造业	−1.96	−2.01	−2.07
通信设备、计算机及其他电子设备制造业	−1.28	−1.71	−2.12
仪器仪表及文化办公用机械制造业	−6.36	−7.18	−7.88
其他制造业+废品废料	−1.00	−0.93	−0.88
电力、热力的生产和供应业	−0.69	−0.78	−0.92
燃气生产和供应业	−1.13	−1.07	−1.14
水的生产和供应业	−0.29	−0.36	−0.44
建筑业	0.57	0.42	0.32
交通运输及仓储业	−0.18	−0.26	−0.36
邮政业	1.10	0.94	0.79
信息传输、计算机服务和软件业	0.36	0.23	0.09
批发和零售贸易业	−0.46	−0.54	−0.61
住宿和餐饮业	0.54	0.35	0.23
金融保险业	0.20	0.03	−0.11
房地产业	0.66	0.58	0.46
租赁和商务服务业	−0.33	−0.72	−1.07
旅游业	0.88	0.64	0.45
科学研究事业	−0.10	−0.17	−0.23
综合技术服务业	−0.05	−0.09	−0.14
其他社会服务业	−0.32	−0.33	−0.36
教育事业	−0.17	−0.17	−0.18
卫生、社会保障和社会福利事业	−0.20	−0.22	−0.24
文化、体育和娱乐业	−0.15	−0.21	−0.28
公共管理和社会组织	7.58	7.06	6.59

资料来源：作者计算。

六、环境管制对不同区域的影响

由于各地区的产业结构不同，环境管制对不同地区的影响也将会有较大的差异。在利用全国模型估算出对各产业的影响后，本文假设同一行业在不同省份技术水平相同，从而可以通过全国模型对各行业的影响来计算环境管制提升后对中国不同地区的影响。本部分的研究中，将环境管制对经济的影响分为对经济总产出的直接影响及对就业的间接影响。通过采取一定的方法，可以将环境管制所导致的失业量化为经济总量，进而能更加综合地计量加强环境管制的影响。另外，本文将环境规制的影响分为短期影响与长期影响，前者指环境规制在2005年的影响，后者指环境规制在2011~2020年的影响加总。

（一）强化环境管制政策对各区域经济的短期影响

1. 绝对量

从分区域看，环境管制对东北地区、东部沿海地区、中部地区有负面冲击，负面冲击分别为1.18亿元、151.46亿元、12.48亿元，对西部地区有正面影响16.73亿元（表4）。强化环境管制政策对各省、自治区、直辖市（以下简称为"各省"）也有较大的差异，分项来看，GDP 受到影响的区间为 [−46.04，21.26]，就业受到影响的区间为 [−18.69，2.43]，综合影响区间为 [−55.96，23.69]（见图 1）。从环境管制政策对各省影响的总量来看，有 19 个地区环境管制影响甚至是正向的，特别是北京、黑龙江、湖南、新疆、重庆这五个省（市、自治区）环境管理对该省份的正向影响较大。

表 4　短期绝对影响：按区域分

单位：亿元

	GDP 影响	就业影响	合计
东北地区	3.84	−5.01	−1.18
东部沿海地区	−85.10	−66.35	−151.46
中部地区	−1.82	−10.67	−12.48
西部地区	23.75	−7.02	16.73

资料来源：作者计算。

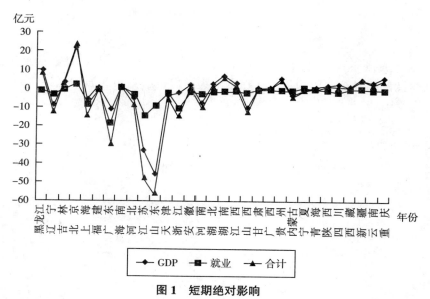

图 1　短期绝对影响

资料来源：作者计算。

2. 相对量

本文还计算了环境管制政策对各省份的相对影响。环境规制对东北地区、东部沿海地区、中部地区与西部地区的影响分别为−1.18 亿元、−151.46 亿元、−12.48 亿元与 16.73 亿元，占各区域 GDP 的比重分别为−0.01%、−0.14%、−0.03%与 0.05%，如表 5 所示。

表 5　短期绝对影响与相对影响：按区域分

	短期绝对（亿元）	短期相对（%）
东北地区	−1.18	−0.01
东部沿海地区	−151.46	−0.14
中部地区	−12.48	−0.03
西部地区	16.73	0.05

资料来源：作者计算。

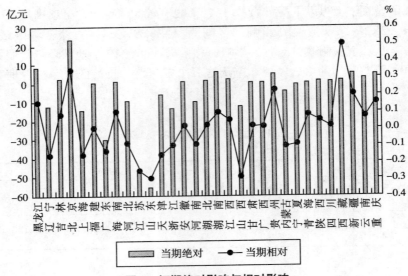

图 2 短期绝对影响与相对影响

资料来源：作者计算。

如图 3 所示，加强环境管制影响为正向的省（市、自治区）中，西藏、北京、贵州、新疆、重庆与黑龙江受到的相对正向影响较大；在影响为负向的省（市、自治区）中，山东、山西、江苏、天津、上海受到的相对冲击较大。

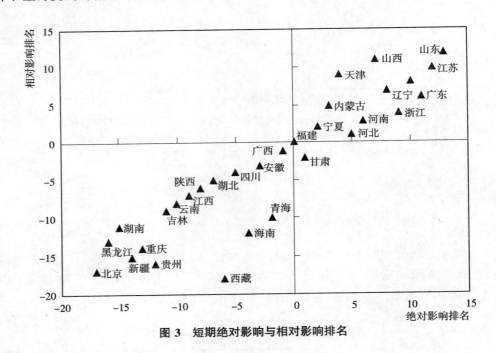

图 3 短期绝对影响与相对影响排名

3. 综合分析

环境管制对多数东部沿海省市造成负面影响，而对西部地区省市的影响多为正向。图 3 显示了各省受到的绝对影响量与相对影响量的排名顺序。其中，福建省受到的短期绝对影响为 0.22 亿元，短期相对影响为 0，两种影响在全国各省市的排名分别为第 18 位与第 19 位。以福建省为界，可以将各省份分为两大类，左下部分省份的绝对影响量与相对影响量排名顺序均比福建省靠前，表示这些省份受到的影响为正；而右上部分省份的绝对影响量与相对影响量排名顺序均比福建省靠后，表示这些省份受到的影响为负。如果仅从环境管制的短期效应分析，图3中左下角的省份，如北京、新疆、贵州等，应是从加强环境管制中受益较大的地区；而中国加强环境管制的代价更多的是由右上角的省份，如山东、山西、江苏等承担，因而，这些区域对在全国范围内统一提高环境管制强度的阻力较大。

（二）强化环境管制政策对各区域经济的长期影响

1. 绝对量

从分区域看，环境管制对东北地区、东部沿海地区、中部地区与西部地区的负面冲击分别为521.60亿元、4143.12亿元、1798.01亿元与1611.27亿元（见表6）。分省来看，环境管制对各省的长期影响仍旧有较大差异；对北京影响仍旧是正向，对其他省份影响都是负向的；负影响最大的前三位是广东、山东与江苏，分别为–1350.31亿元、–876.80亿元与–708.68亿元。分项来看，GDP受到影响的范围为［–851.16，234.08］，就业受到影响的范围为［–499.15，71.49］，如图4、图5所示。

表6   长期绝对影响：按区域分

单位：亿元

	GDP影响	就业影响	合计
东北地区	–347.34	–174.26	–521.60
东部沿海地区	–3050.26	–1092.85	–4143.12
中部地区	–1431.89	–366.12	–1798.01
西部地区	–998.02	–613.25	–1611.27

资料来源：作者计算。

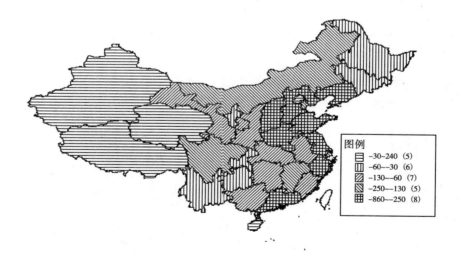

图4   对GDP的长期绝对影响示意图（亿元）

资料来源：作者计算。

2. 相对量

从长期看，环境规制对各区域的影响更为明显，四个区域的负面冲击分别为521.60亿元、4143.12亿元、1798.01亿元与1611.27亿元，分别相当于各区域GDP的0.21%、0.25%、0.31%与0.31%（见表7）。

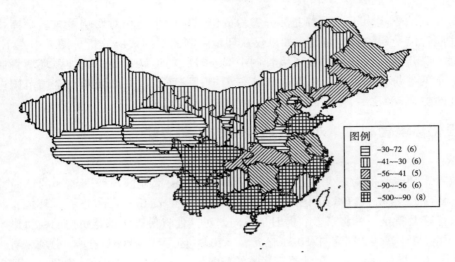

图 5　对就业的长期绝对影响示意图（亿元）

资料来源：作者计算。

表 7　长期绝对影响与相对影响：按区域分

	长期绝对（亿元）	长期相对（%）
东北地区	−521.60	−0.21
东部沿海地区	−4143.12	−0.25
中部地区	−1798.01	−0.31
西部地区	−1611.27	−0.31

资料来源：作者计算。

强化环境管制政策对各省经济长期影响的相对量如图 6 所示。可以看出，强化环境管制政策对山西、贵州、宁夏、西藏、江西、内蒙古的长期相对影响较大。

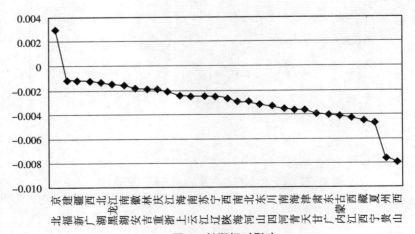

图 6　长期相对影响

资料来源：作者计算。

3.综合分析

与短期影响相比，环境管制对各省市长期影响的排名变化较大（见图7）。绝对影响排名方面，12个西部省市中有8个省市的绝对排名位于前15名，10个东部沿海省市中仅有3个省市排名位于前15名。但是，由于西部省市经济总量普遍较小，相对影响并不大，西部省市中只有4个省市的相对影响排名位于前15名，而东部沿海省市中有5个省市的相对影响排名位于前15名。

除北京外，强化环境管制政策对其他省份的影响都为负。根据各省市排名在图7中的位置，可以将各省份（除北京外）受到强化环境管制政策的影响状况分为四大类：

（1）右上角区域为绝对影响与相对影响均较大的区域，位于这一区域的省份既是强化环境管制的重点区域，也是难点区域；

（2）左上角区域为绝对影响较小但相对影响较大的区域，位于这一区域的省份不是强化环境管制的重点区域，却是难点区域；

（3）左下角区域为绝对影响与相对影响均较小的区域，位于这一区域的省份既不是强化环境管制的重点区域，也不是难点区域；

（4）右下角区域为绝对影响较大但相对影响均较小的区域，位于这一区域的省份是强化环境管制的重点区域，但不是难点区域。

根据上面的分析，右下角省份对强化环境管制的阻力较小而且环境效益较大；右上角省份对强化环境管制阻力较大，但环境效益也较大；左下角省份对强化环境管制阻力较小，但环境效益也较小；右上角省份对强化环境管制阻力较大，但环境效益也较小。中国环境管制政策区域政策应是，首先推动对提高环境管制阻力较小地区（见图7下部省份）的环境管制；然后再推动环境管制阻力较大地区（见图7上部省份）的环境管制。

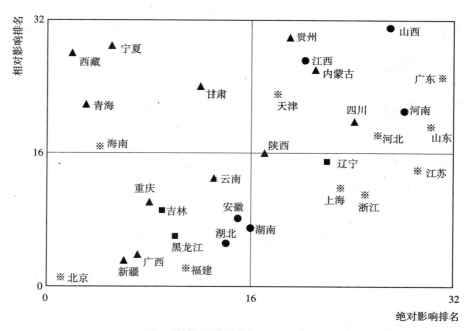

图7 长期绝对影响与相对影响排名

资料来源：作者计算。

七、结论与政策建议

利用中国社会科学院工业经济研究所开发的 CGE 模型，本文评估了提高环境管理强度对中国宏观经济及各地区的影响。结果表明，如果强化执法力度，使工业污染物排放全部达到现行法律标准，则环境管制提高将影响经济增长 1 个百分点左右，也将会使制造业就业量减少 1.8 个百分点左右，使出口减少 1.7 个百分点左右。考虑到中国目前的经济增长速度，也考虑到目前中国各地区的执法力度，我们认为，目前加强提升环境管制对中国经济的影响尚在可以接受的范围内。本文的研究还表明，虽然环境管制对各地区都有一定的影响，但影响的程度甚至方向都有较大差异。短期来看，无论按绝对量还是相对量衡量，环境管制强度提高对东部地区影响最大；长期来看，虽然以绝对量衡量，环境管制对东部地区的影响最大，但以相对量衡量，环境管制却对中西部地区的影响更大。对于中国工业环境管制，本文的政策含义如下：

（1）中国环境管制强度可以加强。从本文的研究结果来看，虽然环境管制会对中国经济有一定的影响，但尚在可以承受的范围内。另外，本文的评估是在假设环境管制强度提高一步到位的情况进行的，事实上，环境管制强度的提高可能需要 3~5 年才能全部达到排放标准，因而对实体经济的冲击会小于本文评估的数据。中国社会科学院工业经济研究所最近的一项研究也表明，目前各种污染物的环境管制效益乘数都大于 1，也就是说，提高环境管制已经有其经济合理性（李钢等，2010）。

（2）对提升环境管制可能造成的困难要有足够的认识。虽然提高环境管制对中国实体经济的冲击有限，但对经济的影响可能会持续相当长的时间。因而，应对环境管制可能造成的困难要有足够的认识；否则，在经济形势较好时，容易达到提高环境管制的一致意见，而在经济形势不好时，又容易放松环境管制。

（3）提升环境管制重点与难点区域有所不同。本文的研究表明，环境管制对不同区域的影响有较大的差异；对东部地区短期影响较大，而长期影响较小；对中西部短期影响较小，而长期影响较大。具体而言，应在阻力较小的地区率先推动提高环境管制，然后再在阻力较大的地区推动提高环境管制。

（4）提升环境管制应选择重点行业进行推进。本文的研究表明，环境管制对不同产业环境管制的影响是相同的。虽然环境管制对产业产出的影响不完全取决于该产业的清洁度，但率先提升环境管制强度的行业就是清洁度低，而环境管制影响较小的行业；相反，对于清洁度较高，而环境管制影响较大的行业可较晚提高环境管制强度。

（5）应在经济景气度较高时推动环境管制强度的提升。由于环境管制提高既会降低总产出，又会提高物价水平，而通货膨胀率与经济增长率往往又是正相关的。在经济高涨时期，提高环境管制强度对产出的影响虽然可以接受，但往往对物价的冲击又会被反复考虑；在经济萧条期，虽然物价上涨压力不大，但提高环境管制强度对总产出的冲击又会引起担忧。本文认为，综合考虑中国的国情，应在经济景气度较高时推动环境管制强度的提升。

本文评估了提高环境管理强度对中国宏观经济及各地区的影响；本文所评估的结果从侧面看就是征税环境税对中国经济的影响。当然，如果是通过税收机制提高企业排放污染物的成本，政府的税收会增长，政府税收支出的方式不同，也会影响到环境税对经济的最终影响。因而如何根据不同行业、不同地区企业的特点来制定环境税的税率，并如何有效使用环境税是下一步研究的方向。

参考文献

［1］陈诗一.节能减排与中国工业的双赢发展：2009~2049［J］.经济研究，2010（4）.

［2］过孝民，王金南，於方，蒋洪强.生态环境损失量的问题与前景［J］.环境经济杂志，2004（8）.

［3］郭道扬.绿色成本控制初探［J］.财会月刊，1997（5）.

［4］胡鞍钢，郑京海，高宇宁，张宁，许海萍.考虑环境因素的省级技术效率排名（1999~2005）［J］.经济学（季刊），2008（4）.

［5］金碚.资源环境管制与工业竞争力关系研究［J］.中国工业经济，2009（3）.

［6］金坚明.环境领域若干前沿问题的探讨［J］.自然杂志，2002，24（5）.

［7］联合国，欧洲委员会，世界银行等.综合环境经济核算（SEEA-2003）.

［8］李海舰，原磊.三大财富及其关系研究［J］.中国工业经济，2008（12）.

［9］李钢，姚磊磊，马岩.中国工业发展环境成本估计［J］.经济管理，2009（1）.

［10］李钢，马岩，姚磊磊.中国工业环境管制强度与提升路线［J］.中国工业经济，2010（3）.

［11］涂正革.环境、资源与工业增长的协调性［J］.经济研究，2008（2）.

［12］王金南，蒋洪强等.关于绿色 GDP 核算问题的再认识［J］.环境经济，2007（45）.

［13］魏一鸣，刘兰翠等.中国能源报告（2008）：碳排放研究［M］.北京：科学出版社，2008.

［14］谢来辉，陈迎.碳泄漏问题评析［J］.气候变化研究进展，2007（7）.

［15］徐嵩龄.环境污染成本的经济分析［J］.数量经济技术经济研究，1995（7）.

［16］徐嵩龄.中国环境破坏的经济损失研究：它的意义、方法、成果及研究建议（上）［J］.中国软科学，1997（11）.

［17］徐嵩龄.中国环境破坏的经济损失研究：它的意义、方法、成果及研究建议（下）［J］.中国软科学，1997（12）.

［18］徐嵩龄.中国生态资源破坏的经济损失：1985 年与 1993 年［J］.生态经济，1997（4）.

［19］张其仔，郭朝先，白玫.协调保增长与转变经济增长方式矛盾的政策研究［J］.中国工业经济，2009（3）.

［20］郑玉歆，樊明太等.中国 CGE 模型及政策分析［M］.北京：社科文献出版社，1999.

［21］Albrecht, Johan A.E. Environmental Regulation, Comparative Advantage and the Porter Hypothesis［J］. FEEM Working Paper, 1998（59）.

［22］Albrecht, Johan A.E. Environmental Costs and Competitiveness. A Product-Specific Test of the Porter Hypothesis［R］. University of Ghent, Working Paper Series, 1998（50）.

［23］Alpay, Savas. Can Environmental Regulations be Compatible with Higher International Competitiveness: Some New Theoretical Insights［R］. FEEM Working Paper, 2001（56）.

［24］Andres J. Picazo-Tadeo, Ernest Reig-Martínez & Francesc Hernandez-Sancho. Directional distance functions and environmental regulation［J］. Resource and Energy Economics, 2005, 27（2）: 131-142.

［25］Berman, Eli & Linda T. M. Bui. Environmental Regulation And Productivity: Evidence From Oil Refineries［J］. The Review of Economics and Statistics. MIT Press, 2001, 83（3）: 498-510.

［26］Boyd, Gale A., George Tolley & Joseph Pang. Plant Level Productivity, Efficiency, and Environmental Performance of the Container Glass Industry［J］. Environmental and Resource Economics, 2002（23）: 29-43.

［27］Boyd, Gale A. & Mclleland, John D. The Impact of Environmental Constraints on Productivity Improvement in Integrated Paper Plants［J］. Journal of Environmental Economics and Management, 1999（38）: 121-142.

［28］Collomb, Jean-Gael, and Heriette Bikie. 1999-2000 Allocation of Logging Permits in Cameroon: Fine-Tuning Central Africa'First Auction System［J］. Global Forest Watch. Cameroom. Available on line at www.globalforestwatch.org, 2001.

［29］Christainsen, Gregory B. & Robert H. Haveman. The contribution of environmental regulations to the slowdown in productivity growth［J］. Journal of Environmental Economics and Management, 1981, 8（4）: 381-390.

[30] Department for International Development, United Kingdom (DFID), Directorate General for Development, European Commission (EC), United Nations Development Programme (UNDP), The World Bank. Linking Poverty Reduction and Environmental Management: Policy Challenges and Opportunities [J]. A contribution to the WSSD, 2002.

[31] Essama-Nssah, B., and James Gockowski. Cameroon: Forest Sector Development in a Difficult Political Economy. Evaluation Country Case Study Series [J]. World Bank, Washington, D.C., 2000.

[32] Gray, Wayne B. The Cost of Regulation: OSHA, EPA and the Productivity Slowdown [J]. American Economic Review, 1987, 77 (5): 998-1006.

[33] Gray, Wayne B. & Ronald J. Shadbegian, Environmental Regulation and Manufacturing Productivity at the Plant Level [R]. NBER Working Papers, 1993 (4321).

[34] Hart, Stuart L. & Gautam. Ahuja, Does it pay to be green?: an empirical examination of the reletionship between pollution prevention and firm performance [R]. University of Michigan. School of Business Administration Working Paper, 1995, 9550-09.

[35] Jaffe, A. B. & K. Palmer. Environmental Regulation and Innovation: A Panel Data Study [J]. The Review of Economics and Statistics, 1997 (79): 610-619.

[36] Johnson, Ian. Forthcoming. The Johannesburg Agenda: what might it achieve? [J]. Paper to be presented at WSSD, Johannesburg, August, 2002.

[37] Laila Medin, Lmm. Compensation for Ecological Damage and Latvian Law.

[38] Lanoie, Paul, Michel Patry & Richard Lajeunesse. Environmental Regulation and Productivity: New Findings on the Porter Analysis [R]. CIRANO Working Papers, 2001, 001s-53.

[39] Majumdar, Sumit K. & Alfred A. Marcus. Do environmental regulations retard productivity: evidence from U.S. electric utilities [J]. University of Michigan Business School, Working Paper, 1998.

[40] Marklund, Per-Olov. Environmental Regulation and Firm Efficiency: Studying the Porter Hypothesis using a Directional Output Distance Function [J]. Umeå Economic Studies from Umeå University, Department of Economics, 2003 (619).

[41] Murthy, M.N. & Surender Kumar. Win-win opportunities & environmental regulation: Testing of porter hypothesis for Indian manufacturing industries [J]. Institute of Economic Growth, Delhi University Enclave, Discussion Papers, 2001 (25).

[42] Newell, Richard G., Adam B. Jaffe & Robert N. Stavins. The Induced Innovation Hypothesis And Energy-Saving Technological Change [J]. The Quarterly Journal of Economics, 1999, 114 (3): 941-975.

[43] Porter, M. E., America's Green Strategy [J]. Scientific American, 1991 (264): 168.

[44] Porter, M. E. & C. van der Linde. Toward a New Conception of the Environment-Competitiveness Relationship [J]. Journal of Economic Perspectives, 1995, 9 (4): 97-118.

[45] Sinclair-Desgagné. Bernard. Remarks on Environmental Regulation, Firm Behavior and Innovation [R]. CIRANO Working Papers, 1999, 99s-20.

[46] Snyder, Lori D., Nolan H. Miller & Robert N. Stavins. The Effects of Environmental Regulation on Technology Diffusion: The Case of Chlorine Manufacturing [J]. American Economic Review, 2003, 93 (2): 431-435.

[47] Stefano Pagiolaa, Elías Ramírezb, José Gobbic, Cees de Haana, Muhammad Ibrahimc, Enrique Murgueitiod, Juan Pablo Ruíza. Paying for the environmental services of silvopastoral practices in Nicaragua [J]. Ecological Economics, 2007 (64): 374-385.

[48] World Bank. World Development Report: Development and the Environment. World Bank: Washington, D.C., 1992b.

[49] World Bank. Five Years after Rio: Innovations in Environmental Policy [J]. Environmentally Sustainable Development Studies and Monographs Series 18. Washington, D.C., 1997.

［50］World Bank. Greening Industry: New Roles for Communities, Markets, and Governments ［M］. New York: Oxford University Press, 2000.

［51］World Bank. Globalization, Growth, and Poverty: Building an Inclusive World Bank ［J］. Washington, D.C: World Bank, 2001a.

［52］World Bank. A Case for Aid: Building a Consensus for Development Assistance ［J］. Washington, D. C.: World Bank, 2002a.

［53］World Bank. World Development Report 2002: Building Institutions for Markets ［M］. New York: Oxford University Press, 200b2.

［54］World Bank .Integrated Environmental and Economic Accounting 2003.

［55］World Bank .Sustainable Development in a Dynamic World Transforming Institutions, Growth, and Quality of Life.

［56］United Nations, European Commission, International Monetary Fund Organization for Economic Co - operation and Development World Bank ［J］. Integrated Environmental and Economic Accounting, 2003.

还要"以市场换技术"吗[*]

——中国战略性新兴产业发展模式创新的思考

石军伟 王 迪 赵 峰[**]

一、引 言

在 2010 年《国务院发展战略性新兴产业的决定》文件中,新能源汽车被定义为七大战略性新兴产业之一,"十二五"规划纲要也对新能源汽车发展领域进行明确的描述:"新能源汽车产业重点发展插电式混合动力汽车、纯电动汽车和燃料电池汽车技术。"但是,从全球竞争格局来看,纯电动汽车正在逐步成为各国经济政策的重点发展对象,并在关键技术与设备方面进行先导式开发,逐步在全球范围内形成了较完整的产业价值链。尽管中国的电动汽车产业几乎与国外同步发展,但在该产业的全球价值链分布格局中,并未获得明显的领先优势。在过去 30 多年的汽车产业发展实践中,我们选择了一条"以市场换技术"的战略路线,虽然从总体上促进了该产业的繁荣,但本土企业的自主创新能力还处于"低端锁定"的困局之中。显然,这一条路径对新能源汽车来讲,是不能被简单重复套用的,否则依然难逃劫运。对中国电动汽车产业而言,其发展模式需要换一种思路来。本文以电动汽车产业为对象,通过对全球市场与中国发展实践的比较分析,试图归纳出一条与传统不同的路径——"以技术换市场"模式,为中国战略性新兴产业的发展政策制定提供借鉴与参考。

二、概念界定与背景分析

(一) 电动汽车的界定

根据国际通行做法和业界惯例,可将"纯电动车"简单定义为:从车载储能装置获得电力,

* 国家社会科学基金项目"中国战略性新兴产业中商业模式创新与技术创新的耦合机制研究"(批准号:11CJY004)、国家社会科学基金重点项目"全球化与网状经济时代商业模式创新发展与应用研究"(批准号:10AGL005)、国家自然科学基金项目"低碳发展的特征、路径及战略研究"(批准号:71041005)的阶段性研究成果。

** 石军伟,1977 年生,男,河南安阳人,中南财经政法大学工商管理学院副教授,现代产业经济研究中心研究员,北京大学中国低碳发展研究中心研究部主任;王迪,1989 年生,女,湖北荆州人,中南财经政法大学工商管理学院博士研究生;赵峰,1985 年生,男,河南南阳人,中南财经政法大学工商管理学院硕士研究生。

以电机驱动的各种车辆。从概念上可以看出，纯电动车实际上包括 2 轮（电动自行车）、3 轮（电动三轮摩托车）和 4 轮（电动汽车）等多种车型，本文中的论述将主要以 4 轮车型，即电动汽车为主。

电动汽车的分类方法较多，其中比较重要的有两个维度：一是按车速划分，国外一般将时速在 70km 以上的电动汽车界定为高速电动汽车，而将车速小于等于 70km 的车辆定义为低速电动汽车。二是按使用路权，可分为两种：①满足道路交通安全法规对汽车的各项要求并获准在正规道路上行驶的纯电动汽车；②限定最高车速，适用于场地或区域路段行驶的低速纯电动汽车，或称轻型电动汽车。

（二）"以市场换技术"战略的缺陷

"以市场换技术"是指通过合资的形式，允许跨国公司在中国设厂，进行本土化生产，引导外资企业的技术转移，获取国外先进技术，并通过消化吸收，最终形成中国独立自主的研发能力。理论上讲，让出的国内这部分"市场"是由外资企业来占有的，国内企业仍可在该市场展开竞争甚至努力夺回市场。

理论文献对此也有较系统的论述，Parente 和 Prescott（1999）强调了发展中国家的研发活动是一种对发达国家技术的吸收行为，但是发展中国家所存在的垄断权力遏制了技术的扩展与发展，进而造成了发展中国家的落后。吴松泉（2005）将"以市场换技术"定义为一个成本与收益的概念，其基本含义是以中国广阔的国内市场作为一种交换条件，通过向外商出让一部分市场把外资吸引进来，从而在外资手中获取我们所需的技术。高春亮（2007）提出，市场换技术描述了市场、企业与技术进步的互动关系，包含三个阶段：一是市场开放，跨国公司市场规模扩大，本土企业市场规模萎缩，利润相应下降；二是模仿，跨国公司有正的溢出效应，显著改进了本土企业生产效率；三是自主创新，本土企业完成知识积累，以自主创新与之竞争，市场规模扩大，同时利润增加。周晓艳（2007）认为，在技术进步中，如果模仿直至能够生产异质产品，实现利润最大化，则本土企业将自发地持续选择模仿，可以认为"市场换技术"是最佳选择；如果企业模仿无法实现异质产品生产，或者本土企业能够生产异质产品但因销售困难而无法实现利润最大化，那么"市场换技术"须重新审视。郭熙保和文礼朋（2008）指出，后发国家在发展初期，技术水平在一定程度上可以依靠外国直接投资得到较快的提升，然而过渡到创新阶段，则只能依靠内资企业的努力。

历史地看，在中国的传统汽车产业的起步初期，由于底子薄，实力弱，政府选择了一条高度垄断与引进外资并举的政策，也即所谓的"以市场换技术"，以中国的巨大市场来吸引外资汽车公司与本土汽车公司合资，在分享巨额垄断利益的同时，吸收外资企业的先进技术。这也证实了 Gerschenkron（1962）的观点，即发展中国家会利用"后发优势"进行经济赶超，但大都曾通过"非竞争性"安排，如大企业垄断、银行和大企业合作等来进行大规模投资，从而加速自己的技术吸收进程。"市场换技术"战略实施 20 多年来，中国建立了完备的零部件体系，培养了一批专业技术人员和消费市场，形成了一批实力雄厚的合资汽车企业集团和较为完善的汽车产业链，也为后来的奇瑞、吉利等国有品牌企业进行自主研发和创新奠定了基础。总体而言，这一模式似乎对中国传统汽车行业的起步和发展起到了重要作用。

随着中国汽车产业的逐步成熟，"以市场换技术"模式弊端逐渐显现。中国的汽车企业必须将大量的资金和人力资源投入到将外资产品国产化中去，对于自主创新能力的培养效果却十分不理想。结果德国、日本和美国的汽车品牌占据了中国汽车产业的高端市场，自主品牌发展举步维艰。该战略虽名为"换技术"，实际上对于国外汽车产品中的核心技术是不可能获取到的，因为核心技术备受外国知识产权的严格保护，一旦外资企业意识到自己的核心技术有可能被中国企业掌握，就会采取措施进行严密封锁。我们让出了国内的市场，却最终没能掌握国外的先进技术。总体来看，如果对发展中国家市场进行考察，不管中期还是长期，传统产业中"以市场换技术"的结果并不能改变我们在国际分工体系中的相对地位。经过 20 余年的发展，传统汽车产业中的本土企业还是处于一个明显的"低端锁定"状态。显然，这种模式对以新能源汽车为代表的战略性新兴产业而言，可能需要重新审视。

三、"技术换市场"模式的理论框架

（一）"技术换市场"的传统解读

相对中国"市场换技术"的思路，外资汽车企业实施的是"技术换市场"策略。它是指凭借自身企业的核心技术获得竞争优势，占据别国市场获得利润。在国际产业转移中，发达国家制造业成本的不断上升和市场的国际性扩张的需要，促使其本国产业开始向外转移，而发展中国家则凭借其较低的劳动力、土地、税收等生产要素的成本优势和庞大市场来吸引发达国家的产业转入。以跨国公司为主要载体推动的国际间技术转移与扩散，也会逐渐改变各国的相对技术优势，从而使一个国家可以向外转移本国优势产业中低端技术环节，将技术优势应用到对外投资企业中。

（二）战略性新兴产业中"技术换市场"的基本架构

战略性新兴产业，顾名思义，包括两个重要特征：一是具有重大价值，是谓"战略性"；二是处于产业发展的早期或初期，是谓"新兴"。这是其与传统产业、成熟产业的关键不同之处，忽略了这两个特征，就不可能真正理解战略性新兴产业。从基本的产业经济学理论来看，产业发展的核心推动力无疑来自技术创新，而技术创新肯定需要市场需求的拉动与检验，这个规律对战略性新兴产业而言，也不例外。因此，战略性新兴产业能否健康、快速发展，很大程度上取决于关键技术如何获得战略性突破与市场需求如何被开发出来，这是两个关键制约因素。虽然现行的观点认为，战略性新兴产业竞争的核心是关键技术竞争，但是从现有发展实践来看，在新兴产业发展初期，市场需求往往是一个更大的障碍，比如产品标准不一致或不成熟、能为技术服务的基础设施建设并不到位等，这使得新技术、新产品在市场导入期往往面临大量的困难。如果没有足够的需求量，技术的开发、成功转化、升级换代等产业化过程都可能会中途夭折。

因此，在战略性新兴产业中，企业的创新重点包括需求创新和技术创新。其中，需求创新是技术创新的基础，不管是大型企业还是小型企业，如果没有市场需求，都无法实现技术创新和产业化。这里的市场可分为成熟市场和后开发市场，一般而言，成熟的市场首先在工业化水平较高的发达国家出现，其次可能按"波浪规律"传导至工业水平居中的发达国家，最后到发展中国家。因此，成熟市场对中国的战略性新兴产业而言，往往意味着欧美等国外市场，那里有较强的需求创新动力。后开发市场更多地意味着本土市场，这里存在庞大的需求潜力，但需要等工业水平逐渐提高到相应阶段后才可能变为现实需求。

技术创新在战略性新兴产业发展过程中，可以区分为流程工艺创新（Process Innovation）与产品创新（Product Innovation）。显然，产品创新相对于流程工艺创新需要更高、更全面的技术实力。如果从全球价值链的分布格局来看，发达国家在新兴产业的技术创新综合实力无疑是最强的，但是从相对比较优势的视角来看，发展中国家在流程工艺创新方面的低成本优势也是比较明显的。但是，与传统产业不同，由于新兴产业的成熟需求市场也在发达国家，若发展中国家的企业依据流程工艺创新能力在成熟市场中占据足够的市场份额，那就有足够的机会来加快培育高端技术的吸收与扩散能力，形成相对国内未国际化企业而言优势更明显的产业链与产品创新能力，在国内本土市场占据领先优势与市场领导地位，开发本土未开发的市场，进而积聚本土化的自主创新能力，获得足够高的市场占有率。

相对传统的本土企业"以市场换技术"逻辑，其实是一种迂回的"以技术换市场"的商业模式。简言之，本土企业通过在国际成熟市场上获得相对先进的技术，然后在本土未开发市场上拥有足够的占有率。这其实是在技术转移、市场转移过程中扮演了一种类似跨国公司的角色，从而对外国跨国公司形成一种明显的"挤出效应"，即本土公司在国际市场获得技术，在国内本土市场占据领先地位，进而在国际市场占据一席之地。

四、电动汽车的市场需求格局：以欧洲市场为例

相对传统的汽车产业，电动汽车的需求呈现出一种明显的成长初期特征，即市场份额小、增长速度快。在需求相对比较成熟的欧洲，其市场格局变化也比较迅速。表1显示：欧洲24个国家的电动汽车销量在2010年总计1337辆，而2011年上半年电动汽车销量就达到了5222辆，是2010年上半年销量（507辆）的10倍多。非常典型地显示出了新兴产业的特征，如具有一定数量的生产同类产品的企业，商业活动已经形成，具有一定的规模；市场需求的基数小，但增速很快。这24个国家中，2010年上半年电动汽车销量最高的是挪威，达140辆，而其他23个国家均未超过100辆；2011年上半年已有11个国家电动汽车销量超过100辆，其中销量最高的是德国，已达1020辆；其次是法国和挪威，分别为953辆和850辆。

表1 欧洲主要市场电动汽车销量和市场份额

市场	电动汽车销量（辆）			电动汽车占本国市场份额（%）		
	2011年上	2010年上	2010年	2011年上	2010年上	2010年
德国	1020	62	185	0.06	0.00	0.01
法国	953	22	133	0.08	0.00	0.01
挪威	850	140	353	1.23	0.23	0.28
英国	599	29	90	0.06	0.00	0.00
奥地利	347	46	96	0.18	0.03	0.03
丹麦	283	6	15	0.32	0.01	0.01
荷兰	269	52	87	0.08	0.02	0.02
瑞士	239	88	167	0.15	0.06	0.06
西班牙	122	21	76	0.03	0.00	0.01
瑞典	111	1	5	0.07	0.00	0.00
意大利	103	9	40	0.01	0.00	0.00
葡萄牙	93	0	18	0.10	0.00	0.00
比利时	85	11	34	0.03	0.00	0.01
捷克	43	0	4	0.05	0.00	0.00
爱尔兰	36	15	17	0.05	0.02	0.02
罗马尼亚	2	0	0	0.00	0.00	0.00
其他市场*	67	3	16	N/A	N/A	N/A
总和	5222	507	1337	2.40	0.37	0.47

注：* 包括克罗地亚、爱沙尼亚、芬兰、匈牙利、卢森堡、塞尔维亚、斯洛伐克和斯洛文尼亚。

数据来源：根据 JATO 咨询公司数据及盖世汽车网相关数据整理。

值得注意的是，这 24 个国家中，购买电动汽车税收减免额最高的是丹麦，按照 2011 年的最新规定，最高每辆可减免 2.0588 万欧元，该国 2011 年上半年销量就由 2010 年同期的 6 辆增至 283 辆，增幅高达 4616.67%。电动汽车销量最高的德国，税收减免额度最高为 380 欧元，其销售量也由 2010 年上半年的 62 辆激增至 1020 辆，增幅也达 1541.94%。依此来看，电动汽车市场需求的高低与各国政府的优惠政策存在着明显的相关性。

当然，作为新兴产业，电动汽车在整个汽车需求市场中的份额仍然是非常小的。在统计的 24 个欧洲国家中，2011 年上半年电动汽车市场份额最高的是挪威，达到 1.23%（该国 2010 年的电动汽车市场份额在欧洲也是最高）。其次是丹麦、奥地利、瑞士、葡萄牙，电动汽车市场份额也均达到或超过 0.1%。而德国、法国、英国这些电动汽车销量相对较高的国家，2011 年上半年电动汽车市场份额分别只有 0.06%、0.08% 和 0.06%，目前只能停留在市场需求的形成期阶段。但是，市场的快速增长反映了欧洲消费者对于电动汽车这一新产品的接受程度在快速提高，随着锂电池技术的成熟，整个产业生产成本的下降，以及城市相关基础设施建设投入的增加，市场将以更快的速度接纳电动汽车。这为中国的电动车厂商的生产及销售提供了良好的市场范例与潜在前景，也为其在一个更具规模的电动汽车市场中完成技术能力的积累与流程工艺创新能力的产业化提供了一块难得的试验田。

五、中国的电动车产业出口：市场需求与技术困境

在中国，电动汽车的发展处于刚起步阶段，相关数据非常难得到，国际市场的数据更是极难获得。为研究方便，我们选择了电动摩托车及脚踏车行业的数据作为替代对象，该行业是电动车产业的一个重要组成部分，同样涉及新能源的替换技术。又因其购买及使用成本相对于电动汽车而言很低，形成一定的市场占有率，出口外销已初步形成一定规模，可为电动汽车行业的国际需求分析提供参考性数据。

表 2 中国电动摩托车及脚踏车历年出口情况统计

年份	数量（辆）	比上年同期（%）	金额（美元）	比上年同期（%）
2006	1639856	—	148253700	—
2007	1503668	−8.3	169217500	14.1
2008	1298999	−13.6	251512261	48.6
2009	1223901	−5.8	232541779	−7.5
2010	1634386	33.5	394164312	69.5

资料来源：笔者根据中国制造网相关数据整理。

从表 2 不难看出，2010 年中国电动摩托车及电动助力的脚踏车累计出口数量约为 163 万辆，累计出口金额约为 3.94 亿美元，在销售数量方面比 2009 年同期上升 33.5%，销售收入上升幅度为 69.5%。从近 5 年的销售数量来看，整体波动不大，尽管历经 2008 年全球金融危机，但 3 年左右便回复到期初水平，显示市场需求依然比较稳定，这在销售收入方面显示得更为明显。在石油价格上涨以及全球碳减排压力等因素下，中国企业依靠成本优势与工艺流程创新能力，使中国制造的电动车在国际市场上获得了稳定的需求。

关于中国电动车出口的国际市场分布情况，可以从表 3 中得到。数据表明，中国电动车的主要出口国家分布在美国、荷兰、德国、土耳其、日本、英国等工业化水平较高的国家。其中美国、

荷兰和德国的销售收入约占当年出口总收入的 59.60%，可见，北美和欧洲的发达国家是中国电动车的主要出口市场所在地。美国政府于 2009 年 9 月发布《美国创新战略》，将新能源技术开发和应用列为国家未来发展的重点领域，美国政府支持综合的"总量控制和碳排放交易"计划。按照该计划，碳排放交易所得中的一部分（每年约 150 亿美元）将被用于支持清洁能源发展，提高能源效率，并帮助发展下一代清洁能源运输工具。2009 年 10 月，欧盟公布了《欧洲战略能源技术计划》，要加紧向低碳、生态效益型经济社会转型的步伐，并计划在未来 10 年内投资 585 亿~715 亿欧元鼓励可再生能源、智能电网等低碳产业发展。在居民完全具备购买实力的条件下，发达国家对于新能源及环保的重视极大鼓励了电动车的发展。

表3　中国电动摩托车及脚踏车主要出口国家统计（2010 年）

序号	国家	数量（辆）	比上年同期（%）	金额（美元）	比上年同期（%）
1	美国	684893	9.6	55288730	20.1
2	荷兰	141519	101.2	84812397	96.1
3	德国	110854	64.7	40864451	72.3
4	土耳其	77570	329.9	21768610	337.4
5	日本	77429	-0.1	20327637	5.5
6	英国	75417	21.2	11208922	39.3
7	孟加拉国	58425	1075.1	49928500	1376.3
8	意大利	35070	3.4	11558866	-3.2
9	加拿大	25707	-7.4	6794724	-3.9
10	巴西	25104	116.6	5750664	191.9
	总计	1311988	—	308303501	—

资料来源：笔者根据中国制造网相关数据整理。

反观电动摩托车及脚踏车的国内市场，中国电动摩托车及脚踏车 2010 年保有量已达 1.4 亿辆，年增长速度达到 30%~40%。但是，与国际市场需求的"低碳减排"与"爱护环境"动因不同的是，中国消费者使用电动车的主要动机，可能是价格便宜、使用成本低。这在很大程度上激发了成本导向型的庞大市场需求，不仅弱化了政府在新能源交通工具这一新兴产业领域的引导作用，也使国内企业陷入了一种成本导向的"低端技术锁定陷阱"。这种市场需求与政府导向的不一致，也为中国电动车产业带来了种种困难与障碍。

与世界电动车行业相比，中国的电动车产业依然处于只大而不强的局面，产品的综合竞争力不强，相关企业基本处在全球价值链的低端。当然，中国电动车行业存在的所有问题都可以在技术创新上找到源头，但是，市场需求结构的"低端锁定"也是一个不容忽视的重要因素。综合上述数据，我们不难发现，电动车行业的国际市场销售量只占国内市场需求量的 5%。显然，国内企业需要在高端市场上构建国际化视野，积累高端的市场需求来提升流程工艺创新与产品创新能力。这对中国电动汽车产业的未来发展路径可能是一个非常重要的前车之鉴。

比如，发达国家对于清洁能源和环保产业历来就十分重视，政策扶持也比较到位。发达国家的工业化起步早，在许多中国尚未实现完全机械化运作的领域，它们早已实现，市场需求较国内而言更大。以农用电动车为例，远不同于中国的普通农户的手工收割作物方式，欧美农户已大规模采用电动车进行收割。从这层意义上讲，接触国际市场的高端需求，就是接触技术创新的信息源泉，并且是在国内市场上无法发现的市场与技术信息。

——465——

六、"技术换市场"的成功经验：尚德电力公司案例

电池是电动汽车产业的关键部件，也是该产业发展的重要组成部分。在本部分，我们选择了尚德电力控股有限公司（简称"尚德"）作为案例分析样本，通过分析其电力技术方面的突破以及产业链的整合策略，来归纳其"技术换市场"的成功经验。

（一）通过国际市场的高端需求引发技术创新需求

尚德成立于 2001 年，2005 年成为中国首家在美国纽约证券交易所上市的民营高科技企业，专业从事晶体硅太阳电池、组件，薄膜太阳电池、光伏发电系统和光伏建筑一体化产品的研发、制造与销售，是全球最大的太阳能组件供应商之一，先后在德国、西班牙、美国、日本、澳大利亚、韩国、瑞士等国家和地区设立营销机构和服务网络，并以超过全球 10%的市场份额，引领光伏产业和市场应用良性互动发展，推动产业链的优化整合。

几乎从公司成立以来，欧洲市场就成为尚德利润来源的主要市场，并且德国光伏市场的半壁江山近年来几乎全归尚德所有，尚德在北美市场的销售收入也在逐年增加。该公司 2009 年年报显示，尚德电力 2009 年实现营业收入 16.93 亿美元，同比下降 12%，实现利润 9148 万美元，同比增长 4%。营业收入下降主要由于产品价格下降。利润增加主要由于尚德电力技术创新，降低了硅片成本，成本下降幅度大于产品价格下降的幅度。客观地讲，这在全球金融危机的冲击下应该是一份非常优秀的业绩报告。2009 年，尚德电力的产品主要销往欧洲，其中，来自德国的销售收入占公司销售收入总额的 41%，其他欧洲国家占 33%，北美占 10%，亚洲占 12%。这一年，尚德在中国和日本的销售收入分别由 2007 年的 2570 万美元和 850 万美元上升至 7570 万美元和 8160 万美元，从国际市场向本土市场的转移规律已经比较明显。这一年，尚德电力已经成为全球最大的太阳能晶硅组件制造商。

表 4 尚德电力公司销售收入的区域分布（2007~2009 年）

地区	2007 年		2008 年		2009 年	
	总收入（百万美元）	比重（%）	总收入（百万美元）	比重（%）	总收入（百万美元）	比重（%）
欧洲	1195.7	88.7	1493.2	77.7	1253.5	74.0
德国	685.8	50.9	570.9	29.7	701.8	41.4
西班牙	466.2	34.6	718.7	37.4	61.1	3.6
意大利	N/A	N/A	117.1	6.1	200.1	11.8
法国	N/A	N/A	10.1	0.5	108.4	6.4
比荷卢	6.6	0.5	29.8	1.5	74.2	4.4
其他	37.1	2.7	46.6	2.5	107.9	6.4
美国	86.7	6.4	142.7	7.4	160.4	9.5
中国	25.7	1.9	134.9	7.0	75.7	4.5
南非	0.9	0.1	1.9	0.1	1.7	0.1
日本	8.5	0.6	6.7	0.3	81.6	4.8
其他	30.8	2.3	144.1	7.5	120.4	7.1
总收入	1348.3	100	1923.5	100	1693.3	100

资料来源：尚德公司相应年份年报与公司网站。

（二）尚德"以技术换市场"的成功经验

尚德电力集结了以其创始人施正荣博士为代表的全球光伏领域的380多位科学家，组成了一支富有创新激情和团队合作精神的国际化一流科研队伍。应用具有自主知识产权的"冥王星技术"创造了单晶硅电池转换效率从最初的14%提高到19.2%的记录，并在2009年实现了大规模量产。

国内企业一般都是从国内市场突破，尚德则一开始就将目光投向成熟的国际市场。两年内连续四次扩大企业产能，迅速以专业化、规模化奠定市场基础。高新技术企业一般强调引进国外成套的先进设备，而尚德则不然，它们通过技术评估选型，除引进核心设备外，大部分采用国产设备和国外二手设备，进行自主优化，形成独特的世界一流生产线，不仅适应了各种复杂的工艺要求，而且大大降低了成本。

从创业初期，尚德就致力于光伏产业链的建设和发展，整合并提高上游供应链的结构和水平。尚德抓住世界各国政府大力扶持可再生能源的政策机遇，与众多国际产业巨头进行战略合作。通过和日本MSK公司、美国Open Energy等跨国公司的战略联盟，率先提出目前最先进的"光伏建筑一体化（BIPV）解决方案"；通过收购德国太阳能设备制造商Kuttler公司等战略举措，尚德确立了在全球光伏产业链的高端地位。

投产后的第一年，尚德并没有急于开拓市场，而是将战略的重点放在申请国际技术认证上，先后获得ISO9001、CE、IEC等太阳能行业几乎所有的国际通行认证，为打开国际市场扫清了障碍。投产不到3年，尚德就初步建立起具有国际一流水准的光伏技术研发中心，并且稳稳坐牢国内同行业第一名的宝座，至今无人能撼。当然，包括跨国公司也对此无能为力。

尚德的成功其实是以政府为主导的新兴产业投资模式的成功。在尚德创业之初，政府出资600万美元成为大股东，组织具有资本和商业管理意识的人员来代表政府，把各种资源，包括政策、资本、技术、市场整合在一起，并在上市之前明确选择退出。尚德明星般的崛起，表明一种发育成熟、支持新兴产业领域的高科技企业自主创新的模式已浮现，"以技术换市场"并非不可能，而是完全可以实现的发展模式创新实践。

七、结论与政策建议

（一）结论

本文的研究表明，在战略性新兴产业发展过程中，不可以沿用传统产业"以市场换技术"的思路，而应该在区分国内欠开发市场和国际成熟市场的基础上，采用"以技术换市场"的发展模式。也就是说，中国企业通过国际化战略，首先在国际成熟市场上接触高端需求，积聚技术能力，再转移到国内来换取本土市场的领先地位，从而"挤出"外国跨国公司，摆脱"以市场换技术"的惯性逻辑，建立真正本土化的自主创新企业的"中国队"。

（二）政策建议

要在战略性新兴产业领域中成功实现"技术换市场"发展模式，仅有一个模式与逻辑是远远不够的，需要企业与政府两方同时努力。我们提供如下几个方面的建议：

1. 企业要有足够开放的国际化战略逻辑

毫无疑问，国际合作是中国战略性新兴产业发展的必由之路。首先，要求中国新兴产业领域中的企业必须具备开放式发展的思维，并要放在国际市场的舞台上检验自己的思维是否有效。其次，战略性新兴产业中的关键技术突破，一定是基于全球科技前沿领域的创新成果，大都会出现在产业链高端环节，这就要求企业不仅要了解技术前沿的动态，还要了解技术扩散与演化的周期性阶段，首先从自己能够做到的阶段入手。最后，在新兴产业领域，不能沿袭传统产业的老路，继续消化和吸收成熟的技术，而是要注重前期的技术合作，力求从技术形成的初期就进入合作阶段。

2. 接触高端的市场需求是企业国际化的核心任务

无论是欧洲市场的需求格局，还是尚德电力公司的成功经验，或者电动车行业的出口实践，无不显示出一条明显的规律，发现市场需求、接触高端的市场需求，进而创新市场需求，是本土企业能够在国际市场上"获得技术"的首要条件。这就要求企业不能在当前国内本土市场或国际市场上满足于"低端需求陷阱"，而是要在时刻紧密追踪前沿技术的同时，必须了解前沿技术产生的需求背景，要从需求转移规律中获得自主创新的合适时机与合适产品，形成领先于本土市场的技术能力，然后"换得本土市场"。

3. 要从全球竞争格局来分解产业价值链

战略性新兴产业在发展初期，肯定会面临诸多制约因素，而其中的一些因素可能是中国与发达国家的企业在目前都无法克服的。比如，新能源汽车产业中的电池模块，作为纯电动汽车的关键部件，世界各国公司都共同面临高速行驶、长距离行驶时持续供电不足的制约，这也是举世公认的"短板"模块。因此，在这一技术没有产生突破性创新之前，新能源汽车的全球价值链中就不太可能产生全球垄断性优势的大公司。作为后发经济国家，中国企业在此国际分工价值体系中的相对劣势可能不是全面的，而是局部的劣势，也就意味着在其他方面可能产生相对优势，当然包括成本优势之外的技术优势。这也就奠定了中国电动汽车产业可能首先成为"技术换市场"模式的实践领域之一。

4. 政府要在新兴产业领域积极扶持能够在早期实施国际化战略的企业

以新能源汽车为例，虽然中国已经公布了《节能与新能源汽车产业发展规划（2011~2020）》，并且《电动汽车标准纲要》在2011年下半年也已完成，但是，"技术换市场"发展模式的关键途径是纯电动汽车能在国际市场实现出口贸易。因此，在未来10年的发展规划中，政府的财政投入应当优先鼓励那些能在新兴产业发展早期就实现出口的高科技企业，或优先投资于能够促进新兴产业中企业出口的基础设施或支持体系，以帮助企业在市场需求方面实现突破性创新。这些企业应当是未来"技术换市场"发展模式的主要力量。此外，对关键零部件生产企业的政府支持，也是必不可少的，因为这有可能是关键技术的突破领域，也是中国本土企业形成规模化产业链的关键制约环节。

参考文献

［1］郭熙保，文礼朋.从技术模仿到自主创新——后发国家的技术成长之路［J］.南京大学学报，2008（1）：28-35.

［2］高春亮，周晓艳.市场换技术策略能实现吗［J］.世界经济，2007（8）：14-21.

［3］时间，吴松泉.中国汽车产业市场换技术战略分析［J］.汽车工业研究，2005（8）：10-13.

［4］林业明.中国汽车产业发展战略的争鸣与评价［J］.汽车工业研究，2005（2）：15-18.

［5］何伊凡.首富，政府造——自主创新的尚德模式［J］.企业家杂志，2006（6）：36-49.

［6］罗良忠，陈亚娟.中国汽车企业以技术换市场的跨国经营新模式［J］.国际经贸探索，2008（9）：72-76.

［7］北京大学课题组.发展中国自主知识产权汽车工业的政策选择［N］.科技日报，2005-01-14.

［8］刘月超.新产业神话——无锡尚德［J］.高科技与产业化，2007（2）：46-47.

［9］Mary J. Benner, Michael Tushman. Process Management and Technological Innovation: A Longitudinal Study of the Photography and Paint Industries［J］. Administrative Science Quarterly, 2002 (47): 676-706.

［10］Alexander Gerschenkron. Economic Backwardness in Historical Perspective［M］. MA, Cambridge: Harvard University Press, 1962.

［11］Stephen L. Parente, Edward C. Prescott. Monopoly Rights: A Barrier to Riches［J］. American Economic Review, 1999 (5): 1216-1233.

战略性新兴产业发展的理论研究

基于产业差异的战略性新兴产业评价指标体系[*]

贺正楚 张 蜜[**]

一、引 言

　　自 2008 年末全球经历 20 世纪 30 年代经济大萧条后最为严重的金融危机以来，世界各主要发达国家纷纷加大对科技创新的投入，加快对新兴产业发展的布局，试图培育战略性新兴产业，以创造新的经济增长点。几年来，通过各国的共同努力，战略性新兴产业的发展已经取得了一定成果，带来的经济增长效应也初见端倪。中国正处于改革发展的关键阶段，国际金融危机使转变经济增长方式的问题更加凸显出来，因而此前面临的机遇和挑战前所未有。2011 年的政府工作报告明确提出"大力发展新兴战略产业"，培育战略性新兴产业已经成为中国中央政府、各级地方政府和各部委的头等大事。国内学者认为在"十二五"期间，战略性新兴产业将独领风骚，逐渐成为新一轮内生增长的主要驱动力，并替代传统产业成为主导产业。

　　战略性新兴产业的选择与评价对于正处于经济增长方式转型的中国，特别是在目前经济复苏的大背景下，实现产业结构优化升级，抢占经济发展制高点等方面意义重大。培育战略性新兴产业，必须从产业的内涵和特征出发进行科学合理的选择与评价。然而，对于战略性新兴产业相关概念的界定，一直是国内外学术界争论的焦点，目前还没有形成统一认识，更没有统一的标准。由此，关于战略性新兴产业选择与评价方面的研究就甚为稀少。战略性新兴产业研究的理论基础尤为薄弱，现有的相关研究仍基于主导产业、支柱产业和高新技术产业的视角，缺乏新的切入点，忽视了对战略性新兴产业本质特征、形成规律、发展机理和替代机制的基础研究。由于对产业新的内涵和特点缺乏更深层次的探讨，研究者们选择的战略性新兴产业往往与主导产业、支柱产业及高新技术产业没有本质区别。这些仅凭经验、想当然选择战略性新兴产业的做法，将给经济发展造成严重后果。随着战略性新兴产业的界定，其选择依据、判断标准、产业特征都与以前的主导产业、支柱产业和高新技术产业有很大差异。鉴于此，本文试图从这三种产业与战略性新兴产业的内涵和特征出发，分析四者在形成规律、作用机理与替代机制方面的差异，以此为基础构建一套能系统地揭示战略性新兴产业发展规律的评价指标体系，为科学决策提供可靠的信息依据。

　　* 国家社科基金重点项目（批准号：11AJL008）、湖南省科技厅 2011 年科技计划立项项目、2010 年湖南省企业管理与投资研究基地项目、湖南省 2011 年研究生科研创新项目（批准号：CX2011B362）。

　　** 贺正楚，1968 年生，男，浙江金华人，博士，教授。研究方向：科技发展与产业经济。

二、战略性新兴产业与主导产业、支柱产业和高新技术产业的产业差异

理解和把握"战略性新兴产业"这一当前经济领域中的新词和热词,需要结合主导产业、支柱产业和高新技术产业,并对这四个产业名词进行比较研究。由于战略性新兴产业与其他产业在内涵和特征两个方面存在差异,只有全面分析其中的内涵差异和特征差异,才能厘定和廓清相关概念。

(一)基本内涵的差异

战略性新兴产业是指在经济发展的特定阶段,以科学技术的重大突破为前提,以新兴科技和新兴产业的深度融合为基础,能够引导社会新需求、带动产业结构调整、促进经济发展方式转变,并能在一段时间内成长为对国家综合实力和社会进步具有重大影响的主导产业或支柱产业的行业和部门。主导产业,根据美国经济学家罗斯托的观点,是指某一经济体在经济发展的某个阶段对产业的发展起导向作用和带动作用,并拥有广阔的市场前景和技术创新能力的产业,这些产业是国民经济的"龙头",在产业结构中占有较大的比重。而支柱产业,是指一定时期内,在一个国家或地区的国民经济中占有较大比重,在区域产业及经济增长中对总量控制影响较大,具有举足轻重作用的产业。高新技术产业,是指高新技术通过研究开发和产业化不断向传统产业渗透,生产出高新技术产品,并成功地进入市场,从而形成现实生产力的知识与技术密集、高效率和高效益的产业。

由此可见,在内涵方面,战略性新兴产业与主导产业、支柱产业、高新技术产业存在一定差别。在产业新兴性方面,战略性新兴产业因其新兴性而具有广阔的发展空间,而主导产业虽具有战略地位但不一定是新兴的,主导产业有可能是眼下已有的成熟产业,其未来的发展前景需要进一步评估。战略性新兴产业可以作为先导产业来培育,最终的发展态势是演变成主导产业。支柱产业侧重产值和利润水平,是国家和地方财政最重要的收入来源。支柱产业强调大规模的产出,强调当下,即现在比重大的产业就是支柱产业,即便比重呈下降趋势,只要比重还较大,仍可称为支柱产业。而高新技术产业强调的是高新技术和经济效益,战略性新兴产业大多是之前提出的高新技术产业。

综上所述,战略性新兴产业是同传统产业相比较而言的,它的出现是技术经济变革的要求,是新兴科技和新兴产业的深度融合,既是全局性、主导性产业,又是适应市场需求,以科技创新为灵魂的新兴产业。

(二)主要特征的差异

战略性新兴产业掌握着关键核心技术,具有市场需求前景,具备产业全局性、产业关联性、产业先导性和产业动态性的特征。产业全局性是指战略性新兴产业不仅自身拥有强大的发展优势,而且对加快经济增长、提升综合国力有重要促进作用。产业关联性是指战略性新兴产业具备很强的带动性,能前向或者后向地带动一批相关及配套产业。产业先导性是指战略性新兴产业具有导向作用,有新的技术支撑,能形成新的市场需求,它是政府政策的指南针和未来经济发展的风向标,意味着资金融合、科技创新、人才培养将会聚集在这些产业上。产业动态性是指战略性新兴产业根据经济社会的需求和资源环境的变化进行动态调整,以适应经济社会带来的就业、资源、环境、人口等约束性需求,使社会经济能持续发展。

主导产业的主要特征表现在它能够依靠科技进步和创新形成新的生产函数，保持持续高速的增长率，具有较强的产业关联性。不同国家或一个国家不同的经济发展阶段的主导产业一般是不同的，其选择的正确与否直接决定着地区产业结构的性质与发展水平，代表着一个国家或地区特有的经济发展模式。

支柱产业的主要特征表现在它注重产值和利润水平，产业规模大，对国民经济的发展起支撑作用。它在科技发展、产值增长、发展速度等方面对经济发展有重大影响，在一定时期内构成一个国家或地区产业体系的主体。

高新技术产业具有高知识技术密集、高研发资金密集、高附加值、高增长率、高更新速度等特点。高新技术产业以高新技术为基础，从事一种或多种高新技术及产品的研发、生产和技术服务，其拥有的关键技术通常开发难度大，但是一旦开发成功便具有高于一般产业的经济效益和社会效益。

以上四种产业的特征差异把战略性新兴产业与其他三者区别开来了。战略性新兴产业与主导产业在产业关联性方面有很大重合，产业影响力大、带动性强。两种产业的产业关联性都比较强，对其他产业具有回顾效应、旁侧效应和前向效应，能带动产业集群发展壮大。产业组织高度集中，在产业本身快速增长的同时，能够带动区域内其他产业部门的发展，具有突出的规模经济和范围经济特征。但是战略性新兴产业与主导产业的替代机制不同。主导产业有序列替演性，在一个国家工业化演进的过程中，带动经济增长的主导产业是更替变化的，战略性新兴产业是未来的主导产业。战略性新兴产业与支柱产业在产业全局性方面存在较大的一致性。两者都具有大大超出国民经济总增长率的持续高速增长的部门增长率，体现着一国在一定时期的经济发展方向，并且社会对该产业产品的现实和潜在需求将日趋扩大，能够获得比其他产业更高的增长率。然而，支柱产业强调的是产值和利润水平，强调生产规模和当前，战略性新兴产业因其战略性是立足于当前、着眼于长远的，它一般是先作为先导产业来发展，在生产规模、产值上可能不及支柱产业，但确是潜在的、将来重点发展的支柱产业。战略性新兴产业与高新技术产业在产业先导性和产业动态性方面也有很大重合，都能迅速吸收先进科学技术成果，在现代技术和现代管理的基础上创造较高的劳动生产率和较高的产品附加值。并且技术创新能力较强，知识密集程度很高，区域内的产业、产品都向高新、高效、高质、集约化和现代化的方向发展。它们也注重经济、环境与社会三者良性循环的可持续发展，在追求经济效益的同时兼顾环境和社会效益。但是，战略性新兴产业与高新技术产业的形成规律不同。高新技术产业是以创新为核心，以中小企业为实施主体，围绕产业集群的发展，在促进传统产业升级和产业结构优化调整时采用新的商业模式，并运用信息手段和高新技术发展起来的。而战略性新兴产业是在国际金融危机对世界经济产生严重冲击的背景下，主要发达国家率先加大对科技创新的投入，加快产业格局的调整和新技术的开发发展起来的。

三、基于产业差异的评价指标体系设计

（一）指标的遴选

主导产业评价指标体系的选择，学术界已经基本达成了共识。基于主导部门理论和动态比较费用论，罗斯托提出了产业扩散效应理论和主导产业的选择基准，赫希曼提出了联系效应理论和产业关联基准，日本经济学家筱原三代平（しのはら みよへい）提出了收入弹性基准与生产率上升基准的"筱原二基准"，国内学者周振华提出了增长后劲基准、短缺替代弹性基准、瓶颈效应基准对主导产业的选择加以界定。由此引出了主导产业选择常用的指标如区位熵、需求收入弹性系数、全要素生产力上升率、市场占有率、综合就业系数、比较劳动生产率系数、影响力系数、感应度系数等。

国内对支柱产业的选择标准或衡量尺度还不够科学和明确，至今仍采用传统的经验型方法，存在不少弊端。刘勇和汪克夷等对此进行了研究，他们以产业市场规模基准、产业关联基准、筱原二基准构建了产业总产值、需求收入弹性、感应度系数、影响力系数、比较劳动生产率系数、经济增长率、综合就业指数等指标体系对支柱产业进行评价与选择。可见支柱产业指标体系的构建与主导产业有极大的相似性。

国内大多数学者对高新技术产业发展状况进行研究时也都运用了统计指标体系。但鉴于研究者对高新技术产业发展水平的认识不同，所站角度不同，选用的指标也不尽相同。比较常见的是唐中赋、顾培亮、文先明和史及传等从高新技术产业发展的投入、产出、效益和发展潜力四个方面构造的研发（R&D）人员全时当量、就业增长率、高新技术产业增加值、单位产值能源消耗指数、R&D经费支出增长率、高新技术商品化率以及技术研发经费年增长率等评价指标体系。

从主导产业、支柱产业和高新技术产业的指标体系选择理论出发，尽管战略性新兴产业与这三种产业之间在内涵特征、形成规律等方面存在产业差异，但是可以将这三者的经典评估指标归入战略性新兴产业的选择基准当中。

为了构建战略性新兴产业的评价指标体系，通过对专家进行多次访谈，初步遴选出战略性新兴产业的四个评价指标，见表1。表1中，A产业代表战略性新兴产业；B产业代表主导产业；C产业代表支柱产业；D产业代表高新技术产业；画"√"的代表该评价指标为对应产业的经典评价指标，没画"√"的表示该评价指标对于相应产业来说权重过小，不宜入选。

表1 基于产业差异的战略性新兴产业评价指标体系

选择基准	评价指标	A产业	B产业	C产业	D产业
产业全局性	生产率上升率	√			√
	市场占有率		√		
	经济增长率	√		√	
	比较优势系数	√			
	需求收入弹性	√	√	√	
	产业总产值			√	
产业关联性	产业贡献率				√
	影响力系数	√	√	√	
	感应度系数	√	√	√	
产业先导性	R&D经费支出增长率	√			√
	高新技术商品化率				√
	R&D人员全时当量	√			√
	技术研发经费年增长率				√
	技术贸易总额占GDP总量	√			
	比较劳动生产率系数		√	√	
产业动态性	综合就业系数	√	√	√	
	单位产值"三废"排放指数	√			√
	区位熵	√			
	单位产值能源消耗指数	√			√
	就业增长率				√

需要指出的是，①由于战略性新兴产业与主导产业在产业关联性方面的重合，因而在产业关联性基准下选择的三个指标中的影响力系数和感应度系数是一致的。两种产业在替代机制方面存

在的差异使得两者的评价指标选择在产业动态性方面存在区别。在一个国家经济发展过程中，主导产业具有序列替演性，它可能是发展了很长一段时间的产业，因在经济社会需求和资源环境变化的调整中跟不上步伐，对于经济社会带来约束性要求适应能力减弱，所以在产业动态性方面的要求不够突出，而战略性新兴产业是未来的主导产业，由于时间上的特征要求战略性新兴产业必须能够可持续发展。②战略性新兴产业与支柱产业都强调产业全局性，所以产业全局性基准下的支柱产业有经济增长率、需求收入弹性两个指标的与战略性新兴产业的指标重合。支柱产业和战略性新兴产业的差别也主要体现在产业动态性上，在该基准下，支柱产业只有综合就业系数这一个指标与战略性新兴产业一致。战略性新兴产业与高新技术产业的相似之处更多一些，主要表现在产业先导性和产业动态性方面。两者都是高知识、高技术型产业，要求具备较高的技术研发水平，同时也对经济环境与社会可持续发展有很高要求。尽管如此，高新技术产业却没有完全超出传统经济形态，或者说它只是在传统的经济形态下表现为技术的高端化和研发投入的密集化。所以两者的区别主要体现在"战略性"上，在表1中则表现为产业全局性和产业关联性两方面的差异。表1中，战略性新兴产业与高新技术产业在这两个方面的重合率只有30%左右。

（二）设计思路

战略性新兴产业的选择理论本身映射了产业经济学基础理论的研究成果。本文在借鉴主导产业、支柱产业、高新技术产业研究成果的基础上，着重探究其内涵、特征与发展情况的差异，本着科学性、全面性、可行性、一致性等原则，从战略性新兴产业的产业全局性、产业关联性、产业先导性和产业动态性四个方面构建指标体系。由于现行统计数据中有关战略性新兴产业的数据残缺不全、统计口径不一，更缺乏动态的时间序列数据，因此咨询专家意见，选择现行统计指标可以查到的定量和抽样统计数据，构建战略性新兴产业的评价指标体系，如图1所示。该指标评价体系由产业全局性、产业关联性、产业先导性和产业动态性四个方面三个层次，13个定量指标构成。

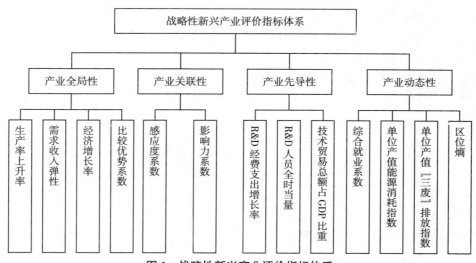

图1　战略性新兴产业评价指标体系

评价指标"产业全局性"下设有生产率上升率、需求收入弹性、经济增长率和比较优势系数四个评价分指标。生产率上升率（X_{11}）是从"比较成本说"演化而来的，指由于技术进步速度不同造成各产业部门生产提高的速度。战略性新兴产业只有具有较高的生产率上升率，才能有较高的增长效率和发展后劲，从而带动工业和国民经济增长。需求收入弹性（X_{12}）是指在价格和其他因素不变的条件下，由消费者的收入变化引起需求数量发生变化的程度大小。只有把需求收入弹性系数较高的产业作为战略性新兴产业，才能促进收入水平的提高和消费结构的提升，保证经济的持续增长。经济增长率（X_{13}）是末期国民生产总值与基期国民生产总值的比值，也称经济增长速度，反映一定时期经济发展水平的变化程度和一个国家的经济活力。比较优势系数（X_{14}）是指一个国家某种商品的出口值占该国所有出口商品总值的份额，与世界该类商品的出口值占世界所有商品出口总值的份额的比例。该指标能较好地反映一个国家某一产业的出口与世界平均出口水平比较来看的相对优势。

评价指标"产业关联性"下设有感应度系数和影响力系数两个评价分指标，感应度系数（X_{21}）是指各部门均增加一个单位最终产品时，某一部门由此受到的需求感应程度。一个产业的感应度系数大于 1 或小于 1 表明该产业的感应度在全部产业中居平均水平以上或以下，感应度系数高的产业由于受到其他部门发展的拉力而得到发展。影响力系数（X_{22}）是指一个部门增加一个单位的最终使用时，对国民经济各部门所产生的生产需求波及程度，一个产业的影响力系数大于 1 或小于 1，表明该产业的影响力在全部产业中居平均水平以上或以下，影响力系数大的产业容易带动上游产业的发展。

评价指标"产业先导性"下设有 R&D 经费支出增长率、R&D 人员全时当量和技术贸易总额占 GDP 比重三个评价分指标。R&D 经费支出增长率（X_{31}）是 R&D 经费支出增长额与上年 R&D 经费支出的对比，反映了自主创新经费支持的增长速度，体现了自主创新财力投入的能动意愿及发展潜力。R&D 人员全时当量（X_{32}）是 R&D 人员中全时人员数加非全时人员按工作量折算为全时人员数的总和，体现 R&D 人员中真正从事科研工作的人员数量，以及 R&D 人员科研工作的强度、质量与效率。技术贸易总额占 GDP 比重（X_{33}）是技术贸易总额与 GDP 的比值，它由国内技术贸易额和国际技术贸易额两部分组成。国内技术贸易额包括地区技术合同成交总额和吸纳外省技术合同成交额；国际技术贸易额包括技术进出口额和软件出口额。该指标反映了经济增长对技术的依存程度，体现一国经济发展对国际技术市场的依赖程度。

评价指标"产业动态性"下设有综合就业系数、单位产值能源消耗指数、单位产值"三废"排放指数和区位熵四个评价分指标。综合就业系数（X_{41}）表示某产业每进行一个单位增加值的生产，直接需要本部门的就业人数和间接需要其他部门的就业人数。单位产值能源消耗指数（X_{42}）是能源消费总量与产业总产值的比率，揭示了产业能源利用的效率。单位产值"三废"排放指数（X_{43}）指废水、废气与固体废弃物排放量与产业总产值的比率，体现了产业的产污强度。区位熵（X_{44}）又称专门化率，用以衡量某一区域在高层次区域的地位和作用。区位熵用公式 $LQ_{ij} = \dfrac{Y_{ij}/Y_j}{T_i/T}$ 表示，式中，LQ_{ij} 为 j 区域 i 产业的区位熵，Y_{ij} 为 j 区域 i 产业的某项经济指标，Y_j 为 j 区域所有产业的该项经济指标总计，T_i 为基准区域（通常为一个国家）i 产业的该项经济指标总计，T 为基准区域内所有产业的该项经济指标总计。当 $LQ_{ij} > 1$ 时，说明 j 区域 i 产业所占份额比基准区域 i 产业所占份额大，其隐含的经济意义是 j 区域 i 产业某项指标的专业化程度高。

从研究现状来看，战略性新兴产业选择的基准较为复杂，但基本方向上大致涵盖于上述指标中，在评判时通常将上述若干个指标进行加权平均，并得出综合指标，然后进行排序、比较，筛选出战略性新兴产业。

四、战略性新兴产业选择的实证研究：以湖南省为例

评价指标体系是选择战略性新兴产业时定量研究的基础和条件。本文在因子分析法的分析原

理和评价步骤的基础上，综合评价所遴选的各项指标，结合各项影响因素选择湖南省的战略性新兴产业。指标体系中的相关指标与数据如表2所示，其中C_1~C_{35}分别代表公共管理和社会组织业、废品废料业、水利环境和公共设施管理业、纺织业、先进装备制造业、燃气生产和供应业、通用及专用设备制造业、造纸印刷及文教体育用品制造业、文化创意业、交通运输及仓储业、建材业、批发和零售业、金融业、新能源产业、食品烟草业、工艺品及其他制造业、农林牧渔业、邮政业、生物医药业、住宿和餐饮业、化学工业、研究及实验发展业、综合技术服务业、居民服务和其他服务业、房地产业、金属冶炼及延压加工业、非金属矿物制品业、节能环保产业、金属制造业、煤炭开采和洗选业、租赁和商务服务业、金属矿采选业、信息产业、石油和天然气开采业、新材料产业35个湖南省候选的战略性新兴产业。

表2 湖南省35个产业主要指标数据（2010年）

产业	X_{11}	X_{12}	X_{13}	X_{14}	X_{21}	X_{22}	X_{31}	X_{32}	X_{33}	X_{41}	X_{42}	X_{43}	X_{44}
C_1	0.003	1.545	0.048	0.544	1.487	1.464	0.079	94.11	0.011	0.201	0.111	0.933	0.544
C_2	0.001	0.844	0.021	0.456	1.321	1.278	0.051	76.88	0.003	0.161	0.153	0.987	0.435
C_3	0.038	1.869	0.128	0.819	1.801	1.868	0.201	156.83	0.081	0.434	0.033	0.072	0.889
C_4	0.007	1.621	0.077	0.601	1.589	1.611	0.113	116.34	0.037	0.301	0.084	0.863	0.613
C_5	0.062	2.761	0.179	0.985	2.532	2.483	0.375	208.49	0.152	0.643	0.001	0.013	0.895
C_6	0.017	1.761	0.096	0.694	1.691	1.719	0.139	130.33	0.054	0.381	0.064	0.071	0.721
C_7	0.011	1.732	0.089	0.672	1.672	1.701	0.126	126.91	0.047	0.371	0.072	0.078	0.704
C_8	0.002	1.011	0.036	0.512	1.433	1.388	0.066	86.77	0.007	0.181	0.133	0.965	0.501
C_9	0.059	2.152	0.165	0.978	2.226	2.324	0.352	200.36	0.144	0.614	0.005	0.018	0.861
C_{10}	0.027	1.811	0.118	0.781	1.724	1.801	0.161	145.82	0.059	0.401	0.044	0.049	0.901
C_{11}	0.051	1.899	0.147	0.926	1.991	1.982	0.245	177.52	0.119	0.521	0.018	0.042	0.802
C_{12}	0.035	1.845	0.123	0.812	1.789	1.845	0.189	152.12	0.072	0.421	0.037	0.079	0.892
C_{13}	0.049	1.887	0.145	0.921	1.899	1.981	0.241	176.25	0.109	0.521	0.019	0.043	0.801
C_{14}	0.055	2.095	0.162	0.955	2.176	2.158	0.311	193.66	0.138	0.605	0.006	0.025	0.856
C_{15}	0.052	2.002	0.153	0.942	2.216	2.026	0.262	183.25	0.124	0.562	0.013	0.037	0.823
C_{16}	0.045	2.011	0.151	0.938	2.153	2.012	0.259	180.12	0.121	0.552	0.015	0.039	0.811
C_{17}	0.002	0.988	0.031	0.489	1.371	1.311	0.056	82.12	0.006	0.175	0.142	0.971	0.487
C_{18}	0.005	1.611	0.072	0.598	1.533	1.592	0.112	111.12	0.027	0.221	0.091	0.874	0.601
C_{19}	0.058	2.125	0.159	0.964	2.021	2.226	0.322	196.72	0.141	0.606	0.006	0.021	0.858
C_{20}	0.031	1.837	0.121	0.803	1.739	1.821	0.173	149.20	0.064	0.417	0.041	0.044	0.781
C_{21}	0.021	1.779	0.112	0.779	1.718	1.777	0.159	137.22	0.057	0.407	0.053	0.059	0.744
C_{22}	0.046	1.881	0.138	0.891	1.875	1.921	0.215	170.29	0.101	0.510	0.025	0.050	0.772
C_{23}	0.042	1.876	0.132	0.852	1.829	1.901	0.211	165.85	0.095	0.480	0.028	0.057	0.756
C_{24}	0.004	1.588	0.068	0.577	1.521	1.564	0.109	106.89	0.021	0.216	0.094	0.881	0.589
C_{25}	0.047	1.886	0.143	0.919	1.885	1.976	0.238	174.69	0.102	0.518	0.021	0.048	0.739
C_{26}	0.019	1.733	0.103	0.722	1.705	1.728	0.148	134.01	0.061	0.399	0.059	0.067	0.734
C_{27}	0.009	1.659	0.087	0.611	1.602	1.634	0.119	121.77	0.041	0.313	0.079	0.821	0.669
C_{28}	0.053	2.025	0.152	0.943	2.326	2.055	0.269	187.35	0.130	0.575	0.010	0.034	0.841
C_{29}	0.004	1.561	0.055	0.563	1.521	1.512	0.089	101.44	0.018	0.211	0.099	0.886	0.573
C_{30}	0.024	1.801	0.111	0.779	1.701	1.786	0.157	141.36	0.053	0.391	0.049	0.053	0.911
C_{31}	0.041	1.875	0.129	0.849	1.818	1.891	0.206	161.26	0.089	0.472	0.029	0.062	0.867
C_{32}	0.003	1.188	0.043	0.522	1.461	1.433	0.071	91.01	0.008	0.189	0.123	0.942	0.537
C_{33}	0.058	2.021	0.155	0.962	2.078	2.074	0.298	190.13	0.132	0.584	0.009	0.028	0.853
C_{34}	0.003	1.556	0.051	0.552	1.501	1.499	0.083	97.33	0.014	0.206	0.109	0.897	0.566
C_{35}	0.060	2.262	0.169	0.981	2.495	2.413	0.369	204.26	0.149	0.626	0.003	0.016	0.883

（一）数据预处理

运用因子分析法，按照主成分分析法的基本步骤提取公因子，由此可以计算得出相应的相关系数矩阵和因子载荷矩阵，最后求得综合评价值并进行排序。从得出的相关系数矩阵能够发现，此组数据不存在显著的相关性，所以该数据适合进行因子分析。

（二）确定因子数目

因子数目的确定没有精确的定量方法，但常用的方法是借助两个准则来确定因子的数目。一是特征值（Eigen Value）准则，二是碎石图检验（Scree Test）准则。特征值准则是选取特征值大于或等于 1 的主成分作为初试因子，放弃特征值小于 1 的因子。特征值准则认为每个被保留下来的因子至少能解释一个变量的方差。碎石图检验准则是根据因子被提取的顺序绘出特征值随因子个数变化的散点图，根据碎石图的形状来判断因子的数目。曲线由高到低，先陡后平，最后几乎变成一条直线，曲线开始变平的前一个点就是提取的最大因子数，后面的散点可以舍弃而不会丢失必要的信息。如图 2 所示，曲线从第四个碎石点开始走平，因此前面的三个点就代表因子个数。

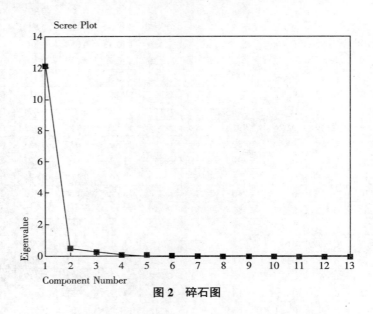

图 2　碎石图

（三）求解因子模型

根据因子载荷矩阵可以写出两个公因子的表达式：

第一个公因子：

$$F_1 = 0.806X_1 + 0.528X_2 + 0.681X_3 + 0.716X_4 + 0.794X_5 + 0.738X_6 + 0.818X_7 + 0.751X_8 + 0.821X_9 \\ + 0.743X_{10} - 0.626X_{11} - 0.419X_{12} + 0.391X_{13} \tag{1}$$

第二个公因子：

$$F_2 = 0.528X_1 + 0.459X_2 + 0.613X_3 + 0.624X_4 + 0.342X_5 + 0.449X_6 + 0.399X_7 + 0.548X_8 + 0.473X_9 \\ + 0.579X_{10} - 0.657X_{11} - 0.860X_{12} + 0.783X_{13} \tag{2}$$

第三个公因子：

$$F_3 = 0.239X_1 + 0.705X_2 + 0.391X_3 + 0.301X_4 + 0.458X_5 + 0.491X_6 + 0.400X_7 + 0.365X_8 + 0.313X_9 \\ + 0.3.21X_{10} - 0.399X_{11} - 0.225X_{12} + 0.438X_{13} \tag{3}$$

式中，$X_1 \sim X_{13}$ 分别表示初始变量生产率上升率、需求收入弹性、经济增长率、比较优势系数、感应度系数、影响力系数、R&D 经费支出增长率、R&D 人员全时当量、技术贸易总额占 GDP 比重、综合就业系数、单位产值能源消耗指数、单位产值"三废"排放指数、区位熵。分别将十个产业部门的 13 个初始变量值代入两个公因子模型中，即可以求得两个公因子的值。

（四）对公因子经济含义的解释

采用主成分分析法进行因子分析得出的公因子在很多变量上都有较高的载荷，无法对各个公因子做出有力的说明。为了提高解释能力，对因子载荷矩阵进行方差极大旋转。旋转后的分析结果，如表 3 所示。

表 3　旋转因子矩阵

	公因子		
	1	2	3
技术贸易总额占 GDP 比重	0.821	0.473	0.313
R&D 经费支出增长率	0.818	0.399	0.400
生产率上升率	0.806	0.528	0.239
感应度系数	0.794	0.342	0.458
R&D 人员全时当量	0.751	0.548	0.365
综合就业系数	0.743	0.579	0.321
影响力系数	0.738	0.449	0.491
比较优势系数	0.716	0.624	0.301
经济增长率	0.681	0.613	0.391
单位产值"三废"排放指数	-0.419	-0.860	-0.225
区位熵	0.391	0.783	0.438
单位产值能源消耗系数	-0.626	-0.657	-0.399
需求收入弹性	0.528	0.459	0.705

经旋转后，第一公因子的含义比较清晰，基本反映了技术贸易总额占 GDP 比重、R&D 人员全时当量、比较优势系数等指标。第二公因子基本反映了单位产值"三废"排放指数、区位熵、单位产值能源消耗系数等指标。第三公因子基本反映了需求收入弹性、影响力系数、感应度系数等指标。

（五）综合评价值的排序

为计算综合分数，首先要确定两个主因子的权重系数：$r_n = \dfrac{\lambda_n}{\sum\limits_{n=1}^{10} \lambda_n}$，式中，$r_n (n = 1, 2, \cdots, 10)$

为主因子的权重系数，λ_n 为第 n 个主因子所对应的特征值。然后根据主因子内部的载荷系数可以得出样本的综合评价分数，计算公式为 $m_j = r_1 f_{1j} + r_2 f_{2j} + \cdots + r_{10} f_{10j}$，式中，$m_j (j = 1, 2, \cdots, 10)$ 为样本的综合得分，f_{ij} 为第 j 个样本在第 i 个主因子上的得分。最后通过表 3 的数据，运用公式计算出样本的综合分数，如表 4 所示。

可以看出，用因子分析法得出的湖南省候选的战略性新兴产业 35 个产业排序依次是先进装备制造业、新材料产业、文化创意业、生物医药业、新能源产业、信息产业、节能环保产业、食品烟草业、工艺品及其他制造业、建材业、金融业、房地产业、研究及实验发展业、综合技术服务业、租赁和商务服务业、水利及环境和公共设施管理业、批发和零售业、住宿和餐饮业、交通运

表 4 湖南省候选的战略性新兴产业的综合评价排名

行业名称	公因子 1	公因子 2	公因子 3	综合评价值	评价值排序
先进装备制造业	164.01	119.54	81.73	15822.95	1
新材料产业	160.48	116.89	79.63	15478.78	2
文化创意业	157.14	114.55	77.94	15159.85	3
生物医药业	154.06	112.39	76.42	14863.21	4
新能源产业	152.27	110.88	75.56	14689.67	5
信息产业	148.98	108.59	73.87	14372.42	6
节能环保产业	147.02	107.15	72.93	14183.13	7
食品烟草业	143.92	104.81	71.33	13883.82	8
工艺品及其他制造业	141.35	103.04	70.15	13636.59	9
建材业	139.14	101.45	69.00	13423.22	10
金融业	138.01	100.53	68.48	13321.03	11
房地产业	136.86	99.78	67.87	13202.96	12
研究及实验发展业	133.46	97.32	66.21	12875.48	13
综合技术服务业	129.90	94.79	64.52	12532.84	14
租赁和商务服务业	126.55	92.34	62.87	12209.34	15
水利及环境和公共设施管理业	123.13	89.85	61.44	11879.68	16
批发和零售业	119.51	87.21	59.44	11530.24	17
住宿和餐饮业	117.19	85.50	58.28	11306.38	18
交通运输及仓储业	114.61	83.67	57.04	11057.50	19
煤炭开采和洗选业	111.20	81.19	55.38	10728.67	20
化学工业	108.03	78.79	53.79	10422.56	21
金属冶炼及延压加工业	105.48	76.91	52.52	10176.24	22
燃气生产和供应业	102.65	74.84	51.15	9903.31	23
通用及专用设备制造业	99.97	72.88	49.83	9645.13	24
非金属矿物制品业	95.54	69.23	47.61	9215.89	25
纺织业	91.34	66.11	45.53	8810.46	26
邮政业	87.26	63.14	43.54	8471.53	27
居民服务和其他服务业	84.01	60.30	41.95	8101.62	28
金属制造业	79.81	57.68	39.88	7698.78	29
石油和天然气开采业	76.66	55.37	38.34	7394.11	30
公共管理和社会组织业	74.18	53.52	37.11	7154.81	31
金属矿采选业	71.54	51.59	35.67	6900.26	32
造纸印刷及文教体育用品制造业	68.17	49.08	33.93	6574.64	33
农林牧渔业	64.50	46.42	32.12	6193.52	34
废品废料业	60.34	43.46	30.01	5819.59	35

输及仓储业、煤炭开采和洗选业、化学工业、金属冶炼及延压加工业、燃气生产和供应业、通用及专用设备制造业、非金属矿物制品业、纺织业、邮政业、居民服务和其他服务业、金属制造业、石油和天然气开采业、公共管理和社会组织业、金属矿采选业、造纸印刷及文教体育用品制造业、农林牧渔业、废品废料业。由此看出，评价值排前七位的候选产业恰好与湖南省确定的七个战略性新兴产业不谋而合。

五、结　论

以往关于战略性新兴产业的研究局限于主导产业、支柱产业和高新技术产业的视角，所遴选的评价指标体系往往与这些产业的指标体系没有本质差别，从而导致战略性新兴产业在选择过程中存在偏差，不能为政策制定提供科学的依据。本文从战略性新兴产业、主导产业、支柱产业和高新技术产业的内涵与特征出发，着重分析四者在形成规律、发展机理与替代机制方面的产业差异，构建了一套科学且行之有效的战略性新兴产业的评价指标体系。依据该指标体系，运用 SPSS 因子分析法对湖南省十个候选战略性新兴产业进行了实证分析，选出先进装备制造业、新材料产业、文化创意产业、生物医药产业、新能源产业、信息产业和节能环保产业七个战略性新兴产业。由此证明以产业差异为基础选择的评价指标体系具有较好的区分度，避免了以往评价指标体系选出"万能产业"的尴尬局面。

参考文献

［1］冯赫. 关于战略性新兴产业发展的若干思考［J］. 产业经济，2010（11）：3-8.

［2］万钢. 把握全球产业调整机遇培育和发展战略性新兴产业［J］. 求是，2010（1）：28-30.

［3］郭铁成. 新兴产业形成规律和政策研究［N］. 科学时报，2010-05-20.

［4］贺正楚，吴艳. 战略性新兴产业的评价与选择［J］. 科学学研究，2011（5）：678-683.

［5］张良桥，贺正楚，吴艳. 基于灰色关联分析的战略性新兴产业评价：以生物医药为例［J］. 经济数学，2010（3）：79-84.

［6］郭克莎. 工业化新时期新兴主导产业的选择［J］. 中国工业经济，2003（2）：5-14.

［7］王昭. 区域主导产业选择理论综述［J］. 全国商情，2010（3）：26-27.

［8］胡书清. 可持续主导产业的特征［J］. 企业导报，2010（12）：128-129.

［9］刘勇. 工业支柱产业的综合评估与判定［J］. 重庆大学学报（社会科学版），2003（9）：43-46.

［10］汪克夷，董连胜. 基于因子分析法的省域支柱产业选择问题研究：以辽宁省为例［J］. 东北大学学报（社会科学版），2008（3）：220-225.

［11］唐中赋，顾培亮. 高新技术发展水平的综合评价［J］. 经济理论与经济管理，2003（10）：23-28.

［12］文先明. 高新技术产业评价体系与发展战略研究［M］. 北京：中国财政经济出版社，2006.

［13］史及传. 中国高新技术产业发展规律研究［M］. 北京：人民出版社，2007.

［14］唐中赋. 高新技术产业发展的评价研究［D］. 天津：天津大学管理学院，2003.

［15］刘勇. 区域经济发展与地区主导产业［M］. 北京：商务印书馆，2006.

［16］熊勇清，李世才. 战略性新兴产业与传统产业耦合发展的过程及作用机制探讨［J］. 科学学与科学技术管理，2010（11）：86-89.

［17］艾伯特·赫希曼. 经济发展战略［M］. 北京：经济科学出版社，1991.

［18］杨治. 筱原三代平的产业结构理论［J］. 现代日本经济，1982（4）：36-43.

［19］周振华. 产业结构优化论［M］. 上海：上海人民出版社，1992.

［20］江世银. 区域产业结构调整与主导产业结构研究［M］. 上海：上海人民出版社，2004.

［21］凌捷，苏睿. 后金融危机时代高新区战略性新兴产业发展研究［J］. 改革与战略，2010（6）：152-155.

［22］肖兴志，韩超，等. 发展战略、产业升级与战略性新兴产业选择［J］. 财经问题研究，2010（8）：40-47.

［23］朱瑞博. 中国战略性新兴产业培育及政策取向［J］. 改革，2010（3）：19-28.

［24］王利政. 我国战略性新兴产业发展模式分析［J］. 中国科技论坛，2011（1）：14-17.

［25］Luo Jingjing. China's IT Industry to Grow Faster in 2011-2015［EB/OL］. http：//4g-wirelessevolution. tmcnet. com/broadband-stimulus/news/2011/03/25/5402276. htm，2011-03-25.

［26］Jack Boorman. The Impact of the Financial Crisis on Emerging Market Economies：The Transmission Mechanism，Policy Response and Lessons［C］. India：Global Meeting of the Emerging Markets Forum，2009：1-16.

［27］W.W. Rostow. The Stages of Economic Growth：A Non-Communist Manifesto［M］. Cambridge：Cambridge University Press，1960.

［28］Feldman，Maryann，Lendel，Iryna. The Geographic Context of Emerging Industries［R］. North Carolina：Georgia Institute of Technology，2009.

企业进入、产业波动与就业增长

——基于面板 PDLS 模型和分位数回归模型的实证分析

谢 理[*]

一、问题提出

"十二五"时期，中国劳动年龄人口增长仍处于高峰期，城镇需要就业的劳动力年均达到 2500 万人，大学毕业生数量的年均增加规模约为 667 万人，而城镇年均新增就业岗位仅有 900 万个，[①] 供需不均衡的尴尬局面无疑会是未来很长一段时期内中国就业市场的主旋律。而金融危机的到来更是雪上加霜，使就业难问题再次被放大，逐渐成为大众、学者和政府关注的焦点，如何缓解日趋严重的就业压力就成为当下不得不思考的问题。令人诧异的是，在就业难大背景下呈现出的却是"用工荒"、"被就业"等虚假现象，这无疑是对中国就业问题的自讽之举，而并不意味着中国劳动力市场刘易斯拐点的到来。"十二五" 规划纲要中突出强调"就业优先战略"，根据国家统计局公布的就业数据可以发现，2003~2008 年制造业占总就业人数的比率都维持在 28% 左右，对就业增长的贡献率逐步弱化，且历来是就业"吸纳大户"的传统制造业已经趋于饱和，难以创造出更多的就业空间和机会，亟待寻找更具就业吸纳力的新产业来促进就业的持续增长。

就业增长的着力点应何去何从？在全球范围内掀起的战略性新兴产业发展热潮似乎是解决当前中国就业困境的一剂良药，而中国顺势提出的七大战略性新兴产业涵盖了众多的细分领域，吸纳就业的潜力是传统制造业难以匹敌的，可以想象战略性新兴产业可以成为下阶段中国就业市场的主力。中国处于产业结构调整和产业升级换代加速时期，正在从传统的制造业向高级服务业、战略性新兴产业等领域转变，如何更好地引导和促进企业进入战略性新兴产业就显得尤为重要。大量的企业进入战略性新兴产业是否会对就业市场产生积极的影响？这种影响究竟是短暂的还是长期的？对上述问题的回答有待通过本文的实证分析找到答案。本文内容安排如下：第一部分为问题提出；第二部分为相关文献综述；第三部分为数据来源与变量说明；第四部分为实证分析，通过多项式分布滞后模型估计了企业进入和产业波动对就业增长的影响；第五部分为稳健性检验；第六部分为全文的结语。

---

* 谢理，1987 年生，男，四川广安人，硕士研究生。研究方向：产业组织。
① 蔡昉. 我国就业形势的新特点. http://news.cntv.cn/20110421/101669.shtml，2011-04-21.

二、相关文献综述

产业组织理论认为，企业进入可以使产业保持竞争，促进产业效率的提高，实现最优的市场配置和长期的经济增长。近年来，关于企业进入对产业创新、竞争的研究不绝于耳，吸引了大量学者和政策制定者的注意力。在很长一段时期内，对于企业进入是否会对就业率的变化产生影响的研究仍相对较少。新企业的进入可以通过调节需求、技术和价格变化来间接影响就业市场。当然，企业进入并不一定能够带来就业率的提高，而是取决于多方面的环境，市场总量的增长可谓"功不可没"。Baptista、Escaria 和 Madruga（2008）认为，如果仅仅将企业进入当做保持市场机制充分运行和维持"适者生存"竞争法则的有效途径，而市场总量和潜力并没有发生变化，企业进入就难以促进就业率的高增长。企业进入与就业增长之间可能存在一个长期的动态关系，企业进入对就业增长的影响并没有一致的答案，通过对国外相关文献的研究分析，我们认为主要可能存在四种影响：①新企业进入会使产业效率提高、创新增加、劳动生产率提升，这在一定程度上可能会抑制劳动力的需求，导致就业机会的减少。②新企业进入能否创造大量的就业机会取决于是"替代效应"还是"真空效应"。① 如果由于新企业进入使得产业竞争激烈程度加剧，从而导致大量的不具有竞争力的在位企业退出，或者是新企业的建立仅仅是在位企业业务的拓展，这种就业效应的影响程度和范围就十分有限。③新企业进入对投入品的需求使得其他产业市场前景扩大，这无疑可以刺激相关产业链条就业机会的增加。④新进入企业与在位企业相比，由于在抗风险性、品牌依赖性、需求预期等因素上的劣势难以与在位企业抗衡，可以预期新企业进入后的存活率较低，因此，在短期内可能会有大量新企业选择退出产业，新企业进入对就业的供给效应是短暂的。当然，企业进入的就业效应需要关注不同类型的企业，Audretsch 和 Fritsch（2002）比较了关于选择新企业还是在位企业更为有利的相关文献，认为地区经济发展不可能仅仅依靠某一特殊类型的企业，而需要新企业和在位企业共同实现。该研究强调选择何种发展战略并不存在完全一致的答案，未来还有很多地方值得探讨。

大量的文献从地区层面检验了新企业进入率与后续的就业率增长是否存在正向的关系。部分国外学者通过经验研究支持新企业的建立与就业率的变化呈现出显著正向关系的假设，但也不可否认这种正向效应的程度会随着时间的变化而发生改变（Ashcroft 和 Love，1996；Reynolds，1994，1999；Acs 和 Armington，2004）。由于采用不同的方法和研究视角，不同的学者通过实证研究发现在企业进入和经济增长、就业增长之间并不存在完全的正向关系，而是存在不确定的模糊关系。Audretsch 和 Fritsch（2002）认为，大量的新企业成立对地区就业增长有显著影响。Van Stel 和 Storey（2004）指出，新企业的进入对现实经济中就业创造的贡献并不显著，新企业进入仅仅是替代了产业中的退出企业，并且新企业与老企业相比，其失败的可能性更大。Fritsch 和 Mueller（2004）利用滞后结构模型证实了企业进入对就业增长存在波浪形的影响方向，② 并强调新企业成立对经济增长的两种效应：直接效应和间接效应。通过模拟新企业进入对地区就业增长影响的滞后效

---

① "真空效应"：较低的产业存活率和较高的失败率使得市场出现了"真空"部分，这为新企业进入取代失败的企业提供了市场空间（Austin and Rosenbaum，1991）。

② 大量的跨国实证研究证实了波浪形假设的存在（Baptista 等，2008；van Stel 和 Suddle，2008；Fritsch 和 Mueller，2008；Acs 和 Mueller，2008；Arauzo Carod 等，2008；Mueller 等，2008；Carree 和 Thurik，2008），分别对波兰、荷兰、德国、美国、西班牙、英国、经济合作发展组织（OECD）等国企业进入与就业增长的关系进行了验证，得到了类似的结论。

应，发现新企业进入的就业效应在企业进入时影响很小，并且在前 6 年这种就业效应是负向的，直到第 8 年才达到正向就业效应的峰值，但第 10 年以后就业效应开始减退。进一步通过检验不同时期企业进入的就业效应，揭示了企业进入的间接供给效应会导致就业的正向增长。该研究证实了新企业进入的间接就业效应是企业进入与就业增长呈现出正向关系的主要原因，该研究的不足之处在于没有指出何种效应的作用更强。随着对就业问题研究地深入，Fritsch and Noseleit（2009）区分了直接效应和间接效应，并且从德国的分地区数据实证检验中得到新企业进入对就业的间接效应强于直接效应。

现有的实证研究大多选择将时间滞后效应纳入分析框架，以探讨企业进入产生的不同就业效应。由于不同的国家产业发展水平不同，并且企业进入与退出机制差异较大，因此，利用不同国家的数据可能会得出不同的结论，而单一国家数据得出的结论则更为可靠。Davidsson 等（1994）利用 1985~1990 年瑞士 80 个分地区劳动市场的数据测量了新企业的进入，认为企业进入和退出是瑞士各地区总就业和净就业增加的主要原因之一，并且企业进入对地区财富增加存在显著的影响。Borgman 和 Braunerhjelm（2007）利用瑞士 20 世纪 90 年代 70 个劳动市场区域的数据对企业进入与就业年均增长率的关系进行回归，其中控制了可能影响地区就业增长的地区变量，发现企业进入对地区就业增长有显著的正向影响，但这种影响相对于美国的地区就业效应更为微弱。Arauzo-Carod、Liviano 和 Martin（2008）利用西班牙制造业的数据实证检验了新企业形成与就业增长之间的相互关系。该研究将新企业形成的时间滞后变量作为解释变量分析其对就业变化的影响，探讨了新企业进入对就业增长产生影响的持续时间。最后得出结论认为，从短期和长期来看，企业进入的就业促进效应是正向的，但中期则表现为负向，并且证实了在其他国家发现的间接供给效应。Baptista、Escaria 和 Madruga（2008）利用 1982~2002 年葡萄牙的统计数据通过滞后模型调查了新企业成立的就业增长效应，并得出结论，认为新企业成立对随后的就业增长的间接效应强于直接效应，但值得注意的是，这种间接效应在新企业成立 8 年以后才会实现。通过研究结果可以知道，新企业成立对就业增长的滞后时间和程度效应依赖于新企业的类型（存活时间和企业规模）。

以上文献仅仅以某一产业为研究对象进行分析，而产业间的差异也可能会导致企业进入的就业效应不同。Andersson 和 Noseleit（2011）利用瑞典 1994~2004 年的地区数据通过滞后分布模型实证分析了企业进入对后续就业增长的影响。通过将总的就业效应分解为产业内和跨产业，分别分析企业进入可能产生的影响。最后得出结论认为，企业进入会同时影响不同产业的就业率变化，同一个部门的企业进入对就业增长有正向影响，而某产业的企业进入对其他产业就业增长的影响或是正向或是负向，取决于所研究的产业对象。与以往的研究不同之处在于，Andersson 和 Noseleit 将不同产业的就业效应进行了比较，包括制造业、低端服务业和高端服务业。他们不仅考虑了某一产业企业进入对该产业就业增长的影响，还分析了对其他产业就业增长的影响。该研究指出了部门间的差异、部门内的就业效应和跨地区特征都可能解释潜在的观测差异，这无疑为未来的研究提供了借鉴。

不同规模的企业创造就业机会的程度并不相同，但并不是企业规模越大创造的就业岗位就越多，大企业不再是美国就业供应的主要来源，中小型企业对就业的贡献率比重呈上升的趋势（Birch，1981；Haltiwanger，2006）。Zoltan 和 Mueller（2008）利用 1990~2003 年美国 320 个大城市的地区统计数据实证分析了企业进入活动对就业率变化的影响，与以往的研究将焦点集中于探讨控制变量的选择差异和信息不完全对企业进入和存活的影响不同，该研究进一步分析了企业异质性对就业效应的影响。研究发现，企业进入只对就业人数超过 20 但小于 500 的企业有长期的就业效应，并且这种影响只限于多样化的大都市。因此，我们认为企业类型和地区特征对地区就业增长的作用同样不能忽视。Fritsch（1997）利用德国 1986~1989 年的地区数据分析了新企业进入活动对下一期就业率变化的影响，发现企业进入率受到地区部门结构的显著影响。为了消除这种部门结构效应，该研究通过修正的企业进入率进行衡量，企业进入率呈现出明显的从核心地区向外围递减趋势。实证结果显示，企业进入活动的水平与就业率变化的关系较弱，并且是负向的影响。Mueller、Van-Stel 和 Storey（2008）使用 1980~2003 年英国 60 个地区的调查数据验证了企业进入对就业增长的影响存在三个阶段，而不是零影响或者负向影响。通过英格兰、苏格兰和威尔士三大区域的数据发现，不同规模的企业进入对地区就业增长的影响方向并不相同，对于英格兰的大型企业地区企业进入有正向的就业效应，而小型企业地区则是负向效应。

综上所述，国外的文献主要集中于分析制造业企业进入对就业增长的影响路径和方向，但产业发展并不仅仅关注企业进入，企业退出和产业波动同样不可忽视。Nystrom（2009）利用 1997~2001 年瑞士 42 个细分行业的数据，通过分位数回归分析了企业进入总数、企业净进入率和产业波动对就业增长的影响，发现企业进入和产业波动对高增长产业的就业增长有正向影响。该研究的不足之处在于，并没有考虑企业进入和产业波动对就业增长的滞后影响，这无疑会影响分析的准确性。从国内研究来看，尚没有对地区就业增长的影响因素全面分析的文献，更缺乏对企业进入与就业增长之间关系的探讨。本文的创新之处在于：①以战略性新兴产业为分析的着眼点，战略性新兴产业相比制造业具有更高的创新效率、产业增长率和就业带动力，对就业增长的影响程度更加明显；②利用多项式分布滞后模型可以更为清晰地看到企业进入对就业增长的短期影响和中长期影响；③不仅仅考虑了企业进入，还分析了产业波动对就业增长的影响。

三、数据来源与变量说明

（一）数据来源

从战略特征角度来看，高技术产业与战略性新兴产业对技术、资金、人才的要求是其他传统产业难以逾越的，是中国实现产业升级和经济增长不可或缺的重要一环，关系到下一阶段中国产业在国际市场的竞争力。高技术产业与新近提出的战略性新兴产业兼有新兴产业的发展规律，可以认为战略性新兴产业的范围涵盖了高技术产业的大部分领域。鉴于现阶段缺乏可以利用的战略性新兴产业相关数据，我们采用高技术产业的数据来近似反映战略性新兴产业同样具有可信性。本文使用的是中国 31 个省、市、区共计 10 年的高技术产业相关数据，时间跨度为 2000~2009 年，全部数据均来源于中经网统计数据库和《中国高技术产业统计年鉴》（2002~2010）以及 《新中国60 年统计资料汇编》。其中，企业进入、就业增长、产业波动、技术进步、企业规模和产业增长率指标来源于《中国高技术产业统计年鉴》，人均 GDP 增长率和地区工资水平来源于中经网统计数据库。为了剔除价格因素的影响，其中 R&D 经费内部支出和产业总产值通过工业品出厂价格指数进行平减，而人均 GDP 通过消费价格指数进行平减。

（二）变量说明

1. 就业增长率（Gre）

为了避免短期波动效应对就业率变化的影响，我们与 Fritsch（1997）的处理方法类似，选择滞后两年的就业变化率，即：

就业增长率 =（当期就业人数 − 滞后两期的就业人数）÷ 滞后两期的就业人数

图 1 分别为战略性新兴产业就业人数占地区就业人数的比率（EC）和滞后两期的就业增长率（Gre），可以看到 2000 年以来战略性新兴产业对就业的贡献整体上呈上升趋势，但所占比率仍然

较小；而就业增长率则呈现出一定的起伏，有升有降，2007 年以来更出现了小幅的下降，这可能与全球性金融危机带来的失业人数增加有关。

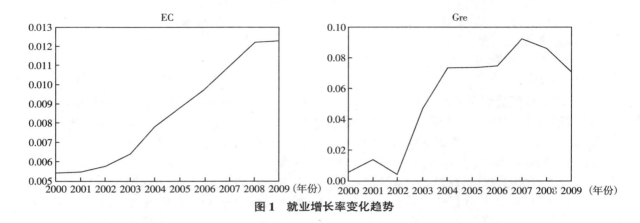

图 1　就业增长率变化趋势

2. 企业进入率（Tre）

企业进入应该从广义和狭义两个方面进行理解。从广义的角度来看，企业名称、所有权、位置的变更和行业的转换等企业标识的出现均可以视为企业进入。从狭义的角度来看，企业进入仅仅表现为行业内新企业的建立。企业进入行为的衡量可以通过不同的指标实现，但主要包括当年的企业数量、新企业进入数量、企业进入率、企业净进入率等，可以通过两种方式进行测算：①计算新企业的数量；②新进入企业的规模，如从业人员的数量（Fritsch，1997）。由于数据获取的限制，对新企业进入数量进行精确衡量比较困难，同时关于新企业规模的可靠数据难以获得，因此，需要通过更为合适的指标进行衡量。新企业进入率可以通过"生态法"和"劳动市场法"两种方法进行测量。① "劳动市场法"衡量企业进入率的公式可以表示为：

企业进入率 = 新企业数/就业人数

"生态法"衡量企业进入比率的公式可以表示为：

企业进入率 = 新企业数/在位企业数

考虑到现有的数据水平难以对新企业与在位企业数量进行有效区分，并且 Garofoli（1994）认为"劳动市场法"相对于"生态法"更为合适，因此，我们与 Van-Stel 和 Nieuwenhuijsen（2004）一致，采用"劳动市场法"来衡量企业进入率。通过就业人数来反映企业的进入存在一定的时滞效应，因此，我们将选择滞后一期的就业人数，调整后的企业进入率公式为：

企业进入率 = 当期新企业总数 ÷ 滞后 1 期的就业人数

3. 企业净进入（Nentry）

现有的统计资料只提供了中国每年高技术产业分行业和分地区的企业总数，为了更为准确地了解企业净进入，我们将采用 Chappell 等（1990）对企业进入数据进行衡量所采用的数据处理方法，即用当期企业总数减去上期企业总数，如果差值为正就保留，否则用零表示。

4. 产业波动（Tur）

企业是产业发展的核心力量，而企业的自由进入和退出是市场机制实现最优配置的重要动力。当然，过度的进入和过度的退出都不利于产业整体的成长与发展，因此，建立有效的企业进退机

---

① "生态法"即通过分地区在位企业的数量对新企业数量进行标准化，可以体现在位企业群体的多产能力；"劳动市场法"即所有劳动者都面临成为其他企业的雇员还是经营自身企业的抉择，由于新企业的进入位置一般位于建立者居住地的附近，因此，地区就业人数可以认为是衡量新企业进入的合适指标。

制就显得尤为必要。企业进入一方面将新技术、新思想和新模式引入，使得大量的企业可以利用创新技术进入市场；另一方面也会使得产业竞争加剧，增加在位企业的退出率，产业的进退效应会造成市场的波动，究竟是进入效应还是退出效应更有利于产业的创新和就业增长取决于两种效应的相互比较。由于缺乏衡量市场波动率的统一指标，我们在 Van Stel 和 Diephuis（2004）对产业波动指标的基础上进行修改，即：

产业波动 =（企业进入数 + 企业退出数）÷2

5. 其他控制变量

就业增长除了受到企业进入和产业波动这两个解释变量影响以外，显然还会受到产业环境和宏观环境的影响。我们选择的产业特征变量包括技术进步、企业规模、产业增长率，而宏观特征变量包括实际人均 GDP 增长率、地区工资水平。国内学者对于就业增长的探讨证实了经济增长、技术进步与就业增长之间的相互关系（陈桢，2008；龚玉泉和袁志刚，2002；姚战琪和夏长杰，2005），因此，我们将选择技术进步和经济增长作为控制变量。技术进步我们选择用《中国高技术产业统计年鉴》中的 R&D 经费内部支出来表示，一般来说，产业 R&D 投入越大，创新产出就越高，产业技术升级换代的更替时间就会越短，因此，可以在一定程度上反映技术进步。国内外学者对企业规模的衡量有多种方式，企业规模的衡量指标较为常用的是销售额、企业从业人员数和企业总资产三个指标，[1] 本文采用产业的平均资产值来表示企业规模变量（Cscale），即：

企业规模变量 = 产业总产值 ÷ 企业数量

产业增长率（Ridu）可以反映产业的发展状况和发展前景：

产业增长率 =（当期产业总产值 – 上一期产业总产值）÷ 上一期产业总产值

以上数据来源于《中国高技术产业统计年鉴》。人均 GDP 可以较好地体现宏观环境的变化情况，我们选择用地区人均 GDP 增长率来表示。地区工资水平会影响到失业或就业，失业可以分为自愿性失业和非自愿性失业，工人会基于工资水平选择自愿性失业，如果工资水平呈上升趋势，工人就会出于预期选择就业。地区工资水平（Wage）采用中经网统计数据库"在岗职工平均工资"来表示。

表 1　变量描述性统计

变量	符号	单位	Obs	Mean	Median	Max	Min
企业进入率	Tre	个/万人	309	0.103	0.062	1.095	−0.5580
企业净进入	Nentry	个	309	61.913	10.000	1477.000	0.0000
产业波动	Tur	个	309	33.384	8.000	738.500	0.0000
就业增长率	Gre	%	309	0.004	0.003	0.020	0.0010
产业增长率	Ridu	%	309	0.201	0.180	1.130	−0.3900
技术进步	R&D	万元	309	124569	27847	3105464	34.0290
宏观经济	Rpgdp	%	309	0.145	0.142	0.317	−0.0370
企业规模	Cscale	亿元/个	309	3.226	0.882	63.270	0.0434
工资水平	Wage	元	309	19021	16586	63549	6918

注：在下文估计中，R&D 和 Wage 采用的是取对数后的值，并且实际计算时百分数采用实际比值。

---

[1] 2003 年 5 月，国家统计局制定的《大中小型企业划分办法（暂行）》中将企业的"从业人员数"、"销售额"、"资产总额"三个指标作为企业规模的衡量指标。

四、实证分析

（一）基本模型

本文在分析地区就业增长的影响因素时引入了企业进入变量，而新企业的进入随着时间的推移可能产生跟随效应，因此，当期的企业进入会受到上一期的企业进入以及滞后 n 期的企业进入影响，并且随着时间的推移而逐渐弱化。但值得注意的是，滞后变量的引入可能会造成多重共线性问题，并且选择过多的滞后项会减少模型的自由度，因此，继续采用 OLS 模型可能会造成估计结果的偏误，我们将通过 Almon 多项式法对分布滞后模型进行估计，一般形式可表示为：

$$Y_i = \alpha + \beta_0 X_t + \beta_1 X_{t-1} + \beta_2 X_{t-2} + \cdots + \beta_s X_{t-s} + \mu_t \tag{1}$$

式中，β_i 为动态乘数，表示各滞后期 X 变动对 Y 平均值影响的程度。

通过表 2 可以发现，企业进入的滞后变量存在严重的共线性问题，国外的大量文献也都证实了多重共线性的存在（Fritsch 和 Mueller，2004，2007；Mueller 等，2007；Van-Stel 和 Suddle，2007）。图 2、图 3 分别揭示了当期的企业进入率与滞后 1 期和滞后 5 期企业进入率的散点图，随着滞后期的延长，相关性逐渐减弱。因此，通过分布滞后模型进行估计就更为合适。其一般形式可以变形为：

$$Y_t = \alpha + \sum_{i=0}^{s} \beta_i X_{t-i} + \mu_t \tag{2}$$

在确定最优滞后期后，利用阿尔蒙变换为：

$$\beta_i = \sum_{k=0}^{m} \alpha_k \cdot i^k \tag{3}$$

式中，i = 0，1，2，…，S（m < S）代入模型中来定义新变量以减少解释变量个数，再使用 OLS 法对变换后的模型进行参数估计。

表 2　企业进入的相关性检验

	Tre (t)	Tre (t-1)	Tre (t-2)	Tre (t-3)	Tre (t-4)	Tre (t-5)
Tre	1.0000					
Tre (t-1)	0.8614	1.0000				
Tre (t-2)	0.8097	0.8524	1.0000			
Tre (t-3)	0.8313	0.8081	0.8682	1.0000		
Tre (t-4)	0.8146	0.8163	0.8565	0.9250	1.0000	
Tre (t-5)	0.7292	0.7384	0.8129	0.8680	0.9060	1.0000

（二）模型建立

为了分析企业进入和产业波动对地区就业增长的影响，同时考虑到战略性新兴产业的典型特征，本文将在 Baptista Preto（2011）模型的基础上构建以下模型：

$$\Delta Gre_{i,t} = \alpha_0 + \beta_0 Tre_{i,t} + \beta_1 Tre_{i,t-1} + \cdots + \beta_n Tre_{i,-n} + \gamma X_{i,t} + \mu_{it} \tag{4}$$

$$\Delta Gre_{i,t} = \alpha_0 + \beta_0 Tur_{i,t} + \beta_1 Tur_{i,t-1} + \cdots + \beta_n Tur_{i,t-n} + \gamma X_{i,t} + \mu_{it} \tag{5}$$

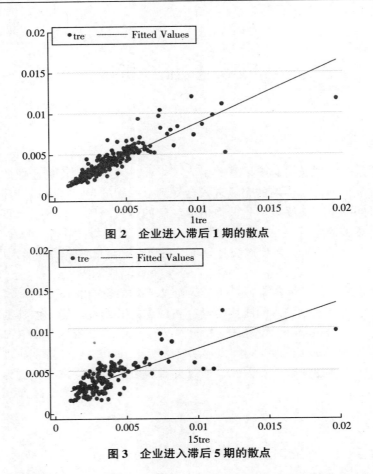

图2 企业进入滞后1期的散点

图3 企业进入滞后5期的散点

式中，i 为地区变量，t 为时间变量，就业增长率（ΔGre）为被解释变量，是地区 i 在第 t 年和第 t - 2 年的就业人数变化率，企业进入和产业波动是解释变量，$X_{i,t}$ 为控制变量（包括企业规模、产业增长率、技术进步、人均 GDP 和工资水平），$Tre_{i,t}$ 为随机误差项。关于模型中滞后期数的确定需要通过 AIC 准则、SC 准则和拟合优度值综合考虑，为了分析企业进入和产业波动对就业增长的长期影响，滞后期数取值应该较长，但考虑到战略性新兴产业发展时间较短并且初具规模，我们仅仅只考虑了 10 年的数据，因此，最终将 n 值确定为 5。

（三）估计结果解释

表3 面板 PDLS 模型估计结果（自变量：企业进入）

	Almon 估计多项式阶数		
	2	3	4
α_0	-20.375*** (-5.527)	-20.397*** (-5.339)	-17.264*** (-3.126)
α_1	-11.432*** (-9.860)	-11.988*** (-4.719)	-5.753 (-0.998)
α_2	6.287*** (9.042)	6.017*** (2.641)	1.374 (0.385)
α_3		0.171 (0.162)	-1.869 (-0.946)
α_4			0.951 (1.355)
Tre (t)	27.637*** (3.942)	26.282* (1.717)	29.908** (1.885)
Tre (t-1)	-2.656 (-0.564)	-2.563 (-0.593)	-7.317 (-1.142)
Tre (t-2)	-20.375*** (-5.527)	-20.398*** (-5.339)	-17.264*** (-3.126)
Tre (t-3)	-25.521*** (-7.883)	-26.197*** (-3.879)	-22.560*** (-2.817)

续表

	Almon 估计多项式阶数		
	2	3	4
Tre（t–4）	–18.093*** （–5.341）	–18.938*** （–2.278）	–23.0003*** （–2.923）
Tre（t–5）	1.908 （0.368）	2.405 （0.962）	4.455 （1.416）
Cscale	0.003*** （5.185）	0.003*** （3.369）	0.002*** （2.387）
Log（R&D）	–0.003 （–0.433）	–0.004 （–0.483）	0.000 （0.036）
Rpgdp	0.503*** （0.503）	0.489*** （4.860）	0.673*** （3.325）
Ridu	0.138*** （2.687）	0.139*** （2.610）	0.128*** （2.826）
Log（Wage）	0.134** （2.002）	0.140* （1.873）	0.137** （2.003）
时间虚拟变量	是	是	是
F	4.575***	4.429***	4.404***
Adj –R²	0.488	0.483	0.487
Obs	155	155	155

注：①＊、＊＊、＊＊＊分别表示在10%、5%和1%的统计显著性水平；②小括号内为 t 值；③时间虚拟变量取值为2007年、2008年和2009年；④由于考虑了时间和地区效应，采用固定效应模型进行估计。

表3、表4分别列出了多项式阶数为2、3、4时，企业进入、产业波动与就业增长的多项分布滞后模型估计结果，可以看到企业进入与就业增长都呈现出"S"形的变化趋势，而产业波动与就业增长都呈现出先增后减的变化趋势，但通过估计系数的显著性以及 Log-likelihood 值知道多项式阶数为2时模型更适合，F 统计量的显著性也说明了估计结果的可靠性，因此，我们可以得到以下结论：

（1）企业进入对就业增长的直接效应在 t=0 期表现为显著的正向关系，但从 t–1 到 t–4 期企业进入对就业增长的影响开始变为负向，到 t–5 期又转变为正向影响，可以看到企业进入对就业增长的影响整体上呈现出波浪形变动趋势，这与 Fritsch 和 Mueller（2004，2007）及 Mueller 等（2007）的研究结论一致。在企业进入的初期，由于企业数量的增加会导致劳动力需求增加，就业增长的直接效应可以认为是短期的需求效应引致的。但随着企业的大量进入，产业的竞争加剧，新进入企业在新技术上的后动优势使其在产业竞争中占据有利地位，这无疑会导致大量的在位企业缺乏竞争力而面临倒闭的风险，进而退出率会相应上升，就业机会也会随之降低，因此，企业进入的替代效应和拥挤效应降低了就业率的增长。在 t–5 期，企业进入对就业增长的影响呈现出较弱的正向关系，这可能是由于企业进入对就业增长的间接供给效应和正向的溢出效应引致的，新企业进入带来的创新效率提升和产品多样化促进了后期就业的增长。可以发现，对于战略性新兴产业而言，企业进入对就业增长的替代效应和拥挤效应较为明显，企业进入的直接效应强于间接供给效应，这也与 Fritsch 和 Mueller（2004）认为的企业进入对就业增长的间接效应强于直接效应相悖，当然，由于选择的产业差异和国家差异可能会使结论有所差异。

（2）从表3的估计结果可以看到，技术进步与地区就业增长呈现出负向关系，技术进步每增加1个百分点，就业增长率就降低0.3个百分点，但没有通过显著性检验。从理论层面来看，技术进步对就业增长的影响并不确定，一方面由于产业技术进步引起劳动生产率和产业效率的提高，对劳动力的需求压力减小，并且中国产业正处于转型时期，正在从劳动密集型向技术密集型产业过渡，这无疑会使就业环境恶化；另一方面技术进步降低了产业技术壁垒，放宽了产业准入标准，这会促使大量中小企业进入，而中小企业是中国吸纳就业的主力军，无疑会增加对劳动力的需求。战略性新兴产业对高技术、高创新效率的要求，使产业技术进步速度较其他产业更快，而大量传统企业难以紧跟技术进步的步伐，企业退出率会相应增长，因此，技术进步对就业增长可能会有负向的影响。

（3）工资水平与就业增长呈显著的正相关，工资水平每提高1个百分点，就业增长率就提高13.4个百分点。学术界对工资与就业之间关系的争论从未停止过，大量的实证研究通过不同的数据和模型证明了工资与就业之间的关系并不确定。随着工资水平的增加，工人的消费能力和有效需求力就会提高，这会促进新企业进入战略性新兴产业，进而创造出大量的就业机会。

（4）产业增长率与就业增长呈正向关系，并且通过了1%的显著性检验。从产业生命周期来看，战略性新兴产业正处于兴起和成长阶段，新兴产业的高风险特征会抑制企业进入步伐，而产业的增长可以反映产业的市场前景，产业增长率越高，市场容量越大，企业进入的吸引力越强，就业的机会空间扩大。

（5）实际的人均GDP增长率对就业增长有显著的正向影响，人均GDP增长率每提高1个百分点，就会使就业率增加0.503个百分点。经济增长与就业增长是宏观经济调控的主要目标，其相互关系也一直是学界探讨的重要领域，但都难以得到一致的结论。战略性新兴产业在国际市场上具有较强竞争力，是中国未来出口贸易的重点方向，受宏观经济环境的影响较明显。宏观经济环境会对进出口贸易产生重要影响，进而对企业投资决策和进入决策产生影响。经济环境的好坏会通过影响出口企业进而影响到就业环境的改善，宏观环境越好，企业的进入率就会提高，就业机会也会相应的增加，而宏观环境恶化则会增加企业的破产和退出率，进而抑制就业机会的增加。近年来，中国经济保持了长期稳定的增长率，在很大程度上促进了就业率的提高，这也解释了人均GDP增长率与就业增长呈现显著的正向关系的原因。

（6）企业规模对就业增长有显著的正向影响，并且通过了1%的显著性检验。随着企业规模的扩大，企业部门和产品研发人员以及生产线都会相应的增加，企业对劳动力的需求也会随之增加，因此，企业规模有助于地区就业增长。战略性新兴产业正处于发展初期阶段，政府是产业发展的主导力量，大型国有企业更是产业发展初期的先行者，为就业增长提供了广阔的就业空间。

表4　面板PDLS模型估计结果（自变量：产业波动）

	Almon 估计多项式阶数		
	2	3	4
α_0	3.76E–05* (–1.624)	–6.25E–05 (–0.682)	–5.75E–05 (–0.571)
α_1	–0.0002*** (–6.229)	–9.66E–05 (–0.929)	6.57E–05 (0.252)
α_2	5.56E–05*** (3.803)	9.66E–05* (1.822)	4.34E–06 (0.041)
α_3		–2.26E–05 (–0.984)	–7.40E–05 (–0.991)
α_4			2.24E–05 (0.835)
Tre (t)	0.001*** (6.565)	0.001*** (4.865)	0.001*** (5.145)
Tre (t–1)	0.0003*** (7.200)	0.0001 (1.284)	–2.2E–05 (–0.073)
Tre (t–2)	3.8E–05* (1.624)	–6.2E–05 (–0.682)	–5.8E–05 (–0.572)
Tre (t–3)	–0.0001*** (–3.138)	–8.5E–05 (–1.473)	–3.9E–05 (–0.564)
Tre (t–4)	–0.0001*** (–2.541)	–5.0E–05 (–0.356)	–0.0001 (–1.067)
Tre (t–5)	–6.7E–05 (–0.635)	–9.4E–05 (–1.109)	–1.7E–06 (–0.017)
Cscale	–0.0004 (–0.520)	–0.001 (–1.151)	–0.001 (–0.907)
Log (R&D)	–0.035*** (–3.487)	–0.037*** (–3.477)	–0.037*** (–3.413)
Rpgdp	0.399 (0.971)	0.400 (0.876)	0.427 (0.954)
Ridu	0.052 (0.865)	0.046 (0.721)	0.041 (0.717)
Log (Wage)	0.287*** (3.240)	0.275*** (2.964)	0.279*** (3.062)
时间虚拟变量	是	是	是
F	3.012***	2.961***	2.892***

续表

	Almon 估计多项式阶数		
	2	3	4
Adj – R²	0.349	0.348	0.346
Obs	155	155	155

注：①＊、＊＊、＊＊＊分别表示在 10%、5% 和 1% 的统计显著性水平；②小括号内为 t 值；③时间虚拟变量取值为 2007 年、2008 年和 2009 年；④由于考虑了时间和地区效应，采用固定效应模型进行估计。

从表 4 的估计结果我们可以得出以下结论：

（1）产业波动对就业增长呈现出先增后减的变化趋势，在 t 期至 t-2 期为显著的正向影响，但影响程度逐渐减弱，从 t-3 期到 t-5 期影响方向开始转变为负向，但 t-5 期的显著性明显降低。企业进入可以创造大量的就业机会，而企业退出则会抑制就业的增长，产业波动对就业增长的影响方向则需要权衡进入和退出的对比作用。在战略性新兴产业发展的兴起阶段，得益于企业对先动优势的追逐，产业中的企业进入数量呈现上升趋势，企业进入对就业增长的正向影响明显强于企业退出对就业的负向影响。但随着时间的推移，大量老企业逐渐退出市场，就业的容纳空间缩小，产业逐渐向饱和状态发展，企业进入和企业退出对就业的影响程度随之减弱，到 t-5 期开始逐渐消失。

（2）在产业波动对就业增长影响的模型中，除企业规模变量外，其他控制变量的影响方向与表 3 的估计结果一致。企业规模与就业增长呈现出负向关系，但并没有通过显著性检验，这与 Nystrom（2009）的结论相同。这可以从中国战略性新兴产业发展的现实状况来理解，现阶段尚缺乏具有全球性影响力的、具有较强产业主导力和较大就业带动力的千亿元规模型企业，企业规模对就业增长的促进作用并不明显。值得注意的是，在产业波动环境下，人均 GDP 和产业增长率对就业增长的正向促进作用并不显著，这可能是由于产业波动的强度越大，企业进入的积极性就越弱，而产业退出的可能性就会增加，人均 GDP 和产业增长率对就业增长的影响也就相应降低。

五、进一步检验及稳健性测试

考虑到异常值和极端值对模型估计结果的影响，[①] 同时处理非正态分布问题，我们建立了面板分位数回归模型：

$$Q_\theta \left(Gre_{i,t} \mid Tre_{i,t}, X_{i,t} \right) = \tilde{\alpha} + \sum_{s=0}^{5} \tilde{\beta}(\theta)_s Tre_{i,t-s} + \tilde{\gamma}(\theta) X_{i,t} + \tilde{\mu}_i \qquad (6)$$

式中，θ 为分位点（$0 < \theta < 1$），θ 取值的变化会使待估参数值发生改变，$\tilde{\alpha}$、$\tilde{\beta}$、$\tilde{\gamma}$ 分别为待估系数。从表 5 和表 6 的估计结果来看，在不同的分位点上企业进入与就业增长呈现出 S 型变化趋势，而产业波动与就业增长呈先增后减的变化趋势，这与多项式分布滞后模型的估计结果一致。但值得注意的是，在不同的分位点上企业进入对就业增长的负向效应影响时滞并不相同，在 $\theta = 0.25$ 和 $\theta = 0.5$ 时负向作用从第三期开始，而 $\theta = 0.9$ 时负向影响从第四期开始。通过分位数回归模型，我们可以看到，企业进入在就业增长的不同水平下，对就业增长的分布会产生不同影响，但并没有改变波浪形的变化趋势。

---

① Angrist 等（2006）异常值或极端值可能会影响因变量的条件期望值，但不会影响因变量的总体条件分布。

表 5　面板分位数回归估计结果（自变量：企业进入）

	就业增长			
	Q0.25	Q0.5	Q0.75	Q0.9
Tre	5.16 (1.22)	3.019 (0.55)	8.085 (0.73)	48.20*** (3.43)
Tre (t−1)	0.12 (0.03)	−2.918 (0.47)	1.106 (0.09)	41.69*** (2.44)
Tre (t−2)	−8.20* (−1.77)	−11.61*** (−2.168)	−11.85 (−1.35)	7.54 (0.54)
Tre (t−3)	−12.87*** (−2.23)	−16.85*** (−3.34)	−21.71*** (−3.31)	−27.19*** (−2.80)
Tre (t−4)	−6.98 (−1.18)	−12.44*** (2.38)	−19.39*** (−2.96)	35.44*** (−4.11)
Tre (t−5)	16.38 (1.68)	7.817 (0.81)	4.194 (0.38)	9.87 (0.72)
时间	是	是	是	是
Pseudo R²	0.24	0.26	0.2	0.31
Obs	155	155	155	155

注：①＊、＊＊、＊＊＊分别表示在 10%、5% 和 1% 的统计显著性水平；②小括号内为 t 值；③时间虚拟变量取值为 2007 年、2008 年和 2009 年；④由于考虑了时间和地区效应，采用固定效应模型进行估计。

表 6　面板分位数回归估计结果（自变量：产业波动）

	就业增长			
	Q0.25	Q0.5	Q0.75	Q0.9
Tre	0.0005 (1.09)	0.001** (2.21)	0.001*** (7.74)	0.001*** (5.98)
Tur (t−1)	0.0004 (1.39)	0.001** (2.12)	0.001*** (6.17)	0.001*** (5.31)
Tur (t−2)	0.0001 (1.33)	0.0003 (1.47)	0.0003*** (2.50)	0.001** (1.97)
Tur (t−3)	−9.0E−05 (−0.42)	−4.1E−05 (−0.37)	−0.0001 (−1.49)	−2.1E−05 (−0.09)
Tur (t−4)	−0.0002 (−0.79)	−0.0002** (−2.01)	−0.0003*** (−3.54)	−0.0004*** (−2.85)
Tur (t−5)	−7.0E−05 (−0.73)	−0.0002 (−1.42)	−0.0002 (−1.32)	−0.001*** (−2.34)
时间	是	是	是	是
Pseudo R²	0.21	0.24	0.23	0.23
Obs	155	155	155	155

注：①＊、＊＊＊、＊＊＊分别表示在 10%、5% 和 1% 的统计显著性水平；②小括号内为 t 值；③时间虚拟变量取值为 2007 年、2008 年和 2009 年；④由于考虑了时间和地区效应，采用固定效应模型进行估计。

为了进一步证实本文实证结果的稳健性，我们通过使用相同经济含义的替代变量进行验证。我们选取了"滞后 1 期的就业增长率"（Demp）作为就业增长的代理变量，以"企业净进入"（Nentry）作为企业进入的代理变量，与 Van-Stel 和 Diephuis（2004）类似，用"企业进入与企业退出数量的总和"（Tur2）作为产业波动的代理变量，可以发现结论依然成立。对于控制变量，我们将"专利申请数的自然对数"（Log（Pat））作为技术进步的代理变量，产业增加值的自然对数（Dscale）作为产业增长率的代理变量，以"实际的人均 GDP 的自然对数"（Log（pgdp））作为宏观环境的代理变量，重新对模型进行估计，同样可以发现基本结论依然成立。限于篇幅的限制，我们只列出了替换因变量和自变量后的估计结果，具体如表 7 所示。

表 7　替代变量的面板 PDLS 模型估计结果

	Almon 估计多项式阶数		
	4		
Demp (t)	0.0004*** (4.963)	Tur2 (t)	0.0004*** (3.861)
Demp (t−1)	−3.7E−05 (−0.218)	Tur2 (t−1)	0.0002*** (3.297)
Demp (t−2)	−4.1E−05 (−0.722)	Tur2 (t−2)	7.1E−05 (1.095)
Demp (t−3)	−1.0E−06 (−0.034)	Tur2 (t−3)	−7.4E−06 (−0.125)
Demp (t−4)	−2.7E−05 (−0.448)	Tur2 (t−4)	−5.7E−05 (−0.729)

续表

	Almon 估计多项式阶数			
	4			
Demp（t−5）	1.1E−05（0.209）	Tur2（t−5）		−0.0001***（−4.407）
时间虚拟变量	是	是		是
F	2.708***	2.961***		2.892***
Adj − R²	0.343	0.348		0.346
Obs	155	155		155

注：①＊、＊＊、＊＊＊分别表示在10%、5%和1%的统计显著性水平；②小括号内为t值；③时间虚拟变量取值为2007年、2008年和2009年；④由于考虑了时间和地区效应，采用固定效应模型进行估计。

六、结论及启示

本文首次以战略性新兴产业为分析背景，考虑了可能影响地区就业增长的微观因素和宏观因素。并利用中国2000~2009年31个省、市、区的面板数据，通过面板PDLS模型和分位数回归模型实证检验了企业进入和产业波动对就业增长的影响。研究结果表明，企业进入与地区就业增长呈现出波浪形的变化趋势，从短期和长期来看，企业进入对就业增长有正向的促进作用，但从中期来看则表现为负向影响。产业波动与就业增长呈现出先增后减的变化趋势，在短期内产业波动可以促进就业增长，长期内则会抑制就业增长。就业难问题的持续扩大不仅仅会影响社会和谐的全局，更会影响到中国经济的可持续发展，战略性新兴产业的发展可以预期在很大程度上缓解就业压力，增加就业机会。当然，战略性新兴产业要成为未来一段时期内中国就业增长的核心力量，政府政策的制定应该尊重市场选择机制，降低行政性准入壁垒标准对企业进入的消极影响，建立公平的市场进入环境和完善的产业组织政策，形成合理的企业进入与退出机制。企业进入与地区就业增长存在波浪形的变动趋势，政府强制性的促进或者阻止企业进入可能会适得其反，使企业进入对就业增长的间接供给效应"失灵"，甚至可能抑制社会福利的提高，政府需要相机的选择促进企业进入的激励措施。企业进入的盲目性可能会增加企业的退出率，降低其他企业的进入"热情"，这无疑会抵消企业进入所创造的就业效应，因此，企业在进入战略性新兴产业时需要通过大量的市场前期考察并结合自身条件"量力而行"，选择进入更为适宜的细分领域，真正地成为就业增长的新动力。

由于难以获取更为细致的相关数据，本文研究对企业进入和产业波动指标的衡量并不完善。企业类型（存活时间和企业规模）和地区类型（富裕地区和贫困地区）的差异对就业增长的影响同样也不可忽视，但本文并没有对其进行分析，这无疑可以成为未来的研究领域和方向。

参考文献

[1] 龚玉泉，袁志刚.中国经济增长与就业增长的非一致性及其形成原理 [J]. 经济学动态，2002（10）.

[2] 姚战琪，夏长杰. 资本深化、技术进步对中国就业效应的经验分析 [J]. 世界经济，2005（1）.

[3] 陈桢. 经济增长与就业增长关系的实证研究 [J]. 经济学家，2008（2）.

[4] Andersson，Florian Noseleit.Start−ups and Employment Dynamics within and across Sectors [J]. Small Business Economics，2011（36）：461−483.

[5] Angrist J.，Chernozhukov V. and I. Fernandez Val.Quantile Regression Under Mis specification，with An

Application to the U S Wage Structure [J]. Econometrica, 2006 (74): 539-563.

[6] Arauzo-Carod, J. M. Solis, D. L. and Martin-Bofarull M. New Business Formation and Employment Growth: Some Evidence for the Spanish Manufacturing Industry [J]. Small Business Economics, 2008 (30): 73-84.

[7] Baptista R., Escaria V. and Madruga P.Entrepreneurship, Regional Development and Job Creation: The Case of Portugal [J]. Small Business Economics, 2008 (30): 49-58.

[8] Baptista R., Preto M. T. New Firm Formation and Employment Growth: Regional and Business Dynamics [J]. Small Business Economics, 2010, 36 (4): 419-442 .

[9] Birch, D. L.Who Creates Jobs? [J]. The Public Interest, 1981 (65): 3-14.

[10] Chappetl, William F., Mwangi S. Kimenyi and Walter J. Mayer .A Poisson Probability Model of Entry and Market Structure with an Application to U S Industries during 1972-1977 [J]. Southern Economic Journal, 1990 (56): 918-927.

[11] Folster S. Do Entrepreneurs Create Jobs? [J]. Small Business Economics, 2000, 14 (2): 137-148.

[12] Fritsch M. How Does New Business Formation Affect Regional Development? Introduction to the Special Issue [J]. Small Business Economics, 2008 (30): 1-14.

[13] Fritsch M., Mueller P. Effects of New Business Formation on Regional Development over Time [J]. Regional Studies, 2004 (38): 961-975.

[14] Fritsch M., Noseleit F.Investigating the Anatomy of the Employment Effects of New Business Formation [C]. Jena Economic Research Papers, 2009 (1): 1-32.

[15] Fritsch. New Firms and Regional Employment Change [J]. Small Business Economics, 1997 (9): 437-448.

[16] Garofoli G. New Firm Formation and Regional Development: The Case of Italy [J]. Regional Studies, 1994 (28): 381-393.

[17] Haltiwanger J. Entrepreneurship and Job Growth [C] . Paper Presented at the Ewing Marion Kauffman-Max Planck Conference on Entrepreneurship and Economic Growth, 2006, 10 (1).

[18] Josep Maria Arauzo Carod, Daniel Liviano Solis and Monica Martin Bofarull. New Business Formation and Employment Growth: Some Evidence for the Spanish Manufacturing Industry [J]. Small Business Economics, 2008 (30): 73-84.

[19] Kristina Nystrom. Entry, Market Turbulence and Industry Employment Growth [J]. Empirica, 2009 (36) 293-308.

[20] Mueller P., Van Stel A. and Storey D. J.The Effects of New Firm Formation on Regional Development over Time: The Case of Great Britain [J]. Small Business Economics, 2008 (30): 59-71.

[21] Pamela Mueller, Andre van Stel and David J. Storey. The Effects of New Firm Formation on Regional Development over Time: The case of Great Britain [J]. Small Business Economics, 2008 (30): 59-71.

[22] Persson H. The Survival and Growth of New Establishments in Sweden 1987-1995 [J]. Small Business Economics, 2004 (23): 423-440.

[23] Rui Baptista, Vitor Escaria and Paulo Madruga. Entrepreneurship, Regional Development and Job Creation: the Case of Portugal [J]. Small Business Economics, 2008 (30): 49-58.

[24] Rui Baptista, Miguel Torres Preto. New Firm Formation and Employment Growth: Regional and Business Dynamics [J]. Small Business Economics, 2011 (36): 419-442.

[25] Van Stel A., Suddle K.The Impact of New Firm Formation on Regional Development in the Netherlands [J]. Small Business Economics, 2008 (30): 31-47.

[26] Zoltan J. Acs and Pamela Mueller. Employment Effects of Business Dynamics: Mice, Gazelles and Elephants [J]. Small Business Economics, 2008 (30): 85-100.

海洋经济领域的战略性新兴产业发展案例[*]

——日本的深层海水产业化发展

丁　娟　纪玉俊[**]

　　在石油和陆地矿产日益衰竭的背景下，深海作为资源宝库受到人们的关注和重视。除了深海油气田的商业开发外，深层海水以其低温性、清洁性、营养性成为备受瞩目的重要绿色经济资源。目前，日本是国际范围内对深层海水进行产业化开发最成功的国家。本文首先介绍了深层海水的定义与特征，然后从深层海水取水设施建设、多元化产业发展领域以及国家创新系统建设三个角度分析日本深层海水产业化发展的特点与最新动向，以期对中国海洋资源的开发与战略新兴产业培育起到一定的启发和借鉴作用。

一、深层海水的定义与特征

　　地球上总储水量的97%是海水，深层海水大约占93%。随着人类经济活动的活跃与地球资源的枯竭，深层海水作为一种清洁的、可循环使用的重要经济资源受到人们的关注和重视。

　　深层海水或者海洋深层水，对应的英文名称为 Deep Ocean Water 或 Deep Sea Water，是指自大陆架到海面上太阳光照射不到的深度位置的海水，目前并没有明确的定义，一般是指深度200米以下的海水。

　　深层海水含有大量氮、磷、硅等无机营养盐。由于没有充分的光照，生活在深层海水中的生物几乎不会发生光合作用，浮游生物所必需的氮、磷、硅等无机营养盐，未经消耗而被蓄积在海水之中。此外，在长年不见阳光的深海，温度低而稳定。海水中均匀含有60多种矿物质，历经千百年的岁月流逝，海水中各种成分相对稳定。

　　目前，世界上开发和利用深层海水的国家和地区有美国、日本、挪威、韩国和中国台湾省。其中，美国是最早开发利用深层海水的国家。1974年，美国在夏威夷建立了一个州立自然能源研究所，开始从理论上探讨对海洋深层水的利用。从1980年起，美国开始利用深层海水与表面海水的温差进行发电，然后又进行了小规模的海藻类和深海鱼类养殖实验。日本对于海洋深层水的利用开发起步较晚，但发展很快，产业化做得最成功。挪威对深层海水的研发则是偏重于环保思维，

---

　　[*] 国家社科基金项目"资源环境约束下的中国海洋产业发展研究"（项目编号：09BJY041）；中央高校基本科研业务费专项资金资助项目"中国海洋产业技术创新路径、模式与绩效评价研究"（项目编号：82421191）。

　　[**] 丁娟，1976年生，女，中国海洋大学经济学院讲师，复旦大学博士（2001~2004年）、博士后（2004~2006年）。研究领域：海洋经济、技术创新。纪玉俊，1975年生，男，中国海洋大学经济学院讲师。研究领域：产业经济。

表1　深层海水的特性总结

特性	特征解释	产生原因
低温稳定性	水温比海面表层低很多（一般在1℃~9℃），且常年无变化	海面200米以下，终年阳光无法穿透
富营养性	与表层的海水相比，含有更多植物性生长所必需的氮、磷、硅等无机营养盐	生活在深层水中的海洋生物几乎不会发生光合反应，浮游生物生长所必需的氮、磷、硅、硝酸等无机营养盐，未经消耗而被蓄积在海水之中
清洁性	不受大陆水源中的大肠杆菌及一般细菌污染，不受陆地及大气化学物质之污染	由于深度限制，远离陆地污染源；无光合作用，以进行光合作用的有机物为营养来源的细菌和病原菌也很难繁殖
富含矿物质	富含60多种人体需要的微量元素和矿物质，包括钙、铁、碘、镁、锌、铜、硒、锰、铬、矽、锶、磷等	对海底岩石及沉积物的溶解、海水运动、路上河流流入等多种原因

资料来源：笔者根据海洋水文、地质等相关研究文献整理。

进行利用深层海水之特性减少大气中二氧化碳以达到减缓温室效应的研究。中国台湾省效仿日本模式，自2005年以后也开始大规模推进深层海水的产业化研发和应用。中国台湾学者称深层海水产业是继天然资源（黄金）、石油（黑金）及环保产业（绿金）之后，21世纪引人注目的"蓝金"。

二、日本深层海水产业化发展的动向分析

日本是世界上深层海水产业化发展最为成功的国家。日本政府在1971年成立国家海洋科学技术中心，着手进行深层海水产业化利用的技术研究，商业化开发始于1986年，相关产品如饮料水、化妆水、深海藻类等在1996年面市。之后日本在高知、富山、冲绳、北海道等地相继建立了16所深层海水探取基地。2007年，与深层海水相关的产品销售额达到400多亿日元。本文从取水设施建设、产业化领域分布、技术创新研发系统等角度对日本深层海水产业化发展的特点与动向进行分析。

（一）日本深层海水的取水设施建设

在日本，开发深层海水的地区从北到南都有。截至2009年5月，日本共建设了16处深层海水取水分水设施（见图1）。

图1　日本深层海水取水设施位置

资料来源：日本海洋深层水协会网站，http://www.npojadowa.net/。

高知县是全日本最早开发深层海水的地区，也是日本最优质的深层海水之一。日本政府于1989年在高知县室户市三津地区铺设了第一条深层海水取水管线，并开始对深层海水清洁性用途的商业开发。1995年10月开始向民间供水，有关深层海水的衍生产品如饮料、化妆品、沐浴品、日本酒、酱油、面包等也开始陆续开发上市。1996年，高知县的深层海水营业额为1.6亿日元；2000年，迅速增长到100亿日元；2007年，高知县与深层海水相关的产品销售额达到150亿日元。

富山县是日本最重要的深层海水研发重镇。2004年4月，在日本水产厅支援开发计划的资助下，日本在富山县高冈地区铺设了深层海水取水管道，生产经过加工处理的五种水（深海海水原水、经渗透处理的淡水与浓缩盐水、经电子透析处理的淡水与浓缩盐水）。目前高冈地区已经拥有4座工厂、2座水产品养殖基地、1个研究所，此外还有世界上第一个利用深层海水的综合医疗设施，以及各种民间经营的利用深层海水的医疗、宾馆和住宅设施，与富山县的高等院校一起组成了日本最重要和规模最大的深层海水研究基地。

冲绳县的2条深层海水取水管线是目前日本日产能最大的取水管，该管线于2000年6月在冲绳县久米岛铺设，日取水能力达到13000立方米。提取上来的深层海水主要用于虾类的种苗养育以及叶类蔬菜的种植技术改良。

表2　日本深层海水三个主要取水点的规模比较

高知县			富山县			冲绳县		
完工日期	取水量（m³/日）	取水深度（m）	完工日期	取水量（m³/日）	取水深度（m）	完工日期	取水量（m³/日）	取水深度（m）
1989年	920	320	1994年	3000	321	2000年	13000	612
1994年	920	320	2001年	2400	389			
2000年	4000	374						

资料来源：笔者根据高知县、富山县、冲绳县海洋深层水研究所网站相关数据资料整理。

（二）日本深层海水的多元化产业发展领域

日本对深层海水的开发利用是从对海水进行脱盐、制取饮用水开始的，并逐渐扩大到利用深层海水高纯度的特性制造饮料、食品、化妆水以及用于健康医疗和深海水产种苗的培育，其多元化的产业化分布领域如表3与图2所示。

表3　日本深层海水的产业化利用领域

领域	利用的范围	目前日本的产业化实用案例
水产业	①鱼贝类的养殖、蓄养、种苗生产 ②水产品的卫生管理 ③水产加工品的生产 ④渔场的肥沃化	①冷水性动物的周年饲育 ②优秀种苗的生产、幼鱼的养殖 ③海藻类的培养 ④鱼贝类利用深层水来水洗或制冰保存 ⑤渔港、渔船设施的卫生管理
食品	①各种健康饮料水、酒等生产 ②供各种食品加工业利用 ③脱盐水、浓缩海水、食盐等生产	①供健康食品、健康饮料、酒类、果汁、酱油、豆腐、腌渍品、糕饼、面包等食品生产使用 ②食用盐的生产
农业	①农产品的低温储藏 ②低温利用农作物的栽培 ③农作物的生产、出货时期的控制	①高山蔬菜、花卉等的栽培、出货期的调整 ②种苗、球根等发芽期的控制 ③蔬菜保存用鲜度液
健康美容医疗业	①化妆品的生产 ②海洋疗法 ③医药用药剂生产	①化妆水、保湿用面霜 ②海洋疗法（Thalassotherapy） ③医药外伤用品的生产 ④过敏性皮肤炎的治疗

续表

领域	利用的范围	目前日本的产业化实用案例
能源	①建筑物的冷房 ②工厂、发电场等的冷却用水 ③海洋温差发电	①海洋温差发电

资料来源：根据日本北海道海洋深层水研究所相关数据资料等整理。

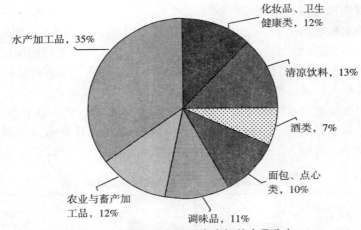

图2 日本2007年深层海水相关产品分布

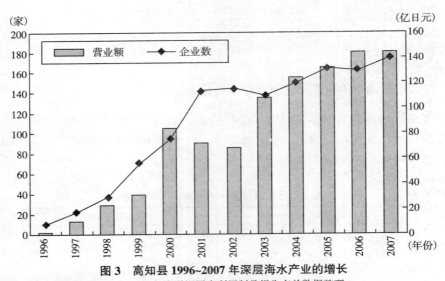

图3 高知县1996~2007年深层海水产业的增长

资料来源：根据日本海洋深层水协会2007年海洋深层水利用制品报告有关数据整理。

目前，日本的深层海水使用分为两类：一类是日产量达到1000吨以上的；另一类是日产量只有数百吨的。前者是日本水产厅的支持项目，主要用于水产业；后者则运用于饮用水、化妆品、沐浴品、农业等多种用途。

目前，日本在利用深层海水生产日常食品与饮料方面发展迅猛。深层海水相关制品已经融入人们日常生活的方方面面。在一般食品方面，有面包、糕饼、冰、豆腐、腌渍品、酱油、调味品、蛋、纳豆等；在酒类及饮料方面，有日本酒、烧酒、矿泉水、瓶装水、清凉饮料、健康饮料、茶饮料、茶包等；最近甚至出现以深层海水做成的零食，如六花亭制造的白桦羊羹、泡面、饼干、布丁等，创造了相当高的经济效益。

（三）日本深层海水产业化发展的国家技术创新系统建设

日本正式开始进行深层海水研究始于 20 世纪 70 年代。在石油危机和国内资源贫乏的双重背景下，日本将科学技术研究的重点寄托在海洋特别是深海领域，以海洋科学技术中心为主，为进行海洋基础和实用研究布置了强大的阵容。

日本政府在 1971 年设立了海洋科学技术研究中心，开始对深层海水进行技术研发活动。1986年，研究中心开始了一个为期 5 年的深层海水产业化利用研究项目；1989 年，中心在高知县建成了第一个深层海水取水及试验设施；1993 年开始对深层海水进行多用途的商业开发。

2004 年开始，日本水产厅开始在富山县高冈地区建设深层海水研究基地，目前已经形成包括 4 座工厂、2 座海洋生物养殖基地、1 个研究所、1 个深层海水综合医疗设施以及众多民间机构组成的完备的深层海水研发生产体系。日本整体也形成了以富山县为重点，以其他 15 处取水地为节点，辐射南北，综合各类研发机构和民间企业构成的深层海水国家创新系统。表 4、表 5 分别列出了深层海水创新体系中，具有代表性的研究机构和民间企业。

表 4　日本境内进行深层海水产业化研发的代表性机构

研究机构名称	成立时间	情况介绍
日本海洋深层水利用学会（DOWAS）	1996 年	促进深层海水利用的相关团体和个人信息共享。出版《海洋深层水研究》杂志
日本海洋研究开发机构（JAMSTEC）	2004 年	财团法人，由日本海洋科学技术中心、东京大学海洋研究所等联合成立，从事海洋相关研究，其中有专门针对深层海水的技术研究
高知县海洋深层水研究所	1989 年	日本第一座深层海水研究设施，一日最大取水量可达 920 吨，并与产业界、学校、政府等部门共同合作进行相关研究
冲绳县海洋深层水研究所	2000 年	推动冲绳县深层海水产业化技术研发及相关商品的实验与推广
日本电力中央研究所	1951 年	对深层海水发电技术进行研究
日本造水促进中心	1973 年	财团法人，积极开发废水再利用及深层海水淡化技术
富山县水产实验所	1992 年	进行深海性、冷水性渔业养殖技术开发，是日本第一个利用深层海水进行渔业养殖研究成功者
富山县药事研究所	1952 年	利用深层海水进行抗癌药物、抗过敏药物的研发以及藻类分类培养等
日本 Thalassopia 海疗馆	1998 年	世界第一个利用深层海水进行康复医疗的设施

资料来源：根据日本 16 处深层海水取水设施和研究所网站提供的资料和数据整理得出。

表 5　日本境内从事深层海水相关业务的著名企业

公司名称	事业内容
Bio Marine 公司	利用冲绳县久米岛的深层海水进行矿物质、食用盐、美容产品等的浓缩制造
Point Pyuru 公司	利用深层海水进行肥皂、化妆品等日化产品的生产制造
久米岛海洋深层水开发公司	利用深层海水从事矿泉水、自然盐等产品的生产制造
清水建设株式会社	从事深层海水取水及分水设施规划、设计及施工
畠中酱油株式会社	利用土佐的深层海水生产酱油等调味品
三浦 DSW 株式会社	日本民间第一家深层海水供水公司，对三浦半岛的深层海水进行取水、脱盐、销售等事业
冲绳久米岛深层水矿泉盐株式会社	利用冲绳久米岛深层海水进行矿物盐及相关健康产品的生产和销售

资料来源：根据日本 16 处深层海水取水设施和研究所网站提供的资料和数据整理得出。

日本深层海水产业的国家创新系统也呈现出政府推动、政策扶持以及民间参与的特征。以1998 年日本科学技术厅下达的"海洋深层水的特性与机能研究"课题为例，该课题分为四个重要的子课题，分别是：深层海水的特性评估研究；深层海水在食品应用领域的机能研究；深层海水在生物生产领域的机能研究；深层海水在保健应用领域的机能研究。这四个子课题又分别由"产官学"不同机构联合共同完成，如表6所示。其中，日本国家级研究机构3家，大学等研究机构5家，公共测试机构4家，民间企业2家，足以体现日本深层海水国家创新系统构成的多层次性和完善性。

表6 日本科学技术厅"海洋深层海水的特性与机能研究"课题研究（1998~2000年）

课题名称	承担机构
深层海水的特性评估研究	资源环境技术综合研究所 高知女子大学 高知大学理学部 高知工科大学 高知县工业技术中心
深层海水在食品应用领域的机能研究	高知大学农学部 高知县工业技术中心 けんかま高知贩卖所 食品综合研究所
深层海水在生物生产领域的机能研究	四国工业技术研究所 高知县海洋深层水研究所 高知县水产试验场 高知大学农学部 高知工业高等专门学校
深层海水在保健应用领域的机能研究	高知县卫生研究所 高知工科大学 高知医科大学 シュウウエムラ化妆品公司

资料来源：http://www.jst.go.jp；http://www.pref.kochi.lg.jp/soshiki/151407/menu-naiyou.html；陈仁仲（2004）。

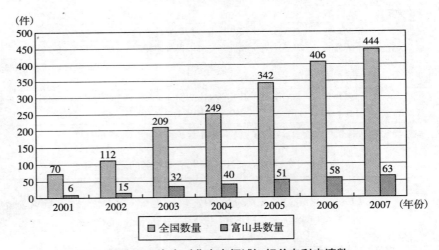

图4 日本深层海水（非水产领域）相关专利申请数
资料来源：根据日本海洋深层水协会2007年海洋深层水利用制品报告有关数据整理。

日本深层海水国家创新系统在"官产学"三者的有效结合和政府的大力扶持下，技术创新成果和专利申请数连年增长（见图4），深层海水的多元化商业发展也已经具备相当规模。

目前，日本深层海水产业化研发的新动向主要体现在两点：一是降低深层海水抽取与运输的成本，从而让深层海水作为日常生活用水进入到每一户普通家庭；二是利用抽取的深层海水培养海洋表层浮游生物，其吸收二氧化碳的特性可以减少日本的碳排放。

三、日本深层海水产业化发展对中国的启示

随着陆地资源及陆域可开发空间的不断减少，海洋作为社会、经济以及生命支持系统的地位更加突出。在资源稀缺与经济全球化的背景下，很多国家把开发深海资源放在国家战略层面上组织实施。日本深层海水产业化发展案例已经给我们提供了开发海洋资源的成功典范。

与石油和矿物等传统资源不同，深层海水对环境没有破坏作用，是真正的绿色天然资源。中国台湾省东部位于大陆架边缘，具有开发深层海水得天独厚的自然条件。中国台湾自 2005 年 4 月颁布《深层海水资源利用与产业发展政策纲要》，学习日本模式，结合政府与民间的力量，发展台湾岛的深层海水产业。中国大陆地区虽然海岸线漫长，但是根据海域水深及地形特征，只有南海区域具备发展深层海水产业的自然条件。[①] 六陆地区也尚未开展针对深层海水的专门研究。

整体来看，日本深层海水产业化发展的成功案例对中国战略新兴产业培育的启示和借鉴主要体现在以下两点：

（一）深层海水是继南海油气田之后南海领域另一值得关注的重要深海经济资源

中国是一个水资源短缺、水旱灾害频繁的国家，如果按水资源总量考虑，水资源总量居世界第六位，但是中国人口众多，若按人均水资源量计算，人均占有量只有 2500m³，约为世界人均水量的 1/4，在世界排第 110 位（按 149 个国家统计，统一采用联合国 1990 年人口统计结果），已经被联合国列为 13 个贫水国家之一。随着经济增长和城市化进程的发展，中国对水资源短缺的现状将会更加严重。

南海是中国濒临的最大的海，面积约 350 万 m²，平均水深为 1212m，最大水深为 5377m。根据日本深层海水发展的经验，中国海南岛以及中沙群岛、南沙群岛等都具备汲取深层海水的天然优势。南海不仅具有丰富的油气资源和天然气水合物资源，其巨大的深层海水含量是不容忽视的重要经济资源。日本汲取的深层海水约有 70% 用于饮用水生产，如果中国能对南海的深层海水进行战略规划与产业化利用，将会在很大程度上缓解中国水资源短缺的现状。

（二）日本深层海水产业化开发的国家创新体系建设值得我们学习借鉴

在深层海水产业化发展过程中，日本的国家创新体系充分体现了"产学官"三者密切结合的特色。

首先，大学与科研机构在深层海水国家创新体系中发挥了重要功能。比如，日本在富山县建立深层海水研究基地，在 16 个深层海水取水地都建有深层海水研究所，这些研究院所与当地的大学一起对深层海水特性的基础研究发挥了重要作用。

其次，企业在深层海水产业化发展过程中也发挥了重要的主体作用。比如，专门从事深层海水取水及分水设施规划、设计及施工的清水建设株式会社，生产饮用水的三浦 DSW 株式会社，以及生产食用盐、化妆品等的 Bio Marine 公司等，这些公司的研发力量和生产制造对深层海水的多

---

① 中国濒临的海域包括渤海、黄海、东海和南海。其中，渤海属内陆海，为辽宁、河北、山东、天津三省一市环抱。渤海海域面积为 8.4 万 km²，平均深度为 21m，最深达 70m。黄海、东海和南海都是中国濒临的太平洋边缘海。黄海的面积约 38 万 km²，平均水深 44m，最大水深 140m，是华北地台和扬子地台东部向水下的延伸部分。东海北接黄海，西接中国大陆，总面积约 77 万 km²，平均水深 370m，最大水深为 2719m。南海是中国濒临的最大的海，面积约 350 万 km²，平均水深 1212m，最大水深为 5377m。

元化商业发展起到了重要的推动作用。

最后，日本政府在深层海水产业化发展过程中也发挥了积极作用。比如，日本政府在 1971 年设立了海洋科学技术研究中心，开始对深层海水进行技术研发活动。1986 年，研究中心开始了一个为期五年的深层海水产业化利用研究项目，从 1989 年开始，政府积极推动，在高知等地区分别建设了 16 处深层海水抽取设施。此外，日本政府在深层海水科研项目的资金支持、成果转化以及民间企业参与等方面都发挥了强大的扶持作用。

参考文献

［1］陈仁仲. 日本深层海水产业化利用之研发课题探讨. 台湾深层海水开发与产业发展联合论坛，2004-03-31.

［2］本間琢也，梶川武信，谷辰夫. エネルギをつかむ-明日の人類のために-［M］. 東京：讲谈社，1979.

［3］渡辺貢. 海洋深層水を使用した魚類飼育［J］. 月刊海洋，2000（22）：62-68.

［4］中島敏光，豊田孝義. 海洋深層水の資源的価値とその利用［J］. 月刊海洋，1994（26）：133-138.

［5］中川光司，浮田和彦，中島宏. 海洋深層水を材料にした清涼飲料とドリンク剤の開発［J］. 月刊海洋，2000（22）：95-100.

［6］中川光司，前賀一泰，中島宏. 海洋深層水から塩とにがりの抽出［J］. 月刊海洋，2000（22）：128-132.

［7］久武陸夫. 海洋深層水の発酵食品への利用［J］. 月刊海洋，2000（22）：139-145.

［8］高橋正征. 海にねむる資源：海洋深層水［M］. 東京：あすなろ書房，2000（189）.

［9］中島敏光. 21 世紀の循環型資源・海洋深層水の利用［M］. 東京：緑書房，2002：95-105.

［10］高怡萍，苏娟仪. 新世纪深海蓝金荣景无限——廖宗盛副署长谈深海利用与开发利基［J］. 节水季刊，2007（46）：2-5.

［11］中島敏光，豊田孝義. 海洋深層水利用による海域の肥沃化［J］. 海洋科学技術センタ試験研究報，1979（3）：117-125.

［12］Takahashi，M.M. Deep ocean water as our next natural resource［M］. Terra Scientific publishing Company，Tokyo，2000.

［13］Jerlov N.G. Marine optics［M］. Amsterdam：Elsevier Scientific Publishing Company，1976.

［14］Liu T-K，Hwung H-H，Yu J-L，Kao R-C. Managing deep ocean water development in Taiwan：experiences and future challenges［J］. Ocean & Coastal Management，2008，51（2）：126-140.

［15］Pi-feng Hsieh，Yan-Ru Li. A cluster perspective of the development of the deep ocean water industry［J］. Ocean & Coastal Management，2009（52）：287-293.

［16］Takahashi M.M. Large scale multi-step resource utilization of deep sea water. In：Taitung International symposium on deep sea water industry and marketing activities，2008.

［17］Nakasone T. Akeda S. The application of deep sea water in Japan［J］. UJNR Technical Report，1999（28）：69-75.

中国软件产业国际竞争力的实证分析与中印比较

吕明元　王大伟*

一、引　言

　　软件产业是中国国民经济中增长最快的战略性新兴产业之一，对国民经济的带动作用十分巨大，它直接关系着中国产业的信息化水平，对国民生活也有着较为深远的影响。

　　中国软件业始于 20 世纪 80 年代中期，1992 年后得到了迅猛发展。中国软件产业的发展经历了萌芽、起步、成长、快速增长、出口高速增长五个阶段，目前正处于出口高速增长阶段。2010年，中国软件产业累计完成软件业务收入 13364 亿元，同比增长 40.43%，在世界软件市场上的比重达到 15%，跃居世界第二位。2009 年，中国软件出口达 185 亿美元，同比增长 14%，2010 年，中国软件出口超过 200 亿美元，出口额在产业中所占比重增加到 14.05%，出口规模进一步扩大。①从未来的发展看，软件产业将呈现国际化、网络化、服务化、向其他产业加速渗透以及开发与应用环境的简约化等趋势。

　　按照国际惯例，软件产业包括软件产品和软件服务两大部分。由此，软件产业一般是指直接从事软件产品制造或软件服务活动的企业的集合。由于软件产品或服务与其他信息产品和服务有时难以区分，对软件产业具体分类的界定并不统一。

　　本文采用中国软件协会对软件产业的具体分类界定。中国 2004 年颁布的《软件业统计管理办法（试行）》规定，软件业是指《国民经济行业分类》（GB/4754-2002）中第 61 大类计算机服务业中的计算机系统服务和第 62 大类软件业，具体的范围：①计算机系统的设计、集成、安装等方面的服务；②计算机软件的设计、程序编制、分析、测试、修改、咨询；③为互联网和数据库提供软件设计和技术规范；④为软件所支持的系统和环境提供咨询、协调和指导；⑤为硬件嵌入式软件及系统提供咨询、设计、鉴定等活动。

　　国外关于软件产业国际竞争力的研究，从 1984 年软件产业刚刚发展的时候就已经开始，研究的范围较广，并注重实证分析。Shanling Li、Jennifer Shang 和 Sandra A. Slaughter（2010）通过对1995~2007 年 870 家软件企业的 5827 份跨部门的时间序列截面数据分析，考察了企业在动态的软件产业中失败或者生存下来的原因。Anil Nair、David Ahlstrom 和 Larry Filer（2007）以波特教授提出的钻石模型为基本构架，从生产要素条件，市场需求状况，支持性产业和相关产业，企业战略、

　　* 吕明元，1966 年生，男，山东胶南人，天津商业大学经济学院产业经济研究所所长，经济学博士，副教授，硕士生导师；王大伟，1985 年生，男，天津商业大学经济学院产业经济学专业硕士研究生。
　　① 中国工业和信息化部网站：http://www.miit.gov.cn/。

企业结构和同业竞争，机会以及政府六个方面分析了印度班加罗尔企业在全球软件产业中成功的原因。Simon Commander 和 Rupa Chanda 等（2008）的研究量化了流动性对企业业绩和行为的影响，从而为劳动力流动对发送国公司的影响提供了坚实的经验证据。Arto Ojala 和 Pasi Tyrväinen（2008）探讨了文化差距、地理差异以及三个市场规模变量在软件产业中的中小企业选择目标国家时的作用。Lucia Silva Gao 和 Bala Iyer（2006）通过分析软件市场的特点并借鉴补充性的经济理论，把软件包作为一种结构用来研究这种互补性，研究了互补性如何在软件公司之间的兼并和收购过程中创造价值。Meine Pieter Van Dijk（2003）对决定 IT 产业积聚竞争力的因素、班加罗尔成为 IT 集群的原因、外部环境尤其是国家和地方政府在 IT 集群形成的过程中的作用等问题作了探讨。

国内学术界关于软件产业国际竞争力相近的研究涉及面较广。詹映和温博（2011）认为，知识产权战略有助于产业竞争优势的形成，并从这一角度对印度软件产业崛起进行了分析。孙川（2009）认为，在区域软件产业发展过程中，增长因素、结构因素和竞争因素对产业的结构特征和竞争力的形成有着不同的作用及影响，并对中国软件产业的发展水平作了偏离—份额分析。陈颖（2009）认为，影响产业竞争力的因素包括经济环境和政府行为等宏观层面的因素、产业结构等中观层面的因素，以及产业内企业竞争力强弱的微观层面因素。庄亚明等（2008）对高技术产业国际竞争实力指标的内涵、计量特征与测度方法进行了探讨，并依据江苏和山东两省 2003 年的数据，对高技术产业国际竞争实力指标进行了实证分析。刘林青和谭力文（2006）以全球价值链为背景，从产业国家竞争力和产业（民族）企业竞争力两个维度对产业国际竞争力进行了评价，认为要素租金是全球价值链中产业国家竞争力的主要来源。

国内较早的研究从一般意义上对产业国际竞争力评价指标、决定因素等问题进行了关注。国家计委宏观经济研究院产业发展研究所课题组（2001）构建的中国产业国际竞争力评价指标体系包括竞争实力、潜力、能力和环境 4 个一级指标、11 个二级指标、22 个三级指标，并实证分析了中国制造业的国际竞争力。王仁曾（2002）运用进展、困难、模型对中国制造业截面数据进行估计与检验，从而对产业国际竞争力的决定因素进行了实证研究。周星和付英（2000）提出了"产业国际竞争力=产业竞争力资产×产业竞争力过程"的观点，建立了一套产业国际竞争力的评价指标体系。张钢和徐海波（2006）建立了核心动态能力与竞争优势关系的理论分析框架，并以浙江省软件产业为研究对象进行了实证检验。

通过上述文献可以看出，国外关于软件业产业国际竞争力的研究，无论从内容上还是方法上都已经较为广泛和深入，而国内学术界对于中国软件业产业国际竞争力的实证研究并不多见。本文试图以产业国际竞争力的视角，对中国软件产业进行实证性分析，并通过中国和印度的比较分析中国软件产业的发展阶段和水平，探索提高中国软件产业国际竞争力的政策选择。

二、中国软件产业国际竞争力实证分析：模型选择和指标选取

（一）模型选择

波特教授通过对许多国家的产业国际竞争力的实证研究发现，一国某一产业是否具有国际竞争力，决定于六个要素：生产要素状况、需求条件、相关产业和支柱产业的表现、企业战略、结构和竞争对手、政府行为和机遇，从而提出了"钻石模型"。该理论为产业国际竞争力的实证分析提供了借鉴，在国内外被广泛采用。根据国内外现有研究成果，借鉴王仁曾（2002）的研究模型，本文提出如下中国软件产业国际竞争力分析模型：

$$RCA = \alpha_0 RCA + \alpha_1(K/L) + \alpha_2 CI + \alpha_3 AS + \alpha_4 TP + \alpha_5 TI + \alpha_6 TL_{-1} + \alpha_7 TL_{-2} \tag{1}$$

式中，RCA 代表显示比较优势系数；K/L 代表人均占有总资产额即资本密集程度；CI 代表排名前四位企业的销售收入占整个产业销售收入的比重；AS 代表平均每个企业的销售收入；TP 代表产业的 R&D 人员数占职工总人数的比重（R&D 人力强度）；TI 代表 R&D 强度，用产业的 R&D 经费支出占销售收入的比重来表示；TL_{-1} 代表滞后一年的 R&D 的经费支出强度；TL_{-2} 代表滞后两年的研究与发展的经费支出强度。

（二）指标选取

由于本文所研究的不是传统的制造业而是知识密集型的软件产业，技术要素在产业发展中起着至关重要的作用。中国对软件产业的统计工作目前并不完善，对于一些主要数据诸如投资、专利申请数量、R&D、产值以及出口额等可以通过多种途径得到。因此，根据现有数据以及分析对象的特点，本文所采用的变量如下：

被解释变量：RCA，表示产业国际竞争力强度。

解释变量分为以下几类：

（1）要素条件。包括软件业从业人员数量（TH）、R&D 资金投入强度（RDI）——用 R&D 经费内部支出占销售收入的比重来表示，以及软件业投资总额（TI）。

（2）需求条件。采用国内软件产业产值（GT）来表示本国市场对于软件产业的支持。

（3）相关产业的表现。用高新技术产业的产值（GX）来表示。

（4）企业战略。选取 R&D 投入强度（RDI）以及软件专利受理量（REG）指标。

所用数据时间范围是 1998~2008 年（见表 1）。

表 1　计量分析（1998~2008 年）

年份	RCA	TH（百万人）	RDI	GT（千亿元）	GX（万亿元）	REG（万件）	TI（千亿元）
1998	0.325318	0.13	0.043000	0.3250	0.6957	0.0797	1.0980
1999	0.447603	0.15	0.060000	0.4205	0.8516	0.1086	1.2390
2000	0.450066	0.18	0.060740	0.5600	1.0411	0.1540	1.3340
2001	0.539666	0.29	0.074000	0.7360	1.2263	0.2130	1.4150
2002	0.628669	0.59	0.079010	0.9760	1.5099	0.4056	1.5040
2003	0.649034	0.62	0.081000	1.4350	2.0556	0.5787	1.6706
2004	0.670751	0.70	0.104000	2.0850	2.7769	0.7013	1.6652
2005	0.713842	0.90	0.112563	3.6030	3.4367	0.9126	1.5887
2006	0.725626	1.29	0.120124	4.3320	4.1996	0.8821	1.8842
2007	0.733125	1.48	0.127600	5.1070	5.0461	1.1250	1.8620
2008	0.819313	1.80	0.136200	6.5999	5.7087	1.1055	2.1800

数据来源：软件从业人员数量以及软件业销售收入来自历年的《中国统计年鉴》；软件业 R&D 相关数据来源于历年的《中国科技统计年鉴》；软件产业投资总量来自历年的《中国第三产业统计年鉴》；软件专利受理量来源于德温特数据库；国内软件产值来自中国软件行业协会和工信部网站。

三、中国软件产业国际竞争力的计量分析：模型的建立与估计

（一）数据处理

从表1看出，所用变量数据的单位不统一，经济意义以及表现形式不同，有绝对变量也有相对变量，不具有可比性，因此在计量模型中无法实现。因此必须对变量进行无量纲化处理，即对评价指标进行规范化的处理，也就是将性质、内容不同的指标转化为具有可比性的相对数——量化值。

由于本文选用的变量都是效益型指标，故采用的规范化公式如下所示：

$$Z_i = (X_i - X_{min})/(X_{max} - X_{min}) \tag{2}$$

式中，Z_i 表示产业第 i 项定量评价指标的评价分值；X_i 表示产业某一时期第 i 项定量评价指标的原值；X_{max} 表示产业第 i 项定量评价指标的最大值；X_{min} 表示产业第 i 项定量评价指标的最小值。该方法是用某项指标中的每一个数值减去指标中最小值后除以指标中最大值与最小值的差。

进行规范化处理后的变量如表2所示。

表2　规范化处理后的各变量数值（1998~2008 年）

年份	RCA	TH	RDI	GT	GX	REG	TI
1998	0	0	0	0	0	0	0
1999	0.24754	0.01198	0.18240	0.01529	0.03110	0.02765	0.13031
2000	0.25253	0.02994	0.19034	0.03761	0.06890	0.07108	0.21811
2001	0.43391	0.09581	0.33262	0.06578	0.10584	0.12752	0.29298
2002	0.61408	0.27545	0.38637	0.10420	0.16242	0.31178	0.37523
2003	0.65530	0.29341	0.40773	0.17766	0.27127	0.47737	0.52921
2004	0.69926	0.34132	0.65451	0.28169	0.41516	0.59466	0.52421
2005	0.78649	0.46108	0.74638	0.52466	0.54678	0.79680	0.45351
2006	0.81035	0.69461	0.82751	0.64134	0.69896	0.76763	0.72662
2007	0.82553	0.80838	0.90773	0.76538	0.86782	1.00000	0.70610
2008	1.00000	1.00000	1.00000	1.00000	1.00000	0.98135	1.00000

（二）模型估计

用 Eviews 软件所做的变量散点图显示，各变量与 RCA 系数间基本呈线性关系。由前文所述，本文在模型选取上所采用的模型：

$$RCA = RCA\alpha_0 + \alpha_1 TH + \alpha_2 RDI + \alpha_3 TI + \alpha_4 GT + \alpha_5 GX + \alpha_6 REG \tag{3}$$

使用 Eviews5.0 对模型进行平稳性检验、协整检验，模型通过了这两项检验。

1. 格兰杰因果检验

为了检验各变量与 RCA 是否具有因果关系，利用 Eviews5.0 使用格兰杰因果检验得到的结果如下：

根据检验结果，TH 不是 RCA 原因的可能性 P 为 0.00658，远小于 5% 的显著性水平，说明 TH 是 RCA 的原因。以此类推，所有的自变量都通过了格兰杰检验，表明各变量都与 RCA 有因果关系。

表3 格兰杰因果检验结果

Pairwise Granger Causality Tests

Date: 03/27/11 Time: 08:59

Sample: 1998–2008

Lags: 2

Null Hypothesis:	Obs	F–Statistic	Probability
TH does not Granger Cause RAC	9	22.6558	0.00658
RAC does not Granger Cause TH		0.42666	0.67927
RDI does not Granger Cause RAC	9	16.6149	0.01154
RAC does not Granger Cause RDI		0.46359	0.65906
GT does not Granger Cause RAC	9	8.76155	0.03454
RAC does not Granger Cause GT		0.00370	0.99631
GX does not Granger Cause RAC	9	72.6211	0.00072
RAC does not Granger Cause GX		0.58465	0.59877
REG does not Granger Cause RAC	9	23.0899	0.00635
RAC does not Granger Cause REG		3.61978	0.12665
TI does not Granger Cause RAC	9	22.1311	0.00687
RAC does not Granger Cause TI		0.17193	0.84795

2. 模型回归

对上述模型使用 Eviews 软件采用最小二乘法（OLS）进行多元线性回归，得到的结果如表4所示。

表4 多元线性回归结果

Variable	Coefficient	Std. Error	t–Statistic	Prob.
C	0.018343	0.022179	0.827014	0.454700
TH	0.365797	0.210524	1.737554	0.157300
RDI	0.880164	0.145148	6.063893	0.003700
GT	0.626157	0.267125	2.344064	0.079000
GX	−2.152620	0.368144	−5.847226	0.004300
REG	0.632319	0.128009	4.939636	0.007800
TI	0.634604	0.122913	5.163028	0.006700
R–squared	0.997108	Mean dependent var		0.574999
Adjusted R–squared	0.992770	S.D. dependent var		0.304741
S.E. of regression	0.025911	Akaike info criterion		−4.207159
Sum squared resid	0.002686	Schwarz criterion		−3.953953
Log likelihood	30.139370	F–statistic		229.868500
Durbin–Watson stat	2.620276	Prob (F–statistic)		0.000050

由上述回归结果可知，在 5% 的显著性水平下，$t_{0.05} = 2.776$，由上述回归结果可知，TH 和 GT 的 t 统计量值小于 $t_{0.05} = 2.776$，因此暂时认为这两个变量不显著。其他变量均通过了变量显著性检验。F 统计量的值为229.87，说明总体显著性很高。

接下来将模型变型为：

$$RCA = \alpha_0 + \alpha_1 RDI + \alpha_2 TI + \alpha_3 GX + \alpha_4 REG \tag{4}$$

根据模型再次采用最小二乘法进行估计得到的估计结果如表5所示。

由表5可看出，各变量的统计量值都显著大于 $t_{0.05}$，同时拟合优度较高，不存在多重共线性或者多重共线性不严重，可以忽略。

表 5　回归结果

Variable	Coefficient	Std. Error	t-Statistic	Prob.
C	0.011738	0.035911	0.326871	0.754900
RDI	0.767650	0.224922	3.412958	0.014300
GX	0.589763	0.181053	5.466702	0.001600
REG	0.494532	0.179813	2.750254	0.033300
TI	0.695193	0.144883	4.798298	0.003000
R-squared	0.988372	Mean dependent var		0.574999
Adjusted R-squared	0.980620	S.D. dependent var		0.304741
S.E. of regression	0.042424	Akaike info criterion		−3.179244
Sum squared resid	0.010799	Schwarz criterion		−2.998382
Log likelihood	22.485840	F-statistic		127.4961
Durbin-Watson stat	2.591318	Prob (F-statistic)		0.000006

由此可以得出最终的回归结果为：RCA = 0.768RDI + 0.59GX + 0.495REG + 0.695TI，其中 R^2 = 0.988，F = 127.5。结论分析将在本文结尾部分进行。

四、中印软件产业国际竞争力的比较：基于显性比较优势指数

　　印度的软件产业从 20 世纪 80 年代起步，90 年代开始政府大力支持国内软件业发展，重点支持软件和信息服务出口，由此迅速崛起成为一个软件出口大国。根据世界银行对软件出口国家能力的调查评估显示，印度软件出口规模、质量和成本等综合指数列世界第一位。根据印度全国软件服务公司协会（NASSCOM）的统计，整个 90 年代印度软件产业每年以 50% 以上的速度增长，远远超过了世界软件业 15% 的年增长速度。作为世界上五大软件供应国之一，印度的软件产品与服务的出口额在 1980 年只有 400 万美元，2010 年印度软件及相关服务出口额达到 496 亿美元。软件产品也已远销世界 91 个国家。美国《财富》杂志评选出的全球 500 家大公司中，已有 400 多家把软件开发的业务交给印度的软件公司，并且绝对采用印度公司的产品，[1] 其软件业显性比较优势指数曾高达 35.24，远远高于 2.5 的国际竞争力强的指标。

　　显性比较优势指数（Revealed Comparative Advantage，RCA）又称出口效绩指数，是用来衡量比较优势的一种工具，同时也是衡量一国产业或产品国际竞争力的最具说服力的指标。它表示一国某产业或产品出口占该国总出口的份额与世界该产业或产品出口占世界出口总值的份额的比值。用公式表示如下：

$$RCA_{ij} = \frac{X_{ij} / X_i}{X_{wj} / X_w} \tag{5}$$

　　式中，X_{ij} 表示 i 国 j 产业或产品的出口额；X_i 表示 i 国的出口总额；X_{wj} 表示世界 j 产业或产品的出口额；X_w 表示世界的出口总额。一般来说，RCA > 1 表示 i 国的 j 产业或产品在国际市场上具有一定的比较优势，相反 RCA < 1 则表示 i 国的 j 产业或产品在国际市场上不具有比较优势。在判定产品或产业的国际竞争力程度时，一般都采用日本贸易振兴协会（JETRO）设定的划分标准：

---

　　① 印度全国软件服务公司协会（NASSCOM），http://www.nasscom.org/。

RCA 的值介于 1.25~2.5，表示该产品或产业具有比较强的比较优势；若 RCA 的值介于 0.8−1.25，表示该产品或产业具有中等比较优势。

用显性比较优势指数来衡量一国某产业或产品的国际竞争力也有其局限性：该指标所揭示的是商品流通领域的相对优势而非生产领域的相对优势，容易受到产业和贸易政策的干扰，政府对本国产业的干预会导致显性比较优势指数失真；如果一国出口产品比较单一，因此就会使得某产品出口额在该国出口总量中所占比重较大从而使得 RCA 的数值较大，但此时 RCA 并不能说明该国的这种产品具有国际竞争力。

本文采用显性比较优势指数来衡量中国软件产业，能够从一定意义上反映出中国软件产业国际竞争力的变化。

世界、印度以及中国软件业 1998~2009 年出口情况如表 6 所示。

表 6　世界、印度以及中国的出口总量和软件出口额（1998~2009 年）

单位：亿美元

年份	中国软件出口	中国出口总额	世界软件出口	世界出口总额	印度软件出口	印度出口总额
1998	2.5	1837.0	138	54980	21.80	342.98
1999	4.0	1949.0	165	57120	36.00	375.42
2000	5.2	2492.0	230	64490	53.00	448.94
2001	7.0	2661.0	310	61830	62.00	449.15
2002	15.0	3256.0	475	64820	78.00	527.19
2003	20.0	4382.0	531	75510	129.00	638.43
2004	28.0	5933.0	644	91530	177.00	805.40
2005	35.9	7620.0	692	104850	234.00	1006.06
2006	60.6	9699.0	1043	121130	308.69	1280.83
2007	102.4	12178.0	1600	139500	404.00	1661.63
2008	142.0	14307.0	1950	160970	463.00	1687.00
2009	185.0	12016.1	1850	124610	470.60	2500.47

数据来源：世界出口总额、印度出口总额数据来自《世界经济年鉴》（1999~2010），中国出口总额数据来自《中国统计年鉴》（1999~2010），世界、印度以及中国软件出口数据来自历年的《世界经济年鉴》以及中国软件工业协会、中国工业信息化部网站。

经过对上述数据的整理，得出中国和印度的软件业 RCA 指数，如表 7 所示。

表 7　中印 RCA 指数的比较（1998~2009 年）

年份	1998	1999	2000	2001	2002	2003	2004	2005	2006	2007	2008	2009
中国 RCA	0.33	0.45	0.45	0.54	0.63	0.65	0.67	0.71	0.73	0.73	0.82	1.04
印度 RCA	25.32	33.20	33.10	27.53	20.19	28.73	31.23	35.24	27.99	21.20	22.66	12.68

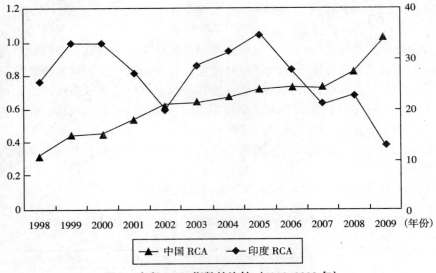

图1 中印 RCA 指数的比较（1998~2009 年）

五、结论与政策性建议

（一）中国软件产业国际竞争力实证分析结论

根据中国软件产业国际竞争力实证分析中的模型回归结果，RDI、GX、REG、TI 都对 RCA 具有显著性影响并与 RCA 呈同方向变动关系。

从专利申请量（REG）来看。专利申请量（REG）的系数为 0.495，表明 REG 变动 1%，RCA 变动 0.495%，还不到 0.5%。说明中国软件产业专利申请量对软件业的国际竞争力有较大的影响，但作为一个技术主导型产业，专利成果带来的产业竞争力的提升程度还比较小，说明中国软件业专利成果未能较好地转化为竞争力，尤其是国际竞争力。

从软件研发投入强度（RDI）来看。拟合优度表示解释变量对被解释变量的解释程度，研发投入强度对于依靠技术创新发展的企业来讲作用不言而喻，因此软件企业的国际竞争力也与研发强度有着十分密切的关联。但是从 RDI 的系数可以看出，RDI 并未从影响力度上发挥应有的作用。一般而言，一个单位的研发投入应带来更多的产出，对于依靠技术创新的产业来讲更是如此。然而我们发现，RDI 的系数相对较小，表明中国软件产业研发投入或是不足，或是成果转化为竞争力的过程出现了问题，技术成果未能完全形成产业竞争力，说明核心技术或是关键技术的研发投入不足，致使研发资金未能起到应有的作用。

上述分析表明，中国软件产业投资尤其是研发投入不足，研发的科技成果也不具有国际竞争力，缺乏核心技术的研发导致投入的研发经费带来的产业竞争力的提升不如国外明显。同时也反映出中国企业自主研发能力较弱，研发动力不足，没有形成良好的自主研发机制。

（二）中印软件产业国际竞争力比较分析的启示

从中国与印度的比较分析看，中国的软件产业国际竞争力与印度还有很大差距，但 RCA 指数逐年上升，到 2009 年已经超过 1，具有中等国际竞争力。而印度自 1998 年就具有明显的竞争优势,虽然 2005 年以后开始下降,但 RCA 值仍然较高。造成这一现象的原因主要是印度 1998~2005 年出口产品品种较少,随着其他产品竞争力的增强,软件产业出口占总出口的比重开始下降。而中国恰好相反,随着软件产业 30 年的积累,已经具备一定的规模和实力,出口竞争力逐年上升。

分析也表明,由于起步晚、底子薄,与国际水平相比,中国软件企业规模小,产业集中度低。与发达国家相比,目前中国软件产业产值在信息产业中所占的比重仍然较低。根据国际著名市场调研机构 IDC 发布的数据,美国软件产业业务收入占信息产业的比重约为 72%,其他发达国家这一比例也都大致为 50%~70%。与此相对比,中国目前这一比重只有 18%。此外,统计数据还显示,中国软件产业中排名前 100 家软件企业的年收入总和仍然没有美国 IBM 一家公司的收入高。目前,中国大大小小的各类软件企业虽然已经超过 30000 家,[①]但缺乏规模企业,大部分软件企业规模小、产品少、资本实力弱,缺乏国际竞争力。虽然出口规模在不断扩大,但是出口企业自主创新能力较弱,出口竞争力整体偏弱,长期处于产业链的低端。

(三) 提高中国软件产业国际竞争力的政策选择

(1) 完善软件产业创新政策,推动软件企业成为创新主体。重点支持规模增长快、盈利效益好、创新能力强的软件企业,形成一批自主创新软件产品,突破一批关键核心技术,然后依托优势企业来实现一些重点技术环节的突破,快速提升软件产业的整体竞争力。同时,找准切入点,健全软件与信息服务业基地的公共技术支撑体系,支持生产性服务业发展,延伸产业链,促进产业结构转型升级。

(2) 建立以产业技术政策为中心的产业政策体系。软件产业是技术密集型产业,在现阶段,其发展所需的关键因素是技术的自主创新。中国软件产业 30 多年的发展过程中,产业政策始终以市场尤其是国内市场为导向,并未从软件产业自身特点出发。提高软件产业国际竞争力必须优先发展技术,确立产业技术政策的核心地位。具体包括:建立中小企业孵化器,重视软件人才的培养,制定软件产业技术政策的具体目标规划,政策重点应向技术引进、吸收和扩散倾斜,促进技术成果转化以及知识产权保护等。

(3) 财税、金融政策的支持。作为重要的战略性新兴产业,软件产业人力资本研发费用比例较高,税收优惠及政府采购是重要的支持手段,也应该从科技中长期规划的角度予以考虑。软件产业是高风险、高回报的行业,进一步扶持面向软件产业发展的投资基金,拓宽风险投资公司的融资渠道,完善创业板市场,为风险投资建立良好的市场退出机制,建立和完善风险投资机制,这些十分必要。同时,制定相关税收、金融支持政策,鼓励软件出口。

参考文献

[1] 陈颖. 产业竞争力影响因素与产业政策作用机制分析 [J]. 商业时代,2009 (10).

[2] 刘林青,谭力文. 产业国际竞争力的二维评价——全球价值链背景下的思考 [J]. 中国工业经济,2006 (12).

[3] 国家计委宏观经济研究院产业发展研究所课题组. 我国产业国际竞争力评价理论与方法研究 [J]. 宏观经济研究,2001 (7).

[4] 王仁曾. 产业国际竞争力决定因素的实证研究——进展、困难、模型及对中国制造业截面数据的估计与检验 [J]. 统计研究,2002 (4).

[5] 周星,付英. 产业国际竞争力评价指标体系探究 [J]. 科研管理,2000 (3).

[6] 庄亚明,穆荣平,李金生. 高技术产业国际竞争实力测度方法研究 [J]. 科学学与科学技术管理,2008 (3).

---

① 中国税务报,2011-07-12.

［7］詹映，温博. 行业知识产权战略与产业竞争优势的获取——以印度软件产业的崛起为例 ［J］. 科学学与科学技术管理，2011（4）.

［8］孙川. 基于 SS 的区域软件产业结构效应与竞争力实证分析 ［J］. 北京师范大学学报（社会科学版），2009（3）.

［9］张钢，徐海波. 核心动态能力与竞争优势——以浙江省软件产业为例 ［J］. 科学学研究，2006（S2）.

［10］原毅军，姜运政. 我国软件产业发展的几个基本概念问题研究 ［J］. 中国工业经济，2002（8）.

［11］中国软件行业协会. 中国软件产业发展研究报告（2009）［M］. 北京：工业和信息化部，2009.

［12］Shanling Li，Jennifer Shang，Sandra A. Slaughter. Why Do Software Firms Fail? Capabilities, Competitive Actions, and Firm Survival in the Software Industry from 1995 to 2007 ［J］. Information Systems Research，2010（9）.

［13］Anil Nair，David Ahlstrom & Larry Filer. Localized Advantage in a Global Economy：The Case of Bangalore ［J］. Thunderbird International Business Review，2007（9/10）.

［14］Simon Commander，Rupa Chanda，Mari Kangasniemi and L. Alan Winters. The Consequences of Globalisation：India's Software Industry and Cross-border Labour Mobility ［J］. The World Economy，2008（2）.

［15］Arto Ojala，Pasi Tyrväinen. Market Entry Decisions of US Small and Medium-sized Software Firms ［J］. Management Decision，2008（2）.

［16］Lucia Silva Gao，Bala Iyer. Analyzing Complementarities Using Software Stacks for Software Industry Acquisitions ［J］. J. of Management Information Systems，2006（2）.

［17］Meine Pieter Van Dijk. Government Policies with Respect to an Information Technology Cluster in Bangalore India ［J］. The European Journal of Development Research，2003（12）.

战略性新兴产业集群形成研究[*]

——以珠海三灶镇生物医药产业集群为例

侯 杰^{**}

战略性新兴产业是中国经济社会长远发展的重大战略选择，不仅有利于推动中国当前的经济结构调整和产业升级，更会对中国赢得国际竞争尤其是科学技术竞争产生积极影响。与此同时，中国的战略性新兴产业发展面临技术基础较为薄弱、科技投入少、创新水平低等严峻现实，不利于加快发展新兴产业。而产业集群作为当前产业发展中一种重要形式，其技术创新密集、规模经济突出和知识溢出等积极效应能够有效推动战略性新兴产业发展。本文以珠海三灶镇生物医药产业集群为例，集中探讨了企业、政府和相关智力机构在新兴产业集群的形成中各自发挥的作用，并试图归纳中国战略性新兴产业集群形成的规律以及提出相应政策建议。

一、战略性新兴产业及其集群概述

战略性新兴产业是以重大技术突破和重大发展需求为基础，对经济社会全局和长远发展具有重大引领带动作用，是知识技术密集、物质资源消耗少、成长潜力大、综合效益好的产业。战略性新兴产业的基本技术特征是在技术创新和进步中取得重大突破，在国际分工体系中目前或在将来必将占据领先或核心地位的技术优势，这也是其引领和推动中国在国际竞争尤其是愈加突出和重要的技术竞争中获得主导地位的关键性因素。

在看到新兴产业在中国具有广阔市场需求的同时，也必须正视目前中国七大新兴产业的核心技术在国际上并不处于领先地位甚至部分技术较为落后的事实，这在一定程度上制约了我国企业发展在国际市场上具备高技术含量和高附加值的产品和服务，未能提升价值链体系中的地位，限制了战略性新兴产业在未来对整个经济社会发展全局发挥关键的引领推动作用。中国战略性新兴产业的发展目前面临创新投入少、技术水平落后、同质化生产严重、不能有效利用广阔市场需求等制约因素，以及不能充分发挥应用的战略性即新兴产业的知识技术密集、物质资源消耗少、成长潜力大、综合效益好等符合循环经济和可持续发展的战略特征，并且从产业生命周期来看，虽然战略性新兴产业未来市场空间广大，而目前一般处于萌芽期或成长期，仍面临高投入、高风险和低回报的市场前景；核心技术开发的风险巨大，竞争性企业无法单独承受；开发一项新技术对

* 国家社会科学基金重大攻关项目"应对国际资源环境变化挑战与加快我国经济发展方式转变研究——基于政府规制视角"（批准号：09&ZD021）。

** 侯杰，1987年生，男，河南驻马店人，暨南大学产业经济研究院硕士研究生。

其他产业和企业的溢出效应很大，投资于新兴产业的社会价值远远高于承担风险的企业增加的利润，促进其加速发展需要社会制度和各类投融资机制的配合和支持，才能在10~20年的时间里将其发展并进入成熟期，成为中国产业经济发展中的主导或支柱产业，为GDP的增长和社会的全方位发展提供必需的核心作用。与此同时，战略性新兴产业的时代特征不允许再次经历低水平重复建设、高耗能低产出、简单模仿再生产等中国产业发展中的惨痛教训，尤其是在全球产业均依托于先导技术快速发展的时代背景下，如何选择符合中国历史和国情的发展路径加快战略性新兴产业发展，抢占科技文明制高点乃至未来国际竞争的主导权成为中国经济社会发展的重大课题。

战略性新兴产业以创新为主要驱动力，辐射带动力强，是推进中国产业结构升级和经济发展方式转变的重要力量。产业集群，尤其是具有地理集中性的产业集群，最主要的功能就是加速创新的速度，而且是产业最强劲竞争优势的来源，同时，产业集群自身也具有推进结构调整和发展方式转变的动力机制（波特，2002）。产业集群是指某一产业或相关上下游产业的有关企业、机构和科研院所等在空间地理上的集中，这种集中能够使相关企业和部门共享集群内市场、基础设施和研发机构，带来规模经济收益，并且产业集群相比于产业集聚进一步强调集群内企业及相关机构必须形成协同竞合的关系，即通过上下游企业整合的有序生产关系，辅之以相关市场和科研院所的推动及智力支持的发展和共享作用，产生关联合作和创新上的优势，能够在集群内部产生创新驱动和知识溢出等效应，以获取单独生产所没有的额外收益（李扬、沈志渔，2010）。与此同时，产业集群能够利用创新驱动的优势，实施生产和经营的差异化战略，有效提升区域竞争力，推动区域经济发展和创新系统升级，实现区域经济的跨越式发展。这些特征和优势都有利于解决中国战略性新兴产业目前发展面临的制约因素和突破区域发展不平衡的瓶颈，因此在中国必须大力发展战略性新兴产业集群，形成地理上的新兴产业园区，利用社会复合资本孕育战略性新兴产业，为形成战略性新兴产业网络提供区位优势，推进建设"创新型"国家，在国际资源环境变化的条件下加快中国经济发展方式转变。

战略性新兴产业集群是指以战略性新兴产业为基础，以相关政府机构和科研院所为支撑，上下游企业配套关系完善以及集群发展能够生成未来主导产业和支柱产业的新兴产业集群。在技术竞争的时代背景中以及国家政策和各地政府的积极推动下，战略性新兴产业集群面临巨大的发展机遇和良好的发展前景。战略性新兴产业集群的特征主要有：

（一）技术先进性

未来国家层面的竞争主要以科学技术竞争为基础，作为引领经济社会全面发展的重要推动力，战略性新兴产业与其他产业相区别的基本特征主要体现在技术层面上的先进性，由此带来创新发展的根本动力，外化出以技术创新为主要驱动力的产业集群发展。战略性新兴产业集群往往是掌握着核心或高新技术的企业集群，企业所具备的科研能力决定创新发展的前景与高度，直接影响市场竞争力以决定能否抢占价值链的核心部分。与此同时，技术上的先进性要求也导致战略性新兴产业集群对集群内大学等科研院所和机构的交流合作能力、产学研的结合能力有更高的要求。

（二）互动紧密性

产业集群的基本特征是地理集中，而战略性新兴产业集群中这一特征被明显强化，表现为企业之间的柔性竞争机制，不仅仅体现为企业"优胜劣汰"的自然选择机制，更为明显的是在激烈竞争的同时形成了形式各样的合作机制（刘志阳、姚红艳，2011），例如共同建立专业的供应链、合作开发高效物流系统、成立促进科研创新开发共同投资基金等。此外，共享科研基础设施和技术产权交易平台等也是战略性新兴产业集群内企业合作机制的重要内容。

（三）发展传导性

在战略性新兴产业集群内企业创新发展的同时，会不断产生知识溢出效应，且通过集群内企业的密切合作形成技术转移和知识传播，有利于集群内企业增强研发能力，降低创新成本，发挥产业集群的集聚效应，还会形成知识由集群内部向集群外部传播的溢出效应，战略性新兴产业集群内的技术领军企业通过技术创新形成辐射和示范作用，能够吸引集群外企业及相关科研支撑机构进入以壮大集群并带来最新的科研成果并增强集群内创新活力，形成"内外两条线"的战略性新兴产业集群发展机制。

二、珠海三灶镇生物医药产业集群形成研究

（一）珠海市金湾区三灶镇生物医药产业集群介绍

生物产业是中国目前重点发展的七大战略性新兴产业之一，其中生物医药产业更是生物产业中一大重要分支。基于国民经济较快增长、庞大人口基数及老龄化趋势加速、人民生活水平提高、健康意识增强等需求合力，国务院《促进生物产业加快发展的若干政策》以及《关于加快培育和发展战略性新兴产业的决定》等将生物医药产业列为重点扶持的高新技术产业和战略性新兴产业等政策的支持，同时国内本身生物遗传资源丰富、生物医药人才和技术储备已经具备一定基础，以及新医改政策的正式实施，这些利好因素都将推动中国生物医药产业的快速发展。

珠海市生物医药产业作为珠海的六大支柱产业之一，发展历史悠久，在产业产值和企业数量上都远高于国内大多数省区的生物医药产业规模。珠海市金湾区三灶镇是珠海目前规模最大、产值最高、配套最为成熟的生物医药产业集群。

1994年，香港医药厂商联邦制药将进入内地市场的目光投向了珠海，经过两年的市场开发，在珠海开始投入建设第一个生物制药厂。1998年，联邦制药在三灶镇的工厂建成，占地面积20万m²，耗资1亿多元。联邦制药成为中国境内第一个全方位通过GMP认证的企业（包括粉针、片剂、口服液、胶囊、冻干），有了高起点之后，联邦开始了急速的扩张过程，迅速占领了国内以"阿莫西林"和"阿莫仙"为代表的消炎成品药市场。受联邦制药迅猛的发展势头和优异的市场业绩吸引，珠海本地以珠海经济特区生化制药厂为代表的制药企业开始逐步向三灶镇聚集，形成了一定的规模经济，三灶镇生物医药产业的企业规模和产值进入了快速提升期。三灶镇政府此时观察到生物医药产业良好的发展前景及其对区域经济的积极影响，开始以政府为主导逐步推进生物医药产业集群建设。1999年，三灶镇成立了金海岸生物制药科技园，提出要加快生物制药企业的引资开发和本地生物企业的创业发展，积极打造医药专业镇。在此基础上，2002年，利用珠海市政府专门规划的2.5平方公里土地将原有的金海岸生物制药科技园整合成为三灶镇生物医药科技园，进一步提出建设以国内市场需求为目标的省内领先的"生物医药谷"。在三灶镇政府的积极推动和三灶镇生物医药产业集群的快速发展势头下，2007年8月，三灶镇以40亿元的生物医药产业产值以及完善的产业体系获得"广东省生物医药专业镇"称号，这标志着三灶镇正式走上了生物医药产业发展的专业化道路。与此同时，三灶镇生物医药产业集群始终坚持以产业升级快速发展为导向，以技术创新为驱动，并取得了卓越的成效，分别在2007年10月和11月获批为广东省生物医药产业集群升级示范区和广东省火炬计划生物医药特色产业基地（何锁坡，2007）。

截至目前，三灶镇已累计引进生物医药、医疗器械生产企业和药品经营、医疗服务机构近80

多家，其中生物医药企业达 50 家。代表企业有珠海联邦制药股份有限公司、广东汤臣倍健生物科技股份有限公司、珠海亿邦制药有限公司，另有提供模具、包装、物流、元器件等配套或关联的企业等。此外，尚有在建、筹建企业近 30 家。知名品牌企业在三灶镇医药产业发展中起到了领军作用，扩大和提升了"珠海医药"在全国乃至世界范围内的影响力，形成了成熟的产业供应链，产生了强大的产业连锁效应，集群效应尽显。另外，设立在三灶镇的遵义医学院、吉林大学分院等高校，设有医药学专业，师资力量雄厚，医药研究设备齐全，图书情报系统及信息网络完善，为三灶镇生物医药产业发展提供了充裕的后备人才及科研保障。经过多年的发展，三灶镇生物医药产业集群的聚集态势和规模效应日益显现，以政府扶持和产学研的紧密结合为龙头带动集群蓬勃发展。

（二）珠海市金湾区三灶镇生物医药产业集群形成研究

1. 企业行为是三灶镇生物医药产业集群形成的基础性因素

生物医药产业的集群化有利于企业有效避险。生物医药产业通常涵盖了药品（包括生物制品、化学药品和中药）、医疗器械等研发和生产企业，近年来还衍生出医疗服务、医药产权转移交易等产业分支。生物医药产业的最大特点在于，是利用尖端生物技术生产直接面向消费者的高新科技产品的产业，以医药改进和创新为主要驱动力，只有持续进行生物医药的研发并有能力将研发成果转化为在病理上卓有成效，并在市场中适销对路的药品才能够在竞争激烈的医药市场中占据一席之地（王冬梅，2009）。而生物医药的研发投入大、研发周期长、风险大、后期市场开发充满不确定性，这一特点决定了国内的单个生物医药企业尤其是三灶镇生物医药产业内的企业难以形成像辉瑞等国际药业巨头的独立而强大的研发实力。相比于各个企业单独进行高风险、高投入的研发能力建设，生物医药产业的集群化是一种有效的避险路径和实现跨越式发展的捷径。利用集群内当地政府提供的基础设施和公共服务设施以及服务于整个集群的科研机构和风险资本，有利于集群内企业进行合作研发和技术创新，能够合理规避风险，形成自主知识产权，进而占据市场主导地位。此外，生物医药产业集群化还有利于集群内企业相互交流技术进展和创新知识，并能够有效形成技术产权交易市场，促进研发成果的市场化和产业集群的创新升级。在发展历史仅有 10 多年的三灶镇生物医药产业集群中，这一效应也体现得较为明显。亿邦、民彤、金鸿等集群内的企业已自发共享彼此的生产、人才、科研、信息、设备等资源，有效降低了技术创新的成本和风险，提升了区域创新能力和产业能级。在集群内部就能够了解未来引进设备的优缺点，后进集群的药厂也可以到技术领先企业工厂参观学习。正是这种产业集群的优势，促成了企业间交流网络的形成，使得集群内的知识和技术可以产生流动，扩大和高效利用产能。

生物医药产业集群有利于企业利用规模经济提高生产效率。生物医药行业产品众多、生物原料、中成药、化学制品生产关系交错复杂，生物医药产业链较长，合理而完善的上下游配套关系也是形成产业集群的重要因素，集群化的发展又使产业集群优势逐步凸显。三灶镇内的春天制药厂、金鸿制药厂是联邦多年的客户，而亿邦制药厂是联邦的下游企业。联邦几乎与镇内的几十家生物医药企业都有技术、人才、设备、信息方面的交流。这种生物医药企业相对集中的布局，便于多方共同利用优势要素和产品市场，同时也利于企业间竞争与合作，而产业集群链的完善更有利于占据生物医药价值的高附加值地位。

企业的示范效应。由外源性企业带动向内外结合互动发展也是形成产业集群的重要原因（刘志阳、程海狮，2010）。香港的联邦制药自 1998 年 7 月建成投产以来，10 多年来总投资 8 亿元，到目前为止，总建筑面积 8 万平方米，生产车间增至 17 个，员工 1429 名，2009 年产值 26 亿元、税收 12115 万元，成为三灶镇乃至珠海医药产业的"领头羊"。当初三灶镇生物医药产业正是在联邦制药这一外源企业良好的经济效益和迅猛的发展势头的带动下形成了领军企业的示范效应，珠海经济特区生化制药厂等一大批当时的国有企业受到利润的吸引而竞相向三灶镇的联邦制药周边聚集，以降低生产成本追求规模经济，形成了当时三灶镇生物医药产业集群的雏形。三灶镇以生物医药产业为龙头，建设三灶镇生物医药科技产业园，并实施特殊的产业倾斜和技术扶持政策，越来越多的外资和国营、民营生物医药企业被引进集群内，三灶镇生物医药产业集群逐步扩大。随着产业集群的进一步完善和发展以及生物医药产业的良好前景，在政府有力的政策支持、引导下，创业经济开始发挥作用，在三灶镇生物医药产业集群内产生了以汤臣倍健、润都制药和安和生化等一大批具有市场竞争力的民营创业企业，与集群内原本外源性企业形成了内外源良好互动发展的局面。

2. 政府行为是三灶镇生物医药产业集群形成的关键因素

首先，政府作为制度的供给者，能够通过提供适合企业发展和技术创新的软件环境，有效降低作为卖方市场参与者之间的搜寻成本，吸引企业集聚（魏剑锋，2010）。三灶镇政府领导班子作为引进投资、规划产业集群发展的核心，能够最大限度地为落户企业提供用地、税收、科研等方面的支持。三灶镇科技工业园管委会和三灶镇投资管理服务中心作为专职招商引资和服务企业的政府机构，能够为企业提供从筹建期、建设期到生产期的"一条龙"高效服务。作为珠海生物医药产业主体区域之一，三灶镇科技工业园自 1999 年便开始实施特殊的产业倾斜和扶持政策。落户三灶镇科技工业园的医药企业可同时享受中国经济特区、中国高新技术产业园区及广东省发展医药产业的三重优惠政策，以及相关的税收优惠政策。

其次，政府作为区域经济和产业集群发展的规划核心，能够有效创建区域创新系统，通过引入大学、科研院所，建设高新企业"孵化器"，建立技术产权交易服务市场等，为集群的形成和升级创新发展奠定了良好的基础。三灶镇政府引入了以医药和化学、生命科学见长的遵义医学院珠海校区和吉林大学珠海学院两所著名大学，并引导生物医药企业与两所大学共同设立了 17 个产学研实习基地。

最后，政府能够改善招商引资的硬环境，通过建设为集群服务的基础设施和中介组织，扶持中小型企业的成长，为集群的形成和扩大有效减少障碍。三灶镇政府充分利用周边拥有珠海机场及珠海港的地理优势，积极推动建设了进一步方便和密切三灶镇和境外联系的连接三灶镇和横琴岛（中国澳门）的金海大桥以及联系香港机场的海天码头。此外，三灶镇生物医药产业在政府牵头的基础上，自发成立了行业协会，有利于促进企业之间和企业与政府的有效沟通；通过共同基金的机制大力扶持中小型生物医药企业的创业和再生产，有利于丰富三灶镇生物医药产业集群内的主体范围，增强集群创新发展活力。

3. 智力机构是三灶镇生物医药产业集群形成的辅助性因素

大专院校作为集群创新发展的关键支撑，三灶镇生物医药产业集群与以医药和化学、生命科学见长的遵义医学院珠海校区和吉林大学珠海学院两所著名大学毗邻，为园区内医药企业自主研发与创新、发展提供了良好的软硬件。特别是吉林大学珠海校区国家级生物实验室的启用，为生物医药产业产品的研究发展提供了基地，大量医药企业以及相关人才、资本集聚，可以优势互补、资源共享。目前，三灶镇初步形成了由产业群体、研究开发、教育培训三个模块组成的以"人才培养—科学研究—技术开发—规模生产"为上下游的现代生物医药创新体系，一条布局有序、互惠共存、可持续发展的产业链初具规模，产学研一体化区位优势明显。

相关智力机构为生物医药产业集群的发展提供了必要的智力支持。三灶镇积极以生物医药产业为龙头，鼓励和支持建设相关研发机构。目前，整个三灶镇已建立国家级综合实验室 1 个，省级综合实验室 1 个，省级以上研发中心、博士后工作站 1 个，国家级高新技术企业 5 家，技术专利 76 项，承担市级以上科研项目 35 个（何锁坡，2007）。

三、以集群方式推进战略性新兴产业的规律与政策思考

(一) 战略性新兴产业集群形成规律

在中国，利用集群方式推进战略性新兴产业不仅能够利用规模经济优势，推进网络创新，增强新兴产业核心竞争优势，还能够推动经济结构调整，有效提高区域经济竞争力，实现区域经济的跨越式发展，因此，战略性新兴产业集群的形成和发展成为各地方政府在未来产业规划发展中的重要基石。

中国战略性新兴产业集群的形成规律强调在市场需求基本涌现以及必需的物质资源和基础设施初步具备的基础上，吸引产业中的优势企业，尤其是那些已经在市场中占据主导地位或掌握产业核心技术的领军企业进入，并以其为核心形成示范效应带动大批企业进入与创业扩大集群规模相结合，辅之以工业园区的设立培育产业集群。与此同时，在培育过程中，政府的政策支持和引导以及相关智力机构的辅助发展也必不可少。

战略性新兴产业的形成与发展是建立在市场需求的基础之上的，在经济发展的动力结构中，需求作为其主要的动力源泉，促使战略性新兴产业的发展必须向市场化靠拢，集中发展那些未来在国际市场上具备高技术含量和高附加值的产品和服务，因此必须从市场化的角度出发，吸引优势企业的进入。这不仅有助于迅速占领市场和占据价值链中高附加值的部位，还能够有效形成对集群外企业的吸引和示范效应，将其引入以地理集中为主要标志的产业集群，能够有效扩大和发展产业集群。集群发展到一定阶段后，以整合资源、发现机会为标志的创业活动会兴起并形成一定规模，产生正的外部性，增强产业集群发展活力。此外，工业园区以其垂直分工的业态、高度互动的学习与创新网络以及大量存在的公共机构的优势成为战略性新兴产业集群发展的主要地理形态。

战略性新兴产业的题中之义在于这些新兴产业未来将在国民经济发展中占据主导或支柱产业的地位，因此在现阶段，从产业生命周期理论的角度看，它们必然仍处于萌芽期或成长期，在企业作为产业核心部门独立参与市场竞争发展的同时，还需要作为地方政府各方面的政策和资源的积极推动及投入才能够将产业尽快导入成熟期，使之成为推动经济社会全面发展的主要力量，以高投入、高风险和创新驱动为主要特征的战略性新兴产业尤其如此，通过相应的政府购买拉动产业需求，通过创新投入和人力资本投资等政策工具有效弥补制度缺陷，使产业集群能够稳定健康发展。

战略性新兴产业集群往往是掌握着核心或高新技术的企业集群，企业所具备的科研能力决定创新发展的前景与高度，以创新为主要驱动力，当产业集群发展到一定阶段时，必须有源源不断的创新作支撑，因此技术和人才不仅仅是产业集群形成的基础之一，更是产业集群突破劳动力、资本、原材料等要素简单组合的瓶颈，成为升级和持续发展的根本动力。作为产业集群内主要智力机构的大学和科研机构，能够为集群提供先进的可供商业化的科研成果和技术知识，可与集群内已有企业进行产学研多方面合作，不断扩散先进科技成果，增加区域产出规模，促进高新科技产品的研发，提高科技成果商用程度，通过科技咨询、技术转移和人员交流，传递知识、共同学习，提升区域创新能力，加速集群形成和演化过程。

(二) 战略性新兴产业集群发展的政策建议

1. 加大战略性新兴产业集群内平台及科研基础设施建设

战略性新兴产业集群内相关辅助机构的素质是产业集群能否提升创新效率、推动产业集群升

级发展的重要因素，需要积极发展战略性新兴产业集群内的电子商务平台、公共信息服务平台和技术产权交易平台。电子商务平台主要提供产品和服务的展示、网上交易、客户交流与反馈等功能；公共信息服务平台主要提供信息发布、技术资料搜索、获取和交易等功能；技术产权交易平台主要以知识产权为核心、以技术合作和流遍为渠道，减少制度障碍，加快技术产权流通、提高技术创新和科研成果商用化效率。同时，以政府为主体和协调中心，加大投入力度建设与战略性新兴产业市场接轨的科研基础设施，积极引入更多的科研机构、技术咨询机构等创新辅助机构，实现集群内企业产学研高度紧密结合，产生知识溢出效应，为集群内企业发展提供足够的智力支持。

2. 构建集群创新体系，完善人才扶持和培养政策

技术创新是产业集群发展尤其是战略性新兴产业发展的主要驱动力，也是产业集群能否占据市场竞争主要地位的决定性因素。政府应当鼓励构建技术创新体系，以技术为根本，以企业为主体，以重点实验室、博士后工作站、产学研合作基地等为辅助，重点攻关战略性新兴产业的核心和高新技术，加大对技术创新和自主知识产权的扶持力度。此外，技术发展离不开人才，必须注重搭建人才培育平台，坚持引进人才和培育人才的均衡发展，鼓励大学等科研院所与企业的人才对接，实施梯度人才发展战略，大力发展专业技术人员与高级管理人员，提高现有企业人才的技术水平和素质。

3. 完善政府购买、税收优惠等政府激励政策

利用政府购买制度在扩大高新技术企业市场需求的同时，规范建立相应的技术标准以促进产业集群内企业自主创新发展，利用政府资金的引导效应鼓励企业加大对先导和核心技术的投入，加快战略性新兴产业集群的技术发展。完善战略性新兴产业的税收优惠政策，制定技术扶持重点，加大对核心技术和人才资本培育的税收优惠力度，扩大税收优惠环节，充分发挥税收优惠政策的最大效能。

4. 利用整体协同效应，完善集群配套关系

集群的整体协同效应主要体现在集群内企业的上下游配套关系，是事关战略性新兴产业集群能否获得持续性良好发展的关键要素。战略性新兴产业集群在产业园区基础上，注重发挥战略性新兴产业集群间的协同效应，在继续引进新兴产业企业时要注重均衡战略，在鼓励创新创业时要注重适当的政策倾斜，注重培育产业链上的薄弱环节企业，争取在集群内形成完整的集生产、服务和交易于一体的新兴产业企业长廊，形成上下游配套关系，延伸产业链以做大做强，形成多层梯级产业系统并促其优化升级，使其形成地区优势和特色。

参考文献

[1] 波特. 国家竞争优势 [M]. 北京：华夏出版社，2002.

[2] 李扬，沈志渔. 战略性新兴产业集群的创新发展规律研究 [J]. 经济与管理研究，2010（10）.

[3] 刘志阳，姚红艳. 战略性新兴产业的集群特征培育模式与政策取向 [J]. 重庆社会科学，2011（3）.

[4] 何锁坡. 联邦领军生物医药谷 [N]. 珠海特区报，2009-06-28.

[5] 王冬梅. 湖北省生物医药产业集群培育策略研究 [J]. 科技进步与对策，2009（6）.

[6] 刘志阳，程海狮. 战略性新兴产业的集群培育与网络特征 [J]. 改革，2010（5）.

[7] 魏剑锋. 搜寻成本、制度安排与产业集群的形成机制 [J]. 产业经济研究，2010（1）.

[8] 何锁坡. 规划瞄准产业集群 [N]. 珠海特区报，2009-09-25.

再生产品为何叫好不叫座*
——基于协调博弈的解释

杨雪锋**

一、引　言

　　再生产品①因具有节资和环保意义，受到绿色消费者青睐以及政府的支持。但是由于再生产品生产缺乏规模经济，而且在品牌、营销等方面缺乏与原生产品的竞争力，致使成本偏高，价值难以体现。另外，由于部分再生产品所用材料在技术或工艺等方面还没有像原生产品那样成熟，一旦出现个别消费者使用问题或产品质量问题，人们就会放大对再生产品接受的心理障碍。比如消费者对翻新轮胎、再生打印纸、再生塑料制品等抱有更多的质疑。这些因素导致再生资源产业发展的市场基础薄弱。究其根源在于消费者还是生产者？抑或二者的协调问题？

　　资源再生产业的理论价值、发展前景和现实困境引起了学术界的广泛关注，特别是对产业演化、市场扩展中的行为研究比较突出。再生产品利用是一种绿色消费行为。绿色购买行为研究多从个体特征展开，如运用 EKB 模型、A-P-I-B 模型、H-S 模型和消费价值模型等对绿色信息传播、绿色产品属性绿色产品价值属性对消费者购买行为的影响（孙剑等，2010），运用扎根理论方法对可持续消费行为的影响因素进行探索性研究（王建明、王俊豪，2011；杨智、邢雪娜，2010）。这些成果揭示了绿色消费行为的机理，为分析群体行为提供了微观基础。要研究再生产品市场的演化还需将视野扩展到群体消费行为，而现有文献较多地运用演化博弈方法分析该领域。基于演化博弈视角对资源循环再生行为进行研究的文献大致可分两类：一是产业组织行为；二是市场交易关系。关于资源循环再生产业的组织行为方面，魏晓平和李昆（2005）对生态产业链接中上下游企业合作群体行为变化进行了分析，并讨论了环境管制条件下博弈后的复制动态及其演化稳定策略；朱庆华和窦一杰（2007）直接分析了绿色产业链中政府和企业关系的演化；陈翠芳等人（2010）分析了生态工业链中上下游企业和政府的三方博弈过程，考察利益分配对生态产业

---

　　* 教育部人文社会科学研究一般项目"基于价值链重构与市场博弈的再生资源产业价值实现机制研究"（项目编号：10YJC630341）。

　　** 杨雪锋，1970 年生，男，湖北枣阳人，浙江财经学院工商管理学院教授、博士后。

　　① 本文的"再生产品"是指再生资源在原材料中含量到达国家或地方政府标准的产品。如国家环保部的《环境标志产品技术要求 再生塑料制品》标准、"环境标志产品认证技术要求　再生纸制品"，辽宁省的"再生燃料油产品标准"，昆明的"再生建材产品标准"等对其含量作了明确规定。其中，再生纸标准规定："以废纸生产的新闻纸、商业用纸（如包装用纸和纸板）、文化用纸（如练习本纸、信封纸、印刷品）、生活用纸（如卫生纸、纸面巾）等必须以 100% 的废纸生产，新纸浆最多不超过 5%（以质量计）。"

链稳定性的影响；张志军（2004）、王秀丽和李春发（2007）、齐振宏和喻宏伟（2007）等运用一般博弈论对绿色产业链的分析也有助于深化企业行为机理的认识。关于资源循环再生市场交易行为的研究主要是围绕企业层面的绿色营销和公众层面的绿色消费展开，涉及绿色消费者面临企业真实绿色营销和虚假绿色营销的行为演化（任丽琼，2009），以及绿色营销企业之间的群体演化（张根林、马果，2008）等。

上述文献基于协调博弈方法对企业、消费者、政府等参与者分别作了单一种群、多种群分析，这些分析仅限于对群体行为演化的数理分析，而缺乏对其行为机理进行深度的理论解析。另外，关于再生产品市场演化目前还尚未具体解释。演化经济学认为，在一个由有限理性成员构成的群体中，群体行为由群体成员的策略互动的整体效应决定。由于具有有限理性，单个成员的决策遵循的不是最大化原则，而是根据自身行动收益和群体行动平均收益的超出程度以及自身策略类型的概率，不断地调整策略。再生产品市场中的消费者群体具有单总体特征，单个消费者对再生产品的认知缺乏和主观判断是有限理性的。因此，对于这种市场的演化分析，适合运用协调博弈方法。本文拟用此方法探讨再生产品市场参与者群体行为演化。

二、再生产品市场参与者的基本特征

协调博弈作为演化博弈的一种情形，研究的是群体行为互动及其策略选择变化。在分析再生产品市场参与者群体演化之前，需对参与者群体的行为特征进行描述，这里主要解析再生产品消费者和再生产品生产者行为特征。

（一）再生产品消费者的行为特征

消费行为是个体理性选择和群体行为共同作用的结果，具有适应性特征和消费锁定倾向。行为科学将其解释为从众效应（Bandwagon Effect）、群体本能（Herd Instinct）等；经济学则解释为网络外部性（Network Externality）、转换成本（Switch Cost）的结果。当市场发生根本性变化时，这种群体性特征会执着于原有的消费模式，产生主流谬误（Bandwagon Fallacy）。消费转换需要团体的共同协作。如果用户之间能够协调合作行动，将会获得使用再生产品的好处，进而获得再生产品消费的网络正反馈收益，再生产业可顺利发展。但协调行动需要共同信息、共同偏好和协同行动，信息不对称、偏好的异质性和"搭便车"等形成的过高的交易成本往往使协调行动无法进行，从而妨碍他们最优的更换选择（王万山，2005）。

消费者的消费行为是有限理性的，其购买决策往往依赖个人的经验和他人消费评价（或者是曾经发生的消费投诉）。还有，作为原材料的再生资源和作为中间产品的再生制品同样也会遭遇类似的市场障碍。比如企业在采购再生资源或再生制品时，会担心再生资源的安全及性能是否稳定、可靠等。

对于再生产品而言，未经证实的传言和小概率故障的放大效应严重影响着消费者的购买决策，进而导致市场的萎缩。再生产品作为一种新材料制成品，存在一个信息揭示不充分的机制。在这个市场上，购买者出于谨慎，会出现对原生资源制品的偏爱，等待其他购买者转换消费行为，而不愿意自己承担再生产品消费的风险。Farrell 和 Saloner（1985）把这种信息不对称下等待别人率先转换消费选择以获取消费信息、回避自己风险的现象称为"过度惰性"（Excess Inertia）。

普通产品用户之间通过无约束的市场交易形成的契约在进入消费锁定状态后，由于率先转换者承担的风险比赶潮流者大，因而使率先转换者成为"公共品"，每个用户都只想在确信另一用户也将转换的情形下才愿意这么做。并且，用户之间的信息不对称容易形成转换中的"信息消耗战"，每个想转换的用户都在等待获得其他用户是否转换或转换的概率有多大后才进行转换决策，以把转换成本降到最低。由于没有信息显露的激励机制，最终是所有的用户都被消耗在信息隐藏中——每个人的聪明带来的是团体的愚笨（王万山，2005）。这也符合"囚徒困境"关于个体理性导致集体非理性的解释。

（二）再生产品生产者的行为特征

再生产品生产缺乏规模经济，导致平均成本高于原生产品（在当前资源价格体系下，部分再生产品所需的再生材料要承担部分外部成本），生产者平均利润率偏低，在现有政策和市场环境中，再生产品生产企业的技术互补性、需求互补性和交易互补性决定了再生产品的产业规模和市场规模。

再生产品的生产在技术上需要高度互补。因为资源循环再生过程中，存在一些共性技术和关键技术，需要企业联合攻关，甚至需要政府以及科研院所支持和参与研发。比如，废旧电器拆解、零部件分拣、重金属识别筛选等。在资源再生产业中，存在需求互补性，主要体现在资源再生的中间产品之间的相互需求。资源再生产业的发展需要一个密集的市场，通过交易规模的扩大降低交易成本。因为只有产业规模扩大，利润空间增加，资源再生企业才能获得专业化分工的好处，同时，也会吸引交易中间商、信息服务商、技术咨询商等中间性组织的加入，这些经济组织的存在是交易互补性的体现，也是资源再生产业交易效率增进的动力。

绿色消费的锁定效应和绿色生产的协调互补性分别反映了消费和生产单一群体内部的协调问题，更重要的是，绿色消费和绿色生产之间也存在严重的协调问题。绿色消费带动绿色生产，唯有两者间形成良性的互动局面，循环经济才能在社会层面更健康的发展（任丽琼等 2009）。政府、企业、消费者是推动再生产品市场发展的三支不可或缺的力量，三者的决策相互影响、相互制约，再生产品市场的良性发展是三者反复博弈的结果。

三、演化博弈基本分析框架

（一）一个假设和三个核心概念

主流博弈论假定参与者是完全理性的，而这种假定通常难以与现实吻合。因为现实市场经济中，人们较多地考虑当前的得益，易犯小错误并模仿成功的策略，在实践中遵循"试探、学习、适应、成长"的行为逻辑，即通常所谓的"摸着石头过河"（孙庆文等，2003）。演化博弈论接受有限理性假设，认为经济主体的决策并非完全理性、精于计算，而是根据博弈对手的行为进行不断调整，主要的依据是对方策略的收益以及采取该策略的概率。由于信息阻塞使先行者的风险比跟随者的大，所以行动者的策略是通过模仿改进而不断调整，最终所有博弈方都会趋于某个稳定策略。

1. 一个假设：有限理性

"有限理性"表示首先意味着博弈方往往不能或不会采用完全理性条件下的最优策略，意味着博弈方之间的策略均衡往往是学习调整的结果而不是一次性选择的结果，而且即使达到了均衡也可能再次偏离。

2. 三个核心概念

分别是演化博弈中的常用术语：学习机制、复制动态和演化稳定策略。

（1）学习机制是确定参与人策略调整的方式。协调博弈首先是一种有限理性博弈，其核心即群体成员策略类型的比例是动态变化的。变化速度由博弈者学习模仿的速度决定。大群体中成员的社会学习活动具有明显的从众特征，这种模仿学习机制是：被模仿者占群体的比例越大，模仿者学习速度越快，被模仿者的策略收益越大，模仿者学习速度越快。这也符合管理心理学的从众理论、期望理论和强化理论的解释。由于人是有限理性的，在信息阻塞的情况下，出于风险考虑，参与者的学习是慢速的，而且人总是看着眼前利益。

（2）复制动态（Replicator Dynamics，RD）是学习的主要方式，意思是：如果一个策略的结果优于平均水平，那么选择该策略的那些群体在整个种群中的比重就会上升。复制动态用数量生态学语言表述就是：使用某一特定策略被一个种群采用的频率或频度动态微分方程。复制动态模型能够较好地描绘出有限理性个体的群体行为变化的趋势，从而更准确地预测个体的群体行为。

（3）为研究策略的动态调整过程，人们从生物进化中得到启示，基于策略在世代更迭中的适应性提出了"演化稳定策略"（Evolutionary Stable Strategy，ESS）的概念。其基本思想是：在具有一定规模的博弈群体中，博弈方进行着反复博弈。由于有限理性，博弈方不可能在每一次博弈中都能找到最优均衡点。于是，博弈方的最佳策略就是模仿和改进过去自己和别人的最有利策略，通过这种长期模仿和改进，所有博弈方都会趋于某个稳定策略。

还有一个重要的概念就是"频率依赖"。演化博弈将经典博弈中的支付函数转化为适应度函数。适应度是生物演化理论中用来描述基因繁殖能力的核心概念，在演化博弈模型中，某种策略的适应度可以被简单理解为采用该策略人数在每期博弈后的增长率。适应度函数是频率依赖（Frequency Dependence）。此外，适应度函数有时还依赖于群体规模（人数）（黄凯南，2009）。

（二）再生产品市场协调博弈分析的基本假设

（1）再生产品市场参与者均具备有限理性特征，即不可避免会出现逻辑推理或决策判断方面的失误；自利性的考虑可能使本企业远离最优得益方案（魏晓平、李昆，2005）。

（2）博弈方的理性层次属于慢速学习的类型，而不是快速学习类型（谢识予，2006）。这一假设符合现实状况，大多数企业和消费者的生态发展意识仍然较差，生产、消费再生产品的积极性不高。

（3）消费者对再生产品的价值认同需要一个长期过程，消费方式的转换是消费者和生产者以及消费者之间反复博弈的结果。

四、再生产品市场生产者和消费者关系的协调博弈分析

（一）自发状态下的再生产品市场博弈

再生产品市场是新兴市场，本文对自发市场和政府干预下的市场两种形态进行分析。生产者提供两种产品：再生产品和非再生产品[①]（仍然是合格产品，但是原材料中再生资源含量不符合再生产品标准）。通常，消费者和生产者都是有限理性的，不会一开始就采用完全理性情况下的最优战略。消费者购买和不购买再生产品的比例分别为 x、1-x；生产者提供再生产品和非再生产品的比例分别为 y、1-y。设再生产品和非再生产品的消费者价值分别为 v 和 w（v≥w），即使消费者

[①] 企业生产非再生产品的动机不能简单地归因于利润目的，还有"漂绿"（Greenwashing）的动机，即打着再生产品的旗号，在原材料使用上并未达到再生产品标准。如 2008 年日本的"再生纸丑闻"。2007 年美国 Terra Choice Environmental Marketing 环境营销公司的一份调查报告《漂绿六宗罪》显示，99%的消费产品均有漂绿之嫌。

不购买再生产品，也会产生一定的效用损失 i（信息成本）；再生产品和非再生产品的价格均为 p，二者具有替代性，再生产品生产成本为 c。协调博弈支付矩阵如图 1 所示。

	再生产品 (y)	非再生产品 (1−y)
买（x）	V−i, p−c	W, p
不买（1−x）	−i, −c	0, 0

图 1　自发状态下的再生产品市场博弈

根据以上假定和支付矩阵，计算消费者和生产者的期望收益，推导各自的复制动态方程，判断其演化稳定策略。

1. 消费者的期望收益与均衡策略

策略为购买的期望收益：

$$u_{1b} = y \cdot (v - i) + (1 - y)w \tag{1}$$

策略为不购买的期望收益：

$$u_{1n} = y \cdot (-i) + (1 - y) \cdot 0 \tag{2}$$

消费者平均期望收益：

$$\overline{u}_1 = x \cdot u_{1b} + (1 - x)u_{1n} \tag{3}$$

消费者动态复制方程：

$$\frac{dx}{dt} = x(u_{1b} - \overline{u}_1) = x(1 - x)(u_{1b} - u_{1n}) \tag{4}$$

$$= x(1 - x)[(v - w)y + w]$$

令 $\frac{dx}{dt} = f(x)$，$f(x) = 0$，存在两个稳态：

$$x^* = 0、x^* = 1 \tag{5}$$

若 $y = \dfrac{w}{w - v}$，对于所有的 x，$f(x) = 0$ 均为稳态。

若 $y \neq \dfrac{w}{w - v}$，由于 $v \geqslant w$，所以 $f(x) > 0$，$f'(1) < 0$，故 $x^* = 1$ 为 ESS。消费者复制动态相位如图 2 所示。

小结：在自发状态的市场中，当再生产品价值不小于非再生产品价值时，所有消费者趋向于选择购买再生产品。

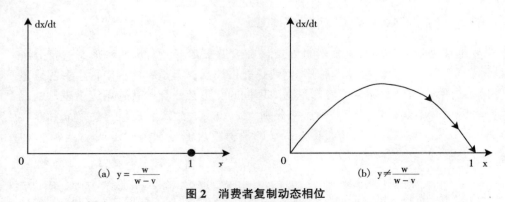

图 2　消费者复制动态相位

2. 生产者的期望收益与均衡策略

策略为提供再生产品的期望收益：

$$u_{2r} = x \cdot (p - c) + (1 - x)(-c) \tag{6}$$

策略为提供非再生产品的期望收益：

$$u_{2n} = x \cdot p \tag{7}$$

生产者平均期望收益：

$$\overline{u}_2 = y \cdot u_{2r} + (1 - y)u_{2n} \tag{8}$$

生产者动态复制方程：

$$\frac{dy}{dt} = y(u_{2r} - \overline{u}_2) = y(1 - y)(-c) \tag{9}$$

令 $\frac{dy}{dt} = 0$，存在两个稳态：

$$y^* = 0 、 y^* = 1 \tag{10}$$

因为 $(-c) < 0$，所以 $\frac{dy}{dt} < 0$，故 $y^* = 0$ 为 ESS。生产者复制动态相位如图 3 所示。

小结：自发市场中，由于再生产品生产者内化了部分外部成本，致使其收益小于非再生产品收益。经济人的趋利本性和有限理性促使生产者群体行为向"不提供"再生产品方向演化。

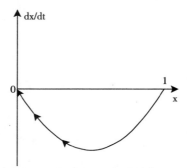

图 3　自发市场的再生产品生产者复制动态相位

（二）政府干预再生产品市场：补贴 + 罚款

鉴于自发市场存在外部收益溢出，生产者趋于减少再生产品生产，不利于市场的长期发展。为激励再生产品生产，政府对再生产品生产者每单位补贴 s，对其出售非再生产品处罚 d。生产者支付与自发状态相比，发生变化。博弈支付矩阵如图 4 所示。

	再生产品（y）	非再生产品（1-y）
买（x）	V-i, p-c+s	w, p-d
不买（1-x）	-i, -c	0, 0

图 4　政府干预下的再生产品市场博弈

消费者的策略集和支付没有变化，所以其动态复制方程与自发状态相同，$f(x) > 0$，$f'(1) < 0$，其 ESS 仍为 $x^* = 1$。

生产者期望收益发生如下变化：

策略为提供再生产品的期望收益：

$$u_{2r} = x \cdot (p - c + s) + (1 - x)(-c) \tag{11}$$

策略为提供非再生产品的期望收益：

$$u_{2n} = x \cdot (p - d) \tag{12}$$

生产者平均期望收益：

$$\overline{u}_2 = y \cdot u_{2r} + (1 - y)u_{2n} \tag{13}$$

生产者动态复制方程：

$$\frac{dy}{dt} = y(u_{2r} - \overline{u}_2) = y(1 - y)(x \cdot s + d - c) \tag{14}$$

令 $\frac{dy}{dt} = f(y)$，当 $f(y) = 0$，存在两个稳态：

$$y^* = 0 、 y^* = 1 \tag{15}$$

若 $x = \dfrac{c - d}{s}$，对于所有的 y，f(y)均为稳态。

若 $x > \dfrac{c - d}{s}$，则 $f(y) > 0$, $f'(1) < 0$, $y^* = 1$ 为 ESS；若 $x < \dfrac{c - d}{s}$，则 $f(y) < 0$, $f'(0) < 0$, $y^* = 0$ 为 ESS。政府干预下的再生产品生产者复制动态相位如图5所示。

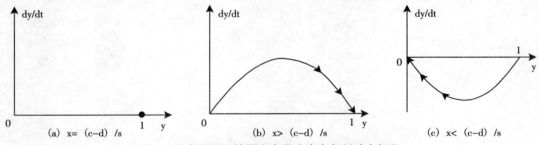

图5 政府干预下的再生产品生产者复制动态相位

进一步，可以把消费者和生产者两个群体类型比例变化复制动态的关系，在以 x、y 为坐标轴的坐标平面上表示出来，如图6所示。

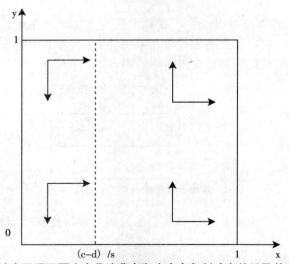

图6 政府干预下再生产品消费者和生产者复制动态关系及其稳定性

（三）再生产品价值小于非再生产品价值时的消费者选择

假设 $v < w$，消费者群体行为将发生变化，复制动态方程：$f(x) = x(1-x)[(v-w)y+w]$，需要考虑 y 的取值范围。

若 $y > \dfrac{w}{w-v}$，$f(x) < 0$，$f'(0) < 0$，故 $x^* = 0$ 为 ESS。

若 $y < \dfrac{w}{w-v}$，$f(x) > 0$，$f'(1) < 0$，故 $x^* = 1$ 为 ESS。

因此，在自发状态的市场中，当再生产品价值小于非再生产品价值时，提供再生产品的生产者比例小于 $\dfrac{w}{w-v}$，所有消费者趋向于选择购买再生产品；提供再生产品的生产者比例大于 $\dfrac{w}{w-v}$，所有消费者趋向于不选择购买再生产品。再生产品价值小于非再生产品价值时，消费者复制动态相位如图 7 所示。

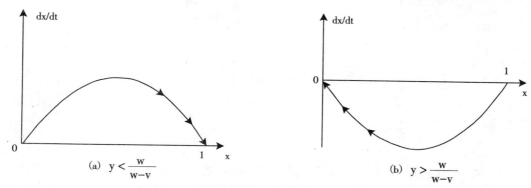

图 7　消费者复制动态相位

五、再生产品市场消费者社会学习机制与策略选择

在进行协调博弈时，人们总是优先考虑约定，在没有约定时，会利用文化背景提供的弱公共信念来协调行动（周章买、潘天群，2011）。协调博弈的解是一个聚点[①]均衡，成熟的消费市场存在一个共同的文化背景，基于共同文化的信心和预期是协调博弈形成聚点的关键因素。即使在明显的证据不可得到的时候，弱公共信念也可以加强信心和预期。首先简要分析一下消费者个体的消费行为，再讨论群体行为。

（一）单个消费者的购买决策分析

就个体而言，影响消费者购买策略的因素有两个：一是消费者对产品的了解情况，二是购买的实际支出（包括价格和其他不确定费用）。

令部分消费者购买再生产品的预期效用为 B，实际支出为 C，决策区间由 B 和 C 决定，如图8 所示。当消费者认为再生产品质量好的概率大于 p 时，将选择购买；当质量好的概率小于 p 时，将不购买；在此之间，则采取随机购买策略。这里影响消费者决策的个体性特征主要是信息不对

[①] 欲使参与人协调成功，则参与人的收益应该在最多数人所选择的那个均衡点上实现，最终实现收益的那个纳什均衡点被称为聚点（Focal Point），又称为谢林点（Schelling Point）。

称，决策的原则是效用最大化。但是对于消费者群体来说，不仅是信息不对称，而且是有限理性。如前所述，在一个由有限理性成员构成的群体内，群体行为由群体成员的策略互动的整体效应决定。由于具有有限理性，单个成员的决策遵循的不是最大化原则，而是根据自身行动收益和群体行动平均收益的超出程度以及自身策略类型的概率，不断地调整策略。

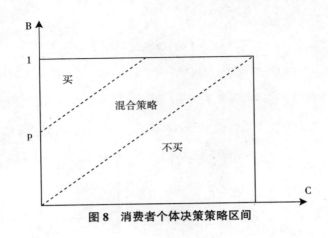

图 8　消费者个体决策策略区间

（二）群体学习与决策行为

1. 单群体学习

群体中消费者的购买决策受到群体行为的影响。成功的消费者产生示范效应，其消费行为受到其他成员的影响。被模仿者占群体的比例越大，模仿者学习速度越快，被模仿者的策略收益越大，模仿者学习速度越快。由于人具有有限理性，消费者无法完全获知再生产品的质量信息，出于节约信息成本的考虑，消费者往往模仿成功者的行为。此时，消费者的决策不再以个人的信念结构为条件，而是以成功者的收益和群体中学习者成功的概率为决策依据。也就是说，购买再生产品获得收益越大，从众者越多，越能够增加购买的动机。关于单群体协调博弈本文不作详述。

消费者从选择普通产品转变为再生产品，除了支付必要的信息成本外，还有消费转换的风险。对风险的认知是先验的，身边及媒体报道的消费事件均会影响主观信念结构。由于信息有限的缘故，这种调整过程不可避免地会缺乏远见，这种"短视"又不可避免地在历史过程中获得了其存在的合理性。

2. 多群体学习

消费者通过和生产者的协调博弈，通过模仿、学习、试错而不断地对外部世界的冲击做出响应，其结果是适应度不断变化，并在"适应性"概念中融入文化、知识和信息。仅仅具备有限信息的个体会根据其既得利益不断地在边际上对其策略进行调整以追求自身利益的改善，不断地用"较满足的事态代替较不满足的事态"（孙庆文等，2003），选择再生产品的消费者比例与提供再生产品的生产者比例不断变化，最终趋于稳定。从图 6 可以看出，政府干预下再生产品消费者和生产者复制动态关系及其稳定性变化轨迹。

（三）支付占优和风险占优

假定存在一个良好的再生产品市场，但不为多数消费者所知。当消费者均购买普通产品时，获得正常的效用，这种市场为消费者熟知，不存在信息不对称导致的消费风险，这种均衡属于风险占优；当消费者均购买再生产品时，在买者看来，要承担一定的风险，但结果是买者共同受益，这种均衡属于支付占优。因此，购买行为的演化面临支付占优和风险占优两种情形。

在一个风险占优的市场，消费方式转换是一个长期的群体演化过程，其背后是慢速学习机制的作用，只有足够的学习和模仿，伴随着信念的构筑，才累计为行为的根本转变。当然，外部的强烈冲击也可加快这一进程，比如政府的消费补贴或生产补贴。但是，由于信心和预期的重要性，自我强化的悲观预期也可能会导致协调失败。

六、结论与进一步的研究方向

再生产品市场具有正外部性，当再生产品价值大于非再生产品时，消费者群体趋向选择购买再生产品，否则，其均衡策略发生变化；自发的再生产品市场中，生产者演化稳定策略是不生产再生产品；只有在政府干预下，对真实生产者补贴，对"漂绿者"处罚，并且消费者达到一定比例，群体的演化稳定策略才提供再生产品。在新兴市场中，消费者和生产者的协调博弈，对于消费者而言，具有风险占优特点，因此，增强信息、强化预期是市场发展的关键。

由于再生产品生产涉及资源再生产业发展问题，关系到再生资源回收、加工、利用以及相关技术、信息、交易等方面，产业互补性研究是一个重要课题，需要对生产者单群体和多群体的协调问题进行分析，而限于本文的研究目的，该议题将另文详述。

参考文献

[1] 孙剑，李崇光，黄宗煌. 绿色食品信息、价值属性对绿色购买行为影响实证研究 [J]. 管理学报，2010 (1).

[2] 杨智，邢雪娜. 可持续消费行为影响因素质化研究 [J]. 经济管理，2009 (6).

[3] 齐振宏，喻宏伟. 博弈论下生态工业园稳定性实证研究 [J]. 工业技术经济，2007 (9).

[4] 王秀丽，李健. 生态工业链构建中企业和政府间的动态博弈 [J]. 经济纵横，2007 (18).

[5] 朱庆华，窦一杰. 绿色工业链中政府与企业进化博弈模型 [J]. 系统工程理论与实践，2007 (12).

[6] 魏晓平，李昆. 基于"复制动态"进化博弈理论的生态工业链接研究 [J]. 中国工业经济，2005 (12).

[7] 任丽琼. 绿色消费与进化博弈 [J]. 环境科学与管理，2009 (9).

[8] 张志军. 基于博弈论的企业绿色营销研究 [D]. 哈尔滨：哈尔滨工程大学硕士学位论文，2004.

[9] 陈翠芳等. 生态工业链中的多方进化博弈模型 [J]. 物流科技，2010 (5).

[10] 张根林，马果. 绿色营销中的进化博弈分析 [J]. 统计与决策，2008 (13).

[11] 王万山. 通用软件消费转换中的博弈分析 [J]. 天津商学院学报，2005 (1).

[12] 谢炽予. 经济博弈论 [M]. 上海：复旦大学出版社，2006.

[13] 孙庆文等. 不完全信息条件下演化博弈均衡的稳定性分析 [J]. 系统工程理论与实践，2003 (7).

[14] 黄凯南. 演化博弈与演化经济学 [J]. 经济研究，2009 (2).

[15] 谢识予. 有限理性条件下的进化博弈理论 [J]. 上海财经大学学报，2001 (3).

[16] [美] 卡利斯·Y.鲍德温，[美] 金·B.克拉克. 价值链管理 [M]. 北京：中国人民大学出版社，2001.

[17] W·库珀. 协调博弈——互补性与宏观经济学 [M]. 张军，李池译. 北京：中国人民大学出版社，2001.

[18] 王秀丽，李春发. 生态工业链构建中的博弈分析 [J]. 系统工程，2006 (1).

[19] 周章买，潘天群. 文化背景在协调博弈中的作用：一个试验研究 [J]. 安徽大学学报 (哲学社会科学版)，2011 (3).

［20］董骁. 循环经济动力不足的微观经济学分析［J］. 上海经济研究，2007（1）.

［21］Engel J. F., Blackwell R. D. and Kollat D. T. Consumer Behavior［M］. 4th ed. New York：Holt，Rinehart and Winston，1982.

［22］Howard J. A., Sheth J. N. The Theory of Buyer Behavior［M］. New York：John Wiley & Sons，1969.

［23］Sheth J. N. Newman B. I.，Consumption Values and Market Choices：Theory and Applications［M］. Cincinnati，OH：South-Western Publishing Co.，1991.

［24］Farrell J.，Saloner G. Standardization，Compatibility，and Innovation［J］. Rand Journal of Economics，1985（16）：70-83.

我国东中西部中心城市高技术产业
竞争力比较研究*

——基于 2000~2009 年城市面板数据的 DEA 分析

林汉川 郭 巍**

一、引 言

自 20 世纪中后期兴起的第三次科技革命以来，以生物医药、电子信息等产业为代表的高技术产业已成为信息时代驱动全球经济增长的主导力量。过去几十年里，高技术产业在中国获得了长足发展，不断引领技术创新和推动产业持续升级。中国高技术产业增加值从 1995 年的 1081 亿元攀升至 2009 年的 16250 亿元，增加了约 14 倍；高技术产业增加值占制造业增加值和占 GDP 的比重同样取得了巨大增长，前者从 6.2% 上升至 13%，后者从 2% 上升至 5%，均实现翻番；研发经费支出和新产品销售收入也分别从 17.8 亿元和 538.4 亿元增加至 700 亿元和 14550 亿元，占高技术制造业约 3/4 产值的电子信息产品制造业目前已经成为国内许多大中城市经济转型的主导产业。

"中心城市"的概念与区域经济学中增长极理论有关，按照对周围地区影响的级别划分，中国的中心城市可以分为国家级、大区级、省区级和地区级。中心城市聚集了大量人才、技术、资金等经济发展的稀缺资源，并通过扩散作用影响周边中小城市的产业布局。改革开放以后，中国采取了以梯度开发为核心的非均衡发展策略，按照东中西的方位顺序依次开放三大区域，在这一过程中，中心城市发挥了关键的作用。依靠政策扶持和承接产业转移，最近几年中西部中心城市高技术产业的产值增速远领先于东部地区，体现出明显的"后发优势"。投入产出总量的增加是否意味着高技术产业生产效率的提高？当前哪些因素制约中国高技术产业的发展？不同区域间高技术产业的发展是否协调？本文基于 2000~2009 年东中西部典型中心城市高技术产业发展的相关数据，通过考察国内三大区域里中心城市高技术产业的竞争力水平，深入分析制约上述产业持续健康发展的原因，最后提出了加强中国高技术产业跨地区转移和国际经济技术合作、促进核心技术自主创新的政策建议。

---

* 国家社会科学基金重大项目《全球金融危机下我国先进制造业发展战略研究》（编号：08&ZD039）与对外经济贸易大学"211"第三期项目阶段性成果。

** 林汉川，1949 年生，男，重庆人，对外经济贸易大学国际商学院教授，博士研究生导师，享受国务院政府津贴专家。研究方向：企业理论与企业制度、产业结构调整与国企改革、中小企业跨国经营与政策等。郭巍，1983 年生，男，重庆人，对外经济贸易大学国际商学院博士。研究方向：产业结构升级和产业政策。

二、文献综述

关于高技术产业的判定标准,当前学术界比较认可的观点来自于经济合作与发展组织。1994年,经合组织通过对其成员国行业发展状况的考察,尤其是行业研发经费占产品销售额的比重,由此公布了划分高、中、低技术产业的标准,即上述指标在7.1%以上的是高技术产业、2.7%以下的是低技术产业,中间的是中技术产业。本文中所指的"高技术产业"是基于2002年中国科技部、统计局等四部委发布的联合统计口径,将研发投入占工业增加值比例为制造业平均比例(2.6%)1倍以上的产业划入高技术产业的范畴。按照该依据,共有五类产业被视为高技术产业,[①]包括医药制造业、航空航天器制造业、电子及通信设备制造业、电子计算机及办公设备制造业和医疗设备及仪器仪表制造业等。

国内学者对高技术产业的分析大体分为定性研究和定量研究两个视角,前者有学者从高技术产业的存在问题、发展战略和解决途径入手并进行理论阐释(邓路,2010;朱瑞博,2009;李金华,2006;陈朴,2003),融合了产业链的知识。也有学者着重分析了高技术产业评价指标体系的构建(张目、周宗放,2010),因为高技术含量和高研发投入已成为高技术产业的显著特点,所以指标体系主要是对技术创新效果的考察。还有学者指出制约高技术产业研发成果的重要原因是由于存在结构性失衡(林森,2001),即技术链、产业链和创新链的不匹配。此外,中国高技术产业发展的区域分布失衡问题也引起了学者们的重视,政策原因、文化原因、创新能力等原因都可能导致当前发展不均衡的局面(熊英等,2010;史修松,2008),而产业发展的不协调导致产业结构升级受阻,不利于中国经济发展方式的转型(李隧、江可申,2011)。

定量分析在中国高技术产业发展的研究中比例突出,许多学者选取几年时间为考察期,对比研究了某些区域高技术产业发展的特点,找出差距分析其中的原因。例如对西部地区高技术产业的研究(刘玉芬,2010),对珠三角、长三角和京津塘三大经济带的横向比较(袁城,2009),对江浙两省高技术产业关联度的考察(潘月等,2009),还有对中国各省高技术产业效率差异的静态和动态研究(袁锐,2009)。由于高技术产业的发展水平主要来自投入产出效率的考察,所以数据包络分析(DEA)成为大多数学者的首选研究工具。不过近年来也有学者不断尝试将其他研究方法运用其中,包括区位熵、偏离—份额分析、Malmquist生产率指数分析、灰色关联度分析(李益梅,2009;郑循刚,2009;杨晓明,2008;朱有为、徐康宁,2006;唐中斌,2003)等。

随机前沿分析(SFA)是投入产出效率研究中比较常用的方法,其分析结果直观,操作过程便捷。然而,由于它和数据包络分析在研究投入、产出效率等方面测算原理的不同,最终结论可能存在一定的差异,所以本文提出综合应用上述两种方法,按照东中西部区域的视角,选取6座有代表性的中心城市考察10年间高技术产业的发展状况,以此加深对中国高技术产业的整体认识。

---

① 因为数据获取方面的原因,本文研究中的高技术产业不包含"航空航天器制造业",因此只包括4个产业。

三、模型、变量和数据

（一）研究模型的构建

三阶段 DEA 模型（Friedetal, 2002）是在传统 DEA 分析的基础上引入了随机前沿分析（SFA），它综合两类研究方法的优点，使研究结论更有客观性和说服力。

1. 第一阶段：C^2R 模型和 BC^2 模型

数据包络分析（DEA）是由国外学者 A.Charnes，W.Cooper 和 E.Rhodes 在 1978 年时为了评价决策单元的相对有效性而提出的，其基本研究步骤包括：确定研究样本，即决策单元 DMU；选取合适的投入产出指标，指标选择对研究结果具有直接的影响，因此尽可能降低主观因素的干扰，根据研究目的科学选择指标是 DEA 科学分析的重要前提；借助相关软件，计算每个决策单元的效率值，并结合数据对投入产出的有效性进行分析。

目前，在各类论文的 DEA 分析中不断涌现出许多新模型，它们是在传统模型基础上的改进或者是专为研究某类问题而提出的。C^2R 模型是 DEA 分析中早期的模型，然而它的基础地位一直不可动摇。BC^2 模型是对 C^2R 模型的改进，强调被评价对象的技术效率，它将技术效率划分为纯技术效率和规模效率，便于更直观的分析决策对象的投入产出效率。

2. 第二阶段：准 SFA 模型

传统 DEA 分析（如 C^2R 模型或者 BC^2 模型）的输出结果容易受到环境因素和统计噪声等外部变量的影响，模型不能对外部变量的来源进行细分，因此会简单地将它们划入决策管理无效率的范畴，影响了研究结果的准确性。基于这种考虑，本文研究的第二阶段引入了相似随机前沿分析（SFA）模型，通过细化外部变量对研究结果的影响，以调整松弛变量，提高投入产出效率分析的准确性。

$$S_{ik} = f^n(z_k; \delta^i) + v_{ik} + u_{ik} \quad i = 1, 2, \cdots, m; k = 1, 2, \cdots, n \tag{1}$$

式中，n 表示决策单元的数量，m 表示投入指标数量，Z_k 表示环境变量，它们构建了松弛变量和环境变量的回归方程。$f^n(z_k; \delta^i)$ 表示环境变量对投入松弛变量的影响，$v_{ik} + u_{ik}$ 表示复合误差项，$u_{ik} \geq 0$ 表示管理无效率，v_{ik} 表示随机干扰项。

通过上述回归方程的计算，调整决策单元的投入数量，即增加正向环境因素影响下的投入数量，考察非环境因素对产出效率的影响。式（2）中右边两个大括号即是将所有决策单元基于相同的外部环境下，消除了该项因素对投入产出效率的干扰，使研究结果更加准确。

$$x_{ik} = x_{ik} + (\max\{\delta^i z_k\} - \delta^i z_k) + [\max(v_{ik}) - v_{ik}] \tag{2}$$

3. 第三阶段：改进后的 DEA 模型

将经过上述第二阶段修正后的投入变量数据替换第一阶段的投入数据，重新运用 BC^2 模型进行计算得到相对有效性数值，此时输出的研究结果已极大地降低了环境因素的影响，能够相对客观地考察决策单元的综合技术效率、纯技术效率和规模效率，为决策者做出改进的方向提供更加准确、翔实的依据。

（二）指标变量的选取

在本文的研究中，选取高技术产业新产品销售收入、全员劳动生产率和专利申请数为产出变量，选取高技术产业研发经费支出、科技活动人员数、研发投入强度（研发支出占该行业工业增加值的比重）、平均工资四项指标作为投入变量。高技术产业的重要特征即科技含量高、研发投入大、从业人员整体素质优秀，因此在投入变量的选择中，本文着重从研发经费、人员投入以及员工待遇等方面进行考察。只有当企业舍得研发投入，员工获得与投入相符合的报酬时才可能推动技术升级。而研发成功往往体现在新产品能否被市场接受以员工创造的生产率以及发明专利的申请数量，通过运用数据包络分析可以测算出各行业投入产出效率。

在本文模型中，第二步需要选取合适的环境变量，即对高技术产业发展有影响的变量，但其数值本身不受高技术产业所控制的外生变量，例如，区域经济发展水平、产业政策以及产业集群等外部性因素。结合高技术产业的发展特点，本文选取了三个环境变量：①当地经济的外向化程度（进出口规模占区域生产总值的比例），外向化程度越高的地区吸引外商投资的能力往往越强，通过外商资本在当地的投资建厂发生技术外溢和产品竞争，都有助于高技术产业的健康发展；②当地高等教育学校在校学生数，一般而言，就读于各中心城市高等院校的学生大多数都愿意在当地就业，与传统产业相比，高技术产业对员工的综合素质要求较高，充足的高校毕业生来源能极大地满足高技术产业的发展壮大，促进当地就业市场的繁荣，形成良好的"示范效应"；③当地的区域生产总值，这是高技术产业发展的外部经济环境，一般而言，经济发展程度较高的地区对技术研发、创新的重视程度也较高。

（三）数据来源说明

为了考察中国东中西部不同区域高技术产业的发展水平，[①] 本文分别从 3 个区域中选择了两座中心城市，它们是东部的广州和杭州、中部的郑州和武汉、西部的西安和成都。研究的考察期为2000~2009 年，共搜集了上述 6 座城市中医药制造业、电子及通信设备制造业、电子计算机及办公设备制造业和医疗设备及仪器仪表制造业 4 个行业连续 10 年的研发投入产出指标以及环境变量指标。

以上数据来源主要包括《中国高技术产业统计年鉴（2001~2010）》、《中国统计年鉴（2001~2010）》、《广州统计年鉴（2001~2010）》、《杭州统计年鉴（2001~2010）》、《武汉统计年鉴（2001~2010）》、《郑州统计年鉴（2001~2010）》、《成都统计年鉴（2001~2010）》、《西安统计年鉴（2001~2010）》和《中国科技统计年鉴（2001~2010）》。在进行实证分析之前，还需要对原始数据进行无量纲处理，消除因为统计单位的不同对研究结果的影响。

四、实证结果及分析

（一）第一阶段：BC² 模型实证结果

本文借助 Deaper 2.1 软件进行数据处理，输入原始数据经过计算输出可得到 2000~2009 年连续10 年间 6 座中心城市的综合技术效率（TE）、纯技术效率（PTE）和规模效率（SE）值，以及各投入变量的松弛变量，具体结果如表 1~表 3 所示。

从表中发现，总体而言，东中西部各主要中心城市高技术产业的投入产出效率均呈现不断上升的趋势，但增长幅度不同，地区间有差异，东部增长幅度最小，这很大程度上是因为东部地区

---

① 按照国家统计局对东中西部划分的解释，东部地区包括京、津、沪、冀、辽、苏、浙、鲁、闽、粤、桂、琼共计 12 个省、市、自治区，中部地区包括晋、蒙、吉、湘、鄂、赣、皖、黑、豫共计 9 个省、市、自治区，余下的 9 个省、市、自治区划入西部地区。

发展基础较好，而中西部地区是在进入 21 世纪之后才获得了宝贵的发展机会，通过承接沿海省市的产业转移和享受各类财政税收综合政策的支持，当地高技术产业的竞争力逐步提高，增速明显，但就竞争力水平而言，其与东部地区的差距依然明显。仅以 2009 年为例，在本文研究中涉及的三项产出指标横向比较中，东部两座中心城市四大行业的数据之和均超过了选取的中西部四座中心城市同类数据之和。尤其是广州，身处改革开放前沿地区，当地高技术产业经历了多年的持续发展，目前已跻身国内一流的产业竞争力行列，在专利申请、新产品销售收入方面领先优势明显。

表 1　西安、成都高技术产业综合技术效率、纯技术效率和规模效率值（2000~2009 年）

年份	西安			成都		
	TE	PTE	SE	TE	PTE	SE
2000	0.184	0.198	0.931	0.358	0.391	0.916
2001	0.197	0.213	0.923	0.368	0.395	0.931
2002	0.216	0.231	0.934	0.382	0.405	0.944
2003	0.239	0.253	0.945	0.399	0.413	0.965
2004	0.272	0.278	0.977	0.401	0.421	0.952
2005	0.275	0.281	0.978	0.408	0.419	0.973
2006	0.279	0.284	0.983	0.418	0.423	0.989
2007	0.285	0.289	0.985	0.429	0.432	0.993
2008	0.266	0.271	0.981	0.416	0.420	0.991
2009	0.272	0.276	0.985	0.427	0.428	0.998

注：TE 代表综合技术效率，PTE 代表纯技术效率，SE 代表规模效率。

根据 DEA 模型的定义，综合技术效率等于纯技术效率与规模效率两项数值的乘积，综合技术效率等于 1 表明投入产出有效。综观 6 座中心城市 10 年来的变化，除广州市非常接近 1 以外，其余 5 座城市的该项数值均小于 1，西安市 10 年的平均值仅为 0.249，远远小于标准值 1。通过分析表1~表3 的数值还可以发现，各地综合技术的无效率主要来源于纯技术无效率，而规模无效率的情况相对较轻。纯技术无效率表示在给定的技术水平下，未能充分发挥技术进步和创新对产业升级的带动作用，即先进技术从研发成功向市场化和产业化转变的过程中受到阻碍，而规模无效率则表示当前行业的生产规模还未能达到最佳规模，与投入、产出不匹配，可以通过增加规模或者减小规模来进行调整。

通过对 6 座城市三项效率值的分析还能够看出，中国东中西部区域的划分受地理位置的影响，反映出各区域经济发展水平的差异。东部的广州和杭州在纯技术效率和综合技术效率两项指标的得分中均大大超过中西部地区，而中西部地区间的差距远不如它们与东部地区间那么明显，例如，西部地区成都市的纯技术效率接近甚至超过了位于中部内陆的武汉和郑州这两座城市，而且尽管中西部地区的纯技术效率数值相对较低，但规模效率值均较高。由于东部地区发展基础较好，前期投入较大，因此最近几年开始出现规模报酬递减的趋势，与之相反的是过去因为资金投入不足影响产业升级的中西部地区，在 21 世纪前 10 年里受益于"西部大开发"战略和"中部崛起"战略的政策支持，各级政府加大对发展高技术产业的财政税收支持，因此表现出规模报酬递增的良好现象。规模报酬递减和递增都是生产过程中的正常现象，它可以指导我们更好地调整投入数量。例如，对中西部地区而言，当前可以继续通过增加投入的方式促进高技术产业的发展，因其处于产业发展的前期阶段，然而对东部地区而言，继续一味增加资源投入尽管也会带来产出的适当增加，但产出比例远低于投入比例，会造成资源浪费，因此，加强制造技术的升级和生产效率的提高才是改善当前东部地区高技术产业发展的可行之道，这是由产业发展的阶段所决定的。

表2 郑州、武汉高技术产业综合技术效率、纯技术效率和规模效率值（2000~2009 年）

年份	郑州			武汉		
	TE	PTE	SE	TE	PTE	SE
2000	0.264	0.283	0.934	0.366	0.387	0.945
2001	0.257	0.278	0.923	0.374	0.392	0.953
2002	0.280	0.293	0.954	0.388	0.403	0.964
2003	0.283	0.298	0.948	0.403	0.415	0.971
2004	0.292	0.306	0.955	0.401	0.412	0.974
2005	0.294	0.304	0.967	0.410	0.418	0.981
2006	0.306	0.314	0.973	0.414	0.421	0.983
2007	0.314	0.321	0.978	0.416	0.424	0.981
2008	0.307	0.316	0.971	0.417	0.429	0.973
2009	0.317	0.322	0.983	0.425	0.432	0.984

注：TE 代表综合技术效率，PTE 代表纯技术效率，SE 代表规模效率。

表3 广州、杭州高技术产业综合技术效率、纯技术效率和规模效率值（2000~2009 年）

年份	广州			杭州		
	TE	PTE	SE	TE	PTE	SE
2000	0.915	0.982	0.932	0.684	0.712	0.961
2001	0.918	0.984	0.933	0.703	0.723	0.972
2002	0.931	0.988	0.942	0.711	0.729	0.975
2003	0.937	0.992	0.945	0.721	0.733	0.983
2004	0.944	0.995	0.949	0.709	0.723	0.981
2005	0.950	1.000	0.950	0.708	0.719	0.985
2006	0.952	1.000	0.952	0.714	0.725	0.985
2007	0.958	1.000	0.958	0.722	0.732	0.987
2008	0.956	0.993	0.963	0.734	0.739	0.993
2009	0.965	1.000	0.965	0.735	0.741	0.992

注：TE 代表综合技术效率，PTE 代表纯技术效率，SE 代表规模效率。

与东部地区相比，中西部地区欠缺的主要是纯技术效率方面的差距。高技术产业的重要特征是研发投入占工业总产值的比重，其技术特点是掌握并拥有了科技含量高、市场效益好的先进制造技术。过去 10 年，中西部 4 座中心城市的规模效率值几乎均在 0.92 以上，与东部地区无异，但技术效率的改进提高较慢，如西安纯技术效率的平均值仅为 0.278，郑州为 0.304，成都和武汉都在 0.42 左右，远远低于广州和杭州 2000 年的水平（分别为 0.982 和 0.712）。差距的产生一方面有中西部自身地理位置的原因，东部沿海省份吸引了大量的外商投资，珠三角、长三角和环渤海三大经济圈都在这个区域，集中了大批高量的人才、资金和技术资源，外资企业的技术外溢也主要体现在这里；另一方面中西部地区承接外国和东部地区的产业转移不够，未能充分体现区域经济学中提出的区域梯度开发模式，这既有全国劳动力成本普遍上涨的缘故，也与这些区域在投资环境改善、人才引进等综合治理方面存在着不足，影响了企业的投资决策。

（二）第二阶段：准 SFA 回归分析

将第一阶段的计算结果作为因变量，将选取的各环境变量作为自变量，利用软件进行准 SFA 回归分析。结果表明，三项环境变量对决策单元有效性的影响都不可拒绝，去掉外部因素对研究成果的干扰非常必要。

本文将以第二阶段的输出结果对 6 座城市的投入数据进行调整，考察在外部环境相同的情况下各地高技术产业投入产出效率的相对有效性。

（三）第三阶段：改进后的 BC² 模型实证结果

经过第二阶段排除外部环境因素的干扰后，可得到调整后 6 座城市高技术产业投入产出效率 10 年的平均数值，与调整前的数值形成对比，如图 1~图 3 所示。

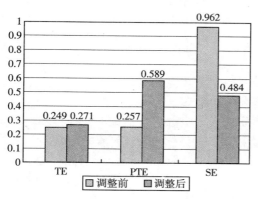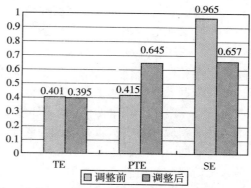

图 1　剔除环境和随机因素影响前后西安、成都两市 10 年效率平均值

注：TE 代表综合技术效率，PTE 代表纯技术效率，SE 代表规模效率。

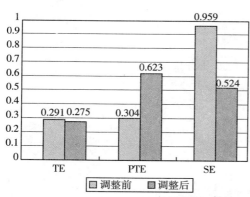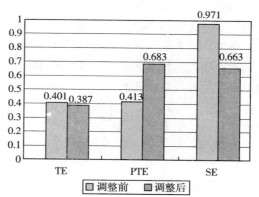

图 2　剔除环境和随机因素影响前后郑州、武汉两市 10 年效率平均值

注：TE 代表综合技术效率，PTE 代表纯技术效率，SE 代表规模效率。

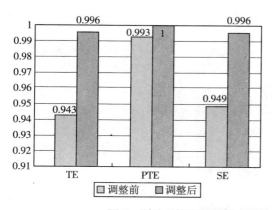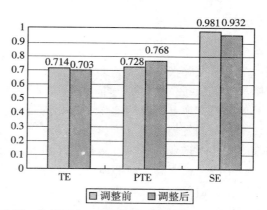

图 3　剔除环境和随机因素影响前后广州、杭州两市 10 年效率平均值

注：TE 代表综合技术效率，PTE 代表纯技术效率，SE 代表规模效率。

如图 3 所示，排除环境因素影响后，广州市过去 10 年纯技术效率的平均值接近标准值 1，规模效率的平均值为 0.996，综合技术效率的平均值也在 0.996 左右，比数值调整前有所提高，处于技术效率前沿，充分体现出当地先进制造技术在全国同类城市中的领先地位，其高技术产业发展水平处于良好状态。从图 1 也可以看出，西安的综合技术效率在调整后也得到了少量提高，这主要是由于当地纯技术效率正向调整的数值大于规模效率负向调整的数值，其纯技术效率从调整前的 0.257 上升至调整后的 0.589，增长幅度接近 130%。事实上，西安市政府近年来加大了对高技术产业的重视程度，因地制宜建设高技术产业基地，并在 2008 年跻身全国六大高技术产业基地的行列，与京津沪深比肩，也是中国西部地区唯一的一个综合性国家高技术产业基地。按照国家整体布局，西安高技术产业基地重点围绕新材料、新能源、生物制药等产业构建产业集群，通过体制创新和机制创新提升核心竞争力。

除了广州和西安以外，其余 4 座中心城市综合技术效率平均值在调整后均表现出或多或少的下降，主要来源于规模效率平均值的降低，下降幅度最大的是郑州市，从 0.959 下降至 0.524。同时，调整后这 4 座中心城市的纯技术效率数值均发生了改善，上涨幅度最大的同样是郑州，实现了翻番，武汉和成都纯技术效率的改善幅度也在 50% 左右，东部杭州的纯技术效率也得到了较小提升。郑州身处中原内陆地区，近年来在承接国外和东部地区产业转移方面成效显著，2011 年 10月由国家工信部和河南省人民政府共同举办的郑州产业转移系列对接活动是首次在推动区域间产业转移时实现了部省合作，其目的是为了在郑州构建产业转移的重要平台。仅以 2010 年为例，郑州市实现招商引资 430 多亿元，签约大项目 48 个，资金和技术的陆续引进都将为当地高技术产业发展提供良好的发展环境。

从各图中的柱形高度变化还可以看出，各地的纯技术效率值在调整前往往被低估，规模效率值却被高估了，由于后者的高估程度大于前者被低估的程度，所以导致了综合技术效率值的虚高。事实证明，随着中国科教兴国战略的落实和建设创新型国家观念的深入，各地高技术产业的科技含量正在稳步提高，过去传统依靠资源投入的粗放式增长方式正在向依靠技术进步、管理效率提高、产业升级的集约式增长方式转变，东部地区在发展方式转变方面成效更快，而中西部地区也在加快追赶，不断缩小差距。

五、结论与启示

（一）主要结论

本文基于产业竞争力视角，利用 2000~2009 年城市面板数据，对中国东中西部主要中心城市高技术产业的发展水平进行了实证研究与理论探索。结果表明：

第一，东部高技术产业竞争力水平远高于中西部地区。东部地区有益于改革开放的良好政策，在吸引外商投资、基础设施建设、人力资源开发、国际化程度等方面大大超过中西部地区，为当地高技术产业的发展打造了优越的外部环境。同时，外商企业的技术溢出、政府部门充足的财政拨款都为高技术产业的研发升级创造了机会。尽管在最近 5 年，中西部地区高技术产业取得了快速发展，年均增长率高于东部地区，但差距仍然非常明显。

第二，中西部中心城市高技术产业的竞争力差距不断缩小。在传统的梯度开发理论中，中国的区域经济表现为"东、中、西"三个梯度逐次降低的局面，产业转移的顺序也体现在从东部首先转移至中部省市，最后再转移至西部地区的过程。受益于"西部大开发"和"中部崛起"战略和区域统筹发展政策的扶持，中西部地区的经济实力差距正在不断缩小。通过 10 年左右的时间，西安与郑州、成都与武汉高技术产业的竞争力逐渐接近，没有明显的梯度等级差别。

第三，中国高技术产业发展受宏观政策影响作用明显。中西部地区过去 10 年的高技术产业的蓬勃发展很大程度上是受益于国家区域发展战略和产业发展政策。统计表明，国内相当多的大中城市都将电子产业视为经济转型和产业升级的主导产业，纷纷出台优惠的财政税收政策吸引国外电子产业巨头去当地投资，"一哄而上"的结果必然造成产业结构的同质化以及部分产业产能过剩，进而影响投资回报率并导致产业发展受阻。如何借助市场手段调节产业发展，应成为当前和未来很长一段时期各级政府需要研究的问题。

（二）启示与建议

本文的研究结论对于加快各地的高技术产业发展，缩小区域间产业发展水平差距，提高中国先进制造技术的研发与创新具有如下启示和建议：

1. 促进政府管理与市场调节相结合，完善高技术产业运行机制

要不断培养适应高技术产业发展的市场需求，通过不断完善市场管理的法律法规，鼓励企业间的正常竞争；逐步放宽高技术产业的参与主体，鼓励民营资本和混合所有制类型企业也加入技术创新和新产品开发的竞争；各级政府要从战略制订、法律规范和组织协调等方面为高技术产业发展营造良好的软环境，从交通设施建设、城市环境建设等方面改善硬环境，激发创新主体的创新动力和热情。

2. 积极扩大内需发展，拓宽高技术产业产品市场

国际金融危机的爆发降低了国外市场的购买力，直接制约了中国长期以来维持的外向型经济模式，就高技术产业发展而言，东部地区受到的冲击最大。因此积极扩大内需，通过多种渠道拓宽高技术产业新产品销售市场成为保持该产业持续快速发展的关键。一方面，要继续做好"家电下乡"政策，各地城镇化水平的提高使得农村居民的消费能力不断增强，电子产品的销售市场也应当从传统的城市向广大的农村扩展；另一方面，完善政策采购、招投标等制度，加强政府对自主创新高技术产品的支持，对入选的创新型产品的企业要给予财政、税收等相关政策优惠，减轻企业研发的资金压力。

3. 推动产业跨地区转移和国际经济技术合作，保持高技术产业的梯度发展

东部地区在经历了长期快速发展后，随着土地资源面临稀缺、生活成本逐步增加、行业竞争日益加剧、产品出口受到阻碍等现象的出现，不可避免地要进行区域间的产业转移。中西部地区在自然资源、能源、劳动力等方面具有比较优势，近年来相继承接了医药制造业、电子产品制造业、仪器仪表制造业等高端制造业。在承接产业转移方面，中西部省市必须有完整的产业发展规划，避免出现一哄而上只重视眼前利益却忽视长远社会经济价值的现象，东部省市既要将生产成本过高的产业及时向外转移，同时也要加强国际经济技术合作，不断引进国际先进技术，通过模仿创新和自主创新相结合，保持和提高东部地区高技术产业国际竞争力，形成中国东中西部高技术产业梯度发展的良好格局。

4. 完善产学研合作的创新体系，加快推进自主创新

要改变高技术产业发展中传统的技术供给导向模式，即政府将大量科研经费都投向科研机构和高校实验室，由它们开发出新技术和新产品交给企业投入市场。然而，当前供大于求的市场格局决定了不符合市场实际需求的产品是不可能被消费者所接受的，它直接降低了产业上游研发的积极性和主动性。因此，最佳的开发模式是将科研经费投入更多用于支持直接从事与市场需求相关的研究和开发，并强化对知识产权的保护以及专利交易转让制度，引导支持创业投资和社会资本向早期、高技术型创业企业集中，促进天使投资和风险投资等资本运营手段在高技术产业中的

发展，将创新的风险与收益挂钩。

参考文献

[1] 刘志彪，张杰. 我国本土制造业企业出口决定因素的实证分析 [J]. 经济研究，2009（9）.

[2] 唐晓华，李绍东. 中国装备制造业与经济增长实证研究 [J]. 中国工业经济，2010（12）.

[3] 袁桂秋，张灵丹. 我国制造业的规模经济效益影响因素分析 [J]. 数量经济技术经济研究，2010（3）.

[4] 李平，王钦，贺俊，吴滨. 中国制造业可持续发展指标体系构建及目标预测 [J]. 中国工业经济，2010（5）.

[5] 李丹，胡小娟. 中国制造业企业相对效率和全要素生产率增长研究——基于1999~2005年行业数据的实证分析 [J]. 数量经济技术经济研究，2008（7）.

[6] 吴玉鸣，何建坤. 研发溢出、区域创新集群的空间计量经济分析 [J]. 管理科学学报，2008（4）.

[7] 李春顶. 中国制造业行业生产率的变动及影响因素——基于 DEA 技术的1998~2007年行业面板数据分析 [J]. 数量经济技术经济研究，2009（12）.

[8] Fu. Exporn, Technical Progress and Productive Growth in A Transition Economy: A Non –Paramerric Approach for China [J]. Applied Economics, 2005, 37（7）: 725-739.

[9] Perkins D., and T.Rawski. Forecasring China's Economic Growth to 2005 in Brandt, L., and T.Rawski, China's Great Economic Transformation Cambridge and New York: Cam-bridge University Press, 2008.

[10] Wadhwa A., Kotha S. Knowledge Creation through External Venturing: Evidence from the Telecommunications Equipment Manufacturing Industry, Academy of Management Journal, 2006, 49（4）.

[11] Laura F. R. Sutcliffe et al. Development of a Framework for Assessing Sustainability in the New Product Development. Materials and Design, 2006（27）.

网络零售商与实体零售商的价格竞争及其对市场绩效的影响研究

张 赞 凌 超*

一、引 言

随着网络信息技术的发展，众多基于互联网平台的新兴产业不断涌现，其中网络零售业的发展尤为迅猛，催生了一大批具有强大生命力的网络零售商，如当当网、新蛋网、京东商城等。网络零售作为零售业的新业态，其兴起与快速发展对实体零售业、物流业、金融业等诸多领域均产生了不同程度的影响，从而引起了社会各界的广泛关注。

网络零售商是以互联网为交易媒介而向消费者出售商品的零售商，从不同角度有不同种分类，其中基于交易主体的特点，可以分为 C2C、B2C 等类别；而根据是否有实体店面，可以区分为纯粹网络零售商和混合网络零售商，纯粹网络零售商仅以互联网为交易媒介，没有实体店面，而混合网络零售商则拥有实体店面。由于 B2C 网络零售商与实体零售商的竞争性更强，同时，混合网络零售商多由实体零售商转型而来，与实体零售商更多的是互补关系。因此，基于研究目的，本文所指的网络零售商是没有实体店面的 B2C。

一般而言，网络零售商相比于实体零售商在降低搜寻成本、增强购物便利性等方面具有优势，但同时也存在着诸如服务水平较低、欺诈现象较多、消费者购物体验难以满足等问题。因而，在网络经济发展的初期，网络零售商通常采取低价策略吸引消费者，低价竞争也往往被人们认为是网络零售商的必然选择。但是，随着网络零售业的进一步发展，网络零售商开始着眼于通过改进服务来增强竞争力，一些国家和地区也出现了网络零售商价格高于实体零售商的现象。因而，网络零售商与实体零售商如何进行价格竞争，以及价格策略选择受哪些因素的影响成为一个有趣的问题。

针对网络零售业的发展，众多学者从不同角度进行了广泛研究。本文基于产业组织学的理论视角，重点探讨网络零售商价格策略及其影响因素，以及网络零售商加入之后对市场绩效的影响。本文结构：第一部分是问题的提出；第二部分对国内外关于两类零售商①价格竞争的理论研究进行回顾；第三部分构建博弈模型，并求解均衡结果；第四部分利用模型分析影响网络零售商价格策略选择的影响因素及网络零售商的加入对市场绩效的影响；第五部分选取中国家电及 3C 产品零售商进行案例研究；第六部分总结全文，并对中国网络零售业的发展提出相应的对策建议。

---

* 张赞，1978 年生，女，河南省巩义人，上海大学经济学院，副教授，博士；凌超，1987 年生，男，安徽省明光人，上海大学经济学院硕士研究生。

① 不做特别说明，本文余下部分所称"两类零售商"即指网络零售商与实体零售商。

二、理论回顾

发达国家网络零售兴起较早，有关两类零售商之间价格竞争的理论研究也较为充分。早期的研究主要通过经验分析对两类零售商的价格进行比较，但尚未得出一致性结论。如 Bailey（1998）通过比较样本商品发现，网络零售商的价格更高，并认为这是由于网络零售具有便利性等特点；Lal 和 Sarvary（1999）认为，随着互联网用户的增加，网络零售商会通过差异化等途径降低价格竞争，其价格可能会高于实体零售商。但 Clay 等（1999）以图书市场为例，发现在控制了图书特性的影响后，两类零售商的价格是一致的，而 Brynjolfsson 和 Smith（2000）则发现网络零售商的价格相对低 9%~16%。

近期的研究主要运用博弈论方法，考察两类零售商价格竞争策略的选择。如 Chun 和 Kim（2004）构建了一个横向差异化竞争模型，认为两类零售商均衡价格的高低受网民规模与网络零售商服务水平的影响。Druehl 和 Porteus（2006）则构建了一个纵向差异化模型分析两者间的价格竞争。

在中国，网络零售业的发展也引起了理论界的重视，有关两类零售商间竞争的研究也日益增多。如蔡津和张正华（2001）运用博弈论方法研究发现，从网络零售商处购买商品的交易成本小于实体店处购买时，网络零售商可以提高定价；而随着网民数量的增加，网络零售商的利润将增加；陈云等人（2006）通过构建一个两阶段博弈模型，指出在不同的网络购物消费者临界价值评价条件下，电子商务实施程度的不断提高将对网络零售商和实体零售商的均衡价格及均衡利润产生影响。

与前人研究不同，本文基于 Hotelling 线性城市模型，通过对比网络零售商进入前后两种不同情形下的竞争均衡，发现网络零售商的诚信水平、服务质量以及网民的整体规模对网络零售商的价格策略选择具有重要影响。同时，网络零售商的加入对市场绩效的影响程度也与其有关。此外，本文还通过选取中国家电及 3C 产品零售商进行案例研究，对模型结论进行验证。

三、模　型

（一）假设

本文以 Hotelling 线性城市模型为基本分析框架，构建了一个包含两个实体零售商与一个网络零售商的两阶段博弈模型。具体假设如下：

关于市场，考虑存在这样一个线性市场，其长度为 1，市场上交易一种商品 μ，其正品的价值为 V，次品的价值为 $V-\Delta V$，其中，$V>0$，$\Delta V\in[0,V]$。市场上的信息是完全的，且市场参与者都是理性的。

关于零售商，市场上存在两个销售正品 μ 的实体零售商 R_1 和 R_2，分别位于市场两端，即点 0 和 1 处，其中，R_1 价格为 P_1，R_2 价格为 P_2。同时，市场上还存在一家网络零售商（没有实体店面）R_3，以价格 P_3 销售正品 μ，但也可能存在欺诈行为，以次充好。假设网络零售商以 θ 的概率销售次品，$(1-\theta)$ 的概率销售正品，其中 $\theta\in[0,1]$，度量了网络零售商的诚信水平，即网络零售商诚信水平越低，θ越大，且 θ 受整个社会环境的影响。此外，不失一般性，假设所有零售商有相同的单位成本 c，并进一步假设 c = 0。①

关于消费者，假设全部消费者均匀分布在线性市场上，每个消费者购买且仅购买一单位商品 μ，其中，可以上网的消费者比例为 m ∈［0，1］。消费者从实体零售商处购买商品时，除支付商品价格外，还需支付交通成本，其中单位交通成本为 t > 0；而从网络零售商处购买商品时，除支付商品价格外，还需支付交易费用 λ > 0，λ 度量了消费者在选择网络零售商时所付出的交易费用及购物体验未被满足所带来的效用损失，即服务质量越低，λ 越大。此外，假设消费者是理性的且风险是中性的，因而其通过 R_3 购买商品的期望效用等于所购买商品期望值的效用。

博弈顺序：首先，零售商根据自身利润最大化原则，同时进行决策，选择最优的均衡价格；其次，消费者根据自身效用最大化的原则，选择零售商。

（二）无网络零售商时的博弈均衡

假设初始环境下，市场上仅有两家实体零售商，则位于 x 处的消费者从 R_1 处购买商品获得的效用为 $U_1 = V - P_1 - xt$，从 R_2 处购买商品获得的效用为 $U_2 = V - P_2 - (1 - x)t$。其中，假定 $V > P_1 - xt$ 且 $V > P_2 - xt$，即 V 足够大，从而市场得以完全覆盖。则当 $U_1 = U_2$ 时，消费者从 R_1 处或 R_2 处购买商品是无差异的，如图 1 所示。

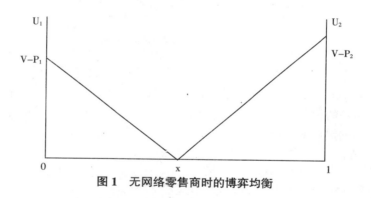

图 1　无网络零售商时的博弈均衡

因而，分布于区间［0，x］的消费者将选择 R_1，而分布于区间［x，1］的消费者将选择 R_2。R_1 与 R_2 面临的需求函数分别为：

$$Q_1 = \frac{-P_1 + P_2 + t}{2t}, \quad Q_2 = 1 - \frac{P_2 - P_1 + t}{2t} \tag{1}$$

则 R_1 与 R_2 的利润函数分别为：

$$\pi_1 = P_1 \cdot Q_1 = P_1 \cdot \frac{-P_1 + P_2 + t}{2t}, \quad \pi_2 = P_2 \cdot Q_2 = P_2 \cdot \left(1 - \frac{P_2 - P_1 + t}{2t}\right) \tag{2}$$

从而，根据前文假设，通过最优化问题求解可得均衡价格：

$$P_1^* = P_2^* = t$$

所以，R_1 与 R_2 面临的均衡需求量分别为 $Q_1^* = Q_2^* = \frac{1}{2}$；均衡利润分别为 $\pi_1^* = \pi_2^* = \frac{t}{2}$。

即在没有网络零售商进入的条件下，两家实体零售商竞争均衡时将会均分市场，制定相同的

---

① 部分研究人员认为网络零售商由于没有实体店面，其单位成本可能低于实体零售商，但事实上，由于网络零售商相较于实体零售商，需要支付更多的广告费等推广费用，采购与物流成本也更高，因而其单位成本并不一定低于实体零售商。此外，在单位成本相同的假设下，本文为简化起见，设单位成本为零，并不影响模型的分析结论。

价格 t，获得相同的利润 $\frac{t}{2}$。

（三）有网络零售商时的博弈均衡

假设随着互联网技术的发展，市场上出现了网络零售商 R_3，则消费者从 R_3 处购买商品获得的期望效用为 $U_3 = EV - P_3 - \lambda$，其中，$EV = (1 - \vartheta)V + \theta(V - \Delta V)$ 为从 R_3 处购买商品的期望价值，由于消费者风险中性，则 $U_3 = V - \theta\Delta V - P_3 - \lambda$。同时，假定 $V > P_3 + \lambda$，且 $P_1 < P_3 + \lambda$、$P_2 < P_3 + \lambda$，即在交通成本为 0 时，消费者从实体零售商处购买所获效用总是高于从网络零售商处购买。[①] 当 $U_1 = U_2 = U_3$ 时，消费者从各零售商处购买商品是无差异的，如图 2 所示。

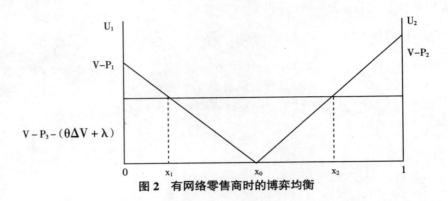

图 2　有网络零售商时的博弈均衡

因而，分布于区间 $[0, x_1]$ 的消费者将选择 R_1，而分布于区间 $[x_2, 1]$ 的消费者将选择 R_2。受上网条件的约束，分布于区间 $[x_1, x_0]$ 的消费者中选择 R_3 的比例为 m，选择 R_1 的比例为 1-m；而分布于区间 $[x_0, x_2]$ 的消费者中选择 R_3 的比例为 m，选择 R_2 的比例为 1-m。

R_1 与 R_2、R_3 面临的需求函数分别为：

$$Q_1 = \frac{-P_1 + P_3 + (\theta\Delta V + \lambda)}{t} + \frac{P_1 + P_2 - 2P_3 + t - 2(\theta\Delta V + \lambda)}{2t} \cdot (1-m)$$

$$Q_2 = \frac{-P_2 + P_3 + (\theta\Delta V + \lambda)}{t} + \frac{P_2 + P_1 - 2P_3 + t - 2(\theta\Delta V + \lambda)}{2t} \cdot (1-m)$$

$$Q_3 = \frac{-2P_3 + P_1 + P_2 + t - 2(\theta\Delta V + \lambda)}{t} \cdot m \tag{3}$$

从而，R_1 与 R_2、R_3 的利润函数分别为：

$$\pi_1 = P_1 \cdot \frac{-(1+m)P_1 + [(1-m)P_2 + 2mP_3 + (1-m)t + 2m(\theta\Delta V + \lambda)]}{2t}$$

$$\pi_2 = P_2 \cdot \frac{-(1+m)P_2 + [(1-m)P_1 + 2mP_3 + (1-m)t + 2m(\theta\Delta V + \lambda)]}{2t}$$

$$\pi_3 = P_3 \cdot \frac{-2mP_3 + m[P_2 + P_2 + t - 2(\theta\Delta V + \lambda)]}{t} \tag{4}$$

根据前文假设，通过最优化问题求解得均衡价格：

$$P_1^{**} = P_2^{**} = \frac{(2 - m)t + 2m(\theta\Delta V + \lambda)}{2(1 + 2m)}, \quad P_3^{**} = \frac{(3 + m)t - 2(1 + m)(\theta\Delta V + \lambda)}{4(1 + 2m)} \tag{5}$$

进一步，得到均衡的需求量：

---

① 考虑到网络零售商往往难以保证消费者的购物安全，且购物体验较差，这一假设合乎现实。

$$Q_1^{**} = Q_2^{**} = \frac{(2-m)(1+m)t + 2(1+m)m(\theta\Delta V + \lambda)}{4(1+2m)t}$$

$$Q_3^{**} = \frac{(3+m)mt - 2(1+m)m(\theta\Delta V + \lambda)}{2(1+2m)t} \tag{6}$$

以及均衡利润：

$$\pi_1^{**} = \pi_2^{**} = \frac{(1+m)[(2-m)t + 2m(\theta\Delta V + \lambda)]^2}{8(1+2m)^2 t}$$

$$\pi_3^{**} = \frac{m[(3+m)t - 2(1+m)(\theta\Delta V + \lambda)]^2}{8(1+2m)^2 t} \tag{7}$$

四、比较静态分析

通过比较静态分析的方法对博弈均衡结果进行分析，探求影响网络零售商价格策略选择的因素，同时考察网络零售商的加入对市场绩效的影响，得出如下命题：

命题1：在服务质量与诚信水平较低或网民规模较小时，网络零售商将采用低价策略；而当服务质量、诚信水平较高且网民规模较大时，网络零售商将采用高价策略。[①]

证明：$P_1^{**} - P_3^{**} = \frac{(1-3m)t + (2+6m)(\theta\Delta V + \lambda)}{4(1+2m)}$，由前文假设知 $P_1 < P_3 + (\theta\Delta V + \lambda)$ 且 $P_3 > 0$，可得 $\frac{1-3m}{2+2m} \cdot t < (\theta\Delta V + \lambda) < \frac{3+m}{2+2m} \cdot t$，则当 $(\theta\Delta V + \lambda) < \frac{3m-1}{2(3m+1)} t$ 且 $m > \frac{1}{3}$ 时，$P_1^{**} - P_3^{**} < 0$。

在网络零售商的服务质量较差，诚信水平较低，消费者购物体验和购物安全都无法保证的条件下，或者当网民规模较小时，网络零售商只能通过低价策略进行竞争；而当网络零售商的服务与诚信超过一定水平，并且网民规模足够大时，网络零售商的市场势力将增大，从而不再使用低价策略，其价格可能会高于实体零售商。[②]

引论：随着网民规模的增加，网络零售商与实体零售商的价格都将不断下降，且实体零售商下降幅度更大。

证明：因为 $\frac{1-3m}{2+2m} \cdot t < \theta\Delta V + \lambda < \frac{3+m}{2+2m} \cdot t$，所以 $\frac{\partial P_1^{**}}{\partial m} = \frac{2(\theta\Delta V + \lambda) - 5t}{2(1+2m)^2} < 0$，$\frac{\partial P_3^{**}}{\partial m} = \frac{2(\theta\Delta V + \lambda) - 5t}{4(1+2m)^2} < 0$，并有 $\left| \frac{\partial P_1^{**}}{\partial m} \right| > \left| \frac{\partial P_3^{**}}{\partial m} \right|$。

随着网民规模的增加，网络零售市场容量不断增大，网络零售商面临新进入者的威胁，将通过低价策略阻止新进入者。[③]而实体零售商因为网民规模的增加，承受相对于网络零售商更大的竞争压力，因而降价幅度更大。

命题2：网络零售商的加入使得实体零售商价格下降，且网络零售商的服务质量和诚信水平越高，或网民规模越大，实体零售商的价格下降幅度越大。

---

① 由于实体零售商 R_1 与 R_2 的均衡价格、利润相等，为简化起见，此处及本部分其他证明都仅以前者为例。

② 此处，网络零售商价格高于实体零售商价格，需同时满足服务与诚信水平足够高以及网民规模足够大两个条件。因为，在网民规模较小时，由于市场容量较小，网络零售商没有足够的动机提升服务水平，而采取以次充好的投机性行为的可能性也更大，此时，网络零售商的定价不可能高于实体零售商。

③ 假设随着网民规模的增大，新进入一家网络零售商 R_4，若 R_3 与 R_4 服务水平一致，即 λ 相同，则由图2可以看出，两者将陷入伯川德竞争，即使两者 λ 不同，服务水平较低的一方也需要通过降低价格进行竞争。

证明：$P_1^* - P_1^{**} = \dfrac{5mt - 2m(\theta\Delta V + \lambda)}{2(1 + 2m)}$，由前文知 $\dfrac{1 - 3m}{2 + 2m} \cdot t < \theta\Delta V + \lambda < \dfrac{3 + m}{2 + 2m} \cdot t$，因此

$\dfrac{5mt - 2m(\theta\Delta V + \lambda)}{2(1 + 2m)} > 0$（当 $m \neq 0$）；令 $F(\lambda, \theta, m) = P_1^* - P_1^{**}$，则 $\dfrac{\partial F}{\partial \lambda} = \dfrac{-2m}{2(1 + 2m)} < 0$，$\dfrac{\partial F}{\partial \theta} =$

$\dfrac{-2m\Delta V}{2(1 + 2m)} < 0$，$\dfrac{\partial F}{\partial m} = \dfrac{5t - 2(\theta\Delta V + \lambda)}{4(1 + 2m)^2} > 0$。

由于竞争者增加，实体零售商的价格将下降。同时，实体零售商价格下降的幅度受到网络零售商服务质量、诚信水平及网民规模的影响。若网络零售商服务及诚信水平较低，或网民规模较小，即 λ 与 θ 较大或 m 较小，则下降幅度有限。

命题 3：网络零售商的加入使得实体零售商利润下降，且网络零售商的服务质量和诚信水平越高，实体零售商利润下降的幅度越大。

证明：$\Pi(\lambda, \theta, m) = \pi_1^* - \pi_1^{**} = \dfrac{m[(3 + m)t - 2(1 + m)(\theta\Delta V + \lambda)]^2 - 4(1 + 2m)^2 t^2}{8(1 + 2m)^2 t}$，结合

命题 6 与命题 7 的证明，必然有 $\Pi(\lambda, \theta, m) > 0$；同时，

$$\frac{\partial \Pi}{\partial \lambda} = \frac{m(1 + m)[2(1 + m)(\theta\Delta V + \lambda) - (3 + m)t]}{2(1 + 2m)^2 t} < 0$$

$$\frac{\partial \Pi}{\partial \theta} = \frac{m(1 + m)[2(1 + m)(\theta\Delta V + \lambda) - (3 + m)t]\Delta V}{2(1 + 2m)^2 t} < 0$$

随着网络零售商的加入，实体零售商的价格下降，销售量减少，在不考虑成本因素的条件下，利润必然减少。而随着网络零售商服务质量及诚信水平的提升，实体零售商的价格下降幅度将更大。

命题 4：网络零售商的加入使得消费者福利得到改进，且网络零售商的服务质量和诚信水平越高，或网民规模越大，消费者福利改进的幅度越大。

证明：首先，在均衡的条件下，消费者会选择使自身效用最大化的零售商处购买商品，则如图 2 所示，分布于区间 $[0, 1]$ 上任意一点 $\tilde{x}$ 的消费者在网络零售商加入之前，从 R_1 处购买商品所获得的效用为 $\tilde{U}_1 = V - P_1^* - \tilde{x}t$，而网络零售商加入之后所获得的效用为 $\tilde{U}_2 = V - P_1^{**} - \tilde{x}t$，由命题 2 可知，$P_1^{**} < P_1^*$ 且两者的差距随 m、θ、λ 的增大而增大，因而 $\tilde{U}_1 > \tilde{U}_2$，且两者的差距随 m、θ、λ 的增大而增大；同理可知分布于区间 $[0, 1]$ 的消费者从 R_2 处购买商品所获得的效用也将随网路零售商的进入而得到改进，并且网络零售商的服务质量和诚信水平越高，或网民规模越大，消费者福利改进的幅度越大。其次，对于区间 $[0, 1]$ 上任意一点 $\tilde{x}$ 的消费者，从网络零售商处购买所获得的效用高于从实体零售商处，则显然更高于在网络零售商进入之前获得的效用。

综上所述，在网络零售商进入之后，市场上任意一点的消费者都获得了更高的效用，因而全体消费者的福利得到了改进，且网络零售商的服务质量和诚信水平越高，或网民规模越大，消费者福利改进的幅度越大。

五、案例分析

自 20 世纪 90 年代中后期以来，以国美电器和苏宁电器（以下简称国美、苏宁）为代表的专业连锁零售商逐步击败传统百货商店，开始主导国内家电及 3C 产品的零售市场。而在家电连锁市场内部，国美、苏宁两大零售商通过广开门店与兼并收购，市场集中度得到大幅提升，两家主导企业已占据了家电连锁市场份额的 80% 左右。

然而，随着互联网的发展与普及，以京东商城（以下简称京东）为代表的 B2C 网络零售商迅速崛起，对实体零售商造成了巨大冲击。据艾瑞咨询数据显示，2010 年中国网络购物市场的交易规模达到 4610.0 亿元，占中国社会消费品零售总额的比重达到 3.2%；① 而家电类产品网络购物交易规模 2009 年已达 113.7 亿元，较 2008 年增长 115.7%，占当年家电零售市场总体交易规模的比例为 3.3%，预计 2013 年该交易规模将突破 600 亿元。② 其中，京东自 2004 年初正式进入网络零售业以来，一直保持高速成长，连续六年增长率均超过 200%，2010 年全年销售额已达 102 亿元。③ 京东作为消费者购买家电及 3C 产品最多的网络零售商，④ 对实体家电及 3C 产品零售商造成了较大冲击。

　　在关注中国网络零售业迅速发展的同时，我们也应看到中国网络零售业与发达国家的巨大差距，如图 3 所示。目前，中国网络普及率仍较低，网络零售业依然处于发展初期，网络零售商与实体零售商之间的竞争，体现了网络零售业发展初期的特征。

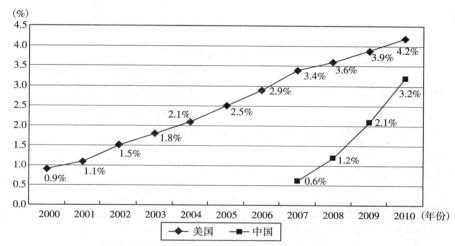

图 3　中美两国网络零售额占社会消费品零售额比重
资料来源：艾瑞咨询，US Census Bureau，ITC，中金公司研究部。

　　通过对京东与国美、苏宁竞争的研究，我们可以发现，网络零售商在发展初期主要通过低价策略吸引消费者。如表 1 所示，2009 年北京地区飞利浦小家电，京东与国美苏宁的价格差异的幅度几乎都在 35% 以上。京东的低价策略不仅冲破了实体零售商的价格底线，甚至一度造成了供应商价格体系的混乱，受到供应商抵制，2008 年明基（BenQ）就曾因某款投影仪的过分低价而对京东断货。

表 1　北京地区飞利浦小家电销售价格比较（2009 年）

单位：元、%

商品名称	商品型号	国美/苏宁报价	京东报价	价差比率
电动剃须刀	HQ8240	1999	1259	37.02
电动剃须刀	HQ7310	939	549	41.53

---

① 《2010~2011 年中国网络购物行业年度监测报告简版》。
② 《2009~2010 年中国家电 B2C 网络购物研究报告简版》。
③ 京东商城官方网站，http://www.360buy.com/。
④ 中国互联网信息中心（CNNIC）《中国 B2C 垂直商品网络购物用户研究报告（2011 年 2 月）》。

续表

商品名称	商品型号	国美/苏宁报价	京东报价	价差比率
电动剃须刀	HQ6073	599	378	36.89
电动剃须刀	RQ1050	3599	1999	44.46
搅拌机	HR1861	1399	769	45.03
卷发器	HP4657	149	99	33.56
电熨斗	GC1710	219	119	45.66

资料来源：安也致. 国美、苏宁悄然变脸，低价优势退化［N］. 中国企业报，http://tech.qq.com/a/20091113/000177.htm.

近年来，随着互联网的普及和自身发展，网络零售商逐步开始通过提高自身诚信水平，提升服务质量，强化消费者购物安全保障等举措来增强消费者黏性。例如，京东随着自身的发展，不断加强在商品展示、物流配送、安全支付和售后服务等方面的服务水平，极力提升消费者购物体验，如表 2 所示。

表 2　京东服务项目列表

商品展示	灵活多样的商品展示空间，消费者查询、购物不受时间和地域的限制
自建物流	①2009 年起，在华北、华东、华南、西南、华中的五大物流中心覆盖了全国各大城市，并在武汉、沈阳、西安、杭州等城市设立二级库房，仓储总面积达到 40 万平方米 ②2009 年起，在天津、苏州、南京、深圳、宁波、济南、武汉、厦门等超过 70 座重点城市建立了城市配送站 ③2010 年，在北京等城市率先推出"211 限时达"配送服务 ④2011 年初，推出"GIS 包裹实时跟踪系统"
安全支付	①提供多种在线支付手段，并支持手机支付，提供货到付款、移动 POS 机刷卡等多种支付方式 ②提供机打发票，推出"价格保护"、"延保服务"等举措
售后服务	推出"全国上门取件"、"先行赔付"、7×24 小时客服电话等专业售后服务 获得 ACER 宏碁电脑产品售后服务授权，同期发布"心服务体系"

资料来源：京东商城官方网站，http://www.360buy.com/。

事实上，随着网民规模的扩大（见图 4）以及网络零售商诚信水平、服务质量的改进，低价策略不再是网络零售商的唯一选择，两类零售商之间的价格差距开始出现缩小的趋势。对比表 1 与表 3，我们可以发现，样本商品的价格差额的区间由 30%~50% 下降至 10%~40%，部分商品如飞利浦电动剃须刀 HQ8240 与 HQ6073 的价格差额由 2009 年的 37.02% 和 36.89% 下降为 2011 年的 13.58% 和 30.78%。而据库巴网（原世纪电器网）发布的《2010 年上半年家电网购消费者调查研究报告》显示，目前家电网络零售价格平均比实体零售商价格低 10%~15%。价格差距的缩小一方面是由于实体零售商为应对竞争而采取了降价措施；另一方面也在某种程度上反映了网络零售商对价格竞争策略的调整，他们开始从价格竞争转型为服务竞争。即随着网络零售业由初期向成熟期的过渡，网络零售商会更加注重自身诚信水平的提升和服务竞争，而不再完全依赖于低价竞争。

通过对京东与国美、苏宁之间竞争的案例研究，我们可以发现，在发展初期，网络零售商以低价竞争策略开拓市场，并使得实体零售商被迫降价。而随着互联网的普及和网络零售业整体的发展，网络零售商开始注重服务质量的提升，低价竞争不再是唯一选择，基本上印证了模型的结论。未来，随着网络零售业的进一步发展，网络零售商将提供更加优质的服务，其价格最终是否会高于实体零售商则有待进一步考证。但可以肯定的是，消费者将是两类零售商竞争的最大受益者，随着网络零售商的发展，消费者不仅获得了更低的价格，也获得了更多的服务。

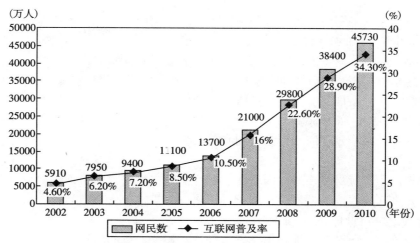

图4 中国网民数与互联网普及率

资料来源：CNNIC《第27次中国互联网络发展状况统计报告》。

表3 上海地区飞利浦小家电销售价格比较（2011年）

单位：元、%

商品名称	商品型号	国美	苏宁	京东	京东与国美/苏宁（最低价）价差比率
电动剃须刀	RQ1150	2300	2290	1498	34.59
电动剃须刀	RQ1250	3220	3219	1999	37.90
电动剃须刀	HQ8240	/	1399	1209	13.58
电动剃须刀	HQ6073	/	523	362	30.78
电动剃须刀	HQ7320	799	799	630	21.15
电动剃须刀	HQ851	276	266	176	33.83
电动剃须刀	HQ801	184	159	116	27.04
搅拌机	HR2094	1011	1010	659	34.75
搅拌机	HR2168	532	459	379	17.43
搅拌机	HR2004	209	/	179	14.35
搅拌机	HR2024	294	/	222	24.49
搅拌机	HR1842	552	/	395	28.44
卷发器	HP8600	193	/	129	33.16
电熨斗	GC1920	184	159	143	10.06
电熨斗	GC2810	405	404	299	25.99
电熨斗	GC1991	310	/	249	19.68
电熨斗	GC1960	232	229	196	14.41
电熨斗	GC1420	/	146	109	25.34

注：表中数据为笔者实地调研获取，调研时间为2011年8月15日，其中国美、苏宁实体店分别位于上海市长宁区长宁路982号与999号，实体店价格为柜台标注价格，"/"表示未找到相关商品报价。此外，表1与表3中的实体店分别位于北京与上海，尽管存在区位差异，但由于供应商与零售商完全相同，可以认为区位因素对价格差额影响不大。

六、总结与政策建议

本文通过构建博弈模型，对网络零售商与实体零售商之间的价格竞争进行了研究。研究发现，网民规模的大小以及网络零售商诚信水平和服务质量的高低，对网络零售商价格策略的选择及市场绩效具有重要影响。同时，本文通过对京东与国美、苏宁间竞争的案例研究，发现网络零售商在发展初期主要采取低价竞争策略，而随着互联网的普及和网络零售业整体的发展，将逐步由价格竞争转为服务竞争。从而，网络零售业的发展有利于降低总体价格水平，改善消费者福利。

在现实经济中，网络规模的扩大、网络零售商的诚信水平及服务质量的提升，客观上受社会整体环境的影响与制约，如物流业与金融业的发展将制约网络零售商服务质量的提升，相关法律法规的完善则是提升网络零售商诚信水平的必要条件；而网民规模更是直接由信息技术和基础设施的建设发展水平决定。

因此，首先，政府应当完善适应网络零售业特点的市场法规，特别是加强对网络零售商诚信行为的监管，如进一步规范退换货流程和条件，明确网络零售商对商品残次或与网站图片、介绍不符等欺诈行为的赔偿责任，切实保护消费者权益，为网络零售商的发展构建良好的市场环境；其次，应促进物流业、金融业特别是第三方支付业等相关产业的发展，如进一步推动物流业的信息化、规范化建设，同时加快第三方支付牌照发放，完善第三方支付行业规范，为提升网络零售商服务水平提供产业支撑；最后，还应加强基础设施建设，特别是网络传输设施建设，扩大互联网络覆盖范围，提升网络传输速度，加速三网融合进程，为提升网络零售商服务水平提供技术支持。总之，随着政府相关政策的不断完善，网络普及率、网络诚信和服务水平的不断提高，中国网络零售业必将健康、持续、快速发展。

参考文献

［1］蔡津，张正华. 基于博弈论的电子商务零售商与传统零售商的价格竞争模型［J］. 上海理工大学学报，2001，23（1）：71-74.

［2］陈云，王浣尘，沈惠璋. 电子商务零售商与传统零售商的价格竞争研究［J］. 系统工程理论与实践，2006（1）.

［3］史东辉. 产业组织学［M］. 上海：格致出版社、上海人民出版社，2010.

［4］［美］罗伯特·吉本斯. 博弈论基础［M］. 高峰译，北京：中国社会科学出版社，1999.

［5］［法］泰勒尔. 产业组织理论［M］. 北京：中国人民大学出版社，1997.

［6］Brynjolfsson E., & Smith M. D. Frictionless Commerce? A Comparison of Internet and Conventional Retailers［J］. Management Science，2000，46（4）：563-585.

［7］Clay K., Krishnan R., Wolff E., & Fernandes D. Retail Strategies on the Web：Price and Non-price Competition in the Online Book Industry［R］.Working Paper，Carnegie-Mellon University，1999.

［8］Cheryl T. Druehl and Evan L. Porteus. Online Versus Offline Price Competition：Service Differentiation and the Effect of Internet Shopping Penetration［R］. Working Paper. University of Maryland，Stanford Graduate School of Business，2006.

［9］J.P. Bailey，Intermediation and Electronic Markets：Aggregation and Pricing in Internet Commerce［D］. PhD，Technology，Management and Policy，Massachusetts Institute of Technology，Cambridge，MA，1998.

［10］J.P. Bailey，Electronic Commerce：Prices and Consumer Issues for Three Products：Books，Compact Discs，and Sftware，Organization for Economic Co-operation and Development［R］.OECD DSTI/ICCP/IE（98）4，Paris 1998.

［11］R. Lal，M. Sarvary. When and How is the Internet Likely to Decrease Price Competition?［J］. Marketing Science，1999（18）：485-503.

［12］Se-Hak Chun，Jae-Cheol Kim. Pricing Strategies in B2C Electronic Commerce：Analytical and Empirical Approaches［J］. Decision Support Systems，2005（40）：375-388.

我国战略性新兴产业发展如何避免低端锁定

——以风电设备制造业为例

白雪洁　李　媛*

　　后危机时代，为了抢占新一轮经济发展制高点，主要发达国家和一些发展中国家都纷纷采取措施，大力培育和发展新能源、生物、新一代信息网络技术等新兴产业，而且将发展风能、太阳能、核能等新能源作为应对21世纪能源和气候变化双重挑战的重要手段。其中，风能被公认是最接近商业化的新能源技术之一，且产业化基础最好，综合社会效益很高。近年来，风力发电在中国的发展十分迅猛。截至2009年底，中国有24个省市自治区（不含港澳台）建有风电场，累计风电装机建设容量达2580万千瓦，仅次于美国排在全球第二位；2009年新增风电装机容量达到1380万千瓦，居世界第一位。同年风电上网电量255亿千瓦时，比上年增长73%。风电产业的快速发展带动了中国风电设备制造业的迅猛增长，而作为中国战略性新兴产业的一个重要构成部分，中国风电设备制造业目前的竞争力水平如何、能否在全球价值链分工中占据有利地位、如何逐渐向价值链的高端环节攀升以及真正发挥战略性新兴产业的作用是本文要探讨的核心问题。

一、相关文献概述

　　全球价值链的理论在20世纪80年代由迈克尔·波特提出，之后Schmitz（2004）提出了发展中国家可能陷入俘获型"结构封锁"；刘志彪、江静（2009）对长三角地区制造业的分析得出，国际大购买商或跨国公司是使中国企业被"锁定"于价值链低端环节的主要力量；刘志彪等人的研究表明，发展中国家摆脱被俘获困境的出路在于培育基于国内市场空间的国内价值链（NVC）；徐冠华（2002）提出，中国必须调整以跟踪和模仿为主的发展思路，高度重视自主创新。

　　近年来，国内关于风电产业的研究大多聚焦在产业竞争力上，如蔡茜和黄栋（2007）、高虎和王仲颖等（2009）。本文将中国风电设备制造业置于全球价值链视角下，探讨其分工地位、竞争优势和如何走出低附加值化与微利化的低端锁定格局，是本文研究的内容和意义所在。

---

　　* 白雪洁，1971年生，女（蒙古族），内蒙古通辽市人，南开大学产业经济研究所教授、经济学博士；李媛，1983年生，女，山西侯马市人，南开大学产业经济研究所博士生。

二、全球风电设备制造业的竞争格局

风电设备制造业是装备制造业的一个构成部分，也是风力发电产业的中游行业，风电设备具有专门化、大型化、成套化等特点。当前，全球风电设备制造业的竞争呈现以下特征。

（一）寡头垄断的市场结构初步确定

在风电产业链中，风电设备制造业（包括风电整机制造业和零部件制造业）处于中游，是整个产业链的核心。其上游是为风电设备制造业提供原材料的厂家，主要包括钢材、有色金属、复合材料等；下游是利用设备发电并将电力最终输送给用户的企业。设备制造业是风电产业链的核心，也是目前中国风电产业参与全球分工最广泛深入的领域，因此，本文将风电设备制造业作为研究重点。

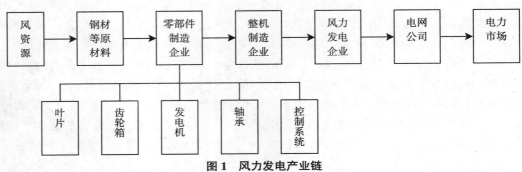

图1 风力发电产业链

资料来源：笔者整理。

近年来，全球风电设备制造业主要集中于欧洲的丹麦、德国、西班牙，亚洲的印度，北美洲的美国等。其中，欧洲的生产能力占世界的50%以上，美国和印度也保持着高速发展。近几年，全球风电设备制造企业间频频发生并购重组事件，使中小企业的生存发展空间变得更加狭小。例如，2003年丹麦的Vestas公司吞并了NEGMicon，成为世界上最大的风机制造商；2007年6月，Suzlon收购了REPOWER，市场份额进一步提高。目前，世界风电设备制造行业的寡头垄断型竞争结构初步确立，形成Vestas、GEwind、Gamesa、Enercon、Suzlon这五大企业控制绝大部分市场份额的局面。从表1可知，2006~2009年，五大企业所占市场份额稳居全球前五位。

表1 全球十大风电设备制造商的市场份额变化（2006~2009年）

2006年			2007年			2008年			2009年		
排名	厂商	占有率(%)	排名	厂商	占有率(%)	排名	厂商	占有率(%)	排名	厂商	占有率(%)
1	Vestas	27.7	1	Vestas	22.5	1	Vestas	19.8	1	Vestas	12.5
2	Gamesa	15.3	2	Gewind	16.4	2	Gewind	18.6	2	Gewind	12.4
3	Gewind	15.2	3	Gamesa	15.3	3	Gamesa	12.0	3	华锐	9.2
4	Enercon	15.1	4	Enercon	14.0	4	Enercon	10.0	4	Enercon	8.5
5	Suzlon	7.6	5	Suzlon	9.5	5	Suzlon	9.0	5	金风	7.2
6	Siemens	7.2	6	Siemens	7.1	6	Siemens	6.9	6	Gamesa	6.7
7	Nordex	3.3	7	Acciona	4.4	7	Acciona	4.6	7	东汽	6.5

续表

2006 年			2007 年			2008 年			2009 年		
排名	厂商	占有率(%)	排名	厂商	占有率(%)	排名	厂商	占有率(%)	排名	厂商	占有率(%)
8	Repower	3.1	8	金风	4.1	8	金风	4.0	8	Suzlon	6.4
9	Acciona	2.8	9	Nordex	3.4	9	华锐	3.8	9	Siemens	5.9
10	金风	2.7	10	华锐	3.3	10	东汽	3.7	10	Repower	3.4

资料来源：BTM 咨询.中国风电产业发展研究报告（2009）[J].北京银联信息咨询中心，2009-10-26.

（二）中国本土企业成为全球市场的重要竞争主体

如表 1 所示，2009 年，Gamesa 与 Suzlon 分别被中国的金风、华锐取代而退出全球风电设备制造商前五位的行列。中国企业从 2006 年只有金风进入全球占有率前十位发展到 2008 年和 2009 年国内三甲企业（金风、华锐、东汽）全部进入前十位，短短两年间，风电设备制造商中的中国因素凸显。这说明，中国的风电设备制造不仅在广泛参与全球分工，成为大型跨国企业的生产据点，而且有本土企业正在兴起，并在全球竞争中占据越来越高的地位。

（三）中国企业与国外企业的技术鸿沟依然巨大

专利是技术创新与技术水平的一个重要成果体现，也是建立和维护风电产业发展的基石。图 2 列出了 2010 年底国内外 10 家主要风电设备制造企业作为主要申请人的专利申请量。从申请量上看，中国的华锐与上海电气相较于其他国外风电制造企业仍处于较落后的位置，这说明中国企业在技术领域仍与国外企业存在巨大的技术鸿沟，国外大型企业作为技术创新的主体，仍占据产业价值链的高端，并以持续的技术创新支撑企业的快速发展。

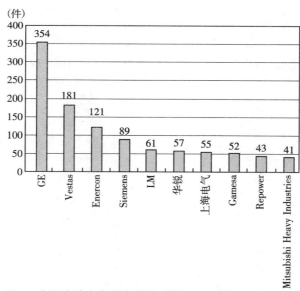

图 2　主要申请人专利申请量（截至 2010 年 12 月 31 日）

资料来源：中国可再生能源学会风能专业委员会信息中心。

（四）全球风电设备的标准竞争已经显现

与传统的化石能源发电技术相比，风电属于新兴产业，在可靠性和安全性等方面都有待提高与完善。因此，在全球风电产业迅速发展的同时，围绕标准的竞争、检测与认证等都逐渐成为焦点。

在国际风力发电整机认证标准方面，2001年4月，国际电工委员会（IEC）的认证评估委员会（CAB）发布了IEC WT01《风力发电机组合格认证规则及程序》（第一版），作为IEC发表的首部用于风电机组安全等方面的认证标准。除此之外，GL导则、DS 472—1/2及NVN 11400等也是风力发电整机的国际认证标准。在检测认证方面，为保障风电部件质量与供电安全，EN60034、UL 508A、IEEE1547等检测标准的出现，说明零部件的认证检测标准竞争也已受到全球的关注。

三、中国风电设备制造业参与全球价值链分工的特征

在产业规模迅速扩张，市场占有率迅猛提高的同时，中国风电设备制造业的发展也面临一些核心因素的制约，如自主研发水平低，未能掌握核心技术等，但中国风电设备制造业以其规模、成本、市场需求乃至政策等优势，为进一步发展奠定了基础。总体而言，中国风电设备制造业参与全球分工表现出几个典型特征：

（一）以引进技术支撑规模制造优势

中国风电设备制造业在20世纪80年代后期开始规模化发展，这一时间仅比发达国家晚了十几年。风机生产主要分为整机系统生产和零部件生产两部分，在整机系统生产方面，中国还没有在技术和人才上掌握总体设计方法，更缺乏基础性研究的创新成果，总体还处于跟踪和引进国外先进技术的阶段。表2概括了中国国内主要风电设备制造企业的基本技术来源情况。可以看出，购买国外技术许可、联合设计或引进国外技术仍是中国本土的风电设备制造企业的主要技术来源，核心技术的对外依存度很高，这种状态与其作为新能源产业的重要构成部分的战略性要求并不相符，存在被低端锁定的风险。

表2　国内主要风电设备制造商技术来源汇总（2009年）

技术来源方式	代表性企业
购买国外技术许可证	华锐、东汽、金风、浙江运达等
与国外公司合资并引进技术	浙江运达、惠德风电、瑞能北方等
与国外设计技术公司联合设计	上海电气、广东明阳、国电联合动力等
国外制造公司在国内建立独资企业，将其成熟技术带进国内	Vestas、Gamesa、Suzlon、Nordex、Gewind等
自主研发	沈阳中科天道、盛国通元等

资料来源：笔者整理。

由于购买许可证、引进技术仍然是中国大多数风电设备制造企业的主要技术获取方式，使得许可证的价格飞涨，每台风机要向国外支付庞大的技术提成费；同时，由于中国缺乏统一的风电技术标准，国外一种机型同时卖给多家国内企业的状况屡见不鲜，让专注于核心技术研发的国外企业坐拥丰厚的回报。

（二）通用零部件的生产优势与关键零部件的进口依赖并存

在国家相关政策的支持以及整机制造快速发展的拉动下，中国风电设备零部件制造也得以较快发展。叶片、发电机、齿轮箱等非关键零部件已大批量生产，并涌现出多家具有规模生产优势的企业，可基本满足国内整机制造的需求。但在风机轴承、控制系统等风电机组中的关键零部件生产方面还不具有竞争优势，面临严格的技术壁垒，主要依赖进口，零部件产业链存在明显的断

层。这种通用零部件与关键零部件生产能力不匹配的状况直接导致中国风电设备制造业的低端过剩问题。自 2004 年，中国风电设备制造企业的数量就开始迅速增长。据中国风能协会统计，中国风电整机制造企业从 2004 年的 6 家急剧扩张到了 2010 年的 70 多家，合计生产能力已达 3500 万千瓦，是国内市场需求的 3.5 倍。总体产能过剩带来的恶性竞争加剧，大部分企业缺乏自主研发能力，靠引进国外技术进行生产，投产的项目同质化现象严重。同时，关键零部件主要依赖进口，使得非核心技术环节与制造环节的过度竞争与高端技术环节的竞争力缺乏现象并存。

（三） 制造高地与品牌、标准的洼地

风电设备制造业呈典型的国际性寡头垄断市场结构，几大全球知名品牌企业已经牢固树立了在市场上的绝对垄断地位。中国作为风电设备的主要需求市场，2000 年以前，自主品牌产品在国内市场的认知度都很低，市场份额不足 10%。2003 年以后，国家以政府支持和市场机制相结合的方式，连续制定了一系列风电建设项目与基地规划，有力地推进了中国风电产业的规模化发展，带动了风电机组制造业的快速发展，并培育了一些自主品牌企业。华锐、金风、东汽已成为全球风电设备制造业的著名品牌。但是与企业和品牌的成熟度相比，中国在风电设备制造的标准领域发展严重滞后。由于中国的风电机组认证标准不是强制性的，导致国内部分风电设备未经检测认证就投入使用，或者是整机制造企业仅仅进行了认证机构的有效性核查，并没有进行型式试验，也不进行设计评估等 IEC WT01 所规定的风电机组整机型式认证，致使国内风电行业的认证门槛低，"标准缺乏"成为困扰中国风电设备制造业的另一难题。

（四） 以制造规模和需求市场构筑的价值链竞争优势

客观地讲，在全球价值链分工的发展趋势下，对发展中国家而言，能够嵌入全球价值链也是产业发展的必要一步。目前，中国的风电设备制造业以庞大的制造规模以及由此产生的成本优势，以及中国作为全球增长最快的风电设备需求市场的强大吸引力，吸引了全球风电设备制造的巨头纷纷到中国投资设厂。例如，丹麦 Vestas 已在天津、呼和浩特两地建立分公司；西班牙 Gemesa、印度 Suzlon 已在天津建厂，其中，Gamesa 公司在天津设立的风力发电机生产基地也是其在海外仅次于美国的第二大生产基地；Gewind 的通用电气能源沈阳有限公司等，说明中国无疑已经成为风电设备制造业全球价值链分工中的主要节点之一。只是就目前的发展状况而言，中国企业在全球价值链竞争中的优势不是来自于技术、品牌、渠道控制能力等，而是来自于要素优势，是一种非稳固的竞争优势。能否将嵌入全球价值链这一必要条件转变为长久竞争优势，取决于中国风电设备制造企业、行业协会、政府等多方的努力。

四、中国风电设备制造业与战略性新兴产业的差距

战略性新兴产业的提出是中国为顺应新一轮技术和产业革命，应对全球新一轮激烈产业竞争的战略选择。战略性新兴产业是一个具有"中国特色"的概念，就战略性而言，它关系到国家经济命脉和产业安全，要能够从根本上摆脱受制于他国的被动状况，是支撑未来中国国家竞争优势的产业领域。就新兴性而言，内源性的技术创新能力和适应与引领需求的商业模式创新能力是对战略性新兴产业的创新要求。风电设备制造作为中国七大战略性新兴产业之一的新能源产业的重要构成部分，仅就目前的发展状况而言，距离战略性新兴产业的标准似乎还有不小的差距。

（一） 内源性技术创新能力不足，核心技术空心化

当前风电设备制造的核心技术掌握在发达国家的企业手中，他们为了掌控价值链的领导权，必然会实施"技术封锁"。即便是对已经输出到中国的技术，也对其后续改造、产品升级换代、市场销售范围等进行种种限制，并且设计各种参数来控制中国企业实现技术赶超、价值链攀升。因此，要想突破核心技术空心化的僵局，只能依靠内源性技术创新，也就是增强自主创新能力。战略性新兴产业的自主创新不仅仅是企业的事情，还需要从国家竞争力的战略高度来认识，加快形成自主创新的知识创造与技术支撑体系。

（二） 市场需求的顺畅释放与良性带动效应不足

持续增长的市场需求是战略性新兴产业发展的重要拉动力量。近年来，中国的风电设备产能迅速增长，国内制造商已经占据中国市场份额的85%以上。2007年，中国一些风电整机制造企业，如保定惠德、浙江华仪、金风科技、上海电气等开始海外市场扩张，实现了整机出口。而且国内风电装机容量连续四五年保持增长率翻番，增长前景广阔。但如此强大的潜在市场需求，却因为电网接入难、送出难，风电场建设与国家电网建设不协调、风资源富集地区的地方保护等原因，使得风电的市场需求没有能够有效顺畅的释放，对风电设备制造业的良性带动效应不足。

（三） 技术高度战略化与产品低市场利基的矛盾

由于战略性新兴产业的技术风险大而市场利基小，使得企业宁愿选择相对成熟的低端技术或是以购买等形式从国外获取技术，迅速形成产品的生产能力占领需求市场，中国的风电设备制造业几乎已形成这种发展模式。但从战略性新兴产业的技术标准来看，真正决定产业发展命脉的核心技术不可能以外取的方式获得，应在核心的高端技术层面，必须要能够形成一种高效的技术创新、研发、成果产业化和产品市场化的有效转化机制。目前，中国的风电设备制造业还未形成这种机制，未来要实现价值链攀升，必须要能够从根本上破解这一矛盾。

五、中国风电设备制造业实现价值链攀升的路径与对策

风电设备制造业作为中国新能源产业的核心装备之一，并非处于发展空白期，而是已经基本嵌入全球价值链并面临着被"低端锁定"的风险，因此，突破核心技术制约，实现价值链攀升显得尤为迫切。

（一） 共性关键技术的战略性攻关

风电设备制造要求高度的系统集成能力，而中国风电企业总体上尚未完全掌握整机集成技术和兆瓦级以上的风电机组的叶片、控制系统、变流器等核心技术。要突破这些共性关键技术，仅靠企业之力是勉为其难，既然是战略性关键技术，就需要政府以公共研发投入等形式参与到共性关键技术的战略性攻关中来。综观欧洲一些风电设备的技术强国，政府对新技术研发也是举全国之力，从资金、研究机构、研究人员到研究成果的产业化转换等多个层面予以支持。当前，中国更需要立足增强技术自立，打破国外技术封锁，如同当年攻破原子弹技术、当今发展载人飞船一样，应从国家技术战略的高度发展风电设备共性关键技术。

（二）赋予龙头企业创新责任与创新激励

风电设备制造业具有很强的规模经济性，近几年，中国的龙头企业华锐风电、金风科技和东汽等迅速崛起，并挤入全球十大风电设备制造企业的行列。但客观地讲，这些龙头企业的快速成长也是以资源驱动为主，自主知识产权的核心技术严重匮乏，这与其龙头企业的地位极不相称。从国外的发展实践看，政府对产业技术创新的推动往往是通过龙头企业来实现的，像日本对大规模集成电路的技术攻关就是通过主要几家电子信息企业结成战略技术联盟，共同攻破关键共性技术后，企业再围绕技术的应用性创新和产品创新展开激烈的竞争。中国风电设备制造的龙头企业也应该担负这种技术创新的社会责任，政府还应形成一种政策引导机制，如在国家层面的创新活动中要求必须有龙头企业的参与，对龙头企业根据绩效给予程度不同的激励等。

（三）利用制造优势发挥逆杠杆效应实现标准突围

逆杠杆效应是相对杠杆效应而言的，杠杆效应特指发达国家的跨国企业通过直接投资以更好地利用发展中国家的资源、低廉劳动力等，形成自身产品竞争优势。发达国家的大型风电设备制造企业纷纷来中国投资生产，就是为了追求杠杆效应。综观英国、美国、日本在其作为全球性制造基地的时期，也是其累积技术创新能力和实现标准突围的时期。当前，中国的风电设备制造业还处于有产品无标准的尴尬境地，而要实现标准突围，还是要借助于制造优势。逆杠杆效应讲的就是发展中国家的企业凭借与世界级先进企业合作的机会，学习、挖掘、套取其先进的技术、管理、营销等资源，以提高企业竞争力的过程。要想实现标准突围，国内企业之间必须达成一种同盟关系，合力推出"中国标准"，并将标准以技术形式内化于产品之中，庞大的制造规模是"中国标准"与发达国家企业主导的"国际标准"博弈的有力砝码。

（四）构建官、产、学、研、用的产业创新网络

产业创新是一个包含技术创新在内的更宽泛的创新概念，在产业创新中，技术创新是基础和源头，技术创新转化成产品创新，再到市场创新，市场又将下一轮技术创新的需求特征传递给研发和技术创新部门，形成创新需求、创新信息、创新资源的交织互动状态，构成产业创新网络。在这一网络中，官、产、学、研、用是资源与能力互补、利益与诉求各异的不同主体，这对建设利益与风险共担的合作创新机制、理顺连接技术供给与需求的研发成果产业化转化机制，以及瞄准市场核心需求的适宜技术筛选机制等都提出紧迫需求。具体到风电设备制造业，一方面，政府需要为产业的共性核心技术研发提供基本的经费支持，在公共研发资源的配置上予以倾斜；另一方面，还需要通过政府采购，对创新成果进行购买，分担企业创新风险，这在国外已成为一种惯例。例如，美国早期针对电子信息产品的政府购买，以及英国制定《持久采购行动计划》，都对产业的早期市场培育发挥了关键作用。

（五）疏通多元融资渠道，充盈"资金池"

战略性新兴产业具有高投入、高风险，虽成功收益较高，但成功机率并不高等特点，这使得其发展对资金也有不同寻常的需求。目前，中国风电企业（包括风电设备制造企业）的融资渠道主要有贴息贷款、募股上市、国债投入、资产重组、引入风险投资等几种模式。此外，政府也在财政和税收上对企业的技术创新行为给予一定的支持，即便如此，对面临突破核心技术瓶颈的风电设备制造企业的研发经费需求，以及成果产业化转化和早期市场培育的资金需求而言都显严重不足。亟须疏通多元融资渠道，充盈"资金池"，构建完整的创业投资链，大力发展风险投资和私募股权基金；完善天使投资机制；适当的政府补贴机制，但要与相对严格的审查考核制度相结合，

以避免一部分企业借机套取国家补贴。

(六) 培育产业发展的人才支撑网络

一流的人才和优秀的团队是企业进行自主创新的动力。对于中国的风电设备制造企业来讲，不论是自主创新还是引进消化吸收再创新，都离不开对技术人才的需求。而中国风电设备制造业人才的结构性短缺，特别是具有系统优化能力的专业技术人才短缺问题严峻，为此，教育必须先行。2007 年，华北电力大学在国内首开先河新增"风能与动力工程"本科专业，类似针对战略性新兴产业的学科调整和专业设置从长期来看可以缓解人才短缺的压力。但近期来看，企业根据实际需要实行定制化在职培训，以及建立激励机制和创造良好的环境吸引国内外优秀的风电设备研发及制造的专业人才，是培育人才支撑网络的重要内容。

参考文献

[1] 李俊峰，施鹏飞，高虎.中国风电发展报告 (2010) [R].海口：海南出版社，2010.

[2] 刘志彪，江静.长三角制造业向产业链高端攀升路径与机制 [M].北京：经济科学出版社，2009.

[3] 刘志彪，张杰.全球代工体系下发展中国家俘获型网络的形成、突破与对策——基于 GVC 与 NVC 的比较视角 [J].中国工业经济，2007（5）：39-47.

[4] 徐冠华.我国着力构筑国家创新体系 [J].创新科技，2002（11）：24.

[5] 蔡茜，黄栋.基于"钻石模型"对中国风能产业的竞争力分析 [J].中国科技论坛，2007（11）：37-40.

[6] 高虎，王仲颖.借鉴欧洲经验建设具有竞争力的自主风电产业——关于欧洲风电产业有关情况的调研报告 [J].宏观经济研究，2009（4）：76-79.

[7] Schmitz H. Local Upgrading in Global Chains：Recent Findings [R]. Paper to Be Presented at the DRUID Summer Conference，2004.

后发地区发展战略性新兴产业的时机
选择与赶超路径[*]

——以平板显示技术的赶超实践为例

黄永春　郑江淮　谭洪波　杨以文[**]

一、引　言

　　在传统工业面临规模扩大受限、产能严重过剩、资源环境制约以及被跨国企业低端锁定的背景下，后发地区要实现经济的可持续增长及赶超先发地区，必须调整经济发展方式，寻找新的经济增长点，培育具有良好技术经济效益、能带动相关产业发展的战略性新兴产业。鉴于此，2009年，国务院常务会议提出战略性新兴产业的概念和框架；2010年9月，国务院又正式通过了《加快培育和发展战略性新兴产业的决定》。战略性新兴产业概念一经提出，即引起社会各界的广泛关注，各地区纷纷制定战略性新兴产业的发展规划。

　　从全球看，目前战略性新兴产业还处于起步阶段，欧美等发达国家多处在新兴产业的选择、关键技术的预研阶段（王利政，2011）。东亚新兴国家正试图通过技术赶超机会窗口的把握，有效地对既有技术进行引进、消化和吸收，以提升产业创新能力。通常，新兴产业的先进入者会凭借先动优势，在一定时期内成为行业领先者（Gaba 和 Pan，2002）。因为，先进入者可以获得较高的市场占有率（Bayus 和 Agarwal，2007），从而提升企业绩效（David 和 Lisa，1995）。而后进入者会面临市场竞争劣势的影响（Vakratsas 和 Rao，2003）。但是，先进入者也将面临动态的不确定性和创新风险（Gaba 和 Pan，2002），而后进入者会获得一定的技术溢出效应。国内学者郭晓丹（2011）、韩雪莲（2011）从企业资源基础、组织特征和产业环境等角度探讨了进入战略性新兴产业的影响因素，分析了领军与跟进发展战略性新兴产业而产生的绩效差异。然而，前人的研究主要基于先进入者与后进入者在竞争实力相当的前提下，探讨先进入者与后进入者的竞争绩效区别，并未考虑后发地区企业竞争能力处于弱势的实情，也未结合战略性新兴产业的演化阶段，探讨后

　　* 本文是教育部社科基金青年项目"资源与环境双约束下中小企业自主品牌成长机制与路径研究"、中央高校基本科研业务经费项目"全球价值链视角下支持我国自主品牌国际化的机制研究"（2009B22914）、江苏省社科基金青年项目"加快中小企业自主品牌成长的问题研究"（10GLC014）、江苏省教育厅社科指导项目"企业自主知识产权名牌成长机理与路径研究"（2010SJD630040）、江苏省博士后基金"全球价值链视角下出口导向型产业集群升级研究"（1002056C）等项目的阶段性研究成果。

　　** 黄永春，1982 年生，男，江苏盱眙人，南京大学博士后讲师，研究方向为产业经济学；郑江淮，1968 年生，男，江苏盱眙人，南京大学教授、博导，研究方向为产业经济学；谭洪波，1979 年生，男，江苏扬州人，南京大学博士研究生，研究方向为产业经济学；杨以文，1981 年生，男，安徽芜湖人，南京大学博士生，研究方向为产业经济学。

发地区发展战略性新兴产业的进入时机与赶超路径。与发达国家相比，中国战略性新兴产业发展的时间很短，无论是技术水平、产业规模，还是政策环境，都有较大差距。本文将基于后发地区企业创新能力薄弱的实情，结合战略性新兴产业的演化规律，探讨后发地区发展战略性新兴产业的进入时机与赶超路径。

二、战略性新兴产业的内涵与演化阶段

界定战略性新兴产业的内涵，分析战略性新兴产业的演化阶段，为后发地区发展战略性新兴产业进入时机的分析提供理论基础。

（一）战略性新兴产业的界定

美国发展经济学家赫希曼（1991）指出，在投入产出关系中关联最密切的经济部门是"战略部门"，即战略产业。波特（2002）认为，新兴产业为新建立的或重新塑造的产业，是采用新兴技术且技术含量较高的产业，其出现的前提是产业科技创新能力的提升以及相对成本的降低。鉴于此，本文认为，战略性新兴产业是在国民经济中具有战略意义的产业，是由新技术突破而产生的新兴产业，具有巨大的带动系数、强大的市场拓展速度，是后发地区实现经济赶超，抢占全球价值链制高点的重要途径。

战略性新兴产业可从两方面进行衡量：其一，该产业是否有高额的创新"租"存在；其二，该产业是否存在着显著的外部经济效应（克鲁格曼，2000）。由此可见，战略性新兴产业应具有丰厚的"租"，其产业进步的科技贡献率较高，创新要素的回报率较高，且存在较广泛的外部经济，并且需要掌握产业发展的核心技术，否则就会陷入路径依赖陷阱，在全球价值链中处于被俘获的治理模式。

（二）战略性新兴产业的演化阶段

Utterback 和 Abernathy（1975）通过对以美国为代表的发达国家产业技术创新的分析，揭示了技术发展的内在规律，认为随着技术产业的发展，技术创新依次经历不稳定（混沌）阶段、过渡（主导设计）阶段和稳定阶段。各阶段产品创新和工艺创新的强度不同，所需的投入与风险性也不同。一般而言，在产业生命周期的早期，产品创新多于工艺创新，而更多的产品创新意味着更大的产品发展空间，但需面对高度的风险性。后发地区的技术创新能力较弱，由此在推进战略性新兴产业发展的过程中，应科学地认知战略性新兴产业的演化轨迹，以选择合适的进入时机，以规避风险，并获得最大化的溢出效应。

1. 不稳定阶段

某一产业的新技术首次出现，"机会窗口"打开，技术的发展处于混沌状态。众多领先企业参与到技术竞赛中，旨在开发出基于突破性创新的各种新产品，彼此为争夺产业的主导地位而在产品、性能等方面展开激烈竞争。该阶段，新技术不断"尝试、纠错"，产品设计是动态的，制造工艺过程的组织是松散的；与变动的设计相适应，产品与工艺都处于动态变化中。由此，产品设计缺乏一致性，多种产品设计充斥市场。加之变革性的技术也处于动态发展状态，从而使新技术及产品功能产生高度的不确定性。例如，打字机、录像机、汽车、彩电业、移动通信等产业发展的早期以及当前的高清晰度电视都曾呈现技术竞争的百舸争流景象。然而，那些具有企业家精神和技术、市场预测鉴别力，并能将新技术产业化的企业，极有可能取得商业成功，开发了空缺市场，从而促进技术乃至产业的快速发展。

2. 过渡阶段

经过一段以"尝试、纠错"为标志的动态演化期，技术发展的混沌阶段结束，从而进入过渡阶段。此时，各种竞争性技术收敛于其中的某一种产品设计或技术，这种产品设计或技术被称为"主导设计"或"技术标准"。例如，在打字机键盘的设置上，QW-ENTY键盘占据了主导地位；录像机产业中 JVC 的 VHS 标准被广泛接受；汽车产业中的全密封钢制车体和内燃驱动成为主流。这些都代表了优越的产品设计，为行业的发展提供了"标准"。在主导设计确定后，产品创新率急剧下降，产品基本稳定，大规模生产成为可能，创新重点从产品创新转到工艺创新。由此可见，过渡阶段的"主导设计"往往能为变革性技术描绘出市场轮廓，并将技术与市场需求联结起来，从而降低了市场的不确定性。

3. 稳定阶段

主导设计的出现使制造方法和产品设计变得标准化，促使产品创新与生产工艺标准化，并使制造效率大大提高。随着时间的推进，主导设计创造了较大的市场销售量，由此企业可以获取规模经济，降低单位产品的成本。此时，战略性新兴产业的发展进入稳定阶段。一旦产业发展进入"稳定"或"成熟"状态，组织越来越具有刚性，行业的技术创新主要以渐进性创新为主，且主要以降低成本为目标，旨在获取规模经济。例如，汽车产业进入确定状态后，进一步创新的目标是降低成本，重点在生产工艺而不是产品改进。另外，行业内会产生强烈抵制重大创新的力量。因为，重大变化可能会使技术平台或设备投资过时，因此技术、财务、人力等部门等会设置障碍。所以，该阶段必须依赖于外部因素的变革，以推动产业取得突破性创新。例如，美国法律对污染和汽油消耗规定了新标准，使得美国新能源汽车技术取得突破。

由以上分析可知，战略性新兴产业具有高成长、高回报和高风险性等特征，其演化不同阶段所需的要素投入、风险性和不确定性均不同。由此，在既定技术轨迹下，后发地区发展战略性新兴产业的时机越早，此时技术发展趋于混沌期，技术机会就越多，但需要企业具有较强的赶超能力，所需的要素投入较多，承担的风险也较大，且回收期较长。然而，一旦获得成功将获得巨额的创新"租"。相反，赶超时机越迟，则技术越成熟，越接近于技术范式极限，所剩的赶超机会也就越少。但此时，赶超者却可通过向先行者的学习避免某些错误，减少研发成本，并能获得技术溢出效应，进而谋取后发优势。因此，后发地区应基于战略性新兴产业的演化规律，并结合自身的技术赶超能力，选择合适的赶超时机和路径。

三、后发地区进入战略性新兴产业的时机选择

平板显示技术（Flat Panel Display Technology，FPD）是 20 世纪 70 年代出现的新兴技术。美国是 FPD 技术的发明者与引入者，而日本、韩国和中国台湾作为后来者在把握良好技术赶超时机的基础上，借助有效的赶超策略，成功实现了产业赶超。鉴于专利具有新颖性、创造性与实用性特征是企业创新能力的体现，是衡量区域产业竞争力和发展态势的重要指标。因此，本文借助专利数据库和 Show-Ling Jang（2009）等学者的研究数据，通过对美国、日本、韩国和中国台湾 FPD专利授权量变化态势的分析，研究 FPD 产业的演化过程，探究后发地区在战略性新兴产业哪个阶段实施技术赶超，从而转变为技术的准先行者或领导者。

（一）FPD 新兴技术的演化过程

FPD 产业领域包括了多种技术，诸如 TN 和 STN、TFT-LCD、PDP 和 LED 及 OLED 等，如图 1 所示。在 1987 年以前，各种 FPD 技术的专利授权量差距较小，表明此时的各种技术处于竞争状态，尚未出现主导性的技术。然而，1987~1996 年，尤其在 20 世纪 90 年代中期之后，TFT-LCD 的专利授权量迅猛增加，明显高于其他技术。由此可知，在该阶段 TFT-LCD 技术已明显成为 FPD 产业的主导技术。1997 年以后，TFT-LCD 技术的专利授权量仍保持高速增长趋势，这种态势一直持续到今天，这表明 FPD 产业日趋成熟。鉴于此，1997 年以后，日本、韩国、中国台湾开始大规模的生产平板显示器，并引发了激励的价格战，使得行业的发展趋于成熟。

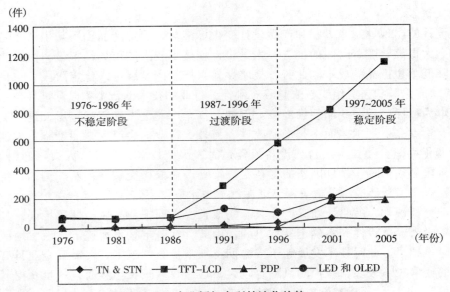

图 1　FPD 产业授权专利的演化趋势

因此，本文将 FPD 的演化过程划分为三个阶段，即不稳定阶段（1976~1986 年）、过渡阶段（1987~1996 年）以及稳定阶段（1997~2005 年）。在此基础上，借助各地区授权专利的占比结构、显性技术优势指数以及专利引用指数的分析，研究后发地区在哪个阶段进入战略性新兴产业，并实施技术赶超，从而实现产业赶超目标。

（二）授权专利的占比分析

一地区 FPD 技术的授权专利量占比，可以反映该地区 FPD 技术的竞争力。因此，本文通过对各地区在不稳定阶段、过渡阶段以及稳定阶段的专利占有比例分析，研究后发地区何时进入战略性新兴产业以及何时实施技术赶超。

（1）不稳定阶段，美国是行业的绝对领导者；日本凭借消化吸收再创新，成为该领域的跟随者。在 FPD 产业的不稳定阶段（1976~1986 年），全球每年大概只有 127 个 FPD 专利授权，其中超过 50% 的专利由美国申请。这表明，美国在当时是 FPD 产业的先行者和领导者。20 世纪 70 年代中期，作为跟随者的日本夏普和精工成功地将 LCD 技术引入液晶显示器、电子计算器和电子手表，并进行规模化生产，取得了一定的先动优势。由此，日本 FPD 产业的专利授权量占 32% 的比例，成为 FPD 产业的跟随者和新兴领导者。此时，作为后来者的韩国和中国台湾在 FPD 产业未获得 1 项专利。加拿大、法国、德国、荷兰、瑞士、英国等其他国家也仅拥有 17.2% 专利技术，如表 1 所示。

表1 各地区 FPD 授权专利量与比例（1976~2005 年）

单位：件、%

地区	授权 FPD 专利总数	授权 FPD 专利份额					
		1976~1986 年（不稳定阶段）		1987~1996 年（过渡阶段）		1997~2005 年（稳定阶段）	
		数量	百分比	数量	百分比	数量	百分比
美国	3460	64.4	50.7	88.6	28.4	207.3	17.4
日本	7521	40.8	32.1	171.7	55.0	595.0	50.0
韩国	2021	—	—	14.5	4.6	208.4	17.5
中国台湾	1080	—	—	6.4	2.1	112.9	9.5
其他	1154	21.9	17.2	30.7	9.8	67.3	5.7
年均授权专利数	—	127.1	100.0	311.9	100.0	1191.0	100.0
总量	15236	1398		3119		10719	

注：其他指加拿大、法国、德国、荷兰、瑞士、英国等国家。

（2）过渡阶段，日本赶超美国，成为行业的领导者；韩国和中国台湾则借助技术学习，成为行业的后来者和追随者。1987~1996 年，TFT-LCD 成为平板显示技术的主导设计。此时，全球 FPD 产业的年均专利授权量已超过一倍，每年专利授权量达 312 项。在该阶段，虽然美国在 FPD 产业的专利授权量比例达 28%，但日本授权量比例已增加到 55%。毫无疑问，日本在过渡阶段成为 FPD 技术的领导者。这是因为，此阶段美国更关注前沿性的基础研究，而日本则聚焦于技术的商业化，即进行产品创新和工艺流程改进，从而获得更多的专利。与此同时，韩国和中国台湾在 FPD 领域已有少量的专利授权，其授权专利的比例分别为 4.6% 和 2.1%。而此时，其他国家的专利授权比例在减少，从不稳定阶段的 17.2% 下降到过渡阶段的 9.8%。可见，在 TFT-LCD 成为 FPD 产业主导设计时，韩国和中国台湾逐渐开始实施了对美国和日本的技术追赶，它们与美国和日本的技术差距在大幅缩小。

（3）稳定阶段，日本巩固了技术领导者的地位；韩国和中国台湾则成为行业的准先行者，尤其是韩国实现了对美国的赶超。在稳定阶段（1997~2005 年），FPD 产业的全球年均专利授权量猛增到 1191 件，是主导设计阶段的 3 倍，几乎是不确定阶段的 10 倍。此时，日本 FPD 产业的专利授权量比例达 50%，从而巩固了日本在该行业的技术领先地位。此时，韩国和中国台湾的专利占有比例大幅上升，韩国的专利授权比例与美国相当（约占 17.5%），已成功地赶上了美国。中国台湾的授权比例为 9.5%，已超越所有其他国家的专利授权比例总和（其他国家的专利授权比例为 5.7%）。由此可见，在产业稳定阶段，由专利授权的占比可知，除日本之外，韩国已成功地赶上了美国，中国台湾则超过了所有其他国家的专利授权量。

（三）显性技术优势指数分析

为进一步研究后来者在哪个阶段，选择哪个技术领域实施技术赶超，本文进一步选用显性技术优势指数（RTA）来测量后来者所选择的技术赶超时机和赶超领域。RTA 优势指数，即某地区在该领域的专利占有比例除以同一时期该区域所有技术领域专利总量的占有份额，如式（1）所示。X_{ij} 表示 i 区域在 j 领域的专利授权量。因此，RTA 指数大于 1 说明该地区在 j 技术领域具有技术比较优势；当该指数小于 1 时，说明该地区在 j 技术领域处于比较劣势地位。

$$RTA_{ij} = \left(X_{ij} \Big/ \sum_i X_{ij}\right) \Big/ \left(\sum_j X_{ij} \Big/ \sum_i \sum_j X_{ij}\right) \tag{1}$$

（1）韩国、中国台湾作为后来者在过渡阶段，利用它们在某些技术领域的后发优势，实施进行技术追赶，从而在稳定阶段成功实现技术赶超。1987 年以来，FPD 产业的前五类技术专利量占据 FPD 产业专利总量的 2/3，即 31% 的光控设备（G02F）、15% 的半导体器件（H01L）、14% 的信号控制（G09G）、5% 的放电灯（H01J）以及 2% 的照明器件（F21V）。根据表 2，在过渡阶段，韩国主要从事半导体器件（H01L）和放电灯（H01J）的生产，其 RTA 指数均大于 1；在确定性阶段，韩国基于比较优势的取得，实施技术创新能力的拓展和产业链的延伸，即从事光控设备（G02F）的生产，并也取得了技术领先优势。与此相似，在过渡阶段，中国台湾主要从事半导体器件（H01L）和照明器件（F21V）的生产，其 RTA 指数均大于 1；在稳定阶段，韩国继而在放电灯（H01J）领域实施技术创新，并也取得了技术优势。由此可知，在过渡阶段，韩国和中国台湾作为后来者利用其在 FPD 某个领域的相对优势开始集聚资源进行技术创新，在取得后发优势后再进行创新能力的拓展和延伸，从而实现产业的升级和追赶。

表 2   FPD 授权专利的显性技术优势指数（1987~2005 年）

类型	(%)	美国		日本		韩国		中国台湾	
		均值	方差	均值	方差	均值	方差	均值	方差
Panel A 1987~1996 年（过渡阶段）									
G02F	31.0	0.57	0.12	1.32	0.08	0.84	0.38	0.36	0.64
H01L	15.0	0.87	0.25	1.14	0.14	1.48	0.72	1.05	0.82
G09G	14.0	0.83	0.17	1.09	0.10	0.82	0.98	0.57	2.27
H01J	5.00	1.09	0.77	0.64	0.17	5.50	3.10	0.57	n/a
F21V	2.00	1.73	0.88	1.08	0.56	n/a	—	7.46	5.44
Panel B 1997~2005 年（稳定阶段）									
G02F	31.0	0.51	0.13	1.22	0.04	1.19	0.20	0.51	0.12
H01L	15.0	0.94	0.12	0.88	0.08	1.42	0.54	1.53	0.48
G09G	14.0	0.64	0.13	1.18	0.08	0.98	0.19	0.55	0.19
H01J	5.0	0.94	0.40	0.93	0.13	1.38	0.48	1.65	1.16
F21V	2.0	2.09	0.46	0.81	0.11	0.17	0.09	1.44	0.37

（2）在过渡阶段和稳定阶段，美国和日本保持相对的领先优势。在过渡阶段（1987~1996 年）与稳定阶段（1997~2005 年），美国采取了技术的多样化战略，以致除（F21V）技术外，美国的 RTA 指数都略小于 1。与美国多样化技术战略相反，日本在（G02F）、（G09G）技术领域均具有技术领先优势，并在此五类技术领域都展示了一定的竞争优势，其 RTA 指数或接近于 1 或大于 1。

由此可知，在过渡阶段（1987~1996 年），当 TFT - LCD 技术成为行业标准时，韩国和中国台湾作为后来者利用其在半导体领域的技术优势，进行技术赶超，从而在稳定阶段成功地赶上了美国和日本。这主要由于，当 TFT-LCD 技术处于主导设计阶段，韩国和中国台湾向技术领先者进行学习可以减少技术的研发成本，规避技术的研发风险，在掌握引进技术的基础上，把创新的重点聚焦于降低成本、提高生产力以及工业增量的改进方法等环节，进而在技术创新能力得以渐进性积累的前提下，在稳定阶段实现技术赶超。这也与 Amsden 关于后工业化国家的研究结论相符合，即由于基础研究的缺失，韩国和中国台湾需要向领先者学习，然后通过渐进式创新，聚焦于技术商业化阶段的低成本、高效率和高质量，从而谋取后发优势。

（四）专利引用指数的分析

本文进一步运用专利引用指数来测量在过渡阶段与稳定阶段后来者的专利引用情况（不稳定阶段，后发地区尚无专利授权），以观测先行者的技术和知识何时向后发地区外溢，以及后来者如何获得外溢效应，从而赶超技术领先者。专利引用指数，即专利被他人引用的频率，用专利总数除以潜在专利引用数，如式（2）所示。

$$CF = C_{Li}^{Tt}/(M_L^T \times N_i^t); \quad T \geq t \tag{2}$$

式中，$C_{L_i}^{T_t}$是区域 L 在 T 时间引用区域 i 在 t 时间所有授权专利的数量，M_L^T是区域 L 在 T 时间在某领域的授权专利数；N_i^t是区域 i 在 t 时间的所有授权专利。

（1）在过渡阶段，后发地区引用先发地区的专利比例较高，表明后发地区在该阶段借助知识溢出和技术学习，实施技术赶超。Jaffe 和 Trajtenbrag（1993）、Almeida 和 Kogut（1999）等学者认为，知识溢出具有区域化特征，因为知识溢出，尤其是文化、技巧等隐性知识倾向于在技术和文化接近的区域进行溢出，如科学家和工程师的转移（Almeida 和 Kogut，1999）。然而，知识溢出的本土化理论，并不适合后发地区的产业赶超实践。这主要是由于多数的后来者引用了先行者的专利，尤其在过渡期（1987~1996 年）更加明显。如表 3 所示，在过渡阶段，韩国 48.5% 的 FPD 专利引用了日本专利，32.1% 引用了美国的专利，只有 7.2% 引用了韩国自己的专利。与此相似，中国台湾 29.7% 的 FPD 专利引用了日本专利，48.7% 引用了美国的专利，只有 6.3% 引用了中国台湾自己的专利。这主要是因为，在过渡阶段，后发地区尚无领导企业，因此后发者无法在区域内获得知识溢出效应，但却可以通过在技术领域的许可合作、出版物学习，以及公开演讲与专利文献等方式从区域外的领先者获得知识溢出效应（Rosen kope 和 Almeida，2003）。当然，后发地区的区域内知识溢出现象也是存在的，尤其稳定阶段（1997~2005 年）。因为在稳定阶段，后发地区已实现了技术赶超，区域内已出现部分龙头企业。例如，在稳定阶段，韩国引用韩国专利的数量增加了 2.5 倍，中国台湾引用中国台湾的专利增加了 1.5 倍。

表 3　FPD 授权专利的引用数量及比例（1987~2005 年）

FDP 专利的引用源国	FDP 专利的引用国							
	美国		日本		韩国		中国台湾	
	数量	百分比	数量	百分比	数量	百分比	数量	百分比
Panel A 1987~1996 年（过渡阶段）								
美国	5264	60.7	3152	30.3	196	32.1	146	48.7
日本	2059	23.7	5842	56.1	296	48.5	89	29.7
韩国	26	0.3	39	0.4	44	7.2	1	0.3
中国台湾	38	0.4	27	0.3	12	2.0	19	6.3
其他	1286	14.8	1355	13.0	63	10.3	45	15.0
总数	8673	100.0	10415	100.0	611	100.0	300	100.0
Panel B 1997~2005 年（稳定阶段）								
美国	17774	60.8	8340	20.2	2754	19.5	1636	33.9
日本	7213	24.7	28245	68.3	7916	56.1	1919	39.7
韩国	357	1.2	1720	4.2	2493	17.7	470	9.7
中国台湾	503	1.7	384	0.9	255	1.8	458	9.5
其他	3393	11.6	2663	6.4	693	4.9	347	7.2
总数	29240	100.0	41352	100.0	14.111	100.0	4830	100.0

由此可知，在过渡阶段（1987~1996 年），领先者的发明创造会逐渐地蔓延到后发地区。鉴于此，后来者可借此机会，实施引进技术的消化吸收再创新，继而在稳定阶段（1997~2005 年）赶超领先者，成为行业的"准领先者"。

（2）后来者利用地缘和文化的接近性易获得知识溢出效应，进而实施二次创新，以实现技术赶超。在韩国，日本专利比美国专利被引用的频度更高，而在中国台湾，美国专利比日本专利被引用的频率更高，尤其在产业过渡阶段。之所以如此，因为韩国地理位置比较接近日本，从而有利于知识以及退休工程师从日本转移到韩国（Amsden，1989）。而中国台湾自第二次世界大战以后与美国在学术和技术方面的交流比较密切，从而有利于知识的扩散（Saxenian 和 Hsu，2001）。鉴于此，韩国和中国台湾充分发掘知识溢出效应，并实施积极的消化吸收再创新，从而实现了技术赶超。

通过对 FPD 产业技术赶超实践的分析，并结合"蛙跳"（Leap Frogging）理论可知，在技术轨迹发生跃迁时，存在着大量的机会窗口。后发地区可以借此机会实施技术赶超，从而赶超发达国家。因为在技术创新的不稳定期，技术赶超的机会窗口是关闭的，随着技术轨迹的明确，突破性技术显现出被市场接受的趋势，此时技术机会窗口开启。当突破性技术满足了市场主要顾客的需求，开始挤压甚至替代市场上现有的主流技术后，技术跨越机会窗口随之关闭（雷宏振、张子超，2010）。例如，世界半导体产业的主导设计在 20 世纪 70 年代基本成型，随后出现了快速增长阶段。中国台湾企业则在 20 世纪 70 年代后期选择进入半导体产业，采取紧跟领先者的战略，并及时捕捉后发优势，在战略时机上把握得非常到位，从而实现了技术赶超。由此可知，后发地区的后来者应努力把握产业过渡阶段的赶超机会，利用技术发展轨迹中的机会窗口，强化学习能力和吸收能力，集中力量专业化地从事优势领域的技术研发以获得比较优势，继而强化产业关键和共性技术的研发，以实现技术追赶。

当然，具有较强技术赶超实力，且能在高度不确定性环境中把握赶超机会的企业，也可以选择在战略性新兴产业演化的早期不稳定阶段进入，其可通过开放式创新能力的培育来积累技术赶超能力，从而实施对先行者的技术追赶。例如，在美国引入 FPD 技术后，日本不久便借助引进技术的再创新和自主创新，成功地在不稳定阶段实施技术追赶，并从不稳定阶段的跟随者转型为过渡阶段的准先行者乃至领导者。

四、后发地区发展战略性新兴产业的赶超路径

路径赶超战略可以分为路径跟随战略、路径跳跃战略以及路径创造战略（Show-Ling Jang，2009），如表 4 所示。后发地区在选择战略性新兴产业赶超时机后，应通过区域赶超能力和外部赶超机会的分析，选择适宜的赶超路径，以实现产业赶超目的。

表 4　后发地区发展战略性新兴产业的赶超路径

	先行者技术轨迹	A→B→C→D
后来者赶超路径	路径跟随	A→B→C→D
	路径跳跃	A→C→D
	路径创造	E→F→G→H

（一）路径跟随战略

路径跟随战略是指后来者沿着与先行者相同的路径发展技术（如表 4 中的路径跟随轨迹），只是后来者在沿着该路径发展技术时，比先行者使用的时间更短（Keun Lee，Chaisung Lim）。通常，路径跟随者首先对进口部件进行组装生产，然后从低技术部件的生产过渡到高技术部件的生产。由于该技术的创新过程先行者已实施，并且已被市场认可接受，由此，采用路径追随战略时，后来者所需的研发投入较小，能利用技术学习、技术模仿等方式积累技术赶超能力。并且随着知识积累和技术能力的提高，后来者技术创新的市场风险也趋小，这使后来者的后发优势逐渐上升，从而能获得商业化成功，实现技术水平的快速追赶。通常，采用路径跟随战略的后来者会以成熟、

标准化的产品制造工艺为起点，逐渐向流程再造、产品设计、产品研发等价值链高端环节攀升，诸如"OEM-ODM-OBM"的技术成长路径（Hobday）。路径跟随战略的经典案例就是日本和韩国发展 DRAM 产业中沿着"1K→4K→16K→64K→256K→1M→4M→16M→64M→256M→1G"的发展轨迹，从而实现了产业的快速发展，并赶超了美国。

然而，由于路径跟随战略沿着先行者技术轨迹发展，故而极易被领先国家和地区锁定于原有技术轨道，形成技术依赖，难以突破先行者的技术轨迹，难以通过产品创新获得市场领导地位。例如，韩国 PC 产业采取的是路径跟随发展模式。在赶超初期，韩国通过融入全球价值链，借助许可经营方式引进成熟技术，成功地实现了计算机主板、内存条及外围部件的本土化生产，并依靠劳动力成本低廉获得价格竞争优势，使其市场份额不断提高。然而，日益激增的高额许可费以及新一代产品的不断出现，OEM 赶超模式的局限性逐渐显现。由此，20 世纪 90 年代开始，韩国 PC 产业出现市场份额的大幅萎缩。因为，韩国企业仅具有微弱的产品设计能力，没有建立起能适应技术快速变化与 PC 产品周期不断趋短的技术创新能力。再如，中国台湾的半导体产业从 OEM 起步，经过近 30 年的发展，许多公司已进入 ODM 阶段，尽管其技术能力已达到运营 OBM 业务的要求。然而，绝大多数企业无法攀升到 OBM 阶段，因为跨国企业会以取消订单或者威胁渠道商不与 OEM 厂商合作等措施阻击压制 OEM 企业的产业升级。

（二）路径跳跃战略

值得关注的是，虽然日本 FPD 等产业技术赶超的对象是西方最发达的国家——美国，但日本采取的策略并不是从头做起、按部就班或亦步亦趋，而是采取了路径跳跃战略，即后来者沿着与先行者相同的路径发展技术，但跳跃了其中某些发展阶段（如表 4 所示，后来者跳跃了技术演化的"B"阶段），因此节约了资源和时间的投入。路径跳跃战略的起源在于引进技术的消化吸收再创新，其本质是一系列沿着既定技术轨迹所进行的产品性能改进和生产工艺改进，即相对于一次创新的二次创新。一次创新即新的技术轨迹确立过程，需要雄厚的科研实力和丰富的资本，往往发生在发达国家。由于知识外溢效应的存在，后发地区可充分利用发达国家的技术扩散，适时引进国外先进技术然后进行二次创新，即立足本技术水平和市场需求，在模仿跟进基础上实现技术积累、人才积聚以及设备改进，并充分发挥自主创新能力，从而实现技术曲线的快速增长，最终实现技术赶超。例如，日本在实施赶超战略时采用的正是这种"路径跳跃"的收割模式，其"收割"了以美国为首的先进国家最新技术，然后通过消化、吸收再创新运用于自己的产业，并改进操作工艺、提高技术水平（张晶，2004）。韩国汽车产业也具有阶段跳跃式技术赶超的特征。当韩国现代决定研发发动机技术时，燃油汽化器发动机是当时的主流产品，但韩国企业敏锐地注意到技术发展的方向将是燃油电子注入式发动机，于是将研发目标定为后者，从而在短时间内缩小了技术差距。目前，中国也在大力倡导技术跨越式的路径跳跃追赶战略。例如，北京大学王选教授在研制汉字照排系统时，从中国当时的铅字排版技术，跳过了光学机械式（第二代）照排技术，以及阴极射线管式（第三代）照排技术，直接研制成功了第四代激光照排系统，这是路径跳跃型赶超路径的成功典范。再如，中国时速 380 公里的高速列车，是在借鉴、集成国外高速列车技术的基础上，通过再创新，突破制约速度提升的一系列关键技术，研制生产的新一代高速动车组。截至 2010 年 3 月，中国高铁已经申请了 946 项专利，已具有自主知识产权，实现了技术赶超。

选择路径跳跃战略的企业需要具备一定的技术创新能力，并且能准确地根据技术轨迹科学地判断该领域的技术趋势，选择合理的技术赶超目标。例如，三星在 20 世纪 80 年代早期为美国通用电器进行 OEM 生产微波炉，在生产过程中学习制造技术，并分析设计原理，90 年代初逐渐过渡到为通用提供 ODM 服务。最后，三星的微波炉开始占领大部分国内国际市场，成功实现 OBM 转型。然而，中国二次创新投入严重不足，技术引进与消化吸收资金比例基本在 1：0.1 以下，而日本、韩国基本在1∶3以上。因此，增加科研投入，努力积累技术经验是中国战略性新兴产业实现赶超的必要条件。与此同时，中国企业可以在发达国家建立研发前哨、并购研发密集型外国高技术公司，以及同主要跨国公司结成战略联盟，以增强技术创新能力，实现产业赶超。

（三）路径创造战略

路径创造在熊彼特关于"任何在某一点被设计为有效的系统都会随时间的推移变得不再有效"和"创造性破坏"等论述中已有体现。路径创造指后来者不完全按照领先者所创造的主流技术轨迹前进，而是在技术能力发展到一定阶段后，按照本地的要素条件和需求条件，开发出新技术、产品和市场，创造一种与领先者不同的技术路径（如表4所示，后来者采取了"E→F→G→H"）。根据路径创造理论，对于形成的路径锁定，后来者可以通过有意识的行动，特别是有意识地偏离现有路径进行解锁，从而创造出新的路径。由此，Garud和Kanoe将路经依赖的突破归结为"有意识的偏移"。东莞产业发展的最大问题就是陷入路径依赖的陷阱不能自拔。因此，东莞产业升级必须突破原有的路径依赖，创造出新的技术路径（韩朝胜，2010）。

路径创造是对原有技术路径的突破，表现为对原有技术和市场的替代与跨越，面临着全新的技术和市场知识，需要不同的技术资产给予支持，因此很难在现有组织模式下得到支持，需要将突破性的技术资源与企业内部组织进行耦合。路径创造型赶超的案例相当普遍。例如，韩国CDMA手机技术采取的就是路径创造式技术赶超战略。当政府和企业考虑发展蜂窝手机系统时，模拟系统在美国占据主导地位，此时TDMA的GSM系统在欧洲占据主导地位，然而，韩国注意到正在兴起的CDMA技术使用频率更高，声音传输质量和安全性也更高。因此，尽管开发世界上第一套CDMA系统具有高度的不确定性，韩国还是在1989年将其确立为国家研发工程，组建了政府与企业联合的研发机构，并在1991年与高通公司签署了核心技术的引进合同，1993年将CDMA作为通信产业的国家标准，1995年进行了系统的首次测试。现在，韩国在该领域获得的订购合同占全世界75%份额，技术能力居于世界领先水平。当然，由于实施路径创造战略的后来者采用的是与先行者不同的技术发展路径，故而将面临高度的不确定性和风险性。由此，该类企业在技术追赶中除了需强化自主研发能力外，还需借助研发机构和技术联盟获取外部技术资源，以克服创新的高风险性；同时，需要借助政府或行业机构获取准确的技术发展趋势信息，以确定研发目标，消除技术不确定性，谋取基于先行优势的市场成功。

当然，技术赶超路径并没有最优的统一模式，其与后发地区的技术能力密切相关。例如，化工产业在中国台湾取得了飞跃，而在韩国则不然；汽车业成为韩国的支柱产业，在中国台湾却始终没有起色（曹平，2009）。这主要是因为，后来者的技术赶超是个不断学习的过程，无论"用中学"或者"干中学"都需要技术能力的积累。因此，后发地区在发展战略性新兴产业时，应选择与其赶超能力和赶超机会相匹配的赶超路径，以"又快又好"地实现技术赶超。如果后来者的技术赶超方式与本国的技术能力未能有机结合，则这种技术赶超路径无法实现资源的优化配置，从而不能有效地促进战略性新兴产业的发展，甚至会在新一轮产业竞争中再次沦落为发达国家战略性新兴产业的"代工生产基地"，陷入"引进—落后—再引进—再落后"的陷阱。

五、研究结论

本文界定了战略性新兴产业的内涵，分析了战略性新兴产业的演化轨迹，即不确定阶段、主导设计阶段及确定性阶段，并探讨了各阶段的特征。进而，借助日本、韩国和中国台湾FPD技术的赶超实践，指出后发地区应努力把握产业过渡阶段的机会，利用技术发展轨迹中的机会窗口，强化学习能力和吸收能力，集中力量争取在战略技术上有所突破，并积极开发产业关键和共性技术，从而实施技术追赶。基于此，本文提出，后发地区在战略性新兴产业的赶超过程中，应结合后发地区的赶超能力和赶超机会，选择适宜的赶超路径，诸如路径跟随策略、路径跳跃策略以及路径创造策略，以"又快又好"地实现技术赶超。

参考文献

[1] 王利政. 我国战略性新兴产业发展模式分析 [J]. 中国科技论坛，2011（1）：12-17.

[2] 郭晓丹，宋维佳. 战略性新兴产业的进入时机选择：领军还是跟进 [J]. 中国工业经济，2011（5）：119-129.

[3] 韩雪莲，谢理，赵文霞. 战略性新兴产业中的企业进入、时机与绩效——基于180家上市公司的实证分析 [J]. 财经问题研究，2011（4）：45-53.

[4] 艾伯特·赫希曼. 经济发展战略 [M]. 北京：经济科学出版社，1991.

[5] 迈克尔·波特. 国家竞争优势 [M]. 北京：华夏出版社，2002.

[6] 保罗·克鲁格曼. 战略性贸易政策与新国际经济学 [M]. 北京：中国人民大学出版社，2000.

[7] 雷宏振，张子超. 基于路径转换的企业"蛙跳"技术创新形成机理分析 [J]. 科学学与科学技术管理，2010（7）：78-83.

[8] 张晶. 日本收割式赶超战略及其对中国技术跨越的启示 [J]. 学术探索，2004（9）：93-98.

[9] 韩朝胜. 区域创新：从路径依赖走向路径创造 [J]. 求索，2010（1）：30-33.

[10] 曹平. 东亚后发地区企业技术赶超战略与中国的角色 [J]. 改革，2009（2）：106-114.

[11] Gaba V., and Y.Pan. Timing of Entry in International Market：An Empirical Study of US Fortune 500 Firmsin China [J]. Journal of International Business Studies，2002，33（1）.

[12] Bayus B.L., and R.Agarwal.The Role of Pre-entry Experience，Entry Timing，and Product Technology Strategies in Explaining Firm Survival [J]. Management Science，2007，53（12）.

[13] David M.S., Lisa C.T., and Sundar G.B.Order of Entry and Business Performance：An Empirical Synthesis and Reexamination [J]. The Journal of Marketing，1995，59（4）.

[14] Vakratsas D., and R.C.Rao.An Empirical Analysis of Follower Entry Timing Decisions [J]. Marketing Letters，2003，14（3）.

[15] SHOW-LING JANG，a SHIHMIN LO，b WEN HAO CHANGc，How do Latecomers Catch up with Forerunners，Analysis of Patents and Patent Citations in the Field of Flat Panel Display Technologies [J]. Scientometrics，2009，79（3）：569-597.

[16] Keun Lee a，Chaisung Lim b，1 Technological Regimes，Catching-up and Leap Frogging：findings from the Korean industries [J]. Research Policy，2001（30）：459-483.

制造业服务化的微观证据：基于陕鼓的案例研究[*]

白永秀　赵　勇　王颂吉[**]

一、引　言

战略性新型产业的发展，不仅要发展新的产业，而且包括传统制造业如何通过技术、产业创新以及运营模式的创新转变成为新型产业。发展战略性新型产业需要完全摈弃传统产业的误区（冯飞、薛澜、李燕，2011）。传统制造业通过技术、产业创新以及运营模式的创新转变成为新型产业，其具体过程称作制造业服务化的过程（Vandermerwe 和 Rada，1988）。

制造业服务化的原因或重要意义：进入成熟阶段后，制造业产品的利润逐渐减少，甚至降到不超过 1%或 2%（Gebauer，2008），在发达国家，制造企业服务化成为多数产业中获得价值增加以及提高企业竞争力或竞争优势的重要趋势和途径（Vandermerwe 和 Rada，1988；Wise，1999；Gebauer 等，2006；Karlsson，2007）。国外许多优秀的制造企业（例如通用电气、IBM、西门子、ABB、OTIS 等）已经成功地转型为服务商。制造业服务化可以促进销售、提高消费者忠诚度、创造成熟市场增长机会、平衡经济周期对现金流造成的影响以及对需求变动做出反应（Oliva 和 Kallenberg，2003；Gebauer 和 Fleisch，2007；Sawhney 等，2004；Brax，2005）。

但是，当前中国的产业结构体系仍然以传统制造业为主，面对剧烈变化的市场环境以及行业发展趋势，中国传统制造业如何通过技术、产业创新以及运营模式的创新转变成为新型产业，是实现产业结构调整和发展现代产业体系的重要内容。特别是在世界经济危机导致传统制造产品出口竞争力下降的情况下，如何通过制造业服务化提高产品附加价值，更好地满足顾客需求，提升企业竞争优势，成为企业所面临的重要问题。

学者们在理论和实证上证实了服务化对制造企业的价值，成为学术界关注的热点和最重要的领域之一（Vandermerwe 和 Rada，1988；Menor，Tatikonda 和 Sampson，2002；Santos，2006）。尽管如此，对制造企业服务化转变过程的研究仍然非常有限（Oliva 和 Kallenberg，2003；Brax，2005；Neely，2007；Almeida、Miguel 和 Silva，2008；Baines，2009）。此外，已有研究主要关注服务化的定义、分类、实施过程及面临的挑战，关于商业模式转变过程中的服务设计、组织战略以及组织转型的研究非常少，缺乏可操作性的路线图，使得一些企业在实施服务化后出现困境（Brax，

* 国家社会科学基金重大招标项目（项目编号：08 & ZD027）；国家社会科学基金青年项目（项目编号：11CJL047）；教育部人文社会科学青年基金项目（项目编号：10YJC790398）。
** 白永秀，1955 年生，男，陕西清涧人，西北大学经济管理学院教授、博士生导师；赵勇，1980 年生，男，陕西府谷人，西北大学经济管理学院讲师，经济学博士；王颂吉，1987 年生，男，山东寿光人，西北大学经济管理学院博士研究生。

2005；Baines，2009；Baines，2010）。

本文主要从制造业服务化过程的角度，分析陕西鼓风机（集团）有限公司（简称陕鼓）如何从传统制造企业向服务商转型，对服务化过程中的驱动力以及具体实现过程进行分析，并特别关注在实施这一过程中的服务设计、组织战略、组织转型等因素对服务化过程的具体影响。

二、文献综述

对制造业服务化的理解主要有两种代表性观点：① 第一种观点是从企业提供的内容角度，将服务化看作是产品和服务的集合（Vandermerwe 和 Rada，1988；Robinson 等，2002），进一步细分为支持产品的服务与支持顾客行动的服务（Mathieu，2001；Gebauer，2005）；第二种观点是从企业的市场角色或功能角度，将服务化看作是制造商的角色由物品提供者向服务提供者转变过程（White，1999；Reiskin，2000；Fishbein，2000；Makower，2001）。制造业服务化相关问题主要集中在三个方面：制造业服务化的驱动力、制造业服务化过程、制造业服务化过程面临的挑战或需要采取的保障。我们按照此思路进行文献回顾。

（一）制造业服务化的驱动力

从国外学者的研究成果来看，财务方面、战略方面以及营销方面的因素驱使公司采取服务化战略（Mathieu，2001；Oliva 和 Kallenberg，2003；Gebauer 和 Friedli，2005）。

（1）财务驱动。Mathieu（2001）认为，与物品相关的服务能够增加收益，降低现金流的脆弱性和易变性，有助于提高股东价值。Oliva 和 Kallenberg（2003）、Sawhney 等（2004）、Gebauer 和 Friedli（2005，2007）则指出，制造业企业把服务整合到其核心产品中的经济原因在于，服务通常比物品有更高的利润，服务提供了更为稳定的收益来源，将产品与服务结合起来的服务化对以价格为基础的竞争不敏感（Malleret，2006），能够提供更高水平的盈利。Ren 和 Gregory（2007）认为，制造业服务化过程中，制造业倾向于服务导向并发展出更多更好的服务，满足消费者需求，获得竞争优势，提高公司绩效。

（2）战略驱动。大量文献在分析战略驱动时，主要涉及企业如何获得竞争优势。基于产品创新、技术领先以及低价的差异化竞争战略逐渐变得难以保持，而通过提供比竞争对手更好的服务可以增加企业的竞争优势，使企业的提供物更具吸引力，有助于与竞争对手区分开来。因此，激烈的竞争推动了企业采取服务化战略。通过服务获得竞争优势通常具有持久性、不可见性、劳动力依赖性以及更难被模仿复制性（Oliva 和 Kallenberg，2003；Gebauer 和 Friedli，2005；Gebauer 等，2006）。

（3）营销驱动。营销驱动涉及如何满足顾客需求，通过服务以卖更多的产品（Mathe 和 Shapiro，1993；Gebauer 等，2006；Gebauer 和 Fleisch，2007）。服务化很大程度上受顾客需求的驱动，服务内容会影响顾客的购买决策以及对其的评价（Mathieu，2001；Gebauer 和 Fleisch，2007）。

---

① 基于服务涵盖的范围，Vandermerwe 和 Rada（1988）认为服务化包括有形产品、服务、自助服务、支持、知道如何，Wise and Baumgartner（2003）将服务化分为消费服务、产品服务、作为产品的服务、控制经销的服务（Control Over Distribution），Oliva 和 Kallenbery（2003）将服务化分为工业服务、制造业战略服务、与产品相关的服务、服务产品、售后服务；Davies 等（2003）、Ren 和 Gregory（2007）将服务分为系统集成服务、咨询服务、融资服务、一体化解决服务、问题解决服务。考虑与消费者的互动关系，Oliva 和 Kallenberg（2003）将服务分为基于交易的服务和基于关系的服务。详细见 Almeida、Miguel 和 Silva（2008）、Baines（2009）的综述。

公司集中于复杂性技术及其核心竞争力，并促使其将服务外包（Lewis 等，2004；Auramo 和 Ala-Risku，2005；Slack，2005），以符合顾客的期望并满足顾客的需求（Auguste，2006），这能够提高顾客的忠诚度，使其更加依赖于供应商。服务强化了与顾客的联系，使供给商处于更恰当的位置，越来越多地注重与顾客建立并维持良好的关系，以更好地理解顾客的需要并开发更多的定制化物品。

（二）制造业服务化过程

服务化战略最突出的特征是消费者中心导向。消费者中心导向的原因在于，竞争优势的获得很难只通过提供服务来实现，更重要的是如何将服务与产品结合起来给特定顾客提供高价值的解决方案（Davies 等，2003）。Oliva 和 Kallenberg（2003）认为，消费者中心导向的服务化需要进行两方面转变：一是服务提供从产品导向的服务向使用者过程导向的服务转变（从关注确保恰当的功能以及消费者使用产品，向追求确保终端使用者在产品使用过程中的效率和有效性转变）；二是与消费者互动关系的本质由从交易型向关系型转变（由卖产品向与顾客建立和维持关系转变）。

大多数文献从企业提供内容的角度对服务化的转变过程进行了分析。Vandermerwe 和 Rada（1998）认为，制造业企业由物品提供者向物品服务包提供者转变，其经历了制造业企业仅提供物品、制造业企业提供物品和附加服务、制造业企业提供物品服务包三个阶段。Wise 和 Baumgartner（1999）将扩展服务划分为植入服务、涵盖服务、消费者活动相关的服务以及一体化解决服务四个阶段。相应地，Davis 等（2003）将服务化划分为系统集成服务、咨询服务、融资服务、一体化解决服务，而 Ren 和 Gregory（2007）则将服务化划分为问题解决服务、系统集成服务、咨询服务、融资服务、一体化解决服务五个阶段。

物品—服务连续区理论（Product-Service Continuum）在此基础上进一步对上述划分进行了系统的分析（Gebauer 和 Friedli，2005；Neu 和 Brown，2005；Gebauer 等，2008）。他们认为，制造业企业能够以多种方式满足顾客的需求，既可以向顾客直接卖物品，也可以向顾客提供服务，同时还存在一些中间状态。不同的交易模式反映了制造业企业由仅仅卖物品向卖物品所提供的功能或服务，再到将服务作为价值创造过程的主要部分的服务提供商转变过程中所经历的阶段，也即采取以顾客为中心的战略为顾客提供满意的结果的过程。在该过程中，公司必须考虑其在不同水平服务注入过程中的独特的机会以及挑战，由目的地确定其位置。在这一动态过程中，随着时间的推移，公司重新确定其位置并不断提高服务所占比重（Gebauer 等，2008）。

上述研究分析了公司在转变过程中发生的变化以及结果，但是没有很具体的说明这些转变发生的途径或方法。Mathieu（2001）进一步从服务专业化与组织强度两个维度具体分析了转变过程。转变过程中，除了与提供的服务专业化（消费服务、产品服务或作为产品的服务）维度方面的修正外，组织密度代表了公司这一改变范围的深度（战术、战略和文化）。Oliva 和 Kallenberg（2003）指出，这一转变要求新的能力、度量、动力以及由基于交易的商业模式向基于关系的商业模式转变的强调。这一过程是缓慢进行的，开始于集成系统的提供，最终提供一体化解决服务。具体转变过程可分为四个阶段：强化与服务相关的产品、进入与产品相关的服务市场、扩展与产品服务相关的基于关系的服务以及集中于过程的服务、接管最终使用者的运行。

具有启发意义的是，Almeida，Miguel 和 Silva（2009）提出制造业服务化的决策模型能够为服务化过程提供有效的指导、工具、技术。在其模型中，包括三个方面内容：是什么、如何实现以及多大程度上实现。"是什么"集中于公司的使命及其当前市场位置；"多大程度上实现"涉及公司在所有方面需要的改变；"如何实现"涉及组织结构的变化、能力的变化、价值链位置的变化、服务在市场中的位置的变化。

（三）制造业服务化保障

服务化战略的实施除了会给企业带来诸多利益之外，也必然会给企业带来观念转变、商业模式和客户提供方面的挑战、组织结构、业务流程、公司文化以及公司治理等方面的挑战（Vandermerve 和 Rada，1988；Oliva 和 Kallenberg，2003；Brax，2005；Baines，2009；Neely，2009）。[①] 如果不能有效地应对这些挑战，会导致一些公司尽管向服务化转型，但是并没有获得期望的相应的高收益（Coyne，1989；Neely，2007），出现"制造业企业服务困境"（Service Paradox in Manufacturing Companies）（Gebauer 和 Friedh，2005）。为了应对上述挑战，需要从集成产品—服务设计、组织战略与组织转型三个方面建立服务化保障。

从服务设计保障来看，Coyne（1989）主张，服务设计应通过严格的态度使用一系列商务决策来进行，通过将一揽子标准服务与顾客非常看重的、特别的服务选择结合起来，提供有效的、灵活的定制化服务（Anderson 和 Narus，1995；Neu 和 Brown，2005）。同样地，在提供综合解决方案时，有效的、灵活的客户服务应该是将标准的服务与对个体客户有价值的特殊服务进行打包提供，或者是企业有必要将服务设计为可以任意组合和匹配的模具单元，以满足不同顾客和市场的需求（Neu 和 Brown，2005；Miller 等，2002；Davies 等，2004；Davies 等，2006）。由于服务是模糊的，难以定义的，在集成产品服务的设计过程中需要考虑以前由顾客许诺履行的活动的风险（Slack，2005），因此要在服务提供设计中考虑描述了顾客价值主张的交流战略（Mathieu，2001）。

从组织战略保障来看，文献中关于指导如何处理组织战略主要局限于那些良好实践和执行过程的案例研究证据。Davies 等（2006）基于 5 个成功案例的经验指出，公司必须明确地理解自身在哪方面做得比较好，他们需要发展哪些新的能力。Brax（2005）基于服务化困境现象指出，在组织内部建立分散化的承担利润和损失责任的顾客服务组织，是成功实施服务战略的关键因素。创造服务型的环境并在服务领域发现合适的人对于这一过程的成功是至关重要的（Mathieu，2001）。服务组织作为单独的商业组织，与估计、控制系统以及专业化服务组织的激励一起运行，能够降低超出组织能力之外所带来的风险（Mathieu，2001；Sawhney 等，2004；Windahl 和 Lakemond，2006）。同时，公司理念体系应将服务组织文化放在发展的竞争优势来源的优先位置（Oliva 和 Kallenberg，2003）。

从组织转型保障来看，采取服务化导向战略的制造性企业必须在知识获取、能力培养、组织结构、组织过程等方面进行相应的变革以适应复杂的"产品—服务包"（Mathieu，2001；Oliva 和 Kallenberg，2003；Gebauer 和 Friedli，2005；Gebauer 和 Fleisch，2007）。首先，在知识获取方面，制造企业不但要获得有关新技术、产品和相关服务的知识，还要获得多样化的甚至是相互矛盾的顾客需求信息。其次，在能力培养方面，制造企业要培养合作能力和管理能力，还要培养新的技术能力，其中顾客参与在服务化能力培养中具有提供集成解决问题的能力的重要作用（Windahl 等，2004）。最后，在组织结构方面，企业的内部组织系统和外部网络关联必须相应地改变，内部组织变化包括新的分工开发活动以及员工招募，外部组织变化包括与其他关联企业合作以获取技能、外部资源，以及形成在新市场上成功运作所需的规模（Mathieu，2001；Sawlmey 等，2004；Windahl 和 Lakemond，2006）。此外，组织中建立独立运作并具有自身单独的控制体系、激励机制

[①] A. Neely（2009）提出了服务化战略必须面对的三大类 10 种不同的挑战：一是观念转变的挑战，包括市场观念的转变（从交易型市场向关系型市场转变）、销售观念的转变（从卖产品向卖服务合同和能力转变）、客户观念的转变（从想要拥有产品到乐于拥有服务）；二是时间范畴的挑战，包括管理和支持多年的合作关系的挑战、管理和控制长期风险的挑战、了解长期合作所带来的成本及盈利能力的挑战；三是商业模式和客户提供方面的挑战，包括理解价值对客户和消费者而言（而不是生产商和供应商而言）意味着什么、开发设计和传递服务（而不是产品）的能力、建立一种服务文化、将以上所有挑战植入服务型组织中。

以及与之相应的内在规范和价值观而不是替代原有的制造文化，避免主流的制造文化与服务文化之间的冲突，是管理这一转型的重要成功因素（Oliva 和 Kallenberg，2003；Brax，2005；Windahl 和 Lakemond，2006；Gebauer 和 Fleisch，2007）。

（四）已有研究评论

已有文献对服务化的驱动力、实现过程以及面临的挑战进行了比较全面的研究，但是已有研究在如何实现服务化以及服务化过程的保障机制方面还有较大的局限性。

（1）从服务化内容和过程看，尽管开始是从企业内部行为的视角探讨制造企业向服务商的转变，但是仍然缺乏从过程的角度理解服务化是如何产生、计划、执行的，特别是对这一过程的不同阶段的驱动力及其演变过程仍然缺乏广泛的实证分析和案例研究。

（2）在实施服务化战略过程中，当企业内部出现利益、价值观念以及运行等方面的冲突时，如何管理服务化过程，特别是如何进行组织结构和过程、组织环境调整以保障服务化战略方面，现有文献为此能够提供的具有实际应用价值的指导思想、工具和技术方面仍存在很大不足（Baines 等，2009）。

（3）从行业方面看，目前仍然是以横截面的描述性或规范研究为主，在研究样本的选取方面以消费品行业为主，关于装备制造业的文献较少（Wise，1999；Olivar，2003；Andersson，2002），其一般性和普适性需要进一步进行案例方面的实证研究来补充。此外，现有案例研究以德国和瑞士的制造企业为主（Gebauer，2005），基于中国背景的研究几乎处于空白。中国传统制造业特别是装备制造业企业主要以国有企业为主，受体制和机制以及市场体系发育水平的制约，服务化驱动力和服务化保障可能会有很大的不同，转变过程可能更加复杂、更加特殊。

（五）理论框架

经验研究方法通常遵循建立理论框架→初步案例研究→修改理论框架→更为具体的案例研究补充或修正理论框架内容→结论得出几个步骤。我们按照服务化驱动力、服务化过程以及服务化保障机制三个方面构建初步的理论框架，构建过程中特别注意了三者之间的作用机制和互动关系。

1. 服务化驱动力

Baines（2009）将服务化的驱动力动力划分为财务驱动力、战略（获得竞争优势）驱动力和营销驱动力。事实上，这些因素是制造业企业服务化的原因或目的，而不是我们所界定的驱动力。驱动力是该指推动实施服务化战略的直接力量。对这一问题混淆的原因在于，现有研究对服务化的原因、直接驱动力量、服务化保障三者之间的关系和作用机制仍然不是很清楚。如果将服务化看做一个动态的过程，那么服务化的驱动力应该是直接推动这一动态过程持续进行的各类因素，而其他促使这些因素不断推动服务化进行的间接因素则属于服务化的保障或支持因素。根据直接推动主体的不同，我们将服务化驱动力分为内部驱动力和外部驱动力。其中，内部驱动力主要包括高层管理者、服务部门人员、非服务部门人员；外部驱动力包括市场环境、客户需求与顾客参与、竞争者、供应商（见表1）。

表1　制造业服务化的驱动力

类型	驱动力
外部驱动力	①市场环境；②顾客需求与顾客参与；③竞争者；④供应商
内部驱动力	①高层管理者；②服务部门人员；③非服务部门人员

2. 服务化过程

在服务化过程方面，已有研究大都根据提供内容的不同将服务化过程划分为不同的阶段和模式，在具体内容方面基本趋同。考虑到对企业实践的指导价值，我们主要采用 Ren 和 Gregory（2007）与 Almeida（2009）的服务化过程模型，原因是前者对服务化过程进行了非常通用性的划分，提供了一系列可以被执行的开发步骤，普适性较强；后者则提出了服务化过程的具体指导方针、工具和技巧。将二者结合起来，不仅可在理论上深入剖析服务化过程，而且能够为企业的实践以及我们的案例研究提供有效的分析依据和操作性的指导。

制造业企业服务化过程包括目标定位、分析论证、内容设计、执行实施4个阶段。在目标定位阶段，主要步骤包括客户需求变化分析、市场竞争状况分析、新服务目标及战略形成；在分析论证阶段，主要步骤包括可行性分析；在内容设计阶段，主要步骤包括服务业务的价值定位、服务内容设计、技术研发、流程/系统设计与调整；在执行实施阶段，主要步骤包括组织结构调整、成立独立的服务部门、人力资源培训、主动进行关系营销、培育公司服务文化、服务测试与试运行、客户反馈与总结完善。

3. 服务化保障

服务化战略的成功实施需要克服服务设计、组织战略和组织转型等方面的挑战（Baines，2009），Almeida、Miguel 和 Silva（2009）进一步拓展为产品服务内容如何设计，公司组织战略如何确定，组织结构、能力、价值链位置、服务在市场中的位置如何进行调整。综合 Baines（2009）与 Almeida、Miguel 和 Silva（2009）等对服务化面临挑战的界定，我们将组织战略和文化、组织结构和流程、组织资源和能力、组织经营和管理等作为服务化的保障或支持因素。其中，我们将服务内容设计划归到服务化过程中。

（1）组织战略和文化，即公司战略强调重视顾客服务以及服务导向的重要性，组织文化是指公司鼓励以顾客为中心并把服务化付诸于行动的氛围，其关键是对市场顾客的认知和开拓能力。

（2）组织结构和流程，即公司组织结构、流程的变化，其关键是通过结构调整提高高端经营能力。

（3）组织资源和能力，主要包括团队和技术研发，主要是指公司人员是否有意愿和能力进行有效的服务化，其关键是资源的识别、配置、整合能力，特别是以高强度的研发掌握主导产品（技术）和系统服务的能力。

（4）组织经营和管理，主要是激励机制，其关键是激励员工转变理念、行为，更加适应服务化战略的要求。

本文借鉴 Ren 和 Gregory（2007）等对服务化过程的认识，将前面所讨论的服务化驱动力、服务化保障，融入到 Almeida、Miguel 和 Silva（2009）建立的服务化决策模型中，同时考虑对陕鼓预研究的结果，初步描绘出制造业服务化过程的理论框架（见图1）。

（六）研究问题界定

基于上述理论框架和确定的研究主题，我们需要通过案例研究回答 3 个层面的问题：
（1）中国装备制造业企业服务化主要有哪些驱动力？
（2）中国装备制造业企业服务化过程包括哪些阶段和步骤？
（3）中国装备制造业企业服务化需要哪些保障机制？
我们的目的是具体回答这 3 个层面包含的具体内容，主要包括 10 个方面 28 个问题（见表2）。这些具体内容不仅是制造业企业服务化已有文献的缺口，也是工业制造业企业服务化研究需要补充研究的重要内容。

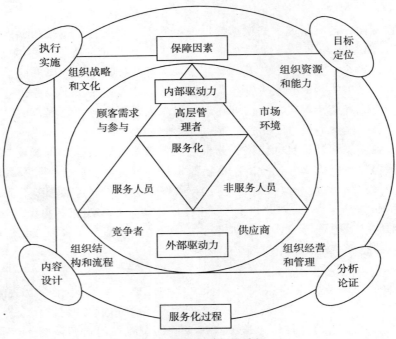

图1 制造业服务化过程

表2 制造业企业服务化具体分析的问题

3 个层面	10 个方面的 28 个问题
服务化驱动力	(1) 外部驱动力：①市场环境是否推动服务化？②是否分析顾客需求信息，是否有顾客参与服务化？③是否受竞争者服务化影响？④是否有供应商参与服务化
	(2) 内部驱动力：①高层管理者是否推动了服务化？②服务部门人员是否推动服务化？③非服务部门人员是否推动服务化
服务化过程	(3) 目标定位阶段：①是否进行客户需求变化分析？②是否进行市场竞争状况分析？③是否确定服务目标及战略
	(4) 分析论证阶段：是否进行可行性分析
	(5) 内容设计阶段：①是否进行服务业务的价值定位？②是否进行服务内容设计？③是否进行技术研发？④是否进行流程/系统设计与调整？⑤是否进行服务测试与试运行
	(6) 执行实施阶段：① 公司是否建立并落实保障措施？②公司是否进行人力资源培训？③公司是否主动进行关系营销？④公司是否对客户进行指导？⑤公司是否进行客户反馈与总结完善
服务化保障	(7) 组织战略和文化：①公司战略是否重视服务化？②公司文化是否以顾客为导向，注重服务文化培育
	(8) 组织结构和流程：①公司组织结构和业务流程是否按照服务化进行调整？②是否成立独立的服务部门
	(9) 组织资源和能力：①公司组织资源是否以服务化为导向？②公司团队是否培育较强的技术研发能力
	(10) 组织经营和管理激励机制：公司是否有明确的物质和非物质激励服务化的制度

三、研究方法

（一）案例选择

对于探索性研究，案例研究法具有获取丰富、详细信息的优点，适合于对现实中复杂而又具体的问题进行全面考察。本文研究的目的是"如何"的问题，所以采用案例研究方法是合适的（Eisenhardt，1989；Yin，2003）。本案例研究的目的是理论构建，我们明确地提出了案例所要解决的问题是"中国制造业企业如何实现服务化的"同时，本文选择单一案例的研究方法，有两个理由：一是单一案例研究是多案例研究的基础，我们需要在单一案例研究的基础上，发现服务化的初步框架，而后通过多案例研究来检验；二是单一案例研究能更加深入地进行案例调研和分析（周长辉，2005），更容易把"是什么"和"怎么样"说清楚。

Eisenhardt（1989）指出，对案例研究方法来说，随机样本一般是不可取的。Pettigrew（1990）甚至一再强调案例研究要选取典型和极端的情形才更为合适。本文选取陕鼓作为中国制造企业向服务提供商转型研究案例的原因是：

（1）案例典型性。陕鼓是中国设计制造以透平机械为核心的大型成套装备国有企业，作为装备制造业企业，陕鼓所处行业具有一定的代表性。陕鼓在2001年以前主要关注的是产品生产与销售，在产品服务方面，主要是传统的售后服务。2001年，印建安任陕鼓董事长、总经理之后，提出从产品经营向服务商转型。2005年，进一步明确提出了"两个转变"的发展战略，即从单一产品供应商向动力成套装备系统解决方案商和系统服务商转变；从产品经营向品牌经营、资本运作转变。围绕该战略开发了一系列新的服务项目，对组织结构、业务流程等进行了全面的调整，并对服务范围进行拓宽和延伸。

（2）服务化转型取得了较大成功。2001~2008年，陕鼓产值提高了10多倍，企业规模从4亿元迅速增长到50亿元。2005年起，陕鼓总产值中的60%以上收入来自"技术＋管理＋服务"的管理模式所创造。同时，陕鼓的服务化经营管理得到了各方面的肯定和认可，2005年，陕鼓《从产品制造商向系统集成和服务商转变的高端经营管理》管理创新项目获第十二届国家级企业管理现代化创新成果一等奖，2007年，《制造企业为主导的供应链融资服务管理》创新项目获得第十四届国家级企业管理现代化创新成果一等奖。

（3）案例研究开展便利性。陕鼓与课题组所在单位签订了长期合作的战略性框架协议，课题组成员可以在该企业挂职并参加陕鼓的战略性会议，可以取得相关的经济数据，随时进行访谈和现场考察，自由地进行有兴趣的研究。

总之，陕鼓不仅具有服务化经营模式的典型意义，而且还有被研究的可能性，揭示陕鼓的成功，正好回答我们提出的研究问题。陕鼓的服务化实践具有很大研究的价值，也很契合我们构建中国制造业服务化过程理论，这是我们选择陕鼓进行深入案例研究的理由。

（二）数据来源

Glaser 和 Strauss（1967）建议使用多种来源数据，以获得对研究现象多视角的描述。此外，使用多种来源还使研究者能"三角验证"不同证据，从而提高研究信都和效度（Eisenhardt，1989；Yin，2003）。为了对案例公司展开研究，本文作者在访谈前首先从公开渠道搜集了公司的大量二手资料，对公司有了基本的了解后，再进行有针对性的深入访谈。

二手文档资料包括：①通过中国知网 CNKI 数据库和百度收集了期刊、报纸、网站等媒体有关陕鼓的文章和新闻报道47篇；②从公司获取的董事长和其他高管撰写的讲话稿、授课讲义、内部报刊、年度讨论会纪要和企业其他文件205篇；③从网站和公司内部获得的年度报告、分析报告和其他有关公司的材料89篇；④陕鼓《从产品制造商向系统集成和服务商转变的高端经营管理》研究报告（2005）、《制造企业为主导的供应链融资服务管理》研究报告（2007）2份。

一手访谈资料：①与陕鼓总经理及部分部门经理座谈，座谈主题为陕鼓服务化的理念与实践。参与座谈人员包括董事长、总经理、发展战略部部长和人力资源部部长，分别就公司和各部门的服务化转型实践进行细致的讨论，回答课题组有关服务化过程的问题座谈2次，总时间为6小时；

分别单独与总经理、发展战略部长、人力资源部部长座谈 3 次，总时间为 9 小时。②听取陕鼓董事长为西北大学 EMBA 学员授课过程中关于"陕鼓服务化知与行"专题内容的介绍及课堂互动问答董事长以服务化为主题的授课，并对有关问题进行提问，授课时间为 6 小时。③课题组到陕鼓进行实地调查，包括现场访谈、现场考察与参加研讨会。作为企业挂职人员连续 3 年参与战略研讨会 5 次，每次基本都涉及服务化转型内容。④课题组到陕鼓客户单位实际了解陕鼓服务人员服务过程，并对客户负责人进行访谈。先后 4 次专程到陕鼓访谈相关服务人员、考察现场环境；专程到客户单位进行实地调研，与陕鼓服务人员以及客户单位项目负责人进行访谈。

由于服务化驱动力和服务化过程涉及的大都是企业的内部信息，公开的二手资料很少有所涉及。因此，尽管文档资料数量很多，但是其中直接与本文相关的条目相对较少。

（三）数据分析

本文对访谈和文本资料主要采用内容分析法，具体采用了数据编码和归类的方法对资料进行分析和整理。其目的在于从大量的定性资料中提炼主题，进而论证理论研究部分所提出的问题（吴晓波等，2009；毛基业、李晓燕，2010）。资料分析和编码过程中，本文严格按照内容分析法并借鉴忻榕等（2004）、李飞等（2010）、彭新敏等（2011）的做法，首先由研究小组中的 3 名成员全面整理、通读案例资料，然后分别进行渐进式编码，编码时主要以本文所涉及的问题和主题为参考依据，最后归类表格——服务化驱动力、过程与保障机制作为划分依据。编码遵循以下规则：①条目必须有明确的含义和与案例研究相关；②对于文档资料，同一文档系统或相似的意思表达只计 1 条条目；③对于访谈内容，同一人相同或相似的意思表达只计 1 条条目；④3 人编码一致的条目方可进入条目库，对于一件不一致的条目经研究小组全体成员讨论后决定进入条目库或删除；⑤对于同时属于两类的条目，按照吴晓波等（2009）的做法，对于相似之处，严格按照表 2 中的问题界定进行归类，对于极个别互相重合的条目，我们则将其分别归类至两个维度当中。

首先，按照数据来源对资料进行了编码，对于一手资料，分别把 6 位高层受访者编码为 M1～M6，一般员工统一编码为 M0；对于二手资料，由于来源比较复杂，统一编码为 SH（Second-Hand）。之后，以渐进的方式对资料进行整理分析。根据研究的主要问题——服务化驱动力、服务化过程及服务化保障，对数据资料进行分析，把所提及的各项事例编码成相应的条目。在编码时，主要参考了表 2 中所列的 10 个方面 28 个研究问题。

通过对一二手资料的初步编码分类，我们得到了一个包含 487 个条目的条目库，分为服务化驱动力类、服务化过程类和服务化保障类，部分条目同时从属两类。接下来，我们对条目库中的 487 个条目进一步地分类编码，此次编码的依据即是本文所研究 28 个问题。

整个编码过程分为三步：第一步，由课题组三名成员分别对 3 类 487 个条目按照所研究的 28 个问题进行编码。在这一轮编码中，三人在驱动力类、过程类和保障类条目上的一致率分别为 79%、63%、75%。第二步，三名成员一起讨论存在差异的编码条目，并争取对存在差异的条目达成共识。经过第二轮编码，驱动力类、过程类和保障类条目上的一致率分别达到 84%、75% 和 82%。第三步，研究组集体检查之前的编码结果，并对前三位成员仍存在异议的条目进行讨论以确定进入目录库还是删除。经过第三轮的编码检验，驱动力类、过程类和保障机制类条目上的一致率达到了 87%、81% 和 84%。这样，我们从 487 个条目中剔除了 78 条，保留 409 条有效的条目。

另外，在编码过程中我们还发现，公开的二手资料主要介绍服务化具体内容，很少具体涉及服务化驱动力、服务化过程与服务化保障，因此，在 3 类编码条目中，以来自一手资料的条目为主。而且，409 个有效条目中存在相当多的重复内容，我们没有予以剔除，因为如果一个条目被提及的频次越高该条目所描述的行为就越具有普遍意义（樊景立等，2004）。这样，我们最终得到了 89 个服务化驱动力的条目、185 个服务化过程的条目和 164 个服务化保障条目。

为了确保数据和研究的真实性，防止我们理解的偏差，我们把研究数据及初步的结论反馈至陕鼓，得到了陕鼓总经理及相关部门负责人的确认。

四、研究发现

通过对采集数据的详细分析，我们首先发现，陕鼓具有丰富的服务化内容，这一方面丰富了制造业服务化理论，另一方面也证明了案例选择的适当性。

（一）服务化内容

基于服务化内容的理论框架，按照服务化内容演进的顺序，对案例中一手资料和二手资料中所搜集到的服务化内容进行整理和归类，得到陕鼓服务化的主要内容和做法（见表3）。

表3　陕鼓服务化内容

服务类别	服务内容	服务具体项目
支持顾客产品的服务	产品嵌入式服务	①透平机组国产化维修、升级、改造服务；②透平设备润滑油、动力油、除垢剂等耗材服务；③全托式维修检修服务
	产品系统集成服务	①远程设备状态管理服务；②备品备件零库存服务；③成套技术暨设备协作网服务
支持顾客活动的服务	工程成套服务	设备成套和工程承包"交钥匙"工程
	功能问题解决服务	①融资服务；②工业气体处理服务；③污水处理服务

1. 支持顾客产品的服务

（1）产品嵌入式服务。向客户提供专业化维修改造服务。一是陕鼓为用户引进的透平机组实现国产化维修、检修、修复、升级、改造服务；二是2006年，陕鼓与美国雪佛龙（中国）投资有限公司共同研发"陕鼓牌透平设备专用油SHG06010"，为用户提供陕鼓牌透平设备专用润滑油、动力油、除垢剂等耗材服务；三是陕鼓为用户提供专业化全托式维修检修服务。2006年，组建陕鼓产品服务中心，为用户提供透平机组的安装调试、售后服务、检修维修、进口风机测绘及升级改造服务，以及按照用户要求提供量身订制服务方案。

（2）产品系统集成服务。为客户提供包括方案设计、系统成套供货、设备状态管理以及备件零库存等在内的系统服务。一是通过研制旋转机械过程监测及故障诊断系统，提供专业化远程设备状态管理服务，对客户装置实施全过程、全方位、全天候的状态管理和智能维护；二是为客户提供专业化的系统的备品备件零库存服务，并根据用户产品的具体状况，提出备件库存明细及方案，共建透平机械备件库；三是建立陕鼓成套技术暨设备协作网，整合配套厂家资源，为客户提供优质地系统服务。

2. 支持顾客活动的服务

（1）工程成套服务。陕鼓以主导产品轴流压缩机和工业流程能量回收装置为核心的工程总承包业务，将主导产品与工程项目有机结合，负责设备成套（包括系统设计、系统设备提供、系统安装调试）和工程承包（包括基础、厂房、外围设施建设），为用户提供完善的系统服务和解决方案——"交钥匙"工程。

（2）功能问题解决服务。一是采取"金融企业+陕鼓及配套企业+客户企业"的"三位一体"模式为缺乏资金的客户提供项目融资服务，不仅向客户企业提供资金支持，而且包括设备回购方案等服务；二是陕鼓利用自身技术优势、项目总承包的经验优势以及良好的客户基础，自建工业气体处理厂，为冶金及石化领域的客户提供工业气体处理服务，为用户提供专业化的整体服务；三是根据客户的需求，与高校联合研发污水处理及资源化的工程技术，提供污水处理服务。

（二）服务化驱动力

在陕鼓服务化条目中，属于驱动力的共有 89 条，其中外部驱动力 59 条，内部驱动力 30 条。从驱动力条目的分布来看，有两个特征：一是外部因素推动大于内部因素；二是陕鼓服务化主要驱动力源于外部市场环境、内部高层管理者和外部顾客需求和顾客参与三个方面，而外部供应商和服务部门人员、非服务部门人员的作用较小，反映在条目数上只有 3 条（见表 4）。

表 4　陕鼓服务化驱动力层面的条目及引用语举例

层面	研究问题	条目数	引用语举例
外部驱动力	外部市场环境	41	目标客户产能过剩，用户压缩或延缓了对相关设备的采购和更新……给包括陕鼓动力在内的广大设备供应商提出了严峻的挑战，成为陕鼓动力服务化战略转型的主要因素（M1）
	外部顾客因素	18	宝钢袁总需要工程成套，但没人做，董事长和众人讨论后创造条件满足他们（M2）
	供应商	0	无
内部驱动力	内部高层管理者因素	27	高层管理者，特别是具有强势特点的企业领袖有意识自上而下推动的结果（M6）
	服务部门人员	3	他们会从客户那里得到一些信息，反馈给领导（M6）
	非服务部门人员	0	无

1. 外部市场环境

外部市场环境驱动服务化的条目有 41 条，是第一重要的驱动因素。"两个转变"战略的提出，一是受国外成功企业的影响，二是受外部市场环境恶化以及同行竞争加剧的影响。正如在授课互动交流时印建安董事长所说："受其目标客户钢铁石化行业的产能过剩，大多透平设备用户也压缩或延缓了对相关设备的采购和更新，直接导致整个风机行业销售的直线下滑，给包括陕鼓动力在内的广大设备供应商提出了严峻的挑战，成为陕鼓动力服务化战略转型的主要因素。市场变化和竞争对手等外部力量驱使我们实施这一战略转型根本原因，而公司内部强势领导是第二位驱动力。"实施过程中，起始的思路也不是很明确，通过学习借鉴国外成功企业的做法，进而明确提出了"源于制造、超越制造"战略。2009 年开始，陕鼓明确了在目标领域内，进一步弱化制造环节，进行核心动力设备研发、设计，提供工程承包、全生命周期维护保养、融资、物流等服务，从真正意义上开始了实现由制造业向制造服务业的转变。印建安认为，"国外先进制造业的今天，就是中国制造业的明天。"随着国民经济的快速发展，当产业（基础工业）发展到一定成熟阶段之后，服务将是流程工业发展的未来需求。印建安经常强调的，"在做某项决定时，是否应该更多地从市场角度考虑，从客户角度考虑？而不是从企业自身考虑……要做客户最需要我们做的事。企业必须改变单一服务者的观念和身份，站在用户的角度系统地为用户考虑，向用户提供完整的解决问题的方案，最大限度地适应客户的需求。"

2. 内部高层管理者因素

内部高层管理者推动服务化的条目共有 27 条，他们往往起到主导服务化的作用，高层管理者是陕鼓服务化驱动力第二重要的因素。陕鼓服务化经营模式的实施，是在市场环境变化和竞争加剧的条件下，高层管理者，特别是具有强势特点的企业领袖有意识自上而下推动的结果。高层管理者对服务化战略的驱动主要是理念和战略方面的驱动，呈现出强势领导根据市场环境判断而发生理念转变，进而与中高层管理者讨论并形成服务化战略，然后由中高层共同进行流程再造和技术创新，最后在组织结构、人力资源管理等方面进行转变，并在执行实施过程中不断进行改进和调整的演变顺序。最早在促使公司进行服务集成的雏形时期，驱动力主要源于高层管理者的推动。总经理办公室人员介绍说："1989 年，一家客户提出让陕鼓制造属于竞争对手擅长的某个项目的控制系统，公司内部不少领导都反对做此项目，印建安再三思考后还是接了这个订单。由此，客户对陕鼓很认可并在之后上新项目时直接选择了陕鼓。" 2002 年，陕鼓承揽了宝钢 TRT 项目价值 683 万元的 TRT 主机订单，董事长主张在卖主机的同时，还愿意提供整个工程的设备、厂房、基础及外围设施建设的配套服务。由此，陕鼓的订单变成了 3080 万元。随后，陕鼓相继拿到了酒钢、济钢等多项工程成套项目。"这只是项目运行过程中的成就，但是在具体实施过程中阻力还不是很大的，作为国企最大的阻力来自于组织和人事变化带来的阻力"。副总经理补充道："要不是印董事长力排众议，这些项目很难定下来，在转变过程中受到的阻力那是非常大的，当时很多人都不理解，根本不是现在说转变就能被大家认可的，在其强力推动下，公司的理念才发生力的变化"。

3. 外部顾客因素

顾客需要和顾客参与方面驱动服务化的条目共有 18 条，这说明顾客需要是陕鼓服务化驱动力的第三重要的因素。陕鼓服务化战略的进行，很重要的一个因素是顾客需要与顾客参与。公司发展早期，在向服务化转变的起始阶段顾客参与是很重要的因素。云南云峰化工年产 11 万吨硝酸铵技改工程——国内首台硝酸双加压四合一机组就是由顾客参与合作开发的，在投入运行后拿到了近 20 台（套）的四合一机组订单。尽管研制设备问题不断，但是在云峰的支持与参与下，公司进一步改进，为后来的发展奠定了基础。云峰双硝车间操作者陈芹苏后来在来信中写道，"由于当时四合一机组技术上的不成熟，给云峰带来了损失，也使我们操作工人产生心理压力及收入上的损失。尽管如此，有用户到云峰现场参观时，更多介绍的还是机组好的方面，用行动表达了对重大装备国产化的支持。""现在回过头看看当年的合同，陕鼓只是按规范签订了条款，并没有对云峰特别承诺什么。正是因为云峰人对陕鼓的信任，才会有四合一机组技术上的不断创新呢？现在，这个机组在工艺流程、机组之间的匹配等方面存在的问题基本上都得到了解决，尾气透平机叶型优化，效率提高，运行时也更加稳定可靠了。"

（三）服务化过程

在服务化过程方面，共有 185 项相关的编码条目。根据服务化 4 个阶段——目标定位、分析论证、内容设计和执行实施，分别对应 71、8、55、51 项条目，说明各个阶段在服务化过程中都具有一定的作用。具体到各阶段的每一个步骤，由于整个服务化过程被分为 15 个步骤，容易导致每一步骤的条目数目相对有限，但我们仍能判断出各个步骤的重要性。

1. 目标定位

目标定位阶段，主要步骤包括客户需求变化分析、市场竞争状况分析、新服务目标及战略形成。其中，客户需求是最为关键的步骤，对应 37 个条目；市场竞争状况和新服务目标和战略形成分析，分别对应 18 个和 16 个条目。

客户需求更重要，这与服务化过程是以顾客需求为中心有关。譬如，远程设备状态管理服务、备品备件服务、融资服务、气体服务等都是在与客户交往过程中了解到客户有这方面的潜在或显在需求，在初步明确顾客对延伸服务需求的大致范围的基础上，提供满足客户需求的产品和服务。市场竞争状况分析及新服务目标和战略的形成也比较重要，其主要是在市场需求分析的基础上，借鉴国内外成功企业的经验，意识到制造企业服务化在获取竞争优势增强企业竞争能力方面的重要性，根据行业发展趋势而明确提出新的战略目标。

定义清晰的服务战略同样重要，例如，2005 年"两个转变"的战略就是在"客户至上：为客户创造价值"理念下制定的。组织销售人员、技术人员及外部专家等资源形成市场服务开发的组织网络，将服务战略进行分解，落实到各业务部门，对战略实施进行实时跟踪、控制，并将以上服务战略的分析、开发、实施及控制过程循环进行。2005年，陕鼓强化研发、销售环节，淡化一般加工层面的制造，实施虚拟制造，推进企业向价值链的高端转移。

2. 分析论证

分析论证阶段，主要步骤包括可行性分析。可行性分析所对应的条目只有8条，说明分析论证阶段在服务化形成过程中所起的作用相对较小。服务化战略的实施，在分析阶段主要是对公司技术、组织、人员的可行性进行分析，基于公司良好的技术研发能力、核心产品市场占有率及影响力，以及公司高层管理人员理念素质的判断而进行。而对盈利的可能性和财务上的论证较少，主要参照国外同行及标杆企业进行大致的判断。

3. 内容设计

内容设计阶段，主要步骤包括服务业务的价值定位、服务内容设计、技术研发、服务测试与试运行、服务流程/系统设计与调整。其中，服务内容设计、技术研发被较多地提及，分别为14条和21条，是这一阶段的关键步骤。例如，陕鼓在提供远程设备状态管理服务、备品备件服务时，都是基于顾客需求并结合自身技术优势而设计服务内容。服务流程/系统设计与调整也是重要的因素，条目为9。以融资服务为例，是在与客户交往过程中发现客户有这方面的需求，然后结合自身良好的声誉以及银行提供200亿元左右的授信额度条件下，确认客户服务需求，提出服务概念，初步描述服务项目选定服务内容，试向客户企业提供资金支持，然后提供设备回购方案服务项目，服务业务正式推向市场。

表5　陕鼓服务化过程层面的条目数及引用语举例

阶段	主要步骤	条目数	引用语举例
目标定位	客户需求变化分析	37	用户评价是什么，用户需要是什么，公司的价值是由市场来评价的，不是自身（M1）
	市场竞争状况分析	18	制造能力都有，大家不具备的是什么（M1）
	新服务目标及战略形成	16	对市场需求的理解，基于自身差异化发展的需求（M1）
分析论证	分析论证	8	高管层门基于行业发展趋势、国外企业（经验）进行判断（M4）
内容设计	服务业务的价值定位	7	我们要有所为，有所不为……，我们的能力、精力有半径，聚焦市场，向客户需求的核心能力环节进行转移，做有能力、可信赖负责人的动力系统解决方案专家（M1）
	服务内容设计	14	如何根据客户变化的、多样化的需求提供能够满足他们的服务（SH）
	技术研发	21	大力开拓能量转换系统，要基于用户功能价值需求（M1）
	服务测试与试运行	4	在云峰（化工公司）的支持与参与下，公司多次进行了改进（M4）
	服务流程/系统设计与调整	9	不断突破行业边界，把握引领客户需求（M1）
执行实施	组织结构调整	8	组织结构调整受到了很大阻力，很多人不理解（M0）
	成立独立的服务部门	15	公司成立独立的服务部门，按照损益责任将服务目标在服务组织内进行分解落实（SH）
	人力资源培训	11	公司特别制作了电视访谈专题片——《云峰机组带来的思考》，并组织全体员工收看，所有观看者都产生了强烈的震撼（M5）
	主动进行关系营销	7	源于制造，超越制造，关键在于知与行统一（M1）
	顾客服务指导	6	公司派服务人员驻厂进行指导服务（M0）
	客户反馈与总结完善	4	公司建立了规范的客户反馈机制（SH）

4. 执行实施

执行实施阶段，主要内容包括组织结构调整、成立独立的服务部门、人力资源培训、主动进行关系营销、顾客服务指导、客户反馈与总结完善。其中，成立独立的服务部门与人力资源培训较为重要，被多次提及，对应的条目分别为 15 个和 11 个。例如，公司成立独立的服务部门，按照损益责任将服务目标在服务组织内进行分解落实，并将目标的实现与激励机制挂钩。例如，2001 年以来，公司对各类服务人员进行了一系列专业素质技能培训，培训、授权销售人员和服务人员，使其能够进行主动服务。同时，编写了工程项目管理手册，制定了服务人员现场服务标准，健全服务网络等，从各方面做到服务规范化。

需要说明的是，我们在访谈以及二手资料的收集中发现，公司在开始服务化过程中并没有明确的实施蓝图和方案指导，基本是一种自发式的探索，但是在后期，有系统的实施方案进行指导，特别是通过课题研究总结提升后有系统的理论指导和实施路线图。从陕鼓服务化的内容和做法来看，其服务化战略大体遵循如下过程：根据市场和竞争者的变化，公司高层经营理念发生变化，进而形成公司的服务目标和战略，根据服务化理念及战略设计服务内容，进而调整流程、组织结构等。

（四）服务化保障

围绕"两个转变"战略，陕鼓从组织结构、资源配置、团队建设等方面加强了服务能力的提升，逐步达到了快速满足客户需求、确保用户满意的目标。在陕鼓服务化保障方面，相关的编码条目共有 164 条，其中，组织战略和文化相关的 59 条、组织结构和流程相关的 44 条、组织资源和能力相关的 52 条、组织经营和管理相关的 9 条（见表 6）。

表 6　陕鼓服务化保障层面的条目数及引用举例

层面		条目数	服务化所占条目（%）	引用语举例
组织战略和文化	公司战略	39	53.1	我们早期就像一支农民部队，不是换身衣服就成为工人了，关键在于思维方式、行为方式的转变（M1）
	公司文化	20	45.5	大多数企业很自恋，（认为客户）与我没关系，只有放弃自我，以客户为界，才能实现更大的自我（M1）
组织结构和流程	组织结构	19	38.2	组织结构的调整，使得公司从产品的订制化设计到生产制造，从产品的提供到备件的提供，从工程的设计、施工到后期的调试、维修，从厂房的建设到通过互联网监测机组运行……所有这些后台支持工作由陕鼓的同一个团队组织完成，而在这一过程中客户只需要与销售员和项目经理沟通即可掌握这一切（SH）
	业务流程	25	32.4	是进行战略合作还是自建网络（M4）
组织资源和能力	公司团队	21	29.8	公司团队，特别是高层管理团队的建立，为成为一体化解决方案商和系统服务商提供了保障（M2）
	技术研发	31	45.7	以高强度的研发牢牢掌握主导产品和系统技术的主导权，（高强度的技术研发）是保证公司服务化过程实施的重要力量（SH）
组织经营和管理	激励机制	9	21.2	公司提出了"不让雷锋吃亏"的口号，是陕鼓向上向善的核心价值观和激励机制的重要方面（M5）

1. 公司战略层面

公司战略层面，相关的 39 个条目中有 53.1% 涉及服务化。印建安经常强调的，"在做某项决定时，是否应该更多地从市场角度考虑，从客户角度考虑？而不是从企业自身考虑……"陕鼓在对市场发展趋势和企业自身实际进行分析、论证和研究的基础上，2005 年，确定了"全力推进两个转变，打造国际一流透平强企"的发展战略。"两个转变"是指从单一产品供应商向动力成套装备系统解决方案商和系统服务商转变；从产品经营向品牌经营、资本运作转变。

2. 公司文化方面

公司文化方面，相关的 20 个条目中有 45.5% 涉及以顾客为中心和服务意识。当陕鼓树立了"客户至上：为客户创造价值"的经营理念，一切工作都以提高客户满意度、为客户创造价值为判断标准，成为其企业文化的核心。同时，公司鼓励服务和技术创新，提倡"智慧比汗水重要"，并在各个部门进行推广。陕鼓人力资源总经理专为技术员张戟设置了创新岗位的目的正是希望以此来激发全员创新为例进一步验证了公司鼓励服务和技术创新的文化理念。此外，陕鼓动力从 2005 年开始全面启动了感恩社会、感恩客户、感恩员工、感恩企业、感恩父母、感恩师长的"感恩节"文化活动，独特的感恩文化打造，为陕鼓"以客户为中心"经营理念的树立和整个公司服务化转型的最终实现提供了坚实的基础和有力的保障。

3. 组织结构方面

组织结构方面，相关的 19 个条目中有 38.2% 涉及以顾客为中心和服务化经营模式。在实施服务化经营模式之后，一方面，公司对原有组织结构进行调整；另一方面，通过新建事业部的方式为新增业务搭建组织框架，先后组建工程成套部、产品服务中心、自动化销售部、气体事业部、融资服务部等部门，为用户提供全面、系统服务提供组织保障。企业发展战略部经理指出："组织结构的调整，使得公司从产品的订制化设计到生产制造，从产品的提供到备件的提供，从工程的设计、施工到后期的调试、维修，从厂房的建设到通过互联网监测机组运行……所有这些后台支持工作由陕鼓的同一个团队组织完成，而在这一过程中客户只需要与销售员和项目经理沟通即可掌握这一切。"办公室人员补充说："组织结构的调整改变了过去组织结构缺乏横向联系以及过分强调专业化的问题，有利于'通才'的培养。"

4. 业务流程

业务流程方面，相关的 25 个条目中有 32.4% 涉及服务化内容。流程主要是与上下游供应商、客户等进行战略合作。①公司对原有部门，尤其是生产制造部门进行了多次的流程再造，通过技术改造、优化设计和流程、优化操作规程等措施，整合制造、工程、服务、投资、物流等领域，为客户提供全方位的服务，满足客户的各类需求。②与重点客户战略合作，获取稳定的市场资源，在发展过程中，陕鼓与一些具有共同价值观和发展认识的大客户建立了战略合作伙伴关系。③与重点配套商战略合作，获取强有力的配套支持，2003 年 9 月，在西安组织 56 家相关配套企业成立了"陕鼓成套技术暨设备协作网"，包括德国西门子、美国爱姆森、GE 等许多世界知名公司。美国爱姆森公司每年为陕鼓提供 50 人次的人力资源培训，台塑每年在中国台湾为陕鼓提供 20 人次的人力资源培训等。④与重点外协厂商战略合作，向虚拟制造转移。陕鼓强化研发、销售环节，淡化一般加工层面的制造，实施虚拟制造，推进企业向价值链的高端转移。

5. 公司团队方面

公司团队方面，相关 21 个条目中有 29.8% 涉及了服务创新和服务化经营模式。对陕鼓来说，从出售单一产品向出售解决方案转变，最大的考验在于如何提升服务能力。适应服务化经营模式，陕鼓采取了人才（Talent）—组织（Organization）—绩效（Performance）三维互动的"TOP 人力资源模型"，并通过培养、引进中高层管理人才，培训—转岗分流，聘请社会专家、"风之子"项目，以满足服务化战略转型对人才的需要。负责人力资源工作的副总经理邓文说："公司团队，特别是高层管理团队的建立，为成为一体化解决方案商和系统服务商提供了保障。"印建安提出了形象的比喻："如果陕鼓原来在市场上是一个'民工'，依靠拼体力进行赚钱生存的话，那么现在企业要进行相应转型，进行商业运行模式的创新，变成一个'包工头'，站在'包工头'的角度思考解决问题，从为市场提供单一产品向提供系统解决方案及提供服务进行转变。这就要求'包工头'必须具有前瞻的视野，能够发现市场上的商机，还要有一定的知识技能和组织能力，即形成解决问题方案的能力和相应的管理能力，通过配置资源来把握和满足市场需求，求得发展。"

6. 技术研发方面

技术研发方面，相关的 31 个条目中有 45.7% 涉及服务化内容。陕鼓的服务化战略是围绕其高技术含量的核心产品展开的，服务内容的提供都是基于强大的技术能力实现的。①建立独立的科研开发机构技术中心、国家级技术中心和博士后科研工作站，以市场需求为导向，直接面对终端市场，充分研究客户需求。②加大技术研发投入力度，年度投入经费已达销售收入的 5% 以上，购置科技含量高的生产设备 1675 台。③企业具有较强的研发能力和人才队伍。陕鼓共拥有各类专业技术人员 1000 余人，通过建立技术专家库，灵活多样的方式与社会上各类专家进行紧密合作。技术部主任说："以高强度的研发牢牢掌握主导产品和系统技术的主导权，对系统技术和关联技术高强度研发，整合上下游，控制产业链，高强度的技术研发是保证公司服务化过程实施的重要力量。"

7. 激励机制方面

激励机制方面，相关 9 个条目中有 21.2% 涉及了服务创新。陕鼓并没有针对管理层的服务化设立专项激励措施，管理层强调"干事业并不是只图物质奖励"。但是对于员工，公司提出了"不让雷锋吃亏"的口号，是陕鼓向上向善的核心价值观和激励机制的重要方面。"陕鼓之所以创造性地提出这个理念，是希望员工在日常行为中从不知、不觉到自知、改正、自觉地将向上向善的风气发扬出来。"人力资源部总经理说。人力资源部先后下发了《员工资信档案管理办法》、《员工诚信体系建设及实施办法》等文件，将诚信进行制度化管理，诚信档案在岗位聘用、奖金分配、员工职业生涯发展规划、创先评优等方面发挥了重要作用。

（五）案例分析结果

通过对陕鼓服务化的案例研究，我们发现：在需要证明的 3 个层面 10 个方面的 28 个问题中有 25 个问题得到了验证，3 个问题没有得到验证（见表 7，验证用"√"表示，否则用"×"表示）。

表 7　陕鼓服务化案例分析结果

3 个层面	10 个方面的 28 个问题
服务化驱动力√	√（1）　外部驱动力：√①市场环境是否推动服务化？√②是否分析顾客需求信息，是否有顾客参与服务化？√③是否受竞争者服务化影响？×④是否有供应商参与服务化
	√（2）　内部驱动力：√①高层管理者是否推动了服务化？×②服务部门人员是否推动服务化？×③非服务部门人员是否推动服务化？
服务化过程√	√（3）　目标定位阶段：√①是否进行客户需求变化分析？√②是否进行市场竞争状况分析？√③是否确定服务目标及战略
	√（4）　分析论证阶段：√是否进行可行性分析
	√（5）　内容设计阶段：√①是否进行服务业务的价值定位？√②是否进行服务内容设计？√③是否进行技术研发？√④是否进行流程/系统设计与调整？√⑤是否进行服务测试与试运行
	√（6）　执行实施阶段：√①公司是否建立并落实保障措施？√②公司是否进行人力资源培训？√③公司是否主动进行关系营销？√④公司是否对客户进行指导？√⑤公司是否进行客户反馈与总结完善
服务化保障√	√（7）　组织战略和文化：√①公司战略是否重视服务化？√②公司文化是否以顾客为导向，注重服务文化培育
	√（8）　组织结构和流程：√①公司组织结构和业务流程是否按照服务化进行调整？√②是否成立独立的服务部门
	√（9）　组织资源和能力：√①公司组织资源是否以服务化为导向？√②公司团队是否培育较强的技术研发能力
	√（10）组织经营和管理激励机制：√公司是否有明确的服务化激励制度

五、结 论

（一）研究结论

本文首先从文献回顾中初步整理出适合于制造业服务化的理论框架，然后选择陕鼓作为研究对象，运用规范的案例研究方法，对"中国装备制造业企业如何进行服务化"这一问题进行了系统地分析和研究，最后得出了中国装备制造业企业服务化的理论：①中国制造业企业服务化的驱动力，主要为外部市场环境、高层管理者、顾客参与与需求，这3个驱动力在服务化过程中时最应得到关注；②中国制造业企业服务化过程中，会遵循一定的开发阶段或步骤，但这一过程表现为较强的非正式化倾向，但是在完善阶段大体遵循理念、战略、内容、流程的逻辑顺序；③中国制造业企业服务化的保障或支持机制，最为关键的是公司战略、组织结构与技术创新与服务化相匹配，人力资源、激励机制等处于次要地位。

（二）理论贡献

现有文献中，针对中国重型制造业企业服务化过程的研究非常少，案例研究的结论验证了在装备制造业企业服务化实践中，应遵循一定的阶段和过程，并受一定的驱动力和保障机制作用，同时发现三个层面中每一个层面的重要影响因素。这在理论上对完善制造业企业服务化过程理论有一定的借鉴意义。

在制造业企业服务化的驱动力方面，已有研究主要从深层次的驱动因素进行总结，而没有从直接的驱动力角度进行分析，也没有对不同驱动力在服务化过程中的影响程度进行实证研究。本文得出，制造业企业服务化驱动力中，外部驱动力中的市场环境因素和内部动力高层管理者起到了主导作用，同时外部驱动力中的顾客需求与参与也起到了一定的驱动作用，但是供应商驱动力作用很小。

在服务化过程方面，如何进行服务化一直是学者们研究创新的重点。已有研究主要从提供内容的角度对服务化过程的不同阶段进行研究，本文基于中国制造业企业的现实环境展开，特别强调了如何实施这一过程，从目标定位、分析论证、内容设计和执行实施四个阶段进行，为企业实践提供具有可操作性的指导、工具和技巧，在研究视角和方法上具有一定的理论意义。中国制造业企业服务化过程中，表现为较强的非正式化倾向，但基本遵循理念、战略、内容、流程的开发阶段或步骤。

在服务化保障机制方面，已有研究强调了保障机制的重要性，但是对于保障机制与服务化过程的关系以及影响的实证研究非常少。本文表明，对服务化起主要的支持和保障作用的因素是公司战略、公司文化、组织结构、技术研发，而公司团队、营销、激励机制作用不大。服务化主要依靠高层管理者"自我实现"等精神的激励，特别是对于国有企业来说，公司战略对服务化的重视以及公司文化对顾客导向的强调，以及强大的技术研发能力是保障服务化实施的重要因素，而物质方面的激励则相对不重要。

我们在文献回顾的基础上建立了一个制造业企业服务化的理论框架，通过本文的案例研究，对这个理论框架进行了验证和修订，最后形成了制造业企业服务化的理论框架，它包括3个层面、7个方面的21项内容。这是本文重要的理论贡献。

（三）实践启示

制造业服务化战略实施过程中，企业应根据自身优势和特点，以及服务化过程中经历的不同阶段，首先重视对顾客需求信息以及市场环境变化的了解，关注行业发展趋势以及同行竞争对手经营方式变化，企业高层需要及时主动调整经营理念，积极推动服务化战略；其次在推动服务化过程中，按照目标确定、分析论证、设计内容、执行实施等步骤，确立服务化流程，使得服务化战略得到有效执行；再次是服务化战略的实施，需要在组织结构、组织环境等方面进行调整，以保障服务化战略的实施；最后在实施过程中逐渐总结完善形成系统的服务化实施蓝图以及路线图。

（四）研究局限

在研究方法方面，本文虽然通过一二手资料的搜集，取得了大量而丰富的资料，但是由于本文事先通过理论综述确定了研究的理论框架，虽便于系统分析制造业企业服务化过程，但可能会流失一些比较重要的信息。另外，本文主要采用的是单案例研究，虽然我们尽量选择最有代表性的企业案例，但是仍缺乏多案例的对照和比较，难以提出具有普遍性的理论命题。因此，本文构建的理论框架还有待于未来更为充分的实证研究，以证实本文结论的一般性意义，特别是对服务化战略驱动力量、过程及保障机制的大样本实证研究，将有助于检验和完善本文所提出的理论观点。此外，需要进一步深入研究的问题是服务化过程与保障机制之间的作用机制及相互影响，特别是在服务化战略实施的不同过程中服务化驱动力、服务化过程以及保障因素之间的作用机制及影响。

参考文献

［1］冯飞，薛澜，李燕.发展战略性新兴产业：警惕三个"误区"［R］光明日报，2011-08-16.

［2］李飞，陈浩，曹鸿星，马宝龙.中国百货商店如何进行服务创新——基于北京当代商城的案例研究［J］.管理世界，2010（2）.

［3］罗伯特·K.案例研究设计和方法［M］.重庆大学出版社，2004.

［4］吴晓波，马如飞，毛茜敏.基于二次创新动态过程的组织学习模式演进：杭氧1996~2008年纵向案例研究［J］.管理世界，2009（2）.

［5］诸雪峰，贺远琼，田志龙.制造企业向服务商转型的服务延伸过程与核心能力构建——基于陕鼓的案例研究［J］.管理学报，2011（3）.

［6］Anderson S. Suppliers International Strategies［J］. European Journal of Marketing，2002，36（1/2）：86~110.

［7］Almeida，Miguel，Silva. A Literature Review of Servitization：A Preliminary Analysis［J］. Journal of Manufacturing Technology Management，2009，20（5）：547-567.

［8］T.S. Baines；H.W. Lightfoot；O. Benedettini；J.M. Kay The servitization of manufacturing［J］. A review of literature and reflection on future challenges Journal of Manufacturing Technology Management，2009，20（5）：547-567.

［9］Brax S. A manufacturer becoming service provider-challenges and a paradox［J］. Manufacturing Service Quality，2005，15（2）：142-56.

［10］Cohen M.A.，Agrawal N. and Agrawal V. Winning in the aftermarket［J］. Harvard Business Review，May，2006.

［11］Davies A. Moving base into high-value integrated solutions：a value stream approach［J］. Industrial and Corporate Change，2004，13（5）：727-756.

［12］Davies A.，Brady T. and Hobday M. Charting a path towards integrated solutions［J］. MIT Sloan

Management Review, 2006, 43 (7): 39-48.

[13] Davies A., Brady T. and Hobday M. Organizing for solutions: systems sellers vs systems integration [J]. Industrial Marketing Management, 2006, 36: 183-193.

[14] Eisenhardt K. M. Building Theories from Case Study Research [J]. Academy of Management Review, 1989, 14 (4): 532-550.

[15] Gebauer H. and Fleisch E. An investigation of the relationship between behavioural processes, motivation, investments in the service business and service revenue [J]. Industrial Marketing Management, 2007, 36: 337-348.

[16] Gebauer H., Bravo-Sanchez C. and Fleisch, E. Service strategies in product manufacturing companies [J]. Business Strategy Series, 2008, 9 (1).

[17] Gebauer H. and Friedli T. Behavioural implications of the transition process from products to services [J]. Journal of Business & Industrial Marketing, 2005, 20 (2): 70-80.

[18] Gebauer H., Fleisch E. and Friedli T. Overcoming the service paradox in manufacturing companies [J]. European Management Journal, 2004, 23 (1): 14-26.

[19] Gebauer H., Friedli T. and Fleisch E. Success factors for achieving high service revenues in manufacturing companies [J]. Benchmarking: An International Journal, 2006, 13 (3): 374-386.

[20] Mathieu V. Product services: from a service supporting the product to service supporting the client [J]. Journal of Business & Industrial Marketing, 2001, 16 (1): 39-58.

[21] Mathieu V.Service strategies within the manufacturing sector: benefits, costs and partnership [J]. International Journal of Service Industry Management, 2001, 12: 451-475.

[22] Neely A.D. Servitization of manufacturing: an analysis of global trends [J]. paper presented at 14th EurOMA Conference, Ankara, 2007.

[23] Neu W. and Brown S.Forming successful business-to-business services in goods-dominant firms [J]. Journal of Service Research, 2005, 8 (1): 3-16.

[24] Oliva R. and Kallenberg R.Managing the transition from products to services [J]. International Journal of service Industry Management, 2003, 14 (2): 1-10.

[25] Pettigrew A. M. Longitudinal Field Research on Change, Theory & Practice [J]. Organization Science, 1990, 1: 267-292.

[26] Ren G. and Gregory M. Servitization in manufacturing companies [J]. paper presented at 16th Frontiers in Service Conference, San Francisco, CA, 2007.

[27] Vandermerwe S. and Rada J.Servitization of business: adding value by adding services [J]. European Management Journal, 1988, 6 (4).

[28] Wise R. and Baumgartner P. Go downstream: the new profit imperative in manufacturing [J]. Harvard Business Review, September/October, 1999, 133-141.

[29] Yin R. K. The Case Study Anthology [M]. Thousand Oaks, CA: Sag e, 2004.

收益变迁视角下集群形成机制研究

——兼论战略性新兴产业培育

张世如[*]

一、引　言

　　战略性新兴产业是我国高新技术产业中具有战略意义和未来指向性的产业，如何对其进行有效培育以推动战略性新兴产业的发展是当前经济和产业转型中迫切需要回答的问题。战略性新兴产业的培育涉及两个层面的问题：在宏观上，要对战略性新兴产业发展方向和具体产业进行选择和决策；在微观上，需要落实到产业内企业的产生机制和战略性新兴产业集群的形成。战略性新兴产业能否在特定区域成功形成产业集群，被视为判断战略性新兴产业培育是否取得阶段性成果的重要标准之一。对产业集群形成机制的认知和分析有助于战略性新兴产业集群的培育思路和政策制定，因此，本文力图通过分析产业集群的形成机制以对战略性新兴产业的培育提供启示和参考。

　　在已有的对产业集群形成机制的研究中，针对产业集群起源和形成过程中的不同阶段和影响因素，经典理论从不同的角度提出了源于资源禀赋理论（李嘉图，1817）、劳动分工理论（杨格，1928；杨小凯，1999）、外部性理论（马歇尔，1890）与报酬递增效应（克鲁格曼，1995）的解释，而近年来集群的收益分析则成为分析产业集群起源和形成机制的重要理论视角。集群收益概念源于马歇尔（1890）所提出的"生产者剩余"，他认为生产要素通过空间的邻近、组织的接近以及社会的亲近可以获得更多的超额收益。臧旭恒、何青松（2007）提出了产业集群租金的概念，并将产业集群租金按源泉分为产业租金、地理租金和组织租金，认为产业集群起因于生产要素对产业集群租金的追逐，且租金的耗散导致产业集群的衰败。与集群收益相关联的另一个概念是集群剩余，陈雪梅（2003）基于网络组织的思路提出了集群剩余的概念，李宁、杨蕙馨（2005）进一步认为，企业仅仅在地理上的简单集中就能自然获得比单个企业简单加总更大的竞争优势是没有道理的，集群剩余来源于集群内部企业之间的协同效应，他们把集群剩余定义为集群内部所有企业加入集群时的利润减去不加入集群时的利润所得差额的总和。

　　集群本质上是生产要素在空间上的一种自然分布状态，该分布状态形成的历史起点源于生产要素对收益的追逐而导致的企业集聚，因生产要素的集聚而形成的集群要持续保持对生产要素的吸引力，就需要持续不断地为生产要素提供足够的回报，产生持续性收益的过程就是集群的发展过程。而当集群创造收益能力下降的时候，集群对于要素的吸引力下降，集聚过程停止，生产要

* 张世如，男，湖北武汉武昌武珞路 114 号中南财经政法大学 MBA 学院。

素开始迁移到集群之外，集群收益能力的下降导致了集群的衰退。因此，集群收益是影响集群形成的关键因素，收益的变迁在集群起源和形成中发挥着重要的机制和作用。

本文将集群收益概念作为分析集群形成机制分析的逻辑支点。首先对集群收益的来源进行分析，其次通过模型的构建阐释基于收益变迁的集群起源和形成过程，最后依据基于收益变迁的集群形成机制对战略性新兴产业的培育问题进行了探讨。

二、产业集群收益来源分析

对于产业集群收益这一概念而言，最直接的理解是指由于集群的存在，使集群内部的企业能够获得整体上的超额经济回报。而对此种超额经济回报的产生和变化来源的分析是理解集群收益概念的核心。

集群均与特定的空间和区域相关联。空间经济学认为，在经济含义上所有的空间都具有非均质性，非均质性的存在使得不同的空间具备不同的企业起源和生存条件。一些空间具有特有的资源，例如矿藏、水资源等特殊的自然禀赋，特有的人力资本，良好的法律制度和社会习俗，等等；一些空间具有适合于企业生存发展的市场需求与方便的原料供给；另一些空间则具有发达的市场组织，拥有高效率的组织机构帮助企业提高生产经营效率。这些与空间相联系的生产经营环境和支撑网络体系帮助企业提高了经济效率，具有一定的特质性。构成企业生存条件的空间非均质性因素往往不能在空间上随意流动，生产要素受这些特质性因素的吸引产生集聚，并与空间特有的这些因素相结合。通过空间的邻近、组织的接近和社会关系的亲近，形成专有的特质性能力，使处于特定空间的要素获得更多的收益。因此，不同空间所存在的特质性资源是集群收益的一个重要收益来源。

单个的企业也会因为所处空间的某些特质性因素获得收益，如地理区位的优势会给所有在该空间的企业带来运输成本的节约，但集群还具有与单个企业在特定空间的简单集聚不同的收益源泉。问题的关键在于，一旦产业集聚因空间的特质性因素的吸引而发生，那么在该空间内集聚的企业不会再以分散的形式存在，它们势必会形成某种天然的组织和网络关系。当我们以组织的视角对产业集群进行分析时，产业集群中每一项资源的价值是在与其他资源的关联性运用中得到体现并使其贡献得到放大的。因空间特质性吸引而来的生产要素在特定的空间中集聚后，在集群内形成持久稳定的社会和经济网络组织，在建立其集群竞争优势的基础上产生超额经济回报，成为集群收益的另一个重要源泉。

产业集群因空间特质性而获得的收益既不能被产业集群内部企业个体所独占，也不能由企业个体所带走。基于产业集群的集聚而产生的经济效应和组织超额收益无法单独获得，企业获得的集群收益只有嵌入于产业集群集体之中才能实现其经济意义，这种嵌入性造成了集群收益与空间的不可分性。生产要素只有在特定的空间环境中集聚，依存于产业集群特有的支撑体系，并形成稳定的网络组织，相互影响、相互作用，才能体现为更大的生产力。因此，产业集群收益可以分为两类：一类是依赖于该经济空间在集聚发生之前就具有的各类资源禀赋而产生的初始资源性集群收益，区域的初始资源禀赋包括地理区位、自然环境和资源、人力资源禀赋、市场条件、区域文化环境等；另一类是在集聚形成过程中出现的集群内生性收益，主要依赖于因集聚经济而产生的外部性效应和基于集群内部的网络、社会资本、知识外溢等因素而形成的共享性内生能力。

三、收益变迁驱动的集群形成机制分析

对于产业集群的形成，如从集群收益变迁的角度对集群形成进行解释，需要回答的关键问题有两个：一是解释最初的产业集聚是如何发生的，本文认为最初的产业集聚诱发是因为存在基于空间特质的初始资源性集群收益效应，但因初始资源性集群收益导致的产业集聚是如何发生的，本文将构建一个过程描述的模型对这一演进过程进行解释；二是解释最初的产业集聚是如何演变为产业集群的，本文认为从产业集聚演变为产业集群的过程，就是集群的内生性收益出现并逐渐替代初始资源性集群收益在集群形成中效应的过程，本文也会对该演进过程和相关机制进行描述和分析。

（一）产业集聚过程模型的基本假设

产业集聚过程是在一个特定空间内、特定时期内同质企业的数量增加过程。根据这一假定，本文对产业集聚过程的解释实际上就是对特定空间产业集聚期内企业数量变化的描述和分析模型的构建。产业集聚的形成是企业在众多的约束条件下，根据自身所经营的产业特征来合理选择自己区位的自然结果，这种选择首先考虑自身需要和成本最低。因此，产业集聚发生的起点问题实际上是在初始资源性集群收益影响下企业的选址决策问题。要对企业的选址决策问题进行分析，首先就要对企业在面临选址问题时的外部系统环境进行抽象和总结。这些抽象和总结就构成了产业集聚过程模型的基本假设：

（1）对于因企业的选址决策而产生的产业集聚过程，我们将其抽象为在一个特定空间内、特定时期内同质企业的数量增加过程。

（2）对于进行选址的企业而言，其所面对的市场和产业的市场需求在一个可以预期的将来拥有足够的市场空间，且需求在较长的时期内保持稳定。

（3）对于面临选址决策的企业而言，它们对于特定空间和区域的信息是对称的，且信息成本趋向于零。对于第一个进入特定空间的企业和追随企业而言，它们在获取相关信息的成本和路径上并无差别。

（4）在特定空间范围内，企业的进入壁垒不高，追随企业对先进入特定空间企业的追随和模仿行为能够很容易地进行。

（二）收益变迁驱动的产业集聚分析

本文把产业集聚的过程视为一个系统变化的过程，为了描述这个系统在持续运行中表现出来的状况或态势，本文选用 N_t 作为状态参量，它表示 t 时刻产业集聚内的企业数量。之所以选择企业数量 N_t 作为产业集聚的状态参量，是因为根据本文对于产业集聚的界定，产业集聚过程是一个集聚内企业数量上的变化过程，这一过程一直持续到产业集聚演变到产业形成的第二个阶段，即由内生性集群收益驱动的产业集群形成。

本文将 N_t 作为产业集聚的系统状态参数，其作用是描述产业集聚系统在特定时刻的状态。为了能更清晰地说明产业集聚中企业数量的增加情况，引入时刻 t 的绝对增量 $\frac{dN_t}{dt} = N'(t)$，它表示时刻 t 时的集聚内企业数量比时刻 t−1 时的增加量。而且在一定的条件下，可以认为集聚内企业数量的相对增长率基本保持不随时间变化的特征，则可以将其绝对增量表示为：

$$\frac{dN_t}{dt} = aN_t \quad \text{（a 为常数）} \tag{1}$$

该方程可以解出：

$$N_t = N_0 e^a \tag{2}$$

从式（2）中可以看出，当在不考虑其他影响因素的制约的情况下，集聚内企业数量的增加呈指数增长的趋势。不过从实际情况来看，集聚企业的数量增长不可能是完全的指数增长，这样的增长只有在无限制的条件下才可能实现。

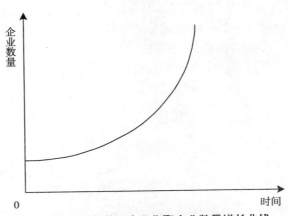

图 1　无限制条件下产业集聚企业数量增长曲线

在产业集聚的最初阶段，集聚是否能够持续发生是无法进行判断的。因为在某个特定空间出现某个特定产业（产品）的生产企业，它是否能引起其他同类生产企业的集聚，进而产生产业集聚，是个未知的事件。要想实现集聚中企业数量的持续增长，就要分析影响集聚发生的因素：在某个特定空间出现某个特定产业（产品）的生产企业的原因是什么？如果该企业的出现只是历史偶然性的产物，则产业集聚的发生则要求后续进入的企业都是历史偶然性的产物，这意味着集聚受自然率的支配，发生与否和概率大小无法分析和知晓。但由于企业是基于理性的选址决策进入特定空间的，因此势必存在利益驱使企业做出决策。显然，这种利益就是前面所分析的初始资源性集群收益，我们将其用企业进入特定空间后在 t 时刻所获得的超额利润率 R_t[1] 来进行衡量。实际上，R_t 可以表达为前文所分析的各种初始性空间特质性资源的函数。当这些空间特质性资源为集聚中的企业提供的收益增加时，R_t 就上升；当这些空间特质性资源为集聚中的企业提供的收益减少时，R_t 就下降。同时，如果我们把企业选择在非特定空间经营可获得的收益用产业的平均利润 R 来衡量，那么：

当 t = 0，此时 $R_0 > R > 0$，因此有：

$$N_0 = 1, \quad R_0 > R > 0 \tag{3}$$

当 t = 0 时，第一个进入特定空间的企业存在超额收益 R_0，且 $R_0 > R > 0$，这是在某个特定空间出现某个特定产业（产品）的企业的原因。式（3）解释了由于初始资源性集群收益的存在，特定空间是如何出现第一个企业的。接下来需要分析为什么会发生企业的追随行为，从而导致产业集聚的出现。根据假设，对于同一产业的其他企业而言，由于追随第一家企业进入特定空间没有信息、进入壁垒和市场空间上的障碍，因此出于对第一家进入特定空间的企业所获得的 R_0 的追

---

[1] 这里的超额利润率，也即企业选择进入特定空间和不进入该空间经营之间会出现的利润率之差，或为企业在特定空间的利润率超过企业所在产业的平均利润率之上的差。这里为了简化模型，不作进一步的讨论和区分。

逐，其他企业在进行选址决策时就会成为第一家企业的模仿者，追随该企业进入特定空间。根据前面的模型，集聚企业的数量在没有约束医素存在的情况下，是个指数曲线的增长。但实际上，产业集聚内企业数量的增长受到集聚企业超额利润率的变化约束。当追随企业进入前，首先考虑的是集聚现有企业的利润率 R_t，只有当 $R_t > R > 0$ 的时候企业才会继续做出进入特定空间的选址决策。在产业集聚过程中，在 $t+1$ 时刻，是否有企业继续进入特定空间，取决于进入者对 t 时刻集群内企业的利润率 R_t 的衡量，我们将 t 时刻的集聚企业利润率 R_t 与所有企业能够接受的最低利润率即产业平均利润率 R 的差异表示为：

$$\rho(R_t, R) = \frac{R_t - R}{R} \tag{4}$$

显然，当 $\rho(R_t, R) > 0$ 时，根据定义有 $R_t > R$，而且这个值越大说明 R_t 高于 R 的值越大，集聚内企业所获得的超额利润越高；当 $\rho(R_t, R) = 0$ 时，则有 $R_t = R$，即集聚内企业的超额利润率等于产业的平均利润率，集聚内企业无法获得超额利润；当 $\rho(R_t, R) < 0$ 时，则有 $R_t < R$，这个值越小，集聚内企业会出现亏损。因此，在加入利润率的变化后，集聚企业数量的变动趋势就会发生变化。

如果在 t 时刻，集聚内企业的超额利润高于产业平均利润率，即有 $\rho(R_t, R) > 0$，那么在 $t+1$ 时刻会有企业继续加入集聚的过程，此时集聚企业的数量 N_t 的增长趋势类似于无限制条件下的趋势，呈现指数增长的状态，其增长曲线如图 2 中的 a 所示。

如果在 t 时刻出现了 $\rho(R_t, R) = 0$ 的情况，也即集聚企业所获取的超额利润率已降至产业平均水平（最低可接受水平），此时对于潜在的进入企业而言，由于利润预期消失，企业会放弃进入特定空间的选址决策。对于已经进入特定空间的企业来讲，尽管此时的集聚企业利润率已降至最低承受点，但由于它们已经在特定空间经营，由于先期投入的沉默成本和资产专用性的存在，只要能够维持基本的生产运作，企业都不会退出。所以在这种情况下，集聚企业的数量 N_t 会维持在目前的数量水平，而不会继续增长，此时的增长曲线如图 2 中的 b 所示。

如果在 t 时刻，出现了 $\rho(R_t, R) < 0$ 的情况，此时由于集聚企业的利润率降至产业平均水平以下，在 $t+1$ 时刻不会有模仿企业的进入，而且集群内的部分企业由于无法继续维持生产运作会被迫退出，此时的集聚企业数量 N_t 会出现下降的趋势，这一下降趋势会随着 $\rho(R_t, R)$ 的不断减小而加剧，这种情况下的增长曲线如图 2 中的 c 所示。

在后面两种情况下，由于集聚企业的数量无法继续增长，此时产业集聚过程就会中止，集群形成就会中断。

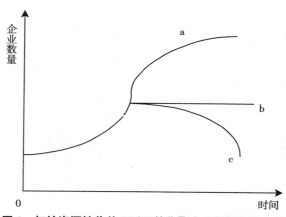

图2 初始资源性收益变迁下的集聚企业数量变化曲线

根据上述模型的分析，在产业集聚阶段，主要分析的是初始资源性集群收益（以集聚企业的超额利润率衡量）是如何影响企业的集聚过程的。一是初始资源性集群收益是驱动特定空间出现第一家特定企业的决定因素；二是初始资源性集群收益的变化实际上左右了集聚企业的数量增长，也就决定了产业集聚是否能够发生。在产业集聚过程当中，随着企业数量的不断增长，集聚规模也不断扩大，但是，产业集聚不可能一直以规模扩大的方式进行下去，当产业集聚达到其规模和数量极限时，集群的演进就会进入集群起源的第二个阶段，即由内生性集群收益驱动的集群形成阶段。

（三）收益变迁驱动的集群形成分析

在产业集群形成过程中，最初的产业集聚是因为企业在初始资源性集群收益的效应下进行独立选址决策的结果，那么因集聚经济导致的集聚企业所共享的内生性收益的产生和发展成了集群进一步演进的驱动力。

对于初始资源性集群收益而言，当产业集聚发生后，初始资源性集群收益 R_t 总体上呈现一个衰减的趋势，其收益变迁曲线如图3所示。

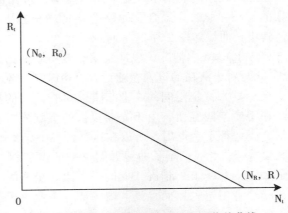

图3　产业集聚中初始资源性集群收益曲线

在产业集聚过程中，由于基于地理区位、自然资源禀赋、人力资源禀赋和市场供需条件而形成的集群收益都会随着集聚企业数量的增加而被分摊和消耗，因此随着集聚企业数量 N_t 的增加，集群收益 R_t 呈现下降的趋势。当 $N_0 = 1$ 时，此时特定空间只有一家企业进入，其独享该空间初始性资源带来的所有集群收益，此时企业享受的初始资源性集群收益在理论上达到最高点 R_0。随着产业集聚的发生，集聚产业数量增加，集群收益持续下降。当集群收益下降到 $R_t = R$ 时，此时集聚企业的数量达到由初始资源性集群收益驱动的最大可能数量 N_R。

根据上述对产业集聚阶段初始资源性集群收益的分析，由于初始资源性集群收益 R_t 在产业集聚发生后就会进入一个自然衰减的进程，当集群收益下降到 $R_t = R$ 时，由它驱动的产业集聚过程在集聚企业数量达到其极限数量 N_R 时就会自然中止，产业集群丧失了进一步形成的可能性。

内生性集群收益的形成可以归结于集聚经济效应导致的外部性和集群内部的网络、社会资本、知识外溢等因素而形成的共享性内生能力。那么，内生性集群收益是如何在产业集群起源阶段发挥作用，使产业集聚过程在初始资源性集群收益无法驱动的情况下继续演进至产业集群形成阶段呢？其演进过程如图4所示。

根据前面的分析可知，如果只考虑由初始资源性集群收益驱动的产业集聚过程，由于初始资源性集群收益的自然衰减性，因此产业集聚势必在该收益衰减到产业平均利润水平时中止。因此，

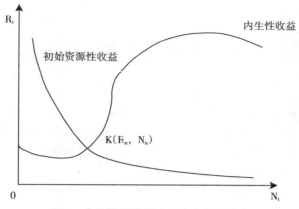

图4 内生性收益驱动的产业集群形成

初始资源性集群收益的变迁显然不是产业集聚演进至产业集群阶段的原因。而当产业集聚过程开始后，当集聚企业的数量增加时，此时集聚经济效应开始显现。虽然理论上讲，此刻两家企业之间都存在集聚经济效应，但显然，在集聚经济效应的初始阶段，内生性集群收益与集聚企业的数量 N_t 呈现正强相关性。集聚企业的数量 N_t 越大，集聚企业之间的共享性内生能力和互相提供的外部性效应越强，因此内生性集群收益越大。在产业集聚的演进过程中，在初始资源性收益和内生性收益相交的 K 点之前，是由于初始资源性收益吸引了企业的进入，产业集聚受初始资源性收益的驱动发生；在 K 点之后由初始资源性收益和内生性收益共同吸引企业进入，但此时，内生性收益已成为吸引企业进入的主要因素。尤其当初始资源性收益下降到产业平均利润的水平后，内生性集群收益成为吸引企业进入、驱动集群形成的关键因素。

当内生性集群收益取代初始资源性集群收益成为驱动集群形成的关键因素后，在特定空间内企业与企业之间的关系和相互影响就取代企业与环境、资源的关系成了企业在空间集聚的理由。集聚企业间的关系和相互影响包括：

第一，在集聚企业之间形成的多点关系。企业在不同的方面产生联系。因此，在某一点上的合作可以提高在另一点的合作，竞争也同样如此。产生这种关系的原因在于，如果企业之间存在长期合作的关系，且长期合作带来的利益大于一次性投机或欺骗行为带来的收益，则企业就会选择合作而非欺骗。集聚企业之间的广泛联系，加强了企业间的这种合作行为。

第二，集聚企业之间的竞合机制。由于集聚企业会在特定空间内反复接触，因此对未来的展望会使两个潜在的竞争对手压制短期机会主义行为。在博弈中这种效应被称为"未来阴影"。集聚企业在地理空间上的集聚性带来了企业之间行为的长期性，加强了企业对未来行为的预期。同时，集聚企业同样存在竞争关系。由于集聚企业大都是生产同类产品和相关产品的大量企业，因而，集聚企业之间存在激烈的竞争，这种外部激励机制迫使每个企业更有效率地工作，最终筛选出最有效率的企业。这种集聚企业的同行间竞争，不仅能使个体企业在竞争中获利，而且能使整个集聚企业群体高效运转，提高了共同的产业生存发展和竞争力。基于这种企业之间的关系和网络的开始形成，集聚企业内部产生了自组织的过程，集聚企业之间从无序到有序，企业协同、合作，彼此"感染"，并进而形成具有优化结构的专业化分工体系和更新、更稳定的耗散结构的组织。此时，产业集聚也就演进为产业集群。

四、针对战略性新兴产业集群培育的启示和讨论

与其他集群一样，战略性新兴产业集群的形成过程同样会受到集群收益变迁的影响。但由于战略性新兴产业集群具有创新驱动性、知识溢出性、产业放大性和发展不确定性的特征（刘志阳、姚红艳，2011），在运用基于收益变迁的集群形成机制理论指导战略性新兴产业集群的培育时，需要关注以下方面：

首先，战略性新兴产业集群在某种程度上是通过战略性创新企业通过发挥示范和辐射作用，吸引某一地理区域更多的战略性创新企业及相关支持机构加入而形成的（刘志阳、程海狮，2010）。由于战略性创新企业的发展更多地依赖于社会资源而非自然资源，因而在诱发集聚的初始资源性收益来源中，基于区域自然禀赋的收益如自然环境、地理区位等因素弱化，而基于区域社会资源的收益如市场条件、文化环境等因素强化。因此，针对战略性新兴产业集群的培育，应加强区域社会资源和环境的建设，促进创新型企业和创新性行为的产生，为战略性新兴产业的集聚创造初始条件。

其次，在战略性新兴产业集群的形成过程中，由于战略性新兴产业是围绕主导设计建立起完整的产业链和关联企业群而形成的，在主导设计尚未明确前存在多种技术路线并存的局面（段小华，2011）。而一旦有企业率先形成技术突破，掌握了主导设计的关键资源，就有可能形成某种程度的技术封锁局面，从而导致基于知识共享和外溢而产生的集群内生收益出现弱化，进而影响集群的形成和发展。因此，针对战略性新兴产业集群的培育，应在适度知识产权保护的前提下通过设立规则和制度来鼓励集群内企业的知识共享行为，以强化集群内生性收益的产生并推动集群的最终成型。

最后，由于战略性新兴产业的形成依赖于大量企业在主导技术领域长期和大量的研发和投入，而技术创新和技术产业化具有极大的不确定性，企业难以预计主导技术领域突破的成功几率和准确时间。在战略性新兴产业集聚向产业集群形成的演进过程中，有可能会出现集群内生性收益暂时无法替代初始资源性收益的空白时期。因此，需要构建顺畅的资本融通渠道和良好的风险保障机制，以加强集群内企业的存活几率和延长企业的存活时间，避免集群夭折情况的出现。

参考文献

[1] 臧旭恒，何青松. 试论产业集群租金与产业集群演进 [J]. 中国工业经济，2007（3）.

[2] 朱瑞博. 中国战略性新兴产业培育及其政策取向 [J]. 改革，2010（3）.

[3] 李晓华，吕铁. 战略性新兴产业的特征与政策导向研究 [J]. 宏观经济研究，2010（9）.

[4] 刘志阳，姚红艳. 战略性新兴产业的集群特征、培育模式与政策取向 [J]. 重庆社会科学，2011（3）.

[5] Antonelli C. Collective Knowledge Communication and Innovation：The Evidence of Technological Districts [J]. Regional Studies，2000.

[6] Peter Knorringa，Jre Meyer-Stamer. New Dimensions in Enterprise Cooperation and Development：From Cluster to Industrial Districts [M]. Harvard University Press，2002.

污染密集型产业的绿色全要素生产率及影响因素[*]

——基于 SBM 方向性距离函数的实证分析

李 玲 陶 锋[**]

一、引 言

改革开放 30 多年来，我国经济取得了巨大的成就。但伴随着经济高速增长，自然资源枯竭和环境恶化问题也日益突出。资源环境问题不仅给我国经济社会发展带来巨大的损失，而且直接导致未来发展的不可持续性。因此，党的十七届五中全会在审议"十二五"规划时明确要求以科学发展为主题，以加快转变经济发展方式为主线，提高发展的全面性、协调性、可持续性，实现经济社会又快又好发展。其中，转变经济发展方式的关键在于不断提高由全要素生产率所代表的经济增长中的质量贡献（陈诗一，2010）。

近年来，国内外学者从不同的视角探讨中国经济全要素生产率变化及其对经济增长和经济转型的影响（Bosworth 和 Collins，2008；Jefferson 等，2008；胡永泰，1998；李小平、朱钟棣，2005；郭庆旺、贾俊雪，2005；涂正革、肖耿，2006；王兵、吴延瑞和颜鹏飞，2008）。但伴随着经济发展过程中资源环境问题的日益突出，越来越多的学者认为，资源和环境不仅是经济发展的内生变量，同时也是经济发展的刚性约束。因此，利用全要素生产率评价经济绩效的时候，不仅要考虑传统的资本和劳动要素，同时也要考虑对经济发展影响巨大的资源和环境因素。于是，越来越多的学者将资源、环境因素纳入全要素生产率分析框架，对中国经济全要素生产率进行重新估算，并得出许多有价值的结论（Jeon 和 sickles，2004；Kaneko 和 Managi，2004；Watanabe 和 Tanaka，2007；胡鞍钢等，2008；涂正革、肖耿，2009；陈诗一，2009；王兵、吴延瑞和颜鹏飞，2010）。

综观已有研究，多数将环境因素纳入全要素生产率分析框架的文献都是基于省际或区域展开，而从工业分行业的角度研究的很少，如陈诗一（2009）的研究。本文认为，工业行业是国民经济的主导，同时与能源环境密切相关，尤其是现阶段，我国工业行业中的污染密集型产业，它们是实现节能减排任务的重中之重。因此，有针对性地将分行业污染密集型产业作为研究对象，考察

* 国家自然科学基金青年项目"基于知识溢出和吸收能力的代工制造业技术创新研究"（71002086）、广东省哲学社会科学规划项目"知识溢出对代工制造业技术创新的影响研究"（09E-19）。

** 李玲，1981 年生，女，河南信阳人，暨南大学产业经济研究院博士研究生；陶锋，1980 年生，男，湖南常德人，暨南大学产业经济研究院讲师，硕士生导师。

这一类型产业的绿色全要素生产率及其变化规律，对我国经济增长方式转变和可持续发展都具有重要意义。同时，已有的研究环境全要素生产率的文献中，对于非期望产出往往考虑一种或其中的几种，如Watanabe and Tanaka（2007）、涂正革（2008）只考虑二氧化硫作为非期望产出；陈诗一（2009）只考虑二氧化碳作为非期望产出；王兵（2010）选取二氧化硫和 COD 作为非期望产出；只有胡鞍钢等（2008）选取了五种非期望产出，即废水、工业固体废弃物、化学需氧量、二氧化碳和二氧化硫，但是他们的研究是基于省际或区域的环境效率研究。本文认为，对于现阶段的中国工业尤其是污染密集型产业来说，要想更加准确地度量全要素生产率，必须考虑全部的能源投入和污染排放，由此估算的绿色全要素生产率[①]才能更加准确地反映经济增长中的质量贡献。

因此，本文在已有研究的基础上，力图在以下几个方面有所发展：①参考现有的产业污染强度评价方法，计算全部二位数工业行业的污染排放强度系数，并依据污染排放强度系数的大小对二位数工业行业中的污染密集型产业进行识别。②将所识别的污染密集型产业的各个行业能源消费量作为投入、行业"三废"排放作为非期望产出纳入生产率分析框架，利用 SBM 方向性距离函数和Luenberger 生产率指标核算污染密集型产业的绿色全要素生产率并进行分解。[②] ③对影响污染密集型产业绿色全要素生产率增长因素进行实证检验。

本文基本安排如下：第一部分是简单的概述；第二部分是研究方法的介绍及相关数据的处理；第三部分是实证结果及分析；第四部分对影响污染密集型产业绿色全要素生产率增长因素进行实证检验；第五部分是结论与启示。

二、研究方法及数据处理

（一）污染密集型产业的评价方法

由于本文的研究对象是污染密集型产业，因此，如何确定 39 个二位数工业行业中究竟哪些行业属于污染密集型产业就显得十分重要。对于污染密集型产业的识别，国外文献通常使用两种方法：一种是使用减污成本和支出指标来划分；另一种是使用各种污染排放物加总后确定产业的污染强度。显然，由于各个行业的性质不同以及污染物的不可相加性，这两种方法在识别污染密集型产业时就显得十分粗糙，也不利于相关研究的展开。因此，本文在已有研究的基础上，[③] 采用对各污染排放数据进行线性标准化和等权加和平均的方法计算各个产业的污染排放强度，以此对污染密集型产业进行识别。具体方法如下：

首先计算各个产业污染物单位产值的污染排放值，即

$$UE_{ij} = E_{ij}/O_i \tag{1}$$

式中，E_{ij} 为产业 i（$i = 1, 2, \cdots, m$）主要污染物 j（$j = 1, 2, \cdots, n$）的污染排放；O_i 为各个产业的工业总产值。

其次按 0~1 的取值范围对各个产业污染物单位产值的污染排放值进行线性标准化，即

$$UE_{ij}^s = [UE_{ij} - \min(UE_j)]/[\max(UE_j) - \min(UE_j)] \tag{2}$$

---

① 又称环境全要素生产率。

② 为了突出现阶段节能减排的目标，本文用二氧化碳、二氧化硫排放代替各行业废气排放指标。

③ 此方法参考了傅京燕等《环境规制、要素禀赋与产业国际竞争力的实证研究》（2010 年第 10 期《管理世界》）一文中关于污染强度的度量方法。

式中，UE_{ij} 为指标的原始值，$\max(UE_j)$ 和 $\min(UE_j)$ 分别为主要污染物 j 在所有产业中的最大值和最小值，UE_{ij}^s 为标准化值。

再次将上述各种污染排放得分等权加和平均，计算出废水、废气和固体废弃物的平均得分。

$$NUE_{ij} = \sum_{j=1}^{n} UE_{ij}^s / n \tag{3}$$

最后将平均得分进行汇总，得出产业总的污染排放强度系数 γ^i。

（二）绿色全要素生产率的度量及分解方法

由于能源、环境因素在经济社会发展中起到了越来越重要的作用，因此，没有考虑能源、环境因素的全要素生产率不能真实地反映具体的技术和效率变化。Nanere 等（2007）指出，只有在可持续发展框架下正确考虑了能源环境因素后的生产率度量才是可靠的，否则生产率将被高估或低估。近年来，国内外文献越来越多地采用方向性距离函数研究考虑了能源环境因素后的全要素生产率及其变化规律。本文根据 Tone（2003）、Fukuyama 和 Weber（2009）与王兵等（2010）的研究方法，采用 SBM 方向性距离函数估算考虑了能源投入、废水、二氧化碳、二氧化硫、固体废弃物排放的污染密集型产业绿色全要素生产率，基本原理如下：

首先，本文把每一个污染密集型产业看作一次决策单位构造生产前沿。假设每一个行业使用 N 种投入 $x = (x_1, \cdots, x_N) \in R_N^+$，生产出 M 种期望产出 $y = (y_1, \cdots, y_M) \in R_M^+$，以及排放 I 种非期望产出 $b = (b_1, \cdots, b_I) \in R_I^+$，假设每个横截面观测值的权重为 λ_k^t，运用数据包络分析可将环境技术模型化为：

$$P^t(x^t) = \left\{ (y^t, b^t) : \sum_{k=1}^{K} \lambda_k^t y_{km}^t \geq y_{km}^t, \ \forall m; \ \sum_{k=1}^{K} \lambda_k^t b_{ki}^t \geq b_{ki}^t, \ \forall i; \ \sum_{k=1}^{K} \lambda_k^t x_{kn}^t \geq x_{kn}^t, \ \forall n; \ \sum_{k=1}^{K} \lambda_k^t = 1, \ \lambda_k^t \geq 0, \ \forall k \right\} \tag{4}$$

其次，根据 Fukuyama 和 Weber（2009），定义如下考虑资源环境下的 SBM 方向性距离函数为：

$$\vec{S_V}(x^{t,k'}, y^{t,k'}, b^{t,k'}, g^x, g^y, g^b) = \max_{s^x, s^y, s^b} \frac{\frac{1}{N} \sum_{n=1}^{N} \frac{s_n^x}{g_n^x} + \frac{1}{M+I} \left[\sum_{m=1}^{M} \frac{s_m^y}{g_m^y} + \sum_{i=1}^{I} \frac{s_i^b}{g_i^b} \right]}{2}$$

$$\text{s.t.} \sum_{k=1}^{K} \lambda_k^t x_{kn}^t + s_n^x = x_{k'n}^t, \ \forall n; \ \sum_{k=1}^{K} \lambda_k^t y_{km}^t - s_m^y = y_{k'm}^t, \ \forall m; \ \sum_{k=1}^{K} \lambda_k^t b_{ki}^t + s_i^b = b_{k'i}^t, \ \forall i; \ \sum_{k=1}^{K} \lambda_k^t = 1,$$

$$\lambda_k^t \geq 0, \ \forall k; \ s_n^x \geq 0, \ \forall n; \ s_m^y \geq 0, \ \forall M; \ s_i^b \geq 0, \ \forall i \tag{5}$$

式（5）中，$\vec{S_V}$ 表示 VRS 下的方向性距离函数，若去掉权重变量和为 1 的约束，则用 $\vec{S_C}$ 表示 CRS 下的方向性距离函数，$(x^{t,k'}, y^{t,k'}, b^{t,k'})$、$(g^x, g^y, g^b)$、$(s_n^x, s_m^y, s_i^b)$ 分别为投入和产出向量、方向向量和松弛变量。

最后，根据 Chambers 等（1996）t 期和 t+1 期之间的 Luenberger 生产率指标：

$$LTFP_t^{t+1} = \frac{1}{2} \left[\vec{S_C^t}(x^t, y^t, b^t; g) - \vec{S_C^t}(x^{t+1}, y^{t+1}, b^{t+1}; g) - \left[\vec{S_C^{t+1}}(x^t, y^t, b^t; g) \right. \right.$$

$$\left. \left. - \vec{S_C^{t+1}}(x^{t+1}, y^{t+1}, b^{t+1}; g) \right] \right] \tag{6}$$

Luenberger 生产率指标由于不需要像传统距离函数一样进行等比例变动，因而可以在压缩非期望产出的同时提高期望产出，提供了一个评价生产率的平台。按照 Grosskop（2003）的分析思路，Luenberger 生产率指标可以进一步分解为纯效率变化（LPEC）、纯技术进步（LPTP）、规模效率变化（LSEC）和技术规模变化（LTPSC）：

$$LTFP = LPEC + LPTP + LSEC + LTPSC \tag{7}$$

$$LPEC_t^{t+1} = \vec{S_V^t}(x^t, y^t, b^t; g) - \vec{S_V^{t+1}}(x^{t+1}, y^{t+1}, b^{t+1}; g) \tag{8}$$

$$LPTP_t^{t+1} = \frac{1}{2}\{[\vec{S_V^{t+1}}(x^t, y^t, b^t; g) - \vec{S_V^t}(x^t, y^t, b^t; g)] + [\vec{S_V^{t+1}}(x^{t+1}, y^{t+1}, b^{t+1}; g)$$
$$- \vec{S_V^t}(x^{t+1}, y^{t+1}, b^{t+1}; g)]\} \tag{9}$$

$$LSEC_t^{t+1} = [\vec{S_C^t}(x^t, y^t, b^t; g) - \vec{S_V^t}(x^t, y^t, b^t; g) - [\vec{S_C^{t+1}}(x^{t+1}, y^{t+1}, b^{t+1}; g)$$
$$- \vec{S_V^{t+1}}(x^{t+1}, y^{t+1}, b^{t+1}; g)] \tag{10}$$

$$LTPSC_t^{t+1} = \frac{1}{2}\{[\vec{S_C^{t+1}}(x^t, y^t, b^t; g) - \vec{S_V^{t+1}}(x^t, y^t, b^t; g)] - [\vec{S_C^t}(x^t, y^t, b^t; g)$$
$$- \vec{S_V^t}(x^t, y^t, b^t; g)] + [\vec{S_C^{t+1}}(x^{t+1}, y^{t+1}, b^{t+1}; g) - \vec{S_V^{t+1}}(x^{t+1}, y^{t+1}, b^{t+1}; g)]$$
$$- [\vec{S_C^t}(x^{t+1}, y^{t+1}, b^{t+1}; g) - \vec{S_V^t}(x^{t+1}, y^{t+1}, b^{t+1}; g)]\} \tag{11}$$

当以上五个测量值均大于 0 时，分别表示生产率提高、效率改善、技术进步、规模效率提高和技术偏离 CRS，反之则反。此时我们需要使用八个方向性距离函数对 Luenberger 生产率指标分解，其中四个属于 CRS 假设，四个属于 VRS 假设。

（三）相关数据及处理

本文从分行业的角度，以工业部门污染密集型产业为研究样本，测算绿色全要素生产率并对其影响因素进行验证。相关数据处理如下：

（1）期望产出。期望产出用的是所识别的污染密集型产业 2004~2008 年行业工业总产值，其基础数据来源于历年的《中国统计年鉴》，并根据分行业工业品出厂价格指数折算为 1990 年不变价。

（2）非期望产出。为全面度量污染密集型产业的绿色全要素生产率，本文选取相关产业废水、废气、固体废弃物排放量作为非期望产出，其中，废气排放用二氧化碳和二氧化硫排放量代替。各个行业的废水、二氧化硫和固体废弃物的排放量均可从历年的《中国统计年鉴》查出，但二氧化碳排放量统计年鉴上没有，需要进行估算。本文采用陈诗一所估算的 2004~2006 年分行业二氧化碳排放量数据，并根据其所提供的公式和核算方法拓展了分行业 2007~2008 年二氧化碳排放量。

（3）投入。本文除考虑了资本投入和劳动投入外，还考虑了能源投入。其中，关于分行业劳动投入和能源投入，本文采用大多数文献的做法，将各行业职工平均人数作为劳动投入数据，将分行业 2004~2008 年能源消费总量作为能源投入数据，以上两部分数据从历年的《中国统计年鉴》均可查到。资本存量是生产率研究中的一个重要的投入变量，但统计年鉴没有提供详细的资本存量数据，因而需要估算。本文根据《中国统计年鉴》相关数据利用永续盘存法估算了 2004~2008 年行业资本存量数据。[①] 显然，资本存量的计算依赖于三个问题的解决：基年资本存量的确定、折旧率、当年投资额不变价。首先，本文按照陈诗一（2009）的方法得到 1980 年资本存量作为基年资本存量。其次，本文放弃了采用固定折旧率的做法，并根据《中国统计年鉴》、《中国工业统计年鉴》所提供的 2004~2008 年折旧额和固定资产额，参考陈诗一（2010）的方法，估算分行业折旧率。再次，利用固定资产原值之差构造投资额序列并根据当年投资品价格指数折算成 1990 年不变价作为当年投资额。最后，根据公式得到各行业 2004~2008 年资本存量数据。

---

① 按照永续盘存法估算资本存量：$K_t = I_t + (1 - D_t)@K_{t-1}$，式中，K 为资本存量，I 为可比价新增固定资产投资，D 为折旧率，t 和 t–1 分别代表当期和前期。

三、实证结果及分析

（一）污染密集型产业的识别结果

根据最新的行业分类标准（GBPT 475422002），从 39 个行业中选取 35 个行业进行研究（其他矿采选业、木材及竹材采运业、木材加工业、其他制造业由于部分数据不全，剔除）。我们根据前文所提到的污染密集型产业的评价方法，核算各个行业的污染排放强度，其基础数据来源于历年的《中国统计年鉴》。表 1 为污染密集型产业识别结果，本文根据总排放强度大小对污染产业进行分类，若 $\gamma^i \geqslant 0.4079$，该产业属于重度污染产业；若 $0.3612 \leqslant \gamma^i \leqslant 0.1112$，该产业属于中度污染产业；若 $\gamma^i \leqslant 0.0964$，该产业属于轻度污染产业。本文将重度污染产业和中度污染产业共 19 个产业统称为污染密集型产业，作为本文的研究对象。可以看出，本文对于污染密集型产业的划分结果与已有研究基本一致。[①]

表 1 污染密集型产业识别结果

污染排放强度系数	分类	产业
$\gamma^i \geqslant 0.4079$	重度污染产业	电力热力、有金采选、造纸制品、黑金采选、石油加工、煤炭开采、非金制造、燃气煤气、化学工业、非金矿采、化学纤维
$0.3612 \leqslant \gamma^i \leqslant 0.1112$	中度污染产业	黑金加工、饮料制造、纺织业、有金加工、食品制造、医药工业、农副加工、石油开采
$\gamma^i \leqslant 0.0964$	轻度污染产业	文教体育、皮革毛羽、橡胶制品、塑料制品、金属制品、纺织服装、烟草加工、专用设备、仪器仪表、交通设备、通用设备、家具制造、水的生产、印刷媒介、通信设备、电气机械

资料来源：根据《中国统计年鉴》、《中国环境年鉴》计算整理而得。

（二）污染密集型产业绿色全要素生产率实证结果及分析

工业部门中的污染密集型产业对国民经济的发展具有重要作用，但同时也是能源消耗和环境污染的大户。准确度量污染密集型产业增长中的质量贡献和识别影响质量贡献的因素，对于污染密集型实现节能减排甚至整个国民经济的可持续发展都具有重要意义。根据 35 个二位数工业行业污染排放强度的核算结果，本文选取重度污染产业和中度污染产业为污染密集型产业作为本文的研究对象，如表 2 所示。共 19 个行业，它们是：电力、蒸汽及热水生产与供应业、有色金属矿采选业、造纸及纸制品业、黑色金属矿采选业、石油加工及炼焦业、煤炭采选业、非金属矿物制品业、煤气的生产与供应业、化学原料及制品业、非金属矿采选业、化学纤维制造业、黑色金属冶炼压延加工业、饮料制造业、纺织业、有色金属冶炼压延加工业、食品制造业、医药制造业、食品加工业、石油和天然气开采业。

本文基于 Excel Solver Prem Platform V5.5 软件，通过编写宏并设置规划求解参数。为了与绿色全要素生产率进行比较，本文在估算绿色全要素生产率之前，首先从分行业角度对不考虑非期望产出的 19 个污染密集型产业的全要素生产率进行估算，并分解为技术变动指数、纯技术效率指数和规模效率指数、技术规模变动指数。基本结果如表 3 所示。

---

① 由于篇幅限制，本文不提供各个行业的污染排放强度系数，读者若有需要，可向作者索取。

表 2 污染密集型产业相关变量的描述性统计特征

	单位	样本数	均值	中位数	最大值	最小值	标准差
工业总产值	亿元	95	3986.1880	2958.552	15006.14	132.2877	3606.4550
资本存量	亿元	95	2862.7670	1540.290	21386.96	238.2200	3736.9970
劳动投入量	万人	95	192.3716	130.140	652.06	14.4900	165.3042
能源投入量	万吨标煤	95	8184.8490	3274.130	53312.00	535.7500	10928.4700
废水	万吨	95	98462.2000	47960.000	424597.00	2605.0000	107691.1000
二氧化碳	万吨	95	28565.6200	4239.320	285849.00	178.3700	58472.1700
二氧化硫	万吨	95	97.81211	15.610	1204.10	1.8800	246.7880
固废	万吨	95	60.76863	23.300	461.39	0.0000	95.97535

资料来源：根据《中国统计年鉴》、《中国环境年鉴》整理而得。

表 3 污染密集型产业平均全要素生产率及其分解（2004~2008 年）

行业	LTFP	LPEC	LTPT	LSEC	LTPSC
电力和热力	0.1984	0.0075	0.0849	−0.0034	0.1095
有金采选	−0.0103	−0.1401	0.0134	0.0260	0.0903
造纸制品	0.0891	−0.0311	0.1252	0.0018	−0.0069
黑金采选	0.0694	−0.2721	0.0332	0.1673	0.1410
石油加工	0.0150	−0.0989	0.1435	−0.0459	0.0163
煤炭开采	0.1464	0.0040	0.3085	−0.2872	0.1212
非金制造	0.1162	0.0123	0.0659	−0.0286	0.0667
燃气煤气	0.5449	−0.0191	−0.0025	0.2346	0.3319
化学工业	0.0167	0.0000	0.0038	−0.0831	0.0961
非金矿采	0.1212	−0.0582	0.0976	−0.0264	0.1082
化学纤维	0.0171	−0.0072	0.0133	−0.0004	0.0114
黑金加工	0.1164	0.0402	0.0287	−0.0469	0.0943
饮料制造	0.0909	−0.0118	0.0672	0.0120	0.0235
纺织业	0.0442	0.0000	0.0236	−0.0231	0.0436
有金加工	0.0254	−0.0186	0.1323	−0.0340	−0.0544
食品制造	0.0681	−0.0184	0.0618	−0.0001	0.0247
医药工业	0.0239	0.0000	0.0131	0.0000	0.0108
农副加工	0.0206	0.0000	0.0478	−0.0434	0.0162
石油开采	−0.533	−1.0595	0.9925	−0.6626	0.1966
平均	0.0621	−0.0879	0.1186	−0.0444	0.0758

考虑到污染密集型产业与能源环境等因素密切相关的特性，本文估算了考虑能源投入和四种非期望产出的污染密集型产业绿色全要素生产率，并对其进行分解。结果如表 4 所示。

表 4 污染密集型产业平均绿色全要素生产率及其分解（2004~2008 年）

行业	LTFP	LPEC	LTPT	LSEC	LTPSC
电力和热力	0.0189	−0.0141	0.0655	0.0126	−0.0452
有金采选	0.0125	0.0000	−0.1978	−0.0277	0.2379
造纸制品	−0.0060	−0.0055	−0.0724	−0.0031	0.0750
黑金采选	0.0148	0.0000	−0.0800	−0.0118	0.1065
石油加工	0.0041	−0.0158	0.0142	−0.0024	0.0081
煤炭开采	0.0365	−0.0235	0.0534	−0.0041	0.0107
非金制造	0.0740	0.0000	0.0921	0.0000	−0.0181

续表

行业	LTFP	LPEC	LTPT	LSEC	LTPSC
燃气煤气	0.0467	0.0000	−0.1142	0.0154	0.1455
化学工业	−0.0052	0.0000	−0.0837	−0.0153	0.0938
非金矿采	−0.0003	0.0000	−0.0544	−0.0305	0.0846
化学纤维	−0.0539	0.0000	−0.0745	0.0000	0.0206
黑金加工	0.0382	0.0000	0.0850	−0.0036	−0.0432
饮料制造	0.0666	−0.0474	0.0079	0.0348	0.0713
纺织业	0.0184	0.0000	−0.0861	0.0828	0.0217
有金加工	0.1370	0.0000	0.1197	0.0000	0.0173
食品制造	0.0667	−0.0103	0.0151	0.0043	0.0575
医药工业	−0.0177	0.0000	−0.0692	0.0000	0.0515
农副加工	0.0702	0.0000	0.0709	0.0144	−0.0150
石油开采	0.0191	−0.0013	0.1067	−0.0491	−0.0373
平均	0.0285	−0.0062	−0.0106	0.0009	0.0444

对比表 3 和表 4，我们发现，总体来看，中国污染密集型产业 2004~2008 年不考虑废水、二氧化碳、二氧化硫、固体废弃物排放的全要素生产率平均增长率为 6.21%，而考虑了这四种非期望产出的绿色全要素生产率平均增长率为 2.85%。污染密集型产业的绿色全要素生产率平均增长率明显低于传统的全要素生产率增长率，验证了 Nanere 等（2007）的结论，同时也证明我国工业中的污染密集型产业环境规制的无效率。从分行业来看，除有色金属采选业、有色金属加工业、农副产品加工业和石油开采业四个行业绿色全要素生产率高于传统的不考虑非期望产出的全要素生产率外，其余行业的绿色全要素生产率均低于传统全要素生产率。结果基本符合已有研究结论，同时也符合污染密集型产业高能耗、高污染的现实。

单从污染密集型产业的绿色全要素生产率估算结果来看，考虑非期望产出因素后，除了造纸工业、化学工业、非金属采矿业、化学纤维业和医药工业全要素生产率表现为负增长外，其余行业的绿色全要素生产率均大于零，表现为增长，但增长率很低。19 个行业中只有有色金属加工业的绿色全要素生产率在技术进步指数提升下超过 10%。超过 5% 的行业只有 4 个：非金属制造业为 7.4%，饮料制造业为 6.66%，食品制造业为 6.67%，农副产品加工业为 7.02%。这一估算结果意味着，总体上看，2004~2008 年中国工业污染密集型产业在考虑了能源消耗和污染排放后的全要素生产率对于经济增长的贡献超过要素的贡献，但增长速度极为缓慢，增长方式处于粗放型与集约型的临界点。这一结论与相关文献的结论基本一致。陈诗一（2010）发现，由于技术进步在大多数行业中发挥着第一驱动力的作用，工业的发展方式从外延扩张型转变成以质量提高为特征的内涵扩张型增长。但如果考虑能源环境因素，这种转变才刚刚开始，不能得出中国工业尤其是污染密集型产业已从粗放型转变为集约型增长的结论。

本文将估算的污染密集型产业全要素生产率两类指数都分解为纯效率变化（LPEC）、纯技术进步（LPTP）、规模效率变化（LSEC）和技术规模变化（LTPSC）。4 个指数大于（小于）0 分别表明效率改善（恶化）、技术进步（退步）、规模效率提高（下降）、技术偏离 CRS（向 CRS 移动）。从分解结果来看，传统的不考虑非期望产出的全要素生产率增长的主要原因是技术进步，技术进步平均指数 11.86%；而绿色全要素生产率增长速度减缓，主要原因是纯技术效率的恶化和技术退步（平均增长率为−1.06%）。具体到污染密集型产业绿色全要素生产率的分解，可以看出，对于绝大多数的行业来说，规模效率和技术规模对生产率的贡献大于纯技术效率和技术进步。一个可能的解释是：20 世纪 90 年代中期开始的淘汰和关闭近 10 万家技术落后、高污染、高能耗的小企业，提高了污染密集型产业的规模效率，从而对绿色全要素生产率的增长作出贡献。

四、影响污染密集型产业绿色全要素生产率因素分析

鉴于资源环境因素在经济社会发展中发挥越来越重要的影响，本文估算了与能源环境密切相关的污染密集型产业的绿色全要素生产率。可以看出，绿色全要素生产率数值明显低于传统不考虑能源环境所估算的全要素生产率。我们有理由相信，考虑了能源环境因素的绿色全要素生产率更准确地反映了污染密集型产业的技术进步和效率提升，那么，究竟哪些因素影响了这些产业绿色全要素生产率的增长呢？本文根据国内外文献相关研究成果和中国污染密集型产业的现实背景，选取影响污染密集型产业绿色生产率因素的指标，利用 Balanced Panel 进行实证检验。[①] 相关数据来源于历年的《中国统计年鉴》、《中国工业经济统计年鉴》。

对污染密集型产业绿色全要素生产率的影响因素选取，本文在借鉴前人研究的基础上（Loko 和 Diouf，2009；王兵等，2010），结合中国污染密集型产业的现实背景，并基于数据的可得性，选取了以下影响因素：

（1）外商直接投资水平：外商直接投资占工业总产值的比重（X_1）。

（2）所有制结构：国有及国有控股企业工业总产值占全部工业总产值的比重（X_2）。

（3）规模结构：大中型企业工业总产值占全部工业总产值的比重（X_3）。

（4）能源结构：煤炭消费量占能源消费总量的比重（X_4）。

（5）环境规制程度：工业废水、二氧化硫、固体废物处理量占产生量比重的加权平均（X_5）。[②]

基于 Eviews 6.0 软件中的 Balanced Panel 模型，本文采用逐步回归法对影响绿色全要素生产率的因素进行估计，以避免解释变量之间的多重共线性。同时，在估计之前进行 Hausman 检验，检验结果表明应以固定效应模型估计参数。回归结果如表 5 所示。

表 5　计量回归结果

	模型 I	模型 II	模型 III	模型 IV	模型 V
Intercept	0.196*** (3.793)	0.336 (1.26)	0.471*** (3.73)	0.356** (1.89)	0.234 (0.834)
X_1	-3.672*** (-3.338)	-2.969*** (-2.62)	-2.81** (-2.56)	-2.77** (-2.52)	-2.89** (-2.56)
X_2		-0.83** (-2.376)	-1.04*** (-2.678)	-0.99** (-2.508)	-0.92** (-2.2)
X_3			0.082* (1.54)	0.074* (1.383)	0.078* (1.436)
X_4				0.129 (0.826)	0.11 (0.68)
X_5		0.149* (1.601)			0.148* (1.586)

---

①　由于全要素生产率属于动态分析，本文根据 Managi 和 Ranjan（2008），把全要素生产率转换为 1+LTFP 后再进行对数化，同时为了克服生产率指标在 0 附近变化不显著而造成的计量不显著问题，分析时运用累计生产率指标。

②　由于二氧化碳数据统计年鉴上没有，排放数据可以估算，但处理量却无法估算，因而本文选取其他三种污染物核算环境规制程度。

	模型 I	模型 II	模型 III	模型 IV	模型 V
OBS	76	76	76	76	76
R^2	0.72	0.753	0.76	0.765	0.767
F	7.83	7.869	8.25	7.86	7.449

注：括号内为 t 值。显著性水平：　* 表示 p-value<0.1，　** 表示 p-value<0.05，　*** 表示 p<0.01。

在逐步回归中，本文发现 FDI 投资水平在各个模型中都很稳健，污染密集型产业的外商直接投资水平与绿色全要素生产率显著负相关。这一结论与涂正革（2008）的结论基本一致，同时印证了"污染天堂"假说，即发达国家的环境规制程度较发展中国家严格，发展中国家生产污染密集型产品具有比较优势，因此，必然有大量的 FDI 流入发展中国家的污染密集型部门。西方发达国家严厉的环保措施导致高能耗、高污染产业向中国转移，考虑到环境污染因素，FDI 的增加不能提升污染密集型产业的绿色全要素生产率。本文的回归结果表明，FDI 每增长 1%，绿色全要素生产率反而下降 2.77%~3.67%。

反映所有制结构的国有及国有控股企业工业总产值占全部工业总产值比重与污染密集型产业绿色全要素生产率显著负相关，在逐步回归中表现稳健，这与当前许多学者关于国有化和效率研究的结论类似（Yusuf 等，2005；刘小玄，2005；涂正革、肖耿，2005）。目前，中国污染密集型产业中，国有企业仍然存在巨大的能源浪费和严重的污染行为，要素配置不合理从而导致生产率的下降。同进，污染密集型产业所有制结构多元化有利于形成独立、平等的竞争主体，建立适应市场要求的企业发展机制和经营机制，提高技术水平和效率，进而降低能耗、减少污染，从而提高污染密集型产业的绿色全要素生产率。

产业经济学的主流观点认为，如果市场的主要供给者是达到和接近规模经济的企业，则表明该产业已充分利用了规模经济效益，产业的资源配置和利用率达到最优状态，即产业规模结构最优化。本文的回归结果表明，企业规模有利于污染密集型产业绿色全要素生产率的提高。大中型企业比重提高 1%，绿色全要素生产率提高 0.074%~0.082%。大中型企业的发展有利于提高污染密集型产业集中度，从而提高科研水平和管理效率，对绿色全要素生产率具有正向影响。已有事实证明，从 20 世纪 90 年代中期以来，我国工业污染防治战略发生了重大变化，关停、并转大量高能耗、高排放的小煤矿、小水电厂、小纺织厂、小化工厂等技术落后、效率低下的小企业，资源配置逐渐向效力高的大企业集中，无序低效生产得到遏制。

关于能源结构与绿色全要素生产率的关系，本文的回归结果显示并不明显，根据模型 IV 和模型 V，能源结构的回归系数都为正，但均未通过显著性检验。这与已有研究结论矛盾，也不符合我国工业发展的现实。造成这种结果的原因，一方面可能是本文考察时间较短；另一方面可能是度量指标需要进一步完善。

环境规制程度系数为正，符合波特假说。文献普遍认为，环境规制是影响全要素生产率的重要因素，但究竟环境规制是阻碍还是促进了生产率的增长，现有的研究并未得出一致的结论。因为本文的研究对象是污染密集型产业，污染密集型产业的特点就是其经济行为与资源消耗和环境污染密切相关。本文的实证结果显示，对于污染密集型产业来说，环境规制强度提高 1%，绿色全要素生产率提高 0.148%~0.149%。政府的环境规制政策在一定程度上能够促使企业进行技术创新，淘汰落后产能，进行管理制度创新，实施节能减排，提高企业的效率。

五、结论与启示

由于污染密集型产业与能源环境因素密切相关,忽略污染排放而对全要素生产率进行测度往往会与真实值产生一定的偏差。为了弥补这一缺失,本文以污染密集型产业为研究对象,选取了废水、二氧化碳、二氧化硫、固体废弃物作为非期望产出,运用 SBM 方向性距离函数和 Luenberger 生产率指标测度了 19 个污染密集型产业 2004~2008 年的绿色全要素生产率,并与传统不考虑非期望产出的全要素生产率进行比较。本文对影响绿色全要素生产率的因素进行实证分析。

总体上,2004~2008 年中国污染密集型产业考虑了非期望产出的绿色全要素生产率为 2.85%,这说明污染密集型产业生产率水平是不断进步的。但与不考虑非期望产出的绿色全要素生产率相比,低了 3.36%。这一研究结果,一方面说明以往不考虑非期望产出的研究高估了全要素生产率;另一方面也证明了中国污染密集型产业仍然是高能耗、高污染产业,环境规制并未真正发挥实质作用。本文通过对污染密集型产业绿色全要素生产率的分解项分析结果表明,对于绝大多数行业来说,规模效率对绿色全要素生产率的贡献大于技术进步和纯技术效率的贡献。也就是说,技术创新在提高污染密集型产业绿色全要素生产率方面并没有发挥真正的作用。本文也考察了影响污染密集型产业绿色全要素生产率的因素。结果表明:FDI 水平和所有制结构对绿色全要素生产率有负向影响,而规模结构、环境规制程度与全要素生产率正相关。能源结构为正,但不显著,这可能与研究时间较短以及度量指标的测度有关。基于研究结论,本文提出如下政策建议:

(1)继续整合污染密集型产业的资源和要素配置,坚决淘汰和关闭仍然存在的技术落后、高能耗、高污染的小企业。发挥市场竞争的优胜劣汰机制,遏制无序生产。重点鼓励发展技术水平高、污染少、效益好的大企业。

(2)进一步提高环境规制强度。刺激企业一方面进行治污技术的创新,从根本上降低治污成本,提高企业竞争力;另一方面为节能减排任务而进行的管理制度创新,提高能源利用率,减少污染排放。

(3)政府灵活运用各种环境规制手段,尽量使基于行政手段的"命令型"环境规制工具和基于市场手段的"激励型"环境规制工具综合起来,赋予企业一定的灵活性,让其能够以更为经济的方法提高企业竞争力和实现环境规制的要求,从而达到提升污染密集型产业绿色全要素生产率的目的。

参考文献

[1] 胡鞍钢,郑京海,高宇宁,张宁,许海萍. 考虑环境因素的省级技术效率排名 [J]. 经济学季刊,2008(3).

[2] 李小平,朱钟棣. 中国工业行业的全要素生产率测算——基于分行业面板数据的研究 [J]. 管理世界,2005(4).

[3] 郭庆旺,贾俊雪. 中国全要素生产率的估算 [J]. 经济研究,2005(6).

[4] 涂正革,肖耿. 中国的工业生产力革命 [J]. 经济研究,2005(3).

[5] 陈诗一. 能源消耗、二氧化碳排放与中国工业的可持续发展 [J]. 经济研究,2009(4).

[6] 涂正革,肖耿. 环境约束下中国工业增长模式的转变 [J]. 世界经济,2009(12).

[7] 王兵,吴延瑞,颜鹏飞. 环境管制与全要素生产率增长:APEC 的实证研究 [J]. 经济研究,2008(5).

[8] 王兵,吴延瑞,颜鹏飞. 中国区域环境效率与环境全要素生产率增长 [J]. 经济研究,2010(5).

［9］Bosworth Barry and Susan, M.Collins. Accounting for Growth: Comparing China and India ［J］. Journal of Economic Perspectives, 2008, 22 (1): 45-66.

［10］Fisher-vanden K., Jefferson, G.H. and Jingkui, M. Technology Development and Energy Productivity in China ［J］. Energy Economics, 2009 (2).

［11］Fukuyama H., William L., Weber, Y. A Directional Slacks-based Measure of Technical Inefficiency ［J］. Socia-Economic Planning Sciences, 2009 (10).

［12］Jefferson, Gary H., Thomas G. Rawski, Yifan Zhang. Productivity Growth and Convergence Across China's Industrial Economy ［J］. Journal of Chinese Economic and Business Studies, 2008, 6 (2): 121-140.

［13］Jeon Byung M., Robin C.Sickles. The Role of Environmental Factors in Growth Accounting ［J］. Journal of Applied Econometrics, 2004, 19 (5): 567-591.

［14］Kaneko S., Managi S. Environmental Productivity in China ［J］. Economics Bulletin, 2004, 17 (2): 1-10.

［15］Kumar S. Environmentally Sensitive Productivity Growth: A Global Analysis Using Malmquist-Luenberger Index ［J］. Ecological Economics, 2006, 56 (4).

［16］Kumbhakar, S.C. Estimation and Decomposition of Productivity Change When Production is not Efficient: A Panel Data Approach ［J］. Econometric Review, 2000 (19): 425-460.

［17］Nanere Marthin, Iain Fraser, Ali Quazi, Clare D'Souza. Environmentally Adjusted Productivity Measurement ［J］. Journal of Environmental Management, 2007, 85 (2): 350-362.

［18］Tone, K. Dealing with Undesirable Outputs in DEA: A Slacks based Measure (SBM) Approach ［R］. GR IPS Reserarch Report Series, 2003.

［19］Watanabe M., Tanaka K. Efcienc Analysis of Chinese Industry: A Directional Distance Function Appoach ［J］. Energy Policy, 2007 (35).

［20］Yusuf, Shahid, Nabeshima Kaoru and Perkins Dwight H. Under New Ownership: Privatizing China's State Owned Enterprises ［M］. Stanford University Press and The World Bank, 2005.

工业废弃物循环利用网络内上下游企业合作演化机理*

——基于利益驱动的视角

卢福财　朱文兴**

一、引言及文献综述

丹麦的卡伦堡是世界上最成功，也是学者们研究最多的工业废弃物循环利用网络。近年来，世界其他地方也先后出现了比较成功的工业废弃物循环网络，如澳大利亚的奎纳纳、昆士兰和施蒂里亚，加拿大的萨尼亚和新斯科舍，荷兰的鹿特丹，英国的国家产业共生园等（Aston，2008；Pratima Bansal，2009）。大量的文献聚焦于企业为什么要进入共生网络（Chertow 和 Lombardi，2005；Jacobsen，2006；Van Berkel，2006），对于这些问题的研究，不同的学者有不同的观点，文献主要集中在如下三个方面：

（1）经济利益动机驱动。Schwarz 和 Steininger（1995）从生产组织过程的角度进行研究，他们认为由于单个企业相对稳定的生产流程中产生的废弃物不能被再次使用到同样的生产过程，只能利用其他生产过程加工，为此提出需在企业间"建立工业循环网络"，为实现生产过程中"上游废物"的再使用需要通过相互匹配企业间的网络来完成。Lowe、Warren 和 Moran（1997）探讨了生态工业园的成员企业结网合作的动力，成员企业有着较高的积极性以保证生态工业园的效率，其根本动力在于利益的驱动。Ehrenfeld 和 Gertler（1997）从合作的上下游成本和收益的角度，认为卖方企业首先考虑的是降低废弃物的处理成本，甚至把废弃物的处理变成新的利润来源，而买方企业希望把副产品作为资源投入，低成本地获得资源，且尽可能地降低交易成本及运输成本，Pierre Desrochers（2002）从历史的观点对卡伦堡与欧美其他的产业生态区的案例进行研究，得出了利益是主要产生合作的来源，而环境压力不是形成共生的主要动力。

（2）规划驱动还是自发形成。大部分学者认为，工业废弃物循环网络的形成是成员企业自发形成的共生系统，而不是整体规划而成的（Lowe，1997；Ehrenfeld 和 Chertow，2002；Korhonen等，2002；Desrochers，2004），而 Anna Wolf、Mats Eklund 和 Mats Söderström（2007）等学者认为，不太可能理性地规划产业生态网络，意味着可以提供一些便利的措施促进共生网络的演化（von Malmborg，2004）。Anna Wolf、Mats Eklund 和 Mats Söderström（2007）通过实证的案例证明产

* 国家自然科学基金项目（71163014）；江西省研究生创新基金（YC10A079）；江西财经大学校级创新团队资助项目。
** 卢福财，1963 年生，男，江西资溪人，江西财经大学产业经济研究院教授，博士生导师，博士；朱文兴，1975 年生，男，江西余江人，江西财经大学博士研究生，江西理工大学副教授。

业生态网络是半计划半自动的过程，Teresa Doménech 和 Michael Davies（2011）通过对英国的国家产业共生项目（NISP）的分析得出，现实的操作过程可以通过整体的规划设计来实现产业生态网络的建立。

（3）网络组织进化驱动。主要有三个研究进化网络的理论基础：阶段理论（Stages Theory）、状态理论（States Theory）和联结理论（Joinings Theory）。阶段理论主要包括生命周期模式和企业间关系成长阶段模式，此阶段理论认为，网络的演变是从探索阶段、开始阶段、发展阶段、维持阶段到终止的一个持续进阶过程；状态理论认为，网络进化没有清晰的边界，也不一定就是持续的、有序的、渐近的由低到高的发展，认为在难以预测和动态多变环境状况下，网络的进化是从一个状态到另一个状态的发展过程；联结理论认为，初始条件决定成员企业的战略位置，同时在互动交往过程中，参与方不断地进行成本收益的评估，持续地进行定位、再定位甚至退出网络的过程（Gerry Batonda 和 Chad Perry，2003）。成功的战略联盟进化是一个持续互动的认知学习和行为学习，再评估、再校正的合作过程（Yves L. Doz，1996）。

综合上述文献可以看出，现有文献对工业废弃物循环利用网络成员企业间的共生关系和合作动机有了一定的研究，对驱动循环网络形成的因素进行了探索性分析，认识到良好的利益机制是驱动网络形成的有效途径之一，这些成果无疑为本文的研究奠定了坚实的基础。但已有成果中单一的、定性的、一般化的研究较多，从成员企业利益关系的角度探究工业废弃物循环利用网络合作演化机理还处于被忽略的状态，虽然有人从不同的维度分析了利益关系的影响因素，但对影响因素及因素间关系如何形成整体驱动力，缺乏理论层面的深入系统剖析。显然，企业作为市场经济活动的主体，目标是追求经济利益的最大化，工业废弃物循环利用网络能否持续发展壮大归根结底取决于成员企业所面临的经济激励。无论工业废弃物循环网络是自发形成的，还是规划驱动的，从市场的角度来看，盈利是企业存在的基本使命，利益机制始终是推动工业废弃物循环网络治理及演变的核心。上述网络组织理论同样可以证实网络的演进是一个不断改进，动态调整状态、战略位置以及持续学习、适应的过程，这为本文的工业废弃物循环利用网络的合作演化提供了组织理论的支撑。所以本文以利益关系作为切入点，遵循经济学的成本收益的分析思路，针对上述网络组织演化理论，结合网络的组织特征，采用演化博弈和合作均衡的方法研究工业废弃物循环利用网络内上下游企业合作演变机理。

二、工业废弃物循环利用网络上下游企业合作演变的利益驱动因素

工业废弃物循环利用网络的整体效益的发挥依赖于节点企业间的高效合作与协调，而从利益视角深入挖掘隐藏于合作与协调机制背后的成员企业间利益关系的实质，是共生网络形成与演变的基础和关键。成员企业是否选择加入网络是基于初始合作条件及预期收益能否达成，所以，必须理清驱动企业利益关系的主要因素以及这些因素转化为哪类成本与收益。按照福利经济学的观点，直接参与方相关的成本为内部成本，而不能进入以价格计算的公共成本，称为外部成本，外部成本通过内部化的方式进入企业内部决策体系。同样，按照项目核算要求，与项目直接相关的收益、成本称为直接收益与直接成本，通过中间渠道间接产生的收益、成本称为间接收益与间接成本。按照上述两种利益转换方式，遵循经济学的成本收益法的原则，把影响利益的因素都转换为可计量的变量，从而把握上下游企业合作进化的机制。具体的各类影响因素分析如下：

（1）环境政策、相关法律规定的性质及财政因素（M. Mirata，2005；Bertha Maya Sopha，

2009）。一方面，为减轻生态环境的压力，促进工业废弃物的循环利用，政府出台了一系列相关的经济激励措施，如税收优惠、环保补贴等，直接或间接对参与工业废弃物循环利用网络的企业形成一定程度的经济激励，这部分通过外部成本内部化的方式变成收益；另一方面，政府对污染物的严格控制，建立了资源综合利用的标准，采用罚款收费以及非经济性的处罚，如停产、吊销执照、撤职等形成的行政处罚压力，民间组织、社区居民、大众传媒等通过阻止生产、游行、上访和负面传播等激烈的手段，对企业施加的公众压力和舆论压力等。这些经济性的罚款、政府及公众的压力形成直接或间接的成本。

（2）地理条件及基础设施影响因素。影响合作的基础条件不仅有物质的基础设施（管道、交通、厂房密度等）（Gibbs，2003；Heeres 等，2004），还有区域的劳动力、土地、能源、自然资源等要素成本，当地及近邻的市场和原材料分布，相关的产业和机构等因素（Pierre Desrochers，2002；Weslynne S. Ashton，2009），这类因素会直接影响到企业的初始投入及运行成本。

（3）区域亚文化因素。信任、开放和环境成熟度的社会结构，社会互动的层次、第三方（如政府、产业协会、协调组织）的影响力、人际的依赖、地方政府的决策水平、组织的历史、社会的嵌入（M. Mirata，2005；Bertha Maya Sopha，2009；Pratima Bansal，2009）、合作文化和"短的精神距离"等（Ehrenfeld 和 Chertow，2002；Jacobsen，2005）都会影响企业的交易成本、品牌声誉及租金收益，同时，人际关系的锁定也可能使网络结构产生较大的刚性，从而降低共生网络的适应性，加大经营的风险成本。

（4）上下游企业间合作链因素。结构性关系、产品市场的供求关系和市场结构影响废弃物处理企业的利润空间；废弃物市场的供求力量的对比、供求市场结构、空间结构和稳定程度往往导致企业市场势力的对抗和利益争夺，产权、契约和关系联结纽带的不同，导致权限、责任及利益的不一致，利益分配、沟通机制和合作感知的不一致，同样会引发利益冲突、机会主义行为等。这些结构关系都会驱使废弃物的供应企业和废弃物消费企业去合理规避风险，合理降低成本，最终做出加入网络还是独立运作的理性决策，企业间的协作、节点间的距离、信息传播速度、合作链稳固性（Teresa Doménech 和 Michael Davies，2011）、主要的投入、折扣率的大小、结构和竞争等要素（Bertha Maya Sopha，2009；Weslynne S. Ashton，2009）都会直接或间接对成本和收益有较大影响，具体体现在交易成本、经营风险及转换成本。

（5）废弃物投资价值驱动。废弃物价值、利用难度和用途等属性决定投资的价值和成本，废弃物的价值在实际运作中表现两个方面：一方面为下游企业支付给上游企业原材料购买的费用；另一方面为上游企业支付给下游企业废弃物处理的服务费，同时要根据地方和行业的标准，选择废弃物的最佳去向及用处（Chertow，2007）。这些因素决定废弃物的价格、原始的投入及处理废弃物的成本。

（6）企业技术需求因素。核心产品工艺稳定性、副产品数量和质量标准、技术的成本与效率（M. Mirata，2005；Bertha Maya Sopha，2009）、原料的最好用处、不同的能源流向、变化的时间和周期、技术锁定和次优问题（Anna Wolf、Mats Eklund 和 Mats Söderström，2009）等，这些因素影响废弃物的处理成本及结构性风险。

（7）企业的应变能力因素。上下游企业的技术变更、工艺调整、市场应变、人员调整等应变能力决定了企业间的衔接、匹配的适应性，同时也会影响合作的风险和收益。同时，由于副产品的经营受核心产品的限制，上述因素也会直接影响运营的转换成本及结构风险。

（8）企业家因素。企业内部动机的驱使和企业家偏好、企业家理念、信誉和社会责任等都可能影响合作双方的利益（Brand 和 DeBruijn，1999；Pierre Desrochers，2002）。企业间的关系、经理人员的关系、网络和网络间的关系、人际的依赖、关系的锁定等会影响到交易成本及品牌声誉（Pratima Bansal 和 Brent Mcknight，2009；Weslynne S. Ashton，2008）。

显然，当前大量的文献认为，经济利益是驱使网络合作演变的最主要的动力，有些是直接的企业成本收益，如副产品的价格及处理成本，有些是需要外部成本内部化及外部收益内部化的间接利益（如税收政策等）。上述各类利益关系影响因素从根本上影响成员企业的参与网络的决策，制约和驱动工业废弃物循环利用网络成员企业的合作演化。现有文献从静态角度去探讨企业间利益，只是解决网络形成的动机问题，但网络的形成和演变是动态的过程，如何把利益问题渗透到整个网络演变过程之中，是当前需要研究的重要领域。

三、工业废弃物循环利用网络内上下游企业合作演变机理

成功的网络进化流程是在初始条件的基础上，通过一系列的群体学习，对合作活动不断评估和不断调整的过程（Y. L. Doz，1996），同时也表现出探索、开始、成长、维持及终止阶段等发展的阶段特征，且不同阶段间的特征状态会不断的调整、模仿和突变。为了减少成本、降低风险、管理有序的竞争，世界上大部分比较知名的产业生态网络基本上都是基于利益条件自发而形成的，网络的运行未必真能改善个体及整体绩效（Weslynne S. Ashton，2011），甚至网络运行的分解或终止。正是基于上述特征，博弈论被广泛地应用于合作行为的演化（Axelrod，1984），演化博弈理论最初是 Lewontin（1960）用于解释生态现象，特别是 Maynard Smith 和 Price（1973）与 Maynard Smith（1974）提出该理论的基本均衡概念——演化稳定策略以后，由于其通过不断地模仿、调整，从而获得了较优的动态复制策略特征，所以该理论被广泛应用于生态学、社会学及经济学等领域，以研究群体行为的演化过程及其结果。本文采用演化博弈和均衡分析探讨上下游企业合作演化的机理。

结合上述影响工业废弃物循环利用网络内上下游企业成本收益的影响因素，进一步理清成员企业间的利益演化关系，采用复制动态方程，分析参与工业废弃物利用的上下游企业间形成的演化路径。假设工业废弃物循环网络上下游成员企业间的合作双方为理性的，其合作的策略集为（合作，不合作），且在整个网络当中，上下游企业都采取正确的决策行为，在群体当中具有明显的跟踪与复制效应，即具有网络的适应性。

1. 演化博弈参数假设及收益矩阵

经济模型是对现实经济活动的高度抽象，是建立在一系列假设基础之上的。本文关于企业演化合作博弈模型的假设前提如下：

（1）假设企业是理性的，其经营目标是追求自身利益最大化。

（2）工业废弃物有一定的价值。

（3）为促进上下游企业在区域内进行合作，政府为下游企业提供一定的政府激励。

（4）假设只有上下游两类企业，且存在多家供应和需求企业，上游企业只提供一种有价废弃物。

上游企业的合作行为表明上游企业提供经过处理的废弃物给下游企业，不合作表明采用破坏环境粗放的方式直接排放与掩埋；下游企业合作表明对废弃物的处理并开发利用，不合作的方式为直接购买自然原材料。假设在工业废弃物循环网络中，有 x 比例的上游企业选择合作，有 y 比例的下游企业选择合作。p 代表废弃物的价格，体现供需关系及废弃物价值，p_0 代表自然原材料的价格，q 代表企业间合作的废弃物产量规模，i_1、i_2 代表处理废弃物的上下游企业的前期需要的原始投入，c_1、c_2 代表上下游企业的废弃物处理的单位成本，c_{o1}、c_{o2} 分别表示一方选择合作，另一方选择不合作而给合作方带来的机会损失，∂ 代表交易成本，且 $\partial = \partial_1 + \partial_2$，$w$ 代表上游企业的

直接排放的单位排污费用，τ 为政府鼓励下游企业进行废弃物处理的单位激励。根据上述假设，构造工业废弃物循环利用网络的上下游企业间的合作博弈的收益矩阵如表1所示。

表 1　工业废弃物循环网络演化博弈的收益矩阵

		下游企业	
		y 合作	1−y 不合作
上游企业	x 合作	$pq - i_1 - c_1 q - \partial_1$ $-pq - i_2 - c_2 q - \partial_2 + \tau q$	$-wq - c_{o1}$ $-p_0 q$
	1−x 不合作	$-wq$ $-p_0 q - c_{o2}$	$-wq$ $-p_0 q$

2. 复制动态及演化稳定策略

根据上述收益矩阵，可以清晰地得到上游企业的采取合作行为的收益期望值为：

$$U_{1C} = (pq - i_1 - c_1 q - \partial_1)y + (-wq - c_{o1})(1-y) \tag{1}$$

上游企业采取不合作的期望收益为：

$$U_{1D} = -wq \cdot y - wq(1-y) \tag{2}$$

废弃物提供的上游企业的平均收益为：

$$\overline{U}_1 = xU_{1C} + (1-x)U_{1D} \tag{3}$$

参与的上游企业比例 x 会随着时间的变化而变化，变化的速度取决于参与企业的学习与模仿的能力，而这种能力主要来源于企业的技术水平、企业的综合适应性及活力和企业家的理念，从而依据上述式（1）、式（2）、式（3）构建动态复制的常微分方程如下：

$$\frac{d_x}{d_t} = F(x) = x(1-x)\left[(pq - i_1 - c_1 q - \partial_1 + wq + c_{o1})x - c_{o1}\right] \tag{4}$$

同理可得，废弃物处理的下游企业合作的收益期望值：

$$U_{2C} = (-pq - i_2 - c_2 q - \partial_2 + \tau q)x + (-p_0 q - c_{o2})(1-x) \tag{5}$$

下游企业采取不进入的期望收益为：

$$U_{2D} = -p_0 q \cdot x + (-p_0 q)(1-x) \tag{6}$$

废弃物提供的下游企业的平均收益为：

$$\overline{U}_2 = yU_{2C} + (1-y)U_{2D} \tag{7}$$

动态复制的常微分方程：

$$\frac{d_y}{d_t} = F(y) = y(1-y)\left[(-pq - i_2 - c_2 q - \partial_2 + \tau q + p_0 q + c_{o2})y - c_{o2}\right] \tag{8}$$

工业废弃物循环网上下游企业将的利益关系演化博弈可以由式（4）、式（8）看出有 5 个局部均衡点，分别为 $\left(\dfrac{c_{o2}}{-pq - i_2 - c_2 q - \partial_2 + \tau q + p_0 q + c_{o2}}, \dfrac{c_{o1}}{pq - i_1 - c_1 q - \partial_1 + wq + c_{o1}}\right)$，$(0,0)$，$(0,1)$，$(1,0)$，$(1,1)$，分析群体动态中均衡点的稳定性，根据 Friedman 提出的方法，构造雅可比矩阵如下：

$$J = \begin{bmatrix} (1-2x)\left[(pq - i_1 - c_1 q - \partial_1 + wq + c_{o1})y - c_{o1}\right] & x(1-x)(pq - i_1 - c_1 q - \partial_1 + wq + c_{o1}) \\ y(1-y)(-pq - i_2 - c_2 q - \partial_2 + \tau q + p_0 q + c_{o2}) & (1-2y)\left[(-pq - i_2 - c_2 q - \partial_2 + \tau q + p_0 q + c_{o2})x - c_{o2}\right] \end{bmatrix}$$

由于企业的理性及追求利益最大化的原则，对于废弃物提供的上游企业来说，当其选择合作时，废弃物消费的下游企业选择合作策略给上游企业带来的收益要大于或等于下游企业选择不合作策略带来的收益，也就实现了对废弃物的处理优于废弃物的直接排放，即 $pq - i_1 - c_1q - \partial_1 \geqslant -wq - c_{o1}$，所以 $pq - i_1 - c_1q - \partial_1 + wq + c_{o1} \geqslant 0$；同理，当废弃物消费的下游企业选择合作网络时，废弃物提供的上游企业选择合作策略给下游企业带来的收益要大于或等于上游企业选择不合租策略带来的收益，即实现购买废弃物并进行加工处理所进行的综合投入小于直接购买原材料，所以 $-pq - i_2 - c_2q - \partial_2 + \tau q + p_oq + c_{o1} \geqslant 0$，在此条件下可以看出，（0，1），（1，0）为不稳定点，仅有（0，0）和（1，1）是稳定的，是演化稳定策略（ESS），分别对应于上游企业和下游企业间（不合作，不合作）与（合作、合作）的两种策略，D（x_D，y_D）为鞍点。根据雅可比矩阵，利用 5 个局部均衡点，复制动态关系如图 1 所示：

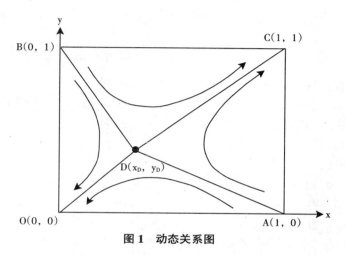

图 1 动态关系图

图 1 描述了上下游企业间博弈的动态演化过程。其中，折线 ADB 是系统收敛于不同状态的临界线，在折线上方（ADBC 部分）系统将收敛于（合作，合作），上下游企业将形成完全合作伙伴关系；在折线下方（ADBO 部分）系统将收敛于（不合作，不合作），上下游企业完全独立运营。合作区域的面积取决于 D 点位置，区域 ABCD 面积越大，系统收敛于均衡点 B 的概率也越大。

3. 演化稳定策略的收益影响因素分析及均衡条件分析

（1）演化稳定策略的收益影响因素分析。工业废弃物循环利用网络上下游企业间演化博弈的长期均衡结果可能是完全合作，也可能是完全不合作，究竟沿着哪一路径向哪一状态演化取决于区域 ADBO 的面积 S_{ADBO} 和区域 ADBC 的面积 S_{ADBC} 的大小。若 $S_{ADBC} > S_{ADBO}$，合作概率大于不合作概率，系统将沿着 DC 路径向全面合作方向演化；若 $S_{ADBC} < S_{ADBO}$，合作概率小于不合作概率，系统将沿着 DO 路径向全面不合作方向演化；若 $S_{ADBC} = S_{ADBO}$，合作概率等于不合作概率，系统的演化方向不明确。

根据图 1，得出区域 ADBO 的面积如下：

$$S_{ADBO} = x_Dy_D + \frac{x_D(1 - y_D)}{2} + \frac{y_D(1 - x_D)}{2}$$

$$= \frac{1}{2}(x_D + y_D)$$

$$S_{ADBO} = \frac{1}{2}(\frac{c_{o2}}{-pq - i_2 - c_2q - \partial_2 + \tau q + p_oq + c_{o2}} + \frac{c_{o1}}{pq - i_1 - c_1q - \partial_1 + wq + c_{o1}}) \tag{9}$$

根据上述关于面积的分析及演化路径的分析思路，讨论各个参数对工业废弃物循环利用网络演化博弈关系的影响。

（2）工业废弃物循环网络上下游成员企业实现均衡的条件分析。上下游企业合作博弈的均衡解为（合作，合作）。但是这一均衡解的实现需要复杂的条件，下面分别从上游企业和下游企业的角度来分析这一均衡解实现的条件。从上游企业的角度考虑，上游企业选择合作策略预期收益需大于不合作网络的收益，则参与约束条件为$U_{1D} \leqslant U_{1C}$，即$\Delta U = U_{1C} - U_{1D} \geqslant 0$；同理，若从下游企业的角度考察，若使下游选择合作策略则需参与约束条件$U_{2D} \leqslant U_{2C}$，即$\Delta U = U_{2C} - U_{2D} \geqslant 0$，从而得到上下游企业合作的各参数条件，进而根据上下游各自合作的前提条件，可以得出上下游企业合作的共同条件。

（3）结合上述演化博弈和均衡条件分析思路，可以得到分析结果如下：

1）废弃物供应量 q 的分析。上下游企业合作均衡的废弃物供应量条件分别为$q \geqslant \dfrac{i_1 + \partial_1 + (1 - y)y^{-1}c_{o1}}{p + w - c_1}$ 和 $q \geqslant \dfrac{i_2 + \partial_2 + (1 - x)x^{-1}c_{o2}}{\tau + p_0 - p - c_2}$，合作的共同条件为$q \geqslant \max \left[\dfrac{i_1 + \partial_1 + (1 - y)y^{-1}c_{o1}}{p + w - c_1} , \dfrac{i_2 + \partial_2 + (1 - x)x^{-1}c_{o2}}{\tau + p_0 - p - c_2} \right]$，即废弃物供应量≥固定成本汇集总额/（单位废弃物收益－单位废弃物处理成本），这说明在其他情况不变的情况下，上游倾向于废弃物的直接排放或掩埋，而下游倾向于直接购买自然原材料，在废弃物的循环利用网络内，供应的单种废弃物的供应量，必须大于投资废弃物处理的盈亏平衡点。由于$p_0 + \tau - p - c_2 > 0$，$p + w - c_1 > 0$，$s'(q) < 0$，根据S_{ADBO}面积计算方法，显然 q 越大，S_{ADBO}的面积越小，意味着废弃物的供应量越大，趋于全面合作的比例增加，反之亦是。这说明当有价废弃物提供得越多，对于上下游企业越具有规模效应，对于上游企业直接排放的成本和环境压力加大，对于下游企业可以获得稳定有价原料的供应，适合于长期的合作及战略性投资。

2）废弃物价格 p 的分析。$p \geqslant c_1 - w + (i_1 + \partial_1)q^{-1} + (y^{-1} - 1)q^{-1}c_{o1}$为上游企业合作的价格条件，即废弃物价格≥平均经营成本＋平均机会损失－单位排污费用，这说明在考虑单位排污费用的情况下，废弃物价格有可能不能完全弥补平均经营成本，但所获平均收益依然大于或等于直接排放废弃物带来的惩罚。$p \leqslant \tau + p_0 - c_2 - (i_2 + \partial_2)q - (x^{-1} - 1)q^{-1}c_{o2}$为下游企业合作的价格条件，即废弃物价格≤原材料价格＋政府补贴－平均经营成本－平均机会损失，这表明购买并加工处理废弃物作为原材料，废弃物的价格必须有上限。合作共同的价格区间为：

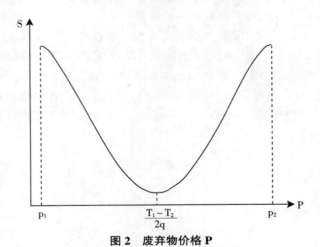

图2　废弃物价格 P

$c_1 - w + (i_1 + \partial_1)q^{-1} + (y^{-1} - 1)q^{-1}c_{o1} \leqslant p \leqslant \tau + p_0 - c_2 - (i_2 + \partial_2)q - (x^{-1} - 1)q^{-1}c_{o2}$，如图2所示，$p_1 = c_1 - w + (i_1 + \partial_1)q^{-1} + (y^{-1} - 1)q^{-1}c_{o1}$，$p_2 = \tau + p_0 - c_2 - (i_2 + \partial_2)q - (x^{-1} - 1)q^{-1}c_{o2}$。为了便于表达，令$T_1 = -i_1 - c_1q - \partial_1 + wq + c_{o1}$，$T_2 = -i_2 - c_2q - \partial_2 + \tau q + p_0q + c_{o2}$，则$p = \dfrac{T_1 - T_2}{2q}$，$s'(p) = 0$；$p < \dfrac{T_1 - T_2}{2q}$，$s'(p) < 0$；

$p > \dfrac{T_1 - T_2}{2q}$，$s'(p) > 0$；在 $p_1 < p < \dfrac{T_1 - T_2}{2q}$ 区间范围内，废弃物的价格越高，合作的比率越大；在 $\dfrac{T_1 - T_2}{2q} < p < p_2$ 区间范围内，废弃物的价格越高，合作的可能性越低。这说明有价废弃物代表了废弃物的价值和市场的供应关系：一方面，由于废弃物的价值较高，促使上下游企业共同开发与合作；另一方面，如果废弃物的价值越高，废弃物供应企业趋向于开发，而下游废弃物消费企业可能认为废弃物的成本太高，趋向于购买自然的原材料，如果废弃物的价值低，上游废弃物供应企业趋向于直接排放，而下游废弃物消费企业可能认为开发为原材料的价值较低，不适合进行大量投资，而是直接购买原材料。

3）原材料的价格 p_0 的分析。$p_0 \geq p + c_2 - \tau + (i_2 + \partial_2)q^{-1} + (1 - x)x^{-1}q^{-1}c_{o2}$ 为自然原材料的价格有最低限，$s'(p_0) > 0$，且原材料 p_0 的价格越高，S_{ADBO} 面积越小，S_{ADBC} 面积变大，表明演化博弈的方面趋向于全面合作；反之，原材料 p_0 的价格越低则不合作的概率越大。显然，有价废弃物与直接原材料是替代品，当有价废弃物的价格与原材料的价格差异越大时，废弃物替代直接原材料的可能性越大，全面合作的可能性增加；废弃物与原材料的就价格越接近，趋向于全面不合作，下游企业直接购买原材料。

4）原始投入 i_1 和 i_2 的讨论分析。$i_1 \leq (p + w - c_1)q - \partial_1 - (y^{-1} - 1)c_{o1}$，即投资总额 ≤ 投资总收益 − 交易成本 − 机会损失。这说明在其他条件不变的情况下，投资废弃物所带来的收益必须不小于原始投入，确保收益能够弥补总投入。$i_2 \leq (p_0 + \tau - p - c_2)q - (x^{-1} - 1)c_{o2} - \partial_2$，这表明初始投入必须小于长期投资的净收益，确保投资废弃物的收益优于直接购买原材料。$s'(i_1) < 0$，$s'(i_2) < 0$ 表明上下游企业处理废弃物需要的固定投资越大，S_{ADBO} 面积变大，S_{ADBC} 面积变小，表明合作可能性越小。这意味着有价废弃物的开发难度越大，可能需要新增设备和技术投资，其直接经济效益通常要低于投资成本，甚至远低于投资成本。需要的投资较大，上游废弃物供应企业倾向于直接排放、填埋和焚烧垃圾，以破坏环境的方式处理废弃物，下游供应企业倾向于购买原材料。反之，上下游企业需要的投资越小，越趋向于全面合作。

5）单位废弃物处理成本 c_1 和 c_2 的分析。$c_1 \leq p + w - (i_1 + \partial_1)q^{-1} - (1 - y)q^{-1}y^{-1}c_{o1}$，$c_2 \leq p_0 + \tau - (i_2 + \partial_2)q^{-1} - (1 - x)q^{-1}x^{-1}c_{o2}$ 说明单位处理成本必须控制在一定范围之内，主要体现的是废弃物处理的难度、技术的成熟度及工艺的稳定性等。$s'(c_1) < 0$，$s'(c_2) < 0$，上下游企业的废弃物处理的单位成本越高，S_{ADBO} 面积越大，S_{ADBC} 面积越小，表明合作可能性越小。废弃物处理的单位成本越高，表明上下游企业处理废弃物技术及工艺要求越高，废弃物处理的难度越大，上游企业倾向于直接排放，下游企业倾向于购买原材料，合作付出的成本越小，合作的障碍就越小，选择合作策略的概率越大。

6）交易成本 ∂、∂_1、∂_2 的分析。$\partial_1 \leq (p + w - c_1)q - i_1 - (y^{-1} - 1)c_{o1}$，$\partial_2 \leq (p_0 + \tau - p - c_2)q - i_2 - (x^{-1} - 1)c_{o2}$，即交易成本 ≤ 投资总收益 − 投资总额 − 机会损失，这说明交易成本必须有上限，合作过程中的传播信息，与市场有关的运输，以及谈判、协商、签约、合约执行的监督等活动所费的成本必须在一定控制范围之内，确保交易合作的流畅性。$\dfrac{\partial_1}{\partial} + \dfrac{\partial_2}{\partial} = 1$ 为交易的合理分担比例，$s'(\partial_1) < 0$，$s'(\partial_2) < 0$，交易成本越低，合作的企业会参与合作的比例越高，但对于交易成本的控制，有效协调协调手段会进一步地强化这一比例。

7）排污的惩罚 w 和奖励 τ 的分析。$w \geq c_1 - p + (i_1 + \partial_1)q^{-1} + (y^{-1} - 1)q^{-1}c_{o1}$，即单位排污费用 ≥ 单位废弃物处理成本 + 单位投资 + 单位交易成本 + 平均机会损失 − 平均收益，说明在其他条件不变的情况下，政府制定的单位排污费用标准不能低于平均成本与平均收益之差。换言之，排污费标准需具有足够的威慑力度，确保企业投资废弃物的收益高于直接排放或掩埋的收益。单位废弃物激励：$\tau \geq \left[p + c_2 + (i_2 + \partial_2)q^{-1} + (x^{-1} - 1)q^{-1}c_{o2}\right] - p_0$，即政府补贴 ≥ ［原材料价格 + 单位废弃物的处

理成本 + 单位投资 + 单位交易成本 + 平均机会损失] – 自然材料购买价格。换言之，政府补贴 ≥ 投资废弃物的总平均成本 – 自然材料购买价格。这表明政府给予下游企业的补贴必须足够补偿投资废弃新增的成本与自然原材料价格之差。$s'(\tau) < 0$，$s'(w) < 0$，上游企业直接排污的成本越高，下游企业废弃物处理的奖励越大，S_{ADBO} 面积越小，S_{ADBC} 面积变大，表明演化博弈的方面趋向于全面合作，引入奖惩机制后，合作的奖励和不合作的惩罚就越高，采用合作策略的比例增加，越有利于向合作方向演进。

8）机会损失 c_{o1}、c_{o2} 的分析。$c_{o1} \leq [(p + w - c_1)q - i_1 - \partial_1] \dfrac{y}{(1-y)}$，$c_{o2} \leq [(p_0 + \tau - p - c_2)q - i_1 - \partial_1] \dfrac{x}{(1-x)}$，即机会损失 ≤ 投资废弃物的净收益×合作的可能性。显然，机会损失必须控制在一定幅度之内，直接受到工业废弃物循环利用网络的参与方对合作与否的预期判断的影响，合作的可能性越高，机会损失越小，反之亦是。$s'(c_{o1}) > 0$，$s'(c_{o2}) > 0$，机会损失越大，意味着采取不进入的比例增加，反之亦是。

综上所述，合作的条件为合作双方都要求在区域内具有足够的废弃物规模和稳定的供应量，确保上下游企业能够实现盈亏平衡；废弃物的价格在上下游企业都可接受的区间范围之内；企业对于自身所承担的交易成本的比例是有一定限度的，而出于自身利益考虑，都不愿承担过多的交易费用，超出一定比例，企业将失去合作意向；单位排污费用不能低于某个标准，政府的激励措施需提高到一个合理的标准，适当地提高自然原材料的市场价格，可以确保投资废弃物的价值；进入可能带来的机会损失在可控制的风险范围之内，废弃物的投资必须是技术上的可行、经济上的合理才能使上下游企业选择进入循环网络。通过演化分析可以看出，废弃物价格与全面合作的比例呈倒"U"形关系，废弃物供应量、直接排放惩罚、加工废弃物的奖励、自然原材料的价格等四个要素与趋于全面合作的比例呈单调递增关系，交易成本、投资规模、处理成本、机会损失四个要素与趋于全面合作的比例呈单调递减关系。

四、政策建议

依据上述研究结果，通过演化和均衡条件分析，可以清晰地看出，工业废弃物循环利用网络内上下游成员企业合作演变的方向受废弃物价格、废弃物供应量、交易成本、投资规模、处理成本、直接排放惩罚、加工废弃物的奖励、自然原材料的价格和机会损失九个利益因素的影响，且各个因素都有一定的条件范围。为了降低合作成本，提高合作收益，实现合作的利益最大化，促进工业废弃物循环利用网络的发展壮大，结合工业废弃物循环利用的整体战略思路，特从资源、经济地理、社会资本和循环链角度提出如下政策建议：

（1）从资源角度，建立以价格为中心的市场激励机制。从生态产品的外部性及公共性角度看，按照市场交易的供需要求建立标准，往往会促使环境资源过度开发，自然资源价格还不能反映其真实价值，造成大量的环境污染；合理的对资源环境进行价格管制，适当提高原材料的价格，加大原材料与工业废弃物价格之间的价差，使废弃物的综合利用成为合作企业的最优选择。通过以价格为中心的经济手段调节企业的市场行为，在实现条件方面，既需要适当地提高直接排污的惩罚标准，又需要采用税收、财政等手段进行合作激励，促使工业企业内循环走向企业外循环。

（2）从经济地理的角度，合理规划区域工业废弃物循环利用网络。虽然利益驱使上下游企业围绕工业废弃物循环利用结网，但合理的工业空间规划能促进成员企业间的深度合作。综合考虑

区域的劳动力、土地、能源、自然资源等要素成本，以及当地及近邻的市场和原材料分布、相关的产业和机构等因素，缩短区域内企业的空间距离，周密的规划管道分布、交通线路、厂房密度等基础设施，确保废弃物数量和质量的控制，从而有效地降低合作的经济空间成本、初始投入及运行成本，促进工业废弃物循环利用网络的空间集聚。

（3）从社会资本角度，提升信任、学习、协作交流的文化氛围。建立信任、开放和良好环境成熟度的社会氛围，打造改善企业间关系、经理人员的关系、网络间关系的产业协会或协调组织等第三方信息交流平台，提升地方政府的决策水平，突破人际关系锁定的刚性，培育合作文化，缩短人员的精神距离，从而降低参与企业的交易成本、机会损失及经营风险，提高参与企业的品牌声誉及租金收益。

（4）从循环链角度，促进上下游产业链的对接。网络和合作是工业废弃物循环利用网络的核心，不同的产业共生业务活动呈现不同的网络关系。工业废弃物循环利用网络的发展必须使上下游企业的产业链与其价值链相契合，使网络参与方形成互补互动、共生互利的关系，应建立共生项目的资源流和企业间共生项目的数据库，提供迎合上下游废弃物需求的数量和质量标准，根据地方和行业的标准，引导废弃物的去向及用处，从而提高合作的稳定性，降低经营风险。

总之，通过以上对工业废弃物循环利用网络内上下游企业合作演化机理的分析说明，上下游企业合作的内在本质在于通过合作而带来经济利益的增加，从而形成群体复制动态效应。但围绕工业废弃物循环利用，企业间共生关系的实现并不是完全的市场行为，而是需要一种有效的政府激励，从而使企业间在利益驱动下形成共生关系，实现整体的经济效益、环境效益和社会效益。对于各种因素在实际中是如何影响工业废弃物循环网络演进，还需进一步的实证与计量，以及工业废弃物循环利用网络成员企业间的利益协调机制与利益分配也将是未来研究的方向。

参考文献

［1］Anna Wolf, Mats Eklund and Mats Söderström. Developing Integration in a Local Industrial Ecosystem - an Explorative Approach, Business Strategy and the Environment, 2007（16）：442-455.

［2］Axelrod, R. The Evolution of Cooperation.Basic Books, New York, 1984.

［3］Bertha Maya Sopha, Annik Magerholm Fet, Martina Maria Keitsch, and Cecilia Haskins. Using Systems Engineering to Create a Framework for Evaluating Industrial Symbiosis Options, Systems Engineering DOI 10.1002/sys, 2009（9）：149-160.

［4］Briefing and Source Book, Battelle press, Columbus. Jacobsen, N. Industrial Symbiosis in Kalundborg, Denmark：A Quantitative Aassessment of Economic and Environmental Aspects. Journal of Industrial Ecology, 2006, 10（1-2）：239-255.

［5］Chertow, M. R., W. S. Ashton, and J. C. Espinosa. Industrial Symbiosis in Puerto Rico：Environmentally-related Agglomeration Economies. Regional Studies. Forthcoming, 2008.

［6］Desrochers P. Industrial Symbiosis：the Ccase for Market Coordination. Journal of Cleaner Production, 2004, 12：1099-1110.

［7］Ehrenfeld, J., Chertow M. Industrial Symbiosis：The Legacy of Kalundborg. In A Handbook of Industrial Ecology, Ayres R. U., Ayres L.W.（eds）. Elgar：Cheltenham, 2002：334-348.

［8］Ehrenfeld, J. and M. R. Chertow. Industrial Symbiosis：The Legacy of Kalundborg. In A Handbook of Industrial Ecology, edited by R. U. Ayres and L. W. Ayres. Cheltenham, UK：Edward Elgar, 2002.

［9］Ehrenfeld, J. and N. Gertler. Industrial Ecology in Practice：The Evolution of Interdependence at Kalundborg［J］. Journal of Industrial Ecology, 1997, 1（1）：67-79.

［10］Ehrenfeld, J.R. Industrial Ecology：Paradigm Shift or Normal Science. American Behavioral Scientist,（44：2）, 2000, p. 229.

［11］ Friedman，D. Evolutionary Games in Economics. Econometrics，1991（5）：637-666.

［12］ Gerry Batonda，Chad Perry. Approaches to Relationship Development Processes in Inter-Firm Networks . European Journal of Marketing，2003，37（10）：1457-1484.

［13］ Gibbs，D. Trust and Networking in Inter-Firm Relations：The Case of Eco-Industrial Development. Local Economy，2003（18：3）：222-236.

［14］ Gordon，I. R. and P. McCann. Industrial clusters：Complexes，Agglomeration and/or Social Networks. Urban Studies ，2000，37（3）：513-532.

［15］ Heeres，R.R.，W.J.V. Vermeulen and F.B. de Walle.Eco-Industrial Park Initiatives in the USA and the Netherlands：First Lessons，Journal of Cleaner Production，2004（12）：985-995.

［16］ Korhonen，J.，Niemelnen H.，Pulliainen K. Regional Industrial Recycling Network in Energy supply - the case of Joensuu City，Finland. Corporate Social Responsibility and Environmental Management，2002（9）：170-185.

［17］ Korhonen J.，Von Malmborg F.，Strachan P. A.，Ehrenfeld J. R. Management and Policy Aspects of Industrial Ecology：Anemerging Research Agenda. Business Strategy and the Environment，2004（13）：289-305.

［18］ Lewontin，R. C. Evolution and the Theory of Games. Journal of Theoretical Biology，1960（1）：382-403.

［19］ Lowe，E.，Moran S.，Holmes D. A Field Book for the Development of Industrial Parks. Report of the US. Environmental Protection Agency. Okalandd（CA）：Indigo Development International，1995.

［20］ Lowe，E.A. Creating by-product Resource Exchanges：Strategies for Eco-industrial Parks. Journal of Cleaner Production ，1997，5（1/2）：57-65.

［21］ Lowe，E.，J. Warren and S. Moran，Discovering Industrial Ecology：An Executive，1997.

［22］ M. Mirata. Industrial Symbiosis：A Tool for More Sustainable Regions？Doctoral Dissertation，Lund University，Sweden，2005.

［23］ Maynard Smith. The theory of Games and the Evolution of Animal Conflict，Journal of Theoretical Biology，1974（47）：9-221.

［24］ Maynard Smith，J. and G. R. Price. The Logic of Animal Conflicts. Nature，1973（246）：15-18.

［25］ Pierre Desrochers. Cities and Industrial Symbiosis：Some Historical Perspectivesand Policy Implications，Journal of Industrial Ecology，2002，5（4）.

［26］ Pratima Bansal，Brent Mcknight. Looking Forward，Pushing Back and Peering Sideways：Analyzing the Sustainability of Industrial Symbiosis，Journal of Supply Chain Management，2009，45（4）：26-37.

［27］ Salmi，O. Assessing the Industrial Analogy of Ecosystems. In Technology，Society，Environment，Edited by H. Bruun. Helsinki，Finland：Helsinki University of Technology，Department of Civil and Environmental Engineering,2001.

［28］ Schwarz，E. J. and K. W. Steininger. Implementing Nature's Lesson：the Industrial Recycling Network Enhancing Regional Development. Journal of Cleaner Production ，1997，5（1&2）：47-56.

［29］ Teresa Doménech，Michael Davies. The Role of Embeddedness in Industrial Symbiosis Networks：Phases in the Evolution of Industrial Symbiosis Networks，Business Strategy and the Environment，Bus. Strat. Env，2011（20）：281-296.

［30］ Van Beers，D.，G. Corder，A. Bossilkov and R. Van Berkel. Industrial Symbiosis in the Australian MineralsIndustry，Journal of Industrial Ecology，2007，11（1）：55-72.

［31］ Van Berkel，R. Regional Resource Synergies for Sustainable Development in Heavy Industrial Areas：An Overview of Opportunities and Experiences. Perth，Australia，Curtain University of Technology - Centre of Excellence in Cleaner Production，2006：151.

［32］ Von Malmborg F. Networking for Knowledge Transfer：Towards an Understanding of Local Authority Roles in Regional Industrial Ecosystem Management. Business Strategy and the Environment，2004（13）：334-346.

［33］ Weslynne Ashton. Understanding the Organization of Industrial Ecosystems：A Social Network Approach. Journal of Industrial Ecology，2008，12（1）：34-51

［34］ Weslynne S. Ashton. Managing Performance Expectations of Industrial Symbiosis. Business Strategy and the Environment Bus. Strat，2011（20）：297-309.

［35］ Weslynne S. Ashton. The Structure，Function，and Evolution of a Regional Industrial Ecosystem. Journal Industrial Ecology，2009，13（2）：228-246.

［36］ Yvesl. Doz. The Evolution of Cooperration in Strategic Alliances：Initial Conditions or Learning Processes，Strategic Management Journal，1996（17）：55-83.

技术创新与战略性新兴产业发展

战略性新兴产业技术创新路径的共生模式研究

刘美平　杨许乐 *

当前，世界主要发达国家正在面临日益严重的全球金融危机冲击，它们纷纷采取一系列的积极政策来促进本国经济的增长，特别是通过加大对战略性新兴产业科技创新发展的投入，希望以此走出金融危机的阴霾，占领新一轮增长经济制高点。可以说，发展战略性新兴产业，俨然成了世界各国走出危机和增强国际竞争力的新举措。对于中国来说，发展战略性新兴产业，不仅可以优化产业结构，转变经济增长方式，减弱国际金融危机对中国的后期不利影响，更重要的是，战略性新兴产业能够提升国家的综合国力。

一、深刻理解战略性新兴产业的内涵

2010年9月8日，国务院总理温家宝主持召开了国务院常务会议，审议并原则通过了《国务院关于加快培育和发展战略性新兴产业的决定》，基本表达了加大培育战略性新兴产业、抢占经济竞争制高点的战略构想，并将节能环保、新一代信息技术、生物、高端装备制造、新能源、新材料和新能源汽车七个产业纳入了中国的战略性新兴产业的范畴。

目前，国际学术界对"战略性新兴产业"的概念并没有形成统一的阐述，我们对其认识还处于日益完善和深化的过程。美国经济学家赫尔曼把关系密切的投入和产出形成的经济体系称为"战略部门"，这是"战略性产业"的前身。针对"战略性新兴产业"的定义，对比西方国家，国内的专家学者有着不同的解释，温太璞（2001）主要强调了战略性产业的创新特征以及外部经济效应；江世银（2005）认为，区域战略性产业是关系到国民经济发展和区域战略性产业结构合理化的关键性、全局性和长远性的产业。朱瑞博（2010）认为，战略性新兴产业是一个国家或地区实现未来经济持续增长的先导产业，对国民经济发展和产业结构转换具有决定性的促进和导向作用，具有广阔的市场前景和引领科技进步的能力，关系到国家的经济命脉和产业安全。王忠宏、石光（2010）认为，战略性新兴产业是关系到国民经济社会发展和产业结构优化升级，具有全局性、长远性、导向性和动态性特征的新兴产业。

综合国内外关于"战略性新兴产业"的不同的概念解释，本文认为，战略性新兴产业是能够引领国际产业发展趋势，重新定位国际产业发展格局，决定国家综合国力，带动和提升相关产业的产业素质的产业，具有高知识密集、环境友好、资源消耗低、经济效益显著、成长潜力较强的属性。这些产业对中国的国民经济发展具有重大的战略作用，带领国家经济和社会全局长久发展，

---

* 刘美平，1970年生，女，山东曹县人，河南财经政法大学产业经济研究所博士，教授。研究方向：产业经济学。

影响着经济竞争力和产业安全。

基于战略性新兴产业的内涵理论，本文认为，战略性新兴产业的"新兴"主要就是技术的创新和商业模式的创新，尤其技术的创新对产业的发展显得极为重要。可以说，战略性新兴产业是由于科学技术的重大突破而形成的新兴产业，关键核心技术的突破是新兴产业发展的根本前提。战略性新兴产业主要就是以技术创新为支撑和关键技术突破为发展动力的新兴高科技技术产业，高成长性和高回报是战略性新兴产业的主要特征，这意味着拥有可持续的技术创新能力是战略性新兴产业生存和发展的根基。就目前来看，诸如新能源技术、生物技术、物联网技术和新材料技术等这些新兴技术大都掌握在西方发达国家手中，它们为了保障自身的技术优势，在相关的新兴产业领域大都会采取技术封锁政策，中国要想获得这些关键核心的前沿技术就需要发挥自主创新的能力。

二、发展战略性新兴产业的历史重任

中国自改革开放以来取得了经济的高速增长，但这种增长主要是依靠资本、劳动力和自然资源等生产要素的粗放性投入实现的，技术创新对经济增长的作用是极其有限的。这一阶段的技术进步主要是靠对先进设备的进口，进而更新一定的工艺来获得效益的提高，这并不是中国本身的技术创新而引起的进步。随着资源的日益枯竭，环境的破坏与恶化，产业结构的不协调，经济增长方式的粗放性和国际技术竞争的日益加剧等问题，这种依靠资本投入型来获得经济的长期稳定增长已不可能，因此应高度重视战略性新兴产业的发展。

中国经济增长长期以过度依赖资源、物质和资金的发展方式来带动。2009 年，世界钢铁、水泥总产量的一半以上由中国消耗，消耗能源总产量的 18%，一些环境方面的二氧化碳排放量居世界之首，水污染等问题相当严重，但中国的 GDP 总量仅占世界总量的 8% 左右，因此发展方式粗放问题突出。经济增长的粗放性模式呈现的问题日益显著，环境污染压力日益加大、资源浪费严重、相关生产要素的成本上升，国际竞争日益加剧，这种粗放的发展方式已经不能维持，必须转变经济发展方向和重点。所以，中国应该重点发展代表着科技创新和产业发展趋势的战略性新兴产业，这些产业具有高知识密集性、资源消耗低、经济效益显著、成长潜力较强等特点。发展和培育这些产业，对中国产业附加值的提高、低碳绿色经济的发展、经济增长质量的提升都有显著的促进作用，能够带动中国经济和社会的又好又快发展。

改造传统产业是发展战略性新兴产业的又一个重要使命。目前，中国经济发展仍然处于传统产业为主的地位，加工工业和资源密集型产业占的比重过大，一些粗放的高污染、高消耗的资源密集型产业和劳动密集型产业呈现的问题日益严重。因此，传统产业的调整需要着重导入高新技术，通过注入高科技新型技术对现有传统技术进行更替，使传统产业的国际竞争力日益提升。战略性新兴产业的发展并不意味着摒弃传统产业或是简单替代传统产业，而是通过促进高新科技的产业化和传统产业的高新技术化来促进中国传统产业的提升。一些传统产业不是等同于落后产业，可以通过技术、组织和制度方面的创新和改革，使传统产业转变成新兴和现代化产业，例如一些原材料产业经过创新升级以后就能转化为新材料产业。

国际技术竞争的加剧迫使中国要高度重视并且切实发展战略性新兴产业。国际竞争日益加剧，科学技术方面的创新和竞争更加激烈，世界主要发达国家都把科技创新来作为本国经济发展的方向，这些对中国的经济发展都有巨大的压力。如果中国产业方面的技术因素不能创新和提高，中国的经济发展与发达国家相比将会有更大的差距，缩短这些差距只有通过科学技术的创新来培育和发展战略性新兴产业。现在大多数的战略性新兴产业处于起步阶段，它们的市场发展潜力巨大，世界各国争相发展。美国注重新能源、航天航空、干细胞、物联网等方面的技术创新开发和发展；德国实行了5亿欧元的计划预算来开发国家电动汽车的发展，在2011年使锂电池获得产业化生产，积极培育和发展电动汽车产业；英国启用了混合燃料车、电动车批量生产的"绿色振兴计划"等计划。世界主要发达国家为了保障本国的科技竞争优势，在一些重大科技领域大都会采取政策来封锁本国的技术，主要高科技产品仅限于本国使用。中国要想在战略性新兴产业方面获得显著成效，就必须加大科学技术的创新。因此，中国在发展新兴战略性产业方面只有注重科技创新的促进作用，抓住产业革命和科学技术变革的重大发展机遇，才能够实现产业和经济的跨越式发展。

三、国际视阈范围内战略性新兴产业发展现状透视

大多数发达国家为了刺激经济发展，加紧部署新一轮的技术创新，把握新一代科技革命的苗头，着力发展支持未来经济增长的战略性新兴产业。美国、欧盟和日本大都选择了信息技术、生物技术、新能源技术和低碳技术等新兴技术领域，中国的重点发展领域与发达国家基本趋同。

（1）国内外节能环保产业发展水平比较。发达国家的环保产业起步较早，经过较长时间的快速发展，环保产业已经进入了技术的成熟期。英国研制的超滤设备主要应用于食品和造纸等工业废水和深度处理中，日本已经建成世界上最大的超滤废水处理装置，美国的脱氮、脱硫技术，德国的水污染处理技术，日本的垃圾处理、除尘技术等在世界上都处于领先地位。中国近几年在节能环保产业上也取得了一定的成效，例如在垃圾焚烧发电方面，有机垃圾堆肥技术，工业消烟、除尘、脱硫技术和工业一般废水治理技术等；在资源综合利用方面，工业废渣特别是煤矸石、磷石膏和粉煤灰综合利用技术，空气冷冻废橡胶制胶粉技术、从有机废液中提取蛋白饲料技术和利用废轮胎生产碳黑技术等达到了世界先进水平。2010年，发改委和环保部门联合编制的《节能环保产业发展规划》，提出将高效节能产品、高效节能技术和装备、先进环保技术和装备、节能服务产业、环保产业与环保服务作为节能环保产业的重点支持对象，环保产业正以每年15%的速度增长，预计到2012年节能环保产业总产值将达2.8万亿元。

（2）中国同发达国家在信息技术方面的差距。目前，世界各国的互联网技术正在展开新的下一代升级，主要包括物联网、传感网、语义网和云计算等新兴技术。例如，美国政府围绕物联网、云计算等新兴技术制定振兴经济的国家战略，扩大无线宽带的商业用户，更新新兴电网系统；日本早在2009年就指出要建立世界上最高效的云数据中心，利用IT产业构建亚洲知识经济圈等；英国投入150亿英镑用于发展智能运输、宽带和智能电网。中国目前已经有28个省市将物联网技术作为经济发展重点，80%的城市把物联网作为主导产业发展，2009年中国3G网络基站达到40万个，用户突破1.5亿户；2010年6月，中国第一批"三网融合"试点城市和地区公布，中国未来的发展方向应侧重在三网融合、物联网和移动互联网相关产业上。

（3）生物产业的横向比较。目前，全球生物技术产业的销售额年增长率在25%~30%，世界各国不断加大对生物技术产业的资金支持，例如英国投入150亿英镑用于癌症和其他重大疾病的生物医学研究上。中国近年来也建立了22个国家生物产业基地，2009年已经达到2230亿元的生物产业规模，其中生物医药的比重最大，其他依次为生物农业、生物能源、生物环保，2010年中国生物产业增长率达到20%。生物产业虽然取得了一定发展，但基础研究与生物技术强国相比仍有5年的差距，产业化差距则在15年以上。中国未来生物产业发展方向，在生物基础技术上注重发展人类、动植物和疫病基因组学等；生物医药侧重新型疫苗、创新药物和重大流行病、遗传病的

诊断技术；生物农业上支持发展转基因植物研究、动物克隆和胚胎移植、生物肥料和农药；生物能源上发展非粮原料能源。

（4）中国与发达国家在高端装备制造业方面的发展差距。发达国家的装备制造业依然处于世界领先地位，美国装备制造业增加值为 5032.2 亿美元，日本为 3750.4 亿美元，另外瑞士的仪器仪表制造和精密机床、韩国的电子设备制造和船舶制造都处于世界领先水平。近年来，中国装备制造业包括大型施工机械和露天矿装备已经实现自主化，中国航空工业的民用飞机从研制到销售也取得一定的发展，中国已经成为机床和铸锻件生产大国，但是高档数控机床和水电、火电及核电装备的关键铸锻件还是依赖进口，还有高端装备领域的集成电路芯片制造装备的 80%，光纤装备的 90%，大型石化装备的 40%，汽车制造装备、纺织机械装备的 70% 都主要依靠进口，中国装备制造业的整体水平与发达国家有 15 年的差距。中国装备制造业的未来发展重点应侧重在重大成套装备的制造技术上，诸如海洋工程、高速铁路装备和航空航天装备，加强精密仪器仪表、智能控制系统和高档数控机床的发展。

（5）新能源产业的比较。新能源技术包括风力发电、水电、生物质能技术、太阳能发电、核能技术和地热海洋技术等。目前，世界核电装机为 3.7 亿千瓦，主要是在美国、日本和欧盟国家；生物质能发电装机为 5000 万千瓦，美国和欧盟所占比重较大；地热发电为 900 万千瓦，在美国、日本和冰岛等国。中国太阳能、风能和生物质能资源比较丰富，核能技术的关键因素也有一定的储备，其中太阳能热水器的保有量居世界第一位，风电装机为 1221 万千瓦居世界第四位，生物质能约占全球发电总装机的 4%，2008 年光伏电池产量居世界首位，特别是太阳能的研发技术最为成熟，光热资源比较充足，应该把太阳能作为中国新能源发展的重点方向，核能的研发基础也较好，可以作为代替煤电的新的能源开发。

（6）新材料产业的国际分工。新材料是战略技术的发展基础，在高新产业的发展中具有重要地位。发达国家都注重新材料的发展，诸如美国开展的工业材料、纳米材料、信息材料的研发计划；日本研发的高性能铝合金和陶瓷、高分子材料和复合材料；欧盟重点发展光学材料、磁性材料和智能纺织原料。2000 年，中国就开始进行了新材料的关键技术实现产业化的研发，中国未来新材料的产业市场增长率将保持在 20% 以上，2010 年的市场规模达到 823.7 亿元，2012 年预计将超过 1300 亿元。但是中国新材料的发展依然依靠高资金投入、高资源消耗、高污染和低效益的传统发展道路，应该调整产业结构和发展方向，减少污染和提高资源利用率从而提升材料业的整体效益。中国未来发展新材料的主要方向应包括金刚石材料、新型功能材料、特殊陶瓷材料、光电子和微电子材料和元件、生物医用材料和纳米技术和材料等。

（7）新能源汽车领域的发展差距。新能源汽车主要包括纯电动汽车、混合动力汽车、氢发动汽车等。目前，大多数关于新能源汽车的技术都掌握在发达国家手中，诸如美国研发的氢燃料和乙醇汽油技术，日本的混合动力技术，欧洲的柴油汽车和氢内燃机技术。中国只是在电动汽车的发展上有一定的技术优势，但是这一技术的市场发展并不健全，相关的充电站和快速充电系统的建设较少，这些都制约着中国新能源汽车的发展，目前主要发展方向是鼓励支持混合动力汽车的技术研发向电动汽车技术方向过渡。

四、对战略性新兴产业技术创新路径的障碍分析

（一）战略性新兴产业关键技术缺乏、集合创新能力不高

战略性新兴产业就是关键技术新的高科技新兴产业。目前，世界上发达国家都在研究开发关键核心技术，中国在战略性新兴产业方面的关键技术和西方国家相比差距很大。比如，中国在发展电动汽车方面的关键核心技术仍然缺乏。诸如高性能纯电动汽车的电池零件、部分电机、相关材料还是需要从西方发达国家进口，相关技术的可靠性和技术的工程化还处于落后阶段，混合动力汽车的混合动力机电耦合系统控制技术和专用发动机技术等关键技术仍然处于起步研发阶段。另外，在知识产权的研发方面严重缺乏，掌握的关键知识产权分散不足，例如中国的风电发动机的储电专利和叶片专利、4G 移动云计算专利基本上都掌握在西方发达国家手中，发达国家大幅度地加大专利的申请量，都会给中国造成巨大的知识产权压力。

发展战略性新兴产业需要技术创新，技术创新的宝贵之处在于原始创新，其中最难克服的也是原始创新。目前，中国大多数发展战略性新兴产业的企业都是以贸易作为主要业务，只是代理外国产品，即使有些产业属于高科技产业也只能处于中低端，大多数高科技产品都是模仿发达国家，难有自己真正的原始创新。科学技术层次低和创新能力欠缺依然制约着中国企业技术优势竞争，诸如中国的平板显示技术方面仍然缺乏。没有掌握新代线的集成技术，相关的零件材料和装备还需要从发达国家大型企业进口，一些成膜和蚀刻设备都主要来自进口，设备曝光机和彩色铝片则主要向韩国、日本和美国进口。国内虽然出现了华为和联想等具有国际竞争力的大型企业，但从整体看，中国战略性新兴产业的技术水平低、科技创新能力欠缺、整体的竞争水平不强。

中国企业发展战略性新兴产业在技术引进方面要保持开放的局势，要对引进的先进技术不断地进行消化吸收，并且进行次生创新。引进消化吸收技术的本质就是在学习先进技术的基础上转化为自己的创新技术，努力赶超西方发达国家。中国长期忽视对先进技术的次生创新能力，例如2004 年国家对技术引进消化再创新的投资经费比例即技术引进与技术消化的资金比为 1：0.15，一些发达国家注入日韩的投资比例在 1：5~1：11。这些数据充分表明，中国大多数企业的技术引进和技术消化吸收二次创新比例严重失调，只注重引进却忽视消化吸收再创新的重要性，这都制约着战略性新兴产业的发展。

（二）战略性新兴产业的技术创新资金缺乏

科学技术转化为产业化的过程需要资金的支撑和保障，更急需相关的金融政策来支持高新技术的创新和产业化的形成。高投入、高不稳定性和高回报是战略性新兴产业的主要特征，但是大多数企业并没有大量的研发经费来投入生产。目前，中国的金融投资政策并不具体和完善。虽然近几年中国的研发经费有一定的增长，但对比西方发达国家，研发经费与中国 GDP 的比重依然较低。根据最新的研究与发展经费情况（见表1）来看，2010 年的经费投资为 6980 亿元，占 GDP 的比重为 1.75%，仅比 2009 年上升 0.05 个百分点。就 2007 年，中国的研究开发经费投资额为 3710.2 亿元，占 GDP 的比重为 1.4%，而此时美国已经达到 2.62%，韩国为 3.23%，日本为 3.39%。这其中的研发经费主要是对科研机构和高等院校的投入，对企业的支持与投入较小。例如，战略性新兴产业发展中的生物医药、航空航天、新能源等新兴产业方面已经具备了技术方面的优势，但就是因为缺乏资金支持和研发经费的投入而不能形成大规模的产业化生产。这都是由

于狭窄的融资渠道造成的，即使企业投资比重占全部投资的比例超过 70%，但是这些比例大部分是由一些大型军工企业和国有企业拥有，存在严重不健全的风险投资，重要的民间投资并不常见。

表 1　中国研究与发展经费情况

年份	研究与开发经费（亿元）	研究与开发经费占 GDP 比重（%）
2010	6980	1.75
2009	5791.9	1.7
2008	4616	1.47
2007	3710.2	1.4
2006	3003.1	1.39
2005	2450	1.32

资料来源：国家发改委、国家统计局、国家信息中心等网站。

（三）战略性新兴产业的协同创新体系不完善

战略性新兴产业大部分都是高新科技产业，中国大多数企业还没有形成系统的技术推广链条，有限的技术资源相对分散，致使新兴产业的发展规模不能有效扩张，产业强度也比较弱化，单单依靠企业自身实现技术突破是不可能的，从新兴产业的技术研发、企业投资、产品设计、市场考量、协同制造到成品生产等一系列的产业价值链都需要相当规模的技术创新体系来支撑。目前，中国企业创新资源的整体整合能力欠缺，一个单独的企业难以胜任如此艰巨的任务，完全靠企业自己支撑培育和发展是根本不可能的。另外，中国大部分的高新技术产业的规模普遍较小，并且大都已经习惯了小型规模的联盟或单打独斗，企业整体的技术研发能力不强，一些技术资源分散不能得到共享，公共产品和技术不能普及等，这些企业想实现新兴产业技术上的跨越、交叉和融合发展皆不可能，这就需要中国建立健全完善的技术创新支撑体系。

五、战略性新兴产业的技术共生创新路径

技术共生是各种技术创新在长期演化过程中，相互依存、相互制约而形成的一种协同发展的动态关系。这种动态关系普遍存在于各种技术之间，深刻反映技术间的本质联系。技术间的共生模式要求，无论是政府制定技术政策，还是企业进行产品开发都应在遵守技术共生规律的前提下进行。

（一）以自组织创新为主来突破新兴产业核心技术研发

关键核心技术是关系着经济繁荣和国家安全的重要技术，能够提升产业的竞争力和发展潜力、增加社会就业机会、增强社会综合效益和国家凝聚力，带动一批经济技术效益好的新兴产业的兴起。战略性新兴产业的发展还处于起步阶段，哪个国家和地区掌握了关键核心技术就等于处于国际竞争的主动地位，西方发达国家为了保障自己的科技优势，大都会对关键技术进行封锁，因此中国需要加大培育新兴产业的技术源，选择有带动作用和能实现重大突破的关键技术为发展方向。

自组织理论认为，系统要从无序（低级有序）状态向有序（高级有序）状态演进与发展，就必须不断地打破封闭、半封闭的平衡状态，营造非平衡态，扩大对外开放，不断与外界进行物质、

信息与能量的交换，引进负熵。高校恰好是一个自组织系统，它可以依据自组织理论进行自主创新。通常自主创新自组织路径分为两种：渐变与突变。渐变的自主创新是指创新过程时间较长，表现为不明显的、较缓慢的完成创新过程；自主创新的突变方式则是一种突然迅速发生的激烈运动形式，表现为明显的在短时间内完成的变化与创新过程。高校自主创新的成果要形成自主知识产权。

发展战略性新兴产业要全面的提高知识产权能力，要遵循突破关键技术和保护知识产权的方向，优化配置相关科技资源和布置技术创新活动。中国企业在核心技术的专利竞争中处于劣势地位，应该根据具体的研发水平来确定重点的技术专利发展方向，制定相关的专利研发计划和专利竞争体制，政府应该进一步加大建设战略性新兴产业知识产权的保护和服务体系，提升对知识产权保护的研发经费的投入，完善和优化知识产权的公平交易，促使技术成果之间的相互流通，激励企业参加国际技术专利的交换工作，调动研发人员的工作积极性，增加战略性新兴产业的专利技术和数量，进而增强中国的技术创新能力。

在推进核心技术研发的过程中，还要注意把自主研发与外源技术引进相结合。目前，中国的技术创新政策有原始创新、集成创新和引进消化吸收再创新等方面，要强化这些创新方面的政策，实施国家科技振兴的计划，鼓励企业设立技术研发中心，努力培养技术创新能力。目前，中国有一部分战略性新兴产业的技术与西方发达国家差距较小，某些领域具有一定优势，例如在生物产业方面，基因组学、生物信息学、生物芯片、蛋白质工程、干细胞等前沿领域研究水平较高，相当一批生物技术成果有的已申请专利、有的进入临床阶段、有的可能处于规模生产的前期阶段，这些产业的发展就彰显了内源式的技术创新路径的优势。在进行这种原始创新的基础上，还要提高企业研发的自主品牌的市场份额，用具有自主知识产权的关键技术来打破国外企业的技术封锁政策和知识产权壁垒，提升整个企业的竞争力，努力形成大批拥有核心竞争力的企业，逐渐形成中国产业的自主创新发展模式，这种技术内源式创新路径是战略性新兴产业发展的必然要求。

在中国战略性新兴产业的大多数发展领域里，还没有掌握新兴产业的核心技术，只能采取新兴技术的引进来促进技术创新的发展，外源式技术引进路径其成本较低，进口成本为自主研发的1/3~1/5，技术风险也较小，是一种速度比较快和成本较低的技术进步战略。这种技术引进发展模式首先解决的应该是如何利用这些技术，积极地引领、配置和优化整合各种技术创新资源，其次是消化吸收这些技术，最后是对这些知识进行改进发展和二次创新。消化吸收是迈向成功的基础，改进发展和二次创新是实现跨越式突破的关键所在。另外，还应该高度重视集成创新的重要性，例如一些成套装备制造产业，国外的大企业大都自主开发主要设备，其他相关设备进行集成配套，进而形成产业的成套设备，中国有的企业已经形成一定的自主创新能力，只要通过相对发达的技术信息系统，引进并利用其他技术对相关设备进行研发和制造，最终就可以获得技术的集成创新。

实现内源式自主研发和外源式技术引进两者的结合主要体现在对外源式引进的技术进行消化吸收二次创新和集成创新，积极培养自己的比较优势，最终形成企业自身的自主知识。例如，对于某些较高成熟度和获取能力强的技术，中国可以采用外源式的技术引进路径，对于另外一些成本较高、获取能力不强和难度大的前沿技术，中国应该鼓励企业进行自主研发，改进传统产业的技术应倾向于技术引进，新兴产业的技术发展则应该侧重在自主创新。中国企业应该充分利用全球的技术创新资源和新兴要素，按照内源式自主研发和外源式技术引进相结合的路径，努力实现两者的优势互补，而最终落在自主创新上，始终坚守自主研发、合作与交流，公平开放和实现共赢的原则，提升整个新兴产业的国际竞争力，逐渐完善自主创新的新兴产业化发展模式，实现战略性新兴产业的跨越式发展。

（二）完善战略性新兴产业的技术创新机制

目前，中国创新主体的创新动力仍很缺乏，因此中国政府和企业应该不断地完善创新激励机制，建设和完善有利于技术创新的环境。应该从国家和政府着手，虽然中国政府已经出台了鼓励技术创新的政策方案，但是关于战略性新兴产业的激励政策还未形成相对系统的体系，我们应该加强和整合相关的激励政策，根据国家出台的一些科技发展规划和相关的配套政策，并且结合各地区技术发展的实际情况，制定旨在推动和促进战略性新兴产业技术发展的激励机制，完善和强化有利于技术创新的政策、学术、工作、人际和生活环境。例如，可以对某些个人和团体研发突破关键技术给予精神和物质上的奖励，对另外一些个人和团体提出的关乎新兴产业的商业模式、组织模式和盈利模式也给予奖励等，政府应加大鼓励新兴产业的高新科技和技术的发明，促进和推动技术创新和新兴科技的发展。从企业层面上来看，应该鼓励企业加大对创新激励机制的建设力度，引领企业建设技术创新人才的培育、应用、评价、考核和激励机制。例如，激励新兴高科技人员置身于科研开发的前线，技术人员做出的科技成果可以作为企业的无形资产而参与到企业的入股投资上，努力实现科技人员进行技术入股、知识产权归属和研发人员持股的激励措施。

战略性新兴产业的发展应该以创新人才为基础，加大新兴人才的引进力度，建设高端技术人才的培养机制。

一是优化人才评价和流动机制，制定能够吸引高校专家和科研工作者向企业发展的流动优惠政策，鼓励科技研发人员在新兴产业领域开展技术自主创新，完善人才考核的评价制度，建设适应高科技创新人才的多元化考核评价体系，努力改革科技创新的奖励制度，对某些技术有突出贡献的研发人员给予物质和精神奖励。

二是加快领先技术人才和高层次创新型人才的培育，加大对专业领域人才的建设，培育高水平的技术领头人，鼓励广大技术研发人员接受专业技术继续教育和更新专业知识。针对有关基础和应用基础学科及生物医药、电子信息、新兴材料等专业领域，注重培育具有专业知识、创新精神和熟悉产业的国内外发展情况的专业研发人才和管理人才。

三是建设科技人才的国际化体系，着力吸引海外优秀人才，通过优惠政策吸引留学人员回国创业，提高人才的国际化程度，加大实施高科技人才的引进力度，采取关键技术人才引进、重大项目技术引进、优惠政策引进和团队引进等方式引进全球优秀人才，为中国战略性新兴产业的培育和发展提供更好的服务。

（三）加大技术创新投资和融资力度

战略性新兴产业具有高风险性和高回报的创新导向，资金的欠缺制约着新兴产业的起步和发展，为了突破这一瓶颈，应该建立新兴产业发展的长效资金投入机制。

首先应该提高对新兴产业技术创新的资金投入。前面提到过中国技术引进和消化吸收的资金投入比例严重不协调，企业只把经费用于技术引进，却很少投入于消化吸收再创新，因此必须加大对技术消化吸收再创新的投资比例，在新兴技术引进之前就安排专门的资金预算用于消化吸收再创新，为企业实行自主创新奠定物质基础。另外，政府还要对具有重大科研的工程项目、科研基地和重要学术交流的合作项目给予重点的资金投入，加大对新兴产业诸如新能源、新材料、电动汽车的关键核心技术、前沿技术和共性技术的研发支持力度。

其次应该优化技术创新的投融资环境。政府应该提高科技型企业的创业投资基金和技术开发创新基金，制定激励新兴产业技术创新的优惠的投融资政策，引领创业投资实现战略性新兴产业重大科技成果向商业模式化转化。中国的风险投资机构还需进一步完善，要鼓励各大银行、企业和保险公司参与技术创新的风险投资，确保风险投资的多元化发展，特别是在新兴技术形成产业化的过程中，可以建立新兴技术的推广保险公司，保障高科技技术的首次产业化，对新兴产业的技术创新提供保险。

（四）加强技术共生创新支撑体系建设

针对新兴产业技术创新能力和资源的整合能力不足以及企业整体技术研发能力不强，建立以市场需求为导向、企业创新为主体、高等院校和科研机构为依托、科技中介服务机构和骨干企业为支撑的技术共生创新服务平台显得尤为重要。发挥企业的主体作用，进而依据国内外技术资源和国际新兴科技前沿，加强科技研发力度，围绕着新兴产业的关键技术组建一批由政府、高等院校、科研机构、上下游企业、金融结构、行业协会和中介服务结构组成的技术研发服务平台，注重对国家重点科学工程进行全面建设，加速实行中科院攻关知识的创新工程，从而为企业原始创新打下物质基础。构建一系列重大工程技术研发中心和攻关技术实验室，鼓励大型企业建立国家级科技研发中心，促进企业、高等院校和科研机构的协同设计、研发、制造并实现产业价值链的步伐，加强其整合各种创新资源和攻关技术的合作机制。在技术共生创新体系建设过程中，各方可采取契约联合的方式，依靠技术创新的服务平台对创新的资源进行分工协作、联合整合和攻关，从而有效降低企业的创新风险和降低相关创新成本，实现关键技术的共享。

在实现技术共生创新的过程中，中国可以通过三种途径实现集合产业链的技术创新：

一是首先研发高新区内的某个主导产业的技术创新，然后在其项目研发成熟成功转入产业化之后，带领其集合产业链链节点上其他项目的技术创新，最后形成技术创新的集合发展。

二是同时在某个领域研发多个类似产业的创新技术，先在较小的范围内形成小型的集合产业链，等这些项目实现产业化之后，可以吸引相同产业的其他技术项目进入创新阶段，从而增强技术的创新聚集度，最终形成新兴产业的集合发展。

三是加大对国内外掌握重点技术的企业的招商力度，引进一批具有针对性和重点的新兴项目和相关产业的配套项目，促使国内外大企业集团、科技研发机构和重点产业生产基地进驻中国，促进新兴产业集合发展。产业的集合发展能够实现关键核心技术的共享，促使企业的专业分工和协作，而优化技术要素配置和降低技术创新成本，能够产生一定的聚集效应，使更多的企业进行产业聚集，不断细化产业内部各个企业之间的分工，形成更多的新兴企业，能够进一步加强集合产业链的国际竞争力。

参考文献

［1］国务院常务会议. 关于加快培育和发展战略性新兴产业的决定［C］. 2010.

［2］温太璞. 发达国家战略性产业政策和贸易政策的理论思考和启示［J］. 商业研究，2001（10）.

［3］江世银. 区域战略性产业结构布局的模型建立和指标体系设计［J］. 云南财贸学院学报，2005（2）.

［4］朱瑞博. 中国战略性新兴产业培育及其政策取［J］. 改革，2010（3）.

［5］王忠宏，石光. 发展战略性新兴产业 推进产业结构调整［J］. 中国发展观察，2010（1）.

［6］王兴运. "自主选择权"探析［J］. 理论导刊，2005（4）.

［7］刘磊. 消费者自主选择权含义之我见［J］. 决策与信息：经济观察，2008（4）.

［8］冯长根. 选择培育战略性新兴产业的几点建议［J］. 科技导报，2010（9）.

［9］吴传清，周勇. 培育和发展战略性新兴产业的路径和制度安排［J］. 学习与辅导，2010（7）.

［10］张政. 增强科技创新能力培育战略性新兴产业［J］. 科技创新与生产力，2010（6）.

［11］中日节能环保综合论坛. 中国节能环保产业发展［C］. 2010.

［12］中国新材料产业发展报告［R］. 2008.

［13］刘峰. 浅析我国战略性新兴产业技术创新［J］. 科技创新与生产力，2010（9）.

[14] 宋河发，任中保，万劲波. 我国战略性新兴产业内涵特征、产业选择与发展政策研究［J］. 科技发展，2010（7）.

[15] 王利政. 我国战略性新兴产业发展模式分析［J］. 中国科技论坛，2011（1）.

[16] 刘志阳，施祖留. 我国战略新兴产业自主创新问题与对策研究［J］. 人文社会科学，2010（8）.

[17] 中华人民共和国科技部. 中国科技统计数据［EB/OL］. http：//www.most.gov.cn/kjtj/.

[18] 姜大鹏，顾新. 我国战略性新兴产业的现状分析［J］. 科技进步与对策，2010（9）.

[19] 曾胜. 发展我国战略性新兴产业　抢占未来科技经济制高点［J］. 中国产业，2010（2）.

[20] 欧阳峣，生延超. 战略性新兴产业研究述评［J］. 湖南社会科学，2010（5）.

国际分散化生产对中国出口产业创新能力的影响研究[*]

——基于省级动态面板数据 GMM 方法

陈晓华　范良聪[**]

自改革开放起，经过 30 多年的快速发展，中国在外贸易领域取得了巨大的成就，出口额从 1978 年的 381.36 亿美元一直上升到 2010 年的 29727.6 亿美元，成为了一个名副其实的贸易大国。与此同时，在国际分工体系的作用下，中国出口产业的生产模式也发生了较大的变化，生产过程逐渐成为了当前国际分工体系中的一个环节。

当前国际分工体系的主要特征表现为：垂直一体化分工模式下的产品生产过程已经被分解为不同的区段或工序，跨国公司通过对成本最小化的追逐，使各生产阶段分散于不同的国家，形成生产工序国家专业化生产模式。Jones 和 Kierzkowski 将这一生产模式称为国际分散化生产体系（International Fragmented Production）。跨国公司通过分散化生产模式将东道国的生产纳入其分散化生产体系，会对东道国的出口产业的创新能力产生深远影响。随着中国的出口产业受国际分散化生产体系的影响日益深化，[①] 国际分散化生产对中国出口产业创新能力的影响究竟如何呢？揭示这一问题的答案不仅为中国更好地运用国际生产分散化体系来提升创新能力提供参考，也为我们理解中国区域间创新能力差异提供了一个新的分析视角。

一、文献综述

国际生产片段化使各国之间的贸易流量与性质发生了深刻变化，因此，国内外学者围绕这一主题进行了深入的研究。早期的研究多关注国际分散化生产模式产生的原因，如 Feenstra 和 Hanson 认为，导致国际生产分散化模式出现的原因在于两国间贸易壁垒（Commercial Barriers）的降低。但后续学者并不完全赞同上述观点，他们认为生产成本是驱动国际生产分散化出现的主要动力。如 Jones 和 Kierkowski 指出，在一体化生产（Integrated Production）模式和国际分散化生产模式同样可行的（Available）情况下，只有国际分散化生产方式的总成本更小，才可能被企业决策者

* 教育部人文社科重点研究基地项目重大项目（开放战略转型与民营经济发展）、国家社科基金青年项目（09CGJ013）和浙江省社科重点研究基地招标项目（10JDQY03YB）的阶段性研究成果。

** 陈晓华，1982 年生，男，浙江大学经济学院博士，浙江理工大学经济管理学院讲师。研究方向：贸易结构、贸易品技术含量。范良聪，1982 年生，男，浙江大学经济学院讲师，博士后。

① Gaulier 等（2005）从 1996 年起，中国生产和出口的高技术产品中 92%以上是通过嵌入发达国际分散化生产体系中实现的，而 2002 年后这一比重已经超过了 95.5%。

所接受（Specific Circumstances）；Antras 和 Helpman 通过构建成本最优模型来对国际分散化生产各环节进行研究也得到了类似的观点：在市场出清情况下，国际分散化生产中各环节的生产成本是该模式能否在实际生产中实现的关键因素。

沿着"生产成本驱动说"这一思路，Grossman 和 Helpman 对国际分散化生产模式产生原因进行了较为全面的分析，他们于 2002 年、2003 年和 2005 年连续构建理论模型来分析企业的国际分散化生产行为，研究面涉及中间产品的交易成本、中间品市场的深度及广度以及中间品市场和最终产品市场竞争的激烈程度，因而他们认为企业进行国际分散化生产主要取决于东道国的要素禀赋、制度环境、技术水平以及劳动力素质。在 Grossman 和 Helpman 及其他学者研究的基础上，Ando 和 Kimura 对"生产成本驱动说"进行了归纳性分析，认为国际分散化引致的成本节约型（Cost Saving）生产有两个源泉：①在要素价格一定的情况下，各国专业化的差异使部分生产环节在特定国家生产所需的要素更少；②各国要素价格的差异，会使同样要素消耗量的生产环节转移到其他国家生产而更具成本优势。[①]

在对国际分散化生产模式产生的原因进行一定研究后，该领域的研究重点逐渐转移到国际分散化生产对一国的影响效应上。作为新型生产体系的重要参与者，中国出口产业创新能力在加入国际分散化生产体系中受到的影响引起学术界的广泛关注，成为了当前该领域的一个热点。

对于这一问题的探讨，学术界有两种不同的观点：第一种观点认为国际分散化生产体系限制了中国出口产业创新能力的提升。如 Gaulier 等指出，中国企业多通过代工或 OEM 形式"嵌入"国际分散化生产体系"低创新"、"低技术"的简单制造与组装环节，因而中国出口产业实际上是被锁定（Hold On）在低技术创新环节，即参与国际分散化生产不利于中国出口产业创新能力的提升，Naughton 和张杰、刘志彪亦有相似的推论。

第二种观点则认为国际分散化生产体系推动了中国出口产业创新能力的快速提升。Rodrik 和 Schott 对中国出口品技术含量测度后发现，进入 21 世纪后，中国出口产业的创新能力得到了快速提升，他们推定这一提升不仅源于外商直接投资的技术外溢型创新能力提升，还源于国际分散化生产体系带来的专业化型创新能力提升。姚洋、张晔在剔除出口中外来中间品的基础上，测度了中国出口产业的出口品技术含量，并通过静态对比的形式发现：在嵌入国际分散化生产体系程度最深的广东，其出口产业创新能力得到了显著提升，为此他们认为国际分散化生产体系最终将促进地区出口产业创新能力的提升。

已有研究为我们分析国际分散化生产对中国出口产业创新能力的影响提供了深刻的启示，但现有研究存在的两个明显普遍不足：

一是由于出口产业创新能力的度量过程中需大量的数据计算，因而现有关于国际分散化生产对出口产业创新能力影响的研究结论多建立在推理或描述性分析的基础上，尚无学者对该影响力进行动态实证分析。

二是已有文献多从国家层面研究国际分散化生产对中国出口产业创新能力的影响，忽略了国内区域发展存在的差异。[②] 为此，本文做如下改善：①在前人研究的基础上，构建出口产业创新能力的新型测度指标，运用 31 个省级区域 HS 4 位码出口数据，测度出各省级 2002~2008 年出口产业创新能力。在此基础上，运用动态面板数据系统 GMM 估计对国际分散化生产对中国出口产业创新能力的影响进行实证分析，以得到更为可靠的结果，从而弥补推理和描述性研究的不足。②基

---

① Helg 和 Tajoli（2004）指出，虽然关于国际分散化模式产生动因的实证分析不多，但多数实证结果均显示，要素价格差异是该模式产生的最主要动力（Main Driving Forces）。

② 虽有学者尝试从省级层面进行研究（姚洋、张晔，2008），但终因测算过程中数据处理量过大，仅选用了江苏和广东两省进行对比分析，并未涉及东部其他省份及中西部地区。

于全国及东部、中西部层面进行实证分析，以克服国家层面研究结果的有偏性，从而揭示国际分散化生产对中国出口产业创新能力的实际影响效应。

二、中国出口产业创新能力的测度与分析

出口产业创新能力主要是指区域内出口产业知识的创造者与技能的掌握者不断整合国内外可得资源，进而创新产出的能力，即创新能力体现于出口产业的最终产品上，因而本文基于产出视角来衡量区域产业的出口创新能力。Hausmann 较早基于这一视角对创新能力进行了阐述，他指出，区域出口产业创新能力会直接体现在其出口品的技术含量上，因为创新能力强的区域如不利用其高创新能力来提升出口品技术含量，则无法在国际市场上获得高回报，从而难以弥补内部研发所引致的高成本投入。为此，产品若在创新能力较强的区域生产，则该产品所包含的技术含量往往高于低技术创新能力区域生产的同类产品。

（一）测度方法的选择

Hausmann 指出，经济发达的区域在科研投入、创新制度以及人力资本方面具有相对优势，因而经济发达区域往往具有较强的技术创新能力和高技术含量产品。基于这一理念，Schott 在修正相似度指标的基础上对各经济体出口品技术含量进行了测度，出口品技术含量实际上是出口产业创新能力的直接体现，创新能力越相近的国家，其出口品结构及技术含量越相似，因而 Schott 指出该方法实际可以用来衡量产业的出口创新能力。具体测度方法如下：

$$ESI_{tab} = \left[\min\left(\frac{V_{t1a}}{V_a}, \frac{V_{t1b}}{V_b}\right) + \min\left(\frac{V_{t2a}}{V_a}, \frac{V_{t2b}}{V_b}\right) + \cdots + \min\left(\frac{V_{tna}}{V_a}, \frac{V_{tnb}}{V_b}\right) \right]$$

$$= \left[\sum_p \min\left(\frac{V_{tpa}}{V_a}, \frac{V_{tpb}}{V_b}\right) \right]$$

$$= \left[\sum_p \min(S_{tpa}, S_{tpb}) \right] \tag{1}$$

式中，b 国为出口高技术含量产品的参照国，ESI_{tab} 为 t 时间 a、b 两经济体的出口相似度，即以 b 国为参照时 a 国出口产业的创新能力，V_{tpa} 和 V_{tpb} 为两经济体 p 产品出口额，S_{tpa} 和 S_{tpb} 为两个经济体 p 系列产品出口的比重，V_a 和 V_b 为两经济体总出口额。用该方法测度区域出口产业创新能力的关键在于选择合适的参照国，借鉴已有的研究，本文采用美国作为高创新能力的国家，即 b 国为美国。在实际测度时，为了更好地体现中国各省级区域出口产业创新能力的动态变迁过程，笔者对 Schott 的测度方法进行了两方面的改进：①选择参照国 2008 年的出口数据作为参照标准，即式（1）中 b 国所有的 t 均为固定年份；②借鉴 Rodrik 和杜修立、王维国等人关于出口技术含量与产业创新能力的研究将美国人均 GDP 纳入式（1），则可得本文的测度方法如下：

$$CX = \left[\sum_p \min(S_{tpa}, S_{mpb}) Y_{tb} \right] \tag{2}$$

式中，m 为考察范围内的最大年份，CX 为创新能力指数。

（二）产业的选择

根据海关的 HS 编码，中国出口的产品一共分为 22 类，为了更好地体现中国各区域出口产业创新能力的变迁过程，笔者并未将所有的出口产业纳入本文中，而是做了适当的调整。

首先最近几年中国创新能力的提升多源于工业制成品出口行业，而非初等品出口行业，因此笔者将初等品剔除，具体有 HS 编码的第 1 类至第 5 类（分别为活动物、动物产品、植物产品、动植物油、食用油等、食品及烟草等和矿产品）。

其次部分产品的出口变动并不能体现区域创新能力的变迁过程，笔者亦将其剔除，具体有 HS 编码的第 14 类和第 21 类（分别为艺术品、收藏品及古物和珠宝、贵金属制品、仿首饰、硬币）。

最后部分杂项产品与特殊交易品，由于其产业性质不清晰，笔者亦将其剔除，具体有 HS 的第 20 类和第 22 类（分别为杂项制品和特殊交易品及未分类商品）。为此最终进入本文计算的各省级区域出口数据有 12 大类，共 65 章产品，即 HS 编码中第 28~92 章。

表 1 中国各省级区域出口创新能力指数（2002~2008 年）

地区	2002 年	2003 年	2004 年	2005 年	2006 年	2007 年	2008 年	增幅（%）	均值
江苏	22132.2	23199.2	25895.9	27332.6	28549.2	29181.5	30012	35.6	26614.7
上海	21318.1	21751.5	23401.7	24930.1	26915.7	27262.4	27769.8	30.26	24764.2
北京	21672.4	21195.8	23205.2	24573	26642.8	26823.6	28802.6	32.9	24702.2
广东	22424.2	20705.9	22113.2	23409.8	25013.3	24949.3	26022.7	16.05	23519.8
天津	17689.2	21860.5	23509.7	24697.1	22814.8	24276.6	27343	54.57	23170.1
福建	20808.5	21823.3	22707.7	23154.6	22734.9	24114	24513.1	17.8	22836.6
浙江	16596.8	19273.6	21000.9	22725.5	26102.5	26945.3	27106	63.32	22821.5
山东	18295.1	19386.3	20813.7	22868.9	24396.5	26054.7	26472.7	44.7	22612.5
陕西	15576.3	17656.4	19163.5	21054.2	23679.3	25321.6	26454	69.83	21272.2
四川	13993.9	16233.6	19038.4	21472.3	23527.3	24403.6	27061.6	93.38	20818.7
辽宁	17169.9	17993.2	18386.8	19243	20830.3	21598.2	23616.6	37.55	19834
湖北	12714	16573.5	18223.8	19076.6	21389.8	23418.8	24352.3	91.54	19392.7
安徽	12438.5	16943.1	20214.1	21435.6	19789.4	21383.9	22553.6	81.32	19251.2
重庆	15110.8	15885	18043.3	18189.3	19462.9	20485.5	21384.9	41.52	18366
吉林	13114.6	14905.3	15035.2	16853.5	16178.2	17745.3	17935.4	36.76	15966.8
广西	10790.3	13497.5	12953.9	14894	15934.3	18244.2	19709.3	82.66	15146.2
河南	9719.19	11774.6	12867.1	14781.2	16127.7	18051	19901.9	104.8	14746.1
河北	11387.4	13549.9	13243.5	14553.3	14991.6	16600.4	18458.8	62.1	14683.6
海南	10799.9	11423	9983.81	14405.9	18542.1	17131.8	18952.8	75.49	14462.8
江西	10464.6	12592.3	10703.8	13693.2	14617.8	16252.7	16844.7	60.97	13595.6
湖南	9717.71	11533	10894.4	12473.4	12520	15511.9	17356.4	78.61	12858.1
山西	9158.84	10772.2	10220.5	13791.3	15544.6	13451.5	15481.4	69.03	12631.5
黑龙江	10842.5	8050.43	9778.78	9878.31	13719.9	13456.6	14593.1	34.59	11474.2
云南	10512.5	10948.3	10487.7	11768.1	11723.9	11081.4	12847.7	22.21	11338.5
贵州	7815.55	10272.8	12021.6	13195	10430.8	10040.4	10964.9	40.3	10677.3
甘肃	6328.9	7595.81	7286.16	10998.5	10540.7	11971.7	15686.1	147.8	10058.3
新疆	8110.23	9883.71	9289.27	10040.8	10309.8	10885.9	11008.1	35.73	9932.54
内蒙古	5825.68	6272.21	6129.03	13823.8	10433	9897.14	10681	83.34	9008.83
西藏	6466.44	7182.89	8973.92	9420.95	9102.74	9012.28	9363.01	44.79	8503.18
宁夏	6496.8	8177.02	8380.69	8976.97	7966.87	9241.52	9824.46	51.22	8437.76
青海	2776.88	3386.76	2988.61	4205.93	3559.89	5729.27	6386.73	130	4147.73

注：本表按照 2002~2008 年创新能力指数均值的大小排列。

（三）测度结果与分析

根据上述方法和所选产业，本文对中国大陆 31 个省级区域出口产业的创新能力指数进行了测度。表 1 报告了具体测度结果。从数值上看，2002~2008 年，各省份出口产业的创新能力具有明显的提升，这与 Rodrik 和 Schott 的研究结论是一致的，即近年来中国出口产业的创新能力具有较大幅度的提升。从创新能力的排名上看，出口产业创新能力较强的区域多为经济相对发达的东部省份，其中创新能力排名前十的省份，有八个位于东部。这一研究结论与部分学者关于创新能力与经济发展的推论颇具相似性，即经济发展水平较高的区域往往具有较强的创新能力。从不同区域创新能力提升幅度上看，2002~2008 年，出口产业创新能力提升幅度最大的是甘肃和青海，7 年间创新能力指数分别提升了 147.8% 和 130%，整体而言，西部地区出口创新能力的提升速度大于东部地区，这一结论证实了 Amiti 和 Freund 的推论：由于"后发优势"的作用，出口创新能力较弱的区域，其创新能力具有较快的提升速度。

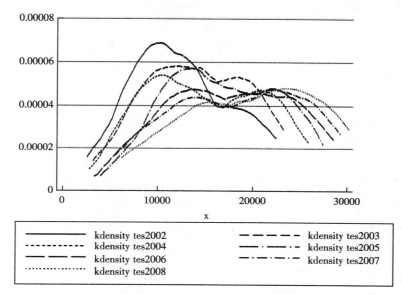

图 1　各省份出口产业创新能力的 Kernel 密度估计（2002~2008 年）

为了进一步分析各省级区域出口创新能力分布趋势，笔者对 2002~2008 年的测度结果进行了 Kernel 密度估计，发现 Kernel 密度估计已经逐渐由 2002 年的显著"双峰"变成了 2008 年宽而长的"单峰"。借鉴冼国明、文东伟关于 Kernel 密度估计曲线的表述可知，各省份出口产业创新能力逐渐由以往的"趋异"式发展转为"趋同"式发展，出口产业创新能力进步方向收敛于同一均衡点，即省级区域间出口产业创新能力相互影响及促进效应日渐明显。

三、回归模型的设定与变量的选择

（一）计量模型的设定

本文的研究目的为考察国际生产分散化对中国区域出口产业创新能力的影响，即主要分析一个变量对另一个变量的影响。值得关注的是，参与国际分散化生产体系与中国出口产业创新能力可能存在双向因果关系，即进行实证研究时，所采用的计量模型和方法能有效地克服变量的内生性。为此，借鉴钱学峰、陈勇兵和戴枫的研究，本文采用动态面板数据对上述关系进行实证分析。构建如下动态面板数据模型：

$$y_{it} = \alpha y_{it-1} + \beta X_{it} + \eta_i + \varepsilon_{it} \tag{3}$$

式中，y_{it} 为被解释变量；X_{it} 为及时变量及实证中所采用的其他控制变量；η_i 为实证中的省级效应，用于控制各省级区域的固定效应，ε_{it} 为式（3）的残差项。

为了克服式（3）中存在的省级区域固定效应，Arellano Bond 和 Arellano Bover 建议需采用GMM（广义矩阵估计法）进行实证分析。为此，本文对式（3）进行一阶差分处理可得：

$$y_{it} - y_{it-1} = \alpha(y_{it-1} - y_{it-2}) + \beta(X_{it} - X_{it-1}) + (\varepsilon_{it} - \varepsilon_{it-1}) \tag{4}$$

式（4）有效地剔除了省级层面的固定效应。为了得到更为可靠的结果，本文还应处理变量之间的内生性。为此，实际估计时需采用工具变量，参考钱学峰、陈勇兵和戴枫的方法，我们将被解释变量的一阶滞后项作为回归中的工具变量。Arellano Bond 和 Arellano Bover 指出运用 GMM 估计时还应判断工具变量和模型设定的有效性。因此，本文分别采用 Hansen 检验和 Arellano–Bond AR（2）检验分别判断工具变量及模型设定的合理性。

（二）变量的选择

1. 被解释变量

本文主要研究国际分散化生产对中国出口产业创新能力的影响，因而被解释变量为前文所测各省级区域出口产业创新能力指数（CX）。

2. 解释变量

国际分散化生产指数（FS），目前学术界测度国际分散化指数的方法多通过投入产出表实现，但用该方法研究对国际分散化生产的效应进行研究时，存在一个很明显的缺陷：由于投入产出数据五年才有一次，用该方法进行研究只能做描述性对比，难以实现该领域的动态研究。因此笔者借鉴钱学峰、陈勇兵的方法，即采用各省级区域加工贸易额在总贸易中的百分比来表示其参与国际分散化生产的程度。

在得到本文回归中所需解释变量和被解释变量后，本文进一步选用一些能反映区域属性的变量作为实证分析中的控制变量。主要有以下几个方面：

（1）物质资本存量（WZ）。物质资本存量是区域创新能力提升的一个最基本条件，物质资本越多则意味着该地区拥有更多能进行高端研发的资本基础。本文运用永续存量法，折旧率为5%，在张军等研究的基础上，[①] 得到 31 个省级区域 2002~2008 年的物质资本存量。

（2）人力资本（HR）。人力资本是区域出口产业创新活动的主要载体，是区域出口产业创新能力提升主要推动因素之一，因此，该变量对出口产业创新能力的作用是显而易见的。本文采用31 个省级区域的大专及以上人数来表示。

（3）贸易开放度（OPEN）。贸易开放区域更容易接触到源自于国外的新产品和新技术，从而对本区域出口产业的创新能力产生一定的影响。本文采用 31 个省级区域对外贸易额占其 GDP 的百分比来衡量其开放程度。

（4）外商直接投资（FDI）。外商直接投资往往会给本地带来新技术，新技术产生的溢出效应会推动其出口产业创新能力的变迁。本文采用 31 个省级区域历年 FDI 的流量来表示。

---

① 张军等（2004）的研究中，将四川和重庆物质资本存量合并为单一值，本文以其所计算得到 2000 年当前价格表示的物质资本存量为基础，以四川和重庆 2000 年 GDP 之比作为权重，将 2000 年的单一值分别拆分给四川和重庆。

（5）经济发展水平（PGDP）。Hausmann 指出区域经济发展水平的高低，决定了该区域投资有别于传统产业的高技术、高创新行业的能力。因而经济发展水平对出口产业的创新能力具有重要作用。本文采用 31 个省级区域人均 GDP 表示。

所有数据的时间跨度为 2002~2008 年，为减少异方差，本文对所有变量进行了自然对数处理，对数处理后的变量描述性统计见表 2。

表 2　变量的描述性统计

	Ln CX	Ln FS	Ln PGDP	Ln HR	Ln OPEN	Ln FDI	Ln WZ
均值	9.612083	3.292966	9.529027	5.210932	3.020230	5.166236	9.174935
最大值	10.30935	4.368643	11.19991	6.479092	5.136333	8.333101	11.14766
最小值	7.929083	0.11	8.056110	0.711311	1.631500	1.098612	5.951234
标准差	0.459860	0.744799	0.627110	0.998393	0.948659	1.577605	0.971103
样本数	217	217	217	217	217	217	217

四、估计结果与分析

前文对中国 31 个省级区域出口产业创新能力进行了测度，并在构建国际生产分散化对出口产业创新能力影响的检验模型的基础上，选择了代表区域属性的相关变量。本部分则主要运用前文构建的模型从国家和区域层面对上述影响力进行实证检验。考虑到如果单独运用式（4）进行估计，会使 GMM 估计过程面临弱化的工具变量，进而使估计结果产生偏差甚至无效。为此，本文采纳 Arellano 和 Bover 的建议，即将水平估计式（3）也纳入估计系统进行分析，即采用系统 GMM 估计，整个估计过程通过 Stata 10.0 实现。在对区域层面进行实证分析时，本文将 31 个省市划分为东中西三个区域，东部有北京、河北、辽宁、天津、山东、江苏、上海、福建、浙江、广东和海南 11 省（市）；中部有山西、吉林、黑龙江、安徽、江西、河南、湖北和湖南 8 省；西部有四川、贵州、云南、广西、陕西、甘肃、青海、内蒙古、重庆、新疆、西藏和宁夏共 12 省（市、自治区）。

（一）全国层面的估计结果与分析

在实际回归中，笔者依次加入各控制变量进行系统 GMM 估计，以检验回归结果的稳健性，考虑到贸易开放度与外商直接投资间的相互关系及经济发展水平变量与其他控制变量的关系，笔者并未将外商直接投资与贸易开放度变量置于同一估计方程，并将经济发展水平单独与国际分散化系数单独回归，以避免由控制变量间过高相关生带来的多重共线性。表 3 报告了全国层面的估计结果。从各估计方程的二阶序列相关检验及 Hansen 过度识别的检验结果上看，五个方程不存在二阶序列相关，且工具变量不存在过度识别，即整个模型的设定是有效的。

表 3　国际分散化对出口产业创新能力影响的 GMM 估计：全国层面

变量	模型 1	模型 2	模型 3	模型 4	模型 5
LnCX	−0.461*** （−5.77）	−0.359*** （4.65）	−0.191** （−1.99）	−0.085* （−1.82）	−0.398*** （−5.35）
LnFS	0.089*** （3.18）	0.078*** （4.29）	0.003*** （2.66）	0.066*** （7.46）	0.0683** （2.04）

变量	模型1	模型2	模型3	模型4	模型5
LnWZ	0.449*** (7.96)	0.4720*** (11.68)	0.417*** (11.68)	0.362*** (24.82)	
LnHR		0.100*** (3.37)	0.153*** (6.96)	0.046* (1.83)	
LnOPEN			0.0357** (2.38)		
LnFDI				0.024*** (2.43)	
LnPGDP					0.5028*** (9.49)
OBS	186	186	186	186	186
AR（2）	0.469	0.665	0.815	0.557	0.347
Hansen	0.122	0.172	0.270	0.269	0.276

注：括号内为 Z 统计量，*、**、*** 分别代表在 1%、5%和 10%的显著性水平，AR（2）和 Hansen 分别表示的是 Arellano-Bond test for AR（2）和 Hansen test 的概率。以下同

从解释变量的估计系数上看，国际分散化生产的估计系数均为正，五个估计结果中有四个通过了 1%的显著性水平检验，有一个估计结果通过了 5%的显著性检验。可见从全国层面上看，积极加入国际分散化生产体系，有利于提高中国出口产业整体层面的创新能力。从其他控制变量的估计系数上看，物质资本存量、人力资本、贸易开放度、外商直接投资及经济发展水平均对中国出口产业创新能力具有显著的促进作用。值得一提的是，在人力资本和物质资本同时出现的三个实证模型中（模型 2-4）物质资本存量的估计系数均大于人力资本的估计系数，这表明物质资本存量对中国出口产业创新能力的提升作用大于人力资本的提升作用。

（二）区域层面的估计结果与分析

表 4~表 6 列示了中国东部、中部及西部的系统 GMM 估计结果，从各估计方程的检验值上看，15 个方程的二阶序列相关检验的概率和 Hansen 检验的概率均表明系统 GMM 模型的设定及工具变量的选择是合理有效的，因而区域层面的估计结果是可靠的。

表 4　国际分散化对出口产业创新能力影响的 GMM 估计：东部地区

变量	模型1	模型2	模型3	模型4	模型5
LnCX	0.965*** (14.51)	0.046** (2.30)	−0.188 (−0.86)	−0.035 (−0.30)	−0.406*** (−2.70)
LnFS	0.074** (1.97)	0.050** (2.43)	0.269** (2.16)	0.296*** (2.88)	0.289*** (3.33)
LnWZ		0.376*** (5.95)	0.225*** (2.62)	0.223** (2.29)	
LnHR	0.053 (0.68)	0.086 (0.90)	0.114* (1.73)	0.164*** (3.15)	
LnOPEN			0.184*** (5.32)		
LnFDI				0.028** (1.99)	
LnPGDP					0.723*** (6.44)
OBS	66	66	66	66	66

变量	模型1	模型2	模型3	模型4	模型5
AR（2）	0.459	0.513	0.397	0.387	0.071
Hansen	0.912	0.970	0.848	0.929	0.917

对比三个区域国际分散化生产的估计系数可知，东部地区和中部地区参与国际分散化生产有利于促进其出口产业创新能力的提升，而国际分散化生产却对西部地区出口产业能力表现出一定的负效应，且各地区的估计数均至少通过了10%的显著性水平检验。结合现有研究可知：东部地区的估计结果符合Rodrik和Schott观点，即中国介入国际分散化生产，促进了中国出口产业创新能力的提升；而西部地区的估计结果证实了Naughton和张杰、刘志彪的观点，即嵌入国际分散化体系会对一国产业创新能力产生一定锁定作用。而本文的这一动态实证结果，一定程度上证明了姚洋、张晔基于投入产出法静态对比分析的推论，即嵌入国际分散化生产体系对一地区出口产业创新能力的影响力为先下降后上升的V形。

笔者认为导致V形模式出现的原因可能如下：相比东中部而言，西部地区由于嵌入国际分散化生产体系时间较短，单纯从事加工组装环节，被固定在低技术、低创新的劳动密集型环节，创新能力受限，从而出现创新能力被"锁定"的情形；在经历一段时间加工组装后，区域内会形成通累产品生产的专业化集聚，使得本国上下游企业能够从中获得更优的中间品或中间品生产技术，从而享有技术与知识外溢等外部性带来正效应，进而推动其出口产业创新能力的提升，因此，国际分散化生产对东中部地区表现为正效应。

表5 国际分散化对出口产业创新能力影响的 GMM 估计：中部地区

变量	模型1	模型2	模型3	模型4	模型5
lnCX	−0.284*** (−4.90)	0.0908 (0.82)	−0.131 (−1.20)	−0.343 (−1.10)	−0.689** (−2.15)
lnFS	0.158* (1.83)	0.0229* (1.83)	0.164* (1.77)	0.075* (1.94)	0.109** (2.38)
lnWZ	0.340*** (7.58)	0.345*** (3.29)	0.400*** (5.40)	0.357** (2.10)	
lnHR		0.3331** (2.38)		0.1617 (0.71)	
lnOPEN			−0.366 (−1.59)		
lnFDI				0.086** (2.19)	
lnPGDP					0.651*** (3.92)
OBS	48	48	48	48	48
AR（2）	0.227	0.252	0.188	0.531	0.415
Hansen	0.997	0.422	0.679	0.593	0.802

表6 国际分散化对出口产业创新能力影响的 GMM 估计：西部地区

变量	模型1	模型2	模型3	模型4	模型5
lnCX	−0.182 (−0.82)	−0.441 (−1.38)	−0.044 (−0.19)	−0.570 (−2.16)	−0.240*** (−2.59)
lnFS	−0.003** (−2.28)	−0.030* (−1.78)	−0.086* (1.67)	−0.041* (−1.86)	−0.053*** (−3.64)

续表

变量	模型1	模型2	模型3	模型4	模型5
lnWZ	0.342*** (4.01)	0.383*** (4.81)	0.248** (2.46)	0.367*** (4.00)	
lnHR		0.0099** (2.10)	0.155 (1.58)	0.026 (0.19)	
lnOPEN			−0.064* (1.69)		
lnFDI				0.0742*** (2.61)	
lnPGDP					0.335*** (12.33)
OBS	72	72	72	72	72
AR (2)	0.320	0.450	0.871	0.512	0.636
Hansen	0.798	0.976	0.929	0.848	0.684

对比三个区域其他控制变量的估计系数可以发现，经济增长、物质资本存量、人力资本与外商直接投资对各地区出口产业创新能力表现出正效应。不同的是，贸易开放度对东部地区出口产业创新能力具有显著的提升作用（估计系数为0.184，通过了1%的显著性水平检验），对中西部出口产业创新能力具有负作用（估计系数为−0.366和−0.064，西部地区通过了5%的显著性水平检验）。这一显现出现的原因可能在于：东部地区出口产业在长期的对外开放中形成了一定的竞争力，而这些竞争力在贸易开放推动下会扩大出口产业的销售渠道，扩大产业内企业的获利面，使得企业更有能力投资于高端的研发活动，提高其创新能力。中西部地区产品的国际竞争力相对较弱，在贸易开放引进的外部力量冲击下，产业内企业的国内市场份额一定程度上被外国厂商所挤压，减少其获利面，影响其投入研发的能力，进而对其创新能力产生一定的负面影响。

从估计系数大小上看，三个地区同一方程中物质资本估计系数均大于人力资本的估计系数，这表明中国出口产业创新能力的提升路径不同于普通的发展中国家。唐海燕、张会清通过对40个主要的发展中国家创新能力的提升动因进行实证分析后发现，人力资本的增加是发展中国家创新能力提升的主要动力。这一现象出现的原因可能在于：中国在进行创新能力提升与赶超时，具有明显的逆比较优势特征。外商直接投资的估计系数显示，外商直接投资对中国出口产业的创新能力提升作用具有明显的边际递减效应，作为吸引外资最多的东部区域，其估计系数仅为0.028（通过了5%的显著性检验）。而中西部的估计系数为0.086和0.0742（分别通过了5%和1%的显著性检验）。中部地区的促进效应明显大于西部地区的原因可能在于：中部地区的基础设施优于中部地区，可以使外资发挥更大的效益。

五、结论与启示

本文通过修正和完善Schott模型，构建了一个测度出口产业创新能力的新方法，并借助该方法结合中国省级区域HS码的65章产品出口数据，测度了2002~2008年31个省市出口产业的创新能力指数。在此基础上，运用系统GMM估计方法，从全国和区域双层面研究了国际分散化生产对中国出口产业创新能力的影响。得到的结论与启示主要有以下几点：

（1）近年来，中国出口产业创新能力均有较大的提升，东、中、西部创新能力以收敛于同一均衡点的方式在进步。出口产业创新能力指数的测度结果显示：2002~2008 年，各省级区域出口产业创新能力均有一定幅度提升，其中最快的甘肃和青海分别提升了 147.8％和 130％。Kernel 密度估计曲线显示：各省级区域出口产业创新能力指数的分布已经由以往的明显"双峰"转向了 2008 年的"单峰"，可见所有省级区域出口产业创新能力收敛于同一均衡点，以"齐头并进"的方式在进步，即领头省份的创新能力对其他省份具有正向的示范和辐射效应。可见，通过提升领头地区（如江苏、上海、北京和广东）出口产业创新能力，会在一定程度上带动东、中、西部地区出口产业创新能力的整体性提升速度。

（2）"嵌入"国际分散化生产模式对出口产业创新能力表现出先负后正的 V 形。区域层面动态面板数据系统 GMM 估计结果表明：在加入国际分散化生产体系初期（如西部地区），由于生产过程处于整个生产体系的价值链最低端，创新能力受到限制，从而本地区的创新能力产生一定负效应；当在加入国际分散化体系一定时间后（如东、中部地区），由于生产积聚、专业化分工以及本地企业向国际分散化生产体系的上端和下端拓展，从而加入国际分散化体系，对地区出口产业创新能力的产生正向效应。为此，应加快加入国际分散化生产体系，以形成专业化生产的积聚，并在此基础上，向生产体系的高端拓展，以提高出口产业创新能力提升的速度。

（3）中国出口产业创新能力有着与普通发展中国家不同的提升模式。国家和区域层面的估计结果均显示：在不考虑经济发展水平控制变量估计系数的情况下，物质资本变量对出口创新能力的作用力最大，且正向效应明显大于人力资本。而现有文献研究表明中国作为发展中国家创新能力的提升主要依靠熟练劳动力而不是资本。中国的这一模式与早期韩国及中国台湾地区出口产业创新能力的提升模式较为相近，但是在劳动力素质及数量提升较慢的情况下，物质资本对出口产业创新能力的作用会呈现出显著的边际递减效应。因此，在这种提升模式作用下，加大高端劳动力的培训力度、提高人力资本素质及数量，在出口产业创新能力的可持续提升中显得尤为重要。

（4）外商直接投资对出口产业创新能力的提升作用具有显著的边际递减效应。GMM 估计结果显示，外商直接投资对中西部地区出口产业创新能力提升的作用力分别为 0.086 和 0.0742，显著大于东部地区的 0.028。可见，今后单纯依靠吸引普通外资来提高东部地区创新能力及其示范效应的难度将日益增大。为此，一方面，应加大东部地区引入高技术、高质量外资的引进力度，以提高单位外资对东部地区出口产业创新能力的提升效应，使之发挥"领头羊"作用；另一方面，引导部分外资流向中西部，以提高其出口产业在创新方面的"追赶能力"及东部地区出口产业对其创新能力的辐射效应，从而使外资在中国出口产业创新能力提升中发挥更大的效应。

（5）贸易开放有利于促进中国出口产业整体层面创新能力的提升。但其对区域层面的作用力并不相同。国家层面回归结果显示，贸易开放的估计系数为正，且通过了 5％的显著性检验，可见对外贸易能有效地促进中国出口产业创新能力的提升。这一发现与 Van Assche 和 Gangnes 的研究结论是一致的，比 Van Assche 和 Gangnes 更进一步的是，本文将研究拓展到了区域层面。区域层面估计结果显示：对外开放仅对东部地区出口产业创新能力表现出显著的正效应，而对中部地区表现出不显著的负效应，对西部地区则表现出显著的负效应。可见对中、西部地区而言，对外贸易开放对其出口产业创新能力产生的冲击效应显著大于其带来的提升效应。为此，应对中、西部地区高创新能力产业提供适当的政策支持，以降低贸易开放带来的外部冲击。

参考文献

[1] 钱学锋，陈勇兵. 国际分散化生产导致了集聚吗：基于中国省级动态面板数据 GMM 方法 [J]. 世界经济，2009（12）：12-23.

[2] 李元旭，谭云清. 国际服务外包下接包企业技术创新能力提升路径——基于溢出效应和吸收能力视角 [J]. 中国工业经济，2010（12）：17-25.

［3］张杰，刘志彪. 制度扭曲与中国本土企业的出口扩张［J］. 世界经济，2008（10）：21-35.

［4］姚洋，张晔. 中国出口品国内技术含量升级的动态研究：来自全国及江苏省、广东省的证据［J］. 中国社会科学，2008（2）：67-85.

［5］陈晓华，黄先海. 中国出口品技术含量变迁的动态研究［J］. 国际贸易问题，2010（3）：3-12.

［6］杜修立，王维国. 中国出口贸易的技术结构及其变迁：1980~2003［J］. 经济研究，2007（7）：137-151.

［7］冼国明，文东伟. FDI、地区专业化与产业集聚［J］. 管理世界，2006（12）：18-33.

［8］戴枫. 要素禀赋框架下的 FDI 与我国地区收入差距分析——基于动态面板模型的 GMM 检验［J］. 国际贸易问题，2010（5）：44-53.

［9］张军，吴桂英，张吉棚. 中国省际物质资本存量估算：1952~2000［J］. 经济研究，2004（10）：35-44.

［10］唐海燕，张会清. 产品内国际分工与发展中国家的价值链提升［J］. 经济研究，2009（9）：93.

［11］陈晓华，黄先海. 中国出口技术结构演进的机理与实证分析［J］. 管理世界，2011（3）：73-84.

［12］Jones, R. and K. Ierzkowski, H. The Role of Services in Product ion and International Trade: A Theoretical Framework, ch. 3 in Jones and Anne Kruegereds: The Political Economy of International Trade (Blackwells), 1990.

［13］Feenstra, R. C. and Hanson, G. H. Globalization, Outsourcing and Wage Inequality ［J］. American Economic Review, 1996 (86): 240 -245.

［14］Jones R. and H. Kierzkowski. A Framework for Fragmentation in Fragmentation. New production patterns in the world economy ［M］. Oxford University Press, 2001.

［15］Antras & Helpman. Global Sourcing ［R］. Harvard Institute of Economic Research Discussion Paper, 2003, No. 2005.

［16］Mitsuyo Ando, Fukunari Kimura. Fragmentation in East Asia: Further Evidence ［R］. Hitotsubashi University Working Paper, 2007.

［17］Gaulier, G., Lemoine F. Unal-Kesenci D. China's Integration in East Asia: Production Sharing, FDI and High-Tech Trade ［R］. CEPII Working Paper, No. 2005-09.

［18］Naughton, B., The Chinese Economy: Transitions and Growth ［M］. Cambridge MIT Press, 2007.

［19］Rodrik D. What's So Special about China's Exports ［J］. China & World Economy, 2006 (14): 1-19.

［20］Schott, Peter K. The Relative Sophistication of Chinese Exports ［R］. NBER Working Paper, 2006, No. 12173.

［21］Hausmann, Ricardo, Jason Hwang and Dani Rodrik. What You Export Matters ［R］. NBER Working Paper , No.11905. 2005.

［22］Zhi Wang, Shang-Jin Wei. The Rising Sophistication in China's Exports: Assessing the Roles of Processing Trade, Foreign Invested Firms, Human Capital and Government Policies ［R］. Working Paper for the NBER Conference on the Evolving Role of China in the World Trade, 2007.

［23］Bin X. U., Jiangyong L. U., Foreign Direct Investment, Processing Trade, and the Sophistication of China's Exports ［J］. China Economic Review. 2009 (12): 34-45.

［24］Mary Amiti. Caroline Freund An Anatomy of China's Export Growth ［R］. NBER Working Paper, 2008.

［25］Arellano M. and Bond, S. Some Tests of Specification for Panel Data: Monte Carlo Evidence and an Application to Employment Equations ［J］. Review of Economic Studies, 1991 (58): 77- 297.

［26］Arellano, M. and Bover, O. Another Look at the Instrumental Variable Estimation of Error-components Models ［J］. Journal of Econometrics, 1995 (68): 29- 52.

［27］Sanjaya Lall, John Weiss, Jingkang Zhang. The "Sophistication" of Exports: A New Trade Measure ［J］. World Development, 2006 (34): 222-237.

［28］Van Assche, Gangnes. Electronics Production Upgrading: Is China exceptional? ［R］. Working Paper for 18th CEA (UK) annual conference in Nottingham, 2008.

技术变革、范式转换与我国战略性新兴产业发展：一个演化经济学视角的研究*

张国胜**

一、引 言

熊彼特的创新理论指出，每一次经济长波中的萧条都孕育着技术变革，而技术变革又催生了新兴产业的萌芽；继而受益于技术—经济范式的转换，产业革命就在"创造性地毁灭"中不断向前推进。在后金融危机时代，为实现新一轮经济增长与抢占国际经济竞争的制高点，世界各国都加快了技术创新与新兴产业的布局。目前，新兴产业的发展也由过去单纯企业的自组织行为，发展成为一种政府引导与推动的社会化行为。这不但预示着新兴产业将进入一个前所未有的发展时代，而且意味着国际间关于新兴产业的竞争将更为激烈。面临这一轮危机中孕育新兴产业革命的全新机会，中国政府也明确提出要加快培育和发展新兴产业，并将新能源产业、新材料产业、生物产业、新能源汽车产业、节能环保产业、新一代信息技术产业、高端装备制造业作为战略性新兴产业进行重点突破。

伴随战略性新兴产业成为中国重大的产业发展战略，学术界对这一问题展开了大量的研究，并从主流经济学的视角重点关注了战略性新兴产业的定义（张少春，2010；刘志阳、施祖留，2010）、基本特征（郑雄伟，2010；李晓华、吕铁，2010）、培育政策（朱瑞博，2010；程新章、吴勇刚，2011）等方面的内容。由于产业发展不仅可被视为"投入—产出函数"的结果，而且可被视为"通过异质企业种群的相互作用，产生变异—选择—淘汰"的结果（Dosi，1995），因此产业发展与生物进化在机制上具有一致性。基于这样的考虑，本文将战略性新兴产业的发展视为一个演化过程，选择从演化经济学的视角对这一问题展开新的研究：首先基于技术变革与范式转换，从理论上探讨新兴产业发展的动态规律；其次分析新一轮技术变革的进展与趋势，并探讨技革变迁过程中中国战略性新兴产业的动态；最后基于范式转换与新兴产业发展的政策路线，探讨现阶段中国战略性新兴产业发展的政策重点。

---

* 国家社科基金重大招标项目"中国工业化的资源环境人口制约与新型工业化道路研究"（项目批准号：09&ZD025）、云南大学理论经济学省级重点学科建设项目、云南大学发展研究院"211三期"项目。

** 张国胜，1977年生，男，湖南临湘市人，副研究员、经济学博士。研究方向：兴趣为技术创新与产业发展。

二、技术变革、范式转换与新兴产业

尽管每一次萧条中的技术变革均能产生一种协同作用、相互依赖的新兴产业，但技术变革并不是一种线性的推进模式，因此新兴产业的发展也并非一帆风顺。只有当技术—经济范式发生转换，即形成了与技术变革相适应的一种最佳惯行模式[①]（Perez，2007），新兴产业才能取代传统产业，成为整个社会经济系统的主导。

（一）技术变革与新兴产业动态

在技术变革的过程中，从初始的技术萌芽到技术成熟，尽管变革过程十分复杂，但其演化的方向与速度仍然会遵循某些类似的"自然轨道"，从而表现出一定的累积性（Dosi，1988）。根据Nelson and Winter（1977）、Dosi（1982）、Freeman and Perez（1988）、Perez（2001）等人的研究，技术变革的演化路径可划分为初始优化期、渐进创新期、成熟期三个阶段，如图1所示。

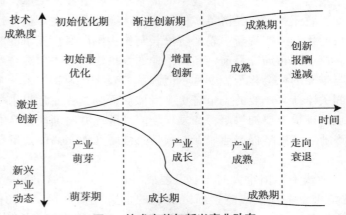

图1 技术变革与新兴产业动态

在技术变革的初始优化期，不是所有的技术创新都能够推动技术变革，只有一些突变式的激进创新才能推动技术变革。所谓突变式的激进创新是指能够真正引发一项新技术过程的创新。这种创新通主要集中在经济的大萧条期间（Freeman、Clark and Soete，1982），目的是为了缓解市场的衰退甚至崩溃。[②] 突变式的激进创新是一项新的开始，能够引入新产品或新方法，从而导致新兴产业的萌芽。但是需要强调的是，由于市场和消费者在接受程度上的不确定性要远远高于纯粹技术上的不确定性（Freeman、Jahoda，1978），激进创新的出现并不意味着基于此的新兴产业的必然形成，只有当激进创新完成了优胜劣汰的市场选择，即完成初始最优化，基于此的新兴产业才能获得市场认可。

经过初始期最优化后，累积的技术将进入一个渐进创新期。与前期相比，这一时期的技术变

---

① 这种最佳惯行模式由一套通用的、同类型的技术和组织原则所构成，这些原则代表着一场特定的技术革命得以运用的最有效方式，以及利用这场革命重振整个经济并使之现代化的最有效方式（Perez，2007）。
② 对突变式的激进创新的起源，不同学者之间存在较大差异，既有需求拉动假设，也有相关"理性选择"，本文遵循演化经济学的分析，认为经济的萧条孕育了突变式激进创新的可能。

革主要表现为一种持续且快速的增量创新，即对新兴产业的已有产品和生产方法进行不断完善。受益于连续不断的增量创新，新兴产业开始进入一个快速扩张时期。一方面表现为与新兴产业相关的技术效率、生产过程的生产率、生产方法的精确性不断改进，产品质量不断改善，生产成本持续下降，生产者的市场地位日益巩固等，这种变化最终在技术成熟时达到高潮；另一方面表现为伴随新兴产业的市场扩张，增量创新与市场成长的交互作用将很快确定技术变革的改进方向，最终形成新兴产业的主导设计（David，1985；Arthur，1989）。伴随主导设计的出现，新兴产业的进入壁垒将明显提高。因为在目前的技术轨道中，学习的累积性使现有企业对潜在进入者具有明显的优势。

进入成熟期后，对技术创新的投资开始呈现出报酬递减的趋势，技术变革将逐步失去活力与盈利能力。对新兴产业而言，技术成熟意味着新兴产业已经取代传统产业，成为整个经济系统的主导产业，这种状况可能持续几年或几十年。在这个过程中，新兴产业的组织形态开始稳定地由几家业已建立的巨型企业所组成；与此同时，行业产品将有可能被另一种产品所替代，或者是产业转移到要素成本更为低廉的地区。

（二）技术变革、范式转换与新兴产业发展

由于技术变革的演化能够强烈地塑造其市场选择的环境，且新兴产业也需要通过行为规则与企业之间交互作用的自我演化、与行业相关的多样性组织的形成等方式塑造其发展环境（Nelson，1995），原有技术—经济范式显然无法满足技术变革与新兴产业发展的需要。因此为实现技术变革与新兴产业发展的顺利推进，技术变革与新兴产业发展就必须在一个完全适应以前的技术—经济范式要求的环境中开拓出自己的最优惯行模式，即需要推动技术—经济范式转换。

范式转换是一个缓慢而又痛苦的过程。为了能够与技术变革、新兴产业发展的演化路径相对应，本文在借鉴 Perez（2007）观点的基础上，将范式转换分为导入期、构建期与常规期三个阶段（见图2）。在范式导入期，尽管经济处于萧条期间，传统产业的盈利开始受到制约，但考虑到基于突变式激进创新的新兴产业仍然需要花费很长的时间才能获得可观的产量与利润，绝大多数的经济行为主体很难相信"通常的"最优实践模式已经失效；同时，由于技术变革与新兴产业发展还处于初始期，经济系统缺乏必要的外部基础设施与其产生互动，这些基础设施能够降低引入创

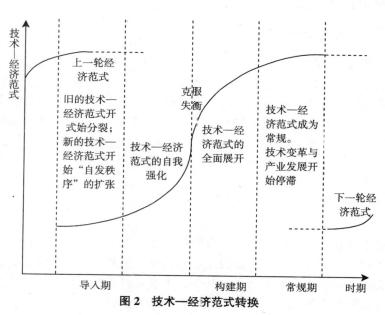

图2 技术—经济范式转换

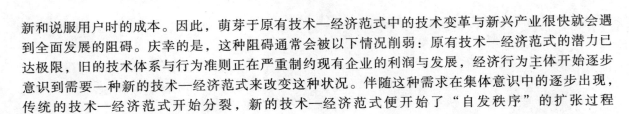

新和说服用户时的成本。因此，萌芽于原有技术—经济范式中的技术变革与新兴产业很快就会遇到全面发展的阻碍。庆幸的是，这种阻碍通常会被以下情况削弱：原有技术—经济范式的潜力已达极限，旧的技术体系与行为准则正在严重制约现有企业的利润与发展，经济行为主体开始逐步意识到需要一种新的技术—经济范式来改变这种状况。伴随这种需求在集体意识中的逐步出现，传统的技术—经济范式开始分裂，新的技术—经济范式便开始了"自发秩序"的扩张过程（Hayek，2000）。

伴随技术变革进入渐进创新期与新兴产业的市场扩张，技术变革开始孕育越来越多的成功例子，新兴产业也开始呈现出全面的盈利能力，在追求更高利润的行为动机引导下新的技术—经济范式开始了自我强化的扩张过程。在这个过程中，尽管整个社会集体已经意识到范式转换的需要，但是由于过去的成功与既得利益的影响，社会制度和经济法规的总体框架仍然具有很强的路径依赖特征，单纯依赖范式的自我强化还不足以快速推动技术—经济范式的全面转换。因此，经济系统会陷入以下失衡：支持传统范式的社会制度框架与技术变革、新兴产业发展的要求之间出现越来越严重的失衡。更困难的是，如果没有行之有效的方法，技术变革与新兴产业发展只能在漫长时间与高昂社会成本的压力下摸索进行。相反，如果新的技术—经济范式能够全面展开并迅速达到其临界规模，技术变革与新兴产业将迎来前所未有的高速发展。

一旦新的技术—经济范式最终成为普遍的社会常识，经济行为主体就全盘接受并采用了现有范式的逻辑，并将其作为"常识"的标准。此时，技术变革的创新潜力开始耗尽，新兴产业市场开始饱和。因此，尽管新兴产业已替代传统产业，但由于经济环境已变得过度适应现有范式，本轮技术变革与产业发展开始停滞。

三、新一轮技术变革与中国战略性新兴产业动态

本轮金融危机在导致全球经济失衡的同时，也正在孕育着新一轮的技术变革；而受益于技术变革，世界经济大国也正在加快（战略性）新兴产业的布局。但是，由于本轮技术变革尚未完成，其进展与发展趋势不可避免地会影响这些国家所布局的新兴产业动态。

（一）新一轮技术变革的进展与发展趋势

就本轮技术变革的进展而言，本文认为技术变革在整体上仍然处于初始优化期，突变式激进创新正在经历市场竞争与初始用户的选择，新技术与新方法尚未成熟。之所以形成这种判断，主要是基于两个方面因素的考虑：一是从技术变革的演化过程来看，是经济长波中的萧条孕育了技术变革的可能，而本轮金融危机始发于2007年，经济系统不可能在这么短的时间内完成激进创新的初始最优化；二是从主要经济大国的技术发展来看，目前除了信息网络技术已取得一定突破外，各国政府所重点支持的其他类型技术仍然处于不断的"尝试—纠错—尝试"阶段，激进创新并没有完成优胜劣汰的社会选择。

尽管本轮技术变革仍然处于初始优化期，但就现有发展与社会环境而言，本轮技术变革的发展趋势可概括如下：

第一，技术变革正在由企业的自组织行为向政府引导与推动的社会化行为转变。本轮金融危机发生之后，为了加快经济复苏与培育新的经济增长点，主要经济大国纷纷加大了技术研发的支助，技术变革过程中政府的作用明显加强。其中，美国政府正在酝酿一场跨产业技术革命，决定投入189亿美元支助能源输配和替代能源研究，投入218亿美元开发节能技术，投入200亿美元

进行电动汽车的研发，此外美国政府还加大了对新兴技术、生物技术等方面的支持力度；欧盟则确定了"绿色技术"的发展战略，决定筹资 1050 亿欧元强化"绿色技术"的创新与投资：计划在2009~2013 年将 130 亿欧元用于"绿色能源"、280 亿欧元用于改善水质和提高废弃物的处理与管理、剩余的 640 亿欧元用于帮助欧盟成员国提高技术创新能力等；日本政府也强化了技术创新，决定 2025 年前在新能源技术、工程技术、信息技术、医药技术等方面实施长期战略方针——"技术创新 25"。① 技术变革的这种发展趋势意味着经济大国之间关于新兴产业的竞争更加激烈，激进创新的社会选择将更为残酷。

第二，技术变革正在将一系列相互联系的突变式激进创新连接起来，形成整个技术体系的"群体变革"。从前几轮技术变革来看，在相当长的时间内，单一技术在技术变革的过程中稳居主导地位，难以替代。然而，本轮技术变革确是以多项技术的群体形式出现，涉及技术体系各个领域。从目前的发展趋势与主要经济大国的支助对象来看，本轮技术变革至少包括了新能源技术、信息网络技术、生物技术、新材料技术等群体，② 激进创新将成簇出现。由于体系内部技术发展的相互联系与相互促进，群体技术之间任何一项技术的发展都会引起其他技术的发展，体系内部的技术互动明显加强。不但如此，受益于技术体系的"群体变革"，传统技术体系也有可能取得突破与发展，从而形成传统与新兴技术体系的相互激励、彼此推动。技术变革的这种发展趋势意味着新兴产业的竞争不在于技术上某个点的突破，而在于一整套相互联系的激进创新的突破。

第三，突变式激进创新的产业化速度将明显加快，技术变革正在加速转换为现实生产力。与前几次技术变革不同的是，在本轮技术变革过程中，科学与技术的相互关系发生了重大变化，科学、技术相互渗透，科学—技术—生产已形成了一个统一的整体过程，这就使许多科技创新成果转换为技术应用的周期大大缩短，技术产业化明显加速。受此影响，突变式激进创新经历社会环境选择的周期将明显缩短，技术变革正在加速转化为现实生产力。技术变革的这种发展趋势意味着尽管本轮技术变革仍处于初始优化期，但新兴产业获得市场认可的时间并不会很长，新兴产业正在加速形成。

（二）新一轮技术变革过程中中国战略性新兴产业动态

从新兴产业的演化过程来看，产业动态一般包括产业萌芽、产业成长、产业成熟等阶段。其中，新兴产业的萌芽与形成必须同时具备以下两个条件：①出现一种基于激进创新的全新产品，而且这种产品具有广阔的发展前景与庞大的市场潜力；②出现了独立生产这种全新产品的厂商。处于成长阶段的新兴产业则表现为：①产业规模迅速膨胀，在量上呈现出加速增长的趋势；②产业内部相互协调、相互补充、配套生产的厂商成群出现；③行业标准开始形成，并确定了新兴产业的主导设计。在成熟期，新兴产业已取代传统产业，产业市场占有率高，产业规模在国民经济中占有举足轻重的地位。

由于本轮技术变革尚处于初始优化期，因此从整体上看，中国战略性新兴产业仍然处于产业萌芽与形成阶段；但如果分产业来看，中国所确定的新能源、新材料、新能源汽车、节能环保、生物产业、新一代信息技术产业、高端装备制造业在产业动态还是存在一定的差异性。其中，信息网络技术已完成激进创新并进入增量创新阶段，新一代信息技术产业的行业规模与市场需求正在持续扩张，对国民经济的渗透力也正在进一步显现，但由于行业的主导设计仍在形成之中，③ 因

---

① 郑雄伟. 2010 年世界新兴产业发展报告 [R]. 中国网，http://www.china.com.cn/economic/txt/2010-11/12/content_21331253.htm, 2010.

② 如果考虑技术的分化与组合，每一技术群体在发展过程中还会诞生许多新技术的分支，技术门类只会越来越多。

③ 中国的"三网合一"在技术上已无障碍，迟迟未实现的原因除了垄断的因素外，主导设计之中的系统开发、标准体系等也是重要因素。

此行业在整体上仍然处于成长期。中国的高端装备制造业①是通过技术创新来改造传统装备制造业，从而提高产业的科技含量与附加价值，并抢占研发、设计等价值链高端环节的产业。由于中国目前已是制造业大国，且高端装备制造业的主导设计业正在形成之中，因此中国的高端装备制造业也从整体上进入了成长期。

至于新能源、新材料、节能环保、生物产业、新能源汽车等战略性新兴产业，尽管这些产业的行业技术已取得一定的进展，某些产业的技术甚至有所突破，但从整体上看，这些产业技术的突变式激进创新仍在孕育的过程中，技术变革还处于初始优化期。受此影响，这些产业并未出现真正意义上的全新产品。因此，尽管产业已有一定的发展并出现了某些生产厂商，但行业动态仍然处于新兴产业的萌芽与形成期。不过考虑到本轮技术变革正在加速转换为现实生产力，突变式激进创新的产业化速度将明显加快等发展趋势，中国这些战略性新兴产业的萌芽与形成期并不会很长。

四、范式转换与中国战略性新兴产业发展的政策取向

为了充分消化本轮技术变革所催生的新兴产业潜能，并加快推动战略性新兴产业成为经济效率的新基础，中国就需要基于技术—经济范式转换的基本要求，在新一轮范式转换的背景下制定一系列与之相容并对其进行支持的政策框架。由于新兴产业发展需要经历萌芽、成长、成熟三个阶段，技术—经济范式转换过程中与之有效适应的政策重点也就需要相应调整。这就意味着战略性新兴产业发展的政策重点需要基于产业动态而调整。因此，本文先分析范式转换与新兴产业发展的政策路线，然后基于此构建现阶段中国战略性新兴产业发展的政策重点。

（一）范式转换与新兴产业发展的政策路线

范式转换过程中新兴产业发展的政策路线如表1所示。

表1　范式转换与新兴产业发展的政策路线

发展阶段	技术初始优化——→产业萌芽	技术增量创新——→产业成长		技术成熟——→产业成熟
	新范式导入	新范式构建		新范式成熟
		自我强化	全面展开	
重点任务	促进激进创新，完成市场选择	累积的增量创新，培育市场规模	形成主导设计，规模化扩张	新范式的广泛渗透，成为常规
政策安排	技术主导政策： 技术与科学知识的联系 技术预测与选择 战略性科研项目 支持自由探索 鼓励多样性研究	市场培育政策： 市场互动创新 消费者偏好引导 政府采购 强化市场预期	规范性政策： 行业技术标准 行业市场规范 产业法规 建立基础设施 完善产业配套 促进产业集群 组织模式	规制性政策 再局域化政策 贸易扩张政策

在新兴产业萌芽阶段，政策的重点任务是促进激进创新的突破并完成市场环境的选择，因此与之相容的政策就需要以技术创新为主导。首先需要在宏观层面上建立技术领域和起支撑作用的

---

① 从本轮技术变革的激进创新来看，装备制造业技术并未取得突破性进展；但由于中国所处的经济发展阶段与制造业在国民经济中广泛渗透，中国仍然将高端制造业视为战略性新兴产业。

科学知识之间的准确联系，以通用的科学知识来支持突变式激进创新与新兴产品开发。其次需要完善国家的技术预测与选择，即基于对未来社会和经济发展的需要，对能够满足这些需要的科技部门进行定位，在将有限的科研力量与投资集中在某几个关键领域进行重点突破。最后需要在微观层面上提升个人与企业的学习能力，鼓励基础研究与多领域的自由探索，旨在获得战略性新兴产业的多样性技术支持。

在新兴产业成长时期，与之匹配的技术—经济范式进入了范式构建期，进一步细分则可分为自我强化与全面扩张两个阶段。范式的自我强化就是要通过技术的增量创新与市场规模的培育，提升新兴产业的产品质量与利润诱导。因此，有效适应的政策就需要以市场培育为主导。首先需要以需求为导向，通过财政、税收、信贷、补贴等手段继续鼓励新兴产业基于用户互动的增量创新，促使新兴产业技术逐步走向成熟。其次需要通过生产者补贴、消费者补贴等多种政策激励手段，鼓励企业和个人购买、使用新兴产业产品，引导相关消费行为向这些产业倾斜，刺激消费需求。最后需要通过相关知识的宣传与普及、相关技能的培育与教育、消费价值观的引导以及产业规划或政策承诺等方式强化市场预期。

范式的全面扩张就是通过主导设计与规模化扩张，促进新兴产业的高速发展。因此，政策的定位应当是以建立规范为主导，并聚焦于产业发展所需要的产业集群与组织创新等。首先需要通过市场主导与政府主导的协调，一方面鼓励产业内部的企业技术联盟与产学研网络化，强化核心技术模块的研发与推广；另一方面加快制定行业与技术的国家标准，并通过国内市场规模的扩张，为竞争国际标准打好基础。其次需要通过市场规范与规制、立法与制定产业规划等方式，促进新兴产业的发展。再次需要通过完善基础设施，健全产业的配套体系等方式，促进新兴产业的联合创新与"集群化"发展。最后需要通过战略性投资与商业模式创新，加快新兴产业的扩张与整合。

一旦新兴产业进入成熟期，政策的重点任务就是促进新范式的广泛渗透，并成文成规，与之相容的政策重点，一方面是要通过反垄断与反不正当竞争等产业规制，维持新兴产业在经济系统中的主导地位；另一方面是要根据产业动态，通过再局域化政策，鼓励产业转移到要素成本更为低廉的地区，或者通过促进性或保护性的贸易规制，保障国际市场的开拓和全球产业链分工的控制权。

（二）现阶段中国战略性新兴产业发展的政策重点

从经济学的需求—供给分析框架来看，相对于技术变革与新兴产业的发展，技术—经济范式转换总是表现出一定的滞后性。因此，范式转换过程中战略性新兴产业发展的政策重点：

1. 需要构建一种有效管理的策略性安排

具体而言，这种策略安排包括：在各级政府层面强化战略性新兴发展的必要性与紧迫性，在社会层面上形成发展战略性新兴产业发展的共识；加强战略性新兴产业发展的统筹规划，明确战略性新兴产业发展的战略目标、总体思路、发展重点与发展路线图。

2. 需要关注培育政策与产业阶段的匹配性

由于中国战略性新兴产业所处发展阶段的不同，基于范式转换与新兴产业发展的政策路线指导，需要关注培育政策与产业阶段的匹配性。对于新一代信息新兴技术产业、高端装备制造业等已处于成长期间的战略性新兴产业，现阶段的政策重点就需要通过市场培育政策，以稳定扩张的规模市场促使产业加快行业技术的增量创新、加快国家层面的行业与技术标准的确定，从而在国际市场上抢占产业主导设计的话语权。对于新能源、新材料、节能环保、生物产业、新能源汽车等战略性新兴产业，由于突变式激进创新还处于初始优化期，产业正在萌芽与形成的过程中，现阶段的政策重点需要以构成产业基础的技术突破为核心。需要强调的是，通过技术引进不可能完成战略性新兴产业的激进创新，这就需要革新中国传统的"技术追赶"模式，在自主创新的过程中完成行业技术的激进创新与优胜劣汰的市场选择。

加快培育与发展战略性新兴产业既需要从中央政府着眼，紧跟技术变革与新兴产业动态；又需要从地方层面采取行动，推动形成全社会参与新兴产业发展的趋势。因此，战略性新兴产业发展的政策重点需要有效处理中央政府与地方政府、地方政府之间在新兴产业发展过程中的分工与协作。首先需要明确中央政府与地方政府各自努力的重点，以上下协调的政策合力促进战略性新兴产业的发展；其次需要根据各个地方政府的产业基础与资源禀赋，合理布局战略性新兴产业，促进形成重点突出、差异发展的区域格局，避免区域之间战略性新兴产业的同质化与过度竞争。

考虑到本轮技术变革过程中技术发展的相互联系与相互促进，战略性新兴产业的发展并不是一个孤立的过程，而是一个不断协同与交叉融合的过程。由于产业的协同与交叉融合有助于催生新的业态，从而助推战略性新兴产业的发展，最终形成协同联动的产业发展效应。因此，战略性新兴产业发展的政策重点就不能只着眼于孤立地发展某一战略性新兴产业，而是需要加强战略性新兴产业之间的协同联动，并将其作为一个整体进行培育。尤其是对新能源、新材料、节能环保、生物产业、新能源汽车等发展阶段相同的战略性新兴产业，更是需要将其作为一个联合体，促进形成产业发展的协同联动。

新兴产业的发展离不开良好的外部环境，鉴于企业在这方面的无能为力与政府在这方面的责任，战略性新兴产业发展的政策重点还需要优化行业发展的外部环境。具体包括：完善能源、通信、电力、水、交通等公共基础设施，利用政府新兴平台向新兴产业内部的企业提供信息服务；完善并鼓励设立战略性新兴产业发展所需要的人才、技术以及其他生产要素市场，积极促进生产要素向战略性新兴产业的流动等。

3. 需要关注政策制定者的能力建设

一方面是因为制定战略性新兴产业政策本身就是一个复杂过程，政策细节必须动态变化以有效适应不断变化的社会经济环境；另一方面是因为在技术—经济范式转换过程中，战略性新兴产业政策本身是一种实验性的政策，它必须不断尝试新的政策工具，并根据技术变革与新兴产业的发展对自身加以调整。

参考文献

[1] 斯坦利·梅特卡夫. 演化经济学与创造性毁灭 [M]. 北京：中国人民大学出版社，2007.

[2] 卡萝塔·佩雷斯. 技术革命与金融资本[M]. 北京：中国人民大学出版社，2007.

[3] 克利斯·弗里曼，罗克·苏特. 工业创新经济学[M]. 北京：北京大学出版社，2004.

[4] 克里斯托夫·弗里曼. 技术政策与经济绩效[M]. 南京：东南大学出版社，2008.

[5] 克瑞斯提诺·安东内利. 创新经济学新技术与结构变迁[M]. 北京：高等教育出版社，2006.

[6] 约翰·福斯特，斯坦利·梅特卡夫. 演化经济学前沿[M]. 北京：高等教育出版社，2005.

[7] 丁云龙. 产业技术范式的演化分析[M]. 大连：东北大学出版社，2002.

[8] 王先庆. 产业扩张[M]. 广州：广东经济出版社，1998.

[9] 朱瑞博. 中国战略性新兴产业培育政策及其政策取向 [J]. 改革，2010（3）：19-28.

[10] 段小华. 战略性新兴产业的投入方式、组织形式与政策手段 [J]. 改革，2010（2）：89-94.

[11] 程郁. 新能源产业成长和政策的理论探讨 [R]. 中国科技管理研究院浦江创新论坛，2011（2）.

[12] 余伟民. 世界当代史 [M]. 北京：高等教育出版社，2001.

[13] 本·斯泰尔，戴维·维克托，理查德·内尔森. 技术创新与经济绩效 [M]. 上海：上海人民出版社，2006.

[14] 熊彼特. 经济发展理论 [M]. 北京：商务印书馆，1990.

[15] Carlota Perez. Technological Revolutions and Techno-economic Paradigms [EB/OL]. http://hum.ttu.ee/wp/paper20.pdf，2009.

［16］ Anderson，P. & M.L.Tushman. Technological Discontinuties and Doman Design：A Cyclical Model of Technological Changs ［J］. Administrative Science Quarterly，1990（35）：604.

［17］ Carlota Perez. Finance and Technical Change：A Long-term View ［EB/OL］. http：//www.carlotaperez.org/papers/basic-Finance-technology.htm，2004.

［18］ Carlota Perez. Technological Change and Opportunity for Development as a Moving Target ［EB/OL］. http：//www.eclac.org/publicaciones/xml/5/20135/lcg2150i_Perez.pdf，2001.

［19］ Dosi，G. Technological Paradigams and Technological Trajectories：A Suggested Interpretation of the Deteminants and Directions of Technical Changs ［J］. Research Policy，1982（2）.

中国技术创新动力机制模型与实证检验[*]

彭宜钟　李少林[**]

一、文献综述

自 Schumpeter（1934）在《经济增长理论》提出技术创新的概念之后，技术创新被认为是决定经济增长的最终源泉，随后对技术创新动力影响因素的研究便成为经济学界的热点。20 世纪 60 年代以来，有关技术创新决定因素的研究文献主要涉及发明与创新的合理回报、创新需求的存在性、技术机会、企业规模、市场结构、新企业进入与竞争压力等外在因素对企业技术创新动力的影响。

Geroski（1995）通过调查研究发现，专利制度在刺激技术创新的有效性方面，依赖于是否存在合理的制度来保障知识产权、技术的特性、知识的流动性传播以及进入障碍的存在性。一些学者从量化比较技术创新的自身收益与社会收益方面来考察技术创新的动力，Mansfield 等（1977）发现技术创新主体能在多大程度上合理确定自身发明取决于所研究的技术的特点；Cohen（1995）在一份调查报告中指出，学术界在创新与合理回报关系的问题上没有达成一致，其结果依赖于所考察的行业以及利用何种代理指标作为相关的研究变量。20 世纪 60 年代中期以来，大量的文献开始研究市场需求拉动对创新动力影响的重要性，Schmookler（1966）首次提出"市场拉动"假说，认为对新产品的市场需求决定了技术创新的速度和方向，该假说得到一些实证研究文献的检验（Mowery 和 Rosenberg，1979）；同时，"技术推动"方法强调了技术机会作为技术创新决定的重要性，Cohen（1995）认为，"技术机会"包括将科学知识直接转化为新技术的可能性、能够保证技术创新活动方向的技术内在依存度、来自生产者、消费者和大学科研机构的外部技术知识的外溢。20 世纪 60~70 年代，"技术推动"与"市场拉动"假说都未能通过实证研究的检验（Cohen，1995；Coombs、Saviotti 和 Walsh，1987）。技术机会和市场信号只能作为补充性质的因素作为技术创新的动力（Freeman 和 Soete，1997）。在技术性较强的行业，新企业的进入压力容易导致技术创新的产生（Henderson，1993；Lerner，1997），该现象在 20 世纪 80 年代中期的美国医药行业占据了主导地位，新医药企业的进入成为技术创新的突破源。

另外一些研究着重检验"Schumpeterian"假说（大企业比小企业更有创新动力），假说的具体

* 教育部人文社科重点研究基地重大项目《中国战略性新兴产业发展理论与政策研究》（批准号：10JJD790013），辽宁省财政科研基金项目《支持辽宁战略性新兴产业发展财政政策研究》（批准号：10B001）和辽宁省社科联重点项目《辽宁省产业结构优化战略研究》（批准号：L10AJL004）。

** 彭宜钟，1975 年生，男，新加坡国立大学博士后、东北财经大学产业组织与企业组织研究中心助理研究员；李少林，1986 年生，男，东北财经大学产业组织与企业组织研究中心博士研究生。

表述为企业规模与研发支出呈现正相关。Cohen（1995）对该领域的研究成果进行了总结，他认为，将研发支出作为技术创新的代理变量具有误导性，其原因在于在创新过程中，支出是一种投入，而不是产出；而且，经验研究也表明大企业也未必意味着更多的技术创新。Francois、Favre 和 Negassi（2002）将管理因素纳入进来，企业规模的大小在解释技术创新重要性方面下降得很明显。市场集中度和市场结构可能会影响技术创新的动力，在一些行业中，在位企业长期内将会是连续性的技术创新者，新进入企业是技术突破的源泉，但只具有较短的生命力。很多经验研究（Blundell 等，1995，1999；Duguet 等，1995）的一个缺点在于他们没有考虑企业市场势力内生于技术创新。Tobias Kretschmer 等（2008）通过建立和估计了厂商利润最大化的均衡模型，研究了在竞争压力不断加大的情况下厂商是否会改变自身的技术创新活动，并利用法国汽车交易行业的数据进行分析，结果表明，竞争压力的加大会导致产品创新的提高和过程创新的下降。

近年来，从技术创新的内在决定机制方面进行的研究主要包括要素资源配置效率、要素价格、基于技术创新结果不确定性下的企业理性选择等角度。朱钟棣、李小平（2005）通过对中国的制造业 34 个子行业 TFP 的估算发现，经济增长主要依赖于资本等投入要素，而没有促进技术进步，工业行业资本存量的波动方向与 TFP 变动方向相反。张自然、王宏森、袁富华等（2010）认为，中国的资本扩张对经济快速增长起到了正面促进效应，但是却可能在一定程度上抑制了技术创新，这体现为中国 TFP 的增长率在低水平波动，从而促进经济增长的力度较弱，他们认为，资源不合理地过快集中使国民经济出现产能过剩和技术创新不足等一系列的问题。Colin G.Thirtle 等（2002）通过对美国 1880~1990 年农业生产要素数量和价格比例与技术创新关系的格兰杰因果检验发现，要素价格比例变化是美国农业技术创新的动力因素。叶振宇、叶素云（2010）利用 DEA 方法测算了 1993~2007 年中国制造业的技术效率，研究认为，要素价格的上涨显著地促进了制造业的技术效率，制造业要素价格的充分波动能够实现成本推动的技术创新。

通过对影响技术创新动力的各类文献进行分析和评述，本文发现，早期对技术创新动力影响因素的研究主要集中在外在动力（需求拉动、技术推动、成本收益、企业规模、市场结构、竞争压力等），近年来的研究则将技术创新动力机制内生化，产生了关于要素价格、资本扩张等影响技术创新动力的因素。需要说明的是，本文所研究的技术创新不区分技术创新的类型（产品创新、过程创新、工艺创新等），而是在一般意义上包括了技术创新的所有范畴。与以往研究相比，本文的主要贡献体现在以下几点：

第一，综合以往研究的多个变量，将企业规模、需求拉动、要素价格波动、劳动者报酬份额、资本存量扩张、产品需求弹性等多个因素纳入技术创新的影响因素范畴，构建了决定技术创新动力内在机制的理论模型。

第二，该完全出清的市场模型适用于企业层面和产业层面的实证研究，能够体现出技术创新与各因素的相关关系，克服了以往研究只针对某一产业进行分析的局限性，本文利用中国三次产业的数据实证检验了中国各产业技术创新动力的差异性。

第三，本文在考察要素价格变动对技术创新动力的影响时，剔除了价格变动的因素，从而以实际要素价格作为技术创新动力的影响因素。

第四，本文从一个全新的视角构造决定技术创新动力的理论模型，并对其进行实证检验，结果证实了张自然、王宏森、袁富华等（2010）和叶振宇、叶素云（2010）关于技术创新动力的相关论点。

本文的安排为：第一部分是文献综述；第二部分提出决定技术创新的理论模型；第三部分利用 1992~2008 年中国三次产业的数据进行实证检验，对实际要素价格、资本增长率、产品需求弹性与技术创新强度的相关性进行了分析，并利用结构性向量自回归模型和脉冲响应方法考察了它们之间的长期动态关系；第四部分总结全文结论并给出相应的政策建议。

二、理论模型的提出

为体现三次产业技术创新动力的差异性，在柯布·道格拉斯生产函数中，劳动产出弹性是一个重要的区分指标。因此，生产函数的相异性可以用生产函数中参数（每个参数代表着生产函数的一个特征）的相异性来代表，我们假设三次产业的生产函数都服从规模报酬不变的 C-D 形式，即 $Y_i = (A_iL_i)^{\alpha_i}K_i^{1-\alpha_i}$，式中，$Y_i$、$A_i$、$L_i$ 和 K_i 分别表示产业的实际产出、技术创新强度、劳动力使用量和资本使用量，α_i 表示产业 i 在生产过程中对劳动的密集使用程度（亦称为劳动产出弹性），$1 - \alpha_i$ 表示产业 i 在生产过程中对资本的密集使用程度（亦称为资本产出弹性）。

每个产业都被视为一个独立决策单元，所使用的生产要素都被划分为两类——资本和劳动，且都基于利润最大化原则对生产要素进行最优需求和配置。基于每个产业对生产要素的最优需求和配置行为，我们能够推导出各产业生产要素投入价值与产品销售收入之间的函数关系（不妨称为生产者的收入方程）。在各类生产要素投入中，资本的投入数量取决于代表性行为人[①] 的投资意愿；代表性行为人所乐于供给的投资数量完全取决于其自身跨期（当期和未来两期）效用最大化动机，至于劳动力的投入数量，则始终能够保持与资本之间的最优比例（这里隐含了一个假设：劳动力总是比资本更丰富）。记产业 i 在时点 t-1 投入的劳动力数量和资本数量[②] 分别为 $L_{i,t}$ 和 $K_{i,t}$，时点 t-1 至 t 期间的创新为 $A_{i,t}$，时点 t 的产出为 $Y_{i,t}$，则有：

$$Y_{i,t} = (A_{i,t}L_{i,t})^{\alpha_i}K_{i,t}^{1-\alpha_i} \tag{1}$$

另有：

$$MP_{L_{i,t}} / MP_{K_{i,t}} = P_{L_{i,t}} / P_{K_{i,t}} \tag{2}$$

式中，$MP_{L_{i,t}}$、$MP_{K_{i,t}}$、$P_{L_{i,t}}$ 和 $P_{K_{i,t}}$ 分别表示劳动力的边际产出、资本的边际产出、劳动力的价格和资本的价格。

由式（2）和式（1）可得：

$$\frac{\alpha_i}{1 - \alpha_i}\frac{K_{i,t}}{L_{i,t}} = \frac{P_{L_{i,t}}}{P_{K_{i,t}}} \tag{3}$$

我们假定产业 i 在时点 t 的销售收入为：

$$R_{i,t} = Y_{i,t}P_{Y_{i,t}} \tag{4}$$

式中，$R_{i,t}$、$Y_{i,t}$ 和 $P_{Y_{i,t}}$ 分别表示产业 i 在时点 t 的销售收入、产出和产品价格。

基于式（4），可得以下边际收益表达式：

$$MR_{i,t} = P_{Y_{i,t}} + Y_{i,t}P_{Y_{i,t}}' = P_{Y_{i,t}}(1 + P_{Y_{i,t}}'\frac{Y_{i,t}}{P_{Y_{i,t}}}) = (1 - N_{i,t})P_{Y_{i,t}} \tag{5}$$

$MR_{i,t}$ 和 $N_{i,t}$ 分别表示产业 i 在时点 t 的边际收益和勒纳指数（Lerner Index），其中，$N_{i,t} = -P_{Y_{i,t}}' \frac{Y_{i,t}}{P_{Y_{i,t}}}$。勒纳指数是价格弹性的绝对值的倒数，其取值范围为 0~1。一个企业的勒纳指数反映的是该企业的价格影响能力（或垄断能力）。但我们这里的勒纳指数是国内产业的勒纳指数，该指数大

---

① 代表性行为人所代表的是中国各产业产品所有消费者和生产要素供给者的选择行为特征，自然也包括国外消费者和国外要素供给者。这就是说，我们以下要探讨的理论模型已将出口和国外要素供给纳入考虑。

② 扣除折旧以后的资本存量。

小的决定因素主要有两个：①该产业所提供的产品的属性（一般而言，奢侈品价格弹性较大，勒纳指数较小，必需品则与之相反）；②国外厂商的供给在该产业国内总供给中所占的比重，该比重越大，意味着国内产业对国内市场的价格影响能力越弱，从而，国内产业的勒纳指数也越小，反之亦反。

产业 i 为了实现产出 $Y_{i,t}$，需在时点 t–1 投入 $L_{i,t}$ 和 $K_{i,t}$。需要指出的是，在所投入的 $K_{i,t}$ 中，仅有一部分（不妨将其比重设为 $\delta_{i,t}$）是当期购买的，其余部分为前期余留下来的。我们假定前期余留资本无须成本投入。这样一来，在时点 t – 1 所投入的要素总价值可以表示如下：

$$CT_{i,t} = L_{i,t}P_{L_{i,t}} + \delta_{i,t}K_{i,t}P_{K_{i,t}} \qquad (6)$$

分别对生产函数式（1）和成本函数式（6）求全微分，得：

$$dY_{i,t} = MP_{L_{i,t}}dL_{i,t} + MP_{K_{i,t}}dK_{i,t} \qquad (7)$$

$$dCT_{i,t} = P_{L_{i,t}}dL_{i,t} + \delta_{i,t}P_{K_{i,t}}dK_{i,t} \qquad (8)$$

基于式（7）和式（8）可得边际成本（$MCT_{i,t}$）函数如下：

$$MCT_{i,t} = dCT_{i,t}/dE_{t-1}(Y_{i,t}) = (P_{L_{i,t-1}}dL_{i,t} + \delta_{i,t-1}P_{K_{i,t}}dK_{i,t})/(MP_{L_{i,t}}dL_{i,t} + MP_{K_{i,t}}dK_{i,t})$$

$$= \frac{P_{K_{i,t}}}{MP_{K_{i,t}}}\left(1 + \frac{\delta_{i,t}-1}{\frac{MP_{L_{i,t}}}{MP_{K_{i,t}}}\frac{dL_{i,t}}{dK_{i,t}}+1}\right) = \frac{P_{K_{i,t}}}{MP_{K_{i,t}}}\left(1 + \frac{\delta_{i,t}-1}{1+1}\right) = \frac{P_{K_{i,t}}}{MP_{K_{i,t}}}\frac{(1+\delta_{i,t})}{2} \qquad (9)$$

根据各产业所选择的产量都能实现自身的利润最大化原则，可得：

$$\beta_t MR_{i,t} = MCT_{i,t} \qquad (10)$$

式中，β_t 为资本市场在时点 t 的贴现因子。

根据式（10），可得：

$$\frac{P_{K_{i,t}}}{MP_{K_{i,t}}}\frac{(1+\delta_{i,t})}{2} = \beta_t(1-N_{i,t})P_{Y_{i,t}} \qquad (11)$$

对式（11）两边取对数并将 $MP_{K_{i,t}}$ 的表达式代入，可得：

$$\ln P_{K_{i,t}} + \ln\left(\frac{1+\delta_{i,t}}{2}\right) - \ln(1-\alpha_i) - \alpha_i \ln A_{i,t} + \alpha_i(\ln K_{i,t} - \ln L_{i,t}) - \ln\beta_t - \ln P_{Y_{i,t}} - \ln(1-N_{i,t}) = 0 \qquad (12)$$

对式（3）两边取对数并整理，可得：

$$\ln K_{i,t} - \ln L_{i,t} = \ln P_{L_{i,t}} - \ln P_{K_{i,t}} - \ln\alpha_i + \ln(1-\alpha_i) \qquad (13)$$

将式（13）代入式（12）并整理，可得：

$$(1-\alpha_i)\ln P_{K_{i,t}} + \alpha_i\ln P_{L_{i,t}} - \ln P_{Y_{i,t}} - (1-\alpha_i)\ln(1-\alpha_i) - \alpha_i\ln\alpha_i - \ln\beta_t - \ln(1-N_{i,t}) + \ln\left(\frac{1+\delta_{i,t}}{2}\right) = \alpha_i\ln A_{i,t} \qquad (14)$$

求解出式（14）中的 $A_{i,t}$，可得：

$$A_{i,t} = \frac{P_{K_{i,t}}^{\frac{1-\alpha_i}{\alpha_i}}P_{L_{i,t}}\left(\frac{1+\delta_{i,t}}{2}\right)^{\frac{1}{\alpha_i}}}{\alpha_i\beta_t^{\frac{1}{\alpha_i}}P_{Y_{i,t}}^{\frac{1}{\alpha_i}}(1-\alpha_i)^{\frac{1-\alpha_i}{\alpha_i}}(1-N_{i,t})^{\frac{1}{\alpha_i}}} \qquad (15)$$

将 $\delta_{i,t} = \dfrac{r_{i,t}}{1+r_{i,t}}$ 代入式（15），可得：

$$A_{i,t} = \frac{P_{K_{i,t}}^{\frac{1-\alpha_i}{\alpha_i}}P_{L_{i,t}}\left(\frac{2r_{i,t}+1}{2r_{i,t}+2}\right)^{\frac{1}{\alpha_i}}}{\alpha_i\beta_t^{\frac{1}{\alpha_i}}P_{Y_{i,t}}^{\frac{1}{\alpha_i}}(1-\alpha_i)^{\frac{1-\alpha_i}{\alpha_i}}(1-N_{i,t})^{\frac{1}{\alpha_i}}} \qquad (16)$$

三、实证检验

根据式（16）可知，影响技术创新的因素包括实际生产要素价格（劳动力和资本）、劳动产出弹性、资本存量增长率、随机贴现因子、价格水平、产品需求弹性。为了找出三次产业的技术创新水平，并分析各个影响因素与技术创新的相关性和长期动态影响机制，需要找到三次产业的上述指标进行计算得到。本部分从能够获得的各个指标或者代理指标数据入手，构造和求解三次产业技术创新强度所需的参数。在得到技术创新强度的数据之后，重点考察了三次产业技术创新的影响因素与技术创新强度的静态相关分析与动态长期影响机制，从而较为细致地阐述了中国三次产业技术创新动力机制的差异性。

（一）生产要素价格的计算

1. 劳动力的价格

劳动力的价格采用三次产业在岗职工年平均工资表示。计算在岗职工年平均工资的所有原始数据来源于《2009年中国劳动统计年鉴》，使用数据的时间区间为1992~2008年。使用的数据包括分行业职工年末人数和分行业职工工资总额，将三次产业的划分情况界定如下：1992~2002年的数据中第一产业包括农、林、牧、渔业；第二产业包括采掘业，制造业，电力、煤气及水的生产和供应业，建筑业；第三产业不包括国家机关、政党机关和社会团体及其他。由于统计指标的变化，2003~2008年的数据中第一产业和第二产业的指标和1992~2002年的指标一致，第三产业不包括公共管理和社会组织。将各次产业的工资总额除以相应产业年末在岗职工人数就得到了三次产业在岗职工的年平均工资，将工资总额换算成亿元，人数为万人，计算结果的单位为万元/年·人，具体结果如表1所示。

表1　三次产业在岗职工年平均工资（1992~2008年）

年份	第一产业在岗职工			第二产业在岗职工			第三产业在岗职工		
	人数（万人）	工资总额（亿元）	平均工资（万元/年·人）	人数（万人）	工资总额（亿元）	平均工资（万元/年·人）	人数（万人）	工资总额（亿元）	平均工资（万元/年·人）
1992	758.0	139.6	0.18	7616.0	2103.4	0.28	5422.0	1424.0	0.26
1993	708.0	143.0	0.20	7779.0	2663.9	0.34	5277.0	1720.3	0.33
1994	680.0	191.5	0.28	7654.0	3382.9	0.44	5435.0	2549.2	0.47
1995	660.0	230.1	0.35	7663.0	4083.4	0.53	5492.0	2986.6	0.54
1996	617.0	246.4	0.40	7486.0	4387.0	0.59	5564.0	3422.1	0.62
1997	612.0	262.8	0.43	7220.0	4509.8	0.62	5631.0	3804.6	0.68
1998	546.0	249.9	0.46	5598.0	4166.6	0.74	5001.0	3954.3	0.79
1999	518.8	252.9	0.49	5206.6	4211.3	0.81	4863.8	4344.7	0.89
2000	494.4	260.1	0.53	4846.4	4409.4	0.91	4728.6	4787.6	1.01
2001	458.5	268.2	0.58	4570.6	4646.5	1.02	4571.2	5467.5	1.20
2002	430.5	278.1	0.65	4485.3	5069.8	1.13	4466.2	6171.3	1.38
2003	459.7	322.6	0.70	4445.7	5729.8	1.29	4440.3	6920.9	1.56
2004	438.1	335.4	0.77	4522.8	6599.1	1.46	4444.7	7915.4	1.78
2005	414.2	346.7	0.84	4742.1	7811.6	1.65	4480.5	9165.8	2.05
2006	402.1	379.5	0.94	4974.6	9363.8	1.88	4548.5	10710.4	2.35

续表

年份	第一产业在岗职工			第二产业在岗职工			第三产业在岗职工		
	人数(万人)	工资总额(亿元)	平均工资(万元/年·人)	人数(万人)	工资总额(亿元)	平均工资(万元/年·人)	人数(万人)	工资总额(亿元)	平均工资(万元/年·人)
2007	385.5	431.1	1.12	5141.5	11216.1	2.18	4639.8	13076.4	2.82
2008	362.4	472.3	1.30	5122.9	13250.4	2.59	4738.2	15770.0	3.33

2. 资本的价格

资本的价格采用固定资产投资价格指数表示，三次产业的资本价格相同。固定资产投资价格指数的数据来源于"中经网统计数据库"，具体数据如表2所示。

表2 资本价格（固定资产投资价格指数，1991=100）（1992~2008年）

1992	115.3	2001	182
1993	145.9	2002	182.4
1994	161.1	2003	186.4
1995	170.6	2004	196.8
1996	177.4	2005	199.9
1997	180.4	2006	202.9
1998	180	2007	210.8
1999	179.3	2008	229.6
2000	181.3		

（二）三次产业劳动产出弹性的计算

根据 C-D 生产函数的特征，本文的劳动产出弹性的计算是依据三次产业劳动报酬在各自产业增加值中的比重得出。三次产业的增加值数据来源于"中经网统计数据库"，1993~2004年劳动报酬数据来源于《中国国内生产总值核算历史资料：1952~2004》，1992年及2005年以后的劳动报酬数据采用自回归的办法推算。具体来说，将第一产业、第二产业、第三产业第t期的劳动报酬分别记为 $W_{1,t}$、$W_{2,t}$、$W_{3,t}$，第t-1期资本存量分别记为 $W_{1,t-1}$、$W_{2,t-1}$、$W_{3,t-1}$，各产业所使用的自回归方程分别描述如下（小括弧内的数值是相应变量的t值）：

第一产业回归方程为：

$$\hat{W}_{1,t} = 1.09 W_{1,t-1}$$

（29.43） $\bar{R}^2 = 0.71$

第二产业回归方程为：

$$\hat{W}_{2,t} = 1.11 W_{2,t-1}$$

（61.90） $\bar{R}^2 = 0.97$

第三产业回归方程为：

$$\hat{W}_{3,t} = 1.15 W_{3,t-1}$$

（110.92） $\bar{R}^2 = 0.99$

三次产业劳动产出弹性的计算结果如表3所示。

表3　三次产业劳动产出弹性的计算结果（1992~2008年）

单位：亿元

年份	第一产业			第二产业			第三产业		
	增加值	劳动报酬	alpha1	增加值	劳动报酬	alpha2	增加值	劳动报酬	alpha3
1992	5902.50	5347.02	0.91	11658.58	5724.39	0.49	8738.42	4137.94	0.47
1993	6821.40	5845.50	0.86	16093.89	6335.17	0.39	11304.28	4753.90	0.42
1994	9212.57	7842.40	0.85	21138.22	8373.86	0.40	14994.43	6612.78	0.44
1995	11804.99	10162.12	0.86	26251.17	10900.39	0.42	19479.13	8534.30	0.44
1996	13673.57	11833.33	0.87	30589.74	12663.05	0.41	23500.86	10207.29	0.43
1997	14458.11	12492.85	0.86	34433.62	14475.83	0.42	27447.52	11985.80	0.44
1998	14797.41	12821.20	0.87	37000.96	15701.86	0.42	30760.18	13437.37	0.44
1999	14573.25	12601.66	0.86	39390.86	16497.69	0.42	34251.49	14982.79	0.44
2000	14805.12	12680.57	0.86	44307.36	17996.50	0.41	39391.56	17300.64	0.44
2001	15487.33	13231.63	0.85	48413.93	19507.24	0.40	44645.11	19612.41	0.44
2002	16185.34	13669.36	0.84	53829.40	21487.14	0.40	50556.35	22420.28	0.44
2003	17142.18	14303.73	0.83	64668.15	25061.78	0.39	57439.75	24906.02	0.43
2004	20867.06	18896.99	0.91	79795.39	26532.56	0.33	66924.68	24267.67	0.36
2005	23003.65	20658.69	0.90	96923.23	29363.51	0.30	77862.15	27880.08	0.36
2006	24740.25	22584.63	0.91	115646.41	32496.52	0.28	90666.68	32030.23	0.35
2007	28563.63	24690.11	0.86	138337.21	35963.81	0.26	108723.77	36798.16	0.34
2008	33745.53	26991.89	0.80	166880.52	39801.06	0.24	126593.75	42275.82	0.33

（三）三次产业资本存量增长率的计算

本文所使用的资本存量数据借鉴自徐现祥、周吉梅、舒元（2007）的研究，我们将各省数据加总得到全国的第一产业、第二产业和第三产业的资本存量数据，由于该研究的数据截止到2002年，对于2003年以后的资本存量数据我们采用下面的方法进行处理：将第一、第二、第三产业第t期资本存量分别记为 $K_{1,t}$、$K_{2,t}$、$K_{3,t}$，第 t－1 期资本存量分别记为 $K_{1,t-1}$、$K_{2,t-1}$、$K_{3,t-1}$，各产业所使用的自回归方程分别描述如下（小括弧内的数值是相应变量的 t 值）：

第一产业回归方程为：

$$\hat{K}_{1,t} = -114.42 + 1.11K_{1,t-1}$$

$$(-6.73)\quad(128.64)\quad\overline{R}^2 = 0.9986$$

第二产业回归方程为：

$$\hat{K}_{2,t} = 1.10K_{2,t-1}$$

$$(204.70)\quad\quad\overline{R}^2 = 0.9983$$

第三产业回归方程为：

$$\hat{K}_{3,t} = 1.15K_{3,t-1}$$

$$(224.46)\quad\quad\overline{R}^2 = 0.9990$$

三次产业资本增长率的计算结果如表4所示。从表4可以看出，大致来讲，第一产业资本增长率水平低于第二产业资本增长率水平，第二产业资本增长率水平低于第三产业资本增长率水平。

（四）随机贴现因子的计算

本文选择社会商品零售总额作为消费的代理指标，并选择一年期定期存款利率（来源于中经

表4　三次产业资本增长率的计算结果（1992~2008年）

单位：%

年份	第一产业（%）	第二产业（%）	第三产业（%）
1992	3.32	11.62	10.96
1993	3.09	14.70	16.35
1994	6.48	13.18	19.26
1995	7.92	17.53	26.89
1996	5.08	11.09	17.17
1997	5.74	9.71	15.91
1998	6.64	8.11	17.25
1999	6.73	7.31	16.05
2000	6.88	7.92	14.45
2001	6.54	7.73	14.43
2002	7.61	9.99	14.16
2003	7.51	9.69	15.27
2004	7.74	9.69	15.27
2005	7.96	9.69	15.27
2006	8.18	9.69	15.27
2007	8.38	9.69	15.27
2008	8.57	9.69	15.27

网产业数据库）、上证指数收益率（来源于金融 RESSET 数据库）以及深证综指收益率（来源于金融 RESSET 数据库）三个收益序列作为工具变量。为了尽可能增加数据的样本长度，我们采用了各个数据在 1991 年 1 月~2011 年 3 月的月度样本。在进行 GMM 估计时，我们所使用的矩条件如下：

$$E\left(\lambda\left(\frac{C_t}{C_{t-1}}\right)^{-\gamma}(1+i)-1\right)=0$$

$$E\left(\lambda\left(\frac{C_t}{C_{t-1}}\right)^{-\gamma}(1+r_{sh})-1\right)=0$$

$$E\left(\lambda\left(\frac{C_t}{C_{t-1}}\right)^{-\gamma}(1+r_{sz})-1\right)=0 \tag{17}$$

式中，C 表示消费（用社会商品零售总额代表），i 表示一年期定期存款利率，r_{sh} 和 r_{sz} 分别表示上证指数收益率和深证综指收益率，λ（主观效用贴现因子）和 γ（风险规避系数）为待估计参数。参数估计结果如表5所示。

表5　主观效用贴现因子和风险规避系数的广义矩（GMM）估计结果

	估计值	t 值
主观效用贴现因子(λ)	0.5439	2.2619
风险规避系数(γ)	14.9457	3.0391
J 统计量=0.0003	样本量=243	矩条件数=3

需要补充说明的是，基于上述主观效用贴现因子和风险规避系数以及月度消费数据所计算出来的 β 为月度 β，本文取每个年度内各月度 β 的平均值作为该年度 β 值的代理指标，计算结果如表6所示。

表6　随机贴现因子计算结果（1992~2008年）

1992	0.6392	2001	0.7935
1993	0.7531	2002	0.8052
1994	1.5727	2003	0.7178
1995	2.3867	2004	0.6163
1996	2.2125	2005	0.5915
1997	1.8625	2006	0.7010
1998	0.8878	2007	0.6076
1999	1.0059	2008	0.6268
2000	0.9701		

（五）价格水平

关于价格水平的度量，本文采用三次产业的定基价格指数代替，其中，第一产业和第三产业的价格指数同用居民消费价格指数代替，1978年 = 100；第二产业价格指数用工业品出厂价格指数代替，1985年 = 100。三次产业价格指数的数据均来源于"中经网统计数据库"。三次产业价格水平数据如表7所示。

表7　三次产业价格水平（1992~2008年）

年份	第一产业（1978=100）	第二产业（1985=100）	第三产业（1978=100）
1992	238.1	180.4	238.1
1993	273.1	223.7	273.1
1994	339.0	267.3	339.0
1995	396.9	307.1	396.9
1996	429.9	316.0	429.9
1997	441.9	315.0	441.9
1998	438.4	302.1	438.4
1999	432.2	294.8	432.2
2000	434.0	303.1	434.0
2001	437.0	299.2	437.0
2002	433.5	292.6	433.5
2003	438.7	299.3	438.7
2004	455.8	317.6	455.8
2005	464.0	333.2	464.0
2006	471.0	343.2	471.0
2007	493.6	353.8	493.6
2008	522.7	378.2	522.7

（六）三次产业产品需求弹性的计算

根据需求价格弹性的定义，需求价格弹性等于需求数量变动百分比除以价格变动百分比。由于每个产业所生产的产品都具有多样性，在衡量每个产业的产品数量时，本文以各产业的名义消费额除以价格指数得到各产业的实际消费额（或者不变价格消费额），再以不变价格消费额除以价格指数得到实际消费数量，并以实际消费数量代表需求数量。本文用各产业定基价格指数代表每个产业产品的价格水平。各产业需求价格弹性的计算方法：用各产业产品实际消费数量的自然对数对价格水平和收入的自然对数进行省际年度面板数据（Panel Data）回归，则价格水平的回归系数就是相应产业产品的需求价格弹性的估计值。

具体而言，本文用年度居民消费价格定基指数作为第一产业和第三产业产品价格，用年度工业品出厂价格定基指数作为第二产业产品价格。居民消费价格指数原始数据来源于"中经网统计数据库"，时间区间为 1992~2009 年。1992~2008 年的工业品出厂价格指数原始数据来源于《新中国六十年统计资料汇编》，2009 年的工业品出厂价格指数原始数据则来源于"中经网统计数据库"。由于居民消费价格指数和工业品出厂价格指数的原始数据均为环比数据，本文将它们换算成了定基指数（1992 年 = 100）。

限于数据的可获得性，本文用城镇家庭年人均消费代表名义消费水平，并用城镇家庭年人均可支配收入作为收入的代理指标。城镇家庭年人均消费（分产业）和城镇家庭年人均可支配收入数据取自"中经网统计数据库"。其中，第一产业的消费支出包括食品、粮食、肉禽及其制品、蛋、水产品和奶及奶制品消费支出；第二产业的消费支出包括衣着、服装、家庭设备用品及服务消费性支出以及耐用消费品消费性支出；第三产业的消费支出包括医疗保健消费性支出、交通和通信、教育文化娱乐服务、文娱用耐用消费品、居住、住房、杂项商品和服务消费性支出。根据产业类型将各项支出加总得到各产业的名义消费额。利用 Eviews6.0 软件对 1992~2009 年中国三次产业产品的实际消费数量、价格水平和收入做面板回归。经过检验（见表8），三次产业均支持固定效应、时变价格系数模型。该模型的形式为：

$$LnQ_{i,t}^{j} = \alpha_0 + \alpha_i^{j} + \beta_{i,t}^{j} LnP_{i,t}^{j} + \kappa_i^{j} LnR_{i,t}^{j} + \varepsilon_{i,t}^{j} \tag{18}$$

式中，j 为产业类型，j = 1，2，3；Q、P、R 分别表示实际消费数量、价格水平和收入；α 为截距项；β 为需求价格弹性；κ 为需求收入弹性；ε 为随机项。模型形式选择检验和需求价格弹性的估计结果分别如表9和表11所示。

在检验各产业消费、收入和价格数据稳定性时，由于考虑到各个省份的消费和收入都具有时间趋势，不能采用 LLC 和 IPS 检验；又由于考虑到本文数据的时间跨度较短（1992~2009 年），也不能采用 Fisher 类检验，因此，本文采用了 Breitung 检验方法。

表8　面板数据稳定性和协整检验结果

第一产业单位根检验结果					
	消费	消费一阶差分	价格	价格一阶差分	收入	收入一阶差分
Breitung t-stat	−1.2365	−3.0858	1.3379	−2.6931	0.5919	−4.0663
P 值	0.1081	0.0010	0.9095	0.0035	0.7231	0.0000

第一产业协整检验结果			
ADF	t-Statistic	−8.8568	P 值	0.0000

第二产业单位根检验结果					
	消费	消费一阶差分	价格	价格一阶差分	收入	收入一阶差分
Breitung t-stat	1.8619	−2.7365	2.8861	−4.4556	同第一产业	
P 值	0.9687	0.0031	0.9980	0.0000		

第二产业协整检验结果			
ADF	t-Statistic	−7.5201	P 值	0.0000

第三产业单位根检验结果				
	消费	价格	价格一阶差分	收入	收入一阶差分
Breitung t-stat	−5.7977	同第一产业		同第一产业	
P 值	0.0000				

第三产业协整检验结果			
ADF	t-Statistic	−9.6651	P 值	0.0000

从表8可以看出，第一产业消费、价格和收入都是一阶单整过程，但三者之间存在协整关系；第二产业消费和价格均为一阶单整过程，且二者与收入（同第一产业）之间存在协整关系；第三产业消费为平稳过程，第三产业消费、价格（同第一产业）和收入（同第一产业）之间存在协整关系。因而，基于三次产业消费、价格和收入数据进行的面板回归均不存在伪回归问题。

本文将对面板回归模型具体形式的选择进行甄别检验。首先，区分混合模型与截距差异模型，然后甄别固定效应模型与随机效应模型，进而确定同样本数据相适应的模型形式。各阶段检验结果如表9所示。

表9　模型形式选择检验

原假设	统计量类别	第一产业	第二产业	第三产业
数据支持混合模型	截面 F	5.9838（0.0000）	36.4125（0.0000）	23.0388（0.0000）
	截面 χ²	172.5892（0.0000）	637.1055（0.0000）	477.4425（0.0000）
数据支持随机效应模型	Hausman Test χ²	132.0186（0.0000）	30.1342（0.0501）	62.8236（0.0000）
数据支持固定效应不变系数模型	F	14.85（0.0000）	1.56（0.0307）	14.35（0.0000）

注：括弧内数字为相应统计量的 P 值。

从表9可以看出，第一产业和第三产业均在统计学意义上支持固定效应时变系数模型设定。第二产业支持截距项的截面差异和系数时变性，只是拒绝随机效应假设的伴随概率略高于0.05。但是，考虑到随机效应和固定效应条件下价格弹性估计值的差异甚小（见表10），本文仍然采用固定效应时变系数模型估计第二产业产品的需求价格弹性。

表10　固定效应模型和随机效应模型条件下价格弹性估计值比较（1992~2008年）

价格弹性\年份	第一产业估计值比较				第二产业估计值比较				第三产业估计值比较			
	固定效应	随机效应	差分方差	P 值	固定效应	随机效应	差分方差	P 值	固定效应	随机效应	差分方差	P 值
1992	-2.52	-2.19	0.01	0.00	-1.50	-1.48	0.01	0.86	-3.84	-4.05	0.08	0.48
1993	-1.90	-1.85	0.00	0.06	-1.57	-1.57	0.00	0.86	-2.63	-2.66	0.01	0.77
1994	-1.61	-1.63	0.00	0.20	-1.60	-1.60	0.00	0.85	-2.46	-2.45	0.00	0.85
1995	-1.50	-1.54	0.00	0.00	-1.66	-1.66	0.00	0.87	-2.38	-2.36	0.00	0.59
1996	-1.54	-1.58	0.00	0.00	-1.76	-1.75	0.00	0.84	-2.33	-2.30	0.00	0.50
1997	-1.58	-1.63	0.00	0.00	-1.76	-1.76	0.00	0.85	-2.14	-2.11	0.00	0.43
1998	-1.65	-1.70	0.00	0.00	-1.81	-1.81	0.00	0.84	-2.07	-2.04	0.00	0.41
1999	-1.70	-1.77	0.00	0.00	-1.78	-1.78	0.00	0.84	-2.01	-1.97	0.00	0.38
2000	-1.75	-1.82	0.00	0.00	-1.76	-1.76	0.00	0.83	-1.95	-1.90	0.00	0.35
2001	-1.77	-1.85	0.00	0.00	-1.79	-1.79	0.00	0.83	-1.96	-1.92	0.00	0.32
2002	-1.73	-1.81	0.00	0.00	-1.89	-1.89	0.00	0.83	-1.87	-1.81	0.00	0.29
2003	-1.69	-1.79	0.00	0.00	-1.92	-1.91	0.00	0.83	-1.92	-1.86	0.00	0.26
2004	-1.63	-1.73	0.00	0.00	-1.96	-1.96	0.00	0.83	-1.98	-1.92	0.00	0.24
2005	-1.62	-1.73	0.00	0.00	-1.91	-1.91	0.00	0.83	-2.02	-1.95	0.00	0.22
2006	-1.64	-1.76	0.00	0.00	-1.90	-1.89	0.00	0.83	-2.08	-2.01	0.00	0.20
2007	-1.56	-1.68	0.00	0.00	-1.86	-1.85	0.00	0.83	-2.17	-2.10	0.00	0.19
2008	-1.47	-1.60	0.00	0.00	-1.86	-1.85	0.00	0.83	-2.26	-2.18	0.00	0.18

基于固定效应时变系数模型，本文对三次产业产品的需求价格弹性进行了估计，估计结果如表11所示。从表11可以看出，三次产业每个年度的需求价格弹性估计值均非常显著。第一产业

产品需求价格弹性最小，基本体现了生活必需品的产品属性和中国农业对外开放程度较低的产业特征；第三产业产品需求价格弹性最大，主要原因在于其产品多为非必需品且较容易被替代。各产业产品的需求价格弹性呈现出了不同的变化趋势，其中，第一产业的需求价格弹性大致呈现出单一下降趋势；第二产业的需求价格弹性则表现出先升后降（以 2004 年为分界点）；第三产业需求价格弹性的变化趋势正好与第二产业相反，即 2004 年以前基本处于下降趋势，2004 年以后又呈现出逐年增加的态势。关于第二产业和第三产业产品需求价格弹性的变化趋势，本文认为：2004年以前，随着中国对外开放程度的提高，中国各个类别的工业品都遇到了越来越多的国外替代品，从而导致了中国第二产业产品需求价格弹性的连续上升；2004 年以后，中国工业品和进口工业品在经过竞争之后逐渐形成了"进口工业品满足高档消费需求、本土工业品满足中低档消费需求"的分类格局，也就是使得本土工业品更多地具有必需品的性质，从而表现出了较低的需求价格弹性。第三产业在 2004 年以前，所提供的服务种类非常有限，主要限于生活基本需要，而且，中国对境外服务业（尤其是金融业）的开放程度也不高，这就使 2004 年以前第三产业产品价格弹性普遍较低，甚至随着居民收入的增加，第三产业产品价格弹性还会降低；在 2004 年以后，伴随着世界贸易组织效应的不断显现和国际服务业的不断进入，中国第三产业产品种类不断丰富，而且属于奢侈品范畴的服务产品所占比重不断加大；不仅如此，中国服务产品所面对的国外替代品也越来越多。这些因素综合起来共同导致了中国第三产业产品价格弹性在 2004 年以后的逐年上涨。

表 11　三次产业产品需求价格弹性估计结果（1992~2008 年）

年份	第一产业	P 值	第二产业	P 值	第三产业	P 值
1992	−2.5170	0.0000	−1.4979	0.0024	−3.8431	0.0000
1993	−1.8985	0.0000	−1.5745	0.0000	−2.6322	0.0000
1994	−1.6102	0.0000	−1.6046	0.0000	−2.4581	0.0000
1995	−1.4990	0.0000	−1.6584	0.0000	−2.3811	0.0000
1996	−1.5378	0.0000	−1.7573	0.0000	−2.3267	0.0000
1997	−1.5848	0.0000	−1.7614	0.0000	−2.1410	0.0000
1998	−1.6463	0.0000	−1.8133	0.0000	−2.0719	0.0000
1999	−1.7034	0.0000	−1.7843	0.0000	−2.0117	0.0000
2000	−1.7480	0.0000	−1.7644	0.0000	−1.9457	0.0000
2001	−1.7711	0.0000	−1.7928	0.0000	−1.9624	0.0000
2002	−1.7260	0.0000	−1.8910	0.0000	−1.8652	0.0000
2003	−1.6946	0.0000	−1.9159	0.0000	−1.9189	0.0000
2004	−1.6274	0.0000	−1.9635	0.0000	−1.9839	0.0000
2005	−1.6166	0.0000	−1.9121	0.0000	−2.0196	0.0000
2006	−1.6404	0.0000	−1.8979	0.0000	−2.0777	0.0000
2007	−1.5563	0.0000	−1.8553	0.0000	−2.1704	0.0000
2008	−1.4715	0.0000	−1.8551	0.0000	−2.2560	0.0000

（七）三次产业技术创新强度的计算

根据前文模型推导的式（16），本文利用上述计算得到的指标来计算中国三次产业的技术创新强度 $A_{i,t}$。计算结果如表 12 所示。从表 12 中可以看出，第一产业的技术创新强度最小，第二产业的技术创新强度最大，第三产业则居中，且三次产业大致都呈现递增的趋势。

表12 中国三次产业技术创新强度计算结果（1992~2008 年）

年份	第一产业（%）	第二产业（%）	第三产业（%）
1992	0.14	2.77	0.29
1993	0.16	2.76	0.41
1994	0.10	0.36	0.09
1995	0.08	0.12	0.03
1996	0.08	0.11	0.03
1997	0.10	0.18	0.07
1998	0.23	1.24	0.46
1999	0.21	1.09	0.42
2000	0.22	1.36	0.55
2001	0.31	2.50	0.99
2002	0.37	2.53	1.27
2003	0.48	3.72	1.79
2004	0.53	7.04	2.99
2005	0.62	10.26	3.58
2006	0.54	6.92	2.36
2007	0.91	16.46	3.61
2008	1.30	19.56	3.55

（八）技术创新决定因素与技术创新强度的关系分析

1. 技术创新强度与实际要素价格、资本增长率、产品需求弹性的相关分析

根据式（14），由于资本价格采用的是定基指数，亦即实际资本价格，所以本文将 $(1-\alpha_i)\ln P_{K_{i,t}}+\alpha_i \ln P_{L_{i,t}}$ 作为实际要素价格的表达式，$\ln(1-N_{i,t})$ 作为产品需求弹性的表达式，$\ln\left(\dfrac{1+\delta_{i,t}}{2}\right)$ 作为资本增长率的表达式，这样本文就可以分别计算出 $\ln A_{i,t}$、实际要素价格、产品需求弹性、资本增长率的时间序列数据，以此进行后续的相关分析和长期动态关系检验的操作和解释。技术创新影响因素与技术创新的静态相关分析结果如表13 所示。

表13 技术创新动力影响因素与技术创新的相关性分析结果

相关系数	实际要素价格	资本增长率	产品需求弹性
第一产业	0.8315	0.6266	−0.1906
第二产业	−0.0113	−0.3799	0.4020
第三产业	0.5730	−0.5503	−0.4362

从表13 可以看出，第一产业和第三产业实际要素价格均与技术创新强度相关系数为正，表明实际要素价格上涨会引起第一产业和第三产业的企业技术创新压力；第二产业实际要素价格与创新强度有微弱的负相关关系，这说明第二产业实际要素价格的上涨在较小的程度上弱化了技术创新的动力；第一产业资本增长率与技术创新强度相关系数为正，说明第一产业资本存量的增长对技术创新起到了促进的作用，政府应加大对第一产业的资本投入，促进第一产业的技术创新；而第二、第三产业资本增长率与技术创新强度的相关系数为负，资本增长对技术创新没有促进作用，反而降低了技术创新的动力，表明第二产业、第三产业的资本增长只是简单的重复生产。而没有用于技术创新的投入，造成低水平的产能过剩，反映了实体经济创新不足的现状。中国政府应该引导企业在技术创新风险识别、预期收益等方面进行综合考虑，从而解决目前存在的创新不

足的问题。

第一产业和第三产业产品需求弹性与技术创新强度的相关系数为负数，表明第一产业、第三产业产品需求弹性越大，创新动力越小；而第二产业产品需求弹性与技术创新强度的相关系数为正，意味着工业品需求弹性越大，技术创新动力越大，说明随着人们生活水平的提高，第二产业的产品属性越来越高端（弹性越来越大），此时的创新动力越大，这印证了需求拉动的技术创新学说。

2.中国三次产业实际要素价格、资本增长率、产品需求弹性与技术创新强度之间的长期动态关系建模

经过检验，三次产业的实际要素价格、资本增长率、产品需求弹性与技术创新强度均为一阶I（1）单整过程，一阶单位根检验结果如表14~表16所示。

表14 第一产业单位根检验结果

Method	Statistic	Prob.**	Cross-sections	Obs
Null：Unit root（assumes common unit root process）				
Levin, Lin & Chu t*	−5.09586	0.0000	4	60
Null：Unit root（assumes individual unit root process）				
ADF – Fisher Chi-square	40.0082	0.0000	4	60
PP – Fisher Chi-square	40.1295	0.0000	4	60

表15 第二产业单位根检验结果

Method	Statistic	Prob.**	Cross-sections	Obs
Null：Unit root（assumes common unit root process）				
Levin, Lin & Chu t*	−6.57245	0.0000	4	60
Null：Unit root（assumes individual unit root process）				
ADF – Fisher Chi-square	50.2025	0.0000	4	60
PP – Fisher Chi-square	49.9293	0.0000	4	60

表16 第三产业单位根检验结果

Method	Statistic	Prob.**	Cross-sections	Obs
Null：Unit root（assumes common unit root process）				
Levin, Lin & Chu t*	−7.01576	0.0000	4	58
Null：Unit root（assumes individual unit root process）				
ADF – Fisher Chi-square	60.1236	0.0000	4	58
PP – Fisher Chi-square	61.0240	0.0000	4	60

（1）单位根检验。

表17 第一产业四变量系统协整关系的Johansen检验

Hypothesized No. of CE（s）	Eigenvalue	Trace Statistic	0.05 Critical Value	检验结论
None *	0.9299	69.6994	47.8561	仅存在1个协整关系
At most 1 *	0.7104	29.8402	29.7971	
At most 2	0.5275	11.2498	15.4947	
At most 3	0.0002	0.0036	3.8415	

表18　第二产业四变量系统协整关系的 Johansen 检验

Hypothesized No. of CE（s）	Eigenvalue	Trace Statistic	0.05 Critical Value	检验结论
None *	0.9325	96.8649	47.8561	
At most 1 *	0.8561	56.4298	29.7971	存在 2 个协整关系
At most 2	0.8038	27.3462	15.4947	
At most 3	0.1769	2.9197	3.8415	

表19　第三产业四变量系统协整关系的 Johansen 检验

Hypothesized No. of CE（s）	Eigenvalue	Trace Statistic	0.05 Critical Value	检验结论
None *	0.9220	78.2045	47.8561	
At most 1 *	0.8456	39.9368	29.7971	仅存在 1 个协整关系
At most 2	0.4856	11.9160	15.4947	
At most 3	0.1215	1.9438	3.8415	

（2）协整检验。协整检验结果显示，三次产业的实际要素价格、资本增长率、产品需求弹性与技术创新强度之间具有长期的均衡关系，下文将对其动态影响机制进行讨论。

（3）滞后阶数的确定。在 VAR 模型中，Eviews 6.0 能够提供似然比检验的统计量、最终预测误差、AIC 信息准则、SC 信息准则和 HQ 信息准则的结果，第一产业、第二产业、第三产业的结果如表20~表22所示。从表20可以看到，有超过一半的准则选择出来的滞后阶数是3阶，所以本文把第一产业 VAR 模型的滞后阶数确定为3阶；从表21可以看到，有超过一半的准则选择出来的滞后阶数是1阶，所以本文把第二产业 VAR 模型的滞后阶数确定为1阶；从表22可以看到，有超过一半的准则选择出来的滞后阶数是2阶，所以本文把第三产业 VAR 模型的滞后阶数确定为2阶。

表20　第一产业滞后阶数的确定

Lag	LogL	LR	FPE	AIC	SC	HQ
0	44.53399	NA	8.21E-07	-5.504856	-5.230974	-5.530209
1	74.28265	38.24828	4.65E-08	-8.468951	-7.784246	-8.532332
2	97.19868	19.64231*	9.23E-09	-10.45695	-9.361427	-10.55837
3	129.5050	13.84556	1.07E-09*	-13.78643*	-12.28008*	-13.92587*

表21　第二产业滞后阶数的确定

Lag	LogL	LR	FPE	AIC	SC	HQ
0	34.92387	NA	5.42E-06	-3.615484	-3.325763	-3.600647
1	60.78659	35.56124*	7.00E-07*	-5.723324*	-4.999022*	-5.686233*

表22　第三产业滞后阶数的确定

Lag	LogL	LR	FPE	AIC	SC	HQ
0	50.38154	NA	5.43E-07	-5.917539	-5.634318	-5.920555
1	75.92796	34.06189*	6.44E-08	-8.123728	-7.415678	-8.131270
2	89.40864	12.58197	4.73E-08*	-8.721151*	-7.588271*	-8.733219*

（4）格兰杰因果检验。为了较好地观测变量之间的动态关系，本文进行了格兰杰因果关系检验，并建立 SVAR 模型来研究三次产业四个变量系统的脉冲响应函数。三次产业的格兰杰因果关系检验如表 23~表 25 所示，其中 F1、F2、F3 表示实际要素价格，TX1、TX2、TX3 表示产品需求弹性，R1、R2、R3 表示资本增长率，A1、A2、A3 表示技术创新。

表 23　第一产业格兰杰因果关系检验结果

Null Hypothesis	Obs	F-Statistic	Prob.
F1 does not Granger Cause A1	14	6.27471	0.0214
A1 does not Granger Cause F1		1.46628	0.3038
R1 does not Granger Cause A1	14	8.84868	0.0088
A1 does not Granger Cause R1		17.5985	0.0012
TX1does not Granger Cause A1	14	6.22279	0.0219
A1 does not Granger Cause TX1		0.85528	0.5069
R1 does not Granger Cause F1	14	0.30720	0.8197
F1 does not Granger Cause R1		2.29649	0.1646
TX1 does not Granger Cause F1	14	1.15281	0.3926
F1 does not Granger Cause TX1		15.0433	0.0020
TX1 does not Granger Cause R1	14	1.27487	0.3547
R1 does not Granger Cause TX1		0.75107	0.5556

表 24　第二产业格兰杰因果关系检验结果

Null Hypothesis	Obs	F-Statistic	Prob.
F2 does not Granger Cause A2	16	8.06182	0.0139
A2 does not Granger Cause F2		4.17627	0.0618
R2 does not Granger Cause A2	16	6.60891	0.0233
A2 does not Granger Cause R2		0.82425	0.3805
TX2 does not Granger CauseA2	16	7.06011	0.0197
A2 does not Granger Cause TX2		0.45295	0.5127
R2 does not Granger Cause F2	16	0.11591	0.7389
F2 does not Granger Cause R2		6.34686	0.0256
TX2 does not Granger Cause F2	16	0.29390	0.5969
F2 does not Granger Cause TX2		4.15553	0.0624
TX2 does not Granger Cause R2	16	5.49936	0.0356
R2 does not Granger Cause TX2		0.46367	0.5079

表 25　第三产业格兰杰因果关系检验结果

Null Hypothesis	Obs	F-Statistic	Prob.
F3 does not Granger Cause A3	15	12.6467	0.0018
A3 does not Granger Cause F3		0.64750	0.5440
R3 does not Granger Cause A3	15	2.48847	0.1327
A3 does not Granger Cause R3		3.87266	0.0568
TX3 does not Granger Cause A3	15	6.73472	0.0140
A3 does not Granger Cause TX3		4.23756	0.0465
R3 does not Granger Cause F3	15	1.36455	0.2992
F3 does not Granger Cause R3		6.51282	0.0155

续表

Null Hypothesis	Obs	F-Statistic	Prob.
TX3 does not Granger Cause F3	15	0.76211	0.4920
F3 does not Granger Cause TX3		0.42618	0.6643
TX3 does not Granger Cause R3	15	2.94166	0.0989
R3 does not Granger Cause TX3		2.14227	0.1681

从表 23 中可以看出，第一产业资本增长率与第一产业技术创新具有双向格兰杰因果关系，实际要素价格、产品需求弹性与技术创新之间存在单向的格兰杰因果关系；从表 24 中可以看出，在 10% 的显著性水平上，第二产业实际要素价格与技术创新之间存在双向格兰杰因果关系，资本增长率、产品需求弹性与技术创新之间是单向的格兰杰因果关系；从表 25 中可以看出，第三产业产品需求弹性与技术创新之间存在双向的格兰杰因果关系，而实际要素价格、资本增长率则只存在单向的格兰杰因果关系。

（5）SVAR 模型的建立。该部分将着重分析施加了长期约束的三次产业技术创新影响因素对技术创新长期累积脉冲响应。经过检验（见表 20~表 22），第一产业最佳滞后期为 3 期，第二产业最佳滞后期为 1 期，第三产业最佳滞后期为 2 期。针对格兰杰检验结果情况，将第一产业、第二产业、第三产业产品需求弹性变量作为外生变量参与估计，在估计具有长期约束的 SVAR 过程中，将着重考察内生变量对技术创新的长期累积影响，我们把其他的变量放入外生变量中，从而更准确地分析待考察的内生变量对技术创新的长期累积脉冲响应情况。对 SVAR 模型施加的长期约束条件是三次产业实际要素价格、资本增长率对各自产业技术创新结构冲击的长期响应为 0。图 1、图 2、图 3 从左至右分别显示第一产业、第二产业、第三产业实际要素价格、资本增长率的结构冲击引起的技术创新水平波动的长期累积脉冲响应函数。

（6）三次产业实际要素价格、资本增长率对技术创新的长期累积脉冲响应函数。

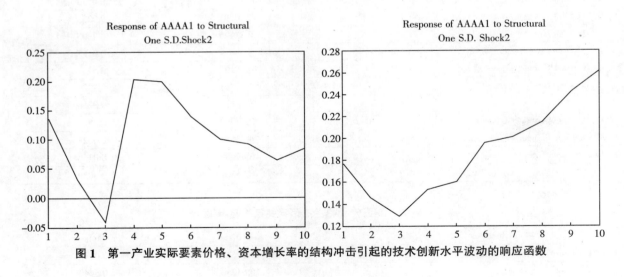

图 1　第一产业实际要素价格、资本增长率的结构冲击引起的技术创新水平波动的响应函数

从图 1 可以看出，当在本期给第一产业实际要素价格一个正向冲击后，在前 3 期对技术创新由正的影响慢慢减为短暂的负向影响之后，从第 3 期以后均为正向影响，亦即第一产业实际要素价格上涨在长期内具有促进技术创新的作用；第一产业资本增长率对技术创新的冲击呈现稳定的正向影响，并且影响程度递增，也就是说，从长期来看，第一产业资本增长率的提高能够促进第一产业技术创新的产生。

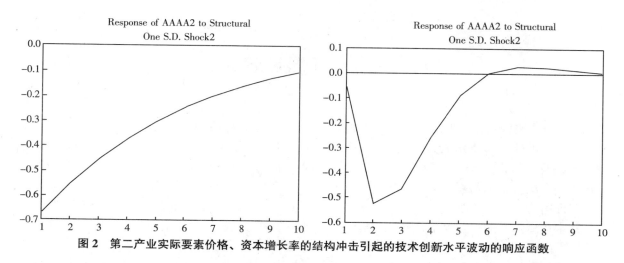

图2 第二产业实际要素价格、资本增长率的结构冲击引起的技术创新水平波动的响应函数

从图2可以看出，当在本期给第二产业实际要素价格一个正向冲击后，技术创新在第1期开始就有明显的负向响应，随着时间的推移，技术创新的负向响应逐渐减弱并趋于0。说明第二产业实际要素价格的提高短期内弱化了第二产业技术创新动力，反映出中国第二产业实际要素价格在长期对技术创新的负向影响越来越弱。由于本文的样本点较少，当实际要素价格上涨到一定程度以后，我们可以预期第二产业实际要素价格上涨在较长的时期内会使企业具有技术创新的压力。第二产业资本增长率的冲击对技术创新的影响在前6期具有大幅度的波动，在第2期的负向影响最大，之后负向影响逐渐减弱，从第6期开始维持微弱的正向影响，表明第二产业资本增长率越高，第二产业短期内技术创新动力不足。这反映了中国第二产业低端重复假设的资本扩张没能有效提升技术水平，第二产业具有产能过剩和创新不足的问题。第二产业只有在使用资本加大自主创新时，技术创新才会对资本增长率具有长期的正向响应。

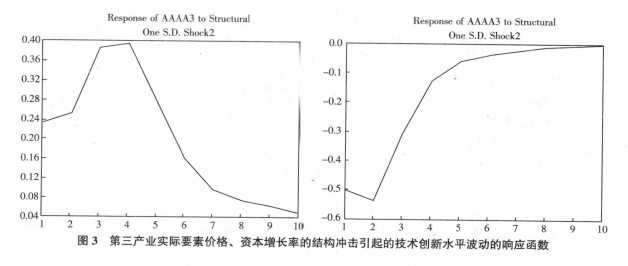

图3 第三产业实际要素价格、资本增长率的结构冲击引起的技术创新水平波动的响应函数

从图3可以看出，当在本期给第三产业实际要素价格一个正向冲击之后，技术创新呈现较大的正向波动响应，在第4期正向响应最大，之后正向响应减弱并趋于0。说明从长期来看，第三产业实际要素价格越高，创新动力越强。技术创新对第三产业资本增长率的冲击具有明显的负向响应，在第2期负向响应最大，随着时间的推移，第三产业资本增长率对技术创新的长期累积负向影响减弱，但依然为负，表明第三产业资本增长率的提高在长期内弱化了技术创新的动力，阻碍了第三产业技术创新的出现。

四、研究结论及政策建议

本文首先在回顾技术创新影响因素文献的基础上，基于规模报酬不变的柯布·道格拉斯生产函数，从生产者的利润最大化动机出发，将产品需求弹性、实际要素价格、劳动者报酬份额、资本增长率、消费者随机贴现因子等多个因素纳入企业技术创新的决定因素范畴，从一个全新的视角构建了一个决定技术创新动力内在机制的理论模型。随后利用 1992~2008 年中国三次产业的相关数据实证检验了三次产业技术创新动力的差异性，接着采用格兰杰因果关系检验了三次产业各因素与技术创新强度的相互关系，通过结构性向量自回归建模方法、脉冲响应方法考察了三次产业各个影响因素在长期对技术创新的影响机理。

实证研究结果发现：中国第二产业的技术创新强度最大，其次是第三产业，而第一产业技术创新强度最弱；实际要素价格上涨时，三次产业技术创新速度均加快；中国第一产业资本存量增长速度与技术创新速度正相关，而第二产业、第三产业资本增长率与技术创新速度负相关，这从一个侧面反映了中国第二产业、第三产业低端重复建设、产能过剩以及技术创新不足等现状。另外，从相关分析来看，第一产业和第三产业产品需求弹性与技术创新强度的相关系数为负，表明第一产业和第三产业的产品差异越小，技术创新动力越强，体现出农业和服务业的差异化发展战略要求企业进行产品、工艺方面的技术创新；第二产业产品需求弹性与技术创新强度的相关系数为正，体现出工业产品的技术上的创新，表明第二产业奢侈品越多（需求弹性越大），企业进行技术创新的动力越足，以满足更多的产品多样性。

针对三次产业技术创新与实际要素价格、资本增长率的相关性分析和长期累积脉冲响应函数的考察，可以为中国政府在促进不同产业技术创新方面提供一定的政策建议。比如对第二产业、第三产业的资本投入很有可能会弱化技术创新的动力，而第一产业则需要大力投入资本，表明目前中国的第一产业资本投入不足是缺乏农业创新的主要影响因素。另外，针对实际要素价格的提高对第一产业、第三产业的冲击具有促进技术创新的研究结论，需要政府在合理配置素价格方面要尽量解决价格扭曲的现象，使技术创新的动力机制得以自主发挥作用。关于产品需求弹性对技术创新影响的结论，为技术创新的类型做了很好的实证支撑，表明企业在自身所属的行业里竞争，必然会选择合适类型的技术创新，亦即具有不同的技术创新动力。

参考文献

[1] 中国经济增长与宏观稳定课题组. 资本化扩张与赶超型经济的技术进步 [J]. 经济研究，2010 (5).

[2] 叶振宇，叶素云. 要素价格与中国制造业技术效率 [J]. 中国工业经济，2010 (11).

[3] 朱钟棣，李小平. 中国工业行业资本形成、全要素生产率变动及其趋异化：基于分行业面板数据的研究 [J]. 世界经济，2005 (9).

[4] 宋冬林，王林辉，董直庆. 资本体现式技术进步及其对经济增长的贡献率（1981~2007）[J]. 中国社会科学，2011 (2).

[5] 许小东. 技术创新内驱动力机制模式研究 [J]. 数量经济技术经济研究，2002 (3).

[6] 刘维臻，黄健柏，江飞涛，殷智远. 资本深化、技术选择与中国工业技术进步的实证研究 [J]. 香港中文大学，http://www.usc.cuhk.edu.hk/wk.asp.

[7] 易丹辉. 数据分析与 Eviews 应用 [M]. 北京：中国人民大学出版社，2009.

[8] Colin G.Thirtle，David E.Schimmelpfennig，Robert F.Townsend. Induced Innovation in United States

Agriculture, 1880~1990: Time Series Tests and Error Correction Model [J]. American Journal of Agriculture Economics, 2002, 84 (3): 598~614.

[9] Rossi, Federica. An introductory overview of innovation studies [EB/OL]. http: //mpra.ub.uni-muenchen. de/9106/MPRA Paper No.9106, 2008 (11).

需求通过创新对战略性新兴产业的拉动作用研究*

——兼论需求和创新对产业结构演变的作用

谭洪波　郑江淮**

一、引　言

改革开放 30 多年来，中国经济社会已经取得了举世瞩目的成就，但是中国仍然是最大的发展中国家，虽然 GDP 总量已经排世界第二位，但人均 GDP 还处于低位，中国经济还存许多亟待解决的问题，比如环境恶化问题、民营企业的生存和发展问题、可持续发展问题等，中国现在仍然处于赶超发达国家的阶段。要想解决这些经济社会问题，并能成功赶超进入发达国家行列，中国必须发展具有竞争力的产业，而发展战略性新兴产业就是发展具有竞争力产业的举措。战略性新兴产业的发展离不开创新，按照熊彼特的理论，创新包括开发新产品或改良原有产品，使用新的生产方法，发现新的市场，发现新的原料或半成品，创建新的产业组织，这些创新又可以分为供给推动型和需求拉动型的创新。根据创新的程度还可以将其分为渐进式创新和破坏性创新，[①] 而能够对战略性新兴产业形成促进作用的往往是破坏性创新，按照破坏性创新的提出者克里斯·坦森的思路，行业内小企业想要短期内赶超行业霸主，就要走不寻常之路。每个行业都有一些难度不大的新技术。这些技术不为主流客户看好，也常常被大公司忽略，但对小市场和新兴市场有很大吸引力，他把这些技术称为"破坏性技术"，落后企业如果能把这些技术商业化，就会引起市场风云激变，这就是"破坏性创新"。本文主要是从需求拉动的角度研究梳理创新，特别是破坏性创新的发生机制，以及两者对战略性新兴产业发展的作用，从而为中国发展战略性新兴产业提供参考。

---

* 教育部人文社科重点研究基地项目"以产业集群促进长三角战略性新兴产业创业发展"（批准号：10JJD790026）；国家社科基金重点课题"现代服务业发展战略研究"（批准号：08AJY046）；江苏经济和信息化委员会"信息化和生产性服务业融合创新的经验与模式研究"项目资助；江苏省软科学项目、江苏省人才办资助。

** 谭洪波，1979 年生，男，山东泰安人，南京大学经济学院、国家教育部人文社科重点研究基地——南京大学长江三角洲经济社会发展研究中心博士生，扬州大学商学院讲师；郑江淮，1968 年生，男，江苏淮安人，南京大学经济学院教授，博士生导师，产业经济系主任，国家教育部人文社科重点研究基地——南京大学长江三角洲经济社会发展研究中心研究员。

① 破坏性创新有时也被称为突破性创新。

二、需求影响创新的机制

（一）消费者行为和消费者素质

消费者行为在影响创新方面起到一个主要作用，它包括对新产品和新技术的信息非对称性和不完美信息，也包括消费者对现存产品和技术的惯例、惯性和习惯。同样，消费者素质也会影响一个行业中的技术变化，比如消费者对新产品和新技术的吸收能力的作用和吸收能力在消费者和用户中分布。消费者行为和素质开启了一个富有成效的分析，即分析需求如何影响创新和产业变迁的方式。关于这方面我们提及一些成功的方向。

1. 用户参与创新

在一些行业中这是一个非常普遍的现象。从用户—生产者互动（Lundvall，1988）到用户发起创新（Von Hippel，1986），用户与生产者可以相互学习和交换知识与信息。20世纪70年代开始，Von Hippel 教授通过研究多个行业的历史，发现制造商并不是创新的唯一来源，用户也是创新的主体。在诸如科学仪器、半导体和印刷电路板组装行业，有些创新的发端始于用户。他们首先察觉到需求，并通过发明解决相应问题，制造样机并证实样机的使用价值；制造商的工作则是对用户创新产品进行改进并商业化，Von Hippel 将这种创新模式概括为"用户创新"。吴贵生等（1996）对用户创新给出了详细的定义，用户创新是指用户对其所使用的产品、工艺的创新，包括为自己的使用目的而提出的新设想和实施首创的设备、材料、工艺等，以及对制造商提供的产品或工艺的改进。

Von Hippel 对用户创新的现象从经济学的角度进行了解释，他引入熊彼特的观点，指出，成功的创新者可以从他们的创新产品的暂时垄断中获得回报，这种能力随后将发挥一种杠杆作用，使创新者在市场中占有优势，从创新中获取暂时的相关利润或"创新租金"。创新的动力主要是为了获取创新租金，当用户预计创新的收益超过成本时，他们就可能进行创新。

随着对用户创新现象研究的深入，Von Hippel 还发现了信息黏滞导致的信息不对称给创新源分布带来的影响。用户和制造商拥有不同的信息储备，而创新需要各种不同信息相结合。信息黏滞性导致获取自身没有掌握的信息需要付出成本，因此创新者更倾向于更大限度地应用自己拥有的黏滞信息进行创新，以降低创新成本。信息黏滞性意味着不同创新源在创新方向上存在显著差别，用户更倾向于选择从需求和使用环境方面进行创新，而制造商更多依赖自身专有的解决问题方面的信息进行创新。

2. 实践的共享

在一些行业，比如开放源代码软件，用户就是创新的驱动者，主要为了发展新的软件用户和创新者分享思想和资源。Harhoff 等（2003）的研究表明开放信息对于创新者是有益的，因为开放信息可以使创新被其他人进一步改进，被帮助达到一个标准，面对低的竞争条件和期望互惠互利。Franke 和 Shah（2003）加入了另一个原因，人们在实践共享的过程中，可以感受到许多乐趣和令人愉快的事情。

（二）领导用户呈现出另一种影响创新的关键需求机制

领导用户是指新产品在市场上变得流行之前还需数月或数年时对该产品表现出强烈需求的用户。领导用户识别出将来在市场流行但大量在市场上出现仍需要数月或数年的需要。这在仪器产品和 IT 行业中较常见 (Von Hippel，1988)。领导用户也在使用新产品的过程中显著受益，因为这满足了他们的需要 (Urban 和 Von Hippel，1988)。普通用户必须识别出领导用户的贡献，这种贡献来自于领导用户关于新产品的经验和知识。因此，普通用户在产品使用和应用的稳定期起主要作用，但是技术激烈变化或处于不稳定时期时很少起作用。

因为领导用户熟悉将来的其他用户的条件，他们能够成为市场调研的需求预测实验室，而且，由于领导用户经常试图满足他们的体验性需求，因此他们能够提供新的产品概念和产品设计数据 (Von Hippel，1986)。

（三）需求的一个更加强烈和直接的作用是共同发明创造（Co-invention）

卖者与买者在新产品、服务、应用、组织变迁方面的创新和人力资本投资相互补充。正如 Bresnahan 和 Greenstein (2001) 在 IT 行业中展示的，共同创新涉及用户和供给者的技术。用户的共同创新在解释 IT 应用软件的技术变迁时特别重要，包括套装软件、半客户式 IT 方案，交钥匙方案。共同创新以不同的方向和方式拉动技术变迁。

共同发明创造从许多不同的方向和以不同方式拉动技术变迁，这意味着 IT 行业没有一个统一的标准被采纳，而是 IT 行业及其应用软件表现出技术上紧紧地相互联系。共同发明创造可以在原有的技术上产生新的轨迹改进、组织变迁和新的制度，这反过来又可以在用户和提供商之间产生新的共同发明创造。例如，全球资讯网需求的增加已经使共同发明产生了新的浪潮、新应用软件的发展、新商业模式和新的制度，它们从需求中得到反馈，并以各种形式变化 (Bresnahan 和 Greenstein，2001)。

（四）消费者需求的从众效应与网络效应

从众效应与网络效应是两个不同的概念。从众效应是指当个体受到群体的影响（引导或施加的压力），会怀疑并改变自己的观点、判断和行为，朝着与群体大多数人一致的方向变化，也就是通常人们所说的"随大流"。与从众效应相对的是消费者理性 (Sophistication)。网络效应是指信息产品存在着互联的内在需要，因为人们生产和使用它们的目的就是更好地收集和交流信息。这种需求的满足程度与网络的规模密切相关。仅有一名用户的网络是毫无价值的。如果网络中只有少数用户，他们不仅要承担高昂的运营成本，而且只能与数量有限的人交流信息和使用经验。随着用户数量的增加，这种不利于规模经济的情况将不断得到改善，每名用户承担的成本将持续下降，同时信息和经验交流的范围得到扩大，所有用户都可能从网络规模的扩大中获得更大的价值。此时，网络的价值呈几何级数增长。这种情况，即某种产品对一名用户的价值取决于使用该产品的其他用户的数量，这就是网络效应。当一项新的产品或新技术被发明出来之后，由于消费者的从众效应和网络效应，该项产品和技术可能会很快成为主流产品和技术，市场趋于集中和稳定。另外，从众效应和网络效应也会起到保护成熟技术阻碍新技术发展的作用。这是一个问题的两个方面。Malerba F. 等 (2007) 认为，从众效应、网络效应可以用公式 $P_i = c_0(M_i)^{c_1}(m_i + d_1)^{c_2}$ 来反映。式中，P_i 表示某行业中消费者购买第 i 个企业的产品的概率，M_i 表示第 i 个企业的产品的性能，m_i 表示第 i 个企业的市场份额。$d_1 > 0$ 表示新进入该行业的企业即使初始没有市场份额也有可能被消费者购买其产品。c_0、c_1、c_2 都是大于零的常数。c_1 很小而 c_2 很大，说明消费者购买产品的意愿主要受该产品的市场份额的影响，而受产品性能的影响不大，这就是消费者的从众效应和网络效应的体现。反之，c_1 很大而 c_2 很小，则说明该消费该产品的从众效应和网络效应比较小，消费者非常理性，非常注重产品的性能。

（五）消费者需求的门槛效用和产品属性的边际效用递减

需求的门槛效用也是影响创新的重要影响因素。消费者可从产品的各种性能中获取效用，产品的性能对消费者存在一个门槛效应，即当产品的某项性能低于该门槛时，产品不能给消费者带来任何效用；当产品的各项性能超过其门槛值时，这种效用随着产品性能的增加是边际递减的，随着产品某项性能的持续增加，消费者在这项性能上获得效用越来越小，最终，消费者开始忽略这种性能的增加而关注该产品的价格，也就是说，此时产品价格对消费者来说比性能的改进更敏感。而在位的主导厂商进一步追求产品的某项性能，此时一些技术相对落后的企业也满足了消费者的门槛效用，但是其产品价格相对于主导企业的价格低。由于消费者在满足了门槛效用之后边际在产品性能上的边际效应递减并且开始注重产品价格，这是小企业的技术开始逐渐被接受成为主流产品技术，其技术逐步取代原有主导企业的主导技术。

三、需求对创新拉动作用模型层面的研究

在模型层面，主要是能够模拟需求的动态变化、企业的动态变化和技术的动态变化之间的关系。这些关系有两种形式：一方面，新技术的出现和发展创造了新市场、子市场和利基市场；[①] 另一方面，就消费者知识和能力而言的需求的动态变化可以刺激技术变化和新企业的进入。作为例子，这里主要讨论两种不同模型。

（一）强调试验性顾客和新的需求类型在影响竞争产业动态变迁和新技术出现中的作用

在"历史友好"（History–friendly）产业进化模型中，Malerba 等（2003）分析了以下顾客："标准"型顾客，是指被市场中已经存在的主流产品吸引并被这些产品的一些特征所影响，比如产品的价格和性能；试验性顾客，这种顾客渴望现有产品中的新技术；具有新需求的顾客，这类顾客寻求全新的产品。历史友好模型以计算机产业为例，认为试验性用户和具有新需求的客户在激进型创新、技术竞争和市场结构的动态变化中发挥了主要作用。一个产业中一项新的激进型的技术的成功引入是一个主导设计或是一个新的主导企业出现的过程，这个过程依赖于一群愿意体验和购买具有新技术的新产品的试验性顾客，这使得具有新技术的新企业进入该产业并生存下来变成现实。当新的潜在市场还没有被在位企业所服务时，具有偏好多样性的顾客也发挥了上述相似的作用。两种类型的顾客需求都会使新技术有效的成长，或者是通过新企业，或者是在已有的企业内。Malerba 等（2007）通过计算机模拟得出：当试验性用户只占很少的市场份额时（10%），新进入企业只能生存一段时间，它们采用新技术导致行业领导者也采取新技术，行业主导企业采用新技术后巩固了它的优势地位，并将新企业挤出该行业。当试验性用户的比例达到20%时，采用新技术的新进入企业不但可以存活下来，而且还能够在市场中赢得不俗的地位。最后，当试验性用户达到30%，并且具有较高的从众效应和较高的设计密度时，新企业会快速成长并主导市场。

---

① 利基市场，又被称为缝隙市场、壁龛市场、针尖市场。指那些被市场中的统治者或有绝对优势的企业忽略的某些细分市场，指企业选定一个很小的产品或服务领域，集中力量进入并成为领先者，从当地市场到全国再到全球，同时建立各种壁垒，逐渐形成持久的竞争优势。

（二）强调一个产业中影响创新和技术变迁的消费者的异质性和消费需求生命周期（Adner 和 Levinthal，2001；Adner，2003）

特别地，这个模型考察了在一个产业的生命周期中消费需求（如产品性能门槛、偏好类型、效用变化和细分市场的差异）与技术变化的相互作用如何引导技术和竞争的演变。Adner 和 Levinthal（2001）在产业生命周期中模拟了一个共同进化过程：早期，产品创新可以增加产品的性能，但是当产品的某些性能门槛已经达到时，过程创新开始呈现；再后来，新的阶段开始，在这个阶段中，给定一定的需求意愿，企业又一次进行产品创新以增加产品性能。在一定程度上，成熟消费者可能更注重产品性能，但是他们对产品性能的改善的评价没有反映出他们愿意为改善产品支付更多，而且需求也可以在不同的细分市场中被模拟。Adner（2003）展示了 Christensen（1997）式的破坏性技术可能是不同细分市场中消费者偏好重叠（某个细分市场中的产品的某项属性的性能给该市场中的消费者带来效用，也会给另外的细分市场中的消费者带来效用）和偏好对称(第一个细分市场购买第二个细分市场中的产品所产生的效用损失等于第二个细分市场的消费者购买第一个细分市场中的产品所产生的效用损失）相互作用的结果。这是一个非常有趣的研究路径，因为它考虑了需求生命周期和需求的细分。但是在这个模型中，消费者从三个维度被刻画，门槛效应、对产品不同属性的偏好以及对产品的每一个属性视边际效用递减的。

关于模型的讨论使考察需求和技术的动态变化联系达到了研究的前沿。在这个框架内，消费者的知识和能力，有改革精神的用户的反馈，新的细分市场的出现和需求的变化是研究的主题。

四、经验层面上需求与创新关系的案例研究及其对战略性新兴产业的启示

当晶体管首次被引入并作为真空管的潜在替代品时，它的大部分用途次于真空管。但是美国国防部认识到了晶体管在它们正关注的几种武器系统中的潜在优势，因此美国国防部为晶体管提供了一个特殊的市场。在这个专售晶体管的市场中，一些新企业能够生存并进一步发展提高晶体管技术，最后这些从事晶体管生产的新企业能够在广泛的民用领域与真空管进行有效的竞争。到20世纪70年代中期，晶体管实际上已经取代了真空管。

美国国防部也为飞行器的喷气式发动机的引入和发展提供了一个大的利基市场。如果没有专业化市场，喷气式发动机技术的发展本应该要慢得多。正因为在初始阶段美国国防部的需求支持，喷气式发动机得到了很快的发展并较快地在民用飞行器市场上取代了活塞式发动机（Malerba，1985；Langlois 和 Steinmueller，1999）。

关于人工晶状体最近的研究发现，在欧洲和美国，人工晶状体技术对治疗白内障很有效，但是在相当长的一段时间内，由于这些晶体管需要通过手术植入它们，这项技术被许多眼科专家认为是次于其他治疗白内障的技术，而且病人或有也有同样的观点。但是有一群坚信人工晶体管是治疗白内障的最好手段的眼科专家，他们有能力使一些病人信服人工晶体管技术是治疗白内障的最好手段，这为人工晶体管的发展提供了一个市场和试验性的天地，并最终变成了一项有效、安全常规的治疗方法（Metcalfe 和 Anrew，2005）。

众所周知，互联网早期的进步是在美国国防部的资助下取得的，因为美国国防部对互联网有特殊的需求，这些需求要求封包交换网络（Packet Switched Network）取代电路交换网络（Circuit Switched Network）。随着这项技术的发展，一群新的试验性用户加入这个市场，主要是一些学术研

究者，他们使用阿帕网连接研究型实验室。后来互联网进一步发展成为能够连接大批市场用户的技术（McKnight 和 Bailey，1998）。互联网虽然不是一个新技术取代旧技术的典型案例，但却表明了利基市场和试验性用户的重要性，它们能够使新技术生存并开发利用新的主要市场。

技术追赶并转变成为领导者一个潜在的显著的方面在于当地市场的质量和动态变化，而不在于传统的追赶理论强调的出口市场。在探索性分析 1980~2005 年韩国手机产业的基础上，本文展示了韩国手机产业转变行业领导者主要是受本土用户、当地的服务提供者（移动电信运营商）、有促进作用的政府政策和手机生产商和运营商之间强大的联系的影响。传统理论认为，后发国家或地区的当地需求太小并且过于单纯，因此不能刺激产生追赶作用的创新。但是，在这个案例中，当地需求演化并作为新产品、服务和技术的重要的试验台，促进和调整了本土手机生产商和运营商的技术进步速度和发展方向。

韩国的重要性不是由于手机市场规模（在 2000 年平均每年的替换需求为 1500 万~2000 万部），而是韩国手机市场的快速的动态变化，这些变化来自消费者偏好的多样性以及试验性用户的作用。韩国的手机制造商首先在本土市场上销售，经过国内市场的实验之后，本土市场加强了韩国企业的竞争力，然后出口其手机到国外市场，并在国际市场上获得了竞争力。另外，韩国的移动电信运营商大量购买本土企业生产的手机，然后再以较低的价格卖给国内的最终消费者，用电信服务利润来补贴手机的价格，这种手机生产商和运营商之间的强大的联系使得韩国本土手机生产商达到了一个较高的技术能力（Whang 和 Hobday，2011）。

另外，在半导体和计算机行业，政府公共采购已经是该行业早期创新的重要因素（Malerba，1985）。在计算机行业自发阶段，试验性顾客起到了很大的推动作用（Bresnahan 和 Malerba，1999；Bresnahan 和 Greenstein，2001）。在 IT 行业，用户参与对于标准的发展和修订很关键。在医药行业，经销商、医生和卫生系统渠道的需求在一种新药的扩散过程中起到了显著的作用。

上述案例都是需求拉动的创新。正是由于需求拉动的这种创新形成了战略性产业，这些产业后来迅速占领广大的市场，形成了一批前后关联性强、附加值高的产业，并且这些产业对一个国家的国民经济运行产生了重要的影响力，对经济结构高级化和综合国力提升巨大的促进作用。这些产业最初都是一些新兴产业：第一，从时间的角度来看，相对于传统而言这些产业大部分在当时都是刚刚兴起；第二，从市场成熟的程度来看，这些产业处于刚刚起步阶段，市场容量非常小，市场存在较高的不确定性，产品的设计是粗糙的，用以制造产品的机器设备是非专门化。这些产业发展共同的特点是创新和需求在这些产业的发展过程中起到了相当重要的作用，需求拉动创新，从而进一步拉动战略性新兴产业的发展。

五、需求、创新导致的产业结构演化

一些产业的特点表现出一连串的时代特征，每一个时代都有不同主导技术。在每一个时代内，行业集中度趋于上升。在某个特定的时代，一种新的技术被引入，这种新引入的技术，开始会处于已经建立起来的主导技术的下风，但是它有潜力变得具有竞争力。有许多这样的例子：行业的新进入企业采用新的技术存活下来并进一步成长。而一些大型的在位企业在技术上没有转变。还有一些例子：在位企业能够有效地转变，并在新的时期与其他企业竞争。在两种情况下，行业集中度重新上升，直到下一次新技术的到来。

广告效应、从众效应、网络效应是影响创新努力的程度和方向以及产业集中度的重要因素。早期的破坏性技术服务于利基市场，该市场上的顾客对非标准的产品属性和性能给予较高的评价。

破坏性技术的性能和属性的进一步发展，会成为充分满足主流顾客的技术（Christensen 和 Rosenbloom，1995；Christensen，1997）。

需求与创新之间的关系研究已经取得了很大发展，与此相反，将需求纳入产业动态变迁与创新之间的关系分析研究还处于初级阶段。比如，需求以什么方式和形式影响创新和产业动态变迁的关系，需求对新技术仅仅具有惯性和被动接受吗，需求是被动接受新产品还是主动对新技术的产生和发展有推动作用，在产业动态变迁的过程中哪一个动态过程是被需求触发的。

回答这些问题可能要从识别影响产业动态变迁和创新的需求的各个方面开始。其中，一个方面是大家熟悉的企业 R&D 支出和创新努力的激励提供，而消费者偏好、市场差异、市场缝隙、需求规模和增长这些都会影响企业的创新努力和各种形式的技术变化。

例如，用户的特征和子市场的出现会严重影响市场结构的演化，正如 Sutton（1998）、Klepper 和 Thompson（2003）在他们的模型中所反映的。在他们关于市场结构演化的模型中，子市场起到了主要作用。Sutton（1998）认为新的增长机会是以新的子市场的形式出现。Klepper 和 Thompson（2003）认为，子市场的创建和毁灭是产业动态变迁的中心力量，它决定企业的扩张和收缩，并最终决定企业规模、年龄、增长和生存的关系。但是，在 Sutton（1998）、Klepper 和 Thompson（2003）的工作中，需求有一个被动的作用，它没有影响创新的速度和技术变化的方向。

Malerba（2007）构建了一个模型，该模型生成上述的模式并聚焦于需求的特征。Malerba 认为，新进入企业能够有效采用新技术并能够长时间生存下来依赖于边缘市场的存在。这些边缘市场是老技术没有很好的服务的市场，或者依赖于试验性用户，或者同时依赖于两者。在位企业一开始又很少激励采用新技术，这些新技术在开始时可能处于在位企业已经熟练的技术的下风。如果采用新技术的新企业与在位企业在原有的市场上面对面的竞争，新企业一般不能存活下来。因此，新企业需要发现一个能够使它们长时间生存的市场，以便使其能够发展新技术，以达到与主流市场竞争的程度，利基市场或者是试验性用户能够为它们提供这样的空间。

产品生命周期理论是从供给动态变化的角度来解释主导技术的革新和行业的结构变化。从供给方面得出了技术革新会导致行业的集中（Abernathy 和 Utterrback，1978；Nelson，1994；Klepper，1996；Malerba 等，1999）。

产业生命周期理论认为，当一项技术是新技术时，它不会完全满足人的需求，许多不同的公司试图生产和出售不同该技术的不同表现形式，但是没有一家企业能够占领较大的市场。在生命周期的早期，有大量的企业和顾客进入市场，也有大量企业和顾客退出市场，逐渐地，技术开始趋于稳定并且产业结构变得非常集中。产业生命周期的这种解释首先强调了供给方面的动态变化，在经历了一段时间的试验之后，一项技术的某项产品形式被发现并发展，以满足绝大部分顾客的各种要求，若顾客被吸引到该形式的产品上，且该产品形式变成了主流设计，企业要想生存下去必须生产该种形式的产品。随着产品市场更加同质化，设计更加稳定，企业能够利用累积知识，采取更加有利可图的规模生产方式，同时进入该行业变得更加困难，产业结构趋于集中。成功的企业会抽取利润的一部分再投入到 R&D 来巩固发展它们的优势。

曾经出现了一些强调从需求动态来解释技术的革新和行业结构变化的理论。一个主导技术（或主导设计）的出现和行业的稳定发展不完全是因为一个能够令人满意的技术的出现，而是因为需求方面的网络经济和从众效应。消费者被吸引到一个特定的设计（或技术），企业如果想生存的话也必须转移到该种设计。大部分强调需求动态的模型和强调供给方面的模型一样，都得出了主导技术的发展导致产业结构的集中。

这些理论并不是相互排斥的。在一些行业的发展历史中可以看出，需求方面的动态演变和供给方面动态演变都会导致行业的集中。

由于各种各样的原因，显然并不是所有的技术和行业都表现出产业生命周期的形式。首先，由于许多行业面对的是多样性的顾客，一种单一设计的出现并不能满足所有的需要。定制化软件就是一个很好的例子。医药行业也是如此，因为不同类型的药需要满足不同疾病的多样化要求（Sutton，1991、1998；Malerba 和 Orsenigo，2002），照相机和扩音系统行业也是这方面的例子（Windrum & Birchenhall，1998）。在这些行业有很少的规模经济或者是累积学习优势，这些规模经济和累积学习优势可以使企业成长为大规模企业，而且可以使 R&D 维持较低水平。

但是，Malerba 的模型与以前的贡献不同。第一，Malerba 认为网络外部性或者是需求的从众效应不是导致主导设计和行业集中的唯一机制。相反，相同效果可能源自老练的消费者（Sophisticated Consumers）的出现，他们总是能够选择出最有用的设计（最有用的设计不一定是性能最全的设计）。第二，在 Malerba 的模型中，新技术最初次于老技术，但是在相关产品特征方面它有潜力变成更好的技术。新技术的存活和成长的可能性不仅来自于一组消费者对产品的各种特征的不同偏好，而且还来自一个细分的消费者群体，这部分消费者愿意体验较次级的新产品。在这方面，Malerba 检验的情况不同于 Shy（1996）的模型——Shy（1996）认为，新技术提供额外的产品特征和属性，也不同于 Windrum 和 Birchenhall（2005），他们认为新技术替代旧技术只有通过具有新的偏好的消费群体出现才能实现。第三，在 Malerba 的模型中，不仅新企业可以带来具有主导地位的新技术，而且老企业也能够采用新技术来维持它的市场领导者地位，即新企业的竞争能够变得足够强大并迫使新技术被老企业采用。

一个技术时代的主导企业经常很难看到新技术的优势，也很难有效地学习使用它，因此新技术的发展已成为该行业新企业的任务。此时新企业往往利用在位主导企业没有重视的技术成为新的主导企业。Malerba 随后的补充性假说：在一个使用老技术的主导设计和主导企业的市场中，一项激进型新技术的成功引入依赖于一群试验性消费者的出现，或者是多样性的偏好和潜在用户的需要，或者同时依赖于两者。如果顾客不愿意试验，所有的顾客大致上有相同的偏好，采用新技术的企业由于没有足够的市场将不能生存。尽管新技术有机会，但该行业仍然处于老技术的统治之下。

六、总　结

本文从需求的角度来梳理创新和突破性创新发生的机理，主要研究消费者的各种特征如何影响其对新产品和新技术的需求，进而影响采用新技术的企业和在位主导企业的生存和发展以及由此产生的战略性新兴产业的兴起和发展过程，并进一步讨论了由此引起的产业结构的变迁。最后，本文通过案例说明了需求通过创新对战略性新兴产业的拉动作用，分析了一些发达国家在创新和战略性新兴产业的发生和发展过程中需求所产生的作用。这些理论分析和成功案例可以给中国战略性新兴产业的发展带来一些有益的启示，比如培育试验性型消费者，培养偏好多样性的用户，重视和培育用户与生产者之间的交流和合作关系，在一些有广阔发展前景但目前还没有成为主流的产品和技术上实施政府采购等政策。

参考文献

[1] 吴贵生，谢伟. 用户创新概念及其运行机制 [J]. 科研管理，1996（5）.

[2] Abernathy，W.J.，Utterback，J.M. Patterns of Innovation in Technology [J]. Technology Review，1978，80（7）.

[3] Adner，R. When Are Technologies Disruptive：A Demand－based View of the Emergence of Competition

[J]. Strategic Management Journal, 2003, 23 (8).

[4] Adner, R., Levinthal, D. Demand Heterogeneity and Technology Evolution: Implications for Product and Process Innovation [J]. Management Science, 2001, 47 (5).

[5] Bresnahan, T., Greenstein, S. The Economic Contribution of Information Technology: Towards Comparative and User Studies [J]. Journal of Evolutionary Economics, 2001, 11 (1).

[6] Bresnahan, T., Malerba, F. Industrial Dynamics and the Evolution of Firms and Nations Competitive Capabilities in the World Computer Industry [R]. Working Paper, 1997.

[7] Christensen, C.M.. The Innovators Dilemma: When New Technologies Cause Great Firms to Fail [M]. MA: Harvard Business School Press, Boston, 1997.

[8] Christensen, C.M., Rosenbloom, R. Explaining the Attacker's Advantage: Technological Paradigms, Organizational Dynamics and the Value Network [J]. Research Policy, 1995, 24 (2).

[9] Franke, N., Shah, S.K. How Communities Support Innovative Activities: An Exploration of Assistance and Sharing among End-users [J]. Research Policy, 2003, 32 (1).

[10] Harhoff, D., Henkel, J., von Hippel, E. Profiting from Voluntary Information Spillovers: How Users Benefit by Freely Revealing Their Innovations [J]. Research Policy, 2003, 32 (10).

[11] Klepper, S. Entry, Exit, Growth and Innovation over the Product Life Cycle [J]. American Economic Review, 1996, 86 (3).

[12] Klepper, S., Thompson, P. Submarkets and the Evolution of Market Structure [R]. Working Paper, 2003.

[13] Langlois, R., Steinmueller, E. The Evolution of Competitive Advantage in the Worldwide Semiconductor Industry [R]. Working Paper, 1999.

[14] Lundvall, B.-Å.. Innovation as an Interactive Process: From User-Producer Interaction to the National System of Innovation [R]. Working Paper, 1988.

[15] Malerba, F.. The Semiconductor Business: The Economics of Rapid Growth and Decline [M]. London: Francis Pinter, 1985.

[16] Malerba, F., Nelson, R., Orsenigo, L., Winter, S. History Friendly Models of Industrial Evolution: The Computer Industry [J]. Industrial and Corporate Change, 1999, 8 (1).

[17] Malerba, F., Nelson, R., Orsenigo, L. and Winter, S. Demand, Innovation and the Dynamics of Market Structure: The Role of Experimental Users and Diverse Preferences [J]. Journal of Evolutionary Economics, 2007, 17 (4).

[18] Malerba, F., Orsenigo, L. Innovation and Market Structure in the Dynamics of the Pharmaceutical Industry and Biotechnology: Towards A History Friendly Model [J]. Industrial and Corporate Change, 2002, 11 (4).

[19] McKnight, L.W., Bailey, J.P. Internet Economics [M]. Cambridge, MA: MIT, 1998.

[20] Metcalfe, J.S., Andrew, J. Emergent Innovation Systems and the Delivery of Clinical Services: The Case of Intra-ocular Lenses [J]. Research Policy, 2005, 34 (9).

[21] Nelson, R. The Coevolution of Technology, Industrial Structure and Supporting Institutions [J]. Industrial and Corporate Change, 1994, 3 (1).

[22] Schmookler, J. Invention and Economic Growth [M]. Cambridge, MA: Harvard University Press, 1966.

[23] Shy, O. Technology Revolutions in the Presence of Network Externalities [J]. International Journal of Industrial Organization, 1996, 14 (6).

[24] Sutton, J. Sunk Costs and Market Structure [M]. Cambridge, MA: MIT Press, 1991.

[25] Sutton, J. Technology and Market Structure: Theory and History [M]. Cambridge, MA: MIT Press, 1998.

[26] Urban, G., Von Hippel, E. Lead User Analyses for the Development of New Industrial Products [J].

Management Science，1988，34（5）.

[27] Von Hippel，E. Lead Users: A Source of Novel Product Concepts [J]. Management Science，1986，32（7）.

[28] Von Hippel，E. The Sources of Innovation [M]. New York: Oxford University Press，1988.

[29] Whang，Y. K.，Hobday，M. Local "Test Bed" Market Demand in the Transition to Leadership: The Case of the Korean Mobile Handset Industry [J]. World Development，2011，39（8）.

[30] Windrum，P.，Birchenhall，C. Is Product Life-cycle Theory a Special Case? Dominant Designs and the Emergence of Market Niches Through Coevolutionary Learning [J]. Structural Change and Economic Dynamics，1998，9（1）.

[31] Windrum，P.，Birchenhall，C. Structural Change in the Presence of Network Externalities: A Co-evolutionary Model of Technological Successions [J]. Journal of Evolutionary Economics，2005，15（2）.

高新技术产业模块化组织及其系统性质[*]

曹虹剑　刘茂松　邓国琳[**]

一、引　言

2010 年 10 月，国务院下发《关于加快培育和发展战略性新兴产业的决定》，《决定》指出，现阶段将重点培育和发展节能环保、新一代信息技术、生物、高端装备制造、新能源、新材料、新能源汽车等产业。预计到 2015 年，战略性新兴产业增加值占国内生产总值的比重达到 8% 左右，到 2020 年比重达到 15% 左右。战略性新兴产业都属于高新技术产业，高新技术产业的产业组织有一个新的发展趋势：产业组织模块化。20 世纪 90 年代以来，美国的高新技术企业自主创新能力与竞争力日益增强，而同一时期，曾经是世界经济舞台的主角的日本企业却无所作为地经历了痛苦的"失去的十年"。一些学者认为，美国高新技术企业拥有极强创新优势的关键就是"模块化"。模块化是使复杂问题简单化的基本方法。所谓"模块"是指半自律性的子系统，它可以通过和其他子系统按照一定的规则相互联系而构成的更加复杂的系统或过程（青木昌彦，2001，2003）。模块化有狭义和广义之分，狭义模块化是指产品设计的模块化，广义模块化是指把一系统（包括产品、组织和过程等）进行模块分解与模块集中的动态整合过程。模块化生产最早是作为一种工艺设计方法被运用到钟表行业，之后逐渐被运用到飞机制造、国防工业、计算机与软件开发等产业。较早对模块化进行研究的诺贝尔经济学奖得主西蒙（Simon，1962）曾指出了模块化对于管理复杂系统的重要性。哈佛大学的鲍德温和克拉克（Baldwin 和 Clark，2000）教授认为，新经济时代就是"模块化时代"；而斯坦福大学的青木昌彦教授（2003）指出，模块化是新经济条件下产业结构的本质。今天，以信息产业为主导的高新技术产业已经呈现出组织模块化的态势，在此背景下，研究产业组织模块化对促进中国高新技术产业发展有一定的意义。

---

　* 2011 年度教育部人文社科规划项目：《网络经济条件下高新技术产业组织模块化研究》；2010~2011 年湖南省哲学社会科学成果评审委员会课题：《产业集群组织模块化与湖南制造业优化升级研究》；湖南师范大学商学院产业经济学省级重点学科建设项目：《产业组织演进与未来国际产业发展新趋势研究》；湖南师范大学青年优秀人才培养计划资助。

　** 曹虹剑，1975 年生，男，湖南桃江人，经济学博士，湖南师范大学商学院副教授，主要从事产业经济学研究；刘茂松，1946 年生，男，湖南华容人，湖南师范大学教授、博士生导师；邓国琳，1986 年生，男，湖南衡阳人，湖南师范大学商学院研究生。

二、模块化产业组织系统的信息治理机制

高新技术产业模块化的产业组织很显著的特征就是它特殊的信息治理机制：私人信息包裹（Encapsulation）与系统信息同化（Assimilation）并存。青木昌彦（2001）区分了模块化系统内两类信息：系统信息与个人信息，鲍德温和克拉克（2000）则称之为看得见的信息和看不见的信息。系统信息是指系统内部各子模块共享的信息，这类信息使各子模块之间建立明确的联系规则，它包括结构、界面（接口）和标准三方面的信息。当然，在经济系统不断复杂化的今天，各模块之间的联系规则是不断演进的，要依靠事后的不断改进来适应新的环境。而个人信息是被子模块包裹起来的信息，它隐含于各子系统内部，是其他系统看不见的私人信息，这类信息使各子系统可以独立、平行地展开工作。

通过与青木昌彦提出的经济组织三种主要信息处理模式——层级分解（HD）、信息同化（IA）与信息包裹（IE）的比较（青木昌彦，2001），我们可以更好地理解模块化产业组织（MO）的信息处理机制。在图1中，A、B表示两个不同的业务单元，箭头表示信息流动的方向。我们假定，任意组织系统内部的信息可以分为系统信息与个人信息。

在HD模式中，A知道与B相关的个人信息，B却并不知道A的个人信息；A监测系统信息，以选择自己的决策，B再根据A的选择决策。在IA模式中，A与B知道的系统信息是完全一致的，所以A与B之间存在信息同化现象；A与B之间是完全合作关系。在IE模式中，A与B之间没有任何信息交流，它们的信息都被包裹起来了；A与B之间是非合作的"背靠背"竞争关系。在MO模式中，系统性环境中存在一个第三方中介"I"。中介"I"有两类企业，一是整合模块化最终产品的网主企业（拥有最终产品品牌与营销网络），二是某一产业领域的标准制定者（拥有产业最核心或关键的技术）。MO模式的信息处理方式是这样的：A与B在信息包裹情况下没有个人信息的交流，其行动决策不会相互影响。然而，在第三方的协调下，A、B之间用兼容性的界面进行系统信息交流，所以A与B具有"弱同化"的性质。

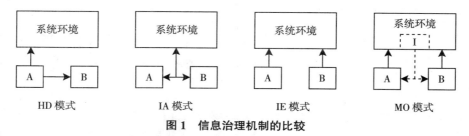

图1　信息治理机制的比较

资料来源：结合了青木昌彦与作者的观点。

高新技术产业的产品生产通常是一个复杂的系统，例如计算机产业，在计算机产业通过模块化分解可以把产品系统分解成CPU、主板、显示器、操作系统等子模块，再分配在产业内不同企业进行生产，而通用的系统界面保证了系统整合的低成本，所以模块化的组织形式能使复杂生产简单化（Benassi，2009）。高新技术产业组织模块化的信息治理机制主要有两个好处：其一，提高了模块化产业的创新能力。因为信息包裹会使各个单元的创新异质化，而统一的系统信息界面则保证在各子模块不需事前集中的前提下，系统可以自行演化。其二，降低了创新的风险。通过模块化，可以使一个复杂的产品（服务）分解为多个子模块，各子模块可以同时平行展开工作，不

会相互干扰，而且，因为统一的联系规则具有兼容性，所以当某个模块（企业）不符合网主企业的要求时，就会被其他的模块提供者所替代。

三、模块化产业组织系统的创新能力

（一）模块化产业组织系统中创新的分支与演化

创新能力是企业能力与知识差异的体现，创新能力的高低直接关系到创新带来的垄断租金的获取，尽管在信息经济条件下创新带来的垄断租金可能是短暂的，但创新仍是组织获得竞争优势的关键。按照熊彼特（Schumpeter，1921）的观点，可以把创新看作是一个动态的演化过程，一个不断打破均衡的动态过程，每种状态产生质变的临界点就是创新出现的时候。创新也是一个知识运用与知识创生的过程。在现实经济中，个体会因为知识存量、学习能力与知识运用能力的差异而导致创新能力的差异。信息包裹是模块化产业组织创新的内在动力源泉，使模块化产业组织内产生异质性的创新活动。

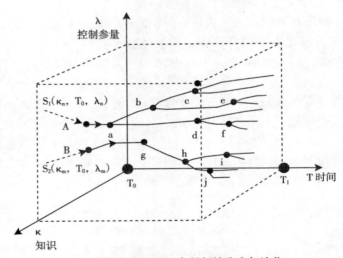

图2　模块化产业组织内创新的分支与演化

资料来源：作者自制。

为更好地理解模块化产业组织中创新的特征，我们在分析中加入与创新相关的三个维度：其一，时间维 T；其二，知识在创新过程中的控制参量 λ（比如它可能是在创新中某种知识的使用效率等）；其三，知识维 κ，包括显性知识与隐性知识，以及人类学家吉尔兹（Geertz）所提出的特定环境下的"局部知识"（Local　Knowledge）等。这样我们就可以把创新的过程用三维图表示出来。在图2中，A、B代表高新技术产业中两个生产相同中间产品模块的生产者，它们之间没有个人信息的交流，是"背靠背"的竞争关系。从 a 到 j 每个节点代表技术创新知识开始分支演化，而节点之间的连接则代表创新演化（可能）的路径。在时间点 T_0，A 和 B 开始创新活动，A 的起始点坐标为 $S_1(\kappa_n, T_0, \lambda_n)$，B 的起始点坐标为 $S_2(\kappa_m, T_0, \lambda_m)$，A 与 B 的起始点坐标除了时间相同外（都为 T_0），它们的知识 κ 与控制参量 λ 的坐标都不相同，这表明 A 与 B 的知识与运用知识创生能力与状态存在差异。因为知识 κ 与控制参量 λ 不同，所以随着时间 T 的发展，A 与 B 之间的技术创新的节点数目不同，对应的坐标也不同，这表示 A 与 B 的创新是异质性的，出现了不同的创新演化的分支状态。到时间点 T_1，A 已经演化出 a、b、c、d、e、f 等 6 个创新演进的分支点，以及 7 条可能进一步演化的路径。到时间点 T_1，B 则演化出了 g、h、i、j 等 4 个创新演进的分支点，以及 5 条可能进一步演化的路径；在时间点 T_1，共有 12 条可能进一步演化的创新路径。创新的异化与分支可以使模块化产业组织系统内有多样化的创新方案可供模块化产品系统整合者选择，整个产业的竞争能力就增强了。另外，在技术数字化时代，创新是很容易被模仿的，所以存在很多"搭便车"的行为，而一旦发生版权之争则会带来高额的交易费用（Transaction Costs）。信息包裹使各个子模块的创新不会被轻易模仿，不仅减少了"搭便车"的行为，也减少了版权之争带来的交易费用。

（二）模块化产业组织系统中创新风险的化解

模块化的创新组织方式可以在一定程度上化解创新的风险，提高创新成功的概率。模块化式的创新与一体化式的创新有很大的区别。我们定义一体化的创新方式是这样的：一个创新可以分为多个步骤，一个步骤完成后才能进行下一个步骤，如果创新中间某个步骤失败则接下来的创新过程就无法继续。而模块化创新方式是这样的：一个创新可以分为多个子模块，在系统的联系规则确定后各子模块可以同时展开创新活动，因为每个子模块的创新活动不会相互干扰，所以某个子模块的创新失败并不会导致整个创新过程无法继续。

我们假定有两种方法来实现某个创新，既可以用一体化式创新：A（A 的步骤分为 A_1，A_2，…，A_n），也可以用分散型的模块化创新：B（B 可以分为 B_1，B_2，…，B_n 个子模块），A、B 两种方法都有 n 个步骤（模块）。创新的 n 个步骤内生性风险因素分别为：R_1，R_2，…，R_n；A 的风险函数为：R_1^A，R_2^A，…，R_n^A；B 的风险函数为：R_1^B，R_2^B，…，R_n^B（陈柳，2006）。因为上一步骤对下一步骤有影响，所以 A 风险函数分别为：

$$R_1^A = f_1(R_1), \quad R_2^A = f_2(R_1, R_2), \quad \cdots, \quad R_n^A = f_n(R_-, R_2, \cdots, R_n) \tag{1}$$

对于 B 来说因为子模块之间不会相互影响，所以 B 的风险函数分别为：

$$R_1^B = f_1(R_1), \quad R_2^B = f_2(R_2), \quad \cdots, \quad R_n^B = f_n(R_n) \tag{2}$$

对于一体化式的创新 A 来说，因为创新的各个步骤相互影响，哪怕创新进行到了 A_{n-1} 步，如果 A_{n-1} 步失败，那么创新的最后一步 A_n 就没法进行，整个创新就会失败（陈柳，2006）；不仅如此，A_n 之前的 A_1，A_2，…，A_{n-1}，共 n−1 步都可能会影响 A_n 创新的选择。但在模块化式创新 B 中就不会出现这样的情况，信息包裹使模块化产业组织内各子模块之间不会相互干扰，子模块 B_{n-1} 创新失败并不会影响子模块 B_n 的创新。再加上标准接口的存在，某个子模块创新失败就可以用与它竞争的子模块替代，因此创新的路径还可以维持。

模块化产业组织内系统信息同化还可以化解创新惰性风险与系统封闭带来的风险。一方面，系统信息同化，统一的接口意味着兼容性的存在，模块之间的替代性增强，竞争加剧。按照创新学派经济学家卡曼和施瓦茨（Kamien 和 Schwartz，1981）关于技术创新的观点，来自竞争和可能被模仿的压力会促使各个子模块更加努力地去进行创新活动，如果不是创新拔尖，你就会被替代。另一方面，在经济全球化时代，系统信息同化使模块化产业组织可供整合的创新资源大大增加。如果整合费用足够低，模块化产业组织创新资源的整合甚至可以扩展到全球，这无疑提高了组织创新的水平。而且，在模块化产业组织内各个子模块只要留有统一的界面方便日后整合，其他的创新活动完全由各个子模块自由发挥。这样，各个子模块的创新不会趋同，有多样的创新可供日后选择，这在一定程度上也化解了系统封闭带来的风险，比如组织内部创新资源衰竭、组织系统僵化等风险。

四、模块化产业组织的自组织性质

20 世纪下半叶以来，普里戈金（Prigogine）、哈肯（Haken）、阿瑟（Arthur）、考夫曼（Kauffman）等人在自组织理论领域作出了贡献。自组织理论不仅被运用于自然科学，也经常被运用于社会科学中，用来揭示人类社会的某些特征。普里戈金把自然界自组织产生的结构分为两种：通过平衡过程的相变而形成的有序结构称为"平衡结构"，如晶体等，平衡结构的特点是无需与外界环境进行交换就可以保持自己的结构；系统在远离平衡状态条件下通过相变而形成的有序结构称为"耗散结构"，耗散结构的特点是只有与外界不断进行能量、物质、信息交换才能保持系统的有序结构。耗散结构比平衡结构的存在更加广泛，耗散结构不仅存在于物理界，也存在于生命系统与人类社会系统。[①]

事物本身的复杂性，发展的动态性，以及人类认知的能力有限性，再加上信息不对称与人类社会中机会主义行为的存在，使经济系统中风险与不确定性广泛的存在。自文艺复兴以来，在相当长的一段时间里，科学家们所要追寻的主要目标就是"确定性"。而普里戈金等人的研究表明，不确定性与熵（Entropy）是普遍存在的。在考虑时间方向性的前提下，热力学第二定律指出了熵函数 S 的存在，熵单调增加，直到热力学平衡达到极大值：$\frac{dS}{dt} \geq 0$（许国志、顾基发、车宏安，2000；苗东升，2003）。可以进一步把这个公式推广到与外界有物质、能量和信息交换的，具有开放性的模块化组织系统。

模块化产业组织系统　A

图 3　模块化组织系统与熵的关系

资料来源：根据普里戈金（2007）整理。

在图 3 中，模块化组织系统 A 总熵变 dS 中可以分为两项：d_iS 是模块化组织系统内部所产生的熵，而 d_eS 是通过模块化组织系统边界传输的熵。根据热力学第二定律，模块化组织系统内部的熵是正的，即 $d_iS \geq 0$。这样我们可以把熵的一般性质表述为：

$$dS = d_eS + d_iS, \quad d_iS \geq 0 \tag{3}$$

系统有开放和封闭之分。对于封闭的系统来说，因为系统与外界没有任何交换，所以 $d_eS = 0$，但系统内的熵 $d_iS \geq 0$ 会随时间的增加而增加，这会导致系统内无序程度的增加，所以封闭系统不可能出现自组织现象。系统的开放性是自组织发生的必要条件之一。但开放系统并不一定会产生自组织现象，开放系统会有下列三种情况（苗东升，2003）。

[①] 普里戈金（1917~2003）因为对热力学和非平衡结构，特别是关于耗散结构理论的贡献于 1977 年获得诺贝尔化学奖，实际上他还是个理论物理学家。《第三次浪潮》作者托夫勒认为，普里戈金和他的布鲁塞尔学派很可能代表了下一次科学革命。普里戈金创立的理论打破了化学、物理学、生物学，以及社会科学之间的隔绝，在它们之间建立了新的联系。

情况 1：系统与外界交换得到的熵大于 0，即 $d_eS > 0$。因为 $d_iS \geq 0$，所以系统的总熵变 $d_eS + d_iS = dS > 0$，这时系统比封闭状态下更加无序，混乱程度更高，在这种情况下不会发生自组织。

情况 2：系统与外界交换得到的熵小于 0，即 $d_eS < 0$，但 $|d_eS| < d_iS$，这表明从系统外部得到的负熵不足以抵消系统内部熵的增加，这时的总熵变 $d_eS + d_iS = dS \geq 0$，所以系统也不会发生自组织。

情况 3：系统与外界交换得到的熵小于 0，即 $d_eS < 0$，而且 $|d_eS| > d_iS$，这表明从系统外部得到的负熵可以抵消系统内部熵的增加，这时的总熵变 $d_eS + d_iS = dS < 0$，所以系统会发生自组织（许国志、顾基发、车宏安，2000；苗东升，2003）。

可以看出，只有在情况 3 的条件下才可能发生自组织的情况。模块化组织显然是一个开放的系统，但这只是模块化组织产生自组织的必要条件之一。为什么模块化组织会发生自组织呢？归功于模块化组织系统内的信息结构及其信息治理机制，具体可以从下面几个方面说明。

第一，模块化产业组织是一个非线性系统，这是产生自组织的必要条件。模块化产业组织的信息处理方式：信息弱同化与信息包裹会使模块化产业组织内各个子模块之间的相互作用，产生替代和互补（竞争与合作）关系。一方面，模块化产业组织内的每个子模块都有被替代的潜在危险；另一方面，同一最终产品生产体系内的子模块之间有很强的互补性。竞争与合作从本质上来说是非线性的，它们会导致新结构的出现，所以模块化产业组织是动态的、不稳定的。另外，创新的出现会不断打破现有均衡，这会强化系统的非线性特征。

第二，模块化产业组织的突现性（或涌现性）。自组织是模块化系统所有组分在一定环境约束条件下而涌现出的整体性。一旦系统联系规则确定，模块化产业组织中各个组分便可以分散决策，自发地演进。这种自下而上的自发演进又会导致整个模块化系统进一步演进。模块化产业组织有一个特征，那就是众多模块聚集在一起会产生"1 + 1 > 2"的情形，所以不能很好地用还原理论解释模块化系统。

第三，模块化产业组织是一个既开放又适度封闭的系统。自组织理论告诉我们，自组织过程中也会有内外部的区分，如果系统有适度的隔离机制，可以保护系统不受有害因素的侵害。模块化产业组织内各个子模块在系统信息同化的基础上实行信息包裹，这样使各个子模块之间的决策不会相互影响，减少了系统内的不确定性和混乱程度，使模块化产业组织系统有序程度增加。

第四，模块化系统内统一的系统规则与标准化的界面就像是一只"看不见的手"，在引导着系统的自组织。一方面，系统内各个子模块不用考虑系统整合与协调问题，系统整合问题由专业化的系统整合者来负责完成。模块化产业组织系统内各个经济行为主体在遇到与协调有关的问题时，有规则可循，这样可以减少协调费用，使系统走向有序。另一方面，系统统一联系规则的存在，会使整个系统具有兼容性。因此系统内各个个体的地位不是固定不变的，如果系统中某个个体能力上不能符合系统的要求，就可能被系统外的相应个体替代，这样就使系统富有弹性，能随环境的变化而变化，使系统走向自组织。

第五，模块化产业组织系统既具有正反馈机制也具有负反馈机制。一方面，在模块化产业组织发展的初始阶段组织比较小，但系统信息同化能使模块化产业组织有自增强的机制，使模块化系统不断放大。另一方面，模块化产业组织系统的规模并不是固定不变的，不是一直无条件扩张的，如果创新不能持续，或者系统规则不能适应环境的演变，模块化产业组织也可能产生负反馈机制，抑制其内部企业及整个产业的扩张。当正反馈效应发展到一定程度时，系统就可能会产生负反馈，因此对于整个大的模块化产业组织系统来说，其系统内部能自创生，不断更新，以保持整个模块化系统演化的持续。

五、结论与政策建议

在经济全球化时代，经济系统不断复杂化，经济组织面临的不确定性增加，这时模块化产业组织开始凸显它的优势。总体来说，产业组织模块化对中国高新技术产业发展有如下启示：

第一，模块化是使复杂问题简单化的方法。如果产品系统非常复杂，信息处理量很大，对数字化要求高，模块化的方法可以使复杂问题简单化，可以增加创新成功的概率。通过模块化分解，把一个复杂的系统按照一定的联系规则分解成许多功能子模块，通过专业化程度的提高使各个功能子模块独立地在各自细分市场进行创新，然后再通过通用的界面整合。因为在较小范围内创新比较容易，所以创新的模块化分解与整合增加了创新成功的概率。

第二，模块化产业组织是一个讲究分散决策的系统。分散决策的好处主要有两个：其一，在经济系统非常复杂的高科技产业，在组织模块化的条件下每个子模块能根据市场变化迅速地调整自己的创新策略，以减少风险与不确定性；其二，分散决策的模块系统有专门的整合者进行系统整合，系统整合者把资源主要放在客户与系统协调方面，这样能更好地满足消费者个性化的需求，并使产品生产系统保持高效运行。

第三，在模块化产业组织中，网主企业与产业标准制定者是模块化价值链中两个高利润的环节。对于具有一定社会资本和网络优势的高新技术企业来说，要定位于网主企业，像联想一样；有规模和专业化技术优势的企业要定位于产业标准制定者，像华为一样。而当务之急是中国高新技术企业要更多地参与产业国际标准制定。大多数的中小高新技术企业要定位于自己专业化的模块，通过专业化程度的提升在细分市场上占据有利的竞争地位。

第四，如果某一高新技术产业内同质性业务单元多，竞争很激烈，在组织的信息处理模式方面可以主要采取信息包裹化的信息处理方式。对于同质的业务单元来说，包裹化可以产生异质化的创新活动，这在一定程度上避免了组织内因为战略趋同而竞争力衰落。如果产业内互补性质的业务单元很多，组织的信息处理可以采取以信息同化为主的信息处理方式。在功能互补的条件下，如果各个任务单元信息处理能力接近，那么信息同化是最有效率的（曹虹剑、罗能生，2007）。

第五，如果某一高新技术产业内的经济行为主体的知识结构差异很大，企业应该根据知识进行分工协作，不一定实行整合上下游产业链的纵向一体化模式，或者说大而全的模式。在知识经济时代，在很多产业，特别是高科技产业，许多与创新相关的知识是隐性知识和局部知识，所以，只有依据知识进行分工与创新，才能充分形成自己特有的竞争力。

第六，如果某一高新技术产业内可供创新的资源不足，可以考虑使产业组织模块化。产业组织模块化使每个创新单元与系统交换信息的接口标准化，这样可以使创新单元与经济系统内外的业务单元有互补性组合或合作的机会。信息技术的发展在某种程度上淡化了时空的界线，标准化的接口使产业突破地域的限制，可以在全球范围内整合创新资源。而且系统信息同化可以使产业系统内各模块不需事先集中便可以自行演化。

参考文献

[1] 曹虹剑，罗能生. 高新技术产业模块化集群与创新能力 [J]. 改革，2007（3）：34-38.

[2] 陈柳. 模块化、信息包裹与研发风险的分散 [J]. 科学学研究，2006（2）：112-116.

[3] 胡晓鹏. 模块化：经济分析新视角 [M]. 北京：人民出版社，2009.

[4] 刘茂松，曹虹剑. 信息经济时代模块化与垄断结构 [J]. 中国工业经济，2005（8）：56-64.

［5］李海舰，魏恒. 新型产业组织分析范式构建研究——从 SCP 到 DIM［J］. 中国工业经济，2007（7）：29-39.

［6］苗东升. 系统科学精要［M］. 北京：中国人民大学出版社，2003.

［7］青木昌彦. 比较制度分析［M］. 上海：上海远东出版社，2001.

［8］青木昌彦，安藤晴彦. 模块时代：新产业结构的本质［M］. 上海：上海远东出版社，2003.

［9］芮明杰. 中国产业发展的战略选择［M］. 北京：格致出版社，2010.

［10］张其仔. 模块化、产业内分工与经济增长方式的转变［M］. 北京：社科文献出版社，2008.

［11］普里戈金. 从存在到演化［M］. 北京：北京大学出版社，2007.

［12］许国志，顾基发，车宏安. 系统科学［M］. 上海：上海科技教育出版社，2000：173-201.

［13］徐宏玲. 模块化组织研究［M］. 成都：西南财经大学出版社，2006.

［14］昝廷全. 系统经济学探索［M］. 北京：科学出版社，2004.

［15］朱瑞博. 模块化抗产业集群内生性风险的机理分析［J］. 中国工业经济，2004（5）：54-60.

［16］Baldwin C.Y. and Clark K.B. Design Rules：The Power of Modularity［M］. MIT Press，2000（1）：1-483.

［17］Benassi M. Investigating Modular Organizations［J］. Journal of Management and Governance，2009（3）：163-192.

［18］Bourreau M.，Dogan P.，Manant M. Modularity and Product Innovation in Digital Markets［J］. Review of Network Economics，2007（2）：175-193.

［19］Crémer J. Common Knowledge and the Co-ordination of Economic Activities［C］. London：Sage，1990：53-76.

［20］Ethiraj S. K.，Levinthal D. Modularity and Innovation in Complex Systems［J］. Management Science，2004，50（2）.

［21］Langlois R. N. Modularity in Technology and Organization［J］. Journal of Economics Behavior and Organization，2005（49）.

［22］Hongjian Cao，Hui Zhang. Modularity Organizations in IT Industry［C］. International Conference on Future Information Technology，2010.

［23］Kamien M.I.，Schwartz N. L. Dynamic Optimization［M］. New York：Elsevier North Holland，1981：39-45.

［24］Simon Herbert A. The Architecture of Complexity［J］. Proceedings of the American Philosophical Society，1962（106）：467-482.

外部融资、企业规模与技术创新：经济转型过程中微观公司层面的实证分析

周方召　曲振涛　尹　龙[*]

一、引　言

经济增长和发展中的一个中心议题就是为什么不同国家或同一国家不同地区之间的收入和增长存在如此巨大的差异，而且这种差距为何不能有效缩小。大量的理论和实证研究都针对以上问题进行了细致的工作，试图找出那些阻碍欠发达国家或地区缩小经济差距的因素。然而，经过数十年的研究，这一问题至少在目前仍然存在并困扰着经济学家们。不仅国与国之间的经济增长差距难以短期消除，即使在一国内部不同地区之间也呈现出经济差距扩大的情况。从新兴市场经济的中国来看，尽管各地区在改革期间都有不同程度的经济增长加速，但就总体而言，东部沿海地区的经济增长率在过去 20 年中显著高于中西部地区，因此出现了区域间收入差距扩大的趋势，特别是在 20 世纪 90 年代，差距扩大非常明显（王小鲁、樊纲，2004）。

在影响经济增长和地区经济增长收敛的诸多因素中，生产率和技术创新无疑是最重要的变量。沈坤荣等（2002）的研究指出，工业发展水平和技术创新效率的低下是中西部地区生产率无法提高，从而整个地区的经济发展水平不能提升的重要原因。技术创新越来越成为影响经济增长的重要因素，技术进步对经济增长的影响在许多发达国家表现尤为明显。经济合作与发展组织（OECD）的研究表明：20 世纪60~80 年代，日本经济高速增长的主要动力就是技术进步，尤其是微观层面的企业技术创新引起了日本的产业升级并进一步使日本经济实现了集约式的增长；进入90 年代中期，由于技术进步的减缓，导致日本 GDP 增长每年下降 2%左右；而技术进步对中国经济增长的促进作用则非常明显，尤其是 2001~2005 年技术进步对 GDP 增长的贡献达到了 5.3%。

既然技术创新和技术进步对于经济增长的影响如此之大，那我们自然会问，有什么因素会促进或阻碍企业的技术创新活动呢？本文将在已有文献的基础上，分析企业的外部融资对于其技术创新的影响，以期得到微观层面上二者之间的经验联系。根据金融发展和经济增长方面文献的结论，不同国家或地区的金融发展，尤其是银行信贷市场的发展对于经济增长和生产率提高具有重要影响（Banerjee 和 Duflo，2005；Levine，2005）。世界银行 2001 年的研究报告也表明，金融对经济长期增长的贡献主要是通过基本意义上的技术进步实现的。有关金融发展和经济增长之间关系的研究产生了很多的成果，尤其是金融发展对技术进步影响的宏观层面分析已经取得了基本一致的结论，即金融市场尤其是信贷市场的发展能够为技术创新分散风险、提供资金，从而促进国家

* 周方召，1978 年生，男，浙江大学经济学院理论经济学博士后，哈尔滨商业大学经济研究中心副教授、博士；曲振涛，男，哈尔滨商业大学经济研究中心教授、博士生导师；尹龙，男，哈尔滨商业大学经济研究中心讲师、博士研究生。

或地区的技术创新能力并进而实现产业升级和经济发展。根据 OECD 国家的经验，融资约束会在微观层面上影响企业的研发（R&D）投入（Hall 和 Lerner，2009）。但是，有关金融市场和技术进步的微观层面的分析却鲜有涉及，尤其是针对新兴市场经济国家融资约束和技术创新关系的研究更是缺乏。

在本文中，我们将从微观角度入手，试图将更多的注意力集中在找出影响企业技术创新的原因，以及这些因素会如何作用于企业的技术创新活动，以更好地理解到底是什么原因阻碍了企业的技术创新等能够提升企业生产率的活动。本文利用手工收集整理的中国 A 股上市公司技术创新和融资约束的数据，检验融资约束和企业技术创新的关系，从微观层面解析企业的外部融资状况对于其技术创新的影响，并利用 OLS 估计和有序 Probit 方法进行计量研究，以期得到更为准确的结论。我们的经验研究结论表明，企业技术创新活动显著地受到融资约束的影响，进而融资约束程度的加剧会对宏观层面的生产率提高和经济增长方式转型产生负面的影响。本文研究结果具有很明显的政策含义，为了推进微观层面和宏观层面的技术创新和生产率，需要政策制定者从发展金融市场角度入手，以确保企业能够得到更多的融资支持，而金融市场的深化发展和融资约束的减轻也会带来更多的微观层面企业的技术创新。

我们的研究与以往文献的区别和创新之处在于利用了微观企业层面的数据对融资约束、企业特征和技术创新关系进行了分析和检验，并进而提出了微观层面技术创新活动的影响因素，这对于宏观层面生产率的提高和经济增长方式的转型具有重要启示。同时，以往文献多采用研发投入等间接体现技术创新的变量，而本文则根据广义的技术创新含义对企业技术创新活动进行直接度量。本文针对中国这一新兴市场经济国家的企业微观层面作为研究对象，不同于以往多采用跨国数据和发达市场经济国家为样本的研究，我们的研究结论对于中国企业技术创新的推进和产业结构升级具有更为现实的意义。

本文将会对已有文献进行简要评述，并在此基础上给出我们的研究假设，进一步地，通过对企业广义技术创新活动的界定，我们主要将解答两个问题：①什么样的企业会更倾向于采取技术创新活动？②融资约束是否会对企业的技术创新产生重要影响？

二、文献综述与理论假设

（一）简要的文献回顾

King 和 Levine（1993）对经济增长理论进行了发展，构建了一个包括金融系统的熊彼特式增长模型，通过引入金融中介变量，强调了金融机构分散风险、动员和运用储蓄以及获取有关投资项目信息的功能，其与股票市场揭示创新活动预期利润现值的功能一起提高了技术创新率。后续的很多研究都从金融约束对于技术创新影响的角度进行了有意义的探索，不过已有的文献基本上采用了间接衡量创新的变量，如研发投入、研发密度和专利数量等。[1] 而最新的一些文献开始将目光投注在直接衡量企业技术创新活动的衡量上，如 Ayyagari 等（2007）重新从广义角度定义了技术创新的含义（创新不仅包括产品和工艺创新，而且包括专利、资本投资、特许权受让等），并

---

① 国内外许多相关研究都以专利数量、专利申请次数、R&D 投入密度等作为衡量企业技术创新的变量，但是从某种意义上说，这些衡量方法都只是间接衡量技术创新的变量，而且存在着不少问题。例如，专利作为技术创新的代理变量具有天然的局限性，较为详细的分析请参见 Griliches（1990）的研究。

利用 47 个发展中国家数据进行经验分析，其结果表明外部融资和创新之间存在正相关关系。Luigi Benfratello 等（2008）以银行分支机构的密度作为金融约束或融资支持的代理变量，研究了意大利各个省份银行发展水平和企业技术创新之间的关系。国内有关金融发展对技术创新作用问题的研究多集中在宏观层面和行业角度，如钱水土和周永涛（2011）以中国 2000~2008 年28 个省市的面板数据为样本，检验了金融发展、技术进步与产业升级三者之间的关系，结果表明，金融发展对于技术进步和产业升级都具有正向的促进作用。汪炜和李甫伟（2010）从产业的基本财务特征入手，利用中国 A 股市场数据，验证了股市发展对上市公司产业转型升级的显著促进作用，尤其是资本市场对于高技术、创新型行业的促进作用更为明显。贝政新（2008）研究了高科技产业化中的融资问题，其观点认为，商业银行和资本市场都需要发挥金融支持的作用才能推进高科技企业的发展。

通过对已有的国内外文献进行梳理我们可以看出，国内外学者从理论和实证方面已经对金融之于企业技术创新的重要性进行了大量研究，理论上的分析比较一致，都认为金融支持或金融发展对于企业技术创新具有重要影响，但实证分析方面多从宏观层面入手进行检验且结论上也存在差异。金融发展对于经济增长的影响是至关重要的，但是中间的作用渠道，即企业的创新则探讨较少。也许正如谈儒勇（2004）所说，与从宏观层面研究金融相比，从微观层面研究金融的不可控因素更多。但微观层面的分析却至关重要，实际上，实现产业结构升级和经济增长方式转变的关键就是企业的技术进步。[1]

（二）研究假设

如上所述，国内外众多学者已经认识到融资约束对于企业创新行为具有重要的影响。Fazzari 等（1988）和 Hennessy 等（2007）分别对企业面临的融资约束和融资成本进行了定量的分析。无论是有形实物投资还是研发项目的投资所面临的融资约束都是类似的，但是公司进行技术创新或对新技术、新产品投资时的融资约束影响就更重要（Hall，2002）。Beck、Demirguc-Kunt 和 Maksimovic（2005）的实证研究指出，企业和产业所面临的融资约束对于其技术创新和生产效率的改进存在负面影响，而这种影响在中小企业中表现得更为显著。因为技术创新成功的不确定性，在信贷资金获得的过程中信息不对称问题更为突出，创新的预期收益难以确定衡量，银行贷款等间接融资方式就更为困难，企业或者要求很高的利率或者仅能得到部分资金。而外源融资的供给又是非常重要的，缺少了外部融资的支持，仅靠企业内部资金很难实现技术创新和产业的升级。因此，企业的外部融资是否受到约束对于其技术创新和生产率的提高具有重要影响，企业的外部融资程度越高就越有可能促使其进行技术创新活动以追求更高的绩效和利润并保持技术优势。由此，我们提出研究假设 1。

假设 1：企业的外部融资对于其技术创新活动具有重要的影响，外部融资更多则会促进企业技术创新的开展。

Jaffe（1988）利用 1976 年美国 537 个企业的截面数据进行实证研究表明，企业技术研发创新投入对企业规模的弹性小于 1，这说明企业规模不是越大越好，规模因素对于创新的影响可能并不是线性的。Gayle（2003）利用 1976~1995 年美国 4800 多家企业的数据，研究发现，企业规模和市场集中度均对创新具有显著的正效应。Acs 和 Audretsch（1987）的研究则发现，美国制造行业中大企业和小企业在不同的产业和市场集中度下各自具有创新优势，结果表明创新和企业规模之间是一种 U 型关系。周黎安和罗凯（2005）利用省级层面的面板数据发现，企业规模对于创新具

有显著影响。聂辉华等（2008）利用2001~2005年中国规模以上工业企业的面板数据，研究了企业创新和规模、市场竞争之间均呈现倒U型关系。根据已有理论和实证研究的结论，企业规模对于创新的影响应该是重要的，大型企业更容易采取技术创新战略以保持领先的优势，同时企业规模大的话也会有利于技术创新，无论从资金、人才还是技术上大型企业都具有创新优势。同时，我们也应该看到，如果企业规模过大的话，它就可能利用规模优势占据一定的垄断地位，从而并不愿意投入资金和精力来进行技术创新。因此，我们提出研究假设2。

假设2：企业的规模对创新有显著的正效应，但是这种效应是递减的，即企业规模和其技术创新之间存在倒U型关系。

Rajan和Zingales（1998）曾指出，发达的金融中介和金融市场能够缓解企业外部融资和内部融资的成本差异，Demirguc和Maksimovic（2002）也认为，金融发展水平和金融环境的改善能够为企业提供充足的外部资金，因此对于企业的经营活动和创新都具有促进作用。金融中介机构是金融活动的重要参与者和中介，能够通过提供各种金融产品和服务来满足经济发展中各部门的融资需求，最终促进储蓄向生产性投资的转化。考虑到在中国的资金配置方面，金融机构在金融中介中占据着举足轻重的地位，其中存款货币银行又是中国金融机构的主体，因此其对于企业技术创新活动的影响是显而易见并且至关重要的。金融市场发展和金融中介发展程度较高的地区，其企业受到的融资约束会相对较小，因此，企业技术创新活动所需要的资金支持就可能会更多，而且这种创新会随着金融中介的发展而增加。因此，我们提出研究假设3。

假设3：外部金融中介的发展对于企业技术创新活动的影响是正向而显著的，金融中介指标较高和金融环境较好的地区，其企业技术创新也会增强。

三、研究设计

（一）样本与变量

本文所使用的数据大部分来源于CCER中国上市公司数据库2007~2009年的A股上市公司数据，其中，融资约束程度变量、公司规模变量、公司绩效变量均取自上市公司财务数据库，地区金融发展程度变量取自《中国统计年鉴》和《中国金融年鉴》等统计资料。初始样本总数为4808个，根据本文的研究需要，我们采用以下程序对初始4808个样本进行了筛选：首先，删除了金融类上市公司样本；其次，删除了数据缺失的样本，并且删除当年上市的公司样本；最后，共得到了3900个有效的样本。此外，上市公司的技术创新变量是通过查询各年度公司的年报手工收集整理得到的。

本文主要采用企业技术创新决策（Innovation）指标来衡量企业的技术创新程度。这里的技术创新是指广义的创新，即根据Ayyagari等（2007）的观点，创新不仅是具体的产品和工艺创新，而且包括了新设备采用、新的投资以及获得新的生产许可等其他活动。具体地，我们根据年报资料和Wind咨询的信息进行手工收集整理，如果企业2007年进行了新的投资或设立新的企业等，则令其创新决策变量Innovation = 1；企业若生产了新产品、采用了新技术以及获得了新的专利或生产许可，则令Innovation = 2；若当年没有任何创新活动的话，则令Innovation = 0。

解释变量包括以下几个指标：首先，以债务融资率（DFA）来衡量融资约束程度，也可以看作是企业的外部融资规模，即公司当年的债务融资净额与年末公司总资产的比率（汪辉，2003）。由于债务融资包括公司发行债券的直接融资和向银行、其他企业借款的间接融资，所以我们用公司年末短期借款、长期借款、应付债券之和减去年初这三项之和表示公司当年的债务融资净额。需要注意的是，这个变量是一个反向指标，即债务融资率越高则企业受到的金融约束程度越低。其次，我们以公司前一年度的总资产净利润率（ROA）作为衡量企业内源融资的变量，由于企业的绩效和收益越多则其越有可能进行技术创新，因此总资产净利润率可以作为衡量企业内部资金约束程度的指标。此外，根据已有研究，我们还选取了公司规模变量（Size）（聂辉华等，2008；李春涛、宋敏，2010）作为解释变量。另外，我们还选取了以下的控制变量，具体包括公司每股经营活动的净现金流（NECS）作为衡量内部资金约束的变量、企业所处行业特征的虚拟变量（朱恒鹏，2006；聂辉华等，2008）、金融中介的规模（Bank）（Arestis 等，2001）。对于金融中介规模这一指标，国内外有广泛应用，Goldsmith 曾用 FIR（金融资产数/GDP）来度量金融发展程度。主要反映一国金融上层结构与经济基础在规模上的变化关系。本文主要采用银行机构的贷款总额与当地 GDP 比重来衡量金融中介发展规模，用以反映金融中介在该地区资金配给方面的活跃程度。同时，由于金融中介规模变量是上市公司所在省份的规模，这就已经包含了不同省份地区的性质，因此它也能反映地区特征对于企业技术创新活动的影响。

表 1　主要变量定义

变量		变量定义
被解释变量	Innovation	根据公司当年创新活动的程度分别令 Innovation=0、1 或 2
解释变量	DFA	公司当年的债务融资净额与年末公司总资产的比率
	ROA	公司前一年度的总资产净利润率
	Size	公司年末总资产的对数值（规模指标）
控制变量	NECS	每股经营活动净现金流指标
	Bank	银行机构的贷款总额与当地 GDP 比重（金融中介发展）
	Industry	以 0 或 1 取值的行业虚拟变量

（二）样本的统计描述

表 2 是主要变量的描述性统计。从中可以发现，目前中国上市公司的整体技术创新活动仍然不高，其均值仅为 0.27，与此同时，外源融资的幅度也并不是很高，均值为 0.21，但是大多数公司都有借款，外部融资对于公司的发展来说仍然是比较重要的资金来源渠道。而公司的每股经营活动净现金流（NECS）存在着很大的差别，NECS 的标准差较大说明不同公司的每股经营活动的净现金流量存在很大的差距。而金融中介发展变量（Bank）的均值也仅为 0.2，最小值为 -0.01，最大值也只达到了 0.68，这说明各地区的金融中介发展还存在着很大的差距，并且都存在着提高的空间。

表 2　主要变量的描述性统计（2007~2009 年）

变量	观测值	均值	标准差	最小值	最大值
Innovation	3900	0.2659	0.6412	0	2
DFA	3900	0.2106	0.1527	3.20E-15	1.82
ROA	3900	0.0226	0.8390	-51.95	0.7134
NECS	3900	-39.521	195.88	-999	39.17
Size	3900	21.625	1.2163	11.348	28.003
Bank	3900	0.2014	0.1227	-0.0114	0.6778

（三）计量方法和计量模型

本文首先利用 OLS 计量方法对企业技术创新活动的影响因素进行实证分析。此外，由于上市公司对于研发投入数据披露的不完整，很多公司没有这方面的信息，因此难以获得衡量创新活动的连续性数据。本文通过手工整理的技术创新数据是以分类数据为主的离散数据，在分析离散选择问题时采用概率模型（Logit、Probit 和 Tobit）是较为理想的估计方法（林毅夫，2000）。由于本文的公司技术创新变量（Innovation）的取值为 0、1 或 2，在这种情况下，因变量离散数值数大于两类的，研究时若使用线性回归模型可能会导致因变量的拟合值为负，须采用 Ordered Probit 模型，有序 Probit 模型处理多类别离散数据是近年来应用较广的一种方法。[①]

根据前文的分析，我们建立以下的计量模型来估计影响公司技术创新概率的相关主要因素：

$$\text{Innovation}_{i,t} = \Phi\{\beta_0 DFA_{i,t} + \beta_1 ROE_{i,t} + \beta_2 Size_{i,t} + \beta_3 Bank_{i,t} + \beta_4(Size_{i,t})^2 + \beta_5(ROE_{i,t})^2 + \lambda_s + error\}$$

$$(1)$$

式（1）中，β 为待估计的参数，Φ 为标准正态累积分布函数（c.d.f.），λ_s 为控制了公司的个体固定效应，error 为随机误差项。接下来我们将对 OLS 和 Ordered-Probit 两种估计方法的结果进行报告分析。

四、实证结果及分析

为了检验企业外部融资对于其技术创新活动的影响，我们首先利用 OLS 方法进行线性回归，然后主要采用有序 Probit 方法进行估计。首先，表 3 显示了利用 OLS 方法的回归结果，从中我们发现，尽管各个变量在显著性水平为 0.1 上均通过了检验，但问题是整个模型的拟合优度比较低，而且残差不服从正态分布。由于我们的数据中，被解释变量的取值为 0、1、2，因此如果直接利用 OLS 方法进行估计的话就会带来有偏的估计。

表 3 企业技术创新的影响因素（OLS 回归）

变量	Innovation	
模型	(1)	(2)
DFA	0.2435*** (0.0680)	0.2505*** (0.0683)
NECS		0.0001* (0.0001)
Size	0.0571*** (0.0085)	0.0563*** (0.0086)
Bank		0.1176 (0.08381)
观测值	3900	3900
Adjusted R^2	0.017	0.018

注：括号内为标准误，***、**、*分别表示 1%、5%、10%的显著性水平。

---

① 有关有序 Probit 模型的具体数学表达式可以参见 William（1997）的详细解释。

进一步地，我们利用残差正态性检验来说明 OLS 模型的无效性，图 1 的残差正态性检验原假设认为，残差服从正态分布 Probability 小于 0.05，拒绝原假设残差不服从正态分布，因此 OLS 估计失去意义。

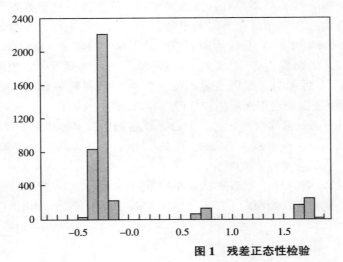

Series：Residuals	
Sample 1 3900	
Observations 3900	
Mean	−0.003177
Median	−0.251592
Maximum	1.893435
Minimum	−0.703437
Std. Dev.	0.637817
Skewness	2.131233
Kurtosis	5.857078
Jarque−Bera	4278.871
Probability	0.000000

图 1　残差正态性检验

表 4 显示了有序 Probit 模型的具体估计结果，从显著性检验来看，被解释变量取 0 的概率为 $F(\lambda_1 - x*\beta)$，F 代表标准正态分布，被解释变量取 1 的概率为 $F(\lambda_2 - x*\beta) - F(\lambda_1 - x*\beta)$，被解释变量取 2 的概率为 $1 - F(\lambda_2 - x*\beta)$，即随着外部融资程度（DFA）、内部资金约束（NECS）和公司规模（Size）的增大，企业进行技术创新活动（Innovation）取 0 的概率变小，创新活动取 2 的概率变大，取 1 的概率则难以明确。

具体来看，式（1）和式（2）为我们的基本回归结果，从表 4 中我们可以发现：

（1）外部融资规模对于企业的技术创新有显著的正效应。从模型的估计结果上看，DFA 在统计意义上达到了 1% 的显著性水平，这也与研究假设 1 相符合，说明外部融资越多、融资约束越小则企业越有可能开展技术创新活动。

（2）公司规模对企业的技术创新也具有显著的正效应，并且也在 1% 水平上显著。这说明规模大的上市公司确实在一定程度上具有创新优势，规模大的企业更容易进行技术创新，这也和多数国内外的经验研究结论相一致（Gayle，2003；周黎安、罗凯，2005）。

（3）公司前期的总资产净利润率（ROA）对于后期的技术创新活动具有显著的正效应，这说明技术创新发生的概率具有一定的累积效应，若公司的财务绩效较好则更容易促使其进一步的技术创新活动发生。

（4）公司的每股经营活动净现金流（NECS）对企业开展技术创新活动具有正向影响，说明公司内部的资金充裕也会促使其开展技术创新。

（5）制造业具有更多的技术创新可能，尤其是新兴技术产业的技术创新活动更多。式（2）控制了行业虚拟变量，我们发现，制造业对于技术创新活动发生的影响更显著，并且根据大智慧股票软件对企业所属领域的划分来看，属于新技术领域的行业技术创新更显著。

式（3）引入了金融中介发展变量（Bank），结果表明，地区的金融中介发展对于企业的技术创新活动在 10% 水平上显著为正，这说明金融中介发展更好的地区、外部融资的约束会越小，银行贷款更多则更容易满足企业对资金的需求，因此能够使企业更多地进行技术创新活动，这也初步验证了我们的研究假设。

式（4）加入了公司规模的平方项（$Size^2$），结果表明，企业的规模对创新投入有显著的正效应，但是这种效应是递减的，即企业规模和创新之间存在倒 U 形关系。这与我们的研究假设 2 相符合。同时，这一结论也与多数国外和国内的经验研究都是一致的，说明大企业确实在一定程度上具有创新优势，例如 Gayle（2003）、Jefferson 等（2006）的国外经验研究，朱恒鹏（2006）和聂辉华等（2008）的国内经验研究。

式（5）对所有变量进行了回归，估计结果表明，外部融资程度、公司规模、公司所在省份地区的金融中介发展程度和公司绩效都对其技术创新具有显著的正向影响，这与我们的基本假设相一致。

表 4 外部融资、企业规模和技术创新（Ordered-Probit）

Innovation	(1)	(2)	(3)	(4)	(5)
DFA	0.5588***	0.9209***	0.9532***	0.7908***	0.8151***
	(0.1577)	(0.1748)	(0.1753)	(0.1774)	(0.1779)
ROA		2.0732***	2.0832***	1.8912***	1.9112***
		(0.4144)	(0.4155)	(0.4241)	(0.4247)
NECS	0.0003**	0.0003**			0.0003*
	(0.0001)	(0.0001)			(0.0001)
Size	0.1351***	0.1184***	0.1136***	2.7558***	2.8475***
	(0.0199)	(0.0203)	(0.0204)	(0.5426)	(0.5458)
Bank			0.3647*		0.4334*
			(0.1931)		(0.1951)
Size^2				−0.0591***	−0.0612***
				(0.0122)	(0.0122)
Industry	No	Yes	Yes	Yes	Yes
观测值数	3900	3900	3900	3900	3900
对数似然比	−2048.95	−2035.11	−2035.68	−2023.79	−2019.14
伪判决系数	0.020	0.024	0.024	0.03	0.03

注：表中括号内为标准误，***、**、* 分别表示 1%、5% 和 10% 的显著性水平。

进一步地，我们根据上市公司的外部融资程度和不同规模进行分组，并重复以上的估计过程，以期得到更为稳健的结论，表 5 给出了具体的估计结果。首先，表 5 中的式（6）和式（7）是根据公司规模不同进行的估计，我们以公司规模变量（Size）的均值作为划分不同规模的标准；式（8）和式（9）则根据公司所处地区的金融中介发展程度（Bank）变量的均值进行划分，以区别不同金融中介发展程度下各解释变量的影响。

从分组回归的结果中我们可以发现，各个解释变量对于企业技术创新活动的显著影响都仍然存在，只是估计系数略有变化。但值得关注的是，在式（8）和式（9）中，不同金融中介发展程度的分组回归显示，在金融中介发展好的地区，其公司技术创新活动受金融中介的影响更为显著，达到了 5% 的显著水平，而金融中介发展程度较低的地区则对于公司的技术创新活动没有显著影响。另外，我们也发现在式（6）中，规模较小样本的上市公司技术创新受金融中介发展的影响更为显著，达到了 1% 的显著水平，而且其前一年度公司绩效对于技术创新的影响不显著，外部融资变量的显著性水平也降低，这一结论说明了中国上市公司的规模对于技术创新的影响是重要的，而且规模越小的公司其外部融资受到的约束可能越大，因此其技术创新所需的资金就更加依赖于金融中介。

表 5　不同规模和不同金融中介发展程度的分组回归结果

样本范围	小规模	大规模	低发展	高发展
模型	(6)	(7)	(8)	(9)
DFA	0.6173* (0.3844)	0.9074*** (0.2034)	1.4153** (0.5621)	1.0744*** (0.3433)
ROA	0.7826 (0.6696)	2.5483*** (0.5448)	1.8357*** (0.5713)	2.1082*** (0.6479)
Size	20.81 (12.76)	3.4834*** (0.9459)	2.7515*** (0.7054)	2.9711*** (0.8464)
Bank	1.2293*** (0.3841)	0.1845 (0.2266)	0.3706 (0.2748)	0.5037** (0.2789)
$Size^2$	−0.4998* (0.3129)	−0.0746*** (0.2068)	−0.0587*** (0.0159)	−0.0643*** (0.0189)
Industry	Yes	Yes	Yes	Yes
观测值数	1284	2616	1948	1952
对数似然比	−499.10	−1512.34	−919.99	−1096.86
伪判决系数	0.03	0.02	0.03	0.028

注：表中括号内为标准误，***、**、*分别表示 1%、5%和 10%的显著性水平。

五、结论与启示

企业的技术创新活动关乎企业的生存能力和整个经济增长方式的转型以及国家经济的可持续增长，同时，企业的创新还进一步影响着各个地区乃至国家间的贫富变化。但是自著名"熊彼特假说"提出以来，不管是在理论研究上还是在经验研究上，经济学家对于企业创新的决定因素仍然存在争议（聂辉华等，2008），尤其是金融部分对于微观层面的企业技术创新是否有显著影响等问题，仍缺乏一致性的结论。在国内，本文首次采用上市公司技术创新活动的直接数据分析了融资程度、企业规模和公司绩效可能对企业技术创新产生的影响进行了比较全面的检验。本文利用2007~2009 年中国上市公司的财务数据和手工收集整理的企业技术创新数据，采用有序 Probit 模型检验了影响中国上市公司开展技术创新活动的因素。我们发现，企业的技术创新与外部融资程度、前期的公司绩效存在显著的正相关关系，而与公司规模是倒 U 型关系，一定程度的规模有利于促进上市公司的技术创新。同时，我们的实证结果也发现，上市公司所处地区的金融中介发展程度对于企业技术创新也有显著影响。但是这种影响对于不同规模的公司存在着差别，公司规模较小的企业更加依赖于金融中介的支持，这至少说明了目前上市企业仍然需要银行等金融中介的间接融资支持。

此外，我们的结果还表明，在金融中介发展程度较低的地区，其对于企业的技术创新促进作用也不显著，而且各个解释变量的估计系数也都小于金融中介发展程度较高的样本估计系数，这也说明了金融中介发展对于企业技术创新的影响是重要的，且不同企业所处地区的金融中介发展程度还存在着很大的提升空间。针对微观层面的企业技术创新问题，采用更为广泛的企业样本，对不同地区经济发展水平、行业特性以及法律等因素对企业不同类型创新活动影响的详细分析，是我们下一步值得期待的工作。

目前，中国政府已经将提高自主创新能力和转变经济增长方式作为国家的基本战略和中心目标。因此，分析影响企业创新活动的因素并解释不同地区企业创新对经济增长的影响具有重要的政策含义。本文的初步研究已经表明，外部融资程度和企业的技术创新之间存在显著的正相关关系，因此加大对企业的融资支持和加快各地区金融中介的发展能够促进企业技术创新活动的开展。而企业规模与创新之间没有单调正相关关系，因此企业规模过大的话，对于自主创新来说恐怕不会有更好的效果，而为企业创新提供更为宽松的金融环境和更加公平的法治保障则可能更加有作用。

参考文献

［1］贝政新.高科技产业化融资问题研究［J］.上海：复旦大学出版社，2008.

［2］科学技术经济之间关系的计量研究课题组.R&D能力企业内化与经济增长方式转变［J］.中国工业经济，1998（4）.

［3］林毅夫.禀赋、技术和要素市场：中国农村改革中关于诱致性制度创新假说的一个自然实验［J］.再论制度、技术与中国农业发展，北京大学出版社，2000.

［4］聂辉华，谭松涛，王宇锋.创新、企业规模和市场竞争：基于中国企业层面的面板数据分析［J］.世界经济，2008（7）.

［5］钱水土，周永涛.金融发展、技术进步与产业升级［J］.统计研究，2011（1）.

［6］沈坤荣，马俊.中国经济增长的"俱乐部收敛"特征及其成因研究［J］.经济研究，2002（1）.

［7］汪辉.上市公司债务融资、公司治理与市场价值［J］.经济研究，2003（8）.

［8］汪炜，李甫伟.股市发展能够推动产业转型升级吗——来自中国A股上市公司的证据［J］.财贸经济，2010（9）.

［9］王小鲁，樊纲.中国地区差距的变动趋势和影响因素［J］.经济研究，2004（1）.

［10］周黎安，罗凯.企业规模与创新：来自中国省级水平的经验证据［J］.经济学（季刊），2005（2）.

［11］朱恒鹏.企业规模、市场力量与民营企业创新行为［J］.世界经济，2006（12）.

［12］Acs Z. J. and Audretsch, D. B., Innovation, Market Structure, and Firm Size［J］. Review of Economics and Statistics，1987，69（4）：567-574.

［13］Arestis, P. Demetriades, and K. Luintel. Financial Development and Economic Growth：the Role of Stock Markets［J］. Money Credit Banking, 2001（33）：16-41.

［14］Banerjee A. V. and Duo E., Do frms want to Borrow more? Testing Credit Constraints Using a Directed Lending Program［J］. mimeo, 2008.

［15］Beck, Thorsten, Demirguc-Kunt, Asli and Maksimovic, Vojislav. Financial and Legal Constraints to Firm Growth：Does Firm Size Matter［J］. Journal of Finance, 2005（60）：137-177.

［16］Fan P. and Watanabe C. Promoting Industrial Development through Technology Policy：Lessons from Japan and China［J］. Technology in Society, 2006, 28（3）：303-320.

［17］Fazzari, S. R., Hubbard, and Petersen B. Financing Constraints and Corporate Investment［J］. Brookings Papers on Economic Activity, 1988（1）：144-195.

［18］Gayle, P. G. Market Concentration and Innovation：New Empirical Evidence on the Schumpeterian Hypothesis［J］. Kansas State University, Department of Economics, Working Paper, 2003.

［19］Hall B. H. The Financing of Research and Development［J］. Oxford Review of Economic Policy, 2002, 18（1）：35-51.

［20］Hennessy, C. A. and T. M. Whited. How Costly is External Financing? Evidence from a Structural Estimation［J］. Journal of Finance, 2007, 62（4）：1705-1745.

［21］Jaffe , A. B. Demand and Supply Influences in R&D Intensity and Productivity Growth［J］. Review of Economics and Statistics, 1988, 70（3）：431-437.

［22］King R. G. and R. Levine. Finance Entrepreneurship and Growth：Theory and Evidence［J］. Journal of

Monetary Economics, 1993（32）: 513-542.

［23］Levine R. Ginance and Growth: Theory and Evidence ［J］. Chapter12, in P. Aghion and S. Durlauf, eds, Handbook of Economic Growth, 2005（1）: 865-934.

［24］Luigi Bengratello, Fabio Schiantarelli and Alessandro Sembenelli. Banks and Innovation: Microeconometric Evidence on Italian Firms ［J］. Journal of Financial Economics, 2008（90）: 197-217.

对外投资、逆向技术溢出与吸收能力[*]

——基于中国省级面板数据的实证研究

陈　岩　徐睿阳[**]

一、引　言

　　经典跨国公司理论主要是基于企业技术优势而展开的。垄断优势理论（Hymer，1960）以市场不完全为前提，认为企业对外直接投资（ODI）必须满足两个条件：其一是企业必须拥有垄断优势，以抵消在与当地企业竞争中的不利因素；其二是不完全市场的存在，使企业维持并利用这种垄断优势。此后不论是 Buckley 和 Casson（1976）的内部化理论，还是 Dunning（1981）的折衷理论，实际上都认定企业拥有独特竞争优势是 ODI 发生的前提，认为企业进行 ODI 的动机在于利用这种优势在海外市场寻租（Filatotchev 等，2007），并实现规模经济、范围经济和生产合理化（Hitt 等，1997），所以，传统跨国公司所进行的 ODI 从总体上说是属于所谓的"战略资产利用型"（Strategic Assets-exploitation）投资。即使是后来的所谓"发展中国家 ODI 理论"，虽然认为发展中国家跨国公司本身不具备与传统跨国公司可比拟的特定优势，但仍然认为其 ODI 的动机在于利用母国所具有的某种特定优势。比如，Wells（1983）的小规模技术理论认为，发展中国家跨国企业的主要竞争优势来自与母国市场特征密切相关的低生产成本，所以属于"母国优势利用型"。

　　经典跨国公司理论是外资溢出效应最本质的理论基础。跨国公司对于东道国企业的竞争优势意味着前者是溢出效应产生者，而后者则是潜在溢出效应受益者，即溢出效应发生的方向是：跨国公司子公司→东道国内资企业。由此不难理解，已有关于溢出效应方面的实证研究大都忽略了 ODI 对于母公司或母国自身技术的反哺作用，即所谓"逆向溢出效应"。自从 20 世纪 90 年代以来，国际学术界开始对逆向溢出效应进行实证分析，并累积了一定的相关证据（Kogut 和 Chang，1991；Teece，1992；Siotis，1999）。近年来，新兴经济体跨国公司 ODI 的崛起使学者们有机会从根本理论逻辑上论证逆向溢出效应的重要性。越来越多的学者认为，由于新兴经济体跨国公司通常尚不具备经典跨国公司理论所定义的"垄断竞争优势"或"所有权优势"（Dunning，1977），所以其 ODI 的动机不在于"利用战略资产"，而在于在海外"寻求战略资产"，从而弥补其在战略资产拥有方面的竞争劣势，即所谓"战略资产寻求型"（Strategic Assets-seeking）ODI。所以，新兴经济体跨国公司 ODI 的崛起不仅挑战传统的"垄断优势理论"，同时挑战与之密切相关的对于溢出

---

　　* 教育部人文社科基金项目，"中国企业国际化与绩效及其决定研究"（10YJC790028）资助。
　　** 陈岩，男，北京邮电大学经济管理学院，教授，博士生导师。

效应的既定认识。"资产寻求型"ODI 对于溢出效应的主要含义在于，与传统溢出效应概念不同，溢出效应产生的方向不再是跨国公司子公司→东道国内资企业，而是跨国公司子公司→跨国公司母公司或母国，或者是双向同时存在。

虽然国际学术界从 20 世纪 90 年代初就开始寻求有关"资产寻求型"ODI 假说的实证支持，已有关于逆向溢出效应的实证研究存在两个方面明显的局限性。首先，这些文献主要针对的是已经具有"企业所有权优势"的跨国公司进行 ODI 的情形，所以其研究结论对于无此类特定优势的新型经济体跨国公司的 ODI 未必适用。虽然学术界广泛认同新兴经济体 ODI 属于"战略资产寻求型"，而逆向溢出效应则是支持这个理论假说最重要的实证证据，但由于新兴经济体 ODI 近年才显著发展，这方面的严谨的实证证据到目前为止仍然相当缺乏。其次，虽然传统溢出效应方面的文献特别强调溢出受益者吸收能力对于溢出效应方向和强度的影响，但是鲜有文献将吸收能力的概念应用到关于逆向溢出效应的研究中，忽略了母公司或母国在吸收能力方面的异质性对于逆向溢出效应的调节作用。

本文以中国企业 ODI 为例，实证分析新兴经济体跨国公司对外投资所产生的逆向溢出效应，目的在于克服已有研究的上述局限性。首先，本文考察的是无特定优势的中国跨国公司的 ODI 所产生的逆向溢出效应特别是对母国技术进步的贡献，这使我们得以突破已有逆向溢出效应研究聚焦于传统跨国公司的局限，极大地充实已有研究成果。其次，与已有研究主要考察逆向溢出效应是否发生不同，我们将在此基础上分析逆向溢出效应产生的条件，特别是母国吸收能力对于溢出效应大小的影响。本文第一部分为引言；第二部分分析逆向溢出效应产生的机制；第三部分介绍本文的研究方法和数据；第四部分展示主要结果；第五部分对结果作引申讨论；第六部分是结论。

二、文献评述

（一）逆向溢出效应机制

从微观层面观察，逆向技术溢出有三个重要的机制。

首先是跨国并购。跨国公司通过并购可以获得与本公司的核心业务或技术相关的上下游技术和与新产品和生产工艺密切相关的新技术，从而弥补其技术劣势，改善其技术组合，最终提升技术竞争力。Patel 等（1998）对 1979~1990 年英国大公司海外子公司专利变化数据的考察揭示，跨国并购使这期间这些公司新增专利约 60%。通过并购发达国家的公司以建立自己的竞争优势对于新兴经济体企业尤其重要（Makino、Lau 和 Yeh，2002）。例如，通过收购洛克福特和 RockFord、PS 和 UAI 等公司，中国万向节集团拥有了大量的产品专利，建立了认证系统、先进的检测技术中心、新的工艺团队和非常优秀的研发团队。这些收购不仅提升了万向节的研发能力和生产制造水平，还帮助其进入轴承、制动器、传动轴等相关产业，使其在技术标准的制定和产品认证上具有了话语权，推动企业向产业链上游延伸。

其次是研发资源共享。战略联盟是两个或两个以上的企业为了达到共同的战略目标而采取的相互合作、共担风险、共享利益的联合行动（龚健和黄鲁成，2003）。战略联盟可以使联盟伙伴实现研发资源共享和优势互补，向联盟伙伴学习，以较低的成本获取自己需要的战略资源。跨国战略联盟是逆向溢出效应产生的重要机制，通过研发资源共享机制，联盟伙伴企业可以共享技术和专利，缩短新产品开发的时间和上市时间，分摊高昂的开发投资费用、新品开发的固定资产投资和专利使用费。例如，中国海尔洗衣机公司通过与欧洲权威检测认证机构 VDE 达成技术联盟，不仅取得一张进入欧洲洗衣机市场的"许可证"，更重要的是将 VDE 的基因精华植根于海尔洗衣机从设计、采购到制造、销售等全过程，比如第一台植入了 VDE 基因的海尔滚筒洗衣机 LUXURI.I（雷诺斯）就展示了其完全不同于以往产品的颠覆性设计魅力，成为全球首台具有时间概念、同时融合人体美学设计的滚筒洗衣机。

最后是研发成果反馈。关于多样性（Diversity）研究的文献认为，研发国际化使跨国公司可以充分利用东道国在科技资源方面的区位优势，特别是利用在全球的子公司网络寻找多样化的科技投入和替代科技方案、创造文化多样性的团队、寻求互补资源以及充分利用全球劳动力分工，最终实现技术突破，充实母公司的核心竞争力，并由母公司将有关技术扩散到其他子公司。Dunning（1994）发现，世界大型跨国公司申请的专利数中，海外子公司所占的比率从 1969~1972 年的9.8%上升到 1983~1986 年的 10.6%，这表明海外研发对于母公司技术竞争优势日益增长的重要性。中国华为公司迄今已经在全球建立了 5 家研发机构、8 个地区部、55 个代表处及技术服务中心。通过这些全球网络，华为可以密切关注世界科技发展的最新动态，获取最新科技信息，并通过以东道国先进技术和高科技人才为基础进行研发，提升产品的技术含量。据国家专利总局统计，华为已连续三年成为国内申请发明专利最多的高科技企业。靠着掌握越来越多的核心技术，在世界电信市场上，华为已经能与其他跨国公司比肩较量。

（二）已有理论工作与实证证据

若干学者从理论上论证了逆向溢出效应存在的可能性和重要性。小泽辉智（1990）认为，发展中国家可以通过 ODI 来实现经济转型，从劳动导向型的 ODI 转向技术导向型的 ODI，促进国内产业结构升级转换。Fosfuri 和 Motta（1999）设立了一个简单的古诺竞争博弈模型，假设有两个当地厂商生产同质产品，且拥有不同的技术水平，它们可以选择出口到其他国家、进行 ODI 或不进入国外市场，经过证明，即使是技术滞后的企业，也可以通过海外投资带来的技术外溢获得领先者的技术。国内学者在关于 ODI 对母国技术进步方面也进行了有益的探讨。冼国明（1998）从技术积累、竞争策略方面对发展中国家 ODI 进行了探讨，构建了发展中国家对发达国家逆向投资的"学习型 FDI"模型。他认为在 ODI 发生的初期，跨国企业的主要目标是获取东道国的某些中间产品（如技术等），这一阶段可能会发生亏损，但从整个投资过程看，学习型 FDI 提高了企业技术累积的速度并改善其累积的动态效率。马亚明、张岩贵（2003）通过引入技术单向扩散与双向扩散模型，证明了发展中国家的企业可以通过对发达国家的 ODI 吸收技术扩散效应，实现技术升级。茹玉骢（2004）则肯定了技术的双向流动特性，指出东道国也可能向母国企业产生反向技术外溢，而且这种外溢会直接缩小母国企业与东道国企业的技术差距。

从实证证据来说，若干研究发现逆向溢出效应确实存在。例如，Kogut 和 Chang（1991）发现日本公司在美国投资时利用合资形式获取和分享美国企业的技术，从而最早验证了技术获取型 ODI 的存在。Teece（1992）研究了美国硅谷大量外国 ODI 涌入现象，发现外国企业投资的动机在于利用产业集聚效应和技术溢出效应提升自身的科技竞争力。Almeida（1999）发现，外国公司使用当地知识比美国本土企业还频繁，它们通过吸收美国技术溢出改变了母公司技术上的竞争力。Branstetter（2000）使用日本投资企业和美国本土企业之间专利引用的数据发现，技术外溢流向本土企业。Braconier（2001）发现，瑞典跨国公司的 ODI 与母国获得的技术外溢效应呈明显的正相关联系，由此推论，一国企业外向 FDI 越是集中在技术研发要素充足的国家，该国企业获得的技术溢出效应便越多。Driffield 和 Love（2003）发现英国在 1984~1992 年，在 R&D 密度高的产业的 ODI 对母公司产生显出的正向技术外溢效应。然而，这些研究主要分析的是具有特定优势的跨国公司 ODI 的情形，所以有关研究成果是否以及在多大程度上适用于没有特定竞争优势的跨国公司 ODI 的情形，有待进一步研究。

中国学者也在这方面作了若干有价值的工作。李蕊（2003）发现，中国企业跨国并购使这些企业获得了与核心技术相联系的技术，从而提高了本身的技术研发水平。赵伟等（2006）进一步发现，中国对 R&D 要素丰裕国家的直接投资产生较为明显的逆向技术溢出效应。邹明（2008）发现，ODI 对中国全要素生产率的提升有正向促进作用。赵伟等（2010）则把全要素生产力的提高分成了技术获取和效率的提高两个部分，使用 1991~2007 年中国对 8 个发达国家 ODI 的面板数据分别进行回归分析，证明 ODI 对于提高中国全要素生产力产生显著效果，但同时发现 ODI 对于效率提高的作用高于对于技术获取的作用。这些研究为本文提供了重要启示，但是他们都没有细致分析逆向溢出效应产生的约束条件机制特别是母国吸收能力对于溢出效应强度的调节作用。

三、研究方法与数据

（一）实证模型

由于任何技术进步最终须借助要素生产率的变化才能体现出来，几乎所有关于经济开放—技术外溢效应的模型，都将全要素生产率（TFP）作为测度这种外溢效应的一个重要坐标。本文参照基于 C-H 模型改造后的 L-P 模型构建逆向技术溢出回归模型。

假设技术进步为希克斯中性，有如下形式的柯布—道格拉斯生产函数：

$$Y_t = A_t K_t^{\alpha} L_t^{\beta} \tag{1}$$

式中，Y_t 为一国在时间 t 内的产出，A_t 为技术水平，K_t 和 L_t 分别为资本和劳动投入，α 和 β 分别为资本和劳动的产出弹性，假设规模报酬不变，$\alpha + \beta = 1$。

Coe 和 Helpman（1995）在 Grossman 和 Helpman（1991）的创新驱动增长理论模型的基础之上，使用进 1:1 份额作为权重来构造国外研发资本存量，从实证角度考察了贸易伙伴国的研发投入如何通过进口贸易渠道产生技术外溢从而影响本国技术进步，其表述形式如下：

$$\ln TFP_{it} = C_{it} + \alpha_{it}^d \ln S_{it}^d + \alpha_{it}^f \ln S_{it}^{f-CH} + \varepsilon_{it} \tag{2}$$

式中，i = 1，2，3，…，n，代表国家，TFP_{it} 为 i 国在 t 时期 TFP 的水平，$TFP_{it} = Y/K^{\alpha}L^{\beta}$；$S_{it}^d$ 为 i 国在 t 时期的国内研发资本存量；S_{it}^{f-CH} 为用 C-H 方法算出来的通过与 i 国贸易渠道溢出的国外研发资本存量：

$$S_{it}^{f-CH} = \sum_{j \neq i} \frac{M_{ijt}}{M_{it}} S_{jt}^f \tag{3}$$

式中，M_{ijt} 为 i 国在 t 时期从 j 国进口的总额，$M_{it} = \sum_{i \neq j} M_{ijt}$，$c_{it}$ 为常数项，α_{it}^d 和 α_{it}^f 分别为 t 时期国内研发资本存量和国外研发资本存量对 i 国 TFP 的弹性，ε_{it} 为随机扰动项。后来，Lichtenberg 和 Potterie（1996）改进了通过贸易渠道溢出的国外研发投入的计算方法，他们提出：

$$S_{it}^{f-LP} = \sum_{j \neq i} \frac{M_{ijt}}{Y_{jt}} S_{jt}^f \tag{4}$$

式中，S_{it}^{f-LP} 为用 LP 方法测算出来的 i 国在 t 时期通过进出口贸易渠道溢出的国外研发资本存量，M_{ijt} 为 i 国在 t 时期从 j 国进口的总额，S_{jt}^f 为在 t 时期 j 国的国内研发资本存量，Y_{jt} 为在 t 时期 j 国的GDP，S_{jt}^f / Y_{jt} 为 j 国在 t 时期产出的研发资本密集度。

由于本文研究 ODI 的逆向技术溢出效应，所以根据赵伟（2006）和白洁（2009）的做法，我们用 ODI 替代贸易量来计算国外研发资本存量，最终确定通过 ODI 溢出的研发资本存量由变量

SPILL$_{it}$表示：

$$SPILL_{it}^f = \sum_{i \neq j} \frac{OFDI_{ijt}}{Y_{jt}} S_{jt}^f \tag{5}$$

经典溢出效应文献指出，外资溢出效应不会自动产生，而是取决于潜在溢出受益者的吸收能力（Cantwell，1989；Kokko，1992；Buckley、Clegg 和 Wang，2002，2007）。按照同样逻辑，跨国公司的逆向技术转移不会自动地提高母国的科技水平，技术外溢的效果与母国的吸收能力密切相关。本文使用的是中国省级对外投资数据，所以纳入反映跨国公司母省吸收能力的变量后，本文最终建立如下实证模型：

$$lnTFP_{it} = a_0 + a_1 lnS_{it}^d + a_2 lnSPILL_{it}^f + a_3 TD + a_4 HR + a_5 OPEN + a_6 FD + a_7 TD \times lnSPILL_{it}^f + a_8 HR \times lnSPILL_{it}^f$$
$$+ a_9 OPEN \times lnSPILL_{it}^f + a_{10} FD \times lnSPILL_{it}^f + \varepsilon_{it} \tag{6}$$

式中，S_{it}^d为国内 i 省在 t 时期的国内研发资本存量，$SPILL_{it}^f$为 i 省在 t 时期通过 ODI 获得的逆向技术溢出。其他四个变量，包括技术差距（TD）、人力资本（H）、经济开放度（O）和金融发展水平（FD），以反映各省的技术外溢吸收能力，它们各自与$SPILL_{it}^f$的交互作用反映其对于逆向溢出效应的调节作用的方向与强度。

（二）变量定义

1. 全要素生产率（TFP）

我们用柯布—道格拉斯生产函数（$Y = AK^\alpha L^\beta$）导出全要素生产率（TFP）：

$$TFP = A = K^\alpha L^\beta / Y \tag{7}$$

式中，A 为某一省份的技术水平，K、L 和 Y 分别为资本、劳动力与产出。在中国的大量文献研究中，都把 α 和 β 取为 0.5，本文也不例外。资本存量 K 的测算采用永续盘存法（Coldsmith，1951），它的基本公式为：

$$K_t = I_t/P_t + (1 - \delta_t)K_{t-1} \tag{8}$$

式中，K_t为 t 时期该省固定资本存量，I_t为 t 时期固定资本形成总额，P_t为固定资产价格指数，δ_t为 t 时期的折旧率，K_{t-1}为上一期固定资本存量，折旧率采用国际上惯用的 5% 水平。由式（8）我们得到的各省在样本期各年份的固定资本存量，再根据式（7）计算出各省份的 TFP。[①]

2. 省内研发存量（S_{it}^d）

知识产品的生产具有很强的自我累积性和路径依赖特点（Cohen 和 Levintha，1990），较大的现存知识量意味着具有较强的研发能力去开发更多的新知识产品，或增加现有产品的技术含量，从而提高全要素生产率。本文依据永续盘存法计算各省份历年的研发存量：

$$lnS_{it}^d = (1 - \delta)S_{it-1}^d + RD_{it} \tag{9}$$

式中，S_{it}^d为 i 省在 t 时期的研发资本存量，δ 为 R&D 资本存量的折旧率，根据中国技术的实际使用年限通常为 14 年，取倒数可得折旧率为 7.14%。RD_{it}为 i 省在 t 时期以 2003 年为基期折算的历年研发资本支出流量。S_{it-1}^d为上期各省份研发资本支出。本文运用 Griliches（1980）提出的方法计算各省份 2003 年的研发存量：

$$S_{i2003}^d = RD_{i2003}/(g + \delta) \tag{10}$$

式中，S_{i2003}^d为 i 省 2003 年的研发资本存量，RD_{i2003}为 i 省 2003 年的研发资本支出流量，g 为 i 省在 2003~2008 年每年研发支出的算术平均增长率，δ 为 R&D 资本存量的折旧率，为 7.14%。由

---

① 如有需要，作者可以提供样本期内各省固定资本存量和 TFP 数据。

此算出中国各省 2003~2008 年的研发资本存量。[①]

3. ODI 溢出的国外研发资本存量（S_{it}^f）

根据前面 LP 模型推导出的公式可知通过 ODI 溢出的国外研发资本存量公式如下：

$$S_{it}^f = \sum_{i \neq j} \frac{OFDI_{ijt}}{Y_{jt}} S_{jt}^f \tag{11}$$

国外研发资本存量计算方法和上述中国国内研发资本存量的计算方法相同。由于技术获取性 ODI 主要是投向发达国家，所以本文投资目的地国选取了 G7 国家和中国香港、中国澳门、韩国、新加坡和日本这几个投资目的地大国。由式（12）我们得出 2003~2008 年各国溢出到每个省份的研发资本存量数据。

4. 技术差距（TD）

东道国与母国的技术差距是影响技术转移和扩散的重要决定因素（Fendlay，1978；Cohen andLevinthal，1989；Barro 和 Sala-I-Martin，1997）。技术水平差距对技术外溢效果的影响是两方面的：如果差距太小，扩散受益者通过溢出效应提升技术的空间将非常有限；如果技术水平差距过大，则扩散受益者通过自身没有足够的技术能力去吸收溢出效应。由于数据所限，我们无法计算国外各国的 TFP，我们用国外劳动生产率与中国各省劳动生产率的比值衡量技术差距（吴晓波，2005；刘明霞，2010），比值越大说明同国外的技术差距越大，比值越小说明技术差距越小。

5. 人力资本（HR）

要想有效吸收技术外溢，溢出受益地区必须具备相应的熟练劳动力和管理人员，所以很多研究使用人力资本来衡量吸收能力对于溢出效应的重要性（Borensztein 等，1998；Xu，2000）。按照刘遵义（1997）的做法，本文使用平均受教育程度表示一个省的人力资本水平。

6. 经济开放度（OPEN）

经济开放不仅意味着更多的进出口贸易联系，而且也意味着拥有更多向外界学习技术机会（Olfsdotter，1998；Blomstrom 和 Sjoholm，1999；Barrios 和 Strobl，2002；包群、赖明勇，2003），所以一个国家或地区开放程度越高，其吸收先进技术的能力就越高。我们用进出口贸易总额与 GDP 的比值表示一个省的经济开放程度。

7. 金融发展水平（FD）

Levin（1997）认为，金融发展水平对投资决策与技术创新具有重要影响，发达的金融体系为技术创新提供便利的融资是决定创新活动效率的重要因素。Alfaro（2000）、Hermes 和 Lensink（2000）均发现，金融市场效率与技术外溢以及吸收能力的内在关系。考虑到数据的可获得性，本文金融发展水平的测度采用金融机构年底贷款余额占 GDP 的比重来衡量。

（三）数据

按照计量分析需要，主要搜集反映中国 ODI 主要投向的国家和地区的数据和国内各地区的数据。每年各省份 ODI 的存量数据来自《中国对外直接投资统计公报》。用来计算国外研发资本存量和技术差距（TD）的原始数据主要来自世界银行网站（www.worldbank.org）。其他变量所需要的数据均来自各有关年份的《中国统计年鉴》。由于西藏的数据不全，故把西藏从样本中除去。由于有些数据是一种沿用重庆还是属于四川的统计方法，所以本文中的四川包括了现四川和重庆的数据。这些数据是我们得以建立 2003~2008 年中国 ODI 省级数据面板数据。数据来源的多样性最大限度地减少了单一数据来源偏差（Single Informant Bias）。

[①] 如有需要，作者可以提供样本期内各省研发资本存量数据。

四、回归结果

由于模型使用是面板数据，我们要确定是使用固定效应模型（FE）还是随即效应模型（RE）。众所周知，两者的区别在于，前者假定被忽略的变量在各个时间段上对被解释变量的影响是固定不变的，而后者则假定这种影响是随机的。按照通常的做法，我们用 Hausman 检验来确定两者之间的选择，表 1 是模型（6）在固定效应下的检验结果。该检验的原假设为固定效应是多余的，从表中可以清晰地看到在 5% 置信水平下拒绝原假设，表明固定效应模型较随机效应模型更为合适。表 2 是用固定效应模型估计模型（6）所得到的结果。

表 1　Hausman 检验结果

Effects Test	Statistic	d.f	Prob.
Cross-section F	100.330692	(28, 143)	0.0000
Cross-section Chi-square	526.781767	28	0.0000

表 2　回归结果（固定效应模型）

	Model 1	Model 2	Model 3	Model 4	Model 5	Model 6
S^d	0.196***	0.127***	0.188***	0.237***	0.185***	0.144***
SPILL	0.029***	0.026**	0.067*	0.013*	0.036***	−0.072
TD		−0.013***				−0.014***
TD*SPILL		−0.001**				−0.00025
HR			0.073**			0.071***
HR*SPILL			−0.005			0.007*
OPEN				−0.106***		−0.106***
OPEN*SPILL				−0.010**		−0.0004
`FD					0.042*	−0.039**
FD*SPILL					−0.006	0.015***
R^2	0.979563	0.987709	0.980836	0.981614	0.979989	0.991152
adjusted R^2	0.975275	0.984920	0.976487	0.977441	0.975448	0.988661
F-statistic	228.4663	354.0899	225.5219	235.2399	215.7889	397.9500
Prob（F-statistic）	0.000000	0.000000	0.000000	0.000000	0.000000	0.000000

备注：*、**、*** 分别代表在 10%、5% 和 1% 的水平下显著。

从回归结果可以看出，模型的拟合优度和 F 值都非常好。我们将主要结果简要归纳如下：首先从模型（1）看到，国内的研发资本存量和以 ODI 构建的国外研发资本存量均对投资者所来自地区的全要素生产率起着重要的作用，这表明 ODI 逆向技术溢出效应确实存在。结果显示，国外研发存量对全要素生产率的贡献度为 0.029，即国外研发资本存量每提高 1%，平均而言中国各省的全要素生产率就会提高 0.029%。但国内研发资本存量的系数（0.196）明显比国外研发资本存量变量的系数要大，这说明了国内研发的投入对提高全要素生产率的贡献远大于 ODI 所产生的技术溢出的作用。所以为了提高中国的技术水平，在鼓励技术获取性 ODI 的同时，政府应当继续增加国内研发投入。

模型（2）显示，技术差距与国外技术溢出交叉项的系数为负值且十分显著，表明一个省同发达国家的技术差距越大，该省吸收逆向技术溢出越少，由此得出的结论是，技术差距妨碍吸收溢出效应。从模型（3）我们可以看出，人力资本存量变量在5%的显著性水平下显著，且系数为正，表明中国人力资本存量的增加会提高全要素生产率，这和新增长理论中关于人力资本对内生技术增长作用的论述是一致的。然而，人力资本与国外溢出的交叉项不显著，表明逆向溢出效应的强度并不取决于母国或地区人力资本水平的高低。模型（4）显示经济开放度自身和交叉项对全要素生产率的影响全都显著，但系数均为负。这说明，一方面，经济开放度的提高对中国技术水平的提高起着负向而非预期的正向作用；另一方面，对外开放程度的提高不利于对于逆向溢出效应的吸收。与预想相一致，模型（5）的检验结果说明金融发展水平的提高会促进全要素生产率的提升，这是因为金融市场对高新技术企业的支持通常体现在通过各种手段为新技术企业的科技转化进行融资安排，这种融资安排具体表现在风险资本市场和高科技资本市场的规模、结构及长期稳定性制度安排。然而，金融发展水平与国外溢出的交叉项并不显著，说明中国目前的金融环境对ODI逆向技术溢出的吸收不起作用，中国目前金融体系的效率还不足以促进逆向技术溢出的吸收。

五、结果讨论

我们结合文献从理论和实践背景对上述回归结果作进一步讨论。在跨国投资领域中有两个重要研究课题，分别是ODI的决定因素和ODI对于企业本身或母国的影响。在这两个方向上，学者们做了大量的理论和实证工作。然而，很少有研究把这两个方向联系在一起，这非常让人费解，因为ODI的决定因素（如某些区位决定因素）同时也决定ODI对于企业本身或母国的影响的效果。缘于此因，在研究溢出效应的实证文献中，ODI本身通常被处理为同质性的外生因素，而忽略了不同的投资动机对溢出效应的不同影响（Barrell和Pain，1997；Aitken和Hurrison，1999）。实际上，外资的溢出效应与企业特定优势及对外投资动机是密不可分的（Driffieldand Love，2007）。只有从逻辑上分析三者之间的关联性，才能深刻解析逆向溢出效应发生的原因及其强度。众所周知，企业ODI的动因通常分为资源寻求型、市场寻求型、效率寻求型和战略资产寻求型四类。资源寻求型、市场寻求型和效率寻求型ODI总的来说都属于"资产利用型"，这类投资通常并不事先"设计为"去东道国获取知识财产，所以溢出效应的主方向应当是：跨国公司子公司→东道国内资企业，这些类型的投资从理论上讲通常对投资者本身技术的反哺效应比较有限。"战略资产寻求型"ODI的动机主要在于通过在国外投资建立子公司，从国外获得关键性的无形资产，特别是R&D资源等，以弥补投资企业在这方面的劣势或增强其现有资产的组合效应（Dunning，1993）。

然而，最初的关于逆向溢出效应的实证证据，恰恰是产生于具有特定优势的跨国公司进行的所谓"资产利用型"对外投资的情形（Kogut和Chang，1991；Teece，1992；Siotis，1999；Driffield和Love，2003；Braconier，2001；Almeida，1999）。有关实证研究表明，即便那些具备特定优势的传统跨国公司所进行的所谓"资产利用型"对外投资，常常仍然以逆向溢出效应为其战略目标之一，由此充实母公司的核心竞争力。所以，虽然企业自身优势、投资动机与逆向溢出效应之间存在密切的因果关系，但在绝对意义上理解这些对应关系是幼稚和错误的。

本文发现，新兴经济体跨国公司ODI同样产生逆向溢出效应。由于新兴经济体跨国公司并不具备传统跨国公司所具有的那种典型的特定优势，近年来很多文献探寻什么是这些企业ODI独特的决定因素，很多学者推断它们对外投资的动机在于寻求国外战略资产。但是"资产寻求型"ODI从总体上说仍然停留在假说阶段，尚未经过严格的实证检验。本文通过发现逆向溢出证据，不仅在实证证据上提供了对于"资产寻求型"假说的支持，同时为无特定优势跨国公司为何存在提供了一个全新角度的解释。世界银行在《2008 全球经济展望：发展中国家的技术扩散》中认为，中国通过 ODI 收益逆向技术溢出，本文为此提供了坚实的实证证据。中国 ODI 所产生的逆向溢出效应与韩国在 20 世纪 80 年代中期的情形非常类似，韩国大企业当时已经不满足于通过引进外资引进的技术，为了获取更先进的技术，韩国大企业集团开始大举对外投资。由于 ODI 的技术反哺效应，使韩国在液晶显示、存储芯片、半导体、汽车等很多高新技术领域很快赶上或超过了发达国家水平（金麟洙，1995）。

然而，本文的结果表明，对外投资的逆向溢出效应并非是普遍和一致的，而是取决于投资者所来自的地区在经济与技术各方面的特点。换句话说，投资者所在地区的异质性特别是在吸收能力方面的差异调节逆向溢出效应的强度。

首先，技术差距与对外投资的交叉项的系数为负值而且显著，表明技术差距越大，越不利于对外溢技术的吸收。这一结果支持"技术积累假设"（Cantwell，1989）。该假设认为，如果技术水平差距过大，虽然可供母国或地区进行技术模仿、学习的空间很大，但由于母国或地区自身没有足够的技术能力去吸收、模仿外来的技术，导致最后技术外溢效果很小。

其次，人力资本与对外投资的交互项不显著，表明中国目前人力资本存量对于国外研发资本溢出的吸收没有作用，这说明中国人力资本水平尚未达到能够提升逆向溢出效应的"门槛效应"（Threshold Effect）。Grossman 和 Helpman（1991）在研究国际贸易技术溢出时首次发现，只有当人力资本达到一定水平后，国际贸易才能对经济增长起较大的拉动作用。其后，Borensztein（1998）的理论模型表明，东道国的人力资本存量强化 FDI 对经济增长的推动作用。王志鹏、李子奈（2004）在借鉴 Barro 和 Sala-I-Martin（1995）的干中学和知识溢出的模型思想时，重新构建考虑 FDI 溢出效应的内生经济增长模型发现，人力资本门槛假说在中国也成立。所以，为了提高中国利用 ODI 逆向技术溢出的水平，各地区政府需增加教育和培训投入，使中国有充足的人力资源吸收逆向技术溢出。

再次，经济开放度和对外投资的交叉项对全要素生产率呈显著的负向影响，表明中国经济开放度的提高，反而不利于对外来技术的吸收。这虽然与我们的预想不一致，但与 Olfsdotter（1998）的研究发现相同，他发现东道国经济开放度对 FDI 溢出效应产生负向影响。我们的结果并不难解释，因为它恰恰反映了中国对外开放的实际情况。中国的对外开放度（通常以进出口总额占 GDP 比重衡量）远远高于同等经济发展阶段国家，所以中国企业通过国际贸易和与内向国际化（在本国与外资企业互动）在相当程度上已经处于国际竞争中，有机会在国际市场上学习和模仿外国竞争者，这导致对外投资对母国企业产生的正向溢出效应将是有限的。不仅如此，当对外开放度过高时，它实际上会削弱 ODI 对母国技术提升的作用。另外一个可能的解释是，中国对外贸易以加工贸易为主，与 ODI 产生的产业间关联和带动效应非常有限。国际贸易与对外投资反映企业国际化的不同形式，两者之间既可能是互补的关系，也可能是替代的关系（Dunning，1981）。我们的结果表明，在目前中国企业国际化的阶段中，两者之间呈替代关系而非互补关系，所以经济开放度高必然削弱对外投资的技术溢出的效果。

最后，金融发展水平与国外研发资本的交叉项并不显著，说明中国目前的金融环境对国内企业对于 ODI 逆向技术溢出的吸收不起作用。ODI 的逆向技术溢出主要是在高新技术产业，但其高投入、高风险、高收益的特点要求有着一个高效的金融体系对其提供支撑与保障，越是发达的金融系统越能为企业提供流畅的直接融资渠道，越能促进高技术产业中技术的扩散与吸收。然而，在金融管制和银行垄断的制度环境下，中国逐渐形成了国有银行在金融业中的垄断地位，导致中国银行业在整体上效率和竞争力低下，由此进一步导致部分非国有高科技企业在融资上的困难，使它们难以在研发上进一步投资，以发展吸收逆向溢出效应必要的吸收能力。

六、结　论

利用中国省级对外投资数据，本文实证分析了无特定优势新兴经济体 ODI 所产生的逆向溢出效应。我们发现，某一省份的对外投资显著影响该省的全要素生产率，这表明逆向溢出效应确实存在。由于以往对于逆向溢出效应的研究主要是针对具有特定优势的跨国公司在发达国家之间对外投资的情形，通过分析无特定优势新兴经济体 ODI 的情形，本文把逆向溢出效应实证研究向前推进了一步。

然而，我们发现，对外投资所产生的逆向溢出效应并不是无条件的。本文结果表明，中国各地区的异质性特征不仅调节逆向溢出效应的强度，同时决定其是否发生。具体而言：①技术差距对逆向溢出效应产生负向影响；②人力资本存量对于逆向溢出效应的吸收没有作用；③高对外开放度不利于吸收逆向溢出效应；④金融发展水平对吸收逆向溢出效应没有产生作用。这些结果表明，中国各省区在提升吸收能力方面还有很大的提升空间。

不可避免地，本文有若干局限性，这些局限性同时表明未来的研究路径：①本文主要考察逆向溢出效应是否发生，以及逆向溢出效应产生的条件，特别是母国吸收能力对于溢出效应大小的影响，由于数据局限，我们没有深入分析逆向溢出效应产生的机制。未来研究可以利用企业水平数据细致分析逆向溢出发生的机制。②本文分析了母国地区异质性对于逆向溢出效应方向和强度的影响，受数据可得到性限制，本文没有充分统计行业效应。未来研究应当分析逆向溢出效应在不同行业发生的模式。③本文着重考察无特定优势新型经济体企业对外投资的情形，比较这些企业对外投资所产生的逆向溢出效应与具有特定优势的传统跨国公司对外投资所产生的溢出效应，这对于深化理解新兴经济体对外投资的动机和效果无疑具有重要的理论含义。

参考文献

［1］白洁.对外直接投资的逆向技术溢出效应——对中国全要素生产率影响的经验检验［J］.世界经济研究，2009.

［2］包群.外商直接投资、吸收能力与经济增长［M］.上海：上海三联出版社，2006.

［3］杜群阳，朱勤.中国企业技术获取型海外直接投资理论与实践［J］.国际贸易问题，2004（11）.

［4］何洁.外国直接投资对中国工业部门外溢效应的进一步精确量化［J］.世界经济，2000（12）.

［5］何洁，许罗丹.中国工业部门引进外国直接投资溢出效应的实证研究［J］.世界经济文汇，1999（2）.

［6］赖明勇，包群.关于技术外溢与吸收能力的研究综述——外商直接投资理论研究新进展［J］.经济学动态，2003（8）.

［7］刘明霞.中国对外直接投资的逆向技术溢出效应——基于技术差距的影响分析［J］.中南财经政法大学学报，2010（3）.

［8］潘文卿.外商投资对中国工业部门的外溢效应：基于面板数据的分析［J］.世界经济，2003（6）.

［9］茹玉骢.技术寻求型对外直接投资及其对母国经济的影响［J］.经济评论，2004（2）.

［10］吴晓波，黄娟，郑素丽.从技术差距、吸收能力看 FDI 与中国的技术追赶［J］.科学学研究，2005（3）.

［11］冼国明，杨锐.技术积累、竞争策略与发展中国家对外直接投资［J］.经济研究，1998（11）.

［12］赵伟，古广东，何元庆.外向 FDI 与中国技术进步：机理分析与尝试性实证［J］.管理世界，2006（7）.

［13］邹玉娟，陈漓高. 我国对外直接投资与技术提升的实证研究［J］. 世界经济研究，2006（5）.

［14］Aitken B. J. & Harrison A. E. Do Domestic Firms benefit from Direct Foreign Investment? Evidence from Venezuela.American Economic Review, 1999（89）：605-618.

［15］Barrell R. and Pain N. Foreign Direct Investment, Technological Change, and Economic Growth within Europe. Economic Journal, 1997（107）：1770-1786.

［16］Barro, R.J., Sala-i-Martin X. Technological Diffusion, Convergence, and Growth. Journal of Economic Growth, 1997（2）：1-26.

［17］Braconier H., K. Ekholm and K.H. MidelfartKnarvik. In Search of FDI- transmitted R&D Spillovers: A study based on Swedish Data. Weltwirtschafliches Archiv, 2001（137）：644-665.

［18］Brensztein E., Gregori J. and Lee J-W. How does Foreign Direct Investment Affect Economic Growth. Journal of International Economics, 1998（45）：115-135.

［19］Buckley, P.J., Clegg J. and Wang C. The Impact of Inward FDI on the Performance of Chinese Manufacturing Firms. Journal of International Business Studies, 2002（33）：637-655.

［20］Coe, D.T., Helpman E. International R&D Spillovers. European Economic Review, 1995（39）：859-887.

［21］Cohen, Levinthal. Absorptive Capability: A New Perspective on Learning and Innovation. Administrative Science Quarterly, 1990（35）：128-152.

［22］Deng P. Outward Investment by Chinese MNCs: Motivations and Implications. Business Horizons, 2004（47）：8-16.

［23］Driffield N. and Love J. Linking FDI Motivation and Host Economy Productivity Effects: Conceptual and Empirical Analysis. Journal of International Business Studies, 2007（38）：460-473.

［24］Fosfuri, M.Motta and T.Rond. Foreign Direct Investment and Spillovers through Workers' Mobility. Journal of International Economics, 2001（53）：205-222.

［25］Griliches Z. R&D and Productivity Slowdown. American Economic Review, 1980（70）：343-348.

［26］Head, C. Keith & John C., Ries. Offshore Production and Skill Upgrading by Japanese Manufacturing firms. Journal of International Economics, 2002（58）：81-105.

［27］Imbriani C., Reganati F. International Efficiency Spillovers into the Italian Manufacturing Sector With English Summary. Economia Internazionale, 1997（50）：583-595.

［28］Jaffe, Trajtenberg and R.Henderson. Geographic Localization of Knowledge Spillovers as Evidenced by Patent Citations. Quarterly Journal of Economics, 1993（108）：577-598.

［29］Kogut B., S. J.Chang. Technological Capabilities and Japanese Direct Investment in the United States. Review of Economics and Statistics, 1991（73）：401-413.

［30］Kokko A. Productivity Spillovers from Competition between Local Firms and Foreign Affiliates. Journal of International Development, 1996（8）：517-530.

［31］Kokko A. Foreign Direct Investment, Host country Characteristics and Spillovers. Stockholm School of Economics, Stockholm, 1992.

［32］Lecraw D.J. Outward Direct Investment by Indonesian Firms: Motivation and Effects. Journal of International Business Studies, 1993（3）：589-600.

［33］Levine R. Financial Development and Economic Growth: Views and Agenda. Journal of Economic Literature, 1997（35）：688-726.

［34］Lichtenberg F., Pottelsberghe B. Does Foreign Direct Investment Transfer Technology Across Borders. The Review of Economics and Statistics, 2001（83）：490-497.

［35］Love, J.H. Technology Sourcing Versus Technology Exploitation: an Analysis of US Foreign Direct Investment Flows. Applied Economics, 2003（35）：1667-1678.

［36］Lucas R.E. On the Mechanism of Economic Development. Journal of Monetary Economics, 1988（22）：

3-22.

[37] Makino S., Lau C. M. &Yeh R. S. Asset Exploitation Versus Asset Seeking. Journal of International Business Studies, 2002 (33): 403-421.

[38] Ozawa T. Foreign Direct Investment and Structural Transformation: Japan as a Recycler of Market and Industry. Business and Contemporary World, 1993: 129-150.

[39] Pavitt K. The Size Distribution of Innovating Firms in the UK: 1945-1983. The Journal of Industrial Economics, 1984 (35): 297-316.

[40] Romer, P. M. Increasing Returns and Long Run Growth. Journal of Political Economy, 1986 (194) 1003-1034.

[41] Siotis G. Foreign Direct Investment Strategies and firm's Capabilities. Journal of Economics and Management Strategy, 1999 (8): 251- 270.

[42] Teece D. J. Foreign Investment and Technological Development in Silicon Valley. California Management Review, 1992 (34): 88-106.

[43] Zhao W., Liu L. and Zhao T. The Contribution of Outward Direct Investment to Productivity Changes within China, 1991-2007. Journal of International Management, 2010 (16): 121-130.

大型民用客机产业价值链的实证分析[*]

余典范 干春晖 程 聪 王 健[**]

一、问题的提出

如果把航空航天产业比作现代工业的"皇冠",那么大型民用客机就是皇冠上最璀璨的"明珠"。在中国战略性新兴产业中,大型民用客机具有重要的战略地位,发展大飞机项目是提高中国自主创新能力、促进产业结构升级、增强国家核心竞争力的重大战略举措。而作为国家战略层面的大飞机项目不仅仅有技术上的需要,更意味着要使中国的大飞机制造成为一个有竞争力的产业。这不仅是技术的问题,也是极高寡占型市场结构背景下的市场进入和全球竞争问题。历史上很多国家试图进入由波音和空客垄断的市场,可是产业特点和双寡头的策略性行为构筑起一个极高的进入壁垒,使得试图进入的国家不是退而求其次,进入支线飞机市场,就是彻底失败。大型民用客机产业是典型的全球性产业,价值环节众多。其竞争体现为国家之间在全球价值链上的竞争。在全球价值链分工的现实条件下,自主发展大飞机并不意味着所有的环节都需要依靠自己完成,每一个环节的附加值都存在着一定的差异。价值链中的利润高点或者关键环节才是我们需要努力的方向。因此,从价值链的视角对大型民用客机产业进行系统深入的研究就显得十分必要。

以往也有不少文献对大飞机产业链进行了研究,如 Geriffi(1999)在对飞机产业的历史进行考察后认为,飞机制造是一条生产者驱动的全球价值链,链条的治理者是波音、空客和麦道。Seishi Kimura(2007)则得出了相反的结论,认为这是一条购买者驱动的全球价值链。张吉昌、孙敏(2007)、张吉昌和姜春海(2008)、史东辉(2008)等认为,波音和空客不仅拥有生产环节中的核心技术——总装,同时,交易模式也决定它们拥有流通环节的核心能力——与客户直接接触的营销能力,因此它们的年营业利润额可以超过 10 亿美元,在整个价值链中鹤立鸡群;它们拥有推动产业发展的核心技术,对整个产业链有着不可比拟的影响力。因而波音和空客是无可争议的整个全球价值链的治理者。相关的分析还包括:张吉昌、孙敏(2007)把产业链的拆分为供应链、组装和售后服务三个环节,分别分析了三个环节不同的技术策略,以攻克技术壁垒。张吉昌、姜春海(2008)从卖方市场角度对大飞机产业链进行了拆分,分析了不同环节的经济特征,进而结合

* 国家社科基金重大招标项目"'十二五'期间加快推进中国产业结构调整研究"(批准号:10ZD&011)、2011 年国家社科基金青年项目"加快推进中国自主创新技术成果产业化的体制机制与政策措施研究"(批准号:11CJY017)、2008 年上海高校选拔培养优秀青年教师科研专项基金项目"适宜技术、制度与产业绩效——理论分析与实证检验"、上海市哲学社会科学规划基金青年项目"总部经济与上海产业转型的对接研究"(批准号:2010EJB010)。

** 余典范,1979 年生,男,湖南常德人,上海财经大学 500 强企业研究中心,经济学博士,讲师;干春晖,1968 年生,男,江苏常熟人,上海财经大学国际工商管理学院,教授,博士生导师;程聪,1985 年生,男,上海人,上海浦东发展银行;王健,1986 年生,男,河南人,上海财经大学国际工商管理学院,博士。

中国实际情况，给出了中国大飞机突破纵向约束的总装厂和零部件供应商的产业组装策略等。上述文献对大飞机产业链进行了很好的剖析，但较少从实证方面分析大飞机产业的价值链分布特征，也缺乏对其形成原因的分析。因此，本文以全球大型民用客机的典型企业为样本，实证分析了大飞机产业各价值链环节的附加值，分析了其价值环节分布的成因，并针对中国大飞机产业的发展提出了相应的政策建议。

二、大型民用客机全球价值链的构成与特征

（一）研究对象的界定

大型民用客机产业并不是一个规范意义上的统计学概念，迄今为止，学术界关于大型民用客机的定义尚未完全统一。本文参照史东辉（2008）引用的詹金森（L.R. Jenkinson）等人给出的定义，对大型民用客机的概念界定如下：载客能力超过 100 座的喷气式民用运输机，[1]与之相对应，载客能力在 100 座以下的民用运输机通常被称为支线飞机。国内运用更为频繁的是"大飞机项目"中的大飞机的概念，它指的是起飞总重超过 100 吨的运输类飞机，也包括 150 座以上的干线客机。与本文对大型民用客机的定义相比，有两个区别：首先，载客数下限的区别；其次，大飞机包括民用飞机和军用飞机。根据空客和波音的数据，在 A320 和 B737 系列中，都有部分机型的载客数在 100~150 座。因此，本文采用的大型民用客机的定义与"大飞机项目"并不矛盾，且更加符合现实情况，中国对于"大飞机"的定义可能是出于对自身市场定位的考虑。[2]因此，定义中的唯一区别是本文的研究中不考虑"大飞机项目"中的军用飞机，仅指民用飞机。

表1　主要大型民用客机简介（现役）

制造商	系列	型号	最早交付时间（年）	最大载客数（人）	设计航程（公里）
波音	B737	−600	1998	132	5648
		−700	1997	149	6230
		−800	1998	189	5665
		−900ER	2007	220	5925
	B747	−100	1969	452	9800
		−200	1971	452	12700
		−300	1983	496	12400
		−400	1988	524	13450
		−400ER	2002	524	14205
	B767	−200ER	1984	255	12195
		−300ER	1988	350	11070
		−400ER	2000	375	10415

---

① 史东辉引用的是詹金森对大型民用飞机的定义，不仅包括民用运输机，也包括民用货物运输机。货机显然不属于大型民用客机的范畴。

② 中国首架大型客机命名为 C919，其中"19"就代表最大载客量为 190 座，标配的载客量在 168 座，因此 150 座的下限可能比较合理。

续表

制造商	系列	型号	最早交付时间（年）	最大载客数（人）	设计航程（公里）
波音	B777	−200	1995	440	9695
		−200ER	1997	440	14260
		−200LR	2006	301	17370
		−300	1998	550	11135
		−300ER	2004	365	14685
空客	A300	−600	1984	361	7500
	A310	−300	1985	280	8050
	A318		2003	132	5926
	A319		1996	156	6852
	A320		1988	180	5556
	A321		1994	220	5556
	A330	−200	1998	380	12500
		−300	1993	440	10500
	A340	−200	1993	380	12400
		−300	1993	440	13350
		−500	2003	375	16100
		−600	2002	475	14360
	A380	−800	2007	853	15200

资料来源：根据波音和空客官方网站资料整理。

（二）大型民用客机价值链环节及其治理模式

大型民用客机全球价值链从市场研究开始；在对市场上客户需要的飞机类型有一个大致的判断后，飞机开始进入设计环节，包括飞机本身的制造设计和项目推进安排；飞机设计定型后，就开始进入最为复杂的制造阶段，在这个阶段，包括原材料供应、多级零部件供应、系统零部件集成和飞机总装；在飞机制造商完成总装后，飞机需要进行认证测试，并拿到适航证，才能进入相应的市场进行销售，销售的方式除了直接卖给航空公司外，有很大一部分是卖给飞机租赁公司，再由租赁公司进行飞机租赁业务；最后一个环节就是售后维修环节，对于飞机这样一个使用寿命长的产品来说，这个环节非常重要。大型民用客机的这一条全球价值链如图1所示。

Geriffi（1999）在对飞机产业的历史进行考察后认为，飞机制造是一条生产者驱动的全球价值链，链条的治理者是波音、空客和麦道。10年后，Seishi Kimura（2007）则得出了相反的结论，认为这是一条购买者驱动的全球价值链。这显示了行业的巨大变迁和驱动力判断的难度。本文认为，当前大型民用客机全球价值链是一条混合驱动型全球价值链。做出如此判断的理由主要来源于当前的交易方式。与大多数商品有很大不同，大型民用客机的交易不属于货架产品交易，通常采用的是提前订购并按时交付的方式，在生产前已经确定买主，在下线交货前，尾翼都已经涂上了买家的标识。这种交易方式意味着，市场营销在价值创造过程中占据非常重要的地位，如果没有商业资本在流通领域的推动，那么即使有再充足的产业资本也无法推动价值创造。所以从最重要的动力根源角度来看，对于这样一个复杂、单位价格过亿元的产品，生产者已经不会单纯依靠自身投资来推动市场需求，转而由市场需求来决定自己的投资。但这并不意味着能像简单产品市场那样仅靠市场需求能推动市场发展，因为飞机产品实在太复杂，需要足够的技术和产业资本保障。因此，大型民用客机全球价值链的驱动力并不是单纯的生产者或者购买者驱动，而是两者混合驱动。不过对于偏向购买者还是生产者驱动型，很难下定论：一方面，考虑到购买确认在前、

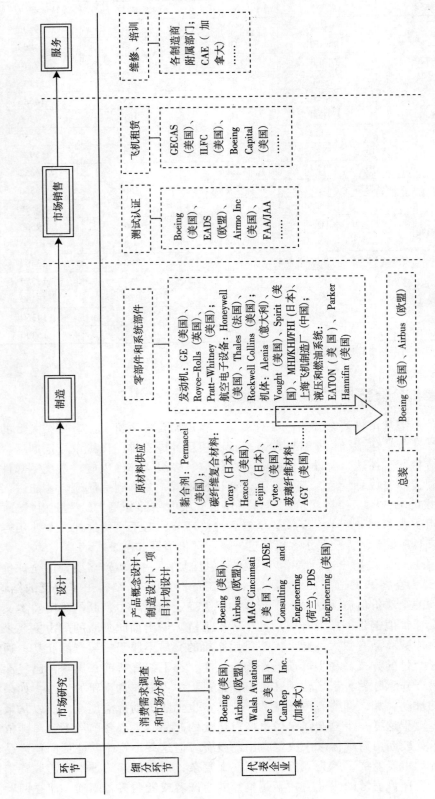

图1 大型民用客机全球价值链环节及其代表企业

资料来源：Jane's Aircraft Component Manufacturers，网站 Airframer 和作者整理。

生产交货在后的交易方式，这偏向于购买者驱动；但从核心能力角度来看，现阶段 R&D 和制造能力是比营销能力重要得多的能力，这又偏向于生产者驱动。

对于大型民用客机 GVC 治理者的识别，参考 Kaplinsky 的识别方法，作为最终产品市场上的双寡头，波音和空客显然是无可争议的整个 GVC 的治理者。在这样一条混合驱动型价值链中，波音和空客不仅拥有生产环节中的核心技术——总装，同时，交易模式也决定它们拥有流通环节的核心能力——与客户直接接触的营销能力，因此它们的年营业利润额可以超过 10 亿美元，在整个价值链中处于主导地位（见表 2）；它们拥有推动产业发展的核心技术，对整个产业链有着不可比拟的影响力（张吉昌、孙敏，2007；张吉昌、姜春海，2008；史东辉，2008）。这也就意味着，进入者必须同时拥有两个环节的核心能力，才能有机会挑战在位者在这条价值链上的治理者地位。

在制造环节中，波音和空客在完成总装的同时，自己也完成一定比例的部件的生产，其余部分通过全球分工体系由上游供应商承担，这种分工的方式主要有转包、风险合作和采购商用现货。大型民用客机生产的全球分工体系可以分为三个主要层次。第一级：波音和空客。这一级主要是指飞机制造商，它们从事飞机设计、总装、测试和部分机体制造业务。第二级：发动机制造商、航空电子设备制造商和主要系统部件供应商，它们直接为飞机制造商提供各种机载设备、系统部件和部分主要部件。第三级：其他零部件供应商，它们为前两级厂商（主要为第二级）提供零部件、设备、材料和服务（史东辉，2008）。实际上，第二级供应商可以进一步细分，发动机制造商和航空电子设备制造商是比其他主要部件更为重要的提供商，理由主要有两点：从产品技术角度来看，发动机和航空电子设备系统集成性非常强；从市场需求角度来看，这两个部分的供应商由于产品的相对独立性且总装企业不具备相应研发生产能力，有机会直接与最终客户接触，从而决定这部分的项目合同。这与第一级波音和空客的情况类似，它们不仅掌握集成环节的核心技术，同时也可以直接面对客户，拥有营销环节的核心技术。

从产业链中所处的位置来看，第二级和第三级都在第一级的上游。第二级和第三级的最大区别在于前者偏重于完成子系统集成，而后者偏重于零部件和一般部件的制造，因此一般而言，第三级供应商大多在第二级的上游。从治理者和被治理者的关系角度，第一级为 GVC 链条中的治理者，第二级和第三级为被治理者。飞机制造是一个典型的全球分工、模块化生产的过程，根据全球分工的方式和供应商的年报信息。总体而言，制造环节内呈现的是一种半层级治理模式。

在制造环节中，飞机总装无疑是最为关键性的环节。波音和空客作为最终产品的系统集成企业，将飞机部件分拆成子系统，由第二级、第三级企业完成相应子系统，并通过规则和标准的制定约束研发、制造过程，从而完成系统分解后的集成。同时，在系统部件中，由于具备极高的系统集成性和技术难度，航空电子设备和飞机发动机也是两个相对来说非常关键的环节。在现行的交易模式中，最终客户在确定机型时，可以选择发动机和航空电子设备的提供商，这也就意味着，第二级厂商在为飞机制造商提供部件时，拥有其承担的价值环节中生产、设计等方面更大的弹性空间，这种能力和发言权虽然比不上波音和空客这类总装企业，但已经能够对价值链中的产品带来影响。这种半层级的治理模式体现了总装企业、航空电子设备和飞机发动机等关键性环节通过标准、规范协调上下游环节价值创造活动的能力。对于试图进入飞机总装领域的进入者而言，它们很可能会面临总装企业利用这种能力所采取的各种纵向约束行为，这种策略性行为将给新进入者保持原材料和零部件供应稳定带来巨大的挑战。

表2 大型民用客机产业收益分布 (2004~2008年)

盈利能力（百万美元[1]）

价值链环节	一级分类	二级分类	三级分类	公司名称（括号内为母公司）	相应部门	2004 销售收入	2004 利润	2004 营业利润率(%)	2005 销售收入	2005 利润	2005 营业利润率(%)	2006 销售收入	2006 利润	2006 营业利润率(%)	2007 销售收入	2007 利润	2007 营业利润率(%)	2008 销售收入	2008 利润	2008 营业利润率(%)	N年平均 营业利润率(%)
制造	原材料供应	复合材料	碳纤维[2]	TORAY	Carbon Fiber Composit Materials						8.6	23.68	6.25	26.4	36.3	7.7	21.2				23.8
			碳纤维[2]	TEIJIN (TOHO Tenax)	Carbon Fiber Business	23.3	2	8.6	29.9	4.3	14.4	36.4	6.3	17.3	40	6.6	16.5				14.2
	部件	机体	机身及其部件	SPIRIT AEROSYSTEMS[3]	Fuselage Systems										1790.7	317.6	17.7	1758.4	287.6	16.4	17.0
			机身尾段、尾翼及其部件	AVCORP[4]	All Company	56.4	-2.7	-4.8	66.9	-5	-7.5	90.7	6.1	6.7	112	4.2	3.8	101	5	5.0	0.6
			机翼及其部件	SPIRIT AEROSYSTEMS	Wings System										985.5	111.3	11.3	955.6	99.7	10.4	10.9
			起落架	GOODRICH	Actuation and landing systems	889	49.2	5.5	1038.7	56.4	5.4	1177	77.6	6.6	1391.6	143.6	10.3	1513.1	173.6	11.5	7.9
		发动机		GE	GE Aviation	11094	2238	20.2	11904	2573	21.6	13017	2802	21.5	16819	3222	19.2	19239	3684	19.1	20.3
				ROYCE-ROLLS[5]	Civil and Defense Aerospace	6525	601	9.2	6460	845	13.1	8046.5	1032	12.8	9347.5	1234.7	13.2	8185	1048	12.8	12.2
				PRATT&WHITNEY	Commercial	8281	1083	13.1	9295	1449	15.6	11112	1817	16.4	12129	2011	16.6	12965	2122	16.4	15.6
		机载设备	航空电子系统	ROCKWELL COLLINS	Commercial Systems/Air Transport Aviation Electronics	798	114	14.3	911	165	18.1	968	197	20.4	1175	261	22.2	1257	293	23.3	19.7
			飞行控制系统	MOOG LNC	Aircraft Controls	412	63	15.3	452	64	14.2	527	67	12.7	587	61	10.4	673	55	8.2	12.1
			传感和探测系统	Esterline[6]	Sensors & Systems							278	27	9.7	316	33	10.4	384	43	11.2	10.8

续表

盈利能力（百万美元）①

价值链环节	一级分类	三级分类	公司名称（括号内为母公司）	相应部门	2004年 销售收入	2004年 利润	2004年 营业利润率(%)	2005年 销售收入	2005年 利润	2005年 营业利润率(%)	2006年 销售收入	2006年 利润	2006年 营业利润率(%)	2007年 销售收入	2007年 利润	2007年 营业利润率(%)	2008年 销售收入	2008年 利润	2008年 营业利润率(%)	N年平均 营业利润率(%)
部件	机载设备	液压和燃油系统	PARKER	Aerospace System	1216	158	13.0	1359	199	14.6	1505	221	14.7	1685	270	16.0	1838	251	13.7	14.4
			EATON②	Aerospace										1594	233	14.6	1811	283	15.6	15.1
制造		客舱系统（食品储藏与空调设备）	B/E AEROSPACE Systems	Interior				282	26	9.2	389	38	9.8	633	73	11.5				10.2

盈利能力（单位：百万美元）

价值链环节	一级分类	公司名称（括号内为母公司）	相应部门	2004年 销售收入	2004年 利润	2004年 毛利率(%)	2005年 销售收入	2005年 利润	2005年 毛利率(%)	2006年 销售收入	2006年 利润	2006年 毛利率(%)	2007年 销售收入	2007年 利润	2007年 毛利率(%)	2008年 销售收入	2008年 利润	2008年 毛利率(%)	5年平均 毛利率(%)
总装		BOEING	Commercial Airplanes	19925	745	3.7	21365	1431	6.7	28465	2733	9.6	33386	3581	10.7	28263	1186	4.2	7.0
		AIRBUS					26171	2722	10.4	32323.8	-734	-2.3	36188	-1295	-3.6	32807.3	2255.8	6.9	2.9
市场销售		GECAS (GE)	GECAS	3159	520	16.5	3504	764	21.8	4353	1174	27.0	4839	1211	25.0	4901	1194	24.4	22.9
	租赁	AIG AIRCRAFT FINANCE (ILFC)		3136	642	20.5	3668	769	21.0	4082	578	14.2	4694	873	18.6				18.5
服务	培训	CAE	Civil Training and Services	268.8	28.3	10.5	306.8	39.8	13.0	322.3	57.1	17.7	336.9	64.3	19.1	382.1	73.5	19.2	15.9

注：①部分公司是在加拿大或欧洲上市，计价单位为加元或欧元，本文都根据年报年报公布月份国外外汇管理局公布的外汇汇率调整为百万美元。

②在 TORAY 2008 年的年报中，给出了为飞机制造商提供碳纤维复合材料风力发电设备，也来自运动服装利风力发电设备，因此收入比 TORAY 高，但实际在飞机碳纤维维领域，TORAY 的市场份额为最高。在 TEJIN 的年报中，这部分的收入不仅来自飞机，也来自运动服装利风力发电设备，因此收入比 TORAY 高，但实际在飞机碳纤维维领域，TORAY 的市场份额为最高。而

③2007 年年报部门划分进行调整，数据并不连续，数据公司数据仅取 2007 年、2008 年。

④该公司在加拿大上市，没有 OPERATING INCOME 数据，在盈利数据中，根据年报解释，选择 EBITDA。

⑤R-R 没有营业利润数据，而是公布了在此基础上调整的 Underlying Profit。根据年报解释，选择 EBITDA。

⑥后两年数据经过调整，不具可比性，因此只选择 2008 年公布的三年数据。

⑦从 2007 年开始才把航空液压系统部门单独列出财务数据，因此只收集了 2008 年、2007 年数据。

数据来源：各公司年报。

表3　大型民用客机产业制造环节半层级治理模式

全球分工体系分级	部门	代表性企业	地位	业务范围概况
第一级	飞机总装	波音、空客	治理者	市场研究、研发、系统集成、市场销售、售后服务
第二级	发动机制造商、航空电子设备制造商	GE、Royce –Rolls、Pratt –Whitney；Honeywell、Thales、Rockwell Collins	弱化的被治理者	相应环节的市场研究、研发、集成、市场销售、售后服务
	其他主要部件供应商	Vought、Spirit、EATON 等	被治理者	研发、制造、少量集成
第三级	其他部件、材料供应商	Toray、上飞等	被治理者	制造

三、大型民用客机全球价值链的实证分析

（一）研究思路与指标选取

全球价值链理论中提到的不同价值指的是附加值的不同，附加值是企业通过生产过程所新增加的价值。而这个数据需要通过企业调研才能获得（Kaplinsky，2000）。对于大型民用客机的研究，这显然是不可能的，而在可获得的数据库中，也没有全球大型民用客机产业各个环节或者主要企业的产品的附加值情况。因此，本文根据 Kaplinsky（2000）的分析，用反映盈利能力的指标做近似替代，因为盈利能力数据可以从上市公司的财务报表中获得。在对其他产业的研究中，也有不少学者用盈利能力指标来考察价值链中的收益分配和价值分布问题，如张纪（2006）用纯益率来考察笔记本电脑商品链的收益分配问题，赵绪福（2006）则用产值和毛利率来说明天然纤维纺织产业链中不同环节价值和利润分布的差异。仍旧需要指出的是，由于反映盈利能力的指标除了反映企业产品增加的价值外，也包括企业经验管理方面的能力，因此这只是在附加值数据不可得时的一种近似替代。

在大型民用客机产业中，由于多级供应等级的存在，不同级别的企业之间的规模差异很大。因此，单纯用利润的绝对数或许能够反映一家企业或者一个环节内部的盈利能力，但在不同环节之间进行比较是缺乏说服力的。所以本文引入营业利润率来衡量盈利能力。营业利润率等于营业利润除以销售收入，它是一个相对数的概念，可以剔除规模因素对利润数量级的影响，从而使其在不同行业之间更具可比性。在财务管理中，除了营业利润率，还有净利润率等指标可以反映企业盈利能力，它们之间的差别主要来自分子，即对"利润"的不同衡量方法。

在欧美国家上市公司的公司年报中，反映企业利润的指标主要有：营业利润（Operation Profit）、息税前利润（Earnings Before Interest and Tax，EBIT）以及净利润（Net Profit）。营业利润等于销售收入扣减售货成本和当期销售及行政费用（Selling，General & Administrative Expense，SG&A）；息税前利润等于营业利润加上（减去）其他收入（支出），这里的其他收入（支出）是指由非营运活动所产生的收入（支出），比如业务的停止或出售等；净利润则是息税前利润扣减应交所得税和利息收入（支出）之后的净值。

从定义可以看到，净利润不是很好的衡量一个公司日常运作盈利能力的指标，因为这里涉及的利息收入（支出）与日常运作无关，属于非盈利活动带来的影响。此外，不同国家，甚至同一国家对于不同行业不同产品所规定的税率是不相同的，税收问题在大型民用客机产业中尤为明显。因此，计算出来的所得税也不尽相同。这会严重影响我们判断一家企业真正的盈利能力，所以，

我们不选择净利润作为衡量指标。同样的思路，其他收入（支出）是由非日常营运活动所产生的收入（支出），它不能反映企业日常盈利活动，所以息税前利润也无法很好地诠释企业日常的盈利情况。营业利润的含义更贴近本文对于企业价值创造衡量的要求，因此，本文将根据年报显示的营业利润和销售收入来计算营业利润率，以营业利润率的比较为主，营业利润和销售收入作为参考指标，值越高，说明盈利能力越强。此外，作者发现部分公司由于不同证券交易所会计制度的要求使用了其他一些指标来表述，这些指标将在下文具体计算过程中做具体说明。

（二）价值环节选择

大型民用客机全球价值链包含市场研究、设计、制造、市场销售和售后维修环节五个环节，在每一个环节中，又有很多子环节，其中尤以制造环节最为复杂。考虑到企业数据的可获得性，本章选取的价值环节为制造、市场销售和售后维修三大环节，市场研究和设计环节① 将不包含在内。

在复杂的制造环节中，本章以图 1 等级分类为基础，按照飞机构成部件进一步细分为原材料供应、机体、发动机、机载设备和总装五类（按照机体、发动机、机载设备进行分解可以包含飞机的所有部件）。在这五类中，根据数据的可获得性，本文对较为复杂的机体和机载设备进一步细分。表 4 显示了列入本文研究查找范围的细分部门样本。

表 4　大型民用客机全球价值链细分环节

价值链环节	一级分类	二级分类	三级分类
制造	原材料供应	金属材料	
		涂料	
		黏合剂	
		复合材料	
	部件	机体	机身及其部件
			机身尾段、尾翼及其部件
			机翼及其部件
			起落架
		发动机	
		机载设备	航空电子系统
			供电系统
			供氧系统
			飞行控制系统
			传感和探测系统
			液压和燃油系统
			安全防护系统
			环境系统
			客舱设备
			货舱系统
	总装		
市场销售	测试认证		
	航空公司销售		
	租赁		
服务	维修		
	培训		

资料来源：根据史东辉（2008）. www.airframer.com 和作者实际搜索情况整合而成。

---

① 如下文所述，本章的数据来源为公司年报，在市场研究和设计环节的独立公司中并没有找到上市公司，而波音、空客等制造环节公司的年报中也不会体现这两个环节的收益情况，只提供费用支出情况。

本文是计算、比较不同价值环节之间的收益分布，属于产业部门之间的比较。但正如前面所述，作者只能通过年报获得企业数据。为了更为准确地反映产业部门之间的差别，本文在选取企业时遵循以下几点：

（1）选择部门内的典型企业、领先企业。[①] 这些企业可以反映各自部门最好的情况，以使部门之间的比较在同一层次上；同时，这些企业通常规模较大，可以尽可能避免 Kaplinsky（2000）对利润率指标的担忧。

（2）最好能够找到专业化生产某一产品的企业；若是多元化企业，如果年报中能够细分出相应部门产品的财务数据，这类企业也可成为样本企业。其目的是为了避免一个盈利数据反映多个部门产品的情况出现，使单个盈利数据确实能够有效反映某个环节部件的盈利情况。

（3）若在部门内找不出同时满足上述两点的企业，在本文的研究中，将把这个部门剔除。

（三）样本选择与数据来源说明

在制造环节和市场销售环节的测试认证中，以表 4 的分类为基础，根据 Jane's Aircraft Component Manufacturers 和网站 Airframer 收录的波音、空客机型组成部件的生产厂商的清单，查找这些公司的上市情况；而在市场销售的其他环节和服务中，企业名单来自波音、空客公司的年报信息和网络搜索；然后，根据企业选取规则，在同一部门的上市企业中挑选符合规则且销售规模最大的一家或两家企业，找出这些公司相应部门近五年的销售额、营业利润，并计算每年的营业利润率和五年均值。不同的机型供应商有所不同，考虑到中国首架飞机在载客数上与 A320 和 B737 类似，因此在查找厂商清单时，以 A320 和 B737 的供应商清单为主，[②] 其他机型做参考。数据均来源于相关公司的年报，个别公司的数据问题将在结果中单独说明。如果数据空缺且不做具体说明，则表示由于没有相应年份的年报而没有收集数据。

（四）计算结果

表 2 中详细列出了本文选取的价值环节、企业样本及其盈利数据的原始数据，为了尽可能减少单个年份经营情况、市场环境等干扰因素对分析的影响，本文取相应年份的营业利润率均值作为主要参考指标。

需要指出的是，在查询公司年报的过程中，我们发现，这些盈利数据包含的产品包括民用和军用两类。在制造环节的公司中，除 B/E AEROSPACE 只专业化生产民用飞机的舱内产品外，其他公司几乎都同时为民用飞机和军用飞机服务。虽然本文研究对象为民用飞机的价值链分布，但是考虑到产业内大多数公司的实际情况，未来中国飞机制造产业链上的公司应该也会同时为民用飞机和军用飞机提供产品。因此本文在数据上都未区分军用飞机和民用飞机，比较的结论不影响其适用性。

以表 2 为基础，我们选取各年营业利润率指标进行比较（见表 5）。从中我们可以看到，在制造环节中，处于最上游的原材料供应（碳纤维复合材料）的收益率是最高的，[③] 年均值超过20%；其次为航空电子设备和飞机发动机，年均值在 20%左右；处于第三集团的是机身整体、液压燃油系统和客舱内的座椅，年均值在 15%~20%；处于第四集团的是飞行控制系统、传感系统、客舱内储藏和空调系统以及机翼，年均值在 10%~15%；位于末端的是机体的尾段、起落架和总装环节，年均值在 10%以下。制造环节以后的部分盈利能力普遍较高，飞机租赁的营业利润率年均值在 20%左右，基本与航空电子设备和飞机发动机处于同一水平；培训环节的年均值略高于 15%，与第三集团中的液压燃油系统接近。

---

① 在 Jane's Aircraft Component Manufacturers 和网站 Airframer 中比较容易实现。
② 具体清单见表 2。
③ 由于 TEIJIN 的营业利润率还包含运动服装和风力发电设备，而 TORAY 仅含航空设备，因此以 TORAY 数据为主。

表5　大型民用客机产业营业利润率比较（2004~2008年）

价值链环节	一级分类	二级分类	三级分类	公司名称（括号内为母公司）	相应部门	2004年营业利润率（%）	2005年营业利润率（%）	2006年营业利润率（%）	2007年营业利润率（%）	2008年营业利润率（%）	N年平均（%）
原材料供应	复合材料	碳纤维		TORAY	Carbon Fiber Composite Materials			26.4	21.2		23.8
				TEIJIN（TOHO Tenax）	Carbon Fiber Business	8.6	14.4	17.3	16.5		14.2
制造	部件	机体	机身及其部件	SPIRIT AEROSYSTEMS	Fuselage Systems				17.7	16.4	17.0
			机身尾段、尾翼及其部件	AVCORP	All Company	−4.8	−7.5	6.7	3.8	5.0	0.6
			机翼及其部件	SPIRIT AEROSYSTEMS	Wings System				11.3	10.4	10.9
			起落架	GOODRICH	Actuation and landing systems	5.5	5.4	6.6	10.3	11.5	7.9
		发动机		GE	GE Aviation	20.2	21.6	21.5	19.2	19.1	20.3
				ROYCE–ROLLS	Civil and Defense Aerospace	9.2	13.1	12.8	13.2	12.8	12.2
				PRATT&WHITNEY	Commercial	13.1	15.6	16.4	16.6	16.4	15.6
		机载设备	航空电子系统	ROCKWELL COLLINS	Commercial Systems/Air Transport Aviation Electronics	14.3	18.1	20.4	22.2	23.3	19.7
			飞行控制系统	MOOG LNC	Aircraft Controls	15.3	14.2	12.7	10.4	8.2	12.1
			传感和探测系统	Esterline	Sensors & Systems			9.7	10.4	11.2	10.8
			液压和燃油系统	PARKER	Aerospace System	13.0	14.6	14.7	16.0	13.7	14.4
				EATON	Aerospace				14.6	15.6	15.1
			客舱系统（食品储藏与空调设备）	B/E AEROSPACE	Interior Systems			9.2	9.8	11.5	10.2
			客舱设备（座椅）	B/E AEROSPACE	Seating Segment			15.5	18.6	18.7	17.6
总装				BOEING	Commercial Airplanes	3.7	6.7	9.6	10.7	4.2	7.0
				AIRBUS			10.4	−2.3	−3.6	6.9	2.9
市场销售	租赁			GECAS（GE）	GECAS	16.5	21.8	27.0	25.0	24.4	22.9
				AIG AIRCRAFT FINANCE（ILFC）		20.5	21.0	14.2	18.6		18.5
服务	培训			CAE	Civil Training and Services	10.5	13.0	17.7	19.1	19.2	15.9

资料来源：附录表2。

据此，本文绘制了粗略的大型民用客机产业的"准微笑曲线"（见图2）。在这条"准微笑曲线"中，收益高点为以碳纤维复合材料为代表的原材料供应，低点为波音和空客所处的总装环节。航空电子设备和飞机发动机这类系统集成度非常高的环节和相对靠近价值链另一端的租赁和售后培训环节也拥有不错的盈利能力。

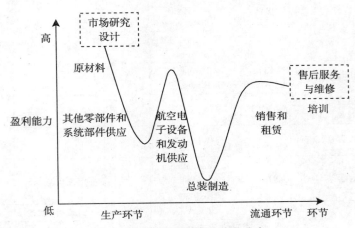

图2 大型民用客机产业收益分布

资料来源：根据作者研究结果绘制，虚线方框代表本文由于数据原因没有对该环节进行研究。

四、大飞机产业价值链形成的主要原因

和许多其他行业的收益分布研究类似（张纪，2006；张辉，2008；文鄠，2005；张川、曹云菡，2007；章越、张珉，2008；赵绪福，2006），大型民用客机全球价值链也呈现了"准微笑曲线"的特点：两端高，中间低。之所以称之为"准微笑曲线"，是因为在航空电子设备和发动机供应环节出现了一个"驼峰"。

Kaplinsky 和 Morris（2000）认为，治理模式所体现的权力关系（Power Relations）是一种讨价还价的能力（Bargaining Power），这将决定价值链上谁获得高附加值或者具备更强的盈利能力。大型民用客机制造环节呈现的是一种半层级治理模式，在这个治理模式中，航空电子设备和发动机供应也是两个相对来说非常关键的环节，它们在各自所在价值链环节中具备协调上下游价值创造活动的能力，这就是一种权力关系的体现，因此它们能够获得比其他零部件或系统部件厂商更高的盈利能力。

这种讨价还价能力同样也可以解释为什么同为零部件和系统部件供应环节，机体部件供应商的盈利能力普遍低于发动机和航空电子设备。因为与发动机、航空电子设备根本不同的是，由于主制造商还有可能选择自己制造，以至于在竞争生产的同时，机体部件供应商受到的价格压力在理论上显然高于发动机和航空电子设备环节，这就大大削弱了机体部件供应商的讨价还价能力，从而降低了盈利能力。

大型民用客机的全球价值链是一条混合驱动型链条，治理者在销售服务环节具有核心能力，销售和服务环节一端的高盈利能力正体现了购买者驱动的特点。

但是全球价值链理论并不能解释为什么飞机总装企业会如此"准确"地遵循微笑曲线；也无法解释在总装企业盈利水平位于最底端的背景下，为什么历史上有那么多国家对这个最终产品市场跃跃欲试。事实上，以前的研究一直认为高端产品（主要指技术）应当呈现一条"倒微笑曲线"（见图3），因为高技术产品在组装环节需要非常高的技术水平，组装能力成为最为核心的技术环节。飞机总装环节具备了极高的技术壁垒，但盈利能力仍然位于价值链的最底端。同时，总装环节又是整条大型民用客机 GVC 的治理者和最关键环节，掌握战略环节的波音和空客非但没有占据收益的大部分，反而位于最底端。

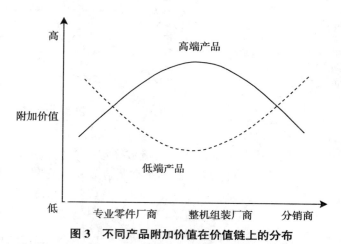

图3 不同产品附加价值在价值链上的分布

资料来源：张辉. 全球价值链下北京产业升级研究 [M]. 北京：北京大学出版社，2007.

对于第一个问题，本文首先可以否定以下两种可能：

（1）利润率等于利润除以销售收入，规模小的企业存在由于销售收入低而使利润率高的可能。但根据表2的数据，这个担忧似乎不成立：GE AVIATION 在 2008 年的销售收入接近 200 亿美元，这与三年前波音的销售收入十分接近，但 GE AVIATION 在 200 亿美元的销售收入下可以创造 36.84 亿美元的营业利润，营业利润率接近 20%，而波音仅创造了 GE AVIATION 40% 的营业利润。

（2）张纪（2006）通过模型推导得出结论，商品链上各个企业的收益分配过程受到企业自身所处生产环节市场结构的影响，这里的市场结构主要指市场集中度。本文搜索到以下几个环节的市场集中度，并与盈利能力进行了对比。考虑到飞行控制系统 CR_4 数据的问题，我们计算两个相似系数，包含飞行控制系统的为 0.47，不包含的为 0.59。简单对比发现，两者并没有明显的线性相关性。之所以与张纪的理论推导及其他对笔记本电脑的实证分析结论不同，主要原因还是在笔记本电脑与大型民用客机产品特性的巨大差异。

表6 大型民用客机价值链环节营业利润率与市场集中度

| 制造环节 | 企业 | 营业利润率（%） | | | | | | 市场集中度 |
		2004	2005	2006	2007	2008	N 年均值	CR_4（年份）
碳纤维复合材料（原材料）	TORAY			26.4	21.2		23.8	95（2008）[①]
	TEIJIN	8.6	14.4	17.3	16.5		14.2	
起落架（机体）	GOODRICH	5.5	5.4	6.6	10.3	11.5	7.9	86（2002）[②]
发动机	GE	20.2	21.6	21.5	19.2	19.1	20.3	84（2009）[③]
	ROYCE-ROLLS	9.2	13.1	12.8	13.2	12.8	12.2	
	PRATT&WHITNEY	13.1	15.6	16.4	16.6	16.4	15.6	

续表

制造环节	企业	营业利润率（%）						市场集中度
		2004	2005	2006	2007	2008	N 年均值	CR₄（年份）
航空电子系统 （机载设备）	ROCKWELL COLLINS	14.3	18.1	20.4	22.2	23.3	19.7	85（2007）[4]
飞行控制系统 （机载设备）	MOOG LNC	15.3	14.2	12.7	10.4	8.2	12.1	51（1998）[5]

数据来源：① Aero Strategy 网站报告 http：//www.aerostrategy.com/downloads/speeches/speech_72.pdf。

② http：//ec.europa.eu/competition/mergers/cases/decisions/m2892_en.pdf，http：//www.amsrealtime.com/news/press_releases/messier_dowty.htm，此数据仅为 CR₂（GOODRICH 和 MESSIER-DOWTY）。

③ 兴业证券航空动力研究报告中引用 Aero Strategy 相关报告。

④ http：//www.mindbranch.com/Commercial -Air -Transport -R3521 -5/，此数据仅为 CR₃（HONEYWELL、ROCKWELL COLLINS 和 THALES）。

⑤ Jane's Aircraft Component Manufacturers 1998，能够找到的最近的版本，企业若有重组合并的已调整；由于在飞机供应商中，集中度下降的情况很少出现，因此该数据可供参考。

在排除了上述两种担忧和解释后，本文认为，造成波音和空客盈利能力低的一个可能原因是巨额的刚性成本支出严重挤压了利润空间。这种成本来自制造成本以及供应链管理、研发费用等。正是由于不断上涨的成本管理压力，波音和空客存在不断寻找更多全球分工的可能。

虽然利润空间并不像原材料或者销售环节那么高，但不少国家仍对大型民用客机总装环节趋之若鹜的主要原因还是来源于该产业作为战略性产业的特殊地位，以及总装环节在整个价值链中的核心地位。大型民用客机产业具有与国家安全密切关联、产业技术溢出效应显著、对经济增长和就业贡献重大以及提高国家声望等重要作用。[1] 当某个产业能够集这些因素于一身时，这一产业对一国的技术以及经济的战略地位是毋庸置疑的。而且，虽然由于相对营业利润不高导致盈利能力指标值较低，但是单从营业利润的绝对数量来看，这样的利润额在整个产业中还是具有领导地位的。

综上所述，造成大型民用客机价值链分布的主要原因有：

（1）大型民用客机价值链的半层级治理模式中，航空电子设备和发动机供应两个环节的较强的讨价还价能力导致其具有较强的盈利能力，同样的道理，其他零部件和系统部件供应环节盈利能力则较低。

（2）大型民用客机的混合驱动型价值链的模式显示了治理者在销售服务环节的核心能力，使其在上述环节具有较高的盈利能力。

（3）掌握核心技术的总装企业面临巨大的来自制造成本以及供应链管理、研发费用的成本压力，挤压了其利润空间，消减了其盈利能力。

五、结论及政策建议

本文系统分析了大型民用客机全球价值链的驱动力、治理者和治理模式，并以此为背景，按照价值链环节的细分，研究了大型民用飞机产业的各价值链环节的附加值，并发现出了其呈"准微笑曲线"的特征：大飞机产业的市场销售和服务环节以及制造环节中的航空电子设备和发动机供应两个环节具备较强的盈利能力，而制造环节的零部件和系统部件供应环节以及总装制造环节

① 史东辉. 大型民用飞机产业的全球市场结构与竞争 [M]. 武汉：湖北教育出版社，2008.

盈利能力较差。

通过本文的分析，可以得出如下对中国发展大飞机产业有益的政策建议：

（1）大型民用飞机价值链的半层级治理模式决定了中国大飞机产业必须以治理者的身份参与全球竞争才能获得可观的盈利能力。这要求我们必须掌握总装环节的核心能力，占据总装核心环节。这要求我们一方面要提高自主创新能力，另一方面也要积极吸收引进国外先进技术。

（2）积极探索发动机和航空电子设备成长之路。这既是提高中国大飞机产业盈利能力，平衡总装环节低盈利能力的需要，也是突破国外厂商实施的纵向约束，提高中国讨价还价能力的需要。应尽快提升自主创新、自主研发和高质量的制造能力，争取在尽可能短的时间内拥有完全自主知识产权的大型民用客机的发动机。

（3）在盈利能力较低的零部件和系统部件供应环节，可充分利用全球分工，而在盈利能力较高的发动机、机载设备等环节则应充分利用国内分工，以尽享高收益。

（4）充分发挥政府融资的作用。一方面，总装环节的低盈利能力决定了在相当长的一段时间内应以政府投资为主推动总装企业的发展；另一方面，政府融资也是提高中国大飞机产业掌握总装核心的能力，提高发动机和航空电子设备研发能力的要求。

参考文献

［1］中华人民共和国科技部. 国家中长期科学和技术发展规划纲要（2006~2020）. http：//www.most.gov.cn/kjgh/.

［2］迈克尔·波特. 竞争战略［M］. 中译本，北京：华夏出版社，2005.

［3］约翰·纽豪斯. 最高的战争：波音与空客的全球竞争内幕［M］. 北京：北京师范大学出版社，2007.

［4］迈克尔·波特. 竞争优势［M］. 北京：华夏出版社，2005.

［5］史东辉. 大型民用飞机产业的全球市场结构与竞争［M］. 武汉：湖北教育出版社，2008.

［6］Humphrey J. and Schmitz. H. Governance and Upgrading：Linking Industrial Cluster and Global Value Chain Research［R］. IDS Working Paper 120，Brighton，Institute of Development Studies，University of Sussex，2000.

［7］Kogut B. Designing Global Strategies：Comparative and Competitive Value-added Chains［J］. Sloan Management Review，1985.

［8］Kaplinsky R. and Morris M. A Handbook for Value Chain Research［G］. Paper for IDRC，2002.

［9］Gereffi G. International Trade and Industrial Upgrading in the Apparel Commodity Chains［J］. Journal of International Economics，1999：48.

［10］Gereffi G. Beyond the Producer-driven/Buyer-driven Dichotomy-the Evolution of Global Value Chains in the Internet Era［J］. IDS Bulletin，2001，32（3）：30-40.

［11］Gereffi G.，Humphrey J. and Sturgeon T. The Governance of Global Value Chains：An Analytic Framework. http：//www.ids.ac.uk/globalvaluechains/，2003.

［12］David Buxton，Richard Farr，Bart McCarthy. The Aero-Engine Value Chain Under Future Business Environments：Using Agent-Based Simulation to Understand Dynamic Behaviour，MITIP，2006.

［13］Baldwin，Richard，and Paul Krugman. Industrial Policy and International Competition in Wide-Bodied Jet Aircraft，University of Chicago Press for the NBER，1988.

［14］Canadian Aircraft Design，Manufacturing and Repair & Overhaul，http：//www.strategis.gc.ca/epic/internet/inad-ad.nsf/en/ad03128e.html.

［15］www.airbus.com/store/mm_repository/pdf/att00011423/media_object_file_GMF_2007.pdf.

试论模块化视角的产业结构升级*

姚德文**

一、引 言

随着经济全球化与信息化的发展，传统产业结构理论和政府产业政策正在发生深刻的变化，知识与技术逐渐成为产业结构演变与政府政策的出发点。产业结构的升级需要寻找企业这个微观基础，模块化的企业理论成了产业升级的新视角。

模块化的概念来自西蒙于 1962 年提出的"近似分解"；鲍德温和克拉克于 1997 年正式提出模块化的概念；以计算机产业为例分析了模块化与新兴产业簇群之间的关系，青木昌彦于 2003 年出版了《模块化：新产业结构的本质》，认为模块化是半自律的子系统组成复杂系统的过程，也是复杂系统的分解过程。国内外对模块化的研究可谓汗牛充栋，可以概括为三个类别和三个单元。三个类别是指工程类、管理类和经济类；三个单元是指产品模块化、生产体系模块化和组织模块化。现阶段对模块化进行经济层面的分析成为一个热点。正因为模块化研究的角度多样，所以至今在学界还没有达成对模块化一致的定义，但相通的一点是，模块化是在全球化与信息化的背景下，某一产业经济系统规则下，各模块组织进行专业化生产，加强知识创造与转化，进行平行竞争和垂直合作，吸收新技术并进行独立创新，以获取价值的过程。从实践上看，各组织之间的关系有追随者与主导者之间的关系，也有追随者之间的关系。

模块化是解决复杂问题的一种方法。但以模块化来研究经济现象，或者说从经济层面研究模块化，还是从鲍德温和克拉克（2000）发表了《设计规则：模块化的力量》开始的。与此同时，童时中（2000）全面介绍了模块化的概念、原理与应用，国内对系统经济深入研究的学者昝廷全认为，系统经济为模块化理论提供了丰富背景，系统经济包括经济元与经济之间的关系，前者是共硬系统，后者是共软系统，软硬系统之间可以相互转化。进入 21 世纪后，经济全球化趋势加快，国内学者开始陆续研究模块化与产业结构升级之间的关系，并发表了相关的专著和论文。

在专著方面，张其仔（2008）从产业链的角度，并以软件产业为例说明了模块化对产业升级的促进作用，这里的产业升级是指某一个产业的升级；胡晓鹏（2009）从经济角度分析了模块化，对模块化的研究涉及产业链的整合与知识的流动；朱瑞博（2006）从模块化契约角度讨论了企业、产业内部的整合；芮明杰、刘明宇等（2006）从模块化分工角度研究了产业链的整合；芮明杰、张琰（2009）研究了产业链的知识创新平台的构造和运行。

* 南京审计学院人才引进项目资助，江西省教育厅 2011 年度一般科技项目"模块化推动产业升级与其区域产业适用性研究"（GJJ11505），中国博士后科学基金"模块化时代的产业升级机理研究"（20100470670）。

** 姚德文，1968 年生，男，湖北仙桃人，南京审计学院经济学院讲师，经济学博士后。

在论文方面，主要分为三个层次：一是从产业结构角度，郭树民（2009）分析了模块化对产业结构升级的影响，主要是不利影响，如程文、张建华（2011）借用 Hausmann 和 Klinger 的产品实质空间结构模块，结合探讨了产业内与产业间的升级，分析了发展中国家与发达国家的模块化技术差距。二是从单一产业链角度如制造业，龚锋（2009）分析了价值、技术与组织模块化，并提出了协调问题和界面与技术的锁定问题；叶洪涛（2010）从先发国家与后发国家的技术转移与自主创新说明产业升级；梁军（2007）从模块的多层次竞争方面分析了模块化对制造业升级的作用。三是从某一具体产业角度，如汽车、电子信息产业等，如程文、张建华（2010），韩晶、佛力（2009）。近年来，一些博士论文开始涉及模块化与产业升级，如周海蓉（2008）。

从以上对模块化对产业升级影响的研究来看，往往有所侧重，比如说着重于不利方面，这不利于中国推动模块化技术；从正面来看，往往分析了创新，而没有考虑系统的集成，以及集成中的知识流动和整合机制。本文的研究在于将产业结构升级的理论与模块化理论结合起来，从产业结构升级的两个目标，高度化与协调化引入模块化的运行机制，分析产业结构升级的机制。由于本文是在系统的基础上研究产业，产业分类是基于系统的互补性，而不是相似性，所以，产业结构的概念可以转换为产业的概念，讨论产业结构（产业间）升级可以视作产业（内）升级。

二、理论基础

本文论述的中心是产业结构升级及其机制，所以，必须对产业结构与升级的相关基础理论作分析和比较，以及分析在模块化形势下的新特点。

（一）产业结构与产业

传统的产业结构理论是从西方传入的，包括演进趋势与调整两个层面，前者指自身的客观变化，后者带有主观意识。从演进趋势看有两种：一种是静态的，在封闭条件下，不考虑外贸的产业结构，其代表人物主要有威廉·配第、科林、克拉克、库兹涅茨、霍夫曼和里昂惕夫等；一种是开放型的，开放型产业结构理论考虑国际分工和国际贸易对产业结构的影响，其代表人物主要有斯密、李嘉图、俄林和钱纳里等。现有的教科书讲述产业结构阶段时，大多以第二种观点作为蓝本。由于产业发展有自身的演进趋势，所以，大多数学者将产业结构升级等同于产业升级，如李江帆（2005）就认为，产业结构高级化是指国民经济部门结构的重心随着经济发展顺次由第一产业向第二、三产业转移的过程。

产业的概念界定与分类是建立产业结构概念、进行产业结构理论研究的前提。在新古典经济学中是没有产业概念的，只有"代表性"企业。那么，什么是"产业"呢？传统的产业概念是以产品的相似性、行为的竞争性为参照，强调生产活动。比如《麻省理工学院现代经济学辞典》（1983）对产业的定义是：在完全竞争市场的分析框架内，产业是指生产同质产品、相互竞争的一大群企业。中国学者杨治（1985）认为，"产业是居于微观经济细胞（企业和家庭）与宏观经济的单位（国民经济）的一个'集合概念'。产业是具有同一属性的企业的集合，又是国民经济以某一标准划分的部分"。在这里，产业与市场、行业是同一词，从严格的产业定义来看，属于同一产业的企业之间存在竞争关系，而超出同一产业外的企业间不存在竞争关系，显然，这属于静态的产业概念。但是，这有利于产业标准的划分和统计。联合国根据各国的经验于1971年颁布并出版了《全部经济活动的国际标准产业分类索引》。其依据就是产品的最终用途、社会产品和服务的各类、生产工艺与技术的相似性、统计上的需要与方便，将全部经济活动分为了10个大项，大项下有中项、中项下有小项，并分别赋予代码，代码数字越大，活动就越有替代性，在产业分析中最常用的是四位数代码。国际标准产业分类法与三次产业分类法存在着一致性，并可以转化。

随着技术创新与扩散，不同的产业由于依赖一套相同的生产技术，原先分离的产业变得更加紧密，比如美国学者卢森伯格（Rosenberg，1963）描述19世纪中期一个独立、专业化的机械工具产业出现时，是由相似技术（钻孔技术、研磨技术、磨光技术等）应用在不同产业。这是一种技术融合，而技术融合会导致产业融合。技术创新会改变传统产业的边界。根据于刃刚等（2006）的分析，产业融合分为三个阶段：第一个阶段是不同产业分立的阶段，边界明确，存在各自的进入和退出壁垒；第二个阶段是由分立走向融合的阶段，由于技术创新消除了产业间的壁垒，这样不同产业所提供的产品或服务具有了相似特性或功能；第三个阶段是产业融合阶段，原先不同的产业现在因为提供相似的产品和服务，因而形成竞争关系。比如计算机、通信与有线电视，原来是分立的，但是由于数字技术、光通信技术、软件等的广泛运用，上述产业走向整合，提供相似的产品或服务，形成了竞争关系。再比如金融业中，银行业、证券业和保险业，在20世纪80年代以前分立，但是由于信息通信技术的引入，上述行业出现融合趋势。这里的产业融合主要强调的是不同产业间由于技术创新引起的竞争关系，采用的方式是并购或战略联盟。在模块化理论中，基于系统的观点，产业具有互补能力关系的公司间的合作，即以需求为首要的组织原则，以部门为分析单位。在服务子部门中，响应终端消费者需求的服务提供商分布在部门层级的顶端，而响应为服务子部门制造产品的制造商和服务提供商分布在制造子部门。这种分类方法更强调产业间的互补，比如制造与服务业的互补，但是它们是共同响应一种产品需求的。

由于产业融合的趋势和企业组织模块化的发展，原先的政府产业结构分类方法越来越不能与实际的产业结构相符合。不同的产业之间都会因为技术与知识的引入而出现新兴产业，这个产业内的原先部门可能是替代的，也可能是互补的。由此看来，产业间的关系就演变成为产业内的关系，这也就是产业结构升级与产业升级在本文交替出现的原因。有一点是肯定的，产业结构升级不仅仅是第一、二、三产业之间的替代，更多的是技术与知识在产业间的广泛运用。

（二）产业结构升级的内容与标志

产业结构升级的过程，就是伴随着技术进步和生产社会化程度的提高，不断淘汰衰退产业，加强传统产业的技术改造，实现主导产业的合理转换，扶持和引导新兴战略产业，提高产业结构作为资源转换器的效率和效能的过程。而要实现这一过程，就必须在协调化的基础上推进高度化。因此，产业结构升级的方向是产业结构趋于协调，然后在协调的基础上通过制度创新与技术创新推动产业结构升级，实现协调化和高度化的统一。

中国目前调整产业结构的近期目标：使产业结构适应市场经济机制和国家管理职能的转换，同时，使社会经济效益有较大幅度的提高。

中国产业结构升级的远期目标：适应信息科技革命和现代市场经济在人类社会经济生活中所引起的一系列结构性革命，适应和推动中国经济进入21世纪的后工业社会。

1. 产业高度化及其标志

产业的高度化是指达到高加工度、高附加值、高技术含量的要求，通过技术创新、技术引进和传统产业的高新技术改造等方式促进产业结构升级。创新是产业结构升级的必要条件。

国内学者大多认为主要包含三个方面：①产业结构在发展过程中，由第一产业占优势向第二、第三产业占优势比重的方向演进；②产业结构由劳动密集型产业向资金密集型、技术密集型、知识密集型占优势比重的方向演进；③产业结构由初级产品、低附加值、低加工度制造业，向高附加值和深度加工阶段演进。

产业结构高度化包括产值结构、资产结构、技术结构与就业结构四个方面的高度化，其中，技术结构是动力，资产结构是中心，产值结构是价值表现与结果，就业结构是基础（郭克莎，1999）。产业高度化要求产业技术自主创新与引进技术相结合，同时加强传统产业的技术改造。产业技术是以一定的主导技术为核心，通过各产业部门的技术关联使多种生产技术与之匹配，形成具有特定结构的生产体系。产业技术创新是通过各部门的多种生产技术重新组合，使技术体系产生结构性变化的过程。国家有层次地推进大中小型企业进行技术创新，然后进行市场化，转化为生产和服务。引进的技术要增强产业效应，使上游、下游和配套产业都能得到相应发展。在改造传统产业中，主要提高产业效率，使传统产业的产品向多种类、多功能、高档次、高效率、低能耗的方向发展，通过产品的升级换代促进产业升级。

2. 产业协调化

产业结构协调化是指通过制度创新，完善市场机制，提高政府产业政策的科学性，增强产业间的有机联系，形成科学的产业序列，加快产业向符合演进规律的方向发展，达到结构效益最大化，即在投入品与中间产品之间、中间需求品与最终产品之间、最终产品与用户消费之间，保持一种动态和谐的比例关系。其具体含义如下：

（1）产业间相对地位的协调化（静态比例关系相互适应）。产业间相对地位的协调要求产业结构具有明显的层次性：从横向上看，同一级的产业中要有重点与一般的区分。产业中的重点企业应具有较大的规模、较先进技术、较高的劳动生产率和较强的市场扩张能力，因而具有一定的市场竞争力和抗风险能力。相反，一般企业相对较弱。产业中的重点与一般企业应符合一定的比例。重点企业与一般企业通过专业化协作形式，加强技术经济联系。以重点企业在技术上和速度上的优势带动整个产业以较少的投入和较快的速度升级。从纵向上看，有基础产业、主导产业和新兴产业的等级性。产业纵向层次的协调要求优先发展基础产业，重点支持主导产业，大力发展新兴产业，从而带动整个产业结构升级。在衡量相对地位协调的指标中，最基本的是产值结构指标。

（2）产业部门增长速度的协调（动态方面）。在产业结构变动过程中，各产业的增长速度差距不能太大，在高速增长部门、减速增长部门和潜在增长部门的增长速度保持合理，而且其数量较为合理。具体来说，支柱产业往往是高增长部门，在产值结构中比重较大，在附加值、就业和税收上贡献较大，培育支柱产业是升级产业结构的重要途径。其中，高新技术产业既是高增长产业，也是潜在增长产业，是当今和未来国际竞争的核心。减速增长部门是一些衰退产业，要努力使其有序的转移和收缩。但由于这些产业往往是大型国有企业，曾经是支柱产业，由于涉及职工下岗、资产折旧、转移到郊区和邻近省份，让其退出市场难度很大，这就阻碍了产业结构的升级。

（3）产业阶段交替的协调（反映经济发展的一般规律性）。产业阶段交替是以主导产业的转换为特征的。产业结构的演进有自身的规律，按照钱纳里的经济结构转变的标准形式，经济结构分为三个阶段、六个时期。其中，三个阶段是初级产品的生产、工业化和发达经济，按照加工的程度有原材料、轻工业、重工业、一般加工组装重工业和深度加工阶段；按照要素投入，沿着劳动力、资本、一般技术、集约型技术及高新技术（含人力资本和制度规范）的路径演变。在某些特殊情况下，采用了先进的组织形式、有重大的技术发现和突破、出现重要的自然资源的开采，也可以超越其中的某一阶段，但主导产业在超越过程中不应出现逆转。

（4）产业素质的协调。指各产业间不出现技术断层，技术处于大致相当的水平，不存在劳动生产率的强烈反差。产业素质的协调要求是在保证本产业部门的产品质量和技术性能的同时，要求相关联的产业部门技术有相应的提升，以保证本部门得到相应数量和质量的产品和服务。一般来说，如果各产业的劳动生产率数值分布比较集中而有层次性，说明各产业的素质比较协调。

（5）产业间关联关系的协调。关联关系协调化是指产业间在投入产出联系的基础上，相互促进和服务，而不是削弱或减少其他产业的发展。本质上要求相关联的产业间相互提供的产品和服务在数量比例上相对均衡，质量上和技术上符合相关联产业的要求。此外，必然要求人力资源在相关联的产业间配置比较均衡。在中国由于条块分割，造成了产业间关联不强，甚至采取地方保护，产业趋于同构；在计划经济时期，以重化工业为目标的经济建设大大削弱了农业发展的资本形成基础，这些都大大影响产业结构的升级。

3. 产业高度化与协调化的关系

各国的发展经验与改革开放的大量实践表明，产业结构的转移与经济增长紧密相联，只有实现了产业升级，才能保持经济的持续增长。而要实现产业升级就必须达到产业结构协调化和高度化的统一。产业结构协调化是产业结构高度化的基础，脱离了产业结构的协调，就容易出现所谓的产品过剩或短缺问题。产业结构协调本身是动态发展过程，也必须在高度化中进行，以促进产值的提高和技术创新。而产业结构高度化要具有自我调整的功能，必须反映协调化的要求。

（三）产业升级的内容与层次

目前关于产业升级的研究国际上主要分为两大学派：一是关注核心竞争力的研究（Hamel 和 Pralahad，1994），二是关注动态能力的研究（Teece 和 Pisano，1994）。企业核心能力主要表现为企业在处理以下事务中所体现出来的能力：为最终消费者提供所需价值的能力；相对独特的竞争策略，即大多数竞争者都无法掌控的策略；企业优势的难以模仿性，这样可以提高潜在进入者的进入门槛。所谓的动态能力是指公司整合、建立和再构造内部与外部能力以适应快速变化环境的能力（Teece、Pisano 和 Shuen，1997），同时也是不断更新竞争力的能力。戴维·提斯等人将厂商动态能力区分为"3P"：流程（Process）、位置（Position）和路径（Path）。但以上的分析停留在企业层面，没有延伸到价值链层面。这一点由 Gereffi（1999）和 Humphrey、Schmitz（2002）来补充。前者提出四个层次的分类方法，其中包含在部门间层次上的升级，即从低价值、劳动密集型产业到资本和技术密集型产业。后者也提出了四个层次的分类方法，其中包含部门间升级，即把从一个特定环节中获得的能力应用于新的领域或转向一个新的全球价值链，也称为链的升级。可见，西方学术界研究产业升级的视角较为微观，实质上是直接把企业的生产能力以及竞争力的提高视为产业升级的本源。

东亚经济发展的奇迹激起了许多学者对其高科技产业发展的研究。其中，澳大利亚的约翰·马修斯等认为，东亚半导体产业的发展依靠企业的技术能力提升和公共部门的协调与降低风险的机制。前者通过资源撬动、领导合作网络以及促进企业竞争而实现；后者依靠制度安排与各行动者之间的互联治理。他把东亚的产业创生与升级概括为四个阶段：

步骤 1：确保人才、知识、合同、企业均到位。

步骤 2：播种/种植、技术手撬动和资源撬动、导致适应和改进。

步骤 3：金融资源、企业发展、产品开发以及基础设施支持，以鼓励企业采用技术。

步骤 4：可持续性，产业结构升级，研发能力提升以及营造有利于创新的社会结构。

本文认为，产业升级表现为企业的技术能力提升、市场竞争力的增强和品牌做大。

三、模块化的创新效应

尽管模块化成为一个流行的概念有几十年了，特别是在运营研究和管理学方面，但是似乎还不存在一个通行的定义。物品产品的定义尚且没有，更不谈服务产品了。产品或服务层次与组织、过程层次的关系激起了许多年的讨论，仍然没有达到一致（Campagnolo 和 Camuffo，2009）。模块化可以表现在产品、技术与组织模块化，产品又分为物质产品与服务。在产品建构上进行划分，还可以划分为以功能为基础的模块或以制造过程为基础的模块，后者是以制造过程的生命周期来分析的。以功能为基础的模块有插槽模块、部件模块、桥接模块和混合模块；以制造过程为基础的模块有 OEM 模块、组装模块、大的模块和概念模块。在本章的讨论中，在创新效应方面一般指产品的创新，而在协调效应方面一般指组织的模块，这样便于分析。

现在的研究模块化与创新关系的文献中，国外的有：Miozzo M.（2005）讨论了在英国与德国的知识密集型服务中的外包，分析了其模块化与创新的关系；Ethiraj S. K（2008）讨论了模块双重作用、创新与模仿，模块化既带来了绩效差异的创新，也引起了阻挠绩效差异的模仿；Langlois R.N（1991）讨论了自治与系统的创新。国内的有：胡晓鹏（2006）讨论了模块化的创新效应；张钢、徐乾（2007）讨论了模块化与自主创新的关系；吕一博、苏敬勤（2007）讨论了系统集成企业的技术成长能力；王芳、赵兰香（2009）讨论了重大科技项目模块化创新管理方法。

模块化的创新效应，一般来说是与垄断竞争机制相联系的。熊彼特创新分为两种：一是大型企业的创新，背景是 20 世纪上半期的美国大公司与大研发实验室；二是中小企业的创新，背景是 19 世纪后半期以来的欧洲产业结构。以下主要从功能模块与系统模块两方面说明模块化的创新效应。

技术创新为实施创新的企业带来了利润，当创新是偶然的搜寻得来的，企业就会加以运用，资本密集度提高。具有较高生产率与盈利能力的企业将实现对低生产率的替代，其采用两种方式：一是高盈利的企业能力被其他企业模仿和利用，二是高生产率企业得到成长。以模块化为特征的产业中，产品创新引导产业演进，创新影响企业的进入与退出。新厂商可采取产品创新、模仿创新以及利用分裂技术等方式进入。创新技能、模块化程度、沉没成本和市场环境等将影响新厂商的进入。

（一）独立的技术创新

以产品模块化为例，说明模块化的过程，如图 1 所示。

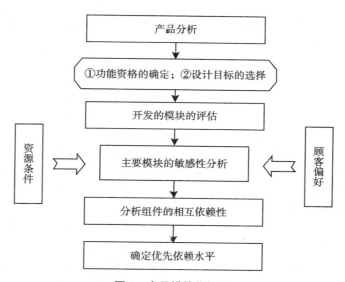

图 1　产品模块化构架

产品分解过程也描述了产品功能与各组件之间的关系，为了形成候选模块和完成设计功能，可以给组件分类。模块的规模与数量要视终端产品的功能与要件而定。在模块机制下，模块产品的"隐形设计原则"使独立的功能模块有了自由的创新空间，同一功能模块存在平行竞争，每一个模块产品都是一个可实现的期权（Real Option）。这一理论成为众多模块生产者创新的动力，从而获得创新收益。而从事相同产品生产的企业有共享的平台，信息的交流进一步促进了创新的产生。

Nelson 和 Winter（1982）从生物进化论的角度，分析了创新组织演进和组织能力之间的关系，创造性地提出创新系统动态演进的观点，从而将企业理念纳入演化经济学的分析。在面临技术与市场不确定的条件下，对创新资源的整合是企业创新的动力。模块化创新在于整合内部资源和外部资源，实现开放式创新。

模块化的生产是从垂直专业化的生产网络演变而来的。后者有一个中心厂商，比如在日本的汽车制造产业；而前者是去中心化的。在某种意义上说，模块化系统对一定种类的创新是开放的，建立在模块化基础上的去中心化的网络可以同时试验多种选择，导致了迅速的学习。在去中心化的网络中，对于新公司、新观念有更多的进入点，而在生产垂直一体化产业却不是，比如在功能上产品近似的联盟。在这个意义上，模块系统可以在确定或流动性的情况下，在技术上发展得更快些。

能够促进模块化内部创新的原因在于知识分工，具有兼容性标准的网络促进了自治创新，即在各生产阶段，需要较小协调的创新。而借用专业生产者或专业用户，集中研究个别模块，一个模块体系就能在创新的服务上利用知识分工，若创新以这样的方式进行，开发瓶颈组件会成为变化的中心。模块创新以后，旧的系统还可以兼容，这样创新成本较小；而如果是整个系统创新，相当于对系统标准或规则进行创新，由于在现有产业结构中，存在着网络正反馈效应，这样的创新必然带来转移成本，即成员从技术锁定中进行转移的成本（Shapiro 和 Varian，1998）。这样就会出现两种结果，技术难以产业化、失败或者创造出新的产业（张钢、徐乾，2007）。内部模块可能是一个联盟，具有较大的依赖性，这样内部模块的协调成本是很大的。

模块的独立创新主要在于其包裹的边界不断变化。在面临市场不确定性的情况下，模块化是值得的。现在的问题不是要不要模块化或怎么模块化，而是哪一种模块化产生最好的分解，目的是要减少它们的相互依赖而清晰地分解系统。但在动态背景下，对企业包裹边界的定义是个问题。创新发展任务（项目）不能提前确定，因为知识是变化的。这样，系统的模块化会连续进行。只要学习发生，重新模块化就是必要的。不可预测的事物使得企业进行苛刻的包裹是不可能的，这就要求一种松散的匹配团队，日本公司就喜欢这样。

当然，创新并不是总发生在重新模块化过程中，大量的情形是，创新发生在固定或者可预测的模块化中。个人计算机就是明显的例子（Langlois 和 Robertson，1992）。随着 20 世纪 80 年代早期 IBM PC 的出现，大量的创新来自组件，而不是组件间连接方式的改善。比如，微处理器、软件、调制解调器和外围设备。

在模块中发生的创新叫模块创新（Langlois 和 Robertson，1992）；相反，组件不变而连接它们的构架发生变化，叫构建创新。值得注意，构建创新并不等于看得见的系统规则创新。比如 Legos 和 Tinkertoys 就是经典的模块系统，是用来设计构建创新的。这里的构建发生变化了，但只是不变的模块重新组合，而没有发生全部的模块变化。有时，改变系统的功能叫重新模块化，而不是重新组合。这时，会使现存的储备不兼容或不相关，使系统创新遭受损失。这就是关于路径依赖或技术标准的讨论文献中的焦点问题。

一般而言，良好的模块化分解需要确定的设计规则，它是固定的，不是模棱两可的。如果规则不稳定，则模块创新或者混合匹配的重新组合就会受到限制。比如，IBM PC 不一定是当今最好的平台，但它的标准化模块减少了成本、改善了技术，使其他的强有力的竞争对手相形见绌。有一种方法，可以进行系统创新，叫做即时嵌入系统（Garud 和 Jain，1996）。一方面，它足够确定，促使模块创新；另一方面，它足够松散，有利于系统的演化。

（二）技术创新的特征

模块化带来效率的提高既要从静态的角度分析，也要从动态的角度分析。模块化的动态效率是指模块化对技术进步的影响。对于复杂产品而言，模块化相对于整合设计、生产具有优势，从技术创新的角度评价，模块化有助于推进技术创新。它表现在以下几点：

1. 模块化降低了学习成本，提高了创新的收益，促进了分布式创新

罗斯维尔（Rothwell）曾从管理学的角度区分了创新的五种模式。①线性创新或新古典创新模式。从20世纪50年代中期到60年代中期，表现为技术推动，即K-D-P-M。企业重点关注研发投入等。②需求拉动型创新模式。从60年代中期到70年代早期，主要为了满足市场需要。③互动创新模式。从70年代早期到80年代中期，由Moweny、罗森伯格等人提出。它强调企业中的任何部门都可能产生创新思想，企业各部门之间加强联系有利于创新。④整合型创新模式。IT技术开始运用，注重核心技术与业务，20世纪80年代中期，日本强调各个部门的交叉重合，缩短生产的响应时间，也能降低成本。⑤系统创新模式。90年代以后，从第一代到第四代创新模式，关注的是企业内部的创新。到20世纪90年代，强调需要整合各种外部资源。重视信息的交流，信息与通信技术（ICT）的应用成为这个模式发展的推动力量。从网络视角建立联盟，着重于显性知识建设，比如知识管理中的数据基础建设。

罗伯茨（Hanno Roberts）认为，以上创新模式忽略了隐性知识的作用，因此，提出了第六代学习创新理论。这一代理论包括了所有与学习相关的理论，最关键的要素是默会式知识和联结（Connectivity），可以称为学习创新理论。

模块化的作用是降低了技术创新对模块之间默会知识的相互依赖，并同时降低了默会知识学习的成本，整合设计的产品可以采取两种生产方式：一是在企业中进行整体产品的生产；二是进行外包，在不同的企业之间进行专业设计或生产。当企业进行分散生产时，企业可以获得专业化的优势，比如成本降低和效率提高，但会加大默会知识学习的成本，如知识难以转移与对其他企业的无知。当进行一体化生产时，默会知识的学习成本可以下降，但企业的制造成本、管理成本上升了。采用模块化后，企业无须在这两种成本之间进行权衡，随着默会知识的积累，学习成本与专业化成本曲线还会向下平行移动（见图2）。因此，模块化的设计是有利于创新的。这种创新模式就是第七代创新模式。这种模式的最大特点就是内生化了创新对默会知识的依赖，降低了默会知识的学习成本（见图2），使创新更具开放性。

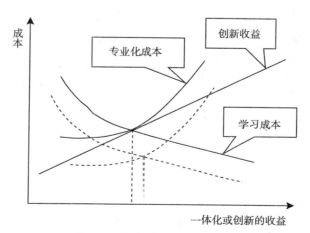

图2 学习成本与专业化成本对创新的影响

可以看出，第七代创新模式具有开放性创新模式。开放式创新就是有意识地输入或输出知识并加以运用，加速内部的创新，相应地，扩展了市场，使外部也运用创新（Chesbrough，2003）。它不同于传统的知识管理方法：①传统的方法强调顺序型发展过程，使各个部件是按顺序设计和生产，存在信息反馈、信息丢失等问题，需要各个团体间的密切合作。②虽然可以运用交叉网络解决过程，通过信息分享，一定程度上解决产品不同发展阶段中的信息丢失问题，但仍需要产品开发阶段各个小组间的密切合作。在模块化产品设计中，有助于克服信息反馈、信息丢失等问题，各组件专注于核心能力的提高，独立地进行创新与变革，加强外部能力与自身能力进行整合。这样，模块化有助于以较小的成本对市场变化做出及时反应，也可以为供应商、顾客等参与产品创新提供有利的环境，以适应大规模定制生产。

在企业提升竞争能力与产业升级过程中，研发创新是一个重要方面。分布式创新是在创新竞争中一种常用的研发、创新组织模式。根据 Coombs 和 Metcalfe 的定义，分布式创新是指创新所需要的技术以及相关能力在多个公司和其他知识生产机构之间分布实现的情形。西蒙的"近似可分解性"及"近似可分解系统"、"模块化理论"、"松散耦合系统"有助于我们对分布式创新的理解。分布式创新是集成创新的一种模式，也是开放式创新的一种具体表现形式，但其着眼点不同于开放式创新，更接近于集成创新。从模块化角度看，主导企业拥有系统结构知识（Knowledge Architecure），或者具有已经创新的初步成果和相对明确的创新发展方向，功能模块企业拥有隐性知识。参与单位或与合作伙伴并行竞争，主导企业与参与企业进行知识流循环（包括知识创造、转移与整合），最后形成创新成果。如图 3 所示。

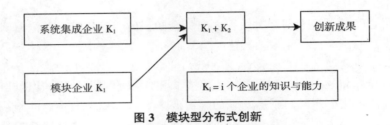

图 3　模块型分布式创新

2. 模块化推动了知识生产

在新古典经济增长理论中，作为引起索罗剩余的技术是外生的，学者们提出内生经济增长模型，把技术变迁内生化，但既有的技术进步模型忽略了产品或知识的复杂性。一个社会只要存在技术进步的激励，技术进步就会发生。很显然，只要人类具有无限理性，只要激励存在，技术进步就不成问题。然而，人的理性是有限的，所以，此时激励的存在并不必然产生高的技术进步率。知识的复杂性程度对于创新具有很大的影响，只要人的理性化程度一定，创新需要的知识越复杂，创新的难度就越大。既有知识存量对创新的影响具有负面影响。内生增长理论中的知识生产模型的简化形式可以表述如下：[①]

$$Y(t) = [(1 - a_k)K(t)]^\alpha [A(t)(1 - a_l)L(t)]^{1-\alpha} \quad (0 < \alpha < 1) \tag{1}$$

式中，K 代表资本，L 代表劳动，a_k 代表用于研发部门的资本，a_l 表示用于研发部门的劳动，A_t 代表知识存量。假定新知识的增加，取决于劳动、资本投入以及知识存量，其生产函数为一般化的柯布—道格拉斯生产函数，即：

$$\dot{A}(t) = B[a_k K(t)]^\beta [a_l L(t)]^\gamma A(t)^{\theta - NK} K(t)^{\phi - NK}, \quad B > 0, \quad \beta, \quad \gamma \geqslant 0 \tag{2}$$

式（2）和一般的知识生产方程的差异在于引入了复杂性和隐性知识。复杂性用标准化后的

---

① David Romer. 高级宏观经济学 ［M］. 王根蓓译. 上海财经大学出版社，2003.

NK 表示，N 代表模块的数量，用标准化后的数值表示，K 代表模块之间的相互联系。φ-NK 表示知识存量对研发成败的影响，如果其大于 1，表示知识增长率递增。隐性知识由于只能通过边干边学才能获得，而边干边学的最简单模型就是把学习作为新资本生产的一种副产品。所以，隐性知识的增加量是资本存量的函数。选择幂函数有：

$$\dot{A}(t) = BK(t)^{\phi-NK} \tag{3}$$

模块化可以降低复杂性，由 N 个模块组成的系统将其划分为 n 个对称模块，其复杂性就会降到（N/n）K，知识的生产函数变为：

$$\dot{A}(t) = B[a_kK(t)]^{\beta}[a_lL(t)]^{\gamma}A(t)^{\theta-NK/n}K(t)^{\phi-NK/n} \tag{4}$$

由于 NK 总是大于或等于 0，所以只要 n 大于 1，式（4）的值总是大于式（2）。其实不考虑学习成本等因素，模块化的结果也会有利于提高创新频率。

隐性知识和地域性知识对于技术创新是至关重要的，源自实际的本地知识与技术积累特征，即技术的累积性有互动关系，新技术几乎是在以前的学习和知识（包括工作中的隐性知识）基础上产生的（Naushard Forbes 和 David Wield，2005）。

3. 吸收能力在技术创新中起了中介作用

这个中介作用源于开放式合作系统。知识溢出步骤是通过核心企业向非核心企业分布的。核心企业具有领导作用，使各企业紧密合作，而非核心企业的技术创新取决于它的吸收能力。吸收能力是指与知识创造与利用相关的动态能力，以使公司获得与维持竞争优势。它可以分为两种：一是潜在的能力，包括知识获得与消化能力；二是实现的能力，集中于知识的转化与开发，注重结果与转化。吸收能力是与建立战略联盟分不开的。比如中国台湾半导体产业的发展。

四、模块化的协调效应

模块化的协调效应是指模块化既要带来模块组件的竞争，也保证组件间的协调，以适应迅速的技术与市场的变化。在研究协调机制的文献中，国外的有：Dibiaggio（2009）讨论了系统集成商的作用；Brusoni 和 Prencipe（2001）认为，知识与组织模块的协调由系统集成商负责；L. Fredriksson（2006）、Galvin 和 Morkel（2001）说明了在模块结构间协调的重要性；Sanchez 和 Mahoney（1996）认为，模块产品建构中创造了信息结构，这就产生了黏合剂，将模块组织设计的各个松散部分黏合到一起。国内的有：曹瑄玮等（2007）讨论了模块化组织中的协调机制。协调一般有三种基本形式：科层式的垂直治理，依靠上下级关系进行；扁平式的协调，表现为合作与竞争；混合式的协调，即中心与科层相互协调。

对模块化的分析主要从价值导向与任务网络、沟通机制与知识集成、系统集成商几个角度分析模块化的协调效应。其中，对知识进行整合的能力正是模块化组织优势的集中体现。

（一）合作价值导向

系统规则的设计是设计者以资本市场价值进行选择的结果，[①] 而产品或模块本身的价值又取决于客户的价值。[②] 这里的客户包括消费者和终端产品集成商。能否满足客户的需要取决于模块产品

① 鲍德温，克拉克. 设计规则：模块化的力量 [M]. 张传良等译. 北京：中信出版社，2006.
② 胡晓鹏. 模块化：经济分析新视角 [M]. 人民出版社，2009.

是否能灵活地、大规模地生产用户定制的产品。

大规模定制是为了适应竞争性市场的需要出现的一种商业战略范式。它有别于大规模生产，定制的目标在于实现更高的效率、减少成本。生产的子系统或模块都作为一个整体来运转（Baldwin 和 Clark，1997）。这样的产品建构就发展了一个平台，所有的产品种类都可以简便或经济地开发出来。这既可以生产较大的产品数量，也可满足不同客户的定制需要。这样客户的特殊需要就包含在终端产品的设计范围中。模块化不仅仅是将产品结构分解为较小的、可管理的单元，以提高生产的能力，同样需要制造与市场营销的结合，以协调各模块之间的关系。而顾客价值导向正是各模块之间协调的重要动力机制。

（二）任务网络与设计规则

网络与规则是作为一种制度来约束各模块之间的活动的。作为模块化的设计规则与任务网络则产生了近似制度的协调效应。任何生产过程设计的基本单元是一个任务（Galbraith，1977）。由于个人的物质与认识的能力局限，一个复杂的任务难以由单个人或企业完成（March 和 Simon，1958）。这样，必须有各种传递，包括物质、能量和信息的传递，在生产体系里面，由一个代理人传递到另一个代理人。从整体考虑的话，任务、代理人和传递就组成了一个活动网络，任务连带的代理人是各个节点，而传递构成了它们的联系。代理人，即各个模块组织在自己的能力范围内，根据任务来完成相关产品或部件，提供给系统集成商或自己接受委托完成终端产品。

任务网络的模型在于寻找决策与任务之间的依赖关系，按照各个节点抓住作为一个活动系统的信赖关系。它比交易成本经济学和非完全契约理论的"生产阶段"序列更微观些，可以被视作生产阶段的缩小。但是，它是一种新的互动与信赖关系，包括水平的物质与信息流动、后向反馈、迭代的或不确定的流动（以解决问题）。显然，这些更复杂的形式是不能在简单的线性生产阶段中模拟出来的。作为规则的设计也不是单一的个人，设计者是那些具有局部知识、局部权威、局限产权、局限激励的人（Hayek，1945）；单一的个人或企业往往在子系统或子系统的界面上工作，最上游的设计规则将是因各企业的互动形成的。

模块规则的设计有许多方法，其中最通用的方法是模块矩阵方法（DSM）。这有点类似里昂惕夫的投入产出矩阵，不同的是，模块矩阵具有网络特征和实际的依赖关系。DSM 有四种通用的方法，即活动为基础、参数为基础、团队为基础和产品建构或组件为基础（Browning，2002），这个工具用来跟踪信息流的依赖。如图 4（右表由左图转换而来）所示，如果以 j 表示列，纵向列就表示投入，以 i 表示行。比如说，iA 需要 jC 的投入，它们具有依赖关系。

（三）知识创造、转化与整合

Nonaka（1994）讨论了组织科学中的显性知识与默会知识的概念。[1] 显性知识与默会知识在连续系统中可以加以区分，知识创造的企业理论可以补充静态的、基于知识的企业理论，知识转化是指显性知识与默会知识在理论上与实践上的互动。

模块化的本质是知识分工，而两种最重要的知识就是作为规则的显性知识与作为模块异质能力的默会知识。对模块化的协调就是转化为对两种知识的协调，它取决于企业对两种知识的转化能力。在转化的过程中，达到知识整合与分享。知识创造企业认为企业是创造知识从而协调矛盾的实体（Ikujiro Nonaka 和 Ryoko Toyama，2005）。知识保护和知识整合是知识分享的前提，而知识的分享又是知识整合的后续过程。

"吧"（Ba）指一种场所。许多哲学家都讨论过活动中场所的重要性。Plato 把场所当作语言欲

---

[1] Nonaka, Ikujiro. A Dynamic Theory of Organizational Knowledge Creation. Organ. Sci., 1994, 5 (1): 14-37.

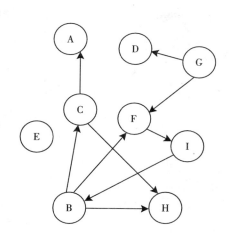 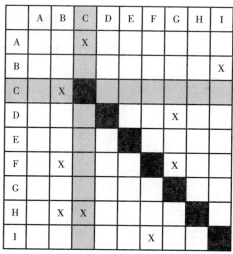

图4　设计结构矩阵

资料来源：Baldwin，C.Y.（2007）．

动（Chora）的发源地，海德格尔把它当作人类存在的地方。①

　　为了包含这种地方的概念，并限定在知识创造上，我们引用"吧"（在日语中是地方的意思）。在这里，进行辩证的对话和实践，实现公司的驱动目标和愿景。

　　建立在日本哲学家（Kitaro Nishida）最初的"吧"的含义上（1970，1990［1921]），我们把"吧"定义为动态语境，在这里，可以分享知识、创造知识与利用知识。在分享的语境中，个体的知识被分享，从而新知识产生。"吧"具有五个特点：

　　（1）它的本质是特定空间和时间的语境和含义，而不是空间本身。

　　（2）它是一个动态的语境。

　　（3）语境就是指主体在与他人的互动中分享观点和相互理解。这样学习在互动中发生，而Simon 认为，学习发生在个人大脑里面（1991：125）。Grant 也认为，知识创造是个人活动的事情，而公司只是应用现存的知识。Nishida 认为，"吧"就是"无"，指的是靠失去本身向他人开放，接受他人的观点。

　　（4）"吧"需要一个渗透的边界，以致它能接受必要的语境。

　　（5）"吧"在公司内部具有多层次，有正式的会议，也有非正式的多次沟通，有经济层面，也有非经济层面。

　　借鉴知识创造的企业理论，结合模块化的概念，构造以下的知识创造企业结构，如图5所示。它主要包括以下几个部分：

　　（1）知识愿景。它给予了公司创造的方向，这个方向与知识的创造有关，要超越公司现存的能力。公司可以随形势发生变化，而知识愿景是不容改变的。因为它来自公司基本的本体论问题。它提供始终如一的价值体系，告诉人们什么是真、善、美。鼓励、评估和证实公司里创造的知识。如日本的奥林巴斯的愿景是"社会在里面"（Social-in），而不是"市场在里面"（Market-in），它的价值观是建立生活在社会上的人们观点里面的。

　　（2）驱动目标。它是知识愿景的具体化，指具体的概念、目标和行动标准，从而驱动知识创造过程。如日本的 Suzuki 摩托车公司，为发展新的小型摩托车，提出："1CC=1000 日元"，它驱

---

① Ikujiro Nonaka and Ryoko Toyama. The Theory of the Knowledge-Creating Firm: Subjectivity, Objectivity and Synthesis［J］. Industrial and Corporate Change, 2005, 14（3）：419-436：427.

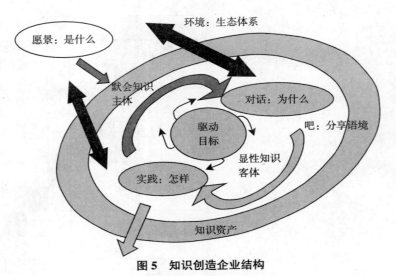

图5　知识创造企业结构

资料来源：Ikujiro Nonaka and Ryoko Toyama（2005）.

使整个公司去创造知识。时刻都在问：小型摩托车的本质是什么？这样，它们在框架上增加了必需的部件，使成本最小，而又采用最新的技术。这个驱动目标也整合了公司的各种差异，比如R&D、制造与销售。

（3）对话：思想的整合。对话是指将每件事情放入一个语境，然后按照总体来理解，而不是当成一个绝对的真理。对话有助于人们追求相互矛盾的事件的本质，然后接受其他人的观点。在对话中，重要的是它的含义，而不是它的形式。对话也是一个将默会知识外部化的过程（Externalization），或者合成显性知识，形成新知识的过程（Combination）。

（4）实践：活动的协同。实践建立了一个基础，通过分享经历，以分享默会知识（Socialization）。同时，也是显性知识，将它连接到特殊的语境，然后转化为默会知识（Internalization）。

（5）概念与假设通过对话与实践变为现实。实践并不仅仅是行动，还包括行动中的反馈，他或她的行动的意义在哪儿，然后用来指导进一步的行动。

知识通过四个"吧"完成知识整合与知识的分享（见图6），步骤如下。

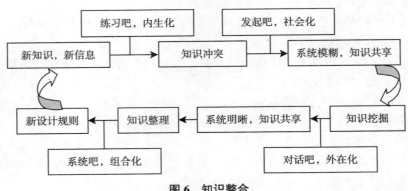

图6　知识整合

（1）练习吧。它是显性知识向默会知识转化，是新的技术、方法、原理等明晰知识内在化为模块化组织的知识。类似于内生经济增长理论中的"干中学"。这时候会发生知识冲突，但它是知识螺旋上升的起点，说明存在知识创新的机会。模块设计的改进在模块生产企业内部即可完成。

（2）发起吧。这是默会知识向半显性知识转化，是知识社会化的过程。"发起吧"向个人和组织提供模糊知识。舵手和模块企业通过解决共同的任务，实现半显性知识的共享，挖掘和吸收系统需要的知识，舍弃与任务无关的知识。

（3）对话吧。这是半显性知识向显性知识转化。为了实现共同的任务，模块组织需要确定的规则。知识变成文化的过程由"对话吧"完成。模块集成企业与模块功能企业共同整理知识，制定新的规则和标准，企业得到共享，企业的边界也得到延伸。

（4）系统吧。知识明晰以后，将新的知识融入旧的知识系统中，形成新的知识系统。同时，也可以对原结构进行重构。这样也实现了系统的创新。

五、讨论与结论

根据上面分析，模块化对产业结构的升级具有创新效应与协调效应，创新包括模块自身的局部技术创新和系统层面的结构创新（或规则创新）；协调效应来自界面规则、价值导向和知识创造、转化和整合。其协同作用如图 7 所示。

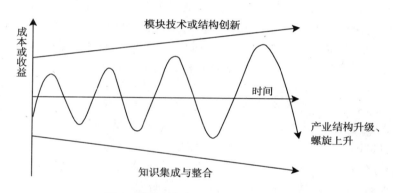

图7 模块创新与知识集成互动效应

产业结构升级的内容是产业的高度化与合理化，从模块化的角度看，模块化通过显性知识与隐性知识的独立作用与协同作用，产生了创新效应与协调效应，在一定意义上起到了促进产业高度化与合理化的作用。

模块化的创新效应包括独立创新与协同创新。独立创新的动力来自明确的设计规则下的模块的隐性知识；模块的协调效应来自系统的价值导向、任务网络、设计规则、系统集成商的作用与知识集成。正是模块的独立创新与协同创新的共同作用，推动了产业结构的螺旋式升级。

中国已加入 WTO，理应以更加积极开放的方式参与国际经济分工和国际竞争，全方位地加入经济全球化进程。改革开放以后，随着 FDI 特别是跨国品牌制造商以及全球供应商的纷纷进入，中国经济快速发展，但是，在全球制造业产业链中，中国制造业仍处于价值链的低端。中国的产业分工演进目前主要在规模化与专业化的阶段，尚未达到模块化阶段，这都是因为制度环境的制约。比如国内市场仍然分割，保护主义严重，地方的利益完全位于产业链的利益之上，产业链的延伸遇到行业管制的政策壁垒。所以，产业链不能充分实现专业化协作的利益，其竞争力受到很大的制约。有人问：模块化是否会导致产业不升级呢，答案是：有可能。因为模块化是产业升级的必要条件，而不是充分条件。加入了全球价值链，在合作创造价值中，才能站稳脚跟，才有机会升级。因此，要促进中国的产业结构升级，尤其要借鉴东亚国家或地区的经验。促进中国产业结构升级，还需提高第三方的力量，即政府机构或政府设置的公共科研机构。一方面，降低行业进入壁垒，推动城市化和生产性服务业的发展，扩大市场选择的自由度；另一方面，促进纵向合作，加强上下游产业或企业的关联，承担初始创业的风险，吸收发达国家的技术，并建立以中小企业为主体的经济学习系统，以扩散这种技术，然后，达到自主融资和自主创新。具体来说，有以下几点：

（1）企业积极融入全球产业链，加强纵向合作。现在的产业升级是在开放环境中的，企业应该立足于全球化和信息化的背景中，加入全球价值链，谋求产业链的升级。作为发展中国家的企业总是作为追随者而行动，这是在产业链中行动，然后在产业链中逐渐向上游或下游升级，产业链中的各个组织既相互独立又相互补充。它们以系统的结构知识作为界面，进行隐性知识的竞争。竞争中既有模仿也有自主创新，从而促进产业升级。

（2）重划企业界限和创造全新的产业。在以系统为基础的产业分类中，强调的是以规则为基础的依赖关系和功能关系。强调互补关系，而不仅是竞争关系。终端顾客同时需要子部分的制造和服务，这样产业间出现了同质性，而产业内也出现了异质性，产业会在技术创新与知识转化的过程中进一步融合。企业要善于发现这些新产业，认识和发现新伙伴，找出生存的空间。同时，依靠企业的核心能力，满足顾客的产品和服务需要，创造一个个全新的产业。

（3）政府发挥应有的作用，制定新式产业政策，推进技术扩散管理。传统产业政策的理论基础是新古典的"市场失灵"。从改革开放到现在，产业政策都表现出政府推动型特征，产业政策仍然是影响结构调整的重要因素。但是，随着市场的完善，产业融合的加速，政府对产业结构升级的政策制定出发点不能只局限于传统的三次产业结构理论，要有产业经济系统的观点，树立以系统为基础的产业分类观点，按照产品的最终需求和在这个需求中的功能来划分产业，而不能以产品的相似性划分产业。不能只注重政府单方面的作用，扶持和加强既有的企业和产品，而是要以市场为基础，促进竞争；不能只着重于技术创新，更要着重于技术的商品化和商品化主体的培育。商品化需要政府、学校、研究机构、中间组织与中小企业的共同合作，建立一个技术扩散、吸收的管理体制和学习机制，这样才能促进新兴产业的发展和升级。这种新式的产业政策在美国表现突出，在日本也广泛运用。中国台湾的半导体产业发展过程表明，一个注重政府的制度作用，同时又能发动政府或民间企业的创新精神的产业发展策略对发展中国家的产业追赶是至关重要的。模块的自律协调是一个方面，政府的制度安排也是一个方面。

参考文献

[1][美]约瑟夫·派恩.大规模定制：企业竞争的前沿[M].中国人民大学出版社，2000.

[2][澳]约翰·马修斯等.技术撬动战略：21世纪产业升级之路[M].北京大学出版社，2009.

[3]青木昌彦.模块化——新产业结构的本质[M].周国荣译.上海远东出版社，2003.

[4]曹瑄玮，张新国，席酉民.模块化组织中的协调机制研究[J].研究与发展管理，2007（5）.

[5]程文，张建华.中国模块化技术发展与产业结构升级[J].中国科技论坛，2011（3）.

[6]程文，张建华.中国汽车产业模块技术发展与产业升级[J].中国软件科学，2010（4）.

[7]郭克莎.论产业结构的协调化与高度化[J].江淮论坛，1990（4）.

[8]郭树民.全球产业模块化对我国产业结构升级的影响[J].徐州工程学院学报（社会科学版），2009（5）.

[9]龚锋.模块化理论及其对我国制造业转型升级的启示[J].经济问题，2009（6）.

[10]韩晶，佛力.基于模块化的中国制造业发展战略研究：以电子信息产业为例[J].科技进步与对策，2009（10）.

[11]黄国群，李珮璘.分布式创新的机制及核心过程研究[J].预测，2008，27（5）.

[12]胡晓鹏.模块化：经济分析新视角[M].北京：人民出版社，2009.

[13]蒋选.面向新世纪的我国产业结构政策[M].北京：中国计划出版社，2003.

[14] 李悦，孔令丞. 我国产业结构升级方向研究：正确处理高级化和协调化的关系 [J]. 当代财经，2002，206（1）.

[15] 李江帆. 产业结构高级化与第三产业现代化 [M]. 中山大学学报（社会科学版），2005，45（4）.

[16] 李悦. 产业经济研究 [M]. 中国社会出版社，2004.

[17] 吕铁，贺俊等. 产业结构问题研究前沿综述 [J]. 社会科学管理与评论，2010（3）.

[18] 吕一博，苏敬勤. 中国系统集成企业的技术能力成长研究 [J]. 管理科学，2007（3）.

[19] 罗建原，刘国新等. 全球视角下分布式创新的形成因素分析 [J]. 当代经济管理，2010（12）.

[20] 罗珉，刘永俊. 企业动态能力的理论架构与构成要素 [J]. 中国工业经济，2009（1）.

[21] 芮明杰，刘明宇，任红波. 论产业链整合 [M]. 复旦大学出版社，2006.

[22] 芮明杰，张琰. 产业创新战略：基于网络状产业链内知识创新平台的研究 [M]. 上海：上海财经大学出版社，2009.

[23] 孙福全. 产业结构调整微观论 [M]. 中国经济出版社，2006.

[24] 童时中. 模块化原理设计方法与应用 [M]. 中国标准出版社，2000.

[25] 肖文韬. 产业结构协调理论综述 [J]. 武汉理工大学学报（信息与管理工程版），2003，25（3）.

[26] 叶洪涛. 基于模块化分工的中国产业升级研究 [J]. 经济与管理，2010（12）.

[27] 昝廷全. 系统经济：新经济的本质——兼论模块化理论 [J]. 中国工业经济，2003（9）.

[28] 张其仔. 模块化、产业内分工与经济增长方式转变 [M]. 社会科学文献出版社，2008.

[29] 张钢，徐乾. 模块化产业结构中的企业自主创新 [J]. 中国软科学，2007（4）.

[30] 张湘赣. 产业结构调整：中国经验与国际比较：中国工业经济学会 2010 年年会学术观点综述 [J]. 中国工业经济，2011（1）.

[31] 周海蓉. 模块化、技术创新与产业升级 [D]. 上海财经大学博士学位论文，2008.

[32] 朱瑞博. 金融契约与产业融合 [M]. 上海：复旦大学出版社，2006.

[33] Baldwin C.Y. and Clark K.B. Managing in an Age of Modularity [J]. Harvard Business Review, 1997 (75).

[34] Baldwin C.Y. and Clark K.B. Design Rules.Volume 1：The Power of Modularity [M]. Cambridge, MA：MIT Press, 2000.

[35] Baldwin C. Y. Where do Transactions Come From? Modularity, Transactions, and the Boundaries of Firms [J]. 2007, 17 (1).

[36] Brusoni S. and Prencipe A. Unpacking the Black Box of Modularity：Technologies, Products and Organizations, Industrial and Corporate Change, 2001, 10 (1).

[37] Campagnolo and Camuffo. The Concept of Modularity in Management Studies：A Literature Review [J]. International Journal of Management Reviews, 2009.

[38] Coombs R., Metcalfe S. Organizing for Innovation：Coordinating Distributed Innovation Capabilities [A]. In Foss N, ed. Competence, Governance, and Entrepreneurship [C]. NewYork：Oxford University Press, 2002.

[39] Dibiaggio L. and Nasiriyar M. Knowledge Integration and Vertical Specialization [J]. European management Review, 2009 (6).

[40] Ethiraj S.K. The Dual Role of Modularity：Innovation and Imitation [J].Management Science, 2008, 54 (5).

[41] Gary Gereffi. International Trade and Industrial Upgrading in the Apparel Commodity Chain [J]. Journal of International Econoics, 1999 (48).

[42] Fredriksson P. Operations and Logistics Issues in Modular Assembly Processes：Cases from the Automotive sector [J]. Journal of Manufacturing Technology Management, 2006, 17 (2).

[43] Gomes P. J. and Joglekar N.R. Linking Modularity with Problem Solving and Coordination Efforts [J]. Managerial and Decision Economics, 2008, 29 (5).

［44］Galvin P. and Morkel A. The Effect of Product Modularity on Industry Structure: the Case of the World Bicycle Industry ［J］. Industry and Innovation, 2001, 8 (1).

［45］Hanno Roberts. Social Capital as a Mechanism: Connecting Knowledge Within and Across Firms ［J］. Department of Accounting, Auditing and Law, Norwegian School of Management Working Papers, 2004.

［46］Henry W., Chesbrough. Open Innovation: The New Imperative for Creating and Profiting from Technology ［M］. Cambridge Massachusetts: Harvard Business School Press, 2003.

［47］Ikujiro Nonaka and Ryoko Toyama. The Theory of the Knowledge-creating Firm: Subjectivity, Objectivity and Synthesis ［J］. Industrial and Corporate Change, 2005, 14 (3).

［48］Langlois R. N. and P. L. Robertson. Networks and Innovation in a Modular System: Lessons from the Microcomputer and Stereo Component Industries, Research Policy, 1992, 21 (4).

［49］Langlois R. Modularity in Technology and Organization ［J］. Journal of Economic & Organization, 2000 (49).

［50］Langlois R. N. Knowledge, Consumption, and Endogenous Growth ［J］. Journal of Evolutionary Economics. 2001 (11).

［51］Mlerba, Franco and Orsenigo, Luigi. Schumpeterian Patterns of Innovation ［J］. Cambridge Journal of Economics, 1995 (19).

［52］Nepal, B.P.An Integrated Framework for Modular Product Architecture ［D］. Proquest Dissertation, 2005.

［53］Nelson R. and Einter S. An Evolutionary Theory of Economic Change ［M］. Cambridge, MA: Beknap press, 1982.

［54］Nonaka, Ikujiro. A Dynamic Theory of Organizational Knowledge Creation. Organ. Sci, 1994, 5 (1).

［55］Ron Sanchez and Joseph T. Mahoney. Modularity, Flexibility, and Knowledge Management in Product and Organization Design ［J］. Strategic Management Journal, 1996 (17).

［56］Rothwell R. Industrial Innovaiton: Success, Strategy, Trends ［A］. In Dodgson, M. and R. Rothwell (eds), The Positive Sum Strategy, Washington, D. C: National Academy of Sciences, 1998.

［57］Simon H. A. Near Decomposability and the Speed of Evolution ［J］. Industrial and Corporate Change, 1962 (11).

［58］Valentin F., Jensen L. Discontinuities and Distributed Innovation: the Case of Biotechnology in Food Processing ［J］. Industry Innovation, 2003, 10 (9).

［59］Miozzo M. and D. Grimshaw. Modularity and Innovation in Knowledge-intensive Business Services: IT Outsourcing in Germany and the UK. Research Policy, 2005, 34 (9).

技术进步、节能减排与发展方式转型[*]

——基于中国工业 36 个行业的实证考察

何小钢　张耀辉[**]

一、引　言

中国在创造了长达 30 年经济高速增长奇迹的同时，能耗与排放也高速增长，长期持续的高能耗高排放给经济发展带来了巨大成本，据世界银行（World Bank，2007）估计，中国环境污染成本高达 GDP 的 5.8%。早在 20 世纪 90 年代，中国政府就已经意识到节能减排对经济发展的重要意义。为应对全球气候变化，近年来中国加大了自主减排的实施力度。2011 年，政府工作报告提出，"十二五"期间能耗强度下降 16%，CO_2 排放强度下降 17% 的具体行动目标。传统观点认为，较高的经济增长速度可以成为降低单位 GDP 能耗与排放的手段，为解决增长与就业问题，政府提出必须保持经济持续较快增长。据此，中国曾经选择以能耗和环境代价换取经济增长、保就业的发展模式。但是，较长一段时期以来，中国面临着越来越大的资源与环境压力，并且这种压力没有减弱的迹象。其中，工业能耗与排放成了这些压力的长期主要来源。根据陈诗一（2009）测算，改革开放期间（1980~2006 年）只占全国 40.1% 的工业 GDP 的取得却消耗了全国 67.9% 的能源，排放 CO_2 占全国总量的 83.1%。显然，如何控制工业部门的能耗与排放强度是中国节能减排目标能否实现的关键。

一般而言，能耗强度的降低主要源于两类因素：其一为产业结构调整；其二为技术进步（李廉水等，2006；Ma 和 Stern，2008）。研究发现，产业结构调整对中国能耗强度降低的作用自 20 世纪 90 年代中期以来正逐步消失，甚至产生负作用（史丹，2003；Liao 等，2007）。1999 年后，中国出现了重新重工业化趋向，重工业增速大大超过轻工业，中国重工业产值占整个工业比重从 1999 年的 49.2% 上升到 2008 年的 71.3%（简新华等，2011）。与轻工业相比，重工业的能耗、碳排放强度都更大。据我们测算，1994~2009 年，36 个工业行业中，能耗强度最高的 5 个行业和 CO_2 排放强度[①]最高的 5 个行业绝大多数都属重工业。这种完全由市场决定的产业升级调整对能耗与

　　* 国家社会科学基金重大攻关项目"应对国际资源环境变化挑战与加快中国经济发展方式转变研究"（批准号：09&ZD021）。
　　** 何小钢，1978 年生，男，江西新干人，暨南大学产业经济研究院博士研究生；张耀辉，1961 年生，男，辽宁阜新人，暨南大学产业经济研究院教授，博士生导师。

　　① 本文主要分析温室气体的主要构成物 CO_2 的排放。世界上 CO_2 排放量主要通过化石能源消费量来计算。而且，中国主要以煤炭燃料为主（比例在 85% 以上），因此本文以煤炭、原油、天然气这三种消耗量较大的一次性能源为基准估算中国工业行业的 CO_2 排放量。联合国政府间气候变化委员会 IPCC（IPCC Guidelines for National Greenhouse Gas Inventories.Volume II）提供了估算化石燃料燃烧中的 CO_2 排放方法，具体计算公式为：$CO_2 = \sum_i E_i * NCV_i * CEF_i * COF_i * 44/12$

CO_2 代表估算的 CO_2 排放总量，i = 1，2，3 分别代表三种一次能源，E 为能源消耗量。NCV 为《中国能源统计年鉴》（2010）[J] 附录 4 中提供的中国三种一次能源的平均低位发热量（IPCC 指南中的净发热值）。CEF 为 IPCC（2006）提供的碳排放系数，COF 为碳氧化因子（根据 IPCC，通常该值为 1）。44/12 为 CO_2 与 C 的分子量比率。

排放强度降低的作用从 1999 年后就转为负贡献。这一结论表明，从产业结构寻找降低能耗和排放的思路在中国受到了限制，特别是重化工业作为产业升级的结构调整，更是受到资源与环境约束的挑战，需要寻求另外的解决思路。技术进步作为中国实现节能减排目标的主要依靠，要分析技术进步对节能、减排的具体影响，对于推进"十二五"时期节能减排政策具有重要意义。同时，随着碳排放重要性的提升，人们越来越把节能减排作为同一事物的两个方面来看待，碳排放强度受能源效率影响，但更主要受能源消费结构的影响（Shrestha 等，1996；林伯强等，2010）。因此，能源消费结构与技术进步在减排中到底充当什么样的角色需要深入考察，以便针对性地提出工业减排治理对策。而且，已有研究在测算技术进步时都存在数据构建不科学的问题，未考虑能耗和排放因素以及劳动力素质信息等。因此，本文的基本思路是：测算转型时期工业能耗与排放强度，分析节能减排的动态特征，揭示中国工业高能耗高排放之谜。进而在准确测算基于绿色增长的技术进步的基础上，考察技术进步对节能和减排的非对称影响，为节能减排寻找新的治理重点和政策。

二、文献综述

技术进步有广义和狭义之分，本文的技术进步是指广义技术进步，包括科技创新、管理创新、制度创新等。研究者采用全要素生产率（Total Factor Productivity，TFP）来代表技术进步（Solow，1956；Jorgenson 等，1967），TFP 的增长可以分解为三部分贡献即科技进步、纯技术效率、规模效率。其中，纯技术效率与规模效率的乘积又称为技术效率（Battese 等，1995；Karagiannis 等，2002）。TFP 的测算方法很多，相对于其他方法，DEA 方法无需设定明确的函数形式，没有严格的行为假设，更加符合中国工业行业的技术进步非中性、非完全市场等特点（陈勇等，2007）。因此，我们采用 DEA（Malmquist Index）方法来测算技术进步，并将其分解为三部分，分析其动态变化。已有使用 DEA 方法测算工业技术进步的研究中多数未考虑排放因素（李廉水等，2006；陈勇等，2007；李小平等，2008）。研究发现，不考虑排放、污染等副产品的全要素生产率测算将是有偏的（Chung 等，1997；陈诗一，2009）。对于如何处理排放量，文献中存在两种思路：一种是将污染排放作为投入要素，排放减少就必须增加排放治理的资源投入，这类文献如 Ramanathan（2005）、Lu 等（2006）、陈诗一（2009）；另一种是将污染排放看做非期望产出，减少非期望产出必须将部分资源用于污染排放治理，因而会降低期望产出的产量，如涂正革（2008）、袁晓玲等（2009）。我们沿用第二种方法。

国内外学者从不同方面探讨了技术进步对能耗、排放的影响。Doms 等（1995）发现，能耗强度与厂商特征（如所属行业）有关，在控制了这些异质性特征之后，厂商年龄及其所采用的技术是影响能耗强度的主要因素。Ma 和 Stern（2008）发现，技术进步对能耗强度的影响呈行业异质性特征，其中化工行业技术进步对能耗强度下降的效应最大。Fisher-Vanden 等（2006）利用企业层面数据研究发现，能源价格与技术发展是降低中国工业行业能耗强度的重要因素，其中，又把技术变化分为国内技术和引进技术，不同类型技术的能耗不同。CO_2 排放强度则主要受燃料强度（Fuel Intensity）即能源消费中煤炭、石油等的比重的影响（Shrestha 等，1996）。中国工业行业污染排放与能耗强度、人力资本强度成正比，而与全要素生产率、研发支出成反比（Cole 等，2008）。李廉水等（2006）研究了技术进步对工业能源生产率的影响，发现技术进步有利于提高能源生产率，且这种影响随时间变化。Bosetti 等（2006）将技术进步内生化发现，研发投资和干中学是诱导企业采用环境友好型技术的主要因素，最终将导致能耗与排放强度下降。

综上，已有关于技术进步与节能减排的研究有如下不足：①除少数文献[①]外，现有关于工业技术进步测算的文献都未同时考虑能源和排放因素，具有一定的片面性，无法全面、客观地反映技术进步。②多数研究注重模型构建，却忽视了原始数据构建，这使研究准确度、有效性有所降低。③技术进步对节能的具体影响效应有待深入研究，特别是应考虑行业异质性情况下的影响；缺乏技术进步对减排影响的研究。

总体来看，已有研究为进一步考察工业技术进步与节能减排提供了理论基础，但仍有待完善，主要改进方向是：在综合考虑能源、排放因素以及人力资本投入的基础上测算工业行业基于绿色增长的 TFP，进而考察技术进步对节能与减排的影响。本文采用 DEA 方法，受陈诗一（2009）、袁晓玲（2009）等启发将 CO_2 排放纳入投入产出体系，借鉴林伯强（2003）、徐国泉等（2007）选取包含劳动者素质信息的劳动者数量作为劳动投入，测算基于绿色增长的技术进步，进而实证分析技术进步对节能减排的影响。本文所做主要工作与特点：①构建工业分行业投入产出体系，同时测算各行业能耗与排放强度，分析节能减排的转型特征，揭示中国工业高能耗高排放之谜；②在考虑排放因素与包含劳动者素质信息的劳动投入的基础上，利用基于投入导向的 DEA 方法测算 36 个行业基于绿色增长的技术进步，并将其分解为三部分；③采用面板技术实证分析技术进步三部分对节能与减排的非对称影响与行业异质性特征；④在已有研究的基础上，将样本期间扩大到具有明显转型特征的 1994~2009 年。通过这几方面的工作，我们力求准确刻画工业行业转型时期技术进步的节能减排绩效以及动态变化；以期为"十二五"时期中国节能减排、绿色增长与低碳发展政策的制定和实施提供科学的决策依据。

三、模型、方法与工业能耗排放特征

（一）模型与方法

1. DEA-Malmquist 指数方法

Sten Malmquist（1953）最早提出了 Malmquist 指数法，Caves 等（1982）和 Fare 等（1994）将其进一步完善。Malmquist 指数用来考察全要素生产率增长，可用 Shephard 距离函数分解为技术进步指数和技术效率指数，从而将其定义为：

$$M(x_{t+1}, y_{t+1}, x_t, y_t) = \left[\frac{d^t(x_{t+1}, y_{t+1})}{d^t(x_t, y_t)} * \frac{d^{t+1}(x_{t+1}, y_{t+1})}{d^{t+1}(x_t, y_t)} \right]^{1/2} \tag{1}$$

式中，(x_{t+1}, y_{t+1}) 和 (x_t, y_t) 分别表示 $(t+1)$ 期和 t 期的投入产出向量；$d^t d^{t+1}$ 表示以 t 期技术 T 为参照，时期 t 和时期 $(t+1)$ 的距离函数。$d^t(x_{t+1}, y_{t+1})$ 表示以第 t 期的技术表示的第 t + 1 期技术效率水平，$d_t(x_t, y_t)$ 表示以第 t 期的技术表示的当期技术效率水平，$d^{t+1}(x_{t+1}, y_{t+1})$ 表示以第 t + 1 期技术表示的当期技术效率水平，$d^{t+1}(x_t, y_t)$ 表示以第 t + 1 期的技术表示第 t 期的技术效率水平。若 M > 1，则表示整体效率水平提高，反之则下降。Malmquist 指数可以分解为技术效率指数 EFF（进一步可分解为纯技术效率指数 PE、规模效率指数 SE 和科技进步指数 TE）。分解过程如下：

$$M(x_{t+1}, y_{t+1}, x_t, y_t) = \left[\frac{d^{t+1}(x_{t+1}, y_{t+1})}{d^t(x_t, y_t)} * \frac{d^t(x_{t+1}, y_{t+1})}{d^{t+1}(x_{t+1}, y_{t+1})} * \frac{d^t(x_{t+1}, y_{t+1})}{d^{t+1}(x_t, y_t)} \right]^{1/2} \tag{2}$$

即 M = EFF*TE，式中，EFF = PE*SE。若 EFF > 1 则表示技术效率提高，反之效率降低；TE > 1 则

---

① 陈诗一将能源和 CO_2 同时引入模型测算工业行业 TFP，给我们处理能源和环境因素问题提供了有益启示。

表示技术有所进步，反之则技术退步。

Malmquist 指数的计算需要借助线性规划方法，通过计算有关投入、产出的各种距离函数得到。对于 t 时期到 t+1 时期第 i 个工业行业全要素生产率的变化，需要计算下面式（3）、式（4）、式（5）、式（6）四个基于数据包络（DEA）的距离函数：

$$[d^t(x_{t+1}, y_{t+1})]^{-1} = \max_{\theta,\lambda}\theta$$
$$\text{s.t.} -\theta y_{i,t} + y_t\lambda \geqslant 0$$
$$x_{i,t} + x_t\lambda \geqslant 0$$
$$\lambda \geqslant 0 \tag{3}$$

$$[d^t(x_{t+1}, y_{t+1})]^{-1} = \max_{\theta,\lambda}\theta$$
$$\text{s.t.} -\theta y_{i,t+1} + y_{t+1}\lambda \geqslant 0$$
$$x_{i,t+1} + x_{t+1}\lambda \geqslant 0$$
$$\lambda \geqslant 0 \tag{4}$$

$$[d^t(x_{t+1}, y_{t+1})]^{-1} = \max_{\theta,\lambda}\theta$$
$$\text{s.t.} -\theta y_{i,t+1} + y_t\lambda \geqslant 0$$
$$x_{i,t+1} + x_t\lambda \geqslant 0$$
$$\lambda \geqslant 0 \tag{5}$$

$$[d^t(x_{t+1}, y_{t+1})]^{-1} = \max_{\theta,\lambda}\theta$$
$$\text{s.t.} -\theta y_{i,t+1} + y_{t+1}\lambda \geqslant 0$$
$$x_{i,t+1} + x_{t+1}\lambda \geqslant 0$$
$$\lambda \geqslant 0 \tag{6}$$

式中，X 为投入向量，Y 为产出向量。DEA 是一种通过线性规划对多个同类型的具有多输入多输出的决策单元（DMU）进行相对效率与效益进行比较的有效方法。Malmquist 指数法具有无须价格信息与经济均衡假设、计算方便的优点。同时，它可以将指数进行分解为几个部分，而且适用于对面板数据的样本分析，因而备受研究者青睐。

2. 考虑非期望产出的 DEA 模型

生产过程中，期望产出与非期望产出总是同时产生的，不考虑非期望产出测算的生产率将是有偏差的。研究者在 DEA 框架下，考虑将非期望产出加入到生产函数中（Zhou 等，2008）。令 $x \in R_{tl}^N$，$y \in R_t^M$，$u \in R_t^I$ 为投入、期望产出、非期望产出向量，产出集可表示为：P（x）=｛（y，u）；x 生产出（y，u）｝（Chung 等，1997）。Fare 和 Grosskopf（2004）指出，如果 P（x）是一个有限闭集，则它必须满足以下性质：若（y，u）∈P（x），且 0≤θ≤1，则（θy，θu）∈P（x），即在既定投入下，期望产出与非期望产出同比例增减；若（y，u）∈P（x），当 u=0 时，则 y=0，表示若非期望产出为 0，则期望产出也为 0。

假定有 K 个评价单元（DMU），每个评价单元使用 N 种投入要素，生产 M 种期望产出，I 种非期望产出。任意评价单元的投入、期望产出和非期望产出集分别为：$x_k = (x_{1k}, x_{2k}, \cdots, x_{Nk})$，$y_k = (y_{1k}, y_{2k}, \cdots, y_{Mk})$，$u_k = (u_{1k}, u_{2k}, \cdots, u_{Ik})$，则基于投入导向的规模报酬不变的 DEA 模型表示为：

$$\theta^* = \min\theta$$
$$\text{s.t.} \sum_{k=1}^{k}\lambda_K x_{nk} \leqslant \theta x_n; \quad \sum_{k=1}^{k}\lambda_K y_{mk} \leqslant \theta y_m; \quad \sum_{k=1}^{k}\lambda_K u_{ik} = u_i; \quad \lambda_K \geqslant 0$$
$$n = 1, 2, \cdots, N; \quad m = 1, 2, \cdots, M; \quad i = 1, 2, \cdots, I; \quad k = 1, 2, \cdots, K$$

（二）工业分行业投入产出指标体系构建

下面简要介绍中国工业 36 个二位码行业 1994~2009 年面板数据的构建。

根据最新的国民经济行业分类标准 2002 年版（GB/T4754-2002），工业门类分为 3 个大类、39 个中类、191 个小类。本文的工业分行业数据是针对 39 个中类而言的。在新的中类行业中，"木材及竹材采运业" 2002 年后改属 "农林牧渔业"，"废旧材料回收加工业" 在 2003 年后开始公布，"其他采矿业"、"工艺品以及其他制造业" 的各类数据缺失比较严重。由于上述四个中类行业数值较小或者序列太短，因此，我们的面板数据中未予考虑。最终，本文实际构建了 36 个工业二位码中类分行业的面板数据。

总体来看，各种年鉴在 1993 年之后工业分行业的数据相对较完整。而且由于 1992 年前后行业划分标准不统一，给数据的行业对应带来极大困难。考虑到研究的全面性与数据的准确性、可获得性，我们的样本期间选为 1994~2009 年。1994~2009 年是中国经济向市场经济转型的关键时期。期间，中国工业行业历经重大变化，工业经济转型效果如何、增长方式是否发生质的转变，这些问题都有待深入分析。

产出数据：本文测算过程中包含了中间投入品性质的能源，因此产出指标宜采用包含了中间投入—成本的工业总产值而非增加值。基础数据取自中经网统计数据库，并根据我们构造的 1991~2009 年分行业工业品出厂价格指数，将总产值折算为 1991 年不变价。

资本投入数据：Jefferson（1992）、郑玉歆（1992）、李小平等（2005，2008）的研究以固定资本作为资本投入数据，而李廉水等（2006）则以固定资本年均余额和流动资本年均余额作为资本投入。考虑到工业行业的资本投入和使用特征，同时考虑固定资本和流动资本对生产的影响，本文使用固定资本年均余额和流动资本年均余额作为资本投入数据。基础数据取自中经网统计数据库，并根据我们构建的固定资产价格指数折算成 1991 年不变价。[1]

劳动投入数据：本文使用包含劳动时间与效率的人力资本代表劳动投入数据。显然劳动力素质提高的主要途径是受教育，因此可通过计算劳动者已接受学校教育的平均年限来测算劳动力素质。根据林伯强（2003）、徐国泉等（2007）的方法，人力资本总量可以通过将从业人员总数乘以 15 岁以上人口的平均受教育年限获得。本文采用的人力资本投入具体为：从业人员数与劳动力受教育年数的乘积。历年的《中国统计年鉴》和《中国劳动统计年鉴》、中经网统计数据库提供了全部工业分行业职工人数及各阶段人口受教育程度的原始数据。

能源投入数据：以当年各行业消耗的能源消费总量为基础数据，数据取自《中国统计年鉴（2010）》以及中经网统计数据库。另外，为了计算 CO_2 排放量需要分行业的煤炭、原油、天然气消费量基础数据。这三类数据中，煤炭消费量数据相对完整。计算机通信业[2] 2004 年数据缺省；原油和天然气数据中，煤炭采选业、木材加工业以及水生产供应业等行业的数据部分年份数据缺省。对于所有缺省数据，根据其所属大类行业数据以及线性变化假定，采用线性插值获得。

（三）工业能耗与 CO_2 排放的行业异质性特征

在上述构建的工业行业投入产出数据基础上，我们根据 2009 年各行业能耗和 CO_2 排放总量由低到高，将 36 个工业行业分成低排放组和高排放组、低能耗组和高能耗组（每组 18 个行业），表 1 是分组统计描述。从中我们可以看出工业能耗与排放的异质性特征。从 CO_2 排放分组来看，对于低排放组，高排放组的资本存量、CO_2 排放总量、能耗总量的平均水平都高出很多，但是两组平均吸纳的劳动力数量相当，低排放组反而具有较高的总产出水平和人均产出水平。从能耗分组来看，高、低能耗组的资本存量、能耗与 CO_2 排放总量均值差异较大，而两组间的总产出水平、人均产出水平、平均吸纳劳动力数量差异却相对小得多。显然，高能耗、高排放以及高投入行业

---

① 《新中国 60 年统计资料汇编》、《中国统计年鉴（2010）》提供了 1991~2009 年的固定资产价格指数。
② 为节省篇幅，全文一律采用行业名称的简称。

并未带来较高的人均产出水平和高增长，与其资本投入量、能耗与排放量相比，这些行业的就业吸纳能力也相对较差。

（1）中国工业发展的"高能耗与高排放之谜"。中国选择高速增长发展模式的动力主要来自提高行业就业吸收能力，同时，也在近年导向于摊平 GDP 能耗和排放，但却出现了完全相反的产业变动趋势，越来越大比例的产业呈现排除就业的资本密集型和倾向于高能耗、高排放型。这样，中国经济宏观目标在产业层面上得不到体现，社会发展目标也在产业层面上得不到体现，此现象与中国政府主导的运行机制相悖，可称为"中国产业发展的高能耗与高排放之谜"：高能耗、高排放并未相应地带来高产出、高附加值以及高就业，为什么却仍能够得到快速发展？

（2）工业能耗与排放的非对称性。如果以能耗与排放两类分组，出现了明显的高低能耗与排放的行业交叉现象。属高能耗和低排放组的行业有：计算机通信业、金属制品业、塑料制品业、电气机械制造业和通用设备制造业。这些行业的重要特征是：能耗总量水平均很高，而能源消费结构中煤、原油、天然气的比重较小，其他排放量小或不排放的电力、热力消费较多，是二次能源消耗产业。属高排放和低能耗组的行业有：燃气生产供应业、饮料制造业、医药制造业、化纤制造业和食品制造业。此类行业则能耗总量水平较低，但其中煤、天然气和原油比重较大，尤其是排放系数高的煤使用量相对较大，因此其排放量相对较大，是一次能源消耗产业。因此，我们将其概括为工业部门节能和减排的非对称性。

表1 工业行业能耗与排放分组统计性描述

变量	低排放组				低能耗组			
	均值	标准误	最小值	最大值	均值	标准误	最小值	最大值
资本存量（亿元）	3156	3270	619.8	11442	1454	706.2	516.4	3245
劳动力（万人）	228	194	20	664	116	102	18	449
能源消耗（万吨标准煤）	1188	920	183.8	3038	830	474.1	183.8	1563
总产值（亿元）	10165	17767	130	75745	3055	2068	130	8061
CO_2排放（10万吨）	43.43	36.05	3.462	115.2	72.19	74.45	3.462	240.3
人均产出（万元/人）	38.11	35.72	2.877	144.9	35.46	33.47	2.877	144.9
变量	高排放组				高能耗组			
资本存量（亿元）	6479	5703	516.4	22787	8182	4960	2847	22787
劳动力（万人）	255	189	18	617	367	174	85	664
能源消耗（万吨标准煤）	10893	14463	566.3	56404	11252	14219	1672	56404
总产值（亿元）	8640	8034	420.5	31707	15750	17084	420.5	75745
CO_2排放（10万吨）	3485	6856	122.3	26716	3457	6871	44.1	26716
人均产出（万元/人）	35.63	20.68	4.107	90.43	38.28	24.13	4.107	114.1

（3）工业能耗排放总体呈下降趋势，但 2003 年后出现传统产业复苏趋向。传统上，以资本与劳动力使用量界定重工业与轻工业，加入能耗与排放指标后，重工业有着高能耗与高排放产业特征，轻工业有着低能耗与低排放特征，重与轻的区别是能耗与排放的程度上的差别。通过对 1994~2009 年平均能耗与排放强度进行排序发现：重工业的 CO_2 排放强度大、轻工业较小，能耗强度排序也表现出类似特征，不同行业的能耗排放强度动态变化趋势迥异。如图1所示，能耗强度与 CO_2 排放强度走势在各组的表现各不相同。1994~2009 年，低能耗与低排放强度的行业能耗和排放强度呈不断下降趋势；1999 年以前下降速度较快，随着总体强度水平的不断降低，1999 年后下降速度减慢。高能耗与高排放强度的行业则表现为波动下降趋势，即总体趋势是下降的，但期间上升和下降间隔出现。具体而言，重化工行业在一些年份甚至出现强度剧烈上升趋势。如石油加工业的 CO_2 排放强度一直水平波动，在 2003 年以后还出现两次急剧上升；石油开采业的能耗强度则在 2003 年与 2008 年出现剧烈攀升。整体上，高能耗与高排放组 2003 年前后其强度上升和下

降波动频繁，这与中国 2003 年再度重化工业化趋势有关。一方面，说明中国重化工业重新启动促使中国总体能耗和排放强度攀升；另一方面，说明中国重新重工业化没有质的变化，只是单纯的数量型扩张，是传统产业的再度复苏，缺少新型工业化产业导向，与世界产业发展趋势背道而驰。

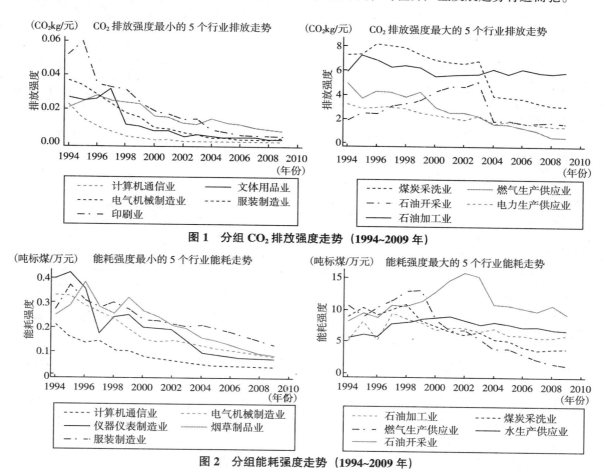

图 1　分组 CO_2 排放强度走势（1994~2009 年）

图 2　分组能耗强度走势（1994~2009 年）

四、基于绿色增长的技术进步分解与经验发现

为了与普通的技术进步区分开来，我们把考虑了能耗与环境（排放）因素的技术进步称为基于绿色增长的技术进步。根据 DEA 模型，对中国工业行业 36 个二位码行业基于绿色增长的全要素生产率进行测算，并分解为 Malmquist 生产率指数 TFP、技术效率指数 EFF、科技进步指数 TE、纯技术效率指数 PE 和规模效率指数 SE。其中，TFP = EFF*TE，EFF = PE*SE。

表 2 是 1994~2009 年基于绿色增长的中国工业 36 个行业生产率指数（每年均值）与分解结果。从表 2 中可以看出，1994~2009 年中国工业全要素生产率表现出稳步增长态势，平均增长率为 2.4%，其中，科技进步指数增长较快且幅度较大，平均增长率为 6.4%，技术效率指数表现为负增长，平均增长率为 -3.7%。技术效率指数的负增长主要源于其两个组成部分的负增长，其中纯技术效率指数平均增长率为 -1.5%，规模效率指数平均增长率为 -2.3%。分时间段来看，1999 年以前，全要素生产率指数和科技进步指数增长大都为负，1999 年之后生产率指数、科技进步指数

均为正且增长较快，世纪之交是中国工业增长方式转变的拐点。工业部门在1992年市场经济体制改革后取得了明显的技术进步，科技进步而非技术效率是推动中国工业全要素生产率显著提高的主要动力，中国工业增长方式逐步由粗放型向集约型转变，前沿技术进步逐渐成为中国工业增长模式转变的主要动力。这一结论与涂正革和肖耿（2007）、陈诗一（2009）、岳书敬（2011）的研究结论基本一致。

表 2　基于绿色增长的中国工业生产率指数及其分解（1994~2009 年）

年份	Malmquist 生产率指数 TFP	技术效率指数 EFF	科技进步指数 TE	纯技术效率指数 PE	规模效率指数 SE
1994~1995	0.836	1.012	0.826	0.994	1.017
1995~1996	1.013	0.917	1.105	0.952	0.964
1996~1997	0.979	0.939	1.042	0.944	0.995
1997~1998	0.979	0.877	1.116	0.906	0.968
1998~1999	1.042	0.983	1.059	0.998	0.986
1999~2000	1.054	0.923	1.142	0.961	0.961
2000~2001	1.046	1.015	1.031	1.008	1.007
2001~2002	1.067	0.918	1.163	0.981	0.936
2002~2003	1.090	0.965	1.130	1.024	0.942
2003~2004	1.071	0.895	1.197	0.959	0.933
2004~2005	1.015	0.986	1.029	1.023	0.964
2005~2006	1.062	0.979	1.084	0.997	0.982
2006~2007	1.084	1.023	1.060	1.003	1.020
2007~2008	1.029	0.983	1.046	0.998	0.985
2008~2009	1.030	1.044	0.987	1.035	1.008
MEAN（均值）	1.024	0.963	1.064	0.985	0.977

　　表 3[①] 是九类工业基于绿色增长的生产率指数及分解。该表数据充分凸显工业部门全要素生产率增长的行业异质性特征以及采用行业面板进行分析的优越性，TFP 增长率广泛地分布于–7.2%（水生产供应业）到 12%（计算机通信业）。大多数行业技术效率指数的均值为负值，同样的规律可见于纯技术效率与规模效率指数，多数行业的科技进步指数为正。

表 3　基于绿色增长的中国工业分行业平均生产率指数及其分解（1994~2009 年）

行业类型	二位码行业	Malmquist 生产率指数 TFP	技术效率指数 EFF	科技进步指数 TE	纯技术效率指数 PE	规模效率指数 SE
煤炭工业	煤炭采选业（1）	0.973	0.988	0.985	0.990	0.997
	非金属采选业（5）	1.015	0.959	1.058	1.023	0.938
	煤炭工业平均	0.994	0.974	1.022	1.007	0.968
石油工业	石油开采业（2）	0.96	0.961	1.000	0.995	0.966
	石油加工业（18）	1.004	1.000	1.004	1.000	1.000
	电力生产供应业（34）	1.004	1.000	1.004	1.000	1.000
	燃气生产供应业（35）	0.983	0.988	0.995	1.000	0.988
	水生产供应业（36）	0.928	0.869	1.068	1.002	0.867
	石油工业平均	0.976	0.964	1.014	0.999	0.964
冶金工业	黑色金属采选业（3）	1.02	0.945	1.079	0.981	0.963
	有色金属采选业（4）	0.997	0.924	1.079	1.019	0.907
	黑色金属加工业（25）	1.041	0.999	1.042	0.968	1.032
	有色金属加工业（26）	1.027	0.959	1.071	0.960	0.998
	冶金工业平均	1.021	0.957	1.068	0.982	0.975

---

　　① 参考李小平等（2005）的方法，将 36 个工业行业分为九大类。

续表

行业类型	二位码行业	Malmquist 生产率指数 TFF	技术效率指数 EFF	科技进步指数 TE	纯技术效率指数 PE	规模效率指数 SE
食品工业	农副加工业（6）	1.008	0.934	1.080	0.944	0.989
	食品制造业（7）	1.022	0.953	1.072	0.987	0.966
	饮料制造业（8）	1.028	0.958	1.073	0.995	0.963
	烟草制品业（9）	1.097	1.000	1.097	1.000	1.000
	食品工业平均	1.039	0.961	1.081	0.982	0.980
纺织工业	纺织业（10）	1.027	0.953	1.078	0.944	1.009
	服装制造业（11）	1.018	0.940	1.082	0.961	0.979
	皮羽制品业（12）	1.027	0.946	1.085	0.982	0.964
	纺织工业平均	1.024	0.946	1.082	0.951	0.995
森林工业	木材加工业（13）	1.076	0.999	1.077	1.016	0.983
	家具制造业（14）	1.037	0.959	1.082	1.000	0.959
	森林工业平均	1.057	0.979	1.080	0.971	0.986
造纸工业	造纸业（15）	0.995	0.943	1.055	0.967	0.975
	印刷业（16）	1.037	0.959	1.082	1.022	0.938
	文体用品业（17）	1.034	0.947	1.092	1.000	0.947
	造纸工业平均	1.022	0.950	1.076	0.996	0.953
化学工业	化学原料制造业（19）	1.004	0.958	1.048	0.942	1.017
	医药制造业（20）	1.042	0.966	1.078	0.986	0.979
	化纤制造业（21）	1.079	1.004	1.075	1.019	0.985
	橡胶制品业（22）	1.024	0.949	1.079	0.988	0.961
	塑料制品业（23）	1.031	0.950	1.085	0.965	0.984
	非金属制品业（24）	1.003	0.973	1.031	0.968	1.005
	化学工业平均	1.031	0.967	1.066	0.978	0.989
机械工业	金属制品业（27）	1.035	0.954	1.085	0.966	0.988
	通用设备制造业（28）	1.048	0.965	1.086	0.962	1.003
	专用设备制造业（29）	1.036	0.954	1.085	0.973	0.980
	交通设备制造业（30）	1.056	0.980	1.078	0.961	1.019
	电气机械制造业（31）	1.046	0.958	1.092	0.958	1.000
	计算机通信业（32）	1.120	1.000	1.120	1.000	1.000
	仪器仪表制造业（33）	1.020	0.977	1.044	1.019	0.958
	机械工业平均	1.052	0.970	1.084	0.977	0.993
36 个行业总平均		1.024	0.963	1.064	0.985	0.977

（1）九大类工业层面上，全要素生产率平均值为负的工业类型有煤炭工业（-0.6%）、石油工业（-2.4%），这类工业科技进步指数为正，技术效率指数为负。煤炭工业和石油工业在 1994~2009 年取得了一定的技术进步，但是技术效率有所退化；而且技术效率退化的幅度大于技术进步改进，最终表现为全要素生产率负增长。其他工业全要素生产率均为正，这些行业在 1994~2009 年取得了较大幅度的技术进步，同时技术效率也有所退化；但是技术进步提升幅度大大高于技术效率退化，总体上表现为全要素生产率正增长。

（2）行业层面上，全要素生产率增长为负的行业有煤炭采选业、石油开采业、燃气生产供应业、水生产供应业、有色金属采选业、造纸业，但是，其中石油开采、水生产和供应、有色金属采选、造纸业的科技进步指数均为正值，这些行业主要是由于技术效率指数增长率为负，且技术效率退化幅度太大导致了全要素生产率指数增长为负。全要素生产率增长为正、技术效率指数为正且科技进步指数为正的行业有 5 个：石油加工业、电力生产供应业、烟草制品业、化纤制造业、计算机通信业，这些行业在 1994~2009 年技术效率和科技进步均有较大改进。技术效率提升与科技进步共同推动了全要素生产率的快速增长。除这 5 个行业之外，其他全要素生产率增长为正的行业中，技术效率指数均为负增长，但是技术进步增长率较高，总体上拉动了全要素生产率正增长。

（3）从全要素生产率与技术进步增长排序来看，TFP增速较快的是计算机通信业、烟草制品业、化纤制造业、交通设备制造业等，计算机通信业TFP增长最高，为12%。技术进步增速较快的是计算机通信业、电气机械制造业、通用设备制造业等。其原因可能与这些行业技术创新投入大，获得技术较容易，技术引进费用相对较低，技术创新较快等有关。总体来看，我们的结果与陈诗一（2009）对中国工业绿色增长生产率的实证研究结果基本一致。

从绿色全要素生产率（TFP）与绿色科技进步（TE）指数总体走势来看（见图3），2003年以后TFP和TE虽然均为正值，但却呈下降趋势。这表明，2003年后工业仍取得了一定的基于绿色增长的技术进步，但速度在放缓，前沿技术对工业增长的贡献不断减小。如前文所述，2003年之后中国出现重新重工业化趋势，以高能耗、高资本投入为特征的数量型扩张盛行，集约型增长方式和绿色增长方式均受到一定程度的抑制。

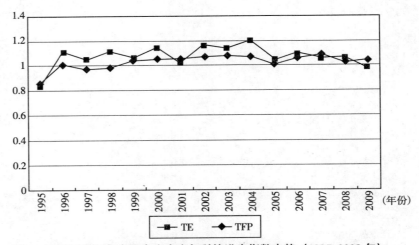

图3　中国工业绿色全要素生产率与科技进步指数走势（1995~2009年）

五、技术进步的节能减排绩效

由于存在回报效应，[①] 技术进步对能耗强度的影响可能是不明确的（李廉水等，2006；宣烨等，2011）；同时，不同类型技术进步对节能的具体影响效应不同（李廉水等，2006；Fisher-Vanden等，2006；Ma和Stern，2008）。根据DEA方法测得的Malmquist生产率指数，为分析各种类型的技术进步对节能与减排的影响提供了基础。同时，技术进步对节能和减排的影响可能存在差异。与能耗强度不同，CO_2排放强度主要受能源消费结构的影响（Shrestha等，1996；林伯强等，2010）。能耗强度降低并不必然导致碳排放强度降低，因为各种能源资源的碳排放系数不同，即便能效提高，但如果更大比例地采用高排放的化石能源，最终碳排放强度将提高，而非降低。只有在能源消费结构不变的条件下，能耗强度降低才意味着碳排放强度降低。因此，考察技术进步对CO_2排放强度影响时，要将能源消费结构这个重要因素考虑在内。

Malmquist生产率指数是当期与上一期比值的相对值，借鉴李廉水等（2006）的方法，我们的

---

① Khazzom（1980）提出，回报效应指技术进步提高能源利用效率而节约了能源，同时技术进步促进经济增进而增加新的能源需求，部分抵消了所节约的能源。

计量模型中分别采用能耗强度指数（当期能耗强度与上一期比值），CO_2 排放强度指数（当期 CO_2 排放强度与上一期比值）作为被解释变量，采用技术进步的三个部分的指数作为解释变量。由于能源消费结构对碳排放强度影响较大，在技术进步对 CO_2 排放强度影响的模型中，添加能源消费结构（碳强度）指数（能源消费中化石能源比重的指数）作为解释变量。考虑到不同的面板模型以及估计方法具有不同的设定条件和适用条件，我们根据检验指标选取估计方法并给出相应的估计结果。在对九类工业分类回归之前，我们用 Stata11.0 软件，采用混合回归（POLS）、可行的最小二乘法（FGLS）、固定效应（FE）、随机效应（RE）4 种估计方法分别对 36 个行业进行回归。结果显示各种系数符号完全一致，系数值变化微小，且均通过 1% 的显著性水平检验。[①] 这说明，技术进步对节能和减排均具有显著影响。

1. 技术进步的节能绩效

表 4 显示了技术进步的三部分对能耗强度的回归结果。从表 4 中我们可以看出，各类工业科技进步指数（TE）、纯技术效率指数（PE）、规模效率指数（SE）的系数均为负值，表明技术进步的各部分有利于能耗强度下降，大部分系数能通过 1% 显著性水平检验。其中，机械工业的规模效率指数系数为正值，不具有经济意义，予以剔除。另外，石油工业的纯技术效率指数、规模效率指数、煤炭工业的纯技术效率指数、森林工业的规模效率指数、机械工业的纯技术效率指数显著性水平均超过了 20%。

（1）技术进步在整个工业层面的节能绩效。从整个工业层面来看，科技进步对降低能耗强度具有显著贡献，且大于纯技术效率的贡献，也大于规模技术效率的贡献，但科技进步的贡献小于技术效率（纯技术效率、规模效率之和）的贡献。即由于回报效应的存在，技术创新、科技研发、一次创新等科技进步对能耗强度下降的贡献总体上小于由管理创新、流程改进、制度创新以及要素组合优化配置等带来的技术效率的贡献。需要特别指出的是，我们的研究显示整个行业层面上科技进步的贡献分别大于纯技术效率、规模效率的贡献，这一点与李廉水等（2006）的结论不同。其原因可能与测算过程中选用的投入产出数据[②] 不同有关，更为重要的是，可能与我们选取的样本所在期间有关。李廉水等（2006）通过对机械工业分段回归结果分析指出，不同时间段（1994~1998 年与 1999~2003 年）技术进步的三个部分对节能的影响大小是不同的。随着行业发展和制度完善，科技进步对提高能源效率的作用逐渐增强，纯技术效率和规模效率的贡献逐渐减小。我们选取的期间为 1994~2009 年，整体上，这个时期中国市场经济体制逐步完善，技术效率改善空间收窄。正如前文所指出的，1999 年前后是中国工业增长转型拐点，前沿技术进步成为工业增长主要动力，而技术效率改善的作用逐步减弱且相对较小。因此，我们的实证结果显示：整体上科技进步表现出分别比纯技术效率和规模效率对节能的贡献更大，这契合样本期间中国工业技术进步动态演进的特征事实。

表 4　九类工业分行业技术进步对能源消耗强度的回归结果

行业/指标	OBS	模型	TE 系数	PE 系数	SE 系数	主要检验指标
煤炭工业	30	FGLS	−0.889***	−0.229	−1.376***	$x^2_{(a)}=13.35$***
石油工业	75	FGLS	−0.744***	−0.068	−0.394	$x^2_{(a)}=11.02$**
冶金工业	60	FGLS	−0.685***	−0.641***	−0.519***	$x^2_{(a)}=37.31$***
食品工业	60	FE	−0.747***	−0.593**	−0.876***	$F_{(3, 53)}=5.74$***
纺织工业	45	FGLS	−0.658***	−0.647**	−0.557**	$x^2_{(a)}=15.45$***

① 限于篇幅，此处未给出采用四种估计方法分别对 36 个行业回归的结果，备索。

② 与李廉水等（2006）不同，我们考虑了非期望产出（CO_2 排放）、劳动者素质信息的劳动投入等，进一步完善了投入产出数据的构建。

续表

行业/指标	OBS	模型	TE 系数	PE 系数	SE 系数	主要检验指标
森林工业	30	POLS	−0.612*	−0.929#	−0.113	R^2=0.158
造纸工业	45	FGLS	−0.293	−0.565#	−0.505	$x^2_{(a)}$=2.98***
化学工业	90	FGLS	−0.515***	−0.266#	−0.826***	$x^2_{(a)}$=19.19***
机械工业	105	FGLS	−0.358***	−0.050	—	$x^2_{(a)}$=47.34***
整个工业	540	FE	−0.510***	−0.257***	−0.329***	$F_{(3, 501)}$=27.65***

注：*** 为1%显著性水平，** 为5%显著性水平，* 为10%显著性水平，# 为20%显著性水平。

（2）技术进步在九类工业层面的节能绩效。

首先，森林工业、造纸工业、冶金工业以及纺织工业的科技进步的贡献均小于或接近纯技术进步效率的贡献，说明这类工业在1994~2009年的管理创新、组织优化、结构调整等对促进能耗强度下降具有积极作用。而科技进步对能耗强度下降的作用较小，表明这类行业的科技创新活动较少、科研投入力度不够，需要进一步提高研发投入比重，提升科技进步对促进能耗下降的贡献。

其次，煤炭工业、石油工业、机械工业的科技进步的贡献大大高于纯技术进步效率的贡献，表明这类工业科技投入较大，科技进步提升速度快。1994~2009年，中国能源科技投入力度加大，能源装备研发、设计与制造、能源加工与转换技术等取得了长足进步，能源科技的进步成为行业发展、节能减排的重要支撑与手段。与上述两类行业不同的是，机械工业包含的子类行业具有科技含量高、能耗强度低的特征，从表3可以看出在所有九类工业中，机械工业的科技进步指数（1.084）最高。同时，36个行业中，能耗强度最低的三个行业均属于机械工业大类。因此，机械工业的科技进步对节能的贡献较大，但是由于行业本身的能耗强度已经很低，因此节能空间较小，实证上表现为它们各自系数相对较小。

最后，化学工业和食品工业的科技进步系数大于纯技术进步系数，但小于规模效率系数。这两类工业属于能耗强度高、技术进步慢的行业，实证结果显示出它们在1994~2009年通过企业规模扩张，结构调整有效地降低了能耗强度。相对而言，科技创新投入不够、管理粗放，化学工业和食品工业走的仍是一条数量扩张、粗放型的传统发展道路。

2. 技术进步的CO_2减排绩效

表5显示了技术进步的三部分对CO_2排放强度的回归结果。从表5可以看出，各类工业科技进步指数（TE）、纯技术效率指数（PE）、规模效率指数（SE）的系数均为负值，表明技术进步的各部分有利于降低CO_2排放强度，大部分系数能通过1%显著性水平检验。其中，石油工业、造纸工业的纯技术效率指数、规模效率指数和森林工业的规模效率指数显著性水平均超过了20%，煤炭工业、森林工业的纯技术效率指数通过了20%的显著性水平检验。另外，能源消费碳强度指数（ESI）的系数为正值，均能通过1%的显著性水平检验，表明能源消费碳结构强度的增加会显著地提高行业的CO_2排放强度。

表5 九类工业行业技术进步对CO_2排放强度的回归结果

行业/指标	OBS	模型	ESI 系数	TE 系数	PE 系数	SE 系数	主要检验指标
煤炭工业	30	FGLS	1.248***	−0.965***	−0.353#	−1.69***	$x^2_{(4)}$=33.14***
石油工业	75	FGLS	0.708***	−0.502**	−0.019	−0.251	$x^2_{(4)}$=48.54***
冶金工业	60	FGLS	0.568***	−0.488***	−0.560***	−0.33***	$x^2_{(4)}$=81.67***
食品工业	60	FE	0.572***	−0.713***	−0.454*	−0.745***	$F_{(4,52)}$=8.62***
纺织工业	45	FGLS	1.066***	−0.641***	−0.674**	−0.595***	$x^2_{(4)}$=132.64***

续表

行业/指标	OBS	模型	ESI 系数	TE 系数	PE 系数	SE 系数	主要检验指标
森林工业	30	FGLS	0.447***	−0.691***	−0.776#	−0.146	$x^2_{(4)}=30^{***}$
造纸工业	45	FGLS	0.582***	−0.467***	−0.274	−0.400	$x^2_{(4)}=82.77^{***}$
化学工业	90	FE	0.961***	−0.496**	−0.302*	−0.871**	$F_{(4, 80)}=22.33^{***}$
机械工业	105	FE	1.061***	−0.86**	−0.334*	−0.47***	$F_{(4, 94)}=1994.12^{***}$
整个工业	540	FE	1.028***	−0.641***	−0.313***	−0.497***	$F_{(4, 500)}=1806.84^{***}$

注：*** 为1%显著性水平，** 为5%显著性水平，* 为10%显著性水平，# 为20%显著性水平。

（1）技术进步在整个工业层面的减排绩效。从整个工业部门看，科技进步对降低 CO_2 排放强度具有显著贡献，且大于纯技术效率的贡献，也大于规模技术效率的贡献。可能是由于回报效应的存在，科技进步的贡献略小于（纯技术效率和规模效率之和的）技术效率的贡献。能源消费碳强度则显著地提高行业 CO_2 排放强度，提高比例比科技进步、纯技术效率、规模效率降低的比例都要大。这说明能源消费碳强度是影响 CO_2 排放强度的最重要的因素，在减排政策制定和实施过程中必须重点关注。与技术进步对节能的影响类似，实证结果显示 1994~2009 年，科技进步的贡献略小于技术效率的贡献。

（2）技术进步在九类工业层面的减排绩效。从各类工业来看，能源消费碳强度、科技进步、纯技术效率、规模效率对 CO_2 排放强度影响效应各不相同，表现出较明显的行业异质性特征。此处，我们重点分析能源消费结构对减排的影响以及技术进步对减排与节能影响的非对称影响。

首先，能源消费碳强度系数较大的 3 个行业依次是煤炭工业、纺织工业、化学工业，这些行业在 1994~2009 年，能源消费碳强度的下降将极大地降低 CO_2 排放强度。从排放强度排序中我们可以看到，此类行业都是 CO_2 排放强度较大的行业。而且，这类行业一次能源消费中排放量大的煤炭比例都相对较高，无排放的电力消费比例较低。以 2009 年为例，整个工业行业终端能源消费量中，原煤与电力比例为 1.52：1，而煤炭采选业为 5.4：1，非金属制品业为 5.5：1，煤炭消费比例大大高于整体水平，导致同样能耗条件下排放强度上升。相应地，这些行业减少能源消费中的煤炭比例，降低能源消费碳强度将极大地降低行业 CO_2 排放强度。另外，除了森林工业的能源消费碳强度系数小于规模效率指数绝对值之外，其他行业能源消费碳强度系数均大于三类技术进步系数的绝对值。这表明，在行业 CO_2 排放强度的影响因素中能源消费结构是最主要的因素。

其次，技术进步对节能与减排的影响存在差异。从整个工业层面来看，具体表现为技术进步的三个组成部分对节能贡献的弹性系数绝对值均小于对减排贡献的弹性系数绝对值，表明技术进步促进减排的绩效比节能更大。这可能与中国节能减排政策有关，近年来，为应对全球气候变化，中国政府加大了减排力度，减排政策日渐受到关注和重视并逐步落实到行业与企业层面。相应地，各行业在减排方面的技术研发、创新投入也日渐增多，技术进步对减排的影响逐渐凸显，因此影响效应相对更大，实证上表现为其系数较大。从九类工业来看，技术进步的几部分对能耗强度与对 CO_2 排放强度的影响也略有不同。机械工业、造纸工业、煤炭工业以及森林工业的科技进步的减排系数绝对值大于节能系数绝对值，表明在这些行业中，科技进步提升对降低排放强度的作用更大、更显著。这说明，有利于减排的科技研发与创新投入日益受到此类行业重视，规模技术效率的节能与减排系数则大致相同。由此，我们可以推论，随着应对气候变化政策的落实，技术进步将更多地偏向减排，未来技术进步对减排的作用可能比节能更大。

六、结论与政策启示

中国工业已经进入必须依靠结构转型升级推动发展的新阶段（金碚等，2011）。高能耗、高排放的增长方式转型有赖于技术进步，在产业结构对节能减排作用逐渐弱化的情况下，政府节能减排行动目标的实现也主要依靠技术进步。基于我们构建的 1994~2009 年中国工业行业投入产出面板数据，本文主要讨论了转型时期中国工业能耗排放特征与基于绿色增长的技术进步的动态变化特征，实证分析了技术进步对节能、减排的非对称影响。主要结论和启示有：

（1）工业行业能耗与 CO_2 排放具有明显的行业异质性特征，中国工业发展存在"高能耗与高排放之谜"。总体上，中国工业能耗强度与 CO_2 排放强度呈现不断下降趋势，1999 年前下降速度较快，1999 年后下降速度趋缓。2003 年为能耗排放强度变化的分水岭，2003 年后低能耗组与低排放组强度小幅稳步下降，但高能耗组与高排放组则呈上升和下降间歇波动变化。高能耗与高排放的重化工业行业表现出典型的数量型扩张、粗放型增长特征，其节能减排潜力巨大。同时，寓于过度注重数量增长的发展方式，中国工业存在"高能耗与高排放之谜"：高能耗、高排放行业未能带来高产出、高附加值与高就业，但却呈迅速扩张之势。因此，在政策上，必须完善和提高新增工业项目能耗与排放标准，遏制高能耗、高排放行业盲目扩张，寻求质量增长、科学发展之路。另外，节能减排政策设计应充分考虑行业能耗、排放的行业异质性特征，针对性地设计因行业而异的政策，把指标逐步落实到节能减排潜力大的重点行业与重点企业。充分利用有限的政策资源，设计工业绿色转型的技术路线要把高能耗与高排放行业的主要节能环保技术作为重点（中国社科院工业经济研究所课题组，2011）。

（2）中国工业行业增长方式总体上已经实现转变，但 2003 年后高能耗与高排放产业快速扩张，工业集约型、绿色增长方式受到一定抑制。1994~2009 年，中国工业全要素生产率稳步增长，其中，科技进步增速快于技术效率，科技进步而非技术效率是推动中国工业全要素生产率显著提高的主要动力。1994~2009 年，中国工业增长方式表现出典型的转型特征：由粗放型向集约型转变，前沿技术进步正成为中国工业增长模式转变的主要动力。计算机通信业、电气机械制造业、通用设备制造业等高新产业是技术进步最快的产业，引领中国工业发展转型。但 2003 年后，重新重工业化启动，传统高能耗、高排放产业得以恢复，技术进步速度放缓，集约型、绿色增长方式受到抑制。政策上，要鼓励企业在继续提升管理效率、加强制度创新的同时，完善创新体系构建。同时，引导产业向低能耗低排放转型，把增长方式转到完全由技术进步内生驱动的绿色增长、科学发展路径上来。

（3）技术进步对行业能耗强度下降具有显著的正向影响，而能源消费结构是影响行业 CO_2 排放强度的主要因素。①由于回报效应的存在，技术进步对能耗强度下降的促进作用主要来自技术效率的贡献，科技进步的贡献相对较小。在我们的研究时期内，科技进步对能耗强度下降的贡献分别大于纯技术效率、规模效率的贡献。②技术进步有利于降低 CO_2 排放强度，能源消费碳强度的增加会显著地提高行业的 CO_2 排放强度。能源消费碳强度提高行业 CO_2 排放强度的比例分别比科技进步、纯技术效率、规模效率降低的弹性都要大得多，但小于技术进步三部分贡献之和。这说明能源消费结构是影响 CO_2 排放强度的重要因素，在减排政策制定和实施过程中必须重点关注，但技术进步对排放强度下降的作用仍然较大，仍需持续关注。③技术进步对节能与减排的影响存在差异，具体表现为各行业技术进步对节能与减排的贡献大小略有不同，总体上技术进步对减排贡献的弹性更大。这意味着，减排的政策效果明显，而节能的政策作用潜力还有待发挥，需要进一步引导节能减排偏向型研发、创新投入，提高技术进步政策对降低能耗和排放的作用。节能与减排在一些行业具有同源性，也有相当一批行业具有非同源性，还有一些行业其大量使用二次能源，表面上排放不多，但是由于中国二次能源构成对排放的影响，当大量使用二次能源时，也会形成大量的间接排放。能源即将成为未来中国以及世界经济发展的重要限制因素，因此，过度地依赖排放限制不一定是最优的政策选择，应该将政策的重点放在加速节能技术推进和加快清洁能源推动上。

参考文献

[1] 陈勇，李小平. 中国工业行业的技术进步与工业经济转型——对工业行业技术进步的 DEA 法衡量及转型特征分析 [J]. 管理世界，2007（6）.

[2] 陈诗一. 能源消耗、二氧化碳排放与中国工业的可持续发展 [J]. 经济研究，2009（4）.

[3] 金碚，吕铁，邓洲. 中国工业结构转型升级——进展、问题与趋势 [J]. 中国工业经济，2011（2）.

[4] 简新华，叶林. 改革开放以来中国产业结构演进和优化的实证分析 [J]. 当代财经，2011（1）.

[5] 林伯强，姚昕，刘希颖. 节能和碳排放约束下的中国能源结构战略调整 [J]. 中国社会科学，2010（1）.

[6] 林伯强. 电力消费与中国经济增长——基于生产函数的研究 [J]. 管理世界，2003（11）.

[7] 李廉水，周勇. 技术进步能提高能源效率吗——基于中国工业部门的实证检验 [J]. 管理世界，2006（10）.

[8] 李小平，卢现祥，朱钟棣. 国际贸易、技术进步和中国工业行业的生产率增长 [J]. 经济学季刊，2008（2）.

[9] 史丹. 中国能源需求的影响因素分析 [J]. 华中科技大学经济管理学院博士学位论文，2003.

[10] 涂正革. 环境、资源与工业增长的协调性 [J]. 经济研究，2008（2）.

[11] 涂正革，肖耿. 非参数成本前沿模型与中国工业增长模式研究 [J]. 经济学季刊，2007（1）.

[12] 宣烨，周绍东. 技术创新、回报效应与中国工业行业的能源效率 [J]. 财贸经济，2011（1）.

[13] 徐国泉，刘则渊. 1998~2005 年中国八大经济区域全要素能源效率 [J]. 中国科技论坛，2007（7）.

[14] 袁晓玲，张宝山，杨万平. 基于环境污染的中国全要素能源效率研究 [J]. 中国工业经济，2009（2）.

[15] 岳书敬. 基于低碳经济视角的资本配置效率研究 [J]. 数量经济技术经济研究，2011（4）.

[16] 中国社科院工业经济研究所课题组. 中国工业绿色转型研究 [J]. 中国工业经济，2011（4）.

[17] Cole M., Elliott R., and Wu S. Industrial Activity and the Environment in China: an Industry 2level Analysis [J]. China Economic Review, 2008（19）.

[18] Chunbo Ma and David I. Stern. China's Changing Energy Intensity Trend: A Decomposition Analysis [J]. Energy Economics, 2008（30）.

[19] Chung Y., Fare R., Grosskopf S. Productivity and Undesirable Outputs: A Directional Distance Function Approach [J]. Journal of Environmental Management, 1997（51）.

[20] Fare R., S. Grosskopf, M. Norris, Z. Zhang. Productivity Growth, Technical Progress and Efficiency Changes in Industrialized Countries [J]. American Economic Review, 1994（84）.

[21] Fare R., Grosskopf S., Hernandez-Sancho F. Environmental Performance: an Index Number Approach [J]. Resource and Energy Economics, 2004（26）.

[22] Hua Liao, Ying Fan, Yi-Ming Wei. What Induced China's Energy Intensity to Fluctuate: 1997-2006? [J]. Energy Policy, 2007（35）.

[23] Karen Fisher-Vanden, Gary H. Jefferson, Ma Jingkui, Xu Jianyi. Technology Development and energy Productivity in China [J]. Energy Economics, 2006（28）.

[24] Khazzoom, J. Daniel. Economic Implications of Mandated Efficiency Standards for Household Appliances [J]. Energy Journal, 1980（1）.

中国战略性新兴产业发展研究

［25］ Lu Xuedu, Jia hua Pan and Ying Chen. Sustaining Economic Growth in China under Energy and Climate Security Constraints ［J］. China and World Economy, 2006 (14).

［26］ Mark E. Doms and Timothy Dunne. Energy Intensity, Electricity Consumption, and Advanced Manufacturing-technology Usage ［J］. Technological Forecasting and Social Change, 1995 (49).

［27］ Matthew A. COLE, Robert J.R. ELLIOTT, Shanshan WU. Industrial Activity and the Environment in China: An Industry-level Analysis ［J］. China Economic Review, 2008 (19).

［28］ Ram M. Shrestha Govinda R. Timilsina. Factors Affecting CO_2 Intensities of Power Sector in Asia: A Divisia Decomposition analysis ［J］. Energy Economics, 1996 (18).

［29］ Ramanathan Ramakrishnan. An Analysis of Energy Consumption and Carbon Dioxide Emissions in Countries of the Middle East and North Africa ［J］. Energy, 2005 (30).

［30］ Solow Robert. A. Contribution to the Theory of Economic Growth ［J］. The Quarterly Journal of Economics, 1956 (70).

［31］ The World Bank. Cost of Pollution in China: Economic Estimates of Physical Damages ［M］. Beijing: The World Bank, 2007.

［32］ Zhou P., Ang. B.W., Poh. K.L. Measuring environmental performance under different environmental DEA technologies ［J］. Energy Economics, 2008 (30).

技术创新扩散视角下的中国信息化与工业化融合机理及效应分析*

——基于 2004~2010 年中国 37 个制造业行业面板数据的实证研究

杜传忠　王金杰 **

　　中国正处在工业化发展的中后期，加快推进工业化进程、完成工业化历史任务进而实现现代化，是中国经济社会发展的必然要求和基本任务。国内外经济发展环境和条件要求中国的工业化不能重走西方发达国家工业化发展的老路，也不能延续以往中国工业化发展的路径，而必须走出一条具有中国特色的新型工业化发展之路。中国新型工业化发展的基本内容是：实现信息化与工业化深度融合，工业化为信息化提供坚实的物质基础，信息化为工业化发展、发挥提供有力的促进、带动和加速作用。可以说，推进"两化"深度融合，是加快经济发展方式的基本要求，也是发展战略性新兴产业的重要条件，更是促进中国工业由大变强、国际竞争力快速提升的重要保障。

一、信息化与工业化融合的含义及基本内容

　　信息化是一个涉及国民经济多个领域、有着多重含义的经济、技术范畴，其基本内涵：是在工业化过程中，通过信息技术的广泛应用提高信息经济在国民生产总值中的比重，促进信息产业快速发展和信息技术研发能力的提升的过程；是国民经济各部门之间、部门内部以及企业间加快信息交流与共享利用，促进企业信息化技术改造，提高企业生产效率，进而提高整体经济效益的过程。另外，信息化还是指在工业化发展过程中，通过快速、高效、低能耗的信息传递，将工业化过程中的生产、分配、交换、消费等环节有机衔接起来，从而极大地提高社会劳动生产率，加快推进全社会现代化的过程。

　　信息化与工业化融合是指信息化与工业化在发展过程中各自向对方渗透，形成互为动力、互相支撑、相互促进和带动，实现双方协同快速发展的过程。其最主要的表现是在国民经济各个领域应用信息技术，在生产要素组合、组织管理、产品生产以及其营销、新兴产业衍生等多个层面实现融合发展，由此表现为产品生产过程信息化、产业运行管理信息化的过程。在二者实现融合的过程中，工业化以机械化、电气化、自动化为代表，信息化则以数字化、智能化和网络化为代

　　* 本文为国家社科基金重大项目"三次产业动态协同发展机制研究"（10ZD&027）、教育部哲学社会科学研究重大课题攻关项目"全球金融危机对中国产业转移和产业升级的影响及对策研究"（09JZD0018）的阶段性成果。
　　** 杜传忠，男，南开大学经济与社会发展研究院教授，博士生导师，主要从事产业经济学与劳动经济学研究；王金杰，女，南开大学经济学院博士生，主要从事产业经济研究。

表。工业化是信息化发展的基础和载体，信息化以其特有的渗透能力、扩散能力，成为带动工业化快速发展的强大力量。信息技术是实现信息化与工业化融合的基本技术支撑。信息技术是指在信息科学的基本原理和方法的指导下扩展人类的信息功能的技术，一般主要指利用电子计算机和现代通信手段实现获取信息、传递信息、储存信息、处理信息、显示信息、分配信息等功能的技术总和。狭义的信息技术包括计算机硬件、软件、服务以及半导体和元件技术；广义的计算机技术包括光纤通信、移动通信、数字微波、数字交换、人造卫星和互联网技术等。在信息化与工业化的融合过程中，随着关键信息技术的升级，在信息技术发展的不同阶段，信息技术作用的范围和程度也有所不同。信息技术发展所经历的阶段将成为信息化与工业化融合系统的一个动态过程。在这个过程中，信息技术不同程度地深入到工业化生产体系之中。当某一特定的信息技术阶段结束时，又会相应地产生和创新出新的更高水平的信息技术，推进信息化与工业化融合的深化。

具体地说，信息化与工业化的融合具体包括以下内容：

（1）技术层面的融合。主要是指信息技术通过对传统产业技术进行改造以促进其发展。按照信息技术与工业技术融合的层次，可将融合过程分为两个层次：首先是信息技术与工业技术的渗透融合，即信息技术向传统工业生产、设计技术渗透，主要运用信息技术进行辅助性的设计、生产的过程，如利用计算机辅助设计/制造（CAD/CMD）等技术，Ansys 仿真技术与风能发电技术、钢铁冶炼中的焦炉管控与信息技术的融合等。这一层面的融合缩短了工业化设计、生产过程的时间，提高了生产效率。其次是技术创新，即由于通过信息技术与工业技术的融合并不能完全满足工业化发展的新要求，由此使基于传统两化融合的新技术便孕育产生，如工业控制技术、IPV6 技术、银行系统的自动终端机等的产生。

（2）生产要素和设备层面的融合。信息化与工业化的融合是以生产要素以及其组合方式的融合为切入点的，除了表现为技术融合外，还突出表现为资源融合、设备融合和劳动力的融合等多种要素方面。资源融合包括资本和材料能源变革等，企业家和劳动力素质与能力特别是信息技术水平的提升，以及生产设备和生产工具的变革也是二者融合的重要体现。通过信息技术的运用，实现机器、设备的智能化、数字化和网络化，可以极大地提高机器及设备的效率。

（3）业务流程层面的融合。主要是指信息技术、信息产品与传统工业生产方式下的设计、生产、销售、管理等环节的融合，以满足来自市场的品种多、生产及时迅速、质量好、周期短的市场需求，形成具备工业化生产、信息化生产双重特点的新的生产流程及方法，如精益生产、敏捷制造、虚拟制造、大规模定制等。

（4）产品层面的融合。在企业层面，信息化与工业化融合主要表现在信息技术或者信息系统（IT/IS）与业务流程的匹配或者一致性，即依托信息技术、信息产品具有较强渗透性的特点，使传统工艺流程、销售方式、管理方式及工业化产品逐渐实现数字化、智能化和网络化，并因此催生出具有信息化特征的新产品、新业务等。产品融合主要包括信息产品与工业产品的融合、信息技术与产品融合、利用信息技术催生新产品等内容。

（5）产业层面的融合。一般情况下，由于企业主体发生的"两化"技术融合、产品融合、业务融合，产品的功能边界不断被打破，并形成新的产品的功能边界，从而催生了产业融合现象的出现。同时，由于市场对于具备信息技术特征的新产品的不断需求，以及信息产业的强联结性、强渗入能力强等特点，有此可能衍生出一批新兴产业，如远程教育系统、信息服务业等。

二、中国信息化与工业化融合的机理及效应分析

（一）模型构建

从企业运行层面看，信息化与工业化融合的过程是信息技术向企业的产、运营过程扩散、渗透和作用，这一过程是企业发展的内生过程，表现为企业技术创新能力的作用，对企业的生产绩效具有决定性作用和因素。现代经济增长的内生增长模型描述和揭示了技术创新对经济增长的内生作用机制。[①]

本文将技术创新作为企业绩效的内生变量（Endogenous Variables），并沿用内生经济增长理论利用生产函数模型进行分析的方法进行实证分析。为研究信息技术对企业运行绩效的影响，本文按技术的性质将技术划分为传统技术和信息技术两部分，并以 R&D 投入量作为传统技术进步的衡量指标。考虑到企业信息技术创新扩散过程主要通过购买信息化硬件设备、软件系统及相应的人力资本投资等来实现，故将信息技术作为另外一种形式的资本，将其视作与物质资本、劳动力资本类似的生产投入要素放入总量生产函数中。信息技术存量作为过去对于信息技术应用的积累，可用产业内微电子设备控制原价来衡量。将传统技术与信息技术引入生产函数模型，即：

$$Y_{it} = AK_{it}^{\alpha} L_{it}^{\beta} T_{it}^{\delta} IT_{it}^{\gamma} e^{\varepsilon_{it}} \tag{1}$$

式中，Y 为产出；K 和 L 分别为有形资本投入和劳动投入；T 为 R&D 存量投入；IT 为产业内微电子设备控制原价；α 为产出对资本投入的弹性系数；β 为产出对劳动投入的弹性系数；δ 为产出对于原有技术投入的弹性系数；γ 为产出对引进信息技术的弹性系数。

对式（1）两边取对数可得：

$$y_{it} = a + \lambda t + \alpha k_{it} + \beta l_{it} + \delta t_{it} + \gamma it_{it} + \varepsilon_{it} \tag{2}$$

式中，$y = \log(Y)$，$k = \log(K)$，$l = \text{Log}(L)$，$t = \text{Log}(T)$，$it = \log(IT)$，∂ 为常数项，ε_{it} 为误差项。

考虑到现实中产业的运行绩效还会受到其他诸多因素的影响，故需在以上模型中加入其他控制变量。根据唐要家（2005）、徐盈之、孙剑（2009）等的研究，特定产业的绩效还取决于产业的市场结构和产权结构。一般来说，产业的市场集中度越高，越有利于实现规模经济，从而有利于促进产业市场绩效的提高，故在模型中加入控制变量——市场结构水平，用 struc 表示。Barnet、Mackness（1993）和 Westhead、Storey（1996）等曾强调中小企业与大企业在企业信息化资源利用过程中的差异性；汪淼军、张维迎、周黎安（2006）也在研究信息技术、组织变革与生产绩效的关系时，强调大企业和中小企业的信息化互补机制存在显著差异，并发现大企业互补机制比中小企业更为完备。考虑到数据的可得性，本文只选取大企业作为研究对象。在考虑到市场结构因素的影响后将模型设定为：

$$y_{it} = a + \lambda t + \alpha k_{it} + \beta l_{it} + \delta t_{it} + \gamma it_{it} + \phi struc_{it} - \varepsilon_{it} \tag{3}$$

信息化与工业化融合的过程是信息技术向企业的产、运营过程扩散、渗透和作用，这一过程

[①] 自 Romer（1986）和 Lucas（1988）为代表的经济增长是由经济系统内生决定、技术进步内生等假说提出后，技术进步或创新作为内生性影响因素的经济增长模型便层出不穷，而 Romer（1990）基于 R&D 的技术进步内生化的模型直接推动了新经济增长理论。此后，Jones（1995a，1995b）、Acemoglu（1998，2002）、Gancia 和 Zilibot ti（2001，2005）、Aghion 和 Howit t（1992，1998）、Young（1998）、Aghion Howitt 和 Mayer-Foulkes（2005）也研究了以 R&D 为基础的内生增长理论模型。

主要表现为产业内信息技术与生产要素（资本存量、劳动力资本）及传统技术之间发生渗透和交互作用从而影响产出的过程。为反映信息技术的这种扩散、渗透作用，这里进一步将信息技术分别与资本存量、R&D 和劳动力资本存量两两乘积作为被解释变量放入方程中：

$$y_{it} = a + \lambda t + \alpha k_{it} + \beta l_{it} + \delta t_{it} + \gamma it_{it} + \phi struc_{it} + \varphi t_{it} \times it_{it} + \eta l_{it} \times it_{it} + \kappa k_{it} \times it_{it} + \varepsilon_{it} \tag{4}$$

式中，φ 为信息技术和传统技术之间的交互作用对于产出或生产率的影响；η 为信息技术与劳动力资本之间交互作用对于产出或生产率的影响；κ 为信息技术与资本存量发生交互作用对于产出或生产率的影响。Roodman（2006）曾指出，动态模型在于当模型中的一些解释变量存在内生性时，可以通过动态面板数据的计量方法消除模型估计中的内生性偏误，从而获得这些解释变量系数的一致性估计。考虑到式（4）中还有 t 与 it 两个内生变量，为防止基本计量模型的设定偏误，本文通过引入因变量的滞后项将式（4）扩展为以下动态模型：

$$y_{it} = a + \lambda t + \alpha k_{it-1} + \beta l_{it-1} + \delta t_{it-1} + \gamma it_{it-1} + \phi struc_{it-1} + \varphi t_{it-1} \times it_{it-1} + \eta l_{it-1} \times it_{it-1} + \kappa k_{it-1} \times it_{it-1} + \varepsilon_{it} \tag{5}$$

式（5）可简化为：

$$y_{it} = a + \lambda t + \alpha k_{it-1} + \beta l_{it-1} + \delta t_{it-1} + \gamma it_{it-1} + \phi struc_{it-1} + \varphi tit_{it-1} + \eta lit_{it-1} + \kappa kit_{it-1} + \varepsilon_{it} \tag{6}$$

式中，tit_{it-1} 代表 $t_{it-1} \times it_{it-1}$；$lit_{it-1}$ 代表 $li_{it-1} \times it_{it-1}$；$tit_{it-1}$ 代表 $k_{it-1} \times it_{it-1}$。

（二）变量与数据说明

本文选取煤炭开采和洗选业、石油天然气开采业、黑色金属采矿业、医药制造业、交通运输设备制造业、电器机械及器材制造业、通信设备、计算机及其他电子设备制造业等 38 个细分行业作为研究对象。由于其他采矿业行业数据缺失较为严重，故这里将其他采矿业各年数据剔除。根据以上对各作用变量的定义，依次选取各细分行业的工业总产值、产业内各细分行业全部从业人员平均人数、固定资产总额、微电子控制设备原价、国有控股分行业 R&D、市场结构水平等作为统计指标。其中，y、k、it、t 等变量受到环比价格指数的影响，为减少统计误差，本文选择以 2003 年为基期，以各行业价格指数作为调整，计算定基期价格指数，其表达式表示为基期价格 * 环比价格指数。

我们选择 2003~2009 年全国 37 个大中型工业企业的数据，样本数共计 333 个。数据来源于国家统计局和科技部共同编辑的《中国科技统计年鉴（2004~2010）》、《中国统计年鉴（2004~2010）》。《中国科技统计年鉴（2003）》按照分行业大中型工业企业（国有）基本情况进行统计，《中国科技统计年鉴（2004~2009）》按照大中型工业企业（国有控股企业）基本情况进行统计。国有企业具体是指具有国家资本的企业，包括纯国有企业、国有控股企业及国有参股企业。因此，本文将对 2003 年 37 个分行业大中型工业企业数据整体调整为国有控股分行业大中型工业企业数据。具体调整方法为：

（1）行业总产值（y）。根据《中国统计年鉴》，2003 年国有控股总产值近似于国有及国有控股企业总产值减去国有企业总产值；2004~2009 年国有控股企业行业总产值则根据《中国科技统计年鉴（2004~2009）》统计数据得到，并计算加入各个行业定基期价格指数影响因素后的行业总产值。

（2）资本存量（k）。本文在计算资本存量过程中，主要参考了张军、章元（2003）《对中国资本存量 K 的在估计》及向蓉美、叶樊妮（2011）《永续盘存法核算资本存量的两种途径及其比较》中对资本存量的计算方法，并借鉴后者的核算方法，认为在核算过程中应增加对资产相对效率与重置率、资本租赁价格与资本折旧进行考虑。与他们的计算不同之处在于，我们直接根据年龄—价格函数测算资本存量净额而替代了计算折旧函数，从而解决了部分几何折旧不彻底所带来的影响。本文借鉴乔根森对于资本存量净额的估计结果，并利用所有行业加总的工业总产值和国有控股工业产值的比例，计算分行业国有控股资本存量总额，并利用各行业固定资本存量净额比例计算出各行业的资本存量总额，最后利用工业品出厂价格指数转化成不变价格资本存量净额。

（3）人力资本存量（1）。根据汪淼军、张维迎（2006）研究人力资本的界定，盛欣、胡鞍钢（2011）研究人力资本结构时，对人力资本的界定，本文选取全部从业人员平均数来代替人力资本存量。

（4）原有技术进步（t）。本文采取 R&D 投入量来替代企业在生产过程中工业技术的发展和应用水平，并利用大中型企业总值和分行业国有控股工业总产值比例计算出各行业资本存量总额，最后利用工业品出厂价格指数转化成不变价格资本存量净额。

（5）微电子控制设备原价（it）。根据《中国统计年鉴》的界定，微电子设备控制原价是指本企业或产业报告期末拥有和利用的微电子技术（包括电子计算机、集成电路等）对生产过程进行控制、观察测量、测试等机器设备的原价。一般情况下，产业引进的信息技术中包含硬件和软件，而软件的实施离不开硬件的支撑，硬件的投入运行也必须有相应的软件配套，因此，本文选择用该指标来代替产业内信息技术引进水平，并经过定基期价格指数的调整而来。

（6）市场结构状况（struc）。反映市场结构状况的较为常见的指标是市场集中度，另外还有赫芬道尔指数 HHI、熵指数 EI 及贝恩指数等。本文参考徐盈之、孙剑（2009）的方法，选择企业平均规模作为反映市场集中度的指标。在市场容量一定的情况下，企业平均规模越大，市场集中度越高；反之则市场越分散。具体计算公式为：

行业 i 的企业平均规模 = 行业 i 的总产值 ÷ 行业 i 的企业总数目

三、模型估计与实证分析

（一）模型估计

本文首先采用 OLS、组内平均估计（Within Group Estimator）法对式（2）进行估计。但上述两个估计模型均存在一个问题，即 t 与 it 为内生变量，因此，OLS 及组内估计为有偏且非一致。为此，本文运用 Arellano 和 Bond（1991）的广义矩估计（GMM 估计）方法对式（2）进行重新估计。GMM 估计的主要思想在于将待估计模型进行一阶差分后，将预定内生变量滞后二期以及滞后二期以后的水平值（或差分值）作为预定内生变量差分值（或水平值）的工具变量。这种 GMM 估计方法的好处还在于能够避免被解释变量滞后一期与模型中其他解释变量存在因果关系而使模型估计有偏。

GMM 估计方法分为一阶差分 GMM（DIF-GMM）和系统 GMM（SYS-GMM），由于大多数情况下变量的滞后值并不是一阶差分方程的理想工具变量（Roodman，2006），因此，我们选择系统 GMM 进行估计。系统 GMM 估计方法存在"一步法"和"两步法"两种类型，本文选择"一步法"进行估计。由于模型中存在多个变量，因而在 GMM 估计过程中也需要对这些变量的类型进行分类，将变量归类于内生变量、前定内生变量和严格外生变量等。根据本文的研究目的及要求，本文将变量 t、it 作为内生变量，将 kit、lit、tit 作为前定内生变量，将 k、l、struc 作为外生变量。

系统 GMM 估计是否能够通过一致的估计系数，关键在于有效工具变量的选择以及残差项不存在二阶相关。因此，在 GMM 估计中，本文在系统 GMM 估计过程中，采用了 Hansen 检验和 Sargen 检验来判断工具变量的有效性，并采用 AR（2）统计值检验原模型的一阶差分的残差项是否存在二阶自相关。本文借鉴汪淼军、张维迎、周黎安（2006）对企业信息化互补机制的模型以及冯泰文、孙林岩、何哲（2008）的研究，采用层级回归方法，按照信息技术创新扩散对于资本存量、人力资本存量和传统工业技术水平三个层次分别测算交叉项系数，即要确定信息技术创新扩散是否显著调节生产要素对于产业绩效的影响。分别选取 lit、l、k、struc，kit、k、l、struc 和 tit、k、l、struc 三组变量作为工具变量，并分别利用 Sargen 检验或者 Hensen 检验来选择合适的工具变量。若由于信息技术对于资本、人力资本、传统工业技术进行扩散而影响了企业的生产运营，则交叉项的系数显著不为零。估计模型分别设为：

$$y_{it} = a + \lambda t + \alpha k_{it-1} + \beta l_{it-1} + \delta t_{it-1} + \gamma it_{it-1} + \phi struc_{it-1} + \kappa kit_{it-1} + \varepsilon_{it} \tag{7}$$

$$y_{it} = a + \lambda t + \alpha k_{it-1} + \beta l_{it-1} + \delta t_{it-1} + \gamma it_{it-1} + \phi struc_{it-1} + \eta lit_{it-1} + \varepsilon_{it} \tag{8}$$

$$y_{it} = a + \lambda t + \alpha k_{it-1} + \beta l_{it-1} + \delta t_{it-1} + \gamma it_{it-1} + \phi struc_{it-1} + \varphi tit_{it-1} + \varepsilon_{it} \tag{9}$$

（二）计量结果分析

由表1估计结果可知，式（6）的 OLS 估计、Within 估计及系统 GMM 估计结果存在较大的差异。当不考虑变量 t_{it-1} 与 it_{it-1} 与残差项滞后一期值 ε_{it-1} 相关所引致的内生性问题（残差项的自相关问题）时，在 OLS 及 Within 估计模型中，信息技术扩散的效果都不显著。因此，这里放弃对于这两个模型的解释，直接对 GMM 模型进行分析。在 GMM 模型估计结果中，kit、lit、tit 三个交叉项均显著为正，表明信息技术创新扩散通过与传统工业技术、人力资本、资本存量等生产要素发生相互作用，从而对提高生产效率产生积极的影响。

在对 GMM 模型分层次进行的估计中，it_{it-1} 的估计系数基本为负，但并不能因此确定信息技术的引进吸收对于产业成长有抑制作用。在式（7）、式（8）、式（9）中，信息技术的吸收引进作用主要是通过两种途径对行业总产值产生影响：一是信息技术创新通过被引进吸收，直接作用于产业内的资本存量、人力资本和传统技术等，并发生技术扩散效应；二是信息技术通过管理、市场等间接（Invisible）作用于产业并产生影响。

为进一步具体考察信息技术的扩散对产业成长的影响状况，这里分别对式（7）、式（8）、式（9）两边关于 it 求导，得：

$$\partial y_{it}/\partial it_{it-1} = -0.523 + 0.033*k_{it-1} \tag{10}$$

$$\partial y_{it}/\partial it_{it-1} = -0.486 + 0.042*l_{it-1} \tag{11}$$

$$\partial y_{it}/\partial it_{it-1} = -0.184 + 0.024*t_{it-1} \tag{12}$$

（1）当 $\partial y_{it}/\partial it_{it-1} = 0$，即 $k_{it-1} = 15.84$（K=7572243 万元）时，信息技术创新扩散将维持产业发展速度；而 $\partial y_{it}/\partial it_{it-1} > 0$，即当 $k_{it-1} > 15.84$ 时，信息技术创新扩散将导致产业的加速成长，并对产业发展具有较显著的促进作用；而当 $\partial y_{it}/\partial it_{it-1} < 0$，即当 $k_{it-1} < 15.84$ 时，信息技术引进吸收对于产业发展速度具有一定的抑制作用。

表1　式（6）的主要计量结果

	(1)			(2)			(3)		
	OLS	WITHIN	SYS–GMM	OLS	WITHIN	SYS–GMM	OLS	WITHIN	SYS–GMM
k_{it-1}	0.045 (0.7)	0.081 (1.04)	−0.110* (−1.78)	0.124*** (2.63)	0.050 (0.82)	0.060 (1.14)	0.129*** (2.72)	0.047 (0.75)	0.056 (0.92)
l_{it-1}	0.147** (2.18)	0.497*** (4.89)	0.298*** (3.32)	0.041 (0.44)	0.542*** (5.98)	0.064 (0.67)	0.138** (2.08)	0.499*** (4.89)	0.296*** (3.77)
t_{it-1}	0.117*** (4.4)	0.335*** (3.79)	0.044 (1.21)	0.117*** (4.38)	0.337*** (3.83)	0.073* (1.9)	0.020 (0.38)	0.354*** (3.63)	−0.053 (−0.77)
it_{it-1}	−0.286 (−1.37)	0.123 (1.33)	−0.523*** (−2.91)	−0.286 (−1.54)	0.137* (1.75)	−0.486*** (−2.84)	−0.208 (−1.72)	0.048 (0.81)	−0.184 (−1.58)
$struc_{it-1}$	0.287 (1.18)	0.207*** (4.62)	0.177*** (2.97)	0.028 (1.13)	0.205*** (4.57)	0.160*** (2.76)	0.024 (0.98)	0.207*** (4.56)	0.175*** (2.83)

续表

	(1)			(2)			(3)		
	OLS	WITHIN	SYS-GMM	OLS	WITHIN	SYS-GMM	OLS	WITHIN	SYS-GMM
kit_{it-1}	0.172 (1.45)	−0.006 (−1.25)	0.033*** (2.97)						
lit_{it-1}				0.024* (1.61)	−0.011* (−1.69)	0.042*** (2.88)	0.022** (1.92)		
tit_{it-1}								−0.004 (−0.72)	0.024** (1.96)
obs	222	222	222	222	222	222	222	222	222
adj-R²	0.97	0.89		0.97	0.89		0.97	0.88	
Hansen①			1.000			1.000			1.000
AR(1)②			0.001			0.001			0.000
AR(2)③			0.443			0.486			0.247

注：估计系数下方括号内数值为对应估计的标准差。***、**、* 分别代表 1%、5%、10%的显著性水平。①为 Hansen 工具变量有效性检验的伴随概率值，该检验的原假设是"工具变量是有效的"。②和③分别为模型估计的一阶自相关和二阶自相关检验，原假设为"模型估计不存在一阶/二阶自相关"。

由此可见，产业内的资产规模对信息技术的渗透、被吸收及其效应具有一定影响。以上模型实证结果表明，产业固定资产存量值达到 7572243 万元为信息技术吸收引进对于产业发展相关性的拐点。处于此拐点以前，产业内部由于信息化投入不足，信息技术创新不足以通过影响资本存量、资产回报率等提高产业绩效；而经过此拐点之后，产业内部固定资本存量数量增大，产业内部信息化投入较充足，信息技术对于产业生产要素的作用显著加强，从而显著提高了产业生产绩效。信息技术引进吸收及其效应的拐点存在，可能是由于在信息技术创新扩散过程中信息技术的引进吸收投资过低，产业内部没有产生规模效应；而当投资规模加大，信息技术创新扩散可能通过信息技术的模块化生产、增加产品附加值、延长产业链条、提高产业的管理效率等以提升企业生产绩效及其水平。这一分析结果可以用来解释现阶段中国信息化与工业化融合过程中，成效较为显著的主要是大型企业和行业集中度较高的产业这一现象。由于这些部门固定资本投资规模较大，与信息技术创新形成了正向作用关系，从而有利于形成"固定资产投资增加→信息技术创新扩散速度加快→固定资产投资进一步增加→信息技术创新扩散速度进一步加快"的良性循环。

（2）当 $\partial y_{it}/\partial it_{it-1} = 0$，即 $lit_{it-1} = 11.57$（L = 105873 人）时，信息技术创新扩散将维持产业原有的发展速度；当 $lit_{it-1} < 11.57$ 时，信息技术创新扩散并没有对产业发展形成促进作用；当 $lit_{it-1} > 11.57$ 时，人力资本与信息技术创新扩散之间形成相互促进的作用并使产业绩效显著提升的效果充分显现，这与前面所提到的人力资本与企业信息化伴随着组织创新和技术创新存在着相互作用、相互促进的关系，生产技术复杂程度越高，团队协作能力、利润分享机制与提高生产绩效之间的互补性就越强的结论是一致的。当 $lit_{it-1} < 11.57$ 时，产业中人力资本结构较为松散，干中学、模仿等活动的传导机制不顺畅，造成人力资本获取新知识、知识传递的速率降低，对于信息技术创新的投入及利用率降低，从而使信息技术在传统产业或者生产函数中的扩散效果不显著，对于产业发展的促进作用也随之降低；当产业中人力资本超越这一拐点时，产业内部人力资本存量较大，人力资源的协作程度、产业内部复杂程度提高，人力资源较易于吸收、获取、传递、共享信息技术创新扩散过程中的知识，同时人力资本在生产、设计、流通等环节对于信息技术的应用效率也逐步提升。可见，人力资本对信息技术的吸收、利用较为充分，人力资本与信息技术扩散发生正向相

中国民营企业快速成长的经验

——以深圳创业板公司为例

汪海粟　方中秀[*]

一、引　言

　　中国的经济改革可以分为前转轨和后转轨两个阶段。1978~2008 年的 20 年属于前转轨时期，在这一时期，中国政府对公有企业的改革举措主要有三项：①通过体制外企业的先改先试，培育和完善市场配置资源的机制，为传统公有企业的改革确定目标范式。乡镇企业和私营企业的异军突起，在形成竞争格局、增加社会财富和创造就业机会的同时，也使成千上万的传统公有制企业因市场萎缩、负担沉重和体制落伍不得不选择市场化改革。②通过"局部休克"，[①] 整体推进了中小国有企业的转制。由于渐进改革模式的选择，社会具备了以一家多制和一家多地为代表的弹性，混合多元的所有制政策也适应了市场经济发展的要求，所有这些使时间换资源和时间换空间成为可能。数以万计的国有中小企业和城镇集体所有制企业在世纪之交完成了以产权转让和身份转换为主要内容的改革，仅武汉市在 2000~2005 年就有 2065 家地方国有企业完成转制，25 万名职工实现了身份转换（杨卫东、汪海粟，2007）。③选择大型国有企业上市，提高该类企业的整体竞争能力。进入 21 世纪，随着市场经济的深化和大型国有企业经营状况的改善，在经过剥离负担、注入资金和调整结构之后，以中石油、中国工商银行为代表的国有企业先后重组上市，进而跻身世界500 强。

　　以上举措使中国经济结构发生了具有质变和突变性质的转变。尽管学术界对民营企业的定义还未达成共识（刘儒、周丽涛，2004；崔明华，2006），但民营企业在中国社会经济中发挥的重要作用日益受到重视。民营企业不论就企业数量而言，还是就对 GDP 的贡献而言，抑或就提供就业机会而言，都成了中国经济发展不可或缺的组成部分。[②] 2008 年，由美国次贷危机引发的全球金融危机使中国进入了后 WTO、后危机和后转轨共同作用的时期。中国的民营企业遭遇了前所未有的艰难局面。首先，大量出口导向的中小民营企业因国际市场萎缩、人民币升值和贸易保护主义抬头等影响，陷入生产经营的困局。其次，部分行业的生产能力过剩和生态环境恶化，使国有企业重组民营

---

　　* 汪海粟，1954 年生，男，湖北武汉人，中南财经政法大学 MBA 学院院长，教授，博士生导师；方中秀，1984 年生，女，浙江绍兴人，中南财经政法大学工商管理学院博士研究生。

　　① 主要是指世纪之交，由中国地方政府主导的，以"局部休克"为特征的中小国有企业整体改革的尝试。局部是指改革往往局限于这些城市中尚未完成现代企业改造的中小国有企业，休克则是指在规定时间内（一般为两年）完成以企业产权转让和职工身份转换为主要内容的改革。

　　② 本文所称的民营企业，是指生产资料非公有的，以中国公民投资为主的企业。

企业进入多发期,[1] 民营企业的生存价值受到质疑。最后,2008 年底启动的 4 万亿元刺激经济发展的计划具有很强的国有经济偏好,使得民营企业在新一轮结构调整中机会减少的同时,融资环境也趋于恶化。中国的民营企业不得不以寻求发展机会和实现自我调整为主要内容再次转型。

目前,已有不少学者对中国民营企业的成长与转型问题进行了关注,并从不同角度总结民营企业的成长经验,但这些研究大多关注民营企业功能本身(刘刚,2003;刘儒、周丽涛,2004),强调民营企业家能力和特质(张小蒂、李晓钟,2008;许庆高、周鸿勇,2009)、市场需求驱动和民营企业对环境的适应性选择(曹建海、黄群慧,2004;罗锋,2008;黄速建等;2008;王俊豪、李云雁,2009),以及从产业集群发展等角度探讨中国民营企业的成长问题。这些研究忽略了中国民营企业的起源与经济转轨的特性对民营企业成长的影响,尤其是对那些快速成长的民营企业群体缺少实证研究。

2009 年 10 月,中国深圳证券交易所正式推出了旨在促进自主创新和完善资本市场结构的创业板。截至 2010 年 5 月底,创业板上市公司已达到 87 家。这些企业在 2007~2009 年,每股收益增长率的平均值达到了 34.83%,其中有 18 家企业三年平均的每股收益增长率超过 50%,有 7 家企业三年平均每股收益增长率超过 100%,其中,万邦达(300055)更是达到了 339.62%,显示出很强的成长性。此外,在这些企业中,国有股比例超过 50% 的只有 2 家,同时各地创业板的培育企业也以民营企业居多。这表明越来越多的中国民营企业正试图利用直接融资的机会,改变自己的命运。本文以创业板公司作为研究对象,[2] 探讨中国民营企业快速成长的基本经验,即对公有存量无形资产的价值集成、对政府政策优惠的充分挖掘、内在优势的聚焦释放。上述经验对中国后转轨时期的民营企业健康转型与发展仍有借鉴意义。

二、民营企业对公有存量无形资产的价值集成

(一)公有企事业单位改制与民营企业的起源

经过 30 多年改革,作为中国民营企业的主要组成部分的私营企业有了长足的发展。截至 2008 年底,登记注册的私营企业达到 657.42 万户,个体工商户达到 2917.3 万户。2002~2006 年,私营企业的数量保持了两位数的增长,除了其间国民经济平稳增长的刺激和带动作用外,还与其组成部分有密切的关系。总体看来,中国的民营企业有三个重要来源,即国有企业、城乡集体企业和个体工商户,1998~2003 年,由于各地加速推进中小公有企业的所有制改革,中国的国有企业和集体企业大幅减少,其中地方国有企业的数量减少了近 50%,这表明公有企业和民营企业在同时期出现了此消彼长的态势(见图 1)。

与公有企事业单位改制高度相关的民营企业是中国民营企业的重要组成部分,创业板提供的样本可以佐证这一判断。公有企事业单位改制催生民营企业的路径在创业板公司中主要表现为三种:①通过公有企业整体转制,代表性的企业有钢研高纳;②国有企事业单位的技术和管理骨干离开原企业在相同或类似领域重新创业,上海佳豪和大禹节水等属于此类;③引进战略投资者参与改制而形成的混合所有制企业,以回天胶业为代表,该公司由全民所有制的襄樊市胶粘技术研

---

① 影响较大的有山东钢铁集团收购日照钢铁公司,山西省政府鼓励国有煤矿收购民营煤矿等。

② 之所以选择这些公司,一则它们属于快速成长的企业,具有投资价值,受到资本市场的青睐;二则它们在区域布局和产业选择上表现出一定的趋同性,具有可归纳的发展动因;三则它们通过招股说明书披露了可比较和可推敲的信息,使研究具有了资料的可得性。

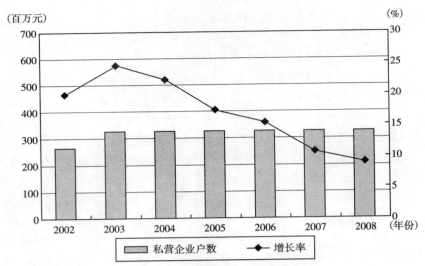

图1 私营企业户数及增长率

资料来源：黄孟复.坚持改革开放　应对严峻挑战　实现新的发展——2008~2009年中国民营经济发展报告 ［R］.中国网，www.china.com.cn/news.

究所改制而来，大鹏创投的引入加快了其上市的进程。

上述企业之所以能迅速发展，并能在短时间内达到在创业板上市的要求，与企业起源或关键成员的工作经历具有明显的关系，即由国家投资和历史沉淀形成的存量无形资产，通过迂回释放对新企业的成长产生了重大贡献。无形资产是与市场经济相联系的经济范畴，同时也是以盈利为目标的现代企业资本的重要组成部分。处于从传统计划经济向社会主义市场经济的转轨时期，由历史原因和多要素贡献共同作用形成的公有无形资产因特殊的时空约束和渐进改革的制度安排，对与公有企事业单位有直接和间接关联的民营企业产生了重大影响。

（二）民营企业对公有存量无形资产的价值集成模式

通过对创业板公司的研究，我们发现，民营企业对公有存量无形资产的价值集成有三种模式。

1. 民营企业对经典公有存量无形资产的价值集成

经典无形资产主要是指受专门法律调整，并依现行会计准则可计量和披露的无形资产。这类资产部分主要有商标、专利和版权等。中国许多中小民营企业是通过产权转让和身份补偿的改革转型而成，由于市场转轨制约和制度设计的缺陷，改制前，企业的经典无形资产一般均无偿或低价转让给改制后企业的股东，这类资产的渐进资本化促进了改制后企业的快速成长。以安科生物为例，上市前的2008年，重组人干扰素和重组人生长激素两个产品已在国内市场份额排名均居全国前列，"余良卿号"注册商标为中华老字号、活血止痛膏为国家二级中药保护品种。

2. 民营企业对公有单位关键人才和劳动力组合的价值集成

部分民营企业由国有企业和集体企业出走的能人创立，或通过吸引具备公有企事业单位长期工作经历的专业管理和技术人才，解决了企业快速成长中的人才瓶颈问题，并通过他们分享了需要历史沉淀的隐形知识和协同能力。该集成活动得以发生的前提是原有企业长期形成的无形资产已经完成了无实质约束的私有化。创业板提供的数据表明，具有国企背景的高管人员[①]的数量与企业净利润间存在明显的正相关性（见图2），这一现象表明民营企业为这些高管人员提供了更好

[①] 具有国企背景的高管是指拥有国有企事业单位工作经历，并有从事管理和技术工作的背景，现在担任创业板企业董事或监事职务的高级管理人员。

的待遇和更大的发展空间，使他们具有发挥自己聪明才智的舞台，也表明他们因历史累积的人力资本在民营企业发挥了重要作用。

3. 民营企业对国有客户关系类存量无形资产的价值集成

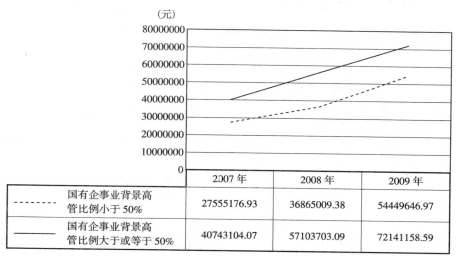

	2007 年	2008 年	2009 年
国有企事业背景高管比例小于 50%	27555176.93	36865009.38	54449646.97
国有企事业背景高管比例大于或等于 50%	40743104.07	57103703.09	72141158.59

图 2　创业板公司高管背景与净利润的关系
资料来源：根据创业板企业招股说明书整理而得。图中的净利润是按年份取得的平均值。

企业无形资产可以分为技术类无形资产和关系类无形资产，它们的运行规律存在很大差异，技术类无形资产的价值一般随时间递减，而关系类无形资产的价值一般则随时间递增。遗憾的是，现代会计制度对这部分随时间递增的无形资产存在界定和计量的障碍，包括客户关系在内的该项资产未得到应有的关注。而民营企业将客户关系视为核心资产，改组和收购国有企业和集体企业的基本动因之一，就是取得生产经营资质和客户关系，而取得资质的主要目的也是有效锁定客户。创业板公司的招股说明书通常都列示了前五大客户的名单，为我们分析不同所有制客户对创业板公司的贡献提供了方便。图 3[①] 选择所有样本公司、信息技术板块和北京板块的客户类型与净利润

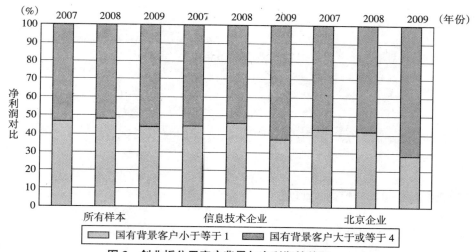

图 3　创业板公司客户背景与净利润的关系
资料来源：根据创业板企业招股说明书整理而得。

---

① 图 3 中的财务指标都是按年份取得的平均值。

的关系进行了分析，结果表明国有客户多比国有客户少好，而且其对净利润的贡献有逐年增长的态势。当然，这并不意味传统公有企业的非公有客户不重要，也不意味所有行业和所有地区的快速成长民营企业的关键客户一定是国有客户。但我们必须了解，集成和优化公有企业的关键客户关系，是创业板公司取得成功的主要因素之一。

（三）民营企业对公有存量无形资产的价值释放

公有存量无形资产的价值之所以能在改制后的民营企业有效释放，一是现代企业具有消耗有形资产，借以形成无形资产的基本属性，企业的核心竞争力取决于与生产经营历史高度相关的无形资产。而无形资产形成的费用化和界定的复杂化，使其在改制前通常未界定产权，并折价入股，但实质性的留存于改制后的企业，成为释放的基础。二是企业间的关系随着时间的变迁，逐渐成为企业间的人际关系，不论是否有非竞争性条款合约的限定，企业无形资产都会或强或弱、或明或暗的被无形私有化，进而成为释放的动因。三是市场经济的深化衍生出发现、判断和增值企业无形资产的功能，尤其是外国企业在中国的并购实践中有偿取得中方无形资产的案例表明，历史沉淀的无形资产具有价值释放的可能（汪海粟、文豪，2006）。

创业板与主板相比，其同期市盈率明显偏高（见表1），即使剥离可能的投机成分，其市盈率仍然较高，这表明资本市场有发现快速成长民营企业存量无形资产价值的功能。

表 1　创业板和中小板部分公司发行市盈率对比

中小版	发行价（元）	发行市盈率	创业板	发行价（元）	发行市盈率
新和成	13.14	16.35	特锐德	23.80	52.76
金利科技	15.50	37.80	神州泰岳	58.00	68.80
伟星股份	17.97	35.34	乐普医疗	29.00	59.56
华邦制药	9.60	16.00	南风股份	22.89	46.24
德豪润达	18.20	20.00	探路者	19.80	53.10
精功科技	7.72	17.16	莱美药业	16.50	47.83
华兰生物	15.74	19.95	汉威电子	27.00	60.54
大族激光	9.20	20.00	佳豪船舶	27.80	40.12
天奇股份	6.89	10.44	安科生物	17.00	46.83
传化股份	9.91	15.11	立思辰	18.00	51.49
平均	12.41	20.82	平均	25.98	52.73

资料来源：根据中小板和创业板上市公司招股说明书统计整理。

三、民营企业对政府优惠政策的充分挖掘

通过对创业板公司的研究，我们发现不少企业在经济转轨过程中充分享受了政府不同时期出台的政策，在其资产构成中，政府的优惠政策起到了重要作用。尽管直接针对民营企业的优惠政策并不多见，即使存在，实施也有困难，例如中国政府关于促进中小企业发展的相关规制就有雷声大、雨点小的问题。所以，快速成长的民营企业通常是以寻觅跟进的方式挖掘政策的贡献。

（一）通过成立中外合资企业争取政策倾斜

20 世纪 80 年代中国颁布和实施的《中外合资企业法》旨在利用外资、引进技术和改善管理，因而对该类企业给予了所得税和进口设备关税减免的优惠政策。一些私营企业主动寻求外资合作，成立合资企业，通过优惠政策取得竞争优势，并完成原始积累。例如，特瑞德作为中外合资企业公司曾享受了所得税"两免三减半"的优惠政策，具体数据如表 2 所示。尽管该类政策将有序退出，在私营企业中的外资也出现了撤离的迹象，但政策的历史贡献已使该类企业形成了先发优势。

表 2　特瑞德（300001）享受所得税优惠情况及其对公司净利润的影响（2006~2009 年）

单位：万元

年度	利润总额	净利润	法定税率	优惠税率	所得税优惠	所得税优惠额占公司净利润的比值（%）	备注
2006 年	1372.70	1391.00	24%/3%	0%	454.08	32.64	合资免税
2007 年	1968.13	1842.44	24%/3%	7.5%	496.06	26.92	15%减半
2008 年	7029.22	6119.22	25%	12.5%	974.78	15.93	25%减半
2009 年 1~6 月	4404.34	3886.43	25%	12.5%	673.31	17.32	25%减半
合计	14774.39	13239.09	—	—	2598.23	19.63	

资料来源：根据特瑞德（300001）招股说明书整理而得。

（二）通过扩大出口业务争取政策倾斜

过去 30 多年，中国的出口取得了长足的发展，进出口总额占 GDP 的比重持续上升，其中民营企业功不可没。该类企业之所以能在出口产业中脱颖而出，一是与出口的产业结构有关，部分民营企业在劳动密集型的出口制造业中有比较优势；二是相对于内销产品，可以争取到政府补贴和出口退税的支持（见表 3）。

表 3　部分创业板公司享受优惠出口政策的情况（2007~2009 年）

证券代码	证券名称	退税政策	退税率①			所属行业	所属地区
			2007 年	2008 年	2009 年		
300062	中能电气	实行"免、抵、退"税办法	13%		17%	制造业	福建省
300054	鼎龙股份		17%、13%	17%、13%、5%、0%		制造业	湖北省
300046	台基股份		5%~17%			制造业	湖北省
300061	康耐特		13%		14%、15%	制造业	上海市
300048	合康变频		/	13%	17%	制造业	北京市
300043	星辉车模		11%、13%	14%		制造业	广东省
300073	当升科技		5%~13%			制造业	北京市
300007	汉威电子		13%、14%、15%、17%			制造业	河南省
300078	中瑞思创		/	13%~14%	13%、14%、17%	制造业	浙江省
300063	天龙集团		13%			制造业	广东省

资料来源：根据创业板企业招股说明书整理而得。

---

① 由于有集团公司与分公司之分以及母公司与子公司之分，此栏中有些企业披露了一年以上的退税率。

（三）通过进入新兴产业争取政策倾斜

近年来，中国政府对企业的扶持政策已由所有制导向逐渐向产业引导转换。创业板上市公司经过严格的审核，其归属的行业都是国家鼓励发展的行业。所有样本公司 2007~2009 年享受的所得税率的平均值为 15.53% 的事实可以证明该判断，其中许多企业都因具有高新科技企业资格和进驻高新区而享受了系列优惠政策。但由于所属行业的多样性和企业注册地的差异性，我们发现企业享受的政策也具有复杂性特征。所以有必要对这些企业招股说明书关于增值税和政府补助的内容进行归纳分析。

就增值税调整而言，中央政府和各地方政府出台的相关文件多达数十项，以致有企业披露享受 20 余项优惠政策的待遇也就不足为奇。表 4 说明增值税已成为产业调整的重要工具，并受到民营企业的高度重视。例如，世纪鼎利近 4 年收到的增值税退还金额分别为 227.85 万元、423.48 万元、595.61 万元和 1496.18 万元，占公司当期归属于母公司股东净利润的比例分别为 12.88%、16.02%、15.28% 和 19.01%。创业板公司通过政府税收支持得以上市，也能体现税收工具对产业调整的乘数效应。

表 4　部分创业板公司享受增值税优惠政策的情况

证券代码	证券名称	增值税征收率	所属行业	所属地区
300087	荃银高科	免征	农、林、牧、渔业	安徽省
300022	吉峰农机	13%	批发和零售贸易	四川省
300085	银之杰	销售自行开发的软件对增值税实际赋税超过 3% 的部分即征即退	信息技术业	广东省
300042	朗科科技			
300047	天源迪科			
300050	世纪鼎利			
300052	中青宝			
300025	华星创业			浙江省
300045	华力创通			北京市
300079	数码视讯			
300002	神州泰岳			
300074	华平股份			上海市
300081	恒信移动	销售自行开发的软件对增值税实际负税超过 3% 的部分即征即退；对部分软件所缴纳的增值税享受即征即退的税收优惠政策		河北省
300075	数字政通			北京市
300065	海兰信	公司享受软件增值税即征即退政策		北京市
300040	九洲电气	销售自行开发的软件对增值税实际赋税超过 3% 的部分即征即退	制造业	黑龙江省
300077	国民技术			广东省
300018	中元华电			湖北省
300009	安科生物	6% 征收率计算缴纳增值税		安徽省
300021	大禹节水	免征滴灌带和滴灌管产品的增值税		甘肃省
300086	康芝药业	2007 年度增值税先征后退		海南省
300066	三川股份	2009 年销售再生资源实现的增值税，按 70% 的比例退回；2010 年按 50% 的比例退回。销售自行开发的软件对增值税实际赋税超过 3% 的部分即征即退		江西省
300041	回天胶业	增值税按每位残疾人员一定额度定额返还		湖北省

资料来源：根据创业板企业招股说明书整理而得。

在 87 家创业板公司中，披露政府补助具体数额的有 85 家，该类补助呈现出较明显的产业差异（见表 5）、地区差异和个体差异。其中，获得政府专项上市补助的企业有 4 家：神州泰岳、乐普医疗、碧水源和三聚环保，全部为北京市的企业；获得政府补助数额最大的企业是神州泰岳，三年平均值为约 6592 万元，同时，它也是政府补助占净利润比最大的企业，2007~2009 年，其政府补助额占净利润比值的平均值为 61%；85 家企业中政府补助占净利润比的平均数为 7.64%，获得政府补助的平均数为约 413 万元。48 家企业披露了政府补助的具体项目，平均补助数为 7.2 项，其中，受到政府补助项目最多的是金利华电，共 22 项。

表5 不同行业创业板公司获得政府补助的比较

所属行业	政府补助占净利润比平均数（%）	政府补助数额平均数（元）
传播与文化产业	14.71	9416450
信息技术业	9.63	6998920
制造业	7.50	2981018
农、林、牧、渔业	7.00	1998433
非金属矿物制品业	6.00	4554000
社会服务业	2.84	1457387
采掘业	1.43	338533.3
交通运输、仓储业	0.57	129666.7
批发和零售贸易	—	

资料来源：根据创业板企业招股说明书整理而得。

（四）利用政策缝隙发现成长机会

创业板的民营企业只是中国民营企业的一个很小的组成部分，它们的成长模式未必能全面反映领中国民营企业发展潮流的大型民营企业的成长路径，所以我们也必须看到部分大型民营企业的快速成长与转轨经济中尚存的政策缝隙有关。一是部分房地产企业利用国有企业改制法规缝隙，低价取得了包括土地使用权在内的国有资产，完成了原始积累；二是部分制造业企业，尤其是钢铁和冶金行业中快速成长的民营企业通常利用地方政府的发展冲动，在利用农村集体土地和进入国家限制方面突破政策底线，造就了大规模和高强度发展的既成事实。

当然，我们也观察到，民营企业利用政府政策也存在较明显的不稳定性特征，尤其是部分公司 2007~2009 年的政府补助金额呈明显的倒 V 形（见图 4）。这些应引起各方的关注，政府资金进

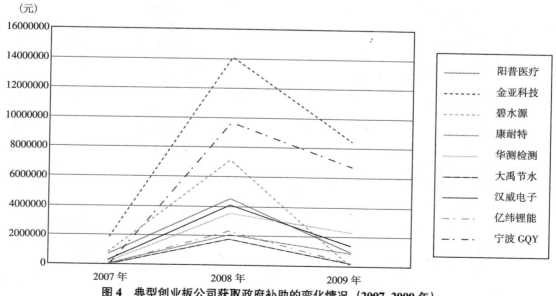

图4 典型创业板公司获取政府补助的变化情况（2007~2009 年）

资料来源：根据创业板公司招股说明书整理而得。

入和退出创业板公司，以及政府资金以有偿和无偿的方式进入该类公司都需要受到相关规制的约束。

同时我们也发现，创业板公司享受优惠政策的广度和强度值得关注。我们按所有样本、信息技术板块企业和制造业板块企业分类，选取三年间披露享受优惠政策①小于或等于1和大于或等于10的两组企业进行了财务数据的比较（见表6），结果显示享受扶植鼓励政策多的企业在财务上不一定比扶植鼓励政策少的企业具有更好的表现。这一方面表明企业在挖掘政策的广度和深度方面存在战略差异；另一方面也表明政府有必要反思政策系统的有效性，如果以较少的政策能够达到较好的结果，就不必要将政策无序复杂化。

表6 不同类型创业板公司优惠政策数量与财务指标的关系

公司分类	获得优惠政策项目	每股收益平均值（元）	净资产收益率（%）	营业总收入（元）	净利润（元）
全部创业板公司	小于或等于1的企业（1）	0.79	36.31	236296498.97	37103821.57
	大于或等于10的企业（2）	0.77	41.44	188025851.42	43653009.02
	(2)-(1)/(1)（%）	-2.53	14.13	-20.43	17.65
信息技术类创业板公司	小于或等于1的企业（1）	1.07	41.94	243366619.81	35994518.81
	大于或等于10的企业（2）	0.89	55.92	70738886.55	31063224.28
	(2)-(1)/(1)（%）	-16.43	33.33	-70.93	-13.70
制造类创业板公司	小于或等于1的企业（1）	0.66	37.09	211102804.92	33189884.50
	大于或等于10的企业（2）	0.72	33.33	231925094.42	39783138.54
	(2)-(1)/(1)（%）	8.99	-10.12	9.86	19.87

资料来源：根据创业板企业招股说明书整理而得。

四、民营企业内在优势的聚焦释放

中国民营企业拥有体外运行形成的竞争优势。作为最早主要通过市场机制配置资源的市场主体，在缺少体制内企业优势的同时，通过体制创新，在发现市场机会、获取市场资源、确立商业模式、加速自主创新、提高经济效率等方面形成了传统公有企业难以企及的竞争优势。通过对创业板公司的研究，我们总结了快速成长的民营企业发挥内在体制和机制的比较优势，聚焦关键领域实施有效释放的三种途径。

（一）聚焦可持续发展的稀有空间

创业板上市的民营企业，一般都能在混沌的市场中找到可持续发展的稀有空间。一是在细分市场中取得支配地位，使之能将规模经济发挥到极高水平。在87家企业中，详细披露其所处行业市场排名的企业共有63家。在这63家企业中，69.84%的企业在其业务所处的细分市场上排名第一位，11.11%的企业排名第二位，14.29%的企业排名第三位。在业务细分市场上排名前三位的企业占了总共63家企业的95.24%。二是选择的目标客户具有较强的支付能力，并已形成相互锁定的关系，同时，国有企事业单位背景的客户也保证了企业稳定的市场需求。三是其选择的行业通常是国家鼓励发展的行业，能得到政府的长期支持。四是上述三个条件创造的较高且持续的投资回报，吸引广大投资者的关注。

---

① 这里的优惠政策是指除了税收优惠政策之外的其他有利于企业发展的政策。

（二）聚焦自主创新能力的获取

对创业板民营企业的分析发现，这些企业具有创新技术和实现可持续发展的能力。中国经济转型的实践表明，中小企业是当代市场经济中从事创新活动的主体。究其原因：①科学技术的进步，尤其是计算机和互联网技术的出现，改善了小企业获取信息和实施创新的条件；②企业的规模特征，使小企业具备了快速反应的机制和能力；③民营企业的机制，使其敢于承担创新的风险，并能够获取创新成功的收益。创业板公司给出的数据支持了以上判断。首先，该类企业集中在国家鼓励发展的高科技行业，并能实现 IPO，是因为它们在特定的领域已掌握了关键技术。其次，其开发的技术能够实现产业化，并得到用户的认可。最后，该类企业已形成持续研发的组织和机制，能够实现技术的升级换代。87 家创业板公司一共拥有专利 1064 项，平均每家企业拥有专利12.23 项；正在申请专利 1012 项，每家企业申请 11.63 项。以深圳市朗科科技股份有限公司（300042）为例，其在闪存应用和移动存储技术方面拥有了关键技术和完善的研发组织和结构，形成的"专利池"，使企业具有持续的创新和更新能力。①

然而，创业板公司拥有的专利多以实用新型和外观设计为主，这两项分别占到所有已拥有专利的 53.10% 和 21.24%，真正体现企业研发水平的专利仅占 25.66%。此外，49.43% 的企业的发明专利数量为 0（见表 7）。因此，若要真正实现"以科技实力制胜"，创业板的企业依然任重道远。

表 7　创业板企业发明专利情况

	数量（家）	占比 87 家企业的比例（%）
发明专利为 0 的企业	43	49.43
发明专利为 1 的企业	15	17.24
发明专利为 2 的企业	8	9.20
发明专利为 3 的企业	4	4.60
发明专利为 4 的企业	4	4.60
发明专利为 5 的企业	4	4.60
发明专利为 7 的企业	2	2.30
发明专利大于或等于 10 的企业	7	8.05
合计	87	100.00

资料来源：根据创业板企业招股说明书整理而得。

（三）聚焦管理和技术团队的优化

创业板上市的民营企业，通常都有相对稳定和结构合理的管理团队，这有利于战略目标的实现。除了前面提到的高管人员拥有国有企事业单位工作的背景，获取了稀缺的管理经验和社会资源的特点外，创业板公司管理团队还具有两大特点：①科研队伍实现了多元混合，既有国内科研院所的专家，也有留学归国的精英，还有国内高校培养的专才；② ②管理团队曾长期共事，并形成

---

① 朗科科技（300042）已取得授权专利 116 件，其中发明专利 79 件（中国大陆 55 件），实用新型 8 件（中国大陆 6 件），外观设计 29 件（中国大陆 29 件）；正在申请专利 221 件，其中发明专利 220 件，外观设计 1 件。

② 例如，碧水源公司是由归国人员创办专业从事污水处理与污水资源化技术开发、应用的高科技环保企业。董事长兼总经理文剑平先生，中南林业科技大学硕士、澳大利亚新南威尔士大学工学博士、总工程师，曾任中country废水资源化研究中心常务副主任。副董事长兼副总经理刘振国先生曾任北京市水利局农水处技术管理人员和北京市水土保持工作总站副主任、高级工程师。何愿平先生为新西兰维多利亚大学金融学硕士。

了积极有效的激励机制和约束机制。① 许多样本公司的创业者吸收了部分传统公有企业淘汰精英和沉淀弱者的体制弊端和机制缺陷，充分意识到专业管理和技术人才是企业得以实现创业板上市的关键因素，通常都能按市场机制配置人力资源。企业关键人才一般都持有公司的股权，通过创业板上市有利于其个人价值的实现。正是这种分享未来利益的机制，使老板的梦想变成了关键员工的梦想，进而使企业有了持续发展的动力。

五、结论与启示

本文通过对中国创业板上市民营企业的分析发现，这些快速成长的民营企业具有某种共性特征。它们反映出中国快速成长的民营企业已累积了适应中国社会经济转型，有效整合外部资源，不断优化内部机制，进而实现超常规发展的成功经验。通过创业板上市民营企业快速发展经验的分析，我们至少可以得到以下结论和启示：

（1）考虑到无形资产因时间导致的无形私有化的现象，对公有企事业改革中的 MBO 需要再认识。如果选择该模式的企业满足三个假设：规模假设，该类企业一般应是中小型经济组织；盈利假设，该类企业的选择受盈利历史、盈利结构和盈利预期的共同作用；经历假设，该类企业的管理层在企业长期工作，并对企业做出了突出贡献。我们认为选择 MBO 将利大于弊。主要理由是，非 MBO 的改制模式通常会导致企业关键人员的流失，他们带走的因历史决定的关键无形资产，将使该企业陷入困境，同时还会因重复投资导致社会资源的浪费。

（2）考虑到创业板的容量难以满足众多中小民营企业融资的要求，需要将存量无形资产与银行贷款关联研究，以创新融资模式。中国民营企业因历史沉淀的无形资产，除了专利和商标之外，大多是包括资质、客户关系和劳动力集合在内的非常规无形资产。创业板具有的企业存量无形资产释放功能，不仅因会计制度缺陷而存在资产识别障碍，而且也因容量有限难以满足数以百万计的大量中小民营企业的融资要求，所以应实行无形资产质押贷款的尝试。理由之一是拥有核心无形资产的民营企业寻求银行贷款，通常是基于对市场有效需求的自觉响应，所以表现出对核心资产赎回的自激励机制，以及捆绑其他资产参与借贷的自约束机制；理由之二是银行也有拓展该类业务的要求，一是可以锁定优秀客户，二是有利于创新金融产品，三是相对一般信用贷款，也具备了风险管理的功能。

（3）中国快速成长的民营企业通常都有较强的政策挖掘能力，对此应作出理性分析，在通过政策引导该类企业发展的同时，也要防止其利用优惠政策，规避限制政策导致的外部不经济。第一，政府引导经济发展的政策是公共资源的重新配置，企业的积极响应有利于社会经济的持续发展。中小民营企业寻求政策支持，不仅表明政府正在克服具有所有制歧视的体制惯性，而且民营企业与生俱来的快速反应机制能够提高政策的实施效能。最近中国政府出台了对非公企业放松投资领域的政策，相信有眼光的民营企业有可能再次觅得机会。第二，政策会随时间、地点和条件发生变化，民营企业在政策响应机制上也应与时俱进。以往利用政策缝隙，规避政策监管、牺牲环境质量的超常规发展模式已经走到了尽头。研究表明，民营企业因所有制、产业差异、地区布局、规模特征对转轨经济中的政府政策呈现出不同的响应方式和响应强度，并且形成不同的响应

---

① 例如，沈阳新松机器人公司由沈阳自动化所作为主发起人，联合沈阳市火炬高新技术产业开发中心、中国科学院沈阳分院等法人设立的公司。该公司拥有一个以工程院院士王天然和博士生导师曲道奎为核心的管理团队，公司拥有工程技术人员382人，其中工程院院士1人，享受国务院特殊津贴待遇3人，博士生导师3人，研究员9人，高级工程师47人。

后果。所以应构建基于理性参与的"政府—企业—市场"互动体系,提高民营企业在该过程中的自组织、自激励、自适应和自约束能力。

（4）成功的民营企业往往具备整合外部资源和优化内在机制的功能。对民营企业在中国发展的作用需要再认识。首先,民营企业伴随经济转型,经历过从不规范到规范的发展过程,在大量民营企业面临长不大、活不长的困境时,也有一批善于整合内外资源的民营企业实现了快速成长,起决定作用的还是企业与市场相适应的内在机制。其次,民营企业已成长为中国经济的主要组成部分,尽管其还存在明显的制度缺陷,但该类企业在社会经济各领域中已找到了成长和壮大的空间,社会和公众对此应积极回应。最后,民营企业也应看到基业长青需要持续的改革体制和机制完善。

中国后转轨时期社会和经济条件已发生了重大变化,快速成长的民营企业成为许多行业的核心与骨干,除了明确该类企业存续的基本特征和主要功能之外,建议完善中国政府的导向和服务功能。如果说世纪之交的体制改革使成千上万的公有企业归于消亡是当时中国政府的正确选择,那么进入后转轨期,鼓励和扶持成千上万的民营企业不断成长和壮大则是当代中国政府的正确选择。

参考文献

[1] 曹建海,黄群慧. 制度转型、管理提升与民营企业成长 [J]. 中国工业经济,2004（1）.

[2] 程学童,王祖强,李涛. 集群式民营企业成长模式分析 [M]. 北京:中国经济出版社,2005.

[3] 崔明华. 民营经济:一个内涵不确定的概念 [J]. 合肥工业大学学报（社会科学版）,2006（5）.

[4] 黄孟复. 坚持改革开放 应对严峻挑战 实现新的发展——2008~2009 年中国民营经济发展报告 [R]. 中国网,www.china.com.cn/news.

[5] 黄速建,王钦,贺俊. 制度约束、需求驱动和适应性选择——中国民营企业治理演进的分析 [J]. 中国工业经济,2008（6）.

[6] 刘刚. 企业成长之谜——一个演化经济学的解释 [J]. 南开经济研究,2003（5）.

[7] 刘儒,周丽涛. 民营经济内涵辨析与公有经济民营化 [J]. 西安交通大学学报（社会科学版）,2004（4）.

[8] 罗锋. 基于社会资本视角的民营企业可持续成长机理研究 [J]. 经济问题探索,2008（8）.

[9] 汪海粟,文豪. 外资并购中的国有无形资产资本化研究 [J]. 中国工业经济,2006（10）.

[10] 王俊豪,李云雁. 民营企业应对环境管制前战略导向与创新行为——基于浙江纺织行业调查的实证分析 [J]. 中国工业经济,2009（9）.

[11] 许庆高,周鸿勇. 资源需求、企业家能力与民营企业成长研究 [J]. 经济理论与经济管理,2009（12）.

[12] 杨卫东,汪海粟. 地方国有企业改制研究——关于武汉模式的理论思考与案例分析 [M]. 北京:经济科学出版社,2007.

[13] 张小蒂,李晓钟. 转型时期中国民营企业家人力资本特殊性及成长特征分析 [J]. 中国工业经济,2008（5）.